DICCIONARIO PRÁCTICO
DE
INCORRECCIONES
DUDAS Y NORMAS
GRAMATICALES

FERNANDO CORRIPIO

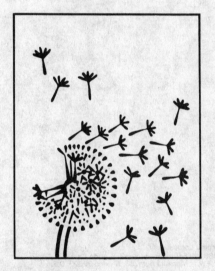

© 1988, Librairie Larousse
"D. R." © 1988, por Ediciones Larousse, S.A. de C.V.
              Marsella núm. 53, México 06600, D.F.

PRIMERA EDICION

ISBN 2-03-800076-X (Librairie Larousse)
ISBN 968-6147-46-2 (Ediciones Larousse)
ISBN 958-637-120-4 (Intermedio Editores)

Impreso y encuadernado por
editorial printer colombiana ltda.
Impreso en Colombia - Printed in Colombia

Introducción

No existe idioma alguno que esté libre de la plaga de las incorrecciones y cuyo uso no plantee innumerables dudas. Ante tales lagunas, de poco valen los numerosos y excelentes diccionarios de la lengua, pues en ellos se reseñan únicamente las voces correctas. De ahí la utilidad de este Diccionario, con el que se pretende ofrecer al lector una herramienta eficaz para salvar tales escollos y dificultades.

Este *Diccionario de Incorrecciones*, perteneciente a la serie de diccionarios manuales especializados de Ediciones Larousse, viene a resolver las dudas y dificultades del lenguaje diario de una manera práctica y sencilla. Esta obra proporciona un gran número de vocablos, y se diferencia de las demás merced a la redacción clara y precisa de sus artículos.

Es ésta, además, una obra múltiple en su estructura, pues cumple las funciones de varios diccionarios especializados en uno solo:
— Es ante todo un diccionario de dudas e incorrecciones, en el cual puede hallar el lector la versión unánimemente aceptada de todas las voces corrientes de la lengua. Además y principalmente, hallará el lector el mayor número de vulgarismos, solecismos, neologismos, extranjerismos y errores de uso reunido hasta la fecha en una obra de su género en castellano.

— Es al mismo tiempo un diccionario ortográfico, pues incluye el vocabulario del Diccionario de la Real Academia Española (excepto términos muy especializados o regionalismos de aplicación en zonas restringidas), incluido gran número de americanismos. Dicho vocabulario académico se presenta, cuando no ofrece dificultades, a modo de lista, pues tiene por misión principal indicar que tales vocablos están aceptados, así como recordar su grafía correcta.

— Pero a la vez incluye gran número de nombres propios usuales (históricos, geográficos, etc.), tanto españoles como extranjeros —hasta ahora patrimonio de diccionarios enciclopédicos de más envergadura— cuando su grafía correcta presenta alguna duda. Asimismo se ofrece la traducción correcta al castellano de numerosos nombres de pila foráneos, pues, cuando se trata de reyes, príncipes, papas, etc., esa traducción resulta obligada.

— Por último, es un diccionario gramatical, en el que la mayor parte de las dificultades se explican concisa y llanamente para facilitar su memorización y evitar incurrir de nuevo en ellas. También se incluyen los prefijos y sufijos usuales, así como las locuciones latinas, debidamente traducidas. Casi todas las explicaciones y dudas se acompañan de prescripciones y consejos sobre la norma léxica y gramatical y se aclaran mediante ejemplos para facilitar su comprensión.

Todo este cúmulo de datos y de información sobre el idioma ha sido ordenado alfabéticamente en un solo cuerpo de diccionario, con el fin de incrementar la eficacia y rapidez de las consultas.

No suelen reseñarse ciertos vocablos que, aun habiendo gozado de efímera actualidad, pasaron de moda al cabo de pocos años (como *streaking*, *hula-hoop*). Tampoco se incluyen los vulgarismos más flagrantes, que sólo contribuyen a ocupar un espacio precioso y son de sobra reconocidos como incorrectos por quienes se preocupan de consultar un diccionario de esta índole. La obra se completa con dos apéndices con las abreviaturas y siglas más usuales en castellano, que facilitará su comprensión y correcto empleo.

Este Diccionario está basado, como la inmensa mayoría de los de la lengua castellana, en la última edición del de la Real Academia Española, y refleja las normas gramaticales y de uso adoptadas y recomendadas por dicha institución, autoridad indiscutible en el ámbito lingüístico que compartimos españoles e hispanoamericanos.

LOS EDITORES

• Los números que aparecen entre paréntesis a continuación de algunas palabras reflejan el orden de preferencia que les asigna el Diccionario de la Real Academia Española.

• El asterisco (*) que antecede a algunos vocablos denota que la voz en cuestión es incorrecta o no admitida por la Academia.

• Los grupos de vocablos que aparecen reseñados alfabéticamente sin ninguna explicación son voces admitidas por la Real Academia Española y que no ofrecen dificultad especial, por lo que no precisan comentario.

CONTENIDO

a

a Primera letra del alfabeto; es la vocal que representa el sonido más perceptible en el vocalismo del lenguaje. Su punto de articulación se sitúa entre las partes anterior y posterior de la cavidad bucal. Es la vocal que exige para su pronunciación mayor abertura de labios. Esta letra nunca se acentúa cuando va sola. Su plural es *aes*. Como preposición denota el complemento de la acción del verbo (aplauden *a* los oradores); la forma de acción (viajaban *a* caballo); la situación (se encuentra *a* la derecha de la calle); un intervalo de tiempo o lugar (llegará de once *a* doce de la mañana), (de extremo *a* extremo de la plaza); dirección o lugar donde se dirige una persona o cosa (voy *a* Roma). Se coloca esta preposición cuando el complemento directo es un sustantivo de persona o animal (admiro *a* mi padre, cuido *a* mi caballo). Es incorrecto decir «admiro mi padre», «cuido mi caballo»; pero es correcto poner «admiro mis intenciones», «cuido mi escopeta» porque no se trata de personas ni de animales. La *a* preposición o nombre no debe ser confundida con *ha*, del verbo haber; se reconoce esto último porque en el verbo la frase puede hacerse plural: *han* venido todos. En cambio, *a* preposición no admite plural. La *a* se une a varios adverbios y forma con ellos una sola palabra (afuera, abajo, adonde). En este caso es incorrecto escribirlo separado. Se emplea asimismo como prefijo, en cuyo caso indica negación o privación (ateo, acromatismo). Se usa indebidamente la preposición *a* en los siguientes casos: Cocina *a* gas (cocina *de* gas, es lo correcto); avión *a* reacción (avión *de* reacción); sufre dolores *al* hígado (*de* hígado). Tampoco debe omitirse: Llevo mis alumnos (*a* mis alumnos). Pero es correcto: El Danubio baña Viena; visitaré Roma. No debe usarse de más: He visitado *a* la Mancha (he visitado la Mancha); acostumbraba *a* guardar cama (acostumbraba guardar cama); procedimientos *a* adoptar (procedimientos que deben adoptarse). Nota: Las locuciones en que entra la preposición *a* (*a* bordo, *a* Dios, *a* parte) se incluyen en el orden alfabético como si fueran una sola palabra (abordo, adiós, aparte).

*Aachen V. *Aquisgrán.*

Aaiún, El Capital del antiguo Sahara español. Lleva acento en la última sílaba. (V. *Sahara*.)

aarónico, Aarón.

aaronita Es el «descendiente de Aarón». *Aarónico*, en cambio, es lo «perteneciente (o relativo) a Aarón».

ab Preposición latina empleada únicamente en algunas frases de ese origen aceptadas por la Academia, como *ab aeterno, ab initio, ab intestato,* etc. Como prefijo puede indicar separación *(abjurar),* exceso *(abusar),* intensidad *(absorber).*

aba, ¡aba!, abab.

ababa, ababol Ambas voces son sinónimos de *amapola.* La Academia prefiere este último término, luego *ababol,* y por último *ababa.*

ab absurdo Locución latina que significa «de manera absurda (o ilógica)», cuando se refiere a los fundamentos de un argumento.

abacá, abacería, abacero, abacial, ábaco.

***abacora** Es incorrecto; el nombre correcto de este pez acantopterigio es *albacora.*

abad Superior de un monasterio de orden monacal. No confundir con *abate,* que es un clérigo, generalmente francés o italiano.

abada, Abadán, abadejo, abadengo, abadernar, abadesa.

***abadesal** Incorrecto. Debe escribirse *abacial.*

abadí, abadía, abadiado, abadiato.

ab aeterno Locución latina que significa «desde la eternidad». Se le atribuye el sentido de «desde mucho tiempo atrás», «desde muy antiguo».

abajadero, abajamiento, abajar, abajeño.

abajo Adverbio de lugar. Es incorrecto escribirlo separado: Cuesta *a bajo;* de arriba *a bajo.*

¡abajo!, abalado, abalada.

abalanzar(se) Uso de preposiciones: Abalanzarse *a* los peligros.

abalar, abalaustrado, abaldonadamente, abaldonamiento, abaldonar, abaleador, abaleadura, abalear, abaleo, abalizamiento, abalizar, abalorio, abaluartar, aballar, aballestar, abanar, abancalar, abanderado, abanderamiento, abanderar, abanderizar, abandonado, abandonamiento.

abandonar(se) Uso de preposiciones: Abandonarse *a* la suerte.

abandonismo, abandonista, aban- dono, abanear, abanero, abanicar, abanicazo, abanico, abanillo, abanino.

***abaniquear** Incorrecto. Debe escribirse *abanicar.*

abaniquería, abaniquero, abano, abanto, abañar, abaratamiento, abaratar, abarca, abarcable, abarcador, abarcadura, abarcamiento, abarcón, abarloar, abarquero, abarquillado, abarquillamiento, abarquillar, abarracar, abarraganamiento, abarraganarse, abarrancadero, abarrancamiento, abarrancar, abarrar, abarraz, abarredera, abarrotar, abarrote, abarse.

a base de Es incorrecto cuando pretende significar «basado en». Ej.: «Se obtuvieron conclusiones *a base de* datos.» Debe decirse «*basadas* (o fundadas) en datos».

abasí Dinastía árabe de los descendientes de Abu-l-Abbás. Es más apropiado que *abasida. Abásida* es incorrecto. El plural de *abasí* es *abasíes.*

***abásida** V. *abasí.*

abastamiento, abastar, abastardar, abastecedor.

abastecer Verbo irregular. Se conjuga como *agradecer* (v.).

abastecimiento, abastionar, abasto, abatanar, abatatamiento, abatatarse.

abate No confundir con *abad* (véase).

abatidamente, abatidero, abatido, abatimiento.

abatir(se) Uso de preposiciones: Abatirse *al* suelo; a. *con* dificultad; a. *de* espíritu; a. *en, por* los reveses.

abatismo, abayado, abazón, abderitano, Abd-el-Krim.

Abderramán Es la transcripción tradicional más correcta del nombre árabe; modernamente se prefiere *Abd al-Rahmán.*

abdicación, abdicar, abdicativo.

abdomen «Le dio una palmada en el abdomen.» En lenguaje corriente no debe emplearse *abdomen,* que es un término científico, sino *vientre:* «Le dio una palmada en el *vientre.*»

abdominal.

abducción Movimiento por el cual un miembro u otro órgano se aleja del plano medio del cuerpo. No debe confundirse con *aducción:* Movimiento que aproxima al eje del cuerpo un miembro u órgano que se había separado. *Aducción* es, pues, lo contrario de *abducción.*

abductor.

abecé Aunque es término correcto, la Real Academia prefiere *abecedario:* Serie de las letras; cartel o librito. Antes constaba de 28 letras, pero habiendo sido admitida la *W,* el abecedario castellano actual posee 29 letras.

abedul, abeja, abejar, abejarrón, abejaruco, abejera, abejero, abejón, abejorrear, abejorreo, abejorro, abejuela, abejuno, abelmosco, abellacado, abellacar, abellotado, abemoladamente, abemolar.

abencerraje Miembro de una familia musulmana de Granada.

Abén Humeya, abenuz, Aberdeen, aberenjenado, aberración, aberrante, aberrar, abertal.

abertura No debe confundirse esta palabra con *apertura* (inauguración) y con *obertura* (introducción de una composición musical). *Abertura* significa «acción de abrir», y «hendidura, grieta».

abestiado, abestializado, abéstola, abetal, abetar, abete, abetinote, abeto, abetunado, abey, abiar, Abidján, abieldar, abiertamente, abierto, abietáceo, abiete, abietíneo, abietino.

Abigail Es preferible escribir *Abigail.* Ésta era la esposa de Nabal, a quien David hizo matar para casarse con ella.

abigarradamente, abigarrado, abigarramiento, abigarrar, abigeato, abigeo, abigotado, abinar.

ab initio Locución latina que significa «desde el principio». Indica que sucede algo «desde tiempo inmemorial o muy remoto».

ab intestato Locución latina que significa «sin testamento»: Murió *ab intestato.* Es locución adverbial, y no debe confundirse con el sustantivo *abintestato.* Ésta consta de una sola palabra, y aquélla de dos. *Abintestato* es un procedimiento judicial sobre herencia del que muere sin testar.

abiótico, abipón, abipones.

ab irato Locución latina que significa «a impulsos de la ira», «arrebatadamente».

abisagrar.

abisal Equivale a *abismal,* que es la voz preferida por la Academia.

abiselar, Abisinia, abisinio (nia), abismado, abismal, abismar, abismático, abismo, abitadura, abitaque, abitar, abitón, abizcochado, abjuración, abjurar, ablación, ablandabrevas, ablandador, ablandadura, ablandahígos, ablandamiento, ablandante, ablandar, ablandativo, ablandativa, ablandir, ablanedo, ablano.

ablativo Es uno de los seis casos de la declinación. Realiza la función de complemento circunstancial en la oración, expresando relaciones de procedencia, situación, modo, tiempo, instrumento, materia, etc. Lleva casi siempre antepuesta una preposición: *con, de, desde, en, por, sin, sobre, tras,* entre otras. Ejs.: Le golpeó *con un mazo;* vengo *de Salamanca;* lo observo *desde el mirador;* está *en casa;* tomó *por el camino;* está *sin blanca;* destacó *sobre todos;* entró *tras ella.* Responde a la pregunta *¿de dónde?,* y con menos frecuencia a *¿con qué?, ¿cuándo?* y *¿dónde?*

-able Sufijo de adjetivos derivados de verbos. Indica capacidad para recibir la acción del verbo. Cuando éste es de primera conjugación toma la forma *-able* (indomable) y cuando es de segunda o tercera, la forma *ible (temible).*

ablegado, ablución, ablusado, abnegación, abnegadamente, abnegado, abnegar, abobado, abobamiento, abobar, abobra, abocadear, abocado.

a bocajarro V. *bocajarro, a.*

abocamiento, abocanar, abocar, abocardado, abocardar, abocardo, abocelado, abocetado, *aboceta-

miento, abocetar, abocinado, abocinamiento, abocinar, abochornado.

abochornar(se) Uso de preposiciones: Abochornarse *de* algo; a. *por* alguno.

abofado, abofarse, abofeteador, abofetear, abogacía.

abogada Es correcto. No debe decirse «la *abogado*», sino «la *abogada*».

abogadesco, abogadil, abogadismo, abogado, abogador, abogamiento.

abogar Uso de preposiciones: Abogar *por* alguno.

abohetado, abolengo, abolición, abolicionismo, abolicionista.

abolir Verbo irregular, del que únicamente se emplean las terminaciones que tienen *i*, como *aboliré, abolió.* En los casos restantes debe emplearse un sinónimo, como en el ejemplo: «Si se *abuele* (o se *abole*) aquella ordenanza.» En tal caso debe decirse: «Si se deroga aquella ordenanza.»

abolsarse, abollado, abolladura, abollar, abollón, abollonar, abomaso, abombar, abominable, abominablemente, abominación, abominar, abonable, abonado, abonador, abonamiento, abonanzar, abonar(se), abonaré, abono, aboquillado, aboquillar, abordable, abordador, abordaje.

abordar Uso de preposiciones: Abordar un buque *a* otro; a. un buque *con* otro (menos usado).

abordo «Venía *abordo* del "Victoria".» Es incorrecto. Debe decirse «Venía *a bordo* del "Victoria"» (separado). *Abordo*, como sustantivo, significa «abordaje».

aborigen Morador primitivo de un país. No debe escribirse *aborígena*, como en la voz *indígena*.

ab origine Locución latina que significa «desde el origen (o principio)».

aborrachado, aborrajarse, aborrascarse, aborrecedor.

aborrecer Verbo irregular. Se conjuga como *agradecer* (v.). Uso de preposiciones: Aborrecer *de* muerte.

aborrecible Uso de preposiciones: Aborrecible *a* los sensatos.

aborreciblemente, aborrecidamente.

aborrecido Uso de preposiciones: Aborrecido *de, por* el pueblo.

aborrecimiento, aborregarse, abortamiento, abortar, abortivo, aborto, abortón, aborujar(se), abotagamiento, abotagarse.

abotargarse También es correcto. Admitido por la Academia, aunque ésta prefiere *abotagarse.*

abotinado, abotonador, abotonadura, abotonar.

*Aboukir Es incorrecto. El nombre de esta ciudad egipcia debe escribirse *Abukir*, sustituyendo el *ou* francés por la *u* castellana.

abovedado, abovedar, aboyado, aboyar, abozalar.

abra Aunque es voz femenina, lleva los artículos *el* (la nave entró en *el abra*), y *un*. Pero es *las abras, unas abras.* (V. *arma.*)

abracadabra, abracijo.

Abraham La Real Academia también admite la forma *Abrahán*, si bien prefiere la primera.

abrahonar, abrasadamente, abrasador, abrasamiento, abrasante.

abrasar(se) Uso de preposiciones: Abrasarse *de* amor; a. *en* deseos.

abrasilado, abrasión, abrasivo, abravecer, abraxas, abrazadera, abrazado, abrazador, abrazamiento, abrazar, abrazo.

abrecartas Admitido por la Academia. No se escribe separado.

ábrego.

abrelatas Se escribe junto, no en dos palabras.

abrenuncio, abrepuño, abretonar, abrevadero, abrevar.

abreviación V. *abreviatura.*

abreviadamente, abreviado, abreviador, abreviar.

abreviatura (Lista de abreviaturas, en *Apéndice I*) *Abreviatura* es la representación de las palabras con sólo una o varias de sus letras. Las abreviaturas suelen terminar en punto; mas para las medidas del sistema métrico y otras unidades físicas no debe ponerse punto (cm, m, ha, etc.), pues no se trata propiamente de abreviaturas, sino de *símbolos*, y en las obras que no poseen carácter científico o técnico se suelen usar sólo entre paréntesis: *Medía veinte centímetros: Era corto (20 cm)*. En general, es preferible usar la palabra sin abreviar, antes que la abreviatura. La Academia tiende a sustituir las letras voladas (Il.^mo) por las corrientes (Ilmo.). NOTA: Se encontrará cada abreviatura en el correspondiente artículo de este Diccionario (en *Excelentísimo* aparece *Excmo.*, etc.). *Abreviación* no es lo mismo que *abreviatura*. Ejs. de *abreviación:* moto, cine, etc. *Siglas.* No confundir con *abreviatura.* Siglas son letras iniciales que reunidas forman una palabra. No llevan punto (ONU, Organización de las Naciones Unidas), a diferencia de las abreviaturas, que lo llevan (S. M., AA. RR.).

abribonado, abribonarse.

abridor Es correcto, según la Academia, en el sentido de *abrelatas.*

abrigada, abrigadero.

abrigado Uso de preposiciones: Abrigado *de* los vientos.

abrigador, abrigamiento, abrigaño.

abrigar(se) Uso de preposiciones: Abrigarse *bajo* techado; a. *con* ropa; a. *del* aguacero; a. *en* el portal. Tratándose de ideas o sentimientos, lo admite la Academia en el sentido de tenerlos: *abrigar* esperanzas; *abrigar* sospechas.

abrigo, abril, abrileño, abrillantador, abrillantar, abrimiento, abriolar.

abrir Verbo irregular, cuya única irregularidad está en el participio: *abierto.* Lo demás se conjuga como si fuera regular. Uso de preposiciones: Abrir *de* arriba abajo; a. *en* canal.

abrirse Uso de preposiciones: Abrirse *con* los amigos; a. *a* los amigos.

abrochador, abrochadura, abrochamiento, abrochar, abrogación.

abrogar Significa «abolir, derogar, revocar»: Abrogar un decreto, una ley. No confundir con *arrogar*, que

significa «atribuirse, apropiarse de una cosa inmaterial»: Arrogarse un privilegio.

abrojal, abrojo, abroma, abromado, abromar.

abroncar Admitido por la Academia en el sentido de «abuchear», abroncar al árbitro.

abroquelado, abroquelar, abrótano, abrotoñar, abrumador, abrumadoramente, abrumante, abrumar, abruptamente.

abrupto Es correcto cuando se refiere a un terreno y significa «escarpado», «empinado»: Cuesta abrupta, roca abrupta. Es incorrecto cuando pretende significar «brusco», «repentino»: Habló con tono abrupto.

abrutado, abruzarse.

*Abruzzos Es incorrecto. Esta región italiana se designa en español con el nombre de *Abruzos* (los). El natural de este país se llama *abruzo.*

Absalón, absceso, abscisa, abscisión.

absenta Admitido. El nombre de esta bebida es también *ajenjo. Absenta* proviene del francés *absinthe.* En cuanto a la voz *absintio*, también es *ajenjo*, pero referido tan sólo a la planta. La Academia acepta, pues, *ajenjo, absenta* y *absintio.*

absentismo El Diccionario oficial lo define como «costumbre de residir el propietario fuera de la localidad en que radican sus bienes» y «abstención deliberada de acudir al trabajo».

absidal, ábside.

absintio V. *absenta.*

*absinthe V. *absenta.*

ábsit, absolución, absoluta.

absolutamente Admitido. Significa «no, de ningún modo». También se usa, con significado afirmativo, como «completamente».

absolutidad, absolutismo, absolutista.

absoluto, en Aceptado por la Academia, significa «no, de ningún modo».

absolutorio, absolvederas, absolvedor, absolvente.

absolver Verbo irregular. Se conjuga como *volver* (v.). Uso de preposiciones: Absolver *de* las acusaciones.

absolvimiento, absorbencia, absorbente, absorber, absorbible, absorbimiento.

absorción No confundir con *adsorción* (v.).

absorto, abstemio, abstención, abstencionismo, abstencionista.

abstenerse Verbo irregular. Se conjuga como *tener* (v.). Uso de preposiciones: Abstenerse *de* lo prohibido.

abstergente, absterger, abstersión, abstersivo, abstinencia, abstinente.

abstracción «*Abstracción hecha* de sus defectos, es persona de confianza.» Es incorrecto. Debe decirse «*prescindiendo de sus defectos...*»

abstractivo, abstracto.

abstraer(se) Verbo irregular que se conjuga como *traer* (v.). Uso de preposiciones: Abstraerse *de* lo que ocurre alrededor.

abstruso, absuelto, absurdidad, absurdo, abubilla, abuchear, abucheo, abuela, abuelastro, abuelastra, abuelo, abuhado, abuhamiento, abuhardillado, *abujardar, Abukir.

abulense Es el natural de Ávila, al que también se le llama *avilés*. La Academia prefiere esta voz en primer lugar, y luego *abulense*.

abulia, abúlico.

abultado Uso de preposiciones: Abultado *de* facciones.

abultamiento, abultar.

*abullonar Es vulgarismo. Debe escribirse *abollonar*.

abundado, abundamiento, abundancia, abundancial, abundante, abundantemente, abundantísimamente.

abundar Uso de preposiciones: Abundar *en* posesiones; a. *de* posesiones.

abundosamente, abundoso, abuñolado, abuñolar, abuñuelado, abuñuelar.

¡abur! Interjección familiar que se emplea para despedirse. Es correcta, pero la Academia prefiere *¡agur!*

aburar, aburelado, aburguesamiento, aburguesarse, aburrado, aburrarse.

aburrición Aunque figura en el Diccionario oficial, éste lo refiere a *aburrimiento*, que es preferible.

aburridamente, aburrido, aburridor, aburrimiento.

aburrir(se) Uso de preposiciones: Aburrirse *de* todo; a. *con* todo; a. *por* todo. Aburrirse *en* el teatro.

abusador, abusante.

abusar Uso de preposiciones: Abusar *de* la buena fe.

Abu Simbel, abusivamente, abusivo, abuso, abusón, abuzarse.

abyección, abyecto.

acá Adverbio de lugar que indica un sitio menos determinado que *aquí*, aunque próximo a la persona que habla. Por eso *acá* admite ciertos grados de comparación que rechaza *aquí*: «Está más *acá*; salió muy *acá*.» No puede decirse: «está muy *aquí*; salió muy *aquí*», sino «está *aquí*; salió *aquí*.»

acabable, acabadamente, acabado, acabada, acabador, acabalar, acaballadero, acaballado, acaballar, acaballerado, acaballerar, acaballonar, acabamiento, acabañar.

acabar Uso de preposiciones: Acabar *con* su patrimonio; a. *de* venir; a. *en* bien; a. *por* negarse.

acabellado, acabestrillar, acabijo, acabildar, acabo, acabóse, acabronado, acacia, acacianos, acachetar, acachetear.

academia Se escribe con minúscula cuando designa en general una institución de enseñanza: Asisto a una *academia* de canto. Va con mayúscula cuando se alude a una corporación o entidad en particular: La Real *Academia* Española; la *Academia* Magister.

académicamente, academicismo, academicista.

académico El femenino es *académica*: «Fue admitida la nueva académica», y no «fue admitida la nueva académico».

academista, *academizar, acadio, acaecedero.

acaecer Verbo irregular, que se conjuga como *agradecer* (v.). Este verbo, no obstante, sólo se emplea en el infinitivo y en las terceras personas de todos los tiempos: Acaecer, acaece, acaeció, acaecerá, etc. Uso de preposiciones: Acaecer (algo) *a* alguno; a. *en* ese lugar.

acaecimiento, acalabrotar, acalambrarse, acalefo, acalenturarse, acalia, acalmar, acaloradamente, acaloramiento.

acalorar(se) Uso de preposiciones: Acalorarse *con, en, por* la discusión.

acaloro, acallador, acallar, acamar, acambrayado, acamellado.

*acampador Se admite *acampada* y *acampar*, pero no *acampador* (y menos *campista*, con este sentido). Puede decirse, sencillamente, «persona que acampa».

acampada Además de «acción y efecto de acampar», es el «campamento, lugar al aire libre dispuesto para alojar turistas». Debe emplearse, entonces, en lugar del anglicismo *camping* (véase).

acampanado, acampanar, acampar, acampo.

*a campo través Es un barbarismo que debe sustituirse por «a campo traviesa».

ácana, acanalado, acanalador, acanaladura, acanalar, acanallado, acanallar, acandilado, acanelado, acanelonar, acanillado, acanilladura, acantáceo, acantarar, acantear, acantilado, acantilar, acantio, acanto, acantocéfalo, acantonamiento, acantonar, acantopterigio, acañaverear, acañonear, acañutado, acaparador, acaparamiento, acaparar, acaparrarse, acaparrosado, acápite, acaponado, Acapulco, acapulqueño, acaracolado, acaramelar, acardenalar, acariciador, acariciante, acariciar, acárido, acarnerado, ácaro, acarralar, acarrarse, acarreadizo, acarreador, acarreadura, acarreamiento.

acarrear Uso de preposiciones:

Acarrear *a* lomo; a. *en* ruedas; a. *por* agua.

acarreo, acartonarse.

acaso Se escribe junto si reemplaza a *tal vez* o *quizá*: «*Acaso* sean muchos.» También cuando indica casualidad, suceso imprevisto. Va separado si es preposición y sustantivo: «*A caso* fallado, no hay apelación.»

acastañado, acatable, acataléctico, acatamiento, acatante, acatar, acatarrar, acates, acato, acatólico, acaudalado, acaudalar, acaudillar, acaule.

*a causa que «No entraron *a causa que* no podían.» Es incorrecto. Debe decirse *a causa de que*: «No entraron *a causa de que* no podían.»

acautelarse, acayo.

Acaya Nombre que se aplicaba antiguamente a una región de Grecia. El natural de *Acaya* es *aqueo* o *acayo.*

acceder Admitido como tener acceso a un lugar. Uso de preposiciones: Acceder *a* la solicitud. Se emplea también como *ingresar, llegar*: «*Acceder* a un puesto oficial».

accesible Uso de preposiciones: Lugar accesible *a* todos.

accesión, accesional.

accésit Lleva acento en la segunda sílaba. El plural es invariable: *los accésit.*

acceso, accesoria, accesoriamente, accesorio, accidentadamente.

accidentado «Época accidentada.» Es incorrecto. Debe decirse «época turbulenta» (o borrascosa). Hablando de un terreno, se admite como *abrupto, escarpado*: «Un terreno sumamente *accidentado*.»

accidente, Accio, acción, accionamiento, accionar.

accionariado «Conjunto de accionistas de una sociedad anónima.» Así lo admite la Academia.

accionista, Accra, acebeda, acebedo, acebo, acebollado, acebrado, acebuchal, acebuche, acebuchina, acecido, acecinar, acechadera, acechador, acechamiento.

acechanza Significa «acecho, espionaje, persecución cautelosa».

No debe confundirse con *asechanza* (v.): engaño o artificio.

acechar, acecho, acechón, acedamente, acedar, acedera.

***acedia** Debe escribirse *acedía* cuando se refiere a una indisposición estomacal.

acedía, acedo.

***acefalia** Incorrecto. Lo adecuado es *acefalía*.

acefalía, acefalismo, acéfalo, aceifa, aceitada, aceitar, aceitazo.

aceite «Aceite de castor.» Es incorrecto, y debe sustituirse por «aceite de ricino». Se usa aquella expresión especialmente en América.

aceitera, aceitería, aceitero, aceitoso, aceituna, aceitunado, aceitunero.

aceituno El árbol que da la aceituna es el *olivo* o *aceituno*.

acelajado, aceleración, acelerado, acelerador.

aceleramiento Admitido, aunque la Academia prefiere el término *aceleración*.

acelerar, aceleratriz, acelerón (no *reprise*), **acelga, acémila, acemilería, acemilero, acemita, acemite, acendrado, acendramiento.**

acendrar Uso de preposiciones: Acendrarse (la virtud) *con, en* las pruebas.

acensuado, acensuador.

acento Puede ser *prosódico* (mayor intensidad con que se pronuncia una sílaba) u *ortográfico* (tilde, signo o rayita oblicua). En castellano sólo se emplea actualmente el acento ortográfico *agudo* (de derecha a izquierda). En otras lenguas se usan el *grave* (de izquierda a derecha) y el *circunflejo* (^). *Aguda* es la palabra cuyo acento prosódico recae en la última sílaba: valor, canción. *Grave* o *llana* cuando recae en la penúltima sílaba: antes, ánsar. *Esdrújula* cuando recae en la antepenúltima sílaba: zángano, pústula. Las voces *agudas* se acentúan ortográficamente cuando terminan en *vocal, n o s*: salió, corazón, obús. Las *graves*, cuando NO terminan en *vocal, n o s*: ángel, dátil, ámbar, Cádiz, Sánchez (se exceptúan bíceps, tríceps, fórceps). Las *esdrújulas* y *sobredrújulas* se acentúan todas: cántaro, tímpano, cómpraselo. Se coloca un acento para deshacer un diptongo: laúd, sonríe, conseguía, saúco. (V. *diptongo*.) Los monosílabos no se acentúan: fue, vio, dio, te, mi, a, o, etc., exceptuando cuando se trata de palabras con una sola fonía y dos sentidos o dos funciones: de, dé; te, té; mi, mí; etc. (V. *cada una de las voces correspondientes*.)

acentuación, acentuadamente, acentual.

acentuar(se) Es incorrecto cuando se usa en vez de *intensificar, aumentar*: «*Acentuó* el volumen de su voz.» Debe decirse «*aumentó* (intensificó) el volumen de su voz.»

aceña, aceñero.

-áceo Sufijo de adjetivos que denotan semejanza, pertenencia o aproximación: *farináceo, coriáceo, herbácea*.

acepción Sentido o significado en que se toma una palabra o una frase: «La primera acepción de ese artículo.»

acepillar, aceptable, aceptación, aceptar, acepto, acequia, acequiero, acera, acerado, acerar, acerbamente, acerbidad.

acerbo Significa «áspero al gusto; cruel, riguroso, desapacible». No confundir con *acervo*: «Bienes que pertenecen en común a muchos.»

acerca Uso de preposiciones: Acerca *de* lo dicho. No debe prescindirse de esa preposición, en este caso, pues se cae en incorrección.

acerca de Modo adverbial en que *acerca* se escribe junto: «Trataron *acerca* de la situación.» En cambio, *a cerca de* consta de una preposición, un adverbio y otra preposición, en cuyo caso *acerca* se escribe separado: «El número de víctimas asciende *a cerca de* doscientas.»

acercador, acercamiento.

acercar(se) Uso de preposiciones: Acercarse *a* la ciudad.

acerería Entre *acería* y *acerería*, la

Academia prefiere el segundo término, aunque acepte los dos como correctos. Ambos significan «fábrica de acero».

acería V. *acerería*.

acerico, acernadar, acero, acerola, acerolo.

acérrimo Superlativo de *acre* (muy fuerte o tenaz): «Acérrimo defensor de una doctrina.»

acerrojar, acertado, acertante.

acertar Verbo transitivo irregular. INDICATIVO. *Presente:* acierto, aciertas, acierta, acertamos, acertáis, aciertan. *Pret. imperfecto:* acertaba, etc. *Pret. indefinido:* acerté, etc. *Futuro imperfecto:* acertaré, etc. POTENCIAL: acertaría, etc. SUBJUNTIVO. *Presente:* acierte, aciertes, acierte, etc. *Pret. imperf.:* acertara o acertase, etc. IMPERATIVO: acierta, acertad. PARTICIPIO: acertado. GERUNDIO: acertando.

acertijo, aceruelo.

acervo No confundir con *acerbo* (véase).

acescencia, acetábulo, acetaldehído, acetato, acético, acetificar, acetileno, acetímetro, acetona, acetoso, acetre, acetrinar, acezante, acezar, acezo, aciago, acial, aciano, acíbar, acibarar, acicalado, acicalamiento, acicalar, acicate, acicatear, acicular, acidaque, acidez, acidia, acidificar, acidímetro, acidioso, ácido.

*ácidorresistente Incorrecto. Este vocablo (admitido por la Academia) se escribe hoy sin acento (acidorresistente), al contrario de lo que se hacía antes.

acidosis, acidular, acierto, ácigos, aciguatado, acije, acimboga, acimentarse.

ácimo La Academia admite *ácimo* y *ázimo*, si bien prefiere la segunda grafía. Se usa en la expresión «pan ázimo».

acimut También es correcto *azimut*, pero se prefiere la primera grafía. El plural es *acimutes*, no *acimuts*.

acimutal, acinesia, ación, acipado, acirate, acitrón, aclamación, aclamador, aclamar, aclaración, aclarar(se).

aclararse «No me aclaro» es vulgarismo por «no lo entiendo», «no comprendo».

aclaratorio, aclarecer, aclavelado, acle, acleido, aclimatación.

aclimatar «Aclimatarse a la vida de casado» es barbarismo por «acostumbrarse a la vida de casado». *Aclimatar* es «acostumbrarse o desarrollarse en zona distinta a la de origen».

aclocar, aclorhídrico.

acmé Es femenino, pero se emplea con el artículo *el* (V. *arma*.) El plural sería *las acmés* y *unas acmés*. Tan sólo se admite con el significado médico de «período de mayor intensidad de una enfermedad». Por influjo del inglés, se utiliza a veces como *apogeo, cima*, lo cual es incorrecto. No confundir con *acné* (v.).

acné También admite *acne* (con acentuación grave) la Academia. No confundir con *acmé* (v.). *Acné* es una enfermedad de las glándulas sebáceas de la piel.

-aco Sufijo que tiene sentido despectivo (*libraco*), o gentilicio (*austriaco*).

acobardar, acobijo, acoceamiento, acocear, acocharse, acochinar, acodadura, acodalar, acodar, acoderar, acodiciar, acodillar, acodo, acogedizo, acogedor.

acoger(se) Uso de preposiciones: Acoger *en* casa; acogerse *a* una protección.

acogida, acogimiento, acogollar, acogotar, acojinamiento, acojinar, acolada, acolar, acolchado, acolchar, acolitado, acólito, acollar, acollarar, acollonar, acometedor.

acometer Uso de preposiciones: Acometido *de* un accidente; a. *por* la espalda.

acometida, acometimiento, acometividad, acomodación, acomodado, acomodador, acomodamiento.

acomodar(se) Uso de preposiciones: Acomodarse *a, con* otro dictamen; a. *de* criado.

acomodaticio La Academia prefiere *acomodadizo*, aunque acepta ambas voces.

acomodo, acompañado, acompañamiento.

acompañanta Es correcto decir *la acompañanta* cuando se refiere a una «mujer que acompaña a otra» y a la que «ejecuta el acompañamiento musical». En otros casos es *la acompañante*.

acompañante, acompañar, acompasado, acompasar.

acomplejar Se admite esta voz con el sentido de «causar o padecer un complejo psíquico».

acomunarse.

aconchabarse *(Amér.)* Apañarse, acomodarse.

aconchadillo, aconchar, acondicionador.

*a condición que «Ven, a condición *que* trabajes.» Lo correcto es escribir «ven, a condición *de que* trabajes».

acondicionar La Academia admite la expresión *aire acondicionado*. También se acepta *acondicionar*, como «obtener la presión, temperatura y humedad del aire convenientes» en los aviones que vuelan a gran altura. Como sinónimo de *acondicionar*, se da *climatizar*, lo cual se define igual que *acondicionar*, pero generalizándolo a interiores de edificios, aviones y vagones de ferrocarril. Igualmente se aceptan *climatización* y *acondicionador* (aparato).

acondroplasia, acongojante, acongojar, aconitina, acónito, aconsejable, aconsejador.

aconsejar(se) Uso de preposiciones: Aconsejarse *de, con* expertos.

aconsonantar, acontecedero.

acontecer Verbo impersonal. Se conjuga como *agradecer* (v.). Únicamente se emplea en el infinitivo y en la tercera persona de todos los tiempos. Uso de preposiciones: Acontecer *a* todos lo mismo; a. *con* todos lo mismo.

acontecimiento, acopar, acopetado, acopiar, acopio, acoplamiento, acoplar, acoquinamiento, acoquinar, acorar, acorazado, acorazamiento, acorazar, acorazonado, acorchado, acorchamiento, acor-

charse, acordada, acordado, acordanza.

acordar(se) Verbo irregular. Se conjuga como *contar* (v.). Uso de preposiciones: Acordar (la voz) *con* un instrumento; acordarse (pactar) *con* los contrarios. El ejemplo «*acordar* una recompensa» es incorrecto. Debe ponerse «*conceder* (otorgar) una recompensa».

acorde, acordelar, acordemente, acordeón, acordeonista, acordonado, acordonamiento, acordonar, acores, acornear, ácoro, acorralamiento, acorralar, acorrer, acorrimiento, acorro, acortamiento.

acortar Uso de preposiciones: Acortar *de* palabras (el discurso).

acosador, acosamiento.

acosar Uso de preposiciones: Acosado *de* los perros.

acosmismo, acoso, acostamiento.

acostar Verbo irregular. Se conjuga como *contar* (v.).

acostumbrar «Acostumbra a venir temprano» es frase incorrecta. Cuando *acostumbrar* significa *soler*, debe prescindirse de la preposición *a*: «Acostumbra venir temprano.» Este uso, sin embargo, está muy difundido. Si el verbo es transitivo, sí debe colocarse la preposición *a*: «Acostumbró al perro *a* saltar.»

acotación, acotada, acotamiento.

acotar Admitida la acepción de «poner notas o acotaciones a un texto». Antes sólo era *reservar, limitar*.

acotiledón, acotiledóneo, acotillo, acoyundar, acoyuntar, acoyuntero, acracia, ácrata, acrático.

acre En la acepción de «áspero y picante al gusto y al olfato» el superlativo de *acre* es *acérrimo*. Uso de preposiciones: Acre *de* condición.

acrecencia, acrecentamiento.

acrecentar Verbo irregular que se conjuga como *acertar* (v.).

acrecer Verbo irregular que se conjuga como *agradecer* (v.).

acrecimiento.

acreditado Uso de preposiciones: Acreditado *en, para* su oficio.

acreditar(se) Uso de preposiciones: Acreditarse *con, para* con alguno; a. *de* inteligente.

acreditativo.

acreedor Uso de preposiciones: Acreedor *a* la confianza; a. *del* Estado.

acremente, acrescente, acrianzar, acribadura, acribar, acribillar, acrilato.

acrílico Admitido. Cierto producto industrial.

acriminación, acriminar, acrimonia.

***acrimonía** Lo correcto es *acrimonia*, palabra grave, con acento prosódico sobre la *o*.

acriollado, acriollarse, acrisoladamente, acrisolado, acrisolar, acristalar, acristianado, acristianar, acritud.

acroamático «Modo de enseñar por medio de narraciones.» No confundir con *acromático* (v.).

***acrobacía** Es incorrección muy difundida. Lo correcto es *acrobacia*, palabra grave.

acrobacia, acróbata, acrobático, acrobatismo, acrofobia, acroleína.

acromático Dícese del sistema óptico que no produce irisaciones. No confundir con *acroamático* (v.).

acromatismo, acromatizar, acromegalia, acromial, acromion, acrónico, acrónimo, ácrono.

acrópolis Escribir *el acrópolis* es incorrecto. Debe escribirse *la acrópolis*, porque es palabra del género femenino. Va con minúscula cuando se refiere en general al «sitio más alto y fortificado de las ciudades griegas». Con mayúscula cuando alude en especial a la de Atenas: «La Acrópolis no está reconstruida.» No varía en plural.

acróstico Composición poética en que las letras iniciales, medias o finales de cada verso forman una palabra o una frase.

acrotera V. *acrótera*.

***acrótera** Es incorrecto. Se escribe *acrotera*, con acentuación grave, cuando designa a cualquiera de los pedestales que rematan los frontones y sobre los cuales se colocan estatuas u otros adornos.

acta Se escribe con mayúscula cuando se refiere a un documento específico: «El *Acta* de Chapultepec.» Con minúscula en caso contrario: «El secretario redactó el *acta* de las sesiones.»

actinia Es femenino: la actinia.

actínico, actinio.

actin-, actino- Prefijo que en griego significa «rayo de luz». Se refiere a las radiaciones luminosas: *actinómetro*.

actinógrafo, actinometría, actinómetro, actinomices, actinomicosis, actinomorfa, actinota, actitud, activación, activamente, activar, actividad.

activista Admitido por la Academia como «agitador político».

activo, acto, actor.

actora Es la mujer que demanda en un juicio. La que actúa en cine, teatro o televisión se llama *actriz*.

actriz, actuación, actual, actualidad, actualización, actualizador, actualizar, actualmente, actuante.

actuar Verbo regular. La *u*, cuando es tónica, se acentúa: actúo, actúe, actúen, etc. En los otros casos va sin acento, pero nunca forma diptongo con la vocal que la sigue: actuaba, actué, actuabais. Uso de preposiciones: Actuar *en* los negocios.

actuaria, actuarial, actuario, acuadrillar.

***acuanauta** No está admitida por la Academia. Se aceptan *buceador* (nombre oficial usado por la Marina) y *hombre rana*.

acuarela, acuarelista.

acuario Va con mayúscula cuando se refiere al signo del Zodíaco, o a una constelación del firmamento. Con minúscula cuando alude a un «depósito de agua para animales o vegetales acuáticos». Es incorrecta la voz *acuarium*.

***acuarium** Incorrecto. V. *acuario*.

acuartelamiento, acuartelar, acuartilla, acuático, acuatizaje.

acuatizar Voz admitida por la Academia, que la define como «posarse un hidroavión en el agua». También acepta la voz *acuatizaje:* «Acción y efecto de *acuatizar.*» (V. *amarizar*).

acubilar, acucia, acuciador, acuciamiento, acuciante, acuciar, acuciosamente, acuciosidad, acucioso, acuclillarse, acuchillado, acuchillar, acudimiento.

acudir Uso de preposiciones: Acudir *al* remedio; acudir *con* el remedio.

acueducto.

a cuenta «Hizo el trabajo *a cuenta* de la casa.» Frase incorrecta; debe ser «hizo el trabajo *por cuenta* de la casa», ya que *a cuenta* es lo que se recibe en concepto de anticipo.

ácueo.

acuerdo Debe ir con mayúscula cuando alude a un pacto o documento: «El *Acuerdo* de Ginebra.» En cambio, «llegaron a *un acuerdo*».

acuicultura, acuífero, acuitar, aculado, acular, acumen, acumulable, acumulación, acumulador, acumulamiento, acumular, acumulativo, acunar, acuñación, acuñador, acuñar.

acuo- Prefijo que denota la idea de *agua:* acuoso, acuosidad, etcétera.

acuosidad, acuoso.

acupuntura Admitido por la Academia como término médico.

acure, acurrucarse, acurrullar, acusación.

acusado «*Un acusado* interés por la ciencia.» Frase correcta. Se admite *acusado* con ese sentido, aunque es mejor *manifiesto, intenso, señalado.* Pero no es conveniente emplear del mismo modo *acusadamente,* o *acusar.*

acusador, acusamiento, acusante.

acusar En deportes se ha admitido recientemente el sentido de «reflejar la contundencia de un golpe recibido». No debe usarse como se especifica en *acusado* (v.). El verdadero significado de *acusar* es «delatar, denunciar». También es correcto decir «*acusar* recibo de una misiva». Uso de preposiciones: Acusar (a alguno) *ante* el juez; a. *de* una fechoría; acusarse *de* los pecados.

acusativo Uno de los seis casos de la declinación. Indica el complemento directo del verbo y puede llevar o no la preposición *a* según se refiera a personas o cosas: «Hemos encontrado *a* Enrique», «escribo un libro», «cierro la ventana».

acusatorio, acuse, acusica, acusón, acústica, acústico, acutángulo, achabacanar, achacar, achacoso, achaflanar, achampanado.

achampañado «Bebida que imita al vino de Champaña.» También es correcta la voz *achampanado,* aunque se prefiere la primera.

achanta, achaparrado, achaparrarse, achaque, acharar, acharolar, achatamiento, achatar, achernar, achicadura, achicar, achicoria, achicharrar.

*Achilles Esta voz del inglés debe traducirse al español por *Aquiles.*

achinado (a), achique, achiquillado, ¡achís!, achispar.

-acho, -acha Sufijo despectivo: *mamarracho, hilacha.*

achocolatado, achubascarse.

achuchar La Academia califica esta voz como «familiar», pero es más bien vulgar, y resulta preferible escribir *empujar* (una persona a otra), o *estrujar.* Lo mismo puede decirse de *achuchón:* empujón.

achulado, achulaparse, achularse.

ad- Prefijo que tiene el valor de *a* *(adjunto),* o que denota proximidad *(adyacente).* En locuciones latinas que se utilizan en castellano, se emplea aislado: *ad libitum* (v.), *ad hoc* (v.).

A. D. Abreviatura que significa *Anno Dómine:* en el año del Señor. Luego «1300 A. D.» es «1300 después de J. C.».

adagio Voz italiana admitida por la Academia; significa «con movimiento lento». También es la parte de una composición musical que debe ejecutarse con ese movimiento. Además, es una sentencia breve de carácter moral.

adaguar, adalid.

*Adam Debe escribirse *Adán,*

cuando se refiere al primer hombre creado por Dios.

adamado, adamantino, adamarse.

*adamasquinado Incorrecto. Debe usarse *damasquinado*, cuando se alude a un «trabajo de embutido de metales finos».

adámico, adamita, Adán, adánico, adaptabilidad, adaptable, adaptación, adaptador.

adaptar(se) Uso de preposiciones: Adaptarse *a* las costumbres.

adaraja, adarce, adarga, adarme, adarve.

ad astra Locución latina que significa «hasta las estrellas».

ad calendas graecas Locución latina: «Por las calendas griegas»; denota un plazo que nunca ha de cumplirse.

*addenda Voz latina no incorporada al Diccionario académico, y que significa «lo que debe agregarse». Suele emplearse como femenino: *la addenda*.

adecenamiento, adecenar, adecentar, adecuación, adecuadamente.

adecuado Uso de preposiciones: Adecuado *al* asunto.

adecuar, adefagia, adéfago.

adefesio V. *ad efesios*.

ad efesios Locución latina admitida, que significa «disparatadamente», «saliéndose del asunto». Lógicamente, no debe confundirse con *adefesio*, que significa «despropósito, disparate, extravagancia».

adehala, adelantadamente, adelantado, adelantamiento.

adelantar(se) Uso de preposiciones: Adelantar *en* la carrera; adelantarse *a* otro; a. *en* algo.

adelante es un adverbio de lugar que significa «más allá»: «Debemos continuar *adelante*.» Es vulgarismo usar *alante* en vez de *adelante*. Asimismo es incorrecto escribirlo separado: «continuar *a delante*». Es igualmente adverbio de tiempo, con preposición: «*Para* más *adelante*»; «*de aquí en adelante*».

adelanto, adelfa, adelgazamiento, adelgazar, ademán.

además Adverbio que significa «a más de esto o aquello». No debe escribirse separado: «*A demás* estaba Juan.» Uso de preposiciones: Además *de* lo referido.

Adén Antiguo protectorado británico, golfo del mar Arábigo y capital de Yemen del Sur. Es incorrecto escribirlo sin acento, por influencia extranjera: Aden.

aden-, adeno- Prefijo que significa *glándula* en griego: *adenitis, adenoideo.*

*adenóideo Es incorrecto. La voz es grave, con acento fonético en la última *e*, y debe escribirse sin tilde: *adenoideo* (vegetación adenoidea). Se admite *adenoides* (hipertrofia del tejido ganglionar de la rinofaringe).

adenología, adenoma, adenopatía, adentellar, adentrarse.

adentro Adverbio de lugar, indica *a lo interior*, o *en lo interior*: «Me voy *adentro*.» Da idea de movimiento. También acompaña a sustantivos: tierra *adentro;* mar *adentro*. No debe escribirse separado.

adepto, aderezamiento, aderezar, aderezo, adeudar, adeudo, adherencia.

adherente No es correcto usar esta voz con el significado de *adherido, adicto, afiliado*. «*El adherente* a la nueva causa»; debe ser «*el adicto* a la nueva causa».

adherir(se) Verbo irregular que se conjuga como *sentir* (v.). Uso de preposiciones: Adherirse *a* un dictamen.

adhesión, adhesivo.

ad hoc Locución latina que significa «para esto» y se aplica a lo que se dice o se hace sólo para un fin determinado: «Un aparato *ad hoc*.»

ad honorem Locución latina que equivale a *honorario*, y con la que se designa al componente de un organismo o corporación que no ejerce ni percibe sueldo: «Miembro *ad honorem* de la Academia.»

adiabático, adiaforesis, adicción, adición, adicional, adicionar, adic-

tivo, adicto, adiestrador, adiestramiento.

adiestrar(se) Uso de preposiciones: Adiestrarse *en* la lucha; a. *a* esgrimir.

adietar, adinamia, adinámico, adinerado, adinerar.

ad infinitum Locución latina que significa «hasta el infinito» y se aplica cuando se alude a algo «sin fin, ilimitado»: «El proceso continuó *ad infinitum*». No figura en el Diccionario de la Academia.

ad ínterim Locución latina cuyo significado es «interinamente, provisionalmente»: «Ocupó la cátedra *ad ínterim*.» No aparece relacionada en el Diccionario de la Academia.

adiós Se escribe en una palabra, como interjección: «¡adiós, muchachos!», o como sustantivo: «El *adiós* de los viajeros.» Los *adioses*, en cambio, es incorrecto. Se escribe separado cuando es preposición y sustantivo: «*a Dios* rogaba.»

adipo- Prefijo derivado del latín *adeps*: grasa *(adipocira, adiposidad).*

adipocira, adiposidad, adiposis, adiposo, adipsia, aditamento, aditicio.

aditivo La acepción «sustancia que se añade a otra para mejorar sus cualidades» es nueva.

adive, adivinación, adivinador, adivinanza, adivinar, adivinatorio, adivino, adjetivación, adjetival, adjetivar.

adjetivo Es la parte de la oración que se une al sustantivo para calificarlo o determinarlo. Así, se divide en *calificativo* (alegre, triste, grande, pequeño) y *determinativo* (poco, mucho, veinte, cuarenta). Los determinativos, a su vez, se dividen en *numerales*, que pueden ser *cardinales* (uno, diez, mil), *ordinales* (primero, décimo, milésimo); *partitivos* (tercio, quinto), y *múltiplos* (cuádruple, quíntuple). *Posesivos* (mi, su, etc.), *demostrativos* (este, ese, aquel), *indefinidos* (algún, alguna, etc.), *interrogativos* (qué, cuántos, etc.); *exclamativos* (qué, etc.). De acuerdo con su composición, los adjetivos se dividen en *primitivos* (blando), *derivados* (blanduzco), *simples* (dulce), *compuestos* (agridulce), *aumentativos* (grandón), *diminutivos* (pequeñito), *gentilicios* (leonés), *despectivos* (pequeñajo) y *superlativos* (blanquísimo, celebérrimo).

adjudicación, adjudicador.

adjudicar «El autor se *ha adjudicado* el primer premio.» Es incorrecto; debe decirse «el autor *ha conseguido* (obtenido) el primer premio». Adjudicar significa «conferir, otorgar», pero no «lograr, obtener».

adjudicatario, adjunción.

adjuntar «*Adjunto* le envío la factura.» Este uso del verbo *adjuntar* era incorrecto, pero ha sido aceptado por la Academia.

adjunto, adjutor, adjutorio.

adlátere Admitido; en su lugar también puede emplearse *alátere*, o *a látere*, ambos admitidos. Suele usarse de forma despectiva: «Llevaba un *adlátere* a todas partes.»

ad líbitum Locución latina que significa «a gusto, a voluntad». Se acentúa, como todas las locuciones latinas incluidas en el léxico de la Academia, si así lo requiere su pronunciación castellana.

administración Uso de mayúsculas: Se escribe con mayúscula cuando significa «Gobierno»: «la Administración estudiará el proyecto.» En otros casos va con minúscula: «la administración de la empresa hullera».

administrador Abreviatura: adm.^{or}.

administrar, administrativo, admirable, admirablemente.

admiración (signo de) «¡Ah!, qué aroma.» Debe escribirse «¡Ah, qué aroma!», pues toda la frase tiene sentido de admiración. «Alto!» Es uso extranjero el colocar sólo el signo después de la cláusula o palabra que expresan admiración, queja o lástima. Debemos situarlo antes y después de las palabras: «¡Alto!»

admirador, admirar, admirativo, admisible, admisión.

admitir Uso de preposiciones: Admitir *en* cuenta.

admixtión, admonición, admonitor, admonitorio, adnato.

-ado Entre otras cosas, este sufijo denota: dignidad *(obispado, ducado)*, semejanza *(perlado)*, duración *(invernada, reinado)*, etc.

adobar, adobe, adobo, adocenado, adocenar, adoctrinamiento.

adoctrinar Es preferible el uso de *doctrinar*, aunque el primero también es correcto.

adolecer Verbo irregular, que se conjuga como *agradecer* (v.). Uso de preposiciones: Adolecer *de* alguna enfermedad. «Adolecer *de* novedad», es incorrecto. Debe ser «adolecer *de falta* de novedad.»

adolescencia, adolescente, adolorido, adomiciliar.

*****Adonái** Incorrecto. Este nombre, que dan los hebreos a la Divinidad, debe escribirse preferentemente *Adonay* (voz grave), o bien *Adonaí*.

Adonaí, adonarse, Adonay.

adonde Se acentúa cuando indica a qué parte: ¿*adónde* vas? No se acentúa cuando indica a la parte que: el hotel *adonde* iba. Se escribe en dos palabras si no se expresa el antecedente: iba (al hotel) *a donde* le llevaban.

adondequiera Es correcto, pero la Academia prefiere la voz *dondequiera*. No debe escribirse *a dondequiera*.

adonis Con minúscula, porque es, en general, un «mancebo hermoso». El personaje mitológico debe escribirse con mayúscula: *Adonis*.

adopción, adoptante.

adoptar Uso de preposiciones: Adoptar *por* hijo.

adoptivo, adoquín, adoquinado, adoquinar, adorable, adoración, adorador, adorar, adoratorio.

adoratriz Sólo se usa para designar a cierta religiosa de votos simples. Para designar a la mujer que adora se dice *adoradora*.

adormecer Verbo irregular, que se conjuga como *agradecer* (v.).

adormecimiento, adormidera, adormilarse, adornamiento.

adornar Uso de preposiciones: Adornar *con* tapices; adornar *de* tapices.

adorno, adosar, adovelado.

ad pédem lítterae Nótese la grafía que usa la Academia, con acentos y doble *t*. Esta locución latina significa «al pie de la letra».

ad perpétuam Locución latina que significa «para perpetuar».

ad quem Quiere decir «a quien, ante quien». Es expresión latina forense que se emplea en la frase «juez *ad quem*», juez ante quien se hace una apelación.

adquirente, adquirible, adquiridor.

adquirir Verbo irregular, que se conjuga en sus tiempos irregulares del modo siguiente: INDICATIVO. *Presente:* adquiero, adquieres, adquiere, etc. SUBJUNTIVO. *Presente:* adquiera, adquieras, adquiera, etc. IMPERATIVO: adquiere, adquiera, etc. La frase «obligación *adquirida*» es incorrecta. Debe decirse «obligación *contraída*».

adquisición, adquisitivo.

adra Voz femenina, pero que lleva el artículo *el*, o *un*, como *arma* (v.). Pero en plural se escribe *las* adras, *unas* adras.

adragante, adral.

adrede «Lo hizo *a drede*» es incorrecto. Debe escribirse siempre en una palabra, *adrede*.

ad referéndum Locución latina que significa «con la condición de informar» (y ser aprobado por el superior). Úsase en convenios diplomáticos y votaciones populares sobre proyectos de ley.

adrenal, adrenalina, Adriático, adrizamiento, adrizar, adscribir, adscripción, adscrito, adsorber.

adsorción En física, es la fijación superficial de una sustancia fluida en un sólido. No debe confundirse con *absorción*.

aduana Debe escribirse con minúscula: «La *aduana* está en la frontera.»

aduanero, aduar, adúcar.

aducción No confundir con *abducción* (v.).

*aducí Yo aducí, barbarismo por yo aduje. (V. aducir.)

aducir Verbo irregular que se conjuga como conducir (v.).

aductor, adueñarse, aduja, adujar, adulación, adulador, adular, adulatorio, adulón, adulteración, adulterador, adulterar, adulterino, adulterio, adúltero, adulto, adultez, adumbrar, adunar, adunco, adustez, adusto.

ad valórem Locución latina que significa «con arreglo al valor», como los derechos arancelarios que pagan ciertas mercancías.

advenedizo, advenimiento, advenir, adventicio, adventismo, adventista, adverar, adverbial.

adverbio Parte invariable de la oración que califica o determina la significación del verbo o de otra palabra calificativa o atributiva. Modifica al verbo (sale pronto), al adjetivo (poco bondadoso), a otro adverbio (muy astutamente). Hay adverbios de lugar (cerca, aquí), de tiempo (ayer, siempre, mientras), de modo (mal, rápido, serenamente), de cantidad (poco, muy, bastante), de orden (primeramente), de afirmación (sí), de negación (no), de duda (quizá, acaso), superlativos (malísimamente), diminutivos (prontito), comparativos (mejor). Para recordar la ortografía de la palabra adverbio téngase en cuenta la voz verbo.

adversario.

adversativa Conjunción adversativa es aquella que, como pero, sino, mas, etc., denota oposición o diferencia entre la frase que precede y la que sigue: «Eran muchos, pero tenían miedo», «eran muchos, mas tenían miedo.»

adversativo, adversidad, adverso, advertencia, advertido.

advertir Verbo irregular que se conjuga como sentir (v.).

adviento, advocación, adyacente, Aecio.

aeda Es preferible usar aedo (cantor épico de la antigua Grecia).

aedo V. aeda.

aéreo.

*aereolito Incorrecto; es aerolito.

*aereonáutica Incorrecto; es aeronáutica.

*aereoplano Incorrecto; es aeroplano.

*aereopuerto Incorrecto; es aeropuerto.

aerífero, aeriforme.

aero- Prefijo que forma algunas voces cuyo significado es aire (aeroplano, aeronauta).

*aerobic Aerobio, ejercicio respiratorio.

aerobio, aerodinámica, aerodinámico.

*aerobús Aunque no está admitida por la Academia, es preferible a usar airbus, que ya se lee y se oye a menudo.

*aerodromo La voz correcta es aeródromo, con acentuación esdrújula, y no grave.

*aerofagía Incorrecto. Es aerofagia.

aerofaro, aerofobia, aerófobo(ba), aerofotografía, aerograma, aerolínea, aerolito, aeromancia (1), **aeromancía** (2).

aerómetro Instrumento para medir la densidad del aire. No confundir con areómetro: instrumento para determinar el peso específico de los líquidos.

aeromodelismo, aeromóvil.

*aeromoza Es incorrecto, pues existe la palabra azafata, admitida por la Academia.

aeronauta, aeronáutica, aeronáutico, aeronaval, aeronave, aeronavegación.

*aerópago Debe escribirse areópago, de Ares, dios de la guerra.

aeroplano, aeropostal, aeropuerto.

aerosol Voz admitida por la Academia; significa «suspensión en un medio gaseoso de una sustancia pulverizada». No es, pues, el recipiente, que se llama atomizador o pulverizador. En ningún caso debe decirse spray.

aerostación, aerostática, aerostático.

*aerostato «El aerostato ascendió rápidamente.» Incorrecto. Se debe decir aeróstato (voz esdrújula).

aeróstato, aerotecnia, aerotécni-

co, aeroterapia, aeroterrestre, aerotransportar, aerovía, aeta, afabilidad.

*a expensas mías Expresión incorrecta. Debe ser «a *mis* expensas», y del mismo modo, en vez de «a expensas *tuyas*», es «a *tus* expensas», «a *sus* expensas», «a expensas *de ellos*».

afable Uso de preposiciones: Afable *con, para, para con* todos; a. *en* el trato.

*afaire V. *affaire.*

afamado, afamar, afán, afanador.

afanar Uso de preposiciones: Afanarse *en* la labor; a. *por* ganar.

afaníptero, afanoso, afarolado, afasia, afeamiento, afear, afección.

*afeccionado Galicismo por *querido, afectuoso, aficionado.*

afeccionar, afectación.

afectado Significa «fingido», «aparente», «falto de naturalidad». Se admite como «aquejado»: «Estoy *afectado* de una dolencia.» (V. *afectar.*)

afectar «El edificio *afectaba* un aspecto desastroso», es incorrecto. Debe sustituirse por *presentaba, poseía.* (V. *afectado.*)

afectísimo Uso de abreviaturas: afmo., af.^{mo}.

afectividad, afectivo.

afecto Uso de preposiciones: «Afecto (destinado) *al* Ministerio de Obras Públicas.» «Siente afecto *a, hacia* sus padres.»

afectuosidad, afectuoso, afeitada.

afeitado *El afeitado* y *la afeitada* son términos correctos, aunque la Academia da preferencia al primero. Es la «acción de afeitar o raer la barba».

afeitador, afeitadora Son las personas que quitan la barba o el vello a las demás. No están admitidos como «máquinas de afeitar».

afeitar, afeite, afelio, afelpado, afelpar, afeminación, afeminado, afeminamiento, afeminar.

aferente V. *eferente.*

aféresis Consiste en la supresión de uno o varios sonidos al comienzo de una palabra, como *norabuena* por *enhorabuena.*

aferrador, aferramiento.

aferrar(se) Verbo irregular, que se conjuga como *acertar* (v.). Uso de preposic.: Aferrarse *a, con, en* su punto de vista.

*affaire Voz francesa; dígase *asunto, negocio; escándalo, caso.*

*affiche Voz francesa; dígase *letrero, cartel.*

Afganistán El natural de este país se llama *afgano.* Es incorrecto escribir *Afghanistan.*

afgano, afianzamiento.

afianzar(se) Uso de preposiciones: Afianzarse *en, sobre* los estribos.

afición «La *afición* estalló en aplausos.» Es correcto; admitido por la Academia el significado de «conjunto de personas aficionadas a una fiesta o deporte».

aficionado «El que practica un deporte sin remuneración, a diferencia del profesional.» Nunca debe decirse *amateur* (v.). También es «el que siente afición por un espectáculo y asiste con frecuencia a él».

aficionar(se) Uso de preposiciones: Aficionarse *a* alguna persona; a. *a* caminar.

*afiche V. *affiche.*

*afidávit Es anglicismo por *declaración jurada, testimonio, certificación.*

afiebrarse.

afijo Parte de la palabra que modifica el significado de la misma. Los *prefijos* van al principio, los *sufijos* al final de esas palabras y los *infijos* en medio de las palabras. Prefijos: kilo-, agro-, mnemo-, etc. Sufijos: -able, -ezno, etc. Infijos: polv-ar-eda.

afilado(da), afilador, afiladora, afiladura.

afilalápices Admitido por la Academia. Es masculino.

afilar Uso de preposiciones: Afilar *en* la piedra; a. *con* el cuchillo. *(Amér.)* Cortejar, galantear.

afiliación, afiliado, afiliar, afiligranado, afiligranar.

afilio «Yo me *afilio* al sindicato.» Es preferible a decir «me *afilío*».

afín Se escribe en una palabra cuando es adjetivo y significa «pa-

recido»; «próximo», «contiguo»:
«Mi tesis es *afín* a la tuya.» Va separado en *a fin de* (para): «Vengo
a fin de...»

afinación, afinador, afinadura, afinamiento, afinar, afincado, afincamiento, afincar.

a fin de V. *afín.*

a fines de «Llega *a fines* de enero.» Es correcto, lo mismo que *a fines de,* con el mismo sentido.

afinidad, afino, afirmación, afirmado, afirmante.

afirmar(se) Uso de preposiciones: Afirmarse *en* lo dicho.

afirmativa, afirmativo, aflamencado, aflato, aflautado, aflautar, aflechado, aflicción, aflictivo.

afligido Uso de preposiciones: Afligido *de, por, con* lo que contemplaba.

afligir, aflojamiento.

aflojar Uso de preposiciones: Aflojar *en* los estudios.

afloramiento, aflorar, afluencia.

afluente Uso de preposiciones: Afluente *en* palabras.

afluir Verbo irregular, que se conjuga como *huir* (v.).

aflujo, afluyente, afofarse, afogar, afollado.

afollar Verbo irregular, que se conjuga como *contar* (v.).

afonía, afónico, áfono, aforador, aforamiento

aforar Verbo irregular, que se conjuga como *contar* (v.).

aforisma, aforismo, aforístico, aforo, aforrar, aforro.

a fortiori Locución latina que significa «con mayor motivo», «con mayor razón»; «después de examinado».

afortunado «Halló un concepto *afortunado*». Incorrecto, lo mismo que cuando se trata de «sentencias», «palabras» o «frases». En este caso corresponde escribir «halló un concepto *acertado (oportuno, adecuado, feliz)*».

afoscarse, afrancesado, afrancesamiento, afrancesar, afrecho, afrenta.

afrentar Uso de preposiciones: Afrentar *con* denuestos.

afrentoso, afretado, afretar.

África «El *África negra...*» El artículo que corresponde a *África* es *el,* no *la.* (V. *arma.*)

africado Sonido que se articula en una oclusión y una fricación formadas rápida y sucesivamente, como la *ch* en *ocho.* La letra que se pronuncia así es *africada.*

africanismo, africanista, africanizar, africano, áfrico.

afro- Prefijo que significa «africano»: «ritmo *afrocubano*». *Afrocubano* no es término admitido. *Afroasiático* sí lo es.

afroasiático.

afrodisiaco, afrodisíaco Ambas acentuaciones son admitidas por la Academia, pero ésta prefiere *afrodisiaco.*

afronegrismo, afrontación, afrontado, afrontar, afta, aftoso, aftosa.

afuera «Salieron *afuera*.» Se escribe siempre en una palabra, e indica «fuera del sitio en que uno está». Expresa movimiento. No debe escribirse en dos palabras. No confundir con *fuera,* aun cuando sean sinónimos a veces: está *fuera.* En plural indica los «alrededores de una población»: «Nos mudamos a las *afueras.*»

afusión, afuste, agá, agachada, agachadiza, agachar, agachona, Aga Khan, agalactia, agalerar, agáloco, agalla, agallado, agallegado, agallón.

Agamenón Aunque es correcto asimismo *Agamemnón,* no suele emplearse en la actualidad.

ágape Es sinónimo de *banquete,* pero es mejor emplear esta última palabra.

Agar o **Agar-Agar, agarbanzado, agarbillar, agareno, agárico, agarrada, agarrado, agarrafar.**

agarrar(se) Uso de preposiciones: Agarrar *de, por* las orejas; agarrarse *de* un asidero.

agarro, agarrochar, agarrotar, agasajador, agasajar, agasajo.

ágata Lleva acentuación esdrújula y es del género femenino. A pesar de ello se le antepone el artículo *el* o *un* (excepto la *Ágata,* nombre propio). En plural, en cambio, es «*las ágatas*», «*unas ágatas*». (V.

arma.) El nombre propio *Agatha* es incorrecto en castellano. Se traduce por *Ágata* o *Águeda*.

agavanzo, agavillar, agazapar, agencia, agenciar.

agenda «Divulgado en la agenda de la junta.» Antes era incorrecto, pero ha sido admitida por la Academia la acepción de «relación de los temas que han de tratarse en una junta».

agenesia, agente, agerasia, agermanarse, Agesilao, agestado, agestarse, agestión, agibílibus, agigantar.

ágil Uso de preposiciones: Ágil *de* manos.

agílibus «Habilidad para procurarse lo que conviene.» Está admitida, pero más correcta es la voz *agibílibus*.

agilidad, agilización, agilizar, ágilmente, agio.

***agiornamento, *aggiornamento** Voz italiana que se traduce por «puesta al día», «actualización».

agiotaje, agiotista, agitación, agitador, agitanado, agitanar, agitar, aglomeración, aglomerar, aglutinación, aglutinante, aglutinar, agnación, agnado, agnaticio.

***Agnes** Nombre propio inglés de mujer, que en español es *Inés*.

agnosia, agnosticismo, agnóstico.

agnusdéi En una sola palabra y con acento en la última sílaba. Viene del latín *Agnus Dei* (cordero de Dios) y es un «objeto de devoción muy venerado, con la imagen del Cordero o de algún santo, y que bendice el Papa». También es una oración de la misa. A veces se escribe sólo *agnus*.

agobiado, agobiante.

agobiar(se) Uso de preposiciones: Agobiarse *con, de, por* los años.

agobio, agolpar, agolletar.

agon- Forma prefija que significa «lucha, pugna; agonía» *(agonista, agonizar).*

agonía, agónico, agonista, agonizante, agonizar.

ágora Es femenino, pero lleva los artículos *el* y *un*. (V. *arma.*) En plural, en cambio, es *las ágoras, unas ágoras.*

agorador, agorafobia.

agorar Verbo irregular que se conjuga como *contar* (v.).

agorero, agostamiento, agostar, agostero, agostizo, agosto, agotable, agotador, agotamiento, agotante, agotar.

agr-, agri-, agro- Formas prefijas que significan *campo (agricultura, agreste).*

agracejo, agracero, agraciado.

agraciar Uso de preposiciones: Agraciar *con* una medalla.

agradable Uso de preposiciones: Agradable *al, para* el olfato; a. *con, para, para con* ellas.

agradablemente, agradar.

agradecer Verbo irregular que se conjuga, en sus irregularidades, del modo siguiente: INDICATIVO. *Presente:* agradezco, agradeces, etc. SUBJUNTIVO. *Presente:* agradezca, agradezcas, etc. IMPERATIVO: agradezca, etc.

agradecido Uso de preposiciones: Agradecido *a* los beneficios; a. *por* los favores.

agradecimiento, agrado.

***agrafe** Es galicismo y debe sustituirse por *grapa, gancho, broche, gafa.*

agrafia, ágrafo, Agrajes, Agramante, agramar, agramilar, agramontés, agrandamiento, agrandar, agranujado, agrario, agrarismo, agravación, agravamiento.

agravante «El agravante» es incorrecto. Es femenino, y debe decirse *la agravante,* cuando se refiere a una circunstancia.

agravar(se), agravatorio, agraviador, agraviante.

agraviar Uso de preposiciones: Agraviarse *de* alguno; a. *por* una chanza.

agravio, agravioso, agraz, agrazón.

agredir Verbo irregular del que sólo se usan las terminaciones con vocal *i,* como *agredía, agredí, agrediré,* etc.

agregación, agregado, agreguría.

agregar(se) Uso de preposiciones: Agregarse *a* otros.

***agrément** Voz francesa que debe

traducirse por *acuerdo, convenio, contrato.*

agremiación, agremiar, agresión, agresividad.

agresivo Últimamente se viene empleando este término con el sentido de «dinámico, intenso, activo», pero es incorrecto.

agresor, agreste.

agri- V. *agr-*.

agriar Es más aconsejable escribir *yo agrio, tú agrias,* etc., que *yo agrío, tú agrías,* etc.

agrícola, agricultor, agricultura, agridulce, agrietamiento, agrietar, agrifolio, Agrigento, agrimensor, agrimensura, agrimonia.

agrio Uso de preposiciones: Agrio *al* gusto; a. *de* gusto.

***Agrippa** Es mejor escribir *Agripa,* referido al general romano.

***agriparse** Es incorrecto, lo mismo que *engriparse;* debe decirse «contraer la gripe».

agrisado, agrisetado.

agro- V. *agr-*.

agro, agronomía, agrónomo, agropecuario.

***a grosso modo** Es incorrecto decir «lo he calculado *a grosso modo*». Debe ser sin la preposición *a.* «Lo he calculado *grosso modo*».

agroquímica, agrumar, agrupable.

agrupación Se escribe con mayúscula cuando indica algún organismo público o privado: «La Agrupación de Corredores de Bolsa.» En este caso, y como se trata de una denominación, las demás letras suelen ir también con mayúscula.

agrupamiento, agrupar, agrura.

agua Si bien es femenino, lleva el artículo *el: el agua.* En los plurales y otros casos el artículo es femenino: *las aguas, unas aguas, la cristalina agua.* (V. *arma.*) Se admite: agua bendita, a. de Colonia, a. dulce, a. dura, a. fuerte, a. lluvia, a. mansa, a. mineral, a. mineromedicinal, a. nieve, a. pesada. a. termal, a. abajo, a. arriba.

aguacal, aguacate, aguacero, aguachar, aguachento.

aguachirle Es femenino, y en el artículo no se da el mismo caso que *agua* (v.). Es *la aguachirle.*

aguada, aguadero, aguador, aguaducho.

aguafiestas «Persona que turba cualquier clase de diversión.» Se escribe en una sola palabra.

aguafuerte Es masculino cuando designa el grabado. El plural es *aguafuertes: «Los aguafuertes* de Rembrandt.» Femenino cuando indica el ácido (y se admite separado: *agua fuerte*).

aguafuertista, aguagoma, aguaje, aguamanil.

aguamanos Es voz masculina: *El aguamanos, los aguamanos.*

aguamarina Es voz femenina, y con el artículo no se da el mismo caso que con *agua* y con *arma* (v.). Es «*la* aguamarina», «*una* aguamarina»; no «*el* aguamarina» ni «*un* aguamarina». Se escribe en una sola palabra.

aguamiel Es femenino: *la aguamiel, una aguamiel* (V. *arma.*)

aguanieve Femenino: *la aguanieve* (agua mezclada con nieve). La Academia admite la forma *agua nieve,* en dos palabras, aunque lo corriente es una palabra. No confundir con *aguanieves* (aguzanieves, un pájaro).

aguanoso, aguantable, aguantaderas, aguantar, aguante, aguapié, aguar, aguardada.

aguardar Uso de preposiciones: Aguardar *a* otro año.

aguardentero, aguardentoso.

aguardiente Es voz masculina: *El* aguardiente, *unos* aguardientes.

aguarrás Voz masculina: *El aguarrás.* El plural se forma añadiendo *es:* Unos *aguarrases.*

***aguatinta, aguaturma, aguaverde, aguaviento, aguaza, aguazal, agudeza, agudización.**

agudizar «Se *agudizó* el malestar entre los empleados.» Es una expresión incorrecta, pues *agudizar* tan sólo significa «hacer aguda una cosa», y «tomar carácter agudo una enfermedad». En el caso anterior debió decirse: «Se *agravó* el malestar entre los empleados.»

Águeda Le corresponde el artículo

la, aun cuando vaya en contra de la regla establecida para las palabras como *arma* (v.). Esto se debe a que la Academia determina que los nombres propios femeninos llevan siempre el artículo *la* aunque empiecen con *a* tónica, como en este caso. Así pues: *la Águeda, la Ángela*, etcétera.

agüelo, agüero.

aguerrido Uso de preposiciones: Aguerrido *en* combates.

aguerrir Verbo defectivo, se usan sólo las terminaciones que poseen *i: aguerrió, aguerriré*, etc.

aguijada, aguijadura, aguijar, aguijón, aguijonazo, aguijonear.

águila Es femenino, pero lleva el artículo *el: El águila*. En plural, en cambio, lleva *las, unas: Las águilas, unas águilas*. (V. *arma*.)

aguileño, aguilón, aguilucho, aguinaldo, aguja.

agujerar Es correcto, pero es preferible usar *agujerear*.

agujerear, agujero, agujeruelo.

agujeta Cuando se refiere a los dolores musculares, sólo se usa en plural: *las agujetas*.

¡agur! V. *¡abur!*

agusanarse, agustiniano, agustino, agutí, aguzadura.

aguzanieves Se escribe así tanto en singular como en plural. Es voz femenina: *la aguzanieves*.

aguzar, aguzonazo.

¡ah! Interjección que denota pena, admiración, sorpresa. Integra frases: «¡Ah, qué triste es el invierno!»

ahechadura, ahechar, ahecho, ahembrado, aherrojamiento, aherrojar, aherrumbrar.

ahí Adverbio que indica «en ese lugar, a ese lugar»: «*ahí* está el libro». Va acentuado en la última sílaba. No debe confundirse con *hay* ni con *ay*: «*Hay ahí* uno que dice *ay*.»

ahijado, ahijamiento, ahijar, ahilar.

ahínco Se acentúa como si no existiera la *h* entre la *a* y la *i*.

ahitar(se) Uso de preposiciones: Ahitarse *de* manjares.

ahíto V. *ahínco*.

ahobachonado, ahocicar, ahogadero, ahogado, ahogamiento.

ahogar(se) Uso de preposiciones. Ahogarse *de* calor; a. *en* poca agua.

ahogo, ahombrado, ahombrada.

a hombros La Academia admite las expresiones *a hombros* y *en hombros*, aunque prefiere la primera.

ahondamiento, ahondar, ahora, ahorcado, ahorcamiento, ahorcaperros.

ahorcar(se) Uso de preposiciones: Ahorcarse *de* un árbol.

ahorita, ahormar, ahorquillar, ahorrador, ahorrar, ahorrativo.

*ahorrista Aunque se emplea bastante, es palabra incorrecta. Debe usarse *ahorrador*.

ahorro, ahoyadura, ahoyar, Ahrimán, ahuchar, ahuchear, ahucheo, ahuecamiento, ahuecar, ahuesado, ahumado, ahumar.

ahúmo V. *ahínco*.

ahusado, ahusar.

ahúso V. *ahínco*.

ahuyentador, ahuyentar.

-aico Sufijo que indica gentilicios (*galaico*) y cualidad o condición (*algebraico, judaico*).

*Aileen Nombre inglés que corresponde al español *Elena*.

aimará Es el miembro de una raza de indios sudamericanos. Admitido *aimara*, también. El plural es *aimaraes*.

-aíno Sufijo de nombres de naturaleza (*bilbaíno*).

-aino, -aina Sufijo que forma sustantivos y adjetivos: *azotaina, tontaina*.

ainos Una raza de Japón. No es correcto escribir ni pronunciar *aínos*. El acento tónico va en la *a*.

aindiado, airado, airamiento, airar.

airo Así se conjuga y escribe el presente del indicativo del verbo *airar*: aíro, aíras, aíra, airamos, airáis, aíran.

*airbus Anglicismo. La Academia aún no ha admitido *aerobús*, pero es preferible éste al otro vocablo.

aire.

aire acondicionado Admitido por la Real Academia.

airear(se) El sentido de «dar publicidad a una cosa» está admitido.

airón, airoso, aislacionismo, aislacionista, aislado, aislador, aislamiento, aislante, aislar.

***Aix-la-Chapelle** V. *Aquisgrán.*

¡ajá! Interjección que se emplea para denotar complacencia, aprobación o atención.

Ajaccio, ajamiento, ajamonarse, ajar, ajardinamiento, ajardinar, ajaspajas.

***Ajax** Nombre propio inglés que corresponde al español *Áyax,* héroe griego de la guerra de Troya.

-aje Sufijo que expresa conjunto *(correaje),* acción y efecto *(abordaje),* derechos *(almacenaje, peaje).*

ajedrecista, ajedrecístico, ajedrez, ajedrezado, ajenjo.

ajeno Uso de preposiciones: Ajeno *a* su forma de ser.

ajeo, ajero, ajetrear, ajetreo.

ají «Variedad de pimiento muy picante.» Su plural es *ajíes.* No *ajís,* ni *ajises.*

ajiaceite «Composición hecha de ajos machacados y aceite.» También se admite la voz *alioli,* pero es más correcto emplear el término *ajiaceite.*

ajilimójili, ajillo, ajimez, ajironar, ajo.

-ajo Sufijo que denota un matiz despectivo *(espantajo, comistrajo)* o diminutivo *(pequeñajo).*

¡ajó!, ajoarriero, ajonjolí, ajorca, ajornalar, ajuar, ajustador, ajustamiento.

ajustar(se) Uso de preposiciones: Ajustarse *a* la razón; a. *en* las costumbres.

ajuste, ajusticiamiento, ajusticiar, Akaba.

-al Sufijo que en los sustantivos indica lugar en que hay cierta cosa *(arenal, robledal)* y en los adjetivos relación o pertenencia *(estatal, sindical.)*

al Contracción de la preposición *a* y el artículo *el.* «Fueron *al* hotel.» Pero se escribe «Fueron a *El Excelsior*», puesto que se trata del nombre de un rótulo comercial. Lo mismo sucede con los nombres propios de publicaciones, obras literarias y ciudades. «Llegamos *a* El Cabo» (no *al* Cabo). «Se suscribió a *El Economista*» (no al *Economista*). No suele hacerse esta distinción en el lenguaje hablado. Cuando se refiere a la partícula de nombres propios árabes, va con minúscula si está entre el nombre *(Harún al-Raschid),* y con mayúscula si figura al comienzo del mismo *(Al-Raschid).*

ala Voz de género femenino, aunque lleva el artículo *el* en singular *(el ala).* En plural es *las alas, unas alas.* (V. *arma.*)

Alá Dios de los mahometanos. Es incorrecto escribir *Allah.*

alabador, alabancioso, alabanza, alabar(se), alabarda, alabardero, alabastrino, alabastro, álabe, alabeado, alabear, alabeo, alacena, alacrán, alacridad, alada, aladar, aladierna, alado, aladrar, alagartarse.

***a la hora** «A cien kilómetros *a la hora*» es incorrecto; dígase «a cien kilómetros *por hora*».

alalia, alalimón, alama, alamar.

a la mayor brevedad «Hágalo *a la mayor brevedad.*» Es más correcto decir «hágalo *con la mayor brevedad*».

alambicado, alambicamiento, alambicar, alambique, alambrada, alambrar, alambre, alambrera, alameda, alamín, álamo, alancear.

alano «Miembro de un pueblo que invadió España en el siglo V d. C.» Es voz grave, no esdrújula *(álano)* como ponen algunos.

***a la que** «Nos felicitó *a la que* llegamos.» Incorrecto. Debe ser «nos felicitó *cuando* llegamos».

alárabe, alarconiano, alarde, alardear, alargadera, alargamiento, alargar, alarido, alarife, alarma, alarmante, alarmar.

alarmismo Voz admitida por la Academia con el significado de «difusión de noticias alarmantes». En cambio, *alarmista* ya estaba admitida anteriormente.

alarmista, alaroz.

***a la satisfacción** «Declamó *a la*

satisfacción de todos los invitados» es incorrecto. Debe decirse «declamó *a satisfacción* de todos los invitados».

a látere V. *alátere.*

alátere Palabra admitida con esta forma para designar a la «persona que acompaña asiduamente a otra». Antes el único término admitido era *a látere* (separado); hoy lo sigue aceptando la Academia, pero prefiere *alátere*. Es incorrecta la voz *adlátere*.

Álava El natural de Álava se llama *alavés* o *alavense*.

alavense, alavés, alazán.

al azar «Viajamos *al azar*» es incorrecto. Debe decirse «viajamos *a la ventura*».

alba Voz del género femenino, pero que lleva el artículo el *(el alba)*. En plural es *las albas, unas albas.* (V. *arma.)*

albacea, albaceazgo.

Albacete El natural de *Albacete* recibe el nombre de *albaceteño* o *albacetense;* es preferible la primera voz.

albacetense, albaceteño.

*albaca Es incorrecto; debe escribirse *albahaca.*

albacora, albada.

albaida, albaire, albalá.

*albalás «Los *albalás*» es incorrecto. Escríbase «los *albalaes*». Es un «documento público o cédula real en que se concedía alguna merced.»

albanés V. *Albania.*

Albania El natural de este país recibe el nombre de *albanés.*

albañal, albañil, albañilería, albarán, albarda, albardán, albardanería, albardero, albardilla, albarelo, albaricoque, albaricoquero, albariza, albarrada, albarrán, albatros, albayalde, albedo, albedrío.

albéitar Voz admitida con la que se designa al veterinario. Hoy ha caído en desuso.

albenda, Albéniz.

alberca *(Amér.)* Piscina, pileta.

albérchigo *Albérchigo* es el fruto; el árbol es *alberchiguero*. En segundo término, la Academia admite también *albérchigo* como nombre del árbol.

albergar, albergue, albero.

*al bies V. *bies.*

albigense La *g* se pronuncia como *j*, y no albiguense.

albinismo, albino, albo.

albóndiga Es la voz más correcta, pero también está admitida *almóndiga.*

albor, alborada.

alborear Es un verbo impersonal que, como todos ellos, sólo se usa en el infinitivo y en las terceras personas de todos los tiempos: *alborear, alborea, alboreaba,* etc.

albornoz Antes sólo significaba una clase de tela, y una «especie de capa con capucha». La Academia admite ya la acepción, muy usada, de «prenda de tela esponjosa que se usa para secarse después del baño».

alborotadizo, alborotador, alborotar, alboroto, alborozar(se), alborozo, albricia.

albricias Aunque existe la expresión *albricia*, que es equivalente, tan sólo se usa *albricias*, siempre en plural y femenino: *las albricias.*

albufera, albugínea, albugíneo.

álbum El plural es *álbumes*, no *álbums* ni *álbunes.*

albumen, albúmina, albuminoide, albuminoideo.

*albuminóideo Es incorrecto; debe escribirse y pronunciarse *albuminoideo*, palabra grave.

albuminómetro, albuminoso, albuminuria.

Albuquerque V. *Alburquerque.*

albur, albura, alburero

Alburquerque El apellido español y la población de Badajoz se escriben siempre *Alburquerque*, con *r* en la segunda sílaba. Se omite esa *r: Albuquerque* cuando se hace referencia a un navegante portugués y a algunas poblaciones de América.

alcabala, alcabalero, alcacer, alcachofa, alcachofal, alcachofera.

alcahuete (ta) Palabra de dos terminaciones, según sea el género masculino o femenino: *el alcahuete, la alcahueta.*

alcahuetear, alcahuetería, alcaide, alcaidesa, alcaidía.

Alcalá de Henares El natural de esta población recibe el nombre de *alcalaíno* o *complutense*. Los de otras poblaciones llamadas Alcalá son: *alcalaeño* (A. del Júcar) y *alcalareño* (A. de Guadaira.)

alcalaeño, alcalaíno, alcalareño, alcaldada.

alcaide El femenino es *alcaldesa*, que vale tanto para la mujer que ejerce el cargo de alcalde, como para la esposa de éste.

alcaldesa, alcaldía, alcalescencia, álcali.

*alcalí Debe escribirse *álcali* (voz admitida), que es lo correcto. El plural es *álcalis*.

alcalímetro, alcalinidad, alcalino, alcalización, alcalizar, alcaloide, alcaloideo.

*alcalóideo Es incorrecto; se trata de una palabra aguda : *alcaloideo* (admitida).

alcalosis, alcaller, alcallería, alcance, alcancía, alcandora, alcanfor, alcanforar, alcanforero, alcántara.

Alcántara El natural de esta población recibe el nombre de *alcantarino*.

alcantarilla, alcantarillado, alcantarillar, alcantarillero, alcantarino, alcanzable, alcanzadura.

alcanzar Uso de preposiciones: Alcanzar *al* techo; a. *para* tanto.

Alcañiz El natural de esta población recibe el nombre de *alcañizano*.

alcaparra, alcaparral, alcaparrera, alcaparrón, alcaraceño, alcaraván, alcaravea, alcarraza.

Alcarria El natural de la *Alcarria* es el *alcarreño*.

alcatifa, alcatraz.

alcaucil *(Amér.)* Alcachofa.

alcaudón.

alcayata Aunque es voz admitida, la Academia prefiere la palabra *escarpia*.

alcazaba Es el término correcto para designar un «recinto fortificado, dentro de una población murada», pero no *kasbah*.

alcázar Se escribe con mayúscula cuando es una población, y el nombre propio de un edificio específico: *Alcázar de Segovia, Alcázar de Toledo*. Con minúscula en otros casos: «Entró en el *alcázar* derruido.»

Alcázar El natural de cualquiera de las poblaciones así llamadas recibe el nombre de *alcazareño*.

Alcazarquivir, alcazareño, alce, Alcibíades.

*Alcibiades Es preferible usar *Alcibíades*, como voz esdrújula.

Alcinoo Es preferible escribir *Alcínoo*.

alción, alcionio.

Alcira El natural de esta población es el *alcireño*.

alcista, alcoba, alcocarra, alcohol, alcoholado, alcoholar, alcoholato, alcoholero, alcoholímetro, alcoholismo.

*alcoholista Voz no admitida; es *alcohólico*.

alcoholización, alcoholizado, alcoholizar, alcor.

Alcorán Al igual que *Corán*, figura en el léxico de la Academia, pero ésta prefiere *Alcorán*, para designar el libro que contiene las revelaciones de Mahoma, y es fundamento de la religión mahometana.

alcoránico, alcoranista, alcornocal, alcornoque, alcorque, alcorza, alcorzar, alcotán, alcotana.

Alcoy El natural de esta población recibe el nombre de *alcoyano*.

alcrebite, alcubilla, alcurnia, alcuza, alcuzcuz, aldaba, aldabazo, aldabear, aldabeo, aldabilla, aldabón, aldabonazo, aldea, aldeanismo, aldeano, Aldebarán, alhehído, aldehuela, aldeorrio.

*al detall Es una expresión incorrecta, que debe sustituirse por *al por menor*, o *al menudeo*.

aldorta, aleación.

alea jacta est Locución latina que significa «la suerte está echada».

alear, aleatorio, alebrarse, aleccionador, aleccionamiento, aleccionar, alecrín.

alectomancia Puede escribirse también *alectomancía*, aunque es preferible la primera forma.

alectoria, alechigar, alechugado,

alechugar, aleda, aledaño, alefato, alefriz, alegación, alegamar.

alegar Uso de preposiciones: Alegar *en* defensa propia.

alegato, alegoría, alegórico, *alegorismo, alegorización, alegorizar.

alegrar(se) «Me *alegro* que estén todos de vuelta.» No es expresión correcta, pues falta la preposición *de:* «Me *alegro de* que estén todos de vuelta.» Uso de preposiciones: Alegrarse *de* algo; a. *con* la novedad.

alegre Uso de preposiciones: Alegre *de* cascos.

alegreto Es correcto. V. *allegretto.*

alegría La Academia ha aceptado para esta palabra el sentido de «irresponsabilidad, ligereza».

alegrón, alejamiento.

Alejandría El natural de esta ciudad de Egipto recibe el nombre de *alejandrino.*

*alejandrinismo, alejandrino, alejar.

Alejo Nombre de persona; no debe escribirse *Alexis* o *Alexius,* como en otros idiomas.

alejamiento, alelar.

alelí Admitido por la Academia, aunque ésta prefiere la grafía *alhelí.*

alelomorfo (fa) Admitido.

¡aleluya! Interjección que denota júbilo.

alemán, alemanesco, alemánico.

*Alemtejo Nombre de una región de Portugal, que se debe escribir *Alentejo* en nuestra lengua.

alenguar, alentada, alentador.

alentar Verbo irregular que se conjuga como *acertar* (v.).

Alençon Nombre de una población francesa que aparece indistintamente de este modo o en su forma castellanizada: *Alenzón.*

aleonado, alepín.

*Aleppo Nombre de una población de Siria que debemos escribir *Alepo* en español.

alera, alerce, alergeno.

*alérgeno Es incorrecto. Debe escribirse *alergeno,* con acento en la penúltima sílaba.

alergia, alérgico, alergista (1)**, aler-**

gólogo (2)**, alero, alerón, alerta, alertar, alesna, alesnado.**

Alessandria Es la capital de una provincia de Italia. No es el nombre italiano de la ciudad egipcia de *Alejandría,* como a veces se cree.

aleta, aletada, aletargamiento, aletargar(se), aletazo, aletear, aleteo.

Aleutianas, islas Es el nombre correcto de este archipiélago, y no *Aleutias* o *Aleutian,* como aparece escrito en ocasiones.

aleve, aleviar, alevilla.

alevín Vocablo aceptado por la Academia como «cría de ciertos peces de agua dulce», y como «joven principiante».

alevosía, alevoso, alexia, alexifármaco.

*Alexis Este nombre debe escribirse *Alejo* en nuestro idioma. En ocasiones también se escribe incorrectamente *Alexius.*

alezo.

alfa Primera letra del alfabeto griego (α) que corresponde a la que en el nuestro se llama *a.*

alfábega, alfabético.

alfabetización Voz admitida por la Academia, lo mismo que *alfabetizado:* persona que sabe leer y escribir.

alfabetizado, alfabetizar, alfabeto, alfaguara, alfaida, alfajeme, alfajor, alfalfa, alfalfar, alfaneque, alfanjazo, alfanje, alfaqueque, alfaquí, alfarda, alfarería, alfarero, alfarje, alfayate, alfazaque.

alféizar Es la «vuelta o derrame de la pared en el corte de una ventana», y también de una puerta. No confundir con el *vano,* que es el mismo hueco de la ventana.

alfeñique, alferecía, alférez, alfil.

*álfil Vulgarismo bastante extendido. Lo correcto es *alfil,* voz aguda.

alfiler Es voz masculina. Por consiguiente es el *alfiler* y *un alfiler,* y no *la alfiler* y *una alfiler.*

alfilerazo, alfiletero, alfombra, alfombrar, alfombrero, alfombrilla, alfóncigo, alfonsino, alforfón, alforja, alforjero, alforza, alfoz, alga, algaida, algalia, algara, algarabía, algarada.

Algarbe V. *Algarve*.

algarero, algarroba, algarrobal, algarrobera, algarrobo.

Algarve Voz correcta de la región portuguesa.

algazara, algazul.

álgebra A pesar de ser voz femenina se escribe con el artículo *el*: *el álgebra*. Pero en plural es *las álgebras, unas álgebras*. (V. *arma*.)

algebraico, algébrico, algebrista.

Algeciras El natural de esta población recibe el nombre de *algecireño*. Se escribe con *g*, no con *j* (*Aljeciras*).

algecireño, algente.

***Alger, Algerie** Es incorrecto. (V. *Argelia*.)

-algia Sufijo que significa «dolor»: gastralgia, cefalalgia, neuralgia.

***algibe** Es incorrecto; debe escribirse con *j*: *aljibe*.

álgido «El ensayo estaba en su momento *álgido*.» Ahora es correcta esta frase, ya que *álgido* significa «momento o período crítico o culminante».

***Algiers** Incorrecto. (V. *Argelia*.)

algo, algodón, algodonal, algodoncillo, algodonero, algodonoso, Algol, algonquino, algoritmia, algorítmico, algoritmo, alguacil, alguacilazgo, alguacilesco, alguacilillo.

alguien «¿*Alguien* de vosotros ha entrado?» Frase incorrecta, en cuyo lugar debe decirse «¿*Alguno* de vosotros ha entrado?»

algún «*Algún* que otro día.» En este caso es incorrecto apocopar *alguno*; debe decirse «*alguno* que otro día».

alguno, alhaja.

***alhajero** No está aceptada esta palabra. Debe usarse *joyero*, para indicar el cofrecito o caja donde se guardan las joyas.

alhama, Alhama, alharaca, alharaquiento, alhelí, alheña, alholva, alhóndiga, alhorre.

alhucema La Academia prefiere el vocablo *espliego*, aunque también admite *alhucema*.

Alhucemas, Alí Babá, Alí Bey, aliáceo.

aliados Va con mayúscula cuando se refiere en especial a los de la Segunda Guerra Mundial. En otros casos, con minúscula: «Los ejércitos *aliados*.»

aliadófilo, aliaga.

***aliaje** Galicismo por *aleación*, *unión*, *mezcla*, que son las voces que deben emplearse en lugar de aquélla.

alianza Admitida como «anillo de boda». Otros términos aceptados: «anillo matrimonial», «a. de esponsales».

aliar, aliaria.

alias Es un adverbio latino que significa «por otro nombre», «de otro modo». Indica un apodo: José Menéndez, *alias el Rata*. No experimenta variación en plural: *los alias*.

***alibi** Galicismo por *coartada*, que se emplea mucho en lengua inglesa.

alicaído, alicante.

Alicante El natural de esta ciudad y provincia recibe el nombre de *alicantino*.

alicantina, alicantino, alicatado, alicatar.

alicate Actualmente es la voz más correcta, en tanto que *alicates* pasa a segundo lugar en el orden de preferencia de la Academia. Antes sólo se admitía el plural (*alicates*), y era incorrecto el singular (*alicate*). Puede decirse, entonces, *el alicate* y *los alicates*.

alicates V. *alicate*.

aliciente Uso de preposiciones: Aliciente *de, para* las grandes acciones.

alicorto, alícuota, alidada, alienación.

alienado Es el «loco, demente». No confundir con *alineado*: «Que está en línea recta.»

alienante, alienar, aliende.

alienígena Significa «extranjero». Voz admitida hace tiempo por la Academia. *Alienígeno* es «extraño, no natural».

alienista, aliento, alier, alifafe, alifato, aligación, aligar, aligeramiento, aligerar, alígero, Alighieri (Dante), alijar, alijo, alimaña, alimañero, alimentación.

alimentar(se) Uso de preposiciones: Alimentarse *con, de* productos naturales.

alimentario Admitido. Significa «propio de la alimentación o referente a ella»: Código *alimentario*. No debe confundirse ni emplearse en lugar de *alimenticio*, «que alimenta»: Valor *alimenticio* de una sustancia.

alimenticio V. *alimentario*.

alimentista, alimento, alimentoso.

alimón (al) Es correcto. Aféresis de *alalimón* (juego de muchachos en que avanzan y retroceden cogidos de la mano). «Se dice de la suerte del toreo en que dos lidiadores, asiendo cada cual uno de los extremos de un solo capote, citan al toro y lo burlan pasándole aquél por encima de la cabeza.»

alimonarse, alindado, alindar, alineación.

*alineamiento Es barbarismo; debe decirse *alineación*.

alinear V. *alíneo*.

*alíneo Es incorrecto; debe conjugarse *alineo* (con acento tónico en la *e*), *alinee*, *alinees*.

aliñar, aliño.

alioli Admitido por la Academia, aunque ésta da preferencia al término *ajiaceite*.

alípede Es lo correcto, no *alipede*.

aliquebrado, aliquebrar, alirrojo, alisar, aliseda, alisios, alisma, aliso, alistado, alistador, alistamiento, alistar, alitán.

aliteración Figura retórica que se produce cuando en una frase se repiten una o varias letras: «La mala lana sana.» Esto, si es involuntario o no se hace para crear alguna armonía imitativa, no es figura retórica sino vicio del lenguaje contrario a la eufonía.

aliviar Su conjugación es como la de *cambiar*, por lo que concierne al acento.

alivio, aljaba, aljama, aljamía, aljamiado, aljarfa.

*Aljeciras Es incorrecto; debe escribirse *Algeciras*, con *g*. El natural de esta población recibe el nombre de *algecireño*.

aljibe Si bien admite esta voz, la Academia prefiere el término *cisterna*.

Aljofaina, aljófar, aljofarar, aljofifa, aljofifar, aljonjolí, aljuba, alkermes.

alma Aunque es femenino, lleva el artículo *el*. Pero en plural se usa con *las* y *unas: Las almas, unas almas*. (V. *arma*.)

almacén La voz *almacenes* se escribe con mayúscula cuando integra un nombre comercial: Grandes Almacenes Modernos.

almacenaje, almacenamiento, almacenar, almacenero, almacenista.

almáciga Es una «resina que se extrae de una variedad de lentisco». No debe confundirse con *almácigo:* Lentisco; árbol de Cuba.

almácigo V. *almáciga*.

almaciguero, almadén.

Almadén El natural de esta población recibe el nombre de *almadenense*.

almádena, almadeneta, almadía, almadraba, almadrabero, almadreña, almadreñero.

almagesto Con minúscula, si es, en general, un libro de astronomía con muchas observaciones y datos. Con mayúscula, si se refiere a uno en concreto, como los de Tolomeo o Riccioli.

almagrar, almagre, almagreño, almagrero.

Almagro El natural de esta ciudad recibe el nombre de *almagreño*.

alma máter Locución latina que significa «madre nutricia», se aplica a la patria o a la universidad.

almanaque, almanta, almarada, almarjo, almarraja, almártaga, almazara, almazarero, almazarrón, almea, almeja, almena, almenado, almenaje, almenar, almenara.

almendra Entre otras acepciones, se denomina así «cada una de las piezas de cristal cortadas de diversas formas que cuelgan como adorno en arañas, candelabros, etc.». No debe usarse para ello el término *lágrima*.

almendrada, almendrado, almendral, almendrar, almendrera, al-

mendrero, almendrilla, almendro, almendruco, almenilla.

Almería El natural de esta provincia y población recibe el nombre de *almeriense.*

almete, almez, almeza, almiar, almiarar.

almíbar Es masculino: *el almíbar, unos almíbares.* Es más correcto que el femenino, aunque éste ha sido usado en ocasiones, según admite la Academia.

almibarado, almibarar, almicantarat, almidón, almidonado, almidonar, almilla.

alminar Más correcto que *minarete,* ya que este término es más reciente.

almiranta Es la mujer del almirante, y además la nave que mandaba el segundo jefe de una armada, escuadra o flota.

almirantazgo, almirante, almirez, almizclar, almizcle, almizcleño, almizclero, almo, almocadén, almocafre

Almodóvar El natural de esta población recibe el nombre de *almodovareño.*

almodrote, almófar, almofariz, almogávar, almogavaría, almohada, almohadazo, almohade, almohadilla, almohadillado, almohadillar, almohadillero, almohadón, almohaza, almohazar, almojarifazgo, almojarife.

almóndiga Vocablo admitido, si bien es preferible el empleo de la voz *albóndiga.*

almoneda, almonedear.

almorávide Es la palabra correcta. No han sido aceptados por la Academia *almorávid* ni *almoravid.* El plural es *almorávides.*

almorrana Es más actual el término *hemorroide,* para designar el «tumorcillo sanguíneo del ano o de la extremidad del intestino recto».

almorta, almorzada, almorzar.

almuerzo «Comida que se toma por la mañana o durante el día, antes de la principal.» Según las comarcas de España, el *almuerzo* quiere decir *desayuno* o *comida principal.* (V. *comida.*)

almunia, Almuñécar, alnado.

*¡aló! Al atender el teléfono es preferible usar las voces ¡*diga!* o ¡*hable!*

alo- Prefijo que significa «otro»: *alotrópico, alotropía.*

*al objeto de Es incorrecto, y debe sustituirse por *con objeto de:* «Se iniciaron las conversaciones *con objeto de* llegar a un acuerdo.»

alóbroge, alobunado, alocadamente, alocado (da), alocar, alocución, alodial, alodio.

áloe También admite la Academia la forma *aloe,* pero prefiere la primera.

alófono, aloja, alojamiento, alojar, alomado, alomar, alón, alondra, alongado, alongamiento, alongar, alópata, alopatía, alopático, alopecia.

*a lo que veo «*A lo que veo,* faltan dos libros.» Es incorrecto; debe escribirse *por lo que veo:* «*Por lo que veo,* faltan dos libros.»

aloquín, alosna, alotropía, alotrópico, alpaca, alpargata, alpargatería, alpargatero, alpechín, alpechinera, alpende, alpendre.

*alpenstock Voz alemana que significa «bastón de alpinista».

alpinismo, alpinista, alpino, alpiste.

al por mayor Expresión admitida por la Academia, si bien ésta relaciona en primer lugar *por mayor;* lo mismo sucede con *al por menor* y *por menor.* Debe escribirse, correctamente, «ventas *por mayor* y *por menor*» y «ventas *al por mayor* y *al por menor*».

al por menor V. *al por mayor.*

Alpujarras El natural de las Alpujarras recibe el nobre de *alpujarreño.*

*al punto de «Aumentaron los disturbios, *al punto* de tener que intervenir la policía.» Incorrecto; debe ponerse *hasta el punto de:* «Aumentaron los disturbios, *hasta el punto de* tener que intervenir la policía.»

alquería, alquermes, alquila, alquilable, alquilador, alquilar, alquiler, alquimia, alquímico, alquimista, alquitara, alquitarar, alquitrán, alquitranado, alquitranar.

alrededor Adverbio de lugar con que se indica situación de personas o cosas que circundan a otras: «Dieron la vuelta *alrededor* del estadio.» También significa «cerca, sobre poco más o menos»: «Corrían *alrededor* de doscientos atletas.» Es incorrecto escribirlo separado (*al rededor*), y peor aún duplicando la *r* (*alrrededor*).

Alsacia El natural de esta región de Francia recibe el nombre de *alsaciano*.

*al seco Expresión incorrecta, que debe sustituirse por *en seco:* «Limpieza *en seco* de trajes y vestidos.»

alta Suele emplearse incorrectamente como galicismo: *alta política, alta velocidad, altas autoridades.* En esos casos deben usarse las expresiones correctas equivalentes: *política de altos vuelos, gran velocidad, máximas autoridades.* (V. *alto.*) «Dar *el alta* a un enfermo.» Lleva artículo *el* aunque *alta* es femenino. Con los adjetivos no se sigue esta regla: *la alta* torre. Uso de mayúsculas: *Alta* va con mayúsculas cuando se refiere a períodos históricos (*Alta Edad Media*) y zonas geográficas (*Alta Andalucía*). Con alto ocurre lo mismo (*Alto Duero, Alto Aragón*).

Altai Es la grafía correcta de esta cordillera del Asia Central, y no *Altay.*

altaico, Altair, altamente, altaneramente, altanería, altanero, altar, altarero.

altavoz También se admite *altoparlante,* pero es preferible la primera voz. Es del género masculino: *el altavoz, unos altavoces.*

alterabilidad, alterable, alteración, alterar, alterativo, altercación, altercado, altercador, altercar.

álter ego Locución latina que significa «otro yo». Es la persona en quien se tiene completa confianza, o que puede sustituir a otra eficazmente. Va acentuada por figurar en el léxico oficial de la Academia.

alternación, alternado, alternador, alternancia, alternante.

alternar Uso de preposiciones: Alternar *con* los amigos; a. *en* el servicio; a. *entre* unos y otros.

alternativa «Se hallaba ante *dos alternativas.*» Es incorrecto, ya que no existe más que una *alternativa.* Debe decirse: «Se hallaba *en* (o *ante*) la alternativa de...»

alternativo, alterne, alterno.

alteza Va con mayúscula cuando indica tratamiento, el cual se da a los hijos de reyes y a los infantes de España. Se abrevia *A.,* y en plural (*Altezas*), *AA.* Cuando son hijos de reyes el tratamiento es *Alteza Real;* cuando son hijos de emperadores, es *Alteza Imperial.*

altibajo Siempre escrito en una sola palabra, cuando indica «alternativa de sucesos prósperos y adversos».

altilocuencia, altilocuente, altílocuo, altillo, altimetría, altímetro.

altiplanicie Su equivalente, *altiplano,* también ha sido admitido, pero la Academia considera preferible la primera voz.

altiplano V. *altiplanicie.*

altisonancia, altisonante, altísono, altitonante, altitud, altivez, altivo.

alto «Instituto de *altos* estudios comerciales.» Es anglicismo; debe decirse «Instituto de estudios comerciales *superiores.*» (V. *alta.*)

altoparlante V. *altavoz.*

altorrelieve Admitido, pero es preferible *alto relieve.* En cambio, *bajorrelieve* se equipara a *bajo relieve* en el Diccionario de la Academia.

altozano.

altramucero, altramuz.

al través «Miró *al través* de las cortinas.» La Academia acepta esta construcción, si bien prefiere *a través.*

altruismo Nunca debe acentuarse, según las normas modernas. Lo mismo ocurre con *altruista.*

altruista.

altura «Alcanzó una altura *mucha* mayor.» Lo correcto es escribir «Alcanzó una altura *mucho* mayor.»

alubia, aluciar, alucinación (1), **alu-**

cinado, alucinamiento (2), **aluci-nante.**

alucinar(se) Uso de preposiciones: Alucinarse *con* sofismas; a. *en* el examen.

alucinatorio, alucinógeno, alucón.

alud Es más correcto que *avalancha*, si bien la Academia admite asimismo esta última voz.

aludel, aludir, aludo.

*al último «Al último, decidieron volver.» Es incorrecto, y en su lugar debe decirse *por último*, o *al final*.

alumbrado, alumbramiento, alumbrar.

alumbre Es masculino: *el alumbre*, no *la alumbre*.

alumbrera, alúmina, aluminato, aluminio, aluminita, aluminoso, aluminotermia.

alumnado Admitido recientemente por la Academia como «conjunto de alumnos de un centro docente».

alumno, alunado, alunamiento.

*alunar Es incorrecto en el sentido de «*posarse* en la superficie de la Luna una nave espacial». Lo correcto es *alunizar*, voz admitida por la Academia. También ha sido aceptada *alunizaje*.

alunizaje, alunizar Voces correctas. (V. *alunar*.)

alunarse, alusión, alusivo, aluvial, aluvión, Álvarez, álveo, alveolar.

alveolo También se admite *alvéolo*, pero la Academia relaciona en primer lugar *alveolo*.

alvéolo V. *alveolo*.

alverja Admitido, si bien se cita *arveja* como voz preferente.

alvino «Relativo al bajo vientre.» No debe confundirse con *albino*, «de pelo blanco».

alza.

alzacuello Voz admitida hace tiempo por la Academia, y que designa una «prenda suelta del traje eclesiástico, especie de corbatín».

alzada, alzadera, alzado, alzafuelles, alzamiento, alzapié, alzaprima, alzaprimar, alzapuertas.

alzar(se) Uso de preposiciones: Alzar los ojos *al* cielo; alzarse *con* el botín; alzarse *en* rebelión.

allá Indica un lugar menos cir-cunscrito o determinado que *allí*. En consecuencia, *allá* admite ciertos grados de comparación que rechaza *allí: más allá, muy allá*. También puede tener función de adverbio de tiempo: *Allá por el siglo XVIII.* (V. *allí*.)

-alla Es un sufijo despectivo, con sentido colectivo: *antigualla, morralla*.

*Allah Es término incorrecto cuando se refiere al nombre de Dios para los musulmanes, que debe escribirse *Alá*.

allanadura, allanamiento.

allanar(se) Uso de preposiciones: Allanar *hasta* el extremo; allanarse *a* lo justo.

allegado, allegamiento, Alleghanys (montes), **allegar**

*allegretto Voz italiana. En su lugar ha sido admitido por la Academia el término *alegreto*, así como *alegro* para *allegro* (éste igualmente incorrecto).

allén, allende.

allí Puede ser adverbio: «*Allí* estaban los Académicos.» En este caso indica un sitio determinado y alejado de la persona que habla. Cuando se lo cita con *aquí* («Abundaban las flores; *aquí* lirios, *allí* claveles»), posee un carácter indeterminado. Otras veces *allí* es adverbio de tiempo, y significa «entonces, en tal ocasión»: «*Allí* fue el desbarajuste.» (V. *allá*.)

ama Aunque en voz femenina se emplea con el artículo *el*. En plural, por el contrario, lleva *las* o *unas: Unas amas.* (V. *arma*.)

amable Uso de preposiciones: Amable *con, para, para con* todos; a. *de* genio; a. *en* el trato.

*amabilísimo Incorrecto, como superlativo de *amable*. Debe escribirse *amabilísimo*.

amachetear, Amadís de Gaula, amador, amadrigar, amadrinamiento, amadrinar, amaestramiento, amaestrar, amagar, amago, amágo, amainar, amaitinar, amajadar.

Amalfi Los naturales de esta ciudad de Italia reciben el nombre de *amalfitanos*.

amalgama, amalgamación, amalgamador, amalgamar, ámalo, amamantamiento, amamantar, amancebamiento, amancebarse, amancillar.

amanecer Verbo impersonal. Se conjuga como *agradecer* (v.). Como impersonal, sólo se conjuga en el infinitivo y las terceras personas de todos los tiempos.

amanecida, amanerado, amaneramiento, amanerar(se), amansador, amansamiento, amansar(se), amante, amantillo, amanuense, amanzanar.

amañar(se) Uso de preposiciones: Amañarse *a* escribir; a. *con* cualquiera.

amaño, amapola.

amar «*Amo* las noches de verano» es galicismo por «*me gustan* las noches de verano», como también lo es «*amo* a mis padres» *(quiero* a mis padres). Por lo común, el verbo *amar* sólo suele emplearse en el lenguaje literario culto. Uso de preposiciones: Amar *de* corazón. El verbo *amar* sirve como ejemplo de la primera conjugación, que es la de los verbos que terminan en *-ar*. Se conjuga del siguiente modo: INFINITIVO. Formas simples. *Infinitivo:* amar. *Gerundio:* amando. *Participio:* amado. Formas compuestas: *Infinitivo:* haber amado. *Gerundio:* habiendo amado. INDICATIVO. Formas simples o imperfectas. *Presente:* yo amo, tú amas, él ama, nosotros amamos, vosotros amáis, ellos aman. *Pret. imperf.:* amaba, amabas, amaba, amábamos, amabais, amaban. *Pret. indef.:* amé, amaste, amó, amamos, amasteis, amaron. *Futuro imperfecto:* amaré, amarás, amará, amaremos, amaréis, amarán. Formas compuestas o perfectas. *Pret. perfecto:* he amado, has amado, hemos amado, habéis amado, han amado. *Pret. pluscuamperfecto:* había amado, habías amado, había amado, habíamos amado, habíais amado, habían amado. *Pret. ant.:* hube amado, hubiste amado, hubo amado, hubimos amado, hubisteis amado, hubieron amado. *Fut.*

perf.: habré amado, habrás amado, habrá amado, habremos amado, habréis amado, habrán amado. POTENCIAL O CONDICIONAL. *Simple o imperfecto:* amaría, amarías, amaría, amaríamos, amaríais, amarían. *Compuesto o perfecto:* habría amado, habrías amado, habría amado, habríamos amado, habríais amado, habrían amado. SUBJUNTIVO. Formas simples o imperfectas. *Presente:* ame, ames, ame, amemos, améis, amen. *Pret. imperf.:* amara o amase, amaras o amases, amara o amase, amáramos o amásemos, amarais o amaseis, amaran o amasen. *Futuro imperf.:* amare, amares, amare, amáremos, amareis, amaren. Formas compuestas o perfectas. *Pret. perfecto:* haya amado, hayas amado, haya amado, hayamos amado, hayáis amado, hayan amado. *Pret. pluscuamperfecto:* hubiera o hubiese amado, hubieras o hubieses amado, hubiera o hubiese amado, hubiéramos o hubiésemos amado, hubierais o hubieseis amado, hubieran o hubiesen amado. *Futuro perfecto:* hubiere amado, hubieres amado, hubiere amado, hubiéremos amado, hubiereis amado, hubieren amado. IMPERATIVO. *Presente:* ama tú, ame él, amemos nosotros, améis vosotros, amen ellos.

amaraje Vocablo admitido por la Academia. (V. *amarar.*)

amarantáceo, amaranto.

amarar Palabra admitida hace tiempo con el significado de «posarse en el agua un hidroavión». *Amaraje*, en cambio, ha sido aceptada más recientemente. Son también correctas las voces *amerizar*, *amarizar* y *amerizaje*, pero es mejor emplear *amarar* y *amaraje*.

amargar, amargazón.

amargo Uso de preposiciones: Amargo *al* gusto; a. *de* sabor.

amargor «Sabor o gusto amargo.» *Amargura*, en cambio, suele emplearse para designar el «estado de ánimo de aflicción o disgusto». La Academia admite ambos sentidos para los dos vocablos.

amargura V. *amargor.*

amaricado, amarilis, amarillear, amarillecer, amarillento, amarilleo, amarillez, amarillo, amarilloso.

amarizaje Admitido. (V. *amarizar*.)

amarizar Está aceptado con el sentido de «posarse en el agua un hidroavión», para lo cual también existe el vocablo admitido y preferente *amarar* (y *acuatizar*). También se aceptan *amarizaje* y *acuatizaje* (preferentes).

amaro, amarra, amarradero, amarrar, amarre, amarro, amartelado, amartelamiento, amartelar, amartillar.

***a más** «Vino Pedro y *a más*, Juan.» Es expresión muy usada en Cataluña. Debe decirse *además*.

amasadera, amasador, amasar.

amasia Es lo correcto para designar a una «querida, concubina», y no *amasía*.

amasiato, amasijo.

***a más precio** «Compró éste *a más precio* que el otro.» Incorrecto; debe decirse *a mayor precio*.

***amateur** Galicismo por *aficionado*, *principiante, no profesional*: «Jugadores profesionales y *aficionado*.» «Un *aficionado* a la buena música.» Debe evitarse el término *amateur*, que es innecesario.

amatista Es femenino: *la amatista*, no *el*.

amativo, amatorio, amaurosis, amazacotado, amazona, Amazonas, amazonense, amazónico.

ambages Sólo se emplea en plural, y en la locución *sin ambages*, que significa «sin rodeos, sin circunloquios». Voz del género masculino.

***ambajes** Barbarismo; debe escribirse *ambages* (v.).

ámbar, ambarino.

Amberes Los naturales de esta ciudad de Bélgica reciben el nombre de *antuerpienses* (v.) (de Antuerpia, hoy Amberes), o *amberinos*.

amberino, ambición, ambicionar, ambicioso, ambidextro.

ambidiestro Admitida por la Academia, pero *ambidextro* es voz preferente.

ambientación, ambiental.

ambientar(se) Admitido por la Academia el significado de «*adaptarse* o *acostumbrarse* una persona a un medio desconocido».

ambiente «Grupo o sector social.» Acepción recientemente admitida.

ambigú El plural de esta voz suele ser *ambigús*, mejor que *ambigúes*.

ambiguamente, ambigüedad, ambiguo, ámbito, ambivalencia, ambivalente, ambladura, ámbar, ambliopía, ambo.

ambos «Jóvenes de *ambos* sexos» es una expresión incorrecta; debe decirse «de *uno y otro* sexo».

ambrosía Es la voz preferente, aunque se admite también *ambrosia*.

ambrosiano, ambulacral, ambulacro, ambulancia, ambulante.

ambulatorio Aceptada la palabra y la acepción *dispensario*.

ameba Voz preferente; admitida también *amiba*.

amedrantar Aceptada, pero es preferible *amedrentar*.

amedrentar, *amejoramiento, amelar, amelgar.

***ameliorar** «Procurar *ameliorar* las relaciones.» *Ameliorar* es un galicismo; en su lugar debe usarse *mejorar*.

amén Uso de preposiciones: Amén *de* lo dicho, hay otros aspectos...

-amen Sufijo que posee un significado de conjunto: *velamen, maderamen*.

amenaza, amenazador, amenazante.

amenazar Uso de preposiciones: Amenazar (a alguien) *al* pecho; a. *con* la pistola; a. *de* muerte.

amenguar, amenidad, amenizar, ameno, amenorrea, Amenofis.

***a menos de que** «Vendrá, *a menos de que* llueva.» Expresión incorrecta, en la que sobra la preposición *de*. La frase debe ser: «Vendrá, *a menos que* llueva.»

amentáceo, amento.

***amenudo** «Va allí *amenudo*.» Es incorrecto; debe escribirse separado: *a menudo*.

amerengado Es el vocablo apropiado. No existe la voz *merengado* en el léxico de la Academia.

América Es abusivo para designar a los *Estados Unidos de América del Norte*. (V. *americano*.) Debe decirse *Estados Unidos de América del Norte*.

americana, americanismo, americanista, americanización, americanizar.

americano Erróneamente se emplea el vocablo *americano* para designar a los naturales de los Estados Unidos de América del Norte. Éstos reciben en realidad el nombre de *norteamericanos* o *estadounidenses* (no *estadinenses*). También se llaman *yanquis* por extensión, aunque la Academia especifica, además, que éstos son los «naturales de Nueva Inglaterra, en los Estados Unidos de la América del Norte».

americio, amerindio.

amerizaje V. *amarizaje*.

amerizar V. *amarar*.

amestizado, ametalado.

ametrallador Voz admitida por la Academia, en especial en la locución *fusil ametrallador*.

ametralladora, ametrallamiento, ametrallar, ametría, amétrico, ametropía, amianto.

amiba Palabra aceptada por la Academia, si bien ésta juzga como preferente *ameba*.

*amical Galicismo por *amistoso, amigable*, que es lo correcto.

amicísimo Es el superlativo correcto de *amigo*. También se admite *amiguísimo*, aunque en segundo término.

amida, amina.

*Amiéns El nombre de esta ciudad francesa debe escribirse sin acento: *Amiens*.

amiga, amigabilidad, amigable, amigacho, amigar.

amígdalas «Mi sobrino tiene *amígdalas*.» Es solecismo cuando se quiere indicar que «tiene *amigdalitis*», o que «*padece* de las *amígdalas*». Lo mismo con *apéndice* y otros órganos.

amigdalina, amigdalitis, amigo, amiga, amigote.

amiguísimo V. *amicísimo*.

amiláceo, amilanamiento, amila- nar, Amílcar Barca, amílico, amillarar, aminoácido, aminoración, aminorar, amistad, amistar, amistoso, amito, amitosis, Ammán.

*Ammon Cuando se refiere a la deidad egipcia es mejor escribir *Amón*.

*ammonites, amnesia, amnésico.

amnios Se escribe lo mismo en plural: *los amnios*. Es voz masculina: *el amnios*.

amniótico, amnistía, amnistiar, amo.

amoblar Vocablo admitido, aunque en segundo término, después de *amueblar*, más correcto.

amodorramiento, amodorrarse, amohinar(se), amohinamiento.

amohíno Según las normas de la Academia, la *i* se acentúa, como si no existiera la *h*, al deshacerse el diptongo.

amojamamiento, amojamar, amojonamiento, amojonar.

*amok Voz foránea que se traduce por *enajenación, locura, ataque, violencia*.

amolador, amoladura.

amolar Verbo irregular que se conjuga como *contar* (v.).

amoldamiento, amoldar, amollar, amomo.

Amón V. *Ammon*.

amonarse, amondongado, amonedado, amonedar, amonestación, amonestar, amoniacal.

amoniaco La Academia admite también *amoníaco*, pero en segundo término.

amónico, amonio.

amonita Concha fósil. Se admite también: *amonites* y *ammonites*.

amonites, Amón Ra, amontillado, amontonamiento, amontonar(se).

amor Uso de preposiciones: Amor *al* arte; a. *a* Dios; a. *de* Dios.

amoral «Dícese de la persona desprovista de sentido moral.» No confundir con *inmoral*: «Que se opone a la moral o las buenas costumbres.»

amoralidad, amoratado.

amorcillo «Niño desnudo y alado, portador de flechas, carcaj, etc.» No es correcto emplear en su lugar *ángel* o *angelito*, ni *cupido*.

**amordazar, amorfo, amorío, amo-
riscado.**

amoroso Uso de preposiciones:
Amoroso *con, para, para con* los
suyos.

**amorrar, amortajador, amortaja-
miento, amortajar.**

amortecer Verbo irregular que se
conjuga como *agradecer* (véase).

amortecimiento, amortiguación
(2), **amortiguador, amortiguamien-
to** (1), **amortiguar, amortizable,
amortización, amortizar(se),
amoscamiento, amoscar, amosta-
zar(se), amotinado, amotinamien-
to, amotinar(se), amover, amovi-
ble, amparador, amparamiento.**

amparar Uso de preposiciones:
Amparar (a uno) *de* la persecución;
a. *en* la posesión de bienes.

amparo, ampelografía, amperaje.

ampère Nombre del *amperio* en la
nomenclatura internacional.

**amperímetro, amperio, ampliable,
ampliación, ampliador, ampliar,
amplificación, amplificador, ampli-
ficar, amplio, amplitud, ampo, ampolla, ampollar, ampolleta, ampón,
ampulosidad, ampuloso.**

Ampurdán El natural de esta comarca de Cataluña recibe el nombre de *ampurdanés.*

**amputación, amputar, Amster-
dam, amuchachado.**

amueblar Es voz preferente, aunque está también admitido *amoblar.*

*a muerte «El esclavo lo odiaba *a
muerte*» es galicismo muy corriente; la forma admitida es *de muerte.* En cambio, es correcto emplear
«condenado *a muerte.*»

**amugronar, amujerado, amulata-
do, amuleto, Amundsen, amuñe-
cado, amura, amurada, amuralla-
do, amurallar, amurar.**

*amurriarse Voz incorrecta; en su
lugar debe escribirse *amohinarse,
afligirse.*

amusgar, amustiar.

an- Prefijo que da idea de privación: anemia.

ana- Prefijo que indica: hacia arriba *(anatema)*; división, separación *(anatomía)*; contra *(anacro-*

nismo); repetición *(anabaptista)*;
conformidad *(analogía).*

anabaptismo, anabaptista.

Anábasis Así se escribe el título de
la obra de Jenofonte, y no *Ana-
basis.*

anabólico, anabolismo, anacanto.

anacarado Admitido, pero es preferible *nacarado.*

anacardiáceo, anacardo.

anacoluto Es la omisión de subor-
dinaciones y correlaciones necesarias entre los miembros de una
oración.

anaconda Voz admitida por la
Academia que sirve para designar
una «serpiente americana de la familia de las boas que llega a tener
diez metros de longitud».

**anacoreta, anacreóntico, anacró-
nico, anacronismo.**

ánade Es vocablo ambiguo; puede
escribirse *los* ánades o *las* ánades,
pero es más corriente lo primero.

anadear, anadeja.

anaerobio Es como debe escribirse, en lugar de *anerobio*, que es incorrecto.

anafaya, anafe, anafiláctico.

anafilaxia Admitida también la voz
anafilaxis, pero en segundo término.

**anafilaxis, anafrodisia, anafrodi-
siaco** (1), **anafrodisíaco** (2), **anagli-
fo, anagoge, anagogía, anagógico.**

anagrama Es masculino: El anagrama, unos anagramas. Es la
«palabra o sentencia que se obtiene de una transposición de letras,
de lo que resulta otra palabra o
sentencia distinta»: *arma, rama.*

Anáhuac Ésta es la grafía y acentuación correctas del nombre de
esa meseta del centro de México.
No debe escribirse *Anahuac*, sin
acento.

anal, analectas, analéptico.

anales Uso de mayúsculas: los
Anales Complutenses. Va con mayúsculas cuando se refiere a una
obra en particular. Con minúscula
cuando son «relaciones de sucesos
por años», en general: «Consta en
los *anales* de la ciudad.» Es masculino. Como sustantivo, carece de
singular.

analfabetismo, analfabeto, analgesia, analgésico, análisis, analista, analístico, analítico, analizador, analizar.

analogía Es la parte de la gramática que trata de los accidentes y propiedades de las palabras consideradas aisladamente. Actualmente se usa más el término *morfología*.

analógicamente, analógico.

análogo Uso de preposiciones: Análogo *al* caso.

***Ana-Luisa** Esta grafía es incorrecta; sobra el guión: Ana Luisa.

Anam La Academia también admite la forma *Annam*, para designar a esta región de Vietnam; sin embargo, es más propia de nuestra lengua la primera voz. El natural de esta región recibe el nombre de *anamita*.

anamita V. *Anam*.

anamnesis Voz femenina: *La anamnesis, unas anamnesis.*

anamorfosis, anamú, ananá.

ananás Es masculino y singular: *el ananás*. La Academia acepta también la voz, posiblemente más corriente, *ananá* (masc.), pero da preferencia a la primera. *(Amér.)* Ananá; piña (tropical).

anapelo, anapéstico.

anapesto Pie de la poesía griega y latina, compuesto de tres sílabas, las dos primeras breves, y la última larga.

anaptixis, anaquel, anaquelería, anaranjado, anarquía, anárquico, anarquismo, anarquista, anarquizante, anarquizar, Anás, anastigmático, anastomosis.

anástrofe En gramática, es la inversión violenta en el orden de las palabras de una oración. Ej.: «Al sol el gato se tendía.»

anata, anatema, anatematizar, a nativitate, anatomía, anatómico, anatomista, anatomizar, Anaxágoras, Anaximandro.

***Anaximenes** Es incorrecto. Debe escribirse *Anaxímenes*, con acentuación esdrújula.

anca, ancado.

ancestral Es galicismo. *Atávico*

tiene un sentido similar, y también se halla admitida.

***ancestro** Galicismo por *antepasado, ascendiente* remoto. Palabra no aceptada.

-ancia Sufijo que forma sustantivos abstractos de cualidad *(fragancia)* y estado *(vagancia).*

ancianidad, anciano.

Ancira Antiguo nombre de la ciudad de *Ankara*, también llamada *Angora* (menos actual).

ancla Aunque es voz femenina, lleva el artículo *el*. En plural, por el contrario, se le antepone *las* o *unas*. (V. *arma*.)

ancladero, anclaje, anclar, anclote.

-anco Sufijo que denota sentido despectivo *(cojitranco).*

ancón, áncora, ancorar, ancudo, ancheta, anchicorto.

ancho Uso de preposiciones: Ancho *de* espaldas.

anchoa, anchura, anchuroso, anda, andábata, andaba, andaderas, andador, andadura, andalucismo, andalucita.

Ándalus, al- Es la antigua España musulmana.

andaluz, andaluzada, andamiaje, andamio, andana, andanada.

andante Es correcto, aplicado en música a un movimiento moderadamente lento. Proviene de la misma palabra de origen italiano.

andantesco, andanza.

andar Verbo irregular que en sus tiempos irregulares se conjuga de la siguiente forma: INDICATIVO. *Pret. indef.:* anduve, anduviste, anduvo, anduvimos, anduvisteis, anduvieron. SUBJUNTIVO. *Pret. imperf.:* anduviera o anduviese, anduvieras o anduvieses, anduviéramos o anduviésemos, anduvierais o anduvieseis, anduvieran o anduviesen. *Futuro imperf.:* anduviere, anduvieres, anduviere, anduviéremos, anduviereis, anduvieren.

andariego, andarín, andarivel.

***andaron** Conjugación defectuosa del verbo *andar* (v.); debe decirse *anduvieron*.

andarríos, andas.

***andé** Conjugación defectuosa del

verbo *andar* (v.); debe decirse *anduve*.

andén, andinista, andino (na).

-ando, -anda Sufijos que denotan sujeto en que debe efectuarse la acción del verbo *(examinando)*; otros tienen cierto matiz despectivo *(zurribanda)*.

andoba, andorga.

Andorra El natural de este país recibe el nombre de *andorrano*.

andorrero, andosco.

andr- Prefijo que significa «varón» *(androide, androceo)*.

andrajo, andrajoso.

-andria Sufijo que significa «varón» *(poliandria)*.

androceo, andrógino, androide.

Andújar El natural de esta ciudad de Jaén recibe el nombre de *andujareño* o *iliturgitano*.

andujareño, andullo, andurrial.

anea Es la voz preferente para la Academia, aunque también admite *enea*.

anécdota, anecdotario, anecdótico, *anecdotismo, anegable, anegación (2), anegadizo, anegamiento (1).

anegar Uso de preposiciones: Anegar *en* sangre.

anejo Como «unido o agregado a otro», la Academia admite en igualdad de condiciones la voz *anexo*. Aparte, existen otras acepciones diferentes para cada una de estas dos palabras.

anélido, anemia, anémico.

anemo- Prefijo que significa «viento»: *anemógrafo, anemómetro.*

anemografía, anemógrafo, anemometría, anemométrico, anemómetro.

anémona Voz admitida, lo mismo que *anémone* y *anemone* (con acentuación grave), que es preferente para la Academia.

anemone, anémone V. *anémona.*

-áneo Sufijo que expresa relación o pertenencia *(sucedáneo, coetáneo).*

*aneroico V. *anaerobio.*

aneroide, anestesia, anestesiar, anestésico.

anestesiología Voz aceptada por la Academia. Lo mismo ocurre con el vocablo *anestesiólogo* y *anestesista.*

anestesiólogo (ga), anestesista V. *anestesiología.*

Aneto, aneurisma, anexar, anexidad, anexión.

*anexionamiento Es incorrecto; debe usarse *anexión:* «La *anexión* de un territorio.»

anexionar, anexionismo, anexionista.

anexo V. *anejo.*

anfi- Prefijo que indica ambigüedad *(anfibología, anfibio)*; alrededor de *(anfiteatro)*; por ambos lados *(anfisbena)*.

anfibio.

*anfibiología Barbarismo por *anfibología*, que es como debe decirse y escribirse.

anfíbol, anfibolita.

anfibología Doble sentido de una palabra, frase o forma de hablar, que puede dar lugar a más de una interpretación: «La madre quiere a la hija porque es buena.» En retórica, es la figura por la que se emplean adrede voces o frases de doble sentido.

anfibológico, anfímacro, anfineuro, anfípodo, anfipróstilo, anfisbena, anfisibena, anfiteatro, anfitrión, Anfitrite.

*Anfítrite Es incorrecto; debe escribirse y pronunciarse *Anfitrite*, con acentuación grave, y no esdrújula.

ánfora Si bien es voz femenina, lleva el artículo *el*. En plural, por el contrario, se le anteponen los artículos *las* y *unas.* (V. *arma.*).

*anfótero, anfractuosidad, anfractuoso.

ang- Prefijo que da idea de estrechez *(angostura, angina, angustioso)*.

angarillas Siempre plural, cuando se refiere a la «armazón compuesta de dos varas con un tabladillo en medio, que sirve para conducir personas o cosas.»

Ángela V. *Águeda.*

angelical, angelico, angélico, angelito, angelizar, angelología, angelote.

ángelus Es palabra que se escribe

con minúscula: «Llegó la hora del *ángelus.*»

Angers Es la capital de la región francesa de *Anjou.* Los naturales de ambos sitios se denominan *angevinos.*

angevino V. *Angers.*

angina, anginoso.

angio- Prefijo que equivale a «vaso circulatorio»: *angioma, angiología.*

angiología, angioma, angiosperma, angiospermo, Angkor.

anglicado Significa «estilo, frase o palabra en que se advierte influencia de la lengua inglesa.»

anglicanismo, anglicanizado, anglicano.

anglicismo Es un «vocablo, giro o modo de hablar propio de la lengua inglesa empleado en otra, especialmente la española» (para pasar el rato se compró un *magazine*). En vez del anglicismo *magazine*, debe ponerse *revista*. Suele abreviarse *angl.*

angliparla, anglista, anglístico, anglo (gla) Voces admitidas.

angloamericano Se escribe así cuando se refiere al pueblo derivado de la fusión de los dos elementos, el inglés y el americano, ya que la unión es estable y duradera. Cuando se alude a una unión circunstancial, entonces es cuando debe ponerse el guión: «Se firmó el pacto *anglo-alemán.*»

anglofilia, anglofobia V. *anglófilo.*

anglófilo, anglófobo Ambas voces son admitidas por la Academia, lo mismo que *anglofilia* y *anglofobia.*

anglohablante Admitido y preferente; también se acepta *angloparlante.*

anglomanía, anglómano, anglonormando, angloparlante, anglosajón.

-ango, -anga Sufijos que dan idea de sentido despectivo: *charanga, bullanga.*

Angola El natural de este país es el *angoleño.*

ángor (pectoris) Admitido: «Angina de pecho.»

Angora Nombre antiguo de la ca-

pital de Turquía, que actualmente se llama *Ankara.*

angostar, angosto, angostura.

***Angoulême** Es el nombre francés; en español debemos escribir *Angulema.*

ángstrom (2), angstromio (1), anguila, angula, angular.

Angulema V. *Angoulême.*

ángulo, anguloso, angurria, angurriento (ta), angustia, angustiado, angustiar, angustioso, anhelante.

anhelar Debe pronunciarse seguido, como si no existiera la hache, y no *an-helar*, como hacen algunos. Uso de preposiciones: Anhelar *a* más; anhelar *por* mayor fortuna.

anhélito, anhelo, anheloso.

***anhidrido** Es incorrecto; debe escribirse y pronunciarse *anhídrido*, con acentuación esdrújula.

anhídrido, anhidro, anhidrosis, Aníbal, anidar, anihilación, anihilar, anilina.

anilla La *anilla*, por lo general, es un *anillo* (aro pequeño) con una función específica (sujetar cortinas, correas, etc.). El *anillo*, además, tiene la acepción de *sortija* (aro con perlas o piedras preciosas).

anillado, anillar.

anillo V. *anilla.*

ánima Aunque es voz femenina, se le antepone el artículo *el;* pero en plural lleva *las* y *unas: las ánimas; unas ánimas.* (V. *arma*).

animación, animado, animador, animadversión, animadvertencia.

animal Los nombres propios de animales se escriben entre comillas: el caballo «Pinto», el perro «Fido», etc. No se entrecomillan los de animales célebres: el caballo Rocinante, el can Cerbero. Principales voces onomatopéyicas que imitan las voces y sonidos de los animales: La oveja, la cabra, el cordero, el ciervo y el gamo *balan;* la vaca y el buey *mugen;* el toro *brama;* el caballo *relincha;* el perro *ladra;* el gato *maúlla;* el león y el tigre *rugen;* el lobo y el chacal *aúllan;* el becerro *berrea;* el asno *rebuzna;* el oso y el cerdo *gruñen;* el jabalí *arrúa;* la pantera y la onza *himplan;* el mono, el conejo y la liebre *chillan;* la serpiente *silba;* la rana *croa;* el pájaro *gorjea;* el cuervo, el grajo y el ganso *graznan;* la paloma y la tórtola *arrullan;* el pato *parpa;* la gallina *cacarea;* el gallo *canta;* el pollo *pía;* la cigüeña *crotorea;* la abeja *zumba;* el grillo y la cigarra *chirrían.*

animalada, animálculo, animalejo, animalidad, animalizar, animalucho.

animar Uso de preposiciones: Animar *al* combate.

anímico, animismo, ánimo, animosidad.

animoso Uso de preposiciones: Animoso *en, para* las tareas.

aniñado, aniñarse, anión, aniquilable, aniquilación, aniquilador, aniquilamiento, aniquilante, aniquilar, anís, anisado, anisar, anisete.

aniso- Prefijo que indica desigualdad: *anisodonte, anisótropo.*

anisodonte, anisófilo, anisómero, anisopétala, anisotropía, anisótropo, anivelar, aniversario.

Anjou Región francesa que tiene por capital a la ciudad de *Angers.* Los naturales de estos sitios se denominan *angevinos.*

Ankara V. *Angora.*

Annam Admitido por la Academia, lo mismo que *Anam,* si bien es preferible esta última voz. El natural de dicha región del Sudeste Asiático recibe el nombre de *anamita.* También se admite *annamita,* por resulta más adecuado el primer vocablo.

Annapolis.

Annapurna Es más correcto escribir *Anapurna.*

Annecy, Annual, Annunzio (d').

-ano Sufijo que denota: profesión *(cirujano),* gentilicios *(asturiano, cubano, peruano),* adhesión a una doctrina *(anglicano, arriano),* peculiar de *(urbano, cortesano).*

ano, anobio.

anoche Se escribe junto cuando indica «en la noche de ayer»: «*Ano-*

che fuimos al teatro.» Nunca es *a noche,* en el mencionado caso.

anochecer Es cuando empieza a faltar la luz del día, cuando viene la noche. *Atardecer* es el último período de la tarde. Verbo impersonal, sólo se emplea, en su acepción propia, en el infinitivo y las terceras personas de todos los tiempos: *anochecer, anochece, anochecía, anochecerá,* etc.

anochecida, anochecido, anodinia, anodino, ánodo, anofeles, anomalía, anómalo, anomuro, anona, anonáceo, anonadación (1), **anonadamiento** (2), **anonadante, anonadar, anónimamente.**

anonimato Palabra admitida por la Academia, con el significado de «carácter o condición de anónimo».

anonimia, anónimo, anopluro.

anorak Voz no admitida, con que se designa una especie de blusa con capucha empleada en ciertos deportes de invierno.

anorexia, anormal, anormalidad, anotación, anotador, anotar, anovelado, anoxia, anquiboyuno, anquiderribado, anquilosamiento, anquilosar, anquilosis.

anquilóstoma Es incorrecto; debe decirse *anquilostoma,* con acentuación grave, y no esdrújula. Se trata de una voz masculina: *El anquilostoma.*

anquilostomiasis, anquirredondo.

ansa Voz aceptada para designar la antigua confederación de varias ciudades de Alemania. También se admite *hansa,* pero la Academia cita en primer término *ansa.* Lo escribe con minúscula, y es femenino: *la ansa,* o *hansa.*

ánsar Es la grafía correcta, y no *ansar.*

ansarino, ansarón.

anseático «Perteneciente al *ansa* (v.).» Se admite igualmente *hanseático,* aunque la primera es voz preferente para la Academia.

ansia Aun cuando es palabra femenina, lleva el artículo *el.* No obstante, en plural se le anteponen los artículos *las* y *unas.* (V. *arma.*

ansiar Se acentúa del mismo modo que *desviar (desvío, desvías,* etc.)

ansiedad, ansiosamente.

ansioso Uso de preposiciones: Ansioso *por* la comida.

anta Se dice también *ante,* refiriéndose al «mamífero rumiante parecido al ciervo», pero *anta* es voz preferente. *Anta* es femenino, si bien lleva el artículo *el.* En plural se le anteponen *las* y *unas.* (V. *arma.*)

antagónico, antagonismo, antagonista, antañazo, antaño, antañón.

*Antarés Es incorrecto. El nombre de esta estrella tiene acentuación grave: *Antares.*

antártica, antártico Estas voces están admitidas como adjetivos *(el continente antártico, la región antártica),* y no deben confundirse con el nombre propio *Antártida,* continente situado dentro del Círculo Polar Antártico. A veces se ve escrito «la *Antártica*», pero no es correcto.

Antártida V. *antártica.*

ante V. *anta.*

ante- Prefijo que indica «delante de» *(antebrazo),* y «antes» *(anteayer).*

anteanoche Se prefiere este vocablo a la expresión *antes de anoche,* aunque también ésta es correcta. Se escribe en una sola palabra.

anteanteanoche, anteanteayer.

anteayer Es preferible esta voz a la expresión *antes de ayer,* si bien ésta también está aceptada por la Real Academia Española. *Ante ayer* (separado) es incorrecto.

antebrazo, antecámara, antecapilla, antecedencia, antecedente, anteceder, antecesor, anteco.

antecocina Debe emplearse esta voz, en lugar del galicismo *office,* tan difundido e incorrecto.

antecoro, anticristo, antedata, antedatar, antedecir, antedespacho, antedía, antedicho.

antediluviano Es la palabra que debe emplearse cuando se alude a algo ocurrido «antes del diluvio» universal y no *antidiluviano,*

como incorrectamente se escribe a veces. Esto último equivaldría a «opuesto al diluvio».

antefirma, anteguerra, anteiglesia, antejo, antejuicio, antelación.

antemano Se escribe junto, nunca en dos palabras.

*ante meridiano Es la traducción literal de la locución latina *ante merídiem* (v.), que significa «antes del mediodía». Referido a las horas es incorrecto, y resulta más sencillo y adecuado decir «son las diez de la mañana» (en lugar de «son las diez *a. m.*»).

ante merídiem Se abrevia *a. m.* Úsase más en países de América. (V. *ante meridiano.*)

antemuro, antena, antenupcial, anteojera.

anteojo En singular es el instrumento óptico que consta de un solo tubo con lentes ópticas. En plural es el que consta de dos tubos, y además es sinónimo de *gafas.* Es incorrecto decir «anteojo larga vista». Debe decirse «anteojo de larga vista».

antepalco, antepasado, antepecho, antepenúltimo.

anteponer Verbo irregular que se conjuga como *poner* (v.).

anteportada, anteproyecto, antepuerta, antepuerto.

Antequera El natural de esta ciudad de Málaga recibe el nombre de *antequerano.*

antequerano, antera.

anterior Uso de preposiciones: Anterior *a* cierto acontecimiento.

anterioridad, antero, antes.

antes de Cristo Según las normas ortográficas de la Real Academia, esta locución se abrevia *a.C.* En cambio, *A.C.* significa «año de Cristo». La abreviatura de *antes de Jesucristo* se escribe *a. de J.C.*

antesacristía, antesala.

antes de anoche Es correcto, pero preferible *anteanoche,* en una sola palabra. Lo mismo ocurre con *antes de ayer,* preferible *anteayer.*

antes de ayer V. *antes de anoche.*

anteseña, antevenir, antevíspera.

anti- Es un prefijo cuyo significado

es «contra» *(antiaéreo, antialcohólico).*

antiacadémico, antiácido, antiafrodisiaco (1), **antiafrodisíaco** (2), **antialcohólico, antiartrítico, antiasmático.**

Antibes Nombre de una ciudad francesa. En español lleva acentuación grave (en la segunda sílaba).

antibiótico, anticanónico, anticatólico, anticiclón, anticiclónico, anticientífico, anticipación, anticipamiento, anticipador.

anticipar «Al *anticipar* una maniobra del enemigo, las tropas se desplegaron.» Es incorrecto el uso de la voz *anticipar*, en este caso. En su lugar debe ponerse: «*Sospechando* (o *barruntando*) una maniobra...» Uso de preposiciones: Anticiparse *a* los acontecimientos.

anticipo, anticlerical, anticlericalismo, anticlímax, anticlinal, anticolonial.

*****anticolonialismo** Voz no aceptada por la Academia, aunque sí lo está *anticolonial.*

anticomunismo, anticomunista.

anticoncepcional Voz admitida por la Academia, lo mismo que *anticonceptivo,* aunque se prefiere la primera.

anticonceptivo V. *anticoncepcional.*

anticongelante, anticonstitucional, anticresis, anticresista, anticrético, anticristiano.

anticristo Se escribe con minúscula, y no con mayúscula.

anticrítico, anticuado, anticuar, anticuario, anticuerpo, antideportivo, antidetonante, antidiftérico.

*****antidiluviano** Es incorrecto. Debe emplearse *antediluviano* (véase).

antidinástico, antidisturbios, antídoto, antiemético, antier, antiescorbútico, antiespasmódico, antiestético, antifascismo, antifascista, antifaz.

antifebril Voz correcta para designar el medicamento que domina la fiebre. Otra voz correcta es *febrífugo.* Es incorrecto (y un disparate) emplear la voz *antifebrífugo.*

antifeminismo, antifeminista, anti-

fernales, antiflogístico, antífona, antifonario.

antífrasis Figura retórica que consiste en designar personas o cosas con palabras que indican lo contrario de lo que se debe decir, así «el guapo» para referirse a un hombre poco agraciado.

antifricción, antigás, antígeno, Antígona, antigramatical, antigripal, antigualla, antiguar, antigubernamental.

antigüedad Debe escribirse con mayúscula cuando alude muy concretamente a la época histórica denominada *Edad Antigua:* «Los filósofos de la *Antigüedad.*» En otros casos va con minúscula: «La *antigüedad* de un cuadro.»

antiguo «Es decano, y *antiguo* catedrático de pedagogía.» La palabra *antiguo* se ha aplicado aquí incorrectamente. Debió decirse: «Es decano, y *ex catedrático* de pedagogía.» *Antiguo* se escribe con mayúscula cuando se alude al *Antiguo Testamento.* El superlativo es *antiquísimo.*

antihelmíntico.

*****antihemorroidal** Voz usada en farmacia, pero que no está aceptada por la Academia.

antihigiénico, antihistérico, antiimperialismo.

antiimperialista Palabra aceptada por la Academia, lo mismo que *antiimperialismo.* Ambas deben escribirse con dos íes.

antilogía, antilógico, antílope, antillano.

Antillas El natural de cualquiera de estos archipiélagos de América Central recibe el nombre de *antillano.*

antimacasar, antimagnético, antimateria, antimeridiano, antimilitarismo, antimilitarista, antiministerial, antimonio, antinatural.

*****antineurálgico** Voz no admitida. Debe emplearse la palabra *analgésico.*

antinomia, antinómico.

Antinoo Se acentúa la *i: Antínoo,* según ciertos autores.

Antíoco Es igualmente correcto

Antioco, pero es preferible la primera voz.

*Antioch, *Antioche Nombres inglés y francés, respectivamente, de la población que en español llamamos *Antioquía* (en Siria).

Antioquía, Antioquia La ciudad de Siria recibe el nombre de *Antioquía* (con acento ortográfico). Sus naturales son los *antioquenos* (con *n*). La ciudad de Colombia es *Antioquia*, voz grave y por ende sin acento ortográfico. Los naturales de esta población son los *antioqueños* (con *ñ*, no con *n*).

antioxidante, antipalúdico, antipapa.

antipara Es un «cancel o biombo que se pone delante de una cosa para encubrirla». No confundir con *antiparras* (v.).

antiparasitario, antiparlamentario.

antiparras «Anteojos, gafas»; es voz familiar femenina, y va siempre en plural: las antiparras. No debe confundirse con *antipara* (v.), también femenina, pero singular.

antipartícula, Antípater (o Antipatro), **antipatía, antipático, antipatriota, antipatriótico, antipedagógico, antipendio, antiperistáltico, antipirético, antipirinoa, antipoca.**

antípoda Es masculino y suele usarse más en plural: *Los antípodas.*

antipoético, antipútrido, antiquísimo, antirrábico, antirreglamentario, antirreligioso, antirreumático.

*antirrobo «Un mecanismo *antirrobo*.» No está aceptada esta voz por la Academia. Tampoco se acepta la grafía *anti-robo*.

antisemita Voz aprobada por la Academia, lo mismo que *antisemitismo.*

antisemitismo V. *antisemita.*

antisepsia Método que combate las infecciones destruyendo los microbios que las causan. *Asepsia* es la «ausencia de gérmenes infecciosos», pero también está admitido con el mismo significado que *antisepsia.*

antiséptico, antisifilítico, antisocial, antistrofa.

antisudoral Vocablo admitido por la Academia. (V. *desodorante*.)

antitanque, antiterrorismo.

antítesis Es incorrecta la pronunciación grave *(antitesis)*. El plural no varía.

antitetánico, antitético, antitóxico, antitoxina, antitrago, antituberculoso, antivariólico, antivenéreo.

anto- Prefijo que indice «flor»: *antocianina, antófago.*

antocianina, antófago, antojadizo.

antojarse Verbo que, según la Academia, sólo se usa en las terceras personas, con alguno de los pronombres personales *me, te, le, nos, os, les:* «Se *me* antojó un helado»; «sólo hacían lo que se *les* antojaba».

antojo, antología, antológico, antonimia.

antónimo Son las palabras que expresan ideas opuestas o contrarias: negro, blanco; generosidad, avaricia; primero, último.

antonomasia, antorcha, antozoo, antracita, antracosis.

ántrax Es masculino: *Un ántrax.* El plural no varía: *Los ántrax.*

antro Es «cueva, caverna». No se admite como «lugar donde se reúne gente de mal vivir».

antropo- Prefijo que forma algunas voces con el significado de «hombre»: *antropólogo.* El sufijo *-antropo* tiene el mismo valor: *pitecántropo.*

antropofagia V. *antropofagía.*

*antropofagía Es incorrecto; debe usarse *antropofagia*, con acentuación grave y conservando el diptongo.

antropófago Es el salvaje que come carne humana. No es lo mismo que *caníbal.* Esta voz, aunque también significa *antropófago*, aludiendo especialmente a ciertos salvajes, tiene asimismo un sentido de «animal que come carne de los de su misma especie».

antropoide.

*antropóideo Incorrecto; debe emplearse *antropoideo*, voz grave, y no esdrújula.

antropología, antropológico, antropólogo, antropometría, antropométrico, antropomórfico, antropomorfismo, antropomorfo, antropopiteco, antroposofía, antropósofo, antruejo.

antuerpense Es el natural de *Antuerpia,* hoy *Amberes* (v.), ciudad de Bélgica.

antuviada, antuvión.

*Antwerpen Nombre flamenco de la ciudad belga que en español llamamos *Amberes.*

anual, anualidad, anuario, anubarrado, anublar, anudadura, anudamiento, anudar, anuencia, anuente, anulación, anular, ánulo, anunciación, anunciador, anunciamiento, anunciante, anunciar, anuncio.

*ánuo Es incorrecto acentuar ortográficamente esta voz, que no es esdrújula sino grave debido al diptongo. Debe escribirse, pues, *anuo,* sin acento.

anuria, anuro.

*Anvers Voz francesa que en español equivale a *Amberes* (v.), ciudad de Bélgica.

anverso.

*Anzio Nombre de una ciudad italiana que debemos escribir *Ancio* en nuestro idioma.

anzuelo, añada, añadido, añadidura, añadir, añagaza, añal, añascar, añejar, añejo.

añicos Esta voz carece de singular, siempre es plural: «Hacerse uno *añicos»;* «el vaso se hizo *añicos».*

añil Palabra que a menudo carece de plural: «Surcaban los mares *añil.»*

año «Tenía dieciocho *años escasos.»* Frase absurda, pues los años se han cumplido o no. Debe decirse, «tenía *apenas* dieciocho años». «Ocurrió en los *años cuarenta».* Aunque es expresión bastante corriente en los últimos tiempos, es más correcto decir «ocurrió en el *decenio 1940-50»* o, mejor aún, «ocurrió en el *año cuarenta y tantos».*

*año a año «Iba perdiendo facultades *año a año.»* Incorrecto; debe decirse *de año en año* o *año tras año.*

añojo, añorante, añoranza, añorar, añoso, añublo, añudar, añusgar, aojadura, aojamiento, aojar, aojo, aorta, aórtico, aortitis, aovado, aovado-lanceolada, aovar, aovillar(se), apabullamiento, apabullante, apabullar(se), apabullo, apacentador, apacentamiento.

*apacenta Es incorrecto; debe escribirse *apacienta:* «El pastor *apacienta* el ganado.»

apacentar Verbo irregular que se conjuga como *acertar* (v.).

apacibilísimo, apacible, apaciguador, apaciguamiento, apaciguante, apaciguar(se).

apache «Cierto indio salvaje de la antigua provincia de Nueva España.» También está admitido, aunque en sentido figurado, como «bandido y salteador de París», y por extensión, «de las grandes ciudades».

apadrinamiento, apadrinar, apagado, apagador, apagamiento, apagapenol, apagar.

apagón Voz admitida: «Extinción pasajera y accidental del alumbrado eléctrico.»

apaisado, apalabrar.

Apalaches Nombre correcto de estos montes de América del Norte. No debe escribirse *Appalachian* (inglés) ni *Appalaches.*

apalancamiento, apalancar, apaleamiento, apalear, apaleo, apandar, apandillar, apaniaguado, apanojado, apantanar, apantuflado.

apañado «Estamos apañados» es expresión vulgar; mejor decir «estamos aviados».

apañadura, apañamiento, apañar(se), apaño, apañuscar, aparador, aparadura, aparar, aparato, aparatosidad, aparatoso, aparcadero.

aparcamiento Voz admitida, si bien es mejor aún *estacionamiento.* Se acepta *aparcadero.* Es incorrecto *aparcamento,* y mucho más aún *parking.* (V. *aparcar.*)

aparcar Voz admitida por la Academia, con el significado de «colocar transitoriamente en un lugar público apropiado coches u otros vehículos.» Aunque con cierta diferencia de sentido es sinónimo de *estacionar*. (V. *aparcamiento*.)

aparcería, aparcero, aparcamiento, aparear.

aparecer(se) Verbo irregular que se conjuga como *agradecer* (v.). Uso de preposiciones: aparecerse *a* alguno; a. *en* casa; a. *entre* sueños.

aparecido, aparecimiento, aparejado, aparejador, aparejamiento, aparejar(se), aparejo, aparentador, aparentar.

*aparente «Se hacía *aparente* que no iba a resistir.» Es incorrecta esa acepción, y debe reemplazarse por «se hacía *evidente*», o «se hacía *ostensible*». Lo mismo ocurre con la voz *aparentemente*, cuando se la emplea con igual significado.

aparentemente V. *aparente*.

aparición, apariencia, apariencia (en), aparrar, aparroquiar, apartadero, apartadijo, apartadizo, apartado, apartador.

apartamento Voz admitida también por la Academia, ha pasado a ser preferente, ante *apartamiento*, la única aceptada con anterioridad.

apartamiento V. *apartamento*.

apartar(se) Uso de preposiciones: Apartarse *a* un lado; a. *de* la ocasión.

aparte Se escribe junto: «poner *aparte*», cuando indica «en otro lugar», «separadamente».

*aparte de «El texto es fiel, *aparte de las* correcciones efectuadas.» Es más correcto suprimir la preposición *de*: «El texto es fiel, *aparte las* correcciones efectuadas.»

aparvar, apasionamiento, apasionamiento, apasionante.

apasionar(se) Uso de preposiciones: Apasionarse *de, por* alguna cosa.

apatanado, apatía, apático, apátrida, apeadero, apeamiento.

apear(se) Uso de preposiciones: Apearse *a, para* cenar; a. *del* caballo.

apechugar Uso de preposiciones:

Apechugar *con* todo lo que le echen.

apedreamiento, apedrear, apegadizo, apegamiento.

apegar(se) Uso de preposiciones: Apegarse *a* alguna costumbre antigua.

apego, apelable, apelación, apelado.

apelar Uso de preposiciones: Apelar *a* otro método; a. *de* la sentencia; a. *para, ante* el tribunal superior.

apelativo, apeldar, apelmazado, apelmazar(se).

*a pelo «Montaban *a pelo* sus cabalgaduras.» No es correcto, y debe usarse *en pelo* (sin silla de montar): «Montaban *en* pelo...»

apelotonar, apellidar.

apellidos En los apellidos que poseen las partículas *de, von, van, al,* etc., éstas se escriben con minúscula cuando van precedidas del nombre de la persona: Gonzalo *de* Córdoba, Joachim *von* Ribbentrop, Anton *van* Dyck; pero llevan mayúscula si no tienen antepuesto el nombre: *De* Córdoba, *Von* Ribbentrop, *Van* Dyck. Con el plural de los apellidos deben seguirse las mismas reglas que para los sustantivos: los Pizarros, los Gimenos, los Calvo Sotelos, etc., exceptuando los que terminan en *z*, que no experimentan variación: los González, los Rodríguez. Sin embargo, está muy difundido el empleo de la forma invariable: los Trastamara, los Portocarrero, etc. Esta forma también se usa cuando el apellido es compuesto: los Vélez de Guevara, los Vara del Rey, etc.

apenar.

apenas «Había llegado, *a penas*, y ya lo detuvieron.» Incorrecto, pues cuando *apenas* significa *casi no*, o *tan sólo*, debe escribirse en una sola palabra: «*Apenas* tenía lo necesario para subsistir.» Se usa separado cuando es preposición y sustantivo: «Predestinado *a penas* insoportables.» «El enfermo *apenas si se* tiene en pie.» Incorrecto; debe escribirse «el enfermo *apenas se* tiene en pie».

apencar.

apéndice «Carlitos tiene *apéndice*»; incorrección grave cuando se pretende decir que Carlitos *tiene apendicitis* o *está enfermo del apéndice.* Esta voz es masculina. Lo mismo con *amígdalas,* etc.

apendicitis, apendicular, apeo, apepsia, aperar, apercepción, apercibimiento.

apercibir(se) Admite la Academia el uso de esta palabra con el significado de «percibir, observar, notar, caer en la cuenta»: «No me he *apercibido* de lo que ocurría.» Uso de preposiciones: Apercibirse *contra* riesgos innecesarios.

apercollar, apergaminado, apergaminarse, aperitivo, apero, aperreado, aperrear, aperreo, apersonamiento, apersonarse.

apertura «Acción de abrir; acto de dar principio a una asamblea» La Academia admite la acepción de «tendencia favorable a la comprensión de actitudes ideológicas, políticas, etc., distintas de las que uno sostiene». No debe confundirse con *abertura:* «Hendidura, agujero, grieta.»

apesadumbrar(se) Uso de preposiciones: Apesadumbrarse *por* tonterías; a. *con, de* las malas nuevas.

*apesar «Llegó *apesar* de la tormenta.» Es incorrecto; debe escribirse separado: *a pesar.* «Llegó *a pesar* que llovía.» Tampoco es correcta esta frase; debe usarse la preposición *de:* «Llegó *a pesar de* que llovía.»

apesarar, apesgar, apestar, apestoso, apétala, apetecedor.

apetecer Verbo irregular que se conjuga como *agradecer* (v.).

apetecible Uso de preposiciones: Apetecible *a* los sentidos; a. *para* los codiciosos.

apetencia, apetito, apetitoso, ápex, apezonado, apezuñar, apiadador, apiadar, apical, apicararse, ápice, apícola, apículo, apicultor, apicultura.

a pie juntillas Locución correcta, lo mismo que *a pies juntillas,* aceptadas ambas por la Academia.

apilamiento, apilar, apiñadura, apiñamiento, apiñar, apiñonado, apio, apiolar, apiparse, apiporrarse, apirético, apirexia, apisonado, apisonadora, apisonamiento, apisonar, apitonar, aplacamiento, aplacar, aplanadera, aplanamiento, aplanante, aplanar, aplastamiento, aplastante.

aplastar «Aplastó a la oposición.» Es incorrecto; dígase: «*Venció, aniquiló* a la oposición.»

aplatanar «Causar indolencia o entregarse a ella.» También se admiten *aplatanarse, aplatanado, aplatanamiento.*

aplauso *Aplauso cerrado* es forma aceptada por la Academia.

aplazamiento, aplazar, aplebeyar, aplicable, aplicación, aplicado.

aplicar(se) Uso de preposiciones: Aplicarse *a* una tarea muy engorrosa.

aplique Voz de origen francés, aceptada por la Academia con el significado de «candelero de uno o varios brazos que se fija en la pared».

aplomar, aplomo, apnea.

apo- Prefijo que equivale a «alejado de»: *apófisis, apogeo.*

apocadamente, apocado.

Apocalipsis Se escribe con mayúscula cuando se alude al libro de la Biblia: el Apocalipsis de San Juan. Este significado es el único reconocido por la Academia, que no admite el de «catástrofe, cataclismo». En tal sentido se emplea a veces como femenino, pero como «libro de la Biblia» es masculino. (V. *apocalíptico.*)

apocalíptico Aunque la Academia no acepta *apocalipsis* con el significado de «catástrofe, cataclismo», sí admite el de «terrorífico, espantoso» para *apocalíptico.* (V. *Apocalipsis.*)

apocamiento, apocar.

a poco «Subí, y *a poco* me caigo.» Es incorrecto; debe decirse *por poco:* «Subí, y *por poco* me caigo.»

apocopar.

apócope Es voz femenina: *la apócope.* En gramática, es la supresión de algún sonido al fin de una palabra, como *algún*, en lugar de *alguno; gran*, en lugar de *grande*, etcétera.

apócrifo, apocromático, apodar, apoderado, apoderamiento, apoderar, apodíctico, apodo.

ápodo En zoología es «falto de pies». No confundir con *apodo:* «Mote, alias, seudónimo.»

apodo V. *ápodo.*

apófisis V. *epífisis.*

apofonía, apogeo, apógrafo.

apolilladura Es el agujero que hace la polilla en las telas. *Apolillamiento*, en cambio, es la acción de apolillarse: el apolillamiento de las ropas.

apolillamiento, apolillar, apolíneo, apoliticismo, apolítico, apologética, apologético.

apología «Expresó sus *apologías* por el comportamiento de los chicos.» De la voz inglesa *apology* viene este anglicismo. En vez de *apología*, aquí impropiamente empleado, pues significa «defensa o alabanza de personas o cosas», debió usarse *disculpas, excusas.*

apologista, apologizar, apoltronamiento, apoltronarse, aponer, aponeurosis, aponeurótico, apoplejía, apoplético.

apoquinar Aunque admitida por la Academia, ésta alude a esa voz como «vulgar». Es «aportar, generalmente de mal grado, lo que corresponde pagar».

*a por «Fue *a por* los caballos.» Incorrecto, ya que la preposición *a* no debe preceder a ninguna otra preposición. En el caso anterior debió decirse «fue *por* los caballos».

aporcar, aporisma, aporrar, aporreado, aporreadura, aporreamiento, aporrear, aporreo.

aportación Es sinónimo de *aporte*, aunque la Academia da como voz preferente la primera.

aportadera, aportar, aporte, aportillar, aposentador, aposentamiento, aposentar, aposento.

aposición en gramática, es el efecto de poner sin conjunción, y consecutivamente, dos o más sustantivos que denotan una misma per-

sona o cosa, uno de los cuales aclara o determina al otro. Puede ser *explicativa*, cuando el segundo miembro no añade ningún significado nuevo al primer miembro: «París, capital de Francia», y *especificativa*, cuando el segundo miembro define al primero, distinguiéndolo de sus semejantes: «El rey poeta.» «El Prado, museo nacional.»

apositivo, apósito.

*a posta «Lo hicieron *a posta*.» Es incorrecto, ya que se escribe junto *(aposta)* cuando significa «adrede», «a propósito».

apostadero, apostamiento, apostante.

apostar(se) Verbo irregular que se conjuga como *contar* (v.). Este verbo, sin embargo, es regular cuando significa «esperar en un paraje con un fin determinado». Así se dirá *«apuestan* por el mejor», pero «se *apostan* en el cruce».

apostasía, apóstata.

apostatar Uso de preposiciones: Apostatar *de* las propias convicciones.

apostema Voz admitida, si bien *postema* es preferente para la Academia. Significa «absceso».

a posteriori Locución latina que significa «por lo que viene después», «por la experiencia», e indica una demostración por la cual hay que ir del efecto a la causa, o de las propiedades de una cosa a su esencia.

apostilla, apostillar.

apóstol Esta voz se escribe con minúscula, menos cuando se emplea en lugar de un nombre específico, generalmente el de san Pablo. Así, se escribe «el Apóstol de los Gentiles», pero «el apóstol san Pablo», o «el apóstol san Juan», o «el apóstol predicó en Galilea».

apostolado, apostólico.

apostrofar Su significado es «dirigir *apóstrofes*» (v. *apóstrofe*), no *apóstrofos* (v.).

apóstrofe Significa «dicterio, insultos». En retórica, es la figura que consiste en cortar el discurso para dirigirse a alguien de forma vehemente. Es ambiguo. No debe confundirse con *apóstrofo*, signo ortográfico (') que indica supresión de letras. En castellano se hacía esto antiguamente (d'aquel, l'aspereza), y aún se conserva en otras lenguas. *Apóstrofo* es de género masculino.

apóstrofo V. *apóstrofe*.

apostura, apoteca, apotecario.

apotegma «Dicho breve y sentencioso», generalmente escrito o dicho por algún personaje ilustre. No debe confundirse con *apotema*, «perpendicular desde el centro de un polígono regular a uno de sus lados». Además, la primera voz es masculina: *el apotegma*, mientras que la segunda es femenina: *la apotema*.

apotema V. *apotegma*.

apoteósico Es lo «relativo a la apoteosis». También está aceptada la palabra *apoteótico* para designar lo mismo, pero la Academia da como preferente *apoteósico*.

apoteosis Es femenino: *la apoteosis*, no *el apoteosis*, como a veces se dice, erróneamente.

apoteótico V. *apoteósico*.

apoyadero, apoyadura.

apoyar(se) Uso de preposiciones: Apoyar *con* citas; apoyar *en* autoridades.

apoyatura, apoyo.

***approach** Voz inglesa usada a veces innecesariamente en español, y que debe reemplazarse por *entrada, acceso, acercamiento.*

apreciable «Apreciable Juan: Te escribo...» Es incorrecto; lo que se ha querido decir es «*apreciado* Juan...» (V. *apreciar*.)

apreciar «Se *apreciaban* unos montes a lo lejos.» Expresión incorrecta; debe emplearse, en lugar de *apreciar*, las voces *divisar* o *percibir*: «Se *divisaban* (o *percibían*) unos montes a lo lejos.» (V. *apreciable*.) Uso de preposiciones: Apreciar *en* mucho; apreciar *por* sus virtudes.

apreciativo, aprecio.

aprehender Es «coger, prender a una persona». No confundir con *aprender*.

aprehensión «Detención, captura de una persona.» No confundir con *aprensión*: «Escrúpulo o recelo.»

aprehensor, apremiante, apremiar, apremio.

aprender «El maestro les *aprendía* a sumar.» Frase incorrecta en la que *aprendía* debe sustituirse por *enseñaba*, pues es el maestro quien realiza la acción.

aprendiz «*La aprendiz* llegó tarde.» Incorrecto; debe escribirse *la aprendiza*, voz admitida.

aprendiza, aprendizaje, aprensión, aprensivo, apresamiento, apresar, aprestar, apresto.

apresuración Voz admitida, si bien la Academia considera *apresuramiento* como preferente.

apresurado, apresuramiento.

apresurar(se) Uso de preposiciones: Apresurarse *a* volver; a. *en* la réplica; a. *por* regresar lo antes posible.

apretado, apretamiento.

apretar(se) Verbo irregular que se conjuga como *acertar* (v.). Es incorrecto conjugarlo como regular: «Yo *apreto* los puños»; dígase «yo *aprieto* los puños». Uso de preposiciones: Apretar *a* correr; a. *entre* los brazos.

***apreto** Incorrecto; es *aprieto*. (V. *apretar*).

apretón, apretujamiento, apretujar, apretujón, apretura, aprieto.

a priori Locución latina que significa literalmente «por lo que precede», y que da a entender que algo está considerado «antes de todo examen».

apriorismo, apriorístico.

a prisa «¡Vamos, *a prisa*!» Admitido, pero es mejor escribirlo junto, *aprisa*, cuando indica «con rapidez, celeridad o prontitud».

aprisa, aprisco, aprisionar, aproar, aprobación.

aprobado Uso de preposiciones: Aprobado *de* matemáticas; a. *por* mayoría.

aprobar Verbo irregular que se conjuga como *contar* (v.). Uso de preposiciones: Aprobar *en* alguna escuela al alumno. Debe evitarse la ambigüedad que se produce en aquellas frases en que no se ha citado expresamente quién es el sujeto y quién el complemento directo. *Ha aprobado*, referido a un alumno, indica que «ha sido aprobado», y hablando de un profesor puede significar que «ha concedido un aprobado».

aprobativo, aprobatorio.

aprontar, apropiación, apropiado.

apropiar(se) Uso de preposiciones: Apropiar *para* sí; apropiarse *de* algo (o apropiarse algo).

apropincuarse Uso de preposiciones: Apropincuarse *a* alguna parte. De acuerdo con esto, significa «acercarse, aproximarse», aunque actualmente sólo se emplea en sentido festivo. Es incorrecto usar esta voz con el significado de «apoderarse o apropiarse de algo».

a propósito «Lo hizo *apropósito*.» En este caso debe escribirse separado: *a propósito* (adrede, intencionadamente). *Apropósito* es sustantivo y significa «breve pieza teatral».

aprovechamiento, aprovechado, aprovechamiento.

aprovechar(se) «*Aprovechó de su* ingenuidad y le engañó.» Es incorrecto; debe escribirse «*aprovechó su* ingenuidad y le engañó». Es correcto, en cambio, cuando se dice «*aprovecharse de la ocasión*».

***a provecho de** «El suceso iba *a provecho* del pueblo.» Incorrecto; debió escribirse «el suceso iba *en provecho* del pueblo».

aprovisionamiento.

aprovisionar Voz ya admitida por la Academia con el significado de *abastecer.*

aproximación, aproximado, aproximar(se), aproximativo.

ápside No confundir con *ábside*; el primero significa «cada uno de los dos extremos del eje mayor de la órbita de un astro», mientras que *ábside* es la «parte del templo abovedada que sobresale en la parte posterior».

áptero, aptitud, apto.

apud Preposición latina que se emplea en las citas, y significa «en el libro de» (o en la obra de): *apud*

Cervantes (en la obra de Cervantes).

apuesta, apuesto, apuntación, apuntado, apuntador, apuntadura, apuntalamiento, apuntalar, apuntamiento, apuntar, apuntillar, apuñalar, apuñar, apuracabos, apuración, apuradamente.

apurado Uso de preposiciones: Apurado *de* medios.

apurador, apuramiento.

apurar(se) Uso de preposiciones: Apurarse *en* los contratiempos; a. *por* poco.

Apurímac, apuro.

apurón Voz admitida, pero como adjetivo: «El que *apura* o apremia con frecuencia.» No es correcto, por consiguiente, decir «darse un *apurón*» (sustantivo).

***aquarium** Es latinismo innecesario, ya que existe la voz admitida *acuario.*

aquejamiento, aquejar.

aquel Junto con el femenino y el neutro, y en singular como en plural (aquella, aquello, aquellos, aquellas) no lleva acento cuando son adjetivos demostrativos (aquel niño), en cuyo caso pueden sustituirse por los artículos *el, la, los, las* (el niño). Van acentuados cuando son pronombres demostrativos (es aquél); entonces no pueden ser sustituidos por los referidos artículos. Pero en este caso no lleva acento el pronombre neutro (aquello). Tampoco se acentúan cuando sigue *que* o *quien*: *aquel en que* vivías (aquel piso); *aquel* a *quien* hablabas. En «tiene su *aquel*», no se acentúa. No es correcto escribir *aquel* ánfora, sino *aquella* ánfora. Lo mismo con *arma* (v.), *agua* (v.), etcétera.

aquelarre, aquellar, a quemarropa.

***a quema ropa** Es incorrecto; debe escribirse junto: *a quemarropa.*

Aqueménidas, aquende, aquenio, aqueo, aquerenciado, aquerenciarse.

aquí Adverbio de lugar que indica «en este lugar» o «a este lugar», es decir, uno que está cerca del que habla. *Allí* indica el más alejado, y *ahí*, uno intermedio. *Aquí* indica «este lugar» con precisión, mientras que *acá* lo determina con menos exactitud, pues significa «hacia esta parte».

aquiescencia, aquiescente, aquietamiento, aquietante, aquietar, aquifolio, aquilatamiento, aquilatar, aquilífero, aquilino, aquilón, aquillado.

Aquisgrán Es el nombre español de la ciudad alemana de *Aachen*, que en francés se escribe *Aix-la-Chapelle*.

Aquitania El natural de esta antigua región francesa es el *aquitano*.

aquitánico, aquitano.

-ar Terminación del infinitivo de los verbos de la primera conjugación, que se conjugan como *amar* (v.). Sufijo que indica pertenencia *(caballar)*; sitio en que abunda una cosa *(glaciar, pinar)*; condición *(regular)*.

ara.

árabe V. *mahometano*.

arabesco, arábigo, arabismo, arabista, arabizar, arácnido.

*aracnóideo Incorrecto; es *aracnoideo*, sin acento ortográfico.

aracnoides Es femenino: *la aracnoides*. «Una de las tres meninges.»

aracnología, aracnólogo, arada, arado, aradura.

Aragón El natural de *Aragón* recibe el nombre de *aragonés*.

aragonés, aragonesismo.

*aragonismo Voz incorrecta; debe escribirse *aragonesismo*.

arahuaco, aralia, Aram, arambel, arameo.

Arán El natural de cualquiera de los pueblos del valle de Arán recibe el nombre de *aranés*.

Aranda de Duero El natural de esta villa recibe el nombre de *arandino*.

arándano, arandela, arandillo, arandino, aranés, araniego, aranzada.

araña Debe recordarse que la araña no es un *insecto*, sino un *artrópodo* o un *arácnido*. Es incorrecto,

pues, decir de la *araña* que es «un *insecto* que posee ocho patas».

arañar, arañazo, arañero, araño, arañuela, arañuelo, arar, araucano.

*Araúco Es incorrecto; debe escribirse *Arauco*, el nombre de este país de América, hoy provincia de Chile. El natural del mismo es el *araucano*.

araucaria, arbitrador, arbitraje, arbitral, arbitramento.

arbitrar «Arbitraron recursos para solucionar el caso.» Es incorrecto; en vez de *arbitrar* debe usarse *allegar, procurar* recursos.

arbitrariedad, arbitrario, arbitrio, arbitrista, árbitra.

árbitro El femenino es *la árbitra*, no *la árbitro*.

árbol, arbolado, arboladura, arbolar, arbolario, arboleda, arbolista, arbollón.

arbor- Prefijo del latín que significa *árbol*: *arbóreo, arboricultor, arborescente*.

arborecer, arbóreo, arborescencia, arborescente, *arboricida, arborícola, arboricultor, arboricultura, arboriforme, arborizar, arbotante, arbusto.

arca Si bien es voz femenina, lleva el artículo *el*. Pero en plural se le anteponen *las* y *unas*, artículos femeninos. (V. *arma*).

-arca Sufijo procedente del griego, que significa «ordenar, mandar»: *exarca, monarca*. Ante las letras *e*, *i*, adopta la forma *-arqu*: *anarquía, jerarquía*.

arcabucear, arcabucería, arcabucero, arcabuz, arcabuzazo.

Arcachon Población francesa que escribimos de este modo, y también *Arcachón*.

arcada, árcade, Arcadia, arcadio, arcaduz, arcaico, arcaísmo, arcaísta, arcaizante, arcaizar, arcángel, arcangélico, arcanidad, arcano, arcar, arcatura, arce.

arce- V. *archi-*.

arcedianato, arcediano, arcedo, arcén.

arci- V. *archi-*.

arcilla, arcilloso, arciprestal, arciprestazgo.

arcipreste Es la única voz correcta. No existe la palabra *archipreste*.

arco, arcontado, arconte, aretado, archa, archero.

archi- Prefijo que indica superioridad, preeminencia: archidiácono, archiduque. Con adjetivos equivale a *muy*: archisabido. A veces adopta las formas *arci-* (*arciprestazgo*), *arce-* (*arcedianato*), *arz-* (*arzobispado*), *arqui-* (*arquiepiscopal*).

archibribón, archibruto, archicofrade, archicofradía.

*archiconocido Esta voz no aparece relacionada en el Diccionario de la Academia. En su lugar debe emplearse *muy conocido, conocidísimo*.

archidiácono Voz admitida, aunque la Academia prefiere *arcediano*.

archidiócesis, archiducado, archiducal, archiduque, archiduquesa, archilaúd, archimandrita, archipámpano, archipiélago.

*archipreste V. *arcipreste*.

archisabido, archivador, archivar.

archivera Es el femenino de *archivero*.

archivista Es sinónimo de *archivero*, pero éste es el vocablo preferente.

archivo Se escribe con mayúscula cuando se trata de una entidad determinada: Archivo Histórico de Toledo. Minúscula en los demás casos.

archivología, archivólogo.

archivolta Voz admitida por la Academia, pero ésta da como preferente *arquivolta*.

arda, ardalear, ardedura, Ardenas.

*Ardennes En nuestra lengua lo correcto es escribir *Ardenas* para designar esta meseta situada entre Francia, Bélgica y Luxemburgo.

ardentía, ardentísimo.

arder Uso de preposiciones: Arder *en* deseos; arder (o arderse) *de* cólera.

ardid, ardido, ardiente.

*ardientísimo Es incorrecto; debe usarse *ardentísimo*.

ardilla, ardimiento, ardínculo, ardiondo.

ardite Es la forma correcta de escribir esta voz, y no *árdite* como ponen algunos.

-ardo Sufijo de adjetivos que posee un significado aumentativo o despectivo: *gallardo, bigardo*. Con *-ón* forma *moscardón*.

*areódromo Incorrecta esta forma. Es *aeródromo*.

areópago, areóstilo, arepa, arestín, arete.

aretino Es el natural de la ciudad italiana de *Arezzo*.

arévaco.

Arezzo V. *aretino*.

arfada, arfar, argadijo, argadillo, argallera, argamandel, argamandijo, argamasa, argamasar, argán, árgana, árganas.

Arganda El natural de esta villa de la provincia de Madrid recibe el nombre de *argandeño*.

argandeño, arganel, arganeo, árgano, argavieso, argayo.

Argel Capital de *Argelia* (v.). No debe confundirse con esta voz. Es incorrecto *Algiers*.

Argelia República del noroeste de África. No confundir con *Argel*, que es su capital. En vez de *Argelia*, a veces aparece escrito incorrectamente *Algeria* o *Algerie*. Y en lugar de *Argel*, ponen a veces, también de forma incorrecta, *Algiers*. El natural de Argel o de Argelia recibe el nombre de *argelino*.

argelino, argemone, argén, argentado, argentar, argénteo, argentería, Argenteuil, argentífero.

Argentina El natural de la República Argentina recibe el nombre de *argentino*.

argentinidad, argentinismo, argentino, argento, argentoso, argila, argivo, argólico.

Argólida También es correcto *Argólide*, pero es preferible la primera voz.

argolla, argoma, argomal.

argón Elemento químico, gas inerte. Se escribe con minúscula.

argonauta, argos, Argos.

argot Galicismo muy difundido, y admitido, cuyos equivalentes castellanos más aproximados son *jerga, germanía.*

argucia, argüe, árguenas.

argüir Verbo irregular que se conjuga como *huir* (v.).

argumentación, argumentador, argumental, argumentar, argumentista, argumento.

aria Vocablo admitido para designar una «composición musical para una sola voz». Es correcto.

Ariadna, aridecer, aridez, árido, arienzo, Aries, ariete, arietino, arije, arijo, arilo, arillo, arimaspo, arimez, ario.

-ario Sufijo que indica profesión *(notario)*, lugar *(balneario, acuario)*, conjunto *(novenario)*, sentido despectivo *(estrafalario)*, adepto a una causa *(revolucionario)*, pertenencia *(fraccionario)*, y persona a quien se cede algo *(concesionario)*.

Ariosto, Ariovisto, arísaro, arisblanco, ariscarse, arisco, arisnegro, arista, aristado.

Arístides La acentuación esdrújula es la más frecuente.

aristo- Prefijo del griego que equivale a «el mejor»: *aristócrata, aristocrático.*

Aristóbulo, aristocracia, aristócrata, aristocrático, aristocratizar, Aristófanes, Aristóteles, aristotélico, aristotelismo, aritenoides.

aritm-, aritmo- Prefijos del griego que equivalen a «número, cálculo» *(aritmética, aritmómetro).*

aritmética, aritmético, aritmómetro.

*-arium Terminación latina que se sustituye por *-ario.* Es incorrecto, pues, escribir *terrarium, acuarium*, etc. Debe emplearse *terrario, acuario*, etc.

*Arkángel Es la transcripción al español más utilizada del nombre de este puerto de Rusia.

Arkansas, arlequín, arlequinada, arlequinesco, Arles (o Arlés), arlote.

arma Aunque es voz del género femenino, se le antepone el artículo *el* para evitar el hiato (sonido desagradable que resulta al pronunciar dos palabras seguidas, cuando la letra final de la primera y la inicial de la segunda son vocales) que se produciría de escribir *la arma* (o *la ánfora, la arpa, la hacha*, etc.). Cuando hay otra palabra interpuesta, se puede escribir con artículo femenino: *La fulgurante arma.* Se exceptúan los nombres de mujer: la Águeda, la Ágata. En cuanto al artículo indeterminado, la Academia establece que debe escribirse *una arma* (el acento tónico está en la *u*, en *una*), pero se halla muy extendido el uso del artículo masculino *un: un arma, un asta, un ánfora.* También es *esa arma*, no *ese* arma. Por lo que se refiere a los plurales, se emplean los artículos femeninos *las* y *unas: las armas, unas armas.*

armable Admitida, puede usarse en lugar del término inglés *kit.*

armada Se escribe con mayúscula cuando alude al nombre propio del arma: «La *Armada* contendió contra el Ejército.» «El portavoz de la *Armada* no hizo declaraciones.» En otros casos va con minúscula. Por influencia del inglés a veces se traduce *armada* como *ejército (army).* Esto es incorrecto; en español *armada* es el «conjunto de fuerzas navales de un país», o bien una «escuadra o conjunto de buques de guerra.»

armadera, armadía, armadijo, armadillo, armado, armador, armadura, armamento.

armar Uso de preposiciones: Armar *con* arco; a. *de* fusil; a. *en* corso.

armario, armatoste.

armazón Es voz ambigua. Por lo general es masculina cuando alude al esqueleto, y femenina cuando se refiere a la armadura o pieza sobre la que se arma alguna cosa.

armella.

Armenia El natural de este país de Asia recibe el nombre de *armenio.*

armenio, armería, armero, armígero, armilar, armilla, armiño, armisticio, armón, armonía, armónica, armónico.

armonio Es como debe escribirse cuando designa a un «órgano (musical) pequeño». *Armonium* es incorrecto.

armonioso, armonista.

*armonium V. *armonio.*

armonización, armonizar, Armórica, armoricano.

armuelle, arna, arnacho, arnés, árnica, arnillo, aro, aroideo.

aroma Como «perfume, olor agradable», es masculino; como «flor del aromo» es femenino: *la aroma.*

aromar, aromático, aromatización, aromatizante, aromatizar, aromo.

arpa Aun cuando es palabra femenina se le antepone el artículo *el.* En plural, por el contrario, lleva los femeninos *las* y *unas.* (V. *arma.*) Se dice *arpa eolia,* no *arpa eólica.* Se admite, aunque es poco usada, la grafía *harpa.*

arpado, arpadura, arpar, arpegiar, arpegio, arpella, arpeo.

arpía También se admite *harpía,* aun cuando se usa mucho más el primer vocablo. Lo mismo ocurre con las voces *arpillera* y *harpillera.*

arpillera V. *arpía.*

arpista, arpón, arponar (2), **arponear** (1), **arponero, arqueada, arqueador, arqueamiento, arquear, arqueo.**

arqueo- Prefijo que significa *antiguo: arqueólogo, arqueolítico.*

arqueolítico, arqueología, arqueológico.

arqueólogo el femenino es *arqueóloga.*

arquería.

arquero En América también es *portero* (de fútbol), guardameta.

arqueta, arquetípico, arquetipo.

arqui- V. *archi-.*

-arquía Sufijo que significa «gobierno»: *monarquía, autarquía.*

arquidiócesis Aunque voz admitida, la Academia da *archidiócesis* como voz preferente.

arquiepiscopal La Academia relaciona, por orden de preferencia, estas tres voces aceptadas y que tienen igual significado: *arzobispal, archiepiscopal, arquiepiscopal.*

Arquímedes, arquimesa, arquíptero, arquitecta.

arquitecto Admitido el femenino de este vocablo, *arquitecta.*

arquitectónico, arquitectura, arquitectural, arquitrabe.

arquivolta Vocablo preferente, aun cuando *archivolta* también está aceptada.

arra, arrabal, arrabalero, arrabio, arracada, arracimado, arracimarse, arraclán.

arráez Su plural es *arráeces,* mejor que *arraeces.*

arraigadas, arraigamiento.

arraigar(se) Uso de preposiciones: Arraigarse *en* Italia.

arraigo, arralar, arramblar, arramplar, arrancaclavos.

arrancada «Aumento repentino de velocidad en la marcha de un buque, automóvil u otro vehículo, o en la marcha de una persona o animal» y «Comienzo del movimiento de un vehículo que se pone en marcha.» Esta voz, pues, es la que debe usarse en lugar de *reprise* (galicismo) y *sprint* (anglicismo), aunque haya ligeras diferencias de significado. Tales diferencias de significado se dan entre sinónimos, y a pesar de ello los empleamos para designar una misma idea.

arrancadera, arrancadero, arrancadura, arrancamiento.

arrancar(se) Uso de preposiciones: Arrancar (la hierba) *de* raíz.

arrancarse, arrancharse, arranque, arrapar, arrapiezo.

arras Se emplea sólo en plural, con su significado de «prenda o señal», y de «monedas que en la ceremonia del casamiento pasan de las manos del desposado a las de la desposada.» Es voz femenina: *las arras.*

Arrás, arrasado, arrasamiento.

arrasar(se) Uso de preposiciones: Arrasarse (los ojos) *de, en* lágrimas.

arrastradera, arrastradero, arrastrado, arrastramiento, arrastrapiés.

arrastrar Uso de preposiciones: Arrastrar *en* la caída; a. *por* tierra.

arrastras Es incorrecto escribirlo así, y debe ir en dos palabras, *a rastras,* cuando se refiere a lo que se lleva arrastrando. Sólo vale esta forma en la segunda persona del singular del verbo *arrastrar:* «Tú *arrastras* el saco por el suelo.»

arrastre, arratonado, arrayán.

¡arre! Interjección que se emplea para hacer andar a las bestias.

¡arrea! Exclamación de asombro.

arrear, arrebañadura.

arrebañar Admitido, si bien la Academia da como preferente la palabra *rebañar.*

arrebatado, arrebatador, arrebatamiento.

arrebatar(se) Uso de preposiciones: Arrebatarse *de* ira.

arrebatiña.

arrebato Se escribe junto cuando significa «acceso de furor» y «éxtasis». Va separado cuando se refiere a la «señal de alarma que se daba ante cualquier peligro», especialmente con campanas: «Tocar *a rebato*.»

arrebol, arrebolada, arrebolera.

arrebozar(se) Uso de preposiciones: Arrebozarse *con, en* la larga capa.

arrebujar, arreciar, arrecife.

arrecir(se) Se usa sólo en aquellas formas con vocal *i* en la desinencia, como *abolir*. Uso de preposiciones: Arrecirse *de* frío.

arrechucho, arredilar, arredramiento, arredrar, arregazar, arregladamente.

arreglado Uso de preposiciones: Arreglado *a* las leyes; a. *en* la conducta.

arreglar(se) Uso de preposiciones: Arreglarse *con* el acreedor; a. *a* la razón.

arreglo, arreglo de cuentas, arregostarse, arregosto, arrejacar, arrejaco, arrejada, arrejaque, arrejerar.

*arrejuntar Vulgarismo por *juntar, reunir*. También lo es *arrejuntarse* respecto a amancebarse un varón y una mujer.

arrelde, arrellanarse.

*arrellenarse Es incorrecto; debe escribirse *arrellanarse:* «Ensancharse en el asiento con toda comodidad y regalo.»

arremangar Admitido, aunque la Academia da como voz preferente *remangar*. Con *arremango* ocurre lo propio: es preferible *remango*.

arremeter Uso de preposiciones: Arremeter *al, con, contra, para* el enemigo.

arremetida (1), **arremetimiento** (2).

*arremilgado No existe esta palabra en el diccionario. Es *remilgado*.

arremolinarse.

arrempujar Aunque es vocablo aceptado, no hay duda de que resulta mucho más correcta la otra voz admitida: *empujar*. Lo mismo ocurre con *arrempujón* y *empujón*.

arrendable, arrendador, arrendajo, arrendamiento, arrendante.

arrendar Verbo irregular que se conjuga como *sentir* (v.)

arrendatario, arrendaticio, arreo, arreos, arrepanchigarse, arrepápalo, arrepentida, arrepentimiento.

arrepentirse Verbo irregular que se conjuga como *sentir* (v.).

arrepistar, arrepisto, arrepticio, arrequesonarse, arrequife, arrequive.

arrestar Se prodiga demasiado este verbo, en frases como la siguiente: «Arrestaron al ladrón.» Es mejor decir *detuvieron* o *apresaron*, ya que *arrestar* se usa casi siempre en asuntos militares: «Arrestaron al comandante de la guarnición.»

arrevesado, arrevistar, arrezafe, arrezagar, Arrhenius, arria, arriada, arrianismo, arriano, arriar, arriate, arriaz.

arriba «Subir arriba» es pleonasmo: sólo se puede subir arriba (pues *subir* significa «pasar de un lugar a otro superior o más alto»). Dígase simplemente: *subir, ir arriba, ascender*. Lo mismo ocurre con «bajar abajo». «Lo dejó *arriba* de la silla» es también uso incorrecto. Debe emplearse *encima*, en lugar de *arriba*, en este caso.

arribada, arribaje.

arribar Uso de preposiciones: Arribar *a* Bilbao.

arribazón, arribeño.

arribista La Academia ha admitido esta voz en su Diccionario. No obstante, es mejor decir *oportunista*, o *advenedizo*, según los casos. Nunca debe escribirse *arrivista* (v.).

arribo, arricés, arricete, arriendo, arriería, arriero, arriesgado.

arriesgar(se) Uso de preposiciones: Arriesgarse *en* la empresa; arriesgarse *a* salir.

arrimadero, arrimadillo, arrimadizo, arrimador, arrimadura, arrimar, arrime, arrimo, arrinconamiento.

arrinconar(se) Uso de preposiciones: Arrinconarse *en* casa.

arriñonado, arriscado, arriscar, arritmia, arrítmico.

*arrivista Es incorrecto; galicismo por *arribista* (v.), voz admitida.

arrizar, arroaz, arroba, arrobadizo, arrobador, arrobamiento (1), **arrobar, arrobero, arrobo** (2), **arrocabe, arrocero, arrocinar, arrodillamiento, arrodillar, arrogación, arrogador, arrogancia, arrogante.**

arrogar(se) Arrogarse es «atribuirse, apropiarse» una jurisdicción, facultad, etc. No confundir con *abrogar:* Abolir, revocar, e *irrogar:* causar daño o perjuicio.

arrojadamente, arrojadizo.

arrojado Uso de preposiciones: Arrojado *de* carácter.

arrojador, arrojamiento.

arrojar(se) Uso de preposiciones: Arrojar *de* sí. Arrojarse *a* pelear; a. *de, por* la ventana; a. *en* el estanque. (V. *lanzar.)*

arroje, arrojo, arrollable, arrollado, arrollador, arrollamiento, arrollar, arromanzar, arromar, arropamiento, arropar, arrope, arropera, arropía, arropero, arrostrado.

arrostrar Uso de preposiciones: Arrostrar (resistir) *con, por* los peligros.

arroyada, arroyadero, arroyamiento, arroyar, arroyo, arroyuela.

arroz Es siempre masculino. Resulta incorrecto hacerlo femenino, como en «comer *mucha arroz*.»

arrozal, arrual, arrufadura, arrufaldado, arrufaldar, arrufar, arrufianado, arrufo, arruga, arrugable, arrugamiento, arrugar, arruina-

miento, arruinar, arrullador, arrullar, arrullo, arruma, arrumaco, arrumaje, arrumar, arrumazón, arrumbación, arrumbada, arrumbador, arrumbamiento, arrumbar, arrurruz, arsáfraga, arsenal, arseniato, arsenical, arsénico, arsenioso, arsenito, arta, ártabro, Artajerjes.

arte Es vocablo ambiguo. Suele emplearse como masculino en singular: *el* arte etrusco, y como femenino en plural: *las* artes maléficas.

artefacto, artejo, artemisa, artera, arteria, artería, arterial.

arterioesclerosis Voz admitida, aunque la Academia prefiere *arteriosclerosis.*

arteriografía, arteriola, arteriología.

arteriosclerosis V. *arterioesclerosis.*

arteriosclerótico, arterioso.

arteritis «Inflamación de las arterias.» No confundir con *artritis:* inflamación de las articulaciones.

artero, artesa, artesanado, artesanal (2), **artesanía, artesano** (1).

artesiano V. *Artois.*

artesilla, artesón, artesonado, artesonar, artético, ártico, articulación, articulado, articular, articulista.

artículo Parte variable de la oración que indica principalmente el género y número del sustantivo al que precede. Es *determinado* o *definido* (el, la, los, las) cuando alude a un objeto conocido, e *indeterminado* o *indefinido* (un, una, unos, unas) cuando alude a un objeto no conocido o no citado anteriormente. Para el género neutro, presenta la forma *lo.* (V. *cada uno de estos artículos.)* Artículos de revistas o periódicos. Los títulos van entre comillas: «Idioma y dialecto», en *Revista de Filología.*

ártifice, artificial, artificiar, artificiero, artificio, artificiosamente, artificiosidad.

artificioso «Hecho con artificio» (con arte y habilidad, o con disimulo y doblez). No confundir con *artificial:* «Hecho por el hombre.»

artiga, artigar, artilugio, artillar.

artillería Va con mayúscula cuando se alude al nombre propio del arma: «Santa Bárbara, patrona de la *Artillería*.» Con minúscula en los demás casos: «La *artillería* atacó el reducto.»

artillero, artimaña, artimón, artina, artiodáctilo.

artista Como sustantivo, es de género común: *el, la* artista.

artístico, arto, artocárpea.

Artois El natural de *Artois*, o lo perteneciente a esta antigua provincia de Francia, recibe el nombre de *artesiano* (de ahí «pozo artesiano»).

artr- Prefijo que equivale a «articulación»: *artrítico, artritis.*

artralgia, artrítico, artritis, artritismo, artrografía, artrología, artropatía, artrópodo, artrosis.

Arturo Legendario rey de Gales (también llamado correctamente *Artús*), que hizo famosa la orden de la Tabla Redonda (o Mesa Redonda).

arugas, árula, arundense, arundíneo, arúspice, aruspicina.

arveja *(Amér.)* Guisante, leguminosa.

arvejal, arvejo.

arz- V. *archi-*.

arzobispado, arzobispal.

arzobispo Se escribe con minúscula: El arzobispo primado. Abreviaturas: *arz., arzbo.*

arzolla, arzón.

as «Escribió dos *as*.» Es incorrecto. Cuando se alude a la letra *a* en plural debe decirse *aes.*

asa Aun cuando es palabra del género femenino, en singular va con el artículo *el (el asa).* Pero en plural lleva *las* o *unas.* (V. *arma.*)

asá, asadero, asado, asador, asadura.

*asaetar Barbarismo por *asaetear* o *saetear*, «disparar saetas o herir con ellas».

asaetear, asainetado, asalariado, asalariar, asalmonado, asaltador, asaltante, asaltar.

asalto La Academia ha admitido la acepción de «cada una de las partes o tiempos de que consta un combate de boxeo.» Por consiguiente, debe emplearse esta voz en lugar de *round.*

asamblea Va con mayúscula si alude al organismo legislativo: «La *Asamblea* se reunió en sesión extraordinaria.» En los demás casos, con minúscula: «Organizaron una *asamblea* de asociados.»

asambleísta.

*asandereado Es incorrecto; debe escribirse *asendereado* («agobiado; experto»).

asar(se) Uso de preposiciones: Asar *a* la lumbre; asar *en* la parrilla.

asardinado, asarero, Asarhadón, asarina, ásaro, asativo, asaz.

asbesto Variedad de amianto. En las traducciones del inglés suele leerse generalmente *asbesto*, cuando casi siempre deben decir *amianto*. Es incorrecto *asbestos* (singular).

asca, ascalonia, ascalonita, áscar.

áscari «Soldado de infantería marroquí.» No debe confundirse con *ascáride*, «lombriz intestinal».

ascáride V. *áscari.*

ascendencia «Tenía mucha *ascendencia* sobre sus empleados.» Impropiedad en el uso de la palabra *ascendencia*, que nunca significa «influencia, preponderancia moral»; en este caso debió usarse la voz *ascendiente*, que sí se admite con tal significación. *Ascendencia* es la «serie de ascendientes o antecesores de una persona».

ascendente.

ascender Verbo irregular que se conjuga como *entender* (v.). Uso de preposiciones: Ascender *a* un alto cargo; a. *en* el escalafón; a. *por* los aires.

ascendiente No confundir con *ascendencia* (v.).

ascensión La *Ascensión* es de Jesús (de *ascender*) y la *Asunción* (v.) es de la Virgen.

ascensional, ascensionista, ascenso, ascensor.

ascensorista Voz correcta, aceptada por la Academia.

asceta, ascética, ascético, ascetismo.

ascio, ásciro, ascítico, ascitis, asclepiadáceo, asclepiadeo.

Asclepíades Nombre de una familia de médicos griegos que afirmaban ser descendientes de Esculapio (*Asclepio* o *Asclepios*, en griego). No confundir con este último nombre griego.

Asclepios V. *Asclepíades.*

asco, ascosidad, ascoso.

***ascribir** Incorrecto; debe usarse *adscribir*. Lo mismo con *ascrito*, que es *adscrito*.

ascua, Asdrúbal, aseado, asear.

asechanza «Engaño o artificio para hacer daño a otro.» No debe confundirse con *acechanza* (v.), «acecho, espionaje, persecución cautelosa».

asediador, asediar, asedio, aseglararse, aseglarizar, asegurable, aseguración (2)**, asegurador, aseguramiento** (1)**.**

asegurar(se) Uso de preposiciones: Asegurar *contra* el granizo; a. *de* incendios; asegurarse *de* la verdad.

asemejar También se admite el vocablo *semejar*, aunque es preferente el primero.

asendereado Es lo correcto, y no *asandereado* (v.).

asenjo, Asenjo Barbieri.

asenso «Acción y efecto de asentir.» También se admite *consenso*, pero la primera es la voz preferente.

asentaderas, asentadillas (a), asentado, asentador, asentamiento.

asentar Verbo irregular que se conjuga como *acertar* (v.).

asentimiento.

asentir Verbo irregular que se conjuga como *sentir* (v.). Uso de preposiciones: Asentir *a* un dictamen.

asentista, aseñorado, aseñoritado.

aseo *Cuarto de aseo* es admitido por la Academia como «pequeño cuarto con lavabo, retrete y otros servicios». También puede decirse *aseo*, simplemente.

asépala.

asepsia La Academia admite como sinónimos *asepsia* y *antisepsia* (v.), pero en otra acepción establece que la primera previene de los gérmenes infecciosos, mientras que la segunda los combate.

aséptico.

asequible «Un superior *asequible*.» Es incorrecto; debe decirse «un superior *tratable (accesible)*», ya que *asequible* significa «que puede conseguirse o alcanzarse».

aserción, aserradero, aserrado, aserrador, aserradura.

aserrar También se acepta *serrar*, que es voz preferente respecto a la primera.

aserrín Preferible *serrín*, aunque las dos están admitidas por la Academia.

***asertar** Es americanismo incorrecto por *afirmar*, *aseverar*. Proviene de *aserto* (afirmación de la certeza de una cosa), voz que sí está admitida.

aserto V. *asertar.*

asertorio, asesado, asesar, asesinar, asesinato, asesino, asesor, asesoramiento.

asesorar(se) Uso de preposiciones: Asesorarse *con*, *de* letrados.

asesoría, asestar, aseveración, aseverar, aseverativo, asexuado, asexual, asfaltado, asfaltar, asfáltico, asfalto, asfíctico, asfixia, asfixiar.

asfódelo Es incorrecto escribir *asfodelo* («gamón, planta liliácea»).

asgo Así se escribe la primera persona del singular del presente de indicativo del verbo *asir* (v.), y no *aso*: «Yo *asgo* el bastón.»

así Adverbio de modo. Se escribe junto (lo hice *así*); va separado cuando es preposición y pronombre («lo acercó *a sí* y le dio una palmada»). La expresión *así así* (medianamente) se escribe sin coma (no *así, así*). «*Así*, no pudiste venir» es catalanismo; debe escribirse «así que *no pudiste venir*» o «*de modo que* no pudiste venir».

Asia El género de este nombre propio es femenino, pero se le antepone el artículo *el: el Asia* meridional. (V. *arma*.) En los demás casos se demuestra su género: *aquella Asia, esta Asia*, etc.

asiático, asidero, asiduidad, asi-

duo, asiento, asignación, asignar, asignatura, asilado, asilo, asimetría, asimétrico, asimiento, asimilable, asimilación, asimilado.

asimilar(se) Admitido como «Comprender lo que se aprende.» Uso de preposiciones: Asimilar (una cosa) *a* otra.

asimilativo, asimilatorio.

a símili Locución latina que significa «por semejanza». Suele emplearse referido a un argumento que se basa en motivos de semejanza o de igualdad entre dos hechos.

asimilista.

asimismo Como adverbio de modo la Academia admite *asimismo* y *así mismo*, pero da preferencia a esta última expresión. No confundir con *a sí mismo* (a él mismo), que se escribe en tres palabras.

asimplado, asín, asina.

asíndeton Figura de retórica que consiste en omitir las conjunciones para dar más viveza al concepto («vino, vio, venció»). Es masculino *(el asíndeton).*

asinergia, asinino, asíntota.

asir Verbo irregular que se conjuga de la siguiente forma: INDICATIVO. *Presente:* asgo, ases, ase, etc. *Pret. imperf.:* asía, asías, asía, etc. *Pret. indef.:* así, asiste, asió, etc. *Futuro imperfecto:* asiré, asirás, asirá, etc. POTENCIAL: asiría, asirías, asiría, etc. SUBJUNTIVO. *Presente:* asga, asgas, asga, asgamos, asgáis, asgan. *Pret. imperf.:* asiera o asiese, asieras o asieses, etc. *Futuro imperf.:* asiere, asieres, asiere, etc. IMPERATIVO: ase, asga, asgamos, asid, asgan. PARTICIPIO: asido. GERUNDIO: asiendo. Uso de preposiciones: Asir *de* la ropa; a. *por* los cabellos. No debe decirse «*asir de* los cabellos».

Asiria El natural de este país del Asia antigua recibe el nombre de *asirio.*

asirio, asiriología, asiriólogo, asistencia, asistencial.

asistenta Admitido con la acepción de «mujer que sirve como criada en una casa sin residir en ella».

asistente, asistente social, asistimiento.

asistir Uso de preposiciones: Asistir *a* los enfermos; a. *de* oyente; a. *en* un caso.

asistolia, asistólico.

asma Aun siendo del género femenino se escribe con el artículo *el (el asma).* Pero en plural lleva los artículos *las* y *unas.* (V. *arma.*)

asmático.

asna Es el nombre de la hembra del asno. En singular se dice *el asna,* y en plural *las asnas* o *unas asnas.* (V. *arma.*)

asnada, asnal, asnería, asnillo, asnino, asno.

asobinarse, asociable, asociación, asociacionismo, asociado.

asociar(se) Uso de preposiciones: Asociarse *a, con* otro.

asociativo, asolador, asolamiento, asolanar, asolapar.

asolar (se) Verbo irregular que se conjuga como *contar* (v.).

asolear(se), asoleo, asomada.

asomar(se) «Prohibido *asomarse* al exterior.» Basta decir «prohibido *asomarse*», ya que *asomar* es «sacar o mostrar alguna cosa por una abertura o por detrás de alguna parte», es decir, *al exterior.*

asombradizo, asombrador.

asombrar(se) Uso de preposiciones: Asombrarse *con, del* suceso.

asombro, asombroso, asomo, asonada, asonancia, asonantar, asonante.

asonar Verbo irregular que se conjuga como *contar* (v.).

asosegar(se) Verbo irregular que se conjuga como *acertar* (v.).

aspa Aunque es femenino, se le antepone el artículo *el: el aspa.* Pero en plural lleva los artículos *las* o *unas.* (V. *arma.*)

aspado, aspálato, aspar.

aspaventero Es la voz correcta, y no *aspavientero,* como se dice a veces. También puede decirse *aspaventoso,* si bien no es la voz preferente.

aspaventoso V. *aspaventero.*

*aspavientero Es incorrecto. V. *aspaventero.*

aspaviento, aspecto, aspereza.

asperger Voz admitida (rociar), aunque la Academia da preferencia a *asperjar*.

asperges, asperilla.

asperjar V. *asperger*.

áspero Uso de preposiciones: Áspero *con* los subordinados; á. *al, para* el gusto; á. *de* condición; á. *en* las palabras. El superlativo es *aspérrimo*.

asperón, aspérrimo, aspersión, asperson, aspersorio.

áspid Es voz del género masculino: el áspid. Su plural es *áspides* (*los áspides*, no *los áspids*). Igualmente admite *áspide* la Academia, pero en segundo término.

áspide, aspidistra.

aspillera «Abertura larga y estrecha en un muro, para disparar por ella.» No debe confundirse con *arpillera*, «tejido común de estopa».

aspiración, aspirado, aspirador.

aspiradora «Máquina que aspira el polvo...» Es femenino.

aspirante.

aspirar V. *respirar*.

aspirina Debe escribirse con minúscula, ya que la Academia lo da como nombre común, aunque indica «del alemán *Aspirin*, nombre comercial registrado.»

asquear, asquerosidad.

asqueroso Uso de preposiciones: Asqueroso *de* ver; a. *a* la vista; a. *en* su aspecto.

Assam Estado de la India que a veces aparece escrito *Asam*.

asta Es femenino, pero lleva el artículo *el*. En plural, en cambio, va con los artículos *las* o *unas*. (V. *arma*.)

astado, Astarté.

asteísmo «Figura de retórica que consiste en dirigir delicadamente una alabanza con apariencia de reprensión o vituperio.» No debe confundirse con *ateísmo*.

astenia «Falta o decaimiento de las fuerzas.» Se emplea también como sufijo *(-astenia)*, con igual significado, en voces tales como *psicastenia, neurastenia*, etc.

asténico, aster.

aster- Prefijo que equivale a *astro* o *estrella*: *asteroide*.

asterisco, asterismo, astero, asteroide, astifino.

astigitano Natural de la antigua *Ástigi*, hoy Écija, ciudad de la Bética.

astigmático, astigmatismo, astigmómetro, astil.

*ástil Es incorrecto, por influencia de *mástil*. Debe escribirse *astil*, voz aguda. Es un «mango o barra».

astilla, astillar, astillero, astilloso.

Astorga El natural de esta ciudad de León recibe el nombre de *astorgano* o *asturicense*.

astorgano V. *Astorga*.

astr- Prefijo que equivale a *astro, estrella:* astronauta, astronomía.

astracán.

astracanada, astrágalo.

*Astrakán Nombre de una ciudad rusa.

astral.

astreñir Es «astringir, apretar, estrechar». No confundir con *estreñir*.

astricción, astrictivo, astrífero, astringencia, astringente, astringir, astro.

astro- V. *astr-*.

-astro Sufijo que posee un sentido despectivo: politicastro, madrastra.

astrofísica, astrofísico, astrográfico, astrógrafo, astrolabio, astrolito, astrología, astrológico, astrólogo.

astróloga Admitido como femenino de *astrólogo*.

astronauta Voz aceptada como «tripulante de un aparato astronáutico». Es masculino y femenino: *el astronauta, la astronauta*. También está admitido *astronáutica* y *astronáutico*. En cuanto a *cosmonauta, cosmonáutica, cosmonáutico* y *cosmonave*, figuran igualmente aceptados y preferentes.

astronave Voz admitida por la Academia, que también acepta *astronauta* (v.) y otros vocablos derivados.

astronomía, astronómico, astrónomo, astroso, astucia.

astur Además del natural de *As-*

turias, lo es el de la *Astúrica*, hoy *Astorga*.

asturcón, asturianismo, asturiano.

Asturias El natural de *Asturias* recibe el nombre de *asturiano* o *astur*.

asturleonés (1), **astur-leonés** (2) Voces admitidas.

astutamente, astuto.

Asuán también se escribe a menudo *Assuan*. Es incorrecto *asswan* y otras grafías.

asueto.

asumir «La catástrofe *asumió* gran importancia.» Debe decirse «*adquirió* gran importancia», pues ese empleo de la voz *asumir* (tomar para sí) es galicismo.

asunceño Natural de *Asunción* de Paraguay.

Asunción La *Asunción* es de la Virgen, y la *Ascensión* (v.) es de Jesús (de *ascender* al cielo).

asuncionista, asuntillo, asunto.

Asur También suele escribirse *Assur*.

Asurbanipal No debe escribirse *Assurbanipal* (rey del antiguo Imperio asirio).

asurar, asurcado, asurcano, asustadizo.

asustar(se) Uso de preposiciones: Asustarse *de, con, por* un ruido.

atabacado, atabal.

***atabalado, *atabalar** Incorrecto; *es atontado, atontar.*

atabalear, atabalero, atabe, atabillar, atabladera, atablar, atacadera, atacado, atacador, atacadura, atacamita, atacante.

atacar «*Atacó* la propuesta del Senado.» En este sentido es incorrecto, y debe emplearse «*impugnó* (o *rechazó*) la propuesta del Senado».

atacir, atacola, ataderas, atadero, atadijo, atado, atador, atadura, atafagar, atafea, ataguía, ataharre, ataharma, Atahualpa, ataífor, atairar, ataire, atajadero, atajadizo, atajador, atajamiento, atajar, atajasolaces, atajea.

atajo «Senda o paraje por donde se acorta el camino.» No debe confundirse con *hatajo*, «pequeño grupo de ganado» o «grupo de personas o cosas».

atalajar.

atalaje Admitido, pero es mejor decir *atelaje* (tiro, caballerías de un carruaje).

atalaya, atalayador, atalayar, atalayero, atamiento, Atanagildo, Atanasio, atanor.

atañer Verbo irregular defectivo, que sólo se emplea en las terceras personas (*atañe* y *atañen*, entre las más empleadas).

***atañir** «*Atañir* a terceras personas.» Incorrecto; es «*atañer* (v.) a terceras personas».

ataque, ataquizar.

atar(se) Uso de preposiciones: Atar *de* pies y manos; a. *por* la cintura; a. *en* las dificultades.

atarantado, atarantamiento, atarantar, ataraxia, atarazana, atarazar.

atardecer V. *anochecer*.

atarear(se) Uso de preposiciones: Atarearse *a* escribir; a. *con, en* los negocios.

-atario Sufijo que indica «el que se ve favorecido por la acción»: *beneficiario, signatario*.

atarjea «Conducto que lleva las aguas al sumidero.» Hay otras voces admitidas, como *atajea* y *atajía*, pero es preferible *atarjea*.

atarugamiento, atarugar, atasajar, atascadero, atascado, atascamiento, atascar, atasco, Ataturk (Kemal), ataúd, ataujía, Ataúlfo, ataurique, ataviar(se), atávico, atavío, atavismo, ataxia, atáxico, ateísmo.

atelaje «Tiro, caballerías que tiran de un carruaje; conjunto de guarniciones de las bestias de tiro.» También está admitida *atalaje*, pero la Academia da como preferente *atelaje*.

***atelier** Es galicismo. En su lugar deben emplearse *taller, obrador, estudio*, según los casos.

atemorizar(se) Uso de preposiciones: Atemorizarse *de, por* algo.

atemperación, atemperante, atemperar(se).

atenacear Voz preferente, respecto de *atenazar*, aunque las dos están admitidas.

Atenas El natural de esta ciudad recibe el nombre de *ateniense*.

atenazar V. *atenacear*.

atención, atención (llamar la), atendedor.

atender Verbo irregular que se conjuga lo mismo que *entender* (véase).

atendible, atenebrarse.

ateneísta «Socio de un ateneo.» Voz admitida.

ateneo Con minúscula cuando es una «asociación científica o literaria, en general», pero con mayúscula cuando se alude implícitamente a una de ellas: «Ingresó como socio del *Ateneo*.»

atener(se) Verbo irregular que se conjuga como *tener* (v.). Uso de preposiciones: Atenerse a lo práctico.

ateniense, atenorado, atentado.

atentar Verbo regular en su acepción más corriente de «cometer atentado». Pero en su significación anticuada de «tentar» y en la de «atentarse» es irregular y se conjuga como *acertar* (v.). Uso de preposiciones: Atentar *contra* la propiedad; a. *a* la vida.

atentatorio.

atento Uso de preposiciones: Atento *a* la explicación; a. *con* los mayores. Abreviatura: *atto*.

atenuación.

atenuante Es femenino como adjetivo (las circunstancias *atenuantes*) y como sustantivo (las *atenuantes* del caso).

atenuar, ateo, aterciopelado, aterimiento.

aterir(se) Verbo defectivo, del que sólo se emplean las terminaciones que contienen *i*, como *aterió* y *aterirá*, aunque en la práctica únicamente se usa en el infinitivo *(aterir)* y en el participio *(aterido)*. *Ateridos de frío* es pleonasmo. Basta con decir *ateridos*.

ateroma Admitido.

aterosclerosis Voz admitida como «variedad de arteriosclerosis».

aterrador, aterrajar, aterramiento.

aterrar(se) Comúnmente se emplea este verbo con el significado de «provocar terror», y en tal sentido

es regular. Es irregular, y se conjuga como acertar, cuando se usa en las demás acepciones: «Cubrir con tierra», «derribar, abatir», etcétera.

aterrizaje Cuando se alude a un «aterrizaje» en la Luna debe decirse *alunizaje*, voz aceptada por la Academia, lo mismo que *alunizar*.

aterrizar V. *aterrizaje*.

aterronar, aterrorizar, atesar, atesorar, atestación, atestado, atestadura, atestamiento.

atestar «*Atestado* de gente» es expresión incorrecta. Debe decirse «*repleto* (o *lleno*) de gente». Suele usarse como verbo regular.

atestiguación (1), **atestiguamiento** (2).

atestiguar En este verbo, la *u* lleva diéresis en los tiempos en que va seguida de *e* (atestigüe, atestigüemos). Uso de preposiciones: Atestiguar *de* oídas; a. *con* otro.

atetado, atetar, atetillar, atezado, atezamiento, atezar, Athos, atibar, atiborrar.

Ática el natural de *Ática* (antigua Atenas) recibe el nombre de *ático*.

-ático, -ática Sufijo que indica pertenencia: *problemático, acuático*.

ático V. *Ática*.

atiesar, atifle, atigrado, Atila, atildado, atildadura (2), **atildamiento** (1), **atildar.**

atinar Uso de preposiciones: Atinar *al* blanco; atinar *con* la dirección.

atinente Voz correcta: «Tocante o perteneciente.»

atiparse Aceptado: «Atracarse, hartarse.»

atípico, atiplado, atiplar, atirantar, atisbador, atisbadura, atisbar, atisbo.

¡atiza! Exclamación que expresa sorpresa o asombro.

atizadero, atizador, atizar, atizonar, atlante, atlántico, Atlántida, Atlántidas.

atlas Se escribe con minúscula cuando alude a una «colección de mapas geográficos en un volumen», así como a la primera vértebra cervical. Va con mayúscula cuando se refiere al gigante de la mitología griega, y a los montes del norte de África.

atleta Deben pronunciarse la *t* y las *l* juntas, sin hacer pausa y sin introducir sonidos defectuosos (a-leta, ah-leta, ad-leta). Lo mismo reza para *Atlántico, atlas, atlante, pentatlón,* etc.

***Athletic** esta grafía, con que aparece escrito el nombre de algunos clubs de fútbol, es incorrecta. Debe decirse *Atlético,* voz perfectamente correcta.

atlético, atletismo.

atmo- Prefijo que equivale a «vapor»; *atmosférico, atmósfera.*

atmósfera, atmosférico.

-ato Sufijo que posee diversas equivalencias: cría *(jabato);* jurisdicción, empleo *(califato, cardenalato);* acción *(sonata, caminata).*

atoar, atocinado, atocinar, atocha, atochar, atochero, atochón.

***a todo precio** «Quería llegar a ministro *a todo precio.*» Es incorrecto; debe decirse *a cualquier precio, a toda costa.*

atolón, atolondrado, atolondramiento, atolondrar, atolladero.

atollar(se) Uso de preposiciones: Atollarse *en* el lodo.

atómico, atomismo, atomista, atomístico, atomización.

atomizador «Pulverizador de líquidos.» Por consiguiente, en vez de *spray,* como se usa a menudo, debe emplearse *pulverizador* o *atomizador.*

atomizar, átomo, atonal, atonalidad, atondar, atonía, atónico.

atónito Uso de preposiciones: Atónito *con, de, por* la desgracia.

átono, atontado, atontamiento, atontar, atontolinar, atoramiento, atorar, atormentador, atormentante, atormentar, atornasolado.

atornillador Es sinónimo correcto y admitido de *destornillador,* pero esta última es la voz preferente.

atornillar.

atorrante *(Amér.)* Vago, despreciable.

atortolar, atortorar, atortujar, atosigar, atóxico, atrabancar, atrabiliario, atrabilioso, atrabilis.

***atrábilis** Como voz esdrújula es incorrecto. Es vocablo grave: *atrabilis.*

atracadero, atracador, atracar, atracción.

atracciones Admitido como «espectáculos o diversiones variados que se celebran en un mismo lugar y forman parte del mismo programa» («parque de *atracciones*»).

atraco, atracón, atractivo.

atraer(se) Verbo irregular que se conjuga como *traer* (v.). En gerundio cambia la *i* átona por *y* (atrayendo). Uso de preposiciones: Atraer *con* promesas; atraer *a* su bando.

atrafagar, atragantar, atraíble, atraillar, atrampar, atrancar, atranco, atrapamoscas, atrapar.

atraque Vocablo admitido por la Academia. Es «acción y efecto de *atracar* una embarcación», «muelle donde se *atraca*».

atrás Es «*hacia* la parte que está a espaldas de uno». «Está *atrás*» equivale a «está hacia *atrás*» de una persona o cosa. No confundir con *detrás:* «*En* la parte *posterior*» de una persona o cosa. Es decir que este adverbio define con más precisión el lugar que *atrás.*

atrasado Uso de preposiciones: Atrasado *de* noticias; a. *en* el estudio.

atrasar, atraso.

atravesado Uso de preposiciones: Atravesado *de* dolor; a. *por* una lanza.

atravesar(se) Verbo irregular que se conjuga como *acertar* (v.). Uso de preposiciones: Atravesarse *en* el camino.

atrayente, atrepsia, atresia, atresnalar.

atrever(se) Uso de preposiciones: Atreverse *a* grandes cosas; a. *con* todos.

atrevido, atrevimiento, atribución.

atribuir Verbo irregular que se conjuga como *huir* (v.). Uso de preposiciones: Atribuir *a* otras personas.

atribular(se) Uso de preposiciones: Atribularse *con, de, por* la penuria.

atributivo.

atributo En gramática es «lo que se dice del sujeto». Cuando decimos «el animal es un ser irracional», «ser irracional» es el *atributo*. También recibe el nombre de «predicado».

*atricción Es incorrecto; debe escribirse *atrición*, cuando se alude al «dolor de haber ofendido a Dios, a causa de un pecado».

atrición, atrida, atril, atrilera, atrincheramiento.

atrinchar(se) Uso de preposiciones: Atrincherarse *en* una zanja; a. *con* un muro.

atrio, atrito, atrocidad, atrofia, atrofiar, atrófico, atrompetado, atronado, atronador, atronadura, atronamiento.

atronar Verbo irregular que se conjuga como *contar* (v.).

atropar, atropellado.

atropellar(se) Uso de preposiciones: Atropellar *con, por* todo; atropellarse *en* las acciones.

atropello, atropina.

Átropos Es el nombre de una de las tres Parcas. Es voz esdrújula. Los de las otras dos Parcas son Clotos y Láquesis.

atroz, atruhanado.

*attaché Galicismo que debe ser sustituido unas veces por *agregado a una embajada*, y otras por *cartera de mano, maletín.*

*attelier Es galicismo; en su lugar deben emplearse *taller, obrador, estudio,* según los casos.

*attrezzo Italianismo que designa los elementos con que se monta en el escenario una obra teatral. En italiano significa «instrumento».

atufado, atufamiento.

atufar(se) Uso de preposiciones: Atufarse *con, de, por* poco.

atufo, atún, atunara, atunero, aturar, aturdido, aturdidor, aturdimiento, aturdir, aturquesado.

aturrullar(se) «Confundir a uno», voz admitida, lo mismo que *aturrullar,* aunque se prefiere la primera.

aturrullamiento.

aturrullar V. *aturrullar.*

atusar, atutía, auca, Auckland.

audaces fortuna juvat Locución latina que significa «la fortuna ayuda a los audaces».

audacia, audible, audición.

audiencia Debe escribirse con mayúscula cuando alude al organismo judicial: «La *Audiencia* territorial.» En los demás casos, con minúscula. «La *audiencia* prorrumpió en aplausos», es incorrecto, por influencia del inglés. No debe usarse *audiencia* en lugar de *público, auditorio,* como en este caso.

audífono Palabra admitida en el Diccionario de la Academia como «aparato para percibir mejor los sonidos, especialmente usado por los sordos».

audio Como término empleado en televisión es incorrecto y debe sustituirse por *audición.* Como prefijo da idea de *audición* o sonido.

audiófono, audiofrecuencia, audiometría, audiómetro.

audiovisual Aceptado por la Academia como «lo que se refiere conjuntamente al oído y a la vista, en especial los métodos didácticos que emplean grabaciones acústicas acompañadas de imágenes ópticas».

auditivo, auditor, auditoría, auditorio.

*auditorium Latinismo totalmente innecesario, cuando existe la voz *auditorio.*

auge, augita.

*Augsburg Como en todos los nombres de terminación similar, ésta debe ser reemplazada por la correspondiente terminación española (-burgo), quedando *Augsburgo.* Lo mismo debe hacerse con *Hamburgo, Magdeburgo,* etc.

augur, auguración, augurar, augurio.

augurio Es incorrecto cuando se utiliza en lugar de «felicitaciones» («le envío mis *augurios»).*

augusto Se escribe con mayúscula si es nombre propio de varón, pero con minúscula si es uno de los títulos de los emperadores romanos.

aula, aulaga, aulagar, áulico, Áulida.

Áulide Es una de las formas correctas para designar a esta localidad de Beocia, además de *Áulida*. No debe escribirse *Aulide* ni *Aulida*.

*aulla Es incorrecto decir «el perro *aulla*». Debe usarse *aúlla*. Además: *aúllo, aúllas, aullamos, aulláis, aúllan.*

aúlla V. *aulla*.

aullador, aullante, aullar, aullido, aúllo, aumentar.

aumentativo En gramática son los vocablos que aumentan y acrecientan el sentido de las voces de las que provienen. Así, de *hombre, hombrón;* de *mujer, mujerona*. De ciertos nombres femeninos se originan a veces aumentativos masculinos: de *lancha, lanchón;* de *aldaba, aldabón*. Hay aumentativos que provienen de otros, como *picaronazo* de *picarón*.

aumento.

aun Se acentúa cuando puede sustituirse por *todavía* (*aún* no he terminado); no lleva acento cuando puede sustituirse por *incluso* (*aun* reconociendo sus cualidades), *siquiera* (*ni aun* con ayuda). En estos dos últimos casos se pronuncia como monosílabo, con acento tónico en la *a*.

aún V. *aun*.

aunar(se) Uso de preposiciones: Aunarse *con* otro.

aunque Debe escribirse junto, no *aun que*.

¡aúpa! Es interjección, sinónimo de *¡upa!*, con que piden los niños que se les levante: «Mamá, ¡aúpa! (o *¡upa!*).» No debe confundirse con *a upa*: «Llevar *a upa*» («en brazos»).

aupar.

aura Aunque es femenino, lleva el artículo *el* (*el aura*). Pero en plural se le antepone *las* y *unas* (*las auras*). (V. *arma*).

auranciáceo, áureo.

aureola Forma más corriente y preferida, aunque también se admite *auréola*.

aureolar, aureomicina, aurgitano.

auri- Prefijo que equivale a *oro: áurico, aurífero*. También adopta la forma *auro-*.

auricalco, áurico, aurícula, auricular, auriense, aurífero, auriga.

*áuriga Es incorrecto; dígase *auriga*, con acentuación grave.

aurora, auscultación, auscultar, ausencia, ausentar, ausente.

*ausentismo Barbarismo por *absentismo* (v.).

ausetano, Ausias March, auspiciar, auspicio.

auspicioso Admitido por la Academia. «De buen *auspicio*, o *agüero*, favorable.» En cuanto a *auspiciar*, se acepta como término de América.

austeridad, Austerlitz, austero.

*Austin Nombre propio inglés que en español equivale a Agustín.

austral.

Australasia Término que se usa frecuentemente para designar las islas mayores de Oceanía.

Australia El natural de este continente de Oceanía recibe el nombre de *australiano*.

australiano V. *Australia*.

Austria El natural de este país de Europa recibe el nombre de *austriaco* (v.). Cuando lleva artículo, se le antepone *el* (*el Austria* romántica).

austriaco La Academia también admite *austríaco*, pero prefiere la primera forma.

austrino, austro, autarcía (2), autarquía (1), autárquico, auténtica, autenticación.

autenticar La Academia aceptó también *autentificar*, pero da preferencia a *autenticar*. Es incorrecto escribir *autentizar*.

autenticidad, auténtico, autillo, auto.

auto- Prefijo que equivale a «propio, mismo» o «por uno mismo»: *autosugestión, automóvil*.

autobiografía, autobiográfico, autobiógrafo, autobombo.

autobús Voz aceptada por la Academia. Es el «camión automóvil para servicio urbano», mientras que el *autocar* (también admitido) es para el servicio entre ciudades, por lo general, o para excursiones.

autocar V. *autobús.*

autocine, autoclave, autocopista, autocracia, autócrata, autocrático, autocrítica, autoctonía, autóctono.

autodeterminación Voz aceptada por la Academia, como «decisión de los pobladores de una unidad territorial, acerca de su futuro estatuto político».

autodidacta V. *autodidacto.*

autodidacto Es voz preferente, mientras que *autodidacta* se admite, pero en segundo término.

autodominio.

autódromo Admitida por la Academia, es vocablo adecuado. Evita emplear la expresión *circuito permanente.*

autoescuela Admitido.

autogiro No es lo mismo que *helicóptero,* como a veces se cree.

autognosis, autografía, autografiar, autográfico, autógrafo, autoinducción, autointoxicación.

*automación Es incorrecto; debe escribirse *automatización.*

autómata, automática (ciencia), **automáticamente, automático.**

*automation Voz inglesa. Dígase *automatización.*

automatismo, automatización, automatizar, automedonte.

*automoción «Los problemas de la *automoción* y las carreteras.» *Automoción* es incorrecto, y debe sustituirse por *automovilismo* o *automóvil.*

automotor.

automóvil Admitido el término *automóvil de turismo* (el destinado al transporte de personas, hasta nueve plazas, con el conductor).

automovilismo.

automovilista No debe ser confundido con *automovilístico.* El primero es la «persona que conduce un automóvil»; el segundo es lo «relativo al automóvil». Entonces, no debe decirse «una competición *automovilista,* sino *automovilística.*

autonomía, autonómico, autonomista, autónomo, autopiloto, autopista, autoplastia.

autopropulsado Vocablo aceptado por la Academia, lo mismo que *autopropulsión.*

autopropulsión, autopsia, autópsido.

autor El femenino es *la autora,* no *la autor,* como a veces se escribe erróneamente.

autoridad Se escribe con mayúscula en bandos o publicaciones de carácter oficial. En los demás casos se pone minúscula.

autoritario Es impropio decir de una persona que tiene «carácter *autoritario*». Debe decirse «carácter *imperioso*», o «carácter *dominante*».

autoritarismo, autoritativo, autorizable, autorización, autorizadamente, autorizado.

autorizar Uso de preposiciones: autorizar *con* su firma; a. *para* algún acto.

autorretrato.

autoservicio Voz aceptada por la Academia, como «sistema de venta en que se ponen los artículos al alcance del comprador».

*autostop V. *autostopista.*

*autostopista Ni *autostopista* ni *autostop* están admitidos por la Academia. Son términos de uso internacional, de los que *autostop* significa «detener una persona a un automóvil en carretera para que le transporte gratis». *Autostopista* es la persona que realiza ese acto.

autosuficiencia, autosuficiente, autosugestión, autosugestionarse, autotrófico (ca), autótrofo (fa), autovía, autrigón, autumnal.

*Auvergne Este nombre, de una antigua provincia francesa, se escribe *Auvernia* en español.

Auvernia, auxiliador, auxiliar, auxiliaría, auxiliatorio, auxilio, avacado, avahado, avahar, aval.

avalancha Voz aceptada por la Academia, aunque la voz preferente sigue siendo *alud.*

avalista, avalorar, avaluación, avaluar, avalúo, avallar, avambrazo, avancarda (de).

avance La Academia ha admitido para esta voz el significado de «fragmentos de una película que se proyectan con fines publicitarios». De este modo se hace innecesario el empleo de la voz inglesa *trailer*.

avante.

*avanti Voz italiana que significa «adelante». Suele usarse como interjección.

avantrén, avanzada.

avanzado «Llegaron a *avanzadas* horas de la madrugada». Es expresión incorrecta; debe ser «llegaron a *altas* horas de la madrugada».

avanzar Uso de preposiciones: Avanzar *a, hacia, hasta* las trincheras del enemigo.

avanzo, avaricia, avaramente (2), **avariciosamente** (1), **avaricioso** (2), **avariento** (1).

ávaro V. *avaro.*

avaro Uso de preposiciones: Avaro *de* su caudal. No confundir con *ávaro*, individuo de un pueblo uraloaltaico.

avasallador, avasallamiento, avasallar.

avatar Aceptado por la Academia con el significado de «fase, cambio, vicisitud». Suele usarse más en plural.

ave Si bien es voz femenina, se le antepone el artículo *el*. Pero en plural lleva *las* o *unas*. (V. *arma.*) Se admiten las expresiones *ave rapaz* y *ave de rapiña; ave de presa* no está aceptada.

avecinar, avecindamiento.

avecindarse Uso de preposiciones: Avecindarse *en* una localidad.

avechucho, Aveiro.

avefría Voz admitida, pero se da como preferente la expresión *ave fría*, para designar a esta ave zancuda que habita en España durante el invierno.

avejentar, avejigar.

*a vela «Una embarcación *a* vela» es expresión incorrecta. Debe decirse «*de* vela». Lo mismo con «cocina *a* gas», «olla *a* presión», etc.

avellana, avellanador, avellanal, avellanar, avellaneda, avellanero, avellano.

avemaría Como nombre de una oración se escribe junto (rezaron un *avemaría*), y con minúscula. Como exclamación que denota asombro o tristeza va separado (¡ave María, qué calor!). Aunque es femenino se le antepone el artículo *el*, pero en plural lleva *las* o *unas*. (V. *arma.*)

avena, avenado, avenamiento, avenar, avenate, avenencia, avenible.

avenida Se escribe con mayúscula cuando designa el nombre de una vía ancha con nombre propio: «La *Avenida* de América»; pero es: «Paseaban por la *avenida* principal.»

avenido, avenidor, avenimiento.

avenir(se) Verbo irregular que se conjuga como *venir* (v.). Uso de preposiciones: Avenirse *a* todo; a. *con* cualquiera.

aventado, aventador, aventadura, aventajadamente, aventajado, aventajamiento.

aventajar Uso de preposiciones: Aventajar *a* otros; aventajar *en* algo.

aventar Verbo irregular que se conjuga como *acertar* (v.). «Yo *avento* las briznas» es incorrecto; dígase «yo *aviento* las briznas».

aventura, aventurado, aventurar, aventurera, aventureramente, aventurero.

*average Voz inglesa que debe reemplazarse por *promedio, término medio*. Suele usarse en la expresión *goal average*, incorrecta y que debe sustituirse por *promedio de goles*.

averdugar, avergonzadamente, avergonzado, avergonzamiento.

avergonzar(se) Verbo irregular que se conjuga como *contar* (v.). Uso de preposiciones: Avergonzarse *de* pedir; a. *por* sus acciones.

avería, averiarse, averiguable, averiguación, averiguadamente, averiguador, averiguamiento, averiguar, averío.

averno Es el infierno, según la mitología, y debe escribirse con minúscula.

Averroes, averroísmo, averroísta, averrugado, aversión, Avesta.

avestruz Es masculino: *El aves-*

truz, los avestruces; no *la aves-truz.*

avetado, avetoro, Aveyron, ave-zar, avezón.

aviación Va con mayúscula cuando designa el nombre propio del arma («la *Aviación* envió su representante»), y con minúscula en los demás casos («la *aviación* bombardeó duramente al enemigo»).

aviador, aviamiento.

aviar(se) Uso de preposiciones: Aviarse *de* ropa; aviarse *para* salir.

aviario, Avicena, aviciar, avícola, avicultor, avicultora, avicultura, ávidamente, avidez, ávido, aviejar(se), avienta, aviento, aviesamente, avieso, avifauna.

*****Avignon** V. *Aviñón.*

Ávila El natural de esta ciudad y su provincia recibe los nombres de *avilés* y *abulense.* Es preferente la primera voz.

Avilés.

avilés Es el natural de Ávila. No debe confundirse con *avilesino,* natural de *Avilés* (Asturias).

avilesino V. *avilés.*

avillanado, avillanamiento, avillanar, avinagradamente, avinagrado, avinagrar(se).

Aviñón Así se escribe en nuestra lengua el nombre de esta ciudad francesa, y no *Avignon.* El natural de la misma recibe el nombre de *aviñonés* o *aviñonense.*

avío.

avión «*Avión a* reacción» es incorrecto. Debe escribirse «*avión de* reacción», o mejor, *reactor.*

Avis También se escribe *Aviz* el nombre de esta dinastía portuguesa.

avisacoches, avisadamente, avisado, avisador, avisamiento, avisar, aviso, avispa, avispado, avispar, avispero, avispón, avistar, avitaminosis, avitelado, avituallamiento, avituallar, avivador, avivamiento, avivar(se), avizor, avizorador, avizorante, avizorar.

-avo Sufijo que se añade a los números cardinales para indicar las partes iguales en que se ha dividido algo: «Una *octava* parte.»

avocar Uso de preposiciones: Avocar (alguna cosa) *a* sí.

avoceta, Avogadro, avol, avolcanado, avugo, avuguero, avulsión.

avutarda Es voz preferente respecto de *avetarda,* aunque las dos están admitidas.

axial Esta voz y *axil* están admitidas con el significado de «perteneciente o relativo al eje», pero *axil* es la palabra preferente.

axila, axilar, axinita, axioma, axiomático, axiomatizar, axiómetro, axis, axoideo, axón.

¡ay! Interjección con que se indican diversos estados de ánimo, pero por lo general los relacionados con el dolor y la aflicción. (V. *ahí.*)

aya Admitido: «Mujer que en las casas acomodadas cuida de la crianza de los niños.» El masculino es *ayo.*

*****Ayatollah** Palabra árabe que significa *dirigente religioso, doctor en teología chiíta, imán.*

Áyax Uno de los héroes de la guerra de Troya. Lleva acento por ser voz grave. No debe escribirse *Ajax,* como en inglés.

ayear, ayeaye.

ayer «*Ayer* noche llegaron los viajeros.» *Ayer* noche es incorrecto y debe sustituirse por *anoche.*

ayermar.

*****aymará** Nombre incorrecto de un individuo de una tribu de indios americanos. Debe escribirse *aimará.* El plural es *aimaraes.*

ayo V. *aya.*

ayuda *Ayuda de cámara* está admitido, pero no *valet.*

ayudado, ayudador.

ayudanta Vocablo admitido recientemente. Por tanto, no debe decirse *la ayudante,* sino *la ayudanta.*

ayudante, ayudantía.

ayudar Uso de preposiciones: Ayudar *en* un apuro.

ayunador, ayunante, ayunar, ayuno, ayuntable, ayuntación, ayuntador.

ayuntamiento Debe escribirse con mayúscula cuando designa el edificio y la corporación municipal:

El Ayuntamiento está en la calle Mayor; el Ayuntamiento se reunió en sesión urgente. En los demás casos (cópula carnal, etc.) va con minúscula. Es más eufónica la voz *municipio*.

ayuntar, ayuso, ayustar, ayuste, azabachado, azabache, azacán, azacanear, azacaneo, azada, azadada, azadazo, azadilla, azadón, azadonada (1), **azadonazo** (2).

azafata «La *azafata* recibió a los turistas en la puerta del museo y los llevó a las salas principales.» Hoy se abusa demasiado del término *azafata*. En este caso debió emplearse la voz *guía;* en otros, *intérprete*, etcétera.

azafate, azafrán, azafranado, azafranal, azafranar, azafranero, azagador, azagar, azagaya, azahar, azalea, azamboa, azamboero, azanahoriate, azanca, azaque, azar.

azaramiento Admitido, pero la Academia da como preferente la voz *azoramiento*. Lo mismo ocurre con *azarar* y *azorar* (preferente).

azarar, azarbe, azarbeta, azarcón, azarja, azarosamente, azaroso, azcona.

Azerbaiján También puede escribirse *Azerbaiyán*, pero no *Azerbaidján* ni *Azerbaidyán*.

-azgo Sufijo que equivale a dignidad *(mayorazgo, arciprestazgo);* jurisdicción *(almirantazgo);* acción *(hallazgo, hartazgo).*

ázimo Se admite también *ácimo*, pero el vocablo preferente es el primero.

azimut La Academia acepta también la voz *acimut*, que prefiere a *azimut*. Igual sucede con *azimutal* y *acimutal* (preferente).

azimutal.

aznacho.

-azo Sufijo que equivale a golpe *(puñetazo, estacazo);* aumentativo *(hombrazo, perrazo);* despectivo *(carnaza).*

azoado, azoar, azoato, azocar.

*azoe Es incorrecto; debe escribirse *ázoe*, voz esdrújula.

ázoe, azoemia.

Azof V. *Azov.*

azofaifa, azofaifo, azófar, azofra,

azofrar, azogado, azogamiento, azogar, azogue, azoguería, azoguejo, azoico, azoláceo, azolar, azolvar, azolve, azor, azorafa.

azoramiento V. *azorar.*

azorar Es voz preferente respecto de *azarar,* aunque las dos están admitidas. Lo mismo con *azoramiento* (preferente) y *azaramiento.*

Azores Nombre de unas islas portuguesas. No escribir *Açores* (portugués).

azorrarse, azotacalles, azotado, azotador, azotaina, azotamiento, azotar, azotazo, azote.

azotea No es exactamente igual que *terraza*. La *azotea* es la «cubierta llana de un edificio dispuesta para andar por ella». Está en la parte superior de la casa, mientras que la *terraza* es un «sitio abierto de una casa desde el cual se puede explayar la vista», y «terreno situado delante de un café o restaurante, para que puedan sentarse los clientes». *Terrado* tiene más afinidad con *azotea* que con *terraza.*

Azov El nombre de este mar interior se escribe también *Azof,* pero es mejor la primera grafía.

azteca, aztequismo, aztor.

azúcar Es palabra ambigua, y aunque puede usarse el femenino, es mejor emplearla como masculina *(el azúcar).* En plural es siempre masculino: *los azúcares.*

azucarado, azucarar, azucarera, azucarero, azucarillo, azucena.

azud Voz ambigua, puede emplearse como masculina *(el azud)* o como femenina *(la azud).*

azuela, azufaifa, azufaifo, azufrado, azufrador, azufrar, azufre, azufroso, azul.

azul marino «Azul oscuro.» (Admitido por la Academia).

azulado Es sinónimo de *azulino* y *azulenco,* palabras admitidas asimismo por la Academia. Significa «de color azul o que tira a él».

azulaque, azular, azulcar, azulejar, azulejería, azulejero, azulejo, azulenco, azulete, azulino, azulón,

azulona, azumar, azúmbar, azum-
brado.
azumbre Aunque la Academia lo
da como ambiguo, reconoce que se
emplea más como femenino *(la
azumbre).*

azur Color azul oscuro, pero es vocablo que se usa tan sólo en heráldica.
azurita, azurronarse, azuzador,
azuzar.

d

b

b Segunda letra del abecedario y primera de sus consonantes. Fonéticamente, se define como consonante bilabial fricativa sonora. En su articulación vibran las cuerdas vocales y el aire sale por la pequeña abertura que dejan los labios. El plural es *bes*. Su pronunciación casi no se diferencia de la de la letra *v*. Se escriben con *b* las voces en que ésta va delante de *l* y *r* (*sable, amable, cabra, pobre*). No va detrás de *n* sino de *m* (*ambos, bombo, combinado*).

Baal, Baalbek, baalita, Bab-el-Mandeb, baba, babada, babadero (2), **babador** (1), **babaza, babeante, babear.**

babel Se escribe con mayúscula únicamente cuando alude a la torre citada por la Biblia. Con minúscula cuando significa «lugar en que hay gran desorden». Esta última es voz ambigua (masculina o femenina).

babeo, babera, babero.

Babia Sólo se emplea en la locución «estar uno en Babia». Debe escribirse con mayúscula, ya que se alude a un territorio de León.

babiano, babieca, babilar.

Babilonia Lo relativo a esta antigua ciudad recibe el nombre de *babilónico*, y el nativo de ella es el *babilonio*.

babilónico, babilonio, babilla, ba-birusa, babismo, bable, babor, babosa, babosear, baboseo, baboso, babucha, babuchero.

*baby Anglicismo que debe sustituirse por *nene, niño, pequeñín, criatura* o *delantal*, según el significado.

baca Admitido por la Academia como «artefacto en forma de parrilla que se coloca en el techo de los automóviles...».

bacaladero, bacalao.

bacán (*Amér.*) Ricachón, encopetado.

bacanal.

bacante «Mujer que celebra las fiestas bacanales.» No confundir con *vacante*, «cargo, empleo sin proveer».

bacará «Juego de naipes»; también admite la Academia *bacarrá*, aunque el primero es voz preferente. No se admiten *baccará* ni *baccarat*.

bacarrá V. *bacará*.

*baccarat V. *bacará*.

Bacchus En nuestra lengua debe escribirse *Baco*.

bacelar, bacera, baceta.

bacía es una «pieza cóncava para contener líquidos», que usaban por lo general los barberos. No confundir con *vacía* (carente de contenido).

báciga, bacilar, bacilo, bacín, bacinada, bacinero, bacineta, bacinete, bacinica, bacinilla.

*back *Jugador de la defensa*, en fútbol. Es anglicismo.

*background Este anglicismo debe traducirse por *antecedentes, referencias.*

*bacon Voz inglesa; dígase *tocino magro.*

baconiano, bacoreta, bacteria, bacteriano, bactericida, bacteriemia, bacteriología, bacteriológico, bacteriólogo (ga), bacteriostático.

bactriano Natural de la *Bactrina* (región del Asia antigua). No confundir con *bacteriano.*

báculo, bache, bachear, bacheo.

bachiller No es «estudiar el *bachiller*», sino «estudiar el *bachillerato*». V. *bachillera* y *bachillerato.*

bachillera Es el femenino admitido de *bachiller.* No es, pues, *la bachiller*, sino *la bachillera.*

bachillerato Admitida también la expresión *segunda enseñanza*, pero no *enseñanza media* ni *enseñanza secundaria.* No confundir: *bachillerato* son los estudios; *bachiller* es la persona.

bachillería, badajada, badajazo, badajear, badajo.

Badajoz El natural de esta ciudad y su provincia recibe el nombre de *badajocense.* También se le llama *badajoceño* y *pacense.*

Badalona El natural de esta ciudad de la provincia de Barcelona recibe el nombre de *badalonés.*

badán, badana, badea, badén, baderna, badián, badil (1), badila (2), badilazo, badilejo, badomía, badulacada, badulaque, badulaquear.

Baena El natural de esta población de la provincia de Córdoba se llama *baenero.*

baenero, Báez.

Baeza El natural de esta ciudad de Jaén recibe el nombre de *baezano.*

baezano, Baffin (Tierra de), baga, bagá, bagacera.

*baffle Voz inglesa. Dígase *altavoz.*

bagaje «Viajaban con todo el *bagaje.*» Es incorrecta esta aplicación de la voz *bagaje* como *equipaje* del viajero. Pero se admite como equipaje militar de una tro-

pa, y como «conjunto de conocimientos de que dispone una persona».

bagajero, bagar, bagarino, bagasa, bagatela, bagazo, Bagdad, bagre, bagual, baguio.

*baguío No está aceptada esta forma; dígase *baguio*, con acento tónico en la *a.*

¡bah! Interjección que denota incredulidad o desdén.

Bahamas, baharí, bahía, bahorrina, Bahrein, baída, Baikal.

bailable «Cada una de las danzas más o menos largas y complicadas que se ejecutan en el espectáculo compuesto de mímica y baile.» Corresponde a la voz francesa *ballet* (v.), que es la que comúnmente se usa.

bailadero, bailador, bailante.

bailar Uso de preposiciones: Bailar *a* compás; bailar *por* algo.

bailarín, baile.

bailete V. *ballet.*

bailía, bailiaje, bailío, bailotear, bailoteo, baivel.

baja Uso de mayúsculas en nombres propios geográficos o de otra índole, aun conservando su significado: Baja Alemania, Baja Edad Media, Bajo Ródano, Cámara Baja.

bajá El plural de esta voz es *bajaes*, no *bajás.* Es la voz correcta, y no *pachá*, que es galicismo.

bajada, bajalato, bajamano.

bajamar «Término del reflujo del mar.» Se escribe junto, y no en dos palabras *(baja mar).* Es femenino: *la bajamar.*

bajar(se) *Bajar abajo* es pleonasmo (como *subir arriba*). Basta con decir *bajar.*

bajel, bajelero, bajero, bajete, bajeza.

bajío Lo mismo que *bajo*, designa una «elevación en el fondo de los mares, ríos y lagos, más comúnmente de arena».

bajo «*Bajo* este punto de vista.» Incorrecto; debe escribirse «*desde* este punto de vista». «Examinó el asunto *bajo* todos sus aspectos.» Escribir «*en* todos sus aspectos». «*Bajo* la base de las nuevas leyes...» Debe ser «*sobre* la base...»

«*Bajo* mi punto de vista, es adecuado.» Escribir «*desde* mi punto de vista...» «Lo guardó *bajo* llave.» Lo correcto es «*debajo* de llave». «El barco está *bajo* las aguas.» Lógicamente, es «*bajo la superficie* de las aguas». «*Bajo* el pretexto...» Es «*con* el pretexto». Uso de mayúsculas: Bajo Renacimiento, Bajo Ebro, Bajo Imperio. Uso de preposiciones: Bajo *de* cuerpo; b. *en* su estilo. Como adjetivo calificativo, su comparativo de superioridad es *inferior* y su superlativo absoluto *ínfimo*.

bajón, bajonazo, bajoncillo, bajonista.

bajorrelieve Actualmente la Academia prefiere escribir *bajorrelieve* que *bajo relieve* (admitida). Su plural es *bajorrelieves* y no *bajos relieves*, incorrecto.

bajos fondos «Los *bajos fondos* de una ciudad» es incorrecto, ya que los *fondos* siempre son *bajos*. Debe decirse *el hampa*.

bajuno, bajura.

***bakelita** Es incorrecto, y debe escribirse *baquelita*, voz admitida por la Academia.

Bakú El nombre de la capital del Azerbaiján se escribe así, y no *Baku*, con acentuación grave.

bala.

balacera *(Amér.)* Tiroteo, disparos.

balada.

baladí Su plural es *baladíes*, no *baladís*.

baladrar, baladrero, baladrón.

baladronada Así debe escribirse esta voz, y no *balandronada*. Del mismo modo, es *baladrón*, pero no *balandrón*.

baladronear, balagar, balagariense, bálago, balaguero.

Balaguer El natural de esta ciudad de Lérida recibe el nombre de *balagariense*.

balaj, balaje, balalaica.

***balalaika** Incorrecto, pues está aceptada la grafía con *c*: *balalaica*.

balance, balanceador.

balanceado «Un régimen *balan-*

ceado» es incorrecto; debe emplearse «un régimen *equilibrado*».

balancear(se), balanceo.

balancín Admitido por la Academia como mecedora, y «asiento colgante cubierto de toldo, en playas, terrazas, etc.».

balandra «Embarcación pequeña con cubierta y un solo palo.» No confundir con *balandro*, que es una «*balandra* pequeña».

balandrán, balandrista, balandro, balanitis, balano.

bálano También está aceptada la voz *balano*, con acentuación grave, pero es preferente la primera.

***balandronada** Incorrecto. (Véase *baladronada*.)

balanza, balanzario, balanzón, balar, balarrasa, balastar, balasto (1), **balastro** (2), **balata, balate, Balatón, balausta, balaustra.**

balaustrada «Serie de balaustres colocados entre los barandales.» Es decir, barandilla o antepecho de balcón, azotea, etc. No debe confundirse con el propio *balaustre* (v.), que es «cada una de las columnitas que con los barandales forman las barandillas».

balaustre V. *balaustrada*. (También admite la Academia la forma *balaústre*, pero prefiere la primera.)

balazo, balboa, Balboa.

balbucear Aunque aceptado, la Academia prefiere *balbucir*, a pesar de que éste es un verbo defectivo que no se usa en algunos tiempos y personas, como la primera persona del singular del presente del indicativo. En vez de «yo *balbucio*» se dice «yo *balbuceo*». De ahí que actualmente se extienda más el empleo del verbo *balbucear*.

balbuceo, balbuciente.

balbucir V. *balbucear*.

Balcanes Así se escribe, y no *Balkanes*. Lo perteneciente o relativo a los *Balcanes* es *balcánico*.

balcánico, balcón, balconada, balconaje, balconcillo, balda.

baldado Admitido para esta voz el significado de «tullido, impedido».

baldadura (1), **baldamiento** (2), **baldaquín** (1), **baldaquino** (2).

baldar(se) Uso de preposiciones: Baldarse *con* la humedad; b. *de* un lado.

baldazo, balde, balde (de), baldear, baldeo, baldés, baldíamente, baldío, baldo, baldón, baldonador, baldonar, baldosa, baldosín.

Baldovino Es el mismo nombre que *Balduino.*

baldragas, baldrufa.

Balduino V. *Baldovino.*

balduque.

*****Bâle** Es el nombre francés de esta ciudad suiza, que debemos escribir *Basilea.* Tampoco debe usarse el nombre alemán *Basel.*

balea, baleador, balear.

Baleares El natural de estas islas recibe el nombre de *balear.* *Baleárico* es lo relativo a las mismas.

baleárico, baleario, balele, balénido, baleo, balería, balido, balimbín, balín, balista, balística, balístico, balitadera, balitar.

baliza Antes era sólo una señal marítima, hoy lo es también para limitar pistas terrestres.

balizamiento, balizar.

*****Balkanes** Debe escribirse *Balcanes.*

balneario, balneoterapia.

*****balompédico** V. *balompié.*

balompié Voz aceptada, pero se da como preferente *fútbol.* Lo incorrecto es escribir *football* o *fóbal* (América del Sur). Por el contrario, *balompédico,* que se usa a veces, no está admitida.

balón.

baloncesto Así debe escribirse, y no *basketball* ni *basquetbol.*

*****balonmano** Aún no está aceptada, pero es palabra correcta, siempre preferible a la voz inglesa *handball.*

balonvolea Voz admitida por la Academia, lo mismo que *voleibol,* aunque es preferente la primera. No debe escribirse *volley ball.*

balota, balotada, balotar, balsa, balsadera, balsamera, balsámico, balsamina, balsamináceo, balsamita, bálsamo, balsear, balsero, balso, balsopeto, bálteo, báltico,

Báltico, balto, baluarte, baluma, balumba, balumbo, ballena, ballenato, ballenero, ballesta, ballestada, ballestazo, ballestera, ballestería, ballestero, ballestilla, ballestrinque.

*****ballet** Voz francesa usada corrientemente con la significación de *bailable* (v.). La Academia no la ha admitido aún, y en su lugar aconseja el uso de *bailete* o *bailable.*

ballico, ballueca, bamba, bambalear, bambalina, bambalinón, bambanear, bambarria, bambarrión.

*****bambino** Es voz italiana, que debe sustituirse por *chiquillo, niño, pequeño.*

bambochada, bamboche, bambolear, bamboleo, bambolla, bambollero, bambonear.

bambú Su plural es *bambúes,* no *bambús.*

banal Voz admitida, indica algo que carece de importancia: también es *trivial, insustancial, nimio.* Se admite asimismo *banalidad.*

banalidad, banana, bananero, banano, banasta, banastero, banasto, banca, bancada, bancal, bancalero, bancario, bancarrota, bance, banco, bancocracia, banco de ojos, banco de sangre, banda, bandada, bandazo, bandeado, bandear, bandeja, bandera, bandería, banderilla, banderillero, banderín, banderizar, banderizo, banderola, bandidaje.

*****bandidismo** Voz incorrecta; debe sustituirse por *bandidaje, bandolerismo.*

bandido, bandín, bando, bandola.

bandolera Admitido con el significado de «mujer que vive con bandoleros».

bandolerismo, bandolero.

bandolina Además de «mucílago para asentar el cabello» es un «instrumento músico de cuatro cuerdas», o *mandolina.* Era incorrecto este término, *mandolina,* pero la Academia lo ha aceptado recientemente.

bandolinista, bandolón, bandullo, bandurria, Bangkok, Bangladesh,

banjo, banqueo, banquero, banqueta, banquete, banquetear.

bantú El plural de este nombre es *bantúes*, no *bantús*.

bañador Admitido como «traje para bañarse».

bañar Uso de preposiciones: Bañar (una carta) *con, de, en* lágrimas.

bañera, bañero, bañezano, bañista, baño.

baño María Es la forma más empleada y está admitida, pero la Academia da como preferente *baño de María*.

bao.

baobab «Árbol de África tropical.» El plural de esta palabra es *baobabs*.

baptisterio Se admite asimismo *bautisterio*, pero la primera es voz preferente.

baque, baqueano, baquear.

baquelita Vocablo aceptado por la Academia. No debe escribirse *bakelita*.

*baquet Es galicismo por «asiento donde viaja el conductor de un vehículo».

baqueta, baquetazo, baqueteado, baquetear, baqueteo, baquía.

baquiano También se admite *baqueano*, aunque es término preferente el primero.

báquico, baquio.

bar Su plural es *bares*, nunca *bars*.

bar-, bari-, baro- Prefijo que equivale a «pesadez»: *barisfera, barómetro*.

barahúnda Asimismo se acepta *baraúnda*, si bien es preferente la primera voz.

baraja, barajadura, barajar, barajón, baranda, barandaje, barandal, barandilla, baraña, barata, baratear, baratería, baratero, baratija, baratillero, baratillo, baratista, barato, báratro, baratura.

baraúnda V. *barahúnda*.

baraustar, barba, barbacana.

barbacoa Aunque ya era palabra aceptada, la Academia ha admitido el significado de «parrilla empleada para asar carne al aire libre».

barbada, barbado, Barbados (isla),

barbaja, barbajuelas, barbar, bárbaramente, barbaridad, barbarie.

*Barbarie o *Barbary* son voces francesa e inglesa, respectivamente, que designan la *Berbería*, antigua zona del norte de África de donde proceden los *beréberes* (v.).

barbarismo Es un vicio del lenguaje que consiste en escribir o pronunciar mal las palabras, o bien en utilizar voces impropias. Así, por ejemplo, *inflacción*, en vez de *inflación*, es barbarismo, como también emplear *dintel* por *umbral*, etc.

barbarizar, bárbaro, barbarote.

Barbarroja El nombre de este pirata turco se escribe en una sola palabra, no *Barba Roja*.

barbastrense, barbastrino V. *Barbastro*.

Barbastro El natural de esta ciudad de Huesca recibe el nombre de *barbastrino* o *barbastrense*.

barbaza, barbear, barbechada, barbechar, barbechera, barbecho, barbera, barbería, barberil, barbero, barberol, barbeta, barbián, barbiblanco, barbicacho, barbicano, barbicastaño, barbiespeso, barbihecho, barbilampiño, barbilindo, barbilucio, barbiluengo, barbilla, barbillera, barbimoreno, barbinegro, barbiponiente, barbipungente.

barbiquejo V. *barboquejo*.

barbirralo, barbirrapado, barbirrojo, barbirrubio, barbirrucio, barbitaheño, barbiteñido, barbitonto, barbitúrico, barbo.

*barbollar Es voz incorrecta para referirse a «hablar atropelladamente y a borbotones». Lo correcto es *barbullar*.

barbón.

barboquejo Tres palabras admite la Academia con el significado de «cinta con que se sujeta por debajo de la barba el sombrero o morrión para que no lo lleve el aire». Son *barboquejo, barbiquejo* y *barbuquejo*, y les asigna este mismo orden de preferencia.

barbotar Admitido, aunque es preferente *barbotear*.

barbotear V. *barbotar*.

barboteo, barbudo, barbulla.

barbullar V. *barbollar.*

barbuquejo V. *barboquejo.*

barca, barcada, barcaje, barcal.

barcarola Vocablo admitido como «canción popular de Italia, especialmente de los gondoleros de Venecia», y «canto de marineros».

barcaza.

Barcelona El natural de esta ciudad y su provincia recibe el nombre de *barcelonés* o *barcinonense.*

barcelonés V. *Barcelona.*

barceno, barceo, barcia, barcino, barcinonense.

barco «Iba en un *barco a* vela.» Es incorrecto. Debe emplearse *de* vela, en lugar de *a vela.*

barcolongo, barcón, barcote, barchilla, barda, bardado, bardaguera, bardaje, bardal, bardana, bardar, bardiota, bardo.

baremo Admitido como «tabla (o cuaderno) de cuentas ajustadas.»

Barents (mar de), bargueño.

bari- V. *bar-.*

baría, baria, bario, barisfera, barita, baritel, baritina, barítono, barjuleta, barloa, barloar, barloventear, barlovento.

*barman Voz inglesa, muy usada ya en castellano, y a la que correspondería *cantinero* o *mozo de bar.*

barnabita, barnacla, barniz, barnizado, barnizador, barnizar.

baro- V. *bar-.*

barógrafo, barométrico, barómetro.

barón Título de dignidad; no confundir con *varón,* persona del sexo masculino. Se escribe con minúscula: «El *barón* de Torres Altas»; «llegó el *barón* y dijo...».

baronesa, baronía, barquear, barquero, barquete, barquichuelo, barquilla, barquillera, barquillero, barquillo, barquín, barquinazo, barquino, barra.

barrabás Su plural es *los barrabases,* no *los barrabás.*

barrabasada, barraca, barracón, barrado, barragán, barragana, barraganería, barraganete, barranca (2), barrancal, barranco (1), barraquero, barraquillo, barrar, barrear, barreda, barredero, barre-

dor, barredura, barrena, barrenado, barrenar, barrendero, barrenero, barrenillo, barreno, barreño, barrer, barrera, barrero, barreta, barretear, barretero, barretina.

barriada Es sinónimo de *barrio,* aunque se prefiere este último término; también es «parte de un barrio».

barrica, barricada, barrido, barriga, barrigón (2), barrigudo (1), barriguera, barril, barrilería, barrilero.

barrilete (*Amér.*) Cometa, juguete.

barrilla, barrillar, barrillero, barrillo, barrio, barrista.

barritar Admitida recientemente: «Dar *barritos* o *berrear* el elefante».

barrito V. *barritar.*

barrizal, barro, barroco, barrón, barroquismo, barroso, barrote, barrueco, barrumbada, barruntador, barruntamiento, barruntar.

barrunte «Indicio, noticia.» Es correcto, lo mismo que *barrunto,* pero la Academia considera la primera voz como preferente.

barrunto V. *barrunte.*

bartola (a la) Expresión cómica que equivale a «despreocupadamente», «sin cuidado».

bartolillo, bártulos, baruca, barullero, barullo, barzal, barzón, barzonear, basa, basada, basal, basáltico, basalto, basamento.

*basamiento Es incorrecto. Debe escribirse *basamento,* «cuerpo que se pone debajo de la caña de la columna, y que comprende la basa y el pedestal».

basanita, basar, basáride, basca, bascar, bascosidad, bascoso, báscula, basculante.

bascular Recientemente admitido por la Academia como «moverse un cuerpo de un lado a otro girando sobre un eje vertical».

bascuñana, base.

*baseball Es voz inglesa. En español está admitido *béisbol* por la Academia.

Basel V. *Basilea.*

*Basic Lenguaje básico de computadoras.

básico, basilar.

Basilea El natural de esta ciudad de Suiza recibe el nombre de *basiliense*. En francés *Basilea* se escribe *Bâle*, y en alemán *Basel*.

basílica, basilical, basílicas, basilicón.

Basilio A este nombre de varón corresponde *Basilisa*, nombre de mujer.

basilisco.

*basketball Voz inglesa. En nuestra lengua, dígase *baloncesto;* término admitido. No es correcto, en cambio, usar *basquetbol*.

Basora Grafía correcta del nombre de esta ciudad de Irak. No es *Bassora* ni *Basrah*.

*basquetbol V. *basketball*.

basquilla, basquiña, basta.

bastante «Era *bastante más* complicado.» Según la Academia debe decirse en este caso *mucho más*, en vez de *bastante más*.

bastantear, bastanteo.

bastar Uso de preposiciones: Bastar *para* enriquecerse.

basarda, bastardar.

*bastardeamiento Es voz incorrecta, que debe sustituirse por *degradación, degeneración, bastardía*.

bastardear, bastardía.

bastardilla Se emplea por lo general en la expresión *letra bastardilla*, también denominada *letra cursiva*, aunque no es exactamente lo mismo. (V. *cursiva*.)

bastardo, baste, bastear, bastedad, basterna, bastero, bastetano, basteza, bastida, bastidor, bastilla, bastimentar.

*bastimiento Es incorrecto, y debe usarse en su lugar *bastimento*, «provisión para una ciudad, ejército, etc.; embarcación».

bastión, bastionar, bastir, bastitano.

basto «Grosero, tosco.» No debe confundirse con *vasto*, «dilatado, muy grande».

bastón, bastonada, bastonazo, bastoncillo, bastonear, bastonera, bastonero, basura, basurero, Basutolandia.

bat-, bati-, bato- Prefijos que equivalen a «profundo»: *batimétrico, batiscafo*.

bata, Bata, Bataán.

batahola También se admite *bataola*, pero es preferente el primer vocablo.

batalla, batallador.

batallar Uso de preposiciones. En la lista de preposiciones de la Academia figura: «Batallar *con* el enemigo», pero no «*contra* el enemigo».

batallón Con mayúscula cuando se alude a una determinada unidad de una misma arma («el 10.° *Batallón* de fusileros»), y con minúscula en los demás casos («tomaron parte tres *batallones* de fusileros»).

batán, batanar, batanear, batanero, batanga.

bataola Voz admitida, si bien la Academia da como preferente *batahola*.

batata (*Amér.*) Boniato, tubérculo.

Batavia El natural de esta antigua ciudad, hoy *Yakarta*, capital de Indonesia, recibe el nombre de *bátavo*.

bátavo, batayola, batazo.

bate La Academia admite esta voz para designar el «palo grueso con que se golpea la pelota en el juego de béisbol». *Bat* es incorrecto. Asimismo se admiten *bateador, batear, batazo* y *bateo*.

batea.

bateador, batear V. *bate*.

batel «Bote, barco pequeño.» No confundir con *bajel*, «buque, barco».

batelero, bateo, batería, batero, batey, Bath, Bathurst.

bati- V. *bat-*.

batiborrillo V. *batiburrillo*.

batiburrillo «Mezcla incoherente, o de cosas diversas.» Admitido, lo mismo que *batiborrillo*, pero la Academia prefiere *baturrillo* a estas dos.

baticabeza, baticola, baticulo, batida, batidera, batidero.

batido Voz recientemente admitida con el significado de «bebida que se hace batiendo helado, leche u otros ingredientes».

batidor «Instrumento para batir.» Es incorrecto, por consiguiente, el uso del vocablo comercial *Turmix* y otros. Nótese que la voz admitida es *batidor*, no *batidora*, por lo que se refiere al mencionado significado.

batiente, batihoja, batimán.

batimetría Aunque se aceptan por la Academia las voces *batimetría* y *batimétrico*, no se admite *batímetro* (v.), sino *batómetro*.

batimétrico V. *batimetría.*

batímetro Es correcto, pero la Academia prefiere *batómetro*, para referirse al «aparato que sirve para determinar la profundidad del mar». (V. *batimetría*.)

batimiento, batín.

batintín Es correcto, como «instrumento de percusión que consiste en un disco de aleación metálica muy sonora». En cambio, *gong* y *gongo* (las dos admitidas) son definidas como «una campana grande de barco». Teniendo en cuenta que el *batintín* se emplea también en las embarcaciones chinas, *gong* y *gongo* pueden ser consideradas como sinónimos de *batintín*.

batipelágico.

batir(se) «El corazón le *batía* apresuradamente.» Es galicismo. *Batir*, con este sentido, se reemplaza por *latir, palpitar*. «*Batió* la marca de regularidad.» También es incorrecto; aquí *batir* debe reemplazarse por *superar, sobrepasar, rebasar, conseguir, establecer*.

batiscafo, batista, batisterio.

bato- V. *bat-.*

batojar, batolito, batología.

batómetro V. *batímetro.*

batracio, Battenberg.

*batter En el juego de *béisbol*, esta voz inglesa tiene su correcta traducción por *bateador*.

Batuecas, batueco, Batum, baturrada.

baturrillo Es sinónimo de *batiburrillo* y *batiborrillo*, pero preferente respecto a estas dos últimas voces, también admitidas como «mezcla incoherente o de cosas diversas».

baturro, batuta, Baudelaire, baúl, baulero, Baumé, bauprés, bausán,

bausano, bautismal, bautismo, bautista.

bautisterio Voz correcta, aunque es preferente *baptisterio*.

bautizar, bautizo, bauxita, bauza.

*Bavaria Este nombre inglés se traduce en nuestra lengua por *Baviera*, lo mismo que *Bayern* (alemán).

bávaro V. *Baviera.*

Baviera El natural de este Estado de Alemania occidental recibe el nombre de *bávaro*.

baya, bayadera, bayal, bayanismo, Bayardo, bayarte.

*Bayern V. *Bavaria.*

bayeta, Bayeux, bayo.

Bayona Así se escribe en nuestra lengua el nombre de la ciudad francesa de *Bayonne*. Los naturales de dicha población reciben el nombre de *bayoneses* (1) o *bayonenses* (2).

*bayonesa Es incorrecto, y en su lugar debe escribirse *mayonesa* (1) o *mahonesa* (2).

bayoneta, bayonetazo, Bayreuth, baza, bazar, bazo.

*bazooka V. *bazuca.*

bazuca Admitido como «arma portátil de infantería». Escríbase, pues, así, y no *bazooka*, como en inglés.

bazucar (1), **bazuquear** (2), **bazuqueo.**

be Nombre de la letra *b*. Onomatopeya de la voz del carnero y de la oveja.

*beacon Voz inglesa a la que corresponde la española *radiofaro*.

Beagle (canal de), **beamontés.**

*Béarn Antigua región francesa que en nuestra lengua se denomina *Bearne*. El natural del *Bearne* recibe el nombre de *bearnés*.

Bearne, bearnés, beata, beatería, beaterio, beatificación, beatíficamente, beatificar, beatífico, beatísimo.

beatísimo Padre Es uno de los tratamientos que se da al Papa.

beatitud.

beato Se escribe con minúscula: *el beato* Juan de Ávila.

bebé Voz admitida por la Academia, aunque ésta da como preferente *nene*. Otros sinónimos: *chiquitín, niño, rorro*.

bebedero, bebedizo, bebedor.

beber(se) Uso de preposiciones: Beber *de, en* la fuente; b. *a* la salud; b. *por* la salud.

beberrón, bebestible, bebible, bebida, bebido, bebistrajo, beborrotear, beca.

becado Admitido por la Academia como «*becario*, persona que disfruta de una beca». La Academia prefiere *becario*. El femenino de *becado* es *becada*: «La *becada* recibió una mención honorífica.»

becafigo, becar, becardón.

becario V. *becado*. El femenino de *becario* es *becaria*.

becerra, becerrada, becerrero, becerril, becerrillo, becerrista, becerro, Beckett, becoquín, Bécquer, Becquerel, becqueriano, becuadro.

bechamel Voz aceptada por la Academia, aunque se da como preferente *besamel*, asimismo aceptada. La más antigua de las tres admitidas es *besamela*.

Bechuanalandia, bedel, bedelía, bedelio.

***beduíno** Es incorrecto. Debe escribirse sin acento; es voz grave terminada en vocal: *beduino*.

***beefsteak** Incorrecto; se ha aceptado la voz *bisté* (1) y *bistec* (2). Tampoco es correcto *biftec*.

Beethoven, befa, befar, befedad, befo, begardo, begastrense.

begonia Planta perenne originaria de América. No confundir con *Begoña*, nombre propio de mujer, y santuario de Vizcaya.

begoniáceo.

Begoña Es incorrecto usar esta voz para referirse a la flor *begonia*. (V. *begonia*.)

beguina, behetría.

***Behring** El nombre de este mar y del estrecho debe escribirse *Bering*, que es más correcto.

***beige** Galicismo por *leonado, pajizo, amarillento, de color café con leche*. Suele pronunciarse como en francés, y es ya muy usado en español.

Beirut.

béisbol Voz admitida por la Academia. No debe escribirse *baseball*, como en inglés.

Béjar El natural de esta villa de Salamanca recibe el nombre de *bejarano*.

bejarano V. *Béjar*.

bejín, bejucal, bejuco.

bel Nombre del *belio* en la nomenclatura internacional, y admitido como tal.

Belalcázar Otra grafía del apellido *Benalcázar*.

Belaúnde.

***bel canto** Expresión italiana con que se designa el *canto artístico*.

belcebú Aceptado recientemente como nombre común, sinónimo de *demonio, diablo*. «Un *belcebú* con cuernos.» Proviene de *Belcebú*, nombre propio de un demonio citado en la Biblia.

belcho, beldad, beldar.

Belem Ciudad de Brasil. No confundir con *Belén*, pueblo de Palestina donde naciera Jesucristo.

belemnita «Fósil de figura cónica.» Se admite también *belemnites*. Nada tiene que ver con la ciudad de *Belén*. No confundir con *betlemita* (el natural de Belén).

Belén Con mayúscula cuando se refiere a la ciudad donde nació Jesucristo. Con minúscula cuando alude al *nacimiento*, representación del de Jesucristo en el portal de Belén. No debe decirse *pesebre*. No escribir *Belem* (v.). El natural de *Belén* es el *betlemita*. (V. *belemnita*.)

beleño, Belerofonte, belesa, belez, Belfast, belfo, belga.

Bélgica El natural de Bélgica recibe el nombre de *belga*. Lo perteneciente a Bélgica o a los belgas, en cambio, puede llamarse *bélgico*.

belgradés V. *Belgrado*.

Belgrado El natural de esta ciudad, capital de Yugoslavia, recibe el nombre de *belgradés*.

Belice.

belicismo Voz aprobada por la Academia («tendencia a tomar parte en conflictos armados»), así como *belicista* («partidario del belicismo»). No confundir *belicista* con *bélico* («perteneciente a la guerra»), ni con *belicoso* («guerrero, marcial; agresivo»).

belicista V. *belicismo*.

bélico V. *belicismo*.

belicosidad.

belicoso V. *belicismo*.

beligerancia.

beligerante «Un individuo beligerante» es incorrecto, ya que *beligerante* sólo se aplica a «naciones que están en guerra». En el ejemplo anterior debió emplearse *belígero* o *belicoso*. (V. *belicismo*.)

belígero V. *beligerante*.

belio, belísono, belitre.

*****bélitre** Incorrecto, para designar a un «pícaro, ruin y de viles costumbres». Debe escribirse sin acento: *belitre*.

Belo Horizonte, Beluchistán.

*****belvedere** Incorrecto cuando se emplea en nuestra lengua. Es voz italiana que debe sustituirse por *mirador* o *vistillas*.

bella V. *bellísima*.

bellacamente, bellaco.

belladona Nombre correcto de la planta que en italiano recibe el nombre de *belladonna*.

bellamente, bellaquear, bellaquería, belleza, bellido, Bellini.

bellísima «Una *bellísima* señorita.» Se abusa demasiado del calificativo *bellísima*, mientras que se elude el más sencillo de *bella*, perfectamente correcto, aplicado en frases similares a la del ejemplo anterior.

bello *Bello* da lugar a una serie de galicismos que se traducen por distintas palabras de nuestra lengua: *bello gesto* (hermoso rasgo); *bello momento* (instante feliz); *bello lugar* (sitio agradable, hermoso); *bellos años* (la flor de la edad); *bella mirada* (mirada encantadora), etc. En cambio, se elude siempre escribir «una *bella* señorita» y se pone siempre *bellísima* (v.).

bellota, bellote, bellotear, bellotera, bellotero, bemol, bemolado.

ben Partícula de nombres propios árabes que se escribe con minúscula cuando va después de un nombre: Hussein ben Kader, y con

mayúscula cuando precede a un nombre: Ben Kader. Este caso es el mismo que se da con *de, von,* etc., en los apellidos.

Benarés El nombre de esta ciudad de la India se escribe con acento, y no *Benares*.

benceno Hidrocarburo cíclico cuyo nombre comercial es *benzol*.

bencina Sustancia líquida incolora que disuelve el aceite, la cera, la goma elástica, etc., y por ello se emplea generalmente para quitar las manchas de la ropa. Modernamente se denomina *éter de petróleo*. No es, por consiguiente, *gasolina*, aunque muchas veces se le da ese significado incorrecto, por influencia del inglés.

bendecir Verbo irregular que se conjuga como *decir*. Se exceptúan el futuro del indicativo, el potencial y la segunda persona del singular del imperativo, tiempos que son regulares. Este verbo posee dos participios: uno regular, *bendecido*, y otro irregular, *bendito*, que se utiliza como adjetivo. No debe confundirse, pues, el empleo de estos dos participios. Decir «agua *bendecida*», «pan *bendecido*», es incorrecto; debe ser «agua *bendita*» (adjetivo), «pan *bendito*». En cambio, «cuando lo hayan *bendito*» debe ser «cuando lo hayan *bendecido*» (participio regular).

bendiciente, bendición, bendito.

bene- Prefijo que equivale a *bien: beneficio, benedictino, benemérito, benévolo.*

benedícite, benedicta, benedictino, benefactor, beneficencia, beneficiado, beneficial, beneficiar, beneficiario, beneficio.

beneficioso «Provechoso, útil.» No debe confundirse con *benéfico*: «Que hace bien.»

benéfico V. *beneficioso*.

Benelux.

benemérito Uso de preposiciones: Benemérito *de* la patria.

beneplácito, benévolamente, benevolencia.

benevolente Admitido por la Academia, si bien es neologismo innecesario, cuando existe la voz *be-*

névolo con igual sentido: «Que tiene buena voluntad y afecto.»

benévolo V. *benevolente*. Su superlativo es *benevolentísimo*.

Bengala Los naturales de esta región del Sur de Asia reciben el nombre de *bengalíes*.

bengalí V. *Bengala*.

Bengasi, Ben Gurion.

Benicarló El natural de esta villa de Castellón recibe el nombre de *benicarlonense* o *benicarlando*. Estas voces no figuran en el Diccionario de la Real Academia Española.

Benidorm El natural de esta población de Alicante recibe el nombre de *benidormense*. Este vocablo no figura en el Diccionario de la Academia.

benignidad, benigno, benjamín.

benjuí Con acento porque es voz aguda que termina en vocal.

Benlliure.

***Benoit** Nombre propio francés que se traduce en nuestra lengua por *Benito*.

bento- Prefijo que equivale a *profundidad (bentónico)*.

bentónico, bentos, benzoato, benzoe, benzoico, benzol.

Beocia V. *beocio*.

beocio Natural de *Beocia*, región de la Grecia antigua. No confundir con *Boecio*, filósofo romano.

beodez, beodo, beorí, beque, berberecho, berberí.

Berbería El natural de esta antigua región de África del Norte recibe el nombre de *beréber* (v.). No escribir *Barbary* (inglés).

berberidáceo, berberídeo, berberís.

berberisco V. *beréber*.

bérbero.

berbiquí El plural de esta voz es *berbiquíes*, no *berbiquís*.

***berceuse** Galicismo por *canción de cuna*.

bercero, berciano.

beréber Es la voz que prefiere la Academia, que no obstante admite cuatro más con igual significado (natural de Berbería): *bereber, berebere, berberisco* y *berberí*. El plural de *beréber* es *beréberes*.

berebere V. *beréber*.

berengario, Berenice, berenjena, berenjenal, berenjenín, Beresina.

Berga El natural de Berga y lo relativo a esta ciudad de la provincia de Barcelona reciben el nombre de *bergadán* o *bergadano*.

bergamasco Así se denomina el natural de Bérgamo y lo relativo a esta ciudad de Italia.

Bérgamo V. *bergamasco*.

bergamota, bergamoto, bergante, bergantín, Bergerac (Cyrano de), Bergson (Henri), beriberi.

***beri-beri** Es incorrecto. Debe escribirse en una sola palabra: *beriberi*.

berilio «Cuerpo simple, metal ligero.» No debe confundirse con *berilo*, «piedra preciosa».

berilo V. *berilio*.

Bering Grafía más correcta de este mar y estrecho, mejor que *Behring*.

beritense, Berkshire, berlanga.

Berlín El natural de la antigua capital de Alemania recibe el nombre de *berlinés*.

berlina Es sinónimo de *cupé* (no *coupé*), «coche cerrado de dos asientos». Admitida, pero la voz que prefiere la Academia es la primera.

berlinés, berlinga, Berlioz, bermejal, bermejear, bermejizo, bermejo, bermejón, bermejuela, bermejura, bermellón, Bermeo, bermeano.

Berna El natural de esta ciudad de Suiza recibe el nombre de *bernés*.

bernardo, bernegal, bernés, bernia, berra, berraña, berraza, berrea, berrear.

berrenchín Aceptado, aunque la Academia considera preferente el vocablo *berrinche*.

berrendo, berreo, berreón (na), berrera, berrido, berrín.

berrinche V. *berrenchín*.

berrinchudo, berro, berrocal, berroqueña (piedra), berrueco, Berry.

***bersagliere** Voz italiana no admitida por la Academia; significa «soldado cazador». El plural es *bersaglieri* (el *bersagliere*, los *bersaglieri*).

Berthelot Químico y político francés; no confundir con *Berthollet*, otro químico galo.

Berthollet V. *Berthelot*.

Berwick, berza, berzal, berzas, Berzelius, berzotas, bes.

besalamano «Esquela con la abreviatura *B.L.M.* o *b.l.m.*, que se redacta en tercera persona y que no lleva firma.» (V. *besamanos*.)

besa los pies Fórmula de cortesía que se abrevia *B.L.P.* o *b.l.p.*

besamanos «Acto de adhesión al rey» y cierto «modo de saludar». No confundir con *besalamano* (v.).

besamel, besamela *Besamela* es la más antigua de las voces admitidas por la Academia; recientemente ésta ha aceptado también *besamel* (preferente) y *bechamel*.

besana.

*Besançon Nombre de una ciudad francesa que en nuestra lengua escribimos *Besanzón*.

besante.

Besanzón V. *Besançon*.

besar(se), beso, bestezuela, bestia, bestiaje, bestial, bestialidad, bestializarse, bestiario.

*bestiezuela Incorrecto; debe usarse *bestezuela*.

bestión, béstola.

*best-seller Término inglés, que referido a los libros significa «el de mayor venta», «el más vendido». Es incorrecto; deben usarse las expresiones anteriores.

besucador, besucar, besucón, besugada, besugo, besuguera, besuguero, besuqueador.

besuquear Admitido, lo mismo que *besucar*, pero es preferente la primera voz.

besuqueo.

beta Nombre de la segunda letra del alfabeto griego (β), que corresponde a la que en el nuestro se llama *be (b)*.

betarraga, betel.

Betelgeuse La *g* se pronuncia como *j*, con sonido fuerte.

Bética El natural de la antigua *Bética* (hoy *Andalucía*) recibe el nombre de *bético*.

bético, betijo.

betlemita Es el natural de *Belén*.

betlemítico, betónica, betulá-

ceo (a), betún, betunería, betunero, bey, bezante, bezar, bezo, bezoar, bezoárico, bezote, bezudo.**

Bhutan Es más correcto escribir *Bután*, referido a un reino del Himalaya.

bi- Prefijo que significa *dos*, como en *bicolor* y *bicornio*.

bianual Admitida por la Academia. Significa «que se repite dos veces por año». *Bienal* también está aceptada, pero significa «que se repite cada dos años» *(bienio)*.

*bianuo No admitida. Significa *bianual* (v.).

biarca.

Biarritz El natural de esta ciudad francesa recibe el nombre de *biarrota*.

*bibelot Galicismo por *figurilla, chuchería, muñeco*.

biberón, bibijagua.

Biblia Se escribe siempre con mayúscula: la *Biblia*.

bíblico.

biblio- Prefijo que significa «libro» *(bibliografía, bibliotecaria, bibliómano)*.

bibliofilia, bibliófilo, bibliografía, bibliográfico, bibliógrafo, bibliología, bibliomanía, bibliómano, bibliopola.

biblioteca Con mayúscula cuando se alude a una entidad (la *Biblioteca Nacional*), pero con minúscula cuando se refiere a una dependencia (la *biblioteca* de la Universidad Complutense).

bibliotecaria, bibliotecario, bibliotecología, bibliotecológico (ca), bibliotecólogo (ga) Voces admitidas.

biblioteconomía Vocablo admitido: «Arte de conservar, ordenar y administrar una biblioteca.»

bicameral Está admitido por la Academia; significa «que posee *dos Cámaras*» (legislativas).

*bicampeón Incorrecto. Es *dos veces campeón*.

bicarbonato.

bicéfalo También se dice *bicípite*, es decir, «que tiene dos cabezas». *Bíceps* significa lo mismo, pero referido tan sólo a la zoología, y más especialmente a los músculos.

bíceps Es voz grave que termina

en *s*, pero va acentuada, contrariando las reglas, por ser una excepción, junto con *tríceps* y *fórceps*. El plural de estas tres palabras es igual que el singular.

bicicleta, biciclo, bicípite.

bicoca Recientemente admitido como «ganga, cosa apreciable que se adquiere a poca costa».

bicolor, bicóncavo, biconvexo, bicoquete, bicoquín, bicorne, bicornio, bicos, bicromía, bicúspide, bicha, bicharraco, bichero, bicho, bichozno.

bidé Es la voz admitida por la Academia, en lugar de *bidet* (voz francesa).

bidente «De *dos dientes*.» No confundir con *vidente*: «que ve; profeta».

*bidet Voz francesa. V. *bidé*.

bidón Admitida como «recipiente metálico cilíndrico».

biela, bielda, bieldar, bieldo, bielga, Bielorrusia.

bien «Son *bien* deplorables los sucesos.» Incorrecto; debe decirse «son *muy*...» «Chicos *bien*». Debe emplearse «chicos de *buena familia (distinguidos)*», etc. *Bienvenida, bien venido.* (V. estas palabras.) «*Bien entendido* que llegaré temprano.» Es incorrecto; debe decirse «*entiéndase (adviértase)* que llegaré temprano».

bienal «Que se repite cada *bienio* *(dos años)*.» No confundir con bianual, que significa «dos veces por año».

*bienamado Voz no admitida por la Academia.

bienandante, bienandanza, bienaventurado, bienaventuranza.

bien entendido V. *bien*.

bienestar, bienfortunado, biengranada.

bienhablado Es correcto; «que habla cortésmente y sin murmurar».

bienhadado, bienhechor, bienintencionado, bienio, bienmandado, bienmesabe, bienoliente, bienquerencia, bienquerer, bienqueriente, bienquistar(se), bienquisto, bienteveo.

bienvenida «Le *dio la bien venida*.» Es incorrecto; debe escribirse

en una sola palabra: «Le dio la *bienvenida*.» En cambio, «bien venida, señora presidenta», es correcto. Lo mismo «bien venido, señor presidente». *Bienvenido*, en cambio, es adjetivo: «El presidente ha sido *bienvenido*» *(bien acogido)*.

bien venido V. *bienvenida*.

bienvivir.

bies «Oblicuidad, sesgo.» Voz admitida por la Academia. Se usa por lo general en la locución *al bies: En diagonal, al sesgo*.

bifásico, bífero, bífido, bifloro, bifocal, biforme, bifronte.

*biftec Incorrecto, lo mismo que *beefsteak*. Son voces aceptadas por la Academia *bisté* (1) y *bistec* (2).

bifurcación, bifurcado, bifurcarse.

biga «Carruaje griego o romano tirado por dos caballos.» No confundir con *viga*, pieza larga y gruesa de madera o hierro, usada en la construcción.

bigamia, bígamo, bigardear, bigardía, bigardo, bígaro, bigato, bignonia, bignoniáceo, bigornia, bigote, bigotera, bigotudo.

bigudí Voz admitida. Su plural es *bigudíes*, no *bigudís*.

*bijou Voz francesa que debe sustituirse por *joya, alhaja*.

*bikini Voz muy difundida, no aceptada, con que se designa un «bañador femenino de dos piezas». Escríbase *biquini*.

bilabiado, bilabial, bilateral.

bilbaíno Es el natural de *Bilbao*. Se acentúa la segunda *i*, nunca la *a* *(bilbaino)*.

Bilbao V. *bilbaíno*.

Bílbilis Antiguo nombre de Calatayud. El natural de esa antigua ciudad recibe el nombre de *bilbilitano*.

bilbilitano V. *Bílbilis*.

biliar, bilingüe.

bilingüismo Capacidad que tiene un hablante o una comunidad de hablantes para utilizar normalmente *dos idiomas*.

bilioso, bilis, bilítero, bilobulado, bilocarse.

bilogía Composición literaria que

consta de dos obras. No confundir con biología.

*bill Voz inglesa en cuyo lugar debe usarse *ley, proyecto de ley.*

*Bill Diminutivo del nombre inglés *William*, que se traduce por *Guillermo.*

billa, billalda, billar, billarista, billarístico, billetado, billetaje, billete.

billetera V. *billetero.*

billetero «Cartera pequeña de bolsillo para llevar billetes de banco.» También se admite *billetera*, pero es preferente *billetero.*

billón En España, Inglaterra y otros países es *un millón de millones*, mientras que en Estados Unidos y Francia es tan sólo *mil millones*. Es incorrecto, pues, traducirlo como esta última cantidad.

billonésimo.

bimano También puede escribirse, correctamente, *bímano*, si bien es preferente el primer vocablo.

bímano, bimba, bimembre.

bimensual Es lo «que se hace u ocurre dos veces al mes». No debe confundirse con *bimestral*, «que se hace o repite cada bimestre», es decir, una vez cada dos meses.

bimestre, bimetalismo, bimetalista, bimotor, bina, binación, binador, binadura, binar, binario, binazón, bingo.

binocular Admitido por la Academia: «Dícese de la visión con los dos ojos y de los aparatos que la permiten.» Es adjetivo, y por consiguiente sólo sería correcto decir *anteojos binoculares* (lo mismo que *anteojos prismáticos*), pero no *binoculares* (sustantivo). Para este uso existe la voz *binóculo.*

binóculo V. *binocular.*

binomio, bínubo, binza.

bio- Prefijo que significa «vida»: *biografía, biólogo*. También es sufijo, con el mismo significado *(microbio).*

biodinámica, bioelemento, biofísica, biogeografía.

biógrafa «La *biógrafo* del conde Fernán González» es incorrecto, ya que está admitido *biógrafa*. Es,

pues, «la *biógrafa* del conde Fernán González».

biografía, biografiado, biográfico, biografiar, biógrafo, biología, biológico, biólogo, bioluminiscencia, *biomasa, biombo, biometría, biométrico (ca), biopsia, bioquímica, bioquímico, biosfera, biota, *biótico, bióxido, bipartición, bipartido, bipartito, bípeda, bipedación, bípede (2), bípedo (1), biplano, bipolar, bipontino.

biquini Admitido, pero no *bikini.*

birimbao, birlador, birlar, birlí, birlibirloque, birlocha, birlocho, birlonga.

Birmania El natural de este país asiático recibe el nombre de *birmano.*

birmano V. *Birmania.*

Birmingham, birrectángulo, birreme, birreta, birretina, birria.

*birrioso Voz vulgar, no admitida. Significa «desastrado, grotesco; canijo, enclenque».

bis Como adverbio, se usa como interjección para pedir que se repita un número musical, y en los manuscritos para indicar que una cosa debe repetirse o está repetida. Como prefijo, significa «dos» *(bicolor, bicornio, bisectriz).*

bis V. *bi-.*

bisabuelo.

bisagra Grafía correcta: no debe cometerse la incorrección de escribir *visagra*, como se ve a veces.

bisar Voz admitida por la Academia, y que significa «repetir, a petición de los oyentes, la ejecución de un número musical».

bisayo, bisbís, bisbisar (1), bisbisear (2), bisbiseo.

*biscuit Galicismo por «bizcocho, galleta», y «porcelana, loza fina».

bisección, bisector, bisectriz, bisel, biselado, biselador, biselar.

bisemanal Es lo «que se hace y ocurre dos veces por semana», pero no «cada dos semanas».

bisexual, bisiesto, bisilábico (2), bisílabo (1), Bismarck, bismuto.

bisnieto También se acepta *biznieto*, pero es preferente la primera voz.

biso, bisojo.

bisonte La Academia lo acepta hoy como sinónimo de *búfalo*. De este último dice: «Bisonte que vive en América del Norte.»

bisoñada, bisoñé, bisoñería, bisoño, bispón.

bisté (1), **bistec** (2) Voces admitidas para designar una «lonja de carne soasada en la parrilla, o frita». Son incorrectos los términos *biftec* y *beefsteak*. Su plural es *bistés*. Es sinónimo correcto *filete*.

***bister** Es galicismo. Debe emplearse en su lugar *pardo, castaño, rojizo oscuro*, según el caso.

***bistro** Galicismo por *taberna, tasca*.

bisturí El plural es *bisturíes*, no *bisturís*.

bisulco, bisulfito, bisulfuro, bisunto, bisurco.

bisutería Voz admitida como «joyería de imitación». *Bisutero* también es correcto.

bit Mínima unidad de información en computadora.

bita, bitácora, bitadura, bitar.

bíter Admitido; «bebida alcohólica amarga».

Bitinia El natural de este país de Asia antigua es el *bitinio*, y lo relativo a dicho país, *bitínico*.

bitínico, bitinio, bitneriáceo, bitoque, bitumen, bituminado, bituminoso, bivalvo, bixáceo.

Bizancio El natural de esta antigua ciudad (luego Constantinopla y hoy Estambul) recibe el nombre de *bizantino*.

bizantinismo, bizantino, bizarramente, bizarrear.

bizarría Se admite con el sentido de «gallardía, valor; generosidad, lucimiento»; pero es galicismo si se usa como «rareza, extravagancia; capricho». Lo mismo se aplica a *bizarro*, como adjetivo.

bizarro V. *bizarría*.

***bizcaitarra** Vocablo no aceptado con que se designa a un nacionalista vasco. Tampoco se acepta *bizkaitarra*.

bizcar, bizco, bizcochada, bizcochar, bizcochería, bizcochero, bizcocho, bizcochuelo, bizcornear, bizcotela, Bizerta.

bizma «Emplasto.» No debe confundirse con *bizna*, «película que separa los cuatro gajitos de la nuez».

bizna V. *bizma*.

biznaga, biznagal.

biznieto Vocablo correcto, pero es preferente *bisnieto*.

bizquear, bizquera.

***Blaise** Nombre francés que corresponde al español *Blas*.

blanca, blancal.

blanco Uso de preposiciones: Blanco *de* tez.

blancura, blancuzco, blandamente, blandear, blandengue, blandenguería, blandense.

blandir Verbo irregular. Se conjuga como *abolir* (v.).

blando Uso de preposiciones: Blando *de* carácter; b. *al* tacto.

blandón, blanducho (1), **blandujo** (2), **blandura, blandurilla, blanduzco** (3).

***blanqueado** «El *blanqueado* del muro» es incorrecto. Debe decirse «el *blanqueo* del muro».

blanqueador, blanqueadura, blanqueamiento, blanquear, blanquecer, blanquecino.

blanqueo V. *blanqueado*.

blanqueta, blanquete, blanquición, blanquilla, blanquillo, blanquimiento, blanquinegro, blanquinoso, blanquizal, blanquizo, blasfemable, blasfemador, blasfemante.

blasfemar Uso de preposiciones: Blasfemar *contra* Dios; b. *de* la virtud.

blasfematorio, blasfemia, blasfemo, blasón, blasonado, blasonador, blasonante, blasonar, blasonería, blastema, blastodermo.

-ble Sufijo que denota aptitud para recibir la acción del verbo *(plausible, hinchable)*, propensión *(irritable)*, merecimiento *(elogiable)*. Las voces derivadas de verbos de la primera conjugación terminan en *-able (hinchable)*, las de la segunda y tercera conjugación terminan en *-ible (plausible)*.

bledo, blefaritis, blefaroplastia, blenda, blenorragia, blenorrágico,

blenorrea, blinda, blindado, blindaje, blindar.

*bloc, *block Términos incorrectos que deben sustituirse por *bloque*, cuando se alude a un «conjunto de hojas de papel, pegadas por uno de sus cantos». Voz admitida por la Academia. El plural es *bloques*, no *blocs*.

blocao Voz correcta con que se designa un fortín provisional. Proviene del alemán *blockhaus*, y no debe escribirse así.

*blockhaus V. *blocao.*

blonda, blondina, blondo.

bloque V. *bloc.*

bloqueador, bloquear, bloqueo, Blücher.

*blue Término inglés, especie de «fox-trot» lento.

*blue-jeans Esta voz inglesa puede traducirse por *pantalones vaqueros* (o *tejanos*).

*bluff Anglicismo por *desplante, fanfarronada, farol,* y *noticia falsa, bulo.*

blusa, blusón, boa, Boabdil.

*board Voz inglesa. Dígase *consejo de administración.*

boardilla V. *buhardilla.*

boato, bobada, bobalías, bobalicón, bobamente, bobarrón, bobático, boquear, boquería.

bóbilis, bóbilis (de) Adverbio de uso familiar que significa «de balde».

bobillo, bobina, bobinado, bobinadora, bobinar, bobo, bobote.

*bobsleigh Voz inglesa que designa un «trineo con volante», para la práctica deportiva.

boca.

bocabajo Admitido, aunque es preferible *boca abajo.*

bocacalle Se escribe junto, no *boca calle.*

bocací, bocadear.

bocadillo También están admitidas las voces *canapé* (v.) y *emparedado* (v.). Con estas tres es innecesario el uso de *sandwich* y otras voces foráneas.

bocado.

bocajarro (a) La Academia admite esta expresión, que significa «a quemarropa», «desde muy cerca»,

aludiendo al disparo de un arma de fuego. *Bocajarro* se escribe en una sola palabra.

bocal, bocallave, bocamanga, bocamina, bocana, bocanada, bocarte, bocateja, bocatijera.

bocaza «El que habla más de lo que aconseja la discreción.» También se admite *bocazas,* pero es preferible la primera palabra.

bocazas, bocazo, Boccaccio, Boccherini, bocel, bocelar, bocera, boceras, boceto, bocezar, bocín.

bocina «Instrumento que se hace sonar mecánicamente en los automóviles.» Es innecesario, por consiguiente, el empleo de la voz *claxon,* derivada del inglés, si bien ha sido admitida por la Academia.

bocinar, bocinazo, bocinero, bocio.

*bock Voz alemana que debe reemplazarse por «jarra de cerveza».

boconada.

bocoy El plural es *bocoyes,* no *bocoys.*

bocudo, bocha, bochar, bochazo.

*boche Voz despectiva con que los franceses llaman al natural de Alemania.

*Bocherini El nombre de este célebre músico se escribe con dos *c: Boccherini.*

bochinche, bochinchero, bochorno, bochornoso, boda, bode, bodega, bodegón.

bodegonero Por ser el bodegón una taberna, el *bodegonero* es un tabernero. El *bodeguero,* en cambio, es el que tiene una bodega.

bodeguero V. *bodegonero.*

bodigo, bodijo, bodocal, bodocazo, bodón, bodoque, bodoquera, bodorrio, bodrio.

Boecio Filósofo y poeta latino. No debe confundirse con *beocio,* natural de la antigua Beocia.

bóer «Habitante del África austral, de origen holandés.» El plural es *bóers.* Voces admitidas. No confundir con *boxers* (v.).

bofarse, bofe, bófeta, bofetada, bofetón.

boga Admitido con el significado de «aceptación, aprobación».

bogada, bogador, bogante, boga-vante.

*bogie Incorrecto; dígase *boje* («conjunto de ruedas, en mecánica»).

Bogotá El natural de esta ciudad, capital de Colombia, recibe el nombre de *bogotano*.

bogotano V. *Bogotá*.

bohardilla Admitido (V. *buhardilla*.).

Bohemia El natural de esta región de Checoslovaquia recibe el nombre de *bohemo* (1), *bohemio* (2) y *bohemiano* (3).

bohemiano, bohémico, bohemio, bohemo, bohío, bohordo, Bohórquez.

boicot Recientemente ha admitido la Academia las voces *boicot, boicoteo* (preferente la segunda) y *boicotear*. El plural de *boicot* es *boicots* (por eso es mejor usar *boicoteo*, con su plural *boicoteos*). Es incorrecto el término *boycot*.

boicoteo, boicotear. V. *boicot*.

boina Así se escribe, y no *boína*.

boira Voz admitida: *niebla*. Es vocablo preferente este último.

*boite «Sala de fiestas o de baile.» Es galicismo, y como tal incorrecto.

boj, bojar.

boje Además de *boj* (planta) se admite como conjunto de ruedas, en mecánica.

bojedal, bojeo, bojiganga, bol, bola, bolada, bolaño, bolardo, bolazo.

bolchevique Admitido por la Academia. Se aplica al «sistema de gobierno establecido en Rusia por la revolución de 1917». También se acepta bolchevismo y bolcheviquismo, siendo preferente la última.

bolcheviquismo (1), **bolchevismo** (2) V. *bolchevique*.

boldina, boldo, boleadoras, bolear, boleo, bolera, bolero, boleta, boletero.

boletín Con mayúscula cuando designa el nombre de una publicación determinada (el *Boletín Oficial*); en los demás casos con minúscula (emitieron un *boletín* de

última hora). *Boletín Oficial* se abrevia *B. O.*

boleto, boliche, bolichero, bólido.

bolígrafo Término admitido recientemente por la Academia: «Instrumento para escribir...» En algunos países de América del Sur recibe el nombre de *esferográfica* o *esferográfico*. Admitido para los referidos países americanos.

bolillo, bolín, bolina, bolinche, bolineador, bolinear, bolinero, Bolívar, bolivianismo.

Bolivia El natural de este país de América del Sur recibe el nombre de *boliviano*.

bolo.

*Bologna Es el nombre italiano de la ciudad de Italia que en nuestra lengua llamamos *Bolonia*. No confundir *Bologna* con *Boulogne*, ciudad francesa cuyo nombre se traduce al español por *Boloña*. El natural de la ciudad italiana de *Bolonia* recibe el nombre de *boloñés* (o el natural de *Boloña*).

Bolonia, Boloña V. *Bologna*.

boloñés V. *Bologna*.

bolos Éste es el nombre de ese deporte en nuestra lengua, pero nunca *bowling*, anglicismo innecesario.

bolsa Se escribe con minúscula (las fluctuaciones de la *bolsa*), excepto cuando integra el nombre de un organismo (la *Secretaría de la Banca y Bolsa*).

bolsería, bolsero, bolsico, bolsillo, bolsín, bolsista, bolso, bolsón, bollar, bollecer, bollería, bollero, bollicio, bollo, bollón.

bomba Aceptadas por la Academia las expresiones *bomba nuclear, bomba atómica* y *bomba termonuclear*. Esta última es la *bomba de hidrógeno*, nombre éste no aceptado.

bombáceo, bombacho, bombarda, bombardear, bombardeo, bombardero, bombardino, bombardón, bombasí, bombástico, Bombay, bombazo, bombé, bombear, bombeo, bombero, bombilla, bombín.

bombín Admitido: *Sombrero hongo*.

bombo, bombón.

bombona En el Diccionario de la Academia constaba sólo como «vasija de vidrio o de loza de boca estrecha». Recientemente, se ha aceptado también como «vasija metálica que sirve para contener gases a presión y líquidos».

bombonaje, bombonera.

bonachón, bonachonería.

bonaerense Es el natural de *Buenos Aires,* capital de la República Argentina.

bona fide Locución latina que significa «de buena fe»: «Dañar *bona fide* los intereses ajenos.»

bonancible, bonanza, bonapartista, bonazo, bondad, bondadosamente, bondadoso, boneta, bonetada, bonetazo, bonete.

bonetería «Taller donde se fabrican *bonetes.*» Es galicismo cuando se emplea como «mercería».

bonetero, bonetillo.

bongo V. *bongó.*

bongó Vocablo admitido con que se designa un tamboril o tambor que usan los negros.

*bonhomía Galicismo por *bondad, benevolencia, ingenuidad.*

boniato Palabra aceptada. También se admite *buniato,* aunque es preferente la primera.

bonico, bonificación, bonificar, bonificativo.

bonísimo Como superlativo de *bueno, bonísimo* es preferible a *buenísimo.*

bonito, bonitura, bonizal, bonizo, Bonn, bono.

bonzo Voz aceptada: «Sacerdote del culto de Buda en el Asia oriental.»

boñiga, boñigar, boñigo, boñiguero.

*bon vivant Expresión francesa; es «el que sabe vivir bien» o «el que se da buena vida».

*boom Anglicismo que debe sustituirse por *auge, prosperidad económica repentina, éxito grande.*

*boomerang Grafía no admitida. En cambio la Academia acepta *bumerán:* «Arma arrojadiza que lanzada con movimiento giratorio puede volver al punto de partida.»

Bootes, Boothia, boqueada, bo- quear, boquera, boquerón, boquete, boquiabierto, boquiancho, boquiangosto, boquifresco, boquihundido, boquilla, boquín, boquinegro, boquirroto, boquirrubio, boquiseco, boquituerto, bórax, borbolla, borbollar, borbolleo, borbollón.**

Borbón Nombre de la rama española de una familia real de Francia que en francés se denomina *Bourbon.*

borbónico, borbor, borborigmo, borboritar, borbotar (1), borbotear (2), borboteo, borbotón.

borceguí El plural es *borceguíes,* no *borceguís.*

borda Se admite «motor *fuera borda*» y «motor *fuera de borda*».

bordada, bordado, bordador, bordadura.

bordar Uso de preposiciones: Bordar *con, de* plata; b. *con* cañamazo.

borde, bordear.

*Bordeaux Nombre francés de una ciudad de Francia que llamamos *Burdeos* en nuestra lengua.

bordelés Es el natural de *Burdeos,* ciudad de Francia.

bordillo, bordo, bordón, bordoncillo, bordonear, bordoneo, bordonería, bordonero, bordura, boreal.

bóreas «Viento del norte.» Voz esdrújula. Con minúscula cuando alude al viento, y con mayúscula cuando se refiere a la deidad mitológica: Bóreas, dios de los vientos del Norte.

Borgoña Así se denomina en nuestra lengua la región francesa que en Francia llaman *Bourgogne.* El natural de *Borgoña* recibe el nombre de *borgoñón.* En cuanto al vino, decimos *un borgoña,* pero *vino de Borgoña.*

borgoñón V. *Borgoña.*

borgoñota, boricado, bórico, borincano.

Borinquén Antiguo nombre de la isla de Puerto Rico. El natural de esta isla se llamaba *borinqueño* o *borincano.*

borinqueño V. *Borinquén.*

borla, borlón.

borne Aceptado; es «cada uno de los botones de conexión en que terminan ciertas máquinas y aparatos eléctricos». No se acepta otro sentido.

bornear, borneo, Borneo, borní, boro.

Borodin Nombre de un compositor ruso; algunas veces aparece escrito *Borodín*.

borona, borra, borracha, borrachear, borrachera, borrachero, borrachín, borracho, borrachuelo, borrador, borradura, borragináceo (1), **borragíneo** (2), **borraj, borraja, borrajear, borrar, borrasca, borrascoso, borrasquero, borregada, borrego, borreguero, borreguil, borrén, borricada, borrico, borriqueño, borriquero, borriquete.**

borro, borrón, borronear, borrosidad, borroso, boruca, borujo, boscaje, boscoso, Bósforo.

Bosnia El natural de esta región de Europa recibe el nombre de *bosnio, bosniaco* o *bosníaco*, por este orden según las preferencias de la Academia.

bosniaco, bosníaco, bosnio V. *Bosnia.*

bosque, bosquejar, bosquejo.

bosquimán Individuo de una tribu del África meridional. No se admite *bosquímano* ni *bosquimano*. El plural, voz más usada, es *bosquimanos*, nunca *bosquímanos*.

*bosquimano, *bosquímano V. *bosquimán.*

bosta, bostezador, bostezante.

bostezar Uso de preposiciones: Bostezar *de* hastío.

bostezo, bota, botador, botadura, botafuego.

Boston El natural de esta ciudad de Estados Unidos de América del Norte recibe el nombre de *bostoniano*. Voz no relacionada por la Academia.

botafumeiro Aceptado por la Academia, si bien ésta prefiere el vocablo *incensario.*

botagueña, botalón, botamen, botana, botánica, botánico (1), **botanista** (2), **botar, botarada, botarate, botarel, botarga, botasilla, botavante, botavara, bote, botella, botellazo.**

*botellería Incorrecto cuando se alude a un café o una tienda de productos embotellados (refrescos, licores, etc.). Lo correcto es *botillería.*

botellero, botellín, botequín, botería, botero, botica, boticaje, boticaria, boticario, botija, botijero, botijo.

botillería V. *botellería.*

botillo, botillo, botín, botina, botinería, botinero, botiondo.

botiquín «Mueble para guardar medicinas» y «conjunto de estas medicinas». La Academia no admite el sentido de «dependencia donde se prestan servicios de primeros auxilios».

botito, botivoleo, Botnia, boto, botocudo, botón.

botonadura Término correcto para designar el «juego de botones de una prenda de vestir». Es incorrecto, en cambio, *abotonadura.*

botonería, botonero.

botones Aceptado el sentido de «muchacho que sirve en los hoteles para llevar recados». Es voz masculina: *el botones.* El plural no varía.

Botswana, Botticelli, botulismo, botuto, bou.

*boudoir Galicismo por *camerín, tocador, gabinete de señora.*

Bougainville.

Bougie Nombre de una ciudad argelina; en español debe decirse *Bugía.*

*bouillabaisse Está admitido *bullabesa* (v.).

*boulevard Voz francesa; pero está admitido el término *bulevar,* «calle generalmente ancha y con árboles».

*Boulogne V. *Bologna.*

*bouquet Galicismo por *aroma, perfume,* hablando de bebidas alcohólicas. Suele pronunciarse *buqué* (v.), como en francés, pero tampoco se admite este término.

*Bourbon V. *Borbón.*

*Bourgogne V. *Borgoña.*

*boutade Galicismo por *exabrupto, salida de tono, desplante.*

*boutique Galicismo por *tienda de modas.*

bóveda, bovedilla, bóvido.

bovino «Perteneciente al toro o a la vaca.» No confundir con *ovino*, «relativo al ganado lanar» (*oveja*, etcétera).

*bowling Anglicismo innecesario, en cuyo lugar debe emplearse *bolos, juego de bolos*.

*box Es incorrecto cuando se alude al deporte que en nuestra lengua tiene el nombre admitido de *boxeo*. También ha aceptado la Academia los vocablos *boxeador* y *boxear*.

boxeador, boxear, boxeo V. *box*.

boxers Secta secreta de chinos xenófobos de comienzos del siglo actual. No deben ser confundidos con los *bóers* (v.).

*boy Anglicismo que según los casos puede traducirse por *muchacho, mozo, chico; niño*. (V. *boy scout*.)

boya, Boyacá, boyacense, boyada, boyal.

boyante Uso de preposiciones: Boyante *en* la fortuna.

boyar, boyardo, boyarín.

*boycot Es anglicismo. Puede usarse la grafía *boicot* (admitida), así como *boicotear* y *boicoteo*.

boyera, boyero.

*boy scout Término inglés internacional con que se designa a un «muchacho explorador».

boyuno, boza, bozal, bozalejo, bozo, brabante.

Brabante El natural de este territorio de los Países Bajos recibe el nombre de *brabanzón*.

brabanzón V. *Brabante*.

bracamarte, bracarense, braceada, braceador, braceaje, bracear, braceo, bracero, bracete (de), bracillo.

bracmán Voz admitida, aunque la preferente es *brahmán* (v.).

braco, bráctea.

bradi- Prefijo que significa *lento:* bradicardia, bradipepsia.

bradicardia, bradilalia, bradipepsia, bradita.

braga También se admite *bragas* (más usado).

Braga El natural de esta población de Portugal recibe el nombre de *bracarense*.

bragada, bragado, bragadura, bragazas, braguero, bragueta, braguetazo (dar), braguetero, braguillas, Brahma.

brahmán También son correctos los términos *bracmán* y *brahmín*, aunque es preferente el primero.

brahmanismo, Brahmaputra, brahmín, Brahms, brahón, Braille, brama, bramadera, bramadero, bramador, bramante.

bramar Uso de preposiciones: Bramar *de* furor.

bramido, bramo, bramuras, brancada, brancal.

*brand Inglés. Dígase *marca, denominación*.

brandal.

Brandeburgo Grafía correcta de una región histórica y ciudad de Alemania. Mejor escrito que *Brandemburgo*.

*brandy Aunque existe cierta diferencia entre *brandy* (no admitida) y *coñac* (admitida) puede emplearse ésta en lugar de aquélla.

Brandt, branquia, branquial, branquífero, branza, braña.

braqui- Prefijo que significa breve, cierto (*braquiuro, braquicéfalo*).

braquial, braquicefalia, braquicéfalo, braquícero, braquigrafía, braquiocefálico, braquiópodo, braquiuro, brasa, brasca, brasero, brasil.

Brasil El natural de este país de América del Sur recibe el nombre de *brasileño*. También admite *brasilero* la Academia, pero es preferible *brasileño*.

brasileño, brasilero V. *Brasil*.

brasilete, brasmología.

*brasserie En francés significa *cervecería*.

*brassière Es galicismo por *sostén*, prenda femenina. Se emplea en América del Sur.

Bratislava.

*bravas gentes Galicismo por *gente honrada, gente animosa*.

bravata, braveador, bravear, bravera, braveza, bravío, bravo, bravosidad, bravucón, bravuconada (1), bravuconería (2), bravura, braza, brazada, brazal, brazalete.

*Brazil Grafía incorrecta; en nuestra lengua debe escribirse *Brasil.*

brazo, brazola, brazuelo, Brazzaville, brea.

*break Voz inglesa que se usa en boxeo y significa «separarse», dirigiéndose a los contendientes.

*breaking Voz inglesa que se traduce por *rotura.*

*breakfast Voz inglesa que significa «desayuno».

brebaje «Bebida compuesta de ingredientes desagradables al paladar.» Es incorrecto escribir *brevaje* (por influjo de *breva*).

breca, brécol, brecolera, brecha, Brecht (Bertolt), brega.

bregar Uso de preposiciones: Bregar *con* alguno.

Brema Nombre español de la ciudad y puerto germano de *Bremen* (en alemán).

*Bremen V. *Brema.*

Bremerhaven Antepuerto de *Brema* (v.).

Bren, brenca.

Brennero Paso de los Alpes que se llama así en italiano, y *Brenner* en alemán. En español suele emplearse el nombre italiano.

breña, breñal, breñoso, breque, bresca.

*Bretagne Nombre francés de la antigua región que en nuestra lengua llamamos *Bretaña.* Los naturales de esta región son los *bretones.*

Bretaña V. *Bretagne.*

brete.

bretón V. *Bretagne.*

breva.

*brevaje Es incorrecto y debe escribirse *brebaje.* Posible influencia de la voz *breva.*

breve Uso de preposiciones: Breve *de* contar; b. *en* los razonamientos.

brevedad, brevemente.

*brevet Galicismo; debe escribirse *patente; diploma, certificado*, según los casos.

brevete «*Breve*, documento pontificio.» No significa «patente, certificado».

breviario, brezal, Brezhnev, brezo, briaga, brial, Briançon, brida, bri- bar, bribón, bribonada, bribonear, **bribonería, bribonzuelo, bricharca, bricho, brida.**

*bricolage «Hágalo usted mismo», «reparaciones caseras». No existe una traducción convincente de este vocablo francés. *Bricoleur*, que en español suena tan mal como la primera, es la voz con que se designa al aficionado a estos trabajos caseros. En última instancia podrían escribirse *bricolaje* y *bricolador*, respectivamente.

*bricoleur V. *bricolage.*

*bridge Palabra inglesa que significa «puente» y designa un juego de naipes moderno. La voz es internacional y no tiene traducción al español.

bridón, briega.

brigada Con mayúscula cuando se especifica una unidad determinada (*II Brigada* de cazadores), pero con minúscula en los demás casos (*una brigada* inició el ataque).

brigadier, brigadiera, brigantina, brigantino, Brígida, brigola, brillante, brillantez.

brillantina Esta voz ha sido admitida por la Academia: «Preparación cosmética para dar brillo al cabello.»

brillar, brillo.

*brilloso Es incorrecto; debe escribirse *brillante.*

brin, brincador, brincar, brinco, brincho, brindador.

brindar Uso de preposiciones: Brindar *por* el hermano ausente; b. *a* la salud de sus padres.

brindis Es la «acción de brindar» y «lo que se dice al brindar».

*Brindisi Ciudad italiana cuyo nombre correcto es *Brindis*, aunque poco usado. En italiano es voz esdrújula (*Bríndisi*).

brinquiño, brío.

brio- Prefijo que significa «musgo»: *briofito, briofita* (v.).

*brioche Voz francesa que designa «bollo fino».

briofita, briofito «Plantas criptógamas; musgos.» Son voces graves, no esdrújulas (*briófita*).

briol, brioso.

*briqueta Galicismo por *mechero*,

encendedor de bolsillo. Tampoco es correcto por *ladrillo.*

brisa, brisca, briscado, briscar.

brístol «Especie de cartulina satinada.» Con minúscula y acento. En cambio, el nombre de la ciudad inglesa se escribe con mayúscula y sin acento (*Bristol*).

Bristol V. *brístol.*

Britain (Great) Nombre inglés de la *Gran Bretaña.* No confundir con *Brittany: Bretaña, antigua provincia francesa.* (V. *Britania.*)

Britania Nombre latino de la actual Gran Bretaña. Lo relativo a ese país recibe el nombre de *británico,* y el natural del mismo es el *britano.* También se llama así al *inglés.* (V. *Britain, Great.*)

británico, britano V. *Britania.*

briza, brizna, broa.

broadcasting Voz inglesa que debe reemplazarse por *radiodifusión, emisión radiofónica.*

Broadway, Brno.

broca, brocadillo, brocado, brocal, brocatel, brocense.

brócoli Es incorrecto; debe emplearse *bróculi* o *brécol* (ambas admitidas). La Academia considera preferente la última.

bróculi, brocha, brochada, brochado, brochal, brochazo, broche, brocheta, brocho.

brodequín Galicismo por *borceguí,* cierto tipo de calzado.

broderí Galicismo por *encaje, brocado.*

broker Voz inglesa. Dígase *corredor de comercio.*

broma, bromar, bromatología, bromatológico (ca), bromatólogo (ga), bromazo, bromear, bromeliáceo, bromista, bromo, bromuro, bronca, bronce, bronceado, bronceadura, broncear, broncería, broncíneo, broncista.

bronco Uso de preposiciones: Bronco *de* genio.

bronconeumonia Incorrecto; debe ir acentuada la *i*: *(bronconeumonía).*

bronconeumonía V. *bronconeumonía.*

broncorragia, broncorrea, bronquedad, bronquial, bronquiecta-

sia, bronquina, bronquio, bronquiolo (1), **bronquíolo** (2), **Brooklyn, bronquitis, Brontë (hermanas), broquel, broquelarse, broquelero, broquelillo, broqueta, brota, brotadura.**

brotar Uso de preposiciones: Brotar *de, en* un peñascal.

brote, broza, brozno, brozoso, brucero, bruces (de), brucita.

Bruges Nombre francés e inglés de la ciudad belga que llamamos *Brujas* en nuestra lengua.

brugo, bruja.

Brujas V. *Bruges.*

brujear, brujería, brujesco, brujo, brújula, brujulear, brujuleo, brulote, bruma, brumal, brumar, brumario, brumazón, brumo, brumoso, Brunei.

brunette En francés e inglés significa «morena», aludiendo especialmente a las chicas.

bruno, Brunswick, bruñido, bruñidor, bruñidura, bruñimiento.

bruñir Verbo irregular que se conjuga como *mullir* (v.).

bruño, brusca, bruscadera, brusco.

Bruselas El natural de esta ciudad, capital de Bélgica, recibe el nombre de *bruselense.*

bruselense V. *Bruselas.*

brusquedad.

Brussels En nuestra lengua se escribe *Bruselas* (v.).

brutal, brutalidad, brutalizar, brutesco, bruteza, bruto.

Brutus Nombre latino de uno de los asesinos de César; debe escribirse *Bruto* en nuestra lengua.

bruza, bruzador, bruzar, bu, búa.

buardilla Es incorrecto; debe escribirse *buhardilla* (v.).

buba, búbalo, bubático, bubi, bubón, bubónica, bubónico, bubuso, bucal.

bucanero Voz admitida por la Academia con el significado de «pirata que en los siglos XVII y XVIII se entregaba al saqueo de las posesiones españolas de ultramar».

bucaral, búcaro, buccino.

buceador Es la palabra más correcta y apropiada, aunque *hombre rana* ha sido aceptada también por la Academia. *Submarinista*, en cambio, sólo es el «tripulante de un submarino». (V. *buceo*.)

bucear, bucéfalo, bucelario.

buceo Es mejor que *submarinismo, exploración submarina,* etcétera. (V. *buceador*.)

Buckingham, bucle, bucólico.

Bucovina Está mejor escrito así, y no *Bukovina.*

buche, buchete, buchón.

*budget Voz inglesa; en español significa «presupuesto».

búdico.

budín Es la palabra correcta, mejor que *pudín* (admitida), y que *pudding* (voz inglesa no admitida).

budinera, budión, budismo, budista.

buen Forma apocopada del adjetivo *bueno*. Se usa sólo delante de sustantivo en masculino singular: «*buen libro*». *Buen día* es incorrecto; debe ser *buenos días*. «Ambiente de *buen tono*», debe ser «ambiente *distinguido*». «*Buenas gentes* de pueblo», es «*buena gente* de pueblo». «El *buen Dios*», es «*Dios*», o «*Nuestro Señor*». *Buenos momentos*, es *momentos felices*.

buenaventura Va junto cuando significa «adivinación supersticiosa que hacen las gitanas». Separado sólo si son adjetivo y sustantivo: «Tuvo la *buena ventura* de llegar el primero.»

buenazo Admitido; es preferente *bonachón*.

bueno El comparativo es *mejor*, y el superlativo es *óptimo* y *bonísimo*. *Buenísimo* no está admitido. Uso de preposiciones: Bueno *de, para* comer; b. *de por* sí; b. *en* sí. (V. *buen*.)

buenos V. *buen*.

Buenos Aires El natural de esta ciudad, capital de la República Argentina, recibe el nombre de *bonaerense* o *porteño*.

*bueicito V. *buey*.

buey Su diminutivo es *bueyecillo*, no *bueicito*. El plural es *bueyes*.

bueyecillo, bufa, bufado, bufalino.

búfalo Admitido por la Academia

como «bisonte que vive en América del Norte».

bufanda, bufar.

bufé Admitido en lugar de *buffet* (v.). Es «cierta comida ligera y lugar donde se toma» (también en estaciones, etc.).

bufete «Estudio o despacho de un abogado.» No debe escribirse *buffet* (v.).

*buffet Incorrecto. Se admite *bufé* (v.). *Buffet* es galicismo por *aparador, armario,* así como por «refrigerio en que cada uno se sirve a su gusto», o *ambigú*. Tampoco debe emplearse en lugar de *bufete* (véase).

Buffon, bufido, bufo, bufón, bufonada (1), **bufonería** (2), **bufonesco, bugalla, buganvilla, bugle, buglosa, buharda.**

buhardilla Son varias las palabras admitidas que poseen grafía similar con el mismo significado: *boardilla, bohardilla, buharda* y *guardilla*. Es incorrecto, en cambio, *buardilla*.

buharro, buhedera, buhero.

búho Esta voz lleva acento, pues la *h* se considera inexistente para efectos de acentuación, y no impide que se deshaga el diptongo.

buhonería, buhonero.

*building Anglicismo; en su lugar debe emplearse *rascacielos, edificio grande*.

buitre, buitrera, buitrero, buitrón, buje, bujedal, bujería, bujeta, bujía, bula, bulario, bulbar, bulbo, bulboso, buldero.

*buldog V. *bulldog*.

bulerías, bulero.

bulevar Voz admitida por la Academia: «Nombre que se da a ciertas calles, generalmente anchas y con árboles.» No se debe escribir *boulevard*, que es voz francesa. El plural es *bulevares*.

Bulgaria El natural de este Estado de Europa recibe el nombre de *búlgaro*.

búlgaro V. *Bulgaria*.

bulimia, bulo, bulto, bulla.

*bulk carrier Voz inglesa. Dígase *buque para carga a granel*.

bullabesa Voz admitida por la

Academia: «Sopa de pescados y crustáceos.»

bullanga, bullanguero.

*****bullanguería** Es incorrecto; debe decirse *bullanga*.

*****bulldog** Voz inglesa. Dogo, perro de presa.

*****bulldozer** Explanadora.

bullebulle, bullente, bullicio, bullicioso, bullidor.

bullir Verbo irregular que se conjuga como *mullir* (v.).

bumerán Vocablo aceptado por la Academia: «Arma arrojadiza... que puede volver al punto de partida.» No debe escribirse *boomerang* ni *bumerang*. El plural de *bumerán* es *bumeranes*, no *bumerans*.

*****bungalow** Especie de chalé de un piso, originario de la India. Es voz inglesa.

buniato Voz aceptada, aunque es preferente *boniato*.

*****bunker** Voz alemana que se sustituye por *blocao* (admitida), *fortín*, *refugio subterráneo; carbonera, depósito*.

buñolería, buñolero.

*****buñuelería** Es incorrecto; escríbase *buñolería*.

buñuelo.

buque «Buques cisterna.» Es más correcto escribir *buques cisternas*. «*Buque a* vapor» es incorrecto; debe ponerse «*buque* de vapor». Lo mismo con «*buque a* vela», es «*buque de* vela».

*****buqué** V. *bouquet*.

buraco, burato, burbuja, burbujeante, burbujear, burbujeo, burdégano, burdel.

Burdeos Así debe escribirse, y no *Bordeaux*. El natural de esta ciudad francesa recibe el nombre de *bordelés*. «He probado un vino de *Burdeos*.» Pero «he probado un *burdeos*».

burdo.

*****bureau** Es voz francesa: dígase *escritorio, oficina, bufete*, según el caso. Se admite *buró* como «mueble para escribir».

burel Vocablo de heráldica. Es incorrecto darle el significado de «toro» («jerga gitana»).

bureo «Entretenimiento, diversión.» No es «paseo».

bureta, burga, burgado.

burgalés Es el natural de *Burgos*. En cambio, *burgués* es «el que habita un *burgo*» (población muy pequeña), o el «ciudadano de la clase media».

burgo, burgomaestre.

Burgos V. *burgalés*.

burgrave, burgraviato, burgueño.

burgués V. *burgalés*.

burguesía.

*****Burgundy** Nombre con que en inglés se designa la antigua región francesa que llamamos *Borgoña* (*Bourgogne*, en francés).

buriel, buril, burilada, burilador.

burilar Uso de preposiciones: Burilar *en* cobre.

burjaca, Burkina, burla, burladero, burlador, burlar, burlería.

burlesco V. *burlesque*.

*****burlesque** Espectáculo frívolo, de variedades. No debe traducirse por *burlesco*, voz admitida que significa «festivo, jocoso, que implica burla».

burlete, burlón, burlote.

buró Admitido: «Mueble para escribir...» (V. *bureau*.)

burocracia, burócrata, burocrático, burra, burrada, burrajo, burrero, burricie, burriciego, burro, bursátil, burseráceo, burujo.

Burundi.

*****bus** En favor de la brevedad, se emplea esta voz incorrecta en las señales de tráfico. Debe escribirse *autobús*. Caso similar es *stop*, que debiera escribirse *alto*.

busca, buscador, buscapié.

buscapié V. *buscapiés*.

buscapiés «Cohete sin varilla que corre entre los pies de la gente.» Se escribe con *s*, al final. *Buscapié*, en cambio, es una «frase con que se pretende poner algo en claro».

buscapleitos, buscar, buscarruidos, buscavidas, busco, buscón, busilis, búsqueda.

*****business** Voz inglesa que debe traducirse por *negocio, operación*.

busto, butaca, butadieno.

Bután Estado de Asia. No debe escribirse *Bhutan*.

butano Voz admitida por la Academia: «Hidrocarburo gaseoso natural, que envasado a presión tiene los mismos usos que el gas del alumbrado.»

butifarra, butifarrero, butiondo.

butir- Prefijo que significa «mantequilla» (butiroso, butírico).

butiro.

*butirómetro No admitido; debe decirse cremómetro.

butiroso, butrón, butronero, buxáceo, buyo, buz, buzamiento, buzar, buzarda, buzcorona, buzo.

buzón «Abertura por la que se echan las cartas para el correo.» Por extensión, es la «caja donde caen los papeles echados en el buzón».

*by-pass Voz inglesa. Dígase desvío.

Byrd, Byron.

C

c Tercera letra de nuestro alfabeto. Su nombre es *ce*. Ante *e, i* se articula como consonante interdental fricativa sorda. Ante *a, o, u* su articulación es velar oclusiva sorda. El plural es *ces*. Unida a la *h* forma una letra del alfabeto, la cuarta: *ch*. En numeración romana, *C* significa *cien*.

¡ca! Interjección que significa «¡quia!». Ni la primera voz ni la segunda llevan acento en ningún caso.

cabal, cábala, cabalgada, cabalgador, cabalgadura.

cabalgar Uso de preposiciones: Cabalgar *en* una mula; c. *a* mujeriegas.

cabalgata, cabalgazón, cabalista, cabalmente, caballa, caballada, caballaje, caballar, caballear, caballejo, caballerato, caballerazo, caballerear, caballeresco, caballerete.

caballería Con mayúscula cuando se emplea como nombre propio del arma: «La 20.ª promoción de *Caballería*.» Con minúscula en los demás casos: «La *caballería* hostigó al enemigo.»

caballeriza, caballerizo.

caballero «*Caballeros*, la situación es grave.» *Caballeros* es aquí anglicismo admitido; puede decirse, mejor: «*Señores*, la situación es grave.» (V. *dama*.) Uso de preposiciones: Caballero *en* su porte; c. *sobre* un jamelgo.

caballerosamente, caballerosidad, caballeroso, caballerote, caballete, caballista, caballito.

caballo El femenino es *yegua. Caballa* es un pez teleósteo acantopterigio. «Caballo de vapor» se abrevia *C.V.* No es *H.P.* (inglés). También se dice, simplemente, *caballo* (un motor de *12 caballos*).

caballón, caballuno, cabaña, cabañal, cabañería, cabañero, cabañil, cabañuela.

*cabaret Galicismo por *sala de fiestas, club nocturno.* Tampoco está admitido *cabaretera*, «mujer que frecuenta el *cabaret*».

*cabaretera V. *cabaret*.

cabás Está admitido como «cestillo que usan las mujeres para llevar sus compras». En cambio no ha sido aceptado en su uso más corriente: «Cartera de libros, especialmente la que usan los colegiales».

cabe «Situado *cabe a la plaza*.» Es incorrecto, sobra la preposición *a*. Debe decirse «situado *cabe la plaza*» (junto a la plaza).

cabeceado, cabeceamiento, cabecear, cabeceo, cabecera, cabecilla, cabellera.

cabello *Cabellos blancos* es incorrecto; debe decirse *canas*, sencillamente. De igual modo, *cabello* *gris* es una incorrección que debe sustituirse por *pelo entrecano*. Se admite *cabello(s) de ángel*.

cabelludo, cabelluelo.

caber Verbo irregular que se conjuga del siguiente modo: INDICATIVO. *Presente:* quepo, cabes, cabemos, etc. *Pretérito imperf.:* cabía, cabías, cabíamos, etc. *Pret. indef.:* cupe, cupiste, cupo, cupimos, cupisteis, cupieron. *Fut. imperf.:* cabré, cabrás, cabremos, etc. POTENCIAL: cabría, cabrías, cabríamos, etc. SUBJUNTIVO. *Presente:* quepa, quepas, quepamos, etc. *Pret. imperf.:* cupiera o cupiese, cupieras o cupieses, cupiéramos o cupiésemos, etc. *Futuro imperf.:* cupiere, cupieres, cupiéremos, etc. IMPERATIVO: cabe, quepa, quepamos, cabed, quepan. PARTICIPIO: cabido. GERUNDIO: cabiendo. Uso de preposiciones: Caber *en* la mano.

cabestraje.

cabestrante Admitido, pero es voz preferente *cabrestante*, «torno de eje vertical para mover grandes pesos».

cabestrar, cabestrero, cabestrillo, cabestro, cabete, cabeza, cabezada, cabezaje, cabezal, cabezalero, cabezazo, cabezo.

cabezón «Que tiene grande la cabeza.» Aceptado, lo mismo que *cabezudo*, aunque ésta es preferente.

cabezonada Es lo correcto, cuando se indica «obstinación». No es correcto *cabezonería*.

*cabezonería Incorrecto. V. *cabezonada*.

cabezorro, cabezota.

cabezudo V. *cabezón*.

cabezuela, cabida, cabido.

*cabieron «*Cabieron* en aquel sillón.» Es incorrecto; debe decirse «*cupieron* en aquel sillón.» (V. *caber*).

cabila «Una *cabila* de beduinos.» Es erróneo escribir *cábila* (por influencia de *cáfila*). Tampoco debe ponerse *kabila*.

cabildada, cabildear, cabildeo, cabildero.

cabildo Con mayúscula cuando significa «Ayuntamiento» (el *Cabildo* insular); con minúscula en los casos restantes (el *cabildo* catedralicio).

cabileño, cabilla, cabillero, cabillo, cabimiento.

cabina Galicismo admitido por la Real Academia; sin embargo, se da como preferente la voz *locutorio*. También se usa con el significado de recinto pequeño (de un cine, de un camión, de un avión) donde hay aparatos o dispositivos que han de ser atendidos por una o más personas.

*cabinera En algunos países de América del Sur se emplea como *azafata, auxiliar en avión*.

cabio, cabizbajo, cable, cablegrafiar, cablegráfico, cablegrama, cablero, cabo, cabotaje, Caboto, cabra, cabrahigar, cabrahígo, cabrear, cabreo, cabrera, cabrería, cabreriza, cabrerizo, cabrero.

cabrestante «Torno de eje vertical para mover grandes pesos.» También se admite *cabestrante*, si bien la primera es voz preferente.

cabria, cabrilla, cabrilleante, cabrillear, cabrillero, cabrio, cabrío, cabriola.

cabriolar «Dar o hacer *cabriolas*.» También se admite *cabriolear*, aunque es preferente la primera.

cabriolé Admitido; «carruaje ligero y sin cubierta». Es incorrecto *cabriolet* (voz francesa).

cabriolear V. *cabriolar*.

cabrita, cabritero, cabritilla, cabrito, cabrituno, cabrón, cabronada, cabruno, cabujón, caburé, cabuya, cabuyera, cabuyería, caca, cacahual, cacahuate, cacahuatero, cacahué, cacahuero.

cacahuete Es la voz preferida por la Academia, aunque también admite *cacahuate* y *cacahué*. Es incorrecto, en cambio, *cacahuat, cacahués*, etc. Asimismo se acepta *maní*. El plural es *cacahuetes*.

cacao, cacaotal, cacaraña, cacarañar, cacareador, cacarear, cacareo, cacatúa, cacea, cacear, caceo, cacera, cacereño.

Cáceres El natural de esta ciudad o de su provincia recibe el nombre de *cacereño*.

cacería, cacerina, cacerola, caceta.

cacica Es el femenino correcto de *cacique:* «Mujer del *cacique;* señora de vasallos.»

cacicazgo, cacillo, cacimba.

cacique El femenino es *cacica* (véase).

caciquear, caciquil, caciquismo, caco.

caco- Prefijo del griego *kakós:* malo *(cacofonía, cacoquimia, cacosmia).*

cacodilato, cacodilo, cacofonía, cacofónico, cacografía, cacomite, cacoquimia, cacoquímico, cacoquimio, cacosmia, cactáceo (1), **cácteo** (2).

cacto También se admite *cactus*, aunque es voz preferente *cacto*.

cactus V. *cacto*.

cacumen, cacuminal, cacha.

cachada «Golpe, en el juego del trompo.» También se admite el sentido de «broma», que se da en la Argentina.

cachador (ra), cachalote, cachano, cachapa, cachapera, cachar, cacharrería, cacharrero, cacharro, cachava, cachaza, cachazudo, cachear, cachemir, Cachemira, cacheo, cachera.

*cachet Galicismo por *distinción, personalidad, estilo, sello propio.* Y también por *sello medicinal.*

cachete, cachetear, cachetero, cachetina, cachetudo.

cachi- Prefijo que significa *casi (cachigordo, cachinegro).*

cachicán, cachicuerno, cachidiablo, cachifollar, cachigordo, cachillada, cachimba, cachimbo, cachipodar, cachipolla, cachiporra, cachiporrazo, cachirulo, cachivache, cacho, cachola, cachón, cachondearse.

cachondeo «Burla, guasa.» Está aceptado por la Academia, aunque ésta consigna que es palabra vulgar. Lo mismo ocurre con *cachondearse.*

cachondez V. *cachondo.*

cachondo Aceptado el sentido figurado y familiar de «burlón, jocundo, divertido». También es

«dominado por el apetito venéreo». *Cachondez* es «apetito venéreo».

cachorrillo, cachorro, cachucha, cachucho, cachuela, cachuelo, cachumba.

cachupín «Mote que se aplica al español que se establece en la América septentrional.» Se admite asimismo *gachupín,* aunque es preferente la primera voz.

cachupinada.

cada «El correo llegaba *cada* día.» Es incorrecto; debe decirse «llegaba *todos* los días» o «diariamente», puesto que la palabra *cada* no tiene sentido distributivo. «El correo llegaba a *cada* hogar.» Aquí sí es correcto, pues el vocablo posee sentido distributivo *(cada uno de los hogares).* Lo mismo con «el pan nuestro *de cada* día» *(cada uno de los días).*

cada quisque Admitido como locución familiar que significa «cada cual».

cadalecho, cadalso, cadañero, cadarzo, cadáver, cadavérico.

*caddie Es voz inglesa: «Muchacho, mozo, chico que lleva los palos en el juego de golf.»

cadejo, cadena, cadencia, cadenciosamente, cadencioso, cadenero, cadeneta, cadenilla, cadente, cadera, caderamen, cadetada, cadete.

cadí Juez, entre turcos y moros. Su plural es *cadíes,* no *cadís.*

cadillar, cadillo.

Cádiz Los naturales de esta ciudad o de su provincia reciben el nombre de *gaditanos.*

cadmia, cadmio, cadozo, caducamente, caducar, caduceador, caduceo, caducidad, caducifolio, caduco, caduquez, caedizo, caedura.

caer Verbo irregular que se conjuga de la siguiente forma: INDICATIVO. *Presente:* caigo, caes, cae, caemos, caéis, caen. *Pret. imperf.:* caía, caías, caíamos, etc. *Pret. indef.:* caí, caíste, cayó, caímos, caísteis, cayeron. *Futuro imperf.:* caeré, caerás, caeremos, etc. POTENCIAL: caería, caerías, caeríamos, etc. SUBJUNTIVO. *Presente:* caiga, caigas, caigamos, etc. *Pret. im-*

perf.: cayera o cayese, cayeras o cayeses, etc. *Futuro imperf.:* cayere, cayeres, cayéremos, etc. Imperativo: cae, caiga, caigamos, caed, caigan. Participio: caído. Gerundio: cayendo. Uso de preposiciones: Caer *a, hacia* tal parte; c. *de* lo alto; c. *en* tierra; c. *por* Pascua; c. *sobre* los enemigos. «Retrocedió al *caer en* cuenta *que* se había perdido.» Es incorrecto, ya que faltan dos vocablos, *la* y *de*: «Retrocedió al *caer en la* cuenta *de que* se había perdido.»

Cafarnaum El nombre de esta ciudad de Galilea también se escribe a veces *Cafarnaúm.*

café Se admite la expresión *café descafeinado.* Incorrecciones: *café negro;* dígase *café puro* o *café solo. Café cantante* no es expresión admitida.

cafeína Es un alcaloide contenido en el café.

cafería, cafetal, cafetalero, cafetear, cafetera.

cafetería Admitido como «despacho de café y otras bebidas, donde a veces se sirven aperitivos y comidas».

cafetero, cafetín.

cafetito Como diminutivo de *café,* es mejor *cafetito* que *cafelito.*

cafeto, cafetucho, cáfila, cafre, caftán, cagaaceite, cagachín, cagada, cagadero, cagado, cagajón, cagalera, cagar(se), cagatinta (1), **cagatintas** (2).

Cagliari Capital de Cerdeña. En italiano se pronuncia *Cállari* (como esdrújula).

Cagliostro, cagón, caguama, cagueta, cahíz, cahizada, caíble, caíz.

caída «Utilice la loción X para la *caída* del cabello.» Incorrecto, pues no se trata de hacer que caiga el pelo, sino al contrario: «Utilice la loción X para *evitar* (o *impedir*) la *caída* del cabello.»

caído, Caifás, caigua, caimán, caimiento, caimito, Caín, caique, cairel, cairelar, cairino.

Cairo (El) El natural de El Cairo recibe el nombre de *cairota* (admitido), y en segundo término *cairino (na).*

cairota Admitido. (V. *Cairo.*)

caja, cajel, cajera, cajería, cajero, cajeta, cajetilla, cajetín, cajigal, cajigo, cajilla, cajista, cajo, cajón, cajonada, cajonera, cajonería, cajonero, cajuela, cajuil.

***cake** Anglicismo por *pastel, tarta, torta.*

cal, cala, calaba, calabacear, calabacera, calabacero, calabacilla, calabacín, calabacino, calabaza, calabazada, calabazar, calabazate, calabazazo, calabazo, calabobos, calabocero, calabozaje, calabozo, calabre.

calabrés V. *Calabria.*

Calabria El natural de esta región de Italia recibe el nombre de *calabrés.*

calabriada, calabriar, calabrote, calacuerda, calada, caladero, calado, calador, caladura, calafate, calafateado, calafateador, calafateadura (2), **calafatar, calafateo** (1), **calafatín, calagraña, calaguala, calagurritano.**

Calahorra El natural de esta ciudad de la Rioja recibe el nombre de *calagurritano* (1), *calahorrano* (2), o *calahorreño* (3).

calamaco, calamar, calambac, calambre, calambuco.

***calambur** Galicismo por *juego de palabras, retruécano, equívoco.*

calamento, calamidad, calamiforme, calamilleras, calamina, calamistro, calamita, calamite, calamitoso, cálamo, calamocano, calamoco.

cálamo currente Locución latina que significa literalmente «al correr de la pluma». Alude a algo que se hace sin reflexión previa, de improviso.

calamocha, calamón, calamonarse, calamorra, calamorrada, calamorrazo, calandraca, calandrado, calandrajo, calandrar, calandria, calaña.

Calañas V. *calañés.*

calañés El natural de *Calañas* y lo relativo a este pueblo de Huelva reciben el nombre de *calañés.*

cálao.

calar(se) Uso de preposiciones: Calar *a* fondo; calarse *de* agua.

calasancio Admitido por la Academia, que refiere esta palabra a *escolapio*, preferente.

Calasanz (San José de) V. *calasancio*.

Calatayud El natural de esta ciudad de la provincia de Zaragoza recibe el nombre de *bilbilitano* (de la antigua *Bílbilis*).

Calatrava El natural de *Calatrava* recibe el nombre de *calatraveño*.

calatraveño, calatravo, calavera, calaverada, calaverear, calcado, calcador.

*calcamonía Es vulgarismo; debe decirse *calcomanía*.

calcáneo «Hueso del talón.» No confundir con *calcaño* o *calcañar* (parte posterior del pie).

calcañar, calcaño, calcar, calcáreo, calce, calceatense.

calcedonia Con minúscula cuando se alude a la piedra fina ágata traslúcida; con mayúscula cuando se refiere a la ciudad de Bitinia. El natural de esta población recibe el nombre de *calcedonio*.

calcedonio, cálceo, calceoiaria, calcés, calceta, calcetería, calcetero, calcetín, calcetón, cálcico, calcicosis, calcídico, calcificación, calcificar, calcillas, calcímetro, calcina, calcinable, calcinación (1), calcinador, calcinamiento (2), calcinante, calcinar(se), calcinatorio, calcinero, calcio, calciotermia.

calco «Papel de *calco*» es una expresión incorrecta; debe decirse «papel de *calcar*», puesto que *calco* es la copia que se logra calcando.

calco- Prefijo que significa «cobre, bronce» *(calcotipia, calcográfico).*

calcografía, calcografiar, calcográfico, calcógrafo.

calcomanía V. *calcamonía*.

calcopirita, calcotipia, calculable.

calculador Es galicismo cuando se emplea con el significado de «previsor, interesado, egoísta» («un individuo *calculador*»).

calculadora Voz para la cual se ha admitido la acepción de «máquina que por un procedimiento mecá-

nico o electrónico obtiene el resultado de cálculos matemáticos». También son correctas *computadora* y *ordenador*.

calcular, calculatorio, calculista, cálculo, calculoso, calchaquí, calda.

caldas Aceptado con el sentido de «baños de aguas minerales calientes».

caldaico, caldeamiento.

Caldea El natural de este antiguo pueblo de Mesopotamia recibe el nombre de *caldeo*.

caldear(se), caldén, caldeo.

caldera «*Caldera a* vapor» es galicismo; debe decirse «*caldera de* vapor» (como barco *de* vela, olla *de* presión, etc.).

calderada, calderería, calderero, caldereta, calderetero, calderilla, caldero, calderón, calderoniano, calderuela, caldibache, caldo, caldillo, caldoso, calducho, cale, calé, calecer, caldeonio.

calefacción «Calefacción *a* butano» es incorrecto; debe escribirse «calefacción *de* butano» (como barco *a* vela, calentador *a* gas, etc., en las que la preposición *a* debe ser sustituida por *de*).

calefactor, calefactorio, caleidoscopio, calenda, calendas (griegas), calendar, calendario, calendarista, caléndula.

calentador «Calentador *a* gas». (V. *calefacción*.)

calentamiento, calentano.

calentar(se) Verbo irregular que se conjuga como *acertar*. (v.). Uso de preposiciones: Calentarse *a* la lumbre; c. *con* el ejercicio; c. *en* el juego.

calentito V. *calientito*.

calentón, calentura, calenturiento, caleño, calepino, caler, calera, calería, calero, calesa, calesera, calesero, calesín, calesinero, calesita *(Amér.)*, **caleta, caletre, cálibe, calibración, calibrador, calibrar, calibre, calicanto, calicata, cálice, caliciflora, calicillo, calicó.**

Calícrates Arquitecto griego; no debe escribirse *Calicrates* (acentuación grave) ni *Kalikrates*.

caliculado, calicular, calículo, caliche, calidad, cálido.

calidoscopio Admitido, lo mismo que *caleidoscopio*, pero es preferente esta última voz.

calientapiés Es voz masculina: *el calientapiés*. El plural no varía.

calientaplatos.

caliente Uso de preposiciones: Caliente *de* cascos.

*calientito Incorrecto; el diminutivo de *caliente* es *calentito*.

califa, califal, califato, califero, calificable, calificación, calificado, calificador.

calificar Uso de preposiciones: Calificar *de* docto.

calificativo.

California El natural de este estado de Estados Unidos de América del Norte recibe el nombre de *californiano* o *californio;* aunque la Academia considera preferente esta última voz, suele emplearse la primera.

cáliga «Sandalia de los soldados romanos.» Voz esdrújula, no debe decirse *caliga.*

caligine.

caliginoso, caligrafía, caligrafiar, caligráfico, calígrafo, Calígula, calilla.

calima V. *calina.*

Calimaco, calimcalimbo, calimote.

calina «Agente atmosférico que enturbia el aire y suele producirse por vapores de agua.» También se escribe *calima*, aunque es preferente la primera de las dos voces.

calinoso.

Calíope «Musa de la poesía.» También suele usarse *Caliope*, pero es preferible la primera voz.

Calipso, calisaya, calistenia.

Calisto Hija de un rey de Arcadia. No confundir con el nombre propio de varón *Calixto.*

calitipia, cáliz, caliza, calizo, calma, calmante, calmar(se), calmazo, calmo, calmoso.

calmuco Natural de cierta región de *Mongolia*. No debe escribirse *kalmuko.*

caló Lenguaje o dialecto de los gitanos.

calobiótica, calocéfalo, calofilo,

calofrío, calomel (2), calomelanos (1), calón, calonche, calóptero.

calor Es masculino, *el calor*, y no *la calor*, como a veces se escribe o se dice.

caloría, caloricidad, calórico, calorífero, calorífugo, calorimetría, calorimétrico, calorímetro, calostro, caloyo, *calpense, calseco, calta, calumnia, calumniador, calumniar, calumnioso, caluroso, calva, calvar, calvario, calvatrueno, calverizo, calvero, calvez (2), calvicie (1), Calvino, calvinismo, calvinista, calvo, calza, calzada, calzado, calzador, calzadura, calzar, calzo, calzón, calzona, calzonazos.

*calzoncillo Incorrecto; debe escribirse en plural: *calzoncillos.*

calzoncillos, callada, callado, callandico, Callao (El).

callar Uso de preposiciones: Callar *por* miedo; callar *de* miedo.

calle Se escribe con minúscula: *calle de* Blasco Ibáñez. En la actualidad se suprime a veces la preposición *de: calle* Blasco Ibáñez.

calleja, callejear, callejeo, callejero, callejón, callejuela, callicida, callista, callo, callonca, callosidad, calloso, cama, camada, camafeo.

Camagüey El natural de esta provincia de Cuba recibe el nombre de *camagüeyano.*

camal, camáldula, camaleón, camaleónico, Camaleopardo, camalotal, camalote, camama, camándula, camandulear, camandulería, camandulero, camanonca.

cámara Con mayúscula cuando integra la denominación de un organismo determinado (la *Cámara de Comercio de Bilbao*, la *Cámara de los Comunes*); con minúscula en los demás casos *(cámara frigorífica, cámara fotográfica)*. Está admitido *cámara de gas* y *cámara de compensación* (bancos).

camarada, camaradería, camaraje, camaranchón, camarera, camarería, camarero, camarilla.

camarín «En los teatros, cada uno de los cuartos donde los actores se visten para salir a escena.»

camarista, camarlengo.

*camarógrafo Admitido. Es mejor emplear *cámara*, u *operador* (de cine o de televisión), *técnico, fotógrafo.*

camarón, camaronero, camarote, camastro, camastrón, camastronería, cambalache, cambalachear, cambalachero, cámbaro, cambera.

Camberra Capital federal de Australia. Es más correcto *Canberra.*

cambiable, cambiante.

cambiar(se) Uso de preposiciones: Cambiar (alguna cosa) *con, por* otra. Cambiarse la risa *en* llanto.

cambiario, cambiazo, cambio, Cambises, cambista.

Cambodge, Cambodia V. *Camboya.*

Camboya Hoy es *Kampuchea.*

cambray, Cambray.

cambriano V. *cámbrico.*

cámbrico «Período geológico.» La Academia admite *cámbrico* y *cambriano,* pero prefiere este último vocablo.

Cambridge, cambrillón, cambrón, cambronal, cambronera, cambuj, cambujo, cambullón, cambullonero, cambur, cambute, camedrio, camedrita, camelador, camelar, camelete, camelia, camélido, camelina, camelista, camelístico.

camelo Admitido por la Academia como «engaño; noticia falsa; chasco». También están aceptadas las voces *camelista* y *camelístico.*

camelote, camella, camellero, camello, camellón, camena, camenal.

*cameraman Incorrecto; debe usarse *operador* (de cine o de televisión), *técnico, fotógrafo.* Tampoco es correcto el vocablo *camarógrafo.*

camerino Es correcto; también puede emplearse la voz *camarín.*

camero, Camerún, camilla, camillero, caminante.

caminar Uso de preposiciones: Caminar *para* Oviedo; c. *a* Oviedo.

caminata, caminero, camino.

*camino de hierro Es galicismo; en su lugar debe usarse *ferrocarril.*

camión, camionaje.

camionero Voz admitida por la Academia: «Persona que conduce un camión.»

camioneta La Academia define así este vocablo: «Vehículo automóvil menor que el camión y que sirve para transporte de toda clase de mercancías.» Por consiguiente, no se trata de un «vehículo para transporte de personas», como suele usarse a veces vulgarmente.

camisa, camisera, camisería, camisero, camiseta, camisola, camisolín, camisón, camisote, camita, camítico, camoatí, Camoens, camomila, camón, camoncillo, camorra, camorrero (2), **camorrista** (1).

*camouflage Voz francesa; en su lugar ha sido aceptada por la Academia la voz *camuflaje* (véase).

campamento, campamiento, campana, campanada, campanario, campanear, campanela, campaneo, campanero, campaniforme, campanil, campanilla, campanillazo, campanillear, campanilleo, campanillero, campanillo, campano, campanología, campanólogo, campante, campanudo, campánula, campanuláceo, campaña, campañol.

campar Uso de preposiciones: Campar *por* su respeto, o *por sus respetos* (ambas locuciones son admitidas por la Academia).

campeador, campear, campechanía, campechano, Campeche, campeón, campeonato, campero, campesinado, campesino, campestre, campilán, campillo.

*camping Es anglicismo que debe ser sustituido por *acampada, campamento, parque acotado; campismo* (no admitida); *acampar.* La persona que se aloja en uno de estos recintos acotados recibe el nombre de *campista.* También es el que practica la *acampada.*

campizal.

*campo a través «Carrera de *campo a través*» (o *campo través*) es incorrecto; debe decirse *campo traviesa.*

Campo de Criptana, Campoo.

*Campóo Según las normas de la

Academia, no se acentúan las palabras graves terminadas en *oo*: *Campoo, Feijoo*, etcétera. Luego son incorrectas las grafías *Campóo, Feijóo*, etc. El natural de *Campoo* es el *campurriano*.

camposanto Admitido, aunque es preferente el término *campo santo* (en dos palabras).

Campos Elíseos.

campus Voz latina, difundida a través del inglés, con que se designa el «recinto universitario» o «espacio situado ante el edificio de una universidad».

camuflaje Voz admitida por la Academia, lo mismo que *camuflar*. Esta última es «disimular la presencia de tropas, armas, etc...», y por extensión es «disimular dando a una cosa el aspecto de otra». Camuflaje es «acción y efecto de *camuflar*». Es incorrecto escribir *camouflage* (v.), voz francesa.

camuflar, can.

cana *(Amér.)* Policía; prisión.

Canaán El natural del antiguo territorio de *Canaán* recibe el nombre de *cananeo.*

canabíneo, canaco.

Canadá El natural de este país de América del Norte recibe el nombre de *canadiense.*

canadiense, canadillo.

canal Masculino cuando es un «estrecho marítimo», a veces obra de la industria del hombre. Ambiguo o femenino cuando designa un «cauce artificial por donde se conduce el agua, para darle salida o para diversos usos».

canalado, canaladura.

*canalé Galicismo por *acanalado, estriado.*

canalete, canalizable, canalización.

canalizar Vocablo del cual la Academia ha admitido la acepción de «recoger corrientes de opinión, iniciativas, actividades, etc., y orientarlas eficazmente».

canalizo.

canalón Voz admitida como derivado de *canal*. Es incorrecto si se emplea como «rollo de pasta de harina relleno de carne, pescado,

etc.». En este caso debe usarse *canelón*. Su plural es *canelones*, no *canelonis.*

canalla, canallada, canallesco, canana.

cananeo Es el natural de la tierra de *Canaán* (antiguo nombre de Palestina).

cananga.

canapé Aceptado por la Academia como «aperitivo consistente en una rebanadita de pan sobre la que se extienden o colocan viandas». (V. *bocadillo*).

*canard Galicismo por *noticia falsa, bola, patraña.*

Canarias El natural de estas islas es el *canario (ria), canariense,* o *isleño (ña).*

canaricultura, canariense, canariera, canario.

canasta Admitida la acepción de «juego de naipes con dos o más barajas francesas, entre dos bandos de jugadores».

canastada, canastero, canastilla, canastillero, canastillo, canasto.

Canberra Capital federal de Australia. Mejor así escrito, y no *Camberra.*

cáncamo, cancamusa.

*can-can Es incorrecto; el vocablo ha sido admitido con la forma *cancán*. El plural es *cancanes.*

cancán V. *can-can.*

cáncana, cancanear, cáncano.

cancel Contrapuerta de varias hojas para evitar las corrientes de aire. No debe confundirse con *cancela*, verja de hierro muy labrada.

cancela V. *cancel.*

cancelación, cancelar, cáncer, cancerado, cancerar.

cancerbero Con minúscula cuando significa «portero o guarda de bruscos modales». Con mayúscula si alude al perro mitológico. Debe escribirse siempre junto, y no en dos palabras *(can Cerbero)*. También es *Cerbero.*

canceriforme, cancerología, cancerológico (ca), cancerólogo (ga), canceroso, canciller, cancillería, cancín.

canción El nombre de las canciones se escribe en cursiva: cantaban *Mambrú se fue a la guerra*.

cancicneril, cancionero.

cancioneta Es la voz correcta, en vez de la italiana *canzoneta*.

cancionista Admitido con el significado de «persona que compone o canta canciones».

cancro, cancroide, cancroideo.

cancha Se emplea para indicar frontones o locales para juego de pelota, y campos de fútbol u otros deportes similares.

canchal, canchalagua, canchero *(Amér.)*, **cancho, candado, candaliza, cándalo, candamo, cándano, candar.**

cande Referido al azúcar, también se acepta *candi*, aunque es preferente la primera voz.

candeal, candela, candelabro, candelaria, candelecho, candelero, candelilla, candencia, candente.

candi V. *cande.*

Candía Isla del mar Egeo y antigua ciudad de Creta, hoy Heraclión. El natural de *Candía* recibe el nombre de *candiota*. No confundir con *Gandía*, población de Valencia.

candidato Su femenino es *candidata (la candidata)*. No debe decirse *la candidato*.

candidatura, candidez, cándido, candiel, candil, candilada, candilazo, candileja, candilejo, candilera, candililllo.

candiota V. *Candía.*

candiotera, candiotero, candombe, candonga, candongo, candonguear, candonguero, candor, candoroso, candray, cané, caneca, caneco, canéfora, caneforias, canela, caneláceo, canelar, canelero, canelina, canelita, canelo.

canelón es correcto como «rollo de pasta relleno de carne, pescado, etc.». El plural es *canelones*, no *canelonis*. Es incorrecto *canalón*, con ese significado.

canesu, canga.

cangilón «Vasija de metal o barro que sirve para sacar agua de los pozos y ríos.» No debe confundirse con *canjilón*, natural de Canjáyar (Almería).

cangreja, cangrejera, cangrejero, cangrejo.

cangrena, cangrenar Aunque son voces admitidas, es preferible decir *gangrena* y *gangrenar.*

canguro.

caníbal V. *antropófago.*

canibalismo, canica, canicie, canícula, canicular, canido, cánido, canijo (ja).

canilla *(Amér.)* Grifo, llave.

canillera, canillita *(Amér.)*, **canina, caninez, canino, canivete, canje, canjeable, canjear, canjilón, cannabáceo, cannáceo, Cannas, Cannes, cano, canoa, canódromo, canoero.**

canon Voz grave, se escribe sin acento (lleva acento prosódico en la *a*). *Cánones*, en cambio, sí va acentuado, por ser esdrújula.

canonesa, canónica, canonical, canonicato, canónico, canóniga, canónigo, canonista, canonizable, canonización, canonizar, canonjía, canope.

Canopo Estrella del hemisferio austral. No debe escribirse *Canopus.*

canoro, canoso, cansado, cansancio.

*canotier Galicismo por «sombrero de paja de ala recta».

cansar Uso de preposiciones: Cansarse *con* el trabajo, *del* trabajo.

cansera, cansino, canso.

*cantábile Voz italiana que designa un «trozo de música majestuoso y sencillo». La Academia admite para esta acepción la voz *cantable.*

cantable V. *cantábile.*

Cantabria, cántabro Véase *cantábrico.*

cantábrico Es lo «perteneciente a Cantabria.» El natural de *Cantabria* es el *cántabro.*

cantada, cantal, cantalear, cantaleta, cantalinoso, cantamañanas.

cantante «Cantor o cantora de profesión.» También se admite *vocalista* (masculino y femenino), y *cantatriz*, femenino.

cantar, cántara, cantarada, cantarela, cantarera, cantarería, cantarero, cantárida, cantarilla, cantari-

llo, cantarín, cántaro, cantata, cantatriz, cantazo.

cante «Cualquier género de canto popular, en Andalucía.» No confundir con *canto.*

canteado, cantear, cantel, cantera.

Canterbury Nombre de una ciudad inglesa que en nuestra lengua, a veces, se escribe *Cantórbery.*

cantería, canterios, canterito, cantero, canticio, cántico, cantidad, cantiga (1), cántiga (2), cantil.

cantilena Es la forma preferente para la Academia, aunque también admite *cantinela.*

cantillo, cantimplora, cantina.

cantinela V. *cantilena.*

cantinera, cantinero, cantista, cantizal, canto, cantonado, cantonal, cantonalismo, cantonalista, cantonear, cantoneo, cantonera, cantonero.

cantor El femenino es *cantora,* voz admitida. También es la *cantatriz,* o la *cantante.*

Cantórbery V. *Canterbury.*

cantorral, cantuariense, cantueso, canturía.

canturrear La Academia admite *canturrear* y *canturriar,* pero da como preferente la segunda. No obstante, para efectos de conjugación es mejor *canturrear.*

canturreo, canturriar, cánula, canular, canutillo, canuto.

*canzoneta Voz italiana a la que corresponde en nuestra lengua *cancioneta,* admitida. *Canzonetista* debe sustituirse por *cancionista, cantante, cantor.*

*canzonetista V. *canzoneta.*

caña Admitido el significado de «vaso alto y estrecho que se usa para beber cerveza o vino».

cañada, cañadilla, cañafístula, cañaheja, cañahuate, cañahueca, cañal, cáñama, cañamar, cañamazo, cañamelar, cañameño, cañamero, cañamiel, cañamiza, cáñamo, cañamón, cañar, cañaveral, cañaverería, cañaverero, cañear, cañedo, cañeo, cañería, cañero, cañeta.

cañí En caló (jerga de gitanos) significa «gitano de raza». El plural es *cañís.*

cañihueco, cañilavado, cañizal,

cañizar, cañizo, caño, cañocal, cañón, cañonazo, cañonear, cañoneo, cañonera, cañonería, cañonero, cañuela, cañutillo, cañuto, caoba, caobilla, caobo.

caolín «Arcilla blanca para la fabricación de porcelana.» Es incorrecta la grafía *kaolín.*

caos, caótico, capa, Cápac, capacete, capacidad, capacitación, capacitar, capacha, capachero, capacho, capada, capadillo.

Capadocia El natural de esta antigua región de Asia Menor recibe el nombre de *capadocio.*

capadocio, capador, capadura, capar.

caparazón Es masculino, *el caparazón,* no *la caparazón,* que es incorrecto.

caparidáceo, caparídeo, caparra, caparrón, caparrosa.

capataz El femenino es *capataza; la capataza,* no *la capataz.*

capaz, capazo, capazón, capciosidad, capcioso, capea, capeador, capear, capeja.

Capela El nombre de esta estrella se escribe a veces *Capella.* El más correcto es *Cabra.*

Capelete Aunque la Academia admite la voz *Capuleto* («individuo de una familia veronesa enemiga tradicional de otra llamada de los Montescos»), prefiere la voz *Capelete: Montescos y Capeletes* (o *Capuletos*).

capelina, capelo, capellada, capellán, capellanía, capellar, capellina, capeo, caperol, caperucear, caperuza, capeta, capetonada.

*Capetown Nombre inglés de *Ciudad del Cabo,* población de la República Sudafricana, también llamada *El Cabo.*

capialzado, capialzar, capialzo, capicúa, capichola, capidengue, capigorrista, capigorrón, capilar, capilaridad, capilarímetro.

capilla Suele escribirse con mayúscula cuando se trata de alguna muy conocida (la *Capilla Sixtina*), y con minúscula en los demás casos (la *capilla de San Francisco,* la *capilla del palacio*).

capillada, capilleja, capillero, ca-

pillo, capirotada, capirotado, capirotazo, capirote, capirucho, capisayo, capitación.

capital «El *tratado es capital* para la existencia de la nación.» *Capital* significa en una de sus acepciones «principal o muy grande», pero tan sólo se aplica a algunas cosas: *error capital, pena capital,* etc. No debe aplicarse con ligereza. En el caso anterior dígase «El *tratado es vital*...»

capitalidad, capitalino, capitalismo, capitalista, capitalizable, capitalización, capitalizar.

capitana Es el femenino de capitán: «Mujer que manda una tropa», o «mujer *del capitán*».

capitanear, capitanía, capitel.

capitolino «Relativo al *Capitolio*.» No confundir con *capitalino*, «relativo a la *capital*».

capitolio, capitón.

*capitoné Galicismo por *acolchado,* se usa generalmente en la expresión *vagón capitoné* (*vagón acolchado,* dispuesto para transportar muebles).

capitoste Admitido; también puede decirse *cabecilla, jefe; personaje,* según los casos.

capítula, capitulación, capitulado.

capitular Uso de preposiciones: Capitular *ante* el enemigo; c. *con* el enemigo (entregarse).

capítulo Esta voz se abrevia *cap.*

capó La Academia de la Lengua admite esta voz con el significado de «cubierta del motor del automóvil». Es incorrecto *capot* (voz francesa).

capolar, capón, caponar, caponera.

caporal «El que encabeza y manda alguna gente.» «*Cabo* de escuadra.» En América, «*capataz* de una hacienda de ganado». Es voz admitida.

*capot Voz francesa; dígase *capó* (véase).

capota Cubierta plegadiza de algunos carruajes. No significa *capó* (véase).

capotar «Volcar un vehículo automóvil quedando en posición invertida», o «dar con la proa en tierra

un aparato de aviación». Es más corriente lo último.

capotazo, capote, capotear, capoteo, capotillo.

cappa El nombre de esta letra griega también puede escribirse *kappa,* y así lo prefiere la Academia.

caprario, Capricornio, capricho, caprichoso, caprifoliácea, caprifoliáceo, capriforme, caprino, caprípedo, cápsula, capsular, captación, captador.

captar Admitida la acepción de «*percibir* por medio de los sentidos», «*recibir* sonidos, emisiones radiodifundidas», etc.

captor (ra), captura, capturar, Capua, capuana, capucha, capuchina, capuchino, capucho, capuchón.

Capuleto V. *Capelete.*

capúlido, capulín, capulina, cápulo, capullo, capuz, capuzar(se), capuzón.

caquéctico «Que padece *caquexia*» (extremada desnutrición). Es incorrecto escribir *caquéxico* en lugar de *caquéctico.*

*caquéxico Incorrecto. (V. *caquéctico.*)

caquexia V. *caquéctico.*

caqui «Color que varía desde el amarillo de ocre al verde gris.» Es incorrecto escribir *kaki, khaki, caki,* etc.

*caki V. *caqui.*

cara En sentido figurado y familiar, se admite como «desfachatez, descaro» («el muchacho tenía mucha *cara* y engañó a todos»).

cáraba, caraba.

carabao «Rumiante parecido al búfalo.» No confundir con *cárabo* (véase).

carabela, carábido.

carabina En sentido figurado y familiar, «mujer de edad que acompaña a ciertas señoritas cuando salen a la calle».

carabinazo, carabinero.

cárabo «Embarcación pequeña de vela y remo, usada por los moros.» No confundir con *carabao*, rumiante parecido al búfalo.

caracal, Caracalla.

Caracas Los naturales de la capital de Venezuela reciben el nombre de *caraqueños.*

caracense, caracoa, caracol, caracola, caracolada, caracolear, caracolejo, caracoleo, caracolero, caracolillo, carácter.

*carácteres Incorrecto; el plural de *carácter* es *caracteres,* con acento grave, no esdrújulo.

caracterismo, característica, característico, caracterizado, caracterizador, caracterizar, caracterología, caracterológico.

caracul «Variedad de ganado ovino del Asia central.» No debe escribirse *karakul.*

caracho, carado.

caradura Admitido recientemente como «persona que no tiene vergüenza»; no obstante, la Academia prefiere la expresión tradicional, es decir, *cara dura* (en dos palabras).

caraíta, caraja, carajas, carajo, carama, caramanchel, caramanchelero, caramanchón, caramañola, caramba.

¡caramba! Interjección con que se denota extrañeza o enfado.

carambanado, carámbano, carambola, carambolista, carambolo, caramel, caramelear *(Amér.),* **caramelizar, caramelo, caramente, caramida, caramilla, caramillar, caramillo, caramilloso, caramujo, caramuzal, carantamaula, carantoña, carantoñero, caraña, carapa, carapacho, carapato.**

¡carape! Interjección que equivale a *¡caramba!* (v.).

caraqueño Es el natural de *Caracas.*

carasol, carato.

carátula No está admitido con el significado de «portada de revista o de libro». Sí, en cambio, como «máscara para ocultar la cara».

caratulado, caratulero, Caravaca, Caravaggio, caravana, caravanero.

*caravaning (Voz inglesa). Caravana, remolque.

¡caray! Interjección que equivale a *¡caramba!* (v.).

cárbaso, carbinol, carbodinamita, carbógeno, carbol, carbólico, carbolíneo.

carbón Admitida la expresión *carbón de piedra,* o *carbón mineral,* a diferencia del *carbón común,* que resulta de la combustión de la leña o de otros cuerpos orgánicos.

carbonada, carbonado, carbonalla, carbonar, carbonario, carbonatado, carbonatar, carbonato, carboncillo, carbonear, carboneo, carbonera, carbonería, carbonero, carbónico, carbónido, carbonífero, carbonilla, carbonita, carbonización, carbonizar(se).

carbono «Elemento químico, cuerpo simple que forma parte de los compuestos orgánicos.» No debe confundirse con *carbón* (v.).

carborundo «Carburo de silicio.» Debe escribirse *carborundo,* no *carborundum.*

*carborundum V. *carborundo.*

carbunclo Tiene dos significados: *carbúnculo* (v.) y *carbunco* (v.).

carbunco «Enfermedad contagiosa del ganado lanar.» No debe confundirse con *carbúnculo* (v.). También es *carbunclo* (v.).

carbúnculo «Rubí, piedra preciosa.» No debe confundirse con *carbunco* (v.). También es *carbunclo* (véase).

carburación, carburador, carburante.

carburar «La asociación de vecinos *carburaba* a las mil maravillas.» Es impropio este uso de *carburar,* que no se emplea para las personas. Dígase *funcionaba, marchaba.*

carburina, carburo.

carca «Carlista, y por extensión persona de ideas retrógradas». También es *carcunda* (despectivamente).

carcaj El plural es *carcajes:* «Los arqueros cargaron con los *carcajes.*»

carcajada, carcajear, carcamal, cárcamo, carcañal, carcaño.

carcasa Es galicismo como «armazón, cubierta, osamenta». Sólo se admite en el sentido de «cierta bomba incendiaria».

Carcasona En nuestra lengua se

escribe así el nombre de la ciudad francesa de *Carcassonne*, nunca de esta última forma.

cárcava, cárcavo, carcavón, carcax, cárcel, carcelaje, carcelario, carcelera, carcelería, carcelero.

carcinología «Parte de la zoología que trata de los crustáceos.» Nada tiene que ver, pues, con el cáncer o los tumores. El estudio de éstos se llama *oncología.*

carcinológico, carcinoma, cárcola, carcoma, carcomer(se), carcón, carcunda.

*card Voz inglesa. Dígase *tarjeta.*

carda, cardada, cardador, cardadura, cardamina, cardamomo.

cardán Sistema de suspensión articulada que inventó el italiano Cardano. Voz admitida.

cardancho, cardar, cardario, cardenal, cardenalato, cardenalicio, cardencha, cardenchal, cardenilla, cardenillo, cárdeno, cardeña, cardería, cardero, cardiaco (1), cardíaco (2), cardialgia, cardiálgico, caridas, Cardiff, cardillar, cardillo, cardinal.

cardio-, -cardio Prefijo y sufijo que significan «corazón» *(cardiólogo, cardiopatía, taquicardia).*

cardiografía, cardiógrafo, cardiograma, cardiología, cardiólogo (ga), cardiópata, cardiopatía, cardítico, carditis, cardizal, cardo, cardón, carducha.

*cardúmen Esta palabra se escribe sin acento: *cardumen.* En cambio, sí lo lleva en plural: *cardúmenes.*

*careado «Tiene un diente *careado.*» Es incorrecto; la palabra adecuada es *cariado:* «Tiene un diente *cariado.*» (V. *carear.*)

carear(se) «Poner a una persona en presencia de otra para establecer la verdad de los hechos.» No debe confundirse con *cariar,* «corroer, producir caries». (V. *careado.*)

carecer Verbo irregular que se conjuga como *agradecer* (v.).

carecimiento, carel, carena, carenado, carenadura, carenar, carencia, carencial, carenero, carenóstilo, carenote, carente.

careo V. *carear.*

carero, carestía, careta, careto.

carey Su plural es *careyes.*

cargadas, cargadera, cargadero, cargadilla, cargado, cargador, cargamento, cargante.

cargar «*Cargar* el acento.» Es incorrecto; debe decirse *subrayar, insistir, hacer hincapié.* Uso de preposiciones: Cargar *a, en* hombros; c. *de* trigo; c. *sobre* él.

cargareme, cargazón.

cargo Es anglicismo cuando se emplea como *carguero, buque de carga.*

cargoso, cargue.

carguero La Academia ha admitido el significado de «buque, tren, etc., *de carga*».

carguío, caria, cariacedo, cariacontecido, cariacos, cariacuchillado.

cariado «Un diente cariado.» Es lo correcto; no lo es, en cambio, emplear la voz *careado,* como se hace con relativa frecuencia. (V. *carear.*)

cariadura, cariaguileño, carialegre, carialzado, cariancho, cariaquito.

cariar V. *carear.*

cariátide, caríbal.

caribe, caribello, caribú, caricáceo, caricari, caricato, caricatura, caricaturesco, caricaturista, *caricaturización, caricaturizar, caricia, caricioso, carichato, caridad, caridelantero, carideliente.

*carie «Tenía una *carie* en el diente.» Es incorrecto; debe escribirse *caries,* tanto en singular como en plural: «Tenía *una caries.*» «Tenía *tres caries.*» Es voz femenina: *La caries.*

cariedón, carientismo.

caries V. *carie.*

carifruncido, carigordo, cariharto, carilampiño, carilargo, carilindo, carilucio.

carilla Admitido con el significado de «plana o página».

carilleno, carillo.

carillón Es la voz correcta para designar un «grupo de campanas, en una torre, que producen un sonido armónico». Es incorrecto *carrillón.*

carincho, carinegro, carininfo, ca-

riñana, cariñar, cariñena, cariño, cariñoso, cario.

carioca Es el nombre que recibe el natural de la ciudad brasileña de Río de Janeiro. También se le denomina *fluminense*.

cariocar, cariocariáceo, cariocinesis, cariocinético, cariofiláceo (1), cariofileo (2), cariofilina, cariópside, carioso, cariparejo, carirraído, carirredondo, carisea, cariseto, carisias, carisma, carismático, carisquio, caristias.

caritativo Uso de preposiciones: Caritativo *con, para, para con* sus semejantes.

cariz, carla, carlanca, carlanco, carlancón, carlear, carleta, carlín.

carlinga «La *carlinga* del avión.» Es correcto; aceptado por la Academia con el significado de «espacio, en el interior de los aviones, para la tripulación y los pasajeros. Hoy se denomina *cabina*.

carlismo, carlista, Carlomagno.

carlota, carlovingio, Carlsbad, carmañola, carmel, carmelina.

carmelita «Religioso de la orden del *Carmen*.» *Carmelitano*, en cambio, es lo «perteneciente a la orden del *Carmen*» (un hábito *carmelitano*).

carmen, carmenador, carmenadura, carmenar, carmentales, carmentina, carmes.

carmesí El plural de *carmesí* es *carmesíes*.

carmesita, carmín, carminativo, carmíneo, carminita, carminoso.

Carnac Población bretona donde abundan los menhires. No confundir con *Karnak*, población de Egipto que se alza donde estuvo Tebas.

carnación, carnada, carnadura, carnaje, carnal, carnalidad, carnalmente, carnaval.

*carnavales *Los carnavales* es incorrecto; se dice *el carnaval,* aludiendo a «los tres días que preceden al miércoles de ceniza». En cambio se dice *las carnestolendas,* y no *la carnestolenda*.

carnavalada, carnavalesco, carnaza, carne.

carné Voz admitida: «Documento que se expide a favor de una persona, provisto de su fotografía.» No se admite *carnet*. El plural de *carné* es *carnés*.

*carnecería Aludiendo a la tienda donde se vende carne es incorrecto; debe decirse *carnicería*.

carnecilla, Carnegie (Andrew), cárneo, carnerada, carneraje, carnereamiento, carnerear, carnerero, carnero, carneruno.

carnestolendas V. *carnavales*.

*carnet Es galicismo; debe emplearse la palabra *carné*, admitida por la Academia.

carnicería, carnicero, cárnico, carnicol, carnificación, carnificarse, carnífice, carniforme, carnina, carniola, carnios, carniseco, carnívoro, carniza, carnosidad, carnoso, carnudo, carnuza, caro, caroba, caroca, carola.

carolingio «Relativo a Carlomagno y a su dinastía, o a su tiempo.» También se dice *carlovingio*.

carolino, cárolus, caromomia, carona, Carón.

Caronte También se dice *Carón* (deidad infernal que llevaba en su barca las almas de los muertos).

carosis, carótida, carotina, caroto, carozo.

carpa *(Amér.)* Tienda de campaña, toldo.

carpanel, carpanta, carpe, Cárpatos, carpedal, carpelar, carpelo, carpeño, carpeta.

Carpetana (cordillera) V. *Carpetovetónica*.

carpetano, carpetazo (dar).

Carpetovetónica (cordillera) Cordillera de la península ibérica, también llamada *Sistema Central* y *cordillera Carpetana*.

*carpetovetónico Se aplica a la «mentalidad cerrada, intolerante, de algunos españoles». Es palabra no admitida por la Academia.

carpiano, carpincho, carpintear, carpintería, carpinteril, carpintero, carpir, carpo, carpobálsamo, carpófago, carpología, carquerol, carquesa, carquesia, carra, carraca, carracero, carraco, Carracuca, carrada, carral, carraleja, carralero, carranca, carrancudo (da), carran-

za, carraón, carrasca, carrascal, carrascoso, carraspada, carraspear, carraspeño, carraspeo, carraspera, carraspique, carrasposo, carrasqueño, carrasquera, carrera.

carrerilla (de) Expresión admitida: «Decir de memoria y de corrido lo que se ha leído o estudiado.»

carrerista, carrero, carreta, carretada, carretaje, carretal.

carrete Admitido con el significado de «cilindro en el que se enrolla la película fotográfica».

carretear, carretela, carretera, carretería, carreteril, carretero, carretil, carretilla, carretillada, carretillero, carretillo, carretón, carretonada, carretoncillo, carretonero.

carric Voz admitida por la Academia: «Especie de gabán con varias esclavinas superpuestas.»

carricera, carricoche, carricuba, carriego.

carril También se admiten *raíl* y *riel*, en este orden respecto a su preferencia: «Cada una de las barras de hierro o de acero de las vías férreas.»

carrilada, carrilera, carrilete, carrillada, carrillera, carrillo.

*carrillón Es incorrecto; debe escribirse *carillón* (v.).

carrilludo, carriola, carriquí, carrizada, carrizal, carrizo.

carro En algunos países de Hispanoamérica se emplea la voz *carro* como sinónimo de *automóvil, coche;* es incorrecta en España, aunque admitida por la Academia para aquellos países en que se emplea así. Se dice *carro de asalto,* pero no *carro de combate.* Es más breve *tanque.*

carrocería, carrocero, carrocha, carrochar, carromatero, carromato, carrón, carronada, carroña, carroñar, carroño.

*carrousel Voz francesa. V. *carrusel.*

carrozar, carruaje, carruajero, carruca, carruco, carrujado, carrujo.

carrusel Voz admitida por la Academia. No debe usarse la grafía francesa *carrousel.* El vocablo significa «tiovivo» y además «espec-

táculo en que varios jinetes ejecutan vistosas evoluciones». No obstante, es preferible la palabra *tiovivo* cuando se la emplea con ese sentido.

carta Es galicismo por *minuta, lista de platos,* que son las voces que deben usarse.

cartabón.

Cartagena El natural de esta ciudad de Murcia recibe el nombre de *cartagenero.*

cartagenero V. *Cartagena.*

cartaginense, cartaginés V. *Cartago.*

Cartago El natural de esta antigua ciudad de África recibe el nombre de *cartaginés* o *cartaginense.*

cártamo, cartapacio, cartapel, cartazo, cartear, cartel.

*cártel Voz foránea que puede sustituirse por *monopolio* o *consorcio monopolístico.* Se pronuncia acentuando la letra *a.*

cartela, cartelado.

cartelera Aceptadas las acepciones de «cartel anunciador de funciones teatrales o de algunos otros espectáculos» y «sección de los periódicos donde se anuncian estas funciones y espectáculos».

cartelero, carteo.

cárter Admitido por la Academia: «En automóviles y otras máquinas, conjunto de piezas que protegen determinados órganos.»

cartera, carteo, carterista.

cartero En el caso de repartidores de cartas del sexo femenino, debe decirse *la cartero,* ya que *la cartera* provocaría confusiones con el *billetero* o la *cartera de mano.*

cartesiano, cartilagíneo, cartilaginoso, cartílago, cartilla, cartillero, cartivana, cartografía, cartográfico, cartógrafo.

cartomancia También está admitida la forma *cartomancía,* como en la mayor parte de las voces que terminan en *mancia* (*nigromancia, nigromancía,* etc.). Preferible sin acento.

cartomántico, cartometría, cartométrico, cartómetro, cartón, cartón corrugado, cartonaje.

cartoné Aceptado por la Academia: «Encuadernación que se hace con tapas de cartón y forro de papel.»

cartonera, cartonería, cartonero, cartuchera, cartucho, cartuja, cartujano, cartujo, cartulario, cartulina, cartusana, carúncula, carunculado, caruncular, carvalledo, carvallar, carvallo, carvi.

casa *Casa Francisco.* Como rótulo comercial, lo correcto es *Casa de Francisco.*

casabe, casabillo, casaca, casación, casacón, casadero, casado, casador, casal, casalicio, casamata, casamentero, casamiento, casamuro.

casanova «Era un *casanova* para las mujeres.» Se emplea a menudo por influencia del inglés. En nuestra lengua es preferible usar *tenorio,* y también *donjuán,* aceptados por la Academia.

casapuerta, casaquilla, casaquín.

casar(se) Uso de preposiciones: Casar (una cosa) *con* otra; c. *en* segundas nupcias; casarse *por* poderes.

casatienda «Tienda junto con la vivienda del mercader.» Voz admitida.

casbah Galicismo por *alcazaba,* que es lo correcto. También son incorrectas las formas *kasba* y *casba.*

casca, cascabel, cascabelada, cascabelear, cascabeleo, cascabelero, cascabelillo, cascabillo, cascaciruelas, cascado, cascadura, cascajal, cascajar, cascajo, cascajoso, cascamiento, cascante, cascanueces, cascapiñones, cascar, cáscara, cascarilla, cascarillo, cascarón, cascarrabias, cascarrojas, cascarrón, cascarudo, casco, cascote, cascudo, caseación, caseico, caseificación, caseificar, caseína, cáseo, caseoso, casera, casería, caserío.

caserna Tan sólo significa «bóveda a prueba de bombas para alojar soldados o depositar víveres». Es barbarismo cuando se emplea como *cuartel.*

casero, caserón, caseta.

casete Admitido por la Academia. Es incorrecto *cassette.*

casetón, casi.

cash Voz inglesa; en su lugar debe usarse *dinero efectivo, dinero contante; pago al contado.*

casicontrato, casidulina, casilla, casillero.

casimir «Tela muy fina, fabricada con lana merina, o de lana y algodón.» También se admite *cachemir,* pero no *Cachemira* (antiguo estado de la India).

casino, Casio, Casiopea, casis, casitéridos, casiterita, casmodia.

caso Es la forma que adopta una palabra para desempeñar determinada función en la oración. Los diferentes casos forman la *declinación* de una palabra. En castellano hay seis *casos:* 1) NOMINATIVO. La palabra hace la función de sujeto o predicado nominal en la frase («el libro es pequeño», «Pedro es bueno»). *Libro* y *Pedro* están en nominativo. 2) GENITIVO. Denota relación de pertenencia o propiedad; procedencia o llegada; naturaleza o composición de una cosa, etc. Siempre lleva la preposición *de* («venir de Colombia», «reloj de plata», «automóvil del hermano», «zapato de cuero»). 3) DATIVO. La palabra es complemento indirecto del verbo, al terminar en ella la acción del verbo. Puede llevar o no la preposición *a* («he ordenado a Enrique que saliera», «he ofrecido el pastel a Pedro»). 4) ACUSATIVO. La voz *acusa* o recibe directamente la acción del verbo; es la función de complemento directo y suele llevar la preposición *a* («los Reyes Católicos conquistaron a Granada», «he encontrado a Carlos»). 5) VOCATIVO. El nombre de la persona o cosa personificada a las que dirigimos la palabra («Enrique, ven inmediatamente»). No llevan preposición, y a veces les preceden las interjecciones *¡oh!, ¡ah!, ¡ay!* 6) ABLATIVO. Indica relaciones de tiempo, modo, procedencia, materia, etc. Indica la función de complemento circunstancial. Se antepone, por lo general, una de las siguientes preposiciones: *con, de, desde, en, por, sin, sobre, tras.* Contesta a las preguntas ¿dónde?, ¿cuándo?, ¿cómo?, ¿de qué?, etc. («estamos en España», «hay melones en verano», «lo recibió con disgusto», «vengo de Bilbao»).

casón, casorio, caspa, caspio, Caspio.

¡cáspita! Interjección equivalente a *¡caramba!* (v.).

caspolino, casposo, casquería, casquero, casquete, casquiblando, casquijo, casquilla, casquillo, casquimuleño, casquivano.

*cassette Admitido *casete* por la Academia. Cuando se refiere al *magnetófono*, debe emplearse siempre esta última palabra correcta y admitida (no *magnetofón*). Si alude a la cinta en su caja, la sustitución es *casete*. En Hispanoamérica emplean las voces *cajuela, cartucho,* que son más adecuadas que *cassette*.

casta, castálidas, castalio, castaña, castañal (2), castañar (1), castañazo, castañero (ra), castañeta, castañetazo, castañeteado, castañetear, castañeteo, castaño, castañola, castañuela, castañuelo, Castelgandolfo, castellana, castellanía, castellanidad, castellanismo, castellanización, castellanizar.

castellano Es el «natural de *Castilla*». Como lengua, la Academia enmienda la antigua definición («Idioma castellano, o sea, lengua nacional de España») por la siguiente: «Español, lengua española.»

Castellón de la Plana El natural de esta ciudad o de su provincia recibe el nombre de *castellonense*.

casticidad, casticismo, casticista, castidad, castigador, castigar, castigo.

*Castile Nombre con que se escribe en inglés *Castilla*.

Castilla El natural de esta antigua región de España recibe el nombre de *castellano* (v.).

castillado, castillaje, castillejo, castillería, castillete, castillo, castina, castizo, casto, castor.

Cástor Grafía correcta del nombre de uno de los dos héroes mitológicos que llevados al cielo forman la constelación de Géminis. El otro héroe es *Pólux*. No debe confundirse *Cástor* con *castor*, nombre de un mamífero roedor.

castorcillo, castoreño, castóreo, castorina, castra, castración, castradera, castrado, castrador, castradura, castramentación, castrapuertacas, castrar, castrazón, castrense, castreño, castro, castrón, cástula, casual, casualidad, casualismo, casualista, casualmente, casuárida, casuarina, casuarináceo, casuario, casuca, casucha, casuismo, casuista, casuística, casuístico, casullar, casullero.

casus belli Expresión latina que significa «caso o motivo de guerra».

cata.

cata- Prefijo que significa «hacia abajo» *(catacumbas, catabolismo).*

catabólico, catabolismo, catacaldos, cataclismo, catacresis, catacumbas, catadióptrico, catador, catadura, catafalco.

catalán V. *Cataluña.*

catalanidad, catalanismo, catalanista, Cataláunicos (Campos), cataldo, cataléctico, catalecto, catalejo, catalepsia, cataléptico, catalina, catálisis, catalítico, catalizador, catalogación, catalogador, catalogar, catálogo.

*Catalonia Nombre que se da en inglés a *Cataluña.*

catalpa, catalufa.

Cataluña El natural de esta región de España recibe el nombre de *catalán.*

Catamarca El natural de esta ciudad de la República Argentina, o de su provincia, recibe el nombre de *catamarqueño.*

catamarqueño, catamenial, catamiento, cataplasma, cataplexia.

¡cataplum! «Voz que se usa para expresar ruido o golpe.» No lleva acento. *¡Catapún!*, en cambio, no está admitida por la Academia.

catapulta.

catapultar Este verbo ha sido

aceptado por la Academia de la Lengua, aunque se restringe sólo al sentido de «lanzar con catapulta los aviones».

*¡catapún! V. *¡cataplum!*

catar, cataraña, catarata, cátaros, catarral.

catarro V. *resfriado.*

catarroso, catarsis, catártico, catasalsas, catástasis, catastral, catastro, catástrofe, catastrófico, catatipia, cataubas, catauro, cataviento.

catavino «Jarrillo o taza para probar el vino de las cubas o tinajas.» No confundir con *catavinos*, «el que tiene por oficio probar los vinos».

catavinos V. *catavino.*

Catay Nombre que se daba a China en la Edad Media.

*catch Voz inglesa que debe reemplazarse por *lucha libre.* El derivado, *catcher*, es sencillamente *luchador* (de *lucha libre*); en béisbol (admitido) es «el que recoge o para la pelota».

cate «Golpe, bofetada; nota de suspenso en los exámenes.» Acepciones admitidas. (V. *catear.*)

catear En España es «descubrir, espiar», y «suspender en los exámenes». Para América, la Academia admite «reconocer o explorar los terrenos en busca de alguna veta minera». (V. *cate.*)

catecismo, catecumenado.

catecúmena El femenino de *catecúmeno* es *catecúmena;* no es *la catecúmeno*, sino la *catecúmena.*

catecúmeno V. *catecúmena.*

cátedra, catedral, catedralicio, catedralidad.

catedrática Es el femenino de *catedrático. La catedrático* es incorrecto; debe escribirse *la catedrática.*

catedrático V. *catedrática.*

catedrilla, categorema, categoría, categórico, categorismo, catenaria, catenular, catequesis, catequismo.

catequista Voz del género común. Se dice *el catequista* y *la catequista. Catequista* es la «persona que instruye a los catecúmenos». No

debe decirse «enseñanza *catequista*», sino «enseñanza *catequística*» (*catequístico:* relativo al *catequismo.*)

catequístico V. *catequista.*

catequizador, catequizante, catequizar, cateresis, caterético.

*catering (Voz inglesa). Dígase *aprovisionamiento (de aviones).*

*caterpillar (Voz inglesa). *Tractor, oruga.*

caterva, catéter, cateterismo, cateto, catetómetro.

*catgut Voz no admitida por la Academia. Es «hilo para suturas quirúrgicas».

catilinaria, catín, catinga, catión.

catire *(Amér.)* Rubio, pelirrojo.

catirrino, cato, catódico.

cátodo «Polo negativo de un generador de electricidad.» Es voz esdrújula, no debe escribirse *catodo.*

catodonte, catolicidad, catolicismo, católico, catolizar, catón, Catón, catoniano, catonismo, catóptrica, catoptromancia (1), catoptromancía (2), catoptroscopia, catoquita, catorce.

catorceavo Adjetivo numeral partitivo: «La *catorceava* parte.» Es correcto *catorzavo.* Si se alude a un orden, se debe decir *catorceavo, decimocuarto* o *catorceno:* «Ocupó el *decimocuarto* lugar.»

catorceno V. *catorceavo.*

catorzavo V. *catorceavo.*

catre, catricofre, Catulo.

*Cátulo Es incorrecto; el nombre de este poeta latino es *Catulo*, con acentuación grave.

caucáseo V. *Caucasia.*

Caucasia Región de la URSS dividida en dos partes por la cordillera del *Cáucaso.* El natural de *Caucasia* o del *Cáucaso* recibe el nombre de *caucásico.* Lo relativo a estas zonas es *caucasiano* o *caucáseo.*

caucasiano, caucásico V. *Caucasia.*

cauce, caucense, caución, caucionar, caucos, cauchal, cauchera, cauchero, caucho, cauchotina.

*cauchú Es incorrecto; debe escribirse *caucho.*

cauda, caudado, caudal, caudale-jo, caudaloso, caudatario, caudi-llaje, caudillismo, caudillo, caudi-mano (1), **caudímano** (2), **caudino.**

caudinas «Pasar uno por las hor-cas *caudinas*.» La Academia lo es-cribe con minúscula.

caudón, caulescente, caulículo, caulífero, cauliforme, caulinar, cauno, cauriense, cauro, causa, causahabiente, causal, causali-dad, causante.

causar *Causar efecto,* referido a una persona, no es correcto. Debe decirse *impresionar, conmover, inquietar,* según convenga.

causativo.

*****causeur** Galicismo por *conversa-dor ameno.*

causía, causídica, causídico, cau-són, causticar, causticidad, cáus-tico, cautela, cautelar, cauteloso, cauterio, cauterización, cauteriza-dor, cauterizante, cauterizar, cau-tín, cautivador, cautivante.

cautivar Uso de preposiciones: Cautiva (a alguno) *con* beneficios.

cautiverio, cautividad, cautivo, cauto.

cava No significa exactamente *bo-dega.* En tal sentido es mejor em-plear esta última palabra.

cavacote, cavadiza, cavador, ca-vadura, Cavalcanti, cavar, cavaria.

cavatina Admitido por la Acade-mia como «aria de cortas dimen-siones.»

cavazón, cávea, Cavendish, caver-na, cavernario.

cavernícola «Que vive en las ca-vernas.» «Retrógrado», en sentido despectivo y familiar.

cavernosidad, cavernoso, caveto, cavia, caviar, cavicornio, cavidad, cavilación, cavilar, cavilosidad, caviloso, Cavour, cayada, cayadi-lla, cayado, cayapos, Cayena.

cayo «Isla rasa y arenosa del mar de las Antillas.» Voz admitida.

cayuco, caz, caza, cazabe, caza-clavos, cazadero, cazado, caza-dor, cazadora.

cazadotes «El que trata de casarse con una mujer rica.» Vocablo acep-tado. Se escribe en una sola pala-bra, no separado.

cazalla, cazallero, cazar.

cazatorpedero «Buque de guerra pequeño, destinado a perseguir a los torpederos enemigos.» Se es-cribe en una sola palabra. Sólo es *cazatorpederos* cuando la voz es plural *(los cazatorpederos).*

cazcalear, cazcarria, cazcarriento, cazcorvo, cazo, cazolada, cazole-ro, cazoleta, cazoletear, cazón, ca-zonal, cazonete, cazudo, cazuela, cazumbrar, cazumbre, cazurrear.

cazurrería Voz admitida como ca-lidad de *cazurro*, el que a su vez es hombre «malicioso, reservado y de pocas palabras».

cazurría.

cazurro V. *cazurrería.*

cazuz.

ce Nombre de la letra *c.* El plural es *ces.*

ceanoto, cearina, ceba, cebada, cebadal, cebadar, cebadazo, ce-badera, cebadero, cebadilla, ce-bado, cebadura.

cebar(se) Uso de preposiciones: Cebar *con* bellotas; cebarse *en* la matanza.

*****Cebedeo** Es incorrecto; el nom-bre del padre de los apóstoles San-tiago y san Juan Evangelista se es-cribe *Zebedeo.*

cebellina Voz que se usa princi-palmente en la expresión *marta cebellina,* admitida. También se acepta *cibelina*, pero se da prefe-rencia a la primera.

cebil, cebo, cebolla, cebollada, ce-bollana, cebollar, cebollero, cebo-lleta, cebollino, cebollón, cebollu-do, cebón.

cebra «Paso de *cebra*» no es la ex-presión correcta, sino «paso *pre-ferente* de peatones».

cebrado, cebrión.

cebú Con minúscula cuando indi-ca «variedad del toro común que vive en la India y en África». Con mayúscula cuando alude a la isla y ciudad del archipiélago filipino de las Bisayas.

Cebú, cebuano, ceburro, ceca.

Ceca «De la *Ceca* a la Meca.» En esta expresión, *Ceca* se escribe con mayúscula. Va con minúscula si se refiere a la «casa donde se labra moneda».

cecal, ceceante, cecear, ceceo, ceceoso, cecial, cecidia, cecina, cecografía, cecógrafo.

ceda El nombre de la letra *z* puede escribirse de cuatro formas, todas admitidas por la Academia, y que en orden de preferencia son: 1) *zeda,* 2) *zeta,* 3) *ceda,* 4) *ceta.*

cedacear, cedacería, cedacero, cedacillo, cedazo, cedazuelo, cedente.

ceder Uso de preposiciones: Ceder *a* la autoridad; c. *de* su derecho; c. *en* favor de alguno.

cedilla Admitido, aunque es preferente *zedilla.* «Letra de la antigua escritura castellana, que es una *c* con una virgulilla debajo (*ç*).»

cedizo, cedoaria, cedras, cedreleón, cedreno, cedria, cédride, cedrito, cedro, cedróleo, cedrón, cédula, cedulaje, cedular, cedulario, cedulón.

cefal- Prefijo que significa «cabeza»: *cefalea, cefalorraquídeo.*

cefalalgia, cefalálgico, cefalea, cefálico, cefalitis, céfalo, cefalópodo, cefalorraquídeo, cefalotórax.

Cefeida «Estrella variable.» La Academia lo escribe con mayúscula. *Cefeo,* en cambio, es una constelación boreal cercana a la Osa Mayor.

Cefeo V. *Cefeida.*

céfiro, cefo, cegador, cegajo.

cegar(se) Verbo irregular que se conjuga como *acertar* (v.). Uso de preposiciones: Cegarse *de* cólera.

cegarra, cegarrita, cegato.

cegesimal Sistema de unidades en que las tres principales son el *centímetro,* el *gramo* y el *segundo* (CGS); de ahí *cegesimal.*

cegrí Miembro de una familia del reino musulmán de Granada. La expresión «cegríes y abencerrajes» equivale a «tirios y troyanos» («partidarios de opiniones o intereses opuestos»).

ceguedad (1), **ceguera** (2), **Cehegín, ceiba, ceibal, ceibo, Ceilán, ceína, ceisatita, ceja, cejadero, cejar, cejijunto, cejilla, cejo, cejudo,**

cejuela, celada, celador, celadora, celaduría, celaje, celajería, celambre, celán.

celandés También se escribe *zelandés,* y es preferente esta grafía.

celar, celastráceo, celastro, celda, celdilla.

-cele Sufijo que significa «tumor»: *varicocele, hidrocele,* etc.

celebérrimo El superlativo de *célebre* es *celebérrimo,* y no *celebrísimo.*

Célebes Es una isla de Indonesia, no un archipiélago. No es, pues, *las Célebes.*

celebridad Admitido con el significado de «persona famosa»: «Llegaron dos *celebridades.*»

*celebrísimo V. *celebérrimo.*

celemín, celeminada.

celentéreo Es el nombre correcto de este animal de simetría radiada, y no *celenterio.*

*celenterio Incorrecto. (V. *celentéreo.*)

celera, célere, celeridad, celescopio, celesta, celeste, celestial.

celestina «Alcahueta.» Se escribe con minúscula: Una *celestina.* Con tal acepción sólo es femenino. El masculino *celestino* es un religioso de la orden de los eremitas; éste también tiene femenino, con similar significado.

celiaco (1), **celíaco** (2).

*celibatario Galicismo por *célibe* o *soltero,* que es lo correcto.

celibato.

célibe V. *celibatario.*

célico, celícola, celidonato, celidonia, celidónico.

celo Debe diferenciarse el singular (*celo:* «Cuidado, atención, asiduidad») del plural (*celos:* «Sospecha de que la persona amada haya mudado su cariño»).

celofán Es lo correcto; no lo son, en cambio, los vocablos *celofana* y *cellophane.* Es masculino: el *celofán.*

celoidina, celosía, celoso, celote, celotipia, celsitud.

Celtiberia El natural de este antiguo país ibérico recibe el nombre de *celtíbero* (v.).

celtibérico, celtibero.

celtíbero «Natural de la antigua Celtiberia.» También admite la Academia la voz *celtibero* (grave), así como *celtibérico* y *celtiberio*, si bien prefiere las dos primeras, y de ellas la que encabeza este artículo.

céltico, celtídeo, celtismo, celtista, celtohispánico, celtolatino, célula, celulado, celular, celulario, celulita.

***celulitis** Término de patología que significa «inflamación del tejido celular». No figura en el léxico de la Academia.

celuloide, celulosa, cella, cellenco, Cellini (Benvenuto), cellisca, cellisquear.

cello Es incorrecto en la acepción de *violonchelo*. Ésta es la palabra correcta, además de *violoncelo*, aunque es preferente la primera. Tampoco están admitidas *chelo* ni *celo*, con aquel sentido.

cementación, cementar, cementerial, cementerio, cementero (ra).

cemento «*Cemento* armado» es una expresión impropia; debe decirse «*hormigón* armado».

cena V. *comida.*

cenaaoscuras, cenáculo, cenacho, cenadero, cenado, cenador.

cenagal V. *cenegal.*

cenagoso, cenal, cenar, cenceño, cencerrada, cencerrear, cencerreo, cencerro, cencerrón, cencido, cencío, cenco, cencha, cendal, cendolilla, cendra, cendrar, cendrazo, cenefa.

***cenegal** Vulgarismo por *cenagal*, que es la palabra correcta.

cenestesia, cenestésico, cenete, cenehegí, cení, cenia, cenicense, cenicerense, cenicero, cenicienta, ceniciento, cenismo.

cenit Es la voz preferente, admitida lo mismo que *zenit*. Es incorrecto *cénit*.

cenital, ceniza, cenizal.

cenizo En sentido familiar se admite con la acepción de «aguafiestas, persona que tiene mala sombra o que la trae a los demás». También se admite *gafe* con igual significado. Es incorrecto *gaffe*.

cenizoso, cenobial, cenobio, ce- nobita, cenobítico, cenobitismo, **cenojil.**

cenotafio No es un sepulcro o tumba, como a veces se cree, sino un «monumento funerario en el cual *no está el cadáver* del personaje a quien se dedica».

cenozoico, censal.

censar «Hacer el censo o empadronamiento.»

censatario, censista, censo, censor, censorio, censual, censualista, censuar, censuario, censura, censurable, censurador, censurante.

censurar Uso de preposiciones: Censurar algo *a, en* alguno.

censurista, centaura, centaurina, centauro, centavo, centella, centellante, centellar (2), centelleante, centellear (1), centelleo, centén, centena, centenal, centenar, centenario, centenero, centenilla, centeno, centesimal, centésimo.

centi- Prefijo que significa cien *(centimano)*, o centésima parte *(centigramo, centímetro)*.

centiárea, centígrado.

centigramo Es incorrecta la forma *centígramo*. Símbolo: cg.

centilitro Es incorrecta la forma *centílitro*. Símbolo: cl.

centiloquio, centillero, centimano (1), centímano (2).

centímetro Es incorrecta la forma *centimetro*. Símbolo: cm.

céntimo Abreviatura del plural: cénts. o cts.

centinela, centinodia, centiplicado, centipondio, centolla (1), centollo (2), centón, centonar, centrado.

central Con minúscula, cuando es adjetivo geográfico: Europa *central*, Rusia *central*. En el caso de América *central*, *central* iría con mayúscula si fuera una unidad política, pero no ocurre así. Referido a *Oriental*, ése es el caso de la República Oriental del Uruguay. Los sustantivos, en cambio, van con mayúscula: América del Norte, África del Sur.

***centralilla** Esta voz no figura en el Diccionario de la Academia; debe decirse *centralita*, si se relaciona con el teléfono.

centralismo, centralista.

centralita Admitido por la Academia: «Aparato que conecta una o varias líneas telefónicas con diversos teléfonos de una misma entidad.» El que la atiende recibe el nombre de *centralista*. (V. *centralilla*.)

centralización, centralizador, centralizar, centrar, centrarco, céntrico, centrifugador, centrifugadora, centrífuga, centrífugo, centrina, centrípeto (ta).

centriquísimo «Un piso *centriquísimo*.» Es incorrecto; debe decirse «un piso *muy céntrico*.»

centrista, centro.

Centroamérica El natural de Centroamérica recibe el nombre de *centroamericano*.

centrobárico.

centrocampista Neologismo admitido. En fútbol es el que juega en el centro del campo.

centroeuropeo (a) Admitido por la Academia: «Dícese de los países situados en la Europa central, y de lo perteneciente a los mismos.»

centunviral, centunvirato, centunviro, centuplicar, céntuplo, centuria, centurión, centurionazgo, cénzalo, ceñideras, ceñidero, ceñido (da), ceñidor, ceñidura.

ceñir(se) Verbo irregular, que se conjuga del siguiente modo: INDICATIVO. *Presente:* ciño, ciñes, ciñe, ceñimos, ceñís, ciñen. *Pret. imperf.:* ceñía, ceñías, ceñíamos, etc. *Pret. indefinido:* ceñí, ceñiste, ciñó, ceñimos, ceñisteis, ciñeron. *Futuro imperf.:* ceñiré, ceñirás, ceñiremos, etc. POTENCIAL: ceñiría, ceñirías, ceñiría, ceñiríamos, ceñiríais, ceñirían. SUBJUNTIVO. *Presente:* ciña, ciñas, ciña, ciñamos, ciñáis, ciñan. *Pret. imperf.:* ciñera (o ciñese), ciñeras, ciñera, ciñéramos, ciñerais, ciñeran. *Futuro imperfecto:* ciñere, ciñeres, ciñéremos, etc. IMPERATIVO: ciñe, ciña, ciñamos, ceñid, ciñan. PARTICIPIO: ceñido. GERUNDIO: ciñendo. Uso de preposiciones: Ceñir *con, de* flores; ceñirse *a* lo justo.

ceño, ceñudo, ceo, cepa, cepeda, cepejón, cepellón, cepera, cepilladura, cepillar, cepillo, cepita, cepo, cepola, cepón, ceporro, cepote.

cequí El plural de esta palabra es *cequíes*, no *cequís*. Es incorrecto decir *cequín* por *cequí*.

cera Pronunciación incorrecta de *acera*.

cera, ceracate, ceración, cerafolio, cerámica, cerámico, ceramista, ceramita, cerapez, cerasiote, cerasta, cerástide, cerato, ceraunia, ceraunomancia (1), ceraunomancía (2), ceraunómetro.

cerbatana Así se escribe esta palabra, no *cervatana*, como ponen algunos, sin duda por influencia de la voz *ciervo* y *cerval*.

Cerbero Perro de la mitología que guardaba la puerta del infierno. También se dice *Cancerbero*.

cerca «Lo tengo *cerca mío*.» Es incorrecto; debe decirse *cerca de mí*. De igual forma, *cerca tuyo*, es *cerca de ti*, etc. «Eran ya *cerca las* tres de la madrugada.» Incorrecto; debe escribirse «*cerca de las* tres...», sin omitir la preposición *de*.

cercado, cercador, cercanamente, cercanía.

cercano Uso de preposiciones: Cercano *a* su fin (no «cercano *de* su fin»).

cercar, carcaria, cercén, cercenador, cercenadura (1), cercenamiento (2), cercenar, cercera, cerceta, cercillo, cerciorar(se), cercopiteco, cércopo, cercote, cercha, cerchar, cerchón, cerda, cerdada, cerdamen.

Cerdaña «Comarca de España y Francia situada a ambos lados de los Pirineos Orientales.» No debe confundirse con *Cerdeña*, isla del Mediterráneo.

Cerdeña No confundir con *Cerdaña* (v.). El natural de esta isla recibe el nombre de *sardo*.

cerdo, cerdoso, cereal, cerealina, cerealista, cerebelo, cerebral, cerebrina, cerebro, cerebro electrónico, cerebroespinal, cereceda, cerecilla, ceremonia, ceremonial,

ceremonioso, cereño, céreo, cerería, cerero, Ceres, ceresina, cerevisina, cereza, cerezal, cerezo, cérido, cerífero, ceriflor, cerilla, cerillera, cerillero, cerillo, cerina, cerio, cerita, cermeña, cermeño, cerna, cernada, cernadero, cerne, cernedera, cernedero, cernedor, cerneja.

cerner(se) Verbo irregular. También se admite *cernir*, aunque es preferente la primera forma. Se conjuga del modo siguiente: INDICATIVO. *Presente:* cierno, ciernes, cierne, cernimos, cernís, ciernen. *Pret. imperfecto:* cernía, cernías, cerníamos, etc. *Pret. indef.:* cerní, cerniste, cernió, etc. *Futuro imperf.:* cerniré, cernirás, cerniremos, etc. POTENCIAL: cerniría, cernirías, cerniría, cerniríamos, cerniríais, cernirían. SUBJUNTIVO. *Presente:* cierna, ciernas, cernamos, etc. *Pret. imperf.:* cerniera o cerniese, cernieras o cernieses, etc. *Futuro imperf.:* cerniere, cerniese, cerniésemos, etc. IMPERATIVO: cierne, cierna, cernamos, cernid, ciernan. GERUNDIO: cerniendo. PARTICIPIO: cernido.

cernir V. *cerner.*

cero, ceroferario, ceroleína, cerollo, ceroma, ceromancia (1), **ceromancía** (2), **ceromático, ceromiel, cerón, ceronero, ceroplástica, cerorrinco, ceroso, cerote, cerotear, cerotero, cerquillo, cerquita, cerracatín, cerrada, cerradera, cerradero, cerradizo, cerrado, cerrador, cerradura, cerraja, cerrajear, cerrajería, cerrajerillo, cerrajero, cerrajón, cerramiento.**

cerrar(se) Verbo irregular que se conjuga como *acertar* (v.). Uso de preposiciones: Cerrar *a* piedra y lodo; c. *contra, con* el enemigo; cerrarse *en* callar.

cerrateño, cerrazón, cerrebojar, cerrejón, cerrería, cerrero, cerreta, cerretano, cerrevedijón.

cerril Tan sólo recientemente ha admitido la Academia, para esta palabra, la acepción de «el que se obstina en una actitud o parecer sin admitir razonamiento.»

cerrilla, cerrillar, cerrillo, cerro, cerrojazo, cerrojillo, cerrojo, cerruma, certamen, certero, certeza, certidumbre, certificable, certificación, certificado, certificador, certificar, certificatorio.

certísimo Es el más correcto superlativo de *cierto;* puede escribirse *ciertísimo*, que es voz familiar, según lo establece la Academia.

certitud, ceruca.

cerúleo «La tez amarillenta, *cerúlea* del enfermo»; es impropiedad emplear *cerúleo* con el significado de «pálido, de color de cera». Esa voz significa, por el contrario, «del color *azul del cielo* o de la alta mar».

cerulina, ceruma, cerumen, cerusa.

cerval «*Cervuno*, perteneciente al ciervo.» Se emplea en la expresión «miedo *cerval*»: Miedo muy intenso (como el que sienten los ciervos).

cervantesco, Cervantes Saavedra (Miguel de), cervantino, cervantismo, cervantista, cervantófilo, cervario, cervatica, cervatillo, cervato, cerveceo, cervecería, cervecero.

Cervera El natural de esta ciudad de la provincia de Lérida recibe el nombre de *cerverano* o *cerveriense.*

cerveza, cervicabra, cervical, cervicular, cérvido, cerviguudo, cerviguillo, cervino.

Cervino Nombre italiano de un pico de los Alpes. En alemán se le llama *Matterhorn.*

cerviz «Doblar *la cerviz.*» Es voz del género femenino. El plural es *cervices.*

cervuno, cesación (1), **cesamiento** (2), **cesante, cesantía.**

cesar Uso de preposiciones: Cesar *en* su empleo; cesar *de* correr.

César.

cesaraugustano Es el natural de la antigua Cesaraugusta, hoy Zaragoza.

cesárea Lo correcto es *operación cesárea:* «La que se hace abriendo la matriz para extraer el feto.» No confundir con *Cesarea*, ciudad en ruinas de Palestina, que no lleva acento gráfico por ser voz grave. Cesáreo (con minúscula) es «relativo a la majestad imperial».

Cesarea V. *cesárea*. El natural de *Cesarea* recibe el nombre de *cesariense*.

cesáreo, cesariano, cesariense, cesarismo, cesarista, cese, cesenés, cesible, cesio, cesión, cesionario, cesionista, cesonario.

césped «Hierba menuda y tupida que cubre el suelo.» El *pasto* es también hierba, pero es «la que pace el ganado en el mismo terreno donde se cría».

cespedera, cespitar, cespitoso, cesta, cestada, cestería, cestero, cesto, cestodo, cestón, cestonada, cesura.

ceta V. *ceda*.

cetáceo, cetaria, cetario, cético, cetilato, cetilo, cetina, cetonia, cetra, cetrarina, cetrería, cetrero, cetrinidad, cetrino (na), cetro.

ceugma En gramática, es una figura de construcción. También se admite *zeugma* (v.), y es la voz preferente.

Ceuta El natural de esta ciudad española de la costa septentrional de África recibe el nombre de *ceutí*. El plural de *ceutí* es *ceutíes*, no *ceutís*.

Cevenas Nombre español de unos montes que en Francia son llamados *Cevennes*.

***Cevennes** V. *Cevenas*.

***Ceylon** Nombre inglés de la isla asiática que en nuestra lengua denominamos *Ceilán*.

cía, ciabota, ciabogar, cianato, cianea, cianhídrico, ciánico, cianita, cianógeno, cianosis, cianótico, cianuro, ciar, ciática, ciático, cibal, cibarcos, cibario, cibeleo, Cibeles.

cibelina Suele emplearse en la expresión «marta *cibelina*». *Cibelina* está admitido por la Academia, aunque ésta prefiere la voz *cebellina*.

cibera, cibernética, cibernético, cíbica, cíbola, cíbolo, ciborio, cicádeo, cicádido, cicatear, cicatería, cicatero, cicateruelo, cicatricera.

cicatricial «Perteneciente o relativo a la cicatriz.» También se admite *cicatrizal;* la Academia no establece preferencia entre ninguna de las dos grafías.

cicatriz, cicatrización.

cicatrizal V. *cicatricial*.

cicatrizante, cicatrizar, cicatrizativo, cícera, cicércula, cícero.

cicerón «Hombre muy elocuente.» (En el Congreso era un cicerón.) En este caso va con minúscula. Se escribe con mayúscula cuando se alude al famoso orador romano.

cicerone «Guía de turistas» (o forasteros). Voz admitida por la Academia.

ciceroniano, cicindela, cicindélido, ciclada.

Cícladas (islas) Es la grafía y pronunciación correctas, y no *Cicladas* ni *Cíclades*.

ciclamen, ciclamino, ciclamor, ciclán, ciclar, ciclatón, cíclico, ciclismo, ciclista, ciclo, cicloidal (1), cicloide, cicloideo (2).

***ciclomotor** Voz bastante empleada, que no ha sido admitida por la Academia. Significa «bicicleta provista de motor».

ciclón, ciclonal, ciclónico.

cíclope Es la acentuación preferente, aunque también se admite *ciclope*.

ciclópeo, ciclópico, ciclorama, ciclostilo, ciclóstoma, ciclóstomo, ciclotimia, ciclotímico, ciclotrón.

-cico Sufijo que posee significado diminutivo *(frailecico, mujercica).*

cicuta, cicutina.

cid «Hombre fuerte y valeroso.» En este caso va con minúscula, por ser adjetivo. Con mayúscula cuando se alude al personaje histórico.

-cida Sufijo que significa «matador», «exterminador» *(parricida, insecticida).*

cidiano, cidra, cidrada, cidral, cidro, cidronela, ciegayernos.

ciego Uso de preposiciones: Ciego *con* los celos; c. *de* ira. El diminutivo de *ciego* puede escribirse: *cieguecico, cieguecillo, cieguecito.* Es incorrecto escribir cieguito.

***cieguito** V. *ciego*.

cielo, ciemo.

ciempiés Es incorrecto *cienpiés*.

El plural es igual: *ciempiés*. Se admite también *cientopiés* (poco usado).

cien Apócope de *ciento*, que se usa siempre delante de sustantivos. «El cinco por *cien*.» Es incorrección muy difundida. Debe decirse «el cinco por *ciento*». Lo mismo «el *cien* por *cien*» (lo correcto es «el *ciento* por *ciento*»), etc. «Del uno al *cien*.» Es «del uno al *ciento*». (V. *ciento*.)

ciénaga.

ciencia Está admitido *ciencia ficción*. No lo están *fantasía científica* ni *fantaciencia*.

cienmilésimo, cienmilímetro, cienmilmillonésimo, cienmillonésimo, cieno.

*cienpiés Incorrecto; es *ciempiés*. Sí se admite *cientopiés*.

cientificismo, científico.

ciento «Ciento una peseta» es incorrecto; debe ser «ciento una *pesetas*», pues *pesetas* concuerda con *ciento una*, no con *una*. «Cinco por ciento», v. **cien.**

cientopiés, cierna.

cierne, ciernes Es igualmente correcto decir «está *en ciernes*» que «está *en cierne*».

cierre La expresión «*cierre* relámpago» no está admitida. Lo correcto es *cremallera*. Es incorrecto *zíper*, voz que se emplea en algunos países de Hispanoamérica.

ciertísimo Voz admitida, aunque se da como preferente *certísimo*, para el superlativo de *cierto*.

cierto V. *ciertísimo*. Uso de preposiciones: Cierto *de* su razón.

cierva, ciervo, cierzas, cierzo, cifela, cifosis.

cifra Cifras romanas. (V. *romana, numeración*.)

cifradamente, cifrado.

cifrar Uso de preposiciones: Cifrar su dicha *en* la virtud.

cigala, cigarra, cigarral, cigarralero.

cigarrera «Mujer que hace o vende cigarros», y también «petaca para llevar cigarros o cigarrillos». Es mejor que *pitillera*, aunque también está admitido este último vocablo.

cigarrería, cigarrero, cigarrillo, cigarro, cigarrón, cigofiláceo, cigofileo, cigomático, cigomorfa, cigoñal, cigoñino, cigoñuela.

cigoto «Huevo de animales y plantas.» Es incorrecto *cigote* y *cigota*. *Zigoto* está admitido, aunque la Academia da preferencia a la primera grafía.

cigua, ciguatarse, ciguatera, ciguato, cigüeña, cigüeñal, cigüeño, cigüeñuela, cija, cilanco, cilantro.

*cilia Incorrecto. (V. *cilio*.)

ciliado (da), ciliar, cilicio, cilindrada, cilindrado, cilindrar, cilíndrico, cilindro.

cilio «Filamento del cuerpo de los protozoos.» Es incorrecto decir *cilia*.

cilla, cillerero, cillería, cillero.

-cillo Sufijo con significado diminutivo: *duendecillo, viejecillo, mujercilla*.

cima «Lo más alto de los montes y cerros.» No confundir con *sima*, «cavidad profunda en la tierra».

cimacio, cimarrón, cimbalaria, cimbalero, cimbalillo, cimbalista, címbalo, címbara, cimbel, cimborio.

cimborrio «Cuerpo cilíndrico que sirve de base a la cúpula.» También se admite *cimborio*, pero es preferible el primer vocablo.

cimbra, cimbrado, cimbrar (1), **cimbreante, cimbrear** (2), **cimbreño, cimbreo, cimbria, címbrico.**

*cimbrio Es incorrecto. (V. *cimbro*.).

cimbro «Miembro de un pueblo que habitó antiguamente en Jutlandia.» No es correcto escribir *cimbrio*.

cimentación, cimentado, cimentador.

cimentar Verbo irregular que se conjuga como *acertar* (v.).

cimera, cimerio, cimero.

*cimienta Es incorrecto; debe escribirse *cimenta*. (V. *cimentar*.)

cimiento, cimitarra, cimofana, cimógeno, cimorra, cimorro, cinabrio, cinacina, cinamomo.

cinc Es la voz preferente para designar este «metal de color blanco azulado y brillo intenso». El plural es *cines,* no *cincs.* También se admite *zinc* (plural *zines,* no *zincs*). En cualquier caso se pronuncia «cink», no «cinz». No está aceptada la grafía *cinz.*

cinca, cincado (da), cincel, cincelado, cincelador, cinceladura, cincelar, Cincinnati, cinco, cincoenrama, cincograbado, cincografía, cincomesino, cincuenta, cincuentañal, cincuentena, cincuentenario (ria), cincuenteno, cincuentón, cincha, cinchadura, cinchar, cinchera, cincho, cinchuela, cinchuelo.

cine Antes la Academia lo consideraba como vocablo familiar, pero recientemente ha suprimido el calificativo *familiar,* y dice: «Técnica, arte e industria de la cinematografía.» En primer lugar define: «Cinematógrafo» (más correcto).

cineasta Como en la voz *cine,* la Real Academia ha rectificado su definición. Cineasta era el «actor cinematográfico». Luego rectifica: «Persona que tiene una intervención importante en una película, como actor, director, productor, etc.» Lo más corriente es llamar *cineasta* al director o al productor de películas.

cinegética, cinegético.

*cinema Galicismo por *cinematógrafo* o *cinematografía.*

cinema- Prefijo que significa «movimiento» *(cinemática, cinematógrafo).*

*cinemascope Anglicismo; aunque tampoco está admitido, es mejor emplear en este caso el vocablo *cinemascopio.*

cinemateca, cinemática, cinematografía, cinematografiar, cinematográfico, cinematógrafo, cineración, cineraria, cinerario, cinéreo, cinético, cingalés.

cíngaro Es lo correcto, y no *zíngaro,* como en italiano.

cingiberáceo (a), cinglado, cinglar, cíngulo, cíngulo.

cinia (zinnia) Admitido por la Academia.

cínico, cínife, cinismo.

cino- Prefijo que proviene del grie-

go y que equivale a «perro»: *cinocéfalo, cinoglosa.*

cinquén, cinqueño, cinquero.

cinta Admitida la expresión *cinta métrica:* «La que tiene marcada la longitud del metro y sus divisores, y sirve para medir.» También se admite *cinta cinematográfica:* «película, filme».

cinta fonóptica V. *fonóptica.*

cintajo, cintarazo, cinteado, cintería, cintero, cintilar, cintillo, cinto, cintra, cintrado, cintrel, cintura, cinturón.

*cinz Es incorrecto. Están admitidas, en cambio, las grafías *cinc* (v.), que es la preferente, y *zinc,* en segundo término.

Cipango Antiguo nombre de Japón.

cipayo, cipera, ciperáceo (a), cipión, cipo, cipolino, cipote, ciprés, cipresal, cipresino, cíprico, ciprio, cipriota, ciquiritaca.

Circasia El natural de esta región de la Rusia europea recibe el nombre de *circasiano.*

circasiano (na) V. *Circasia.*

circe «Mujer astuta y engañosa», con minúscula. Con mayúscula cuando se alude a la maga griega de la *Odisea,* de Homero.

circense, circo.

circón Mineral, silicato de *circonio.* En cambio, *circonio* es un «metal muy raro».

circonio V. *circón.*

circuición.

circuir Verbo irregular que se conjuga como *huir* (v.).

circuito, circulación, circulante, circular, circularmente, circulatorio (ria).

círculo Admitido el significado de «sector o ambiente social» (un *círculo* aristocrático, profesional, etcétera).

circum-, circun- Prefijo que significa «en derredor» *(circumpolar, circunvalación).*

*circumnavegación Incorrecto; es *circunnavegación.*

circumpolar.

circun- V. *circum.*

circuncidar, circuncisión, circunciso, circundante, circundar,

circunferencia, circunferencial, circunferente, circunferir, circunflejo, circunfuso, circunlocución, circunloquio, circunnavegación, circunnavegante, circunnavegar.

circunscribir Uso de preposiciones: Circunscribir *a* una cosa.

circunscripción, circunscripto (2), circunscrito (1), circunsolar, circunspección, circunspecto, circunstancia, circunstanciadamente, circunstanciado (da), circunstancial, circunstanciar, circunstante, circunvalación, circunvalar, circunvecino (na), circunvenir, circunvolar.

circunvolución «Rodeo de alguna cosa; relieve del cerebro.» No confundir con *circunvalación:* «Acción de *circunvalar*» (rodear una ciudad, fortaleza, etcétera).

circunyacente.

Cirenaica Región oriental de Libia, cuyo nombre deriva de la antigua población llamada *Cirene*. El natural de estos lugares recibe el nombre de *cirenaico* o *cireneo*.

cirenaico V. *Cirenaica*.

Cirene V. *Cirenaica*.

cireneo Es el natural de *Cirene* o *Cirenaica*, también llamado *cirenaico* (v. *Cirenaica*). No confundir con *cirineo*, «persona que ayuda a otra en un trabajo», por alusión a Simón Cirineo, que ayudó a Jesús a llevar la cruz hacia el Calvario.

***Ciríaco** Algunos escriben así, incorrectamente, este nombre propio de varón, que debe escribirse sin acento: *Ciriaco*, y se pronuncia como voz grave, con acento fonético en la *a*.

Ciriaco, cirial, cirigallo, cirílico.

cirineo V. *cireneo*.

cirio.

***cirnió** Es incorrecto; debe escribirse *cernió*. (V. *cernir*.)

cirrípedo Voz admitida, si bien la Academia considera preferente *cirrópodo*.

cirro Es lo correcto cuando se alude a una «nube blanca y ligera en forma de barbas de pluma». No debe escribirse *cirrus*.

cirrópodo V. *cirrípedo*.

cirrosis, cirroso, cirrótico (ca).

***cirrus** Incorrecto. (V. *cirro*.)

ciruela, ciruelo, cirugía.

cirujano *Cirujano callista* es una expresión impropia; debe emplearse *pedicuro, callista*. También está admitido *podólogo*.

***cirujía** Incorrecto; debe escribirse *cirugía*.

cis- Prefijo que significa «de la parte o del lado de acá» *(cisalpino, cisandino)*.

cisalpino, cisandino, cisca, ciscar, cisco, ciscón, cisión, cisípedo, cisma, cismar, cismático, cismontano, cisne, cisneriense, cisoria, cispadano, cisquera, cisquero, cistáceo.

Cister Es la forma correcta de escribir el nombre de esta orden religiosa, rama de la de San Benito (el acento tónico va en la *e*). Es incorrecta la grafía o pronunciación *Císter*.

***Císter** Incorrecto. (V. *Cister*.)

cirterciense, cisterna, cisticerco, cisticercosis, cístico, cistíneo, cistitis, cistoscopia, cistoscopio, cistotomía, cisura, cita, citación.

***citadino** Galicismo; en su lugar debe usarse *ciudadano, urbano*.

citador, citano, citar, citara, cítara, citarilla, citarista, citarizar, citarón, citatorio (ria).

***Cité** (la) Nombre de una de las islas del Sena, que dio origen a París. Significa «la Ciudad».

citereo, citerior, ¡cito!, citocinesis, citodiagnosis, citodiagnóstico, cítola, citolero, citología, citoplasma, citote, citramontano, citrato.

cítrico Ha sido admitido por la Academia con el significado de «planta que produce agrios, frutas agrias o agridulces» (limonero, naranjo, etc.). También se acepta *citrícola* y *citricultura*.

citrícola, citricultura, citrina, citrino.

citrón «Limón» (admitido).

***City** (la) Nombre con que se conoce la parte céntrica de Londres y gran centro de los negocios.

ciudad Con mayúscula cuando constituye el sobrenombre de una ciudad (la *Ciudad Eterna*, la *Ciudad Santa*, etc.). Con minúscula en los demás casos (llegó a la *ciudad* hace muchos años; estudia en la *ciudad universitaria;* se aloja en la *ciudad olímpica*). El género de las ciudades suele ir de acuerdo con su terminación (el gran Bilbao, la gran Barcelona). En los casos en que la terminación no determina el género, éste suele ser masculino (el gran Madrid, el bonito Vinaroz).

ciudadanía «La *ciudadanía* se reunió para votar.» Admitido como «conjunto de los ciudadanos de un pueblo o nación».

ciudadano (na), ciudadela.

Ciudad Real El natural de esta ciudad y su provincia recibe el nombre de *ciudadrealeño.*

ciudadrealeño V. *Ciudad Real.* Es incorrecto escribir *ciudadrrealeño* (con dos *r*).

civeta, civeto, cívico, civil, civilidad, civilista, civilización, civilizador, civilizar, civilmente, civismo, cizalla, cizallar.

cizallas Es lo mismo que *cizalla* y es voz admitida, pero se prefiere esta última.

cizaña, cizañador, cizañar (1), cizañear (1), cizañero.

clac Es un «sombrero de copa alta que puede plegarse». También se puede usar esta palabra como *claque* o *alabarderos* (admitidas), es decir, «cada uno de los que aplauden en los teatros por asistir de balde a ellos».

cladócero, cladodio.

clamar Uso de preposiciones: Clamar *a* Dios; clamar *por* dinero.

clámide, clamor, clamoreada, clamorear, clamoreo, clamoroso, clamoso.

clan Admitido: «Nombre que en Escocia designaba una tribu o familia, y que por extensión se aplica a otras formas de agrupación humana.»

clandestinidad, clandestino (na), clangor.

claque Admitido: «Conjunto de los alabarderos en un teatro.» (*Alabardero*, en sentido figurado, es el que aplaude en los teatros por asistir de balde a ellos.)

clara, claraboya, clarea, clareante,

clarear, clarecer, clarens, clareo, Claret, clarete, claretiano (na), clareza, claridad, clarificación, clarificante, clarificar, clarificativo (va), clarífico (ca), clarimento, clarín.

clarinada La diferencia entre *clarinada* y *clarinazo* reside en que la primera es, simplemente, un «toque de clarín», en tanto que la segunda es un «toque fuerte de clarín».

clarinado.

clarinazo V. *clarinada.*

clarinero.

clarinete El que lo toca recibe el nombre de *clarinete* o *clarinetista.* Con otros instrumentos ocurre lo mismo (violín, violinista; flauta, flautista, etc.).

clarinetista V. *clarinete.*

clarión, clarioncillo, clarisa, clarividencia, clarividente, claro (ra), claror.

claroscuro Se escribe en una sola palabra. «Es la conveniente distribución de la luz y de las sombras en un cuadro.»

clarucho (cha).

clase «El alumno *daba clase* de geografía.» Es incorrecto. El que *da clase* es siempre el profesor; el alumno *asiste a clase. Tener clase* es expresión que no está admitida con el significado de «tener distinción» (o elegancia); díganse estas últimas.

clasicismo, clasicista, clásico (ca), clasificación, clasificador, clasificar, clasista, claudia, claudicación, claudicante, claudicar, claustra, claustral, claustro, claustrofobia, cláusula, clausulado, clausular, clausura, clausurar, clava, clavadizo (za), clavado (da), clavadora, clavadura, claval.

clavar Uso de preposiciones: Clavar *a* la pared; clavar *en* la pared.

clavazón, clave.

*clavecín Es incorrecto. Las formas admitidas para designar este instrumento músico son *clave, clavicémbalo* y *clavicordio.* (Existen ligeras diferencias entre estos instrumentos.)

clavel, clavelito, clavelón.

clavellina Es lo correcto, y no *clavelina*.

*clavelina V. *clavellina*.

claveque, clavera, clavería, clavero (ra), claveta, clavete, clavetear, clavicembalista, clavicémbalo, clavicordio, clavícula, claviculado (da), clavicular, clavija, clavijera, clavijero, clavillo (to), claviógano, clavo.

claxon Admitido: «Bocina eléctrica que llevan los vehículos automóviles.» Es anglicismo, por lo que resulta preferible decir *bocina*.

*clearing Voz inglesa que puede sustituirse por *liquidación de balances, sistema de compensación, compensación de cuentas, trámite de contabilidad*.

clemátide, Clemenceau, clemente, clementina, clepsidra.

clepto- Prefijo que significa *robar* (*cleptomanía, cleptómano*).

cleptomanía cleptomaniaco (1), **cleptomaníaco** (2), **cleptómano (na), clerecía.**

*clergyman Voz inglesa con que se designa el moderno hábito del sacerdote, compuesto de traje gris o negro y alzacuello.

clerical, clericalismo, clericato, claricatura, clerigalla, clérigo, cleriguicia, clerizón, clero, clerofobia, clerófobo, cleuasmo, Cleveland, clic, clica.

cliché Antes la Academia sólo admitía *clisé*; recientemente acaba de admitir *cliché*, aunque da preferencia a *clisé*. Significa «plancha donde está grabado un trabajo de imprenta o una imagen fotográfica con la cual se hacen las copias de éstos». También es «idea repetida o formularia».

*clienta Es barbarismo. La voz *cliente* es del género común (*el cliente, la cliente*).

cliente V. *clienta*.

clientela, clima.

climatérico «Relativo a cualquiera de los períodos de la vida considerados como críticos.» No debe confundirse con *climático*, «perteneciente o relativo al *clima*».

climaterio, climático, climatización, climatizador (ra).

climatizar Aceptado por la Academia de la Lengua con el sentido de «dar a un espacio limitado, como el interior de un edificio, de un avión, de un vagón de ferrocarril, etc., las condiciones de presión, temperatura y humedad del aire convenientes para la salud o la comodidad». También se admiten *climatización* («acción y efecto de *climatizar*») y *climatizador (ra)*.

climatología, climatológico.

clímax Es barbarismo escribir *climax*, con acentuación aguda y sin acento ortográfico. El plural no varía: *los clímax*.

clínica, clínico, clinómetro, clinopodio, Clío.

*clip Es voz inglesa; lo correcto es *sujetapapeles* o *clipe* (admitido). También puede significar «sujetador, enganche, broche a presión».

clipe Admitido. (V. *clip*.)

clípeo.

clíper «Buque de vela fino, ligero y de mucho aguante.» Admitido por la Academia. La acepción de «avión de pasajeros de gran capacidad» no está admitida. Es incorrecta la grafía *clípper*.

clisado, clisar.

clisé V. *cliché*.

clister «Ayuda, lavativa.» Es incorrecto escribir *clíster*, quizá por influencia de *císter*, que también es incorrecto, escrito con acento ortográfico.

*clíster V. *clister*.

clisterizar, Clitemnestra, clitómetro, clítoris, clivoso (sa).

clo «Onomatopeya con que se representa la voz propia de la gallina clueca.» Úsase más repetida: *clo, clo*.

cloaca, cloasma, clocar.

Clodoveo Nombre de nuestra lengua que corresponde al francés *Clovis*.

clon «Payaso.» Aceptada por la Academia, en lugar de la voz inglesa *clown*. También se admite su sentido relativo a los individuos absolutamente homogéneos, genéticamente hablando.

cloque, cloquear, cloqueo, cloquera, cloral, clorato, clorhidrato, clorhídrico, clórico, clorita, clorítico, cloro.

clorofila Es lo correcto, y no *clorófila.*

*clorófila Incorrecto. (V. *clorofila.*)

clorofílico, clorofilo, clorofórmico, cloroformización, cloroformizar, cloroformo, cloromicetina, clorosis, clorótico, clorurar, cloruro.

*closet Incorrecto; debe decirse *armario, ropero, alacena,* según los casos.

*close-up Voz inglesa usada en fotografía; en su lugar debe usarse *plano más próximo* (que el primer plano). Se emplea en televisión y cine.

*clou «La presentación de los músicos fue el *clou* del festival.» *Clou* es galicismo y debe sustituirse por *quid, punto esencial* (o principal).

*Clovis V. *Clodoveo.*

*clown Voz inglesa; en su lugar ha sido admitida *clon: payaso, bufón, gracioso.*

club Es correcto; aceptado por la Academia (el plural es *clubes,* no *clubs*). Ésta también ha admitido el vocablo *clubista* (socio de un club), por lo cual no debe usarse *clubman* ni *clubmen.*

clube Admitido. (V. *club.*)

clueco (ca), cluniacense, cluniense, cneoráceo, Cnido, Cnosos.

co- Prefijo que equivale a *con* e indica unión o compañía *(coadministrador, coadquisición, coadjutor).*

coa, coacción, coaccionar, coacervación, coacervar, coacreedor (ra), coactivo (va), coacusado (da).

*coach Voz inglesa; en su lugar debe emplearse *entrenador, preparador, instructor.*

coadjutor Su femenino es *coadjutora,* cuando significa «persona que ayuda o acompaña a otra en ciertas cosas».

coadjutoría, coadministrador, coadquisición, coadunación, coadunar, coadyuvador, coadyuvante, coadyuvar, coagente, coagulable, coagulación, coagulador, coagulante, coagular, coágulo, coaita,

coalescencia, coalescente, coalición, coalicionista.

*coaligarse Incorrecto; debe decirse *coligarse.*

coalla, coana, coapóstol, coaptación, coaptar, coarcho, coarrendador, coartación, coartada, coartado, coartador, coartar, coatí, coautor (ra), coba, cobáltico, cobaltina, cobalto, cobarcho, cobarde, cobardear, cobardía, cobardón.

*cobaya Incorrecto. (V. *cobayo.*)

cobayo Es la forma correcta de este otro nombre del *conejillo de Indias.* Por consiguiente, es masculino, *el cobayo,* pero no *el cobaya* ni *la cobaya,* como se emplea a menudo incorrectamente.

cobertera, cobertizo, cobertor, cobertura, cobez, cobija, cobijador, cobijadura, cobijamiento, cobijar, cobijera, cobijo, cobista.

Coblenza Nombre de la población alemana que en alemán se llama *Koblenz.*

cobra, cobrable, cobradero (ra), cobrado, cobrador (ra), cobranza.

cobrar Uso de preposiciones: Cobrar *en* billetes; c. *de* los deudores. «Camarero, *cóbrese,* por favor.» Es incorrecto; debe decirse: «Camarero, *cobre,* por favor.»

cobratorio, cobre, cobrear, cobreño, cobrizo (za), cobro, Coburgo.

*coc, *cock Grafías incorrectas de este tipo de carbón; debe escribirse *coque.*

coca, cocada, cocaína, cocainomanía, cocainómano, cocar, cocarar, coccidio, cóccido.

coccígeo V. *cóccix.*

coccinela Es otro nombre admitido de la *mariquita* o *cochinilla.*

coccinélido, coccíneo, cocción.

cóccix «Hueso de los vertebrados formado por la unión de las últimas vértebras.» También se admite *coxis,* aunque es preferente la primera voz. *Coccígeo* es lo correcto, no *coxígeo.*

coceador, coceadura (1), coceamiento (2), cocear, cocedero, cocedizo, cocedor, cocedura.

cocer Verbo irregular que se conjuga como *mover.* Uso de preposiciones: Cocer *a* la lumbre, *con* lumbre.

cocido, cociente, cocimiento.

cocina Hasta hace poco la Academia sólo admitía como *cocina* la «pieza en la cual se guisa la comida». Ahora acaba de aceptar la acepción de «aparato con hornillos que puede calentar con carbón, gas, electricidad, etc.» «Cocina a gas» es incorrecto; debe escribirse «*cocina de gas*».

cocinar, cocinería, cocinero (ra), cocinilla (ta).

*****cock** Es incorrecto aludiendo a cierto tipo de carbón. Debe escribirse *coque*.

*****cockpit** Voz inglesa que se ve a veces escrita en nuestra lengua y que designa la «cabina del piloto».

*****cocktail** Voz inglesa; deben usarse las voces admitidas *cóctel* (v.), *coctel* y *combinación*.

cóclea, coclear, coclearia, coco, cocobálsamo, cococha, cocodrilo, cócora, cocorota, cocoso, cocota, cocotal, cocote, cocotero.

*****cocotte** Es voz francesa que significa «ramera elegante». *Cocota*, en español, no tiene que ver con aquella palabra, pues significa «cabeza», en uso vulgar.

*****cocreta** Es barbarismo; debe escribirse y pronunciarse *croqueta*.

cóctel En lugar de *cocktail*. También admitido coctel. Asimismo se admite *coctelera*.

coctelera, cocoyo, cocha.

cochambre Es nombre ambiguo, pero actualmente se usa más el femenino: *la cochambre*.

cochambrería, cochambrero, cochambroso (sa), cocharro, cochastro.

coche cama *Coche-cama* es incorrecto. Lo correcto es *coche cama*, como escribe la Academia sin guión. El plural más usual es *coches cama*, aunque se admite *coches camas*.

coche de línea Admitido como «el que por concesión administrativa hace el servicio regular de viajeros entre dos poblaciones».

cochear, cochera, cocheril, coche-

ro, cochevira, cochevís, cochi, cochifrito, cochina, cochinada.

Cochinchina Es el nombre correcto, y no *Conchinchina*, como dicen algunos.

cochinería, cochinero, cochinilla, cochinillo, cochino (na), cochiquera.

cochitril «Pocilga; habitación desaseada.» Se admite también *cuchitril*, pero es preferente *cochitril*.

cochizo, cocho (cha), cochorro, cochura, cochurero, coda, codadura, codal, codaste, codazo, codear, codeína, codelincuencia, codelincuente, codena, codeo, codera, codesa, codeso, codeudor (ra), codezmero.

códice Con mayúscula cuando se alude a uno en especial: el *Códice Samuélico*, el *Códice de Roda*. Con minúscula en los demás casos: *un códice* antiguo.

codicia, codiciable, codiciador (ra), codiciante, codiciar, codicilar, codicilo.

codicioso (sa) Uso de preposiciones: Codicioso *de* dinero.

codificable, codificación, codificador, codificar.

código Con mayúscula en los siguientes casos: el *Código Penal*, el *Código Civil*, el *Código de Circulación*, etc. Con minúscula: *un código* bastante completo, *un código* anticuado.

codillera, codillo, codo, codón, codoñate, codorniz, coeducación, coeficiencia, coeficiente, coendú, coepíscopo, coercer, coercible, coerción, coercitivo, coesposa.

coetáneo Admitida también la definición: «De la misma edad; por extensión, contemporáneo.» Uso de preposiciones: Coetáneo *del* Cid.

coeternidad, coeterno, coevo, coexistencia, coexistente.

coexistir Uso de preposiciones: Coexistir *con* Cervantes.

coextenderse, cofa, cofia, cofiador, cofín, cofrada.

cofrade Su femenino es *cofrada*, aunque se trata de una voz poco usada.

cofradía, cofre, cofrero, cofto,

cofundador, cogecha, cogedera, cogedero, cogedizo (za), cogedor, cogedura.

coger(se) Está admitido por la Academia el significado de «poder contenerse algo en alguna cosa»: «El piano *no coge* en el salón.»

*cogestión Es vocablo no admitido aún por la Academia. Significa «intervención de los empleados en la administración de una empresa».

cogida, cogido, cogitar, cogitabundo, cogitación, cogitativo.

cógito, ergo sum Locución latina que significa «pienso, luego existo».

cognación.

*cognac En nuestra lengua se escribe *coñac*. La bebida se escribe con minúscula (coñac), mientras que la ciudad francesa va con mayúscula (Cognac) y con grafía francesa.

cognado (da), cognaticio (cia), cognición, cognomen, cognomento, cognoscible, cognoscitivo (va), cogollo, cogombro, cogón, cogonal, cogorza, cogotazo, cogote, cogotera, cogotudo (da), cogujada, cogujón, cogujonero, cogulla, cogullada, cohabitación, cohabitante.

cohabitar Tiene dos significados: «Habitar juntamente con otro u otros», y «hacer vida marital el hombre y la mujer».

cohechador, cohechar, cohechazón, cohecho, cohen, coheredar, coheredero (ra), coherencia, coherente, cohermano (na), cohesión, cohesivo (va), cohesor, cohetazo, cohete, cohetera, cohetería, cohetero, cohibición.

cohibir Al conjugar *cohíbo, cohíbes,* etc., se acentúa la *i* como si no existiera la *h,* según lo preceptuado por la Academia.

cohobación, cohobar, cohobo, cohombral, cohombrillo, cohombro, cohonestador, cohonestar.

cohorte «Unidad del antiguo ejército romano»; en sentido figurado, «conjunto, número, serie» («una *cohorte* de desventuras»). Es femenino. No confundir con el vocablo *corte.*

*coiffeur Voz francesa que debe sustituirse por *peluquero* (de mujeres).

coima *(Amér.)* Soborno, unto.

Coimbra El natural de esta población portuguesa recibe el nombre de *conimbricense* (1) o *coimbricense* (2).

coimbricense, coime, coimero, coincidencia, coincidente, coincidir, coinquilino (na), coinquinar, cointeresado (da), coipo, coirón.

coitar Admitido por la Academia con el significado de «realizar el coito, copular».

coito, cojal, cojear.

*cojer Es incorrecto; debe escribirse con *g: coger.*

cojera, cojijo, cojijoso, cojín.

cojinete «Un *cojinete a* bolas» es incorrecto; debe escribirse «un *cojinete de* bolas».

cojitranco, cojo (ja), cojón, cojudo (da).

cok Voz admitida, aunque es preferible *coque,* cuyo plural, *coques,* es más correcto. No están aceptados *coke* ni *cock.*

col, cola.

-cola Sufijo que equivale a «el que habita en» *(cavernícola, terrícola).*

colaboración.

*colaboracionismo V. *colaboracionista.*

colaboracionista Voz admitida por la Academia: «En sentido despectivo, el que presta su colaboración a un régimen político que la mayoría considera antipatriótico.» *Colaboracionismo* no ha sido aceptada.

colaborador (ra), colaborar, colación, colacionar, colactáneo.

colada Viene de *colar,* «blanquear la ropa después de lavada, metiéndola en lejía caliente». Por ello, más propio que *hacer la colada* es *lavar la ropa.*

colapsar, colar, colateral, colativo, Colbert, colcótar.

*colcrén, *cold-cream Anglicismo innecesario; debe decirse *crema, cosmético, afeite.*

coleada, coleador, coleadura, colear, colección, coleccionador (ra), coleccionar, coleccionismo, co-

leccionista, colecistitis, colecta, colectación, colectar, colecticio, colectividad, colectivismo, colectivista, colectivizar, colectivo, colector, coleturia, colédoco, colega.

*cólega Es barbarismo que se oye a veces. Lo correcto es *colega*, con acento prosódico en la *e*.

colegatario, colegiación, colegiado (da), colegial, colegiala, colegiar(se), colegiata, colegiatura, colegio.

colegir Verbo irregular que se conjuga como *pedir* (v.). Uso de preposiciones: Colegir *de, por* los antecedentes.

colegislador (ra), colemia, coleo, coleóptero, colera, cólera, colérico, coleriforme, colerina, colerizar.

*colesterina En el Diccionario de la Academia, en vez de *colesterina* se incluye la voz *colesterol* («alcohol que forma parte de las grasas animales...»).

colesterol V. *colesterina.*

coleta, coletazo, coletero, coletilla, coletillo, Colette, coleto, coletudo (da), coletuy, colgadero (ra), colgadizo (za), colgado, colgador, colgadura, colgajo, colgamiento, colgante.

colgar Verbo irregular que se conjuga como *contar* (v.). Uso de preposiciones: Colgar *de un* clavo; colgar *en* la percha.

colibacilo Se escribe en una sola palabra. «*Bacilo* que se halla en el intestino del hombre.»

colibacilosis.

colibrí El plural es *colibríes*, no *colibrís.*

cólica, colicano, cólico, colicuación, colicuante, colicuar, colicuativo, colicuecer, coliche, coliflor, coligación (1)**, coligado (da), coligadura** (2)**, coligamiento** (3)**.**

coligarse Es lo correcto; y no *coaligarse*, incorrecto. Uso de preposiciones: Coligarse *con* algunos estados.

colilla, colillero, colimación, colimador, colimbo, colín (na), colina, colinabo, colindante, colindar, colineta, colino, colipavo (va), colirio, colirrojo, colisa.

coliseo Es la grafía correcta, y no *coliseum.*

*coliseum Incorrecto. (V. *coliseo*.)

colisión Está admitido, en cambio no lo está el verbo *colisionar*, que debe sustituirse por *chocar, entrar en colisión.*

*colisionar Incorrecto. (V. *colisión*.)

*colista, coliteja, colitigante, colitis, coliza.

colmado Admitida la acepción de «tienda de comestibles».

colmar, colmena, colmenar, colmenero (ra), colmenilla, colmillada (2)**, colmillar, colmillazo** (1)**, colmillo, colmilludo (da), colmo, colocación.**

colocar Uso de preposiciones: Colocar *con, en, por* orden; c. *entre* dos cosas.

colocasia, colocutor (ra), colodión, colodra, colodrillo, colofón, colofonia, colofonita.

*cologne Voz francesa; en nuestra lengua debemos escribir *colonia, agua de Colonia.*

coloidal, coloide.

coloideo Es lo correcto; no *coloídeo.*

Colombia El natural de este país de América del Sur recibe el nombre de *colombiano.*

colombianismo.

colombiano Natural de Colombia. No confundir con *colombino*: «Perteneciente a Cristóbal Colón o a su familia» («biblioteca *colombina*»).

colombino V. *colombiano.*

Colombo V. *Columbus.*

colombofilia, colombófilo (la), colomín (na).

colon «Porción del intestino grueso.» No lleva acento ortográfico, pues es palabra grave que termina en *n*. En cambio, *colón*, con minúscula, es la «unidad monetaria de Costa Rica y El Salvador».

Colón V. *Columbus.*

colonato, colonche.

colonia Este «perfume compuesto de agua, alcohol y esencias aromáticas» puede escribirse *colonia*, con minúscula, o bien *agua de Colonia*, con mayúscula, ya que en este caso aludimos a la ciudad de origen. (Lo mismo ocurre con *jerez* y *vino de Jerez*, etc.) En alemán, el nombre de esta ciudad germana es *Köln*.

coloniaje, colonial.

colonialismo Voz admitida por la Academia: «Tendencia a mantener un territorio en régimen de colonia.» También se ha admitido *colonialista*: «Partidario del colonialismo.»

colonialista V. *colonialismo.*

colonización, colonizador (ra), colonizar, colono.

coloquial En filología es el «lenguaje propio de la conversación, a diferencia del escrito o literario». Muy usado este vocablo en inglés, a veces se abusa de él en las traducciones al español.

coloquíntida, coloquio.

color Es masculino: *el color.* El femenino es de uso vulgar. Hay *colores* que toman nombre de los objetos o sustancias que los presentan naturalmente; así, *color de aceituna, de fuego, de rosa.* En otros casos se prescinde de la preposición, y se dice: *color violeta, café, naranja.* En ocasiones lleva dos preposiciones *de: alba de color de* fuego. La terminación *uzco* sólo se usa en *negruzco;* en las demás lleva *usco (pardusco,* etc.).

coloración, colorado (da), colorante, colorar, colorativo, colorear.

colores V. *color.*

colorete, colorido, coloridor, colorimetría, colorímetro, colorín, colorir, colorismo, colorista, colosal.

***colosalismo** No es palabra aceptada; en su lugar dígase *enormidad, de magnitud* (o *tamaño*) *desusado.*

coloso, colpa, colquiáceo, cólquico, colúbrido, columbario, columbeta.

Columbia Es el distrito federal de Estados Unidos de América del Norte. No confundir con *Columbia Británica,* ni con *Colombia.*

columbino «Perteneciente a la paloma o parecido a ella.» No confundir con *colombino:* «Perteneciente a Colón o a su familia.»

columbrar, columbrete, columbrón.

***Columbus** Forma latinizada del nombre *Colón,* que se usa especialmente en inglés. En español debemos decir siempre *Colón,* ya que si bien es cierto que la nacionalidad de origen del Almirante no ha sido establecida con exactitud, en cambio es bien sabido que sus hijos y demás descendientes, hasta nuestros días, han sido españoles y se llaman *Colón.* En italiano dicen *Colombo,* y en francés, *Colomb.*

columelar, columna, columnario, columnata.

columnista Voz admitida por la Academia. Es el «redactor que escribe una sección fija en un diario.»

columpiar, columpio, coluro, colusión, colusor, colusorio, colutorio, coluvie, colza, colla, collado.

***collage** Es galicismo. Se trata de un nuevo tipo de pintura en que aparecen pegados distintos objetos. Algunos usan la palabra *encolado,* lo que parece más acertado que la voz foránea.

collar, collarín, collarino, collazo, colleja, collejas, Colleoni, collera, collón (na), collonada, collonería.

com- Prefijo que equivale a *con* y expresa reunión o agregación *(combatir, compadre).*

coma Se emplea para dividir las frases o miembros más cortos de la oración o del período. Indica una pausa en la lectura; se usa para separar varias partes de una misma oración, consecutivas y de una misma clase (a menos que estén unidas por las conjunciones *y, ni, o).* Los vocativos van siempre entre comas («a ti, hijo, te lo doy»), así como las oraciones explicativas que se intercalan en la oración principal («mañana, decía el hombre, llegarán los demás»). En la actualidad se tiende a moderar el uso excesivo de la coma, que se coloca principalmente para evitar confusiones. Es incorrecto poner coma después del sujeto («Luis, ha llegado a la ciudad»; «el fiscal del tribunal, hizo un prolongado parlamento»). El sentido de la frase puede cambiar con el uso de la coma: «El joven, entristecido, se echó a llorar.» Aludimos a un solo joven que se echó a llorar por estar entristecido. Pero en la frase «el joven entristecido se echó a llorar», nos referimos, de entre varios jóvenes, a uno, el entristecido, que se echó a llorar.

comadrazgo, comadre, comadrear, comadreja, comadreo, comadrería, comadrero, comadrón, comadrona, comal, comalia, comalido, comanche, comandancia, comandanta, comandante, comandar, comandita, comanditar, comanditario (ria).

comando Aceptado por la Academia con el significado de «pequeño grupo de tropas de choque, destinado a hacer incursiones ofensivas en terreno enemigo».

comarca, comarcal, comarcano (na), comarcar, comatoso (sa), comba, combada, combadura, combar, combate, combatible, combatidor, combatiente.

combatir Uso de preposiciones: Combatir con, contra el enemigo.

combatividad Lo mismo que combativo, son términos aceptados por la Academia.

combativo V. combatividad.

combeneficiado, combés, combinable.

combinación Entre otros sentidos, tiene el de «bebida compuesta de varios licores». También se admiten cóctel, coctel y combinado.

combinado (da), combinar, combinatorio (ria), combleza, comblezado, comblezo, combo, comboso, combretáceo, comburente, combustibilidad, combustible, combustión, combusto, comecome, comedero, comedia.

comedianta Es el femenino de comediante, y significa «actriz». Se dice, pues, la comedianta, y no la comedianta. También es «la que finge algo que no siente».

comediar, comedido (da), come-

dimiento, comedio, comediógrafo, comedión.

comedir(se) Uso de preposiciones: Comedirse en las palabras.

comedón, comedor.

comején V. termes.

comejenera, comendador, comendatario, comendaticio (cia), comendatorio (ria), comendero, comensal, comensalía, comentador (ra), comentar, comentario, comentarista, comento, comenzadero, comenzante.

comenzar Verbo irregular que se conjuga como acertar (v.). Uso de preposiciones: Comenzar por reñir.

comer(se) Uso de preposiciones: Comer de vigilia; c. por cuatro; c. a dos carrillos; c. de envidia.

comerciable, comercial.

comercialización Lo mismo que comercializar, es voz admitida. Comercializar es «dar a un producto condiciones y organización comerciales para su venta».

comercializar, comerciante.

comerciar Uso de preposiciones: Comerciar en granos; c. por mayor; c. con su crédito.

comestible.

cometa Es masculino cuando se trata del astro («el cometa pasó cerca de la Tierra»). Es femenino cuando se trata del armazón de cañas forrado de papel o tela con que juegan los muchachos («la cometa se elevó a impulsos del viento»).

cometario, cometedor, cometer, cometido, cometimiento.

comezón Es femenino (la comezón), y no masculino (sentía un comezón), que es incorrecto.

comible, comicastro, comicial, comicidad.

comicios «El comicio se realizó a las dos.» Es incorrecto, ya que la voz comicios (reuniones y actos electorales) es plural y carece de singular. Debió decirse «los comicios se realizaron a las dos».

cómico (ca).

*comics Hoy se pretende llamar así a las historietas ilustradas de cierta categoría. Lo cierto es que no dejan de ser historietas, tiras *cómicas* (no admitido, pero preferible a *comics*), *viñetas,* etc.

comida.

comidas Las comidas que normalmente se hacen en España son cuatro: 1) desayuno (o almuerzo), 2) comida (o almuerzo), 3) merienda, 4) cena (o comida). La palabra *almuerzo* designaba antes casi exclusivamente el desayuno; hoy se aplica a menudo a la *comida* del mediodía. La voz *comida,* que indica en general cada uno de los cuatro alimentos que se toman durante el día, sirve a veces para designar la cena, aunque es menos corriente. El *desayuno* se toma al levantarse, la *comida* al mediodía, la *merienda* por la tarde y la *cena* por la noche.

comidilla, comienzo, comilón (na), comilla.

comillas Signo ortográfico (« ») que se usa al principio y al fin de una palabra o frase sobre la que se desea llamar la atención, bien para indicar que es copia literal de otro escrito, o para indicar nombres de artículos de periódicos y de revistas. Los títulos de las obras y los nombres de las revistas y periódicos deben ir generalmente en cursiva (bastardilla) mejor que entre comillas: *La Odisea, El Debate, El Tiempo.* Cuando las comillas abren con minúscula, cerrarán *antes* del punto, y se pondrá éste a continuación. Ej.: La definía como una «señora respetable». Si abarcan toda la frase, el punto queda incluido en ella («Al que madruga, Dios le ayuda.»).

cominear, cominería, cominero, cominillo, comino, comiquear, comiquería, comisaria, comisaría, comisariato, comisario, comiscar, comisión, comisionado (da), comisionar, comisionista, comisorio, comistrajo, comisura.

comité «Comisión de personas encargadas de algún asunto.» Galicismo aceptado hace tiempo por la Academia. Puede emplearse *comisión,* asimismo.

comitente, comitiva, cómitre, comiza.

*comme il faut Expresión francesa que significa «como es debido» y se emplea para indicar lo que es correcto o está de acuerdo con las buenas costumbres.

*common sense Expresión inglesa que significa «sentido común».

*Commonwealth Voz inglesa con que se indica la «Comunidad británica de naciones».

Comnenos Dinastía bizantina.

como No se acentúa cuando es adverbio de modo y puede sustituirse por *del modo que* («llegó *como* nos había dicho»); *en virtud de que* («*como* era tarde, me acosté»). Pero lleva acento cuando puede sustituirse por las expresiones *de qué modo,* o *en virtud de qué* («¿*cómo* llegó hasta aquí?»; «adivina *cómo* lo hizo»). También cuando se pronuncia con énfasis («¡*Cómo!* ¿No ha llegado aún?»).

cómoda, comodable, comodante, comodatorio, comodato, comodidad, comodín, cómodo (da), comodón (na).

comodoro En Inglaterra y otros países es el capitán de navío que manda más de tres buques. En los clubes náuticos es el que dirige la inspección y el orden de las embarcaciones. Admitido por la Academia con los significados aludidos.

comoquiera «De cualquier manera.» Puede también escribirse separado *(como quiera).* Se admite *comoquiera que.*

compacidad, compactación, compactar, compactibilidad.

compacto (ta) «Una *compacta* multitud» es frase incorrecta. Tratándose de personas debemos decir «una *apretada* (o *densa*) multitud».

compadecer, compadrada *(Amér.),* **compadraje, compadrar, compadrazgo, compadre, compadrería.**

compadrito *(Amér.)* Achulado, pendenciero.

compaginación, compaginador, compaginar.

*companage Lo correcto es escribirlo con *j: companaje.*

compango, compaña, compañe-
rismo.
compañero (ra) Uso de preposiciones: Compañero *de, en* las fatigas.
compañía Con mayúscula cuando
integra el nombre de una empresa
(«la *Compañía* Hidroeléctrica del
Duero») o de otra entidad («la *Compañía* de Jesús»). Va con minúscula en los demás casos (era una
compañía de reconocida solven-
cia).
compañón, comparable.
comparación (grados de) Son los
grados de significación del adjetivo: *positivo* (alto), *comparativo de
igualdad*, de *superioridad* y de *inferioridad* (tan alto como, más alto
que, menos alto que) y *superlativo
absoluto* y *relativo* (altísimo, el
más alto de la familia).
comparado (da), comparador,
comparanza.
comparar Uso de preposiciones:
Comparar (un objeto) *a, con* otro.
comparatista, comparativo (va).
comparecencia «Acto de *comparecer* personalmente.» Es incorrecto decir *comparecimiento*.
comparecer, compareciente.
*****comparecimiento** Es incorrecto;
lo que debe emplearse es *comparecencia* (v.).
comparendo, comparición.
comparsa Es femenino cuando
significa «acompañamiento, conjunto de personas» («*la comparsa*
desfiló por las calles»). Es masculino cuando designa al varón que
forma parte de dicho acompañamiento («*el comparsa* salió del
grupo»).
comparsería, comparte, comparti-
dor, compartimentación, compar-
timentar.
compartimento Admitido por la
Academia; pero es preferible *compartimiento*.
compartimiento Es preferible,
aunque también se admite *compartimento* (v.).
compartir Uso de preposiciones:
Compartir *entre* varios; c. (las penas) *con* otro.
compasado (da), compasar, com-
pasear, compasible, compasillo,

compasión, compasionado (da),
compasivo (va), compaternidad,
compatibilidad.
compatible Uso de preposiciones:
Compatible *con* la justicia.
compatricio (cia), compatriota,
compatrono, compatronato.
compeler Uso de preposiciones:
Compeler *al* pago. (V. *compelir*.)
compelir Es voz antigua, aunque
admitida. En su lugar se dice mejor *compeler* (v.).
compendiador, compendiar,
compendio, compendioso (sa),
compendista, compenetración,
compenetrarse, compensable,
compensación, compensador (ra).
compensar Uso de preposiciones:
Compensar (una cosa) *con* otra.
compensativo, compensatorio
(ria).
competencia «Oposición o rivalidad entre dos o más sujetos sobre
alguna cosa.» Es incorrecto usarlo
como «pugna deportiva», según se
hace en América del Sur («la *competencia* entre dos equipos»), ya
que la palabra adecuada en este
caso es *competición*.
competente, competentemente.
competer «Pertenecer o incumbir
a uno alguna cosa.» No confundir
con *competir*, que es «contender
dos o más personas entre sí».
competición V. *competencia*.
competidor, competidora.
competir V. *competer*.
competitivo Palabra aceptada, lo
mismo que *competitividad*.
compilación, compilador (ra),
compilar, compinche, complace-
dero, complacedor (ra), compla-
cencia.
complacer Verbo irregular que se
conjuga como *agradecer* (véase).
complaciente, complacimiento,
complejidad, complejo (ja), com-
plementar, complementario (ria).
complemento Es la palabra que
sirve para completar o precisar el
significado de otras (sujeto o predicado). *Pedro sube* es una oración
compuesta de sujeto y verbo, pero
sin complemento. Si decimos *Pedro sube la escalera*, queda completa la oración al agregar el com-

plemento (la escalera). De prolongarse la frase tendríamos un complemento de complemento: Pedro sube la escalera con lentitud. El COMPLEMENTO DIRECTO es aquel sobre el cual recae directamente la acción del verbo («Pedro da la lección»). Aquí el complemento del verbo dar es lección. Si añadimos Pedro da la lección al alumno, hay un COMPLEMENTO INDIRECTO, alumno, sobre el que viene a recaer la acción indirectamente por medio de lección. Un tercer complemento es el CIRCUNSTANCIAL, en que se introduce una circunstancia modificativa al añadir un sustantivo, adjetivo, adverbio, etc. Así, tendríamos: Pedro da la lección al alumno ahora, en que al adverbio ahora es el complemento circunstancial. Por último, el COMPLEMENTO ATRIBUTIVO O PREDICATIVO es aquel adjetivo que funciona como complemento del verbo y como atributo del sujeto al mismo tiempo: «la gente grita nerviosa». El complemento directo lleva verbos transitivos; no admite verbos intransitivos, pasivos ni copulativos. Contesta a la pregunta ¿qué cosa? (la lección). El complemento indirecto suele denotar agrado o desagrado, favor o daño y contesta a la pregunta ¿para quién? (alumno) y suele llevar la preposición a o para (al alumno). A fin de evitar confusiones entre el complemento directo y el indirecto, téngase en cuenta que: el indirecto puede ir con toda clase de verbos (transitivos e intransitivos), y sigue siendo complemento, y no sujeto, cuando la oración pasa a pasiva. En el indirecto la preposición a se reemplaza fácilmente por para, lo que no puede hacerse en el complemento directo. El complemento circunstancial suele llevar cualquier preposición, pero especialmente de, en, con, por, y responde a las preguntas ¿cómo?, ¿cuándo?, ¿dónde?, ¿de qué?, etc. (En la frase anterior es ¿cuándo?: ahora.)

completamente, completar.

completas «Última parte del oficio divino, con que se terminan las horas canónicas del día.» Es femenino y plural: las completas.

completivamente, completivo (va), completo (ta), completorio (ria), complexión, complexionado, complecional, complexo (xa), complicación, complicado (da), complicar.

cómplice Uso de preposiciones: Cómplice con otros; c. de otro; c. en el delito.

complicidad.

complot Voz aceptada por la Academia, aunque calificándola de «familiar». Su plural es complots. Se admite complotado y complotar. Dígase también conspirar, conjurar.

complotado, complotar Es correcto. V. complot.

complutense Es el natural de Alcalá de Henares. También se le llama alcalaíno.

compluvio, compón, componado, componedor (ra), componenda, componente.

componer(se) Verbo irregular que se conjuga como poner (véase).

componible, componimiento, comporta, comportable, comportamiento, comportar, comporte, comportería, comportero, composición.

compositiva Es la preposición o partícula con que se forman voces compuestas: desinteresado, antenoche, persignarse.

compositivo, compositor (ra).

Compostela El natural de Compostela, hoy llamada Santiago de Compostela, recibe el nombre de compostelano o santiagués.

compostura, compota, compotera, compra, comprable, compradero, compradizo, comprador (ra), comprante.

comprar Uso de preposiciones: Comprar (algo) al fiado; c. por kilos; c. del comerciante.

compraventa «Comercio de antigüedades o de cosas usadas.» Se escribe en una sola palabra, no compra venta.

comprehensivo, comprender, comprensibilidad.

comprensible Uso de preposiciones: Comprensible *al* entendimiento; c. *para* todos.

comprensión, comprensivo (va), compreso, compresor, compresa, compresbítero, compresibilidad, compresible, compresión, compresivo (va), compreso, compresor (ra), comprimible, comprimido (da), comprimir, comprobable, comprobación, comprobante.

comprobar Verbo irregular que se conjuga como *contar* (v.). Uso de preposiciones: Comprobar *con* fechas.

comprobatorio (ria), comprofesor (ra), comprometer, comprometido (da), comprometimiento, compromisario, compromisión, compromiso, compromisorio (ria), comprovinciano (na), comprueba.

*comptoir Voz francesa; en su lugar debe usarse *mostrador, escritorio* (generalmente en la recepción de un hotel).

compuerta, compuesta, compuestamente.

compuesto Uso de preposiciones: Compuesto *de* varios licores.

compulsa, compulsación.

*compulsatorio Es incorrecto; en vez de este vocablo debe emplearse *compulsivo* (obligatorio, forzoso).

compulsar, compulsión, compulsivo (va), compulso (sa), compulsorio (ria), compunción (1), compungido (da), compungimiento (2), compungir, compungivo (va), compurgación, compurgador, compurgar, computable, computación.

computador, computadora Admitido por la Academia como «calculador o calculadora, aparato o máquina de calcular». También lo está *ordenador*, aunque ésta se presta a confusiones («llegaron los *ordenadores* americanos»).

computadorizar, computar.

*computer Voz inglesa. V. *computador*.

computista, cómputo, comto, comulgante, comulgar, comulgatorio.

común Uso de preposiciones: Común *a* todos; c. *de* varios. (V. *sustantivo*.)

comuna La Academia acepta para América este nombre como «municipio, conjunto de habitantes de un mismo término». En España es considerado galicismo.

comunal, comunero (ra), comunicabilidad, comunicable, comunicación, comunicado (da), comunicante, comunicar, comunicativo (va), comunidad, comunión, comunismo, comunista, comunitario (ria), comuña.

con Preposición que indica el medio, modo o manera de hacer alguna cosa («lo hace *con* rapidez). «Desfilaban *con* el fusil al hombro.» Es incorrecto; debe decirse «desfilaban fusil al hombro». «Un plato *con* carne», es «un plato *de* carne». «Debes luchar *con* el amigo y el enemigo», es «debes luchar *con* el amigo y *con* el enemigo». «Anillo engastado con platino», es «anillo engastado *de* platino».

con- Prefijo que expresa unión, agregación, compañía *(conciudadano, convenir)*. Delante de *b* o *p* se convierte en *com-: Componer*.

Conakry El nombre de esta ciudad de África se escribe también *Konakry*.

conato, conca.

concadenar «Unir o enlazar unas especies con otras.» También se admite *concatenar*, si bien es preferible la primera voz.

concanónigo, concatedralidad, concatenación (1), concatenamiento (2).

concatenar V. *concadenar*.

cóncava, concavidad, cóncavo (va), concebible, concebimiento.

concebir «*Concebir* una nota en duros términos» es barbarismo; es mejor decir «*redactar* una nota en duros términos». Admitida la acepción de «formarse idea de una cosa, comprenderla», para la voz *concebir*.

concedente, conceder.

concejal El femenino es *concejala*.

Se dice *la concejala*, no *la concejal*.

concejala V. *concejal*.

concejalía, concejero, concejil.

concejo «Ayuntamiento, casa y corporación municipales; municipio.» No debe confundirse con *consejo*, «cuerpo o corporación consultiva».

concelebrar, concento, concentrabilidad, concentrable, concentración, concentrado (da), concentrador (ra), concentrar, concéntrico (ca), concentuoso, concepción, concepcionista, conceptear, conceptible, conceptismo, conceptivo, concepto, conceptuación.

conceptuado Uso de preposiciones: Conceptuado *de* inteligente.

conceptual, conceptualista.

conceptuar En la conjugación de este verbo, el acento se usa lo mismo que en *actuar* (*conceptúo, conceptúas*, etc.).

conceptuosidad, conceptuoso, concercano, concernencia.

*concerner Es incorrecto; debe escribirse *concernir*.

concerniente.

concernir Verbo irregular defectivo que sólo se emplea en el gerundio (*concerniendo*) y las terceras personas, en especial éstas: *concierne, conciernen, concernía, concernían, concierna, conciernan*. El infinitivo es *concernir*, no *concerner*.

concertación, concertado (da), concertador, concertante.

concertar Verbo irregular que se conjuga como *acertar* (v.). Uso de preposiciones: Concertar (uno) *con* otro; c. *en* género y número; c. (las paces) *entre* dos adversarios.

concertina, concertino, concesible, concesión, concesionario, concesivo, concia.

conciencia «Propiedad del intelecto humano de conocerse a sí mismo.» En psicología, la Academia admite *consciencia* con el mismo significado, aunque da como preferente *conciencia*.

*conciente Es incorrecto; debe escribirse *consciente*.

concienzudo (da), concierto, con-

ciliable, conciliábulo, conciliación, conciliador (ra), conciliar, conciliativo, conciliatorio (ria).

concilio Con mayúscula cuando se alude a uno en especial: *el Concilio de Letrán, el Concilio de Nicea, el Concilio Vaticano II*. Con minúscula en los demás casos: *el actual concilio es ecuménico*.

concisión, conciso (sa), concitación, concitador (ra), concitar, concitativo (va).

conciudadano El femenino es *conciudadana*, voz admitida por la Academia.

conclave, cónclave La Academia admite las dos formas, aunque inserta en primer lugar *conclave*. Ésta es la forma etimológicamente más correcta, pero se usa más la forma esdrújula (*cónclave*).

conclavista.

concluir Verbo irregular que se conjuga como *huir* (v.). Uso de preposiciones: concluir *con* algo; c. *en* vocal.

conclusión «Hemos llegado a la *conclusión final* de que...» Es pleonasmo, ya que la conclusión sólo puede ser final. La frase correcta es, por consiguiente: «Hemos llegado a la *conclusión* de que...»

conclusivo (va), concluso, concluyente, concofrade, concoide, concoideo.

*concóideo Es incorrecto; debe escribirse *concoideo*, con acento prosódico en la *e*.

concolega, concomerse, concomimiento (1), concomio (2), concomitancia, concomitante, concomitar, concordable, concordancia, concordador.

concordancia Es la semejanza de accidentes gramaticales entre dos o más palabras. El artículo, el adjetivo y el pronombre concuerdan con el nombre al que acompañan o sustituyen en género y número: *el muchacho perezoso, las muchachas perezosas; el libro antiguo, los libros antiguos; mi casa y la tuya; mi gato y el tuyo*. Cuando un adjetivo alude a varios nombres en singular, se debe colocar en plural y en el mismo género que éstos, o en masculino si hay los dos géneros: «el hombre y el caballo son amigos»; «la ballena y el tiburón son enemigos». El posesivo concuerda con lo poseído (persona o cosa), pero no el nombre del poseedor. En el empleo del posesivo de tercera persona se evitan las confusiones utilizando los pronombres personales *él, ella,* los demostrativos *éste, ése, aquél,* o los adjetivos numerales ordinales, de acuerdo con el género correspondiente al sustantivo. Ejemplo: «El diputado agasajó al senador en compañía de su familia.» Para establecer con claridad de quién era la familia, debemos decir: «El diputado agasajó al senador en compañía de la familia de aquél.» El verbo concuerda con el sujeto en número y persona: «Los niños cantan; la estrella brilla.» Cuando un verbo alude a varios sujetos de distinta persona, el verbo va en plural, en cuyo caso tiene preferencia la primera persona, luego la segunda y por último la tercera: «Tú y yo estudiamos; tú y él estudiáis.» Incorrecciones en la concordancia. De persona: «Soy el que *aguanto*»; mejor es «soy el que *aguanta*». «Tú y ella me lo *dijeron*», es «tú y ella me lo *dijisteis*». En género o en número: «*Intenso* era el temor y la inquietud en la ciudad», debe ser «*intensos* eran el temor y la inquietud en la ciudad». «*Enhebraron* cada cual su aguja», es «cada cual *enhebró* su aguja». «Ni el frío ni el calor le *afecta*», es «ni el frío ni el calor le *afectan*». «Los hombres, *cualquiera* que sean sus posibilidades», es «los hombres, *cualesquiera* que sean sus posibilidades». «Esa parte del mundo, *estudiado* por un geógrafo», es «esa parte del mundo *estudiada* por un geógrafo». De sujeto y verbo: «Para entenderlo, *habrá* de investigarse los fenómenos», es «para entenderlo *habrán* de investigarse los fenómenos». De adjetivos numerales: «*Doscienta* una *peseta*», es «*doscientas* una *pesetas*». Entre dos adjetivos y un sustantivo: «Las exploraciones realizadas en el Pacífico septentrional y meridional», es «...en el Pacífico septentrional y *en el* meridional». «Afectó a la parte alta y baja de la ciudad», es «afectó a la parte alta y *a la* baja de la ciudad». Otras incorrecciones: «Tiene *mucho* más inteligencia de lo que parece», es «tiene *mucha* más inteligencia de lo que parece». «Altas Torres *están* muy lejos», es «Altas Torres (población) *está* muy lejos». «Tomó *prestado* una revista», es «tomó *prestada* una revista». «Una reunión en que se *ha* debatido temas de interés», es «una reunión en que se *han* debatido temas de interés».

concordante, concordanza.

concordar Verbo irregular que se conjuga como *contar* (v.). Uso de preposiciones: Concordar (la copia) *con* el original.

concordatorio (ria), concordativo (va).

concordato Para uso de mayúsculas, véase *concilio.*

concorde, concordia, concorpóreo, concreado.

*concrección «Una *concrección* calcárea» es incorrecto; debe escribirse «una *concreción* calcárea» (una sola *c*). *Concreción* es «acumulación de partículas que forman masas».

concreción Es lo correcto, y no *concrección* (v.).

concrecionar, concrescencia, concretar(se).

*concretizar «*Concretizar* un punto de una doctrina» es incorrecto; debe decirse, sencillamente, *concretar,* en lugar de *concretizar,* que es una voz inexistente en nuestro léxico.

concreto (ta), concubina, concubinario, concubinato, concúbito, conculcación, conculcador, conculcar, concuñado (da), concupiscencia, concupiscente, concupiscible.

concurrencia «En la prueba fue intensa la *concurrencia* de los equipos.» Es incorrecto; debe usarse *rivalidad, competencia,* puesto que *concurrencia* es una «reunión de varias personas en un mismo lugar». (V. *concurrente*.)

concurrente No debe emplearse como *competidor, rival,* ya que *concurrente* es «el que concurre o asiste», no el que interviene en una prueba. (V. *concurrencia*.)

concurrido (da) Voz aceptada por la Academia: «Dícese de lugares o espectáculos donde concurre el público (paseo muy *concurrido*).

concurrir, concursado.

concursante Vocablo admitido por la Academia: «Persona que toma parte en un concurso, oposición, competencia.»

concursar, concurso, concusión, concusionario, concha, conchabamiento (2), **conchabanza** (1), **conchabar, conchado, conchal, conchero, conchesta, conchífero, conchil, concho, conchudo, conchuela, condado, condadura, condal.**

conde V. *duque.*

condecente, condecir, condecoración, condecorar, condena, condenable, condenación, condenado (da), condenador, condenadora.

condenar Uso de preposiciones: Condenar (a uno) *a* galeras; c. *con* costas.

condenatorio (ria), condensa, condensabilidad, condensable, condensación, condensador (ra), condensante, condensar, condensativo, condenso, condesa, condesar, condescendencia.

condescender Verbo irregular que se conjuga como *entender* (v.). Uso de preposiciones: Condescender *a* los ruegos.

condescendiente, condesil, condestable, condestablesa, condestablía, condición, condicionado (da).

condicional «*Hubiese* vuelto si *hubiera* tenido deseos.» El empleo de los tiempos verbales es incorrecto en esta oración condicional. Debió decirse «*hubiera* (o *habría*) vuelto si *hubiese* tenido deseos». «Si tú *mirarías*, lo verías», es «si tú *mirarás* (o *mirases*), lo verías». Conjunción condicional *(si, con, con tal que)* es la que denota condición

o necesidad de que se verifique alguna circunstancia.

condicionamiento, condicionante, condicionar, condignamente, condigno (na), cóndilo, condimentación, condimentar, condimento.

condiscípula Es el femenino correcto de *condiscípulo.* Así pues, se dice *la condiscípula,* y no *la condiscípulo.*

condiscípulo V. *condiscípula.*

condolencia En singular se admite también como «pésame»: dar la condolencia.

condolerse Verbo irregular que se conjuga como *mover* (v.). Uso de preposiciones: Condolerse *de* las fatigas.

condoliente.

condominio «Dominio de una cosa que pertenece en común a dos o más personas.» La Academia también admite, para América, el sentido de «edificio poseído en régimen de propiedad horizontal».

condómino, condonación, condonante.

condonar Es «perdonar una pena de muerte o una deuda»; tiene, pues, un sentido contrario al del verbo *condenar,* con el que no debe ser confundido.

cóndor Lleva acento ortográfico en la primera sílaba (no es *condor*).

*condotiere Italianismo que debe ser sustituido por *condotiero,* voz admitida (general o jefe de soldados mercenarios, en especial del Renacimiento italiano). El plural es *condotieros* (no *condotieri*). Tampoco es correcto *condottiero.*

condotiero V. *condotiere.*

condrila.

condr- Prefijo que significa «cartílago»: *condritis, condrología.*

condritis, condrografía, condrográfico, condrología, condroma, conducción, conducente.

conducir Verbo irregular que se conjuga del modo siguiente: INDICATIVO. *Presente:* conduzco, conduces, conduce, conducimos, conducís, conducen. *Pret. imperf.:* conducía, conducías, conducíamos, etc. *Pret. indef.:* conduje, condujiste, condujimos, etc. *Futuro imperf.:* conduciré, conducirás, conduciremos, etc. Potencial: conduciría, conducirías, conduciríamos, etc. Subjuntivo. *Presente:* conduzca, conduzcas, conduzca, conduzcamos, conduzcáis, conduzcan. *Pret. imperf.:* condujera o condujese, condujeras o condujeses, condujéramos o condujésemos, etc. *Fut. imperfecto:* condujere, condujeres, condujéremos, etc. Imperativo: conduce, conducid. Participio: conducido. Gerundio: conduciendo. Uso de preposiciones: conducir *en* camión; c. *por* mar; c. *a* la ruina. «El director *conducía* expertamente la orquesta.» Incorrecto; la orquesta no se *conduce*, sino que se *dirige*. Conducir es «transportar, llevar».

conducta, conductibilidad, conductible, conducticio, conductismo, conductividad, conductivo, conducto, conductor (ra), conducho.

condueño Se aplica a cada uno de los propietarios de un piso en un edificio de propiedad horizontal (admitido); pero es más eufónica la palabra *copropietario*, con igual significado y admitida también por la Real Academia.

condumio, conduplicación, condurango, condurar, condutal, conectador, conectar, conectivo, coneja, conejal (2), conejar (1), conejera, conejero.

conejillo de Indias También se le llama *cobayo* (aceptado; masculino), aunque la Academia prefiere la primera expresión. Es incorrecto *cobaya*.

conejito, conejo, conejuno.

*****con el objeto de** «Trabajaba *con el* objeto de progresar», es incorrecto; debe ser «trabajaba *con* objeto de progresar».

con él, con ellos «Es benévolo *con él* mismo», debe escribirse «es benévolo *consigo* mismo». «Traía el paraguas *con él*», es «traía el paraguas *consigo*». «Son benévolos *con ellos* mismos», es «son benévolos *consigo* mismos».

conexión.

conexionar Es incorrecto cuando se emplea como «ligar, conectar, enlazar» (*conexionar* dos cables eléctricos).

conexivo, conexo (xa), confabulación, confabulador (ra), confabulante.

confabular(se) Uso de preposiciones: Confabularse *con* los contrarios.

confalón, confaloniero.

confección La Academia ha admitido el significado de «hechura de prendas de vestir», y en plural, «prendas de vestir que se venden hechas.» También acepta la expresión *de confección* (prendas *de confección*). Para *confeccionar* admite el significado «hacer... prendas de vestir». No acepta, en cambio, *confeccionista* (el que hace prendas de *confección*). (V. *confeccionar*.)

confeccionar «El Parlamento *confeccionó* una ley»; «el piso está *confeccionado* defectuosamente». En ambas frases se emplea impropiamente la voz *confeccionar*. En la primera debe decirse *redactó*, o *elaboró*; en la segunda, *construido*. (V. *confección*.)

confeccionista, confederación, confederado (da).

confederar(se) Uso de preposiciones: Confederarse *con* algunos estados.

confederativo, conferencia, conferenciante (1), conferenciar, conferencista (2).

conferir Verbo irregular que se conjuga como *sentir* (v.).

confesa, confesable, confesado, confesante.

confesar(se) Verbo irregular que se conjuga como *acertar* (v.). Uso de preposiciones: Confesarse *a* Dios; c. *con* alguno; c. *de* sus culpas.

confesión, confesional, confesionalidad.

confesionario Admitido como «mueble dentro del cual se coloca el sacerdote para oír las confesiones», aunque la Academia da como preferente la voz *confesonario*.

confesionista, confeso (sa).

confesonario V. *confesionario.*

confesor, confesuría.

confeti Voz admitida: «Trocitos de papel de varios colores.» El plural es *confetis.* Es incorrecto escribir *confetti,* que es la voz italiana.

*confetti V. *confeti.*

confiabilidad Admitido por la Academia: «Calidad de *confiable;* fiabilidad.»

confiable, confiado (da), confiador, confiante, confianza.

confianzudo Aceptado: «Propenso a usar de familiaridad en el trato.» «Que se toma excesivas *confianzas.*»

confiar Uso de preposiciones: Confiar *de, en* alguno.

confidencia, confidencial.

confidenta Admitido como femenino de *confidente.* Se dice «*la confidenta* lo confesó» (no *la confidente*).

confidente, configuración, configurar, confín, confinación (2), **confinado (da), confinamiento** (1), **confinante.**

confinar «Los estudiantes *se confinaron* en sus aulas.» Es incorrecto, pues *confinar* es «*desterrar* a uno, señalándole un lugar determinado de donde no puede salir en cierto tiempo» (y también *limitar, lindar*). Así pues, se *confina* a una persona, pero ella misma no puede *confinarse.* En el caso anterior debió decirse *se encerraron, se recluyeron.* Uso de preposiciones: Confinar (a alguno) *en* tal parte.

confingir, confinidad, confirmación, confirmador, confirmando, confirmante.

confirmar(se) Uso de preposiciones: Confirmar *en* la fe; c. *por* sabio; confirmarse *en* su dictamen.

confirmativo (va), confirmatorio (ria), confiscable, confiscación, confiscar, confitado (da), confitar, confite, confitente.

confíteor Voz latina con que empieza una plegaria. Lleva acento por figurar en el léxico admitido.

confitera, confitería, confitero, confítico (llo, to).

confitura «Fruta u otra cosa *confitada.*» Es voz admitida.

conflación, conflagración, conflagrar, conflátil.

conflictivo Voz admitida por la Real Academia: «Que origina *conflicto.*»

conflicto, confluencia, confluente.

confluir Verbo irregular que se conjuga como *huir* (v.).

conformación, conformador.

conformar(se) Uso de preposiciones: Conformar su opinión *a, con* la ajena; conformarse *al, con* el tiempo.

conforme Uso de preposiciones: conforme *a, con* su opinión; conforme (con otro) *en* un parecer. Como conjunción, tiene valor comparativo-modal («llegó *conforme* había dicho») o temporal («*conforme* avanzaba la obra, se iba poniendo nervioso»).

conformidad, conformismo, conformista.

*confort Galicismo no admitido por la Academia; sí admite, en cambio, *confortable* («se aplica a lo que produce comodidad»), y *confortablemente,* por ir más de acuerdo con las características de nuestra lengua. *Confort* puede sustituirse por *comodidad, bienestar, desahogo.*

confortable, confortablemente V. *confort.*

confortación (1), **confortador (ra), confortamiento** (2), **confortante, confortar, confortativo, confracción.**

confraternar Es lo correcto, y no *confraternizar* (v.).

confraternidad.

confraternizar Voz admitida. Empléense también *fraternizar* o *confraternar,* que son palabras correctas.

confricación, confricar.

confrontación «Hubo una *confrontación* entre los dos bandos armados.» Es incorrecto; en lugar de confrontación, dígase *lucha, pugna, combate,* ya que *confrontación* significa «cotejo de una cosa con otra», «acción de *confrontar*» (*cotejar, carear*).

confrontar Uso de preposiciones: Confrontar un escrito *con* otro.

confucianismo «Secta de los *confucianos*» (doctrina de Confucio). También se admite *confucionismo*, pero en segundo lugar.

confuciano «Relativo a la doctrina de Confucio.» Se admite también *confucionista*, pero en segundo término.

confucionismo V. *confucianismo*.

confucionista V. *confuciano*.

confulgencia, confundible, confundimiento.

confundir(se) Uso de preposiciones: Confundir una cosa *con* otra; confundirse *en* sus juicios.

confusión V. *confusionismo*.

confusionismo «*Confusión* en las ideas o en el lenguaje.» Como puede verse, no es lo mismo que *confusión*, que no sólo se limita a las ideas y al lenguaje.

confusionista «Relativo al *confusionismo*» *(confusión)*. No confundir con *confucionista* (véase).

confuso (sa), confutación, confutador, confutar, confutatorio, conga, congelable, congelación (1), **congelador, congelamiento** (2), **congelante, congelar(se), congelativo, congénere, congenial.**

congeniar Uso de preposiciones: Congeniar *con* alguno.

congénito (ta), congerie.

congestión V. *congestionar*.

congestionar(se) Admitido el significado de «producirse una concurrencia excesiva de personas, vehículos, etcétera». También para *congestión* se acepta «concurrencia excesiva de personas, vehículos, etc., que ocasiona un entorpecimiento del tráfico».

congestivo, conglobación, conglobar, conglomeración, conglomerado, conglomerar, conglutinación, conglutinante, conglutinar, conglutinativo, conglutinoso.

Congo Denominación tradicional de un río africano, de la República Popular del Congo y de la República Democrática del Congo (hoy Zaire). Al habitante de estos estados se le llama *congoleño*. No se acepta el vocablo *congolés*.

congoleño V. *Congo*.

***congolés** V. *Congo*.

congosto, congraciador, congraciamiento.

congraciar(se) Uso de preposiciones: Congraciarse *con* otro.

congratulación.

congratular(se) Uso de preposiciones: Congratularse *con* los suyos; c. *de, por* alguna cosa.

congratulatorio, congregación.

***congregacionista** Barbarismo por *congregante* (individuo de una *congregación*).

congregante (ta) V. *congregacionista*.

congresista, congreso, congrio, congrua, congruencia, congruente, congruidad, congruismo, congruista, congruo (grua), conhorte, conicidad, cónico (ca), conífero (ra), conforme, conimbricense, conirrostro, conivalvo, coniza, conjetura, conjeturable, conjeturador, conjetural, conjeturante.

conjeturar Uso de preposiciones: Conjeturar (algo) *de, por* los indicios.

conjuez, conjugable.

conjugación Serie ordenada de las voces con que expresa el verbo sus modos, tiempos, números y personas. Los verbos pertenecen a tres clases distintas de conjugación: los de la *primera* terminan en *-ar* y su modelo es *amar* (v.); los de la *segunda* terminan en *-er* y su modelo es *temer* (v.); y los de la *tercera* terminan en *-ir* y su modelo es *partir* (v.). En cuanto a los verbos irregulares, se conjugan alterando sus radicales o las desinencias corrientes.

conjugado, conjugar.

conjunción Es la parte invariable de la oración que sirve para unir dos o más palabras u oraciones («París y Madrid son capitales europeas»; «vino, *pero* volvió a marcharse»). Pueden ser: simples, cuando constan de una sola palabra (*y, o, si, conque, pues,* etc.), o compuestas (modos conjuntivos), cuando constan de dos o más palabras (*por tanto, puesto que, a fin de que,* etc.). Las conjunciones se dividen en: Copulativas: *y, e, ni, que.* Unen simplemente las palabras. Disyuntivas: *u, o, ya, bien, que, ora,* etc. indican separación, diferencia o alternativa. Adversativas: *mas, pero, aunque, sino, siquiera.* Denotan oposición o contrariedad. Causales: *que, porque, pues, pues que,* etc. Denotan la causa o razón de lo que se indica en la primera frase. Consecutivas o ilativas: *conque, luego, pues, por tanto,* etc. indican una consecuencia de lo afirmado anteriormente. Condicionales: *si, como, con tal que, dado que, cuando,* etc. Expresan una condición o necesidad en la realización de una cosa. Finales: *para que, a fin de que, con objeto de que, porque,* etc. Expresan la finalidad de lo manifestado anteriormente. Comparativas: *como, así, así como, tal como,* etc. Denotan comparación entre unas oraciones y otras. Continuativas: *así pues, además, pues, así que, cuando,* etc. Denotan continuación. Concesivas: *aunque, siquiera, dado que, puesto que.* Expresan que se concede algo si se cumple una condición. Son conjunciones coordinantes las que unen oraciones independientes (entre ellas se cuentan las copulativas, continuativas, consecutivas, ilativas, causales, adversativas y disyuntivas). El resto de las conjunciones son subordinantes. Las causales y las ilativas pueden ser coordinantes y subordinantes.

conjuntamente, conjuntar, conjuntiva, conjuntival, conjuntivitis, conjuntivo, conjunto.

conjura Es lo mismo que *conjuración* (acuerdo hecho contra el Estado u otra autoridad). No confundir con *conjuro* (imprecación supersticiosa de los hechiceros).

conjuración V. *conjura.*

conjurado (da), conjurador, conjuramentar, conjurante, conjurar.

conjuro V. *conjura.*

conllevador, conllevar, conllorar, conmemorable, conmemoración, conmemorar, conmemorativo (va), conmemoratorio, conmensurabilidad, conmensurable, conmensu- ración, conmensurar, conmensurativo (va).

*con mí «Consultaré el asunto *con mí* mismo.» Es incorrecto; debe decirse «*conmigo* mismo».

conmigo Se escribe siempre junto, y no separado *(con migo).*

conmilitón, conminación, conminador, conminar, conminativo, conminatorio (ria), conmiseración, conmistión, conmisto, conmixtión, conmixto, conmoción, conmocionar, conmonitorio, conmovedor (ra).

conmover Verbo irregular que se conjuga como *mover* (v.).

conmutabilidad, conmutable, conmutación, conmutador.

conmutar Uso de preposiciones: Conmutar (una cosa) *con, por* otra.

conmutatividad, conmutativo, conmutatriz, connatural, connaturalización, connaturalizar, connaturalmente, Connecticut, connivencia, connivente.

*connoisseur Voz francesa en cuyo lugar debe usarse *entendido, conocedor, perito* (especialmente en arte).

connotación, connotado, connotante, connotar, connotativo, connovicio (cia), connubial, connubio, connumerar, cono, conocedor (ra).

conocer(se) Verbo irregular que se conjuga como *agradecer* (v.). Uso de preposiciones: Conocer *de* vista; c. *de,* en un asunto; c. *por* su fama. «¿Me *conoce* usted?», es barbarismo, cuando se habla con una persona a la que se ha conocido en otra ocasión; debe ser: «¿Me *reconoce* usted?»

conocible, conocido (da), conociente, conocimiento, conoidal, conoide, conoideo, conopeo, conopial.

con o sin «Se compra lancha *con* o *sin* motor.» Es incorrecto; debe decirse «*con* motor o *sin* él».

conque «*Con que* has llegado esta mañana, ¿verdad?» Es incorrecto; debe escribirse junto *(conque),* pues es conjunción ilativa o consecutiva. En la frase «ahí está el tren *con que* llegó», es correcto escribir *con que* separado, pues se trata del pronombre relativo *que* precedido de la preposición *con*.

conquense Es el natural de *Cuenca.*

conqui- Prefijo que significa *concha (conquiliología, conquiforme).*

conquiforme, conquiliología, conquiliólogo (ga), conquista, conquistable, conquistador (ra), conquistar, conrear, conreinar.

***con relación a** «Es un niño bajo, *con relación a* los de su edad.» Es más correcto decir *en relación con* o *con respecto a.*

consabido (da), consabidor, consaburense, consagrable, consagración (1), consagramiento (2), consagrante.

consagrar(se) Uso de preposiciones: consagrarse *al* estudio.

consanguíneo (a), consanguinidad.

consciencia Sólo se admite en psicología, donde significa «conciencia». Es preferible esta última voz.

consciente Es lo correcto y no *conciente,* que es barbarismo.

conscripción Para algunos países de América del Sur, la Academia lo admite como «servicio militar», lo mismo que *conscripto* («recluta»). En España ambos términos son anticuados.

conscripto *(Amér.)* Recluta, soldado.

consectario, consecución, consecuencia, consecuente, consecutivamente, consecutivo (va).

conseguir Verbo irregular que se conjuga como *pedir* (v.).

conseja, consejera, consejería, consejero.

consejo No confundir con *concejo* (véase).

consenso Es lo mismo que *asenso* (voz preferente), es decir, *consentimiento,* en especial de todas las personas de una corporación.

consensual, consentido (da), consentimiento (ra).

consentir Verbo irregular que se conjuga como *sentir* (v.). Uso de preposiciones: Consentir *en* algo; c. *con* los caprichos.

conserje, conserjería, conserva,

conservación, conservador (ra), conservaduría.

conservadorismo V. *conservadurismo.*

conservadurismo La Academia ha admitido la acepción de «actitud *conservadora* en política, ideología, etc.» Si bien *conservadurismo* es voz preferente, se acepta también la voz *conservadorismo.*

conservar(se) Uso de preposiciones: Conservarse *con, en* salud; c. *en* su retiro.

***conservatismo** Voz incorrecta; dígase *conservadurismo* (v.).

conservativo, conservatoría, conservatorio, conservería, conservero, considerabilísimo (ma), considerable, consideración, considerado (da), considerador, considerando, considerante, considerar, considerativo, conservo.

consigna Aceptada por la Academia la acepción de «local de las estaciones de ferrocarril en que los viajeros depositan temporalmente sus equipajes, paquetes, etc.»

consignación, consignador, consignar, consignatario, consigo, consiguiente, consiguientemente, consiliario (ria), consistencia, consistente.

consistir «El consejo *consistía* en doce ancianos», es incorrecto y en su lugar debe decirse «el consejo *se componía* de doce ancianos». Uso de preposiciones: Consistir *en* un conjunto de hechos.

consistorial, consistorio.

consocia Es el femenino de *consocio.* Se dice, pues, *la consocia,* y no *la consocio.*

consocio V. *consocia.*

consola Es lo correcto, y no *cónsola,* barbarismo que emplean algunos.

***cónsola** Incorrecto. (V. *consola.*)

consolable, consolación, consolador (ra), consolante.

consolar(se) Verbo irregular que se conjuga como *contar* (v.). Uso de preposiciones: Consolar (a uno) *de* una desdicha; consolar *en* su aflicción; consolarse *con* sus padres; consolarse *en* Dios.

consolativo, consolatorio, conso-

**lidación, consolidado (da), conso-
lidar, consolidativo.**

consomé Admitido por la Academia, que define «*consumado*, caldo en que se ha sacado la sustancia de la carne». *Consumado* es
preferente. Es incorrecto *consommé*, voz francesa.

**consonancia, consonante, conso-
nántico, consonantismo, con-
sonar, cónsono, consorcio.**

consorte Es del género común;
puede decirse *el consorte* y *la consorte*.

**conspicuo (cua), conspiración,
conspirador.**

conspirar Uso de preposiciones:
Conspirar *a* un fin; c. *con* otros; c.
contra alguno; c. *en* un intento.

constancia.

constante Uso de preposiciones:
Constante *en* la adversidad.

Constantinopla La antigua *Bizancio*, llamada después *Constantinopla*, es conocida actualmente
como *Estambul*. El natural de esa
ciudad recibe el nombre de *constantinopolitano*.

constantinopolitano V. *Constantinopla*.

Constanza Es un nombre de mujer, así como de una ciudad alemana y de un lago de Europa central.

constar Admitido el significado de
«quedar registrada por escrito una
cosa, o notificada oralmente a una
o varias personas». Uso de preposiciones: Constar *por* escrito.

constatación V. *constatar*.

constatar «Comprobar un hecho,
establecer su veracidad.» Voz admitida por la Academia, lo mismo
que *constatación*, «acción y efecto
de *constatar*».

constelación.

***constelado** Es galicismo cuando
se emplea en lugar de *estrellado*,
cubierto de estrellas, aludiendo al
firmamento. Con el mismo sentido, *constelar* debe sustituirse por
cubrir, sembrar, llenar (el cielo de
estrellas).

***constelar** V. *constelado*.

consternación, consternar.

constipación Significa «constipa-

do, catarro, resfrío, resfriado».
Constipación de vientre es «estreñimiento».

constipado, constipar V. *constipación*.

**constitución, constitucional,
constitucionalidad, constitucio-
nalmente, constituidor.**

constituir(se) Verbo irregular que
se conjuga como *huir* (v.). «*Cons-
tituir* heredero» es una impropiedad; se ha querido decir «*instituir*
(o *nombrar*) heredero».

**constitutivo (va), constituyente,
constreñimiento.**

constreñir Verbo irregular que se
conjuga como *ceñir* (v.). Significa
«obligar; apretar, oprimir». No
confundir con *estreñir*, «ponerse el
vientre en dificultad para evacuar».

**constricción, constrictivo (va),
constrictor (ra), constringente.**

construcción En gramática es el
orden y disposición que deben tener las palabras en la oración. Son
numerosas las incorrecciones que
se cometen en la construcción gramatical. A continuación se expo-
nen algunas: «*Es por eso que* me
siento agradecido» (galicismo),
debe ser «*por eso* me siento agradecido». «¿Quién eres *tú*?», es
«¿quién eres?» «A vosotros *dicen*
eso», es «a vosotros *os* dicen eso».
«Como *tú me* aconsejaste que lo
pidiera, lo solicité», es «como *me*
aconsejaste que lo pidiera, lo solicité». «No hace más que entrar y
salir *de casa*», es «no hace más que
entrar *en casa* y salir de ella». «Su
cuerpo temblaba», es «le temblaba
el cuerpo». «*Mis* mejillas *se* llenaron de rubor», es «las mejillas *se
me* llenaron de rubor». «Aparta al
alumno *aquél*», es «aparta *a* aquel
alumno». «Llévese *el libro* ese», es
«llévese *ese libro*». «Su padre de
usted», es «su padre», o «*el padre*
de usted». «El decreto *prohibiendo*
el juego», es «el decreto *que* pro-
híbe el juego».

constructivo (va), constructor (ra).

construir Verbo irregular que se
conjuga como *huir* (v.).

consubstanciación.

consubstancial Se admite también *consustancial*, aunque la Academia da como preferente la primera.

consubstancialidad, consuegrar, consuegro (gra), consuelda, consuelo, consueta, consuetudinario (ria).

cónsul V. *cónsula*.

cónsula El femenino de *cónsul* es *cónsula* o *consulesa*. Aunque la voz se define como «mujer del *cónsul*», puede valer también para el cargo diplomático.

consulado, consular, consulesa, consulta, consultable, consultación, consultante.

consultar Uso de preposiciones: Consultar *con* abogados; c. *para* un empleo.

consultivo (va), consultor (ra).

consultorio Admitida la acepción de «local en que el médico atiende y recibe a los pacientes».

consumación consumadamente.

consumado «Caldo de ternera, etc., que se hace sacando toda la sustancia.» También se ha admitido la voz *consomé*, pero la Academia prefiere *consumado*, aunque considera asimismo correcta la otra. Es incorrecto *consommé*.

consumador, consumante, consumar, consumativo.

consumátum est Locución latina que significa «todo ha terminado».

consumero, consumible, consumismo.

consumición Es incorrecto emplear esta voz como *cuenta, nota* (de restaurante). *Consumición* es «acción y efecto de *consumir*», «*gasto* de las cosas por efecto del uso».

consumido (da), consumidor (ra), consumimiento.

consumir(se) Uso de preposiciones: Consumirse *a* fuego lento; c. *con* la fiebre; c. *de* fastidio; c. *en* meditaciones.

consumo, consunción.

consuno (de) Es correcto; significa «juntamente, en unión, de común acuerdo».

consuntivo (va), consunto.

consustancial Admitido, aunque la Academia da como preferente *consubstancial*.

consustancialidad, contabilidad, contabilizar.

contable Ha sido admitido para esta voz el significado de «tenedor de libros, contador». Antes sólo se admitían estas dos expresiones.

contactar Voz admitida. Pero es mejor decir *establecer contacto*.

contacto, contadero.

contado Está aceptada la expresión *al contado* (con dinero contante).

contador V. *contable*. Se dice «*contador* de agua» (de gas, etc.), no *medidor*. En América, contable, tenedor de libros.

contaduría, contagiar, contagio, contagiosidad, contagioso (sa).

*container Es anglicismo innecesario. La Academia ha admitido, con elogiable prontitud, el término *contenedor* (envase metálico grande).

*con tal de que «Llévalo, *con tal de que* lo devuelvas» es incorrecto y debe escribirse «llévalo, *con tal que lo devuelvas*».

contaminación Aunque ha sido admitido el término *polución*, tan difundido, es preferible usar *contaminación* o *impurificación*, en lugar de aquél.

contaminador (ra), contaminante.

contaminar(se) Uso de preposiciones: Contaminarse *con* los vicios; c. *de* la herejía.

contante.

contar Verbo irregular que se conjuga del siguiente modo: INDICATIVO. *Presente:* cuento, cuentas, cuenta, contamos, contáis, cuentan. *Pret. imperf.:* contaba, contabas, contábamos, etc. *Pret. indef.:* conté, contaste, contamos, etc. *Futuro imperf.:* contaré, contarás, contaremos, etc. POTENCIAL: contaría, contarías, contaríamos, etc. SUBJUNTIVO. *Presente:* cuente, cuentes, cuente, contemos, contéis, cuenten. *Pret. imperfecto:* contara o contase, contaras o contases, contáramos o contásemos, etc. *Futuro imperf.:* contare, contares, contáremos, etc. IMPERATIVO: cuenta, contad. Participio: contado. Gerundio: contando.

contemperante, contemperar, contemplación, contemplador (ra), contemplar, contemplativo (va), contemplatorio, contemporaneidad, contemporáneo (a), contemporáneamente, contemporización, contemporizador (ra).

contemporizar Uso de preposiciones: Contemporizar *con* alguna persona.

contención, contencioso, contendedor.

contender Verbo irregular que se conjuga como *entender* (v.). Significa también «discutir, contraponer opiniones». Uso de preposiciones: Contender *con* alguno; c. *sobre* alguna cosa; c. *en* hidalguía; c. *por* las armas.

contendiente, contendor.

contenedor Admitido. En ningún caso debe usarse la voz inglesa *container.*

contenencia.

contener(se) Verbo irregular que se conjuga como *tener* (v.). Uso de preposiciones: Contenerse en sus deseos.

contenible, contenido, conteniente, contenta, contentación, contentadizo (za), contentamiento, contentar, contentible, contentivo, contento (ta), contera, contérmino, contero.

conterráneo «Natural de la misma tierra que otro.» También admite la Academia *coterráneo,* aunque da preferencia a la primera voz.

contertuliano (2), contertulia, contertulio (1).

contestable «Que se puede impugnar.» Es correcto el empleo que se da actualmente a la voz en lo relativo a esta palabra; no se admite esta acepción, en cambio, para *contestación* y *contestar* (v.). En cuanto a *contestatario* (v.), ha sido aceptada por la Academia.

contestación V. *contestable.*

contestar «Es prueba que no puede ser contestada.» *Contestada* es un galicismo que debe sustituirse en este caso por *negada, impugnada.* (V. *contestable.*)

contestatario (ria) Aunque admitido, es mejor decir *disidente, oponente, opuesto, contrario.* (V. *contestable* y *contestar.*)

contestón (na), contexte, contexto, contextual, contextura, contezuela, conticinio, contienda, contigo, contiguamente, contigüidad, contiguo (gua), continencia, continental.

continente Con mayúscula en *Nuevo Continente, Antiguo Continente,* y con minúscula en los demás casos (*el continente* africano, Gran Bretaña y *el continente*).

contingencia.

contingente Admitida la acepción «número de soldados, fuerzas militares».

contingible, continuación, continuado, continuador, continuamente.

continuar Uso de preposiciones: Continuar *por* buen camino; c. *con* salud.

continuativo, continuidad, continuo (nua).

*con todo y «No vino, *con todo y* haberle llamado.» Incorrecto, debe decirse «no vino, *aun* habiéndole llamado» («*a pesar* de haberle llamado», «*no obstante* haberle llamado»).

contonearse, contoneo, contorcerse, contorción, contornado, contornar, contornear, contorneo, contorno, contorsión, contorsionarse.

contorsionista Es palabra de género común: *El contorsionista,* y *la contorsionista* (persona que ejecuta *contorsiones* difíciles en los circos).

contra Preposición que indica oposición, contrariedad. En las voces compuestas se emplea como prefijo (*contrabajo, contraalmirante*). Incorrecciones: «Tu puerta está *contra* la de ella» debe ser «*contigua* (o *junto*) a la de ella». «Clavó el cuadro *contra* el muro», es «clavó el cuadro *en* el muro». «Se le devolverá *contra* entrega del vale», es «*previa* entrega del vale». «*Contra* más insistas, menos conseguirás», es «*cuanto* más insistas, menos conseguirás».

contra- Prefijo que indica oposición o contrariedad (*contrabajo, contraorden*).

contraalmirante La Academia admite también *contralmirante*, aunque prefiere la primera voz.

contraamura, contraaproches, contraarmadura, contraarmiños, contraatacante, contraatacar.

contraataque Con dos *aes*, no *contratacante, contraatacar*, ni *contrataque*, que son incorrectas.

contraaviso, contrabajete.

contrabajo «Instrumento de cuerda de tamaño mucho mayor que el violín.» Se escribe siempre junto, pues *con trabajo* tiene otro significado.

contrabajón, contrabajonista, contrabalancear, contrabalanza, contrabandado, contrabandear, contrabandeo, contrabandista, contrabando, contrabarrera, contrabasa, contrabatería, contrabatir, contrabloqueo, contrabolina, contracambio, contracanal, contracancha, contracarril, contracarta.

contracción En gramática, es la reunión de dos palabras en una cuando la primera termina en vocal y la segunda empieza con otra vocal (*al* por *a el; del* por *de el*). Esta contracción es válida para el artículo, pero no para el pronombre (se lo dije *a él*). Tampoco debe emplearse cuando el artículo integra un nombre propio (vengo de *El* Escorial, periodista *de El Gráfico*).

contracebadera, contracédula.

***contraceptivo** Es incorrecto, lo mismo que *contraconceptivo;* en su lugar deben emplearse *anticoncepcional* o *anticonceptivo*, ambas correctas y admitidas.

contracifra, contraclave, contracodaste.

***contraconceptivo** V. *contraceptivo.*

contracorriente, contracosta, contractibilidad, contráctil, contractilidad, contractivo (va), contracto, contractual, contracuartelado,

contrachapado (1), **contrachapeado** (2), **contradanza.**

contradecir(se) Verbo irregular que se conjuga como *decir* (v.). Barbarismos: *contradecido, contradecí, contradeciste, contradeciera*. En su lugar debe decirse *contradicho, contradije, contradijiste, contradijera,* respectivamente.

contradicción, contradictor (ra), contradictorio (ria), contradicho (cha), contradique, contradriza, contradurmiente, contraemboscada, contraembozo, contraenvite.

contraer Verbo irregular que se conjuga como *traer* (v.).

contraescarpa, contraescota, contraescotín, contraescritura, contraestay.

contrafacción Voz anticuada que significa «infracción, quebrantamiento». Es incorrecto emplearla como «falsificación» (*contrafacción* de billetes).

contrafacer, contrafajado, contrafallar, contrafallo, contrafigura, contrafilo, contrafirma, contrafirmante, contrafirmar, contraflorado, contrafoque, contrafoso, contrafuego, contrafuero, contrafuerte, contrafuga, contragolpe, contraguardia, contraguerrilla, contraguía.

***contra gustos** «*Contra gustos* no hay nada escrito», es incorrecto; escríbase «*sobre gustos* no hay nada escrito».

contrahacedor, contrahacer, contrahacimiento, contrahaz, contrahecho (cha), contrahechura, contrahierba, contrahilera, contrahílo (a), contrahuella.

contraindicación «Acción y efecto de contraindicar» («disuadir de la utilidad de un remedio que parece conveniente»). Es voz admitida y se escribe en una sola palabra. También se aceptan *contraindicado* y *contraindicador*.

contraindicante, contraindicado, contraindicar, contralecho (a), contralizo.

contralmirante Admitida, lo mismo que *contraalmirante*, aunque es preferente esta última.

contralor, contralorear, contralto.

contraluz Femenino, según la Academia (la contraluz), aunque generalmente se usa como masculino (el contraluz).

contramaestre, contramalla, contramallar, contramantar, contramandato, contramangas.

contramano (a) «En dirección contraria a la prescrita por la autoridad.» Es correcto, entonces, decir «el coche circula a contramano».

contramarca, contramarcar, contramarco, contramarcha, contramarchar, contramarea, contramesana, contramina, contraminar, contramuelle, contramuralla, contramuro.

contranatural Voz preferente, aunque también se acepta antinatural.

contraorden, contrapalado, contrapalanquín, contrapar, contrapartida, contrapás, contrapasamiento, contrapasar, contrapaso, contrapear, contrapechar, contrapelo (a).

contrapesar Uso de preposiciones: Contrapesar (una cosa) con otra.

contrapesar, contrapeste, contrapilastra, contraponedor.

contraponer(se) Uso de preposiciones: Contraponer (una cosa) a, con otra.

contraportada, contraposición, contrapotenzado, contrapozo, contraprestación, contraprincipio, contraproducente, contraproposición, contraproyecto, contraprueba, contrapuerta, contrapuesto (ta), contrapunta, contrapuntante, contrapuntarse, contrapuntear, contrapunteo, contrapuntista, contrapunto, contrapunzar, contrapunzón, contraquilla.

*contrareforma Incorrecto, es contrarreforma. Se escribe en una sola palabra, no separado, y con dos r.

contra reloj «Modalidad de carrera ciclista»; admitido por la Academia, se escribe separado, y nunca contrarreloj.

*contrarevolución Incorrecto, es contrarrevolución, en una sola palabra y con dos r.

contrariado «Lo has contrariado», es incorrecto; debe decirse «lo has enfadado» (disgustado).

contrariar, contrariedad, contrario (ria).

contrarreforma Es lo correcto, y no con una sola r. Escríbase en una sola palabra.

contrarréplica, contrarrestar, contrarrevolución V. contrarreforma.

contrarroda, contrarronda, contrarrotura, contrasalva, contraseguro, contrasellar, contrasello.

contrasentido Puede usarse como sinónimo de error, disparate, absurdo. Se escribe en una sola palabra.

contraseña, contraseñar, contrastable, contrastante, contrastar, contraste, contrata.

*contratacar Lo correcto es contraatacar, con dos aes. Lo mismo para contraatacante y contraataque.

contratación, contratamiento, contratante.

contratapa No se admite como «una parte del libro», sino con el significado de «carne de vaca entre la babilla y la tapa».

*contrataque V. contratacar.

contratar, contratela, contratiempo, contratista, contrato.

contratorpedero Voz admitida, lo mismo que cazatorpedero, aunque es preferente esta última.

contratreta, contratrinchera, contravalación, contravalar, contravapor, contravención.

contraveneno Se escribe en una sola palabra; es un «medicamento para contrarrestar los efectos de un veneno».

contravenir Verbo irregular que se conjuga como venir (v.).

contraventana, contraventor (ra), contraventura, contraverado, contraveros, contravidriera, contravoluta, contrayente, contrecho, contribución, contribuidor (ra).

contribuir Verbo irregular que se conjuga como huir (v.). Uso de preposiciones: Contribuir a, para tal cosa; c. con dinero.

contribulado, contributario, contributivo, contribuyente.

*contricción Incorrecto. Es *contrición*.

contrincante, contristar, contrito (ta).

control Voz admitida por la Academia en sus dos principales acepciones: «Inspección, fiscalización, intervención», y «dominio, mando, preponderancia». También se admiten *controlable, controlador* y *controlar*.

controlable, controlador, controlar. V. *control*.

controversia, controversial, controversista, controverso, controvertible.

controvertir Verbo irregular que se conjuga como *sentir* (v.). Es incorrecto escribir *controverter*.

contubernio, contumacia, contumaz, contumelia, contumelioso, contundencia, contundente, contundir, conturbación, conturbado (da), conturbador, conturbar(se), conturbativo, contusión.

*contusionar Es incorrecto; en su lugar debe emplearse *contundir* (magullar, golpear).

contuso (sa), contutor, conurbación.

convalecencia Es lo correcto, y no *convalecencia* (v.), como se escribe a veces.

convalecer, convaleciente V. *convalescencia*.

*convalescencia Incorrecto; debe escribirse *convalecencia*, lo mismo que *convalecer* y *convaleciente*.

convalidación, convalidar.

convección V. *convención*.

convecino (na), convelerse, convencedor.

convencer(se) Uso de preposiciones: Convencerse con las razones; c. *de* la razón.

convencimiento.

convención Admitido el significado de «asamblea», aunque la Academia lo restringe a «los representantes de un país». No confundir con *convección*, «propagación del calor por masas móviles de materia, como corrientes de gases y líquidos».

convencional Voz admitida, pero no con el significado que suele dársele hoy, con influencia inglesa: «Un aparato *convencional*.» En su lugar debemos emplear *tradicional, normal, corriente, usual, conocido*.

convencionalismo, convenible, convenido (da), conveniencia, conveniente, convenio.

convenir Verbo irregular que se conjuga como *venir* (v.). Uso de preposiciones: Convenir *con* otro; c. *en* alguna cosa; c. una cosa *al* enfermo; c. *en* marcharse.

conventículo.

conventillo *(Amér.)* Inquilinato, tugurio.

convento, conventual, convergencia, convergente.

converger La Academia admite en primer término *converger*, aunque también acepta *convergir*. Es incorrecto decir *convirgió, convirgiese, convirjáis;* en su lugar es *convergió, convergiese, convergiéis*, ya que se trata de un verbo regular.

conversa, conversable, conversación, conversador (ra), conversante.

conversar Uso de preposiciones: Conversar *sobre* temas importantes.

conversión, conversivo, converso (sa), convertibilidad, convertible, convertidor.

convertir(se) Verbo irregular que se conjuga como *sentir* (v.). Uso de preposiciones: Convertir el papel *en* dinero; convertirse *al* catolicismo; c. el mal *en* bien.

convexidad, convexo (xa), convicción, convicto (ta), convictor, convictorio, convidada, convidado, convidador, convidante.

convidar Uso de preposiciones: Convidar *a, para* la fiesta.

convincente, convincentemente.

*convirgió Es incorrecto; debe escribirse *convergió;* del mismo modo, *convirgiese, convirjáis* es *convergiese, convergiéis*, pues *converger* (1) o *convergir* (2) son verbos regulares.

convite, convival, convivencia, conviviente, convivió, convivir,

convocación, convocadero, convocador.

convocar Uso de preposiciones: Convocar *a* junta.

convocatoria, convocatorio, convolar, convolvuláceo, vonvólvulo.

convoy Voz admitida: «Escolta para llevar con seguridad alguna cosa por mar y por tierra.» El plural es *convoyes*, no *convoys*.

convoyante, convoyar, convulsión, convulsionante.

***convulsionado** Es incorrecto; dígase *convulso*.

convulsionar, convulsionario.

convulsivo (va) Se admite *tos convulsiva* y *tos convulsa*.

convulso V. *convulsivo*.

convusco, conyugal.

cónyuge La *g* se pronuncia como si fuera *j*, y no como si se escribiera *cónyugue* (incorrecto).

conyuguicida, conyuguidicio.

***cónyugue** Incorrecto; es *cónyuge* (véase).

coña «Guasa, burla disimulada»; aceptado por la Academia como término vulgar.

coñac Es la voz correcta, y no *cognac*. La población, en cambio, se escribe como en francés, «un *coñac de Cognac*». El plural de *coñac* es *coñacs*, no *coñaques*.

coñearse, coño, Cook.

***coolí** La Academia admite *culi* (no *culí*), para designar a este «trabajador de los países de Oriente».

Coolidge, cooperación, cooperador (ra), cooperante.

cooperar Uso de preposiciones: Cooperar *a* alguna cosa; c. *con* otro.

cooperario, cooperativa, cooperativismo, cooperativista, cooperativo (va), coopositor, cooptar, coordenado (da), coordinación (1), **coordinado (da), coordinador (ra), coordinamiento** (2), **coordinante, coordinar, coordinativo, copa, copado (da), copador, copaiba, copaína, copal, cópano, copar, coparticipación, copartícipe, copayero, copazo, cope, copé, copear.**

***copec** Esta voz rusa no está admitida por la Academia, ni tampoco *kopek, copeck,* etc. Sí se admite *rublo*. El *copec* (preferible a *kopek*) vale una centésima parte de rublo.

copelsillo, copela, copelación, copelar, Copenhague, copeo, copépodo, copera, Copérnico, copernicano, copero, copete.

copetín Voz admitida para América; significa *aperitivo, cóctel.*

copetuda, copetudo, copey.

copia La primera acepción que da la Academia es la de «muchedumbre o abundancia de una cosa». Aunque aparece en todos los diccionarios, es una acepción poco usada, excepto por los puristas.

copiador (ra), copiante.

copiar Uso de preposiciones: Copiar *a* máquina; c. *del* original.

copiloto Voz admitida por la Academia: «Piloto auxiliar.»

copión «Copia mala de un cuadro»; no significa «chico que *copia* a su compañero».

copiosidad, copioso (sa).

***copiright** V. *copyright*.

copista, copistería, copla, coplear, coplería, coplero (ra), coplista, coplón, copo, copón, coposesión, coposesor, coposo (sa), copra, coprofagia, coprófago (ga), coprolito.

copropietario Referido a la propiedad horizontal (admitido), es voz más eufónica que *condueño*.

cóptico (2), **copto (ta)** (1), **copudo, cópula, copular, copulativo (va).**

***copyright** Voz inglesa que debe sustituirse por *derecho de autor, derecho de propiedad literaria.*

coque Es la forma más correcta de escribir el nombre de este combustible sólido. También se admite *cok*, aunque es preferente la primera voz. No son correctas *coke* ni *cock*.

***coqueluche** Es galicismo; debe decirse *tos ferina* (separado), *tos convulsiva* o *tos convulsa*.

coquera, coquería, coqueta, coquetear, coqueteo (2), **coquetería** (1), **coqueto** (2), **coquetón (na)** (1), **coquina, coquinario (ria), coquino, coquito, coquizar, coracán, coráceo, coracero, corachina, coracoides, córacha, corada, coraje, co-**

rajina, corajoso (sa), corajudo (da), coral, coralario, coralero (ra), coralífero (ra), coralígeno, coralillo, coralina, coralino, coralito, corambre, corambrero.

córam pópulo Locución latina que significa «en público».

Corán Voz admitida, aunque es preferente *Alcorán*. «Libro sagrado de los mahometanos.»

corana, coránico, coranvobis, coras, coraza, corazón, corazonada, corazoncillo, corazonista, corbachada, corbacho, corbata, corbatería, corbatero (ra), corbatín, corbato.

*corbeille Galicismo poco usado actualmente; es «cesta de flores».

corbeta, corbona, corcel, corcesca, corcino, corconera, corcova, corcovado (da).

corcovar «*Encorvar*, hacer que una cosa tenga *corcova*.» No confundir con *corcovear*, «dar *corcovos*» (un animal).

corcovear V. *corcovar*.

*corcoveo Incorrecto; es *corcovo*.

corcoveta.

corcovo Es lo correcto, y no *corcoveo*.

corcusido (da), corcusir, corcha, corchapín, corchar, corche, corchea, corchera, corchero, corcheta, corchetada, corchete, corcho.

¡córcholis! Exclamación equivalente a *¡caramba!*

corchoso, corchotaponero, cordada, cordado, cordaje, cordal, cordato, cordel, cordelado, cordelar cordelazo, cordelejo, cordelería, cordelero (ra), cordellate, cordera, cordería, corderil, corderillo, corderina, corderino, cordero.

cordi- Prefijo que significa «corazón» *(cordialidad, cordiforme)*.

cordiaco, cordial, cordialidad, cordiforme, cordila, cordillo, cordilla.

cordillera Se escribe con minúscula: la *cordillera* andina, la *cordillera* pirenaica.

cordillerano (na), cordimariano (na), cordita.

Córdoba El natural de esta ciudad y su provincia recibe el nombre de *cordobés* o *cordubense*.

cordobán, cordobanero, cordobés, cordón, cordoncillo, cordonería, cordonero (ra).

*cordován Es incorrecto; debe escribirse *cordobán*.

cordubense, cordula, cordura.

corea Con minúscula cuando significa «enfermedad crónica del sistema nervioso». Con mayúscula, cuando se alude al país asiático. El natural de este país recibe el nombre de *coreano*.

coreano (na), corear, corega, coreo, coreografía, coreográfico, coreógrafo, corepíscopo, corete, corezuelo, Corfú, cori, coriáceo, coriámbico, coriambo, coriandro, coriano (na), coribante.

corifeo «El que es seguido de otros en una opinión, secta o partido.» Suele emplearse, incorrectamente, a la inversa, como «persona que sigue a otros».

coriláceo (a), corimbo, corindón, coríntico (ca).

corintio (a) V. *Corinto*.

Corinto El natural de esta ciudad de la antigua Grecia recibe el nombre de *corintio*; lo perteneciente a *Corinto* es *coríntico*.

corion, corista, corito.

coriza Es femenino: la *coriza*.

corla, corlador, corladura, corlar, corlear, corma, cormiera, cormorán.

cornac Admitido: «Hombre que en la India y otras regiones de Asia guía y cuida a un elefante.» La voz preferente es *cornaca*.

cornaca V. *cornac*.

cornáceo, cornada, cornado, cornadura, cornal, cornalina, cornalón, cornamente, cornamusa, cornatillo, córnea, corneador, cornear, corneja, cornejal, cornejo, cornelina, córneo (a).

*corner Voz inglesa empleada en fútbol. En su lugar debe usarse *saque de esquina*.

corneta, cornete, cornetilla, cornetín, cornezuelo, corniabierto, cornial, cornibrocho, cornicabra, corniforme, cornigacho, cornígero, cornija, cornijal, cornijamento, cornijón, cornil, corniola, cornisa,

cornisamento (1), **cornisamiento** (2), **corniveleto, cornizo, corno.**

Cornualles Nombre con que se designa en nuestra lengua el condado inglés de *Cornwall*.

cornucopia, cornudilla, cornudo.

cornúpeta (2), **cornúpeto** (1) Ambas admitidas; toro de lidia. *Cornúpeta* es más bien una voz de numismática.

*****Cornwall** V. *Cornualles*.

coro, corocha, corografía, corográfico, corógrafo.

coroideo (a) Voz grave, con acento fonético en la *e*; es incorrecto *coróideo* (esdrújula).

coroides, corojo, corola, corolario, coroliflora, corolla, corona, corona fúnebre, coronación, coronado (da), coronador, coronal, coronamiento (2), **coronamiento** (1).

coronar Uso de preposiciones: Coronar *con, de* flores; coronar *por* monarca.

coronario (ria), coronda, corondel, coronel, coronela.

*****coronelato** El empleo de coronel es *coronelía*, no *coronelato*, voz incorrecta.

coronelía V. *coronelato*.

corónide, coronilla, coronio, corosol, coroza, corozo, corpa.

corpachón Voz familiar, aumentativo de *cuerpo*. Admitido, aunque es preferible **corpanchón**.

corpanchón, corpazo, corpiño, corporación, corporal, corporalidad, corporativo (va), corporeidad, corpóreo (a).

corporificar Es lo correcto, y no *corporizar* (no admitida), cuando se habla de «personificar, encarnar».

*****corporizar** Incorrecto. (V. *corporificar*.)

corps Vos admitida (procede del francés) por la Academia para designar únicamente algunos empleos para el servicio de la persona del rey: *sumiller de corps, guardia de corps.*

corpudo, corpulencia, corpulento (ta).

Corpus «Día en que la Iglesia celebra la fiesta de la Eucaristía.» Así denomina esta fiesta la Academia, y no *Corpus Christi*.

Corpus Christi V. *Corpus*.

corpuscular, corpúsculo, corral, corralada, corralera, corralero, correa, correaje, correal, correar, correazo, corrección, correccional, correccionalismo, correccionalista, correctivo, correcto (ta), corrector (ra), corredentor, corredera, corredero, corredizo (za), corredor (ra), corredura, correduría, correría, correro, corregencia, corregente, Correggio, corregible, corregidor (ra), corregimiento.

corregir(se) Verbo irregular que se conjuga como *pedir* (v.). Uso de preposiciones: Corregirse *de* una falta.

correhuela, correinado, correinante, correjel, correlación, correlativamente, correlativo (va), correlato, correligionario (ria), correncia, correndilla, correntía, correntino, correntío, correntón, correo.

correos Con mayúscula cuando se alude al organismo (el director de *Correos y Telégrafos*) o al edificio (la sucursal de *Correos* está cerca); con minúscula en los demás casos (el buzón de *correos*).

correoso (sa).

correr(se) Uso de preposiciones: Correr *a* caballo; c. *con* los gastos; c. *en* busca de otro; correrse *de* vergüenza.

correría, correspondencia.

corresponder Uso de preposiciones: Corresponder *a* los favores; c. *con* el bienhechor; c. *con* agradecimiento.

correspondiente, corresponsal, corresponsalía, corretaje, corretear, correteo, corretero.

correveidile Aceptado: «Persona que lleva y trae cuentos y chismes.» El plural es igual, y no *correveidiles*.

correverás, corrida, corrido.

corriente Al final de renglón, la palabra se separa así: *co- rriente* (se escriben las dos *r* al comienzo de la línea siguiente). «El treina *de* los corrientes» es incorrecto; debe escribirse «el treinta *del* corriente». *Corriente* se abrevia *cte*.

*corrientísimo Incorrecto; es *corrientísimo*, o *muy corriente*.

corrigendo, corrillero, corrillo, corrimiento, corrincho, corrivación, corriverás, corro, corroboración, corroborante, corroborar, corroborativo.

corroer Verbo irregular que se conjuga como *roer* (v.).

corrompedor, corromper, corrompible, corrosible, corrosión, corrosivo (va), corroyente, corrugación, corrugado (cartón), corrugar, corrumpente, corrupción, corruptela, corruptibilidad, corruptible, corruptivo, corrupto (ta), corruptor (ra).

corrusco Admitido, como *cuscurro*, aunque es preferente esta última voz. También se acepta *coscurro*. Es incorrecto *currusco*.

corsa, corsario (ria).

corsé Admitido: «Ajustador interior que usan las mujeres.» Es galicismo la voz *corset*. El plural de *corsé* es *corsés*.

*corset Incorrecto. (V. *corsé*.)

corsetería, corsetero (ra), corso, corta, cortabolsas, cortacallos, cortacésped, cortacigarros.

cortacircuitos «Aparato que interrumpe automáticamente la corriente cuando es excesiva o peligrosa.» No confundir con *cortocircuito* (v.).

cortacorriente, cortada, cortadera, cortadillo, cortado, cortador (ra), cortadura.

cortafrío «Cincel para cortar hierro frío.» Es incorrecto decir *cortafríos*.

cortafuego «Vereda ancha en los montes para que no se propaguen los incendios.» Es incorrecto *cortafuegos*.

cortalápices, cortante, cortapapeles, cortapicos, cortapiés, cortapisa.

cortaplumas Es masculino, *el cortaplumas*. No es *cortapluma*.

cortapuros, cortar(se), cortaúñas, cortaviento.

corte Se escribe comúnmente con minúscula: «La *corte* de Felipe II»; pero con mayúscula si reemplaza el nombre de una ciudad: «la *Villa*

y Corte» (Madrid), según explica Sainz de Robles.

cortedad, cortejador (ra), cortejante, cortejar, cortejo, cortés, cortesanazo, cortesanía, cortesano (na).

cortesía Los tratamientos de cortesía son los siguientes: *Su Majestad* (S. M.), el rey. *Alteza Real* (A. R.), los príncipes e infantas (hijos de reyes), infantes y regentes. *Excelencia*, los jefes de Estado y los presidentes de nación. *Excelentísimo Señor* (Excmo. Sr.), los ministros, los secretarios de Estado, los gobernadores civiles y militares, los generales de Tierra, Mar y Aire, los embajadores, los consejeros de Estado, los grandes de España y sus primogénitos, los que poseen una gran cruz (laureada de San Fernando, Mérito militar, etc.), los arzobispos, el presidente del Tribunal Supremo y Constitucional, el del Congreso de los Diputados, el del Senado, los magistrados y los fiscales del Tribunal Supremo, los presidentes y los fiscales de las Audiencias territoriales, los miembros de las Academias (del Instituto de España), los obispos, los alcaldes de Madrid y Barcelona. En el texto del escrito se pone V. E. (Vuestra Excelencia). *Ilustrísimo Señor* (Ilmo. Sr.), los subsecretarios y los directores generales del Gobierno, los jefes superiores de Administración, los obispos, los cónsules, los presidentes y los fiscales de Audiencias provinciales, los rectores y los decanos de universidades, los alcaldes de capitales de provincia que no sean Madrid y Barcelona. En el texto del escrito se pone V. I. (Usía Ilustrísima). *Señoría*, los duques, marqueses, condes y vizcondes; si además son grandes de España tienen tratamiento de Excelentísimos. *Su Santidad* (S. S.), el Papa. *Eminencia Reverendísima* (Emcia. Rvma.), los cardenales. *Excelentísimo y Reverendísimo* (Excmo. y Rvmo.), los arzobispos. *Ilustrísimo y Reverendísimo* (Ilmo. y Rvmo.), los obispos. *Reverendo* (Rdo. P., Rda.

M.), los superiores de comunidad religiosa. *Padre* (P.), los sacerdotes y religiosos profesos. *Madre* (M.), las religiosas profesas y las que regentan comunidades religiosas. *Hermano*, los religiosos legos (algunos, *fray*). *Hermana*, las monjas (se les llama *sor*).

corteza, cortezo, cortezudo, cortical, cortijada, cortijero, cortijo, cortina, Cortina d'Ampezzo, cortinaje, cortinal, cortinilla, cortisona.

corto (ta) Uso de preposiciones: Corto *de* genio; corto *en* dar.

cortocircuito Se escribe así cuando se alude a la «descarga que se produce cuando se unen dos conductores eléctricos». Es incorrecto, en este caso, *cortacircuito.*

cortometraje Es voz admitida por la Academia. Dígase también película de *corto metraje.*

cortón, coruja, corulla.

Coruña, La El natural de esta ciudad y su provincia recibe el nombre de *coruñés.*

coruñés, coruscante, coruscar, corusco, corva, corvado, corvadura, corval, corvar, corvato, corvaza, corvejón.

corveta «Movimiento del caballo, sobre las patas traseras y con los brazos en el aire.» No confundir con *corbeta*, un navío.

corvetear, córvido, corvina, corvinera, corvino, corvo (va), corza, corzo, corzuelo, Cos (isla).

cosa «¿Qué cosa es?» Incorrecto; debe decirse: «¿qué es?» «Deme *alguna cosa* de cenar»; incorrecto, es «deme *algo* de cenar». «Es *cosa de nada*», debe decirse «es *una insignificancia*.» Por consiguiente, no debe abusarse del empleo de la palabra *cosa.*

cosaco, cosario, coscarse, coscoja, coscojal, coscojar, coscojo, coscón, coscorrón, coscorronera.

coscurro Admitido: V. *corrusco.*

cosecante, cosecha, cosechadora, cosechar, cosechero (ra), cosechón, cosedizo, cosedura, coselete, Cosenza, coser, cosetada, cosetano, cosible, cosicosa, cosido (da), cosidura, cosificación, co-

sificar, cosijo, cosmético (ca), cósmico (ca).

cosmo- Prefijo que significa «mundo» *(cosmografía, cosmogónico, cosmológico).*

cosmogonía, cosmogónico, cosmografía, cosmográfico, cosmógrafo, cosmología, cosmológico, cosmólogo.

cosmonauta Admitido por la Academia, lo mismo que *cosmonáutico (ca)* y *cosmonave.* Igualmente se aceptan *astronauta, astronáutico (ca)* y *astronave.*

cosmopolita, cosmopolitismo, cosmorama, cosmos, coso, cospe, cospel, cosque, cosquillar.

cosquillas Es femenino y plural. No posee singular.

cosquillear, cosquilleo, cosquilloso (sa), Cossío, costa, costado, costal, costalada (1), **costalazo** (2), **costalero, costana, costanera, costanero, costanilla.**

costar Verbo irregular que se conjuga como *contar* (v.).

Costa Rica El natural de este país de Centroamérica recibe el nombre de *costarriqueño* (1) o *costarricense* (2).

costarricense, costarriqueñismo, costarriqueño.

coste «Cantidad que se da o se paga por una cosa.» El mismo significado tiene *costo.* En cambio, *costas* son los «gastos judiciales».

costeador (ra), costear, costeño, costero (ra), costil.

costilla «Una *costilla* asada de cerdo»; en cocina es incorrecto, pues *costilla* es tan sólo el *hueso.* Lo que se ha querido decir es «una *chuleta* asada de cerdo».

costillaje (2), **costillar** (1), **costilludo, costino.**

*costipado Es incorrecto, y debe escribirse *constipado* (resfriado). Lo mismo con *constiparse*, etc.

costo V. *coste.*

costoso (sa), costra, costrada, costrón, costroso (sa), costumbre, costumbrista, costumbrismo, costura, costurera, costurero, costurón, cota, cotana, cotangente, cotanza,

cotarrera, cotarro, cote, cotejable, cotejar, cotejo, coterránea.

coterráneo Admitido, aunque es preferente *conterráneo*. El femenino es *coterránea*.

cotí, cotidianidad, cotidiano (na), cotila, cotiledón, cotiledóneo (a), cotilla, cotillear, cotilleo, cotillero (ra), cotillo.

cotillón La definición de la Academia es: «Danza con figuras y generalmente en compás de vals que suele ejecutarse al fin de los bailes de sociedad.»

cotín, cotiza, cotizable.

cotización V. *cotizar*.

cotizado (da).

cotizar «Dar el precio de una cosa.» Es incorrecto decir «hay que *cotizar* entre todos», como si fuera *pagar, escotar*. De igual modo se emplea *cotización*, y debe usarse *pago, cuota, contribución*.

coto, coto (poner), cotobleo, coón, cotonada, cotoncillo, cotinía, cotorra, cotorrear, cotorreo, cotorrera, cotorrón.

*cottage Voz inglesa que debe sustituirse por *cabaña*, casa de campo.

*couché Voz francesa; debe usarse en su lugar *cuché*, palabra admitida por la Academia.

coulomb Voz admitida por la Academia con nombre del *culombio*, en la nomenclatura internacional.

*country club Expresión inglesa; debe emplearse *club de campo*.

*coupé Voz francesa; están admitidos los vocablos *cupé* o *berlina*, hablando de coches.

*couplet Voz francesa que se sustituye por *cuplé*, vocablo admitido.

*court Voz inglesa que debe sustituirse por *tribunal, juzgado; cancha, campo*.

covacha, covachuela, covachuelista, covalonga, covanillo.

*cow-boy Anglicismo. Debe decirse *vaquero*.

coxa, coxal, coxalgia, coxálgico, coxcojilla.

*coxígeo Incorrecto, es *coccígeo*.

coxis Voz admitida, aunque es preferente *cóccix* (hueso de las últimas vértebras).

coya, coyote, coyotero, coyunda, coyuntero.

coyuntura «Combinación de factores y circunstancias que presenta una nación.» Acepción recientemente admitida por la Academia.

coyuntural Está aceptado. También puede decirse *de la coyuntura, de la situación*.

coz, crabrón.

*crac Voz inglesa; debe sustituirse por *quiebra comercial, desastre financiero*.

-cracia Sufijo de origen griego que significa «fuerza, dominación»: *democracia*.

*crack Vocablo inglés; en su lugar debe emplearse *as, ídolo*, aludiendo a deportes. También es *hundimiento, bancarrota*.

*cracking Voz inglesa; se sustituye por *craqueo* (voz admitida por la Academia): «Ruptura de las moléculas de ciertos hidrocarburos.»

Cracovia El natural de esta ciudad polaca recibe el nombre de *cracoviano*.

cracoviano (na), cramponado, cran, Cranach, craneal (1), craneano (2), cráneo, craneología, craneopatía, craneoscopia, craniano (na), crápula, crapuloso.

craquear «Romper, por elevación de temperatura, las moléculas de ciertos hidrocarburos.» Esta voz sustituye a la inglesa *cracking*. También se ha admitido el vocablo *craqueo*, «acción y efecto de craquear».

crascitar, crasiento (ta), crasitud, craso (sa), crasuláceo.

cráter El plural es *cráteres*, no *cráters*.

crátera, crateriforme, cratícula.

*crayon Voz francesa; se reemplaza por *carboncillo, tiza*.

*crawl Palabra inglesa; la Academia ha admitido *crol*, con el mismo significado: «Cierta forma de natación.»

craza, crazada, crea, creable.

creación Con mayúscula cuando se refiere a la del mundo (la *Crea-*

ción), pero con minúscula en los demás casos (la *creación* de una nueva facultad). «*Una creación* de primavera», es incorrecto cuando se alude a vestidos; debe decirse «*un modelo* de primavera». En otros casos, *creación* debe sustituirse por *obra, producción*.

creacionismo, creador (ra), crear, creativo (va), crecal.

crecer Verbo irregular que se conjuga como *agradecer* (v.). Uso de preposiciones: Crecer *en* virtudes.

creces, crecida.

crecido Uso de preposiciones: Crecido *de* cuerpo; crecido *en* bienes.

creciente, crecimiento, credencia.

credencial Cierto documento. En plural, *cartas credenciales*, son las que presenta el embajador para ser admitido como tal.

credenciero, credibilidad, crediticio (cia), crédito.

credo «Expuso su *credo* político», es correcto; antes, *credo* sólo aludía al aspecto religioso. Hoy también significa «conjunto de doctrinas comunes a una colectividad». También puede decirse, en el caso anterior, «expuso sus *creencias* políticas».

credulidad, crédulo (la), creederas, creedero (ra), creedor (ra), creencia, creendero, creer, creíble.

crema «Lo más distinguido de un grupo social cualquiera.» Acepción admitida. En gramática es *diéresis* (v.), signo de puntuación.

cremación «Acción de *quemar*.» Aceptado por la Academia, lo mismo que *crematorio* (v.), pero no el verbo *cremar*, no admitido.

cremallera No se admite *zíper* como sinónimo.

*cremar V. *cremación*.

crematística, crematístico.

crematorio Es adjetivo (un *horno crematorio*, no un *crematorio*): «Relativo a la *cremación* de los cadáveres y materias deletéreas.»

cremómetro Es la voz correcta; *butirómetro* no está admitido.

Cremona El natural de esta ciudad de Italia recibe el nombre de *cremonés*.

crémor Acentuado; voz grave. No debemos escribir *cremor*.

cremoso (sa), crencha, crenchar, creolina.

Creonte En la mitología, un rey de Tebas. También se dice *Creón*.

creosota, creosotado, creosotar.

*crep satin Es galicismo; debe sustituirse por *crespón con brillo*.

*crepé Voz francesa, sin traducción; es «caucho esponjoso para suelas».

crepitación, crepitante, crepitar, crepuscular, crepúsculo, cresa.

*crescendo (in) Latinismo; debe decirse *en aumento, incremento gradual*.

creso Con minúscula es «el que posee grandes riquezas». Con mayúscula, el rey de Lidia, famoso por sus riquezas.

crespo (pa), crespón, cresta, crestado (da), crestería, crestomatía, crestón, crestudo, creta.

Creta El natural de esta isla del Mediterráneo recibe el nombre de *cretense*.

cretáceo, cretense, crético, cretinismo, cretino (na), cretona, creyente, cría, criada, criadero, criadilla, criado, criador (ra), crianza.

criar(se) Uso de preposiciones: Criar *a* los pechos; c. *en* el temor de Dios.

criatura, criba, cribete, cribador, cribar, cribelo, cribete, criboso.

cric Voz admitida por la Academia, que da como preferente *gato* («instrumento para elevar grandes pesos»).

crica Admitido. «Partes pudendas de la mujer.»

*cricket Voz inglesa. Ha sido aceptada *criquet*, voz aguda. Es incorrecto *críquet*.

cricoides, *cri-cri, crimen, criminación, criminador, criminal, criminalidad.

criminalista Es la palabra correcta, y no *criminólogo*, no admitida.

*criminalogía Incorrecto. (V. *criminología*.)

criminar.

criminología Es la voz correcta; no escribir *criminalogía*.

criminológico, criminoso, crimno, crin, crinado (da), crinar, crinera.

***crinolina** Galicismo por *miriñaque,* o *tela basta.*

crío.

crio- Prefijo que proviene del griego; significa «frío»: *crioterapia, crioscopia.*

criollismo, criollo (lla), crioscopia, crioterapia, cripta, críptico (ca).

cripto- Prefijo que procede del griego; significa «oculto»: *criptógama, criptorquidia.*

criptoanálisis, criptógamo (ma), criptografía, criptográfico (ca), criptograma, criptón, criptorquidia.

criquet La Academia acepta esta voz, en lugar de la inglesa *cricket. Criquet* es aguda; es incorrecto acentuarla: *críquet.*

cris, crisálida, crisantemo.

crisis Su plural no varía: *las crisis.*

crisma Es masculino cuando alude al «aceite y bálsamo para ungir a los que se bautizan y consagran» *(el crisma),* y femenino en la expresión «romper *la crisma»,* («descalabrar, herir en la cabeza»).

crismera, crismón.

criso- Prefijo que proviene del griego y significa *oro: crisoberilo, crisoprasa.*

crisobalanáceo, crisoberilo, crisocola, crisol, crisolada, crisolar.

crisólito Acentuación esdrújula; no es correcto *crisolito.* Tampoco admite la Academia *crisolita.*

crisomélido, crisopeya, crisoprasa.

crispadura La Academia admite tres palabras similares: *crispadura, crispamiento* y *crispatura.* Las dos primeras son de uso más corriente.

crispamiento V. *crispadura.*

crispar, crispatura, crispir, cristal, cristalera, cristalería, cristalino (na), cristalizable, cristalización.

cristalizar(se) Uso de preposiciones: Cristalizar (o cristalizarse) *en* prismas.

cristalografía, cristalográfico, cristaloideo (a).

cristianar Significa «bautizar»; no

confundir con *cristianizar,* «dar carácter de *cristiano* a algo».

cristiandad, cristianesco.

Cristianía Antiguo nombre de *Oslo,* actual capital de Noruega. No confundir con *Cristiansand,* que es hoy un puerto de Noruega.

cristianísimo, cristianismo, cristianización.

cristianizar V. *cristianar.*

cristiano (na), cristino (na).

Cristo Traducción del hebreo *Mesías,* nombre dado a *Jesús,* de donde proviene la palabra *Jesucristo.*

Cristóbal, cristofué, cristología, cristus, crisuela, criterio, crítica, criticable, criticador (ra), criticar, criticastro, criticismo, crítico (ca), criticón (na), critiquizar, crizneja.

Croacia El natural de esta región de Europa recibe el nombre de *croata.*

croar «*Croaba* el sapo» es incorrecto. El sapo *canta;* sólo la rana *croa.*

croata V. *Croacia.*

crocante Admitido: «Guirlache; pasta que cruje al mascarla.»

crocino, crocitar, croco, crocodilo.

***crochet** Voz francesa; debe sustituirse por *ganchillo; labor con aguja de gancho.*

***croissant** Voz francesa innecesaria, pues existe la palabra (admitida y muy adecuada) *medialuna:* «Bollo en forma de media luna». Es voz de uso corriente en algunos países de América, y se acepta también para España.

crol Palabra admitida en lugar de la inglesa *crawl.* Es «cierta forma de natación».

cromado, Cro-Magnon, cromar.

cromat-, cromato- Prefijo procedente del griego, significa «color»: *cromatismo, cromotipografía.*

cromático (ca), cromatina, cromatismo, cromatografía.

***cromlech** Es incorrecto; debe escribirse *crónlech,* con acento y *n.* (Monumento megalítico.)

cromo- V. *cromat-.*

cromo, cromógeno, cromolitografía, cromolitografiar, cromolitográfico, cromolitógrafo, cromosfera,

cromosoma, cromotipia, cromotipografía, cromotipográfico, Crom-
well, crónica, cronicidad, cronicis-
mo, crónico, cronicón, cronista,
cronístico (ca).

crónlech Es lo correcto, y no
cromlech (v.).

crono- Prefijo procedente del griego, significa «tiempo»: *cronológi-
co, cronógrafo.* (V. -crono.)

-crono Sufijo que posee el mismo
significado que el prefijo. Ejs.: *isocronismo, isócrono.* (V. *crono-*.)

cronografía, cronógrafo, cronolo-
gía, cronológicamente, cronológi-
co (ca), cronologista, cronólogo,
cronometrador, cronometraje,
cronometrar, cronometría, crono-
métrico.

*cronometrista No está admitido
por la Academia; pero sí la voz
cronometrador.

cronómetro.

Cronstadt El nombre de este puerto de la URSS también se escribe
Kronstadt.

*crooner Voz inglesa; en su lugar
debe usarse *vocalista* (admitida),
cantante, cantor.

*croquet Voz inglesa; escríbase
juego de argolla.

croqueta Es lo correcto; *cocreta* es
vulgarismo.

croquis, croscitar.

*cross, *cross country Palabra in-
glesa; sustitúyase por *campo traviesa* (carrera de). Es incorrecto
carrera de campo través.

crótalo, crotón.

Crotona El natural de esta ciudad
de Italia recibe el nombre de *crotoniata.*

crotoniata, crotorar.

*croupier Voz francesa, significa
«ayudante del banquero» (en las
casas de juego). *Crupier, crupié*
tampoco están aceptadas.

cruce.

cruceiro Figura en el léxico académico, pero no *cruzeiro.* Es la
unidad monetaria del Brasil.

cruceño, crucera, crucería.

crucero No está admitida la acepción «viaje de placer por mar».

cruceta, cruciata, cruciferario,
crucífero.

*crucificación Incorrecto; es *cru-
cifixión.*

crucificado, crucificar, crucifijo,
crucifixión, crucifixor, cruciforme,
crucígero.

crucigrama Es correcto; voz admitida.

crucillo, crudelísimo, crudeza,
crudillo.

crudo (da) Admitido: *crudo,* «mineral viscoso para refinar».

cruel El superlativo de *cruel* es
crudelísimo. Uso de preposiciones: Cruel *con, para, para con* sus
hijos; c. *de* condición.

crueldad, cruento (ta).

*cruge, *crugir debe escribirse
cruje, crujir, con *j.*

crujía, crujidero, crujido, crujiente,
crujir, crúor, cruórico.

crup Admitido: «Difteria, garrotillo.»

*crupier Incorrecto. (V. *croupier.*)

crural, crustáceo, crústula, cruz,
cruza, cruzada, cruzado, cruza-
miento.

cruzar Uso de preposiciones: Cruzar *por* enfrente.

*cruzeiro V. *cruceiro.*

cu Nombre de la letra *q.*

cuaderna, cuadernal, cuadernario,
cuadernillo, cuaderno, cuado.

cuadra (*Amér.*) Manzana (de casas), trecho entre calles.

cuadrada, cuadradillo, cuadrado,
cuadragenario (ria), cuadragési-
ma, cuadragesimal, cuadragésimo, cuadral, cuadrangular, cua-
drángulo, cuadrantal, cuadrante,
cuadranura.

cuadrar Uso de preposiciones:
Cuadrar (algo) *a* una persona; c. (lo
uno) *con* lo otro.

cuadratura, cuadrete.

cuadri- Prefijo que significa «cuatro»: *cuadrilátero, cuadrienal.*

cuadricenal, cuadrícula, cuadri-
culación, cuadricular, cuadrienal.

cuadrienio «Tiempo y espacio de
cuatro años.» También se admite
cuatrienio, aunque es preferente
la primera de las dos voces.

cuadrifoliado (2), cuadrifolio (1),
cuadriforme.

cuadriga Es la acentuación correcta, y no *cuádriga.*

*cuádriga Incorrecto. (V. *cuadriga*.)

*cuadrigésimo No es correcto; escríbase *cuadragésimo*.

cuadriguero, cuadril.

cuadrilátero En boxeo, en vez de *ring* puede emplearse la palabra *cuadrilátero*.

cuadrilátero, cuadrilón, cuadrilongo, cuadrilla, cuadrillazo, cuadrillero, cuadrillo, cuadrimestre, cuadrigentésimo (ma).

cuadrinieto (ta) Cuarto nieto o cuarta nieta. Es, entonces, el que sigue al tataranieto.

cuadrinomio, cuadriplicar.

cuadrisílabo Admitido, aunque es preferente el término *cuatrisílabo.*

cuadrivio, cuadrivista, cuadriyugo.

cuadro «Los *cuadros* técnicos de la empresa», es galicismo; debe decirse «los *dirigentes* técnicos de la empresa». «Los grecos», referido a *cuadros*, debe ir con mayúscula: «Los Grecos». «El *cuadro* de primera división», tampoco es correcto; debe escribirse «el *equipo* de primera división».

cuadru- Prefijo que significa «cuatro»: *cuadrumano, cuadrúpedo, cuádruple.*

cuadrumano Admitido también *cuadrúmano*, aunque es preferente la primera voz.

cuadrupedal, cuadrúpede (2), cuadrépedo (1), cuádruple, cuadruplicación, cuadruplicar, cuádruplo (pla), cuaima, cuajada, cuajadillo, cuajado, cuajadura, cuajaenredos, cuajaleche, cuajamiento, cuajar, cuajarón, cuajo, cuakerismo.

cuákero Voz admitida por la Academia, aunque es preferente *cuáquero*. Lo mismo sucede con *cuakerismo* y *cuaquerismo*, admitidas, y preferente la última.

cual Se acentúa cuando tiene sentido interrogativo o dubitativo. (¿*Cuál* es la mejor? Hay que averiguar *cuáles* son nuestros libros. Depende de *cuál* sea su reacción.) Igualmente se acentúa como disyuntivo. (*Cuál* más, *cuál* menos, todos colaboraron.) También cuando significa *cómo*. (¡*Cuál* gritan esos malditos!) No lleva acento

en los demás casos. (Lo *cual* no se dijo en la reunión; cada *cual* se preocupa de lo suyo.) Incorrecciones: «¿*Cuál* era, de los tres hombres?», es incorrecto; debe ser «¿*quién* era, de los tres hombres?» «La biblioteca de *la cual* tengo los libros», debe ser «la biblioteca *cuyos* libros tengo». «Son los reglamentos a *los cuales* debemos someternos», es «son los reglamentos a *los que* debemos someternos». «La simpatía con *la cual* les atrae», es «la simpatía con *que* les atrae».

cualesquiera es el plural de *cualquiera* (v.).

cualidad, cualificado, cualificar, cualitativo (va).

cualquier Es lo mismo que *cualquiera*, pero sólo se emplea antepuesto al sustantivo: «*Cualquier persona* que venga», pero no «*cualquier* que venga», ni «llegó *cualquier*» (es «llegó *cualquiera*»). (V. *cualquiera*.)

cualquiera «Cualquiera de los presentes» es correcto, pues cuando le sigue la preposición *de, cualquiera* no va nunca en plural. En cambio debe ponerse en plural en los demás casos: «*cualesquiera* que vengan» (y no «*cualquiera* que vengan»); «*cualesquiera* otros interesados». (V. *cualquier*.)

cuan Se acentúa cuando la frase tiene sentido admirativo o ponderativo y *cuán* sustituye a *qué*: «¡*Cuán* desventurada fue su vida!» «No imagino *cuán* velozmente llegaría.» En los demás casos no se acentúa: «Lo tendieron *cuan* largo era.»

cuando Se acentúa en frases de sentido interrogativo o dubitativo: «¿*Cuándo* vendrá Juanita?» «No me dijo *cuándo* llegará.» Es decir, que se acentúa cuando significa *en qué tiempo* o *en qué ocasión*. También lleva acento cuando se lo emplea como conjunción distributiva: «No me dijo el cómo ni el *cuándo*.» «*Cuándo* el uno, *cuándo* el otro.» No se acentúa si se usa como preposición con el significado de *en el tiempo* (o la ocasión) *que*:

«Hablaremos *cuando* estés tranquilo»; «*cuando* la boda se emocionó.» Tampoco se acentúa si es conjunción condicional: «*Cuando* él lo dijo, por algo sería.»

cuanta «Cuanta mayor sea tu preocupación...» Es incorrecto; debe ser «*cuanto* mayor sea tu preocupación...».

cuantía, cuantiar, cuántico (ca), cuantidad, cuantificación, cuantificar, cuantimás, cuantioso (sa), cuantitativo (va).

cuanto En física es la menor cantidad de energía que puede ganar o perder un corpúsculo cuando absorbe o emite radiación. No lleva acento; *quantum* es la voz usada en varios idiomas. *Cuanto, cuanta, cuantos* y *cuantas* llevan acento cuando se emplean en sentido interrogativo, dubitativo o como exclamación: «¿*Cuánto* cuesta ese aparato?» «No sé *cuánto* le falta para terminar.» «¡*Cuánta* paciencia se necesita!» No llevan acento en los demás casos: «Grita *cuanto* quieras» (todo lo que quieras); «en *cuanto* llegue le hablaré».

cuaquerismo V. *cuáquero.*

cuáquero «Individuo de una secta religiosa nacida en Inglaterra.» Se admite también *cuákero*, pero es preferente la primera. De igual forma se aceptan *cuaquerismo* (1) y *cuakerismo* (2). El femenino de *cuáquero* es *cuáquera.*

cuarcita, cuarenta, cuarentavo (va), cuarentena, cuarentenal, cuarenteno, cuarentón (na), cuaresma, cuaresmal, cuaresmario, cuarta, cuartago, cuartal, cuartán, cuartana, cuartanal, cuartanario, cuartar, cuartazos, cuarteador (ra), cuarteamiento, cuartear, cuartelada (1), cuartelado, cuartelazo (2), cuartelero (ra), cuartelillo, cuarteo, cuarterola, cuarterón (na), cuarteta, cuartete, cuarteto, cuartilla, cuartillero, cuartillo, cuartizo.

cuarto *Cuarto de aseo* es expresión admitida por la Academia: «Pequeña habitación con lavabo, retrete y otros servicios.» *Cuarto de baño,* también aceptado. *Cuar-*

to de estar, por ser expresión admitida, huelga el empleo de la voz inglesa *living.* Se acepta asimismo *cuartos de final* (en competición deportiva).

cuartogénito (ta), cuartón, cuartucho, cuarzo, cuarzoso, cuásar, cuasi, cuasia, cuasicontrato, cuasidelito.

Cuasimodo Se emplea en la expresión *Domingo de Cuasimodo,* el primero después de Pascua. Se escribe con mayúscula, lo mismo que el nombre del personaje de *Nuestra Señora de París,* de Victor Hugo. En ambos casos es mejor escribir *Cuasimodo* que *Quasimodo.*

cuate *(Amér.)* Compinche, amigote.

cuaterna, cuaternario (ria), cuaternidad, cuaterno (na).

cuatí Admitido por la Academia, lo mismo que *coatí.* (Preferente la primera.) «Mamífero plantígrado.»

cuatorviro, cuatralbo, cuatratuo (tua), cuatreño (ña).

cuatrero Es correcto; voz admitida por la Academia. También se dice *ladrón cuatrero* (el que hurta bestias).

cuatri- Prefijo que significa «cuatro»: *cuatrimotor, cuatrimestre.*

cuatricromía, cuatriduano, cuatrienal.

cuatrienio Admitido, como *cuadrienio,* pero es preferente esta última voz. Es un «período de cuatro años».

cuatrillizos (zas) Admitido. También puede escribirse *cuatro mellizos* o *cuatro gemelos.* (V. *trillizos.*)

cuatrillo, cuatrillón, cuatrimestral, cuatrimestre, cuatrimotor, cuatrín.

*****cuatripartito** Esta voz no está aceptada por la Academia, pero se emplea con cierta frecuencia.

cuatrisílabo, cuatro, cuarocentista.

cuatrocientos Se escribe siempre junto, y no separado *(cuatro cientos).*

cuatrodoblar, cuatropea, cuatropeado, cuatrotanto.

Cuauhtémoc Nombre del último

soberano azteca, también llamado *Guatimozín*.

cuba.

Cuba El natural de este país de Centroamérica recibe el nombre de *cubano*.

cubanismo, cubano (na), cubera, cubería, cubero, cubertería, cubertura, cubeta, cubeto, cúbica, cubicación, cubicar, cúbico (ca), cubiculario, cubículo, cubichete, cubierta, cubierto, cubil, cubilar, cubilete, cubiletear, cubileteo, cubiletero, cubilote, cubillo, cubismo, cubista, cubital, cúbito, cubo, cuboides, cubrecabeza (1), cubrecabezas (2), cubrecadena, cubrecama, cubrecorsé, cubrenuca, cubreobjeto, cubrepán.

cubrición «Se ha realizado la *cubrición* del cauce del arroyo», es incorrecto; *cubrición* sólo es «acción y afecto de *cubrir* el animal macho a la hembra», por lo que en el caso anterior debió decirse *la cobertura*.

cubriente, cubrimiento.

cubrir(se) Verbo irregular cuya única irregularidad está en su participio: *cubierto* (en vez de *cubrido*). Uso de preposiciones: Cubrir (o cubrirse) *con, de* ropa.

cuca, cucamonas, cucaña, cucañero, cucar, cucaracha, cucarachera, cucarda, cucarro, cuclillas (en), cuclillo.

cuco Entre otros sentidos tiene el de «cuclillo, ave». *Cucú*, en cambio, es el «canto del cuclillo». No se admiten estos nombres para designar a un reloj.

cucú V. *cuco*.

cuculla, cucúrbita, cucurbitácea, cucurbitáceo, cucurucho, cucuy, cucuyo, cucha, cuchar.

cuchara, cucharada, cucharadita V. *cucharilla*.

cucharal, cucharear, cucharero, cuchareta, cucharetazo, cucharetear, cucharetero.

cucharilla Es el diminutivo de *cuchara*. *Cucharadita*, en cambio, es el contenido de una *cucharilla*. El contenido de una *cuchara* es *cucharada*.

cucharón, cucharro.

cuché Es correcto; admitido como *papel cuché*, «papel muy satinado». Es incorrecto *couché* (v.).

cucheta, cuchicheante, cuchichear, cuchicheo.

cuchichiar «Cantar la perdiz de modo que parece repetir *cuchichí*.» No confundir con *cuchichear* (hablar en voz baja o al oído).

cuchilla Es «hoja de cualquier arma blanca de corte, a diferencia de *cuchillo*, «instrumento formado por una hoja de metal con mango». Pero además, la Academia da *cuchilla* como sinónimo de *cuchillo*.

cuchillada, cuchillar, cuchillería, cuchillero.

cuchillo V. *cuchilla*.

cuchillón, cuchipanda.

cuchitril Admitido, lo mismo que *cochitril*. Es preferente esta última voz, aunque se usa más la primera.

cucho, cuchuchear, cuchufleta, cuchufletero, cudria, cueca, cuelga, cuelgacapas, cuelmo, Cuéllar, cuellicorto (ta), cuellidegollado, cuellierguido, cuellilargo, cuello, cuenca.

Cuenca Los naturales de esta ciudad y su provincia reciben el nombre de *conquenses*.

cuenco, cuenda, cuende.

cuenta «La *cuenta a* pagar» es incorrecto; dígase «la *cuenta por* pagar». Abreviatura de *cuenta:* cta. ; de *cuenta corriente:* c/c.

cuentacorrentista «El que tiene *cuenta corriente* en un banco.» Se escribe en una sola palabra.

cuentadante, cuentagotas, cuentahílos.

cuentakilómetros Admitido: «Indicador que registra los kilómetros recorridos.» No se admite *cuentaquilómetros*. En cambio, el *velocímetro* (admitido) es el «indicador que va marcando la velocidad».

cuentapasos También llamado *podómetro* (voz preferente).

*cuentaquilómetros V. *cuentakilómetros*.

cuentero (ra) (2), cuentista (1), cuento, cuentón, cuera, cuerazo, cuerda, cuerdo.

cuerna No confundir con *cuerno*;

éste es uno solo, pero *cuerna* es la *cornamenta*, el conjunto de *cuernos*.

cuérnago, Cuernavaca, cuernezuelo.

cuerno V. *cuerna*.

cuero.

***cuerpazo** Incorrecto; el aumentativo de *cuerpo* es *corpazo* o *corpachón*.

cuérrago, cuerva, cuervo, cuesco, cuesta, cuestación, cuestión, cuestionable, cuestionar, cuestionario.

cuestor «Magistrado romano.» Voz aguda; es incorrecto *cuéstor*.

cuestuoso, cuestura, cueto, cueva, cuévano, cuevero.

cueza El presente de subjuntivo del verbo *cocer* es *cueza, cuezas, cueza, cozamos, cozáis, cuezan;* son incorrectas las formas *cueza, cuezcas, cuezca*, etc. Asimismo, la primera persona del presente de indicativo de este verbo es *cuezo*, no *cuezco*.

***cuezca** Incorrecto. (V. *cueza*.)

cúfico, cuida.

cuidado «De poco valen *tus cuidados*» es incorrecto; en este caso debe decirse «de poco valen *tus desvelos*» (inquietudes, esfuerzos, etcétera).

cuidador (ra).

cuidadoso (sa) Uso de preposiciones: Cuidadoso *con, para con* un enfermo; c. *del, por* el resultado.

cuidar(se), cuido, cuidoso, cuino, cuita, cuitado (da), cuitamiento, cuitar, cuja, culada, culantrillo, culantro, cular, culata, culatazo, culebra, culebrazo, culebrear, culebreo, culebrilla, culebrina, culebrón, culera, culero.

culi Voz admitida: «En la India, China y otros países de Oriente, trabajador indígena.» Es voz grave; es incorrecto *culí* y *coolie*.

***culí** Incorrecto; es *culi* (v.).

culícido, culinario (ria), culinegro, culito, culminación.

***culmen** «Alcanzó el *culmen* de la belleza.» *Culmen* es voz no admitida; dígase *el colmo, la cima, la cumbre.*

culminante, culminar, culo.

culombio Es la voz correcta en nuestra lengua para designar el *coulomb* (nomenclatura internacional).

culón (na), culote.

***culot** Incorrecto. (V. *culotte*.)

***culotte** Voz francesa; dígase *braga* o *bragas*. También es incorrecto *culot.*

culpa, culpabilidad, culpabilísimo.

culpable «Virus *culpable* de la dolencia», es incorrecto; dígase «virus *causante* de la dolencia».

culpación, culpado.

culpar Uso de preposiciones: Culpar *en* uno de lo que se disculpa *en* otro; c. *a* alguno por lo que hace.

culpeo, culposo (sa), cultalatiniparla, cultedad, culteranismo, culterano (na), cultería, cultero (ra), cultiparlar, cultiparlista, cultipicaño, cultismo.

***cultista** Incorrecto; dígase *cultiparlista* o *culterano.*

cultivable, cultivación, cultivador (ra), cultivar, cultivo.

culto «Ofició el ministro *del culto*», es incorrecto; debe decirse «ofició el ministro *del Señor*» (o de Dios).

cultor, cultura, cultural, culturar, culturización, culturizar, cumanagoto, cumanés, cumano, cumbé, cumbral, cumbre, cumbrera.

cúmel Admitido: «Bebida alcohólica alemana y rusa.» Es incorrecto *kummel.*

cumínico, cuminol.

cum laude Expresión latina que significa «con alabanza», y se aplica cuando se califica una tesis doctoral.

cumpleaños Siempre con *s* final y en una sola palabra. El plural no varía: *los cumpleaños.*

cumplidamente, cumplidero, cumplido (da), cumplidor (ra).

cumplimentar «Debe *cumplimentar* lo convenido» es incorrecto; dígase «debe *cumplir* lo convenido». *Cumplimentar* es «poner en ejecución una orden» y «dar parabién o hacer visita de *cumplimiento*».

cumplimentero.

cumplimiento «Yo *cumplimiento* a los invitados» no es correcto; debe decirse «yo *cumplimento* a los invitados». *Cumplimiento* es sustantivo, y significa «cumplido, agasajo».

cumplir Uso de preposiciones: Cumplir *con* alguno; c. *con* su obligación; c. la promesa *a* uno.

cumquibus, cumulación, cumulador, cumular, cumulativo.

cúmulo Es el nombre correcto de un tipo de nubes, y no *cumulus*, voz latina. El plural de *cúmulo* es *cúmulos*.

*cumulus Incorrecto. (V. *cúmulo*.)

cuna, cunar, cundido, cundidor, cundiente, cundir, cunear, cuneiforme, cúneo, cuneo, cunero, cuneta, cunicultor, cunicultura, cuña, cuñadía, cuñado (da), cuñar, cuñete, cuño, cuociente, cuodlibético, cuodlibeto, cuota.

cuotidiano Voz admitida, pero es preferente *cotidiano*.

cupé Es correcto; vocablo aceptado, aunque es preferente *berlina*, «coche cerrado de dos asientos».

cupido «Un *cupido* con sus flechas.» Incorrecto; debe decirse «un *amorcillo* con sus flechas». La deidad mitológica es *Cupido* (mayúscula), y *cupido* (minúscula) es «hombre enamoradizo». (V. *amorcillo*.)

Cupido.

cuplé Admitido por la Academia: «Canción corta y ligera que se canta en locales de espectáculo.» No se admiten *cuplet* ni *couplet*. El plural es *cuplés*. Aunque se acepta *cuplé*, no se ha aceptado *cupletista*; en su lugar debe decirse *tonadillera, cancionista*.

*cupletista Voz no admitida. (V. *cuplé*.)

cupón, cupresáceo, cupresino, cúprico, cuprífero, cuproníquel, cuproso, cúpula, cupulífero (ra), cupulino, cuquería, cuquero, cuquillo.

cura Es masculino cuando significa «sacerdote» (*el cura*), y femenino cuando indica «curación» (*la cura*).

curable, curaca.

Curaçao También se escribe *Curazao* (isla de las Antillas). En

cuanto al licor, es preferente *curasao* (minúscula) y en segundo término *curazao*, también admitida.

curación, curador (ra), curaduría.

*curalotodo Es incorrecto; dígase «panacea, remedio, bálsamo, sanalotodo». Menos correcto es con acento *(cúralotodo)*.

curandería, curanderil, curanderismo, curandero (ra).

curar Uso de preposiciones: Curar *de* una enfermedad.

curare.

curasao Voz correcta. (V. *Curaçao*.)

curatela, curativa, curativo, curato.

curazao Voz correcta. (V. *Curaçao*.)

curbaril, cúrcuma, curcusilla, curda, curdela.

Curdistán Es correcto, así como *Kurdistán*. El natural de esta región de Turquía asiática recibe el nombre de *curdo*. También se admite *kurdo*.

curdo V. *Curdistán*.

cureña, cureñaje, curesca, curia, curial, curialesco, curiana, curiara, curio, curiosamente, curiosear, curioseo, curiosidad.

curioso (sa) Uso de preposiciones: Curioso *de* noticias; c. *por* saber.

curlandés, Curlandia, curricán, curricular, currículo.

currículum vitae También se dice *currículum* solamente. Figura en el léxico de la Academia, que asimismo admite *currículo* e *historial* (reseña de los servicios o la carrera de un funcionario). Esto es más sencillo que la expresión latina. También se acepta *curricular*.

currinche, curro, curruca.

*currusco Incorrecto; dígase *corrusco, cuscurro* o *coscurro*.

currutaco, cursado (da), cursante, cursar, cursería.

cursi Voz admitida por la Academia, aunque de uso familiar: «Dícese de la persona que presume de fina y elegante sin serlo.» También se aceptan *cursilería, cursilón* y *cursilona*.

cursilería.

cursilón, cursilona Aumentativos de *cursi* (v.).

cursillista, cursillo.

cursiva Puede ser sustantivo o adjetivo; por tanto, puede decirse «escrito en *cursiva*» y «escrito en *letra cursiva*». *Letra cursiva* es «la de mano, que se liga mucho para escribir de prisa», mientras que *letra bastardilla* es «la de imprenta que imita a la bastarda o cursiva». Por consiguiente, lo adecuado es llamar *letra bastardilla* a la de imprenta, y *letra cursiva* a la caligráfica, y no a la inversa, como suele hacerse. En ambos casos es singular; no es correcto decir *cursivas* ni *bastardillas*.

curso «En el *curso* de una semana se terminó el proyecto», es incorrecto; debe decirse «en el *transcurso*...» o «en el *plazo*...». «Sucedió el 12 del mes en *curso*», debe ser «sucedió el 12 del *corriente* mes».

cursómetro, cursor, curtación, curtido (da), curtidor.

curtiduría «Sitio o taller donde se *curten* y trabajan las pieles.» Por consiguiente, es incorrecto decir «*una curtiduría* de pieles»; basta con «*curtiduría*».

curtiembre Admitido como *curtiduría, tenería,* en América.

curtiente, curtimbre, curtimiento.

curtir(se) Uso de preposiciones: Curtirse al, con el aire; c. *del* aire; c. *en* los trabajos.

curuja, curul, cururú, curva, curvado (da), curvar, curvatón, curvatura, curvería, curvidad, curvilíneo (a), curvímetro, curvo.

cuscurro Admitido. (V. *corrusco*.)

cuscuta, cusir, cusita, cúspide, custodia, custodiar, custodio, cutáneo (a).

cúter Admitido; «embarcación con velas al tercio». Viene del inglés *cutter,* voz no aceptada por la Academia.

*cutter Voz inglesa. (V. *cúter*.)

cutí, cutícula, cuticular, cutidero, cutio, cutir.

cutis Es la «piel del cuerpo humano, en especial la del rostro».

cutral, cutre, Cuxhaven, cuyano, Cuyo.

cuyo (ya) Pronombre relativo-posesivo. El plural es *cuyos, cuyas.* «Atacaron todos, *de cuyo* suceso se habló mucho», es incorrecto; debe decirse «suceso *del cual*...». «El motivo *con cuyo fin* marcharon», debe ser «el motivo *por el cual* marcharon». Concuerda en género y número con la cosa poseída y no con el poseedor.

cuzco Con minúscula es «gozque, perro pequeño». Con mayúscula es el nombre de una ciudad de Perú. El natural de Cuzco recibe el nombre de *cuzqueño* (voz no relacionada por la Academia).

C. V. Abreviatura de «caballo de vapor». (V. *caballo*.)

Cyprus Voz foránea con que se designa la isla de *Chipre;* en castellano debe usarse esta última forma.

Cyrano de Bergerac.

czar, czarevitz, czarina Grafías anticuadas. La Academia sólo admite ahora *zar, zarevitz* y *zarina.* Todas con minúscula.

ch

ch Cuarta letra del abecedario y tercera de las consonantes. Fonéticamente, se define como consonante palatal africada sorda. El nombre de esta letra es *che;* el plural es *ches.* Es indivisible en la escritura.

cha «Nombre genérico que los chinos dan al té.» No es el nombre del soberano de Persia. De este nombre sólo admite *sah* la Academia, y no *shah* ni *cha.*

chabacanada (2), **chabacanería** (1), **chabacano (na).**

chabola Admitido por la Academia; también se aceptan las voces *choza, cabaña* y *caseta.* La voz *chabolismo* también está aceptada, igual que *chabolista.*

chabolismo Aceptada. (Véase *chabola.*)

chacal, chacarera, chacarona, chacarrachaca, chacina, chacinería, chacinero (ra), chaco, chacó, chacolí, chacolotear, chacolotear, chacón, chacona, chaconada, chaconero, chacota, chacotear, chacoteo, chacotero.

chacra *(Amér.)* Granja, finca.

chacha Admitido como término familiar; «niñera; sirvienta».

cháchara, chacharear, chacharero (ra).

*chachi Vulgarismo no admitido. En su lugar dígase *estupendo, soberbio.*

chacho (cha).

Chad Estado africano; no debe escribirse *Tchad.*

chafaldete, chafaldita, chafalditero, chafalmejas, chafalonía, chafallada, chafallar, chafallo, chafallón (na), chafandín.

chafar(se) «Aplastar lo que está erguido, como hierbas o el pelo de algunos tejidos.» Es incorrecto el uso general del término para indicar «estrujar, aplastar».

*chafardear Es incorrecto; se emplea bastante en Cataluña. En su lugar dígase *chismorrear, cotillear, murmurar. Chafardero* debe sustituirse por *chismoso (sa), cotilla, murmurador (ra).*

chafariz, chafarotazo, chafarote, chafarrinada, chafarrinar, chafarrinón, chaflán, chaflanar.

*chagrén, *chagrin Voces incorrectas; galicismos por *zapa, piel labrada.*

chaima, chaira.

*chairman Voz inglesa. Dígase *presidente.*

*chaise-longue Voz francesa que debe sustituirse por *meridiana* (especie de sofá para tenderse) o incluso *sillón.*

chajá, chal.

chalado (da) Aceptado; voz familiar: «Falto de seso o juicio; muy enamorado». También se admite *chalar.*

chalán, chalana, chalanear, chalaneo, chalanería, chalanesco, chalar, chalaza.

chalé Admitido por la Academia: «Casa de recreo de no grandes dimensiones.» También se acepta *chalet*, pero en segundo término; entre otras cosas, porque el plural de *chalé* es *chalés*, mientras que el de *chalet* es el más impropio *chalets*.

chalina, chalote, chalupa.

*challenger Voz inglesa; sustitúyase por *aspirante* (a un título deportivo, como en el boxeo).

chamaco Admitido para América Central y México como «niño, muchacho».

chamán, chamanismo, chamanístico, chamarasca, chamarilear, chamarileo, chamarilero (ra), chamarillero, chamarillón, chamariz, chamarón.

chamarra Prenda parecida a la *zamarra*.

chamarreta, chamba, chambelán, chambergo (ga).

Chamberí Distrito de Madrid. *Chambery* es una ciudad de Francia.

Chambery V. *Chamberí*.

chambón (na), chambonada, chambra, chambrana, chamelo, chamelote, chamicera, chamicero, chamiza.

chamizo «Choza cubierta de *chamiza*» (hierba).

Chamonix, chamorra, chamorrar, chamorro.

*champagne Es incorrecto cuando designa un vino de la región francesa de *Champaña* (en francés *Champagne*). Este vino se escribe en nuestra lengua *champaña* o *champán*, preferente la primera, aunque se usa más la segunda. (V. *champaña*.)

champán V. *champagne* y *champaña*. También es «embarcación empleada en Oriente», parecida al *sampán*.

champaña Con minúscula cuando designa el vino, y con mayúscula cuando indica la región francesa que lo produce. (V. *champagne*.)

champar, champear.

*champignon Incorrecto. (Véase *champiñón*.)

champiñón Voz admitida por la Academia: «Nombre común a varias especies de hongos agaricáceos.» Es incorrecto *champignon* (voz francesa). No debe pronunciarse la voz española con la *ch* francesa.

champú Aceptada por la Academia con la acepción de «loción para el cabello». No se debe emplear la voz inglesa *shampoo*; pronúnciese la *ch* normal.

champurrar «Mezclar un licor con otro»; no es *chapurrar* (hablar con dificultad un idioma).

chamurrar, chamuscado (da), chamuscar, chamusco, chamusquina, chanada, chanca.

*chance Es galicismo; debe sustituirse por *ocasión, oportunidad, suerte*.

chancear(se) Uso de preposiciones: Chancearse *con* uno.

chancero (ra).

canciller Antiguamente, *canciller*.

chancillería Antiguamente, *cancillería*.

chancla, chancleta, chancletear, chancleteo, chanclo, chancro, chancha.

*chanchi Voz vulgar; debe sustituirse por *estupendo, magnífico*.

chancho Admitido para América: *cerdo* (animal); *sucio, desaseado*. También para América se admite *chancha, chanchería*.

chanchullero, chanchullo.

*chándal Galicismo con que se designa un «*jersey* para entrenamiento», especialmente en deportes.

chanfaina «Guisado hecho de bofes picados». No debe emplearse como *pisto* (fritada de tomates, cebollas, pimientos, etcétera).

Chang Kai-chek (o Chiang Kai-chek), changa, changallo, changar, changarro.

chango (*Amér.*) V. *chamaco*.

changüí, changurro, chanquete.

*chansonnier Voz francesa que debe sustituirse por *cantante* o *cancionista* (admitidas).

chantaje Voz admitida por la Academia; no escribir *chantage* ni pronunciar como en francés. También se admite *chantajista*, pero no *chantajear*.

*chantajear Incorrecto. (V. *chantaje*.)

chantajista Admitido. (V. *chantaje*.)

chantar.

chantillí «Crema hecha de nata batida.» No confundir con *Chantilly*, población de Francia.

Chantilly V. *chantillí*.

chantillon, chantre, chantría, chanza, chanzoneta.

¡chao! V. *chau*.

chapa, chapado, chapalear, chapaleo, chapaleta, chapaletear, chapaleteo, chapapote.

chapar Es correcto con el significado de «cubrir con chapas», lo mismo que *chapear* (preferente esta última) y *enchapar*. *Chapeado* (1) o *chapado* (2) es «lo que está cubierto con chapas», pero no «la *chapa cubierta* con un *baño metálico*».

chaparra, chaparrada, chaparral, chaparrear.

chaparro La Academia admite para España y América el significado de «persona rechoncha».

chaparrón, chaparrudo, chapatal.

chapeado, chapear V. *chapar*.

chapeo, chapera, chapería, chaperón, chaperonado, chapeta, chapetón, chapetonada, Chapí, chapín, chapinazo, chapinería, chapinero, chapinete, chápiro, chapista.

chapistería «Taller donde se trabaja la *chapa*.» Aceptado por la Academia. También se admite *chapista*, «el que trabaja la *chapa*».

chapitel «*Capitel* de la columna.» Es preferente *capitel*.

chapó Admitido. Cierta partida de billar. En plural es *chapós*.

chapodar, chapodo, chapón, chapona, chapotear, chapoteo, chapucear, chapucería, chapucero (ra), Chapultepec, chapullar, chapurrado, chapurrar (1), chapurrear

(2)**, chapuz, chapuza, chapuzar, chapuzón.**

chaqué «Prenda a modo de levita.» Aceptado por la Academia. Es incorrecto *chaquet*, voz francesa. La *ch* debe pronunciarse normalmente. El plural es *chaqués*.

chaqueño, chaqueta, chaquete, chaquetear.

chaquetero Voz admitida; puede sustituirse por *aprovechado*, *pancista*.

chaquetilla, chaquetón, charabán, charabasca, charada, charal, charanga, charanguero (ra), charca, charcal, charco.

*charcutería Galicismo no admitido; debe sustituirse por *salchichería* o *tienda de embutidos*.

charla, charlador (ra), charladuría, charlar, charlatán (na), charlatanear, charlatanería, charlatanismo.

charlista Voz admitida; equivale a *conferenciante*, *disertador*.

charlotada Admitido. «Festejo taurino bufo; actuación colectiva grotesca o ridícula.»

charlotear, charloteo, charneca, charnecal, charnela, charol, charolado, charolar, charolista, charpa, charrada, charrán, charranada, charranear, charranería, charrar, charrasca, charrería, charrete.

charretera «Divisa militar en forma de pala que se sujeta al hombro, y de la que pende un fleco.» *Jarretera*, en cambio, es una «liga con su hebilla; orden militar».

charro (rra), charrúa.

*charter Vuelo fletado.

chartreuse Admitido por la Academia para designar un «licor fabricado por los padres cartujos de Tarragona». Se escribe con minúscula y es masculino. La pronunciación normal es *chartrés*.

chasca, chascar, chascarrillo, chascás, chasco.

chasis «Armazón, bastidor, caja del coche.» Está admitido, pero no *chassis*.

chasponazo, chasqueador (ra), chasqueante, chasquear, chasquido, chata, chatarra, chatarrero (ra), Chateaubriand, Chat-el-Arab.

chatedad «Calidad de chato.» *Chatez* es incorrecto.

***chatez** Es barbarismo. (V. *chatedad*.)

chato (ta), chatón, chatria.

¡chau! Voz admitida; proviene del italiano *ciao*. Significa «adiós, hasta luego».

Chaucer, chauche.

***chauffeur** Es voz francesa; en su lugar debe emplearse *chófer* (1) o *chofer* (2), ambas admitidas.

***chauvinismo** Es incorrecto; este galicismo debe sustituirse por *patriotería, fanatismo*. También es incorrecto *chauvinista: patriotero, fanático nacionalista*.

***chauvinista** Incorrecto. (V. *chauvinismo*.)

chaval Aunque voz admitida, es término vulgar; puede decirse también *joven, muchacho, chico*. Proviene de la jerga gitana, lo mismo que *chavea* (admitida), que es *rapazuelo, muchacho*. Para indicar *niño, chico*, en sentido familiar, es mejor *peque*, pese a no estar aceptado.

chavasca, chavea, chaveta, chayote, chayotera, chaza, chazador, chazar, chazo, che.

¡che! Voz admitida por la Academia para Argentina, Bolivia, Uruguay y Valencia: «Interjección con que se llama o se pide atención a una persona. También expresa a veces asombro o sorpresa.» No lleva nunca acento, y en algunos casos no es interjección.

checa Admitido; es un local en que actuaban unos comités de policía secreta de inspiración soviética.

***check-up** Voz inglesa. (V. *chequeo*.)

checo Individuo que habita territorios de Bohemia, Moravia y parte de Checoslovaquia. No es, pues, lo mismo que *checoslovaco* (v.).

checoeslovaco Admitido por la Academia, aunque ésta prefiere *checoslovaco* (v.). También es correcto *Checoeslovaquia*, pero es preferente *Checoslovaquia*.

Checoeslovaquia Es correcto. (V. *checoeslovaco*.)

checoslovaco Es el natural de Checoslovaquia. Se admiten también *checoeslovaco* y *Checoeslovaquia*, pero son preferentes las primeras voces. No es lo mismo que *checo* (v.).

Checoslovaquia V. *checoslovaco*.

***chef** Voz francesa; dígase *jefe de cocina, maestro de cocina, primer cocinero*.

***chef d'oeuvre** Expresión francesa innecesaria; dígase *obra maestra*.

***cheik** Es galicismo; dígase *jeque*.

Chejov (Anton).

chelín Moneda que se usa en Inglaterra *(shilling)* y en Austria *(schilling)*.

***chelo** Incorrecto; dígase *violonchelo* (1), o *violoncelo* (2), ambas admitidas.

Chelsea, Chengkiang.

Cheops Es mejor escribir *Keops* (faraón egipcio).

chepa, chepica.

cheque Admitido por la Academia. También se dice *talón*.

***chequear** Incorrecto. (V. *chequeo*.)

chequeo Voz aceptada por la Academia, y que se emplea en lugar del inglés *check-up*. Significa «reconocimiento médico general». En España sólo se usa con este sentido. La voz *chequear* (no admitida) se utiliza menos.

chequera, cherna, Cherubini, Chesapeake (bahía).

chéster Con minúscula y acentuado es un «queso inglés muy estimado». Mayúscula y sin acento, la ciudad de donde procede *(Chester)*.

Chester, Chesterton.

cheviot Admitido: «Lana de cordero de Escocia.»

***Chianti** Incorrecto; escríbase *quianti* (admitido).

Chiang Kai-chek (o Chang Kai-chek), chibalete, chibcha, chiborra.

***chic** Galicismo; sustitúyase por *elegante, distinguido, gracioso*. También es sustantivo: *elegancia, distinción, gracia*.

chicana Admitido: *broma, trampa*.

chicanear Admitido. También dígase *embrollar, tergiversar, hacer trampas, poner trabas*, según el caso. Tampoco es correcto *chicanería: embrollo, trampa.*

*chicanería V. *chicana.*

chicano *(Amér.)* Mexicano estadounidense, emigrante.

chicarrón, chiclán, Chiclana, chiclanero.

chicle Admitido: «Masticatorio en forma de pastilla aromatizada.» Plural, *chicles.* Es incorrecto *chiclé* y *chiclet.*

*chiclé, *chiclet Incorrecto. (Véase *chicle.*)

chico (ca), chicolear, chicoleo, chicoria, chicoriáceo (a), chicorro, chicotazo, chicote, chicotear, chicuelo, chicha, chícharo, chicharra, chicharrar, chicharrero, chicharrina, chicharro, chicharrón, chichear, Chichén Itzá, chicheo, chichilo, chichimeca (1), chichimeco (2), chichisbeo, chichito, chichón, chichonera, chichota, chifla, chifladera, chiflado (da), chifladura, chiflar, chiflido, chiflo.

*chiffonier Voz francesa; dígase *cómoda, tocador* (mueble).

Chihuahua, chila, chilaba.

chile «Ají, pimiento.» Con minúscula. (V. *Chile.*)

Chile El natural de este país de América del Sur recibe el nombre de *chileno.* (V. *chile.*)

chileno, chilindrina, chilindrinero, chilindrón.

*chi lo sa Expresión italiana. Significa: «¿Quién sabe?» «¡Vaya usted a saber!»

chilla, chillado, chillador, chillar, chillera, chillería, chillido, chillo, chillón (na), chimenea, chimpancé, china.

China El natural de este país de Asia recibe el nombre de *chino.*

chinarro, chinateado, chinazo, chinchar.

chinche Es femenino, tanto en su acepción de «insecto» como de «clavito metálico de cabeza circular y chata». Para este último significado la Academia prefiere *chincheta,* aunque admite *chinche.* En la acepción «persona chinchosa», puede ser masculino o femenino.

chincheta Admitido; es mejor que *chinche* (v.).

chinchilla, chinchón, chinchorrear, chinchorrería, chinchorrero (ra), chinchorro, chinchoso (sa), Chindasvinto, chiné, chinela, chinelazo, chinero, chinesco (ca), chingar, chingo, chingolo, chino (na), chipé (1), chipén (2), chipichape, chipilón, chipirón.

*chip En computadoras, minúscula lámina de silicio para el circuito básico.

Chipre El natural de esta isla del Mediterráneo recibe el nombre de *chipriota.*

chipriota, chiquero, chiquichaque, chiquilicuatro, chiquilín (na), chiquillada, chiquillería, chiquillo (lla), chiquirritín (na), chiquitín (na), chiquito (ta), chiribita, chiribitil, chirigota, chirigotear, chirigotero (ra), chirimbolo, chirimía.

chirimiri Voz regional admitida (V. *sirimiri.*)

chirimoya, chirimoyo, chiringuito, chirinolo, chiripa, chiripear, chiripero, chirivía, chirla, chirlador, chirlar, chirle, chirlear, chirlería, chirlo.

chirona Admitido como voz familiar: «Cárcel de presos.» Se usa en la frase «estar (o meter) en *chirona*».

chirrear, chirriador, chirriante, chirriar, chirrichote, chirrido, chirrión, chirumbela, chirumen.

chis Voz onomatopéyica que equivale a *chitón;* voz para llamar a alguno. No lleva acento. También se admite *chist,* aunque la primera es preferente.

chiscarra, chiscarra, chiscón, chischás, chisgarabís, chisguete, chisme (1), chismear, chismería (2), chismero (ra), chismografía, chismorrear, chismorreo, chismorrería, chismoso, chismotear, chismoteo, chispa, chispazo, chispeante, chispear, chispero, chispo, chispoleto, chisporrotear, chisporroteo, chisposo, chisque, chisquero.

chist V. *chis.*

chistar, chiste, chistera, chistoso (sa), chistu, chistulari, chita, chita

callando (a la), chiticalla, chiticallando.

chito «Voz familiar que se usa para imponer silencio.» Equivale a *chitón*, admitida, aunque la Academia prefiere *chito*.

chiva V. *chivo.*

***chi va piano va lontano** Locución italiana que significa «quien va despacio llega lejos».

chivar(se) Vulgarismo por *acusar, denunciar.* Admitido por la Academia como tal vulgarismo. Del mismo modo se aceptan *chivada, chivatazo, chivatear* y *chivato.*

chivatada, chivatazo, chivatear, chivato V. *chivar(se).*

chivetero, chivicoyo, chivillo.

chivo «Cría de la cabra, desde que no mama hasta la edad de procrear.» El femenino es *chiva.* No es *macho cabrío.*

***choc** Es incorrecto, lo mismo que la voz inglesa *shock*, cuando se quiere indicar *conmoción* (provocada por depresión nerviosa u otra perturbación orgánica). En este caso debe decirse *choque* (admitido con tal significado) o *conmoción.*

chocador, chocallero, chocante.

chocar Uso de preposiciones: Chocar *a* los demás; ch. *con* los vecinos; ch. los vecinos *entre* sí.

chocarrear, chocarrería, chocarrero (ra), choclar, choclo, choclón, chocolate, chocolatera, chocolatería, chocolatero (ra), chocolatín (2), chocolatina (1), chócolo, chocha, chochaperdiz.

chochear Uso de preposiciones: Chochear *con, por* la vejez; ch. *de* viejo.

chochera (2), chochez (1), chocho, chofe.

chófer, chofer Admitido como voz grave, acentuada *ó* (es preferente), y como voz aguda (sin acento). Esta última se emplea más en Hispanoamérica. El plural de *chófer* es *chóferes* o el de *chofer, choferes.* Estas voces no admiten femenino, son sólo masculinas. No se dice *la chófer,* sino la *conductora* (de un vehículo). Es incorrecto escribir

chauffeur, así como pronunciar las voces admitidas como en francés.

chofeta, chola.

cholo *(Amér.)* Mestizo, indígena.

cholla, chollo, chopa, chopal (2), chopera (1), Chopin, chopo.

choque Es lo correcto cuando se alude a una *conmoción* que se origina tras una intensa depresión nerviosa, u otra perturbación orgánica. Son incorrectas las voces *shock* y *choc.*

choquezuela, choricera, choricería, choricero, chorizo, chorla, chorlito, chorlo, chorrada, chorreado, chorreadura, chorrear, chorreo, chorrera, chorretada, chorrillo, chorro, chorrón, chospar, chotacabras, chotear.

chotis Es voz grave (sin acento), y no *chotís,* aludiendo al «baile por parejas típico de Madrid». El plural no varía: los *chotis.*

***chotís** Incorrecto; es *chotis* (v.).

choto (ta), chotuno, chova, choz, choza, chozno (na), chozo, chozpar, chozpo, chozpón, Christie (Agatha).

***christmas** Es incorrecto, aplicado a la *tarjeta de Navidad.* En América de habla hispana no existe dificultad alguna al respecto, y se emplea esta última expresión, *tarjeta de Navidad,* desde hace mucho tiempo.

chubascada, chubasco, chubasquería.

chubasquero Admitido como *impermeable,* aunque es preferente esta última voz.

chubesqui, chuca, chucero, chucha, chuchear, chuchería, chuchero, chucho, chueca, Chu En-lai, chueta, chufa, chufar, chufería, chufero (ra), chufeta, chufla, chufleta, chufletear, chufletero, chula, chulada, chulapo, chulear, chulería, chulesco (ca).

chuleta Es lo correcto cuando se habla de carne asada o frita, y no *costilla,* que es tan sólo el hueso.

chulo (la), chumacera, chumbera, chumbo, chunga, Chungking, chungón, chunguearse, chungueo, chuña, chupa, chupacirios,

chupadero, chupado (da), chupador (ra), chupadura, chupar, chupatintas, chupativo.

chupeta «Cámara en la cubierta de algunos buques.» Incorrecto en lugar de *chupete.*

chupete V. *chupeta.*

chupetear, chupeteo, chupetilla, chupetín, chupetón, chupín, chupinazo, chupito, chupón (na), chupóptero, Churchill (Winston), churdón, churlo, churra.

churrasco «Carne asada a la plancha o a la parrilla», según definición de la Academia, que admite la voz para América, aunque está también difundida en España.

churrería, churrero (ra), churretada, churrete, churretoso, churriana, churriburri, churriento, Churriguera, churrigueresco, churriguerismo, churritar, churro, Churruca, churrullero, churruscar, churrusco.

churumbel Relacionado en el Diccionario de la Academia como voz del caló o de la jerga de gitanos. Es «niño, chiquitín».

churumo, chus, chuscada, chusco (ca), chusma, chutar, chuzazo, chuzo, chuzón, chuzonada, chuzonería.

d

d Quinta letra de nuestro alfabeto y cuarta de las consonantes. Fonéticamente, se define como consonante dental fricativa sonora. Su nombre es *de;* plural, *des.* En mayúscula es signo de numeración romana (D), cuyo valor es 500, y también abreviatura de *don:* D.
dabitis, dable, daca.

da capo Locución italiana que significa «desde la cabeza», e indica, en música, que debe volverse al principio al llegar a cierta parte.
Dacca, Dacia, dacio, dación, dacriocistitis.

dactil-, dactilo- Prefijo de origen griego que significa «dedo»: *dactiloscopia, dactiloscopista, dactilógrafa.*
dactilado, dactilar, dactílico, dactiliología, dactilión, dáctilo.

dactilógrafa V. *dactilografía.*

dactilografía Admitido, lo mismo que *mecanografía,* aunque es preferente esta última voz. Igual ocurre con *dactilógrafo (fa);* preferente *mecanógrafo (fa).*

dactilográfico Admitido; preferente *mecanográfico.*

dactilógrafo V. *dactilografía.*

dactilología, dactilológico (ca), dactiloscopia, dactiloscópico (ca), Dachau.

-dad Sufijo que constituye nombres abstractos de cualidad: *bondad, fealdad, animosidad.*

dadaísmo, dadaísta, dádiva, dadivado, dadivar, dadivosidad, dadivoso (sa).

dado «*Dado* su enfermedad...» Es incorrecto; debe decirse «*dada* su enfermedad».

dador (ra), daga, daguerrotipia, daguerrotipo, dahír, Dahomey, daifa, daimio, Dakar, Dakota, dala, Dalí, dalia, Dalila.

Dalmacia El natural de esta región de la península Balcánica recibe el nombre de *dálmata* (véase).

dálmata Es igual el masculino que el femenino: *el dálmata, la dálmata.* Es el natural de *Dalmacia; dalmático* es lo perteneciente a este país.

dalmática, dalmático.

daltoniano Es lo correcto, cuando se alude al «que padece daltonismo». Es incorrecto decir *daltónico.*

*daltónico Incorrecto; dígase *daltoniano* (v.).

daltonismo, dalla, dallador, dallar, Dallas, dalle.

dama «Mujer noble o de calidad distinguida.» Por influencia del inglés, suele decirse «damas y caballeros...» *(ladies and gentlemen);* en tales casos, úsese preferentemente la expresión *señoras y señores...*

damajuana Admitido por la Academia, pero ésta prefiere *bombona.*

damas y caballeros V. *dama.*
damascado, damasceno (na), damasco.
Damasco El natural de esta ciudad de Asia recibe el nombre de *damasceno* (1) o *damasquino* (2). Con minúscula es «variedad de albaricoquero y su fruto», y también «tela fuerte de seda o lana».
damasquina (no), damasquinado, damasquinar, damería, damisela, damnación, damnificado (da), damnificador, damnificar.
*Danae Incorrecto; es *Dánae* (v.).
Dánae Es lo correcto cuando se alude a la madre de Perseo. No es *Danae.* No debe confundirse con *Dánao,* padre de las *Danaides.*
Danaides, Dánao V. *Dánae.*
*dancing Voz inglesa; dígase *sala de baile, baile, sala de fiestas.* Tampoco se admite *cabaret.*
dandi Admitido. (V. **dandy.*)
*dandy Voz inglesa. Dígase *dandi, petimetre, elegante* (sustantivo), *hombre que sigue la moda.*
danés Admitido por la Academia, pero ésta prefiere *dinamarqués.* Es el natural de *Dinamarca.*
dánico, D'Annunzio, dante.
Dante Alighieri Es correcto decir *el Tintoreto, el Greco, el Españoleto,* porque son sobrenombres. Pero *Dante* es un nombre de pila, y decir *el Dante* es italianismo *(il Dante).* Debe decirse *Dante.*
dantesco, dantismo, dantista.
Dantzig Es mejor escribir *Danzig.* Su nombre polaco es *Gdansk.*
danto, danubiano (na), danza, danzado, danzador (ra), danzante, danzar, danzarín (na).
Danzig Es más correcto que *Dantzig.* En polaco, *Gdansk.*
danzón, dañable, dañación, dañado (da), dañador (ra).
dañar Uso de preposiciones: Dañar a una persona *en* la honra.
dañino (na), daño, dañoso (sa).
Daoiz El nombre del personaje histórico del 2 de mayo de 1808 se escribe *Daoiz,* no *Daoíz.*
*Daoíz Incorrecto. (V. *Daoiz.*)
dar(se) Verbo irregular que se conjuga del modo siguiente: INDICATIVO. *Presente:* doy, das, da, damos,

dais, dan. *Pret. imperfecto:* daba, dabas, dábamos, etc. *Pret. indef.:* di, diste, dimos, etc. *Futuro imperf.:* daré, darás, daremos, etc. POTENCIAL: daría, darías, daría, daríamos, daríais, darían. SUBJUNTIVO. *Presente:* dé, des, dé, demos, deis, den. *Pret. imperfecto:* diera o diese, dieras o dieses, diéramos o diésemos, etc. *Futuro imperf.:* diere, dieres, diéremos, etc. IMPERATIVO: da, dad. PARTICIPIO: dado. GERUNDIO: dando. Uso de preposiciones: Dar con la carga *en* el suelo; dar *con* quien lo entiende; dar *contra* una pared; dar *de* palos; dar *de* baja; dar *de* sí; dar *en* manías; dar *en* ello (comprender); dar *por* visto; darse *a* estudiar; darse *contra* la puerta; darse *de* puñetazos; darse *por* vencido. Incorrecciones: «Voy a *dar* clase de matemáticas.» Incorrecto cuando habla un alumno; es «voy *a* clase de matemáticas», o «asisto *a* clase...» «Dar una cosa *en* balde», debe ser «dar una cosa *de* balde». «*Dar* un servicio», es «*prestar* un servicio». «Te voy a *dar* la seguridad...», es «*te* aseguro». «No *se* va *a dar* la pena», es «no se va *a* molestar». «*Se me da* lo mismo», es «*me da* lo mismo». «Se *dio* tiempo para llegar», es «se *tomó* tiempo para llegar». «Te doy palabra *que* no sucederá», es «te doy palabra *de que* no sucederá».
darbasí, dárdano, dardo, Dar Es-Salam, dares y tomares, Darién, Darío, Darmstadt, dársena, darviniano.
darvinismo Teoría biológica del naturalista Charles Darwin. Ésa es la grafía que acepta la Academia; *darwinismo* no está admitida. También se admiten *darviniano* (1) y *darvinista* (2), pero no *darwiniano* ni *darwinista.*
darvinista, Darwin V. *darvinismo.*
*darwiniano, *darwinismo, *darwinista Voces incorrectas. (V. *darvinismo.*)
dasocracia, dasocrático (ca), dasonomía, dasonómico, data, datar, dataría, datario, dátil, datilado, datilera, datismo.
dativo Es uno de los casos de la

declinación. En la oración desempeña el oficio de complemento indirecto, e indica la persona, animal o cosa a la que afecta o se aplica el sentido del verbo, sin ser objeto directo de ella. Igualmente puede ir regido por otras partes de la oración. El dativo suele ir precedido de las preposiciones *a* o *para*. («*A* o *para* mamíferos».)

dato, datura, daturina, dauco.

*Dauphiné En francés, antigua provincia de Francia. La denominación española es *Delfinado*.

David, davídico, daza.

de No se acentúa cuando designa la letra *d* (*de*). Tampoco lleva acento cuando es preposición (el farol *de* la calle; estaba *de* guardia; entró *de* balde). Sólo se acentúa cuando es una forma del verbo dar (se irá en cuanto le *dé* el libro; no me *dé* ese sombrero). Según la Academia, *déle* y *déme* deben llevar acento. Como preposición, *de* posee las siguientes funciones, entre otras: Denota posesión o pertenencia (el libro *de* la biblioteca). Indica el modo de hacer o de suceder las cosas (se echó *de* bruces). Indica la materia de que está hecha una cosa (sortija *de* oro). Demuestra el contenido de una cosa (una taza *de* caldo). Indica la cualidad de personas o cosas (hombre *de* valor). Incorrecciones: «Los viajeros *deben de* cumplir los reglamentos»; incorrecto, es «los viajeros *deben* cumplir los reglamentos»; «era como para *hacer de* llorar», es «...para *hacer* llorar»; «le encargaron *de hacer* un recado», es «le encargaron *hacer* un recado»; «se despidió *de ti* y tu padre», es «se despidió de *ti* y *de* tu padre»; «debe *ser* un asunto poco claro», es «debe *de ser...*»; «no dudo *que* el hecho fue lamentable», es «no dudo *de que* el hecho...»; «aparte *lo* manifestado», es «aparte *de lo* manifestado»; «2 junio 1974», es «2 *de* junio *de* 1974»; «comerciante *de* maderas», es «comerciante *en* maderas»; «ocuparse *de* algún asunto», es «ocuparse *en* algún asunto»; «*de* poco tropiezo»,

es «*por* poco tropiezo»; «de *aquí* en adelante», es «*en* adelante».

dea, deambular, deambulatorio, De Amicis, deán, deanato (1), **deanazgo** (2).

*de arriba a abajo Incorrecto; debe escribirse *de arriba abajo*.

*debacle Galicismo no admitido; dígase *desastre, ruina, catástrofe, caos*.

debajo «Está *debajo mío*» es incorrecto; dígase «está *debajo de mí*». «*Debajo del* poder de Poncio Pilato», es «*bajo el* poder de Poncio Pilato». «*Bajo* llave», es «*debajo de* llave».

*debalde Incorrecto; es «lo consiguió *de balde*» (en dos palabras). Significa «gratis» y no debe confundirse con *en balde*, que significa «en vano, inútilmente»: *en balde* gritaba a sus compañeros.

debate.

debatir(se) «El prisionero se *debatía* denodadamente.» Es incorrecto emplear *debatirse* en lugar de *forcejear, agitarse, retorcerse*, que es lo correcto.

debe «*Debe* tratarse de algo importante»; incorrecto, dígase «*debe de* tratarse de algo importante». «*Debe* ser él»; dígase «*debe de* ser él». «*Deben* de haber varios cuadernos nuevos», es «*debe de* haber...». «*Debieron* de haber varios contusos», es «*debió de* haber varios contusos». (V. *deber*.)

debelación, debelador, debelante.

debelar Significa «rendir al enemigo por la fuerza de las armas». No es *desvelar* ni *develar*, voces incorrectas que se usan a veces para indicar «descubrir, revelar un asunto».

deber(se) «El profesor *debe de* estar en el colegio» indica inseguridad (*probablemente* el profesor está en el colegio). «El profesor *debe estar* en el colegio» indica obligación (el profesor *tiene que* estar en el colegio).

debido «*Debido a* la niebla se ha cerrado el aeropuerto» es incorrecto; dígase «*a causa de* la niebla se ha cerrado el aeropuerto». «*Debido* *a* tener que marcharse...», es «*por* tener que marcharse...».

débil.

debilidad «La abuela sentía *debilidad* por el nieto» es incorrecto; dígase «sentía *cariño* por el nieto».

debilitación, debilitamiento, debilitante, debilitar.

***debitar** Voz incorrecta (aunque se admite *débito*); dígase *adeudar, cargar.*

débito V. *debitar.*

Débora Es la grafía correcta, en nuestra lengua, de este nombre de mujer, y no *Deborah.*

***de buena hora** «Llegaron *de buena hora*» es galicismo, cuando se quiere decir *temprano* (llegaron *temprano*).

debut Voz admitida; puede sustituirse por *estreno, inauguración, presentación*, según el caso. También se aceptan las voces *debutar* (*estrenar, presentarse*, etc.) y *debutante* (señorita que se presenta en sociedad).

***debutar, *debutante** V. *debut.*

deca- Prefijo que proviene del griego y significa *diez* (*decalitro, decápodo*).

década, decadencia, decadente, decadentismo, decadentista, decaedro.

decaer Uso de preposiciones: Decaer *en* fuerzas.

decagramo Es lo correcto, y no *decágramo*. De igual modo es *decalitro* (no *decálitro*), *decigramo* (no *decígramo*), *decilitro* (no *decílitro*). En cambio lo correcto es *decímetro* y *decámetro*.

decaído (da), decaimiento.

decalcificación Correcta, aunque es voz preferente *descalcificación*. Lo mismo sucede con *decalcificar* (2) y *descalcificar* (1).

decalitro V. *decagramo.*

decálogo, decalvación, decalvar.

decámetro V. *decagramo.*

decampar.

Decán Vasta meseta peninsular de la India. Así está mejor escrito que *Deccan* o *Dekkan*.

decanato, decano, decantación, decantar, decapar, decapitación,

decapitar, decápodo, decárea, decasílabo.

***decatlón** Es más correcto que *decathlon*. Sin embargo, ninguna de las dos voces figura en el Diccionario de la Real Academia.

decémero, decemnovenal, decena, decenal, decenar, decencario, decencia.

decenio Para expresar un período de diez años, puede decirse: «El *decenio* 1960-70.» (V. *año*.)

deceno, decentar, decente, decenviral, decenvirato, decenviro, decepción, decepcionar, deceso.

deci- Prefijo que posee la significación de «décima parte» (*decilitro, deciárea*).

deciárea.

decibel Nombre del *decibelio* en la nomenclatura internacional. En nuestra lengua debe usarse preferentemente esta última voz.

decibelio V. *decibel.*

decible, decidero.

decididamente «*Decididamente*, no hay quien lo entienda» es incorrecto. En lugar de decididamente debe usarse *evidentemente, ciertamente, sin duda*. (V. *decidido*.)

decidido «Tenía un aire *decidido*» es incorrecto; dígase «tenía un aire *resuelto*» (*enérgico*). (V. *decididamente*.)

decidir(se) Uso de preposiciones: Decidir *en* un pleito; d. *sobre* un punto; decidirse *a* viajar; d. *en* favor de; d. *por* un sistema.

decidor (ra).

decigramo V. *decagramo.*

decilitro V. *decagramo.*

décima.

decimacuarta Está admitido, pero es preferible *decimocuarta*. Lo mismo ocurre con *decimanona, decimanovena, decimaoctava, decimaquinta, decimasexta, decimatercera*. Es incorrecto acentuar estas voces (*décimacuarta, décimocuarta*, etc.) (Véase *decimocuarto*.)

***décimacuarta** Es incorrecto acentuarlo (V. *decimacuarta*.)

decimal.

decimanona, decimanovena, de-

cimaoctava, decimaquinta, decimaséptima, decimasexta, decimatercera Véase *decimacuarta*.

decímetro, décimo (ma).

*decimoprimero Es incorrecto; dígase *undécimo*. (V. *decimocuarto*.)

*decimosegundo Es incorrecto; dígase *duodécimo*.

decimoctavo Es lo correcto; no debe escribirse *decimooctavo* (con dos *oes*). (V. *decimocuarto*.)

decimocuarto Es lo correcto. No lo es, en cambio, escribirlo separado, o con acento (*décimo cuarto, décimocuarto*). Lo mismo rige para *decimoctavo, decimoquinto, decimosexto* y *decimotercero*.

decimonónico (ca).

decimonono (na), decimonoveno (na), decimoquinto (ta) V. *decimocuarto*.

decimoséptimo (ma) Es voz esdrújula. No es correcto acentuar *décimoséptimo*, ni escribirlo separado (*décimo séptimo*). (V. *decimocuarto*.)

decimosexto (ta), decimotercero (ra), decimotercio (cia) V. *decimocuarto*.

decir Verbo irregular que se conjuga del modo siguiente: INDICATIVO. *Presente:* digo, dices, dice, decimos, decís, dicen. *Pret. imperf.:* decía, decías, decíamos, etc. *Pret. indefinido:* dije, dijiste, dijimos, etc. *Futuro imperf.:* diré, dirás, diremos, etc. POTENCIAL: diría, dirías, diría, diríamos, diríais, dirían. SUBJUNTIVO. *Presente:* diga, digas, digamos, etcétera. *Pret. imperf.:* dijera o dijese, dijeras o dijeses, etc. *Futuro imperf.:* dijere, dijeres, dijéremos. IMPERATIVO: di, decid. PARTICIPIO: dicho. GERUNDIO: diciendo. INFINITIVO: decir. Uso de preposiciones: Decir *en* conciencia: d. bien *de* alguno; d. *para* sí. Incorrecciones: «Le oí decir *de que* vendría» es incorrecto; sobra la preposición *de:* «Le oí decir *que* vendría.»

decisión, decisivo (va), decisorio, declamación, declamador (ra), declamar, declamatorio (ria), declarable, declaración, declarado (da), declarador, declarante.**

declarar(se) Uso de preposiciones: declarar a uno *por* enemigo; d. *sobre* el caso; declararse *por* una facción.

declarativo, declaratorio, declinable.

declinación En gramática es la serie ordenada de los casos gramaticales. Caso es la distinta función que puede desempeñar un vocablo en la oración: sujeto, complemento directo, c. indirecto, c. circunstancial, etc. Cada uno de los casos suele requerir el empleo de preposiciones. (V. *caso*.)

declinar, declinatoria, declinatorio, declinómetro, declive, declividad, declivio, decocción, decodificar, decoloración, decolorante.

decolorar Es correcto; también se admite *descolorar*. Otras voces admitidas: *decoloración, decolorante*.

decomisar, decomiso, decoración, decorado, decorador, decorar, decorativo (va), decoro, decoroso (sa), decrecer, decreciente, decrecimiento, decremento, decrepitación, decrepitar, decrépito (ta), decrepitud, decrescendo, decretal, decretalista, decretar, decreto.

decreto ley Se escribe sin guión. El plural es *decretos leyes*.

decúbito, decumbente, decuplar (2), decuplicar (1), décuplo (pla), decuria, decuriato, decurión, decurionato, decurrente, decursas, decurso, decuso (sa), dechado, dedada, dedal, dedalera, dédalo, dedeo.

*dedeté Los nombres comerciales formados por siglas, como D.D.T., deben escribirse únicamente de esa forma, es decir, con sus siglas.

dedicación, dedicante, dedicar, dedicativo (2), dedicatoria, dedicatorio (1), dedición, dedignar, dedil, dedillo.

dedo *Dedo chico* es incorrecto; dígase *dedo meñique*, o *dedo auricular. Dedo grueso* es incorrecto; dígase *dedo gordo* o *dedo pulgar. Dedo cordial* es el *dedo de en me*-

dio, o *dedo del corazón. Dedo
anular* es el que está entre el cordial y el meñique.

dedolar, deducción, deduciente.

deducí**, ***dedujeron Son formas
incorrectas por *deduje* y *dedujeron*, respectivamente. (V. *deducir*.)

deducir Verbo irregular que se
conjuga como *conducir* (v.). Uso de
preposiciones: Deducir *de, por* lo
dicho.

deductivo (va)

de espaldas Es lo correcto, y no *de
espalda* («estaba *de espalda* contra la pared»).

de extranjis Expresión admitida;
significa «de tapadillo, ocultamente».

de facto Significa «de hecho». Se
admite separado y junto: *de facto*
(1) y *defacto* (2).

**defatigante, defecación, defeca-
dor, defecar, defección.**

defeccionar Es galicismo; dígase
abandonar, desertar. En cambio,
se admite *defección (deserción,
abandono)*.

**defectibilidad, defectible, defecti-
vo (va), defecto, defectuoso (sa),
defendedero, defendedor.**

defender Verbo irregular que se
conjuga como *entender* (v.). Uso de
preposiciones: Defender *contra* el
impostor; defender a uno *de* sus
contrarios.

defendible, defendido (da).

defenestración, defenestrar Voces
admitidas. Significan «arrojar por
la ventana».

**defensa, defensión, defensiva, de-
fensivo, defensor (ra), defensorio,
deferencia, deferente, deferido.**

deferir «Adherirse al dictamen de
uno; comunicar, dar parte.» No
confundir con *diferir (retardar,
postergar)*.

deficiencia, deficiente.

déficit El plural es igual: *los déficit*, no *los déficits*.

**deficitario (ria), definible, defini-
ción, definido, definidor, definir,
definitivo (va), definitorio (ria).**

defirió Incorrecto; es *difirió* («*difirió* su entrada para el día siguiente»), cuando se alude a *postergar*.

**deflación, deflagración, deflagra-
dor, deflagrar, deflegmar, Defoe
(Daniel), defoliación, deforesta-
ción, deforestar, deformación, de-
formador (ra), deformante, defor-
mar, deformatorio (ria), deforme,
deformidad, defraudación, defrau-
dador (ra).**

defraudar Uso de preposiciones:
Defraudar *en* las esperanzas; d. *al*
fisco.

**defunción, Degas (Edgar), De
Gaulle (Charles), degeneración,
degenerado (da), degenerante.**

degenerar Uso de preposiciones:
Degenerar *de* su estirpe; d. *en*
monstruo.

**degenerativo (va), deglución, de-
glutir, deglutorio, degollación,
degolladero, degollador, dego-
lladora.**

degolladura «Herida o cortadura
que se hace en la garganta o cuello.» *Degollación*, en cambio, es
«acción y efecto de *degollar*», lo
mismo que *degollamiento*, aunque
ésta es voz anticuada.

degollamiento, degollante.

degollar Verbo irregular que se
conjuga como *contar* (v.).

**degollina, degradación, degrada-
do (da), degradante, degradar, de-
güello, degustación.**

degustar Ha sido admitido por la
Academia, si bien es preferible decir *saborear, probar, paladear, tomar*, etc.

de hecho «*De* hecho quedaron sólo
tres maestros»; es mejor decir «*en
realidad* quedaron sólo tres maestros».

**dehesa, dehesero, dehiscencia,
dehiscente, deicida, deicidio, deidad, deificación, deificante, deifi-
car, deífico, deiforme.**

de inmediato Locución admitida;
significa *inmediatamente*.

**deípara, deísmo, deísta, deja, de-
jación, dejada, dejadero, dejadez,
dejado (da), dejador, dejamiento,
dejar, dejativo.**

deje Admitido por la Academia
con el sentido de *dejo* (modo particular de acentuar, acento peculiar), aunque es preferible la se-

gunda voz: «Tiene un *dejo* muy castizo.»

*déjelo estar Expresión bastante usada en Cataluña; en su lugar dígase *no se preocupe, no lo tome en cuenta,* o *que se arregle,* según el caso.

dejo V. *deje.*

de jure Locución latina que significa «de derecho», «por ley».

del Contracción de la preposición *de* y el artículo *el.* No se realiza ante un nombre propio de ciudad («vengo *del* Escorial» es «vengo *de* El Escorial»), ni tratándose del título de una obra literaria («el prólogo *del Decamerón*», es «el prólogo *de El Decamerón*»), ni cuando forma parte de un rótulo comercial («los seguros *del Fénix*», es «los seguros *de El Fénix*»). Respecto a los ríos, no suele emplearse *del,* sino *de* (Aranda *de* Duero), aunque hay excepciones, entre ellas los nombres extranjeros.

delación, Delacroix, delantal.

delante «Está delante *mío*» es incorrecto; debe decirse «delante *de* mí» (o *de ti, de nosotros,* etc.). «Ponlo delante *la* mesa), es «ponlo delante *de la* mesa». No debe confundirse *delante* con *adelante.* El primero indica situación y lleva la preposición *de* (se encuentra *delante de* la casa). El segundo denota movimiento y no lleva preposición *de* (continuaron *adelante*).

delantera, delantero, delatable, delatador (ra), delatante, delatar, delator (ra), Delaware.

delco Admitido por la Academia. Es «en los motores de explosión, aparato distribuidor de la corriente...».

del cual «Un jardín con aroma *del cual* tengo un imborrable recuerdo» es incorrecto; dígase «un jardín *de cuyo* aroma tengo un imborrable recuerdo».

déle, deleble, delectable, delectación, delegable, delegación, delegado (da), delegar, delegatorio, deleitabilísimo, deleitable, deleitación (2), deleitamiento, deleitar(se), deleite (1), deleitoso (sa),

deletéreo, deletrear, deletreo, deleznable, deleznarse, délfico, delfín.

delfina Tan sólo se aplica a la mujer del *delfín de Francia,* y no a la *hembra del delfín* (animal).

Delfinado, Delfos, delga, delgadez, delgado (da), Delhi, deliberación, deliberado (da), deliberante.

deliberar Uso de preposiciones: Deliberar *en* junta; d. *entre* amigos; d. *sobre* una cosa.

deliberativo, Delibes, delicadez, delicadeza, delicado (da), delicia, delicioso (sa), delictivo (1), delictuoso (2), delicuescencia, delicuescente.

delimitación Es correcto; admitido. Es *determinación de límites.* También está aceptado *delimitador (ra),* y *delimitar,* «determinar o fijar con precisión los límites de una cosa». No confundir como *limitar,* que significa «acortar, reducir».

delimitar V. *delimitación.*

delincuencia, delincuente, delineación, delineador, delineamiento.

delinear En cuanto al acento, v. *alinear.*

*delíneo Es incorrecto; dígase *delineo, delineas, delinea,* etc. (V. *delinear.*)

delinquimiento, delinquir, delio, deliquio, delirante, delirar, delirio.

delírium trémens Expresión latina que figura en el léxico de la Academia, y por consiguiente lleva los acentos como en nuestra lengua. Es un «delirio con agitación, provocado por el abuso de bebidas alcohólicas».

delitescencia, delito, Delos.

delta Es femenino cuando alude a la cuarta letra del alfabeto griego («escribió *la* delta en un papel»), y masculino cuando se refiere al terreno comprendido entre los brazos de un río («*el* delta del Ebro»).

deltoides, delusivo (2), delusor, delusorio (1), della, dello, demacración, demacrado (da), demacrar(se), demagogia, demagógico, demagoga.

demagogo El femenino admitido es *demagoga*.

demanda, demandadero, demandado (da), demandador, demandante.

demandar Uso de preposiciones: Demandar *ante* el juez; demandar *en* juicio.

demarcación, demarcador, demarcar.

***demarrage** Galicismo que no ha prosperado; dígase en su lugar *arranque* (de un vehículo).

demás Se escribe en una sola palabra cuando indica «el otro, los otros, el resto» («Luis y *demás* alumnos»); y va separado en casos como «está *de más*».

demasía.

demasiado «Un niño *demasiado* estudioso». Es incorrecto emplear *demasiado* en lugar de *muy* o *mucho*. Dígase «un niño *muy* estudioso».

demasiarse, demediar, demencia, demencial, dementar, demente, demergido, demérito, demeritorio, Deméter, demisión, demiurgo.

demo- Prefijo que proviene del griego y significa «pueblo» (*demócrata, demográfico*).

democracia, demócrata, democrático (ca), democratización, democratizar.

***demodé** Galicismo; dígase *pasado de moda, anticuado*.

demografía, demográfico, demoledor (ra).

demoler Verbo irregular que se conjuga como *mover* (v.).

demolición, demonche, demoniaco (1), demoníaco (2).

demonio V. *diablo*.

demonólatra, demonolatría, demonología, demonológico, demonomancia (1), demonomancía (2), demonomanía, demontre, demoñejo, demoñuelo, demora, demorar, demóstenes, Demóstenes, demostino, demostrable, demostración, demostrador.

demostrar Verbo irregular que se conjuga como *contar* (v.).

demostrativo (va), demótico, demudación (1), demudamiento (2), demudar, denario.

dendri-, dendro- Prefijo que proviene del griego y significa «árbol» (*dendrita, dendrografía*).

dendriforme, dendrita, dendrítico, dendrografía, dendrográfico, dendroide (2), dendroideo (1), dendrómetro, dendrotráquea.

Deneb, Denébola La primera es una estrella de la constelación del Cisne, y la segunda es de la constelación del León. No confundirlas.

denegación (1), denegamiento (2), denegante.

denegar Verbo irregular que se conjuga del mismo modo que *acertar* (v.).

denegatorio, denegrecer, denegrido, denegrir, dengoso (sa), dengue, denguear, denguero (ra), denigración, denigrante, denigrar, denigrativo.

***Dennis, *Denis** Nombre propio, en inglés y francés, respectivamente, que corresponde al español *Dionisio*.

denodado (da), denodarse, denominación, denominado, denominador, denominar(se), denominativo (va), denostador, denostamiento.

denostar Verbo irregular que se conjuga como *contar* (v.).

denostoso, denotación, denotar, denotativo, densidad, densificar, densímetro, denso (sa), dentado (da), dentadura, dental.

dentar Verbo irregular que se conjuga como *acertar* (v.).

dentario (ria), dentecillo, dentejón, dentellada.

***dentelado** Es galicismo; dígase *dentado, dentellado*.

dentellado V. *dentelado*.

dentellar Es «dar diente con diente», «batir los dientes», como cuando se tiene frío o miedo. *Dentellear*, en cambio, es «mordiscar, clavar los dientes».

dentellear V. *dentellar*.

dentellón, dentera, dentezuelo, denticina, dentición, denticulación, denticulado, denticular, dentículo.

dentífrico Es lo correcto, y no *dentrífico*.

dentina, dentirrostro.

dentista Es igual en femenino y masculino (el dentista, la dentista).

dentivano, dentón (na).

***dentrífico** Es incorrecto; debe decirse dentífrico.

dentrambos (bas).

dentro Adverbio de lugar y de tiempo. Como adverbio de lugar, dentro da idea de reposo (estoy dentro), mientras que adentro da idea de movimiento (voy adentro). Por ello es incorrecto decir «se dentró»; debe decirse «se adentró». También es incorrecto «dentro la alacena»; dígase «dentro de la alacena».

dentudo, denudación, denudar, denuedo, denuesto, denuncia, denunciable, denunciación, denunciador (ra), denunciante, denunciar, denunciatorio, denuncio.

deo gracias Admitido. V. Deo gratias.

***Deo gratias** Expresión latina que no figura en el léxico de la Academia. Ésta admite, en cambio, la forma castellanizada deo gracias (deo con minúscula), que significa «gracias a Dios»; es expresión que se usaba para saludar al entrar en una casa.

Deo volente Expresión latina (queriendo Dios) que equivale a «Dios mediante», y aparece relacionada en el léxico académico.

deparador, deparar, departamental, departamento, departidor, departimiento.

departir Uso de preposiciones: Departir con el amigo; d. de, sobre la guerra.

depauperación, depauperante, depauperar(se), dependencia, depender.

dependienta Es correcto; se dice la dependienta, no la dependiente.

dependiente V. dependienta.

de pie Es la forma más usual; de pies, aunque admitido, es poco usado y vulgar, y en pie, también aceptado y preferible, se emplea poco, generalmente en literatura y en la frase en pie de guerra.

depilación, depilar, depilatorio.

***de plano** «Me lo dijo de plano» es incorrecto; dígase «me lo dijo de sopetón, de improviso.»

deplorable, deplorante, deplorar.

***de poco** «De poco me caigo es incorrecto; dígase «por poco me caigo».

deponente.

deponer Verbo irregular que se conjuga como poner (v.).

deportación, deportar.

deporte Es lo correcto, y no sport. De igual forma, se dice deportivo, y no sportivo, y deportista, no sportman. Deportividad ha sido admitido asimismo por la Academia Española. Deportismo es «afición a los deportes».

deportismo, deportista, deportividad, deportivo (va) V. deporte.

deportoso, deposición, depositador, depositante, depositar(se), depositaría, depositario (ria), depósito, depravación, depravado (da), depravador, depravante, depravar, depreciación, deprecante, deprecar, deprecativo (1), deprecatorio (2), depreciación, depreciar, depredación.

depredador V. predador (incorrecto).

depredar, deprender.

depresión Admitido el significado de «período de escasa actividad económica, con desempleo y bajo nivel de inversiones».

depresivo (va), depresor, deprimente, deprimido (da), deprimir.

deprisa También se admite de prisa, aunque es preferente la primera forma.

de profundis «Salmo penitencial, y acto de cantarlo o rezarlo.» Significa «de lo profundo».

depuesto, depuración, depurador (ra), depurar, depurativo (va), depuratorio (ria), deputar.

***derapage** Es voz francesa. (V. derrapaje.)

***derby** Voz inglesa con que se designa una carrera de caballos importante, y por extensión, una gran competición deportiva. Se escribe con mayúscula cuando se alude a la ciudad inglesa (Derby).

derecha, derechera, derechero, derechista.

derecha Abreviatura: dcha., dra.

derecho Se admiten, entre otras, las expresiones *derecho de asilo* y *derecho de autor*. En cuanto a ésta, va en singular cuando indica «el derecho que la ley reconoce a un autor», y en plural *(derechos de autor)* cuando es la «cantidad que cobra por este concepto».

derechohabiente, derechura, derechurero.

de repente Se escribe siempre en dos palabras, nunca en una sola.

deriva, derivación, derivada, derivar(se), derivativo, derivo.

derm-, dermato- Prefijos del griego, que significan «piel» *(dermatología, dérmico).* (V. *-dermo.)*

dermalgia, dermatitis, dermatoesqueleto, dermatología, dermatológico, dermatólogo (ga), dermatosis, dermesto, dérmico (ca).

dermis Es femenino, *la dermis.*

-dermo Sufijo del griego, que significa «piel» *(endodermo, equinodermo).* (V. **derm-.)**

*****dernier cri** Expresión francesa que significa literalmente «último grito», y que equivale a «última moda», como debe decirse.

derogación, derogador, derogar, derogatorio, derrabadura, derrabar.

derrama «Repartimiento de un gasto o una contribución.» No debe confundirse con *derrame*, «derramamiento, acción y efecto de derramar», y *derramo*, «sesgo de un muro».

derramadero, derramado, derramador, derramamiento.

derramar(se) Uso de preposiciones: Derramarse *en, por* el suelo.

derrame, derramo V. *derrama.*

*****derrapaje** V. *derrapar.*

derrapar Admitido. También dígase *patinar, resbalar* (el automóvil). En vez de *derrapaje*, debe emplearse *patinazo.*

derredor Se emplea en las expresiones *en derredor* o *al derredor*, correctas ambas. Con significado similar a éstas existe también *alrededor* (en una sola palabra).

derrelicto, derrelinquir, derrenegar, derrengadura.

derrengar Verbo irregular que se conjuga como *acertar* (v.).

derretido (da), derretimiento.

derretir Verbo irregular que se conjuga como *pedir* (v.).

derribado (da), derribador.

derribar Uso de preposiciones: Derribar *en, por* tierra; d. *de* la cima.

derribo.

*****derrick** Voz inglesa que debe traducirse por *torre de perforación* (en pozo petrolífero).

derrocadero, derrocamiento.

derrocar Verbo irregular que se conjuga como *contar* (v.). En la actualidad acostumbra conjugarse como regular. Uso de preposiciones: Derrocar *del* trono.

derrochador (ra), derrochar, derroche.

*****derrogar** Es incorrecto; se escribe con una sola *r*: *derogar.* Significa «abolir, anular, reformar».

derrostrarse, derrota, derrotado (da), derrotar, derrote, derrotero.

derrotismo «Tendencia a propagar el desaliento en el propio país con noticias pesimistas.» Voz admitida, lo mismo que *derrotista.*

derrotista V. *derrotismo.*

derrubiar, derrubio.

derruir Verbo irregular que se conjuga como *huir* (v.).

derrumbadero, derrumbamiento, derrumbar, derrumbe, derrumbo, derviche.

des- Prefijo que significa negación o privación *(desabrochar, desacertado, desventaja).*

desabastecer, desabejar.

*****desabillé** Galicismo por *traje de casa, paños menores.*

desabollador, desabollar, desabonarse, desabono, desabor, desabordarse.

desaborido Admitido: «Sin sabor, sin sustancia», tratándose de alimentos. También se aplica, en sentido figurado, a las personas «de carácter indiferente o soso». *Desabrido*, en cambio, referido a las personas es «áspero y desapacible». En cuanto al sabor, el significado es el mismo que para *desaborido.*

desabotonar Admitido; *desabro-*

char tiene un sentido más amplio, pues no sólo es «desasir los botones», sino también «los broches, los corchetes, u otra cosa con que se ajusta la ropa». Es incorrecto *desbotonar*, con el anterior significado.

desabrido V. *desaborido*.

desabrigado (da), desabrigar, desabrigo, desabrimiento, desabrir.

desabrochar V. *desabotonar*.

desacalorarse, desacantonamiento, desacantonar, desacatador, desacatamiento, desacatar, desacato (1), desaceitar, desaceleración, desacelerar, desacerbar, desacertado (da), desacertar, desacierto, desacobardar, desacomodado, desacomodamiento, desacomodar, desacomodo, desacompañar.

*****desacompasado** Incorrecto; es *descompasado*, pero esta voz significa «descortés»; no es «que no va a compás».

desaconsejado, desaconsejar, desacoplamiento, desacoplar, desacordado, desacordar, desacorde, desacorralar, desacostumbrado (da), desacostumbrar, desacotado, desacotar, desacoto, desacralizar, desacreditado (da), desacreditador.

desacreditar(se) Uso de preposiciones: Desacreditarse *en* su profesión; d. *entre* sus compañeros.

desactivación, desactivar, desacuartelar, desacuerdo, desaderezar, desadeudar, desadorar, desadormecer, desadornar, desadorno, desadvertido (da), desadvertimiento, desadvertir, desafear, desafección, desafecto, desaferrar, desafiadero, desafiador (ra), desafiante, desafiar, desafición, desaficionar, desafilar, desafinación, desafinar, desafío, desaforado, desaforar, desaforrar, desafortunado (da).

*****desafortunadamente** No es voz admitida; dígase *desgraciadamente, desdichadamente*.

desafuero, desgarrar, desagotar.

desagradable Uso de preposiciones: Desagradable *al* gusto; d. *con, para, para con* la gente.

desagradar, desagradecer.

desagradecido Uso de preposiciones: Desagradecido *al* beneficio recibido; d. *con, para, para con* los padres.

desagradecimiento, desagrado, desagraviar, desagravio, desagregación, desagregar, desaguadero, desaguador.

desaguar Uso de preposiciones: Desaguar un embalse *por* los aliviaderos.

desaguazar, desagüe, desaguisado, desaherrojar, desahijar, desahitarse, desahogado (da).

desahogar(se) Uso de preposiciones: Desahogarse *con* alguno de su pena; d. *en* improperios.

desahuciar Por lo que respecta al acento, su conjugación es como *cambiar*. (V. *desahucio*.)

desahucio El acento prosódico va en la *a*. No debe escribirse ni pronunciarse *desahúcio*. (V. *desahuciar*.)

desahumar, desairado (da), desairar, desaire, desaislarse, desajustar, desajuste, desalabar, desalabear, desalabeo, desaladamente, desalado (da), desalbardar, desalentador (ra).

desalentar Verbo irregular que se conjuga como *acertar* (v.).

desalfombrar, desalforjar, desalhajar, desaliento, desalineación, desalinear, desaliñado (da), desaliñar, desaliño, desalivar, desalmado (da), desalmamiento, desalmar, desalmenar, desalmidonar, desalojamiento.

desalojar Uso de preposiciones: Desalojar *del* puesto.

desalojo, desalquilar, desalterar, desalumbrado (da), desalumbramiento, desamable, desamador, desamar, desamarrar, desamartelar, desamigar, desamistarse.

desamoblar Verbo irregular que se conjuga como *contar* (v.). Es preferente *desamueblar* (regular) con el mismo significado.

desamoldar, desamor, desamorado (da), desamorar, desamoroso, desamorrar, desamortizable, desamortización, desamortizar, desamotinarse, desamparado, de-

samparador, desamparar, desamparo, desamueblar, desamurar, desanclar (1), desancorar (2).

desandar Verbo irregular que se conjuga como *andar* (v.). Significa «retroceder, volver atrás».

desangelado, desangramiento, desangrar, desanidar, desanimación.

desanimado Admitido recientemente para referirse a un «lugar o reunión donde concurre poca gente».

desánimo, desanublar, desanudadura, desanudar, desaojar, desapacibilidad, desapacible, desapadrinar, desapañar, desaparear.

desaparecer Verbo irregular que se conjuga como *agradecer* (v.).

desaparejar, desaparición, desapartar, desapasionado (da), desapasionar, desapegar, desapego.

desapercibido Es correcto con el significado de «desprevenido, desprovisto de lo necesario», pero no está admitido con el de «inadvertido, ignorado» («pasó *desapercibido* entre la multitud»).

desapercibimiento, desapestar, desapiolar, desaplicación, desaplicado (da), desaplicar, desaplomar, desapoderado (da), desapoderamiento, desapoderar, desapolillar, desaporcar, desaposentar, desapoyar, desapreciar, desaprender, desaprensar, desaprensión, desaprensivo (va), desapretar, desaprisionar, desaprobación.

desaprobar Verbo irregular que se conjuga como *contar* (v.).

desapropiamiento, desapropiarse, desaprovechado (da), desaprovechamiento, desaprovechar, desapuntalar, desapuntar, desarbolar, desarbolo, desarenar, desareno, desarmable, desarmado (da), desarmador, desarmadura (3), desarmamiento (2), desarmar(se), desarme (1).

desarraigar Uso de preposiciones: Desarraigar *del* suelo.

desarraigo, desarrancarse.

desarrapado (da) Admitido, lo mismo que *desharrapado*, aunque es preferente esta última voz.

desarrebozar, desarrebujar, desarreglado (da), desarreglar, desarreglo, desarrendar, desarrimar, desarrimo, desarrollable, desarrollar, desarrollo, desarropar, desarrugadura, desarrugar, desarrumar, desarticulación, desarticulado (da), desarticular, desartillar, desarzonar, desasado, desaseado (da), desasear, desasegurar, desasentar, desaseo, desasimiento, desasimilación.

desasir Verbo irregular que se conjuga como *asir* (v.). Uso de preposiciones: Desasirse *de* malas costumbres.

desasistencia, desasistir, desasnar, desasociar, desasosegar, desasosiego, desastrado (da), desastre, desastroso, desatacar, desatado (da), desatador, desatadura, desatalentado, desatancar.

desatar(se) Uso de preposiciones: Desatarse *de* todos los vínculos; d. *en* improperios.

desatascar, desataviar, desatavío, desate, desatención, desatender, desatendible, desatentado, desatento (ta), desatesorar, desatiento, desatinado (da), desatinar, desatino, desatolondrar, desatollar, desatontarse, desatornillador.

desatender Verbo irregular que se conjuga como *entender* (v.).

desatornillar Admitido, aunque es voz preferente *destornillar*. De igual forma, se admite *desatornillador*, si bien la Academia prefiere *destornillador*.

desatracar, desatraer, desatrillar, desatrampar, desatrancar, desatufarse, desaturdir, desautoridad, desautorización desautorizado (da), desautorizar, desavahado, desavahar, desavecindado (da), desavecindarse, desavenencia, desavenido (da).

*desaveniencia Es barbarismo; dígase *desavenencia*.

desavenir(se) Verbo irregular que se conjuga como *venir* (v.). Uso de preposiciones: Desavenirse *con* alguno; d. dos personas *entre* sí.

desaventajado, desaventura, desaviar, desavío, desavisar, desayudar.

desayunar, desayunarse La Academia considera más correcto decir *desayunarse* («yo me *desayuno* temprano»), si bien en la actualidad es más corriente el uso de *desayunar* («yo *desayuno* temprano»). (V. *desayuno*.)

desayuno Es más correcto decir *desayuno* que *almuerzo* (aunque éste se halla admitido) para aludir a la primera comida del día. (V. *comida*.)

desazón Es femenino: *la desazón*, no *el desazón*.

desazonado, desazonador, desazonar, desbabar, desbagar, desbancar, desbandada, desbandarse, desbarajustar, desbarajuste, desbaratado, desbaratador, desbaratamiento, desbaratar, desbarate, desbarato, desbarbado, desbarbar, desbarbillar, desbardar.

desbarrar Admitido el significado figurado de «discurrir fuera de razón; errar en lo que se dice o hace».

desbarretar, desbarrigado, desbarrigar, desbarro, desbastador, desbastadura, desbastar, desbaste, desbastecido, desbautizarse, desbazadero, desbeber, desbecerrar, desbloquear, desbloqueo, desbocado (da), desbocamiento, desbocar, desbonetarse, desboquillar, desbordamiento, desbordante.

desbordar(se) Uso de preposiciones: Desbordarse el río *en* la arena; d. *en* los campos.

***desbotonar** Es incorrecto, con el significado de «desabrochar»; dígase *desabotonar*, que es lo correcto.

desbragado, desbragar, desbraguetado, desbravador, desbravar, desbravecer, desbrazarse, desbridamiento, desbridar, desbriznar, desbroce (2), desbrozar, desbrozo (1), desbruar, desbuchar, desbullar, descabal, descabalamiento.

descabalar(se) Uso de preposiciones: Descabalarse *con, en, por* alguna cosa.

descabalgadura, descabalgar, descabellar, descabello, descabestrar, descabezado, descabezamiento, descabezar, descabritar, descabullirse.

descacharrar Aceptado, aunque es preferente el término *escacharrar*.

descaderar, descadillador, descadillar, descaecer, descaecimiento, descaer, descafilar, descalabazarse, descalabrado (da), descalabradura.

descalabrar Uso de preposiciones: Descalabrar *a* pedradas; d. *con* un guijarro. (V. *escalabrar*.)

descalabro, descalandrajar, descalcador, descalcar, descalce, descalcez.

descalcificación V. *descalcificar*.

descalcificar Es la voz preferente, aunque se admite también *decalcificar*. De igual modo, *descalcificación* es preferente, y *decalcificación* admitida.

descalimar, descalostrado (da), descalzaperros, descalzar, descalzo (za), descamación, descamar.

descambiar Significa «anular un cambio» (ya hecho). Es incorrecto emplearlo con el significado de *cambiar* («va a *descambiar* ese libro por otro»).

descaminado (da), descaminar, descamino, descamisado (da), descampado, descampar, descansadero, descansado (da).

descansar Uso de preposiciones: Descansar *de* la fatiga; d. *en* el ayudante; d. *sobre* las armas.

descansillo, descanso, descantar, descantear, descanterar, descantillar, descantillón, descantonar, descañar, descañonar, descaperuzar, descaperuzo, descapillar, descapirotar, descapitalización, descapitalizar.

descapotable Voz admitida por la Academia: «Dícese del coche que tiene la capota plegable.»

descapotar, descapullar, descarado (da), descaramiento.

descararse Uso de preposiciones: Descararse *a* pedir; d. *con* un superior.

descarbonatar, descarburación, descarburar, descarga, descarga (cerrada), descargada, descargadas, descargadero, descargador, descargadura, descargamiento.

descargar(se) Uso de preposiciones: Descargar *en, contra, sobre* el inocente; descargarse *con* el ausente; d. *de* alguna cosa.

descargo, descargue, descariñarse, descariño, descarnada, descarnadamente, descarnador, descarnadura, descarnar, descaro.

descarriar Este verbo, por lo que respecta al acento, se conjuga igual que *desviar* (descarrío..., descarriáis, etc.).

descarriladura (2), **descarrilamiento** (1), **descarrilar, descarrilladura, descarrillar, descarrío, descartar, descarte, Descartes, descasamiento, descasar, descascar, descascarar, descascarillado, descascarillar, descaspar, descasque, descastado (da), descastar, descatolización, descatolizar, descaudalado, descaudillar, descebar, descendencia.**

descendente *Descendente* y *descendiente* significan ambos «que desciende», pero por lo general el primero es adjetivo (tren *descendente*), y el segundo sustantivo (un *descendiente* de los cruzados).

descender Verbo irregular que se conjuga como entender (v.). Uso de preposiciones: Descender *de* buen linaje; d. *por* grados.

descendida.

descendiente V. *descendente.*

descendimiento, descenso, descentrado (da), descentralización, descentralizador, descentralizar, descentrar, desceñidura, desceñir, descepar, descerar, descercado, descercador, descercar, descerco, descerebración, descerebrar, descerrajado.

descerrajar «Arrancar o violentar una cerradura.» También se acepta con el sentido de «disparar uno o más tiros con arma de fuego.»

descerrar, descerrumarse, descervigar, descifrable, descifrador, descifrar, descifre, descimbramiento, descimbrar, descimentar, descinchar, desclavador, desclavar, descoagulante, descoagular, descobijar, descocado (da), descocar, descocedura, descocer, descoco, descodificar, descoger, descogollar, descogotado, descogotar, descolar, descolchar.

descolgar(se) Verbo irregular que se conjuga como *contar* (v.). Uso de preposiciones: Descolgarse *al* pozo; d. *de, por* la pared; d. *con* una noticia.

descoligado, descolmar, descolmillar, descolocado (da), descoloramiento, descolorante.

descolorar También se admite *decolorar*, aunque se prefiere la primera voz.

descolorido (da), descolorimiento, descolorir, descollado (da), descollamiento, descollante.

descollar Verbo irregular que se conjuga como *contar* (v.). Uso de preposiciones: Descollar *en* ingenio; d. *en, sobre* otros.

descombrar «Desembarazar un paraje de cosas o materiales que estorban.» También están admitidos *desescombrar* y *escombrar*, con igual significado. Es preferente la última voz.

descombro, descomedido (da), descomedimiento, descomedirse, descomer, descomodidad, descompadrar, descompaginar, descompás, descompasado, descompasarse, descompletar.

descomponer(se) Verbo irregular que se conjuga como *poner* (v.). Uso de preposiciones: Descomponerse *con* alguno.

descomposición, descompostura, descompuesto (ta), descomulgado, descomulgador.

descomulgar Vocablo admitido, aunque es preferible *excomulgar*, con igual significado. Lo mismo con *descomunión* y *excomunión.*

descomunal, descomunión, desconceptuar, desconcertado (da), desconcertador, desconcertadura, desconcertante.

desconcertar(se) Verbo irregular que se conjuga como *acertar* (v.).

desconcierto, desconcordia, desconchado (da) (1), **desconchadura** (2), **desconchar, desconchón.**

desconectar Admitido: «Interrumpir o suprimir el enlace o comunicación eléctrica entre dos aparatos, o con la línea general.»

desconfiado (da), desconfianza,

desconfiar, desconformar, desconforme V. *desconformidad.*

desconformidad Admitido, aunque es preferente *disconformidad.* Lo mismo con *desconforme* y *disconforme.*

descongelación, descongelar, descongestión, descongestionante, descongestionar, descongojar, desconocedor.

*__desconexión__ Voz que no figura en el léxico de la Academia. Significa «interrupción de enlace, supresión de comunicación, corte, suspensión».

desconocer Verbo irregular que se conjuga como *agradecer* (v.).

desconocido Uso de preposiciones: Desconocido *de* sus compatriotas; d. *para* todos.

desconocimiento, desconsentir, desconsideración, desconsiderado (da), desconsiderar, desconsolación, desconsolado (da), desconsolador (ra), desconsolante.

desconsolar(se) Verbo irregular que se conjuga como *contar* (v.).

desconsuelo, descontagiar, descontaminar.

descontar Verbo irregular que se conjuga como *contar* (v.). Uso de preposiciones: Descontar *de* una cantidad.

descontentadizo (za), descontentamiento, descontentar.

descontento (ta) Uso de preposiciones: Descontento *con* su suerte; d. *de* sí mismo.

descontinuación, descontinuar.

descontinuo Admitido, aunque es preferente *discontinuo.*

*__descontrolado__ Voz no admitida por la Academia. Significa «desmandado, excedido, sin control, desaforado». Tampoco se acepta *descontrolarse.*

*__descontrolarse__ V. *descontrolado.*

desconvenible, desconveniencia, desconveniente, desconvenir, desconversable, desconversar, desconvidar, descorazonamiento, descorazonar.

descorchador Aceptado como sinónimo de *sacacorchos*, aunque es preferible esta última voz.

descorchar, descorche, descordar, descorderar, descoritar.

descornar Verbo irregular que se conjuga como *contar* (v.).

descoronar, descorrear, descorregido (da), descorrer, descorrimiento, descortés, descortesía, descortezador, descortezadura, descortezamiento, descortezar, descortezo, descortinar, descosedura (2), **descoser, descosido** (1), **descotarse, descostillar, descostrar, descotar.**

descote Aceptado, aunque es preferente *escote* (*escotadura* en los vestidos de la mujer). Lo mismo con *descotar* y *escotar.*

descoyuntamiento, descoyuntar(se), descoyunto, descrecencia, descrecer, descrecimiento, descrédito, descreencia, descreer, descreídamente, descreído (da), descreimiento, descremadora, descremar, descrestar, descriarse.

describir Verbo cuyo participio es irregular: *descrito.*

descripción, descriptible, descriptivo (va), descripto, descriptor, descrismar.

descristianar Significa *descrismar*, dar un fuerte golpe en la cabeza. *Descristianizar* es «apartar de la fe cristiana».

descristianizar V. *descristianar.*

descrito, descrucificar, descruzar, descuadernar, descuadrillado, descuadrillarse, descuajar.

descuajaringar Es lo correcto. No está admitido *descuajeringar.*

descuaje (2), **descuajo** (1), **descuartizamiento, descuartizar, descubierta, descubierto, descubrición, descubridero, descubridor (ra), descubrimiento.**

descubrir(se) Verbo cuyo participio es irregular: *descubierto.* Uso de preposiciones: descubrirse *a* alguno; d. *por* respeto.

descuello, descuento, descuerar, descuerno, descuidado (da).

descuidar Uso de preposiciones: Descuidarse *de, en* su obligación.

descuidero (ra), descuido, descuitado, descular, descumbrado, deschuponar, desdar.

desde Preposición que indica el lugar o tiempo de que proviene, se origina o debe empezar a contarse una cosa, un hecho o una distancia: *desde* España, *desde* que llegó. «Desde el instante *que* la vi...», debe decirse «desde el instante *en que* la vi...» «*Desde que* viene solo, seremos menos» es galicismo por «*como* viene solo...». «*Desde ya* le prometo...» Incorrección que debe sustituirse por «*desde ahora* le prometo...»

*****desdecido** «Se ha desdecido de sus palabras» es incorrecto; dígase «se ha desdicho de sus palabras». (V. *desdecir*.)

desdecir(se) Verbo irregular que se conjuga como *decir* (v.). (Véase también *desdecido*.) Uso de preposiciones: Desdecirse *de* su promesa; desdecir *de* su carácter.

desdén, desdentado (da), desdentar, desdeñable, desdeñado (da), desdeñador, desdeñante, desdeñar, desdeñoso, desdevanar.

*****desde ya** V. *desde*.

desdibujado, desdibujar(se), desdicha, desdichado (da), desdicho, desdinerar, desdoblamiento, desdoblar, desdonado, desdorar, desdoro, desdoroso, deseable, deseador, desear, desecación (1)**, desecador, desecamiento** (2)**, desecante, desecar, desecativo.**

desechar Uso de preposiciones: Desechar *del* pensamiento.

desecho «Cosa que no sirve»; no confundir con *deshecho*, participio pasivo del verbo *deshacer*.

desedificación V. *desedificar*.

desedificar Significa «dar mal ejemplo». *Desedificación* es «mal ejemplo».

*****deseguida** Incorrecto cuando indica *en seguida, inmediatamente*. La Academia lo admite separado, *de seguida*, pero es uso antiguo o vulgar.

deselectrización, deselectrizar, desellar, desembalaje, desembalar, desembaldosar, desemballestar, desembanastar, desembarazado (da), desembarazar(se), desembarazo, desembarcadero, desembarcar, desembarco, desem- **bargar, desembargo, desembarque, desembarrancar, desembarrar.**

desembaular En algunos tiempos y personas suele acentuarse la *u* (*desembaúlo*).

desembebecerse, desembelesarse, desembocadero, desembocadura, desembocar, desembolsar, desembolso, desemboque, desemborrachar, desembozarse, desembotar, desembozado, desembozar, desembozo, desembragar, desembrague, desembravecer, desembravecimiento, desembrazar, desembriagar, desembridar, desembrollar, desembrozar, desembrujar.

*****desembrutecer** Verbo irregular no admitido por la Academia. Se conjuga como *agradecer* (véase).

desembuchar, desemejable.

desemejante Uso de preposiciones: Desemejante *de* los otros.

desemejanza, desemejar, desempacar(se), desempachar, desempacho, desempalagar, desempañar, desempapelar, desempaque, desempaquetar, desemparejar, desemparentado, desemparvar, desempastelar, desempatar, desempate, desempedrador, desempedrar, desempegar.

desempeñar Uso de preposic.: Desempeñar *de* sus deudas.

desempeño, desempeorarse, desemperezar, desempernar.

desempleo Admitido por la Academia: «Paro forzoso.» No se acepta, en cambio, *desempleado*.

desempolvadura, desempolvorar, desemponzoñar, desempotrar, desempulgar, desempuñar, desenalbardar, desenamorar, desenastar, desencabalgar, desencabestrar, desencadenamiento, desencadenar, desencajadura, desencajamiento (1)**, desencajar, desencaje** (2)**, desencajonar, desencalabrinar, desencalcar, desencallar, desencaminar, desencantamiento, desencantar, desencantarar, desencantonar, desencapillar, desencapotadura, desencapotar, desencaprichar, desencarcelar, desencarecer, de-**

sencargar, desencarnar, desencastillar, desencerrar, desencintar, desenclavar, desenclavijar, desencoger, desencogimiento, desencoladura, desencolar, desencolerizar, desenconamiento, desenconar, desencono, desencordar, desencordelar, desencorvar, desencrespar, desencuadernado, desencuadernar, desenchufar, desendemoniar (1), desendiablar (2), desendiosar, desenfadaderas, desenfadado (da), desenfadar, desenfado, desenfaldar, desenfardar (1), desenfardelar (2), desenfilar, desenfocar, desenfoque, desenfrailar, desenfrenamiento.

desenfrenar(se) Uso de preposiciones: Desenfrenarse *en* los apetitos.

desenfreno, desenfundar, desenfurecer, desenfurruñar, desenganchar, desenganche, desengañado (da), desengañador (ra).

desengañar(se) Uso de preposiciones. Desengañarse *de* ilusiones.

desengaño, desengarrafar, desengarzar, desengastar, desengomar, desengoznar, desengranar, desengrasar, desengrase, desengrilletar, desengrosar, desengrudamiento, desengrudar, desenguantarse, desenhebrar, desenhetrar, desenhornar, desenjaezar, desenjalmar, desenjaular, desenlace, desenladrillador, desenladrillar, desenlazar(se), desenlodar, desenlosar, desenlustrar, desenlutar, desenmallar, desenmarañar(se), desenmascarar, desenmohecer, desenmudecer, desenojar, desenojo, desenojoso, desenredar(se), desenredo, desenrizar, desenrollar, desenroscar, desenrudecer, desensamblar, desensañar, desensartar, desensebar, desenseñar, desensillar desensoberbecer, desensortijado, desentablar, desentalingar, desentarimar.

desentenderse Verbo irregular que se conjuga como *entender* (véase).

desentendido (da), desentendimiento, desenterrador, desenterramiento.

desenterrar Verbo irregular que se conjuga como *acertar* (v.). Uso de preposiciones: Desenterrar *del* polvo, *de entre* el polvo.

desentierramuertos, desentoldar, desentollecer, desentonación, desentonamiento, desentonar, desentono, desentornillar, desentorpecer, desentrampar, desentrañamiento, desentrañar.

desentrenamiento Es lo correcto, y no *desentreno* (no admitido).

desentrenar.

***desentreno** V. *desentrenamiento*.

desentronizar, desentumecer (1), desentumecimiento, desentumir (2), desenvainar, desenvelejar, desenvendar, desenvergar, desenviolar, desenvoltura, desenvolvedor.

desenvolver Verbo irregular que se conjuga como *volver* (v.).

desenvolvimiento, desenvuelto (ta), desenzarzar, deseñar, deseo, deseoso, desequido, desequilibrado (da), desequilibrar, desequilibrio, deserción, deserrado.

desertar Uso de preposiciones: Desertar *de* su bando; d. *al* campo contrario.

desértico (ca), desertícola, desertor, deservicio, deservidor, deservir.

desescombrar Admitido, aunque es preferente la voz *escombrar*. También se admite *descombrar*.

deseslabonar Aceptado, pero es preferente *deslabonar*.

desespaldar, desespañolizar, desesperación, desesperado (da), desesperante, desesperanza, desesperanzar.

desesperar Uso de preposiciones: Desesperar *de* la pretensión.

desespero Aceptado, aunque como voz regional de Aragón. Es más correcto decir *desesperanza*. En otros casos es *desesperación*.

***desespumar** Es incorrecto con el significado de «quitar la espuma». Dígase *despumar, espumar, quitar la espuma*.

desestabilizador, desestabilizar, desestancar, desestanco, desestañar(se), desesterar, desestero, desestima (2), desestimación (1),

desestimador, desestimar, desfachatado (da), desfachatez, desfajar, desfalcador (ra), desfalcar, desfalco.

desfallecer Verbo irregular que se conjuga como *agradecer* (v.). Uso de preposiciones: Desfallecer *de* ánimo.

desfalleciente, desfallecimiento, desfamar.

desfasado Aceptado por la Academia, con el significado de «que no se ajusta a las condiciones o circunstancias del momento». *Desfase*, también aceptado, es «falta de ajuste respecto a las condiciones o circunstancias del momento», es decir, «inadaptación, desajuste». En cambio no se admite con este sentido el verbo *desfasar*, que sólo es, según la Academia, «producir una diferencia de fase».

desfasar V. *desfasado.*

desfase V. *desfasado.*

desfatigante, desfavorable, desfavorecedor, desfavorecer, desfear, desfibrar, desfibrinación, desfiguración (1), **desfiguramiento** (2), **desfigurar, desfijar, desfiladero, desfilar, desfile, desflecar, desflemar, desflocar, desfloración** (1), **desfloramiento** (2), **desflorar, desflorecer, desflorecimiento, desfogar(se), desfogonar, desfogue, desfondar, desfonde, desformar, desfortalecer, desforzarse, desfrenamiento, desfrenar, desfruncir, desfrutar, desgabilado, desgaire, desgajadura, desgajamiento** (2), **desgajar, desgaje** (1), **desgalgadero, desgalgar.**

desgalichado Admitido con el significado de «desaliñado, desgarbado».

desgalichadura, desgana, desganar, desganchar, desgano, desgañitarse, desgarbado, desgarbo, desgargantarse, desgarcolar, desgaritar, desgarrado, desgarrador (ra).

desgarradura Admitido, aunque es preferente la voz *desgarrón*. Ambas significan «jirón del vestido». En cambio, *desgarramiento* significa «acción y efecto de desgarrar».

desgarramiento V. *desgarradura.*

desgarrante, desgarrar(se), desgarro.

desgarrón V. *desgarradura.*

desgastar, desgaste, desgaznatarse, desglosar, desglose, desgobernado, desgobernar, desgobierno, desgolletar, desgomar, desgonzar, desgorrarse, desgoznar, desgracia, desgraciado (da).

desgraciar Es verbo regular. Por lo que se refiere a su acento, se conjuga igual que *cambiar.*

desgramar, desgranado (da), desgranador (ra), desgranamiento, desgranar(se), desgrane, desgranzar, desgrasar, desgrase, desgravación, desgravar, desgreñado (da), desgreñar, desgreño, desguace.

desguarnecer Es un verbo irregular que se conjuga como *agradecer* (véase).

desguarnir, desguazar, desguince, desguindar, desguinzar, deshabido.

*deshabillé Voz francesa. (V. *deshabillé.*)

deshabitado, deshabitar, deshabituación.

deshabituar Es verbo regular. Por lo que se refiere al acento, su conjugación es como la de *actuar* (deshabitúo, deshabitúas, etc.).

deshacedor (ra).

deshacer(se) Verbo irregular que se conjuga como *hacer* (v.). Uso de preposiciones: Deshacerse *en* llanto; d. *de* alguna prenda.

desharrapado (da) Admitido por la Academia, que da como preferente esta voz, aunque también admite *desarrapado.*

desharrapamiento.

*deshauciado Grafía incorrecta; debe escribirse *desahuciado.* De igual forma, *deshaucio* y *deshauciar* son incorrectas y deben sustituirse por *desahucio* y *desahuciar* (v.).

deshebillar, deshebrar, deshecha, deshechizar.

deshecho (cha) Es el participio pasado irregular del verbo deshacer. No debe confundirse con *desecho*, que significa «desperdicio, sobra».

deshelar(se) Verbo irregular que se conjuga como *acertar* (v.).

desherbar Verbo irregular que se conjuga como *acertar* (v.).

desheredación (1), **desheredamiento** (2), **desheredar, deshermanar, desherradura, desherrar, desherrumbramiento, desherrumbrar, deshidratación, deshidratante, deshidratar, deshielo, deshilachar, deshilado, deshiladura, deshilar, deshilo, deshilvanado (da), deshilvanar, deshincadura, deshincar, deshinchadura, deshinchar, deshipotecar, deshoja** (3), **deshojador (ra), deshojadura** (1), **deshojamiento** (2), **deshojar, deshoje, deshollejar, deshollinadera, deshollinador (ra), deshollinar, deshonestidad, deshonesto (ta), deshonor, deshonrar, deshonra, deshonrabuenos, deshonrador (ra), deshonrar, deshonrible, deshonroso (sa).**

deshora Admitida la expresión *a deshora*: «Fuera de tiempo; de repente.»

deshornar, deshospedamiento, deshuesadora, deshuesar, deshumanización, deshumanizar, deshumano.

deshumedecer Verbo irregular que se conjuga como *agradecer* (véase.).

de sí «Un hombre antipático *de sí*» es incorrecto; dígase *de suyo*, o *de por sí*.

desiderable, desiderativo (va).

desiderátum Voz latina admitida. Se escribe con acento en nuestra lengua. Es «lo más digno de ser apetecido». El plural no es *desiderátums*, sino la forma latina del plural, *desiderata*. Esta última voz, en cambio, no está admitida con el sentido propio de «relación de objetos».

desidia, desidioso (sa), desierto (ta), designación, designar, designativo, designio, desigual, desigualado, desigualar, desigualdad, desilusión, desilusionar, desimaginar, desimanación, desimanar (2), **desimantación, desimantar** (1), **desimponer, desimpresionar, de-**

sinclinar, desincorporar, desincrustante, desincrustar.

desinencia En gramática es la terminación de una palabra. Denota en ella algunos de los accidentes gramaticales. Aparece en la declinación (desinencia casual) para indicar el caso, el género y el número, y en la conjugación (desinencia verbal) para indicar la persona, el número, el tiempo, el modo, etc.

desinencial, desinfartar, desinfección, desinfectante.

desinfectar «Quitar a una cosa la *infección*, destruyendo los gérmenes nocivos». No confundir con *desinsectar*, «limpiar de insectos, especialmente parásitos». En cambio, *desinfestar* no es admitido (pero sí *infestar*: «Inficionar, infectar.»).

***desinfestar** Incorrecto. (V. *desinfectar*.)

desinficionar, desinflamar, desinflar, desinsaculación, desinsacular, desinsectación.

desinsectar V. *desinfectar*.

desintegrar(se).

desinterés «Siente *desinterés* por la música» es incorrecto. *Desinterés* es «desapego de todo provecho personal», por lo que en el caso anterior debió decirse «*no siente afición* (o interés) por la música».

desinteresado (da), desinteresarse, desintestinar, desintoxicación, desintoxicar, desinvernar, desistencia (2), **desistimiento** (1).

desistir Uso de preposiciones: Desistir *del* intento.

desjarretadera, desjarretar, desjarrete, desjugar, desjuiciado, desjuntamiento, desjuntar, deslabonar, desladrillar, deslastrar, deslatar, deslavado, deslavadura, deslavar, deslavazado, deslavazar, deslazar.

desleal Uso de preposiciones: Desleal *a* su rey; d. *con* su amada.

deslealtad, deslechar, deslechugar, desleidura (2), **desleimiento** (1).

desleír Lleva acento. Se conjuga como *reír* (v.). Uso de preposiciones: Desleír *en* agua.

deslendrar, deslenguado (da), deslenguamiento, deslenguar.

desliar Es verbo regular; por lo que concierne al acento, su conjugación es como la de *reír* (deslío, deslíes, etc.).

desligadura, desligar, deslindador, deslindamiento (2), deslindar, deslinde (1), desliñar, deslío, desliz, deslizable, deslizadero, deslizadizo, deslizamiento, deslizante, deslizar, desloar, deslomadura, deslomar, deslucido (da), deslucimiento.

deslucir Verbo irregular que se conjuga como *agradecer* (v.).

deslumbrador (ra), deslumbramiento, deslumbrante, deslumbrar, deslumbre, deslustrador, deslustrar, deslustre, deslustroso, desmadejado (da), desmadejamiento, desmadejar, desmadrado (da), desmadrar, desmadre, desmalazado, desmalezar, desmallador, desmalladura, desmallar, desmamar, desmamonar, desmamparar, desmán, desmanchar, desmanchado, desmandamiento, desmandar, desmanear, desmangar, desmano (a), desmanotado, desmantelamiento, desmantelar, desmaña, desmañado (a), desmañar, desmaño, desmarañar.

desmarcarse Voz admitida, que se emplea en fútbol y otros deportes. Significa «escapar a la vigilancia de un jugador contrario».

desmarojar, desmarrido, desmatar, desmayado (da), desmayamiento, desmayar, desmayo, desmedido (da), desmedirse, desmedrado, desmedrar, desmedro, desmejora, desmejoramiento, desmejorar, desmelar, desmelenado (da), desmelenamiento, desmelenar, desmembración, desmembrado (da), desmembrador.

*desmembran Es incorrecto; dígase *desmiembran*. (V. *desmembrar*.)

desmembrar Verbo irregular que se conjuga como *acertar* (v.).

desmemoria, desmemoriado (da), desmemoriar, desmenguar.

desmentida «Dar una *desmentida*» es correcto; «dar un *desmen-*

tido» también lo es. Asimismo es correcto *mentís*.

desmentido V. *desmentida.*

desmentir Verbo irregular que se conjuga como *sentir* (v.). Uso de preposiciones: Desmentir *a* uno.

desmenuzable, desmenuzador, desmenuzamiento, desmenuzar, desmeollamiento, desmeollar, desmerecedor (ra).

desmerecer Verbo irregular que se conjuga como *agradecer* (véase).

desmerecimiento, desmesura, desmesurado (da), desmesurar, desmigajar, desmigar, desmilitarización, desmilitarizar, desmineralización, desmirriado, desmitificar, desmochadura, desmochar, desmoche, desmocho, desmogar, desmogue, desmolado, desmoledura, desmoles, desmonetización, desmonetizar, desmontable, desmontado, desmontadura, desmontaje, desmontar, desmonte, desmoñar, desmoralización, desmoralizante.

desmoralizar «Las tropas se *desmoralizaron*» es galicismo. *Desmoralizar* sólo es «corromper las costumbres con malos ejemplos», pero no significa «desanimar, desalentar», que es lo que debe decirse en el ejemplo anterior.

desmorecerse, desmoronadizo, desmoronamiento, desmoronar, desmostarse, desmotadera, desmotador, desmotadora, desmotar, desmote, desmovilización, desmovilizar, desmugrar, desmultiplicación, desmultiplicar, desmullir, desnacionalizar, desnarigado, desnarigar, desnatadora, desnatar, desnaturalización, desnaturalizado (da), desnaturalizar, desnaturamiento, desnegamiento, desnegar, desnervar, desnevado, desnevar, desnieve, desnivel, desnivelación, desnivelar, desnoblecer, desnucar, desnudador, desnudamiento, desnudar, desnudez.

desnudismo Es lo correcto para designar la «práctica de los que andan *desnudos* para exponer el cuerpo a los agentes naturales. Sí se admite *nudismo*. También se acepta *desnudista* y *nudista*.

desnudista V. *desnudismo*.

desnudo (da), desnutrición, desnutrirse.

desobedecer Verbo irregular que se conjuga como *agradecer* (v.).

desobediencia, desobediente, desobligar, desobstrucción.

desobstruir Verbo irregular que se conjuga como *huir* (v.).

desocupación En realidad significa «ociosidad»; sólo para América está aceptado el sentido de «paro forzoso, desempleo».

desocupado (da), desocupar.

desodorante Admitido para designar lo «que destruye los olores molestos o nocivos». *Antisudoral* (admitido) es lo que «evita o reduce el sudor excesivo». En el comercio se emplean como sinónimos, aunque no lo son, como puede verse.

desoír Verbo irregular que se conjuga como *oír* (v.).

desojar «Romper el *ojo* con un instrumento»; no confundir con *deshojar*, «quitar las *hojas* a una planta».

desolación, desolador, desolante.

desolar Verbo irregular que se conjuga como *contar* (v.).

desolazar, desoldar, desolladero, desollado (da), desollador, desolladura, desollamiento.

desollar Verbo irregular que se conjuga como *contar* (v.).

desolión, desonzar, desopilación.

desopilante Admitido; puede sustituirse por *divertido, jocoso, muy gracioso*. *Desopilar* (admitido) es «curar la *opilación* (una dolencia)», y nada tiene que ver con el significado del vocablo anterior, al igual que las voces *desopilación* y *desopilativo* (admitidas).

desopilar, desopilativo, desopinado, desopinar, desopresión, desoprimir.

desorbitar «Precios *desorbitados*» (o *desorbitantes*) es incorrecto; dígase *exorbitantes, exagerados*.

*desorbitado, *desorbitante V. *desorbitar*.

desorden Uso de preposiciones: Desorden *en* la administración de la empresa.

desordenación, desordenado (da), desordenar, desorejado (da), desorejamiento, desorejar, desorganización, desorganizador, desorganizar, desorientación, desorientador (ra), desorientar, desorillar, desornamentado, desortijado, desortijar, desosada.

desosar Verbo irregular que se conjuga de la forma siguiente (a título de ejemplo): *Presente indicativo:* deshueso, deshuesas, deshuesa, desosamos, desosáis, deshuesan. *Presente subjuntivo:* deshuese, deshueses, deshuese, desosemos, desoséis, deshuesen. *Imperativo:* deshuesa, deshuese, desosemos, desosad, deshuesen. El verbo *deshuesar* es sinónimo del anterior, es regular y preferido por la Academia.

desosegar Admitido, como *desasosegar*, aunque es preferente esta última forma. Lo mismo ocurre con las voces *desosiego* y *desasosiego* (preferente la última).

desosiego, desoterrado, desovadero.

desovar Es verbo regular de la primera conjugación; por consiguiente se conjuga como *amar* (desovo, desovas, desováis, etc.).

desove, desovillar, desoxidable, desoxidación, desoxidante, desoxidar, desoxigenación, desoxigenante, desoxigenar, despabiladeras, despabilado (da), despabilador, despabiladura.

despabilar Correcto, igual que *espabilar*, aunque es preferente la primera voz.

despacio «Habla *despacio*, que duerme el niño» es una impropiedad. *Despacio* significa «lentamente», y lo que se ha querido significar es «en voz baja»: «habla *en voz baja*, que duerme el niño».

despacioso (sa), despacito, despachaderas, despachado, despachador, despachar, despacho, despachurrado, despachurramiento.

despachurrar Es la voz preferente, mejor que *espachurrar* (admitida). En cambio se admite *despachurrado*, y no *espachurrado*.

despachurro, despajador, despa-

jadura, despajar, despaldar, des-
paldilladura, despaldillar, despa-
letillar, despalillado, despalillador,
despalillar, despalmador, despal-
madura, despalmante, despalmar,
despalme, despampanante, des-
pampanar, despanzurrar, despa-
redar, desparejar, desparejo,
desparpajado, desparpajar, des-
parpajo, desparramado, desparra-
mador, desparramamiento, desparramar, desparrancarse, des-
partir, desparvar, despasar, des-
patarrada.

despatarrar Correcto, mejor que
espatarrar (admitido). Asimismo,
respecto a *despatarrado* y *espa-
tarrado*, la primera es preferente.

**despatillado, despatillar , despa-
vesar, despavonar, despavorido
(da).**

despavorir Verbo defectivo, del
que sólo se emplean las terminaciones que poseen *i* (despavorió,
despavoría, etc.).

**despeadura, despearse, despecti-
vo (va), despechar, despechere-
to, despecho, despechugadura,
despechugar, despedazador, des-
pedazamiento, despedazar, despedida.**

despedir Verbo irregular que se
conjuga como *pedir* (v.).

**despedregar, despegable, despe-
gado (da), despegador, despega-
dura, despegamiento**

despegar(se) Uso de preposiciones: Despegarse *del* mundo.

**despego, despegue, despeinar(se),
despejado (da), despejar, despeje,
despejo.**

*despeluchar Es incorrecto cuando se alude a «descomponer el pelo
de la cabeza». Dígase *despeluzar*.

**despeluzar, despeluznante, des-
pellejadura, despellejar, despenar,
despendedor, despender, despe-
nolar, despensa, despensería,
despensero, despeñadero, despe-
ñadizo, despeñamiento, Despeña-
perros.**

despeñar(se) Uso de preposiciones: Despeñarse *al, en* el mar; d.
por la cuesta.

**despeño, despepitado, despepi-
tar, despercudir, desperdiciador,**

**desperdiciar, desperdicio, desper-
digamiento, desperdigar, despe-
rezar(se), desperezo, desperfecto,
desperfilar, despernado, desper-
nar, despersonalizar, despertador,
despertamiento, despertante.**

despertar Verbo irregular que se
conjuga como *acertar* (v.).

**despesar, despestañar, despezar,
despezo, despozonar, despezu-
ñarse, despiadado (da), despicar,
despidiente, despido, despierto,
despiezar, despiezo, despilfarra-
dor (ra), despilfarrar, despilfarro,
despimpollar, despinochar, des-
pintar, despinzadera, despinzado,
despinzador, despinzar, despin-
zas, despiojar, despique.**

despistado Admitida: «Desorien-
tado, distraído». De igual forma, se
admite *despistar*: «Andar deso-
rientado». No se acepta, en cambio, *despiste*; debe decirse *desorientación, distracción*.

despistar V. *despistado*.

*despiste Incorrecto. (Véase *despistado*.)

despitorrado, despizcar.

desplacer Verbo irregular que se
conjuga como *agradecer* (v.).

**desplaciente, desplanchar, des-
plantador, desplantar, desplante,
desplatar, desplate, desplayar,
desplazamiento.**

desplazar «El coche se *desplazaba*
lentamente» es incorrecto; debe
decirse «el coche *marchaba* (o
avanzaba) lentamente». «Han *des-
plazado* al jefe de su puesto» es incorrecto; dígase «han *apartado* al
jefe de su cargo» (o lo han *sustituido*, o *destituido*).

desplegar(se) Verbo irregular que
se conjuga como *acertar* (véase).

**despliegue, desplomar, desplome,
desplomo, desplumadura (1), des-
plumar, desplume (2), despobla-
ción, despoblado, despoblador.**

despoblar Verbo irregular que se
conjuga como *contar* (v.).

**despoetizar, despojador, despo-
jar, despojo, despolarización, des-
polarizador, despolarizar, despol-
var, despolvorear, despolvoreo,
despopularización, despopulari-
zar, desportilladura, desporti-**

llar(se), **desposado (da)**, **despo-sando.**

desposar(se) Uso de preposicio-nes: Desposarse *con* solterona; d. *por* poderes.

desposeer, desposeimiento, des-posorio (2), **desposorios** (1), **des-postar, déspota, despótico (ca), despotismo, despotricar, despo-trique, despreciable, desprecia-dor, despreciar, despreciativa-mente, despreciativo (va), despre-cio, desprender(se), desprendido (da), desprendimiento.**

despreocupación «Demostró *des-preocupación* en el desempeño de sus tareas» es incorrecto. *Despreo-cupación* es «falta de preocupa-ción, de inquietud», y no «descui-do, negligencia», voces que deben sustituir a la otra en el ejemplo an-terior. De igual forma, *despreocu-pado* es «el que no siente preocu-pación o inquietud», y no el «des-cuidado o negligente». Lo mismo vale para *despreocuparse.*

despreocupado (da).

despreocuparse V. *despreocupa-ción.*

desprestigiar, desprestigio, des-prevención, desprevenido, des-proporción, desproporcionada-mente, desproporcionado (da), desproporcionar, despropósito, desproveer, desprovisto (ta), des-pueble (1), **despueblo** (2).

después «*Después de que* hubo llegado»; sobra la preposición *de.* Dígase «*después que* hubo lle-gado».

*despulgar Es incorrecto; dígase *espulgar:* «La mona *espulga* al mo-nito.»

despulpador, despulpar, despul-sar, despumación.

despumar Admitido, aunque es preferente *espumar.*

despuntar Uso de preposiciones: Despuntar *en* la sátira; d. *de* in-genioso.

desquejar, desqueje, desquerer, desquiciador (ra), desquiciamien-to, desquiciar, desquicio, desqui-jarar, desquijerar, desquilatar.

desquitar(se) Uso de preposicio-nes: Desquitarse *de* la pérdida.

desquite, desrabar (2), **desrabotar** (1), **desramar, desrancharse.**

desratización Admitido, lo mismo que *desratizar.*

desratizar, desrazonable, desre-glar, desrelingar, desreputación, desriñonar, desriscar, desrizar, desroblar.

*dessert Voz francesa e inglesa que se usa a veces con el signifi-cado de *postre.* Empléese esta úl-tima.

destacado, destacamento, desta-car(se), destaconar, destachonar, destajador, destajar, destajero (2), **destajista** (1), **destajo, destalonar, destallar, destapadura, destapar, destapiado, destapiar, destapo-nar, destara, destarar, destartala-do (da), destartalo, destazador, destazar, destechar, destejar, des-tejer, destellante.**

destellar Es lo correcto, y no *des-tellear* (no admitido). De igual modo se admite *destellante,* y no *destelleante.*

*destelleante, *destellear Inco-rrecto. (V. *destellar.*)

destello, destemplado, destempla-dor, destemplanza, destemplar, destemple, destentar.

desteñir Verbo irregular que se conjuga como *ceñir* (v.).

desternillarse «*Desternillarse* de risa» es lo correcto (romperse las ternillas o cartílagos). Es incorrec-to decir «*destornillarse* de risa».

desterradero, desterrado (da), desterramiento.

desterrar Verbo irregular que se conjuga como *acertar* (v.).

desterronar, destetadera, deste-tar, destete, destiempo (a), des-tiento, destierre, destierro, desti-lable, destilación, destiladera, destilador (ra), destilar, destilato-rio, destilería, destinación, desti-nar, destinatario (ria), destino, destiño, destiranizado (da), desti-tución, destituible, destituidor.

destituir Verbo irregular que se conjuga como *huir* (v.). Uso de pre-posiciones: Destituir *de* su cargo.

destitulado, destocar, destorce-dura, destorcer, destornillado.

destornillador Es la voz preferente; también se admite *desatornillador*, pero en segundo término, lo mismo que *desatornillar* (preferente *destornillar*).

destornillar V. *destornillador*. «*Destornillarse* de risa» es incorrecto; dígase *desternillarse* (romperse la ternilla).

destoser(se), destrabar, destrabazón, destral, destraleja, destralero, destramar, destrejar, destrenzar, destreza, destrincar.

destripacuentos Dice el Diccionario de la Academia de esta palabra: «Persona que interrumpe inoportunamente la relación del que habla.»

destripador, destripamiento, destripar, destripaterrones.

destrísimo Es lo correcto, y no *diestrísimo*.

destriunfar, destrizar, destrocar, destrón, destronamiento, destronar, destroncamiento, destroncar.

*destroyer Es incorrecto; debe decirse *destructor* (buque de guerra).

destrozador, destrozar, destrozo, destrozón (na), destrucción, destructibilidad, destructible, destructivo (va).

destructor Es lo correcto, y no *destroyer* (v.).

destructura, destrueco (2), **destrueque** (1), **destruible, destruidor.**

destruir Verbo irregular que se conjuga como *huir* (v.).

destruyente, destullecer, desucar, desudación, desudar, desuellacaras, desuello, desuncir, desunión, desunir, desuñar, desurcar, desurdir, desusado (da), desusar, desuso, desustanciar, desvahar, desvaído (da), desvainadura, desvainar.

desvaír Verbo defectivo del que sólo se conjugan algunas terminaciones que tienen *i* (desvaía, desvairá, etc.).

desvalido, desvalijador, desvalijamiento (1), **desvalijar, desvalijo** (2), **desvalimiento, desvalorar.**

desvalorización Admitido, lo mismo que *desvalorizar*. También puede decirse *depreciación* y *depreciar*. *Devaluación* y *devaluar* son términos asimismo admitidos.

desvalorizar, desván, desvanecedor.

desvanecer Verbo irregular que se conjuga como *agradecer* (véase).

desvanecido (da), desvanecimiento, desvarar, desvariado.

desvariar Es verbo regular. En cuanto a su acentuación, se conjuga lo mismo que *desviar* (desvarío, desvariamos, etc.).

desvarío.

*desvastación Es incorrecto; dígase *devastación* (y *devastar*; *desvastar* es incorrecto).

desvedar, desvelamiento.

desvelar Significa «quitar el sueño», y *desvelarse* es, además, «poner gran atención en lo que uno desea hacer». Es incorrecto emplear *desvelar* como «descubrir, revelar» («*desvelar* un secreto», es «*revelar* un secreto»).

desvelo, desvenar, desvencijar, desvendar, desveno, desventaja, desventajoso, desventar, desventura, desventurado, desvergonzado (da).

desvergonzar Uso de preposiciones: Desvergonzarse *con* una persona.

desvergüenza.

desvestir(se) Verbo irregular que se conjuga como *pedir* (véase).

desviación, desviacionismo, desviacionista, desviador.

desviar Es verbo regular en el que la *i* se acentúa ortográficamente en las personas del singular y la tercera del plural del presente de indicativo y de subjuntivo y en la segunda persona del singular del imperativo (desvío, desvíe, etc.).

desvirar, desvirgar.

desvirtuar(se) Es verbo regular; por lo que concierne al acento, se conjuga lo mismo que *actuar* (desvirtúo, desvirtúen, etc.).

desvitrificar, desvivirse, desvolver, desyemar, desyerbador, desyerbar, deszafrar, deszafre, deszocar, deszumar.

*detall En la expresión «venta al *detall*», esta voz es incorrecta. Dígase «venta *al por menor*» o «*venta al menudeo*». En cambio se admite *detallista:* «Comerciante que vende *por menor*».

detallado (da), detallar, detalle.

detallista Voz admitida; no se admite, en cambio, *detall* (v.).

detasa.

detección V. *detectar*.

detectar Admitido, lo mismo que *detección*.

detective Palabra aceptada por la Academia: «Policía particular que practica investigaciones reservadas.»

detectivesco, detector, detención, detenedor.

detener(se) Verbo irregular que se conjuga como *tener* (v.). Uso de preposiciones: Detenerse *con* los obstáculos.

detenido (da), detenimiento, detentación, detentador.

detentar Significa «retener uno lo que no le pertenece». Es incorrecto, pues, decir *«detenta* un cargo de gran importancia». En este caso debe decirse *«ocupa* un cargo de gran importancia».

detergente Admitido: «Sustancia o producto que limpia químicamente.»

deterger, deterioración (2), **deteriorar, deterioro** (1), **determinación, determinado, determinante.**

determinar(se) Uso de preposiciones: Determinarse *a* partir; d. *en* favor de alguno.

determinativo *Adjetivo determinativo* es el que determina la situación (este, ese, aquel), la extensión (algunos, pocos, veinte) o la atribución (mi, tu, su) del sustantivo al que acompaña. Se diferencia así del *adjetivo calificativo.*

determinismo, determinista, detersión (2), **detersivo** (2), **detersorio** (1), **detestable, detestación.**

detestar Uso de preposiciones: Detestar *de* la mentira.

***detiéneme** «Si puedes, *detiéneme»,* es incorrecto; debe decirse «si puedes, *detenme».*

detonación, detonador, detonante, detonar, detorsión, detracción, detractar, detractor (ra), detraer.

detrás Es un adverbio de lugar que indica «en la parte posterior». *De-*

trás da una idea de inmovilidad *(está detrás),* mientras que *atrás* la da de movimiento *(mándalo atrás).* Es incorrecto decir *detrás mío* (tuyo, nuestro, etc.). Debe decirse *detrás de mí* (de ti, de nosotros, etc.).

detrimento, detrítico.

detrito Es lo correcto, y no *detritus,* latinismo innecesario. El plural de *detrito* es *detritos.*

***detritus** Incorrecto. (V. *detrito*.)

deuda Con minúscula cuando es la que contrae una persona (la *deuda* de Juan). Cuando se trata de un país o gobierno, unos lo escriben con mayúscula (la *Deuda* exterior, la *Deuda* nacional) y otros con minúscula.

deudo.

deudor (ra) Uso de preposiciones: Deudor *a, de* la Hacienda; d. *en, por* muchos miles.

Deus ex máchina Locución latina: «Dios desde la máquina» (expresión teatral); da a entender la intervención feliz que resuelve de pronto una situación crítica.

deuter- Prefijo que proviene del griego y significa «segundo» *(Deuteronomio).*

deuterio, Deuteronomio, deutóxido, devalar.

devaluación, devaluar V. *desvalorización.*

devanadera, devanado, devanador (ra), devanar, devaneador, devanear, devaneo.

devastación Es lo correcto, y no *desvastación,* que es barbarismo. De igual modo es correcto *devastador* y *devastar,* e incorrecto *desvastador* y *desvastar.*

devastador, devastar V. *devastación.*

develar Admitida como *descubrir, revelar,* que es correcto. Es incorrecto *desvelar* con este sentido, pues significa «quitar el sueño».

devengar, devengo.

devenir En filosofía es «llegar a ser»; en este uso no es galicismo.

deviación, devisa, devisar, devisero.

de visu Locución latina que significa «de vista», y equivale a «por haberlo visto».

devoción, devocionario, devolución, devolutivo.

devolver Verbo irregular que se conjuga como *volver* (v.).

devoniano Es un terreno geológico. También se admite la voz *devónico,* más usual, aunque es preferente la primera.

devónico V. *devoniano.*

devorador (ra), devorar, devotería, devoto (ta), dexiocardia.

dextr- Prefijo que significa «a la derecha» *(dextrina, dextrógiro).*

dextrina, dextrismo, dextro, dextrógiro.

dextrorso (sa) Es adjetivo y significa «que se mueve hacia la derecha». En cambio, *dextrórsum* (también admitida) es adverbio de lugar y significa «hacia la derecha».

dextrórsum V. *dextrorso.*

dextrosa, deyección, dezmar, dezmería, dezmero.

di- Prefijo que significa «dos» *(difracción, disílabo),* y que por otra parte denota oposición, contrariedad *(discordar),* origen *(dimanar)* y extensión *(difundir).*

dia- Prefijo que significa separación *(diátesis, diacrítico),* entre *(diatónico)* y a través de *(diámetro).*

día «Volvían día *a* día.» Es mejor decir «día *por* día», o «día *tras* día». Se admiten las expresiones *poner al día, día festivo* y *día laborable.*

diabasa, diabático.

diabetes Es lo correcto, y no *diabetis,* como escriben algunos. Es femenino: *la diabetes.* El plural no varía: *las diabetes.*

diabético (ca).

*diabetis V. *diabetes.*

diabeto.

diabla Es el femenino de *diablo* (v.). También se admite *diablesa,* aunque es preferente *diabla.*

diablear, diablejo, diablero.

diablesa V. *diabla.*

diablesco, diablillo, diablito.

diablo Siempre con minúscula, lo mismo que *demonio.* El femenino

de *diablo* es *diabla* (v.) y *diablesa.* En cambio, Lucifer y Satanás se escriben con mayúscula.

diablura, diabólico (ca).

diábolo «Juguete; especie de carrete formado por dos conos unidos por el vértice.» Es incorrecto escribir *diávolo,* o sin acento *(diabolo).*

diaconado (2), diaconal, diaconato (1), diaconía.

diaconisa «Mujer dedicada al servicio de la Iglesia.» No es pues, en realidad, el femenino de *diácono.*

diácono V. *diaconisa.*

diacrítico Es el «signo ortográfico que da a una letra un valor especial», como la diéresis o crema (¨) en *desagüe.* También se llama así al acento que distingue dos vocablos iguales, pero de distinto significado *(como* y *cómo, de* y *dé, el* y *él, que* y *qué,* etc.).

diacronía, diacrónico (ca), diacústica, díada, diádico (ca), diadelfos, diadema, diademado, diadoco, diafanidad, diafanizar, diáfano (na), diáfisis, diafonía, diaforesis, diaforético, diafragma, diafragmar, diafragmático (ca).

diagnosis «Conocimiento de los signos de las enfermedades», a diferencia de *diagnóstico,* «conjunto de síntomas de una enfermedad».

diagnosticable, diagnosticar.

diagnóstico V. *diagnosis.*

diagonal, diágrafo, diagrama.

dial Botón, interruptor, cuadrante.

dialectal, dialectalismo, dialéctica, dialéctico.

*dialectismo Es voz incorrecta; dígase *dialectalismo,* «voz o giro dialectal».

dialecto Es la modalidad de una lengua adoptada en un territorio determinado. Así, el andaluz es un dialecto del castellano.

dialectología, dialectólogo, dialefa.

diali- Prefijo que significa «separar, disolver» *(diálisis, dialisépala).*

dialipétala, dialisépalo (la), diálisis, dialítico, dializador, dializar, dialogal, dialogador, dialogar, dialogismo, dialogístico.

diálogo En el curso de un escrito el *diálogo* se inicia en renglón aparte, con guión al principio, no con comillas, como en otros idiomas. Si lo que dice un personaje tiene más de un párrafo, cada uno de ellos se inicia con comillas (no con guión) y no deben cerrarse estas comillas. Si lo que dice un personaje comprende a su vez un diálogo, en cada párrafo se hace como antes; vale decir que se inicia el párrafo con comillas seguidas de guión (por el nuevo diálogo) y luego se pone lo que dice el segundo personaje.

dialoguista, dialtea, diamagnético (ca), diamantado (da), diamantar, diamante, diamantífero, diamantino (na), diamantista, diamela, diametral, diametralmente, diámetro, diana, dianche, diandro, dianense.

diantre Como interjección, significa «¡diablo!».

diaño, diapalma.

diapasón Es masculino; *el diapasón.*

diapédesis, diapente.

diapositiva Voz admitida por la Academia; no debe emplearse la voz inglesa *slide.*

diaprea, diapreado, diaquenio, diaquilón, diariero *(Amér.).*

diario Es un «periódico que se publica todos los días»; luego no todos los periódicos son diarios, pero sí ocurre a la inversa. El nombre de los diarios, periódicos y revistas va en cursiva y con mayúscula en la primera letra y en cada sustantivo y adjetivo (ha comprado *El Imparcial*; leía *La Gaceta del Norte*).

diarista, diarquía, diarrea, diarreico, diartrosis.

días fecha Abreviatura: *d.f.* o *d/f.*

días vista Abreviatura: *d.v.* o *d/v.*

diascordio, diasen, diáspero, diáspora, diásporo, diaspro, diastasa, diástilo.

diástole Es femenino, *la diástole*, no *el diástole.*

diastólico, diastrofia, diatérmano, diatermia, diatesarón, diatésico.

diátesis Con acentuación esdrújula. Es incorrecto *diatesis.*

diatomea, diatónico (ca).

diatriba, Díaz, dibranquial, dibujante, dibujar, dibujo, dicacidad, dicaz, dicción.

diccionario Libro en que se contienen y explican los significados de las palabras de una lengua o la correspondencia con otros idiomas, generalmente por orden alfabético. El *diccionario histórico* contiene la evolución de la forma y significado de las palabras. El *diccionario etimológico* explica la etimología de las palabras. Los *diccionarios de tecnicismos* incluyen sólo las palabras técnicas de una profesión o ciencia.

diccionarista, dicente (1), **diciembre, diciente** (2), **Dickens, diclino (na).**

dico- Prefijo que proviene del griego y significa «en dos partes» *(dicotiledónea, dicotomía).*

dicotómico, dicótomo, dicroico, dicroísmo, dicromático, dictado, dictador, dictadura, dictáfono, dictamen, dictaminador, dictaminar, díctamo, dictar, dictatorial, dictatorio, dicterio, díctico, dicha, dicharachero, dicharacho, dichero, dicho.

dichoso Uso de preposiciones: Dicho *en* su estado; d. *con* su suerte.

didáctica, didáctico, didáctilo, dascálido, didelfo, Diderot, didimio, dídimo, didracma.

diecinueve Admitido, igual que *diez y nueve*, pero es preferible el primero. *Diecinueve* se usa con cualquier género y número *(la diecinueve, los diecinueve).*

diecinueveavo, dieciochavo, dieciocheno, dieciochesco, dieciochismo, dieciochista.

dieciocho Es el mismo caso que *diecinueve* (v.).

dieciséis Es el mismo caso que *diecinueve* (v.).

dieciseisavo (va), dieciseiseno.

diecisiete Es el mismo caso que *diecinueve* (v.).

diecisieteavo, diedro, dieléctrico, diente.

*****dientecillo, *****dientillo** Es incorrecto; dígase *dentecillo.*

dientimellado, dientudo.

diéresis Signo ortográfico (¨) que se pone sobre la u de las sílabas *gue, gui*, para denotar que esa letra debe pronunciarse *(argüir, desagüe)*. También se emplea en verso, como licencia poética para deshacer los diptongos: *ruido (ru-i-do).*

Diesel Se emplea en la expresión *motor Diesel*, con mayúscula, según la Academia.

dies irae Locución latina que significa «el día de la cólera». Son las primeras palabras de una secuencia del misal romano que se canta en las misas de difuntos.

diestra, diestramente.

*****diestrísimo** Incorrecto; es *destrísimo.*

*****diestra y siniestra (a)** V. *diestro.*

diestro (tra) Uso de preposiciones: Diestro *en* razonar; diestro *en* la esgrima. *A* diestro *y* siniestro. Es masculino y singular (no *a diestra y siniestra* ni *a diestras y siniestras*).

dieta Cuando alude a una junta o congreso de ciertos estados se escribe con mayúscula (la *Dieta de Worms)*. «Una *dieta balanceada*» es incorrecto; dígase «una *dieta equilibrada*». Si alude a los alimentos que toma habitualmente una persona, no es *dieta.* Ésta es sólo un «régimen especial», o «privación completa de comer».

dietario, dietética.

dietético Es lo «perteneciente a la *dieta*». Se admite *médico dietético*, pero no *dietista* ni *dietólogo.*

*****dietista, *****dietólogo** V. *dietético.*

diez *Diez años*, como período, v. *decenio.*

diez y nueve, diez y ocho, diez y seis, diez y siete V. *diecinueve, diecichocho, dieciséis, diecisiete.*

diezma, diezmador, diezmal, diezmar, diezmero, diezmesino.

diezmilésimo (ma) Se escribe junto, no en dos palabras. Lo mismo ocurre con *diezmilmillonésimo* y con *diezmilonésimo.*

diezmilímetro.

diezmilmillonésimo (ma), diezmillonésimo (ma) V. *diezmilésimo.*

diezmo, difamación, difamador, **difamante, difamar, difamatoria, difamatorio.**

diferencia «*Diferencia de* más» es incorrecto; dígase «*diferencia en* más». Uso de preposiciones: Diferencia *de* mayor *a* menor; d. *en* el habla.

diferenciar(se) Uso de preposiciones: diferenciarse uno *de* otro.

diferente.

diferir Verbo irregular que se conjuga como *sentir* (v.). No confundir con *deferir,* «adherirse, por cortesía, al parecer de otra persona; comunicar, dar parte». Uso de preposiciones: Diferir algo *a, para* otro tiempo; d. *de* hoy *a* mañana; d. *en* opiniones; d. *entre* sí.

difícil Uso de preposiciones: Difícil *de* explicar.

dificultad «El alumno *está en dificultades*» es incorrecto; dígase «el alumno *encuentra dificultades*».

dificultar, dificultoso (sa), difidación, difidencia, difidente, dífilo, difluencia, difluente, difluir, difracción, difractar, difrangente, difteria, diftérico, difteritis, difumar.

difuminar Es correcto, aunque es preferente *esfuminar.* De igual forma ocurre con *difumino* y *esfumino* (preferente), *difumar* y *esfumar* (preferente).

difumino V. *difuminar.*

difundidor, difundir, difunto (ta), difusión, difusivo, difuso (sa), difusor (ra).

digerible «Que se puede *digerir*» (bien o mal). *Digestible* denota aproximadamente lo mismo, pero indicando en cierto modo que es «fácil de *digerir*». *Digestivo* es «lo que ayuda a la *digestión*», y «lo que atañe a la digestión».

digerir Verbo irregular que se conjuga como *sentir* (v.). «No *digerió* la comida» es incorrecto; dígase «no *digirió* la comida». (V. *digerible.*)

digestibilidad.

digestible V. *digerible.*

digestión.

digestivo V. *digerible.*

digesto Voz admitida, aunque como «colección de las decisiones del derecho romano». No obstante, se la emplea con el sentido de «selección, recopilación» (de textos), y de «compendio, resumen».

digestor.

digit- Prefijo que significa «dedo» *(digital, digitiforme.)*

digitación, digitado.

digital Como adjetivo, claro está, puede ser masculino o femenino (la huella digital, el vestigio digital). Como sustantivo (planta herbácea cuyo extracto se emplea en medicina) sólo es femenino: «La *digital* contribuye a disminuir el movimiento circulatorio de la sangre.» No confundir con la *digitalina*, que es «un glucósido contenido en las hojas de la digital».

digitalina V. *digital.*

digitiforme, digitígrado, dígito, diglosia, dignación, dignarse, dignatario, dignidad, dignificable, dignificación, dignificante, dignificar, digno (na).

digresión Es lo correcto, y no *disgresión* (barbarismo).

dije, dijes.

Dijon El nombre de esta ciudad francesa también se escribe Dijón en nuestra lengua, aunque suele preferirse *Dijon.*

*Dikens El nombre de este autor inglés es *Dickens*, con c.

dilaceración.

dilacerar Es lo correcto, y no *dislacerar* (incorrecto). Es «desgarrar, despedazar las carnes». Lo mismo vale para *dilaceración* (correcto) y *dislaceración* (incorrecto).

dilación, dilapidación, dilapidador (ra), dilapidar, dilatabilidad, dilatable, dilatación, dilatado (da), dilatador (ra), dilatante.

dilatar(se) Uso de preposiciones: Dilatar un asunto *a, para* otra ocasión; d. *de* día *en* día; d. *hasta* mañana; dilatarse *en* argumentos.

dilatativo, dilatoria, dilatorio, dilección, dilecto (ta), dilema, dilemático, dileniáceo.

diletante Voz admitida. (V. **dilettante.)*

*dilettante Voz italiana. En su lugar, dígase *diletante, aficionado* (a un arte), *entusiasta*. De igual forma, *dilettantismo* es *afición* (a un arte).

*dilettantismo V. **dilettante.*

diligencia, diligenciar, diligenciero.

diligente Uso de preposiciones: Diligente *en* su oficio; diligente *para* cobrar.

dilogía, dilucidación, dilucidador, dilucidar, dilución, dilúculo.

diluente También es correcto *diluyente.*

diluir Verbo irregular que se conjuga como *huir* (v.).

dilusivo, diluvial, diluviano.

diluviar Es un verbo impersonal que sólo suele emplearse en el infinitivo y en las terceras personas de todos los tiempos (diluvia, diluviaba, diluviará, etc.).

diluvio.

diluyente V. *diluente.*

dimanación, dimanante, dimanar, dimensión, dimensional, dímero, dimes y diretes, dímetro, dimiario, dimidiar, diminución, diminutivo.

diminutivos En gramática son los vocablos derivados que disminuyen o menguan la significación de los positivos de que proceden. Las terminaciones que se emplean con mayor frecuencia para formar d. son -ejo, -ete, -ico-, -ica, -illa, -illo, -in, -ino, -uco, -ucho, -uela, -uelo. De este modo, de *árbol, arbolillo*; de *pequeño, pequeñuelo*, etc. Para una misma palabra puede haber varios diminutivos (chico: chicuelo, chiquito, chiquillo, chiquitín, chiquirritín). Algunas voces con distintas terminaciones pueden tener un significado diminutivo o despectivo, como *mujercita* y *mujerzuela*. La formación de los diminutivos es facultativa, en muchos casos; a tal fin debe tenerse en cuenta el uso corriente y el buen gusto en las terminaciones. (La lista de diminutivos familiares de nuestra lengua, en inglés, figura en el Apéndice IV.)

diminuto (ta), dimisión, dimisionario (ria), dimisorias, dimitente, dimitir, dimorfismo, dimorfo.

din Familiarmente es «dinero, moneda». DIN, en tecnología, son las siglas de *Deutsche Industrie Normen* (Normas de la Industria Alemana), normalización de distintas unidades que ha sido aceptada en numerosos países. Tal sigla no figura aún en el diccionario académico.

dinacho, dina.

Dinamarca El natural de este país recibe el nombre de *dinamarqués* (preferente) o *danés*.

dinamarqués, dinamia, dinámica, dinámico, dinamismo, dinamista, dinamita.

dinamitar Este verbo ha sido aceptado por la Academia. Es «hacer saltar por medio de la *dinamita*».

dinamitazo, dinamitero (ra).

dinamo Se admite también *dínamo*, aunque en segundo lugar.

dinamoeléctrico, dinamógeno, dinamometría, dinamométrico, dinamómetro.

dinar Es la forma correcta de escribirlo (plural *dinares*). No es *dínar* ni *dínares*.

***dínar** Incorrecto. (V. *dinar*.)

dinasta, dinastía, dinástico (ca), dinastismo, dinerada, dineral, dineralada, dinerario, dinerillo.

dinero La expresión «mis *dineros* me ha costado» es incorrecta, por cuanto *dinero* debe ir en singular.

dineroso, dingolondango.

Dinis, Diniz Nombre de un rey portugués, que en nuestra lengua acostumbra escribirse *Dionís*.

dinornis.

dinosaurio Es lo correcto, y no *dinosauro*. Se emplea como sustantivo y como adjetivo. (V. *-saurio*.)

dinoterio.

dintel «Parte superior de las puertas y ventanas.» No confundir con *umbral*, «parte inferior de la puerta». Es decir, que no puede decirse «Juan está *en el dintel* de la puerta», y sí «está *en el umbral* de la puerta».

dintelar, dintorno.

diñar, diñarla Voz admitida, aunque proviene del caló o jerga gitana.

dio «Le *dio* un regalo» es lo correcto, y no *dió*, acentuado. Los

monosílabos *vio, dio, pie, fue,* etc. no llevan acento.

***dió** Incorrecto. (V. *dio*.)

diocesano (na), diócesis, diodo, Diógenes, dioico (ca).

Diomedes Es lo correcto, y no *Diómedes*.

Dionís V. *Dinis*.

dionisiaco También se admite *dionisíaco*, aunque en segundo término. Es lo «relativo a Baco o Dioniso». Nótese *Dioniso* (mejor escrito que *Dionisos*), nombre del dios griego, a diferencia de *Dionisio*, nombre propio de varón, derivado de aquél.

Dionisio, Dioniso V. *dionisiaco*.

dioptría, dióptrica, dióptrico, diorama, diorita.

Dios Se escribe siempre con mayúscula cuando se refiere al Supremo Hacedor. Con minúscula cuando alude a una deidad (*el dios* de las tormentas). Se admite *diosa* (deidad del sexo femenino), que va escrito con minúscula. La expresión *Dios mediante* se abrevia *D. m.*

dioscoreáceo, dioscóreo Planta herbácea; preferente la primera voz.

Dioscórides Célebre médico griego. No confundir con *Dioscuros* o *Dióscuros* (preferente la primera), sobrenombre de los dos gemelos Cástor y Pólux, de la mitología. Tampoco con *dioscoreáceo* (v.).

Dioscuros V. *Dioscórides*.

diosma, dipétala.

diplo- Prefijo procedente del griego, que significa *doble* (*diplococo, diplodoco*).

diplococo V. *diplo-*.

diplodoco Es lo correcto, y no *diplodocus*, incorrecto. (V. *diplo-*.)

***diplodocus** Incorrecto. (V. *diplodoco*.)

diploma, diplomacia.

diplomado Voz admitida: «Persona que ha obtenido un diploma.» El femenino es *diplomada*. También se admite *diplomarse, graduarse, recibirse* (recibir un título). No se acepta *titularse* ni *egresar*.

diplomar(se) Admitido. (V. *diplomado*.)

diplomática, diplomático.

diplopia Es lo correcto, no *diplopía*, incorrecto.

dipneo (a), dipodia, dipolo, dipsacáceo (1), **dipsáceo** (2).

dipso- Prefijo que proviene del griego y significa «sed» *(dipsómano)*.

dipsomanía V. *dipso-*.

dipsomaniaco (1), **dipsomaníaco** (2), **dipsómano** (3) Estas tres voces admiten el femenino (*dipsomaniaca*, etc.).

díptero, dipterocarpáceo (1), **dipterocárpeo** (2), **díptica, díptico, diptongación, diptongar.**

diptongo «Conjunto de dos vocales que se pronuncian en una sola sílaba.» El diptongo existe sólo cuando se combinan dentro de una palabra una vocal débil *(i, u)* y una fuere *(a, e, o)*, como en *opio, puerta, aire*. Cuando se acentúa ortográficamente la vocal débil se deshace el diptongo (tía, lío). También se deshace el diptongo si hay una *h* interpuesta (búho, vahído). Dos vocales fuertes no forman diptongo entre sí, y por consiguiente se cuentan como una sílaba cada una (boa: bo-a).

diputación.

diputado El femenino es *diputada* (*la diputada*, no *la diputado*).

diputador, diputar, dique.

dirección Las locuciones de dirección, que van con verbos que expresan movimiento, se escriben del siguiente modo: hacia atrás, hacia delante, hacia abajo, hacia arriba, hacia dentro, hacia fuera. De atrás adelante, de delante atrás, de abajo arriba, de arriba abajo, de dentro afuera, de fuera adentro.

directiva «El comité sigue una *directiva* poco aconsejable» es incorrecto; debe decirse «el comité sigue una *orientación* (o *una línea de conducta*)...» Sí se admite como «junta de gobierno de una sociedad» (la *directiva* del club). (V. *directivo*.)

directivo «Que tiene la facultad de dirigir.» Aplícase a personas; se usa también como sustantivo (el *directivo* del club). (V. *directiva*.)

directo (ta), director (ra).

directoral Es lo correcto, y no *directorial*, incorrecto.

***directorial** Incorrecto. (V. *directoral*.)

directorio, directriz.

dirham «Unidad monetaria de Marruecos.» Se admite *dirham* y *dirhem*, aunque la Academia prefiere *dirhem*.

dirhem, dirigente, dirigible.

dirigir(se) Uso de preposiciones: Dirigirse *a, hacia* Sevilla; d. *por* un atajo.

dirimente, dirimible, dirimir.

dis- Prefijo que denota negación o contrariedad *(disgustar, discordante)*, separación *(distraer)*, dificultad, trastorno *(disnea, disosmia)*.

disanto, discantar, discante, discente.

discerner Voz anticuada; hoy se dice *discernir*.

discernible, discernidor, discerniente, discernimiento.

discernir Es lo correcto, y no *discerner*, anticuado. «*Discernir* un premio» es incorrecto; dígase «*otorgar* (o *conceder*) un premio». «No se puede *discernir* el mar desde lo alto» es incorrecto; dígase «no se puede *divisar* el mar desde lo alto».

disciplina, disciplinable, disciplinado (da), disciplinal, disciplinante, disciplinar, disciplinario (ria), disciplinazo, discípula, disciplinado, discipular.

discípulo El femenino es *discípula* (*la discípula*).

disco, discóbolo, discoidal, díscolo (la), discoloro.

disconformidad Admitido, como *desconformidad*, pero es preferente la primera voz.

discontinuación, discontinuar, discontinuidad, discontinuo (nua), disconveniencia, disconveniente, disconvenir, discordancia, discordante.

discordar Verbo irregular que se conjuga como *contar* (v.). Uso de preposiciones: Discordar *del* maestro; d. *en* pareceres; d. *sobre* filosofía.

discorde, discordia.

discoteca «Mueble en que se alojan los discos debidamente ordenados» y «local público para escuchar música grabada y bailar».

*discothèque Incorrecto. (V. *discoteca*.)

discreción Es lo correcto, y no *discrección*, incorrecta. De igual forma ocurre con *discrecional* (correcto) y *discreccional* (incorrecto).

discrecional V. *discreción*.

discrecionalidad, discrepancia, discrepante.

discrepar Uso de preposiciones: Discrepar *de* una opinión.

discretear, discreteo.

discreto (ta) «La película era *discreta*» es incorrecto, cuando se pretende decir que «la película era *mediana*» (o *mediocre*, o *regular*).

discretorio, discrimen.

discriminación V. *discriminar*.

discriminar Admitido el nuevo significado de «dar trato de inferioridad a una persona o colectividad por motivos raciales, religiosos, etcétera». También se aceptan *discriminación* y *discriminatorio*.

discriminatorio Admitido. (V. *discriminar*.)

disculpa, disculpable.

disculpar(se) Uso de preposiciones: Disculparse *con* alguien; d. *de* una distracción.

discurrir Uso de preposiciones: Discurrir *de* un punto a otro; d. *sobre* filosofía.

discursante, discursar, discursear, discursible, discursista, discursivo, discurso, discusión, discusivo, discutible, discutidor (ra), discutir, disecable, disecación, disecador.

disecar Es «dividir en partes un cadáver o un vegetal», y también «preparar los animales muertos para que conserven su anterior apariencia». Se admiten *disecación* y *disección*, pero es preferente la última.

disección V. *disecar*.

disecea, disector, diseminación, diseminador (ra), diseminar, disensión, disenso, disentería, disentérico, disentimiento.

disentir Uso de preposiciones: Disentir *en* política; d. *de* los otros.

diseñador, diseño, disépalo (la), disertación, disertador (ra), disertante, disertar, diserto, disfagia, disfamación, disfamar, disfasia, disfavor, disfonía.

disforme Admitido con el significado de *deforme*. Es incorrecto *diforme*.

disformidad, disfraz, disfrazar, disfrutar, disfrute, disfumino, disfunción, disgregación, disgregador, disgregante, disgregar, disgregativo.

*disgresión Incorrecto; es *digresión*.

disgustado (da).

disgustar(se) Uso de preposiciones: Disgustarse *con, de* alguna cosa; d. *por* motivos nimios.

disgusto, disgustoso, disidencia, disidente, disidir.

disílabo Admitido; preferente *bisílabo*.

disímbolo, disimetría, disimétrico (ca), disímil, disimilación, disimular, disimilitud, disimulable, disimulación, disimuladamente, disimulado (da), disimulador (ra), disimular, disimulo, disipable, disipación.

disipado Es «entregado a diversiones» tan sólo, y no «disoluto, entregado a los vicios».

disipador, disipante, disipar.

*dislacerar Es incorrecto; dígase *dilacerar*.

*diskette En computadoras, disco magnético para almacenar datos.

dislalia, dislate, dislexia, dislocación (1), dislocadura (2), dislocar, disloque, dismembración, dismenorrea, disminución.

disminuido En la frase «un *disminuido* físicamente», es voz no aceptada. Dígase *impedido, inválido*.

disminuir Verbo irregular que se conjuga como *huir* (v.). «*Disminuir a* la mitad» es incorrecto; dígase «*disminuir hasta* la mitad».

dismnesia, disnea, disneico (ca), disociable, disociación, disociador, disociar(se).

disoluble Admitido, lo mismo que *soluble*, aunque es preferente esta última voz.

disolución, disolutivo, disoluto (ta), disolvente.

disolver Verbo irregular que se conjuga como *volver* (v.). Uso de preposiciones: Disolver *con* aguarrás; d. *en* ácido.

disón (2), **disonancia** (1), **disonante.**

disonar Verbo irregular que se conjuga como *contar* (v.).

disosmia, dispar, disparada, disparadero, disparador, disparar, disparatado (da), disparatador (ra), disparatar, disparate, disparatorio, disparcialidad, disparejo, disparidad.

disparo «De las filas del enemigo *salieron disparos*» es incorrecto; dígase «el enemigo *disparó*».

dispendio, dispendioso (sa), dispensa (1), **dispensable, dispensación** (2), **dispensador (ra).**

dispensar Uso de preposiciones: Dispensar *de* asistir.

dispensario, dispensativo, dispepsia, dispéptico, dispersar, dispersión, dispersivo, disperso (sa), dispersor, displacer, *displasia, *displásico (2), ***displástico** (1).

***display** Voz inglesa; en su lugar dígase *muestra, exhibición, cartel* (cartel con muestras).

displicencia, displicente, disponedor, disponente.

disponer Verbo irregular que se conjuga como *poner* (v.).

disponibilidad, disponible, disposición, dispositivo (va), dispuesto, disputa, disputable, disputador, disputante.

disputar(se) Uso de preposiciones: Disputar *con* un amigo; d. *de, por, sobre* alguna cosa.

disquisición, Disraeli, distal, distancia.

distanciado «El corredor quedó *distanciado*» es incorrecto; dígase «el corredor quedó *rezagado*».

distanciamiento, diatanciar(se), distante.

distar Uso de preposiciones: Distar una ciudad *de* otra.

distender Verbo irregular que se conjuga como *entender* (v.).

distensible, distensión, dístico, distinción, distingo, distinguible, distinguido (da), distinguir, distintamente, distintivo (va).

distinto «Un argumento *distinto a* otros» es incorrecto; dígase «un argumento *distinto de* otros».

distocia, distócico, dístomo, distorsión.

***distorsionar** La Academia no acepta este verbo, aunque sí admite *distorsión*. «Tenía el rostro *distorsionado*»; dígase «tenía el rostro *alterado*» (o *contraído*, o *desfigurado*).

distracción.

distraer(se) Verbo irregular que se conjuga como *traer* (v.). Uso de preposiciones: Distraerse *con, por* el ruido; d. *de, en* la conversación.

distraído (da), distraimiento, distribución, distribuidor (ra).

distribuir Verbo irregular que se conjuga como *huir* (v.). Uso de preposiciones: Distribuir *en* porciones.

distributiva V. *conjunción.*

distributivo, distribuyente, distrito.

distrofia «Estado patológico que afecta a la nutrición y al crecimiento». No confundir con *atrofia*, «falta de desarrollo de cualquier parte del cuerpo».

distrófico, disturbar, disturbio.

disuadir Uso de preposiciones: disuadir *de* pleitear.

disuasión, disuasivo (1), **disuasorio** (2), **disuelto (ta), disuria, disúrico, disyunción, disyunta.**

disyuntiva V. *conjunción.*

disyuntivo, disyuntor, dita, ditaína, diteísmo, diteísta, ditirámbico, ditirambo, dítono.

***diunvirato** Es incorrecto; dígase *duunvirato* (*triunvirato* sí está admitido). De igual modo, se acepta *duunviro*, pero no *diunviro.*

***diunviro** Incorrecto. (Véase *duunviro.*)

diuresis, diurético (ca), diurno (na), diuturnidad, diuturno (na).

diva En sentido poético, es «diosa», según la Academia. También es correcto el sentido de «cantante destacada de ópera o zarzuela», que suele dársele a menudo. El masculino es *divo*, voz igualmente admitida.

divagación, divagador, divagante, divagar, diván, divergencia, divergente.

*diverger Incorrecto; dígase *divergir*.

divergir Es lo correcto, y no *diverger*.

diversidad, diversificación, diversificar, diversiforme, diversión, diversivo.

diverso «*Diverso a* los demás» es incorrecto; dígase «*diverso de* los demás».

diversorio, divertículo, divertido (da).

*divertieron «Ellos se *divertieron*» es incorrecto; debe decirse «ellos se *divirtieron*».

*divertimento Es incorrecto; dígase *divertimiento, diversión, pasatiempo, distracción*.

divertimiento Es lo correcto. (V. *divertimento*.)

divertir(se) Verbo irregular que se conjuga como *sentir* (v.). Uso de preposiciones: Divertirse *en* tallar una figura.

dividendo, dividedero.

dividir(se) Uso de preposiciones: Dividir *con, entre* muchos; d. una cosa *de* otra; d. *en* partes.

dividuo, divieso, divinativo (2), divinatorio (1), divinidad, divinización, divinizar, divino (na), divisa, divisar, divisibilidad, divisible, división, divisional, divisionario (ria), divisivo.

*divismo No es voz aceptada por la Academia; es el «enaltecimiento de un cantante» e incluso de un personaje destacado cualquiera. (V. *diva*.)

diviso, divisor, divisorio (ria).

divo V. *diva*.

divorciar(se), divorcio, divulgable, divulgación, divulgador (ra), divulgar, diyámbico, diyambo, diz, dizque.

*Djakarta Es incorrecto; el nombre de la capital de Indonesia se escribe *Yakarta* o *Yacarta* en nuestra lengua. Antes se llamaba *Batavia*.

*Djeddah Incorrecto; el nombre de esta ciudad de Arabia debe escribirse *Jedda* o *Jeddah*.

Djibuti El nombre de este Estado africano y de su capital también puede escribirse *Jibuti*.

Dniéper, Dniéster.

do Nota musical. (V. *re*.)

dobla, dobladillar, dobladillo, doblado (da), doblador, dobladura.

doblaje Admitido por la Academia como «acción y efecto de *doblar* (v.), en el cine sonoro».

doblamiento.

doblar(se) «En el cine sonoro es sustituir las palabras de un actor por las de otro, en la misma lengua o en otra diferente.» La expresión «*doblar* a muerto» es incorrecta; dígase *doblar*, pues se sobreentiende que es «a muerto». «*Doblar* la frente» es incorrecto; dígase «*inclinar* la frente». La expresión «*doblar* la esquina» es perfectamente correcta.

doble, doblegable, doblegadizo, doblegadura, doblegar, doblemente, doblescudo, doblete.

doblez Es masculino cuando indica el «pliegue de una cosa» (*el doblez* de la tela). Es ambiguo, pero generalmente femenino, cuando significa «astucia con que uno obra» (*la doblez* del villano).

doblón, doblonada, doblura, doce, doceañista.

doceavo Es correcto; dígase también *dozavo* o *duodécimo*.

docena, docenal, docenario, docencia, doceno, docente, docetismo.

dócil Uso de preposiciones: Dócil *al* mandato; d. *de* condición; d. *para* aprender.

docilidad, docilitar, docimasia, docimástico.

*dock Voz inglesa; en su lugar dígase *dársena, muelle; depósito*.

docto (ta).

doctor Abreviatura: *Dr., dr.* Esta abreviatura se usa sólo como título. En un texto no se abrevia y va con minúscula («el *doctor* Marañón realizó el diagnóstico»). *Doctor* es el tratamiento que se da a la persona que ha recibido el último grado académico conferido por una Universidad, y a los sacerdotes con estudios superiores. Por consiguiente, *doctor* no es sinónimo de *médico*, aunque se le da este tratamiento. El femenino es *doctora (la doctora).* «Doctor de medicina» es incorrecto; dígase «*doctor en* medicina».

doctorado, doctoral, doctoramiento, doctorando (da), doctorar, doctrina, doctrinable, doctrinador (ra), doctrinal, doctrinante, doctrinar, doctrinario (ria), doctrinarismo, doctrinero, doctrino, documentación, documentado (da), documental, documentalista, documentar, documentario, documento, dodecaedro, dodecafonía, dodecafónico, dodecágono, dodecasílabo, Doenitz, dogal, dogaresa, dogma, dogmático (ca), dogmatismo, dogmatista, dogmatizador (2), dogmatizante (1), dogmatizar, doga, dogo, dogre, dolador, doladura, dolaje, dolame, dolar.

dólar El plural es *dólares*, no *dolars*. Es incorrecto *dollar*.

*****dolce far niente** Expresión italiana que significa «dulce ociosidad, indolencia, holganza».

*****doldrá** «Me *doldrá* la cabeza» es incorrecto; dígase «me *dolerá* la cabeza».

dolencia.

doler(se) Verbo irregular que se conjuga como *mover* (v.). Uso de preposiciones: Dolerse *de* las penas de otro.

dolicocefalia, dolicocéfalo (la), doliente, dolmán, dolmen, dolménico, dolo, dolobre.

dolomía «Roca semejante a la caliza.» También se admite *dolomita,* nombre del mineral constituyente principal de la *dolomía. Dolomitas* son unos montes calizos del Tirol.

dolomita, Dolomitas V. *dolomía.*

dolomítico, dolor, dolora, dolorido (da), dolorosa, doloroso, doloso.

*****dollar** Es incorrecto; dígase *dólar.*

dom Título honorífico que se da a algunos religiosos cartujos, benedictinos y salesianos. Con minúscula, y antepuesto al apellido.

doma, domable, domador (ra), domadura, domar, dombenitense, domeñable, domeñar, domesticable, domesticación, domesticado (da), domesticar, domesticidad.

doméstico Admitido como «criado, sirviente». Es incorrecto «las disensiones *domésticas*» cuando se alude a un país. Dígase «disensiones *internas*» (o *interiores*).

domiciliar(se), domiciliario (ria), domicilio, dominación, dominador (ra), dominante, dominar, dominativo, dominatriz, dómine, domingada, domingo, dominguero (ra), dominguillo, dominica.

domínica En lenguaje eclesiástico es el día *domingo.* No confundir con *dominica,* «de la Orden de Santo Domingo», ni con *Dominica,* isla de las Antillas Menores.

dominical, dominicanismo.

dominicano Es el natural de Santo Domingo (isla de las Antillas) o de la República Dominicana (parte de la isla). También es *dominico* (véase).

dominico Religioso de la Orden de Santo Domingo. El femenino es *dominica* (v.).

dominio, dominó, dompedro.

don Título que se antepone al nombre. Abreviatura: *D.* En el texto de un escrito no debe abreviarse, y va con minúscula (dijo *don* Quijote...). Es correcta la abreviatura *Sr. D.* y la expresión *señor don,* según consta en la Gramática de la Academia. Son correctas las expresiones «*don* de gentes» y «*don* de mando».

donación, donado (da), donador (ra), donaire, donairoso, donante, donar, donatario, donatismo, donatista, donativo, doncel, doncella, doncellez, doncellil.

donde Se acentúa en interrogaciones o cuando la frase tiene sentido interrogativo o ponderativo («¿*Dónde* está el cuaderno?» «¡Hasta *dónde* habrá que aguantar!» «Pregúntale *dónde* dejó el coche».)

En los demás casos no se acentúa. («El lugar *donde* me crié.» «Está *donde* lo dejé.» «El sitio hacia *donde* se dirige.»). «La zona *donde* nos trasladamos» es incorrecto; dígase «la zona *adonde*...». «Vino *donde* nosotros», es «vino *hacia* nosotros». «¿*Dónde* vas?», es «¿*adónde* vas?».

dondequiera Debe escribirse así, en una sola palabra; es incorrecto *donde quiera*.

dondiego, Donetz, dongón, donguindo, donillero, Donizetti.

donjuán Admitido con el significado de *tenorio* (que sigue siendo la voz preferente). Es incorrecto escribir «un *Don Juan*»; lo correcto es «un *donjuán*». También se acepta *donjuanesco* y *donjuanismo*.

donosidad, donoso (sa).

donostiarra Es el natural de San Sebastián.

donosura, donquijotesco.

doña Abreviatura: *D.ª* No es correcto abreviar *Dña*. En el texto no debe abreviarse (llegó *doña* Luisa), y va con minúscula, lo mismo que *don* (v.).

doñeador (ra), doñear.

***dopar** Anglicismo no admitido; dígase *drogar, administrar drogas*. Tampoco está admitido el término inglés *doping*, que originó el anterior y significa «acción y efecto de drogar» (especialmente en deportes y en hípica), y «drogado» (sustantivo).

***doping** Término inglés. (Véase *dopar*.)

doquier, doquiera Adverbio de lugar: *dondequiera*.

-dor, -dora Sufijo que indica instrumento, agente o lugar: *aspiradora, cobrador, comedor*.

dorada, doradilla, dorado, doradora, doradura, doral, dorar.

***Dordogne** Es en francés; en español es *Dordoña*.

dórico Es «perteneciente a la *Dóride*» (antigua región de Grecia), mientras que *dorio* es el «individuo que habitó la *Dóride*». *Dóride* es más correcto que *Dórida*.

Dóride V. *dórico*.

dorio V. *dórico*.

***dormamos** «Cuidado, no nos dormamos todos» es incorrecto: dígase «... durmamos todos». De igual forma, *dormáis* es incorrecto; debe decirse *durmáis*.

dormán, dormida, dormidera, dormidero, dormidor, dormilón, dormilona.

dormir Verbo irregular que se conjuga de la siguiente forma: INDICATIVO. *Presente:* duermo, duermes, duerme, dormimos, dormís, duermen. *Pret. imperf.:* dormía, dormíamos, etc. *Pret. indef.:* dormí, dormiste, durmió, dormimos, dormisteis, durmieron. *Futuro imperf.:* dormiré, dormiremos, etc. POTENCIAL: dormiría, dormirías, dormiría, dormiríamos, dormiríais, dormirían. SUBJUNTIVO. *Presente:* duerma, duermas, duerma, durmamos, durmáis, duerman. *Pret. imperf.:* durmiera o durmiese, durmiéramos o durmiésemos, etc. *Futuro imperf.:* durmiere, durmieres, durmiéremos, etc. IMPERATIVO: duerme, duerma, duermas, durmamos, dormid, duerman. PARTICIPIO: dormido. GERUNDIO: durmiendo. INFINITIVO: dormir.

dormitación, dormitante, dormitar, dormitivo, dormitorio, dorna, dornajo, dornillo, dorsal, dorso, D'Ors, Dortmund.

dos V. *dos puntos*.

***dosaje** Incorrecto; dígase *dosificación* (v.).

dosalbo, dosañal.

doscientos Se escribe junto, no separado (*dos cientos*).

dosel, doselera, doselete, dosificable.

dosificación «Determinación de la dosis de un medicamento», lo cual implica acción, mientras que en *dosis*, «cantidad o porción de una medicina o de una cosa cualquiera», esa acción no existe. Es incorrecto decir *dosaje*, en lugar de *dosificación*.

dosificar, dosillo, dosimetría, dosimétrico.

dosis V. *dosificación*.

dos puntos Como signo de puntuación, se colocan los dos puntos cuando se enumera algo («los adverbios pueden ser: de lugar, de tiempo, de modo, etcétera»); cuando se aclara («te lo había advertido: no debes seguir así»); cuando se cita («César dijo: *Veni, vidi, vici*»); cuando se resume («resumiendo: nada se ha perdido»); cuando se empieza una carta, después de la fórmula de cortesía («Querido amigo: Llegamos...» «Muy señores nuestros: Les remitimos...»).

*dossier Voz francesa; en su lugar dígase *expediente, legajo, sumario, documentos, carpeta*, según el caso.

dotación, dotador, dotal, dotante.

dotar Uso de preposiciones: Dotar a una hija *con* bienes inmuebles; d. *de* lo mejor de un patrimonio; d. *en* dos millones.

dote Es voz ambigua. No obstante, suele emplearse casi siempre como femenino; en especial como «caudal que lleva la mujer cuando se casa», y femenino plural, cuando denota «prenda, calidad de una persona» («*las dotes* que lo adornan»).

*Douro Voz portuguesa. En nuestra lengua decimos *Duero* para designar el mismo río.

dovela, dovelaje, dovelar, doxología, Doyle (A. Conan).

dozavo Admitido, aunque la voz preferente es *duodécimo*. Es incorrecto decir *doceavo*.

dracma El *dracma* es incorrecto, ya que es voz femenina: *la dracma, una dracma* (moneda griega).

draconiano, draga, dragado, dragaminas, dragante, dragar, drago, dragomán, dragón, dragona, dragoncillo, dragonear, dragonites, dragontea, dragontino, drama, dramática.

dramático «Espectáculo dramático musical» debe escribirse con guión: «Espectáculo *dramáticomusical*.»

dramatismo, dramatizable, dramatización, dramatizar, dramaturgia, dramaturgo, dramón, drapeado (da), drapear.

drástico Admitido el sentido de «riguroso, enérgico, radical, draconiano».

drávidas, dravídico.

*dreadnought Voz inglesa; en su lugar dígase *acorazado pesado*.

drenaje Admitido este vocablo, así como *drenar*: «desaguar un terreno», y «dar salida a un líquido de una herida, absceso, etc.». *Drenaje* es «acción y efecto de *drenar*».

drenar V. *drenaje*.

Dresde Es lo correcto, y no *Dresden* (en alemán).

dríada También se admite *dríade*, que es la voz preferente.

dríade V. *dríada*.

*driblar Anglicismo innecesario; dígase *regatear, esquivar, eludir* (en fútbol), según el caso.

dril Admitido: «Tela fuerte de hilo o de algodón crudos».

*drive Voz inglesa que significa «impulso, empuje, golpe vigoroso». *Drive-in* es expresión inglesa que significa «cine al aire libre que se contempla desde el coche».

driza, drizar.

droga Admitido por la Academia el significado de «medicamento», en general. También es «narcótico alucinógeno» (admitido *alucinógeno*).

drogadicto Esta voz, muy difundida, ya está admitida; dígase también *toxicómano, morfinómano, cocainómano, drogado*.

drogado, drogar, droguería, droguero, droguista.

-dromo Sufijo procedente del griego y que significa «carrera»: *velódromo*.

dromedario Recuérdese que el dromedario tiene *una* sola giba, mientras que el camello tiene *dos*.

drope, drosera, droseráceo, drosómetro.

*drug store Voz inglesa. Literalmente significa «farmacia», pero en realidad es una tienda o conjunto de tiendas donde se vende toda clase de productos.

druida, druídico, druidismo, drupa, drusa, druso.

*dry cleaning Expresión inglesa; en las tintorerías es «limpieza en seco».

dual, dualidad, dualismo, dualista, dualístico, duba, dubio, dubitable, dubitación, dubitativo (va), ducado, ducal, ducentésimo (ma), dúctil, ductilidad, ductivo.

*ducto Voz incorrecta; dígase *conducto.*

ductor, ducha, duchar.

ducho Uso de preposiciones: Ducho *en* negocios.

duda «No hay *duda que* sabrán defenderse» es incorrecto, pues se ha omitido la preposición *de;* dígase «no hay *duda de que* sabrán defenderse». En «no *dudo que* vendrá», puede ir o no la preposición *de:* «No *dudo de que* vendrá.» (V. *dudar.*)

dudar Uso de preposiciones: Dudar *de* alguna cosa; d. *en* salir; d. *entre* el sí y el no. (V. *duda.*)

dudoso (sa), duela, duelaje, duelero, duelista, duelo, duenario, duende, duendo, dueña.

duermevela «Sueño ligero del que está dormitando.» Es ambiguo; puede ser *el duermevela* o *la duermevela,* aunque parece preferible el masculino.

duerna, duerno.

dueto «Diminutivo de dúo.» Admitido por la Academia. Es incorrecto *duetto* (voz italiana).

Duguesclin (Bertrand).

Duina Es la grafía correcta en nuestra lengua de este río de Rusia, mejor que *Dvina* o *Dwina.*

Duisburgo, dula, dular, dulcamara.

dulce Uso de preposiciones: Dulce *al* gusto; d. *de, en* el trato; d. *para* tratar.

*Dulcenombre Incorrecto; como nombre propio de mujer va separado: *Dulce Nombre,* pues alude al de la Virgen.

dulcera, dulcería, dulcero (ra), dulcificación, dulcificante, dulcificar, dulcinea, dulcísono (na), dulzaina, dulzainero, dulzaino, dulzamara, dulzarrón (na) (1), dulzón (na) (2).

dulzor Aunque la Academia lo da como sinónimo de *dulzura,* cabe distinguir en *dulzor* un significado relativo al gusto de una sustan-

cia, y en *dulzura* un sentido de «afabilidad, bondad, docilidad».

dulzura V. *dulzor.*

duma Asamblea legislativa de la Rusia zarista. Con minúscula.

*dumdum Anglicismo no admitido. Es una «bala explosiva».

*dumper Anglicismo no admitido; dígase «volquete».

*dumping Voz inglesa. Es una rebaja anormal de precios, o venta de artículos en grandes cantidades y a precios muy bajos, a fin de anular la competencia.

duna.

Dunkerque Es lo correcto; no es *Dunquerque* ni *Dunkirk* (nombre inglés).

*dunviro Es incorrecto; escríbase *duunviro.*

dúo, duodecimal, duodécimo (ma), duodécuplo, duodenal, duodenario, duodenitis, duodeno, duomesino, dupla.

duplex Admitido, sólo como sistema doble de comunicación.

dúplica, duplicación.

duplicado (da) Abreviatura de *duplicado:* Dupdo.

duplicar(se), duplicativo, dúplice, duplicidad, duplo (pla).

duque La jerarquía nobiliaria es, de menor a mayor categoría: caballero o hidalgo, vizconde, conde, marqués, duque, gran duque (fuera de España, equivale a príncipe), príncipe, rey, emperador. El femenino de *duque* es *duquesa.*

duquesa V. *duque.*

dura lex, sed lex Locución latina que significa «la ley es dura, pero es la ley».

-dura Sufijo que denota efecto o acción *(quemadura, añadidura).*

durabilidad, durable, duración, duradero (ra).

duraluminio Admitido por la Academia. Es una aleación de aluminio con otros metales.

duramadre (1), duramáter (2), duramen, durante.

durar Uso de preposiciones: durar *en* el mismo estado; d. *por* mucho tiempo.

duraznero, duraznillo, durazno, dureza, durillo, durina, durmiente.

duro (ra) Uso de preposiciones:
Duro *de* corazón.

Düsseldorf, duunviral, duunvirato.

duunviro Es lo correcto, y no *dunviro.*

*duvet Voz francesa; sustitúyase
por *vello, bozo, plumón,* según el
caso.

Dvina Para nombrar este río de
Rusia, dígase *Duina,* mejor que
Dvina o *Dwina.*

Dvorak.

dux «Príncipe o magistrado de Venecia y Génova.» Es masculino; el
plural no varía *(los dux).*

e

e Sexta letra del alfabeto y segunda de sus vocales. Fonéticamente es vocal palatal abierta y se articula en la parte anterior de la cavidad bucal. El plural es *ees*. Como conjunción copulativa se emplea para evitar el hiato antes de palabras que comienzan con *i* o *hi* (cinismo *e* ironía; nobleza *e* hidalguía). No se emplea *e* en «agua *y* hielo» ni en «¿*y* Irene?» (interrogativo).

¡ea!, easonense, ebanista, ebanistería, ébano, ebanáceo (a), Éboli, ebonita, eborario, ebrancado, ebriedad, ebrio (bria), ebrioso, ebullición, ebullómetro, eburnación, ebúrneo (a), Eça de Queiroz, ecarté, Ecbatana.

eccehomo De la frase latina «*Ecce Homo*». «Imagen de Jesucristo, como lo presentó Pilato al pueblo.» «Persona desastrada.» Se escribe en una sola palabra.

eccema Voz preferente, aunque también se admite *eczema*. Es masc.: *el eccema*, no *la eccema*.

eccematoso (sa).

Écija El natural de esta ciudad de la provincia de Sevilla recibe el nombre de *ecijano*.

ecijano, eclampsia, eclecticismo, ecléctico (ca), eclesial, Eclesiastés, eclesiástico (ca), eclesiastizar, eclímetro, eclipsable, eclipsar(se), eclipse.

eclíptica Un «círculo máximo de la esfera celeste»; no confundir con *elíptica*, «de figura de *elipse*».

eclíptico, eclógico.

eclosión Voz admitida: «Acción de abrirse un capullo, o el ovario; manifestación súbita de movimientos sociales.»

ecografía, ecoico, ecolalia.

ecología Admitido: «Parte de la biología que estudia las relaciones existentes entre los organismos y el medio en que viven.» También se acepta *ecológico (ca), ecologista, ecólogo (ga).*

ecológico (ca), egologista, ecólogo (ga) V. *ecología.*

economato, econometría, econométrico (ca), economía, económico (ca), economista, economizador, economizar, ecónomo, ecosistema, ecosonda, ecotado, ectasia, éctasis.

ecto- Prefijo que significa «por fuera» *(ectopia, ectodérmico).*

ectodérmico (ca), ectodermo, ectópago, ectoparásito, ectopia, ectoplasma, ectropión, ecuable, ecuación, ecuador.

Ecuador El natural de este país de América del Sur recibe el nombre de *ecuatoriano.*

ecuánime, ecuanimidad, ecuatorial, ecuatorianismo, ecuatoriano (na), ecuestre, ecuménico (ca), ecumenismo, ecúmeno, ecuo (cua).

*ecuyère Voz francesa; dígase *amazona de circo*.

eczema Admitido, lo mismo que *eccema*, aunque es preferente esta última voz. Es masculino *(el eczema)*.

echacantos, echacuervos, echada, echadero, echadillo (lla), echadizo (za), echado (da), echador (ra), echadura, Echagüe, echamiento, echapellar, echaperros.

echar Uso de preposiciones: Echar *sobre* sí la responsabilidad; echar *a, en, por* tierra; echarla *de* elegante. «*Echar en* falta» es incorrecto; dígase «*echar de* menos». «*Echar* una instancia» es «*presentar (elevar)* una instancia». «*Echar en* menos» es «echar *de* menos».

*echarpe Es incorrecto; dígase «chal, manteleta».

echazón, Echegaray.

edad Admitido: edad madura, e. provecta, e. avanzada, e. media, e. moderna, e. contemporánea.

edáfico, edafología, edafológico, edafólogo (ga).

-edal Sufijo que indica un sitio donde abunda algo *(roquedal)*.

edecán, edema, edematoso (sa).

edén Con mayúscula cuando alude al paraíso terrenal; con minúscula cuando es un «lugar delicioso» cualquiera.

edénico, edetano.

*edible Neologismo incorrecto; dígase *comestible*.

edición, edicto, edículo, edificable.

edificación Incorrecto si se emplea como *edificio, casa, construcción. Edificación* es el «acto de edificar».

edificador (ra), edificante, edificar, edificativo, edificatorio, edificio, edil, edila, edilicio, edilidad.

Edimburgo Es lo correcto, y no *Edimburgh* (inglés).

editar, Edith.

editor (ra) Es incorrecto emplear la voz *editor* («persona que saca a la luz una obra, ajena por lo regular») con el sentido de *director* (bien sea de periódico o de revista) o de *redactor* de esas publicaciones.

editorial Femenino, cuando es «casa editora» *(la editorial)*; masculino cuando es un «artículo de fondo no firmado» *(el editorial)*.

editorialista Admitido como el «encargado de redactar los artículos de fondo» en un periódico.

editorializar.

-edo, -eda Sufijo que denota un sentido colectivo *(viñedo, rosaleda)*.

edrar, edredón, educable, educación, educacional, educacionista, educado, educador (ra), educando (da).

educar Uso de preposiciones: Educar *en* los buenos principios.

educativo, educción, educir, edulcoración, edulcorante, edulcorar.

*Eduviges Incorrecto; es *Eduvigis*. **Eduvigis** Es lo correcto, y no *Eduviges*.

efable, efe, efebo, efectismo, efectista, efectividad, efectivo (va).

efecto «Por *efecto* del corte de luz...» Es incorrecto; dígase «como *consecuencia* (a *causa*) del corte de luz...»

efector (ra), efectuación, efectual, efectuar, efedráceo (a), efélide, efímera.

efeméride «Acontecimiento notable que se recuerda en un aniversario.» «Conmemoración de dicho aniversario.» Es femenino («*la efeméride* de la fundación»). No confundir con *efemérides* (femenino y plural), «sucesos notables ocurridos en distintas épocas» (sin que exista conmemoración, como ocurre en *efeméride*).

efemérides V. *efeméride*.

efendi «Título honorífico usado por los turcos.» Aparece relacionado en el Diccionario de la Academia con una *f*. Es incorrecto escribir *effendi*.

eferente Significa «que lleva», mientras que *aferente* es «que trae».

efervescencia, efervescente, efesio (sia).

Éfeso El natural de esta antigua ciudad del Asia Menor recibe el nombre de *efesio*.

efeta, efetá, eficacia, eficaz, efi-

ciencia, eficiente, efigiar, efigie, efímera, efímero, eflorecerse, eflorescencia, eflorescente, efluir, efluvio, efod, éforo.

*efracción «Robo con *efracción*» es galicismo; dígase «robo con *fractura*».

*Efraim Es incorrecto; escríbase *Efraín* (v.).

efraimita.

Efraín Es lo correcto, y no *Efraim*. No confundir con *Efrén*, santo y doctor de la Iglesia.

Efrén V. *Efraín*.

efugio, efusión, efusivo (va), egabrense, egarense, Egeo, egetano.

égida También se admite *egida*, aunque en segundo término. Significa «protección, defensa». No confundir con *hégira*, «era de los mahometanos».

egilope, egipán , egipcíaco (1), egipcíaco (2), egipcio, egiptano.

Egipto El natural de este país recibe el nombre de *egipcio*. También son nombres admitidos, aunque poco usados, *egiptano, egipciaco, egipcíaco* y *egipciano*.

egiptología, egiptológico (ca), egiptólogo (ga), égloga.

*ego Voz de origen latino que significa «yo». Se emplea en filosofía para designar «el ser espiritual del hombre, la mente». No está aceptado por la Academia. Como prefijo también significa «yo» *(egoísmo, ególatra).*

ego- V. *ego*.

egocéntrico, egocentrismo, egofonía, egoísmo, egoísta.

*egoístamente Incorrecto; dígase *con egoísmo*.

ególatra, egolatría, egolátrico, egotismo, egotista, egregio (gia).

egresar Es incorrecto como «recibir un título»; dígase *diplomarse, graduarse*. Se admite en América, y también *egresado*.

egreso, ¡eh!

Éibar El natural de esta villa de Guipúzcoa recibe el nombre de *eibarrés*.

eibarrés (sa), eidetismo, Einstein, einstenio, Eisenhower, eje, ejecución, ejecutable, ejecutante, ejecutar.

ejecutivo (va) Como adjetivo significa «que ejecuta». Actualmente se emplea en masculino (es anglicismo) para designar al *directivo* de una empresa, al empleado destacado. El femenino es «junta directiva de una sociedad» (la *ejecutiva* de un club).

ejecutor (ra), ejecutoria, ejecutoría, ejecutorial, ejecutoriar, ejecutorio, ¡ejem!, ejemplar, ejemplaridad.

ejemplarizar Admitido, aunque la voz preferente es *ejemplificar*.

ejemplificación, ejemplificar.

ejemplo «Un *ejemplo práctico*» es redundancia, puesto que los ejemplos son prácticos por naturaleza. Basta con decir «un *ejemplo*».

ejercer, ejercicio, ejercitación, ejercitante, ejercitar.

ejército Con mayúscula cuando designa el arma (el Ejército, la Marina y la Aviación), o una unidad especial (el Segundo Ejército del Este). En los demás casos va con minúscula («el ejército español realizó maniobras»).

ejido, ejión.

-ejo Sufijo de significado despectivo o diminutivo *(lugarejo, calleja).*

el No lleva acento cuando es artículo (el reloj, el recuerdo); lo lleva cuando es pronombre (lo encontró él; él lo dijo). *Ella* nunca lleva acento porque sólo es pronombre. Es incorrecto usar *el* ante el nombre o apellido de personajes (el Dante, el Tiziano); sólo se hace así cuando se trata de un sobrenombre (el Greco, el Españoleto). También se admite si precede al nombre del miembro de una dinastía (el Borbón, el Trastámara, el Hohenzollern). Los nombres de regiones suelen llevar artículo (la Mancha, el Milanesado), y lo mismo ocurre cuando se trata de nombres dobles (la Unión Soviética, los Estados Unidos). Llevan el artículo *el* los nombres comunes femeninos que comienzan con *a* tónica: el agua, el hacha (v. *arma*). Se exceptúan los nombres propios femeninos: la Águeda. Incorrecciones:

«Lamento *el que* se marche», es «lamento *que* se marche». «*El madrugar* todos los días...», es «*madrugar* todos los días...»

él V. *el.*

elaborable, elaboración, elaborador (ra), elaborar, elación, elástica, elasticidad, elástico (ca), elastómero, elato, Elcano, elche.

Elche El natural de esta población de Alicante recibe el nombre de *ilicitano.*

El Dorado También se escribe *Eldorado*, «país fabuloso de América».

ele, eleagnáceo.

***Eleanor** Nombre inglés, al que corresponde en español *Leonor.*

eleático, Eleazar, eléboro, elección.

***eleccionario** Es incorrecto; dígase *electoral.*

electivo (va), electo (ta), elector (ra), electorado, electoral, electorero, Electra.

electr- Prefijo que indica «electricidad» *(electrizar, electroimán).*

electricidad Es un «*agente* poderoso que se manifiesta por atracciones y repulsiones..»; no confundir con *electrónica*, «ciencia que estudia los fenómenos en que intervienen los electrones».

electricista, eléctrico (ca), electrificación, electrificar, electriz, electrizable, electrización, electrizador, electrizante, electrizar, electro, electroacústica, electrocardiografía, electrocardiógrafo, electrocardiograma, electrocución, electrocutar.

electrochoque Es lo correcto, y no *electroshock*, voz inglesa.

electrodinámica, electrodinámico.

electrodo La Academia ha admitido, asimismo, la grafía *eléctrodo.*

electrodoméstico Voz aceptada por la Academia. Es «aparato eléctrico que se usa en el hogar».

electroencefalografía, electroencefalógrafo, electroencefalograma, electróforo, electrógeno, electroimán, electrólisis, electrolítico.

electrólito Es lo correcto, y no *electrolito.*

electrolización, electrolizador, electrolizar, electromagnético

(ca), electromagnetismo, electromecánico (ca), electrometalurgia, electrometalúrgico, electrometría, electrométrico, electrómetro, electromotor, electromotriz, electrón, electronegativo (va).

electrónica V. *electricidad.*

electrónico, electropositivo (va), electroquímica, electroquímico, electroscopio.

***electroshock** Es anglicismo innecesario; sustitúyase por *electrochoque*, voz admitida.

electrostática, electrostático, electrotecnia, electrotécnico, electroterapia, electroterápico, electrotipia, electrotípico, electuario, elefancia, elefanciaco (1), elefancíaco (2).

elefanta Es el femenino de *elefante*. No es correcto, por consiguiente, decir «*la elefante* hembra». Dígase *la elefanta.*

elefante V. *elefanta.*

elefantiásico (ca).

elefantiasis Es lo correcto; no debe escribirse *elefantíasis.*

elefantino (na), elegancia.

elegante Está admitido también como sustantivo («*un elegante* entró al salón»), en cuyo caso sustituye a *dandy* (voz inglesa).

elegantizar, elegía, elegiaco (1), elegíaco (2), elegibilidad, elegible, elegido (da).

elegir Verbo irregular que se conjuga como *pedir* (v.).

élego, elemental, elementalidad.

elemento Elementos químicos (símbolos principales): Ag, plata. Al, aluminio. Ar, argón. As, arsénico, Au, oro. B, boro. Ba, bario. Be, berilio. Bi, bismuto. Bk, berkelio. Br, bromo. C, carbono. Ca, calcio. Cd, cadmio. Cl, cloro. Co, cobalto. Cr, cromo. Cu, cobre. F, flúor. Fe, hierro. H, hidrógeno. He, helio. Hg, mercurio. I, yodo. Ir, iridio. K, potasio. Kr, criptón. Mg, magnesio. Mn, manganeso. Mo, molibdeno. N, nitrógeno. Na, sodio. Ne, neón. Ni, níquel. O, oxígeno. P, fósforo. Pb, plomo. Pt, platino. Pu, plutonio. Ra, radio. Rb, rubidio. S, azufre. Se, selenio. Si, silicio. Sn, estaño. Sr, estroncio.

Ta, tantalio. Th, torio. Ti, titanio. U, uranio. V, vanadio. W, volframio (o tungsteno). X, xenón. Zn, cinc. Zr, circonio. Lo mismo que los demás símbolos, los químicos se escriben sin punto: *Ag* (plata).

Elena V. *Helena.*

elenco Admitido el significado de «nómina de una compañía teatral».

eleotecnia, eleusino, Eleusis, elevación, elevado (da).

elevador En algunos países de Hispanoamérica suele emplearse *elevador* en lugar de *ascensor* o *montacargas* (según el caso). Con este sentido es anglicismo (de *elevator*), y por tanto incorrecto, además de innecesario.

elevamiento.

*****elevage** Galicismo; dígase en su lugar *remonta, cría caballar.*

elevar, elfo, Elías, Élide.

elidir En gramática, consiste en suprimir la vocal con que acaba una palabra cuando la que sigue comienza con otra vocal (*al* por *a el, del* por *de el*).

*****eligiría** Es incorrecto; dígase *elegiría.*

elijan, elijar, eliminación, eliminador (ra), eliminar.

eliminatoria Admitido: «En campeonatos, competición selectiva anterior a los cuartos de final.»

eliminatorio.

Elinor Nombre de pila inglés; *Leonor,* en español.

*****Eliodoro** Incorrecto; es *Heliodoro.*

elipse No debe confundirse con *elipsis* (v.).

elipsis En gramática es una «figura de construcción que consiste en omitir en la oración una o más palabras» («¿qué tal?», en vez de «¿qué tal se encuentra?»). No confundir con *elipse* (curva cerrada...).

elipsógrafo, elipsoidal, elipsoide, elíptico (ca).

*****Elisabet** V. *Elizabeth.*

elíseo Con minúscula cuando es adjetivo y significa «perteneciente al Elíseo» (o campos elíseos), morada de los hombres virtuosos en la mitología. (El segundo *Elíseo* va con mayúscula). No confundir con *Eliseo,* nombre de un profeta he-

breo y nombre propio de varón. *Campos Elíseos* sólo va con mayúscula si se refiere a la avenida de París.

Eliseo V. *elíseo.*

elisión En gramática, acción y efecto de *elidir* (v.).

elite Voz francesa admitida por la Academia;. dígase también lo mejor, lo más distinguido, lo elegido, la flor y nata, minoría selecta, según el caso. También se acepta *elitista.*

elitista, élitro.

elixir Es lo correcto, y también se admite *elíxir,* aunque en segundo término. El plural de *elixir* es *elixires.*

*****Eliza** Nombre inglés; en castellano, dígase *Elisa.*

*****Elizabeth** Nombre de pila inglés, a veces escrito *Elisabet.* Debe traducirse por *Isabel.*

elocución, elocuencia, elocuente, elogiable, elogiador, elogiar, elogio, elogioso, Eloísa, elongación, Eloy.

*****Elsa** Nombre inglés; debe traducirse por *Alicia.*

elucidación, elucidar, elucidario, eluctable.

elucubración Voz admitida; es preferente *lucubración* (obra producto de estudio o vigilia). Del mismo modo, es correcto *elucubrar;* preferente, *lucubrar.*

elucubrar Correcto. (V. *elucubración.*)

eludible, eludir, elusión, elusivo, elzeviriano, elzevirio, Elzevir, Elzevirios.

ella Pronombre personal del género femenino (tercera persona del singular). No se acentúa nunca, igual que ocurre con *ello, ellos* y *ellas,* porque sólo son pronombres (mientras que *el* es artículo y pronombre, y se acentúa éste para diferenciarlo del anterior).

elle Nombre de la letra *ll.*

ello, ellas, ellos V. *ella.*

emaciación, emanación, emanadero, emanante, emanantismo, emanar, emancipación, emancipador (ra), emancipar, emasculación, emascular, Emaús, embabia-

miento, embabucar, embadurna-
dor.

embadurnar Uso de preposiciones:
Embadurnar *de* grasa.

embaidor (ra), embaimiento.

embaír Significa «ofuscar, embaucar». Verbo defectivo que se emplea sólo en las terminaciones que
tienen *i* (embairá, etc.).

embajada Con mayúscula cuando
se refiere en concreto a la de un
país (la Embajada de Francia),
pero con minúscula en los demás
casos (la embajada llegó tarde).

**embajador, embajadora, emba-
lador.**

***embaladura** Es incorrecto; dígase
embalaje.

**embalaje, embalar, embalarse,
embaldosado** (1), **embaldosadura**
(2), **embaldosar, embalsadero, em-
balsamador** (ra), **embalsamamien-
to, embalsamar, embalsar.**

embalse Es lo correcto cuando se
alude a un «gran depósito que se
forma *artificialmente*, por lo común cerrando la boca de un valle
mediante un dique o presa», mientras que *pantano* es «hondonada
donde se detienen las aguas *naturalmente*». Aunque la Academia
también ha admitido el significado de «gran depósito artificial de
agua», para *pantano*, sin embargo
es más apropiado emplear *embalse.*

**embalumar, emballenado, emba-
llenar, emballestado, embanastar,
embanderar.**

embarazado (da) V. *embarazar.*

embarazador Es lo correcto, y no
embarazante, no admitida.

embarazar(se) Uso de preposiciones: Embarazada *de* ocho meses;
embarazarse *con* la ropa.

**embarazo, embarazoso (sa), em-
barbascar(se), embarbecer, em-
barbillado, embarbillar, embarcación, embarcadero, embarcador.**

embarcar(se) Uso de preposiciones: Embarcarse *de* pasajero; e. *en*
un buque.

**embarco, embardar, embargable,
embargado, embargador (ra), em-
bargamiento, embargante, embar-
gar, embargo, embargoso.**

***embargue** Es incorrecto; dígase
embargo.

***embarque** Antes sólo se refería a
provisiones o mercancías; la Academia ha admitido también esta
voz como «acción de embarcarse
personas».

**embarrado (da), embarrador, em-
barradura, embarrancar.**

embarrar *(Amér.)* Fallar, estropear.

**embarrilador, embarrilar, emba-
rrotar, embarullador, embarullar,
embasamiento, embastar, embas-
te, embastecer, embatada, emba-
te, embaucador (ra), embauca-
miento.**

embaucar En la conjugación siempre lleva acentuación prosódica en
la *a* (embauco) y nunca la *u* (em-
baúco); es decir, siempre se conserva el diptongo.

embaular En la conjugación unos
acentúan en algunos tiempos y
personas la *a* (embaulo) y otros la
u (embaúlo), aunque parece más
corriente lo último. Igual ocurre
con *desembaular* (es más usual
desembaúlo).

**embausamiento, embazador, em-
bazadura, embazar(se).**

embebecer(se) Verbo irregular
que se conjuga como *agradecer*
(v.). Uso de preposiciones: Embe-
becerse *en* mirar algo bello.

embebecimiento, embebedor.

embeber(se) Uso de preposiciones: Embeberse *del* espíritu idealista; e. *en* la poética de Espronceda.

**embecadura, embelecador (ra),
embelecamiento, embelecar, em-
beleco, embeleñar, embelequero,
embelesamiento** (2), **embelesar,
embeleso** (1), **embellaquecerse.**

embellecer(se) Verbo irregular
que se conjuga como *agradecer*
(véase).

**embellecimiento, embeodar, em-
bermejar, embermejecer, embe-
rrenchinarse** (2), **emberrincharse**
(1), **embestida, embestidor (ra),
embestidura.**

embestir Verbo irregular que se
conjuga como *pedir* (v.). Uso de

preposiciones: Embestir *contra* la alimaña.

embetunar, embicadura, embicar, embijar, embije, embizcar, emblandecer.

emblanquecer Verbo irregular que se conjuga como *agradecer* (v.).

emblanquecimiento, emblema, emblemático, embobamiento.

embobar(se) Uso de preposiciones: Embobarse *con, de, en* algo.

embobecer Verbo irregular que se conjuga como *agradecer* (véase).

embobecimiento, embocadero, embocado, embocador, embocadura, embocar, embocinado, embodegar, embojar, embojo, embolada, embolado, embolar, embolia, embolismador (ra), embolismal, embolismar, embolismático (ca), embolismo, émbolo, embolsar, embolso, embonada, embonar, embono, emboñigar, emboque.

emboquillado Admitido por la Academia: «Dícese del cigarrillo provisto de *boquilla* (rollito de papel)». También se admite *emboquillar.*

emboquillar, emborrachacabras, emborrachador (ra), emborrachamiento.

emborrachar(se) Uso de preposiciones: Emborracharse *con, de* vino.

emborrar, emborrascar, emborrazar, emborricarse, emborrizar, emborronador (ra), emborronar, emborrullarse, emboscada, emboscadura, emboscar, embosquecer, embostar, embotador, embotadura, embotamiento, embotar, embotellado (da), embotellador (ra).

embotellamiento Admitida la acepción de «congestión de vehículos».

embotellar, emboticar, embotijar, embovedar, emboza, embozalar.

embozar(se) Uso de preposiciones: Embozarse *con* la capa; e. *en* el manto; e. *hasta* los ojos.

embozo, embracilado, embragar, embrague, embravecer, embravecimiento, embrazadura, embrazar, embreado, embreadura, embrear, embregarse, embreñarse, embriagador (ra), embriagante.

embriagar Uso de preposiciones: Embriagarse *con* cerveza; e. *de* júbilo.

embriago, embriaguez, embridar, embriogenia, embriogénico, embriología, embriológico, embrión, embrionario (ria), embrisar, embroca (1), embrocación (2), embrocar, embrochalar, embrollador, embrollar.

*embrollista Voz no admitida; dígase *embrollón.*

embrollón (na), embrolloso, embromador (ra).

embromar *(Amér.)* Fastidiar, incomodar.

embroquelarse, embroquetar, embrosquilar, embrujador (ra), embrujamiento, embrujar.

embrujo Voz admitida por la Academia, con el significado de «hechizo», y de «fascinación, atracción misteriosa y oculta». *Embrujamiento,* en cambio, es «acción y efecto de embrujar».

embrutecedor (ra).

embrutecer Verbo irregular que se conjuga como *agradecer* (véase).

embrutecimiento, embuchado (da), embuchar, embudador, embudar, embudista, embudo, embullador, embullar, emburujar, embuste, embustear, embustería, embustero (ra), embutidera, embutido, embutidor, embutir, eme, emenagogo, emergencia, emergente, emerger, emeritense, emérito, emersión, emético, emetina.

-emia Sufijo que proviene del griego y significa «sangre» *(uremia, anemia).*

emídido, emidosaurio, emigración, emigrado, emigrante, emigrar, emigratorio (ria).

eminencia Título de honor que se da a los cardenales de la Iglesia. Abreviatura: *Em.ª.*

eminencial, eminente, eminentemente.

eminentísimo (ma) «Aplícase como dictado o título a los cardenales de la Santa Iglesia Romana.» Abreviatura: *Emmo.*

emir, emirato, emisario (ria), emisión, emisor, emisora, emitir.

Emma Nombre inglés que se traduce de igual modo, o bien *Manuela*. *Emmanuel* es *Manuel*.

Emmanuel V. *Emma*.

emoción, emocional, emocionante, emocionar, emoliente, emolir, emolumento (2), **emolumentos** (1), **emotividad, emotivo** (va), **empacador** (ra), **empacar, empacarse, empachado** (da).

empachar(se) Uso de preposiciones: Empacharse *de* comer; e. *por* nada.

empacho, empachoso, empadrarse, empadronador, empadronamiento, empadronar, empajada, empajar, empajolar, empalagamiento.

empalagar(se) Uso de preposiciones: Empalagarse *de* todo.

empalago, empalagoso (sa), **empalamiento, empalar.**

*empalidecer Es incorrecto; dígase *palidecer*.

empalizada, empalizar, empalmadura.

empalmar Uso de preposiciones: Empalmar un tubo *con, en* otro.

empalme, empalomado, empalomadura, empalomar, empalletado, empampirolado (da), **empanada, empanadilla, empanado, empanar, empandar, empandillar, empantanar, empañadura, empañamiento, empañar, empañetar, empañicar, empapamiento.**

empapar Uso de preposiciones: Empapar *de, en* esencias.

empapelado (da), **empapelador** (ra), **empapelar, empapirotar, empapuciar** (2), **empapujar** (1), **empapuzar** (3), **empaque, empaquetado** (da), **empaquetador** (ra), **empaquetadura, empaquetar, emparamentar, emparamiento** (1), **emparamiento** (2), **emparar, emparchar.**

emparedado V. *bocadillo*.

emparedamiento, emparedar, emparejado (da), **emparejador, emparejadura, emparejamiento, emparejar.**

emparentar Verbo irregular que se conjuga como *acertar* (v.). Uso de preposiciones: Emparentar *con* buena gente.

emparrado, emparrar, emparrillado, emparrillar, emparvar, empas-

tador (ra), **empastar, empaste, empastelamiento, empastelar, empastadera, empatar, empate, empatía, empavesada, empavesado, empavesar, empavonar, empavorecer.**

empecatado (da) «Incorregible, de mala intención; persona a quien salen mal las cosas.» No debe confundirse con *empaquetado*.

empecedero, empecimiento, empecinado (da), **empecinamiento, empecinar, empecinarse, empedernido.**

empedernir Verbo defectivo en el que sólo se emplean las terminaciones que tienen *i* (empedernió, empedernirá).

Empédocles, empedrado (da), **empedrador, empedramiento.**

empedrar Verbo irregular que se conjuga como *acertar* (v.). Uso de preposiciones: Empedrar *con, de* adoquines.

empega, empegado, empegadura, empegar, empego, empeine, empeinoso, empeler, empelazgarse, empelechar, empelotarse, empeltre, empella, empellar, empellejar, empeller, empellón, empenachado (da), **empenachar, empenta, empeñado** (da).

empeñar(se) Uso de preposiciones: Empeñarse *con, por* alguno; e. *en* una cosa.

empeño, empeñoso (sa), **empeoramiento, empeorar.**

empequeñecer(se) Verbo irregular que se conjuga como *agradecer* (véase).

empequeñecimiento, emperador, emperatriz, emperchado, emperchar, emperejilar, emperezar, empergaminar, emperifollar, empernar, empero, emperrada, emperramiento, emperrarse, emperro, empesador, empesgar, empesgue, empestiferar.

empezar Verbo irregular que se conjuga como *acertar* (v.). Uso de preposiciones: Empezar *con* bien; e. *en* malos términos.

empicar(se), empicotar, empiece, empiema, empilar, empinado (da), **empinadura** (2), **empinamiento** (1), **empinante, empinar, empingoro-**

tado (da), empingorotar, empiño-
nado.

empiparse Voz admitida para Chile, Ecuador y Puerto Rico; significa «apiparse, hartarse, atracarse».

empíreo Es adjetivo y admite el femenino *(empírea)*. Significa «celestial, divino». También es sustantivo y significa «cielo» (va con minúscula).

**empireuma, empireumático, em-
píricamente, empírico (ca), empi-
rismo, empitonar, empizarrado
(da), empizarrar, emplastadura** (1),
emplastamiento (2), **emplastar,
emplastecer, emplástico (ca), emplasto, emplazador, emplazamien-
to, emplazar, empleado (da), em-
pleador (ra).**

emplear Uso de preposiciones:
Emplearse *en* una cosa.

**emplenta, empleo, empleomanía,
emplomado (da), emplomador,
emplomadura, emplomar, emplu-
mar, emplumecer, empobrecedor
(ra).**

empobrecer Verbo irregular que
se conjuga como *agradecer* (v.).

empobrecimiento, empodrecer.

*empoltronarse** Es incorrecto; dígase *apoltronarse* (preferente), o
empoltronecerse (admitido).

**empolvar, empolvoramiento, em-
polvorar, empolvorizar, empolla-
dura.**

empollar Admitido por la Academia el sentido figurado de «preparar mucho las lecciones». También se acepta *empollón* y *empo-
llona.*

**empollón (na), emponcharse, em-
ponzoñador (ra), emponzoñamien-
to, emponzoñar, empopada, em-
popar.**

emporcar Verbo irregular que se
conjuga como *contar* (v.).

emporio Es lo correcto, y no *emporium*, latinismo innecesario.

*emporium** Incorrecto. (V. *emporio*.)

**empotramiento, empotrar, empo-
zar, empradizar, emprendedor (ra),
emprender, empreñador, empre-
ñar, empresa, empresariado, em-
presarial, empresario (ria), em-
préstito, emprimado, emprimar,**

**empringar, empuchar, empujador
(ra).**

empujar Uso de preposiciones:
Empujar *a, hacia, hasta* un abismo; e. *contra* la pared.

**empuje, empujón, empulgadura,
empulgar, empulguera, empu-
ñador.**

empuñadura Es «guarnición o
puño de la espada», y no la parte
por donde se aferra el bastón o el
paraguas, y que recibe el nombre
de *puño.*

**empuñar, empuñidura, empurpu-
rado (da), emputecer, emulación,
emulador (ra), emular, émulo (la),
emulsión.**

*emulsificar** Es incorrecto; dígase
emulsionar.

**emulsivo (va), emulsor, emun-
ción, emundación.**

*emunctorio** Incorrecto; es *emun-
torio* (cualquier conducto u órgano
del cuerpo que sirve para evacuar
los humores superfluos).

en Preposición que indica lugar,
tiempo o modo en que se realiza la
acción del verbo. Incorrecciones:
«Estatuilla *en* bronce», es «estatuilla *de* bronce»; «sentarse *en* la
mesa», es «sentarse *a* la mesa»;
«llegados *en* la plaza», es «llegados
a la plaza»; «arrojaron las gorras
en el aire», es «arrojaron las gorras
al aire»; «ir *en* casa del hermano»,
es «ir *a* casa del hermano»; «salir
en dirección a la frontera», es «salir *con* dirección a la frontera»;
«actuaba *en* experto», es «actuaba
como experto»; «tendidos *en* la
sombra», es «tendidos *a* la sombra»; «llegado el jinete *en* el lugar»,
es «llegado el jinete *al* lugar»; «envuelto *con* una tela», es «envuelto
en una tela»; «en el sitio *que* cayeron», es «en el sitio *donde* cayeron»; «al tiempo *en* que salían
las tropas», es «al tiempo *que* salían las tropas»; «nació *el* año
1930», es «nació *en* el año 1930»;
«aliado *en* la paz y la guerra», es
«aliado *en* la paz y *en* la guerra».
«En cierne», es *en diferido*», etc.,
véase cada expresión por su orden
alfabético estricto, como si fuera
una sola palabra.

en- Prefijo cuyo significado principal es «sobre» o «dentro de»: encubrir.

enaceitar, enacerar, enagua, enaguachar, enaguar, enaguazar, enagüillas, enajenable, enajenación (1), **enajenado (da), enajenamiento** (2), **enajenante.**

enajenar(se) Uso de preposiciones: Enajenarse *por* la cólera.

enálage, enalbar, enalbardar, enalmagrado, enalmagrar, enaltecedor (ra).

enaltecer Verbo irregular que se conjuga como *agradecer* (v.).

enaltecimiento, enamarillecer, enamoradizo, enamorado (da), enamorador (ra), enamoramiento, enamorante, enamorar, enamoricarse (1), **enamoriscarse** (2), **enanchar, enangostar, enanismo, enano (na), enante, enarbolado, enarbolar, enarcar, enardecedor.**

enardecer(se) Verbo irregular que se conjuga como *agradecer* (v.).

enardecimiento, enarenación, enarenar, enarmonar, enarmónico.

en artículo mortis Es incorrecto; debe decirse «in artículo mortis», pues se trata de una locución latina. Significa «en la hora de la muerte».

enartrosis, enastado, enastar, enastillar, encabalgamiento, encabalgar, encaballado, encaballar, encabar, encabestradura, encabestrar, encabezamiento, encabezar, encabriar, encabritarse, encachado, encachar, encadenación (2), **encadenado (da), encadenadura** (2), **encadenamiento** (1), **encadenar(se), encajadas, encajador, encajadura.**

encajar(se) «El portero *encajó* un gol» es incorrecto; *encajar* es «meter en alguna parte», y «disparar, arrojar». Por consiguiente dígase «el delantero *encajó* un gol», o «al portero le metieron un gol». Uso de preposiciones: Encajar una pieza *en, con* otra.

encaje, encajero (ra), encajetillar, encajonado (da), encajonamiento, encajonar(se), encalabozar, encalabrinamiento, encalabrinar, encalada, encalado (2), **encalador**

(ra), encaladura (1), **encalar, encalmadura, encalmar(se), encalostrarse.**

encalvecer Verbo irregular que se conjuga como *agradecer* (véase).

encalladero, encalladura, encallar(se).

encallecer Verbo irregular que se conjuga como *agradecer* (véase).

encallejonar, encamación, encamado (da), encamar, encamarar, encambijar, encambrar, encambronar, encaminamiento, encaminar, encamisada, encamisar, encamonado, encampanado, encampanar, encanalar (1), **encanalizar** (2), **encanallamiento, encanallar, encanarse, encanastar, encancerarse, encandecer, encandelar, encandilado (da), encandilador (ra), encandilar.**

encanecer Verbo irregular que se conjuga como *agradecer* (véase).

encanijamiento, encanijar, encanillar, encantada.

encantado «Encantado *en* conocerle» es incorrecto; dígase «encantado *de* conocerle».

encantador (ra), encantamiento, encantar, encantarar, encánte, encanto, encanutar, encañada, encañado, encañador, encañadura, encañamar, encañar, encañizada, encañizar, encañonado, encañonar, encapachar, encapado, encapar, encapazar, encaperuzar, encapillado, encapilladura, encapillar, encapirotar, encapotadura (1), **encapotamiento** (2), **encapotar.**

encapricharse Uso de preposiciones: Encapricharse *con, en* un tema.

encapuchado (da), encapuchar, encapullado (da), encapuzar, encarado (da).

encaramar(se) Uso de preposiciones: Encaramarse *al* tejado; e. *en* un árbol.

encaramiento.

encarar(se) Uso de preposiciones: Encararse *a, con* alguno.

encaratularse, encarcavinar, encarcelación (2), **encarcelador, encarcelamiento** (1), **encarcelar, encarecedor.**

encarecer Verbo irregular que se conjuga como *agradecer* (véase).

encarecimiento, encargado (da).

encargar(se) Uso de preposiciones: Encargarse *de* un asunto.

encargo, encariñar, encarnación, encarnadino, encarnado (da), encarnadura (1), **encarnamiento** (2), **encarnar, encarnativo, encarne, encarnecer, encarnizado (da), encarnizamiento.**

encarnizar(se) Uso de preposiciones: Encarnizarse *con, en* los inocentes.

encaro, encarpar, encarpetar, encarre, encarriladera, encarrilar, encarrillar, encarroñar, encarrujado, encarrujarse, encartación, encartado (da), encartamiento, encartar, encarte, encartonador, encartonar.

en casa «Ir *en casa* de Pedro» es incorrecto; dígase «ir *a* casa de Pedro».

encasar, encascabelar, encascotar, encasillable, encasillado (da), encasillar, encasquetar, encasquillar, encastar, encastillado (da), encastillador, encastillamiento, encastillar, encastrar, encauchar, encausar, encáustico, encausto, encauzamiento, encauzar, encavarse, encebamiento, encebadar, encebollado (da), encebollar, encefálico (ca), encefalitis, encéfalo, encefalografía.

*enceguecedor V. *enceguecer.*

enceguecer Voz admitida por la Academia: «Cegar, privar de la visión; cegar, ofuscar el entendimiento.» *Enceguecedor* no está admitido; dígase *cegador.*

encelajar(se), encelamiento, encelar, enceldamiento, enceldar, encella, encellar, encenagado (da), encenagamiento.

encenagar(se) Uso de preposiciones: Encenagarse en vicios.

encendaja, encendedor (ra).

encender Verbo irregular que se conjuga como *entender.*

encendidamente, encendido (da), encendimiento, encenizar, encentador, encentadura, encentar, encepador, encepadura, encepar, encepe, encerado (da), encerador

(ra), enceramiento, encerar, encernadar, encerotar, encerradero, encerrado (da), encerrador, encerradura (2), **encerramiento** (1).

encerrar Verbo irregular que se conjuga como *acertar* (v.).

encerrona, encespedar.

encestar Acepción recientemente admitida por la Academia: «En el juego del baloncesto, introducir el balón en el cesto o red de la meta contraria.»

-encia Sufijo que indica algo abstracto *(paciencia, clemencia).*

encía, encíclica, enciclopedia, enciclopédico (ca), enciclopedismo, enciclopedista.

en cierne V. *en ciernes.*

en ciernes «Estar una cosa *en ciernes*» es correcto, y lo mismo si se dice *en cierne.* Significa «estar en sus comienzos, faltarle mucho para su perfección».

encierro.

encima Adverbio de lugar; se escribe siempre junto, no en dos palabras. *Encima mío* es incorrecto; dígase *encima de mí* (de ti, de nosotros, etc.). «*Encima* la mesa» tampoco es correcto; dígase «*encima de la* mesa».

encimar, encimero, encina, encinal (2), **encinar** (1), **encino.**

encinta Es «embarazada». Se escribe junto, y no en dos palabras *(en cinta).*

encintado, encintar, encismar, enciso, encizañar, enclaustrar.

enclavado «Edificio *enclavado* junto a la plaza» es incorrecto; debe decirse «edificio *situado...*». *Enclavado* es (territorio) «encerrado en el área de otro». (V. *enclave.*)

enclavadura, enclavar.

enclave Voz admitida por la Academia: «Territorio o grupo étnico incluido en el área de otro.»

enclavijar, enclenque, énclisis.

enclítico (a) En gramática, se aplica a la «partícula o parte de la oración que se liga con el vocablo anterior para construir una sola palabra». Son *enclíticos* los pronombres pospuestos al verbo (óyeME, cálmaTE).

enclocar Verbo irregular que se

conjuga como *contar* (v.). Se admite también *encluecar*, pero la Academia da como preferente *enclocar*.

encluecar V. *enclocar*.

encobar, encobertado, encobijar, encobrado, encobrar, encocorar, encochado, encodillarse, encofrado, encofrador, encofrar.

encoger(se) Uso de preposiciones: Encogerse *de* hombros.

encogido (da), encogimiento, encogollarse, encohetar, encojar, encolado (da), encoladura, encolamiento, encolar, encolerizar, encomendable, encomendado, encomendamiento.

encomendar(se) Verbo irregular que se conjuga como *acertar* (v.). Uso de preposiciones: Encomendarse *a* Dios; e. *en* manos de alguno.

encomendero, encomiador, encomiar, encomiasta, encomiástico (ca), encomienda, encomio, encompadrar, enconadura, enconamiento, enconar, enconchar(se), encono, enconoso, encontradizo, encontrado (da).

encontrar(se) Verbo irregular que se conjuga como *contar* (v.). Uso de preposiciones: Encontrarse *con* un amigo; e. *con* un obstáculo. *Encontrar a faltar* es incorrecto; dígase *echar de menos, echar en falta.*

encontrón (1), **encontronazo** (2), **encopetado (da), encopetar, encorachar, encorajar, encorajinar, encorar, encorazado (da), encorchador, encorchar, encorchetar, encordadura.**

encordar Verbo irregular que se conjuga como *contar* (v.)

encordelar.

*encordio Incorrecto; la voz admitida es *incordio*, pero es una voz vulgar, más que familiar. Significa «cosa molesta».

encordonado, encordonar, encorecer, encoriación, encornado, encornadura, encornudar.

en coro «Recitar todos *en coro*» es poco usual; dígase mejor «recitar todos *a coro*».

encorozar, encorralar, encorrear, **encorsetar, encortinar, encorujarse, encorvada, encorvadura** (1), **encorvamiento** (2), **encorvar, encosadura, encostalar, encostarse, encostillado, encostradura, encostrar, encovado (da), encovadura, encovar, encrasar, encrespado (da), encrespador, encrespadura, encrespamiento, encrespar, encrestado, encrestarse, encristalar, encrucijada, encrudecer, encruelecer, encuadernable, encuadernación, encuadernador (ra).**

encuadernar Uso de preposiciones: Encuadernar *a* la rústica; e. *en* pasta.

encuadramiento, encuadrar.

en cuanto «En cuanto *que* llegue nos marcharemos» es incorrecto; dígase «*en cuanto* llegue...». Otra incorrección: «El hombre, *en cuanto* que ser racional, tiene alma.» Debe decirse «el hombre, *como* ser racional, tiene alma».

encuartar, encuarte.

*encuartelar «Van a *encuartelar* las tropas» es incorrecto; dígase «van a *acuartelar* las tropas».

encuartero, encubar, encubertar, encubierta, encubierto, encubridizo (za), encubridor (ra), encubrimiento.

encubrir Verbo que tiene participio irregular: *encubierto*. En los demás tiempos es regular.

encuentro, encuesta.

encuestador Voz admitida por la Academia, lo mismo que *encuestadora*. Significa «persona que lleva a cabo consultas en interrogatorios para una encuesta». Encuesta es «averiguación, pesquisa». *Encuestar* también ha sido aceptada.

encuestar, encuevar, encuitarse, enculatar, enculturación, encumbramiento.

encumbrar(se) Uso de preposiciones: Encumbrarse *a, hasta* el cielo; e. *sobre* sus conciudadanos.

encunar, encurdarse, encureñar, encurtido (da), enchancletar, enchapado, enchapar, enchapinado, encharcada, encharcamiento.

encharcar(se) Uso de preposiciones: Encharcarse *en* vicios.

enchavetar, enchicar.

enchilada *(Amér.)* Torta de maíz, manjar relleno.

enchilar, enchinar, enchiqueramiento, enchiquerar, enchironar, enchisterado, enchivarse, enchufar.

enchufe, enchufismo V. *enchufista.*

enchufista Voz familiar despectiva, admitida por la Academia. Es «persona que disfruta de *enchufes* o sinecuras». *Enchufe,* también aceptada, es «cargo que se obtiene por influencia, especialmente política». Igualmente se acepta *enchufismo.*

enchularse, enchuletar, ende (por), endeble, endeblez, endeblucho (cha).

endeca- Prefijo del griego *éndeka* (once): *endecágono, endecasílabo.*

endecágono, endecasilábico, endecasílabo (ba), endecha, endechadera, endechar, endehesar.

endemia Enfermedad que reina habitualmente en un país. *Pandemia,* en cambio, es «enfermedad epidémica que se extiende por muchos países», y *epidemia* es «enfermedad que acomete a muchas personas».

endémico (ca) V. *endemia.*

endemoniado (da), endemoniar, endentado (da).

endentar Verbo irregular que se conjuga como *acertar* (v.).

endentecer, endeñarse, enderechar, enderezado, enderezador, enderezamiento, enderezar, endeudarse, endevotado (da), endiablada, endiablado, endiablar, endíadis, endibia.

en diferido «Transmisión *en diferido*» es incorrecto; dígase transmisión *diferida.* (Véase *en directo.)*

endilgador, endilgar, endino (na), endiosamiento, endiosar.

en directo «Transmisión *en directo*» es una expresión incorrecta aunque muy difundida; debe decirse «transmisión directa». (V. *en diferido.)*

endo- Prefijo del griego *endon* (dentro): *endocardio, endocrino.*

endoblado, endoblar, endoble, endocardio, endocarditis, endocarpio.

endocrino Es lo correcto, y no *endócrino,* incorrecto.

endocrinología, endocrinológico (ca), endocrinólogo (ga), endodérmico (ca), endodermo, endoesqueleto, endogamia, endogénesis, endógeno (na), endolinfa, endomingado (da), endomingarse.

en donde «*En donde* menos cultura hay, es...» Expresión incorrecta que debe sustituirse por «*donde* menos cultura hay, es...». Por lo general indica una situación o lugar muy precisos, y con sentido de reposo: «Era allí *en donde* se escondía». También es correcto decir «era allí *donde* se escondía».

endoparásito, endorsar, endorso, endosable, endosante, endosar, endosatario, endoscopio, endose, endoselar, endosmómetro, endósmosis (1), endosmosis (2), endoso, endospermo, endotelio, endotelioma.

endovenoso Voz admitida por la Academia. Es preferente *intravenoso,* término más antiguo.

endriago, endrina, endrinal, endrino, endulzadura, endulzar, endurador (ra), endurar.

endurecer(se) Verbo irregular que se conjuga como *agradecer* (v.). Uso de preposiciones: Endurecerse *al* trabajo; endurecerse *con, en, por* el ejercicio.

endurecidamente, endurecimiento, ene.

enea «Planta parecida a la espadaña, cuyas hojas se emplean para hacer asientos de sillas.» Voz admitida, pero es preferente *anea.*

enea- Prefijo que procede del griego *ennea* (nueve): *eneasílabo.*

eneágono, eneal, eneasílabo (ba), enebral, enebrina, enebro, enechado, enejar, eneldo, enema.

enemicísimo Superlativo de *enemigo.* También es correcto *inimicísimo,* pero no *enemiguísimo.*

enemigo (ga) Superlativo: *enemicísimo* (v.).

enemiguísimo Incorrecto. (V. *enemicísimo.)*

enemistad

enemistar Uso de preposiciones: Enemistar *a* uno *con* otro.

éneo, eneolítico, energético (ca), energía, enérgico (ca).

energúmeno El femenino es *energúmena (una energúmena)*.

enerizar, enero.

enervación, enervador, enervamiento V. *enervar*.

enervante V. *enervar*.

enervar(se) No es «excitar, poner nervioso», sino que significa «debilitar, quitar fuerzas». Lo mismo ocurre con *enervante* (que debilita), *enervamiento*, etc.

enésimo (ma), en evidencia, enfadadizo (za), enfadamiento.

enfadar(se) Uso de preposiciones: Enfadarse *con, contra* alguno; e. *de* la réplica; e. *por* poco.

enfado, enfadoso (sa), enfaenado, enfaldado, enfaldador, enfaldar, enfaldo, enfangar.

*enfant gaté Expresión francesa; debe decirse *niño mimado* (o *consentido*.)

enfardador, enfardar, enfardelador (ra), enfardeladura, enfardelar.

énfasis Es voz ambigua, pero suele usarse en masculino *(el énfasis)*. *Énfasis* sólo significa «fuerza en la expresión o el gesto». Por consiguiente, es incorrecto decir «hay que *poner énfasis* en esa política exterior». Debe decirse «hay que *poner interés...*» o «hay que *destacar...*» Lo mismo sucede con *enfatizar*, que aunque ha sido admitida, a menudo se aplica mal. «Hay que *enfatizar* ese aspecto del asunto», es «hay que *destacar (resaltar, subrayar)*».

enfático (ca).

enfatizar V. *énfasis*.

en favor «Declararon *en favor* del acusado»; debe decirse «declararon *a favor* del acusado».

*enfatuar Incorrecto; es *infatuar* (véase).

enfermar Uso de preposiciones: Enfermar *del* pecho. «*Se enfermó* de gripe», incorrecto; es «*enfermó* de gripe».

enfermedad, enfermería, enfermero (ra), enfermizo (za), enfermu-

cho, enfervorizador (ra), enfervorizar, enfeudación, enfeudar, enfielar, enfierecerse, enfilado, enfilar.

en fin «*Enfín*, no hay nada resuelto.» Incorrecto; se escribe en dos palabras: *en fin*.

enfisema, enfisematoso, enfistolarse, enfiteusis, enfiteuta, enfitéutico, enflacar.

en flagrante «En el mismo momento en que se comete el delito, sin que el autor haya podido huir.» Suele usarse en la expresión «sorprender *en flagrante*». También se admite, con el mismo sentido, *in fraganti*, y *en fragante*, aunque es más común *in fraganti*.

enflaquecer Verbo irregular que se conjuga como *agradecer* (véase).

enflaquecimiento, enflautado (da), enflautador, enflautar, enflechado, enflorar, enflorecer, enfocar, enfogar, enfoque, enfosado, enfoscado, enfoscar.

en fragante V. *en flagrante*.

enfrailar, enfranque, enfranquecer, enfrascado, enfrascamiento, enfrascar, enfrascarse, enfrenador, enfrenamiento, enfrenar, enfrentamiento, enfrentar.

enfrente «Está *en frente*» es expresión admitida, pero es preferible escribir «está *enfrente*» (junto). Es incorrecto decir «*enfrente* tuyo»; debe decirse «*enfrente* de ti» (o de mí, o de vosotros, etc.).

enfriadera, enfriadero, enfriador (ra), enfriamiento, enfriar, enfrontar, enfrontilar, enfullar, enfundadura, enfundar, enfurción.

enfurecer(se) Verbo irregular que se conjuga como *agradecer* (v.). Uso de preposiciones: Enfurecerse *con, contra* alguno; e. *de* ver injusticias; e. *por* todo.

enfurecimiento, enfuriarse, enfurruñamiento, enfurruñarse, enfurruscarse, enfurtido, enfurtir, enfusar, engabanado, engace, engafar, engaitador, engaitar, engalabernar, engalanar, engalgar, engallado, engallador, engalladura, engallar(se), engalle, enganchador, enganchamiento (2), enganchar, enganche (1).

enganchón Voz admitida por la Academia. «Acción y efecto de *engancharse* o prenderse la ropa o cabellera en un objeto punzante.»

engandujo, engañabobos, engañadizo (za), engañador (ra), engañamundo (1), **engañamundos** (2), **engañanecios.**

engañar(se) Uso de preposiciones: Engañarse *con, por* las apariencias; e. *en* la cuenta.

engañifa, engaño, engañoso (sa), engarabatar, engarabitar, engarbado, engarbarse, engarbullar, engarce, engargantar, engargante, engargolado, engargolar, engaritar, engarmarse, engarnio, engarrafador, engarrafar, engarriar, engarro, engarronar, engarrotar, engarzador (ra), engarzadura, engarzar, engastador.

engastadura Admitido, lo mismo que *engaste*, aunque es preferente este último vocablo.

engastar Uso de preposiciones: Engastar *con* zafiros; engastar *en* platino.

engaste V. *engastadura.*

engatado, engatar, engatillado, engatillar, engatusador (ra), engatusamiento, engatusar, engaviar, engazar, engendrable, engendrador (ra), engendramiento, engendrante, engendrar, engendro, engeridor, engerir, engestado, Enghien, engibar, englandado (1), **englantado** (2).

*English spoken Expresión inglesa que significa «se habla inglés».

englobar.

-engo Sufijo que denota pertenencia *(abadengo, abolengo).*

engocetar, engolado (da), engolamiento, engolar.

engolfar(se) Uso de preposiciones: Engolfarse *en* asuntos sucios.

engollado, engolondrinar, engolosinador (ra).

engolosinar(se) Uso de preposiciones: Engolosinarse *con* algo.

engollamiento, engolletado, engolletarse, engolliparse, engomado, engomadura, engomar, engominarse, engorar, engordadero, engordador, engordar, engorde, engorro, engorroso (sa), engoz-

nar, engranaje, engranar, engrandar.

engrandecer Verbo irregular que se conjuga como *agradecer* (v.).

engrandecimiento, engranerar.

*en gran escala «Estafas *en gran escala*» es frase incorrecta. La expresión «en gran escala» debe sustituirse por *importante, extraordinario, descomunal, enorme*; o bien *pródigamente, abundantemente,* según la acepción.

engrapadora «Máquina que sirve para *engrapar* papeles.» Voz admitida.

engrapar, engrasación, engrasador (ra), engrasar, engrase, engravecer, engredar.

*engree, *engreer «El joven se *engree*» es incorrecto; dígase «el joven se *engríe*». De igual forma, no es *engreer*, sino *engreír*. (V. *engreír*.)

engreimiento.

engreír(se) Verbo irregular que se conjuga como *reír* (v.). Uso de preposiciones: Engreírse *con, de* su fortuna. (V. *engree*.)

engreñado (da), engrescar, engrifar, engrillar(se), engrilletar, engringar(se).

*engripado Voz incorrecta; dígase *que padece gripe.* Tampoco están aceptadas las voces *engriparse* y *agriparse.* Debe decirse *contraer la gripe,* o *padecer la gripe.*

*engriparse V. **engripado.*

engrosamiento.

engrosar(se) Significa «hacer *más gruesa* una cosa; aumentar». En tanto que *engruesar* sólo es «hacer *más gruesa* una cosa». Es un verbo irregular que se conjuga como *contar* (véase).

engrudador (ra), engrudamiento, engrudar, engrudo.

engruesar V. *engrosar.*

engrumecerse, engruñar, engruño.

engrupido *(Amér.)* Engreído, vanidoso.

enguachinar, engualdrapar, enguantar, enguatar, enguedejado (da), enguichado, enguijarrado, enguijarrar, enguillotar(se), enguirnaldar, enguizgar, engullidor

(ra), engullir, engurra, engurrar, engurrio, engurruminar, engurrumir, engurruñar, engurruñir, enhacinar, enharinar, enhastiar, enhastillar, enhatijar, enhebillar, enhebrar, enhenar, enherbolar, enhestador, enhestadura (1), enhestamiento (2).

enhestar «Poner derecha y levantada una cosa.» Es incorrecto escribir *enhiestar*.

*enhiestar Incorrecto; dígase *enhestar* (v.).

enhiesto (ta), enhilar, enholli-?narse.

en hombros Es correcto decir «llevar *en hombros*», lo mismo que «llevar *a hombros*», si bien la Academia da como preferente la segunda expresión.

enhorabuena Se escribe junto cuando es sustantivo e indica felicitación: «Le dieron la *enhorabuena*» (es femenino). Separado cuando es adverbio de modo: «Los defensores llegaron *en hora buena*.» Lo mismo vale para *enhoramala*.

enhoramala V. *enhorabuena*.

enhorcar, enhornar, enhuecar, enhuerar, enigma, enigmático (ca), enigmatista.

*enjabelgar Incorrecto; escríbase *enjalbegar*. Lo mismo reza para los derivados *enjalbegado, enjalbegador, enjalbegadura* (correctos).

enjabonado (da), enjabonadura, enjabonar, enjaezado, enjaezar.

enjalbegado (da), enjalbegador, enjalbegadura V. *enjalbegar*.

enjalbegar Es lo correcto, y no *enjabelgar* (v.).

enjalma, enjalmar, enjalmero, enjambradera, enjambradero, enjambrar, enjambrazón, enjambre, enjaquimar, enjarciar, enjardinar, enjaretado (da), enjaretar, enjarje, enjaular, enjebar, enjebe, enjergar, enjerir, enjertación, enjertal, enjerto, enjorguinarse, enjoyado (da), enjoyar, enjoyelado (da), enjoyelador, enjuagadientes, enjuagadura.

enjuagar V. *enjugar*.

enjuagatorio, enjuague, enjugador (ra).

enjugar «Quitar la humedad de una cosa, secarla.» No confundir con *enjuagar:* «Limpiar la boca con agua; aclarar y limpiar con agua clara lo que se le ha jabonado.»

enjuiciable, enjuiciamiento, enjuiciar, enjulio, enjuncar, enjunciar, enjundia, enjundioso (sa), enjunque, enjuta, enjutar, enjutez.

enjuto (ta) Uso de preposiciones: Enjuto de carnes.

enlabiador (ra), enlabiar, enlabio, enlace, enlaciar, enladrillado (da), enladrillador, enladrilladura, enladrillar, enlagunar, enlamar, enlaminar(se), enlanado, enlardar, enlatar, enlazable, enlazador, enlazadura, enlazamiento.

enlazar(se) Uso de preposiciones: Enlazar una cosa *con, a* otra.

enlechar, enlechuguillado, enlegajar, enlegamar, enlejiar.

*enlentecimiento Voz incorrecta; dígase *retardamiento, disminución* (de velocidad). Lo mismo se aplica a *enlentecer*.

enlenzar, enlerdar, enlevitado, enligar, enlijar, enlistonado, enlistonar, enlizar.

*en lo absoluto «No puede, *en lo absoluto*» es incorrecto; dígase «...en absoluto». Sobra *lo*.

enlobreguecer, enlodadura, enlodamiento, enlodar, enlodazar, enlimar(se), enloquecedor (ra).

enloquecer Verbo irregular que se conjuga como *agradecer* (v.). Uso de preposiciones: Enloquecer *de* dolor.

enloquecimiento, enlosado (da), enlosador, enlosar, enlozanar(se), enlucido (da), enlucidor, enlucimiento.

enlucir Verbo irregular que se conjuga como *agradecer* (v.).

enlustrecer, enlutado (da), enlutar, enllantar, enllentecer, enllocar, enmaderación (3), enmaderado (2), enmaderamiento (1), enmaderar, enmadrarse.

enmagrecer Verbo irregular que se conjuga como *agradecer* (V.).

enmalecer, enmalecerse, enma-

**llarse, enmalle, enmangar, enma-
niguarse, enmantar, enmarañador
(ra), enmarañamiento, enmarañar,
enmararse, enmarcar, enmaridar,
enmarillecer(se), enmaromar, en-
mascarado (da), enmascaramien-
to, enmascarar, enmasillar, enma-
tarse.**

en medio «Colocarse *enmedio*» es
incorrecto; debe escribirse en dos
palabras: *en medio.* «Surgió *en
medio* la batalla»; incorrecto, falta
la preposición *de:* ...*en medio de
la* batalla. «Habitar en medio *de*
palacios»; dígase mejor «habitar
entre palacios».

**enmelar, enmendable, enmenda-
ción, enmendador (ra), enmenda-
dura (1), enmendamiento (2).**

enmendar(se) Verbo irregular que
se conjuga como *acertar.* (v.) Uso
de preposiciones: Enmendarse *de*
una falta.

enmienda, enmiente.

en mitad de «Lo lleva *en mitad de*
la espalda»; dígase mejor «lo lleva
en medio de la espalda».

enmohecer Verbo irregular que se
conjuga como *agradecer* (véase).

**enmohecimiento, enmollecer, en-
mondar, enmordazar, enmostar, en-
motar.**

enmudecer Verbo irregular que se
conjuga como *agradecer* (véase).

**enmudecimiento, enmugrecer, en-
mustiar, enneciar(se).**

ennegrecer Verbo irregular que se
conjuga como *agradecer* (véase).

**ennegrecimiento, Ennio, ennoble-
cedor (ra).**

ennoblecer Verbo irregular que se
conjuga como *agradecer* (véase).

ennoblecimiento, ennudecer.

-eno Sufijo que origina numerales
ordinales *(noveno, onceno).*

Enoc o Enoch Personaje del *Antiguo Testamento.* Aparece escrito
de las dos formas.

**enodio, enodrido, enojadizo, eno-
jante.**

enojar(se) uso de preposiciones:
Enojarse *con, contra* el prójimo; e.
de lo que se dice.

enojo, enojosamente.

enojoso Uso de preposiciones:

Enojoso *a* su familia; e. *en* el hablar; e. *por* lo terco.

**enología, enológico (ca), enólogo,
enorgullecedor (ra).**

enorgullecer Verbo irregular que
se conjuga como *agradecer* (v.).

**enorgullecimiento, enorme, enor-
midad, enormísimo, enotecnia,
enotécnico (ca).**

en pos «Corría *en pos mío*» es incorrecto; dígase «corría *en pos de
mí*».

***enquilosar** Incorrecto. Dígase *an-
quilosar.*

**enquillotrar, enquiridión, enquis-
tado, enquistarse, enrabar, enra-
biar.**

enracimarse Admitido, pero la
Academia da como preferente la
voz *arracimarse.*

***enragé** Voz francesa que debe
sustituirse por *fanático, extremista.*

enraizar En algunos tiempos se
acentúa la *i* (enraízas, enraíces).

**enralecer, enramada, enramado,
enramar, enramblar, enrame, en-
ranciar.**

enrarecer Verbo irregular que se
conjuga como *agradecer* (véase).

**enrarecimiento, enrasado, enra-
samiento (2), enrasar, enrasa (1),
enrasillar, enrastrar, enratonarse,
enrayado (da), enrayar, enreciar.**

en razón «No compran *en razón a*
la carestía.» Incorrecto; dígase «*en
razón de* la carestía».

enredadera, enredador (ra).

enredar(se) Uso de preposiciones:
Enredarse una cosa *con, a, en*
otra; e. *entre* zarzas.

**enredijo, enredo, enredoso (sa),
enrehojar, enrejada, enrejado, en-
rejadura, enrejalar, enrejar.**

en relación con Es mejor que «*con
relación a*». Dígase también: «*con
respecto a*».

**enrevesado, enriado, enriador, en-
riamiento, enriar, enrielar.**

enrigidecer Voz admitida por la
Academia: «Poner *rígida* alguna
cosa.»

**enriostrar, enripiar, enrique. Enri-
que, enriquecedor (ra).**

enriquecer(se) Verbo irregular
que se conjuga como *agradecer*

(v.). Uso de preposiciones: Enriquecerse *de* virtudes.

enriquecimiento, enriqueño, Enríquez, enriscado (da), enriscamiento, enriscar(se), enristrar, enristre, enrizamiento, enrobinarse.

enrocar Es verbo regular cuando designa una jugada del ajedrez *(yo enroco)*, e irregular en relación con la rueca *(yo enrueco)*.

enrodar, enrodelado, enrodrigar, enrojar.

enrojecer Verbo irregular que se conjuga como *agradecer* (véase).

enrojecimiento.

enrolar(se) Admitido el significado de «alistarse, inscribirse en el ejército». Antes sólo se aceptaba el de «inscribir en un rol o lista de tripulantes».

enrollar, enromar.

enronquecer Verbo irregular que se conjuga como *agradecer* (v.).

enronquecimiento, enroñar, enroque, enroscadura, enroscamiento, enroscar, enrubiador, enrubiar, enrubio, enrudecer, enruinecer, ensabanado (da), ensabanar, ensacador, ensacar, ensaimada.

ensalada Admitida la voz *ensalada rusa*, pero no *ensaladilla rusa*. También acepta la Academia la expresión *ensalada de frutas*.

ensaladera.

ensaladilla *Ensaladilla rusa* es expresión no admitida; dígase *ensalada rusa*.

ensalivar, ensalmador (ra), ensalmar, ensalmo, ensalobrarse, ensalzador, ensalzamiento, ensalzar, ensambenitar, ensamblado, ensamblador, ensambladura (1), **ensamblaje** (2), **ensamblar, ensamble** (3), **ensancha, ensanchador (ra), ensanchamiento, ensanchar, ensanche, ensandecer, ensangrentamiento.**

*****ensangrenta** Es incorrecto; escríbase *ensangrienta*. (Véase *ensangrentar*.)

ensangrentar Verbo irregular que se conjuga como *acertar* (véase).

ensañamiento.

ensañar(se) Uso de preposiciones: Ensañarse *con, en* uno.

ensarmentar, ensarnecer, ensartar, ensayado (da), ensayador.

ensayar «*Ensayaba* artimañas para engañarle» es incorrecto. Dígase «*intentaba (probaba)* artimañas...». Sólo se *ensaya* un procedimiento, una comedia, etc.

ensaye, ensayismo.

ensayista Escritor de *ensayos* (escritos de extensión que un tratado). También se admiten *ensayismo, ensayo* y *ensayístico (ca)*, referidos a la misma idea.

ensayístico (ca), ensayo V. *ensayista.*

-ense Sufijo que forma gentilicios *(ateniense, matritense).*

enseguida «Vuelvo *enseguida*» es incorrecto; escríbase «vuelvo *en seguida*», en dos palabras. *Enseguida* en una palabra es sustantivo, pero poco usual.

enselvado, enselvar.

*****ensemble** Es galicismo, con el sentido de «conjunto».

ensenada, ensenado, ensenar, enseña, enseñable, enseñado (da), enseñador (ra), enseñalar, enseñamiento.

enseñanza Admitidos los términos *primera enseñanza* (1), y *enseñanza primaria* (2). También se acepta *segunda enseñanza* (o bachillerato), pero no *enseñanza secundaria* ni *enseñanza media*. (V. *bachiller.*) Igualmente se admite *enseñanza superior.*

enseñar.

enseñoramiento Es lo correcto, y no *enseñoreamiento*. En cambio, se dice *enseñorearse*.

enseñoreadora, enseñoreador.

*****enseñoreamiento** Es incorrecto; dígase *enseñoramiento*.

enseñorear(se) Uso de preposiciones: Enseñorearse *de* una comarca. Es incorrecto *enseñorarse*, pero sí se admite *enseñoramiento*.

enserar.

enseres Siempre es plural. Significa «utensilios, muebles».

ensiforme, ensilaje, ensilar, ensilvecerse, ensillada, ensillado, ensilladura, ensillar, ensimismamiento, ensimismarse, ensobear.

ensoberbecer(se) Verbo irregular

entercarse

que se conjuga como *agradecer* (véase).

ensoberbecimiento, ensobinarse, ensobrado, ensobrar, ensogar, ensolerar, ensolvedera, ensolvedor, ensolver, ensombrecer, ensombrerado (da).

ensoñación Admitido por la Academia. Significa «ensueño».

ensoñador (ra), ensoñar, ensopar, ensordamiento, ensordar, ensordecedor (ra).

ensordecer Verbo irregular que se conjuga como *agradecer* (véase).

ensordecimiento, ensortijamiento, ensortijar, ensotarse, ensuciador, ensuciamiento, ensuciar.

ensueño La Academia lo define como «sueño o representación fantástica del que duerme» y, como segunda acepción, «ilusión, fantasía». En cambio, *sueño* es el «acto de dormir», aunque en segundo término significa también «representación fantástica del que duerme».

ensugar, entabacarse.

*entabicar No admitido; dígase *tabicar* (cerrar con tabique una cosa).

entablación, entablado (da), entabladura, entablamento (1), **entablamiento** (2), **entablar, entable, entablerarse, entablillar, entado, entalamadura, entalamar, entalegado, entalegar, entalingar, entalonar, entallable, entallador, entalladura** (1), **entallamiento** (2), **entallar, entalle, entallecer, entallo, entamar, entapizada, entapizado.**

entapizar Uso de preposiciones: Entapizar *con, de* ricas telas.

entapujar, entarascar, entarimado, entarimador, entarimar, entarquinamiento, entarquinar, entarugado (da), entarugar, éntasis.

ente «Lo que es, existe o puede existir.» Es masculino *(el ente, un ente)*.

-ente Sufijo que indica «el que realiza la acción» *(agente, imponente)*.

entecado, entecarse, enteco, entejar, entelar.

entelequia Es lo correcto, y no *entelequia*, como escriben algunos. Significa «lo que para cada ser es

la posesión de su perfección», según la filosofía de Aristóteles y los estudios de Leibniz. Es incorrecto emplear esta palabra con el sentido de «ficción, quimera, cosa irreal». Deben usarse estas últimas voces.

entelerido.

entena «Palo al que se asegura la vela latina en algunas embarcaciones.» No confundir con *antena*.

entenado, entenciar, entendederas, entendedor.

entender(se) Verbo irregular que se conjuga del siguiente modo: IN-DICATIVO. *Presente:* entiendo, entiendes, entiende, entendemos, entendéis, entienden. *Pret. imperf.:* entendía, entendíamos, etc. *Pret. indef.:* entendí, entendimos, etc. *Futuro imperf.:* entenderé, entenderemos, etc. POTENCIAL: entendería, entenderías, entendería, entenderíamos, entenderíais, entenderían. SUBJUNTIVO. *Presente:* entienda, entiendas, entienda, entendamos, entendáis, entiendan. *Pret. imperf.:* entendiera o entendiese, entendiéramos o entendiésemos, etcétera. *Fut. imperf.:* entendiere, entendiéremos, etc. IMPERATIVO: entiende, entienda, entendamos, entended, entiendan. PARTICIPIO: entendido. GERUNDIO: entendiendo. Uso de preposiciones: Entender *de* medicina; e. *en* sus asuntos; entenderse *con* alguien; e. *por* señar.

entendido (da), entendimiento, entenebrar (2), **entenebrecer** (1).

*entente Voz francesa; debe sustituirse por *pacto, acuerdo, trato secreto. Entente cordiale* es también expresión francesa; sustitúyase por *armonía, entendimiento cordial.*

enter- V. *entero-*.

enterado «Es un hombre muy *enterado*» es incorrecto; dígase *conocedor, entendido, competente.*

enteralgia, enteramente.

enterar(se) Uso de preposiciones: Enterarse *de* un asunto.

entercarse, entenciar, entérico, enterísimo, enteritis, enterizo (za), enternecedor (ra).

enternecer Verbo irregular que se conjuga como *agradecer* (v.).

enternecimiento, entero (ra).

entero-, enter- Prefijo que proviene del griego *énteron*, intestino *(enteritis, enterocolitis)*.

enterocolitis, enterrador, enterramiento.

enterrar Verbo irregular que se conjuga como *acertar* (v.).

entesado, entesamiento, entesar, entestado, entestar, entestecer, entibación, entibador.

entibar «Apuntalar, reforzar con maderas las galerías de las minas.» No debe confundirse con *estibar*: «Distribuir ordenadamente los pesos del buque.»

entibiadero, entibiar, entibo, entidad, entierro, entiesar, entigrecerse, entimema, entimemático, entinar, entintar, entitativo, entizar, entiznar.

-ento Sufijo que denota condición, modo *(grasiento, amarillento)*.

entoladora, entolar, entoldado, entoldamiento, entoldar, entomizar.

entomo- Prefijo que proviene del griego *éntomon*: insecto *(entomología)*.

entomófilo, entomología, entomológico, entomólogo, entonación, entonadera, entonador, entonamiento, entonante, entonar, entonces, entonelar, entongar, entono.

entontecer Verbo irregular que se conjuga como *agradecer* (véase).

entontecimiento, entorchado, entorchar, entorilar, entornar, entornillar.

en torno «Jugaban *en torno* a los bancos» se escribe en dos palabras. En una sola, cuando significa «contorno» (en el *entorno* de la ciudad). Las expresiones *en torno a* y *en torno de* son equivalentes y correctas.

entorno V. *en torno*.

entorpecedor.

entorpecer Verbo irregular que se conjuga como *agradecer* (véase).

entorpecimiento, entortar, entortijar, entozoario, entrada, entrado, entrador, entramado, entramar, entrambos (bas), entrampar, entrampillar, entrante.

entraña Cada uno de los órganos contenidos en las cavidades del cuerpo. Suele usarse en plural. *Entrañas* es «lo más oculto y escondido» («enterrado en las *entrañas* de la tierra»).

entrañable, entrañar, entrapada, entrapajar, entrapar(se), entrapazar.

entrar «*Entrar dentro* de la casa» es redundancia; dígase «*entrar* en la casa», pues se sobrentiende que *es dentro*. No es correcto decir «entrar *a* la casa». «*Entrar* y salir *del* pueblo» es incorrecto; dígase «*entrar en el* pueblo y salir *de él*».

entre «*Entre* más insistes, menos caso te hacen» es incorrecto; dígase «*cuanto* más insistes...». «El jabalí salió *entre* los matorrales»; dígase «el jabalí salió *de* entre los matorrales».

entre- Prefijo que significa situación o calidad intermedia o acción incompleta *(entrefino, entrever)*.

entreabierto (ta).

entreabrir Verbo que tiene irregular el participio (entreabierto); en lo demás es regular. Se escribe en una sola palabra.

entreacto, entreancho, entrebarrera, entrecalle, entrecanal.

entrecano (na) «Dícese del cabello o barba a medio *encanecer*.» Es incorrecto decir «pelo gris»; dígase «pelo entrecano».

entrecasco, entrecava, entrecavar, entrecejo, entrecerca, entrecerrar, entrecielo, entrecinta, entreclaro (ra), entrecogedura, entrecoger, entrecomar.

entrecomillar Es «poner *entre comillas*», mientras que *entrecomar* es «poner *entre comas*». Recientemente se ha admitido la voz *entrecomillado*.

entrecoro, entrecortado (da), entrecortadura, entrecortar, entrecorteza.

*entrecot Es galicismo; dígase *solomillo, chuleta*. También es incorrecto *entrecote*.

entrecriar(se), entrecruzar, entrecubiertas, entrecuesto, entrechocar, entredicho, entredoble.

entredós Admitido: es cierta tira

bordada o de encaje. Es incorrecto *entredó*.

*****entrefilete** Voz no admitida. Es un «suelto en un diario», una línea con que se quiere llamar la atención del lector.

entrefino (na), entreforro, entrega, entregado, entregador, entregamiento, entregar, entrego, entreguerras (de), entrejuntar, entrelargo, entrelazamiento, entrelazar, entrelínea, entrelinear, entreliño, entrelistado, entrelucir, entremediar, entremedias, entremedio (dia).

entremés «Pieza teatral jocosa de un solo acto.» Con el significado de «plato que se pone en la mesa antes de la comida principal» suele usarse en plural *(entremeses)*. En este caso nunca debe emplearse la voz francesa *hors d'oeuvre*.

entremesear, entremesil, entremesista.

entremeter V. *entremetido*.

entremetido «El que tiene la costumbre de *meterse* donde no le llaman.» Es voz preferente, mientras que *entrometido* se admite en segundo término. Lo mismo vale para *entremeter* y *entrometer; entremetimiento* y *entrometimiento*.

entremetimiento V. *entremetido*.

entremezcladura, entremezclar, entremiche, entremorir, entremostrar.

entrenador Voz admitida: «El que *entrena* personas o animales» (especialmente para la práctica de un deporte, en el caso de las personas). Igualmente se aceptan *entrenamiento* y *entrenar*. Es incorrecto *entrene* o *entreno*; dígase *entrenamiento*.

entrenamiento, entrenar V. *entrenador*.

*****entreno** Es incorrecto; debe decirse *entrenamiento*. (V. *entrenador*.)

entrenudo, entrenzar, entreoír, entreordinario, entreoscuro, entrepalmadura, entrepanes, entrepañado, entrepaño, entreparecerse, entrepaso, entrepechuga, entrepeines, entrepelado, entrepelar, entrepernar, entrepiernas.

entrepiso Nueva acepción: «Piso que se construye quitando parte de la altura de uno.» También se admite *entreplanta*, con significado similar, aunque es preferente *entrepiso*. No confundir con *entresuelo* (v.).

entreplanta V. *entrepiso*.

entrepuentes, entrepunzadura, entrepunzar, entrerraído (da), entrerrenglonadura, entrerrenglonar, entrerriano (na), entrerromper, entrés, entresaca, entresacadura, entresacar, entresuelo.

entresuelo «Piso situado entre la planta baja y la principal de una casa.» No confundir con *entrepiso* o *entreplanta*, que pueden hallarse entre cualquiera de los pisos de la casa.

entresueño, entresurco, entretalla, entretalladura, entretallamiento, entretallar.

entretanto «*Entretanto*, llegó el sobrino», es correcto, aunque es mejor escribirlo en dos palabras *(entre tanto)*.

entretejedor, entretejedura, entretejer, entretejimiento, entretela, entretelar, entretenedor.

entretener(se) Verbo irregular que se conjuga como *tener* (v.). Uso de preposiciones: Entretenerse *con* las cartas; e. *en* el cine.

entretenida Se admite con el sentido de «concubina, manceba», que son palabras que pueden usarse en lugar de aquélla.

entretenido.

entretenimiento «Mantenimiento o conservación de una cosa o persona», es correcto.

entretiempo «Traje de *entretiempo*»; se escribe en una sola palabra, no separado.

entreuntar, entrevenarse, entreventana.

entrever Verbo irregular que se conjuga como *ver* (v.).

entreverado, entreverar.

entrevero *(Amér.)* Riña, confusión.

entrevía, entrevigar, entrevista, entrevistar, entrevuelta, entripado (da), entristar, entristecedor (ra).

entristecer(se) Verbo irregular que se conjuga como *agradecer* (v.). Uso de preposiciones: Entristecerse *con, de, por* la desgracia.

entristecimiento, entrizar, entrojar.

entrometer(se) Voz admitida, lo mismo que *entrometido (da),* y *entrometimiento.* Pero la Academia acepta en primer término *entremeter, entremetido* y *entremetimiento.*

entronar, entroncamiento, entroncar, entronerar.

entronización Es lo correcto, y no *entronizamiento,* que no está admitido.

*entronizamiento V. *entronización.*

entronizar, entronque, entropía, entropión, entruchada, entruchado, entruchar, entruejo, entrujar, entubación, entubar, entuerto, entullecer.

entumecer Verbo irregular. Se conjuga como *agradecer* (v.).

entumecimiento, entumirse, entunicar, entupir, enturbiador (ra), enturbiamiento, enturbiar, entusiasmar, entusiasmo.

entusiasta V. *entusiástico.*

entusiástico No debe confundirse *entusiástico* (un grito *entusiástico*) con *entusiasta* (un hombre *entusiasta*). *Entusiástico* es «que denota o expresa *entusiasmo*» (adjetivo), *entusiasta* es «el que siente *entusiasmo*» (sustantivo o adjetivo).

enucleación, enumeración, enumerar, enumerativo, enunciación, enunciado, enunciar, enunciativo, envaguecer, envainador, envainar, envalentonamiento, envalentonar, envalijar.

envanecer(se) Verbo irregular que se conjuga como *agradecer* (v.). Uso de preposiciones: Envanecerse *con, de, en, por* la victoria.

envanecimiento, envarado, envaramiento, envarar, envarbascar, envarenar, envasador (ra), envasar, envase, envedijarse, envegadarse.

envejecer(se) Verbo irregular que se conjuga como *agradecer* (v.).

envejecido (da), envejecimiento, envelar, envenenador (ra), enve-

nenamiento, envenenar, enverar, enverdecer.**

envergadura «Un asunto de envergadura» es correcto, pues la Academia ha admitido la acepción de «importancia, amplitud, alcance».

envergar, envergue, enverjado, envero, enversado, envés, envesado (da).

enviada, enviadizo, enviado, enviajado.

enviar «Enviar *a* por agua» es incorrecto; dígase «enviar *por* agua». (V. *mandar.*) Uso de preposiciones: enviar *a* casa, e. *de* embajador, e. *por* agua.

en vías de «Una dificultad *en vías de* solución» es correcto; no debe decirse «*en vía de* solución».

enviciamiento.

enviciar(se) Uso de preposiciones: Enviciarse *con, en* el juego.

envidada, envidador (ra), envidar, envidia, envidiable, envidiar, envidioso (sa), envido, envigado, envigar, envilecedor (ra).

envilecer(se) Verbo irregular que se conjuga como *envejecer* (v.).

envilecimiento, envinagrar, envinar, envío, envión, envirar, envirotado (da), enviscar, envite, enviudar.

*envoltijo Barbarismo por *envoltorio,* o *revoltijo,* según el caso.

envoltorio V. *envoltijo.*

envoltura, envolvedero, envolvedor, envolvente.

envolver(se) Verbo irregular que se conjuga como *volver* (v.). Uso de preposiciones: Envolverse *con, en* mantas; e. *entre* mantas.

envolvimiento.

envuelta «Remítanos la *envuelta* del paquete...» Es un barbarismo; dígase *envoltura.*

enyesado, enyesadura, enyesar, enyescarse, enyugamiento, enyugar, enyuntar, enzainarse, enzalamar, enzamarrado (da), enzarzada, enzarzar(se).

enzima «Sustancia orgánica que actúa como catalizador en los procesos de metabolismo.» Es femenino *(la enzima).* No debe confundirse con *encima* (en lugar superior). *Enzimología* es voz asimismo admitida.

enzimología V. *enzima*.

enzootia, enzoquetar, enzunchar, enzurdecer, enzurizar, enzurronar, eñe.

-eño Sufijo que forma gentilicios *(caraqueño, madrileño)*, o indica aspecto *(trigueño, marfileño)*.

Eo, eocénico, eoceno.

eólico (ca) Relativo a la *Eólida*, y al viento; también es un dialecto de Grecia. No debe confundirse con *eolio*: «Natural de la *Eólida*», y perteneciente a *Eolo*. Se dice «arpa *eolia*» y no «arpa *eólica*», pues viene de *Eolo*. (V. *Eólida*.)

Eólida Es el nombre más correcto para referirse a este antiguo país del Asia Menor. A veces también se escribe *Eolia* y *Eólide*. (V. *eólico*.)

eolio (lia) V. *eólico*.

eolito, Eolo.

eón «Inteligencia eterna emanada de la divinidad suprema», según los gnosticistas. Por influencia del inglés, a veces se emplea *eón* como «período de tiempo sumamente largo», pero no está admitido este significado.

epacta, Epaminondas, epanadiplosis, epanástrofe, epanortosis.

***epatante** Es galicismo. (Véase *epatar*.)

***epatar** Es galicismo; en su lugar dígase *pasmar, asombrar, maravillar, dejar estupefacto*. Lo mismo ocurre con *epatante;* lo correcto es *pasmoso, maravilloso*, etc.

epéntesis En gramática, es la figura de dicción que consiste en añadir algún sonido dentro de un vocablo, como *corónica* en vez de *crónica*, etc.

epentético, eperlano.

epi- Prefijo que significa «sobre» *(epígrafe, epidermis)*.

épica, epicarpio, epicedio.

epiceno Género o nombre epiceno es el de los nombres, especialmente de animal, que poseen un solo género con el que se designa tanto al varón o al macho como a la hembra *(la persona, el lince)*. Aunque *persona* es femenino, designa tanto al varón como a la mujer. Aun-

que *lince* es masculino, designa tanto al macho como a la hembra.

epicentro, epicíclico, epiciclo, epicicloide, épico (ca).

Epicteto Filósofo griego. Es erróneo escribir *Epícteto*, por confusión con *epíteto* (calificativo), voz con la que no debe ser confundido aquel nombre propio.

epicureísmo, epicúreo, Epicuro.

epidemia Para comparar esta voz con *endemia* y *pandemia*, v. *endemia*.

epidemicidad, epidémico (ca), epidemiología, epidemiológico (ca), epidemiólogo (ga), epidermis, epidiascopio.

epifanía Festividad que celebra la Iglesia el 6 de enero. No existe el nombre *Epifania*, pero sí *Epifanio*.

Epifanio V. *epifanía*.

epífisis «Extremidad de un hueso largo.» No debe confundirse con *apófisis*, «parte saliente de cualquier hueso», ni con *hipófisis*, «glándula de secreción interna».

epífito (ta).

epifonema «Exclamación con que se resume un relato.» Es femenino *(la epifonema)*, no masculino.

epifora, epigástrico, epigastrio, epigeo, epiglosis.

epiglotis El acento tónico va en la *o*, no en la primera *i* *(epíglotis)* como a veces escriben y pronuncian algunos. Es femenino *(la epiglotis)*.

epígono.

epígrafe Es masculino *(el epígrafe)*.

epigrafía, epigráfico (ca), epigrafista.

epigrama Es voz grave, no esdrújula *(epígrama)*, como erróneamente se oye y se lee en ocasiones. Es masculino *(el epigrama)*.

epigramático, epigramista (2), epigramista (1), epilense, epilepsia, epiléptico (ca), epileptiforme, epilogación, epilogal, epilogar, epilogismo, epílogo, Epimeteo, epímone, epinicio, epiparásito, epiplón, epiquerema, epiqueya.

Epiro Región de Grecia. El natural recibe el nombre de *epirota*.

epirota, epirótico, episcopado,

episcopal, episcopalismo, episcopio, episcopologio, episódico, episodio, epispástico, epistaxis.

*epistemiología Incorrecto. (V. *epistemología*.)

*epistemiológico Incorrecto. (V. *epistemología*.)

epistemología «Doctrina de los fundamentos del conocimiento.» Es erróneo escribir *epistemiología*, así como *epistemiológico* (es *epistemológico*).

epistemológico Es lo correcto. (V. *epistemología*.)

epístola, epistolar, epistolario, epistolero, epistolio, epistológrafo, epístrofe, epitáfico, epitafio, epitalámico (ca), epitalamio, epítasis, epitelial, epitelio, epitelioma, epítema.

epíteto Adjetivo calificativo que no modifica ni la comprensión ni la extensión del nombre al que acompaña. Se limita a destacar una cualidad. En castellano suele ir delante del nombre: el verde prado.

epítima, epitimar, epítimo, epitomador.

epitomar «Compendiar una obra extensa.» Es incorrecto decir *epitomizar*, incluso con el sentido de «resumir, compendiar» en general.

epítome Es masculino *(el epítome)*.

*epitomizar Incorrecto; es *epitomar* (v.).

epítrito, epítrope, epizoario.

epizootia Voz grave; es erróneo escribir *epizootía*, como se hace a veces.

*epizootía Incorrecto. (Véase *epizootia*.)

epizoótico (ca), epizootiología, época, epodo, epónimo, epopeya.

eppur si muove O bien *e pur si muove;* palabras italianas pronunciadas por Galileo para reafirmar su convencimiento de que la Tierra gira alrededor del Sol. Su significado es «y sin embargo se mueve» (la Tierra).

épsilon, epsomita.

*eptágono Es incorrecto; escríbase *heptágono*. De igual modo, *eptasílabo* (incorrecto) es *heptasílabo*.

*eptasílabo V. *eptágono*.

equiángulo, equidad, equidiferencia, equidistancia, equidistante, equidistar.

equidna «Mamífero monotrema», con cierto parecido al erizo. Es masculino *(el equidna)*, no femenino.

équido, equilátero, equilibrado (da), equilibrante, equilibrar, equilibre, equilibrio, equilibrismo, equilibrista, equimosis, equino, equinoccial, equinoccio, equinococo, equinococosis, equinodermo, equipaje.

equipar Uso de preposiciones: Equipar a uno *con, de* lo que necesita.

equiparable, equiparación.

equiparar Uso de preposiciones: Equiparar una cosa *con, a* otra.

*equipier Es incorrecto; dígase *jugador* (de un equipo).

equipo, equipolado, equipolencia, equipolente, equiponderancia, equiponderante, equiponderar, equis, equisetáceo, equisetíneo, equiseto.

*equitable «Un convenio *equitable*» es incorrecto; debe decirse «un convenio *equitativo*».

equitación, equitativo (va), équite, equivalencia, equivalente.

equivaler Verbo irregular que se conjuga como *valer* (v.).

equivocación V. *equívoco.*

equivocamente.

equivocar(se) Uso de preposiciones: Equivocarse *en* una cosa, e. *con* otro, e. *de* puerta.

equivocidad.

equívoco (ca) «Que puede interpretarse en varios sentidos.» No debe confundirse con *equivocación:* «Acción o efecto de *equivocarse*.»

-er Terminación de los verbos de la segunda conjugación. El verbo modelo es *temer* (v.).

era Admitido, «extenso período geológico (era cuaternaria) o histórico (era atómica)».

eradicativo, eral, erala, erar.

erario «El *erario público*» es incorrecto; hay pleonasmo, pues *erario* significa «tesoro público». Basta con decir *erario*.

erasmismo, erasmista, Erasmo, Eratóstenes, erbio.

ere Nombre de la letra *r* en su sonido suave (oro, eremita, saltar). *Erre* es el nombre de la misma letra en su sonido fuerte (rosa, enredo, carro). Por lo general esta letra se llama *erre*, pero se denomina *ere* cuando se quiere hacer resaltar su sonido suave. La *rr* se llama también *erre* (transcrita con dos *r*). Es doble por su figura, pero representa un fonema único.

erebo, erección, Erecteón, eréctil, erectilidad, erecto (ta), erector.

*****eregir** Incorrecto; es *erigir*.

eremita, eremítico, eremitorio, eretismo, Erfurt.

erg Nombre del *ergio* en la nomenclatura internacional.

ergástula La Academia también admite *ergástulo* (cárcel para esclavos) e incluso lo da como preferente, pero se emplea más *ergástula*. Esta voz es del género femenino, y *ergástulo* del masculino.

ergio V. *erg*.

ergo Voz latina que significa «por tanto, luego».

ergotina, ergotismo, ergotista, ergotizante, ergotizar, erguén, erguido (da), erguimiento.

erguir Verbo irregular que se conjuga del siguiente modo: INDICATIVO. *Presente:* yergo, yergues, yergue, erguimos, erguís, yerguen. *Pret. imperf.:* erguía, erguías, etc. *Pret. indefinido:* erguí, erguiste, irguió, erguimos, erguisteis, irguieron. *Futuro imperf.:* erguiré, erguirás, etc. SUBJUNTIVO. *Presente:* yerga, yergas, yerga, irgamos, irgáis, yergan. *Pret. imperf.:* irguiera o irguiese, irguieras o irguieses, etc. *Futuro imperf.:* irguiere, irguieres, etc. IMPERATIVO: yergue, yergas, irgamos, erguid, yergan. PARTICIPIO: erguido. GERUNDIO: irguiendo.

Erhard (Ludwig), erial, eriazo.

Eric, Erik En nuestra lengua es *Erico*.

ericáceo (a), Erídano.

Erie Es un lago de América del Norte; no confundir con *Eire*, nombre oficial de Irlanda.

erigir Es lo correcto, y no *eregir*.

Erik V. *Eric*.

erina, eringe.

Erinias También llamadas Euménides o Furias. Es incorrecto escribir *Erinnias*.

eriotecnia, erisipela, erisipelar, erisipelatoso, erístico.

eritema Es masculino (*el eritema*).

eritreo.

eritro- Prefijo que procede del griego y significa «rojo» (*eritrocito, eritroxiláceo*).

eritrocito, eritroxiláceo, erizado (da), erizamiento, erizar, erizo, erizón, ermita, ermitaña, ermitaño, ermitorio, ermunio.

-ero Sufijo que posee varios significados: pertenencia (*ganadero*), profesión (*ingeniero, barrendero*), árbol (*melocotonero*), lugar (*vertedero*).

erogación, erogar, erogatorio, erógeno, Eros, erosión, erosionable, erosionar, erosivo (va), erotema, erótica, erótico, erotismo, erotógeno, erotomanía, erotómano, errabundo, errada, erradamente, erradicación.

erradicar «*Erradicar* una enfermedad» es incorrecto. *Erradicar* es «arrancar de raíz». Dígase «*suprimir* (o *eliminar*) una enfermedad».

erradizo, errado, erraj.

erran «Los alumnos *erran* al responder» es incorrecto; dígase *yerran*. Es correcto en la frase «los vagabundos *erran* por los caminos», pues se trata de la segunda acepción del verbo *errar* (v.).

errante.

errar Es regular cuando significa «andar vagando de una a otra parte». Es irregular cuando significa «equivocarse, cometer yerro», en cuyo caso se conjuga como *acertar* (v.). (V. *erran*.)

errare humánum est Locución latina que significa «es propio del hombre equivocarse».

errata, errático (ca), errátil.

erre V. *ere*.

-érrimo Sufijo que indica grado superlativo; es una variante de -ísimo; se usa sólo con algunos adjetivos: *misérrimo, paupérrimo, celebérrimo;* superlativos de mísero, pobre y célebre, respectivamente.

errónea, erróneo.

error «El alumno *estaba en un error*» es expresión incorrecta; dígase *estaba equivocado, pensaba erróneamente.*

erubescencia, erubescente, eructación, eructar.

eructo Es lo correcto, y no *erupto* (ni *eruptar,* que es *eructar*).

erudición, erudita, eruditamente.

erudito El femenino es *erudita.* Uso de preposiciones: Erudito *en* geografía.

eruela, eruginoso, erupción.

***eruptar** Incorrecto. (V. *eructo.*)

eruptiva, eruptivo.

***erupto** Incorrecto. (V. *eructo.*)

erutar, eruto, ervilla.

es- Prefijo que significa «más allá, fuera» *(escampar, estirar).*

-és Sufijo de nombres gentilicios, con la forma *-esa* para el femenino *(genovés, leonés, cordobesa).*

esa V. *ese.*

Esaú, esbarar, esbatimentar, esbatimento, esbeltez, esbelto (ta), esbirro, esbozar, esbozo, esbrencar, escabechado (da), escabechar, escabeche, escabechina, escabel, escabiosa, escabioso, escabro, escabrosidad, escabroso (sa), escabuche, escabullimiento.

escabullir(se) Uso de preposiciones: Escabullirse *entre, de entre, por entre* el gentío.

escacado, escachar, escacharrar, escachifollar, escaecer, escafandra (1), escafandro (2), escafilar, escafoides, escagarruzarse, escajo.

escala «*Escala* social»; mejor dígase *clase, categoría, nivel* social. «En *gran escala*», es mejor *ampliamente, en abundancia.* (V. *escalinata.*)

escalable, escalaborne.

***escalabradura** V. *escalabrar.*

escalabrar Admitido, aunque es preferente *descalabrar.* No se admite, en cambio, *escalabro* (es *descalabro*), ni *escalabradura* (es *descalabradura*).

***escalabro** V. *escalabrar.*

escalada, escalado, escalador (ra), escalafón, escalamiento, escálamo, escalar, Escalda, escaldado (da), escaldadura, escaldar, escaldo, escaleno.

escalera «Serie de escalones para subir y bajar» y «armazón de dos largueros y varios travesaños». En ambos casos es singular. No debe confundirse *escaleras* con *escalones* (peldaño, parte de la *escalera*). No debe decirse «subió *las escaleras*», sino «subió *la escalera*». Admitidos *escalera de mano, escalera de caracol, escalera de servicio, escalerilla.* (V. *escalinata.*)

escalerilla, escalerón, escaleta, escalfado (da), escalfador, escalfar, escalfarote, escalfeta.

escalinata se diferencia de la *escalera* (v.) en que ésta puede tener varios tramos y ser interior, mientras que la *escalinata* tiene un solo tramo, es exterior y no es de madera. *Escalerilla* es una *escalera* de corto número de escalones. *Escala* es «*escalera* de mano hecha de madera o de cuerda».

escalio, escalmo, escalo, escalofriado (da).

escalofriante Voz admitida por la Academia, con el doble significado de «pavoroso, terrible», «asombroso, sorprendente». También se acepta *escalofriar. Escalofrío* ya estaba admitida.

escalofriar, escalofrío V. *escalofriante.*

escalón V. *escalera.*

escalonamiento, escalonar, escalonia.

escalope Voz admitida por la Academia. Es «loncha delgada de vaca o ternera, empanada y frita». Es voz masculino.

escalpelo, escalplo, escalla, escama, escamada.

escamado V. *escamón.*

escamel, escamocho.

escamón (na) Receloso, desconfiado, que se escama. Es mejor decir *escamón* que *escamado.*

escamonda, escamondadura, escamondar, escamondo, escamonea, escamoneado, escamonear-

se, escamoso, escamoteador (ra), escamotear, escamoteo, escampado (da), escampar, escampavía, escamudo (da), escamujar, escamujo, escancia, escanciador (ra), escanciano, escanciar, escanda, escandalar, escandalera, escandalizador (ra), escandalizar, escandalizativo, escándalo, escandalosa, escandaloso, escandallar, escandallo, escandelar, escandia.

Escandinavia El natural de esta península del norte de Europa recibe el nombre de *escandinavo*.

escandinavo (va), escandio, escandir.

escáner Voz admitida en lugar del inglés *scanner*.

escansión, escantador, escantillar, escantillón, escañero, escaño, escañuelo, escapada, escapamiento.

escapar «Escapar *a* un peligro» es incorrecto; dígase «escapar *de* un peligro». Uso de preposiciones: Escapar *en* un coche, e. *con* vida.

escaparate, escaparatista, escapatoria, escape.

*__escapismo__ Neologismo no admitido; es el anhelo del hombre de escapar, de huir de la realidad o de la relación social. Tampoco se acepta *escapista*.

*__escapista__ V. *escapismo*.

escapo, escápula, escapular, escapulatorio, escaque, escaqueado, escara, escarabajear, escarabajeo, escarabajo, escarabajuelo, escaramucear, escaramujo, escaramuza, escaramuzador, escaramuzar, escarapela, escarapelar, escarbadero.

escarbadientes Aceptado, pero es preferente el término *mondadientes*. Es incorrecto *escarbadiente* y *mondadiente*.

escarbador (ra), escarbadura, escarbaorejas, escarbar, escarbillos, escarbo, escarcela.

escarceo En sentido figurado es «rodeo, divagación». No se admite el significado de «coqueteo».

escarcina, escarcinazo, escarcha, escarchada, escarchado.

escarchar Verbo impersonal, que como tal sólo se usa en el infinitivo y las terceras personas de todos los tiempos (escarcha, escarchaba, escarchó, etc.).

escarche, escarcho, escarda, escardadera, escardador (ra), escardadura, escardar, escardilla, escardillar, escardillo, escariador, escariar, escarificación, escarificador, escarificar, escarioso, escarizar, escarlador, escarlata, escarlatina, escarmenador, escarmenar.

escarmentado (da) Uso de preposiciones: Escarmentado *de* viajar.

escarmentar Verbo irregular que se conjuga como *acertar* (v.). Uso de preposiciones: Escarmentar *con* el fracaso.

escarmiento, escarnecedor (ra), escarnecer, escarnecidamente, escarnecimiento, escarnio, escarnir, escaro, escarola, escarolado, escarolar, escarótico, escarpa, escarpado (da), escarpadura, escarpar, escarpe, escarpelar, escarpelo, escarpia, escarpiador, escarpidor, escarpín, escarramán, escarrancharse, escartivana, escarza, escarzador, escarzano, escarzar, escarzo, escasear, escasero, escasez.

escaso (sa) Uso de preposiciones: Escaso *de* medios; e. *en* pagar.

escatimar, escatimoso (sa).

escato- Prefijo de origen griego que significa «excremento» *(escatófago)*, y también «último» *(escatológico)*.

escatofagia, escatófago, escatófilo, escatología, escatológico (a), escaupil.

*__Escaut__ Nombre francés del río que en nuestra lengua llamamos *Escalda*.

escavanar, escavar, escayola.

escayolar «Colocar *escayola* en los vendajes, para sostener los huesos rotos o dislocados.» Es correcto.

escayolista, escaza, escena, escenario, escénico (ca), escenificable.

escenificación Forma dramática que se da a una obra literaria para ponerla en escena. *Escenografía*, en cambio, es el arte de pintar decoraciones escénicas.

escenificar, escenografía, escenográfico (ca), escenógrafo, escepticismo.

escéptico Es lo correcto, y no *excéptico*, incorrecto.

esciente, escila.

Escila (y Caribdis), escíncido, escinco, escindible, escindir, Escipión, escirro, escirroso.

escisión «Rompimiento, división, desavenencia; rotura del núcleo del átomo.» No confundir con *incisión:* «Corte, hendidura.»

escita V. *Escitia.*

Escitia El natural de esta región del Asia antigua recibe el nombre de *escita.* Lo relativo a Escitia es *escítico.*

esclarea, esclarecedor (ra).

esclarecer Verbo irregular que se conjuga como *agradecer* (véase).

esclarecidamente, **esclarecido** (da), esclarecimiento, esclavina, esclavista, esclavitud, esclavizar, esclavo (va), esclavón (na).

esclero- Prefijo de origen griego que significa «duro» *(esclerótica, esclerosis).*

esclerodermia, esclerosado (da), esclerosar, esclerósico (ca), esclerosis, escleroso (sa), esclerótica, esclerótico, esclusa.

-esco Sufijo que significa pertenencia *(caballeresco, truhanesco).*

escoa, escoba, escobada, escobadera, escobajo, escobar, escobazar, escobazo, escobén, escobera, escobero, escobeta, escobilla, escobillado, escobillar, escobilleo, escobillón, escobina, escobo, escobón, escocedura.

escocer Verbo irregular que se conjuga como *mover* (v.).

escocés (sa) V. *Escocia.*

Escocia El natural de este país de Gran Bretaña recibe el nombre de *escocés.*

escocimiento, escoda, escodadero, escodar, escofia, escofiar, escofieta, escofina, escofinar, escofión, escogedor (ra).

escoger Uso de preposiciones: Escoger *del, en* el montón; e. *entre* varias cosas; e. *para, por* mujer.

escogido (da), escogimiento, escolanía, escolano, escolapia.

escolapio, escolar, escolaridad, escolariego, escolástica (2), escolasticismo (1), **escolástico (ca)**, éscolex, escoliador, escoliar, escoliasta, escolimado (da), escolimoso (sa), escolio, escoliosis, escolopendra, escolta, escoltar, escollar, escollera, escollo, escombra.

escombrar «Quitar los *escombros* o lo que impide el paso.» Es la voz preferente para la Academia, que admite también, por orden de preferencia, *descombrar* y *desescombrar.*

escombrera, escómbrido, escombro, escomendrijo, escomerse, esconce, escondedero.

esconder(se) Uso de preposiciones: Esconderse *a* la persecución; e. *de* alguno; e. *en* alguna parte.

escondidas (a), escondidizo, escondido (da), escondimiento, escondite, escondrijo, esconzado, esconzar, escopeta, escopetar, escopetazo, escopetear, escopeteo, escopetería, escopetero, escopetilla, escopetón, escopladura, escopleadura, escoplear, escoplo, escopo, escora, escorar, escorbútico, escorbuto, escorchado, escorchapín, escorchar, escordio.

*escore Anglicismo (de *score*) que debe ser sustituido por *tanteo, puntuación, tantos* (en un partido).

escoria.

Escorial, El El nativo de esta población de la provincia de Madrid recibe el nombre de *escurialense.* Es erróneo escribir *escorialense.* «Vengo *del Escorial*» es incorrecto; escríbase «vengo *de El Escorial*». (V. *contracción.*)

escorpena (2), escorpina (1).

Escorpio Admitido como nombre de uno de los signos del Zodíaco, si bien la Academia da como preferente la voz *Escorpión.*

escorpioide, escorpión.

Escorpión V. *Escorpio.*

escorrozo, escorzado (da), escorzar, escorzo, escorzonera, escoscar, escota, escotado (da), escotadura, escotar.

escote Admitido por la Academia

como voz preferente; en segundo lugar admite *descote*. Lo mismo vale para *escotar* (1), y *descotar* (2).

escotera, escotero, escotilla, escotillón, escotín, escotoma, escotorrar, escozor, escriba, escribana, escribanía, escribanil, escribanillo.

escribano «El que por oficio público está autorizado para dar fe de las *escrituras* y demás actos que pasan ante él.» En la actualidad recibe el nombre de *notario*. El femenino de *escribano* es *escribana*.

escribido (da) Participio pasado burlesco de escribir; sólo se usa en la expresión «muy leído y *escribido*», que se aplica a quien presume de culto sin serlo.

escribidor.

escribiente Voz del género común (*un escribiente, una escribiente*). Es «el que copia o pone en limpio *escritos* ajenos». No confundir con *escribano* ni con *escritor*.

escribir Verbo cuyo participio es irregular (*escrito*). En los demás tiempos es regular. Uso de preposiciones: Escribir *desde* Colombia; e. *de, sobre* filosofía; e. *por* el correo; e. *en* castellano.

escriño, escripia, escrita, escritilla, escrito (ta), escritor (ra), escritorio, escritorzuelo (la), escritura, escriturar, escriturario, Escrivá, escrófula, escrofularia, escrofulariáceo (a), escrofulismo, escrofuloso (sa), escroto, escrupulillo, escrupulizar, escrúpulo, escrupulosidad, escrupuloso (sa), escrutador (ra), escrutar.

*escrutinar Voz incorrecta, que se usa con el significado de «computar los votos»; en tal caso, dígase *escrutar*.

escrutinio.

escrutiñador «Examinador, censor.» *Escrutador*, en cambio, es «el que cuenta o computa los votos en elecciones y otros actos análogos».

escuadra, escuadrar, escuadreo, escuadría, escuadrilla, escuadro, escuadrón, escuadronar, escuadronista, escualidez, escuálido

(da), escualo, escualor, escucha, escuchadera, escuchador (ra), escuchante, escuchar, escuchimizado.

escudar Uso de preposiciones: Escudar *con* la fe; e. *contra* el peligro.

escuderaje, escuderear, escuderete.

escudería «Oficio del *escudero*.» No está admitido como traducción de la voz italiana *scuderia* (cuadra), con que hoy suele designarse un grupo que interviene en carreras de automóviles con coches propios. Pero sería mejor decir *escudería* que usar la voz italiana.

escuderil, escudero (ra), escuderón, escudete, escudilla, escudillador, escudillar, escudillo, escudo, escudriñable, escudriñador, escudriñamiento, escudriñante, escudriñar, escudriño, escuela, escuerzo, escuetamente, escueto, Esculapio, escular, esculpidor.

esculpir Uso de preposiciones: Esculpir *a* cincel; e. *en* granito; e. *de* relieve.

*escultismo Voz no admitida con que se designa una «organización de muchachos exploradores» que en inglés se llaman *boy-scouts* (v.).

escultor (ra), escultórico (ca), escultura, escultural.

*escultural Es incorrecto; dígase *esculpir*.

escullador, escuna, escupetina, escupidera, escupidero, escupido, escupidor, escupidura.

escupir Uso de preposiciones: Escupir *al, en* el rostro.

escupitajo, escupitina, escupo, escurar.

escurialense Es el natural de *El Escorial*.

escurra, escurraja, escurreplatos, escurribanda, escurridero, escurridizo (za), escurrido (da), escurridor, escurriduras, escurrilidad, escurrimbres, escurrimiento.

escurrir(se) Uso de preposiciones: Escurrirse *al* suelo; e. *de, de entre, entre* las manos.

escusa «Ventajas de que disfrutan algunas personas; derecho que se da al ganadero.» No debe confundirse con *excusa* (v.).

escusado «Retrete.» También se admite *excusado* (v.).

escusano, escusón.

*escúter Voz no admitida, pero que resulta más aceptable que la inglesa *scooter*, empleada a menudo. En América del Sur dicen *motoneta*, preferible respecto al término inglés, aunque tampoco está admitida.

escutiforme.

*escutismo Voz no admitida, lo mismo que *escultismo* (v.).

Esdras, esdrujulismo, esdrujulizar.

esdrújulo (la) Palabra esdrújula. (V. *acento*.)

ese No se acentúa cuando es adjetivo demostrativo: *Ese* arquitecto es competente; *esas* casas son de piedra. (Nos referimos a *ese*, a su femenino, *esa*, y a los plurales de ambos, *eses* y *esas*.) Lleva acento, en cambio, cuando es pronombre: «Dáselo a *ése*.» «Llegaron los oficiales y los soldados; *éstos* venían cansados.» Aun siendo pronombre no se acentúa *eso*, pues no desempeña otra función gramatical. Tampoco se acentúa *ese* antes de *que*: *ese que* llega ahí.

esencia Es incorrecto cuando quiere significar *gasolina*.

esencial Uso de preposiciones: Esencial *al, en, para* el negocio.

esencialidad, esenciero, esfacelarse, esfacelo, esfenoidal, esfenoides, esfera, esfericidad, esférico (ca), esferoidal, esferoide, esferómetro, esfigmógrafo, esfigmómetro, esfinge, esfingido, esfínter, esforrocino, esforzado (da), esforzador.

esforzar(se) Uso de preposiciones: Esforzarse *a, en, por* trabajar.

esfuerzo, esfumación, esfumar.

esfuminar, esfumino Es correcto. (V. *difuminar*.)

esgarrar, esgrafiado, esgrafiar, esgrima, esgrimidor, esgrimidura, esgrimir.

esgrimista Admitido para América del Sur. En España se usa *esgrimidor*.

esguazable, esguazar, esguazo, esgucio, esguín, esguince, esguízaro, eslabón, eslabonador (ra), eslabonamiento, eslabonar.

eslavo Individuo perteneciente a un pueblo de Europa central y oriental. *Eslavón* (no admitido), en cambio, es el natural de *Eslavonia*, comarca de Yugoslavia (que no es *Eslovaquia*). (V. *Eslovaquia*.)

*eslavón, Eslavonia. V. *eslavo*.

eslinga, eslizón.

*eslogan Anglicismo no admitido, lo mismo que *slogan;* dígase *lema, frase propagandística*.

*eslomar Incorrecto; es *deslomar*.

eslovaco V. *Eslovaquia*.

Eslovaquia Región central de Checoslovaquia. *Eslovenia*, en cambio, es una región de Yugoslavia. El natural de *Eslovaquia* es el *eslovaco;* el de *Eslovenia* (no confundir con *Eslavonia*) es el *esloveno*. (V. *eslavo*.)

Eslovenia, esloveno V. *Eslovaquia*.

Esmalcalda, esmaltador (ra).

esmaltar Uso de preposiciones: Esmaltar *con, de* flores.

esmalte, esmaltín, esmaltina, esméctico (ca), esmena, esmerado (da), esmerador, esmeralda, esmeraldino.

esmerar(se) Uso de preposiciones: Esmerarse *en* alguna cosa.

esmerejón, esmeril, esmerilar, esmerilazo, esmero, esmiláceo (a), Esmirna.

esmirriado Admitido por la Academia, aunque ésta da como preferente el término *desmirriado*.

*esmoking Es incorrecto, lo mismo que *smoking* (voz inglesa). La Academia admite, en cambio, la voz *esmoquin*.

*esmoquin Admitido. (V. *esmoking*.)

*esnob Anglicismo no admitido, lo mismo que *snob*. Dígase *petimetre, afectado, cursi*. Sin embargo, la Academia admite *esnobismo* (exagerada admiración por todo lo que es de moda).

esnobismo Aceptado por la Academia, pero no *esnob* (v.), ni *snob*.

eso *Ese* y *esa* pueden ir o no acentuados, según sean pronombre o adjetivo respectivamente, pero *eso* nunca lleva acento, pues sólo tiene una función gramatical, la de pronombre, y no hay posibilidad de confusiones.

esofágico (ca), esófago, esópico.

esotérico «Oculto, reservado.» En cambio, *exotérico* es lo contrario: «Común, accesible al vulgo.»

esoterismo, esotro (tra), espabiladeras.

espabilar Admitido, aunque es mejor *despabilar* (sacudir el sueño; quitar el pabilo de la vela).

espaciado, espaciador, espacial, espaciar, espacio, espaciosidad, espacioso (sa).

espachurrar Admitido, aunque es preferente *despachurrar*.

espada Los nombres de algunas espadas famosas se escriben con mayúsculas: la Tizona (del Cid), la Durindana (de Roldán).

espadachín, espadador, espadaña, espadañada, espadañal, espadañar, espadar, espadarte, espadería, espadero, espádice, espadilla, espadillado, espadillar, espadillazo, espadín, espadón, espagírica, espagírico.

espagueti Voz admitida. El plural es *espaguetis*. No debe escribirse *espaguetti* ni *spaghetti* (voz italiana). Designa un tipo de fideo algo más grueso que el corriente.

*espaguetti V. *espagueti.*

espahí «Soldado de caballería de turcos y argelinos». No debe escribirse *spahi*.

espalda Esta voz suele usarse más a menudo en plural, sobre todo en modos adverbiales (llevar a *espaldas*, echarse una cosa a las *espaldas*, guardar *las espaldas*). Es singular cuando se alude concretamente a esa parte del cuerpo humano (me duele la *espalda*).

espaldar, espaldarazo, espaldarcete, espaldarón, espaldear, espalder, espaldera, espaldilla, espalditendido (da), espaldón, espaldonarse, espaldudo (da), espalera, espalmador, espalmadura, espalmar, espantable, espantada, espantadizo (za), espan-

tador, espantagustos, espantajo, espantalobos, espantamoscas, espantanublados, espantapájaros.

espantar(se) Uso de preposiciones: Espantarse *con* el estruendo; e. *de, por* algo.

espantavillanos, espante, espanto, espantoso (sa).

España El natural de esta nación de Europa recibe el nombre de *español* (v.).

español (la) Es el natural de España y, además, según dice la Academia, es la «lengua española, originada principalmente en Castilla», es decir, el castellano.

españolada, españolado, españolar.

*españolear Este verbo, creado por Federico García Sanchiz, no está admitido por la Academia. *Españolear* es «divulgar lo español; hacer gala de lo español». No es lo mismo que *españolizar* (admitido: dar o tomar carácter español).

Españoleto (El), españolismo, españolización, españolizar, esparadrapo, esparaván, esparavel.

*esparcer Es incorrecto; dígase *esparcir*.

esparcido (da), esparcimiento, esparcir, esparragado, esparragador (ra), esparragal, esparragar, espárrago, esparragón, esparraguera, esparraguero.

esparramar Relacionada en el Diccionario de la Academia como voz vulgar. Es mejor decir *desparramar*.

esparrancado (da), esparrancarse, esparsión.

Esparta El natural de esta ciudad de Grecia antigua recibe el nombre de *espartano*.

Espartaco, espartal, espartano (na), esparteína, espartenia, espartería, espartero (ra), espartilla, espartillo, espartizal, esparto, esparvar, esparver, espasmo, espasmódico (ca), espata.

espatarrarse Admitido, aunque es preferente *despatarrarse* (abrir excesivamente las piernas).

espático, espato.

*espatoflúor Es incorrecto; debe

escribirse *espato flúor*, en dos palabras.

espátula, espatulomancia (1), **espatulomancía** (2), **espaviento.**

espavorido Admitido; es mejor *despavorido*.

especia «Sustancia aromática para sazonar los manjares», como la pimienta, el azafrán, etc. No debe confundirse con *especie*: «Conjunto de caracteres comunes que determinan la semejanza entre los individuos».

especial, especialidad, especialista, especialización, especializar(se).

especie No confundir con *especia* (véase).

especiería, especiero (ra), especificación, específicamente, especificar, especificativo (va), específico (ca).

espécimen Es lo correcto, y no *especimen*, ni *spécimen*. Significa «muestra, modelo». El plural es *especímenes*, y no *espécimenes*, ni *espécimens*.

especioso (sa) Tiene dos significados diferentes: «hermoso, perfecto», y «aparente, engañoso».

especiota, espectable.

***espectación** Incorrecto; escríbase *expectación*. Lo mismo ocurre con *espectante* (incorrecto), que es *expectante* (correcto).

espectacular Admitido por la Academia en el sentido de «aparatoso, ostentoso». También se acepta la palabra *espectacularidad*: «calidad de *espectacular*».

espectacularidad, espectáculo, espectador (ra).

***espectorar** Incorrecto; escríbase *expectorar*. Igual ocurre con *espectoración* (incorrecto), y *expectoración* (correcto).

espectral, espectro, espectrofotometría, espectrofotómetro, espectrografía, espectrógrafo, espectrograma, espectroheliógrafo, espectroheliscopio, espectrómetro, espectrometría, espectroscopia, espectroscópico (ca), espectroscopio, especulación, especulador (ra).

especular Es correcto el significado de «meditar, contemplar, considerar, reflexionar», entre otros sentidos de la palabra. Uso de preposiciones: Especular *en* madera; e. *con* algo.

especulativo (va), espéculo, espejado, espejar, espejear, espejeo, espejería, espejero.

espejismo Se admite el sentido de «ilusión de la imaginación», además del de fenómeno físico.

espejo, espejuela, espejuelo, espeleología, espeleológico (ca), espeleólogo, espelotarse, espelta, espélteo, espelunca, espeluzar, espeluznamiento.

espeluznante Admitido por la Academia el sentido de «pavoroso, terrible», y para *espeluznar* el de «espantar, causar horror».

espeluznar(se) V. *espeluznante*.

espeluzno, espeque, espera, esperador, esperamiento, esperantista, esperanto, esperanza, esperanzado (da), esperanzador (ra), esperanzar.

esperar «*Esperar cola* en el cine» es incorrecto; dígase *hacer cola* o *guardar cola*. Uso de preposiciones: Esperar *a* que venga; e. *de, en* Dios.

esperezarse, esperezo.

esperma La Academia lo da como ambiguo; no obstante, suele emplearse como masculino en su acepción de «semen» (*el esperma*), y como femenino en el sentido de «sustancia grasa que se emplea para hacer velas» (*la esperma*).

espermafito, espermático (ca), espermatorrea, espermatozoario (3), **espermatozoide** (1), **espermatozoo** (2), **espernada, esperón, esperpéntico, esperpento, espesar, espesativo (va), espeso (sa), espesor, espesura, espetado (da).**

espetaperro (a) Admitido, pero es preferente *a espeta perros*.

espetar, espetera, espetón, espía, espiado (da).

espiar «Acechar; observar disimuladamente.» No confundir con *expiar*: «Purificarse de las culpas mediante un sacrificio.»

espibio, espinacardo, espiciforme, espichar, espiche, espichón,

espiga, espigadera, espigadilla, espigador (ra), espigar, espigo, espigón, espigueo, espiguilla.

*espíker Anglicismo no admitido; dígase *locutor*. Tampoco deben usarse *espíquer* y el vocablo inglés *speaker*.

espín, espina, espinaca, espinadura, espinal, espinapez, espinar, espinazo, espinel, espinela, espíneo, espingarda, espingardada, espingardero, espinilla, espinillera, espinillo, espino, espinochar, espinoso (sa), espiocha, espión, espionaje.

*espíquer No admitido. (V. *espíker*.)

espira, espiración, espirador, espiral, espirante.

espirar «Expulsar el aire.» No confundir con *expirar*: «Morir, fenecer.»

espirativo, espiratorio, espirilo, espiritado, espirital, espiritar, espiritismo, espiritista, espiritosamente.

espiritoso «Animoso, vivo, que tiene mucho *espíritu*.» También se admite *espirituoso*, aunque en segundo término. No confundir ambas voces con *espiritual* (relativo al *espíritu*).

espiritrompa, espíritu.

espiritual «Un joven gracioso, *espiritual*» es galicismo. En lugar de espiritual debe decirse *ingenioso, ocurrente*. Véase, además, *espiritoso*.

espiritualidad, espiritualismo, espiritualista, espiritualización, espiritualizar, espiritualmente.

espirituoso V. *espiritoso*.

espirómetro.

espiroqueta, espiroqueto Admitidas las dos formas por la Academia.

espita, espitar, espito.

esplacno- Prefijo que significa «víscera» (*esplácnico, esplacnología*).

*esplacnología Voz que no figura en el léxico académico. Es la «parte de la anatomía que estudia las vísceras». Tampoco está aceptado *esplácnico*.

*espleen Es incorrecto usar esta

voz inglesa; dígase *esplín*, admitido: «Melancolía, tedio de la vida.»

esplendente, esplender, esplendidez, espléndido (da), esplendor, esplendoroso (sa).

esplen-, espleno- Prefijo que significa «bazo» (*esplénico, esplenitis*).

esplénico, esplenio, esplenitis, espliego.

*esplín Es lo correcto. (V. *espleen*.)

esplique, espolada (1), espolazo (2), espoleadura, espolear, espoleta, Espoleto, espoliación, espoliador.

espoliar Admitido por la Academia, pero ésta prefiere *expoliar*. Lo mismo ocurre con *espoliación* y *espoliador*: son preferentes *expoliación* y *expoliador*, respectivamente.

espolín, espolinar.

espolio «Bienes que quedan en poder de la iglesia al morir un canónigo.» No confundir con *expolio*, «botín del vencedor».

espolique, espolista, espolón, espolonada, espolonazo, espolonear, espolvorear, espolvoreo, espolvorizar, espondaico, espondeo, espóndilo, espondilosis, espongiario, esponja, esponjado, esponjadura, esponjamiento, esponjar, esponjera, esponjosidad, esponjoso (sa).

esponsales «Mutua promesa de casarse que se hacen los novios.» No es «boda, casamiento». Es masculino y plural en todos los casos. No existe la voz *esponsal*.

esponsalicio, espontanearse, espontaneidad.

espontáneo (a) «El *espontáneo* saltó al ruedo.» No ha sido aceptado por la Academia este significado del vocablo. No debe escribirse *expontáneo*.

espontón, espontonada.

espora «Célula reproductora de los vegetales criptógamos.» La Academia también admite *espero*, pero en segundo término.

Espóradas (islas), **esporádico (ca), esporangio.**

*es por eso que Expresión incorrecta (galicismo); dígase, sencillamente, *por eso.*

esporidio.

esporo V. *espora.*

esporocarpio, esporofita, esporón, esporozoario (2), esporozoo (1).

*esport Es anglicismo; dígase *deporte.* Igual ocurre con *esportman,* que es *deportista.*

esportada, esportear, esportilla, esportillero, esportillo, esportón.

esposado (da) Admitido con igual significado que *desposado (da),* aunque es preferente esta última voz. En cambio, *esposar* sólo es «sujetar a uno con esposas», y no «casar, contraer matrimonio».

esposar V. *esposado.*

esposa Femenino de *esposo.* En plural significa «manillas de hierro con que se sujeta a los presos por las muñecas».

esposo V. *esposa.*

*esprit Es galicismo; dígase *ingenio, agudeza, chispa.*

*esprofeso Incorrecto; es *ex profeso* (en dos palabras, no *exprofeso*).

espuela, espuerta, espulgador, espulgar, espulgo, espuma, espumadera, espumador (ra), espumaje, espumajear, espumajo, espumajoso, espumante.

espumar «*Quitar la espuma* de un líquido; *hacer espuma.*» Se admite también *despumar,* pero en segundo término.

espumarajo, espúmeo, espumero, espumilla, espumillón, espumoso (sa), espundia.

*espúreo V. *espurio.*

espurio Es lo correcto, y no *espúreo,* como se escribe a veces. Significa «adulterado; bastardo». El femenino es *espuria.*

espurrear (2), espurriar (3), espurrir (1), esputar, esputo, esquebrajar, esquejar, esqueje, esquela, esqueletado, esquelético (ca), esqueleto, esquema, esquemático (ca), esquematismo, esquematización, esquematizar, esquena, esquenanto, esquero.

esquí Admitido; es el vocablo correcto. No escribir *ski.* El plural de

esquí es *esquís,* según la Academia, y no *esquíes* ni *skis.* También se aceptan las voces *esquiador (ra)* y *esquiar.* El deporte recibe el nombre de *esquí* o *esquiaje,* y no *esquiísmo,* como dicen en algunos países hispanoamericanos.

esquiador, esquiaje, esquiar Véase *esquí.*

esquicio, esquifada, esquifar, esquifazón, esquife.

*esquiísmo Incorrecto; se usa en algunos países hispanoamericanos. Al referirse al deporte, dígase simplemente *esquí,* o bien *esquiaje.*

esquila, Esquilache, esquilador (ra), esquilar, esquíleo, esquilero, esquilimoso, Esquilino, esquilmar, esquilmeño, esquilmo, Esquilo, esquilón, esquimal, esquina, esquinado (da), esquinadura, esquinar.

esquinazo «Dar *el esquinazo*» es incorrecto; dígase «*dar esquinazo*».

esquinco, esquinela.

esquinera Voz no admitida; dígase *rinconera.* Se admite como *ramera.*

esquinzar, esquirla.

esquirol Admitido; «obrero que sustituye a un huelguista».

esquisto, esquistoso (sa), esquistosoma, esquistosomiasis, esquivar, esquivez, esquivo, esquizado (da), esquizofrenia.

esquizofrénico Voz admitida por la Academia.

Essen, Essex.

esta V. *este.*

estabilidad, estabilización, estabilizador (ra), estabilizar, estable, establecedor (ra).

establecer Verbo irregular que se conjuga como *agradecer* (v.).

establecimiento, establero, establo, estabulación, estabular, estaca, estacada, estacado, estacadura, estacar, estacazo.

estación *Estación de servicio* es expresión admitida para designar una *gasolinera* o *taller de reparaciones.*

estacional, estacionamiento.

estacionar Referido al automóvil,

es parar por breve tiempo, mientras que *aparcar* es detenerse más tiempo en un lugar determinado para ese fin. También están admitidos los vocablos *estacionamiento* y *aparcamiento*.

estacionero, estacte, estacha, estada, estadal, estadero.

estadía «Detención»; es mejor decir *estancia*.

*****estadinense** Es incorrecto; dígase *estadounidense* (natural de los Estados Unidos de América del Norte).

estadio Es lo correcto, y no *estadium* (v.). *Estadio* se admite como «etapa, fase».

estadista, estadística, estadístico.

*****estadium** Latinismo innecesario; lo correcto es *estadio* (recinto para competiciones deportivas). Tampoco es *stadium*.

estadizo (za).

estado Se escribe con mayúscula en casos como: el hombre y el *Estado*, los *Estados* balcánicos. Y con minúscula: el *estado de Alabama*, *el estado de California*, los *estados de la Unión*. «Una señora en *estado interesante*» es expresión admitida, pero son preferentes las voces *embarazada* y *encinta*, con igual significado. Igualmente se aceptan las expresiones *en estado* y *en estado de buena esperanza*.

Estados Unidos El nombre correcto en nuestra lengua es *Estados Unidos de América del Norte* (no de *Norteamérica* o de *América*). *Estados Unidos* se abrevia EE.UU. (no *E.E.U.U.* ni *USA*). El natural de este país recibe los nombres de *estadounidense* (no *estadinense*) o *norteamericano* (admitido). Es preferible decir «*los Estados Unidos son* un país próspero», y no «*Estados Unidos es* un país próspero».

estadounidense Véase *Estados Unidos*.

estafa, estafador (ra), estafar, estafermo.

estafeta «*Estafeta* de correos» es pleonasmo, ya que *estafeta* significa «casa u oficina del correo».

Debe decirse, pues, *estafeta*, simplemente.

estafetero, estafetil, estafilococia, estafilococo, estafiloma, estafisagria, estagirita, estala, estalación.

estalactita La *estalactita* (que pende del techo) tiene la punta hacia abajo; la *estalagmita* tiene la punta hacia arriba.

estalagmita V. *estalactita*.

estalaje.

*****estalinismo** No es voz admitida, pero es preferible ésta a *stalinismo*.

estallante, estallar, estallido, estallo, estambrado (da), estambrar, estambre.

Estambul Es lo correcto, no *Estanbul*. El nombre más antiguo de esta ciudad fue *Bizancio*, luego *Constantinopla* y hoy es *Estambul* (en la Turquía europea). En turco es *Istanbul*.

estamental, estamento, estameña, estamíneo, estaminífero (ra), estampa, estampación, estampado (da), estampador.

estampar Uso de preposiciones: Estampar *a* mano; e. *contra* la pared; e. *en* papel; e. *sobre* tela.

estampería, estampero.

estampía Sólo se emplea en la frase «salir de *estampía*» (salir bruscamente, de improviso). No confundir con *estampida* («estampido», y en América, «huida precipitada»).

estampida V. *estampía*.

estampido, estampidor.

estampilla *(Amér.)* Sello (de correos), timbre.

estampillado, estampillar, estancación (1), **estancado (da), estancamiento** (2), **estancar(se).**

estancia *(Amér.)* Hacienda, rancho.

estanciero, estanco (ca).

estándar Voz admitida por la Real Academia. Es «modelo, tipo, patrón, nivel». También se han admitido sus derivados: *estandarización* (tipificación), y *estandarizar* (tipificar). No se aceptan *estandard, standard*, ni sus derivados.

estandarte, estangurria, Estanislao, estannífero (ra), estanque.

estanqueidad Es correcto cuando se alude a la «calidad de estanco de un navío o un recipiente».

estanquero, estanquidad, estanquillero, estanquillo, estantal, estantalar, estante, estantería, estanterol, estantigua, estantío.

estanza Es voz anticuada en nuestra lengua; significa «mansión, casa», y «estado, conservación de una cosa». Es incorrecto usarla en poesía como «estrofa»; empléese esta última voz.

estañado, estañador, estañadura, estañar, estañero, estaño, estaquera, estaquilla, estaquillador, estaquillar.

estar V. irregular que se conjuga del siguiente modo: INDICATIVO. *Presente:* estoy, estás, está, estamos, estáis, están. *Pret. imperf.:* estaba, estabais, etc. *Pret. indef.:* estuve, estuvisteis, etc. *Futuro imperf.:* estaré, estaréis, etc. POTENCIAL: estaría, estarías, estaría, estaríamos, estaríais, estarían. SUBJUNTIVO. *Presente:* esté, estés, esté, estemos, estéis, estén. *Pret. imperfecto:* estuviera o estuviese, estuvieras o estuvieses, etc. *Futuro imperf.:* estuviere, estuviereis, etc. IMPERATIVO: está, esté, estemos, estad, estén. PARTICIPIO: estado. GERUNDIO: estando. Uso de preposiciones: Estar *a, bajo* la orden de otro; e. *para* salir; e. *por* suceder. Incorrecciones: «Estar seguro *que* no llega»; lo correcto es «estar seguro *de que* no llega». «Estar *de más en* un sitio», es «estar *de más* en un sitio».

estarcido, estarcir.

estasis «Estancamiento de sangre.» Es voz grave, que no debe confundirse con *éxtasis* («arrobamiento, embeleso»).

estatal, estática.

estático «Que permanece sin cambio.» No confundir con *extático* (que se halla en éxtasis).

estatismo, estatocisto, estatua, estatuar, estatuaria, estatuario, estatúder, estatuderato.

estatuir Verbo irregular que se conjuga de modo similar a *huir* (véase).

estatura, estatutario (ria), estatuto.

estay «Cabo que sujeta la cabeza de un mástil al pie del más inmediato.» El plural es *estayes;* es incorrecta la forma *estays.*

este «Oriente, levante.» Abreviatura: E. Sólo hay cuatro puntos cardinales (N, S, E y O), los demás son puntos del horizonte (NO, SE, etc.). Con minúscula por lo general (al *este* de Greenwich). Con mayúscula cuando es abreviatura y en «la pugna entre el *Este* y el *Oeste*». Lo mismo vale para *oriente, occidente, norte* y *sur.* (V. *norte.*) Cuando *este* es pronombre se acentúa (que vaya *éste.*) Lo mismo reza para el plural *(éstos)* y el femenino *(ésta, éstas).* En cambio no se acentúa *esto,* pues siendo sólo pronombre, no hay posibilidad de confusión. Todos ellos, cuando van acompañados de *que,* no se acentúan («el más inteligente es *este que* entra»). No se acentúan cuando son adjetivos («*este* verano es caluroso»; «para *estas* señoras lo traen»). Tampoco se acentúa *este* si es sustantivo y significa *oriente* (soplaba el viento del *este*). Lo mismo reza para el plural *estos,* y el femenino *esta* y su plural, *estas.*

esteárico (ca), estearina, esteatita, esteba, estebar, estefanote, estegomía, estela, estelado, estelar, estelaria, estelífero, esteliforme, estelión, estelionato, estelo, estelón, estellés (sa), estemple.

esteno- Prefijo que significa «estrecho» *(estenocardia, estenógrafo).*

estenocardia, estenografía, estenografiar, estenográfico (ca), estenógrafo (fa).

estenordeste «Punto del horizonte» (se abrevia *ENE*). No es «punto cardinal»; éstos son sólo los cuatro principales: norte, sur, este y oeste.

estenosis.

estenotipia Voz admitida por la

Academia. Es «estenografía a máquina» (o taquigrafía a máquina).

Esténtor, estentóreo (a).

estepa, estepar, estepario (ria), estepero, estepilla.

Ester Es como debe escribirse este nombre de mujer, y no *Esther.*

éster, estera, esterar, estercolar, estercoladero, estercolizo, estercóreo, estercuelo, esterculiáceo (a), estéreo, estereocomparador.

estereofonía Admitido por la Academia, lo mismo que *estereofónico (ca).*

estereofónico (ca), estereografía, estereográfico (ca), estereógrafo, estereometría, estereométrico, estereoscópico (ca), estereoscopio, estereotipado (da), estereotipador, estereotipar, estereotipia, estereotípico, estereotomía, esterería, esterero (ra).

estéril «Que no da fruto.» No debe confundirse con *esterilizado,* que es el «objeto en el que se han destruido los gérmenes patógenos».

esterilidad, esterilización, esterilizador (ra), esterilizante, esterilizar, esterilla, esterlín, esterlina, esternón, estero, esterquero, esterquilinio, estertor, estertóreo, estertoroso.

estesudeste Punto del horizonte (no es cardinal; v. *estenordeste*). Abreviatura: ESE.

esteta, estética, esteticismo, esteticista, estético, estetoscopia.

estetoscopio Es lo correcto, y no *estetóscopo.* Más perfeccionado es el *fonendoscopio* (v.).

***estetóscopo** Incorrecto. (V. *estetoscopio.*)

esteva, estevado (da), estezado, estezar.

***Esther** V. *Ester.*

***esthéticienne** Voz francesa; debe decirse *experta en belleza* o *maquilladora.*

estiaje, estiba, estibador, estibar, estibia, estibina, estibio, estiércol, Estigia, estigio, estigma, estigmatizador (ra), estigmatizar, estilar, estilbón, estilete, estilicidio, estilista, estilística, estilístico, estilita, estilización, estilizar, estilo.

estilóbato Es lo correcto, y no *es-*

tilobato, para aludir al «macizo corrido en que se apoya una columnata».

estilográfica Es mejor decir *pluma estilográfica,* si bien es correcto asimismo *estilográfica.* No se acepta *estilógrafo.*

estilográfico, estima, estimabilidad, estimable, estimación, estimado (da), estimador (ra), estimar, estimativa, estimatorio (ria), estimulación, estimulador (ra), estimulante.

estimular Uso de preposiciones: Estimular *al* estudio; e. *con* premios.

estímulo, estimuloso (sa), estinco, estío, estiomenar, estiómeno, estipe, estipendial, estipendiar, estipendiario, estipendio, estípite, estipticar, estipticidad, estíptico (ca), estiptiquez, estípula, estipulación, estipulante, estipular, estique, estira, estiracáceo (a), estirado (da), estirajar, estirajón, estiramiento.

estirar(se) «Estirar de la cuerda» es incorrecto; dígase «tirar de la cuerda», cuando se refiere a «hacer tracción». *Estirar* sólo es correcto, en este caso, en la frase «*estirar* la cuerda» (alargar la cuerda).

estirazar, estirón, estirpe, estivación, estivada, estival, estivo.

esto No lleva nunca acento. Sí lo lleva *éstos.* (V. *este.*)

estocada, estocar, Estocolmo, estofa, estofado (da), estofador (ra), estofar, estofo, estoicamente, estoicismo, estoico (ca), estol, estola, estolidez, estólido (da), estolón, estoma, estomacal, estomagante, estomagar.

estómago «Está gordo, tiene mucho *estómago*» es incorrecto; dígase «... tiene mucho *vientre*». *Estómago* es un órgano interior del cuerpo.

estomaguero, estomático.

estomatitis «Inflamación de la mucosa bucal», no del estómago. (V. *estomato-*.) De igual forma, *estomatología* y *estomatólogo* se refieren a la boca.

estomato- Prefijo que significa «boca» *(estomatólogo, estomatitis).*

estomatología, estomatólogo (ga) V. *estomatitis*.

Estonia El natural de este país recibe el nombre de *estonio* (1) o *estoniano* (2).

estoniano (na) Voz admitida, lo mismo que *estonio (nia)*, aunque es preferente esta última voz. Ambas significan «natural de Estonia».

estonio (nia) Es correcto. (V. *estoniano*.)

estopa, estopada, estopeño (ña), estoperol, estopilla, estopín, estopón, estopor, estoposo (sa), estoque, estoqueador, estoquear, estoqueo, estoquillo, estora, estoraque, estorbador (ra), estorbar, estorbo, estorboso (sa), estordir, estornija, estornino, estornudar, estornudo, estornutatorio (ria), estotro (tra), estovaína, estovar, estrabismo, estrabón, Estrabón, estracilla, estrada, estradiota, estradiote.

*estradivario Así escrito designa el «violín hecho por Stradivarius»; *estradivario* no figura en el Diccionario de la Academia, aunque es una correcta castellanización del nombre italiano.

estrado, estrafalario (ria), estragador (ra), estragamiento, estragar(se), estrago, estragón, estrambote, estrambótico (ca), estramonio, estrangol, estrangul, estrangulación, estrangulador (ra), estrangular, estranguria (1), estrangurria (2), estrapada, estrapalucio, estraperlear, estraperlista.

estraperlo Voz admitida por la Academia, lo mismo que *estraperlista*. Es «comercio ilegal de artículos intervenidos por el Estado».

estrapontín «Traspontín, asiento supletorio de los vehículos.»

Estrasburgo Es lo correcto en castellano, y no *Strasbourg*.

estratagema.

estratega Voz masculina: «Persona versada en estrategia.» También se admite *estratego*.

estrategia, estratégicamente.

estratégico «Un comercio situado en un lugar estratégico» es incorrecto. *Estratégico* es «relativo al arte de dirigir las operaciones militares.» Dígase «un comercio bien situado».

estratego V. *estratega*.

estratificación, estratificar, estratigrafía, estratigráfico (ca), estrato.

estratosfera Acentuado prosódicamente en la penúltima sílaba. Es incorrecto *estratósfera*.

estratosférico, estrave, estraza, estrazar, estrechamiento, estrechar, estrechez.

estrecho (cha) Uso de preposiciones: Estrecho *de* manga.

estrechón, estrechura, estregadera, estregadero, estregadura, estregamiento.

estregar Verbo irregular que se conjuga como *acertar* (v.).

estregón, estrella, Estrella Polar, estrellada, estrelladero, estrellado (da), estrellamar.

estrellar(se) Uso de preposiciones: Estrellarse *contra, en* alguna cosa.

estrellera, estrellería, estrellero, estrellón, estrelluela, estremecedor (ra).

estremecer(se) Verbo irregular que se conjuga como *agradecer* (véase).

estremecimiento, estrena.

estrenar(se) Uso de preposiciones: Estrenarse *con* una obra maestra.

estreno, estrenque, estrenuidad, estrenuo, estreñido (da), estreñimiento.

estreñir Verbo irregular que se conjuga como *ceñir* (v.).

estrepada, estrépito, estrepitoso (sa), estreptococia, estreptocócico (ca), estreptococo, estreptomicina.

estrés Admitido; esfuerzo, tensión nociva. También se acepta *estresante*. No se admiten *stress* ni *estresado*.

estresante, estría, estriación, estriar(se), estribación, estribadero, estribar, estribera, estribería, estriberón, estribillo, estribo, estribor, estribote, estricia, estricnina, estricto (ta), estridencia, estridente, estridor, estridular, estriga, estrige, estrinque, estro, estróbilo, estrobo, estrofa, estrofanto, estrófico.

Estrómboli Es más correcto que *Stromboli*.

estrógeno Voz admitida por la Academia.

estroma, estronciana, estroncianita, estroncio, estropajear, estropajeo, estropajo, estropajoso (sa), estropear, estropeo, estropicio, estructura, estructuración, estructural, estructurar, estruendo, estruendoso (sa), estrujador (ra), estrujadura, estrujamiento, estrujar, estrujón, estruma, estuación, estuante.

Estuardo Así se escribe en nuestra lengua el apellido de la familia escocesa *Stuart*.

estuario, estucado, estucador, estucar, estuco, estuchar, estuche, estuchista.

estudiado «Un gesto *estudiado*» es incorrecto; dígase «un gesto *afectado*» (o *amanerado*, o *fingido*.)

estudiador (ra).

*estudianta Es incorrecto; el femenino de *estudiante* no varía *(la estudiante)*.

estudiante «Mis *estudiantes*» es expresión incorrecta (anglicismo); dígase «mis *alumnos*». (V. *estudianta*).

estudiantil, estudiantina, estudiantino, estudiantón, estudiantuelo (la).

estudiar Uso de preposiciones: Estudiar con *los* escolapios; e. *para* médico; e. *por* Cajal.

estudio, estudiosidad, estudiosa.

estudioso Es incorrecto cuando se quiere decir «investigador, científico». *Estudioso* significa propiamente «dado al estudio». El femenino es *estudiosa*.

estufa «Una *estufa* a gas» es incorrecto, lo mismo que «un buque a vela», etc. Dígase «*de* gas», «*de* vela», etc.

estufador, estufar, estufero, estufido, estufilla, estufista, estultamente, estulticia, estulto (ta), estuosidad, estuoso (sa).

*estupefacciente Incorrecto. Es *estupefaciente*.

estupefacción.

estupefaciente Es lo correcto, y no *estupefacciente*.

estupefactivo, estupefacto (ta), estupendo (da), estupidez, estúpido (da), estupor, estuprador, estuprar, estupro, estuque, estuquería, estuquista, esturar, esturdir, esturgar, esturión, esturrear, ésula, esvarar, esvarón.

esvástica Voz admitida, lo mismo que *cruz gamada*. En segundo lugar se acepta *suástica*. No se admite *svástica*.

esviaje, eta, etalaje.

*etamine o *etamina Galicismo por *estameña*, tejido ralo.

etano, etapa.

etcétera Abreviatura: *etc.* En la expresión «y etc., etc.» basta con poner un solo *etc.* Es masculino (el *etcétera, los etcéteras*).

-ete, -eta Sufijo de sentido despectivo, o que indica menor intensidad *(tenderete, azulete)*. A veces, da un sentido diminutivo y despectivo: *vejete, historieta*.

éter, etéreo (a), eterismo, eterización, eterizar, eternal, eternalmente, eternamente, eternidad, eternizable, eternizar, eterno (na), eteromanía, etesio, ética, ético.

*Etienne Nombre francés que en castellano se traduce por *Esteban*.

etílico, etilo, étimo.

etimología Ciencia que estudia el origen de las palabras de una lengua.

etimológico (ca), etimologista (1), etimologizante, etimologizar, etimólogo (2), etiología, etiológico (ca).

etíope V. *Etiopía*.

Etiopía El natural de este país de África recibe el nombre de *etíope* (1), o *etíope* (2). Antiguamente ese país se llamaba *Abisinia*, y sus habitantes *abisinios*.

etiqueta Admitido con el significado de «ceremonial de estilos, usos y costumbres». (V. *etiquetar*.)

*etiquetar No es voz admitida, cuando se quiere decir «rotular, marcar», que es como debe decirse.

etiquetero (ra), etiquez, etites, etmoidal, etmoides, Etna, etneo, *etnia, étnico (ca).

etno- Prefijo que significa *raza (et-nológico, etnográfico).*

etnografía, etnográfico (ca), etnógrafo (fa), etnología, etnológico (ca), etnólogo (ga), etolio (lia), etolo, etología, etológico, etólogo, etopeya.

Etruria El natural de esta antigua región italiana recibía el nombre de *etrusco.*

etrusco (ca) V. *Etruria.*

*et sequentia También se abrevia a menudo *et seq.* y es una locución latina que significa «lo que sigue, lo siguiente», refiriéndose a un texto. No figura en el Diccionario de la Academia.

eu- Prefijo que significa «bien, bello, bueno» *(eufórico, euritmia).*

Eubea El natural de esta isla del mar Egeo recibe el nombre de *eubeo.*

eubeo V. *Eubea.*

euboico, eubolia.

eucalipto Es lo correcto, y no *eucaliptus* (v.).

*eucaliptus Latinismo innecesario. (V. *eucalipto.*)

eucaristía, eucarístico (ca).

Euclides, euclidiano (na), eucologio, eucrático (ca), eudiómetro, Eudoxia, Eudoxio, eufemismo, eufemístico (ca), eufonía.

eufónico (ca) «Que suena bien.»

euforbiáceo (a), euforbio, euforia, eufórico (ca), eufótida, eufrasia, Éufrates, eugenesia.

eugenésico (ca) Es lo correcto, y no *eugenético.*

eunuco, eupatorio, eupepsia, eupéptico (ca).

Eurasia, eurasiático (ca).

*eureka Voz griega que no figura en el léxico de la Academia. Significa «lo he encontrado; lo hallé». Es una exclamación que denota triunfo o éxito.

euritmia, eurítmico (ca), euro, euroasiático.

Europa El natural de esta parte del mundo (una de las cinco) recibe el nombre de *europeo.*

europeidad Voz admitida por la Academia, lo mismo que *europeísmo, europeización, europeizar, europeísta* y *europeizante.*

europeísmo, europeísta, europeización, europeizante, europeizar.

europeo (a), europio, euscalduna.

éuscaro «Lengua vasca.» También se admite *eusquera* (1) y *euskera* (2), acentuado en la penúltima sílaba. Es incorrecto *eúscaro* y *éuscaro.*

*eúscaro, *éuscaro V. *éuscaro.*

*Eustace Nombre inglés que corresponde al nuestro de *Eustaquio.*

Eustaquio, éustilo, eutanasia, Euterpe, eutiquianismo, eutiquiano.

eutrapelia Es lo correcto, y no *eutrapelía.* Se admite también *eutropelia* (y *eutropélico*).

eutrapélico (ca), eutrofia, eutrófico (ca), eutropelia, eutropélico (ca), Eva, evacuación, evacuante.

evacuar Es incorrecto escribir *evacúo, evacúan,* etc. El acento prosódico recae en la segunda sílaba *(evacuo, evacuan)* y por consiguiente no llevan acento ortográfico esas palabras. Se conjuga como *averiguar,* en cuanto al acento.

evacuativo (va), evacuatorio (ria), evadir, evaluación, evaluador.

evaluar «Señalar el valor de una cosa; estimar, calcular.» También se admite, aunque en segundo término, *valuar.* Al contrario que *evacuar,* en el verbo *evaluar* se dice *evalúo, evalúas,* es decir, que respecto al acento se conjuga como *actuar.*

evanescencia Admitido; significa «lo que se desvanece o esfuma». También se admite *evanescente:* «Que se desvanece o esfuma.»

evanescente, evanescer Correcto. (V. *evanescencia.*)

evangeliario, evangélico (ca), evangelio, evangelista, evangelistero, evangelización, evangelizador, evangelizante, evangelizar, evaporable, evaporación, evaporador, evaporar, evaporatorio, evaporizar, evasión, evasiva, evasivo, evasor, evección, evenir.

evento «Acontecimiento imprevisto o de realización incierta.» También se admite con el significado de «exhibición, concurso, suceso».

eventración.

eventual «Sujeto a cualquier contingencia.» Es anglicismo usarlo como «final» o «posible». También es incorrecto emplear *eventualmente* en vez de *finalmente* o *posiblemente*, según los casos.

eventualidad, eventualmente, Everest, eversión, evicción, evidencia, evidenciar, evidente, eviscerar, evitable, evitación, evitado, evitar, eviterno (na), evo, evocable, evocación, evcocador (ra), evocatorio (ria), evocar, ¡evohé!, evolar, evolución, evolucionar, evolucionismo, evolucionista, evolutivo (va), evónimo, Évora.

ex Como prefijo significa «fuera, más allá de cierto tiempo o espacio» *(exceder, extraer)*. Antepuesto a un cargo o dignidad indica que la persona lo tuvo y ya no la tiene *(ex ministro, ex catedrático)*. Es incorrecto escribirlo junto *(exministro)*, o con guión *(ex-ministro)*. Hay excepciones: *excombatiente* y *excautivo* (junto).

exabrupto Como sustantivo se escribe junto y significa «salida de tono, dicho inoportuno» (lanzó un *exabrupto*). Como modo adverbial se escribe en dos palabras *(ex abrupto)* y su significado es «arrebatadamente, de improviso» (entró *ex abrupto*). No confundir ambas expresiones.

ex abrupto V. *exabrupto.*

exacción «Acción de exigir impuestos, etc.; cobro injusto y violento.» No confundir con *exención:* «Efecto de eximir.»

exacerbación (1), **exacerbamiento** (2), **exacerbar, exactitud, exacto, exactor.**

*exaedro Es incorrecto; escríbase *hexaedro.*

*ex aequo Expresión latina que significa «por igual, con igualdad»; indica *empate,* generalmente en competiciones deportivas: «Ocuparon el primer puesto *ex aequo.*» No figura en el Diccionario de la Academia.

exageración, exageradamente, exagerado (da), exagerador, exa-

gerante, exagerar, exagerativo (va).

*exágono Incorrecto; escríbase *hexágono.*

exaltación, exaltado (da), exaltador, exaltamiento, exaltar.

examen Sin acento ortográfico (palabra grave). El plural *exámenes* (palabra esdrújula) se acentúa.

examinador (ra).

examinando Su femenino es *examinanda (la examinanda).*

examinante.

examinar(se) Uso de preposiciones: Examinar o examinarse de matemáticas.

exangüe, examinación, exánime, exantema, exantemático, exarca, exarcado, exarco, exárico, exasperación, exasperante, exasperar, excandecencia, excandecer, excarcelable, excarcelación, excarcelar.

ex cáthedra Locución latina admitida que significa «desde la cátedra» (de San Pedro). En sentido familiar indica un tono magistral y decisivo, en ocasiones pedantesco.

excautivo (va) La Academia lo escribe así, junto. Es «el que ha padecido cautiverio». (Véase *ex.*)

excava, excavación, excavador (ra), excavar, excedencia, excedente.

exceder(se) Uso de preposiciones: Exceder una cuenta *a* otra; e. *de* la talla; e. *en* mil reales; excederse *de* sus facultades.

excelencia Abreviatura: *Exc.ª* Es tratamiento que se da a jefes de Estado y presidentes de nación. En un escrito se abrevia *V. E.*

excelente, excelentemente.

excelentísimo Abreviatura: *Excmo.* El femenino es *excelentísima,* abreviado *Excma.* Tratamiento que se da a quienes corresponde el título de *excelencia* (v.).

excelsitud, excelso (sa).

*exencionar Es incorrecto; dígase *eximir* (v.).

excentricidad, excéntrico (ca), excepción, excepcional, excepcionar.

*excéptico Incorrecto; es *escéptico*.

excepto, exceptuación.

exceptuar Uso de preposiciones: Exceptuar a alguno *de* la regla.

excerpta, excesivo (va), exceso, excipiente, excitabilidad, excitable, excitación, excitador (ra).

excitante Es anglicismo cuando se usa con el sentido de «interesante, atractivo»; en tal caso deben emplearse estas voces.

excitar(se), excitativo (va), exclamación, exclamar, exclamativo (va), exclamatorio (ria), exclaustración, exclaustrado (da), exclaustrar, excluible, excluidor.

excluir Verbo irregular que se conjuga como *huir* (v.). Uso de preposiciones: Excluir (a uno) *de* alguna parte o cosa.

*exclusa Es incorrecto cuando se quiere decir *esclusa* (recinto con puertas para dar paso a los barcos a distintos niveles, por un canal).

exclusión.

exclusive Es adverbio de modo y como tal no varía de forma; es incorrecto su uso en plural: no debe decirse «ambos exclusives», sino «ambos exclusive».

exclusividad, exclusivismo, exclusivista, exclusivo (va), excluso, excluyente, excogitable, excogitar.

excombatiente La Academia lo admite así, en una sola palabra. (V. *ex*.)

excomulgado (da), excomulgador, excomulgar, excomunión, excoriación, excoriar, excrecencia, excreción, excremental (2), excrementar, excrementicio (1), excremento, excrementoso (sa).

excrescencia Admitido, pero es mejor *excrecencia*.

excretar, excreto (ta), excretor (ra), excretorio (ria), esculpación, exculpar, exculpatorio (ria), excursión, excursionismo, excursionista, excusa, excusable, excusación, excusada.

excusado Admitido con la acepción de «retrete». También se acepta *escusado*, con igual sentido. Es mejor decir *servicios, cuarto de aseo*. (V. *retrete*.)

excusador (ra), excusalí.

excusar(se) Uso de preposiciones: Excusarse *con* alguno; e. *de* hacer algo.

excusión, excuso.

*Exchequer Voz con que designan en Gran Bretaña al Ministerio de Hacienda.

exea, execrable, execración, execrador, execramento, execrando, execrar, execrativo, execratorio (ria), exedra.

exégesis Es la voz preferente para la Academia, aunque ésta también acepta *exegesis*. (V. *exegeta*.)

exegeta Es lo correcto, y no *exégeta* (incorrecto). (V. *exégesis*.)

exegético (ca).

exención Es el «efecto de eximir.» No confundir con *exacción* (v.).

exentar, exento (ta).

exequátur Acentuado en la *a*. El plural no varía *(los exequátur)*.

exequias Se usa siempre en plural *(las exequias)*. Significa «honras funerales».

exequible, exergo, Exeter, exfoliación, exfoliar, exhalación, exhalador, exhalante, exhalar, exhaustivo (va), exhausto (ta), exheredación, exheredar, exhibición, exhibicionismo, exhibicionista, exhibir.

*exhorbitante Incorrecto; es *exorbitante*.

exhortación, exhortador (ra).

exhortar Uso de preposiciones: Exhortar *a* penitencia.

exhortativo (va) (2)**, exhortatorio (ria)** (1)**, exhorto.**

*exhuberancia Incorrecto. (Véase *exhuberante*.)

*exhuberante Es incorrección muy difundida. Debe escribirse sin *h*: *exuberante*. Lo mismo vale para *exhuberancia* (incorrecto), que es *exuberancia*.

exhumación, exhumador (ra), exhumar, exigencia, exigente, exigible, exigidero, exigir, exigüidad, exiguo (gua).

*exilado Es incorrecto. (Véase *exiliado*.)

*exilar Es incorrecto. (V. *exiliar*.)

exiliado Es lo correcto, y no *exilado*. El femenino es *exiliada*. De igual forma, lo correcto es *exiliar*, y no *exilar*.

exiliar(se) V. *exiliado*. Respecto al acento, este verbo se conjuga lo mismo que *cambiar* (exilio, exiliáis).

eximente Es femenino (*la eximente*) cuando es sustantivo o adjetivo. En este último caso se dice *circunstancia eximente*.

eximición Voz antigua; hoy es *exención* (v.).

eximio (mia).

eximir(se) Uso de preposiciones: Eximir *de* una ocupación.

exinanición, exinanido (da), existencia, existencial.

existencialismo Admitido como «cierto movimiento filosófico». También se acepta *existencialista*.

existencialista V. *existencialismo*.

existente, existimación, existimar, existimativo, existir, éxito.

*exitoso Voz no admitida; dígase *triunfador, que tiene éxito*.

ex libris Locución latina que significa «de los libros». Es una etiqueta que se adhiere en el lugar adecuado de un libro. El plural no altera (*los ex libris*). Es incorrecto *exlibris* y *ex-libris*.

exo- Prefijo que significa «fuera de» (*exógeno, exoftálmico*).

exocrina «Cierto tipo de glándula.» Va acentuado fonéticamente en la *i*. Es incorrecto *exócrina*. No existe *exocrino*.

éxodo Va con mayúscula cuando se alude al segundo libro de la Biblia. Con minúscula si significa «huida».

exoesqueleto.

exoftalmía Con acento en la *i*. Es incorrecto *exoftalmia*.

exoftalmos, exogamia, exogámico, exoneración.

exonerar Uso de preposiciones: Exonerar *de* un cargo.

exorable, exorar, exorbitancia.

exorbitante Es lo correcto, y no *exhorbitante*, incorrecto.

exorcismo, exorcista, exorcizante, exorcizar, exordio, exornación,

exornar, exorno, exósmosis (1), **exosmosis** (2).

exotérico No debe confundirse con *esotérico* (v.).

exotérmico, exoticidad, exótico (ca), exotismo, exotiquez.

*expander Es incorrecto; dígase *expandir*.

expandir Es lo correcto, y no *expander* (incorrecto).

expansibilidad, expansible, expansión, expansionarse, expansivo (va), expatriación, expatriado (da).

expatriarse «Le han expatriado» es incorrecto. Dígase «le han desterrado». Sólo la propia persona puede expatriarse (a sí misma).

expectable, expectación.

*expectador Incorrecto; es *espectador*.

expectante, expectativa, expectoración, expectorante, expectorar, expedición, expedicionario (ria), expedicionero, expedidor, expedientar, expediente, expedienteo.

expedir Verbo irregular que se conjuga como *pedir* (v.).

expeditamente, expeditivo (va).

expedito (ta) Es la acentuación correcta y no *expédito*.

expelente, expeler.

*expelir Incorrecto; dígase *expeler*.

expendedor (ra), expendeduría, expender, expendición, expendio.

expensas Siempre en plural. Significa «gastos, costas». Se usa en la locución *a expensas de* («a costa de»).

experiencia, experimentación, experimentado (da), experimentador (ra), experimental, experimentar, experimento, expertamente.

*expertizar Es incorrecto; dígase *tasar, examinar*.

experto (ta), expiación.

expiar «Borrar las culpas mediante un sacrificio o una condena.» No debe confundirse con *espiar* («acechar»).

expiativo, expiatorio (ria), expilar, expillo, expiración, expirante.

expirar «Morir; acabarse.» No debe confundirse con *espirar*, «exhalar, expeler el aire aspirado». (V. *respirar*.)

explanación, explanada, explanar, explayada.

explayar(se) Uso de preposiciones: Explayarse *en* un discurso.

expletivo (va) «Voz o partícula que, sin ser necesaria, hace más llena o armoniosa la frase.» Ejs.: «*Nunca* jamás volveré.» «No, *no* sigas.» «Lo escuché con mis *propios* oídos.» (Las cursivas son voces expletivas.)

explicable, explicación, explicaderas, explicador.

explicar «Voy a *explicarte* un chiste» es impropio; en vez de *explicar* dígase *contar, relatar.*

explicativo (va), explícitamente, explicitar, explícito (ta), explicitud, explicotearse, explorable, exploración, explorador (ra), explorar, exploratorio (ria).

explosión Admitidos los nuevos significados «*explosión* atómica, termonuclear», etc. (V. *bomba.*)

explosionar Admitida. Es «hacer explosión» (estallar un artefacto), y «provocar una explosión», como se usa en minería, artillería, etc.

explosivo «El discurso tuvo un comienzo *explosivo*» es incorrecto. No se admite el sentido figurado para la voz «explosivo». Dígase *violento, tajante, radical.* (V. *explotar.*)

explotable, explotación, explotador (ra).

explotar Además del significado de «obtener una utilidad», la Academia ha admitido el de «estallar, hacer explosión, explosionar». Es preferible estallar. (V. *explosivo.*)

expoliación, expoliador (ra), expoliar, expolición, expolio, exponencial, exponente.

exponer(se) Verbo irregular que se conjuga como *poner* (v.). Uso de preposiciones: Exponerse *a* un peligro; e. *ante* el público.

*expontáneo Es incorrecto; escríbase *espontáneo.*

exportable, exportación, exportador (ra), exportar, exposición, expositivo (va), expósito (ta), expositor (ra), expremijo.

*exprés Incorrecto; dígase *expreso* («tren expreso»).

expresar, expresión, expresionismo, expresionista, expresividad, expresivo (va).

expreso Es lo correcto (en el caso de «tren expreso»), y no *exprés* o *express.*

*express V. *expreso.*

exprimidera, exprimidero, exprimir.

ex profeso Debe escribirse separado, no junto *(exprofeso).*

*exprofesor Debe ir separado *(ex profesor).* No obstante se admite *excombatiente* (junto). (V. *ex.*)

expropiación, expropiador (ra), expropiante, expropiar, expuesto (ta), expugnable, expugnación, expugnador(ra), expugnar, expulsar, expulsión, expulsivo (va), expulso, expulsor, expurgación, expurgador, expurgar, expurgatorio, expurgo, exquisitez, exquisito (ta).

extasiarse Por lo que se refiere al acento, este verbo se conjuga como *desviar* (extasío, extasías, extasiáis, etc.).

éxtasis «Embeleso, arrobamiento.» No confundir con *estasis:* «Estancamiento de sangre o de otro líquido en una parte del cuerpo.» (V. *extático.*)

extático «Embelesado, arrobado.» No confundir con *estático:* «Inmóvil, detenido.»

extemporal (2), extemporaneidad, extemporáneo (1).

extender(se) Verbo irregular que se conjuga como *entender* (v.). Uso de preposiciones: Extender *en* digresiones; e. *a, hasta* mil pesetas.

extendimiento, extensamente, extensible, extensión, extensivamente, extensivo (va), extenso (sa), extensor (ra), extenuación, extenuante.

extenuar Este verbo, por lo que se refiere al acento, se conjuga como *actuar* (extenúo, extenúas, etc.).

extenuativo, exterior, exterioridad, exteriorización.

exteriorizar «*Exteriorizaba* su modo de pensar»; es más correcto decir «*manifestaba* su modo de pensar» o «*exponía* su pensamiento».

exterminable, exterminación, exterminador (ra), exterminar, exterminio, externado, externo (na), ex testamento, extinción, extinguible, extinguir(se), extintivo (va), extinto (ta), extintor (ra), extirpable, extirpación, extirpador (ra), extirpar, *extornar, extorno, extorsión.

extorsionar «Usurpar; causar daño.» No debe emplearse con el sentido de «molestar, estorbar».

extra Aceptados por la Academia los significados de «persona que interviene como comparsa en el cine», «plato que no figura en la minuta», «adehala, gaje, plus» (femenino: *Una extra*), «extraordinario, óptimo». (V. *extra-*.)

extra- Prefijo que significa «fuera de» (*extramuros, extraterritorial*). (V. *extra*.)

extracción, extractador (ra), extractar, extracto, extractor (ra), extracurricular.

extradición Es lo correcto, y no *extradicción*, incorrecto.

extradós, extraente.

extraer Verbo irregular, cuya conjugación es similar a la de *traer* (v.). Uso de preposiciones: Extraer *de* un sitio.

extrajudicial, extralimitación, extralimitarse.

extramuros «El médico reside *en los extramuros* de la población», es incorrecto; dígase «el médico reside *extramuros* de la población» (fuera del recinto de la población).

extranjeras (voces) Las palabras y frases extranjeras que van en un texto castellano corriente deben escribirse en cursiva (bastardilla). Si se trata de una cita, deben llevar comillas, además: («Introdujo el *cassette* en el magnetófono. Fue cuando entonces leyó: "*Cherchez la femme*."»)

extranjería.

extranjerismo Es toda voz, frase o giro de un idioma extranjero empleados en nuestra lengua. Entre los extranjerismos se cuentan los galicismos, anglicismos, etc.

extranjerizante, extranjerizar.

extranjero (ra), extranjía.

extranjis (de) Locución familiar que significa «de tapadillo, ocultamente».

extrañación (2), extrañamiento (1), extrañar(se), extrañeza.

extraño (ña) Uso de preposiciones: Extraño *al* asunto; e. *de* ver.

extraoficial «Oficioso, no oficial.» Se escribe así, junto, lo mismo que *extraoficialmente*.

extraoficialmente, extraordinariamente, extraordinario (ria), *extraplano, extrapolación, extrapolar, extrarradio, extrasístole, extratémpora.

***extraterrestre** Voz no admitida; dígase *de otro astro* (o planeta), *espacial, cósmico, astral*, según los casos.

extraterritorial, extraterritorialidad.

extrauterino Voz admitida por la Academia: «Situado fuera del útero.» (Embarazo extrauterino.)

extravagancia V. *extravagante*.

extravagante En muchas traducciones, la voz inglesa *extravagant* se traduce erróneamente por *extravagante*. En realidad quiere decir «derrochador, manirroto; disparatado». De igual modo ocurre con *extravagancia*, que debe ser «derroche, dispendio, disparate».

extravasación, extravasarse, extravenar, extraversión.

extravertido Es lo correcto, y no *extrovertido*, incorrecto. En cambio se escribe *introvertido*, y no *intravertido*, que es incorrecto.

extraviado (da).

extraviar(se) Uso de preposiciones: Extraviarse *en, por* la ciudad. Respecto al acento, este verbo se conjuga como *desviar* (extravío, extraviáis, etc.).

extremado (da).

Extremadura El natural de esta región de España recibe el nombre de *extremeño*.

extremar, extremaunción, extremeño (ña), extremidad.

***extremísimo** Es incorrecto, para

indicar «exagerado»; debe decirse *extremoso* (admitido).

extremismo.

extremista Hombre de ideas extremas, especialmente en política. No significa «exagerado», como muchas veces se pretende. Lo mismo se aplica para *extremismo*.

extremo (ma).

extremoso (sa) V. *extremista*.

extrínseco (ca).

***extrovertido** Incorrecto; es *extravertido* (v.).

extrudir, extrusión, extrusor.

exuberancia Es lo correcto, y no *exhuberancia*, incorrecto. Lo mismo reza para *exuberante* (correcto) y *exhuberante* (incorrecto).

exuberante V. *exuberancia*.

exuberar, exudación, exudado (da), exudar, exulceración, exulcerar, exultación, exultar, exutorio.

exvoto Se escribe junto, no separado *(ex voto)*. Es «don u ofrenda como recuerdo de un beneficio recibido de Dios, la Virgen o los santos».

eyaculación, eyacular, eyaculatorio (ria), eyector, Eyck (Van), Ezequiel.

-ez Sufijo que indica nombres abstractos con sentido de cualidad *(madurez, sensatez)*. También integra patronímicos *(Rodríguez, Gutiérrez, Pérez)*.

-eza Sufijo que denota cualidad *(presteza, limpieza)*.

-ezno Sufijo que indica diminutivos *(torrezno)*, por lo general animales jóvenes *(lobezno)*.

f

f Séptima letra de nuestro alfabeto. Es una consonante cuyo nombre es *efe*. Fonéticamente, se define como consonante labiodental fricativa sorda. El plural es *efes*. En abreviaturas significa «sustantivo femenino» *(f.)*.

fa Nota musical. (V. *re*.)

fabada, fabla, fabordón, fábrica, fabricación, fabricador, fabricante, fabricar, fabrido (da), fabril, fabriquero, fabuco, fábula, fabulador, fabulario, fabulesco (ca), fabulista, fabulosidad, fabuloso.

faca Admitido: «Cuchillo de grandes dimensiones que suele llevarse envainado en una funda.»

facazo, facción, faccionar, faccionario (ria), faccioso, facera, faceta, facial.

facies En medicina, es el «aspecto del semblante cuando revela una dolencia». Es femenino *(la facies)*. El plural no varía: *las facies*.

fácil Uso de preposiciones: Fácil *a* cualquiera; fácil *con, para, para con* los inferiores.

facilidad, facilillo, facilitación, facilitar, facilitón, facineroso (sa).

facistol Se acentúa tónicamente en la *o*. Es un «atril grande de iglesia».

facsímil Voz admitida, aunque la Academia da como preferente *facsímile* (reproducción perfecta de un dibujo o escrito).

facsímile V. *facsímil*.

factible, facticio, fáctico, factitivo.

facto (de) Se admite separado y junto: *de facto* (1) y *defacto* (2). Significa «de hecho» (un gobierno *de facto*.)

factor (ra), factoraje.

factoría La Academia ha admitido el significado de «fábrica o complejo industrial». La acepción tradicional es «establecimiento comercial en un país colonial».

factorial, factótum, factual, factura, facturación, facturar, fácula.

facultad Con mayúscula cuando se alude a un centro docente de una universidad (la Facultad de Medicina).

facultar, facultativamente, facultativo (va), facundia.

facundo «Elocuente, abundante en palabras.» No debe confundirse con *fecundo*: «Fértil, abundante.»

facha, fachada, fachado, fachear, fachenda, fachendear, fachendista (3), fachendón (2), fachendoso (sa) (1), fachoso (sa), fachudo, fada, fadiga.

*fading Palabra inglesa; significa «atenuación, desvanecimiento» (de señales de radio).

fado, Fadrique, faena, faenar, faenero, Faenza.

faetón Con minúscula es un «carruaje ligero, descubierto»; con mayúscula *(Faetón)* es el nombre del hijo del Sol, que conducía el carro de su padre.

fagáceo (a).

-fagia Sufijo que significa «comer» *(disfagia, antropofagia).* El sufijo *-fago* significa «el que come» *(antropófago, necrófago);* también se usa como prefijo *(fagocito).*

-fago, fago- V. *-fagia.*

fagocito, fagocitosis.

fagot «Instrumento de viento y persona que toca este instrumento.» El plural es *fagotes.* (V. *fagotista.*)

fagotista «Persona que toca el fagot.» También la voz *fagot* tiene este mismo significado.

Fahrenheit, faique.

*fair play Expresión inglesa que debe traducirse por *juego limpio, honradez.*

Faisal Nombre de monarcas árabes. Es preferible a *Feisal.*

faisán El femenino es *faisana.*

faisana V. *faisán.*

faisanería, faisanero.

*fait accompli Expresión francesa que debe traducirse por *hecho consumado.*

faja, fajado (da), fajadura, fajamiento, fajana, fajar, fajardo, fajares, fajeado, fajero, fajilla, fajín, fajina, fajinada, fajo, fajol, fajón.

*fakir Es incorrecto; la grafía admitida por la Academia es *faquir.*

falacia, falange, falangeta, falangia, falangiano (na), falangina, falangio, falangismo, falangista, falansterio, falárica, falariz, falaz, falbalá, falca, falcado (da), falcario, falce.

falci- Prefijo que significa «hoz» *(falciforme).*

falcinelo, falcirrostro, falcón, falconero, falconete, falcónido (da), falda, faldamento, faldamento, faldar, faldear, faldellín, faldero (ra), Falopio (trompa de).

*falsa maniobra Es incorrecto; dígase *maniobra errada* («torpe, equivocada»).

falsabraga, falsada, falsar, falsario (ria), falsarregla, falseador (ra), falseamiento, falsear, falsedad, falseo, falseta, falsete, falsía, falsifi-

cación, falsificador, falsificar, falsilla, falso (sa), falsopeto, Falstaff.

falta Admitido su uso en deportes: «Lanzar (o sacar) una *falta*» (fútbol y otros deportes).

faltante.

faltar Uso de preposiciones: Faltar *en* algo; f. *a* la palabra; f. una cosa *por* hacer; f. *de* su casa.

falto (ta), faltón (na), faltoso (sa), faltriquera, falúa, falucho.

falla Como nueva primera acepción de esta voz da la Academia «defecto, falta». Por consiguiente, es perfectamente correcto decir «esta mercancía tiene una *falla*». Es mejor que decir «...tiene un *fallo*». Pues *fallo* es en primer lugar una «sentencia de un juez o decisión de persona competente», y sólo secundariamente es «falta, deficiencia».

fallada, fallador, fallanca, fallar, falleba, fallecedero (ra), fallecedor.

fallecer Verbo irregular que se conjuga como *agradecer* (v.).

falleciente, fallecimiento, fallero (ra), fallido, fallir.

fallo V. *falla.*

fama, famélico.

familia «Enrique es *familia* mía», es incorrecto. Dígase «Enrique es *familiar* (o *pariente*) mío».

familiar Se aplica a «voces, frases, lenguaje o estilo sencillos, corrientes, propios de la manera común de expresarse». Abreviatura: *fam.*

familiaridad, familiarizar(se), familiarmente, familiatura, familión, famoso (sa), fámula, famular, famulato (1), famulicio (2), fámulo.

*fan Voz inglesa que debe sustituirse por *fanático, hincha, partidario, admirador,* según los casos. Suele emplearse en plural *(fans),* igualmente incorrecto.

fanal, fanático (ca), fanatismo, fanatizador, fanatizar, fandango, fandanguero (ra), fandanguillo.

*fané Es galicismo; debe reemplazarse por *ajado, mustio, marchito, lacio, estropeado,* según el caso.

faneca, fanega, fanegada, fanerógamo (ma), fanfarrear, fanfarria, fanfarrón (na), fanfarronada, fan-

farronear, fanfarronería, fanfarronesca, fanfurriña, fangal (1), **fangar** (2), **fango, fangosidad, fangoso (sa).**

*fans Incorrecto. (V. *fan.*)

*fantaciencia Incorrecto. (V. *fantasía científica.*)

fantaseador, fantasear, fantasía.

*fantasía científica La Academia no ha admitido las expresiones *fantasía científica, ciencia-ficción, ficción científica* ni *fantaciencia.* La más correcta de las cuatro, y que debería admitirse, es *fantasía científica.*

fantasioso (sa).

fantasma Es masculino en su acepción más corriente de «visión quimérica, espectro», y femenino cuando significa «persona disfrazada que sale por la noche a asustar a la gente».

fantasmagoría, fantasmagórico, fantasmal, fantasmón (na), fantástico (ca), fantochada, fantoche, fañar, faquí, faquín.

faquir Voz correcta, admitida por la Academia. El plural es *faquires.* Es incorrecto escribir *fakir.* Se admite en las acepciones de «asceta hindú» y de «artista de circo que hace espectáculo de mortificaciones similares a las de los faquires». No se acepta la palabra *faquirismo* (v.).

*faquirismo Voz no admitida; dígase *profesión* (u *oficio*) *del faquir.*

farad, Faraday V. *faradio.*

faradio Es lo correcto: «Medida de capacidad eléctrica.» En la nomenclatura internacional se denomina *farad,* de *Faraday,* físico inglés.

faralá «Volante, adorno de tela.» El plural es *faralaes,* sin acento ortográfico.

farallón, faramalla, faramallero (ra), faramallón, farándula, farandulear, farandulero (ra), farandúlico.

faraón Siempre con minúscula (el *faraón* Amenofis IV).

faraónico, faraute, farda, fardacho, fardaje.

fardar La Academia sólo reconoce un significado: «Abastecer, especialmente de ropa.» Los demás sentidos familiares no son aceptados. *Fardaje* y *fardería* significan «conjunto de fardos».

fardel «Talega que llevan los pobres.» Además, es *fardo, lío grande.* En cambio, *fardo* es sólo «bulto, lío grande cubierto de arpillera o lienzo embreado».

fardería V. *fardar.*

fardo V. *fardel.*

farero (ra) Voz admitida; dígase también *torrero:* «El que tiene a su cuidado una atalaya o un faro.»

farfallón (na), farfán, farfante (2), **farfantón** (1), **farfantonada** (1), **farfantonería** (2), **fárfara, farfolla, farfulla, farfullador (ra), farfullar, fargallón.**

faria «Cigarro barato peninsular», es voz admitida. El plural es *farias.*

farináceo (a), faringe, faríngeo (a), faringitis, farisaico (ca), farisaísmo (1), **fariseísmo** (2), **fariseo, farmacéutica.**

farmacéutico El femenino es *farmacéutica.*

farmacia, fármaco, farmacología, farmacológico (ca), farmacólogo (ga), farmacopea, Farnesio, faro, farol, farola, farolazo, farolear, faroleo, farolería, farolero (ra), farolillo, farolón, farota, farotón, farpa, farpado (da).

farra Se admite como «juerga, parranda», para América. Lo mismo ocurre con *farrear* y *farrista* (juerguista).

fárrago, farragoso (sa), farraguista.

farrear, farrista V. *farra.*

farro, farruco (ca), farsa, farsador, farsálico.

farsanta V. *farsante.*

farsante El femenino *farsanta* (sustantivo) sólo está aceptado como «mujer que tenía por oficio representar *farsas*». En el sentido corriente, el femenino no varía *(una farsante).*

farsantería, farsista.

*Far West Voz inglesa; dígase *Lejano Oeste.*

fasces Es femenino y plural *(las fasces).* «Insignia del cónsul romano, que se componía de una segur en un hacecillo de varas.»

fasciculado, fascículo, fascinación, fascinador (ra), fascinante, fascinar.

*fascineroso Incorrecto; es *facineroso*.

fascismo, fascista, fase.

*fashionable Voz inglesa; también es incorrecto emplear el anglicismo *fasionable*. Dígase en su lugar *elegante, de moda*.

fásol, fastidiar, fastidio, fastidioso (sa), fastigio, fasta.

fasto Significa «feliz, venturoso» («un mes *fasto*»), lo mismo que *fausto* (v.). El femenino es *fasta*. En cambio, *fastos* (plural) es «anales, serie de sucesos» («*los fastos* de la antigua nación»).

fastuosamente, fastuosidad, fastuoso (sa).

fatal «Una herida *fatal*» es incorrecto; dígase «una herida *mortal*». *Fatal* es «inevitable, desgraciado». No debe confundirse, pues, con *mortal*.

fatalidad, fatalismo, fatalista, fatídico (ca), fatiga, fatigador (ra), fatigante, fatigar, fatigoso (sa), fatimí (1), fatimita (2).

*fatricida Incorrecto; escríbase *fratricida*.

fatuo (tua), faucal.

fauces Sólo se emplea en plural *(las fauces)*. «Parte posterior de la boca de los mamíferos.»

*faul, *faut Incorrecto, lo mismo que la voz inglesa *fault;* dígase *falta*.

Faulkner, fauna, faunesco (ca), fáunico, fauno, fáustico.

fausto Es «feliz, afortunado» (por oposición a *infausto*, desdichado), y también «lujo extraordinario». Compárese con *fasto* (v.).

fautor (ra), favila, Favila, favonio, favor.

favorable Uso de preposiciones: Favorable *a, para* alguno.

favorablemente, favorecedor (ra).

favorecer Verbo irregular que se conjuga como *agradecer* (v.). Uso de preposiciones: Favorecerse *de* una persona o cosa (valerse de su ayuda). Favorecido *de* la suerte; f. *por* el profesor.

favorecido V. *favorecer*.

favoreciente, favoritismo, favorito (ta), faya, fayanca.

*fayenza Es incorrecto; dígase *loza, porcelana*.

faz «Rostro o cara»; el plural es *faces*.

fe El plural es *fes*. Es incorrecto escribir *fé* (con acento ortográfico). Los monosílabos no se acentúan (*pie, fue, vio, dio,* etc., no llevan acento ortográfico). Únicamente llevan acento los monosílabos cuando dos voces son iguales, pero con distinto significado (*el* y *él, te* y *té, mi* y *mí, que* y *qué, cual* y *cuál*). (Véase cada una de estas voces.) En este caso el acento se llama diacrítico.

fealdad, febeo, feblaje, feble, Febo, febrera.

febrero Abreviatura: *feb.°*

febricitante, febrícula.

febrífugo Correcto: «Que quita la fiebre.» Es incorrecto, en cambio, decir *antifebril* y *antifebrífugo*. El femenino de *febrífugo* es *febrífuga*.

febril, fecal.

*fecit Voz latina que no figura en el léxico de la Academia. Significa «hecho», y la empleaban los artistas para firmar sus obras.

fécula, feculento (ta), fecundable, fecundación, fecundador (ra), fecundante, fecundar, fecundativo (va), fecundidad, fecundización, fecundizador (ra), fecundizante, fecundizar.

fecundo (da) Uso de preposiciones: Fecundo *en* recursos; f. *de* palabras. No confundir con *facundo* (de palabra fácil; parlanchín).

fecha En el caso de los decenios, véase *año*.

fechar, fechoría, fedatario, federación, federal, federalismo, federalista, federar, federativa.

federativo La Academia no lo admite con el significado de «miembro de una federación» (deportiva, como la Federación Española de Fútbol). El femenino es *federativa*.

Federica (a la), Fedón, Fedra.

*feedback Voz inglesa. Amplificación especial de sonido o retroalimentación.

*feérico Es galicismo; dígase *fantástico, maravilloso, soberbio.*

fehaciente, Feijoo.

*Feijóo Es incorrecto acentuar esta palabra. Debe ir sin acento *(Feijoo),* lo mismo que *Campoo.*

*Feisal V. *Faisal.*

feísmo, feldespático (ca), feldespato, felibre, felice, felicidad, felicitación, felicitar, félido, feligrés (sa), feligresía, felino (na), Félix, feliz, felizmente, felón (na), felonía, felpa, felpar, felpilla, felposo, felpudo, femenil (2), femenino (na), (1), fementido (da).

fémina Admitida por la Academia con el significado de «mujer, persona del sexo femenino».

femineidad V. *feminidad.*

feminela, femíneo (a).

feminidad Admitido: «Calidad de femenino.» Con sentido equivalente se acepta también *femineidad.*

feminismo, feminista, feminización, feminoide, femoral, fémur, fenda.

fenecer Verbo irregular que se conjuga como *agradecer* (v.).

fenecimiento, Fenelón, feniano, fenicado (da), fenicar.

Fenicia El natural de esta antigua región de Asia recibe el nombre de *fenicio.*

fenicio (cia), fénico.

fénix El plural no varía *(los fénix).* Es masculino; con la voz *ave* (femenino) se dice *el ave fénix, las aves fénix.* (V. *arma.*)

fenogreco, fenol, fenomenal, fenoménico (ca).

fenómeno «Lo he pasado *fenómeno*» es vulgarismo. En vez de *fenómeno* dígase *magníficamente, espléndidamente, muy bien.*

fenotípico, fenotipo, feo (a), feote, feracidad, feral, feraz, féretro, feria.

feriado Correcto, aunque es mejor decir *día feriado.* (V. *día.*)

ferial, feriante, feriar, ferino (na), fermata, fermentable, fermentación, fermentado (da), fermentador (ra), fermentante, fermentar, fermentativo (va), fermento, fermio, fernandina, fernandino.

-fero Sufijo que significa «llevar,

producir» *(argentífero, petrolífero).*

ferocidad, ferodo, Feroe (islas), **feróstico (ca), feroz, ferrada, ferrado, ferrallista, ferrar, Ferrara, ferrarés, férreo, ferrería, ferreruelo, ferrete, ferretear, ferretería, ferretero.**

*ferribote Incorrecto, lo mismo que *ferry-boat* y *ferry* (anglicismos). Dígase *transbordador.* En otros casos es *barcaza, barca de pasaje.*

ferri-, ferro- Prefijo que significa «hierro» *(férrico, ferroso, ferroviario).*

férrico (ca), ferrificarse, ferrita, ferrizo (za), ferro.

ferro- V. *ferri-.*

ferrocarril Abreviatura *f.c.* o *F.C.*. Se escribe con mayúscula cuando forma parte del nombre de una empresa (el edificio del *Ferrocarril del Norte*). Con minúscula en los demás casos (el empleado del *ferrocarril*).

ferrocarrilero Se acepta con el sentido de *ferroviario,* para algunos países de Hispanoamérica. En España debe decirse *ferroviario.*

ferrocianhídrico, ferrocianuro, ferrocino.

Ferrol, El El natural de esta ciudad de la provincia de La Coruña recibe el nombre de *ferrolano.*

ferromagnético (ca), ferroprusiato, ferroso (sa), ferroviario (ria), ferrugiento, ferruginoso (sa).

*ferry, *ferry-boat Voces inglesas; dígase *transbordador, barcaza* o *barca de pasaje,* según los casos. También es incorrecto *ferribote.*

fértil Uso de preposiciones: Fértil *de, en* pastos.

fertilidad.

*fertilísimo Es un barbarismo. El superlativo de *fértil* es *ubérrimo.*

fertilizable, fertilizador (ra), fertilizante, fertilizar.

férula Además del significado de «tablilla flexible para el tratamiento de fracturas», la Academia ha admitido el de «autoridad o poder despótico» (estar bajo la *férula* de un déspota).

feruláceo, fervencia, ferventísimo

(2), **férvido (da), ferviente, fervientísimo (ma)** (1), **fervor, fervorar, fervorín, fervorizar, fervoroso (sa), festejador (ra), festejante, festejar, festejo, festero (ra), festín, festinación.**

festina lente Locución latina que significa «apresúrate despacio», es decir, que a veces no por darse más prisa se llega antes o se termina algo más pronto.

festinar, festival, festividad, festivo (va), festón, festoneado (da), festonear, fetación, fetal.

fetén Admitido. Mejor dígase *estupendo, magnífico.*

feticida, feticidio.

fetiche Admitido: «Ídolo u objeto de culto supersticioso.» También se aceptan *fetichismo* y *fetichista.*

fetichismo, fetichista, fetidez, fétido (da), feto, feúco, feúcho (cha), feudal, feudalidad, feudalismo, feudatario (ria), feudista, feudo, Feuillet, fez.

fiabilidad Voz aceptada por la Academia: «Calidad de fiable; probabilidad de buen funcionamiento de una cosa.» *Fiable*, también admitido, es «persona digna de confianza».

*fiacre Galicismo hoy poco usado; dígase *simón, coche de punto* (tirado por caballos).

fiado (da), fiador (ra).

fiambre Admitido con el significado familiar de «cadáver».

fiambrera, fiambrería, fianza.

fiar(se) Por lo que se refiere al acento, este verbo se conjuga como *desviar* (fío, fías, fiáis, etc.). Uso de preposiciones: Fiarse *a, de, en* alguno.

fiasco Admitido por la Academia con el significado de «fracaso».

fíat Voz latina relacionada por la Academia en su Diccionario; es «consentimiento o mandato para que una cosa tenga efecto». Viene del latín *fiat* (hágase).

*fíat lux Locución latina que significa «hágase la luz». Se alude a la palabra creadora del Génesis (I, 3). No está en el Diccionario académico.

*fíat voluntas túa Locución latina que significa «hágase tu voluntad». Palabras del *Padre Nuestro.* No aparece en el Diccionario académico.

fibra, fibrina, fibrocartilaginoso, fibrocartílago, fibrocemento, fibroma, fibroso (sa), fíbula.

ficción «Obras de ficción», referido a las novelas, es anglicismo (del inglés *fiction*). Debe decirse, pues, *novelística, novelas, literatura novelesca, género novelesco.*

-fíceo Sufijo que significa «alga» (*clorofíceo, cianofícea*).

ficoideo, ficticio (cia), ficto (ta), ficha.

fichaje Admitido. Indica «compromiso para actuar en una entidad deportiva». También se admite *fichar* con este significado («comprometerse para actuar en una entidad deportiva»).

fichar V. *fichaje.*

*fichú Es galicismo; dígase *toquilla, pañoleta.*

fidedigno (na), fideero (ra), fideicomisario (ria), fideicomiso, fideicomitente, fidelidad, fidelísimo (ma), fideo, Fidias, Fidji, fiduciario (ria), fiebre.

fiel Uso de preposiciones: Fiel *a, con, para, para con* los amigos; f. *en* su creencia.

fielato.

*field Voz inglesa; en su lugar dígase *campo* (de juego), *campo de deportes.*

fieldad, fieltrar, fieltro, fiemo, fiera, fierabrás, Fierabrás, fiereza, fiero (ra), fierro, Fiésole, fiesta, fiestero.

*fifty-fifty Inglés. A partes iguales.

fígaro, Fígaro, figle, figo, figón, figonero (ra).

Figueras El natural de esta población de la provincia de Gerona recibe el nombre de *figuerense.*

figuerense V. *Figueras.*

figulina Esta voz se emplea siempre con otras palabras (*estatua figulina, pintura figulina*). Significa «de barro cocido».

figulino V. *figulina.*

figura «Cajal era una *figura* de la medicina mundial.» El término *figura* es impropio en esta frase; dígase *eminencia, personalidad, notabilidad.*

figurable, figuración, figurado.

figurante «Comparsa de teatro.» El femenino es *figuranta (la figuranta).*

figurar.

figuras de dicción O metaplasmos; son ciertas alteraciones que sufren algunas palabras en su estructura, ya por adición de letras (prótesis), ya por supresión (aféresis, síncopa y apócope), ya por alteración del orden de las letras (metátesis), ya por contracción de dos vocablos (contracción).

figurativo (va), figurería, figurero (ra), figurilla, figurín.

figurinista Voz admitida por la Academia: «Persona que se dedica a hacer *figurines.*»

figurón, fija, fijación, fijado, fijador (1), **fijapelo** (2).

fijar(se) Uso de preposiciones: Fijar *en* la pared; f. un lienzo *al* bastidor; fijarse *en* un detalle.

fijativo, fijeza, fijo (ja), fila.

fila india Expresión admitida; significa «fila que forman varias personas, una tras otra».

filáciga, filacteria, Filadelfia, filadelfo (fa), filadiz, filamento, filamentoso (sa), filandria, filantropía, filantrópico (ca), filántropo, filaria, filariasis, filariosis, filarmonía, filarmónico (ca), filástica, filatelia.

filatélico «Relativo a la *filatelia*» y recientemente admitido el significado de «coleccionista de sellos». *Filatelista* tiene sólo este último sentido, o más específicamente el de «persona que se dedica a la *filatelia*». El femenino de *filatélico* es *filatélica. Filatelista* es nombre común (*el, la filatelista*).

filatelista V. *filatélico.*

filatería, filatero (ra).

*filatura** Es galicismo; dígase *hilandería, fábrica de hilos.*

fileno (na), filera, filete, filetear, filetón, filfa.

-filia Sufijo que indica «amor, afición» *(anglofilia, hispanofilia, bibliofilia).*

filiación, filial, filiar, filibusterismo, filibustero, filicida, filicidio, filici-

neo (a), filiera, filiforme, filigrana, fililí, filipéndula, filipense, filípica.

Filipinas El natural de este país de Asia se llama *filipino (na).*

filipino (na) V. *Filipinas.* Significa, además, «perteneciente a *Felipe II*, rey de España, y a sus inmediatos sucesores» *(Felipe III* y *Felipe IV).*

Filipo, filis, filisteo (a).

*film** Voz inglesa; dígase *filme* (admitido) (v.). También es incorrecto el plural *films*; dígase *filmes.*

filmación, filmador (ra), filmar V. *filme.*

filme Es voz admitida por la Academia. Significa «película cinematográfica». El plural es *filmes.* No debe usarse la voz inglesa *film.* También se aceptan *filmación, filmador (ra), filmografía, filmar* y *filmoteca*, pero no *filmlet* (película corta de propaganda). Otra voz aceptada es *microfilme*, pero no *microfilm.*

*filmlet** Cortometraje publicitario.

filmografía, filmoteca V. *filme.*

fil-, filo-, -filo Prefijos y sufijo de origen griego y que significan «amigo, amante de» *(filólogo, filántropo, hispanófilo).*

filo, filodio, filófago, filogenia.

filología «Estudio científico de una lengua, y en particular de su parte lexicográfica y gramatical.» El *filólogo* es la persona versada en *filología.* El femenino es *filóloga (la filóloga).*

filológica, filológico.

filólogo (ga) V. *filología.*

filomanía, filomela, filón, filonio, filopos, filoseda.

filoso (sa) (*Afilado*, que tiene filo», es término admitido sólo para algunos países de Hispanoamérica.

filosofador(ra), filosofal, filosofante, filosofar, filosofastro, filosofía, filosófico (ca), filosofismo.

filósofo (fa) El femenino de *filósofo* es *filósofa (la filósofa, unas filósofas)*, no la *filósofo.*

filosoviético (ca), Filostrato, filotráquea, filoxera, filoxérico, filtración, filtrador (ra), filtrante, filtrar(se), filtro, filustre, filván, filló (1) **filloa** (2), **fimbria, fimo, fimosis.**

fin «Fin de semana»; en realidad, esta expresión, tan corriente en nuestra lengua, no está aceptada, ya que es traducción literal del inglés *weekend*. Puede sustituirse por *el sábado* y *el domingo*.

finado (da), final, finalidad, finalista.

*finalización Es voz incorrecta; dígase en su lugar *conclusión, terminación.*

finalizar.

financiación, financiamiento, financiar V. *financiero.*

financiero (ra) Es voz admitida, que significa «relativo a los grandes negocios mercantiles» y «persona versada en estas materias». El femenino es *financiera.* Se admiten también los términos *financiación, financiamiento* (son equivalentes) y *financiar.* Respecto a *finanzas*, la Academia lo acepta asimismo, pero con el sentido de «hacienda pública; bienes, caudales», y no aún con el que se le atribuye corrientemente de «grandes negocios mercantiles, cuestiones bancarias o bursátiles». No se admite la voz *financista;* dígase *financiero.*

*financista Incorrecto; dígase *financiero* (v.).

finanzas V. *financiero.*

finar.

*finas artes Es anglicismo; dígase *bellas artes.*

finca, fincabilidad, fincar, finchado, finchar.

*fin de semana V. *fin.*

finés (sa) Es el natural de *Finlandia.* También se admite *finlandés*, que es la voz preferente.

fineta, fineza, fingidamente, fingido (da), fingidor (ra), fingimiento, fingir, finible, finibusterre, finiquitar, finiquito.

finis coronat opus Locución latina que significa «el fin corona la obra». Se usa para indicar la relación entre el comienzo y el fin de una cosa. La expresión no figura en el léxico de la Academia.

finisecular «Relativo al fin de un siglo determinado.» Es término admitido por la Academia.

Finisterre, finito (ta).

finlandés (sa) V. *Finlandia.*

Finlandia El natural de este país del norte de Europa recibe el nombre de *finlandés* (1) y *finés* (2).

fino (na).

finolis Admitido como «persona que afecta finura y delicadeza».

finta «Además o amago que se hace con intención de engañar a uno.» Es voz admitida.

finura, finústico, finustiquería, fiñana.

*fiord Es incorrecto; dígase *fiordo* (véase).

fiordo Es la voz correcta, admitida por la Academia. No debe escribirse *fiord* ni *fjord* (voz escandinava). El plural de *fiordo* es *fiordos.*

*fioritura Incorrecto; dígase *floritura*, cuando se alude a «adorno en el canto y en otras cosas diversas». Suele usarse también en plural.

*Firenze Es nombre italiano; dígase *Florencia* (ciudad de Italia).

firma Admitido el significado de «razón social».

firmal, firmamento, firmante.

firmar Uso de preposicones: firmar *de* propia mano; f. *en* blanco; f. *con* rúbrica; f. *por* el jefe.

firme Uso de preposiciones: Firme *de* hombros; f. *en* su designio.

firmeza, firmón.

fiscal Es voz masculina. El femenino sería *la fiscal.*

fiscalía, fiscalizable, fiscalización, fiscalizador (ra), fiscalizar, fisco, fiscorno, fisga, fisgador (ra), fisgar, fisgón (na), fisgonear, fisgoneo.

fisiatra V. *fisiatría.*

fisiatría Admitido por la Academia como «naturismo médico», es decir, curación de las enfermedades por procedimientos naturales. El *fisiatra* es la «persona que profesa la *fisiatría*», voz admitida, lo mismo que *fisiátrico (ca).*

fisiátrico (ca) V. *fisiatría.*

física, físicamente.

físico El femenino es *física* («*la física* presentó una tesis doctoral»). También se acepta *físico* con el significado de «exterior de una persona» («tiene un *físico* agradable»).

fisicoquímica Se escribe junto, y con acentuación esdrújula (no *físicoquimica*). Lo mismo vale para *fisicoquímico*.

fisicoquímico V. *fisicoquímica*.

fisio- Prefijo que significa «naturaleza» *(fisiólogo, fisiocracia)*.

fisiocracia, fisiócrata, fisiografía, fisiográfico (ca), fisiología, fisiológico (ca).

fisiólogo La Academia no admite fisióloga; el femenino sería *la fisiólogo*.

fisión Admitido con el significado de «escisión del núcleo de un átomo». No confundir con *fusión*, «efecto de *fundir* (o *fundirse*)».

fisionomía Aceptado, aunque no tiene uso y se prefiere *fisonomía*. Es incorrecto, en cambio, decir «rasgos *fisionómicos*»; debe decirse *fisonómicos*.

*fisionómico Incorrecto; dígase *fisonómico*. (V. *fisionomía*.)

fisiopatología, fisioterapeuta, fisioterapéutico (ca) (2), **fisioterapia, fisioterápico (ca)** (1), **fisioterapista, fisípedo (da), fisicrostro (tra).**

fisonomía Es el término más empleado, aunque se admite *fisionomía* (poco usado). En cambio es incorrecto *fisionómico*; dígase *fisonómico* (rasgos *fisonómicos*). Igual reza para *fisonomista* (correcto) y *fisionomista* (incorrecto).

fisonomista V. *fisonomía*. También se acepta, como sinónimo, la voz *fisónomo*, aunque se prefiere la primera.

fisóstomo, fistol, fistra, fístula, fistular, fistuloso (sa), fisura.

fito- Prefijo que proviene del griego y significa «vegetal» *(fitología)*. El sufijo *-fito (ta)* tiene igual significado *(saprofito, talofita)*.

-fito (ta) V. *fito-*.

fitófago (ga), fitoftirio.

fitografía Parte de la botánica que tiene por objeto la descripción de las plantas. No confundir con *fotografía*.

fitográfico (ca) Perteneciente o relativo a la *fitografía* (v.); no confundir con *fotográfico (ca)*.

fitógrafo, fitolacáceo, fitología, fitopatología, fitotomía.

*fjord Incorrecto; dígase *fiordo*, voz admitida. Tampoco se acepta *fiord*.

flabelicornio, flabelífero, flabeliforme, flabelo, flaccidez (1), **fláccido (da)** (1), **flacidez** (2), **flácido** (2), **flaco (ca), flacucho, flacura, flagelación, flagelado (da), flagelador (ra), flagelante, flagelar (se), flagelo, flagrancia.**

flagrante Se emplea en la expresión *en flagrante* (más usado es *in fraganti*), que significa «en el momento de cometerse un delito; sin que el autor haya podido huir». *Flagrante* no debe confundirse con *fragante* (aromático, que huele bien).

flagrar, flama, flamante, flamear, flamen, flamenco (ca), flamenquería, flamenquilla, flamenquismo, flameo, flámeo, flamero, flamígero, Flammarion, flámula, flan, flanco.

Flandes Es el nombre correcto en español. En inglés se escribe *Flanders*, y en francés *Flandre*. El natural de *Flandes* es el *flamenco*.

*Flanders, *Flandre V. *Flandes*.

*flanear Incorrecto; galicismo que debe ser sustituido por *callejear, vagar*.

flanero.

flanqueado Uso de preposiciones: Flanqueado *de* torres (no decir «flanqueado *por* torres).

flanqueador (ra), flanqueante, flanquear, flanqueo, flanquís, flaón.

*flap Inglés. Dígase *alerón* (de avión).

flaquear Uso de preposiciones: Flaquear *por* la base; f. *en* la honradez.

flaqueza.

*flash Voz inglesa; puede sustituirse por *lámpara de destello*. En otros casos indica *fogonazo; despacho breve, noticia urgente*.

flato, flatoso, flatulencia, flatulento (ta), flatuoso, Flaubert, flautado (da), flauteado, flautero, flautillo, flautín, flautista, flautos, flavo (va).

fleb-, flebo- Prefijos que significan «vena» *(flebitis, flebotomía).*

flébil, flebitis.

flebo- V. *fleb-.*

flebotomía, flebotomiano, fleco, flecha, flechador, flechadura, flechar, flechaste, flechazo, flechera, flechería, flechero, flechilla, flegmasía, fleje, flema, flemático (ca), fleme, Fleming, flemón, flemonoso, flemoso (sa), flemudo (da), fleo, flequillo, fletador, fletamento (1), fletamiento (2), fletante, fletar, flete, flexibilidad, flexibilizar, flexible, flexión, flexional, flexivo (va), flexor (ra), flexuoso (sa), flexura, flictena.

*flirt Es incorrecto; dígase *flirteo* (v.), voz admitida.

flirtear Es correcto. (V. *flirteo.*)

flirteo Voz admitida por la Academia. No debe usarse la voz inglesa *flirt.* Ambas significan «coqueteo, galanteo, amorío, juego amoroso». También se admite *flirtear:* «galantear, cortejar, coquetear».

flocadura, floculación, flocular, flogístico (ca), flogisto, flogosis, flojear, flojedad (1), flojel, flojera (2).

flojo (ja) Uso de preposiciones: Flojo *de* piernas; f. *en, para* el esfuerzo.

flojura, floqueado, flor, floración, floral, florales, florar.

*florcita Incorrecto; es *florecita* (v.) o *florecilla.*

flordelisado (da), flordelisar, floreado (da), floreal, florear, florecedor.

florecer Verbo irregular que se conjuga como *agradecer* (v.). Uso de preposiciones: Florecer *en* virtudes.

floreciente, florecimiento.

florecita Es el diminutivo correcto de *flor,* lo mismo que *florecilla.* Es incorrecto decir *florcita.*

Florencia El natural de esta ciudad de Italia recibe el nombre de *florentino (na).*

florentino (na), florentísimo (ma), floreo, florería, florero (ra), florescencia, florescer, floresta, florestero, floreta, floretada, floretazo,

florete, floretear, floreteo, floretista, floricultor (ra), floricultura.

Florida El natural de este estado de EE. UU. recibe el nombre de *floridano (na).*

floridano (na), floridez, florido (da), florífero.

florilegio «Colección de trozos selectos de materias literarias.» No significa «flotura» (v.) ni «floreo».

florín, floripondio.

florista Es voz del género común *(el florista, la florista).*

floristería Voz admitida, pero es mejor usar *florería.*

floritura Admitido como «adorno en el canto y en otras cosas diversas». Es incorrecto el vocablo italiano *fioritura.*

florón, flósculo.

flota «Una *flota* de vehículos», sean camiones o automóviles, es expresión impropia, pues para la Academia las *flotas* sólo son de embarcaciones *(flota pesquera, flota de guerra,* etc.) o de aviones *(flota de aviones).*

flotabilidad, flotable, flotación (1), flotador (ra), flotadura (2), flotamiento (3), flotante, flotar, flote, flotilla, fluctuación, fluctuante.

fluctuar Por lo que se refiere al acento, se conjuga lo mismo que *actuar* (fluctúo, fluctuáis, etc.). Uso de preposiciones: Fluctuar *en, entre* dudas.

fluctuoso (sa), fluencia, fluente, fluidez, *fluidificación, fluidificar, *fluidización.

fluido Sólo se acentúa de este modo (en la *i,* sin tilde). Es incorrecto escribir *flúido* y *fluído.* El femenino es *fluida (lectura fluida).*

fluir Verbo irregular que se conjuga como *huir* (v.).

flujo, fluminense, flúor, fluorescencia, fluorescente, fluorhídrico, fluorina (2), fluorita (1), fluvial, flux, fluxión, ¡fo!

f.o.b. Abreviatura de la expresión inglesa, bastante usada en comercio, *free on board,* es decir, *mercancía colocada en puerto de origen,* «libre de gastos a bordo» (de un barco).

fobia Admitido, y también el sufijo *-fobo:* «Aversión, repulsión» *(xenófobo).*

-fobo V. *fobia.*

foca, focal.

focense V. *Fócida.*

Fócida Es lo correcto, y no *Fócide.* El natural de esta región de la antigua Grecia recibe el nombre de *focense.*

focino, Focio, foco, fóculo, Foch, fodolí, fofo (fa), fogaje, fogarada, fogarata, fogaril, fogarizar, fogata, fogón, fogonadura, fogonazo, fogonero, fogosidad, fogoso (sa), fogueación, foguear, fogueo, foguero.

*foie-gras, *foigrás Incorrecto; voz francesa y galicismo, respectivamente. Dígase *pasta de hígado (graso, de pato, de ganso,* etc.). También es incorrecto *fuagrás.*

foja, fojuela.

folclor, folclore, folclórico, folclorista Voces admitidas. La Academia no acepta las mismas voces con *k* en vez de c. (V. *folklore.*)

folgo, folía, foliáceo (cea), foliación, foliador (ra).

foliar Verbo regular, que por lo que se refiere al acento se conjuga como *cambiar* (folio, folias, foliáis).

foliatura, folicular, foliculario, folículo, folio.

folíolo Es lo correcto, con acento en la *i,* y no *foliolo.*

*folklore Voz no aceptada por la Academia, lo mismo que *folklórico (ca),* y *folklorista.* Se admiten sólo *folclore, folclórico* y *folclorista.*

foluz, folla, follada, follado.

follador Es «el que maneja el fuelle en una fragua». *Follar* significa «soplar con el fuelle; soltar una ventosidad».

follaje, follajería.

follar V. *follador.*

follero, folletín, folletinesco (ca), folletinista, folletista, folleto.

*folletón Incorrecto; es galicismo por *folletín,* que es como debe decirse.

follón Admitido recientemente el significado de «alboroto, confusión.»

Fomalhaut, fomentación, fomentador (ra), fomentar, fomento, fomes, *fon, fonación, foncarralero (ra), fonda, fondable, fondado (da), fondeadero, fondeado (da), fondear, fondeo, fondillón.

fondillos «Parte trasera de los pantalones.» Sólo se usa en plural. No debe decirse «*el fondillo* de los pantalones», sino *los fondillos...».*

fondista, fondo, fondón (na).

fonema En gramática es «cada uno de los sonidos simples del lenguaje, sea letra o sílaba». Se definen por sus rasgos distintivos, que forman oposiciones, y no por las cualidades físicas del sonido.

fonemático (ca) Voz admitida para indicar «lo referente al fonema o al sistema fonológico».

fonendoscopio Cierto tipo de estetoscopio, más moderno. Posee dos tubos con dos auriculares para los oídos, en lugar de ser una especie de trompetilla, como es el estetoscopio. Por consiguiente, ambas palabras no deben ser empleadas como sinónimos.

fonética Es una parte de la Lingüística que estudia los sonidos de una lengua desde un punto de vista físico y fisiológico.

fonético, fonetismo, fonetista, foniatra, foniatría, fónico (ca), fonil, fonio.

fono-, -fono Prefijo y sufijo que significan «voz, sonido» *(fonología, fonógrafo, teléfono, micrófono).*

fonocaptor, fonografía, fonográfico (ca).

fonógrafo No es exactamente lo mismo que *gramófono* o *tocadiscos* (admitidas), pues se trata de un «instrumento que inscribe *en un cilindro* las vibraciones de los sonidos, y las reproduce»).

fonograma, fonolita.

fonología Es el estudio de los fonemas (v.). No debe confundirse con la *fonética* (v.).

fonológico (ca), fonólogo, *fonometría, fonómetro.

fonóptico (ca) *Cinta fonóptica* es la «cinta magnetofónica que además del sonido registra imágenes ópticas». Es la expresión que hay que emplear en lugar de *video-tape*, voz inglesa. El aparato reproductor podría denominarse *aparato fonóptico*, o *fonóptico*, simplemente.

fonoteca, fonotecnia, fonsadera, fonsado, Fontainebleau, fontal, fontana, fontanal, fontanar, fontanela.

fontanería V. *fontanero.*

fontanero Es lo correcto para designar al que «hace y compone las fuentes y cañerías». Es incorrecto llamarle *lampista*. De igual forma, lo correcto con ese mismo sentido es *fontanería*, y no *lampistería*.

fontezuela, fontículo.

football Incorrecto. En lugar de esta voz inglesa, dígase *fútbol*, admitida por la Academia (no se acepta *fóbal*, como escriben en algunos países de América del Sur). También se acepta el término *balompié*, si bien es menos usado que *fútbol*.

foque, forajido (da), foral, foramen, foraminífero, foráneo (a), forastero, forcaz, forcejar (2), forcejear (1), forcejeo, forcejón, forcejudo.

fórceps Es singular. Lleva acento aunque es voz grave terminada en *s*. Es una excepción, lo mismo que *bíceps* y *tríceps*. El plural de las tres voces no cambia *(unos fórceps).*

Foreign Office Expresión inglesa con que se designa el Ministerio de Asunto Exteriores británico.

forense, forero (ra), forestal, forestar.

for ever Expresión inglesa que significa «por siempre».

forfait Vocablo francés que suele emplearse en la expresión «viajes a *forfait*» (pago adelantado de un viaje turístico, del que la compañía organizadora se hace responsable). También significa *gastos a prorrata; global, en conjunto.*

forillo, forja, forjado (da), forjador (ra), forjadura.

forjar Uso de preposiciones: Forjar el metal *en* barras.

forlón, forma, formable, forma-ción, formador (ra), formaje, formal, formaldehído, formalete, formalidad, formalina, formalismo, formalista, formalización, formalizar, formalote.

formar Uso de preposiciones: Formar *en* columnas; f. *por* compañías; f. *con* buenos ejemplos.

formativo (va).

formato Voz admitida por la Academia Española: «Tamaño de un impreso.» Sólo se refiere, pues, a los impresos, no a otra cosa.

formatriz, formero, formiato, formicante, fórmico, formidable, formidoloso (sa), formol, formón, formoseño (ña), fórmula, formulación, formular, formulario (ria), formulismo, formulista, fornáceo, fornelo, fornicación, fornicador (ra), fornicante, fornicar, fornicario (ria), fornicio, fornido (da).

fornitura Voz admitida. Entre otros significados tiene el de «piezas de repuesto de un reloj o de otro mecanismo de precisión» y «correaje de los soldados» *(fornituras).*

-foro Sufijo que significa «que lleva» *(electróforo, cromatóforo).*

foro.

forofo Vulgarismo; en su lugar dígase *fanático, hincha* (generalmente de un equipo de fútbol).

forqueta, forración, forraje, forrajeador, forrajear, forrajera, forrajero.

forrar Uso de preposiciones: Forrar *de, con* pieles.

forro, forrocino, fortachón (na), fortalecedor (ra).

fortalecer Verbo irregular que se conjuga como *agradecer* (véase).

fortalecimiento, fortaleza.

forte Voz italiana; término musical que debe traducirse por *fuerte.*

fortificación, fortificador (ra), fortificante.

fortificar(se) Uso de preposiciones: Fortificarse *con* tónicos; f. *contra* el enemigo; f. *en* un punto.

fortín.

fortísimo (ma) Es el superlativo de *fuerte.*

fortitud, fortuitamente, fortuito (ta), fortuna, fortunón, Fortuny.

*forum Latinismo con que se designa una especie de «asamblea» o «lugar donde se discute de algo».

forúnculo Voz admitida, lo mismo que *furúnculo*, aunque ésta es menos usada.

*forward Voz inglesa empleada en América del Sur; dígase *delantero* (de equipo de fútbol).

forzado (da), forzador, forzal, forzamiento, forzante.

forzar Verbo irregular que se conjuga como *contar* (v.).

forzosa, forzoso, forzudo (da), fosa, fosal, fosar, fosca.

fosco Además de «hosco», significa «de color oscuro, que tira a negro». El femenino es *fosca*.

fosfatado (da), fosfático (ca), fosfato, fosfaturia, fosfeno, fosfito, fosforado (da).

fosforecer Verbo irregular que se conjuga como *agradecer* (véase). También se escribe *fosforescer*, pero es preferible la primera voz.

fosforera, fosforero, fosforescencia, fosforescente.

fosforescer Admitido, pero es preferente *fosforecer*. En cambio, sólo se admiten *fosforescencia* y *fosforescente*.

fosforescencia, fosforescente V. *fosforescer*.

fosfórico (ca), fosforita.

fósforo «Trozo de cerilla, madera o cartón, con cabeza de fósforo», así lo define la Academia.

fosforoscopio, fosforoso (sa), fosfuro, fósil, fosilífero, fosilización, fosilizarse, foso, fosquera.

foto- Prefijo que significa «luz» *(fotoeléctrico, fotografía)*.

foto Admitido como apócope familiar de *fotografía* (voz preferente).

*fotoconductibilidad Incorrecto; dígase *fotoconductividad* (recientemente aceptado).

fotoconductor.

fotocopia, fotocopiador (ra), fotocopiar Estas tres voces han sido admitidas recientemente.

fotoelectricidad, fotoeléctrico (ca), fotofobia, fotófono, fotogénico (ca), fotograbado, fotograbar, fotografía, fotografiar.

fotografiar Por lo que se refiere al acento, se conjuga lo mismo que *desviar* (fotografío, fotografiáis).

fotográfico (ca), fotógrafo, fotograma, fotogrametría, fotolitografía, fotolitografiar, fotolitográfico (ca), fotoluminiscencia, fotomecánica, fotometría, fotométrico (ca), fotómetro, fotón, fotonovela, *fotoquímica, fotosfera, fotosíntesis, fototerapia, fototipia, fototípico (ca), fototipografía, fototipográfico (ca), fotuto, Foucault, Fouché.

*foulard Incorrecto; la Academia ha admitido recientemente la palabra *fular* (tela fina de seda), que debe reemplazar a aquella voz francesa.

*fox-terrier Nombre inglés de una raza de perro. En nuestra lengua suele escribirse junto: *foxterrier*.

*fox-trot Nombre inglés de un baile popular. Suele abreviarse *fox*.

*foyer Voz francesa; dígase *salón* (de descanso, de un teatro) o *antesala*.

Fra Angélico, Fra Diávolo.

frac Voz admitida para designar cierto tipo de vestidura. También se acepta *fraque*, aunque en segundo término. El plural es *fraques*, si bien se emplea *fracs*.

fracasado (da), fracasar, fracaso, fracción, fraccionable, fraccionamiento, fraccionar, fraccionario (ria), fractura, fracturar, fraga, fragancia.

fragante «Que huele bien.» No confundir con *flagrante*: «Lo que se hace actualmente» («sorprendieron a los ladrones en *flagrante* delito»).

fragata, frágil, fragilidad, fragmentación, fragmentar, fragmentario (ria), fragmento, fragor, fragoroso (sa), fragosidad, fragoso (sa), fragua, fraguado, fraguador (ra), fraguar, fraguo, fragura, frailada.

fraile V. *fray*.

frailecillo, frailecito, frailejón, frailengo (ga), fraileño, frailería, frailero, frailesco (ca), frailía, frailuco, frailuno, frambuesa, frambueso, frámea, francachela, francalete.

*Frances Esta voz (sin acento), cuando es nombre inglés se traduce por *Francisca*. El masculino, *Francis*, es *Francisco*.

francés (sa), francesada, france-silla, *francesista.

Francfort Es la grafía correcta en nuestra lengua del nombre de la ciudad alemana de *Frankfurt*. No debe escribirse de esta última forma, ni tampoco *Frankfort*.

Francia El natural de este país de Europa recibe el nombre de *francés*. También se le llama *galo*.

*Francis Nombre inglés que equivale a *Francisco*. (V. *Frances*.)

franciscano (na).

Francisco Abreviatura: *Fco.*

francmasón «*Masón*, que pertenece a la *masonería* o *francmasonería*.» Las cuatro voces están admitidas por la Academia. Los femeninos son *francmasona* y *masona*.

francmasonería V. *francmasón*.

franco Uso de preposiciones: Franco *con, para, para con* todos; f. *de* carácter. El femenino de *franco* es *franca*.

francófilo (la).

*François Nombre francés al que corresponde *Francisco*. A *Françoise* corresponde *Francisca*.

francolín, francote (ta).

francotirador Voz aceptada por la Academia («combatiente que no pertenece al ejército regular»). El femenino es *francotiradora*.

*Franche-Comté Debe traducirse por *Franco Condado*.

franchute (ta), franela, frange, frangente, frangible, frangir, frangle, frangollar, frangollo, frangote, franhueso, franja, franjar, franjear.

*Frankfurt Este nombre alemán debe escribirse en español *Francfort*. El nombre correcto completo de esta ciudad es *Francfort del Meno* (o del *Main*).

Franklin, franqueable, franqueado (da), franqueamiento.

franquear(se) Significa «desembarazar, abrir camino, dejar libre el paso». Por eso es incorrecto decir «la comitiva *franqueó* el río»; dígase «... *atravesó* (o *cruzó*) el río». Uso de preposiciones: Franquearse *con* alguno.

franqueo Admitido también con el sentido de «pago en sellos del importe del correo». *Franquear* tiene el significado de «pagar en sellos el importe del correo».

franqueza, franquía, franquicia.

fraque Voz aceptada, aunque es preferente *frac*. El plural de ambas es *fraques*.

frasca, frasco, frase, frasear, fraseología, fraseológico (ca), frasquera, frasqueta, frasquete, fratás, fratasar, fraternal, fraternidad, fraternizar, fraterno (na).

*fraticida Barbarismo; lo correcto es *fratricida*. También es incorrecto decir *fatricida*. Lo mismo vale para *fratricidio* (correcto).

fratría, fratricida, fratricidio, fraude (1), fraudulencia (2), fraudulento (ta).

*fraulein Significa «señorita», en alemán, pero en español suele dársele el significado de «institutriz» o «señorita de compañía» (alemana).

fray «Apócope de *fraile*.» Precede al nombre de los religiosos de ciertas órdenes (*fray* Modesto). Se escribe con minúscula. Abreviatura: *Fr.* (con mayúscula).

frazada, frazadero, freático (ca), frecuencia, frecuentación, frecuentador (ra), frecuentar, frecuentativo, frecuente, frecuentemente.

*free lance Voz inglesa. Trabajador independiente.

fregadero Admitido por la Academia el significado de «pila de fregar».

fregado (da), fregador (ra), fregadura, fregamiento.

fregar Verbo irregular que se conjuga como *acertar* (v.).

fregatriz (2), fregona (1), fregonil, fregotear, fregoteo.

*Freiburg Nombre alemán que en nuestra lengua escribimos *Friburgo*.

*freído Es forma anticuada; dígase *frito*.

freidura, freiduría, freila, freile.

freír Verbo irregular que se conjuga como *reír* (v.). De los dos participios, *frito* es actual, y *freído* es anticuado. Uso de preposiciones: Freír *en* aceite; f. *con* aceite.

freira, freiría.

fréjol Es la voz preferente, aunque también se admite *fríjol*. Son igualmente correctas *judía, habichuela* y *alubia*.

frémito, frenado, frenar.

frenazo Admitido por la Academia (acción de *frenar súbitamente*), así como *frenado* (acción y efecto de *frenar*).

frenería, frenero, frenesí, frenético (ca), frenetizar, frenillar, frenillo.

freno- Prefijo que significa «inteligencia» *(frenológico, frenópata).*

frenología, frenológico (ca), frenólogo, frenópata, frenopatía, frental.

frente Es femenino cuando alude a la «parte superior de la cara» *(la frente).* Es masculino cuando designa la «línea de territorio en que combaten los ejércitos con cierta duración» *(el frente). En frente* está admitido, aunque es mejor escribir *enfrente.*

frentero, frentón (na), freo, freón, fresa, fresada, fresado, fresador, fresadora, fresal, fresar, frescachón (na), frescal, frescales, fresco (ca).

frescor *«Frescura*, calidad de *fresco».* Pero *frescura*, además, es «desenfado, descaro». A igualdad de sentidos es preferente *frescura.*

frescote (ta).

frescura V. *frescor.*

fresero, fresnal, fresneda, fresnillo, fresno, fresón, fresquedal, fresquera, fresquería, fresquero (ra), fresquilla, fresquista, fretar, frete.

frey Dice la Academia: «Tratamiento que se usa entre religiosos de las órdenes militares, a distinción de las otras órdenes, en que se llama *fray.»*

freza, frezar, fría, friabilidad, friable, frialdad.

fríamente Va acentuado ortográficamente, pues las palabras terminadas en *-mente* conservan su acento.

friático (ca), fricación, fricandó, fricar, fricasé.

fricativo (va) En fonética, fricativo es el sonido cuya articulación hace que salga el aire con cierta fricción de los órganos bucales, como en las consonantes *f, s, z, j,* etc.

fricción, friccionar.

*friegaplatos Es incorrecto, lo mismo que *lavaplatos*, cuando se alude a una «pila para lavar platos». Dígase *fregadero*, que es lo correcto.

friera Nombre que se da a veces al *sabañón.*

*Friesland El nombre de esta región del N de Europa se escribe *Frisia* en nuestra lengua.

Frigia V. *Frisia.*

frigidez, frigidísimo.

*frigidaire Galicismo incorrecto; dígase *nevera* o *frigorífico* (v.).

frígido, da.

frigio (gia) V. *Frisia.*

*frigoría Unidad para el frío.

frigorífico Admitido por la Academia el significado de «nevera, armario con refrigeración eléctrica...». (V. *frigidaire).* El femenino es *frigorífica* (mezcla, etc.).

friísimo (ma), frijol, frijolar, frijolillo, frimario, Friné, fringílido.

frío (a) El superlativo de frío es *friísimo* y también *frigidísimo.*

friolento (ta) (2), **friolera, friolero** (1), **frión, frisa, frisado (da), frisador (ra), frisadura, frisar.**

Frisia El natural de esta provincia de Holanda recibe el nombre de *frisio* (2) o *frisón* (1), cuyos femeninos respectivos son *frisia* y *frisona.* No confundir con *Frigia* y *frigio*, «país del Asia antigua» y «natural de Frigia», respectivamente.

frisio (a), frisón (na) V. *Frisia.*

frisuelo, fritada (1), **fritanga, frito (ta), fritura** (2), **frivolidad, frívolo (la), Frómista.**

fronda Lo correcto es usarlo en plural: «Oculto entre *las frondas.»* En singular es «hoja de una planta».

frondosidad, frondoso (sa), frontal, frontalera, frontera, fronterizo (za), frontero (ra), frontil, frontino (na), frontis, frontispicio, frontón, frontudo (da), frotación, frotador

(ra), **frotamiento** (1), **frotar**, **frote** (2).

*frotis Término usado a veces en los laboratorios, en ciertas preparaciones microscópicas. No está admitido; dígase *frote*.

fructidor, fructífero (ra), **fructificable, fructificación, fructificador** (ra), **fructificante, fructificar, fructuario, fructuoso, fruente.**

frufrú Con esta onomatopeya se indica el roce de telas, generalmente suaves.

frugal, frugalidad, frugalmente, frugífero, frugívoro (ra), **frui, fruición, fruir, fruitivo** (va), **frumentario** (ria), **frumenticio** (cia), **frunce, fruncidor** (ra), **fruncimiento, fruncir, fruslera, fruslería, fruslero** (ra), **frustración, frustráneo** (a), **frustrar, frustratorio** (ria), **fruta, frutaje, frutal, frutar, frutecer, frutería, frutero** (ra), **frútice, frutícola, frutícoso** (sa), **fruticultura.**

frutilla *(Amér.)* Fresa, fresón.

*frutívoro Incorrecto; dígase *frugívoro.*

fruto, fu.

*fuagrás Galicismo por «pasta de hígado» (graso, de ganso o pato); también es incorrecto *foigrás*, y la voz francesa *foie-gras.*

fúcar, fucilar, fucilazo.

fuco «Alga de color aceitunado y cubierta de mechones blancos». Es de uso general y más correcto que el latinismo *fucus.*

fucsia «Arbusto con flores de color rojo oscuro». No se admite como nombre de un color. No debe confundirse con *fucsina*, «materia colorante de color rojo oscuro».

fucsina V. *fucsia.*

*fucus Incorrecto. (V. *fuco.*)

fue.

*fué Es incorrecto; escríbase sin acento ortográfico, como otros monosílabos. (V. *fe.*) «*Fue entonces que* llegó el jardinero» es incorrecto; dígase «*fue entonces cuando* llegó...», o mejor, «*entonces llegó...*».

fuego, fueguino.

fuel Voz admitida por la Academia («fracción del petróleo natural, obtenida por refinación»). Es incorrecto, en cambio, *fuel-oil.*

*fuel-oil Incorrecto. (V. *fuel.*)

fuellar, fuelle.

Fuencarral El natural de este distrito de Madrid recibe el nombre de *foncarralero*, y no *fuencarralero*, incorrecto.

*fuencarralero Incorrecto. (V. *Fuencarral.*)

fuer Se usa en la expresión *a fuer de* («en razón de, a manera de»).

fuera Significa «en la parte exterior», con sentido de inmovilidad (*fuera* hay un hombre; está *fuera*), mientras que *afuera* denota movimiento (vámonos *afuera*). «Fuera de serie» es expresión admitida por la Academia. «*Fuera de tú y yo*» es incorrecto; dígase «*a excepción de tú y yo*». *Fuera de borda* (motor) está admitido, es correcto; también es *fuera borda* y *fuera bordo.*

fuerista.

fuero Suele escribirse en singular, con mayúscula, cuando se alude a uno en especial (el *Fuero Juzgo*); con minúscula y en plural (*fueros*) cuando significa «privilegios que se conceden a una localidad o persona».

fuerte El superlativo es *fortísimo.*

fuertemente, Fuerteventura.

*fuertísimo Incorrecto; el superlativo de *fuerte* es *fortísimo.*

*fuetazo Es incorrecto; dígase *latigazo.* De igual forma, es incorrecto *fuete* y debe decirse *látigo.*

fufar, fufo, fuga, fugacidad, fugada, fugar, fugaz.

Fugger El nombre de esta familia de origen alemán dio origen a la palabra admitida *fúcar* («hombre muy rico»).

fugitivo (va), **fuguillas, fui.**

*fuí Es incorrecto acentuar ortográficamente esta voz, lo mismo que ciertos monosílabos. (V. *fe.*)

fuistes «¿Fuistes* al cine?» no es correcto; debe decirse «*¿fuiste* al cine?». En cambio, *fuisteis* (plural) sí es correcto.

Fuji-Yama.

ful Voz admitida, pero es de germanía. Dígase mejor, *falso, fallido.*

fulano (na) V. *mengano*.

fular Es como debe escribirse, y no *foulard*.

fulastre, fulcro, fulero, fulero (ra), fulgente, fúlgido (da).

fulgir Admitido; significa «brillar, fulgurar».

fulgor, fulguración, fulgurante, fulgurar, fulgurita, fulguroso, fúlica, fulidor, fuliginosidad, fuliginoso (sa), fuligo, fulmicotón, fulminación, fulminador (ra), fulminante, fulminar, fulminato, fulminatriz, fulmíneo (a), fulmínico, fulminoso, fulleresco, fullería, fullero (ra), fullona.

***full time** Expresión inglesa que se traduce por «dedicación exclusiva», o «jornada completa», referido a un empleo.

fumable, fumada.

fumadero Es el «lugar destinado a los fumadores». Es incorrecto *fumoir*.

fumador, fumante.

fumar Uso de preposiciones: Fumar *en* pipa.

fumarada, fumaria, fumarola, fumífero (ra), fumigación, fumigador (ra), fumigante, fumigar, fumigatorio (ria), fumista, fumistería, fumívoro (ra).

***fumoir** Es incorrecto; dígase *fumadero, salón* (o *sala*) *de fumar*.

fumosidad, fumoso (sa), funámbulo (la), función, funcional, funcionamiento, funcionar.

funcionario «*Funcionario* público» es redundancia, pues el *funcionario* es una «persona que desempeña un empleo público». Basta con decir *funcionario*. El femenino de *funcionario* es *funcionaria*.

funcionarismo, funda, fundación, fundacional, fundadamente, fundador (ra), fundago.

***fundamentado** Es incorrecto; dígase *fundado, basado*.

fundamental, fundamentar, fundamento.

fundar(se) Uso de preposiciones: Fundarse *en* razones.

fundente, fundería, fundible, fundibulario, fundíbulo, fundición, fundido (da), fundidor, fundir, fundo, fúnebre.

funeral Se admite en singular o plural. Aunque también significa «exequias, solemnidad con que se hace un entierro», en numerosas traducciones del inglés se abusa de la voz *funerales*, cuando debe decirse *entierro*.

funerala (ojo a la), funeraria, funerario, funéreo (a), funestar, funesto (ta), fungible.

fungicida Es la voz más corriente (admitida), pero la Academia también ha aceptado *funguicida*. Nótese la diferente forma de pronunciar la *g* en las dos palabras.

fungir, fungosidad, fungoso (sa).

funguicida Admitido, aunque es preferente *fungicida* (v.).

funicular, funículo, fuñicar, fuñique.

furcia Voz admitida por la Academia con el significado de «prostituta», que es el que suele dársele corrientemente.

furente, furfuráceo (a), furgón, furgoneta.

furia Admitido el nuevo significado de «momento de mayor intensidad de una moda o costumbre». También se acepta este significado para *furor*, y para *furibundo* se admite «partidario extremado».

furibundo (da) V. *furia*.

furioso (sa), furlón, furo (ra).

furor «Hacer *furor*» está admitido por la Academia. (V. *furia*.)

furiel, furrier, furriera, furtivo (va).

furúnculo Voz admitida; es preferente respecto a *forúnculo*.

fusa, fusado (da), fusco, fuselado.

fuselaje Voz admitida por la Academia. Dígase también *casco* (o *cuerpo*) *del avión*.

fusibilidad, fusible, fusiforme, fúsil.

fusil No confundir con *fúsil* (calidad de *fusible*). *Fusil ametralladora* es incorrecto; dígase *fusil ametrallador*.

fusilamiento, fusilar, fusilazo, fusilería, fusilero (ra).

fusión «Efecto de fundirse.» No debe confundirse con *fisión*: «Escisión del núcleo de un átomo».

fusionar, fusionista, fusique, fuslina, fusor, fusta, fustado (da), fus-

tán, fustanero, fuste, fustero (ra), fustete, fustigación, fustigador (ra), fustigante, fustigar, fusto.

*fustrar Es barbarismo; dígase *frustrar*. Lo mismo con *fustración* (incorrecto), es *frustración*.

fútbol Voz admitida por la Academia, y la más corriente en España. También ha sido admitida *futbol* (se dice más en América), y con anterioridad *balompié*. Es incorrecto *football* y *fóbal* (América del Sur). Entre los derivados de *fútbol* aceptados por la Real Academia se cuentan los siguientes: *futbolín* (juego de figurillas accionadas mecánicamente), *futbolista*, *futbolístico (ca)*. No confundir *futbolista* (jugador de fútbol) con *futbolístico* (relativo al fútbol). Es incorrecto *futbolero* (se emplea en América); dígase *futbolista* o *futbolístico*, según el caso.

futbolín, futbolista, futbolístico Voces admitidas. (V. *fútbol*.)

futesa Admitido: «Fruslería, nadería». Es incorrecto *futileza*. *En todo caso, decir* futilidad (correcto).

fútil.

*futileza Incorrecto; dígase *futilidad* o *futesa*, según el caso.

futilidad V. *futesa*.

futraque, futura, futurario (ria).

futurible, futurición, futuridad Voces admitidas. (V. *futurismo*.)

futurismo Voz admitida por la Academia (actitud cultural, espiritual, etc., orientada hacia el *futuro*). También se admite *futurista*, así como *futurible* (lo futuro que no se da con seguridad, sino que sería si se diese una condición determinada), *futurición* y *futuridad*.

futurista Admitido. (V. *futurismo*.)

futuro «En *el* futuro cambiarán las cosas» es incorrecto; dígase «en *lo* futuro...». En gramática, *futuro imperfecto* es «aquel que manifiesta de un modo absoluto que la cosa acaecerá o existirá». (Luis vendrá, nosotros seremos.) El *futuro perfecto* denota una acción futura anterior a otra también venidera (yo habré salido).

futurología, futurólogo (ga) Voces admitidas.

g

g Octava letra del alfabeto y sexta de sus consonantes. Su nombre es *ge* (pronunciado como con *j*). El plural es *ges*. Cuando va seguida de *e* o de *i*, se pronuncia como *j* (articulación velar fricativa sorda) (*gerente, gitano*). Si en este caso el sonido es suave (articulación velar fricativa sonora), se intercala una *u* (*guerrero, guiso*), que no se pronuncia. Si la *u* se pronuncia, lleva diéresis (*vergüenza, pingüino*).

gabachada, gabacho (cha), gabán, gabardina, gabarra, gabarrero, gabarro, gabejo, gabela, gabinete, gablete, Gabón.

Gaboto Navegante italiano. Su nombre también se escribe *Caboto*. En inglés es *Cabot*.

gacel, gacela, gaceta, gacetable, gacetera, gacetero, gacetilla, gacetillero, gacetista, gacha(s), gachapazo, gaché, gacheta.

gachí Voz admitida como de la jerga gitana. Significa «muchacha». *Gachó* es «muchacho» en la misma jerga.

gacho (cha).

gachó V. *gachí*.

gachón (na) Voz familiar («que tiene gracia, atractivo»). *Gachonería* es «gracia, atractivo».

gachonada, gachonería.

gachupín *(Amér.)* Español, peninsular.

Gaddafi, gádido, gaditano, gaélico (ca)

gafa En singular es «grapa, pieza de metal para sujetar dos cosas». En plural significa «lentes, anteojos» (*las gafas*, no *la gafa*).

gafar.

gafe Voz admitida por la Academia con el significado de «aguafiestas, persona de mala sombra». Es masculino *(un gafe)*. Es incorrecto escribir *gaffe*. También se acepta, con similar sentido, la voz *cenizo*. No confundir con *gafo* (cierto tullido; cierto leproso). *Gafedad* no tiene nada que ver con *gafe*. Es una contracción patológica de los dedos, y cierto tipo de lepra.

gafedad V. *gafe*.

***gaffe** Es incorrecto; escríbase *gafe* (v.).

gafo No confundir con *gafe* (v.).

gago (ga), gaguear, gaguera, gaicano, Gainsborough, gaita, gaitería, gaitero (ra), gaje, gajo, gajoso.

gala Admitido por la Academia el significado de «fiesta o espectáculo en los que se exige vestido especial de esta clase».

galabardera, galáctico (ca), galactita (1), galactites (2), galactófago (ga), galactómetro, galactosa, galafate, galaico (ca), galán, galancete, galanga, galanía, galano (na), galante, galanteador, galantear, galanteo, galantería.

***galantina** Voz no admitida. Es

«carne rellena (de pollo o pavo) que se come fría».

galanura, galapagar, galápago, galapaguera, galapo, galardón, galardonador (ra), galardonar, gálata, galatites, galaxia.

*galáxico Es incorrecto; dígase *galáctico*.

galbana, galbanado, galbanero, gálbano, galbanoso (sa), gálbula, galdón, Galdós, galdosiano (na), galdrufa, gálea, galeato, galeaza, galega, galena, galénico, galenismo, galenista.

galeno Con minúscula es, familiarmente, «médico, persona autorizada para ejercer la medicina». Con mayúscula es el nombre del célebre médico griego.

gáleo, galeón, galeota, galeote, galera, galerada, galerero.

galería «Hablaba para *la galería*» no es expresión correcta; dígase «hablaba para *lucirse*», etc.

galerín, galerna.

Gales El natural de este país de Gran Bretaña recibe el nombre de *galés (sa).*

galés (sa) V. *Gales.*

galga, galgo, galgueño, galguero, galguesco, gálgulo, galianos, galibar, gálibo, galicado (da), galicanismo, galicano (na).

Galicia El natural de esta región de España recibe el nombre de *gallego.* En cambio, *galiciano (na)* es sólo lo «relativo a Galicia». Cierta región de Polonia se denomina también *Galicia*, o mejor, *Galitzia.*

galiciano (na) V. *Galicia.*

galicismo Vocablo o giro propio de la lengua francesa, empleado en otra. En lengua española es galicismo, por ejemplo, la palabra *debacle* (desastre). En cambio, *débâcle* es voz francesa. «*Entonces fue que* vino el hombre» es un galicismo de construcción; dígase «*entonces* vino el hombre», simplemente.

gálico (ca), galicoso, galicursi, galilea, Galilea, galileo, galillo, galimatías, galio, galiparla, galiparlante, galiparlista, galipote.

Galitzia Es una región de Polonia.

También se escribe *Galicia*, pero es mejor escribir *Galitzia.*

galizabra, galo (la), galocha, galochero, galocho, galón, galoneador (ra), galoneadura, galonear, galonista, galop, galopa, galopada, galopante, galopar.

galope «Iban *al galope*»; es mejor decir «iban *a galope*».

galopeado (da), galopear, galopillo.

galopín Significa «pícaro, bribón». Darle el sentido de «muchacho» es galicismo.

galopinada, galopo, galpito.

galpón *(Amér.)* Cobertizo, depósito.

galvánico, galvanismo, galvanización, galvanizado.

galvanizar También se admite el significado de «animar, dar vida momentánea».

galvano, galvanómetro, galvanoplastia, galvanoplástico, galvanoscopio, Gálvez, galla, galladura, gallar, gállara, gallarda, gallardear, gallardete, gallardetón, gallardía, gallardo (da), gallarón, galluruza, gallear, gallegada, gallego (ga), galleguismo, galleo, gallera, gallería, gallero, galleta, gallete, galletería, galletero, gallina, gallináceo (a), gallinaza, gallinazo, gallinería, gallinero (ra), gallineta, gallipato, gallipava, gallipavo, gallístico, gallito, gallo, gallocresta, gallofa, gallofear, gallofero (ra), gallofo (fa), gallón, gallonado (da), galludo, gama, gamada, gamarra, gamarza, gamba, gambaj, gámbalo, gámbaro, gambax.

gamberrada, gamberrismo Véase *gamberro.*

gamberro Admitido por la Academia: «El que comete actos de incivilidad o grosería.» El femenino es *gamberra*, admitido, lo mismo que *gamberrada* y *gamberrismo.*

gambeta, gambetear, gambeto, Gambia, gambito, gamboa, gambota, gambox, gambucero, gambuj, gambux, gambuza.

*game Voz inglesa que se usa en tenis. Dígase *juego, tiempo.*

gamella, gamellada, gamellón.

*gameta Incorrecto. (V. *gameto.*)

gameto «Cada una de las dos células sexuales que se unen para formar el huevo.» Es masculino: *el gameto*, no *la gameta*.

gamezno, gamillón, gamitadera, gamitar, gamitido.

gamma Así se escribe en nuestra lengua el nombre de la tercera letra del alfabeto griego.

gamo-, -gamo Prefijo y sufijo que significan «unión» (*gamosépala, fanerógama*).

gamón, gamonal, gamonita, gamonito, gamonoso, gamopétala, gamosépalo (la), gamuno, gamusino, gamuza, gamuzado (da), gana, ganable, ganada, ganadería, ganadero (ra), ganado (da), ganador (ra), ganancia, ganancial, gananciero (ra), ganancioso (sa), ganapán, ganapierde.

ganar(se) Uso de preposiciones: Ganar *a* las damas; g. *en* categoría; g. *por* la mano.

ganchero, ganchillo, gancho, ganchoso (sa), ganchudo (da).

*Gand En inglés y francés se escribe así el nombre de la ciudad que nosotros llamamos *Gante*.

gándara, gandaya, Gandhi (Mahatma), Gandía, gandido, gandinga, gandujado, gandujar, gandul (la), gandulear, gandulería, gandumbas, ganforro.

*gang Voz inglesa; en su lugar dígase *banda, pandilla* (generalmente de malhechores o de gamberros).

ganga, gangarilla, Ganges, ganglio, ganglionar, gangosidad, gangoso (sa), gangrena, gangrenar(se), gangrenoso (sa).

*gangster Voz inglesa; dígase *malhechor, bandido, pistolero, delincuente*. De igual forma, *gansterismo* (no admitida); tampoco se admite la grafía *gánster*) es *delincuencia*, etc.

ganguear, gangueo, ganguero (ra), ganguil.

Ganimedes Es la grafía correcta, y no *Ganímedes*.

gano, ganoideo, ganoso (sa), gansada, gansarón, gansear, ganso (sa).

*gánster, *gansterismo Voces incorrectas, lo mismo que *gangster* (véase).

gante, Gante, gantés, ganzúa, ganzuar, gañán, gañanía, gañido, gañil.

gañir Verbo irregular que se conjuga de la misma forma que *mullir* (véase).

gañón, gañote.

*gap Voz inglesa; tradúzcase por *brecha; vacío, laguna*.

garabatada, garabatear, garabateo, garabato, garabatoso, garabito.

*garage Es incorrecto; escríbase *garaje*.

garaje Es lo correcto, y no *garage*, incorrecto.

garamanta (2), garamante (1), garambaina, garante, garantía.

garantir Voz admitida por la Academia; es «garantizar, dar garantía»

garantizador (ra), garantizar, garañón, garapacho.

garapiña Se admiten *garapiña* (estado del líquido que se solidifica formando grumos) y *garapiñar* (poner un líquido en estado de *garapiña*), y éstas son las voces preferentes. También se aceptan *garrapiña* y *garrapiñar*.

garapiñar, garapiñera, garapita, garapito, garapuilo, garatura, garatusa, garbancero (ra), garbanzal, garbanzo, garbanzón, garbear.

garbeo Admitido. «Voy a darme un *garbeo*» es correcto, pero es mejor «voy a dar un *paseo*» (o una *vuelta*). *Garbear* es voz admitida, pero con otro significado.

garbías, garbillador (ra), garbillar, garbillo, garbino, garbo, garbón, garboso (sa), gárbula, garbullo, garcero, garceta, García, Garcilaso.

*garçonnière Voz francesa; en su lugar dígase *piso de soltero, cuarto de soltero*. También es incorrecto el galicismo *garsoniere*.

*garden party Expresión inglesa con que se indica una «fiesta en un jardín», o «reunión al aire libre».

gardenia, gardingo, garduña, garduño, Garellano, garete (ir al), garfa, garfada, garfear, garfio, garga-

jear, gargajeo, gargajo, gargajoso (sa), garganchón, garganta, gargantada, gargantear, garganteo, gargantería, gargantero (ra), gargantilla.

*gargantúa A veces se emplea esta voz como sinónimo de «glotón tremendo; gigante», pero no está aceptada por la Academia. Con mayúscula es el nombre del personaje de Rabelais. Sí se acepta *pantagruélico* (banquete muy abundante), pero no *pantagruel*, como «glotón».

gárgara, gargarismo, gargarizar, gárgol, gárgola, garguero (1), gargüero (2), garibaldina.

*Garigliano Nombre italiano de una batalla ganada por el Gran Capitán en Italia, y que en nuestra lengua llamamos *Garellano*.

gariofilea, gariofilo, garita, garitero, garito, garitón, garla, garlador, garlar, garlito, garlopa, garma, garmejón, garnacha, garo.

Garona Así se escribe en nuestra lengua el nombre del río francés *Garonne*.

*Garonne Incorrecto. (V. *Garona*.)

garra, garrafa, garrafal, garrafina, garrafiñar, garrafón, garrama, garramar, garrancha, garranchada, garranchazo, garrancho, garranchuelo, garrapata, garrapatear.

garrapato «Rasgo irregular hecho con la pluma.» También se admite *garabato*, que es voz más eufónica. Igualmente se aceptan *garrapatear* y *garabatear*.

garrapatón, garrapatoso (sa).

garrapiña, garrapiñar V. *garapiña*.

garrar (1), garrear (2), garrido (da), garrobilla, garrocha, garrochar, garrochazo, garrochear, garrochista, garrochón, garrofa, garrofal, garrón, garrota (2), garrotal, garrotazo, garrote (1), garrotillo, garrotín, garrucha, garrucho, garrudo (da), garrulador (ra), garrulería, garrulidad, gárrulo (la).

*garsoniere V. *garçonnière* (incorrecto).

garujo, garulla, garullada, garvín, garza, garzo.

garzón Voz admitida desde hace tiempo por la Academia. Proviene del francés *garçon*, y significa «joven, mozo; niño», aunque es poco usado.

garzota, gas, gasa.

*Gascogne Nombre francés de la región de Francia que nosotros llamamos *Gascuña* (v.). En inglés es *Gascony*.

gascón (na) V. *Gascuña*.

Gascuña El nativo de esta antigua provincia de Francia recibe el nombre de *gascón (na)* (1) y de *gascones* (2).

gasear, gaseiforme.

*gaseoducto Es barbarismo; debe decirse *gasoducto*. La confusión proviene de relacionar esa palabra con *oleoducto*, lo cual es erróneo, porque aquí la raíz es *óleo-*, mientras que en el otro caso es *gas-*, *gaso-* (no *gaseo-*).

gaseosa, gaseoso, gasificación, gasificar, gasista.

gasoducto Es lo correcto, y no *gaseoducto* (v.), incorrecto.

gasógeno «Aparato para producir gas.» No confundir con *gasómetro*, «instalación por medio de la cual se regula la salida uniforme del gas». El gasómetro se emplea en las fábricas de dicho fluido y es, asimismo, el depósito y el edificio que lo alberga.

*gas-oil Es incorrecto; la Academia ha admitido en su lugar *gasóleo* (v.).

gasóleo Voz aceptada por la Academia; es un «carburante derivado del petróleo, que se usa en los motores Diesel». Es incorrecto el término *gas-oil*.

gasolina, gasolinera.

gasómetro V. *gasógeno*.

gasón, gastable, gastado (da), gastador (ra), gastamiento, gastar, gasterópodo, gasto, gastoso (sa).

gastr- Prefijo que significa «estómago» (*gástrico, gastrointestinal*).

gastralgia, gastrálgico (ca), gastricismo, gástrico (ca), gastritis, gastroenteritis, gastrointestinal, gastronomía, gastronómico (ca).

gastrónomo «Persona aficionada a comer regaladamente.» Sobra, por tanto, la voz francesa *gourmet*. El femenino de *gastrónomo* es *gastrónoma*.

gastrovascular, gata, gatada, gatallón (na), gatamuso, gatas (a), gatatumba, gatazo.

*gaté Voz francesa; dígase *mimado*. Suele usarse en la expresión «enfant gaté»: «niño mimado» (o consentido).

gateado (da), gateamiento, gatear, gatería, gatero (ra), gatesco (ca), gatillazo, gatillo, gato.

gatopardo Admitido; pero es mejor decir *guepardo* u *onza* (felino).

gatuno (na), gatuña, gatuperio, gauchesco.

gaucho *(Amér.)* Jinete, vaquero, campesino.

gaudeamus Admitido por la Academia como término familiar: «Fiesta, comida abundante.»

Gaudí, gaudio, gaudón.

*Gaul, *Gaule Voces inglesa y francesa que corresponden a la española *Galia* (antigua Francia, aproximadamente).

gavanza, gavanzo, gaveta, gavia, gavial, gaviero, gavieta, gaviete, gavilán, gavilancillo, gavilla, gavillar, gavillero, gavina, gavión, gaviota, gavota.

*gay Término inglés; dígase *homosexual.*

gaya, gayadura, gayar, gayo (ya), gayola, gayomba, gayuba, gaza, gazapa, gazapera, gazapina, gazapo, gazapón, gazmiar, gazmol, gazmoñada (2), gazmoñería (1), gazmoñero (ra), gazmoño (ña), gaznápiro (ra), gaznatada, gaznatazo, gaznate, gaznatón, gazofilacio, gazpacho, gazpachuelo, Gaztambide, gazuza.

*Gdansk Nombre polaco de una ciudad alemana, que en castellano recibe el nombre de *Danzig.*

ge Nombre de la letra *g* (v.).

gea, gecónido, Gedeón, gehena, Geiger.

géiser Admitido: «Fuente termal intermitente en forma de surtidor.» Es incorrecto escribir *geyser.*

*geisha Voz no aceptada. Es una bailarina y cantante japonesa.

gejionense, gel, gelatina, gelatinoso (sa), geldre, gelfe, gélido

(da), Gelmírez, gema, gemación, gemebundo (da), gemela, gemelar.

gemelo (la) V. *mellizos.*

gemido, gemidor (ra), gemación, geminado, geminar, gemínidas.

Géminis El tercer signo del Zodiaco se escribe *Géminis* en nuestra lengua (también es una constelación), aun cuando en latín esa misma voz —que es plural, en realidad— se escribe *gemini* (sin *s*).

gémino (na), gemíparo.

gemir Verbo irregular que se conjuga como *pedir* (v.).

gemología, gemológico (ca), gemólogo (ga) Voces admitidas.

gen «Cada una de las partículas de los cromosomas que producen la aparición de caracteres hereditarios.» No debe escribirse *gene*. El plural de *gen* es *genes*, y así suele usarse casi siempre.

*Genaro Incorrecto; escríbase *Jenaro.*

genciana, gencianáceo (a) (1), **gencianeo (a)** (2).

gendarme Voz admitida en el Diccionario de la Academia, como «militar destinado en Francia a mantener el orden y la seguridad pública.» También se acepta *gendarmería* (tropa y puesto de *gendarmes*).

gendarmería V. *gendarme.*

*gene Incorrecto; es *gen* (v.).

genealogía, genealógico (ca), genealogista, genearca, geneático, generable, generación, generacional, generador (ra).

general Abreviatura: *gral.* Como nombre, el femenino es *generala* (mujer del *general*). «A sus órdenes, *señor general*» es incorrecto; dígase «a sus órdenes, *mi general*». Tampoco es (como en inglés) «sí, *señor*», sino «sí, *mi general*».

generalato, generalidad, Generalife, generalísimo, generalizable, generalización, generalizador (ra), generalizar, generalmente, generante, generar, generativo (va), generatriz, genérico (ca).

género Accidente gramatical que indica si un nombre, un adjetivo, un artículo o un pronombre son masculino, femenino o neutro. El *género* comprende tres grupos principales: *masculino, femenino* y *neutro*, pero también se consideran como géneros el *epiceno*, el *común* y el *ambiguo*. 1) Género masculino es el de varón (Enrique), animal macho (gato) o cosas que por el origen o terminación de su nombre se asimilan a este *género* (camión). 2) Género femenino es el que designa a una mujer (María), animal hembra (gata), o a las cosas que por el origen o terminación de su nombre se asimilan a este *género* (ventana). 3) Género neutro es el que comprende lo indeterminado o genérico. En nuestra lengua no existen sustantivos que sean realmente neutros. Dicho *género* se representa sustantivando adjetivos o con los pronombres *ello, lo, esto, eso, aquello*. 4) Género epiceno es el de ciertos animales que poseen igual artículo y terminación para uno y otro sexo (el lince [macho o hembra], el águila, la hormiga). 5) Género común es el de los nombres de personas que con una misma terminación aceptan artículo masculino o femenino, según sean de varón o de mujer (el cómplice, la cómplice). 6) Género ambiguo es el nombre de cosas que, sin variar, aceptan el artículo masculino o femenino, indiferentemente (el lente, la lente). No son ambiguos los sustantivos que alteran su significado cuando cambia el artículo (el cura, la cura; el cólera, la cólera). Por lo general, suelen ser masculinos los vocablos terminados en *o*, así como en *e, i, u, j, l, n, r, s* y *t*. Son femeninos los terminados en *a*, y en *d* y *z*. Hay diversas excepciones.

generosidad .

generoso Uso de preposiciones: Generoso *con, para, para con* los pobres; g. *de* espíritu; g. *en* acciones.

***Gênes** Nombre francés de *Génova*. (V. *Genève*.)

genesiaco (1), **genesíaco** (2).

génesis Es masculino y va con mayúscula *(el Génesis)* cuando se refiere al primer libro de la Biblia. Es femenino y va con minúscula *(la génesis)* cuando se alude al principio de una cosa.

genética, genético, genetliaco (ca) (1), **genetlíaco (ca)** (2).

***Geneva** V. *Genève*.

***Genève** Nombre francés de *Ginebra* (ciudad de Suiza). Suelen producirse confusiones entre los nombres de *Ginebra* (ciudad de Suiza) y *Génova* (ciudad de Italia), en las diferentes lenguas. Así, *Ginebra es: Genève* en francés y *Geneva* en inglés; mientras que *Génova* es: *Gênes* en francés y *Genoa* en inglés.

Genezaret Lago de Palestina, también llamado *Tiberíades* (con acento en la *i*). No es *Genezareth*.

***gengibre** Es incorrecto; escríbase *jengibre* (1) (v.), o *jenjibre* (2). También es incorrecto *genjibre*.

Gengis Kan Es lo correcto; no debe escribirse *Gengis Khan*.

genial, genialidad, geniazo, genio, genital, genitiva.

genitivo Es uno de los casos de la declinación. Indica relación de propiedad o pertenencia, y lleva siempre antepuesta la preposición *de* (cuaderno de Juana; mesa de madera; juguete de los niños).

genitor, genitorio (ria), genitourinario (ria), genitura.

genízaro Voz admitida, si bien la Academia da como preferente *jenízaro*.

***genjibre** Incorrecto; escríbase *jengibre* (v.).

-geno Sufijo que significa «engendrar, producir» *(hidrógeno, gasógeno)*.

***Genoa** Es *Génova*, en inglés. (V. *Genève*.)

***genocida** V. *genocidio*.

genocidio Voz admitida por la Academia: «Exterminio sistemático de un grupo social por motivo de raza, religión o política.» No se admite *genocida*.

genol, genoma, genotípico, genotipo.

Génova Para la distinción entre Génova y Ginebra, véase *Genève* (Ginebra). El natural de Génova recibe el nombre de *genovés*.

Genoveva, Genserico.

gente Aunque está admitido *las gentes*, es más correcto decir *la gente*. La Academia admite las siguientes expresiones: *don de gentes, gente de armas, g. de bien, g. de vida airada, g. de mar, g. de medio pelo, g. de paz, g. de pluma, g. de Su Majestad, g. menuda, g. non sancta*.

gentil Se admite el significado de «gallardo, gracioso», pero es galicismo usar *gentil* como «educado, afable, bondadoso».

gentileza.

gentilhombre Es voz admitida, con el significado de «persona de distinción». El plural es *gentileshombres*.

gentilicio En gramática es el nombre que indica la nación o patria de las personas. Las terminaciones usuales de los gentilicios son: -ense, -ino, -eño, -és, -ito, etc. (abulense, granadino, madrileño, barcelonés, etc.).

gentílico, gentilidad, gentilismo, gentilizar, gentío.

*gentleman Voz inglesa; dígase *caballero, gentilhombre, hidalgo*, según el caso.

gentualla, gentuza, genuflexión, genuino (na).

geo- Prefijo que significa «tierra» *(geología, geopolítica)*.

geocéntrico (ca), geoda, geodesia, geodésico (ca), geodesta, geófago, geofísica.

*Geoffroy Nombre inglés que corresponde al español *Godofredo*.

geogenia, geogénico, geognosia, geognosta, geognóstico (ca), geogonía, geogónico.

geografía Se escribe con minúscula, como el nombre de las demás ciencias.

geográfico (ca), geógrafo, geoide, geología, geológico (ca), geólogo, geomancia (1), geomancía (2), geomántico (ca), geómetra.

geometría Se escribe con minúscula, como el nombre de las demás ciencias.

geométrico (ca), geomorfia, geonomía, geonómico (ca), geopolíti-

ca, geoponía, geopónica, geopónico, georama, Georgetown.

Georgia El natural de este territorio de Asia o del estado norteamericano del mismo nombre se llama *georgiano (na)*.

georgiano (na) V. *Georgia*.

geórgica, geotectónico (ca), geotropismo, gépido (da).

*geráneo Es incorrecto; escríbase *geranio*.

geraniáceo (a).

geranio Es lo correcto, y no *geráneo*, incorrecto.

gerencia, gerente.

geriatra Voz admitida: «Médico especializado en *geriatría*». La *geriatría* (también voz aceptada) es la «parte de la medicina que estudia la vejez y sus enfermedades». Sentido similar es el de *gerontólogo* y el de *gerontología*, aunque tratan menos acerca de las enfermedades de la vejez.

geriatría V. *geriatra*.

gerifalte Es lo correcto, y no *jerifalte*. Es un «ave de las rapaces», y «persona que descuella en cualquier actividad», aunque no es un «cabecilla», sentido que suele dársele a menudo.

germanesco.

germanía «Jerga de ladrones y rufianes.» No confundir con *Germania*, antiguo nombre de Alemania. La jerga de los gitanos es el *caló*.

Germania El natural de esta antigua región de Europa (hoy Alemania) recibe el nombre de *germano (na)*, o *germánico (ca)*.

germanio, germanismo, germanista, germanización, germanizar.

germano (na) «Guerra germanofrancesa» es incorrecto; escríbase «guerra germano-francesa». (Cada elemento conserva su individualidad.)

germanófilo (la) Voz admitida, pero no *germanófobo*.

germen, germinación, germinador (ra), germinal, germinante, germinar, germinativo (va).

Gerona El natural de esta ciudad o su provincia recibe el nombre de *gerundense*.

*Gerónimo Es incorrecto; escríbase *Jerónimo.*

gerontólogo, gerontología V. *geriatra.*

gerundense, gerundiano.

gerundio Es la forma verbal invariable del modo infinitivo cuya terminación regular es *-ando* en los verbos de la primera conjugación (saltar: saltando; asar: asando), y *-iendo* en los de la segunda y tercera conjugación (correr: corriendo; abrir: abriendo). Incorrecciones: «La diligencia cruzó el puente *perdiéndose* por el camino.» Es incorrecto. Sólo debe emplearse el gerundio cuando la acción que denota es simultánea respecto a la del otro verbo. En el ejemplo anterior, la diligencia cruzó primero el puente; y, después se perdió por el camino; por tanto corresponde decir: «La diligencia cruzó el puente y *se perdió* por el camino.» Otras incorrecciones: «El decreto *señalando* nuevas normas», es «el decreto *que señala* nuevas normas»; «le mandó un paquete *conteniendo* algunos víveres», es «...un paquete *que contenía...*». Es correcto, en cambio, este uso del gerundio: «—Voy —dijo el joven, poniéndose en pie», ya que el muchacho hablaba mientras se ponía en pie.

gesneriáceo, gesta, gestación, gestadura, gestar, gestatorio, gestear, gestero (ra), gesticulación, gesticulante, gesticular, gestión.

*gestionador Incorrecto; dígase *gestor.*

gestionar.

gesto «En un gesto bondadoso, le ofreció su casa.» Es correcto, pues la Academia ha admitido para esta voz el sentido de «rasgo notable de carácter o de conducta». Nótese que gesto es «movimiento del rostro o de las manos». Es decir, que en este último caso es sinónimo de *ademán.*

gestor (ra), gestoría, gestudo (da), Getafe.

getulo Es el natural de Getulia (país del África antigua). Es incorrecto escribir *gétulo.* Suele usarse en plural *(getulos).* El femenino es *getula.*

*gétulo Incorrecto; escríbase *getulo* (v.).

*geyser Es incorrecto; debe escribirse *géiser* (v.), voz admitida por la Academia.

Ghana Nación de África.

*Ghandi El nombre del Mahatma no se escribe así, sino *Gandhi.*

*Ghent Nombre inglés de la ciudad belga de *Gante.* En flamenco es *Gent.*

*ghetto Es incorrecto; escríbase *gueto.* La Academia ha admitido esta voz, que significa «barrio en que viven los judíos en algunas ciudades».

Ghirlandaio Nombre de un famoso pintor italiano. Es mejor escribirlo así, y no *Ghirlandajo.*

giba Es lo correcto, y no *jiba,* que es barbarismo.

gibado (da), gibar, gibelino (na), gibón, gibosidad, giboso (sa). Gibraltar.

gibraltareño El natural de Gibraltar recibe el nombre de *gibraltareño.* Se admite *jibraltareño,* pero es preferible escribirlo con *g.*

giga Admitido; es preferente, respecto a *jiga,* también admitido. Es el nombre de un «baile antiguo». También, prefijo que significa *mil millones.*

giganta «Mujer de estatura excepcional.» No debe decirse *la giganta.*

gigante V. *giganta.*

gigante (a) (2), gigantesco (a) (1), gigantez, gigántico (a), gigantillo (lla), gigantismo, gigantón (na).

*gigolo Voz francesa; designa al hombre joven que vive a costa de mujeres mayores que él.

gigote.

Gijón El natural de esta villa de Asturias recibe el nombre de *gijonés* (1), y *gijonense* (2). Algunos extranjeros pronuncian *guijón.* Debe pronunciarse este nombre como si se tratara de dos *j (jijón).*

gijonés, gijonense. V. *Gijón.*

*gil *(Amér.)* Bobo, pasmarote.

gilí Voz admitida, aunque es vulgar. El plural es *gilís.* No debe decirse *gili*, acentuando la primera *i*. Significa «tonto, lelo».

gilito, gilvo.

*****Gilles** Nombre francés que corresponde al español *Gil*.

*****gillette** Incorrecto; dígase «hoja de afeitar», pero no «hojilla de afeitar».

Giménez Este apellido también tiene la grafía *Jiménez*, que es más frecuente.

gimnospermo (ma), gimnoto, gimotear (ra), gimotear, gimoteo.

*****gin** Es incorrecto; dígase *ginebra*.

ginandra, gindama.

gine-, gineco- Prefijo del griego, que significa «mujer» *(gineceo, ginecólogo).*

Ginebra Respecto a los nombres extranjeros de esta voz, véase *Genève*. El natural de esta ciudad de Suiza recibe el nombre de *ginebrino* (1) o *ginebrés* (2).

ginebra, ginebrada, ginebrés, ginebrino (na), gineceo.

gineco- V. *gine-*.

ginecocracia, ginecología, ginecológico (ca).

ginecóloga Es el femenino de *ginecólogo*. Dígase *la ginecóloga*, no *la ginecólogo*.

ginecólogo V. *ginecóloga*.

*****ginecomastia, ginesta, gineta.**

*****ginger-ale** Voz inglesa; debe sustituirse por *cerveza de jengibre*.

gingidio, gingival, giobertita, Gioconda, Giotto.

*****Giovanni** Nombre italiano al que corresponde *Juan* en nuestra lengua.

gira «Excursión o viaje, volviendo al punto de partida.» Escrito con *j* es una excursión o merienda campestre bulliciosa. Sentido poco usado.

girada, girador, giralda, giraidete, giraldilla, giramiento, girándula, girante.

girar Uso de preposiciones: Girar *a* cargo de; g. *contra* otro; g. *de* una parte *a* otra; g. *en* torno; g. *sobre* una casa de comercio.

girasol, giratorio (ria), girino.

*****girl** Voz inglesa que se emplea a veces para designar a una «chica

del conjunto» en las revistas teatrales.

giro En Italia llaman *giro* a la «vuelta ciclista» a ese país.

girola, girómetro.

*****girón** Es incorrecto; dígase *jirón* cuando se refiere a un «pedazo desgarrado de un vestido u otra ropa».

Gironda, girondino (na).

*****Gironde** Nombre francés; debe escribirse *Gironda*.

giroscópico (ca), giroscopio (1), **giróscopo** (2), **giróstato, giróvago (ga), gis, giste, gitanada, gitanear, gitanería, gitanesco (ca), gitanismo, gitano (na).**

Giza V. *Gizeh*.

Gizeh Ciudad de Egipto situada cerca de las grandes pirámides. También puede escribirse *Giza*, aunque es más común la primera voz.

glabro (bra), glaciación.

glacial V. *glaciar*.

glaciar «Masa de hielo que se desliza muy lentamente por la falda de una montaña.» También se llama *helero* o *ventisquero*. No confundir con *glacial*, que significa «helado, muy frío».

glaciarismo, glaciología, glaciológico, glaciólogo (ga), glacis, gladiador, gladiatorio (ria), gladio, gladíolo (1), **gladiolo** (2).

*****glamoroso** Incorrecto. (V. *glamour*.)

*****glamour** Voz inglesa; dígase en su lugar «atractivo, fascinación, encanto, hechizo». De igual modo en vez de *glamoroso* dígase «fascinador, atractivo, encantador».

glande, glandífero (ra), glándula, glandular, glanduloso (sa).

glasé Voz admitida: «Tafetán de mucho brillo.» De esta voz derivan las también admitidas *glasear* (dar brillo a algunas superficies, como el papel, algunos manjares, etc.) y *glaseado (da).*

glaseado (da), glasear Voces admitidas. (V. *glasé*.)

Glasgow, glasto, glaucio.

glauco Significa «de color verde claro».

glaucoma, glayo.

gleba La Academia admite para este vocablo el sentido (antes no aceptado) de «tierra, especialmente la cultivada». Se acepta, asimismo, la expresión «siervo de la gleba» (esclavo que no se desligaba de una heredad aunque ésta cambiase de dueño).

glera, glicerina, glicina.

*glicógeno Voz usada incorrectamente a veces en medicina. Dígase *glucógeno*.

glipto- Prefijo que proviene del griego y significa «grabado». La Academia sólo consigna la voz *glíptica* (arte de grabar en piedras duras), aunque también se emplea bastante la voz *gliptoteca* (nombre de algunos museos de escultura), *gliptodonte* y *gliptografía* (no admitidas).

glíptica Voz admitida. (V. *glipto-*.)

*gliptodonte, *gliptografía Voces no admitidas por la Academia. (V. *glipto-*.)

gliptoteca, global.

*globe-trotter Expresión inglesa; en su lugar dígase *trotamundos, viajero* (o turista incansable).

globo, globoso (sa), globular, globulariáceo, globulina, glóbulo, globuloso (sa), gloria, gloriado (da), gloria Patri (1) **gloriapatri** (2).

gloriar(se) Uso de preposiciones: Gloriarse *de* alguna cosa; g. *en* el Señor. Respecto al acento, se conjuga como *desviar*: (glorío, glorías, gloriáis).

glorieta, glorificable, glorificación, glorificador (ra), glorificante, glorificar.

glorio «Me *glorío* de esa hazaña» es lo correcto, y no «me *glorio*...», sin acento.

glorioso (sa).

glos-, gloso-, glot-, -gloto, -glota Prefijos y sufijos que provienen del griego y significan «lengua» (*glosar, glosopeda, glotis, políglota*).

glosa, glosador (ra), glosar, glosario, glose, glosilla, glosopeda.

glot-, -gloto V. *glos-*.

glótico (ca), glotis, glotología, glotón (na), glotonear, glotonería,

Gloucester, gloxínea, glucemia, glucina, Gluck.

gluco- Prefijo que significa «dulce» (*glucosa, glucosuria*).

glucógeno, glucómetro, glucosa, glucósido, glucosuria.

gluglú Admitido; cierto ruido de agua.

gluma, gluten, glúteo (a), glutinosidad, glutinoso (sa).

gn- Toda voz que empieza por *gn* (gneis, gnomo, gnóstico, etc.) puede escribirse asimismo sin la *g* inicial, según normas de la Academia (neis, nomo, nóstico).

gneis Es lo correcto, y no *gneiss*, incorrecto. Es una «roca pizarrosa parecida al granito». También se admite *neis* (sin *g*).

gnéisico (ca), gnetáceo (a), gnómico (ca).

gnomo Voz admitida por la Real Academia («ser fantástico con figura de enano»). También puede escribirse *nomo*, pero no *ñomo*. (V. *gn-*.)

gnomon, gnomónica, gnomónico, gnosis, gnosticismo, gnóstico (ca) Todas estas voces pueden escribirse, correctamente, sin la *g* (nomon, nosticismo, etc.).

*gnu Es incorrecto; debe escribirse *ñu* (admitido): «Cierto antílope africano.»

*goal Incorrecto, lo mismo que *goalkeeper*. (V. *gol*.)

gobelino Voz admitida (cierto tapiz).

gobernable, gobernación, gobernáculo, gobernador (ra).

gobernalle Voz admitida (timón de la nave). También se acepta *gobernáculo*, pero en segundo término.

gobernanta Significa «encargada del servicio de un piso, en los grandes hoteles». Es impropiedad usar esta voz como «ama de llaves; institutriz». Empléense estas voces en su lugar.

gobernante, gobernanza.

gobernar Verbo irregular que se conjuga como *acertar* (v.).

gobernativo (va), gobernoso, Gobi, gobierna.

gobierno Con mayúscula cuando se concreta uno determinado (el

Gobierno español, el *Gobierno Militar*, el *Gobierno Primo de Rivera*); con minúscula, en otros casos (*un gobierno* eficaz).

gobio, goce, gocete, gocho (cha), godeo.

*Godefroi, *Godfrey Nombres extranjeros que corresponden a *Godofredo*, en nuestra lengua.

godo (da), Godoy, Godunov, Goethe, gofo, Gogh (Van).

gol Voz admitida: «En el fútbol y otros juegos, suerte de introducir la pelota en la portería.» Se aceptan también *goleada, goleador, golear*. No se admiten las voces inglesas *goal*, ni *goalkeeper* (portero, guardameta), ni *goal average* (promedio de goles).

*gol average Incorrecto; dígase *promedio de goles*. (V. *gol*.)

gola, goldre, goleada, goleador, golear, goleta.

golf Voz aceptada («juego de origen escocés...»). No se admite *golfista*; es *jugador de golf*.

golfán, golfante, golfear, golfería, golfín.

*golfista Incorrecto; dígase *jugador de golf*. (V. *golf*.)

golfo Suele ser con minúscula (el *golfo de Vizcaya*), pero en cambio es la *Corriente del Golfo*.

Gólgota, goliardesco (ca), goliardo (da).

Goliat Es la grafía correcta, y no *Goliath*.

golilla, golillero, golondrina, golondrinera, golondrino, golondro, golosear, golosina, golosinar (2), golosinear (1), golosmear, goloso (sa), golpazo.

golpe Las expresiones compuestas con este vocablo suelen ser barbarismos. En vez de *golpe de puño*, dígase *puñetazo;* en vez de *golpe de teléfono*, dígase *telefonazo* o *llamada telefónica;* en vez de *golpe de vista*, dígase *ojeada; golpe de azar* es *suerte*. Lo mismo ocurre con muchas otras palabras que en nuestra lengua suelen terminar en -azo (martillazo, garrotazo, etc.).

golpeadero, golpeador (ra), golpeadura, golpear, golpeo, golpete,

golpetear, golpeteo, golpismo, golpista.

*golpiza Voz americana incorrecta. En su lugar dígase *paliza*.

gollería, golletazo, gollete, gollizo, goma, gomecillo, gomero (ra), Gómez, gomia, gomina, gomista, gomorresina, gomosería, gomosidad, gomoso (sa).

gónada Es lo correcto, y no *gonada*, acentuando la penúltima sílaba, y sin tilde.

gonce, Goncourt, góndola, gondolero, gonela, gonete, gonfalón, gonfalonero (1), gonfaloniero (2).

gong Voz admitida, lo mismo que *gongo*, aunque ésta en segundo término. (V. *batintín*.)

Góngora, gongorino (na), gongorismo, gongorista, gongorizar.

gonio- Prefijo que significa «ángulo» (*goniómetro*). El sufijo -*gono* tiene igual significado (*polígono, hexágono, trigonometría*).

goniómetro.

gono- Prefijo que significa «esperma» (*gonococo*).

-gono V. *gonio-*.

gonococia Es lo correcto, y no *gonococcia*. Lo mismo reza para *gonocócico* (correcto), y no *gonocóccico* (incorrecto).

gonocócico (ca) V. *gonococia*.

gonococo, gonorrea.

*Good Hope, Cape of Es el nombre inglés del *cabo de Buena Esperanza*.

Gorbachov, gordal, gordana, gordezuelo (la), gordiano, gordiflón (na) (2), gordillo, gordinflón (na) (1), gordo (da), gordolobo, gordura, gorga.

*gorgear V. *gorgeo*.

*gorgeo Es voz incorrecta. La segunda *g* debe sustituirse por *j:* gorjeo. Lo mismo vale para *gorgear* (incorrecto), y *gorjear* (correcto).

gorgojarse, gorgojo, gorgojoso (sa), Gorgonas, gorgóneo, Gorzonzola, gorgor, gorgorán, gorgorita.

*gorgoritar Es incorrecto; dígase *gorgoritear*, que es lo correcto.

gorgoritear Es la voz admitida. (V. *gorgoritar*.)

gorgorito, gorgorotada, gorgotear V. *gorgoteo.*

gorgoteo «Ruido producido por el movimiento de un líquido o gas en el interior de una cavidad.» Referido a las tripas, es mejor decir *borborigmo.* Se admite también *gorgotear.*

gorgotero.

gorguera Es lo correcto («adorno del cuello») y no *gorgüera,* como a veces se dice o escribe. No debe confundirse *garguero* (gaznate), con *gorguero* (voz inexistente), o *gorguera.*

*****gorguero** Incorrecto; dígase *garguero.* (V. *gorguera.*)

garguz, gorigori, gorila, gorja, gorjal, gorjeador, gorjeamiento, gorjeante, gorjear, gorjeo, Gorki, gormar, gorra, gorrada, gorrear, gorrería, gorrero (ra), gorretada, gorrete, gorrilla, gorrín (2), gorrinera, gorrinería, gorrino (na) (1), gorrión, gorriona, gorrionera, gorrista, gorro, gorrón (na), gorronal, gorronear, gorronería, gorullo, gosipino, gota, goteado (da), gotear.

Göteborg El nombre de esta ciudad de Suecia se usa también en su forma castellanizada, *Gotemburgo.*

Gotemburgo V. *Göteborg.*

gotera, gotero, goterón, Gotha, gótico (ca).

Göttingen Nombre de una ciudad alemana, que se usa también en su forma castellanizada, *Gotinga.*

Gotinga V. *Göttingen.*

gotón (na), gotoso (sa), Gouno.

*****gourmand** Es galicismo; dígase *glotón, voraz.* Por su parte, *gourmet* (también galicismo) es *gastrónomo, catador, sibarita* (referido a la mesa).

*****gourmet** Incorrecto. (V. *gourmand.*)

goyesco (ca), gozante.

gozar «El empresario *goza de* mala fama.» Es un contrasentido; dígase «...*tiene* mala fama». Uso de preposiciones: Gozar *con, de* alguna cosa; g. *en* el trabajo.

gozne, gozo.

gozoso Uso de preposiciones: Gozoso *con* la noticia; g. *del* triunfo.

gozque, gozquillo.

grabación Admitido el significado de «acción y efecto de grabar o registrar un sonido en disco, cinta magnetofónica, etc.». (V. *grabar.*) De igual forma se admite *grabadora* (y *grabador*) con el sentido de «magnetófono», así como *grabar* («registrar los sonidos en un disco, cinta magnetofónica, etc.»).

grabado.

grabador (ra) Admitido, el masculino y el femenino, con el significado de «magnetófono». (V. *grabación.*)

grabadura.

grabar Aceptado el sentido de «registrar los sonidos en un disco, cinta magnetofónica, etc.». (V. *grabación.*)

grabazón.

*****Grabiel** Es incorrecto; dígase *Gabriel.*

*****Grace** A este nombre inglés corresponde el español de *Engracia.*

gracejar, gracejo, gracia, graciable, Gracián, grácil, gracilidad, graciola, graciosidad, gracioso (sa), grada, gradación, gradado, gradar, gradecilla, gradeo, gradería, gradilla.

grado Admitidas las expresiones *grado centígrado* (o *grado de Celsius*), y *grado Fahrenheit.* También se aceptan *de buen grado, de mal grado.*

graduable, graduación.

graduado Ha admitido la Academia el término *diplomado* (persona que ha obtenido un diploma). En cambio no se admite *graduado* con sentido equivalente; sí se acepta *graduar(se)* (dar el grado y título de bachiller, licenciado o doctor en una facultad). V. *diplomado.*

graduar(se) Uso de preposiciones: Graduarse *en* ciencias; g. *de* licenciado. (V. *graduado.*)

grafía Signo que representa un sonido. Como sufijo (-grafía) significa «tratado, descripción» (*biografía, cosmografía*).

-grafía V. *grafía.*

gráfica, gráfico «Representación de datos numéricos por medio de líneas.» Puede escribirse indistintamente en masculino o femenino (*un gráfico, una gráfica*).

grafila (1), **gráfila** (2), **grafio, grafioles, grafismo, grafito.**

grafo-, -grafo Prefijo y sufijo que significan «escribir, grabar» (*grafología, mecanógrafo, taquígrafa, autógrafo).*

grafología, grafológico (ca), grafólogo (ga), grafomanía, grafómano, grafómetro.

gragea Es lo correcto, y no *grajea,* incorrecto.

*grajea Incorrecto; debe escribirse *gragea.*

grajear Es «cantar o chillar los grajos»; no es «hacer grageas». (V. *gragea.)*

grajero (ra), grajo (ja), grajuno, grama.

-grama Sufijo que significa «escrito, letra, línea» (*diagrama, telegrama, pentagrama).*

gramal, gramalla.

gramática Es la ciencia que enseña a hablar y escribir con corrección; es, por tanto, el estudio del sistema de una lengua. Clásicamente se divide en: 1) analogía o morfología (estudio de la forma de las palabras); 2) prosodia o fonética (estudio de los sonidos del idioma); 3) ortografía (escritura correcta de la lengua), y 4) sintaxis (estudio de la coordinación y enlace de las palabras para formar oraciones). En su *Esbozo de una Nueva Gramática de la Lengua Española,* de 1973, la Academia hizo una nueva división en tres partes: 1) fonología (que comprende la prosodia y la ortografía); 2) morfología, y 3) sintaxis. Abreviatura de gramática: *gram.*

gramatical, gramático (ca), gramatiquear, gramatiquería.

gramil, gramilla, gramíneo (a).

gramo Símbolo: g.

gramofónico (ca).

gramófono Voz admitida, lo mismo que *gramola.* Ambas son nombres comerciales registrados y tienen un significado similar al de *tocadiscos,* voz admitida y preferible. Es incorrecto *pick-up,* voz inglesa.

gramola Admitido. (V. *gramófono.)*

gramoso, Grampianos (montes).

gran *Gran hombretón* es redundancia; dígase *hombretón. Gran mundo,* incorrecto, es *la aristocracia. Gran* se escribe con mayúscula en *el Gran Londres, la Gran Colombia, la Gran Bretaña.* (V. *grande).*

grana, granada.

Granada El natural de esta ciudad y provincia de Andalucía recibe el nombre de *granadino (na).*

granadal, granadera, granadero, granadilla, granadino (na), granado, granalla, granar, granate, granatín, granazón, grancé, grancero, grancilla.

grancolombiano Es lo relaivo al antiguo estado de la Gran Colombia, integrado por los actuales países de Colombia, Ecuador y Venezuela.

grande «Sentía una *grande* tristeza»; es mejor decir «...una *gran* o una *profunda* tristeza». Por lo general, hoy se usa *gran* y no *grande.* La Academia afirma que no hay reglas fijas para este uso.

grandeza, grandilocuencia, grandilocuente (1), **grandílocuo (cua)** (2), **grandiosidad, grandioso (sa), grandisonar, grandísono (na), grandón, grandor, grandote (ta), grandullón (na), grandura, graneado (da), graneador, granear, granel (a), granelar, granero, granévano, granguardia, granífugo, granilla, granillero (ra), granillo, granilloso (sa), granítico, granito, granívoro (ra), granizada, granizado.**

granizar Es verbo impersonal, y como tal sólo se emplea, en su acepción propia, en el infinitivo y las terceras personas de todos los tiempos (graniza, granizó, granizará, etc.).

granizo, granja, granjeable, granjear, granjeo, granjería, granjero (ra).

gran maestre «El *gran maestre* de la Orden de Calatrava»; con minúsculas, de acuerdo con la simplificación de normas que recomienda la Academia.

grano.

granollerense V. *Granollers.*

Granollers El natural de esta población de la provincia de Barcelona recibe el nombre de *granollerense.*

granoso (sa), granuja, granujada, granujado (da), granujería, granujiento (ta), granujo, granujoso (sa), granulación, granulado (da), granular, gránulo, *granulometría, *granulométrico, granuloso (sa), granza, granzón, granzoso (sa), grañón, grañuela, grao.

grapa Admitido el significado de «pieza de alambre fino destinada a coser hojas de papel». Igualmente acepta la Academia la voz *grapadora* («utensilio para grapar papeles»), y *grapar* («sujetar con una grapa»).

grapadora, grapar V. *grapa.*

*grape-fruit Voz inglesa; debe traducirse por *toronja* (1), o *pomelo* (2).

grasa, grasera, grasería, grasero, graseza, grasiento (ta), grasilla, graso (sa), grasones, grasoso (sa), graspo, grasura, grata, gratar, gratificación, gratificador (ra), gratificar, grátil (1), **gratil** (2).

*gratin Voz francesa no admitida; es un plato que se prepara tostándolo al horno. *Gratinar* tampoco se acepta; dígase «hornear, tostar, dorar». Lo mismo vale para *gratinado.*

*gratinado, *gratinar V. *gratin.*

gratis, gratisdato, gratitud, grato (ta), gratonada, gratuidad, gratuito (ta), gratulación, gratular, gratulatorio (ria), grava, gravamen.

gravar Significa «cargar, pesar sobre una persona o cosa; imponer un gravamen o carga.» No confundir con *grabar.* Uso de preposiciones: Gravar *con* impuestos; g. *en* mucho.

gravativo, grave, gravear, gravedad, gravedoso, gravera, gravidez, grávido (da), gravimetría, gravímetro, Gravina.

*gravitacional Es incorrecto; dí-

gase *gravitatorio* (un campo *gravitatorio*).

gravitar, gravitatorio (ria).

gravoso (sa) Uso de preposiciones: Gravoso *al* pueblo.

graznador, graznar, graznido, greba, greca.

Grecia El natural de este país de Europa recibe el nombre de *griego (ga)* (1), *heleno (na)* (2), o *greco (ca)* (3).

greciano, grecisco, grecismo, grecizante, grecizar, greco (ca).

Greco Referido a los cuadros de *El Greco* (o de otro pintor) es incorrecto escribir *los grecos* (con minúscula); escríbase *los Grecos*, con mayúscula.

grecolatino (na) V. *grecorromano.*

grecorromano (na) «Lucha *greco-romana*» es incorrecto; escríbase «lucha *grecorromana*». (Los componentes de esta palabra compuesta se hallan combinados, fundidos, no separados, como en el caso de «tratado hispano-francés».)

greda, gredal, gredoso (sa).

*green Voz inglesa que suele emplearse en el juego del golf (admitido); en su lugar debe decirse *campo, césped.*

*Greenland Nombre inglés; debe decirse *Groenlandia.*

Greenwich, grefier, gregal, gregario (ria), gregarismo, gregoriano (na), gregorillo, greguería.

greguescos «Calzones anchos de los siglos XVI y XVII.» Voz muy usada por nuestros clásicos. Se admite también *gregüescos*, pero es preferente la palabra sin diéresis *(greguescos).*

gregüescos V. *greguescos.*

greguisco (ca), greguizar.

grelo Voz admitida por la Academia como regional, de Galicia y León. Es «nabizas y partes tiernas de los tallos del nabo».

gremial V. *gremialismo.*

gremialismo Voz admitida. Significa «tendencia a formar *gremios*». También se aceptan *gremial* y *gremialista.*

gremialista, gremio, grenchu-

do (da), Grenoble, greña, greñudo (da), gres, gresca, grey.

grial Admitido: «Vaso o plato místico, que se supone haber servido para la institución del sacramento eucarístico.» No se acepta la voz *graal.*

griego (ga), grieta, grietado (da), grietarse (grietoso (sa).

grifa Voz admitida por la Academia, que da como sinónimos (y voces preferentes) las palabras *mariguana, marihuana* (v.) y *cáñamo índico.*

grifado, grifalto, grifarse.

grifo Es la voz correcta para designar un «animal fabuloso». Decir *grifón* es incorrecto (galicismo), pues este vocablo significa en nuestra lengua «llave de cañería o de depósito».

grifón Es galicismo. (V. *grifo.*)

grigallo, Grijalva.

grilla Es la «hembra del grillo». Es incorrecto emplear la voz con el significado de «rejilla, parrilla». Úsense estas voces.

grillado «Ese hombre está *grillado*» es incorrecto. Dígase «chiflado». Tampoco se admite *guillado* (v.), pero sí *guilladura* y *guillarse* (chiflarse).

grillarse V. *grillado.*

grillera, grillero, grilleta, grillete.

grillo En singular es un insecto; en plural *(grillos)* es «conjunto de los grilletes que se colocan en los pies de los presos para impedirles andar».

grillos, grillotalpa.

*****grill-room** Es voz inglesa; dígase «parrilla, local donde se sirven asados».

grima, Grimm (hermanos), **grimoso (sa), grímpola, grinalde.**

gringo (ga) Admitido: «Extranjero, especialmente de habla inglesa; dícese también de las lenguas extranjeras.»

griñolera, griñón, gripal.

gripe Es lo correcto, y no *grippe* ni *gripa. Griposo* ha sido aceptado; dígase también «que padece *gripe».* Es incorrecto *engripado* y *agripado.*

griposo Correcto. (V. *gripe.*)

gris «Tiene el cabello *gris»* es incorrecto; dígase «tiene el cabello *entrecano».*

grisáceo (a), grisear, gríseo (a).

griseta Es galicismo cuando se emplea con el significado de «modistilla». Griseta es «cierto género de seda con flores u otro dibujo».

grisgrís Amuleto de moros y negros. Voz admitida.

grisón (na) V. *Grisones.*

Grisones Cantón de Suiza. El natural de este cantón recibe el nombre de *grisón (na).*

grisú, grita, gritador (ra), gritar.

gritería Voz admitida («confusión de voces altas y desentonadas»), lo mismo que *griterío.* Suele emplearse más esta última.

griterío V. *gritería.*

grito, gritón (na), gro.

groenlandés (sa) V. *Groenlandia.*

Groenlandia Es la grafía correcta. (V. *Greenland.*) El natural de esta isla de América del Norte recibe el nombre de *groenlandés (sa).*

groera, grofa.

*****grog** Voz no admitida; es una especie de ponche, hecho de ron (o coñac), agua caliente y azúcar.

*****groggy** Voz inglesa; es *tambaleante, vacilante, aturdido, mareado.* También es incorrecta la grafía *grogui.*

*****grogui** V. *groggy.*

Groninga V. *Groningen.*

Groningen Ciudad de Holanda, que en castellano designamos, también, con el nombre de *Groninga.*

gropos, gros, grosella, grosellero, groseramente, grosería, grosero (ra), grosez, groseza, grosicie, grosidad.

grosísimo (ma) Es el superlativo de *grueso.* Es incorrecto decir *gruesísimo.*

grosor, groso.

*****grosso modo** «Calculado *a grosso modo»* es incorrecto; dígase «calculado *grosso modo».* Esta expresión, que no figura en el Diccionario de la Academia, significa «aproximadamente».

grosularia, grosularico (a), grosura, grotesco (ca), grúa, gruesa.

*gruesísimo Incorrecto; el superlativo de *grueso* es *grosísimo (ma).*

gruir, gruja, grujidor, grujir, grulla, grullada, grullero (ra), grumete, grumo, grumoso (sa), gruñido, gruñidor (ra), gruñimiento.

gruñir Verbo irregular que se conjuga como *mullir* (v.).

gruñón (na), grupa, grupada, grupera, grupo, grupo sanguíneo, gruta, grutesco, Gruyère, gua, guaca, guacalote, guacamayo, guacamol (1), guacamole (2), guacamote, guacia, guaco, guachapazo, guachapear, guáchara, guácharo, guacharrazo, guacharro.

guacho *(Amér.)* Huérfano.

guad- Prefijo de origen arábigo que significa «río» *(Guadalquivir, Guadalaja).*

Guadalajara El natural de esta ciudad o de su provincia recibe el nombre de *guadalajareño (ña).*

guadalajareño (ña) V. *Guadalajara.*

Guadalhorce, Guadalquivir, guadamacil, guadamacilero, guadamecí, guadameco, guadaña, guadañador (ra), guadañar, guadañero, guadañil, guadapero.

guadarnés Es lo correcto, y no *guadarnés.* Es el «lugar donde se guardan las sillas y guarniciones de los caballos y mulas».

guadarrameño (ña), guadianés (sa).

guadijeño (ña) V. *Guadix.*

Guadix Voz con acento prosódico en la última sílaba. No lleva acento ortográfico. Los naturales de esta ciudad de la provincia de Granada reciben el nombre de *guadijeños.*

guadrapear.

guagua *(Amér.)* Niño, crío. Autobús, ómnibus.

Guaira (La) Es lo correcto al escribir el nombre de este puerto de Venezuela, y no *La Guayra.* Los naturales son los *guaireños* (voz no relacionada en el Diccionario académico).

guairo, guaita, guaja, guájara.

guajiro *(Amér.)* Campesino, rústico.

gualda No es propiamente «color amarillo», sino una «planta con flores de color amarillo dorado,

cuyo cocimiento se usa para teñir de ese color». Se admite «color de gualda». *Gualdo* sí es «de color de gualda o amarillo».

gualdado (da), gualdera.

gualdo V. *gualda.*

gualdrapa, gualdrapazo, gualdrapear, gualdrapeo, gualdrapero, guamo, guanábano, guanaco.

Guanahaní Así debe escribirse el nombre de la primera isla (de las Lucayas o Bahamas) de América en que desembarcaron Colón y sus acompañantes. No debe decirse *Guanahani.*

guanche, guanera, guanero, guano, guantada (1), guantazo (2), guante, guantelete.

guantera Admitido el vocablo por la Academia, con el significado de «caja del salpicadero de los automóviles». También puede decirse *guantero,* aunque es menos corriente.

guantería, guantero, guapear, guapería, guapetón (na), guapeza, guapo (pa), guapote (ta), guapura.

guarango *(Amér.)* Grosero, descarado.

guaraní El plural es *guaraníes,* y no *guaranís.*

guarda «Persona que tiene a su cargo la conservación de una cosa.» El femenino es *guardesa* (v.). Está admitido *guarda jurado* (el que nombra la autoridad a propuesta de particulares), pero no *guarda forestal.* No debe confundirse con *guardia* (miembro de un cuerpo armado). Luego no debe decirse «llegaron los *guardas*» (los agentes de policía), sino «llegaron los *guardias*». (V. *guardia.*)

guardabanderas, guardabarrera V. *guardabarros.*

guardabarros No es el *guardabarro,* sino el *guardabarros.* También se admite *guardafangos.* Obsérvese, por otra parte, que es *guardabanderas,* y en cambio *guardabarrera* (no *guardabarreras*) y *guardabosque* (no *guardabosques*).

guardabosque V. *guardabarros.*

guardabrisa Es un «fanal de cristal». *Guardabrisas*, en cambio, es el «parabrisas del automóvil».

guardabrisas v. *guardabrisa.*

guardacabras, guardacalada, guardacantón, guardacartuchos.

guardacostas Es *el guardacostas*, y no el *guardacosta*. Lo mismo ocurre con el *guardaespaldas*, y *guardafangos* (con *s* los dos).

guardacuños, guardadamas, guardado, guardador (ra), guardaespaldas, guardafangos, guardafrenos, guardafuego, guardaguas.

guardagujas Es lo correcto, y no *guardaaagujas*.

guardahúmo, guardainfante, guardajoyas, guardalado, guardalobo, guardamalleta, guardamangel, guardamano, guardamateriales.

guardameta Admitido: «Portero de un equipo de fútbol», o simplemente «portero».

guardamigo, guardamonte, guardamuebles, guardamujer, guardapapo, guardapelo, guardapesca, guardapiés, guardapolvo, guardapuerta, guardapuntas.

guardar(se) Uso de preposiciones: Guardar *bajo, con* llave; g. *para* simiente; guardarse *de* alguno.

guardarropa «Lugar donde se custodia la ropa», generalmente en sitios públicos. También es «armario donde se guarda la ropa». Siempre es masculino y singular (el *guardarropa*; no escribir *guardarropas*). Por su parte, *guardarropía* es, en el teatro, el «conjunto de trajes para vestir a las coristas y comparsas» (y el lugar donde se depositan).

***guardarropas** Incorrecto; es *guardarropa* (v.).

guardarropía V. *guardarropa.*

guardarruedas, guardasilla, guardasol, guardatimón, guardavalla, guardavela, guardavía.

guardería Voz admitida: «Lugar donde se cuida o atiende a los niños de corta edad.» V. *jardín* (de infantes).

guardesa Es el femenino de *guarda* (v.). Es la «mujer encargada de custodiar una cosa».

guardia «Miembro de un cuerpo de gente armada.» No debe confundirse con *guarda* (v.).

guardia civil El plural es *guardias civiles.*

guardia marina «Cadete de la Escuela Naval Militar.» Es incorrecto escribirlo junto *(guardiamarina).* El plural es *guardias marinas.*

***guardiamarina** Incorrecto; es *guardia marina* (v.).

guardián (na), guardianía, guardilla, guardillón, guardín, guardón, guardoso.

guarecer(se) Verbo irregular que se conjuga como *merecer* (v.). Uso de preposiciones: Guarecerse *de* la intemperie; g. *en* una choza; g. *bajo* el pórtico.

guarentigio, guarida, guarimán, guarín, guarir, guarismo, guarne, guarnecedor (ra).

guarnecer Verbo irregular que se conjuga como *agradecer* (v.). Significa «poner en un sitio accesorios o complementos». No debe confundirse con *guarecer:* «Proteger a alguien contra un daño o un peligro.»

guarnecido (da), Guarneri.

Guarnerius Nombre de una familia italiana de constructores de violines. También se llaman *Guarneri.*

guarnición, guarnicionar, guarnicionería, guarnicionero, guarniel, guarnigón, guarnimiento, guarnir, guaro, guarrear, guarrería, guarrero, guarrido, guarro (rra), guasa, guasearse, guasón (na), guata.

Guatemala El natural de este país de América Central recibe el nombre de *guatemalteco.*

guatemalteco V. *Guatemala.*

guateque Admitido: «Fiesta familiar o particular; baile bullicioso.»

Guatimozín, guau, ¡guay!, guaya, guayaba, guayabal, guayabera, guayabo, guayacán, guayaco, guayacol, guayadero, guayado.

Guayana Nombre de esta región de América del Sur.

Guayaquil El natural de esta ciudad de la República de Ecuador recibe el nombre de *guayaquileño (ña).*

*Guayra (La) Incorrecto; es *La Guaira* (con *i*).

gubernamental, gubernativo(va), gubia.

Guecho No se pronuncia la *u*. Es un municipio del partido judicial de Bilbao. A veces (las menos) aparece escrito *Güecho*.

*Güecho V. *Guecho*.

guedeja, guedejado (da), guedejón, guedejoso (sa), guedejudo, gueldo.

*güeldo Es incorrecto; escríbase *gueldo* (sin diéresis).

güelfo Partidario de los papas, en la Edad Media, contra los *gibelinos*, partidarios de los emperadores. Ambos con minúscula.

guelte, gueltre, guepardo, güermeces, güero *(Méx.)*.

guerra Se escribe con minúscula en: La guerra de la Liberación; la guerra de Secesión; la guerra de la Independencia. Con mayúscula en: la Gran Guerra; la Segunda Guerra Mundial, etc.

guerreador (ra), guerreante, guerrear, guerrera, guerrero, guerrilla, guerrillear, guerrillero, Guesclin (du).

gueto «Barrio en que vivían o viven los judíos.» Es incorrecto escribir *ghetto*.

Guevara, guía, guiadera, guiador (ra).

guiar(se) Por lo que concierne al acento, se conjuga como *desviar* (guío, guías, guiáis). Uso de preposiciones: Guiarse *por* un modelo.

*guignol Voz francesa; escríbase *guiñol*, vocablo admitido (representación de títeres).

guija, guijarral, guijarrazo, guijarreño, guijarroso (sa), guijeño (ña), guijo, guijoso (sa), guileña, guilla.

*guillado No lo admite la Academia, aunque acepta *guilladura* y *guillarse* (chiflarse). Lo que es más incorrecto, con este significado, es *grillado*, *grilladura* y *grillarse*.

guilladura, guillarse Es correcto. (V. *guillado*.)

Guillén, guillomo, guillote, guillotina, guillotinar, guimbalete, guim- barda, **Guimerá, guinchar, guincho, guinchón, guinda, guindado (da), guindal, guindalera, guindaleta, guindaleza, guindamina, guindar, guindaste, guindilla, guindo, guindola, guinea.**

Guinea El natural de Guinea recibe el nombre de *guineo*. No está admitida la voz *guineano*.

*guineano Incorrecto. (V. *Guinea*.)

guineo (a) Es el natural de *Guinea* (véase).

guinga, guiñada, guiñador, guiñadura, guiñapiento (ta), guiñapo, guiñaposo (sa), guiñar, guiño.

guiñol Voz admitida; es incorrecto escribir *guignol*. Es una «representación teatral por medio de títeres movidos con los dedos».

guión Es un signo ortográfico (-) que se pone al fin del renglón cuando éste termina con parte de una palabra, cuya otra parte, por no caber en la primera línea, debe ponerse en la segunda. También une dos partes de una palabra compuesta (hispano-alemán), y sirve para separar oraciones incidentales que no se ligan con los demás miembros del período. En este caso se emplean guiones más largos que igualmente se emplean en los diálogos cuando habla cada interlocutor. Al dividir las palabras no se dividirán los diptongos ni los triptongos (conti-*nuéis*, *buey*, averi-*gua*). Con los prefijos se puede dividir la palabra teniéndolos en cuenta o no (de-satar, o des-atar; su-bacuático, o sub-acuático). En las voces compuestas se separan las vocales (diecio-cho, re-unión). Si la primera o la última sílaba de una voz consta de una vocal, no se la dejará aislada o al final de una línea (o-vación, corrí-a). No se deben dividir la *ch*, la *ll* ni la *rr*, como tampoco las abreviaturas (S.M., S.A.R.), ni 20°, 15 %, etc. Los guiones largos se emplean para separar oraciones incidentales más necesarias que las encerradas entre paréntesis («Llegaron los vinos —de la cosecha de 1940— y fueron servidos en seguida.»)

guionaje, guionista, guipar.

*guipur Es incorrecto; dígase *encaje, puntilla, blonda.*

Guipúzcoa El natural de esta provincia recibe el nombre de *guipuzcoano (na).*

guipuzcoano (na), guiri.

guirigay El plural suele ser *guirigays;* algunos escriben *guirigayes,* que es más correcto.

guirindola, guirlache, guirnalda, guiropa, guisa, guisado (da), guisador (ra), guisandero, guisantal, guisante, guisar, guiso, guisote.

güisqui Admitida, igual que *whisky.* Es preferente la primera.

guita, guitar, guitalla, guitarrazo, guitarreo, guitarrería, guitarrero (ra), guitarresco (ca), guitarrillo, guitarrista, guitarro, guitarrón, guitero.

güito Para este vocablo se acepta, como voz familiar, el significado de *sombrero,* y de *cuesco, hueso de fruta.*

guitón, guitonear, guitonería, guizacillo, guizgar, guizque, guja, gula.

*Gulf Stream Denominación inglesa de *Corriente del Golfo.*

gules, gulosidad, guloso (sa), gulusmear, gulusmero (ra), Gulliver, gúmena, gumía.

*gun-man Voz inglesa que se traduce por *pistolero, bandido.*

gunneráceo (a), gura, gurbio, gurbión, gurbionado, gurdo (da).

*gurmet Incorrecto, lo mismo que *gourmet.* (V. *gourmand.*)

gurriato, gurrufero, gurrumina, gurrumino, gurruñar, gurruño, gurullada, gurullo, gusanear, gusanera, gusanería, gusaniento (ta),

gusanillo, gusano, gusanoso (sa), gusarapiento (ta).

gusarapo «Cualquiera de los animalejos de forma de gusano que se crían en los líquidos.» El femenino es *gusarapa.*

gustable, gustación, gustadura.

gustar Uso de preposiciones: Gustar *de* bromas.

gustativo, Gustavo, gustazo, gustillo.

gusto «Mucho *gusto de* saludarle» (o conocerle) es incorrecto; debe decirse «mucho *gusto en* saludarle» (o conocerle). Uso de preposiciones: Gusto *por* las flores; gusto *para* vestir.

gustoso Uso de preposiciones: Gustoso *al* paladar.

gutagamba, gutapercha.

*Gutemberg Incorrecto. (V. *Gutenberg.*)

Gutenberg Es lo correcto, y no *Gutemberg* (incorrecto).

gutiámbar, gutífero (ra), gutural.

*Guy Nombre francés que corresponde al nuestro de *Guido.*

Guyana Antigua *Guayana Británica.*

*Guyane Nombre francés de la *Guayana.* Dícese particularmente de la Guayana Francesa *(Guyane Française).*

*Guyenne Nombre francés de una antigua provincia de Francia que nosotros llamamos *Guyena* (cap. Burdeos).

guzmán, Guzmán, guzpatarra.

*Gwendolin Nombre inglés de mujer que corresponde al nuestro de *Genoveva.*

*gymkhana Voz inglesa; es una «prueba automovilística de habilidad».

h

h Novena letra del alfabeto y séptima letra de sus consonantes. Su nombre es *hache* (plural *haches*); no tiene sonido. Se escriben con *h* las voces que comienzan por *iper* (hipercloridia) *ipo* (hipopótamo), *idr* (hidráulico), y las que comienzan por *ia* (hialino), *ie* (hielo), *ue* (hueso), *ui* (huida). También va detrás de las vocales *a* y *e* cuando son interjecciones (¡ah!, ¡eh!). Igualmente se escriben con *h* todas las formas de los verbos *haber* y *hacer*.

ha Forma del verbo haber (llegó *ha* tiempo); no debe confundirse con la interjección ¡ah!

Haakón.

Haarlem Nombre propio holandés que pasó al inglés con la grafía *Harlem* (barrio de Nueva York).

haba, habado (da).

Habana La capital de Cuba es *La Habana*, y no *Habana* ni menos aún *Havana* (es inglés). El natural de esta ciudad recibe el nombre de *habanero (ra).*

habanera, habanero, habano, habar.

hábeas corpus Locución latina con que empieza el auto de comparecencia del detenido. Con ella se indica el derecho de todo detenido a ser escuchado por el juez. Debe señalarse que las locuciones latinas empleadas en nuestra lengua se acentúan como en ella.

haber Verbo auxiliar, irregular, que se conjuga de la siguiente forma: INDICATIVO. *Presente:* he, has, ha, hemos, habéis, han. *Pret. imperf.:* había, habías, etc. *Pret. indef.:* hube, hubiste, etc. *Futuro imperf.:* habré, habrás, etc. POTENCIAL: habría, habrías, habría, habríamos, habríais, habrían. SUBJUNTIVO. *Presente:* haya, hayas, haya, hayamos, hayáis, hayan. *Pret. imperf.:* hubiera o hubiese, hubieras o hubieses, etc. *Futuro imperf.:* hubiera, hubieres, etc. IMPERATIVO: he, haya, hayamos, habed, hayan. PARTICIPIO: habido. GERUNDIO: habiendo. Incorrecciones: «*Habían* algunos jóvenes que...» Es incorrecto; dígase «*había* algunos jóvenes que...» «*Hubieron* pocos alumnos», es «*hubo* pocos alumnos». «¿Lo has *de* menester?», es «¿lo has menester?» «*Haber* si viene pronto», es «*a ver* si viene pronto». Como nombre es masculino: el *haber*, y su plural es *los haberes.*

haberío, habichuela, habiente.

hábil Uso de preposiciones: Hábil *en* los negocios; h. *para* el cargo.

habilidad, habilidoso (sa), habilitación, habilitado (da), habilitador.

habilitar Uso de preposiciones: Habilitar *para* un puesto.

hábilmente, habitabilidad, habitable, habitación, habitáculo, habitador (ra), habitamiento, habitante, habitar.

hábitat Voz admitida por la Academia y que significa «sitio o región donde se cría naturalmente una especie vegetal o animal».

hábito, habituación, habitual.

*habituamiento Es incorrecto; dígase *habituación, hábito.*

habituar(se) Uso de preposiciones: Habituarse *al* clima.

habitud, habitudinal.

*habitué Voz francesa; dígase *frecuentador, familiar, contertulio, asiduo, cliente,* según el caso.

habla, hablado (da), hablador (ra), habladuría, hablanchín (na), hablante, hablantín (na).

hablar («El detalle *hablaba muy alto* de su competencia» es incorrecto; dígase «el detalle *demostraba* su competencia». Uso de preposiciones: hablar *de, sobre* un tema; h. *por, en nombre de* persona.

hablilla, hablista, hablistán, habón, Habsburgo, haca, hacecillo, hacedero (ra).

Hacedor Suele aplicarse sólo a Dios: El *Hacedor,* el *Supremo Hacedor* (con mayúscula).

hacendado (da), hacendar (se), hacendera, hacendería, hacendero (ra), hacendilla, hacendista, hacendístico, hacendoso (sa), hacenduela.

hacer Verbo irregular que se conjuga del siguiente modo: INDICATIVO. *Presente:* hago, haces, hace, hacemos, hacéis, hacen. *Pret. imperf.:* hacía, hacías, etc. *Pret. indef.:* hice, hiciste, hizo, hicimos, hicisteis, hicieron. *Fut. imperf.:* haré, harás, etc. POTENCIAL: haría, harías, haría, haríamos, haríais, harían. SUBJUNTIVO. *Presente:* haga, hagas, haga, hagamos, hagáis, hagan. *Pret. imperf.:* hiciera o hiciese, hicieras o hicieses, hiciera o hiciese, hiciéramos o hiciésemos, hicierais o hicieseis, hicieran o hiciesen. *Fut. imperf.:* hiciere, hicieres, hiciéremos, etc. IMPERATIVO: haz, haga, hagamos, haced, hagan. PARTICIPIO: hecho. GERUNDIO: haciendo. Incorrecciones: «*Hacer* blanco», incorrecto; es «*dar en el* blanco». «*Hacer* cara de enfadado»,

es «*poner* mala cara». «*Hacer* ilusión», es «ilusionar, complacer, satisfacer». «*Hacerse* ilusiones», es «*forjarse* ilusiones». «*Hacer* política», es «*dedicarse* a la política». «*Hacer* alusión», es «aludir». «*Hacerse valer* entre sus condiscípulos», es «hacerse respetar», o «darse importancia». *Hacer furor* ha sido admitido recientemente; significa «estar de moda».

hacia *Hacia bajo,* es incorrecto; dígase *hacia abajo.* Las locuciones de dirección (hacia atrás, hacia abajo, hacia adelante, etc.) se estudian en el artículo *dirección* (v.).

hacienda, haciente, hacina, hacinación, hacinador (ra), hacinamiento, hacinar(se), hacino (na).

hacha Aunque es femenino lleva el artículo *el* antepuesto: *el hacha.* (V. *arma.*)

hachar, hachazo.

hache El nombre de esta letra es femenino *(la hache).* Debiera escribirse *el hache* —como *el hacha* (v. *hacha*)—, pero se trata de una excepción por ser nombre de letra.

hachear, Hachemita, hachero, hacheta.

hachís Admitido por la Academia como «variedad de planta de cáñamo, mezclada con sustancias aromáticas, que provocan una embriaguez especial». Es incorrecto escribir *haxix, hashish, hachich,* etc. Son similares la grifa, la marihuana (o mariguana) y el quif, todas voces admitidas por la Academia. No se acepta *kiff* o *kif.*

hacho, hachón, hachote, hachuela.

hada Aunque es femenino se le antepone el artículo *el: el hada.* (V. *arma.*)

hadado, hadar, hado, Hadramaut, Haendel, hafnio.

hagio- Prefijo que significa «santo» *(hagiografía).*

hagiografía, hagiográfico (ca), hagiógrafo.

*Hague (The) Nombre inglés que corresponde al nuestro de *La Haya.*

Haiderabad Nombre de dos ciudades de la India y del Pakistán;

también puede escribirse *Hyderabad*.

*haiga Vulgarismo por *haya* (subjuntivo del verbo haber), y festivamente por «automóvil lujoso».

Hainán.

Haití El natural de este país de América recibe el nombre de *haitiano (na)*.

haitiano (na) V. *Haití*.

hala Voz que se emplea para meter prisa o infundir aliento. También se admite *hale*.

halacabuyas, halacuerdas, halagador, halagar, halago, halagüeño (ña).

halar En algunos países de América se abusa de este término que significa «tirar de una cuerda» (admitido). Incluso se escribe *jalar*, lo cual ha sido aceptado por la Academia como voz familiar y sólo para el significado aludido.

hálara, halcón, halconado (da), halconear, halconera, halconería, halconero.

halda Aunque es femenino, se le antepone el artículo *el (el halda)*, lo mismo que en *arma* (v.).

haldada, haldear, haldeta, haldudo.

hale V. *hala*.

*half Voz inglesa usada en fútbol; debe decirse *medio*.

Halffter, Halicarnaso, halieto, Halifax, hálito.

*¡haló! Voz que se emplea al hablar por teléfono; es incorrecta, lo mismo que *aló, alló*, etc. Debe decirse *diga*, o *hable*. En América también se dice *bueno*.

halo- Prefijo que significa «sal» *(haloideo, halógeno)*.

halo, halófilo (la), halógeno (na), haloideo (a), haloque, halotecnia, haloza.

*haltera Voz correcta, aunque no está admitida por la Academia. Significa «pesa» o «peso» empleado en el ejercicio de la *halterofilia*, voz aprobada por la Academia, que significa «levantamiento de pesas o pesos». No se admite *halterófilo*.

halterofilia, *halterófilo V. *haltera*.

*hall Voz inglesa; en su lugar dígase *vestíbulo, sala, salón, antesala, recibimiento*, según el caso.

hallada, hallado, hallador (ra).

hallar(se) Uso de preposiciones: Hallarse *con* un obstáculo.

hallazgo, hallulla.

hamaca Red extendida que sirve de cama. Con el significado de «asiento plegable» debe decirse *tumbona*.

hamadría, hamadríada V. *hamadríade*.

hamadríade Ninfa de los bosques, o *dríade* (término preferente). También se admiten *hamadríada* y *hamadría*.

hámago, hamamelidáceo (cea), hamaquero.

hambre Aunque es femenino se le antepone el artículo *el (el hambre)*. Lo mismo ocurre con otras voces similares, como *hacha, hampa, halda*, etc. (V. *arma*.)

hambrear, hambriento (ta), hambrón (na).

hambruna *(Amér.)* Hambre extrema, necesidad.

Hamburgo Es lo correcto; no debe escribirse *Hamburg*. El natural de esta ciudad de Alemania recibe el nombre de *hamburgués (sa)*. *Hamburguesa* no está admitido como «torta de carne picada», pero es mejor que emplear la voz *hamburger*, inaceptable.

hamburgués, hamburguesa V. *Hamburgo*.

*hamburger V. *Hamburgo*.

hamez, Hamlet, Hammurabi.

hampa V. *Hamburgo*.

hampesco (ca), hampo (pa), hampón, Hampshire.

*handicap Voz inglesa; dígase *desventaja* o *ventaja*, según el caso. También es incorrecto *handicapar*; debe decirse *obstaculizar, dificultar, impedir*.

*handicapar Incorrecto. (V. *handicap*.)

hangar Vocablo aprobado por la Real Academia Española. Significa «cobertizo grande para guarecer aparatos de aviación».

*Hannah Nombre inglés de mujer al que corresponde en nuestra lengua el de *Ana*.

Hannóver Es la grafía castellana
tradicional (con dos *enes* y acento).
El natural de este antiguo reino de
Prusia o de la ciudad alemana recibe el nombre de *hannoveriano*
(admitido).

hannoveriano (na), Hanoi.

hansa V. *hanseático.*

hanseático Aceptado por la Academia, lo mismo que *hansa.* Se
aceptan asimismo *anseático* y
ansa, grafías preferentes, según el
Diccionario académico.

**hapálido, hápax, haplología, ha-
ragán (na), haraganear, haraga-
nería.**

****harakiri** Incorrecto. (V. *haraquiri.)*

**harapiento (ta) (2), harapo, hara-
poso (sa) (1).**

haraquiri Voz aprobada por la Academia. Es incorrecto escribir *harakiri.* Significa «suicidio ritual en
Japón, que consiste en darse
muerte abriéndose el vientre de un
tajo».

haraute, harbar, harca.

****hardware** La computadora y su
equipo material.

harem Voz admitida por la Academia, que no obstante prefiere
harén (v.), y mejor aún *serrallo.*

harén Aprobado por la Academia.
«Lugar en que los mahometanos
tienen a sus mujeres y concubi-
nas.» Se admite asimismo *harem*,
si bien la voz preferente es *harén*,
y mejor *serrallo.*

**harija, harina, harinado, harinero
(ra), harinoso (sa).**

Harlem Distrito de la ciudad de
Nueva York. *Haarlem*, en cambio
(de donde deriva aquel nombre), es
una ciudad de Holanda.

harmonía Aceptado, pero es preferible *armonía* (sin *h*). Lo mismo
ocurre con los derivados que se incluyen a continuación:

**harmónico (ca), harmonio, har-
moniosamente, harmonioso (sa),
harmonista, harmonizable, har-
monización, harmonizar** Son voces
aceptadas por la Academia, que no
obstante prefiere las mismas sin
h, como en el caso de *harmonía* (v.)
(preferible *armonía).*

**harnal, harnerero, harnero, harón
(na), haronear, haronía.**

harpa, harpía, harpillera Voces admitidas, aunque son preferentes
arpa, arpía y *arpillera.*

**harqueño, harrado, ¡harre!, ha-
rrear, harriero** Voces aceptadas,
aunque son preferibles las mismas
sin *h*.

hartada.

hartar(se) Uso de preposiciones:
Hartarse *de* pan.

**hartazgo (1), hartazón (2), harte-
ra (3), harto (ta), hartón, hartura,
Hartzenbusch, Harún al Raschid,
Hassán.**

hasta Es preposición. No confundir con *asta* (palo de lanza, bandera, etc.). *Hasta ahora* es incorrecto, como saludo de despedida.
Dígase *hasta luego, hasta la vista,
hasta después.*

hastial.

hastiar(se) Es verbo regular; por
lo que se refiere al acento, se conjuga lo mismo que *desviar* (hastío,
hastías, hastiáis, etc.).

hastío, hastioso (sa), hataca.

hatajo «Pequeño grupo de ganado.» No confundir con *atajo* («senda que acorta el camino»).

**hatear, hatería, hatero (ra), hatijo,
hatillo, hato, Hatteras, haute.**

****Havana** Es incorrecto; el nombre
de la capital de Cuba es *La Habana.*

havo, Havre (El), Hawthorne.

haya Tratándose del árbol, es femenino. Sin embargo, se le antepone el artículo *el: el haya.* (V.
arma.) En cambio, si se alude a la
ciudad, es *La Haya*, contrariando
la regla. (V. *arma.*)

**hayaca, hayal, Haydn, hayo, ha-
yuco, haz, haza, hazaleja, hazaña,
hazañería, hazañero (ra), hazaño-
so (sa), hazmerreír, he, hebdóma-
da, hebdomadario (ria), hebén, he-
betar, hebijón, hebilla, hebillaje,
hebillar, hebillero (ra), hebilleta,
hebra, hebraico (ca), hebraísmo,
hebraísta, hebraizante, hebraizar,
hebreo (a), hebrero, Hébridas, He-
brón, hebroso (sa), hecatombe.**

hectárea Símbolo; *ha* o *Ha.*

héctico, hectiquez.

hecto- Prefijo que significa *cien* (*hectómetro, hectogramo, hectolitro*).

hectógrafo.

hectogramo La acentuación prosódica recae en la penúltima sílaba, lo mismo que en *hectolitro*. (Es incorrecto *hectógramo* y *hectólitro*.) Por el contrario, se dice y escribe *hectómetro*. Las abreviaturas de estas tres voces son: *hectogramo:* Hg.; *hectolitro:* Hl.; *hectómetro:* Hm.

hectolitro V. *hectogramo*.

hectómetro V. *hectogramo*.

Héctor, hectóreo.

*hechar «*Hechar* de casa» es incorrecto. Escríbase «*echar* de casa».

hechiceresco (ca), hechicería, hechicero (ra), hechizar, hechizo.

hecho Participio pasado del verbo *hacer*. «Yo he *hecho* un trabajo» es correcto. Es incorrecto en cambio escribir «yo *hecho* el perro de mi casa». Es «yo *echo*...». No deben confundirse las formas del verbo *hacer* con las del verbo *echar*.

hechura, hechizal.

heder Verbo irregular que se conjuga como *entender* (hiedo, hiedes, hedéis, etc.). (V. *entender*.)

hediente, hediento (ta), hediondez, hediondo (da), Hedjaz.

hedónico (ca), hedonismo V. *hedonista*.

hedonista Admitido el significado de «que procura el placer». Son voces afines admitidas *hedónico (ca), hedonismo, hedonístico (ca)*.

hedor, Hefestos, Hegel, hegelianismo, hegeliano (na), hegemonía, hegemónico (ca).

hégira También se admite con *j*, *héjira*, pero es preferible *hégira*.

helable, helada, heladera, heladería, heladizo (za), helador, heladura, helamiento.

helar(se) Verbo irregular que se conjuga como *acertar* (hielo, hielas, heláis, etc.). (V. *acertar*.)

helear, helechal, helecho.

*Helen V. *helena*.

helena Con minúscula es una «mujer natural de Grecia» (helena). Con mayúscula si se trata del nombre de la princesa griega que provocó la guerra de Troya (*Helena*). El nombre propio de mujer se escribe *Elena* (no *Helena*). *Helen* es el correspondiente nombre inglés.

Helena V. *helena*.

helénico (ca), helenio, helenismo, helenista, helenístico (ca), helenizante, helenizar.

heleno «Natural de Grecia.» El femenino es *helena* (v.).

helera, helero, helespóntico, Helesponto, helgado (da), helgadura.

heli- V. *helio-*.

heliaco (1), helíaco (2), hélice, hélico (ca), helicoidal, helicoide, helicón, helicona, helicónides, heliconio.

helicóptero Aunque a veces se emplea como sinónimo la voz *autogiro*, la mecánica de ambos aparatos tiene apreciables diferencias.

Heligoland Mejor así escrito que *Helgoland*.

helio- Prefijo que significa «sol» (*heliocéntrico, heliograbado*).

helio, heliocéntrico (ca), Heliodoro, heliofísica, heliofísico.

heliogábalo Con minúscula es «hombre dominado por la gula», por alusión a *Heliogábalo* (con mayúscula), emperador romano.

heliograbado, heliografía, heliográfico (ca), heliógrafo, heliograma, heliómetro, helión, Heliópolis, helioscopio, heliosis, helióstato, heliotelegrafía, helioterapia, heliotropismo, heliotropo, helipuerto, helmintiasis, helmíntico, helminto, helmintología, helmintológico.

Helsingborg V. *Helsinki*.

Helsinki Capital de Finlandia. Antes se llamaba *Helsingfors*. No confundir con *Helsingborg*, puerto de Suecia.

Helvecia El natural de este país de la Europa antigua (hoy Suiza) recibe el nombre de *helvecio*, o *helvético*. *Helvético* es también lo «perteneciente a Helvecia», y en este sentido se emplea más que *helvecio*. Los femeninos son *helvecia* y *helvética*.

hema- V. *hemo-*.

hemacrino, hematemesis, hematermo.

hematíe En singular es *hematíe*, no *hematí* (incorrecto). En plural es *hematíes*. No debe confundirse con *hematites* (mineral de hierro de color rojo).

hematites No debe confundirse con *hematíes*. (V. *hematíe*.)

hematófago, hematología, hematológico (ca), hematólogo (ga).

hematoma Es masculino *(el hematoma).*

hematosis, hematoxilina, hematozoario, hematuria, hembra, hembrear, hembrilla, hemeroteca.

hemi- Prefijo que significa «medio» *(hemisferio, hemipléjico).*

hemiciclo, hemicránea, hemina, Hemingway, hemiplejía (1), hemiplejia (2), hemipléjico (ca), hemíptero, hemisférico (ca), hemisferio, hemistiquio.

hemo- Prefijo que significa «sangre» *(hemofilia, hematoma),* lo mismo que los prefijos *hema-* y *hemato-*.

hemocianina, hemofilia, hemofílico (ca), hemoglobina, hemolisina, hemólisis, hemolítico.

hemopatía «Enfermedad de la sangre», no confundir con *homeopatía,* cierto sistema curativo.

hemoptísico (ca), hemoptisis.

hemorragia «Una hemorragia de sangre» es pleonasmo, ya que la hemorragia sólo puede ser de sangre.

hemorroidal.

hemorroide Se emplea más en plural, y es femenino *(las hemorroides).* Nunca *los hemorroides.*

*hemostasia Incorrecto; dígase *hemostasis.*

hemostasis, hemostático (ca).

*hemotisis Incorrecto; escríbase *hemoptisis.*

henal, henar, henchidor, henchidura, henchimiento.

henchir Verbo irregular que se conjuga como *pedir* (v.) (hincho, hinches, hinche, henchimos, henchís, hinchen). Uso de preposiciones: Henchir *de* aire los pulmones.

Hendaya, hendedor.

hendedura V. *hender.*

hender «Abrir o rajar un cuerpo, sin dividirlo del todo.» Lo mismo

significa *hendir* (v.), también admitido aunque menos usado. Ambos significan asimismo «atravesar o cortar un fluido». *Hender* es verbo irregular, y se conjuga como *entender* (v.) (hiendo, hiendes, hendéis, etc.).

hendedura «Abertura o grieta en un cuerpo duro.» También se admite *hendidura* con igual significado, aunque es menos usado.

hendido, hendidura Véase *hendedura.*

hendimiento.

hendir Verbo irregular; se conjuga como *discernir.* (V. *hender.*)

henequén, hénide, henificar, henil, heno, henojil.

*Henri, *Henry Nombres de varón, francés e inglés, respectivamente, que corresponden al nuestro de *Enrique.* Los femeninos correspondientes son *Henriette* (francés) y *Henrietta* (inglés), que equivalen al nuestro de *Enriqueta.*

Henríquez.

heñir Verbo irregular que se conjuga como *ceñir* (v.) (hiño, hiñes, heñís, etc.).

hepática, hepático, hepatitis, hepatización.

hepta- Prefijo que significa «siete» *(heptágono, heptasílabo).*

heptacordo, heptaedro, heptagonal, heptágono (na), heptámetro, heptarquía, heptasilábico (ca), heptasílabo (ba), Heraclea.

Heracles Nombre griego (admitido por la Academia) de Hércules. No se admite, en cambio, *Herakles.*

heraclida «Descendiente de Heracles (v.) o Hércules.»

*Herakles Incorrecto; escríbase *Heracles* (v.).

Heráclides, Heraclio, Heráclito, heráldica, heráldico, heraldista, heraldo, herbáceo (a), herbada, herbajar, herbaje, herbajear, herbajero, herbal, herbar.

herbario V. *herbolario.*

*herbarium Incorrecto; escríbase *herbario* (v.).

herbaza, herbazal.

herbecer Verbo irregular que se conjuga como *agradecer* (v.).

herbero «Esófago o tragadero de animal rumiante.»

*Herbert Nombre inglés que corresponde al nuestro de *Heriberto*.

herbicida, herbívoro (ra), herbolar.

herbolario Es el que vende plantas medicinales en una tienda. Esta tienda se llama *herboristería. Herborista* es incorrecto; dígase *herbolario. Herbario*, en cambio, es «colección de plantas secas» y «persona que profesa la botánica».

herbolecer, herbolizar.

*herborista Incorrecto; dígase *herbolario* (v.).

herboristería V. *herbolario*.

herborización, herborizador (ra), herborizar, herboso (sa).

*Hercegovina Es incorrecto; escríbase *Herzegovina*.

herciano (na) V. *hercio*.

hercio En física, es la unidad de frecuencia de un movimiento vibratorio. En la nomenclatura internacional se denomina *hertz*. Se admite también la voz *herciano (na)*.

Herculano, hércules, Hércules, hercúleo (a), herculino (na), heredad, heredado (da), heredamiento.

heredar Uso de preposiciones: Heredar *de* un pariente; h. *en, por* línea recta.

heredero (ra), heredípeta, hereditario (ria).

hereje Voz de género común (*el hereje, la hereje*). Antiguamente se decía *la hereja*.

herejía, herencia, heresiarca, heretical, herético (ca), herida, herido, heridor (ra), heril.

herir Verbo irregular que se conjuga como *sentir* (v.). Herir *de* muerte; h. *en* la propia estimación.

herma, hermafrodita (1), **hermafroditismo, hermafrodito** (2).

hermana Tratamiento que se da a las religiosas. Se usa comúnmente precediendo al nombre propio. Equivale a *sor (hermana Angustias, sor Angustias)*. Ambas voces siempre con minúscula.

hermanable, hermanado (da), hermanal, hermanamiento.

hermanar(se) Uso de preposiciones: Hermanarse dos *a* dos; h. una cosa *con* otra; h. *entre* sí.

hermanastro (tra), hermanazgo (2), **hermandad** (1), **hermanear, hermanecer.**

hermano (na) Tratamiento que se da al miembro de una comunidad regular (*el hermano* Juan). Siempre se escribe con minúscula. El plural, *hermanos*, se abrevia *Hnos.*, generalmente en razones sociales.

hermanuco, Hermenegildo, hermeneuta, hermenéutico (ca).

Hermes *Hermes Trismegisto*, también se escribe *Hermes Trimegisto* (suprimiendo la primera *s*), aunque es mejor la primera forma.

herméticamente, hermeticidad, hermético (ca), hermetismo, hermetizar.

*hermitage voz inglesa; dígase *ermita*.

hermoseador (ra), hermoseamiento, hermosear, hermoseo, hermoso (sa), hermosura, Hernandarias, Hernández, Hernani, hernia, herniado (da), herniario (ria), hérnico (ca), hernioso (sa), hernista.

Herodes Sólo se escribe con mayúscula, referido al personaje histórico. No se admite *herodes* con el sentido de «hombre muy malvado». El que degolló los inocentes era *Herodes el Grande*, rey de Judea. *Herodías* era la mujer de *Herodes Antipas*, hermano del anterior. No confundir.

herodiano (na).

Herodías V. *Herodes*.

Herodoto También se escribe y se pronuncia *Heródoto* (menos usual).

héroe El femenino es *heroína*.

heroicidad, heroico (ca), heroida, heroína, heroísmo.

herpes Es lo correcto. La Academia lo da como ambiguo, es decir, que también se admite el femenino (*la herpes*), aunque es poco usado. Otra dolencia afín es el *herpes zoster*, también llamado *zona* (*el zona*; masculino).

herpético (ca), herpetismo, herpetología, herpil.

*herr Voz alemana que significa

«señor», como tratamiento de los varones en general.

herrada, herradero, herrado.

herrador «El que tiene por oficio errar las caballerías.» No debe confundirse con *herrero*: «El que tiene por oficio trabajar o labrar el hierro.» *Herrar* es sólo «clavar las herraduras a las caballerías», y no «trabajar el hierro».

herraje «Conjunto de piezas de hierro con que se guarnece algo.» Suele usarse en plural: *los herrajes*.

herrar No debe confundirse con *errar* (equivocarse). (V. *herrador*.)

herrén, herrenal, herrera, herrería, herreriano (na), herrerillo.

herrero V. *herrador*. No deben confundirse ambas voces.

herrerón, herreruelo, herrete, herretear, herrezuelo, herrial, herrín, herrón, herronada, herrumbrar, herrumbre, herrumbroso (sa).

hertz V. *hercio*.

hertziana V. *hertz*.

hérulo (la), hervencia, herventar, hervidero, hervidor.

hervir Verbo irregular que se conjuga como *sentir* (v.) (hiervo, hierves, hervís, etc.). Uso de preposiciones: Hervir un lugar *de* gente.

hervor, hervoroso, Herzegovina.

***herziano (na)** Incorrecto; es *herciano (na)*. V. *hercio*.

hesitar, hespérico (ca), hespéride, Hespérides, hesperidio, hespérido (da).

Hesperia Nombre que se daba antiguamente a España y a Italia. El natural de estos países recibía el nombre de *hesperio (ria)*.

hesperio (ria) V. *Hesperia*.

Héspero, Hess, Hesse.

hetaira Admitido, aunque es preferible *hetera*.

heteo (a), hetera.

hetero- Prefijo que significa «otro, desigual» *(heterogéneo, heterodino)*.

heterocerca, heteróclito (ta), heterodino, heterodoxia, heterodoxo (xa), heterogeneidad, heterogéneo (nea), heteromancia (1), heteromancía (2), heterómetro, heterónimo, heterónomo, heteroplastia,

heterópsido, heteróptero, heteroscio.

heterosexual Voz admitida.

heterotrófico (ca), heterótrofo (fa).

hético (ca) «Tísico; muy flaco.» Se admite también *héctico*, pero en segundo término.

hetiquez, heurística, heurístico.

hexa- Prefijo griego que significa «seis» *(hexaedro, hexápodo)*.

hexacorolario, hexacordo, hexaedro, hexagonal, hexágono (na), hexámetro, hexángulo (la), hexápeda, hexápodo, hexasílabo (ba).

hez El plural es *heces*.

Híadas (2), Híades (1), hialino (na), hialoideo (dea).

hiato Encuentro de dos vocales que se pronuncian en sílabas distintas, sin formar diptongo. También es cacofonía que resulta del encuentro de vocales, como en el ejemplo «recorría el cielo de est*e a* oeste».

hibernación, hibernal.

hibernar Admitido; significa «pasar el invierno». Es sinónimo de invernar. También se acepta *hibernación* (estado de sopor en que caen algunos animales durante el invierno).

hibernés (sa) Natural de *Hibernia*. También se le llama *hibérnico (ca)*.

Hibernia Antiguo nombre de Irlanda.

hibérnico (ca) V. *hibernés*.

hibernizo (za), hibridación, hibridismo, híbrido (da), hibuero, hicaco, hicotea.

hicsos Pueblo asiático. Mejor escrito que *hiksos*.

hidalgo (ga), hidalguejo (ja), hidalgüelo (la), hidalguete (ta), hidalguía, hidátide, hidatídico (ca), hidra, hidrácido, hidrargirio (2), hidrargirismo, hidrargiro (1), hidrartrosis, hidratación, hidratar(se), hidrato, hidráulica, hidráulico, hidria.

hidro-, hidr- Prefijos que significan «agua» *(hidrato, hidroavión, hidrófilo)*.

***hidroala** No admitido. (V. *hidroplano*.)

hidroavión, hidrobiología, hidrocarburo, hidrocefalia, hidrocéfalo

(la), **hidrocele, hidroclorato, hidroclórico (ca), hidrodinámica, hidrodinámico, hidroelectricidad, hidroeléctrico (ca), hidrófana, hidrofilacio, hidrófilo (la), hidrofobia, hidrófobo (ba).**

*hidrofoil (Inglés). Hidrodeslizador.

hidrófugo (ga), hidrógeno, hidrognosia, hidrogogía, hidrografía, hidrográfico (ca), hidrógrafo, hidrólisis, hidrología, hidrológico (ca), hidrólogo (ga), hidroma, hidromancia (1), **hidromancía** (2), **hidromántico, *hidromecánico.**

hidromel V. *hidromiel.*

hidrometeoro, hidrómetra, hidrometría, hidrométrico (ca), hidrómetro.

hidromiel «Agua mezclada con miel», es decir, *aguamiel,* término más usado. También se admite *hidromel.*

hidronimia Voz admitida; como *hidronímico* e *hidrónimo.*

hidrópata, hidropatía, hidropático (ca), hidropesía, hidrópico.

hidroplano Es sinónimo de *hidroavión,* pero además es una «embarcación provista de aletas inclinadas, que al marchar sostienen el peso del aparato». Es decir, lo que algunos denominan *hidroala* o *hidrodeslizador,* términos no admitidos. Dígase *hidroplano.*

hidroponía, hidropónico, hidropteríneo (a), hidroquinona, hidroscopia, hidrosfera, hidrosilicato, hidrosol, hidrostática, hidrostático, hidrotecnia, hidroterapia, hidroterápico (ca), hidrotermal, hidrotimetría, hidrotimétrico, hidrotórax, hidróxido.

hidroxilo Es lo correcto, y no *hidróxilo.*

hiedra También se admite *yedra,* pero en segundo término.

hiel.

hielo Admitida la expresión *hielo seco.* Es más correcto *nieve carbónica* (aceptado y preferente).

hiemal, hiena, hienda, hierático (ca), hieratismo.

hierba También puede escribirse *yerba,* aunque es preferente *hier-*

ba. El aumentativo es *herbaza,* y no *hierbaza,* incorrecto.

hierbabuena, hierbajo, hierbezuela, hieródula, hierofanta (2), **hierofante** (1), **hieroglífico, Hierón, hieroscopia.**

hierosolimitano (na) Es el natural de *Jerusalén.* También se admite *jerosolimitano.*

hierro, higa, higadilla, higadillo, hígado, higate.

*highlander Voz inglesa que designa al montañés o natural de las tierras altas de Escocia. (V. *Highlands.)*

*Highlands Así se llaman las tierras altas de Escocia. El natural de esta región recibe el nombre inglés de *highlander,* que debemos traducir por *montañés* (de Escocia).

*high life Expresión inglesa; tradúzcase por *la aristocracia, la sociedad elegante.*

higiene, higiénico (ca), higienista, *higienización, higienizar, higo, higroma, higrometría, higrométrico (ca), higrómetro, higroscopia, higroscopicidad, higroscópico (ca), higroscopio, higuera, higueral, higuereta, higuerilla, higuerón, higueruela, higuí (al).

¡hi, hi, hi! Interjección con que se manifiesta la risa. Se admite también *¡ji, ji, ji!,* que es expresión preferente.

hijadalgo Es el femenino de *hijodalgo* (v.).

*hijar(es) Incorrecto; es *ijar(es), ijada.*

hijastro (tra), hijato.

hijo (ja) La Academia admite, entre otras, las siguientes expresiones: hijo bastardo, h. ilegítimo, h. legítimo, h. legitimado, h. natural, h. reconocido, h. sacrílego, h. único.

hijodalgo El plural es *hijosdalgo* (no *hijodalgos).* El femenino es *hijadalgo* (no *hijodalga),* cuyo plural es *hijasdalgo.*

hijuco, hijuela, hijuelero, hijuelo, Hiksos, hila.

*hilación «Interrumpió la *hilación* del relato» es incorrecto. Escríbase *ilación:* «Interrumpió la *ilación...*»

hilacha, hilacho, hilachoso, hila-

da, hiladillo, hiladizo, hilado (da), hilador (ra), hilandería, hilandero (ra), hilanderuelo (la), hilanza, hilar, hilaracha, hilarante, hilaridad, hilatura, hilaza, Hildebrando, hilera, hilero, hilete, hilio, hilo, hilomorfismo, hilván, hilvanar, Hilversum, Himalaya, himen, himeneo.

himeno- Prefijo que significa «membrana» *(himenóptero).*

himenóptero, Himeto, Himmler, himnario, himno, himnodia, himplar, hin, hincadura, hincapié, hincar, hinco, hincón.

hincha Admitido el significado de «partidario fanático de un equipo». Pero no se acepta *hinchada:* «conjunto de hinchas, partidarios, seguidores de un equipo».

hinchada V. *hincha.*

hinchado, hinchamiento, hinchar, hinchazón, Hindemith, Hindenburg.

hindú Admitido por la Academia. Es el «natural de la India». En su sentido estricto es el que practica el *hinduismo,* religión de la India que procede del brahmanismo. El plural de hindú es *hindúes* (no *hindús*).

hinduismo Admitido; dígase también *brahmanismo.*

hinnible, hinojal, hinojo, Hinojosa, hinque.

hinterland Voz alemana con que se indica una «zona geográfica de influencia, territorio».

hintero, hiogloso (sa), hioideo (a), hioides, hipar.

hiper- Prefijo que significa «exceso, superioridad» *(hipérbole, hipertrofia).*

hiperbático (ca).

hipérbaton Figura de dicción que consiste en invertir el orden más frecuente de las palabras: Del salón en el ángulo oscuro. El plural es *hiperbatones* (acentuación en la *o*).

hipérbola V. *hipérbole.*

hipérbole Figura de retórica que consiste en exagerar la verdad de lo que se dice: «Era un hércules», aludiendo a un hombre muy forzudo. No confundir con *hipérbola,* que es cierto tipo de curva, en geo-

metría. *Hipérbole* e *hipérbola* son del género femenino.

hiperbólico (ca), hiperbolizar, hiperboloide, hiperbóreo (rea), hiperclorhidria, hiperclorhídrico (ca), hipercrisis, hipercrítica, hipercrítico, hiperdulía, hiperemia, hiperestesia, hiperestesiar, hiperestésico (ca).

hiperfunción Vocablo recientemente admitido por la Academia: «Aumento de la función normal de un órgano.»

hiperhidrosis, hipericíneo, hipérico, hipermercado, hipermetamorfosis, hipermetría, hipermétrope, hipermetropía, hiperoxia, hiperplasia, hipersensibilidad, hipersensible, hipertensión, hipertenso (sa), hipertermia, hipertonía, hipertónico, hipertrofia, hipertrofiarse, hipertrófico (ca), hípico (ca), hipido, hipismo, hipnal.

hipnosis «Sueño provocado por el hipnotismo.» No confundir con *hipnotismo:* «Método empleado para producir el sueño magnético» *(la hipnosis).* No deben confundirse ambos términos.

hipnótico (ca).

hipnotismo No confundir con *hipnosis* (v.).

hipnotización, hipnotizador (ra), hipnotizante, hipnotizar, hipo.

hipo- Prefijo que significa «inferioridad o subordinación» *(hipocondrio, hipotálamo).* También significa «caballo» *(hipopótamo, hipódromo).*

hipocampo, hipocastanáceo (cea), hipocastáneo (nea), hipocausto, hipocentauro, hipocentro, hipocicloide, hipoclorhidria, hipoclorhídrico (ca), hipocondría.

hipocondriaco (ca) Admitido por la Academia sin acento, y también con él *(hipocondríaco).* Es preferente la primera acentuación.

hipocondríaco (ca), hipocóndrico, hipocondrio, hipocorístico (ca), hipocrás, Hipócrates, hipocrático (ca), hipocrénides, hipocresía, hipócrita, hipodérmico (ca), hipódromo.

hipófisis «Glándula de secreción interna.» No confundir con *epífi-*

sis: «Extremidad de un hueso largo.»

hipofosfito, hipofosforoso.

hipofunción Vocablo admitido por la Academia: «Disminución de la función normal de un órgano.»

hipogástrico (ca), hipogastrio, hipogénico (ca), hipogeo, hipogloso (sa), hipoglucemia.

hipogrifo Es lo correcto, y no *hipógrifo* (incorrecto).

Hipólito, hipología, hipólogo, hipomanes, hipomanía, hipopótamo, hiposo (sa), hipóstasis, hipostático (ca), hiposulfato, hiposulfito, hiposulfúrico, hiposulfuroso, hipotálamo, hipoteca, hipotecable, hipotecar, hipotecario (ria), hipotecnia, hipotensión, hipotenusa, hipotermia, hipótesis, hipotético (ca), hipotiposis, hipotonía, hipotónico (ca), hipoxia.

***hippie, *hippy** Voz inglesa intraducible; designa a cierto individuo joven integrante de unos grupos *(hippies)* que pretenden vivir al margen de la sociedad.

hipso- Prefijo que significa «altura»: *hipsómetro.*

hipsometría, hipsométrico (ca), hipsómetro, hircano (na), hircocervo, hiriente, hirma, Hirohito, Hiroshima, hirsutismo, hirsuto (ta), hirundinaria.

***hirve** «El caldo *hirve*» es incorrecto; dígase *hierve.* (V. *hervir.*)

hirviente, hisca, hiscal, hisopada, hisopadura, hisopar, hisopazo, hisopear, hisopillo, hisopo, hispalense.

Hispalis Nombre latino de Sevilla. Algunos acentúan *Híspalis.* Es femenino. Los naturales de esta ciudad recibían el nombre de *hispalenses* (sevillanos).

Hispania Nombre latino de España. Los naturales de *Hispania* reciben el nombre de *hispanos (nas),* o *hispánicos (cas).*

hispánico (ca), hispanidad.

Hispaniola Nombre antiguo de una isla también conocida como *La Española,* luego llamada *Santo Domingo.*

hispanismo.

hispanista Es «persona versada en la lengua y cultura españolas». No debe confundirse con *hispano* ni con *hispánico.* (V. *Hispania.*)

hispanizar, hispano (na), hispanoamericanismo.

hispanoamericano «Los asistentes al acto eran *hispano-americanos*» es incorrecto tratándose de americanos de habla hispana, pues aquí *hispano* y *americano* se hallan combinados, no separados, como ocurre en «la guerra *hispano-americana*» (entre España y América del Norte). El femenino es *hispanoamericana.*

hispanófilo (la), hispanohablante, híspido (da), hispir, histeria (1)**, histérico (ca), histerismo** (2)**, histerología.**

histo- Prefijo que significa «tejido» *(histológico, histólogo).*

histología, histológico (ca), histólogo.

historia Generalmente con minúscula: «El ejemplo que nos da la *historia*». Pero con mayúscula cuando se refiere a una asignatura concreta de la enseñanza: «Es catedrático de *Historia*», y casos similares.

historiable, historiado (da), historiador (ra).

historial «Reseña de los servicios de un funcionario.» En este aspecto es mejor emplear *historial* que *curriculum vitae.*

historiar Más a menudo se dice *yo historio,* aunque algunos dicen *yo historío,* sin que exista acuerdo en esto. Es verbo regular.

historicidad, historicismo, histórico (ca), historieta, historiografía, historiográfico (ca), historiógrafo, historiología.

histrión Además de las acepciones de «comediante, bufón, saltimbanqui», la Academia ha aceptado el de «persona que se expresa con la exageración propia de un actor teatral». Con igual sentido se admite *histrionismo.* El femenino de *histrión* es *histrionisa.*

histriónico (ca), histrionisa, histrionismo.

***hit** Voz inglesa; dígase *éxito, acierto.*

hita, hitación, hitar, hitita, Hitler,

hito (ta), hitón, Hoang-Ho, hobachón (na), hobachonería.

*hobby Voz inglesa; dígase *pasatiempo, afición, distracción.*

hobo, hocicada, hocicar, hocico, hocicón (na), hocicudo (da), hocino.

*hociquear Es incorrecto; dígase *hocicar* (levantar la tierra con el *hocico*).

*hockey Voz inglesa con que se designa cierto deporte. No debe confundirse con *jockey* (véase).

hodierno (na), hodómetro, Hoffmann, hogañazo, hogaño, hogar, hogareño (ña), hogaza, hoguera, Hohenstaufen, Hohenzollern.

hoja Se admiten las expresiones *hoja de afeitar* (no hojilla), *hoja de lata* (también se acepta *hojalata*), *hoja de servicios:* «Documento en que constan los antecedentes de un funcionario», lo que podría sustituir así a *curriculum vitae* (admitida).

hojalata Voz admitida con esta grafía; también se acepta *hoja de lata* (separado, no *hojadelata*) y *lata.*

hojalatería, hojalatero, hojaldrado (da), hojaldrar.

hojaldre Aunque es voz ambigua, suele usarse más el masculino *(el hojaldre, unos hojaldres).*

hojaldrero (ra), hojaldrista, hojarasca.

hojear «*Ojeó* brevemente el libro» es incorrecto; dígase *hojear. Ojear* es «dar una ojeada», pero el libro, que tiene *hojas,* se *hojea,* no se *ojea.*

hojilla «*Hojilla* de afeitar» no es expresión admitida; dígase «*hoja* de afeitar».

hojoso (sa), hojudo (da), hojuela, Hokkaido, ¡hola!, holanda.

Holanda El natural de este país de Europa recibe el nombre de *holandés (sa).*

holandés (sa), holandeta, holandilla, Holbein, holco.

*holding Voz inglesa; dígase *monopolio, consorcio, sociedad comercial con intereses en otras empresas,* según los casos.

holear, holgachón (na), holgadero, holgado (da), holganza.

holgar(se) Verbo irregular que se conjuga como *contar* (v.) (huelgo, huelgas, holgáis, etc.) Uso de preposiciones: Holgarse *con, de* alguna cosa.

holgazán (na), holgazanear, holgazanería, holgón (na).

holgorio «Regocijo, diversión bulliciosa.» Es una de las pocas palabras de nuestra lengua en que se aspira la *h* al pronunciarla. Se escribe también *jolgorio* (más usado actualmente).

holgueta, holgura, holmio.

holo- Prefijo que significa «totalidad» *(holocausto, holómetro).*

holocausto, holoceno, Holofernes, holografía, holográfico.

hológrafo (fa) Admitido, pero es preferible escribir *ológrafo.*

holograma, holómetro, holosérico (ca), holoturia, holotúrido, Holstein, holladero, holladura.

hollar Verbo irregular que se conjuga como *contar* (v.) (huello, huellas, holláis). Uso de preposiciones: Hollar el suelo *con* la planta.

holleca, hollejo, hollejudo (da), hollín, holliniento (ta), Hollywood, hombracho, hombrada, hombradía.

hombre Admitidas, entre otras, las siguientes expresiones: hombre de campo, h. de ciencia, h. de edad, h. de Estado, h. de fortuna, h. de iglesia, h. de mar, h. de mundo, h. de negocios, h. de palabra, h. de pelo en pecho, h. de pro (de provecho), h. hecho, h. público, h. rana (v.).

hombrear(se) Uso de preposiciones: Hombrearse *con* los adultos.

hombrera.

hombre rana Expresión admitida por la Academia. Aunque de sentido más amplio, es mejor decir *buceador* (admitido).

hombretón, hombrezuelo, hombría, hombrillo.

hombro «*El hombro* del traje» es incorrecto; dígase «*la hombrera* del traje». *A hombros* es correcto, igual que *en hombros* (llevar *sobre* *los hombros*). Es preferente la primera expresión.

hombruno (na), homenaje.

homenajear Voz admitida. (V. *homenajeado*.)

***homenajeado** Voz no admitida por la Academia; dígase *agasajado, festejado, invitado*. Se admite, en cambio, *homenajear*.

homeo- Prefijo que significa «semejante» *(homeópata)*.

homeópata, homeopatía, homeopático (ca), homeóstasis (1), homeostasis (2), homeostático, homérico (ca), Homero.

***Home Rule** Es voz inglesa; dígase *autonomía* (otorgada a una colonia), o *gobierno propio* (de un país).

homicida, homicidio, homiciero, homicillo, homilía, homiliario, hominal, hominicaco.

***homínido** Voz no admitida. Significa «parecido al hombre».

homo- Prefijo que significa «parecido» *(homónimo, homólogo)*.

homocerca, homofonía, homófono (na), homogeneidad, homogeneizar, homogéneo (a), homógrafo (fa), homologable, homologación, homologar, homólogo (ga), homonimia.

homónimo Dícese de las palabras que se escriben o pronuncian del mismo modo, pero que poseen distinto significado (banco y banco, tarifa y Tarifa, hojear y ojear).

homoplastia, homóptero, homosexual, homosexualidad.

***homosexualismo** Voz no admitida; dígase *homosexualidad.*

homúnculo, honda, hondable, hondada (2), hondazo (1), hondeador, hondear, hondero, hondijo, hondillos, hondo (da), hondón, hondonada, hondonal, hondura.

Honduras El natural de esta nación de América recibe el nombre de *hondureño (ña).*

hondureño (ña), honestamente, honestar, honestidad.

honesto Según la Academia es «recatado, pudoroso, decente», y también admite «honrado, recto», aunque este sentido es menos usado en nuestra lengua.

Hong-Kong, hongo, hongoso (sa), Honolulú, honor, honorabilidad, honorable, honorar, honorario (ria), honoríficamente, honorificar, honorífico (ca).

honoris causa Locución latina que significa «por razón (o causa) de honor», o bien «honorífico», refiriéndose a un título que conceden las universidades a las personas destacadas.

honra, honradez, honrado (da), honrador (ra), honramiento, honrar (se), honrilla, honroso (sa), hontanal, hontanar, Hoover, hopa, hopalanda, hoparse, hopear, hopeo, hoplita, hoploteca, hopo, hoque.

hora «Son las siete *de la tarde y cinco minutos*» es incorrecto; dígase «son las siete *y cinco minutos de la tarde*». «Las dos y veintiún *minuto*», es «las dos y veintiún *minutos*». «Kilómetros *a* la hora», es «kilómetros *por* hora». «Hora *a* hora», es «hora *tras* hora». «Hora punta» es expresión admitida; es la «hora de mayor movimiento» (o actividad). «Un cuarto para las ocho», es «las ocho menos cuarto».

Horacio, horadable, horadación, horadado (da), horadador (ra), horadante, horadar, horado, horambre, horario (ria), horca, horcado (da), horcadura, horcajadas (a), horcajadura, horcajo, horcate, horco, horcón, horconada, horconadura, horchata, horchatería, horchatero (ra), honda, hordiate, horizontal, horizontalidad, horizonte, horma, hormaza, hormazo, hormero.

hormiga Es femenino. El macho de la hormiga no es el *hormigo* (voz admitida que tiene otro significado), sino la *hormiga macho*.

hormiguento.

hormigo V. *hormiga.*

hormigón Se admiten las voces *hormigón armado* y *hormigón hidráulico*, además de *hormigón* (mezcla de piedras menudas —o grava—, cemento y arena). También se acepta la voz *hormigonera* (aparato para elaborar el *hormigón*).

hormigonera, hormigoso (sa) hor-
migueamiento (2), **hormigueante,
hormiguear, hormigueo** (1), **hor-
miguero, hormiguesco, hormigui-
lla, hormiguillo, hormilla, hormo-
na, hormonal, hornabeque.**
hornablenda (mineral) Es la voz
aceptada, aunque es mucho más
usual *hornblenda.*
**hornacero, hornacina, hornacho,
hornachuela, hornada, horna-
guear, hornagueo, hornaguera,
hornaguero (ra), hornaje, hornaza,
hornazo.**
*****hornblenda** V. *hornablenda.*
**hornear, hornecino, hornera, hor-
nería, hornero, hornija, hornilla,
hornillo, horno, horópter** (1), **ho-
roptérico, horóptero** (2), **horósco-
po, horqueta, horquilla, horquilla-
do, horquillar, horrendo (da), ho-
rreo, horrero, horribilidad, horri-
bilísimo (ma), horrible, horridez,
hórrido (da), horrífico (ca), horri-
pilación, horripilante, horripilar,
horripilativo (va), horrisonante** (2),
horrísono (na) (1), **horro (rra).**
horror No es lo mismo que *terror.*
Aunque se admite para ambas el
significado de «miedo, pavor», es
más propio el sentido de que algo
atroz, monstruoso *(horror),* engen-
dra espanto, pavor *(terror).* «*Me he
divertido un horror*» (u *horrores),*
no es correcto; dígase «me he divertido *muchísimo*».
horrorizar(se) Uso de preposiciones: Horrorizarse *de* un suceso.
horroroso (sa), horrura.
*****hors d'oeuvre** Es expresión fran-
cesa; dígase *entremeses.*
**hortaliza, hortelana, hortelano,
hortense.**
*****Hortense** Nombre francés e inglés
de mujer al que corresponde el
nuestro de *Hortensia.*
**hortensia, hortera, hortezuelo,
hortícola, horticultor (ra), horticultura.**
*****hortofrutícola** No admitido. (V.
hortofruticultura.)
*****hortofruticultura** Voz no admiti-
da; es «cultivo de frutos y hortalizas». Se admite en cambio *horticultura.* Tampoco se acepta *hortofrutícola.*

hosanna Voz aceptada: «Exclamación de júbilo.» Es incorrecto
escribirlo con una sola *n (hosana).*
**hosco (ca), hoscoso (sa), hospe-
dador (ra), hospedaje, hospeda-
miento, hospedante, hospedar,
hospedería, hospedero (ra), hos-
piciano, hospicio, hospital, hospi-
talario (ria), hospitalero (ra), hos-
pitalicio (cia), hospitalidad, hospi-
talización, hospitalizar, hospodar,
hosquedad.**
hostal V. *hostería.*
hostelería, hostelero V. *hostería.*
hostería Para la Academia es «casa
donde se da comida y alojamiento
mediante pago». También se acepta *hostal* con igual significado,
pero en segundo término. *Hostelería* (aceptada asimismo) es «industria que se ocupa de proporcionar
alojamiento y comida mediante
pago». Igualmente se acepta *hostelero.*
*****hostess** Voz inglesa; dígase *aza-
fata* (en aviones, etc.).
**hostia, hostiario, hostiero (ra),
hostigador (ra), hostigamiento,
hostigante, hostigar, hostigo, hostil, hostilidad.**
*****hostilización** No está admitido;
dígase *hostilidad, hostilizar,* según el caso.
hostilizante, hostilizar.
*****hot dog** Término inglés; dígase
bocadillo de salchichas (generalmente de Francfort), y no *perrito
caliente,* que es la traducción literal.
hotel «Establecimiento de hostelería capaz de alojar con comodidad o lujo a un número no escaso
de huéspedes o viajeros». También
se acepta como sinónimo de *chalé*
el vocablo *hotel* (no *hotelito).* Se escribe «el *hotel Plaza*» (hotel con minúscula), pero «el *Plaza Hotel*» (con
mayúscula), aunque esta última
forma no es correcta, y sí la primera.
**hotelero (ra), hotentote (ta), hoto,
Houston.**
*****hovercraft** (Inglés) Aerodesli-
zador.
hovero (ra).
hoy *Hoy día* y *hoy en día* son ex-

presiones aprobadas. Es preferente la primera.

hoya, hoyada, hoyanca, hoyito, hoyo, hoyoso, hoyuela, hoyuelo, hoz, hozada, hozadero, hozador (ra), hozadura, hozar.

*H.P. Es abreviatura inglesa *(horse power); debe escribirse C. V.: caballo de vapor,* o simplemente *caballo* («un motor de 18 caballos»).

huaca, huacal.

huaso Campesino chileno, jinete, rústico.

hubieron «*Hubieron* acontecimientos importantes» es incorrecto; dígase «*hubo...*».

hucha, huchear, hucho, Hudson, huebra, huebrero, hueca, hueco, huecograbado, huélfago.

huelga Admitidas las expresiones *huelga de brazos caídos* y *huelga de hambre.*

huelgo, huelguista, huelguístico (ca).

Huelva El natural de esta ciudad y provincia de Andalucía recibe el nombre de *onubense* (1) o *huelveño* (2).

huelveño, huella, huélliga, huello, huemul, huerco, huérfano (na), huero (ra), huerta.

huertano «Habitante de algunas comarcas de regadío» (como en Murcia y Valencia); no debe confundirse con *hortelano,* que es «el que cultiva huertas».

huertezuelo, huerto, huesa.

Huesca El natural de esta ciudad y provincia recibe el nombre de *oscense.*

hueso Admitidos los significados de «profesor que suspende mucho» y «persona de trato difícil».

huesoso (sa).

huésped (da) El femenino de *huésped* es *huéspeda (una huéspeda).* Se admiten dos sentidos contradictorios: «Persona que hospeda a otra», y «persona alojada en casa de otra». Habitualmente sólo se usa esta última acepción («tienen un huésped en su casa»).

huesudo (da).

hueva Es femenino. Se diferencia del significado de *huevo* en que la *hueva* es una masa de huevecillos de ciertos peces.

huevar, huevera, huevería, huevero.

*huevecillo, *huevecito V. *huevo.*

huevezuelo V. *huevo.*

*huevito V. *huevo.*

huevo Las únicas voces que consigna la Academia como diminutivos de huevo son *huevezuelo* y *ovecico,* pero no *huevecito, huevecillo, huevecico* ni *huevito.* Se admite la expresión *huevos al plato.*

huevón.

*Hugh V. *Hugues.*

hugonote «Calvinista francés.» El femenino es *hugonota.*

*Hugues, *Hugh Nombres francés e inglés, respectivamente, que corresponden al nuestro de *Hugo.*

huida, huidero (ra), huidizo (za), huido, huidor (ra).

huir No llevan acento ortográf. *huir, huida, huid, huido, huiste.* Sí lo llevan: *huí, huís, huía, huías, huíamos, huíais, huían.* Es v. irreg. que se conjuga así: INDICATIVO. *Presente:* huyo, huyes, huye, huimos, huís, huyen. *Pret. imperf.:* huía, huías, huía, huíamos, huíais, huían. *Pret. indef.:* huí, huiste, huyó, huimos, huisteis, huyeron. *Fut. imperf.:* huiré, huirás, huiréis, etc. POTENCIAL: huiría, huirías, huiría, huiríamos, huiríais, huirían. SUBJUNTIVO. *Presente:* huya, huyas, huyáis, etc. *Pret. imperf.:* huyera o huyese, huyerais o huyeseis, etc. *Fut. imperf.:* huyere, huyeres, huyereis, etc. IMPERATIVO: huye, huid. GERUNDIO: huyendo. PARTICIPIO: huido. Uso de preposiciones: Huir *al* campo; h. *de* un peligro.

hule *(Amér.)* Caucho, látex.

hulla, hullero (ra), ¡hum!, humada, humanal, humanar, humanidad, humanismo, humanista, humanístico (ca), humanitario (ria), humanitarismo, humanizar(se).

humano (na) Uso de preposiciones: Humano *en* su comportamiento.

humante, humar, humarada (2), **humareda** (1), **humazga, humazo,**

Humboldt, humeante, humear, humectación, humectante, humectar, humectativo, humedad, humedal.

humedecer(se) Verbo irregular que se conjuga como *agradecer* (v.): humedezco, humedeces, humedecéis, etc. Uso de preposiciones: Humedecer *con, en* un líquido.

húmedo (da), humera, humeral, húmero.

*humidificar Es galicismo (del francés *humidifier*); debe decirse *humedecer*.

humildad, humilde, humillación, humilladero, humillador (ra), humillante, humillar(se), humillo, humo, humor, humorada, humorado, humoral, humorismo, humorista, humorístico (ca), humorosidad, humoroso (sa), humosidad, humoso (sa).

*humour Voz inglesa; dígase *humorismo, humor. Sentido del humor* es también anglicismo.

humus El plural no varía *(los humus);* pero esta voz suele usarse sólo en singular, que posee ya un sentido general, pues significa «tierra vegetal, mantillo».

hundible, hundimiento.

hundir(se) Uso de preposiciones: Hundirse *en* el mar.

Hungría El natural de este país de Europa recibe el nombre de *húngaro (ra),* o *magiar.*

huno (na), Huntington, hupe, hura, huracán, huracanado (da), huracanarse, huraco, huraña, huraño (ña), hurera, hurgador (ra), hurgamiento, hurgar, hurgón, hurgonada (2), hurgonazo (1), hurgonear, hurgonero, hurguete, hurguillas.

hurí «Hermosa mujer del paraíso de los musulmanes.» El plural es *huríes,* no *hurís.*

hurón, hurona, huronear, huronera, huronero.

¡hurra! Voz de origen inglés, pero admitida por la Academia con esta grafía. No debe escribirse *¡hurrah!,* que es la voz inglesa. Con ella se quiere expresar «entusiasmo, alegría».

hurtadillas (a), hurtador.

hurtar(se) Uso de preposiciones: Hurtar *de* la mercancía; h. *en* el precio; h. *de* otros.

hurto.

hus El nombre de este hereje se escribe *Hus* o *Huss,* pero en nuestra lengua es mejor la primera grafía. Sus seguidores eran los *husitas.*

husada, húsar, husera, husero, husillero, husillo.

husita V. *Hus.*

husma, husmeador (ra), husmear, husmeo, husmo, huso.

Huss Es mejor escribir *Hus* (v.).

huta, hutía, Huxley, ¡huy!, huyente.

Hyderabad V. *Haiderabad.*

i

i Décima letra del alfabeto y tercera de sus vocales. El plural es *íes*, no *is*. Fonéticamente, es una vocal palatal cerrada. La *i* mayúscula (I) tiene el valor de *uno* en la numeración romana, donde colocada a la izquierda de un número le resta una unidad (IV, 4; IX, 9, etcétera).

-ía Sufijo que denota: cualidad *(sabiduría, cobardía)*, conjunto *(judería)*, jurisdicción *(capitanía)*, cargo o dignidad *(ayudantía)*.

-iaco, -íaco La Academia admite estas dos terminaciones, y da como preferente la primera *(paradisiaco, mejor que paradisíaco; austriaco, mejor que austríaco)*, aunque es más culta la segunda. Son gentilicios *(austríaco)*, adjetivos derivados de nombres *(paradisíaco)*, indican algo perteneciente o relativo *(cardíaco)*.

iatrogénico (ca), Ibáñez, Ibarbourou (Juana de).

Iberia El natural de esta antigua región de Europa (hoy España y Portugal) recibe el nombre de *ibérico* o *ibero* (v.).

ibérico (ca), iberio (ria) V. *ibero*.

iberismo.

ibero La Academia admite *ibero* e *íbero* (preferente la primera). Es el «natural de Iberia». También son sinónimos *ibérico* e *iberio*. Todos ellos poseen sus correspondientes femeninos *(ibera, íbera, iberia, ibérica)*.

iberoamericano (na) Se escribe junto, no con guión. (V. *grecorromano*.)

*íbex V. *íbice*.

íbice «Especie de cabra montés.» No debe escribirse *íbex*, voz no admitida.

ibicenco (ca) Es el natural de *Ibiza* (véase).

ibídem Voz latina que significa «allí mismo, en el mismo lugar». Se emplea en índices y notas, y suele usarse abreviada (abrev.: *ibíd.*). Por su parte, *ídem* (abreviado: *íd.*) significa «lo mismo, el mismo», y se usa para evitar repeticiones.

ibis.

Ibiza El natural de esta isla de las Baleares es el *ibicenco*.

*ibn Voz árabe que significa «hijo de» *(Ibn Saud)*. *Aben* y *Ben* significan lo mismo. Va con mayúscula delante del nombre propio (el rey *Ibn* Saud); con minúscula si va en medio (el rey Abdul *ibn* Saud).

Ícaro, icáreo, icario (ria), icástico.

iceberg Admitido por la Academia (gran masa de hielo flotante). No debe pronunciarse como en inglés, sino con pronunciación española. El plural es *icebergs*. Es preferible *témpano (flotante)*.

*ice-cream Voz inglesa; dígase *helado*.

*Iceland Nombre inglés de la isla que nosotros llamamos *Islandia*.

icneumón, icnografía, icnográfico (ca).

ico- Prefijo que significa «veinte» *(icosaedro).*

-ico Sufijo que posee un significado diminutivo *(tantico);* suele usarse más en Aragón que en otras zonas.

icono Es lo correcto (acentuado en la segunda sílaba), y no *ícono* (incorrecto).

iconoclasta, iconografía, iconográfico (ca), iconología, iconológico (ca), iconómano, iconostasio, icor, icoroso (sa), icosaedro, ictericia, ictericiado (da), ictérico (ca), ictíneo.

ictio- Prefijo que significa «pez» *(ictiólogo).*

ictiófago (ga), ictiografía, ictiol, ictiología, ictiológico (ca), ictiólogo.

ictiosauro Es lo correcto, y no *ictiosaurio.*

ictus Admitido: término de medicina y versificación.

ichal, icho, ida, Idaho, idalio, idea, ideación, ideal, idealidad, idealismo, idealista, idealización, idealizador (ra), idealizar, idear.

ideario Es lo correcto, y no *idearium,* latinismo innecesario (no admitido).

ídem V. *ibídem.*

idéntico (ca) Uso de preposiciones: Idéntico *a* su padre.

identidad Se admite *tarjeta de identidad,* pero no *documento de identidad.*

identificable, identificación, identificar, ideo, ideografía, ideográfico (ca), ideograma, ideología, ideológico (ca), ideólogo (ga), idílico (ca), idilio, idiocia, idiolecto.

idioma V. *lengua.*

idiomático (ca).

idiosincrasia Es lo correcto, y no *idiosincracia* (incorrecto).

idiosincrásico (ca), idiota, idiotez.

idiotismo En gramática es un «modismo» o «modo de hablar contrario a las reglas, pero característico de una lengua». Ej.: «A ojos vistas.» Nada tiene que ver con la *idiotez.*

ido (da), idólatra, idolatrar, idola-

tría, **idolátrico (ca), idolejo, ídolo, idolología, idolopeya, idoneidad.**

idóneo (a) Uso de preposiciones: Idóneo *para* alguna cosa.

idus Admitido por el Diccionario académico. Es una voz latina que designa ciertas fechas del calendario romano.

-iego Sufijo que significa «posesión, pertenencia» *(mujeriego).*

-iente Sufijo que designa al que realiza la acción *(sonriente, escribiente).*

If, Ifach.

-ificar Sufijo de verbos que derivan de sustantivos y adjetivos *(solidificar).*

Ifigenia, Ifni.

iglesia Con minúscula cuando indica un edificio (la *iglesia* de San Francisco, la *iglesia* parroquial). Con mayúscula cuando se alude a la institución (la *Iglesia* y el Estado; la *Iglesia* católica).

*igloo Voz inglesa. (V. *iglú.*)

iglú Es una vivienda esquimal hecha con bloques de nieve endurecida. La voz *iglú* está aceptada, sin duda es más correcta que *igloo.*

ignaciano (na), ignaro (ra), ignavia, ignavo (va), ígneo (nea).

igni- Prefijo que significa «fuego» *(ignífugo, ignición).*

ignición, ignífero (ra), ignífugo (ga), ignipotente, ignito, ignívomo (ma), ignominia, ignominioso (sa), ignoración, ignorancia, ignorante.

ignorar «Nombró a todos, pero *ignoró* al ayudante» es incorrecto; en vez de *ignoró* dígase *omitió, hizo caso omiso.*

ignoto (ta), igorrote.

igual Uso de preposiciones: Igual *en* capacidad; i. *a, con* otro; i. *en* potencia.

iguala, igualación.

Igualada El natural de esta ciudad de la provincia de Barcelona recibe el nombre de *igualadino (na).*

igualadino (na), igualado, igualador (ra), igualamiento, igualante.

igualar(se) Uso de preposiciones: Igualar (o igualarse) *a, con* otro; i. *en* saber.

igualatorio (ria), igualdad, iguali-

tario (ria), igualitarismo, igualón (na), iguana, iguánido.

iguanodonte Es lo correcto; *iguanodón* es incorrecto.

iguaria, Iguazú, igüedo.

Igueldo Monte de San Sebastián. No debe decirse ni escribirse *Igüeldo* (no se pronuncia la *u*).

ijada Cavidad situada entre las costillas falsas y las caderas. También se admite *ijar* (v.). Ambas voces suelen usarse en plural.

ijadear.

ijar Se usa más en plural. Es incorrecto escribir *hijar*. Se admite asimismo, como sinónimo, la voz *ijada* (v.), que es preferente.

-ijo Sufijo de sentido diminutivo y despectivo *(revoltijo, lagartija).*

¡ijujú! Interjección de júbilo.

-il Sufijo que indica pertenencia *(pastoril, toril).*

ilación «Conexión ordenada de las partes de un discurso.» Es incorrecto escribir *hilación*. El adjetivo es *ilativo*, nunca *hilativo*.

ilapso.

ilativo (va) V. *ilación.*

Ildefonso, ilécebra, ilegal, ilegalidad, ilegible, ilegislable, ilegítimamente, ilegitimar, ilegitimidad, ilegítimo (ma).

íleo V. *ileon.*

ileocecal.

íleon «Tercera porción del intestino delgado.» No debe confundirse con *íleo*, «enfermedad intestinal», e *ilion*, «hueso de la cadera». (Las dos primeras llevan acento ortográfico; *ilion*, no, aunque se acentúa tónicamente la primera sílaba.) Por otra parte, *Ilión* (con acento, voz aguda) era uno de los nombres de Troya (del que proviene *Ilíada*).

ilerdense Natural de la antigua Ilerda, hoy Lérida. También es *leridano.*

ileso (sa), iletrado (da).

iliaco También se admite *ilíaco*, aunque es preferente la primera voz. Es «relativo al íleon». (V. *íleon.*)

Ilíada Se admite *Iliada*, pero es más correcto *Ilíada*. (V. *íleon.*)

iliberal, iliberitano, ilicíneo, ilicita-

no (na), ilícito (ta), ilicitud, ilimitable, ilimitado (da).

ilion, Ilión V. *íleon.*

ilíquido (da), Iliria, ilírico (ca) (2), **ilirio (ria)** (1), **iliterario (ria).**

iliterato (ta) Es «ignorante», pero no quiere decir «analfabeto». Por otra parte, *iliterario* significa «no literario».

ilógico (ca), Iloilo, ilota, iludir, iluminación, iluminado (da), iluminador (ra), iluminante, iluminar, iluminaria, iluminativo (va), iluminismo, ilusamente.

ilusión «Me hace *ilusión*» es barbarismo; dígase «me *ilusiona*», «me produce *ilusión*», «me *satisface*».

ilusionar(se) Uso de preposiciones: Ilusionarse *con* un proyecto.

ilusionismo V. *ilusionista.*

ilusionista La Academia ha admitido recientemente esta voz. Equivale a *prestidigitador.* También ha aceptado *ilusionismo.*

ilusivo (va), iluso (sa), ilusorio (ria), ilustración, ilustrado (da), ilustrador (ra), ilustrante, ilustrar, ilustrativo (va), ilustre.

ilustrísima Tratamiento especial que se da a los obispos. Se abrevia *Ilma., Il.ma*

ilustrísimo Tratamiento que se da a: obispos, subsecretarios (del gobierno), directores generales, presidentes de audiencias territoriales, etc. Abreviatura: *Ilmo., Il.mo*

Illescas, Illinois, imada, imagen, imaginable, imaginación, imaginar, imaginaria, imaginario, imaginativa, imaginativo, imaginería, imaginero, imam, imán, imanación (2), **imanador, imanar, imantación** (1), **imantar.**

*imbatible Galicismo no admitido; dígase *invencible.*

imbécil.

imbecilidad «Dijo una *imbecilidad*» es incorrecto; debe ser «dijo una tontería» (o una necedad, una estupidez). *Imbecilidad* quiere decir, exclusivamente, «perturbación de la razón» (estado del que es *imbécil*).

imbele, imberbe, imbibición, im-

bornal, imborrable, imbricado (da).

imbuir Verbo irregular que se conjuga como *huir* (v.). (Imbuyo, imbuyes, imbuís, etc.) Uso de preposiciones: Imbuir de *razones* absurdas.

imela, imitable.

imitación «Piedra *imitación* mármol» es incorrecto; dígase «piedra *que imita* al mármol».

imitado (da), imitador (ra), imitante, imitar, imitativo (va), imitatorio (ria), imoscapo, impaciencia, impacientar.

impaciente Uso de preposiciones: Impaciente *con, de, por* la tardanza.

impacto «La noticia provocó un fuerte *impacto*» es incorrecto. *Impacto* es el choque de un proyectil. Dígase «la noticia provocó una fuerte *conmoción*» (o *repercusión,* o *dejó huella*).

impagable, impagado (da), impala, impalpable, impar, imparable, imparcial, imparcialidad, imparisílabo (ba), impartible, impartir, impasibilidad.

impasible Admitido por la Academia el significado de «indiferente, imperturbable». Antes sólo se admitía la acepción de «incapaz de padecer».

*impasse Galicismo no admitido; dígase *atolladero, atasco, callejón sin salida, problema, punto muerto,* según el caso.

impavidez, impávido (da), impecabilidad, impecable, impedancia.

impedido Uso de preposiciones: Impedido *de* un brazo; i. *para* trabajar.

impedidor, impediente, impedimenta, impedimento, impedir, impeditivo (va), impelente.

impeler Es lo correcto, y no *impelir* (incorrecto). Significa «dar empuje para producir movimiento». Uso de preposiciones: Impeler a alguno *a* una cosa.

*impelir V. *impeler.*

impender, impenetrabilidad, impenetrable, impenitencia, impenitente, impensa, impensable, impensado (da).

impepinable Admitido; voz familiar que significa «cierto, que no admite discusión». No se admite *impepinablemente;* dígase *infaliblemente, indefectiblemente.*

imperador (ra), imperante, imperar.

imperativo Modo del verbo con el cual se exhorta, ruega o disuade. Incorrecciones: «¡*Correr,* que ahí viene!» es incorrecto; dígase «¡*Corred,* que ahí viene!» «No *cantad,* que duerme el niño», es «no *cantéis,* que duerme el niño». «*Siéntensen*» es «*siéntense*». «*Juntémosnos* todos» es «*juntémonos* todos». «*Quitaros* el sombrero» es «*quitaos* el sombrero».

imperatoria, imperatorio, imperceptible, imperceptiblemente, imperdible, imperdonable, imperdonablemente, imperecedero (ra), imperfección, imperfecto (ta), imperforación, imperial, imperialismo, imperialista, impericia.

imperio Se escribe con minúscula en los siguientes casos: el *imperio romano,* el *imperio español,* los *imperios centrales.* Con mayúscula: el *Celeste Imperio,* el *Imperio de Oriente,* el *Sacro Imperio.*

imperiosamente, imperioso (sa), imperito (ta), impermeabilidad, impermeabilización, impermeabilizante, impermeabilizar, impermeable, impermutable, imperscrutable.

impersonal *Verbo impersonal* es el que sólo se usa en la tercera persona, habitualmente del singular, y que expresa fenómenos naturales o que no hacen referencia a un sujeto (llueve, graniza, etc.). *Oración impersonal* es aquella cuyo predicado verbal no se refiere a ningún sujeto. *Modos impersonales* son el infinitivo, el participio y el gerundio, ya que no poseen personas gramaticales.

impersonalidad, impersonalizar, impersonalmente, impersuasible, impertérrito (ta), impertinencia.

impertinente En singular es «que molesta de palabra o de obra». En plural es «anteojos con manija que usaban las señoras». También puede usarse en plural con el primer significado: Hombres *impertinentes*.

imperturbabilidad, imperturbable, imperturbablemente.

impétigo «Dermatosis inflamatoria e infecciosa con aparición de vesículas purulentas.»

impetra, impetración, impetrador (ra).

impetrar Uso de preposiciones: Impetrar algo *del* cielo.

impetratorio (ria), ímpetu, impetuosidad, impetuoso (sa), impíamente, impiedad, impío (a), impla, implacable, implantación, implantador (ra), implantar, implantón, implar, implaticable.

*implementar Incorrecto. (V. *implemento*.)

implemento Voz admitida por la Academia; significa «utensilio». Se usa más en plural *(implementos)*. No se admite *implementar*; dígase *equipar*.

implicación, implicancia, implicante.

implicar(se) Uso de preposiciones: Implicarse *en* algún asunto turbio.

implicatorio (ria), implícitamente, implícito (ta), imploración, implorador (ra).

implorante, implorar.

implosión Aunque el vocablo estaba ya admitido, la Academia ha aceptado el nuevo significado de «acción de romperse con estruendo las paredes de una cavidad en cuyo interior existe una presión inferior a la que hay fuera». Se admite también *implosivo (va)*. No se acepta *implosionar*.

implosivo (va), implume, impluvio, impolítica, impoluto (ta), imponderabilidad.

imponderable La Academia lo da como adjetivo (un hecho *imponderable*), pero no como sustantivo (un *imponderable*). Este último uso está bastante difundido, especialmente en plural: *los imponderables* (las *eventualidades*, los *azares*).

imponedor, imponente.

imponer(se) Verbo irregular que se conjuga como *poner* (v.). (Impongo, imponéis, etc.) Uso de preposiciones: Imponerse *al* contrario.

imponible, impopular, impopularidad, importable, importación, importador (ra), importancia, importante, importar, importe, importunación, importunadamente, importunamente, importunar, importunidad.

importuno Admitido, aunque es preferente *inoportuno*. El femenino es *importuna*.

imposibilidad, imposibilitado (da), imposibilitar, imposible, imposición.

impositor Admitido recientemente como sinónimo de *imponente*.

imposta, impostación, impostar, impostor (ra), impostura.

impotable Voz aceptada («un agua *impotable*»).

impotencia.

impotente Uso de preposiciones: Impotente *contra* la mala suerte; i. *para* lograr el bien.

impracticabilidad, impracticable, imprecación, imprecar, imprecatorio (ria), imprecisión, impreciso (sa), impregnable, impregnación.

impregnar Uso de preposiciones: Impregnar *de* alcohol; i. *en* aceite.

impremeditación, impremeditado (da), imprenta, imprescindible, imprescriptibilidad, imprescriptible, impresentable, impresión, impresionabilidad, impresionable, impresionante, impresionar, impresionismo, impresionista.

impreso «Obra impresa» y «formulario *impreso* con espacios en blanco para llenar».

impresor, impresora, imprestable, imprevisible, imprevisión, imprevisor (ra), imprevisto (ta), imprimación, imprimadero, imprimador, imprimir.

imprimátur Admitido; voz latina que se usa en nuestra lengua. Significa «imprímase», y es la licencia de la autoridad eclesiástica para que se imprima un escrito.

imprimido Voz de muy escaso uso; dígase *impreso* (participio de *imprimir*).

imprimir Verbo cuyo participio es

irregular *(impreso)*. Casi no se usa *imprimido* (v.). Se dice «he *impreso* un folleto». «*Imprimir* movimiento a una rueda» es incorrecto; dígase «*poner* en movimiento una rueda». Uso de preposiciones: Imprimir *en* el ánimo; i. *sobre* la cera.

improbabilidad, improbable, improbablemente, improbar, improbidad, ímprobo (ba), improcedencia, improcedente, improductivo (va), improfanable, improlongable.

impromptu Voz latina admitida en nuestra lengua. Es una «composición musical que improvisa el ejecutante». Se escribe en una sola palabra. No confundir con la locución latina *in promptu* (también admitida por la Academia), que se escribe en dos palabras y significa «de repente, de improviso». Por otra parte, *impronta* es una «marca o huella que deja una cosa en otra».

impronta V. *impromptu*.

***impromptu** Incorrecto; es *impromptu*.

impronunciable, improperar, improperio, impropiamente.

impropiedad Es un vicio del lenguaje por el cual se emplean las palabras con significado distinto del que tienen. «La guerra provocó una gran *mortalidad*», es ejemplo de impropiedad. Debe decirse *mortandad* (multitud de muertes), pues *mortalidad* es «número proporcional de defunciones», usado sobre todo en estadística.

impropio (pia) Uso de preposiciones: Impropio *a, de, en, para* su edad.

improporción, improporcionado (da), improrrogable, impróspero (ra), imprévidamente, improvidencia, imprévido (da), improvisación, improvisadamente, improvisador (ra), improvisamente, improvisar.

improviso Admitida la expresión *de improviso* («llegó *de improviso*»).

improvisto (ta), imprudencia, imprudente, imprudentemente.

impúber Se admiten las voces *impúber* e *impúbero*. Preferente esta

última, que admite el femenino *(impúbera)*. En el caso de *impúber*, el femenino no varía *(la impúber)*.

impúbero (ra) V. *impúber*.

impudencia, impudente, impúdicamente, impudicia (1), impudicicia (2), impúdico (ca), impudor.

impuesto «*Impuesto a* metálico» es incorrecto; dígase «*impuesto en* metálico».

impugnable, impugnación, impugnador (ra), impugnante.

impugnar Uso de preposiciones: Impugnado *de, por* todos.

impugnativo, impulsar, impulsión, impulsividad, impulsivo (va), impulso, impulsor (ra), impune, impunemente, impunidad, impureza, impuridad, impurificación, impurificar, impuro (ra), imputabilidad, imputable, imputación, imputador (ra), imputar, imputrescible, imputrible.

in- Prefijo que denota privación o negación *(inadaptado, inaplazable)*. Delante de *b* y *p* se convierte en *im-* *(implantar, imberbe)*.

-ín, -ina Sufijo con valor diminutivo *(chiquitín, chiquitina)*.

inabarcable, inabordable, inacabable, inaccesibilidad, inaccesible, inacceso (sa), inacción, inacentuado (da), inaceptable, inactivo (va), inadaptabilidad, inadaptable, inadaptación, inadaptado (da), inadecuación, inadecuado (da).

inadmisible V. *inamisible*.

inadoptable, inadvertencia, inadvertidamente, inadvertido (da), inafectado (da), inagotable, inaguantable, inajenable, inalámbrico.

in albis Locución latina admitida en nuestra lengua que significa «en blanco, sin comprender lo que se oye». Acostumbra emplearse con los verbos *dejar* o *quedar*.

inalcanzable, inalienabilidad, inalienable, inalterabilidad, inalterable, inalterado (da), inameno (na).

inamisible «Que no se puede perder.» No confundir con *inadmisible*: «Que no se puede admitir.»

***inamistoso** Voz no aceptada; dígase *hostil, enemigo, antipático*, según el caso.

inamovible, inamovilidad, inanalizable, inane, inanición, inanidad, inanimado (da).

in ánima vili Locución latina admitida. Significa «en ánima vil» (en un ser vil) y se emplea en medicina para dar a entender que los experimentos deben hacerse en animales, antes que en el hombre.

ináníme, inapagable, inapeable, inapelable.

*inapercibido Galicismo por inadvertido, ignorante.

inapetencia, inapetente, inaplazable, inaplicable, inaplicación, inaplicado (da), inapreciable, inaprensible, inaprensivo (va), inaprovechado (da).

*inapto Es un barbarismo; dígase inepto. De igual modo, es incorrecto inaptitud; debe decirse ineptitud.

inarmónico (ca), inarrugable, inarticulable, inarticulado (da).

in artículo mortis Locución latina admitida, que significa «en el artículo de la muerte» (en la hora de la muerte) y se aplica generalmente en la expresión «matrimonio in artículo mortis».

inartificioso, inasequible, inasible, inasistencia, inasistente, inastillable, inatacable, inatención, inatento (ta), inaudible, inaudito (ta), inauguración, inaugurador (ra), inaugural, inaugurar, inaveriguable, inaveriguado.

inca «Un monumento inca» es incorrecto; dígase incaico. Entre los antiguos peruanos, inca era un «varón de estirpe regia», mientras que incaico es lo «relativo a los incas». Es incorrecto decir incásico.

incaico (ca) V. inca.

incalculable, incalificable, incalmable, incalumniable, incandescencia, incandescente, incansable, incansablemente, incantable, incapacidad, incapacitado (da), incapacitar.

incapaz Uso de preposiciones: Incapaz de ayudar; i. para un cargo.

incardinación, incardinar, incario, incasable.

*incásico Incorrecto; dígase incaico. (V. inca.)

incasto (ta), incausto, incautación, incautamente, incautarse, incauto (ta), incendaja, incendiar, incendiario (ria), incendio, incensación, incensada.

incensar Verbo irregular que se conjuga como acertar (v.) (incienso, inciensas, incensáis, etcétera).

incensario, incensivo (va), incensor (ra), incensurable, incentivo (va), incertidumbre, incertinidad, incertísimo (ma), incertitud, incesable, incesablemente, incesante, incesantemente, incesto, incestuosamente, incestuoso (sa).

incidencia «La incidencia de las enfermedades infecciosas» es incorrecto; dígase «la frecuencia de...». Incidencia es «lo que sobreviene en el curso de un asunto».

incidental, incidentalmente.

incidente Es «que sucede en el curso de un asunto». No confundir con accidente: «Suceso imprevisto.»

incidir Uso de preposiciones: Incidir en culpa.

incienso, inciertamente, incierto (ta), incinerable, incineración, incinerador, incinerar, incipiente, íncipit, incircunciso (sa), incircunscripto (ta), incisión, incisivo (va), inciso (sa), incisorio (ria), incisura, incitación, incitador (ra), incitamento (1), incitamiento (2), incitante.

incitar Uso de preposiciones: Incitar a uno a rebelarse; i. contra otro; i. para pelear.

incitativa, incitativo, incivil, incivilidad, incivilmente, inclasificable, inclaustración, inclemencia, inclemente, inclinación, inclinado (da), inclinador (ra), inclinante.

inclinar(se) Uso de preposiciones: Inclinar (a alguno) a la virtud; i. a la adulación; i. hasta el suelo.

inclinativo (va), ínclito (ta).

incluir Verbo irregular que se conjuga como huir (v.) (incluyo, incluyes, incluís, etc.). Uso de preposiciones: Incluir en el número; i. entre los buenos.

inclusa, inclusero (ra), inclusión.

inclusive Es un adverbio que significa «incluyendo lo que expresa la última palabra»; es incorrección, por lo tanto, usarla en plural.

inclusivo (va), incluso, incluyente, incoación, incoar, incoativo (va), incobrable, incoercible.

incógnita «Persiste la *incógnita* (femenino) en torno al *incógnito* (masculino) que guardaba el personaje.» Con este correcto ejemplo se aclaran los géneros de ambos vocablos.

incógnito V. *incógnita*.

incognoscible, incoherencia, incoherente, íncola, incoloro (ra), incólume, incolumidad, incombinable, incombustibilidad, incombustible.

*incomensurable Incorrecto; dígase *inconmensurable*.

incomerciable.

incomestible Diferencia entre *incomestible* e *incomible:* «La arena es *incomestible*» (siempre); «este guiso es *incomible*» (se refiere a lo *comestible*, que a veces no puede comerse).

incomible V. *incomestible*.

incomodador (ra), incómodamente, incomodar, incomodidad.

incomodo V. *incómodo*.

incómodo *Incómodo* es «lo que incomoda» (adjetivo); pero *incomodo* (sustantivo, acentuado en la penúltima sílaba) es «falta de comodidad».

incomparado (da), incomparecencia, incompartible, incompasible, incompasivo (va), incompatibilidad, incompatible, incompensable, incompetencia, incompetente, incomplejo (ja), incompleto (ta), incomplexo (xa), incomponible, incomportable, incomposición, incomprendido (da), incomprensibilidad.

incomprensible uso de preposiciones: Incomprensible *a, para* los hombres.

incomprensión, incomprensivo, incompresibilidad, incompresible, incompuesto (ta), incomunicabilidad, incomunicable, incomunicación, incomunicado (da), incomunicar, inconcebible.

*inconciencia Incorrecto; escríbase *inconsciencia*.

inconciliable, inconcino (na), inconcluso (sa), inconcreto (ta), inconcuso (sa), incondicional, inconducente.

*inconducta No existe esta voz; dígase *mala conducta*.

inconexión, inconexo (xa), inconfesable, inconfeso (sa).

inconforme Admitido; también puede decirse *disconforme* o *desconforme*, y son voces preferentes. Se aceptan asimismo *inconformidad, inconformismo* e *inconformista*.

inconformidad, inconformismo, inconformista, inconfundible, incongruencia, incongruente, incongruentemente, incongruidad, incongruo (grua), inconmensurabilidad, inconmensurable, inconmovible, inconquistable, inconsciencia.

inconsciente «Una reacción propia del *inconsciente* del individuo» es incorrecto; dígase «...del *subconsciente*...».

inconsecuencia, inconsecuente, inconsideración, inconsiderado (da), inconsistencia, inconsistente, inconsolable, inconstancia, inconstante, inconstitucional, inconstitucionalidad, inconstruible, inconsulto (ta), inconsútil, incontable, incontaminado (da), incontenible, incontestabilidad.

incontestable Voz admitida; significa «indiscutible».

incontinencia.

incontinente «Desenfrenado en las pasiones de la carne.» No confundir con *incontinenti* (prontamente, al instante).

incontinenti Se escribe junto, no separado. (V. *incontinente*.)

incontinuo (nua), incontrastable, incontrito (ta), incontrolable.

*incontrolado Voz no admitida; dígase *suelto, libre, sin control, incontrolable*, según el caso.

incontrovertible, inconvenible, inconveniencia, inconveniente, inconversable, inconvertible, incoordinación.

incordiar Aunque admitido, es un término vulgar; es más correcto decir *molestar, importunar*. Lo mismo reza con *incordio*.

incordio, incorporación, incorporal.

incorporar Uso de preposiciones: Incorporar una cosa *a, en, con* otra.

incorporeidad, incorpóreo, incorporo.

incorrección Entre las principales incorrecciones o vicios del lenguaje se cuentan las siguientes: VULGARISMO. Vocablo o frase usado por el vulgo (*entodavía,* por *todavía*). BARBARISMO. Consiste en escribir o pronunciar mal las palabras (*antidiluviano,* por *antediluviano*). SOLECISMO. Falta contra las reglas de la sintaxis («*entonces fue que* vino», por «*entonces* vino»). ARCAÍSMO. Vocablo anticuado (*fidalguía,* por hidalguía). IMPUREZA. Uso de voces incorrectas que no constan en el Diccionario de la Real Academia Española (*munificente,* por *munífico*). IMPROPIEDAD. Uso de voces con significado diferente del que les corresponde (*ordenador,* en lugar de *computadora* o *calculadora*). EXTRANJERISMO. Voz o frase propias de una lengua extranjera. Comprende los galicismos (*masacre* por *matanza*), anglicismos (*basquetbol* por *baloncesto*), italianismos, etc. REDUNDANCIA. Repetición de voces cuando no hay necesidad de ello. SONSONETE. Repetición de terminaciones iguales en las palabras («*prontamente* su *mente* funcionó *desordenadamente*»). HIATO. Sonido desagradable por repetición de la vocal en que termina una palabra y empieza otra («miraba a *aquella* anciana»). CACOFONÍA. Repetición frecuente de un mismo sonido o sílaba («*pero quiero veros*»). ANFIBOLOGÍA. Doble sentido de una frase ambigua («prometió visitarme ayer»).

incorrecto (ta), incorregibilidad, incorregible, incorrupción, incorruptibilidad, incorruptible, incorrupto (ta), incredibilidad, incredulidad, incrédulo (la), increíble, incrementar, incremento, increpa- ción, **increpador (ra), increpante, increpar, incriminación, incriminar, incristalizable, incruento (ta), incrustación, incrustante, incrustar, incubación, incubadora, incubar, íncubo, incuestionable, inculcación, inculcador, inculcar, inculpabilidad, inculpable, inculpación, inculpado (da), inculpa, incultivable, incultivado (da), inculto (ta), incultura, incumbencia, incumbir, *incumplido, incumplimiento, incumplir, incunable, incurabilidad, incurable, incuria, incurioso, incurrimiento.**

incurrir Uso de preposiciones: Incurrir *en* error.

incursión, incursionar, incurso (sa), incurvar, incusación, incusar, incuso (sa), indagación, indagador (ra), indagar, indagatoria, indagatorio, indebido (da), indecencia, indecente, indecible, indecisión.

indeciso (sa) Uso de preposiciones: Indeciso *en, para* decidir.

indeclarable, indeclinable, indecoro, indecoroso (sa), indefectibilidad, indefectible, indefendible, indefensable, indefensible, indefensión, indefenso (sa), indefinible, indefinido (da), indeleble, indelegable, indeliberación, indeliberado (da), indelicadeza, indelicado (da), indemne, indemnidad, indemnización, indemnizar, indemorable, indemostrable, independencia.

independentismo Voz admitida («movimiento que propugna la independencia en un país que no la tiene»). También se acepta *independentista*.

independentista, independiente, independizar, indescifrable, indescriptible, indeseable, indeseado (da), indesignable, indestructibilidad, indestructible, indeterminable, indeterminación, indeterminado (da), indevoción, indevoto (ta).

India El natural de este país de Asia recibe el nombre de *indio, indo* o *hindú.* (*Hindú* es también «partidario del hinduismo».)

indiada, indiana, indianés, india-

nista, indiano, indicación, indicador (ra), indicante, indicar, indicativo (va).

indicativo *Modo indicativo* es el modo del verbo con que se indica o denota verdad absoluta y sencilla. Con este modo, la acción del verbo se presenta como una realidad sin participación afectiva del sujeto.

indicción, índice, indiciado, indiciador, indiciar, indicio, índico, indiestro, indiferencia, indiferente, indiferentismo.

indígena Es masculino y femenino *(el indígena, la indígena).*

indigencia, indigenismo, indigenista, indigente.

*indigerible Voz no admitida; dígase *indigesto (ta), indigestible.*

indigerido (da), indigestarse, indigestible, indigestión, indigesto (ta), indigete, indignación, indignante.

indignar(se) Uso de preposiciones: Indignarse *de, por* una respuesta; i. *con, contra* uno.

indignidad, indigno (na), índigo, indiligencia.

indio (dia) «Natural de la *India,* o de las *Indias Orientales.*» También es el «antiguo poblador de América (o Indias Occidentales) y sus descendientes sin mezcla de otra raza». (V. *India.)*

indiófilo, indirecta, indirecto, indiscernible, indisciplina, indisciplinable, indisciplinado (da), indisciplinario, indisciplinarse, indiscreción, indiscreto (ta).

indiscriminadamente Es correcto; dígase también *sin hacer diferencias, distinciones; equitativamente, justamente,* según el caso.

indisculpable, indiscutible, indisolubilidad, indisoluble, indispensable.

indisponer(se) Verbo irregular que se conjuga como *poner* (v.) (indispongo, indisponéis, etc.).

indisposición, indispuesto (ta), indisputable, indistinción, indistinguible, indistinto (ta).

individua Admitido. (V. *individuo.)*

individual, individualidad, indivi-

dualismo, individualista, individualizar, individuar.

individuo El femenino es *individua,* término correcto, de significado mucho más despectivo que el masculino.

indivisibilidad, indivisible, indivisión, indiviso (sa), indización, indizar, indo (da), *indoblegable, indócil, indocilidad, indocto (ta), indoctrinado.

indocumentado «Que carece de documento oficial que no es respetable.» No significa «inculto, ignorante».

Indochina El natural de esta península de Asia recibe el nombre de *indochino (na).*

indochino (a), indoeuropeo, indogermánico, índole, indolencia, indolente, indoloro (a), indomabilidad, indomable, indomado (da), indomeñable, indomesticable, indomesticado (da), indoméstico (ca), indómito (ta).

Indonesia El natural de este país de Asia recibe el nombre de *indonesio (sia).*

Indonesio (sia).

Indostán Es una región situada al norte de la India (no es la misma India). El natural de esta región recibe el nombre de *indostano (na)* o *indostanés (sa). Indostánico (ca)* es la lengua y lo perteneciente al país (no el habitante).

indostanés (sa), indostánico (ca), indostano (na), indotación, indotado (da).

indubitable Es sinónimo de *indudable* (preferible esta voz).

indubitado, inducción, inducido (da), inducidor (ra), inducimiento.

inducir Verbo irregular que se conjuga como *conducir* (v.) (induzco, induces, inducís, etc.).

inductancia, inductivo (va), inductor (ra), indudable, indulgencia.

indulgente Uso de preposiciones: Indulgente *con, para, para con* el prójimo; i. *en* sus juicios.

indultar Uso de preposiciones: Indultar *de* una pena.

indulto, indumentaria, indumentario, indumento, induración, industria, industrial, industrialismo, in-

dustrialista, industrialización, industrializar, industriar, industrioso (sa), inebriar, inedia, inédito (ta), ineducación, ineducado (da), inefabilidad, inefable, ineficacia, ineficaz, inelegancia, inelegante, inelegible, ineluctable, ineludible, inembargable.

*inenajenable Incorrecto; dígase *inajenable*, admitido.

inenarrable, inepcia, ineptitud, inepto (ta), inequívoco (ca), inercia, inercial.

inerme «Que está sin armas, indefenso.» No confundir con *inerte*: «Inactivo, ineficaz, inútil.»

inerte V. *inerme*.

inervación, inervador (ra), inescrutable, inescrupuloso (sa), inescrudiñable, inesperable, inesperado (da), inestabilidad, inestable, inestancable, inestimabilidad, inestimable, inestimado (da), inevitable, inexactitud, inexacto (ta), inexcogitable, inexcusable, inexhausto (ta), inexistencia, inexistente, inexorabilidad, inexorable, inexperiencia, inexperto (ta), inexpiable, inexplicable, inexplicado (da), inexplorado (da), inexpresable, inexpresivo (va), inexpugnable.

in extenso Locución latina que significa «en toda su extensión». Alude a un escrito, por lo general, y es voz recogida por la Academia.

inextinguible.

in extremis Locución latina que significa «en el último momento» (de la vida); es decir, a punto de morir.

inextricable, infacundo (da), infalibilidad, infalible, infalsificable, infamación, infamador (ra), infamante, infamar, infamativo (va), infamatorio (ria), infame, infamia, infancia, infando (da), infanta, infantado, infantazgo.

infante «Hijo legítimo del rey de España, nacido después del príncipe o de la princesa.» El femenino es *infanta*.

infantería Con mayúscula: «Representantes del arma *de Infantería*»; «20.º Regimiento *de Infantería*».

Con minúscula: «*la infantería* alemana», «atacó *la infantería*».

infanticida, infanticidio, infantil, infantilismo, infanzón (na), infanzonado (da), infanzonazgo, infanzonía, infartar, infarto, infatigable, infatuación.

infatuar «Volver a uno *fatuo*, engreído.» Es anglicismo usar esa voz como «enamorar». Lo mismo ocurre con *infatuado* e *infatuación*.

infausto (ta), infebril, infección, infeccionar, infeccioso (sa).

infectar(se) Es «causar *infección*, contagiar». No confundir con *infestar*: «invadir un lugar los bandidos o enemigos, o bien las plantas o animales nocivos». *Inficionar* es sinónimo de *infectar*, no de *infestar*.

infectivo (va), infecto (ta), infecundidad, infecundo (da), infelice, infelicidad, infeliz, infelizmente, inferencia.

inferior «Ése es *inferior que* el mío», incorrecto; dígase «ése es *inferior al* mío».

inferioridad.

inferir Verbo irregular, se conjuga como *sentir* (infiero, infieres, inferimos, inferís, etc.).

infernal, infernáculo, infestación.

infestar Es «apestar, causar estragos y molestias». No confundir con *infectar*, «contaminar con microbios o virus».

infibulación, infibular, inficionar, infidelidad, infidencia, infidente.

infiel Uso de preposiciones: Infiel *a, con, para, para con* sus amigos; i. *en* sus tratos.

infiernillo.

infierno Se escribe siempre con minúscula.

infigurable, infijo, infiltración, infiltrar.

ínfimo (ma) Superlativo irregular de *bajo*.

infinible, infinidad, infinido (da), infinitesimal.

infinitivo Modo del verbo que no expresa números, personas ni tiempos determinados, sino que lo hace de una manera general (vivir, curar). Puede caracterizarse como un nombre de acción; es el nombre del verbo.

infinito (ta), infinitud.

*inflación Barbarismo bastante extendido en la pronunciación de locutores de radio y televisión. Dígase siempre *inflación* (con una *c*).

inflación Es lo correcto, y no *inflacción*. Admitidos los términos *inflacionario (ria)* (2) e *inflacionista* (1).

inflacionario, inflacionista, inflamable, inflamación (1), **inflamador (ra), inflamamiento** (2), **inflamante, inflamar, inflamatorio (ria), inflamiento, inflar, inflativo (va), inflexibilidad.**

inflexible Uso de preposiciones: Inflexible *a* los ruegos; i. *en* su dictamen.

inflexión Cada una de las terminaciones del verbo en sus diferentes modos, tiempos, números y personas. También designa las terminaciones del pronombre y de las demás partes variables de la oración.

infligir Es lo correcto («*infligir* castigo»), y no *inflingir*, que es barbarismo. No confundir con *infringir* (véase).

*inflingir Es barbarismo; dígase *infligir*.

inflorescencia, influencia.

influenciar Admitido, aunque *influir* es más correcto. No se acepta *influenciado;* dígase *influido*.

influenza Voz admitida por la Academia; no obstante, prefiere el vocablo *gripe*.

influir Uso de preposiciones: Influir *en* un asunto; influir *para* el perdón.

influjo, influyente, infolio, información, informador (ra).

informal Es correcto cuando se emplea con el sentido de «sencillo, sin ceremonias». *Informal* quiere decir también «que no guarda las reglas previstas».

informalidad, informante.

informar Uso de preposiciones: Informar *de, sobre* una cosa.

informática Admitido; «conocimientos relativos a la información por medio de calculadoras electrónicas».

informativo (va), informe, informidad, infortificable, infortunado (da), infortunio.

infra- Prefijo que significa «debajo» *(infraestructura).*

infracción, infracto, infractor (ra).

*infraescrito Es barbarismo; dígase *infrascrito*.

infraestructura.

in fraganti Locución latina que significa «en el mismo momento en que se está cometiendo el delito» («sorprendido *in fraganti»).* Debe escribirse separado, no *infraganti*. El mismo significado tiene la expresión *en flagrante*.

*infraganti Incorrecto; v. *in fraganti*.

infrahumano Admitido por la Academia. Se aplica a las cosas que son más propias de animales que de hombres.

infrangible, infranqueable, infraoctava, infraoctavo, infraorbitario (ria), infrarrojo (ja), infrascrito (ta), infrecuencia, infrecuente.

infringir «Quebrantar leyes, órdenes, etc.» No debe confundirse con *infligir:* «imponer un castigo, una pena». (V. *infligir.)*

infructífero (ra), infructuosidad, infructuoso (sa), infrutescencia, ínfula (s), infumable, infundado (da), infundibuliforme, infundíbulo, infundio, infundioso (sa), infundir, infusibilidad, infusible, infusión, infuso (sa), infusorio, inga, ingenerable, ingeniar, ingeniatura, ingeniería.

ingeniera Admitido como femenino de *ingeniero (la ingeniera).*

ingeniero, ingenio, ingeniosidad, ingenioso (sa), ingénito (ta), ingente, ingenuidad, ingenuo (nua).

*ingerencia Es incorrecto; escríbase *injerencia* (intromisión).

ingerir «Comer, introducir algo por la boca.» No debe confundirse con *injerir(se):* «Entremeterse, introducirse en un asunto.» Ingerir es verbo irregular que se conjuga como *sentir* (v.) (ingiero, ingieres, ingerís, etc.)

ingestión.

Inglaterra El natural de este país de Europa recibe el nombre de *inglés (sa), anglo (gla)* y *britano (na),* pero no *británico* (que es lo relativo a Gran Bretaña).

ingle, inglés (sa), inglesismo, inglete, ingletear, inglosable, ingobernable, Ingolstadt, ingratitud.

ingrato (ta) Uso de preposiciones: Ingrato *con, para, para con* los amigos.

ingravidez, ingrávido (da), ingrediente, Ingres.

ingresar «Han *ingresado a* la Facultad» es incorrecto; dígase «han *ingresado en* la Facultad». También vale lo mismo para «*ingresar en* caja».

ingreso, inguinal, ingurgitación, ingurgitar, ingustable, inhábil, inhabilidad, inhabilitación.

inhabilitar Uso de preposiciones: Inhabilitar *para* un cargo.

inhabilitable, inhabitado (da), inhacedero, inhalación, inhalador, inhalar, inhallable, inherencia, inherente, inhibición.

inhibir(se) Uso de preposiciones: Inhibirse *de, en* una cuestión.

inhibitorio, inhonestidad, inhonesto (ta), inhospedable, inhospitable, inhospital, inhospitalario, inhospitalidad, inhóspito (ta), inhumación, inhumanidad, inhumano (na), inhumar, iniciación, iniciador (ra), inicial, iniciar, iniciativa, iniciativo.

inicio Admitido como «comienzo, principio». Son más correctas estas últimas voces.

inicuamente, inicuo (cua), iniesta.

*inigualable Voz no aceptada por la Academia; dígase *excepcional, único.* En cambio se admite *inigualado (da).*

inigualado.

in illo témpore Locución latina que significa «en aquel tiempo»; alude a algo ocurrido hace mucho tiempo, o en otros tiempos.

inimaginable, inimicísimo (ma), inimitable.

ininteligible «Que no puede ser entendido.» No confundir con *inteligible,* que es lo contrario: «Que puede ser entendido.»

ininterrumpido (da), iniquidad, iniquísimo (ma).

injerencia, injeridura V. *injerir.*

injerir(se) En el sentido corriente sólo se usa el pronominal: *injerirse.* Significa «entremeterse, introducirse en algún asunto» (*injerirse* en asuntos ajenos). No debe confundirse con *ingerir* (v.), que significa «comer, introducir algo por la boca». *Injerencia* es «intromisión, acción de entremeterse». *Injeridura* sólo es «parte donde se ha *injertado* el árbol».

injerencia, injeridura V. *injerir.*

injertador, injertar, injertera, injerto (ta), injuria, injuriador (ra), injuriante, injuriar, injurioso (sa), injusticia, injustificable, injustificado (da), injusto (ta), inllevable, Inmaculada, inmaculado (da), inmadurez, inmaduro (ra), inmanejable, inmanencia, inmanente, inmarcesible, inmarchitable, inmaterial, inmaterialidad, inmaturo (ra), inmediación, inmediatamente, inmediato.

inmediato (ta) Admitida la expresión *de inmediato,* que significa «inmediatamente».

inmedicable, inmejorable, inmemorable, inmemorial, inmensidad.

inmenso (sa) «La mayoría de personas...» es barbarismo; dígase «la mayoría de *las* personas...»

inmensurable, inmerecidamente, inmerecido (da).

*inmerger, *inmergir Incorrecto; dígase *sumergir.*

inmérito, inmeritorio (ria), inmersión, inmerso (sa), inmigración, inmigrante, inmigrar, inmigratorio (ria), inminencia, inminente.

inmiscuir Verbo irregular que se conjuga como *huir* (v.) (inmiscuyo, inmiscuyes, inmiscuís, etc.).

inmisión, inmobiliario (ria), inmoble, inmoderación, inmoderado (da), inmodestia, inmodesto (ta), inmódico (ca), *inmodificable, inmolación, inmolador (ra), inmolar.

inmoral Significa «contrario a la moral» y no debe confundirse con *amoral,* que significa «fuera de la moral».

inmoralidad, inmortal, inmortali-

dad, inmortalizar, inmortalmente, inmortificación, inmortificado (da), inmotivado (da), inmoto (ta), inmovible, inmóvil, inmovilidad, inmovilismo, inmovilista, inmovilización, inmovilizar, inmudable, inmueble, inmundicia, inmundo (da), inmune, inmunidad, inmunitario (ria), inmunización, inmunizador (ra), inmunizar, inmunología, inmunológico, inmunólogo, inmutabilidad, inmutable, inmutación, inmutar, inmutativo (va).

innato (ta), innatural, innavegable, innecesario (ria), innegable, innoble, innocuidad, innocuo (cua), innominable, innominado (da), innovación, innovador (ra), innovar, Innsbruck, innumerabilidad, innumerable, innúmero (ra) Téngase en cuenta que todas las voces anteriores se escriben con dos *n.* Tan sólo *innocuo* se admite también con una sola *n (inocuo),* aunque es preferente *innocuo.*

inobediencia, inobediente, inobservable, inobservancia, inobservante, inocencia, inocentada.

inocente Uso de preposiciones: Inocente *del* crimen; i. *en* su conducta.

inocentón (na).

inocuidad También se escribe con dos *n.* Es «calidad de innocuo». *Innocuo* puede escribirse con una o con dos *enes.* Es preferente con dos.

inoculación, inoculador, inocular, inocultable.

inocuo (cua) Se admite también *innocuo.*

inodoro «Aparato con agua corriente que se coloca en los retretes y cuartos de baño para evitar el mal olor.» Voz admitida; no debe emplearse *water.* Como adjetivo, *inodoro (a)* significa «desprovisto de olor».

inofensivo (va), inofenso (sa), inoficioso (sa), inolvidable, inope, inoperable.

*inoperancia No es voz admitida; dígase *ineficacia, ineptitud.* Sin embargo, se admite *inoperante* («ineficaz»).

inoperante V. *inoperancia.*

inopia «Está en la *inopia*» es correcto si se quiere decir de alguien «que ignora o no sabe algo». *Inopia* significa «indigencia, pobreza, escasez».

inopinable, inopinadamente, inopinado (da), inoportunamente, inoportunidad, inoportuno (na), inordenado (da), inorgánico (ca), inoxidable.

in péctore (En el pecho.) Suele referirse a un cardenal, y es el eclesiástico elevado a aquella dignidad, pero cuya proclamación se reserva el papa hasta el momento oportuno.

in promptu Expresión latina que se escribe separado y significa «de improviso, de pronto». No confundir con *impromptu* (junto): «Composición musical que improvisa el ejecutante».

in púribus Expresión latina que significa «desnudo, en cueros».

*input En computadoras, entrada de datos.

inquebrantable, inquietador (ra), inquietante.

inquietar(se) Uso de preposiciones: Inquietarse *con, de, por* los rumores.

inquieto (ta), inquietud, inquilinato, inquilino (na), inquina, inquinar, inquiridor (ra).

inquirir Verbo irregular que se conjuga como *adquirir* (v.).

inquisición, inquisidor (ra), inquisitivo (va), inquisitorial, inquisitorio (ria), inri, insabible, insaciabilidad, insaciable, insaculación, insaculador, insacular, insalivación, insalivar, insalubre insalubridad, insanable.

*insanía Es incorrecto; v. *insania.*

insania Es lo correcto, y no *insanía,* cuando se habla de «locura, demencia». (V. *insano.*)

insano (na) Significa «loco, demente», y no «malsano; enfermo».

insatisfacción, insatisfactorio, insatisfecho (cha).

*Insbruck Incorrecto; es *Innsbruck.*

inscribible.

inscribir(se) Verbo cuyo participio es irregular *(inscrito).*

inscripción, inscripto (2), **inscrito (ta)** (1), **insecable, insecticida, insectil, insectívoro (ra), insecto.**

in sécula Expresión del latín que significa «por los siglos (de los siglos)» *(in saecula saeculorum),* es decir, «para siempre».

inseguridad, inseguro (ra).

inseminación Admitido este término, así como *inseminación artificial.* No se admite *inseminar;* dígase *fecundar.*

inseminar No admitido; véase *fecundar.*

insenescencia, insensatez, insensato (ta), insensibilidad, insensibilizar, insensible, inseparabilidad, inseparable, insepultado (da), (2), **insepulto (ta),** (1), **inserción, inserir** (2), **insertar** (1), **inserto (ta), inservible, insidia, insidiador (ra), insidiar, insidioso (sa), insigne, insignia, insignificancia, insignificante, insinceridad, insincero (ra), insinuación, insinuador (ra), insinuante.**

insinuar(se) Por lo que se refiere al acento se conjuga lo mismo que *actuar* (insinúo, insinúas, insinuáis). Uso de preposiciones: Insinuarse *con* los poderosos; i. *en* el ánimo.

insinuativo (va), insipidez, insípido (da), insipiencia, insipiente, insistencia, insistente.

insistir Uso de preposiciones: Insistir *en, sobre* alguna cosa. «Insistir de nuevo» (o reiteradamente) es pleonasmo; basta con decir *insistir.*

ínsito (ta).

in situ En su lugar, en su sitio.

insobornable, insociabilidad, insociable, insocial, insolación, insolar, insoldable, insolentar, insolente, insólito (ta), insolubilidad, insoluble, insoluto (ta), insolvencia, insolvente, insomne, insomnio.

insonorizar Voz admitida por la Academia. Se admite también *insonoro (ra), insonoridad* e *insonorización.*

insonoro (ra), insoportable, insos-

layable, insospechable, insospechado (da), insostenible, inspección, inspeccionar, inspector (ra), inspectoría, inspiración, inspirador (ra), inspirante.

inspirar(se) Uso de preposiciones: Inspirar una idea *a, en* alguno. En cuanto al significado relacionado con la respiración, v. *respirar.*

inspirativo (va), instalación, instalador (ra).

instalar Uso de preposiciones: Instalar un teléfono *en* casa.

instancia, instantánea, instantaneidad, instantáneo, instante.

instar uso de preposiciones: Instar *para* el logro; i. *sobre* el negocio.

instauración, instaurador (ra), instaurar, instaurativo (va), instigación, instigador (ra), instigar, instilación, instilar, instintivo (va), instinto, institución, institucional, ***institucionalidad,*** ***institucionalización,*** ***institucionalizar,*** **institucionista, institutor (ra).**

instituir Verbo irregular que se conjuga como *huir* (v.).

instituto, institutor (ra), institutriz, instituyente, instridente, instrucción, instructivo (va), instructor, instruido (da).

instruir Verbo irregular que se conjuga como *huir* (v.). Uso de preposiciones: Instruir a uno *de, en, sobre* alguna cosa.

instrumentación, instrumentar.

instrumentar «*Instrumentar* una protesta» es incorrecto; dígase *organizar, realizar,* ya que *instrumentar* es, exclusivamente, «arreglar una composición musical para varios instrumentos».

instrumentista, instrumento, Insúa, insuave, insuavidad, insubordinación, insubordinado (da), insubordinar, insubsistencia, insubsistente.

insubstancial Se admite asimismo *insustancial* (sin *b*), pero es preferente *insubstancial.* Lo mismo ocurre con *insubstancialidad, insubstancialmente* e *insubstituible* (admitidas sin *b,* pero preferibles con *b*).

insubstancialidad, insubstancial-

mente, insubstituible V. *insubstancial.*

insudar, insuficiencia, insuficiente, insuflación, insuflador, insuflar, insufrible, ínsula, insulano, insular, insulina, Insulindia, insulsez, insulso (sa), insultador (ra), insultante, insultar, insulto, insumable, insume, insumergible, insumir, insumo, insumisión, insumiso (sa), insuperable, insupurable, insurgente, insurgir, insurrección, insurreccional, insurreccionar(se), insurrecto (ta).

insustancial, insustancialidad, insustancialmente, insustituible. V. *insubstancial.*

intacto (ta), intachable, intangibilidad, intangible.

integérrimo Es el superlativo absoluto de *íntegro.*

integrable, integración, integral, integrante, integrar, integridad.

*integrísimo** Es incorrecto; el superlativo de íntegro es *integérrimo.*

integrismo, integrista.

íntegro (gra) El superlativo es *integérrimo*, nunca *integrísimo* (v.).

integumento, intelección, intelectiva, intelectivo, intelecto, intelectual, intelectualidad.

*intelectualismo** Es incorrecto; dígase *intelectualidad.*

intelectualizar, inteligencia, inteligenciado (da).

inteligente Uso de preposiciones: Inteligente *en* filosofía.

inteligibilidad, inteligible, intemperado (da), intemperancia, intemperante, intemperatura, intemperie, intempesta, intempestivo (va), intemporal, intemporalidad, intención, intencionado (da), intencional, intendencia, intendenta, intendente, intensar, intensidad, intensificación, intensificar, intensión, intensivo (va), intenso (sa), intentar, intento (ta), intentona, ínter.

inter- Prefijo que significa «entre, en medio» *(intercelular, intercambio).*

interacción, interamericano, interandino (na), interarticular, intercadente, intercalación (2), interca-

ladura (1), intercalar, intercambiable, intercambiar, intercambio.

interceder Uso de preposiciones: Interceder *con* alguno; i. *por* otro.

intercelular.

*intercepción** Incorrecto; es *interceptación.*

interceptación, interceptar, interceptor, intercesión, intercesor (ra).

*interclubs** «Una competición *interclubs*» es incorrecto; dígase «entre *clubes*».

intercolumnio También se admite *intercolunio*; preferente la primera voz.

intercolunio V. *intercolumnio.*

intercomunicación «Comunicación telefónica entre las distintas dependencias de un edificio.» Esto se realiza con el *intercomunicador*, voz también aceptada. No se acepta *intercomunicar*; es «comunicar recíprocamente».

intercomunicador V. *intercomunicación.*

*intercomunicar** No está admitido. (V. *intercomunicación*.)

*interconectar, *interconexionar** No son voces admitidas; dígase «conectar recíprocamente».

intercontinental, intercostal, intercurrente, intercutáneo (a), interdecir, interdental, interdependencia, interdicción, interdigital, interés, interesable, interesado (da), interesal.

interesante «Una señora *en estado interesante*» (embarazada) es expresión admitida por la Academia, lo mismo que «en estado de buena esperanza», y «encinta».

interesar(se) Uso de preposiciones: Interesarse *en, por* una cosa.

interestatal, interestelar.

*interface** Conexión entre computadora y accesorio. Dígase *interfaz.*

interfaz V. *interface.*

interfecto (ta) Significa «muerto violentamente»; «el interfecto» no es «el aludido, el mencionado, el interesado».

interferencia, interferirse(se), interfoliar, intergaláctico, *interglaciar.

ínterin Es voz esdrújula; no es correcto, por tanto, *interín*.

interinamente, interinar, interinario (ria), interindividual, interinidad, interino (na), interinsular, interior, interioridad.

*interiorizado** Es incorrecto; dígase «enterado, conocedor».

interjección Exclamación que expresa impresiones súbitas de asombro, sorpresa, dolor, etc., como ¡ah!, ¡oh!, ¡ay!, ¡bravo!, etc. Llevan siempre los signos de admiración. Incorrecciones: «¡ay!, cómo duele», es «¡ay, cómo duele!»; «¡viva, viva!», es «¡viva!, ¡viva!».

interjectivo (va), interlínea, interlineación, interlineado, interlineal, interlinear, interlocución, interlocutor (ra), interlocutorio (ria), intérlope, interludio, interlunio, intermaxilar, intermediado (da), intermediar, intermediario (ria), intermedio (dia), interminable, interministerial, intermisión, intermiso, intermitencia, intermitente, intermitir, intermuscular, internación, internacional, internacionalidad, internacionalismo, internacionalista, internacionalización, internacionalizar, internado (da).

*internamiento** No está admitido; dígase *internación*.

internar(se) «*Internar* a un preso» es incorrecto; dígase «*encerrar, recluir*». Si se trata de un enfermo, en lugar de *internar* dígase *llevar, trasladar* (a una clínica). Uso de preposiciones: Internarse *en* la selva.

internista, interno (na), internodio.

ínter nos Locución del latín que significa «ente nosotros». Nótese el acento en *ínter*.

internuncio, interoceánico (ca), interpaginar, interparlamentario (ria), interpelación, interpelante, interpelar, interplanetario (ria), interpolación, interpolador (ra).

interpolar Uso de preposiciones: Interpolar unas cosas *con, entre* otras.

interponer(se) Verbo irregular que se conjuga como *poner* (v.). Uso de preposiciones: Interponerse *entre* dos personas.

interposición, interprender, interpresa, interpretación, interpretador (ra), interpretante, interpretar, interpretativo (va), intérprete, interpuesto (ta), interregno, interrelación.

interrogación (signo de) Signo ortográfico (¿ ?) que se coloca al principio y al fin de la palabra o frase interrogativa. No debe confundirse *interrogación* con *interrogante* (v.). Incorrecciones: «¿Entonces, es necesario ir?», debe ser «Entonces, ¿es necesario ir?» «¿Será ella, me pregunto?», es «¿Será ella?, me pregunto.» «¿Cómo? ¿Cómo?», es «¿Cómo, cómo?» «¿Quién es? ¿Qué dice?», es «¿Quién es?, ¿qué dice?».

interrogante Admitido el significado de «incógnita, cuestión dudosa». El género es ambiguo; se acepta *el interrogante* y *la interrogante*. No confundir con *interrogación* (v.).

interrogar, interrogativo (va), interrogatorio, interrumpir, interrupción, interruptor (ra), intersecarse, intersección, intersexual, intersticial, intersticio, intertrigo, intertropical.

interurbano Admitido el significado de «servicio de comunicación entre distintos barrios de una misma ciudad», y «servicio telefónico entre dos ciudades distintas». Nótese las diferencias entre ambas acepciones.

interusuario.

intervalo Es lo correcto; nunca *intérvalo*, incorrecto.

intervención, intervencionismo, intervencionista.

intervenir Verbo irregular que se conjuga como *venir* (v.) (intervengo, intervienes, intervenís, etc.). Uso de preposiciones: intervenir *en* un asunto.

interventor (ra).

*interview, *interviú** Es anglicismo; dígase *entrevista, conferencia*. De igual modo, *interviuar* (incorrecto); dígase *entrevistar*.

*interviuar** Incorrecto. (V. *interview*.)

intervocálico, interyacente.

*interzonas** «Competición *interzo-*

nas» es incorrecto. No se admite *interzonas*, ni tampoco *interzonal*. Dígase *entre zonas* (o distritos, etcétera).

intestado (da), intestar, intestinal, intestino (na), íntima, intimación.

intimar «*Intimar a la* capitulación» no es correcto. *Intimar* es «notificar, declarar»; por consiguiente, debe decirse «*intimar la* capitulación».

intimatorio (ria), intimidación, intimidad, intimidante, intimidar, intimismo, intimista, íntimo (ma), intitulación, intitular, intocable, intolerabilidad, intolerable, intolerancia.

intolerante Uso de preposiciones: Intolerante *con, para, para con* los subordinados.

intonso (sa), intoxicación, intoxicar(se).

intra- Prefijo que significa «dentro de; en lo interior» *(intrauterino, intracelular, intramuros)*.

intracelular Admitido, lo mismo que *intrauterino.*

intradós, intraducibilidad, intraducible, intramuros, intramuscular, intranquilidad, intranquilizador (ra), intranquilizar, intranquilo (la), intransferible, intransigencia, intransigente, intransitable, intransitivo (va), intransmisible, intransmutabilidad, intransmutable, intraocular, intrascendencia, intrascendental, intrascendente, intratabilidad, intratable, intrauterino, intravenoso, intrepidez, intrépido (da), intriburtar.

*intricado Es incorrecto; dígase *intrincado.* Se admite *intricar,* pero es mejor *intrincar.*

intricar, intriga, intrigante, intrigar, intrincable, intrincación, intrincado, intrincamiento, intrincar, intríngulis, intrínseco (ca).

intro- Prefijo que indica «hacia dentro» *(intromisión, introvertido).*

introducción.

introducir(se) Verbo irregular que se conjuga como *conducir* (v.). (No debe decirse «introducí, introduciste, introducisteis», sino «intro-

duje, introdujiste, introdujisteis», etcétera.)

introducto, introductor (ra), introductorio (ria), introito, intromisión, introspección, introspectivo (va), introversión, introverso (sa).

introvertido Es lo correcto; en cambio, es *extravertido,* nunca *extrovertido.*

intrusarse, intrusión, intrusismo, intruso (sa), intubación, intubar, intuición, intuir, intuitivo (va), intuito, intumescencia, intumescente.

*inundable Es incorrecto, lo mismo que *inundadizo;* debe decirse *anegadizo,* que es lo correcto.

inundación, inundancia, inundante.

inundar Para esta voz la Academia ha admitido el significado de «llenar de agua un tanque o compartimiento de un buque». Uso de preposiciones: Inundar *de, en* sangre el suelo.

inurbanidad, inurbano (na).

inusitado La Academia lo define sólo como «no usado»; pero está muy extendido el empleo de esta voz como «desacostumbrado, insólito».

inútil, inutilidad, inutilización, inutilizar, invadeable, invadiente, invadir, invaginación, invaginar, invalidación, invalidar, invalidez, inválido (da).

invaluable Vocablo admitido. Significa «inestimable; que no se puede valuar».

invar, invariabilidad, invariable, invariación, invariado (da), invasión, invasor (ra), invectiva, invencible, invención, invencionero (ra), invendible, inventador (ra), inventar, inventariar, inventario, inventiva, inventivo, invento, inventor (ra), inverecundia, inverecundo (da), inverisímil, inverisimilitud.

*invernación Incorrecto; empléese *hibernación,* admitido. En cambio se admite *invernar,* lo mismo que *hibernar* («pasar el invierno»).

invernáculo «Lugar cubierto para defender las plantas del frío.» Esto mismo significa *invernadero,* aunque esa voz tiene además otros significados.

invernada.

invernadero V. *invernáculo*.

invernal.

invernar V. *invernación*.

invernizo (za), inverosímil, inverosimilitud, inversión, inversionista, inverso (sa), inversor (ra), invertebrado (da).

invertido Se admite como *homosexual*, e *inversión* como *homosexualidad*.

*invertió Incorrecto; dígase *invirtió*. (V. *invertir*.)

invertir Verbo irregular que se conjuga como *sentir* (v.) (invierto, inviertes, invertís, etc.). Uso de preposiciones: Invertir dinero *en* un negocio.

investidura, investigable, investigación, investigador (ra), investigar.

investir Verbo irregular que se conjuga como *pedir* (v.) (invisto, invistes, investís, etc.).

inveterado (da), inveterarse.

*inviable Voz no admitida; dígase *irrealizable, imposible*.

invicto (ta), invidencia.

invidente Correcto, admitido. Es «ciego, que no ve», mientras que *invidencia* (admitido también) es «ceguera». Es incorrecto decir *no vidente*.

invierno, invigilar, inviolabilidad, inviolable, inviolado (da), invirtud, invirtuoso (sa), invisibilidad, invisible, invitación, invitado (da), invitador (ra), invitante, invitar, invitatorio.

*in vitro Aunque no figura en el Diccionario académico, es expresión latina muy usada en medicina y biología. Significa «en el vidrio», es decir, «en el tubo de ensayo, en el laboratorio» (una investigación). Por el contrario, *in vivo* (tampoco incluida) es «en el ser vivo» (una investigación).

*in vivo V. *in vitro*.

invocación, invocador (ra), invocar, invocatorio (ria), involución, involucrar, involucro, involuntariedad, involuntario (ria), invulnerabilidad, invulnerable, inyección,

inyectable, inyectar, inyector, ío (diosa).

-ío, -ía Sufijo que indica pertenencia *(bravío)* o que forma nombres colectivos *(caserío)*.

*iodo Es incorrecto; escríbase *yodo*.

ion No debe llevar acento (*ión* es incorrecto), pues se trata de un monosílabo sin otro cometido gramatical. (V. *fe*). El plural es *iones*.

ionización, ionizante, ionizar, *ionosfera, iota, iotización, Iowa, ipecacuana, ípsilon.

ipso facto Locución latina aceptada que significa «inmediatamente, en el acto».

ir Verbo irregular que se conjuga del siguiente modo: INDICATIVO. *Presente:* voy, vas, va, vamos, vais, van. *Pret. imperf.:* iba, ibas, ibais, etc. *Pret. indefinido:* fui, fuiste, fue, fuimos, fuisteis, fueron. *Futuro imperfecto:* iré, irás, iréis, etc. POTENCIAL: iría, irías, iríais, etc. SUBJUNTIVO. *Presente:* vaya, vayas, vayáis, etc. *Pret. imperf.:* fuera o fuese, fueras o fueses, fuerais o fueseis, etc. *Futuro imperfecto:* fuere, fueres, fuereis, etc. IMPERATIVO: ve, id, idos. PARTICIPIO: id. GERUNDIO: yendo. INFINITIVO: ir. Incorrecciones: «Ir de vientre» es incorrecto; dígase «evacuar el vientre». Uso de preposiciones: Ir *para* viejo; ir *por* ferrocarril; ir *en* coche; ir *a, hacia* Roma; ir *bajo* custodia; ir *por* agua; ir *tras* un prófugo. Otras incorrecciones: V. *iros*.

ia, iracundia, iracundo (da).

Irán Nombre actual del antiguo reino de *Persia*. La Academia llama *iraní* (plural *iraníes*) al natural del *Irán* moderno, e *iranio* al natural del *Irán* antiguo, país que abarcaba aproximadamente el territorio de Persia, y que es mejor conocido con este último nombre.

iraní, iranio (nia) V. *Irán*.

Irak Es el nombre admitido de este país de Asia occidental; mejor escrito que *Iraq*. En cambio, en natural de *Irak* es el *iraquí* (es incorrecto *irakí*). El plural es *iraquíes*.

iraquí V. *Irak*.

irascibilidad, irascible, Irawadi,

Ireneo, iridáceo (cea), íride, irídeo, iridio, iridiscente, iris, irisación, irisado, iridiscente, irisar, iritis.

Irlanda El natural de este país de Europa recibe el nombre de *irlandés (sa)*.

irlandés (sa), irlandesco (ca), ironía, irónico (ca), ironista, ironizar, iroqués (sa).

*iros «*Iros* de una vez» es incorrecto; dígase «*idos* de una vez.» Del mismo modo, en vez de «vosotros, *ir* hacia ahí», debe decirse «vosotros, *id* hacia ahí». (V. *ir*.)

irracionabilidad, irracional, irracionalidad, irradiación, irradiador, irradiar, irrazonable, irreal, irrealidad, irrealizable, irreconciliable, irrecordable, irrecuperable, irrecusable, irredentismo, irredentista, irredento (ta), irredimible, irreducible (1), irreductibilidad, irreductible (2), irremplazable, irreflexión, irreflexivo (va), irreformable, irrefragable, irrefrenable, irrefutable, irreglamentable, irregular, irregularidad, irreivindicable.

irrelevancia V. *irrelevante*.

irrelevante Admitido; significa «que carece de importancia». También se acepta *irrelevancia*: «Condición de irrelevante.»

irreligión, irreligiosidad, irreligioso (sa), irremediable, irremediablemente, irremisible, irremunerado (da), irrenunciable, irreparable, irreprehensible, irreprensible, irrepresentable, irreprimible, irreprochabilidad, irreprochable, irrescindible, irresistible, irresoluble, irresolución, irresoluto (ta), irrespetuosidad, irrespetuoso (sa), irrespirable, irresponsabilidad, irresponsable, irrestañable, irresuelto (ta), irretractable, irretroactividad, irreverencia, irreverenciar, irreverente, irreversibilidad, irreversible, irrevocabilidad, irrevocable, irrigación, irrigador.

irrigar La Academia ha admitido la acepción, para esta voz, de «aplicar el riego a un terreno». De igual modo admite, para *irrigación*, «acción y efecto de irrigar un terreno».

irrisible, irrisión, irrisorio (ria), irri-

tabilidad, irritable, irritación, irritador (ra), irritante, irritar, írrito (ta), irrogación.

irrogar «Causar, ocasionar perjuicios o daños» (*irrogar* un agravio). No confundir con *arrogar(se)*: «atribuirse algo» (*arrogarse* un poder), ni con *erogar*: «distribuir bienes».

irrompible, irruir, irrumpir, irrupción.

Irún El natural de esta villa de Guipúzcoa recibe el nombre de *irunés (sa)*.

irunés (sa), Irving, isa.

-isa Sufijo que indica ocupación o cargo en las mujeres (*sacerdotisa, pitonisa*).

Isaac, isabelino (na), isagoge, Isaías, isba, Iscariote, Ischia, Iseo (Isolda), Isère, isiaco (1), isíaco (2), isidoriano (na), Isidoro, Isidro (dra).

-ísimo Sufijo que denota grado superlativo (*importantísimo, altísimo*).

isla Siempre con minúscula: las islas Canarias, las islas Filipinas, la isla de Ceilán, las islas británicas. El género de estos nombres siempre es femenino. El diminutivo es *islote* e *isleta*, no *islilla* (v.).

islam El islam; es masculino y se escribe con minúscula.

Islamabad, islámico (ca), islamismo, islamita, islamizar.

Islandia El natural de esta isla del Atlántico Norte recibe el nombre de *islandés (sa)*.

islándico (ca), islario (ria), isleño (ña), isleo, isleta.

islilla Según la Academia es exclusivamente «sobaco; clavícula del cuerpo humano». El diminutivo de *isla* es *islote* e *isleta*. V. *isla*.

islote, Ismael, ismaelita.

-ismo Sufijo que indica: actitud (*optimismo*), doctrina (catolicismo, calvinismo), actividad (*automovilismo*).

iso- Prefijo que significa «semejanza, igual» (*isótopo, isocronismo*).

isobara En la edición decimoctava del Diccionario de la Academia aparece esta voz, así acentuada.

En las ediciones siguientes, en cambio, aparece la voz *isóbaro (ra)* (con acentuación esdrújula). Posiblemente se trate de una de las escasísimas erratas del Diccionario académico. Suele usarse la acentuación grave y no la esdrújula.

isobárico (ca), isocronismo, isócrono (na), isofonía, isofónico (ca), isófono (na), isoglosa, isógono, Isolda, isomería, isómero (ra), isomorfismo, isomorfo (fa), isoperímetro (tra), isópodo, isoquímico (na), isósceles, isosilábico (ca), isosilabismo, isotermo (ma), isótero (ra), isotónico (ca), isótopo, isotópico (ca), isotropía, isótropo (pa), Ispahán (Isfahán), *isquemia, Isquia (Ischia), isquiático (ca).

isquión «Uno de los huesos que forman el coxal.» Se escribe sin acento ortográfico, pero la acentuación recae en la primera *i*. (Es incorrecto escribir *ísquion*.)

Israel Estado del Cercano Oriente. El natural de este estado recibe el nombre de *israelí*. También se le llama *israelita*, aunque esta voz se da con preferencia al poblador del antiguo reino de Israel, al *hebreo* o *judío*.

israelí, israelita V. *Israel.*

***Istambul** Nombre turco de la ciudad de *Estambul* (v.).

istmeño (ña), ístmico (ca), istmo, Ítaca, Italia, italianismo, *italianista, italianizante, italianizar, italiano (na), *italianófilo (la), Itálica, italicense, itálico, ítalo (la).

ítem Adverbio latino que se emplea en nuestra lengua (acentuado), y que significa «además» (*ítem más*). Se emplea en escrituras, y se abrevia *it.*

iterable, iteración, iterar, iterativo (va), iterbio, itinerario (ria).

-itis Sufijo que significa «inflamación» (*dermatitis, gastritis*).

Itrio, Iturbide, Iván, Ivanhoe, Iwo Jima, izado (da), izamiento, izar.

***Izmir** Nombre turco de la ciudad que llamamos *Esmirna.*

izquierda Abreviatura: *izq.* o *izqda.* En plural es una tendencia política. Se acepta también *izquierdista.*

izquierdear, izquierdista, izquierdo (da).

j

j Undécima letra del abecedario y octava de sus consonantes. Su nombre es *jota;* el plural es *jotas.* Fonéticamente es una consonante velar oclusiva sorda. Se escriben con *j* los verbos terminados en *jear* (hojear, gorjear); las voces terminadas en *ja, jo, ju,* y en *aje, eje, uje* y *jería* (bagaje, fleje, introduje, brujería), excepto cónyuge, compañage, auge, enálage y ambages. Asimismo se exceptúa en los verbos con *g* en la última sílaba del infinitivo (protege, y ruge, de proteger y rugir). También se escriben con *j* las personas de los verbos en que por irregularidad entran los sonidos *je, ji,* si en el infinitivo no hay *g* ni *j* (dijeron, de decir; conduje, de conducir).

*¡ja! ¡ja! ¡ja! No debe escribirse así, sino *¡ja, ja, ja!,* pues en realidad se trata de una sola interjección de sonido reiterado. Con ella se manifiesta la risa.

*jab Voz inglesa que se usa en boxeo. Significa *golpe cruzado.*

jabalcón, jabalconar.

jabalí El femenino es *jabalina;* la cría es *jabato;* el plural es *jabalíes.*

jabalina, jabalinero, jabardear, jabardillo, jabardo, jabato (ta), jabeca, jábeca, jábega, jabeque, jabera, jabí, jabillo, jabino, jable, jabón, jabonada, jabonado (da), jabonador (ra), jabonadura, jabonar(se), jaboncillo, jabonera, jabonería, jabonero (ra), jaboneta, jabonete, jabonoso (sa), jaborandi, jaca, jácara, jacarandá, jacarando (da), jacarandoso (sa), jacarear, jacarero, jacarista, jácaro (ra), jácena, jacerina, jacerino, jacilla, jacintino, jacinto, Jackson, jaco, Jacob, jacobeo (a), jacobinismo, jacobino (na), jacobita.

*Jacques Nombre francés que corresponde a los nuestros de *Jacobo, Jaime* y *Santiago.*

jactancia, jactancioso (sa).

jactar(se) Uso de preposiciones: Jactarse *de* listo.

jaculatoria, jaculatorio, jáculo, jachalí, jade, jadeante, jadear, jadeo, jadraque, jaecero (ra).

Jaén El natural de esta ciudad y su provincia recibe los nombres de *jiennense, jienense, jaenero* y *jaenés,* por orden de preferencia de la Academia.

jaenero (ra), jaenés (sa) V. *Jaén.*

jaez, jaezar, Jaffa, jaético (ca), jagua, jaguar, jaguarzo, jagüey, jaharrar, jaharro.

*jai alai Expresión vascuence, bastante difundida; quiere decir *fiesta alegre.* Suele darse este nombre a los frontones.

¡ja, ja, ja! Es como debe escribirse, y no *¡ja! ¡ja! ¡ja!,* pues se trata de una sola interjección.

¡jajay!, jalapa.

jalar La Academia ha aceptado los sentidos familiares de «tirar, atraer, halar» (preferentes), y de «comer con mucho apetito».

jalbegador (ra), jalbegar, jalbegue, jalda, jaldado, jalde, jaldo, jalea, jaleador (ra), jalear, jaleco, jaleo.

jalifa Era la autoridad suprema en la antigua zona española de Marruecos. No confundir con *califa*, un príncipe sarraceno.

jalifato, jalifiano (na), jalisciense.

jalisco El natural de este estado de México recibe el nombre de *jalisciense*.

jalma, jalmero.

jalón «Un nuevo jalón en nuestro desarrollo», es incorrecto. No se admite *jalón* como *hito, mejora*. Es sólo «vara usada en topografía». *Jalonar* sólo es «alinear por medio de jalones», y no «señalar, destacar».

jalonamiento, jalonar, jaloque.

Jamaica El natural de esta isla de las Antillas recibe el nombre de *jamaiquino (na)*. La voz *jamaicano (na)* también está reconocida por la Academia.

jamaicano (na), jamaiquino (na) V. *Jamaica*.

jamar, jamás, jamba, jambaje, jamelgo, jamerdar.

*James Nombre inglés de varón; equivale en nuestra lengua a los de *Jaime, Jacobo* y *Santiago*.

jamete, jametería, jámila, jamón, jamona, jamugas, jamurar, jándalo, jangada, jangua, Janículo.

Jano Personaje legendario, rey del Lacio. No confundir con *Juno*, esposa de Júpiter.

jansenismo, jansenista.

Japón El natural de este país de Oriente recibe el nombre de *japonés* o *nipón*.

japonés (sa), japuta, jaque, jaquear, jaqueca, jaquecoso (sa), jaquel, jaquelado (da), jaquero, jaqués (sa).

*jaquet Es incorrecto; dígase *chaqué* (admitido); en lugar de *jaquette* debe decirse *chaqueta*.

jaquetilla, jaquetón, jáquima, jaquimazo, jaquimero, jara, jarabe,

jarabear, jaracalla, jaraíz, jaral, jaramago, jarameño (ña).

jaramugo «Pececillo nuevo de cualquier especie.» Es sinónimo de *alevín*, voz admitida recientemente.

jarana, jaranera, jaranero (ra), jarazo, jarbar, jarcia, jarciar.

*jarcha Voz no admitida por la Academia. Es «estrofa final de una poesía arábiga.» Menéndez Pidal aludió a ellas diciendo: «Las *jarchas* líricas, despreciadas por los eruditos latinistas».

jardín Se admiten las voces *ciudad jardín, jardín botánico* (pero *parque zoológico*), *jardín de la infancia* y *jardín de infantes* (o *colegio de párvulos*). De este último no se aceptan *parvulario* y menos *kindergarten*.

jardinera, jardinero.

jareta «Costura que se hace doblando la orilla de la ropa.» Es incorrecto *jarete*.

*jarete Incorrecto. (V. *jareta*.)

jaretera, jaretón, jarifo (fa), jarillo, Jarkov (Kharkov), **jaro, jarocho (cha), jaropar, jarope, jaropear, jaropeo, jaroso (sa), jarra, jarrar, jarrazo, jarrear, jarrero, jarrete, jarretera, jarrita, jarro, jarrón, jarropa, Jartum** (Khartum), **Jaruzelski, jasa, jasador, jasadura, jasar, jaspe, jaspeado (da), jaspear.**

*Jasper Nombre inglés que corresponde al nuestro de *Gaspar*.

jaspón, jateo.

Játiva El natural de esta población de la provincia de Valencia es el *jativés (sa)*.

jativés (sa), jato (ta), ¡jau!, jauja, jaula, jaulero (ra), jaulilla, jaulón, jauría.

Java El natural de esta isla del Pacífico es el *javanés (sa)*, o también *javo (va)*.

javanés (sa), javo (va) V. *Java*.

jayán (na), jazarán, jazarino (na), jazmín, jazmíneo (nea).

*jazz Es voz inglesa. La Academia ha admitido recientemente el término equivalente *yaz*, que es como debe decirse. Tampoco se admite *jazzman*; dígase *intérprete de yaz*. *Jazzband* es *banda de yaz*.

jea, jebe.

*jeder Incorrecto; es *heder*.

jedive Es lo correcto, y no *khedive*, incorrecto.

*jeep Es voz inglesa. En algunos países de América llaman a este vehículo *campero*, lo cual es preferible a usar las voces *jip* o *yip*, que emplean algunos.

jefa «La *jefa* de la oficina» es correcto. Es el femenino de *jefe*.

jefatura.

jefe El femenino es *jefa* (v.).

Jehová Otros nombres bíblicos de Dios relacionados por la Academia son *Adonay* (1) y *Adonaí* (2). *Yahvé*, en cambio, no consta en el Diccionario académico.

¡je, je, je! Es lo correcto, y no ¡*je! ¡je! ¡je!*, pues se trata de una sola interjección.

jején, jeliz, jemal, jeme, jemesía, jenabe, jenable.

jengibre Es correcto; se acepta también *jenjibre*, pero en segundo término.

jenízaro También se admite *genízaro*, pero en segundo término.

jenjibre Es correcto, aunque es preferible *jengibre*.

Jenofonte Es lo correcto, y no *Xenofonte*.

jeque Así debe escribirse; nunca *sheik*.

jera, jeapellina, jerarca.

jerarquía «Se reunieron las *jerarquías* nacionales», es incorrecto; dígase «se reunieron los *jerarcas* nacionales», pues *jerarquía* es exclusivamente «orden o grado de ciertas personas».

jerárquico (ca), jerarquizar, jerbo, jeremíaco, jeremiada, Jeremías.

jerez Debe escribirse «tomó una copa de *jerez*» (con minúscula); pero «tomó una copa de vino de *Jerez*» (con mayúscula), pues en este caso no es el nombre del vino —como en el caso anterior—, sino el nombre de la ciudad. El natural de esta ciudad recibe el nombre de *jerezano (na)*.

jerezano (na) V. *jerez*.

jerga Es lo correcto; y también *jerigonza*, o *germanía*, según los casos; no debe usarse la voz francesa *argot*.

jergal, jergón, jerguilla, jeribeque, Jericó.

*jerifalte Es incorrecto; debe escribirse *gerifalte* (v.).

jerife, jerifiano (na).

jerigonza Es lo correcto, y también *jeringonza*, pero ésta se admite en segundo término.

jeringa, jeringación, jeringador, jeringar(se), jeringatorio, jeringazo.

jeringonza Voz admitida, aunque es preferente *jerigonza*.

jeringuilla, Jerjes, Jeroboam, jeroglífico (ca).

*Jerome Nombre inglés que corresponde al nuestro de *Jerónimo*.

jeronimiano (na).

jerónimo Con mayúscula cuando se trata del nombre propio. Con minúscula cuando es un religioso de la orden de San Jerónimo (un religioso *jerónimo*; un *jerónimo*).

jerosolimitano (na), jerpa, jerricote.

jersey Voz admitida por la Academia, como «prenda de vestir, de punto». Plural: úsase *jerséis*. El diminutivo es *jerseicito*.

Jerusalén Es lo correcto (con *n*); nunca *Jerusalem* (con *m*). El natural de esta ciudad de Israel recibe el nombre de *jerosolimitano (na)*.

jerviguilla, jesnato.

*Jesse Nombre propio inglés que corresponde al nuestro de *Isaí*.

Jesucristo El Hijo de Dios hecho hombre. También es *Jesús* y *Jesús Nazareno*. Es incorrecto *Jesús Cristo*. Abreviatura: *J.C.*

jesuita, jesuítico (ca).

Jesús V. *Jesucristo*.

jesusear.

*jet Voz inglesa; dígase *reactor* (admitido): «Avión que usa motor de reacción.»

jeta Admitido: «Boca saliente; cara humana.»

*jetatura, *jettatura Italianismo y voz italiana, respectivamente; significan «mala sombra, mal de ojo, maleficio».

jetudo (da), Jezabel, ji.

*jiba Es incorrecto; escríbase *giba*.

jíbaro (ra), jibia, jibión.

Jibuti Capital del país del mismo nombre, en África. También se escribe *Djibuti. Djibouti*, en cambio, es transcripción francesa.

jibraltareño Admitido, aunque se prefiere *gibraltareño*.

jícara, jicarazo, jicarón, jicote.

jienense, jiennense Admitidas las dos grafías. (V. *Jaén.*)

jifa, jiferada, jifería, jifero (ra), jifia.

jiga Admitido, aunque la Academia da como preferente *giga* (v.).

jijallo, ¡ji, ji, ji!

Jijona El natural de esta población de Alicante recibe el nombre de *jijonenco (ca).* No confundir con *gijonés* (natural de *Gijón*).

jijonenco (ca) V. *Jijona.*

jileco, jilguera, jilguero, jilmaestre, jimelga, Jiménez, jimio, jindama, jinestada.

jineta Admitido, lo mismo que *gineta*, pero ésta es voz secundaria. Es un mamífero carnicero. *Jineta*, sólo con *j*, es cierto arte de montar a caballo.

jinetada, jinete, jinetear, jinglar.

jingoísmo Anglicismo admitido por la Real Academia. Es «patriotería exaltada». También se acepta *jingoísta:* «Partidario del jingoísmo.»

jingoísta V. *jingoísmo.*

jipi Significa exclusivamente «sombrero de jipijapa». (V. *jipijapa.*) Es voz familiar.

jipiar V. *jipido.*

jipido Es lo correcto, y no *jipío.* Significa «acción y efecto de *jipiar*», que a su vez es «cantar con voz semejante a un lamento».

jipijapa Admitido; tira que se saca de unas hojas, y con la que se confecciona el *sombrero de jipijapa.* (V. *jipi.*) *Jipijapa* es el nombre de una población de Ecuador.

jipío Es incorrecto. (V. *jipido.*)

jira Es «banquete o merienda, especialmente campestre». No debe confundirse con *gira* «excursión o viaje, volviendo al punto de partida».

jirafa, jirel, jíride, jirocho, jirofina, jiroflé.

jirón «Pedazo desgarrado del vestido o de otra ropa.» No debe escribirse *girón* (con *g*).

jironado (da), jirpear, jisca.

jiu jitsu Voz no admitida. Es una especie de *yudo*, lucha japonesa.

jívaro Incorrecto; escríbase *jíbaro* (con *b*.)

¡jo!, Joaquín, Job, jobo.

jockey Es incorrecto; la Academia ha admitido, en su lugar, las voces *yóquey* y *yoqui.* En vez de *Jockey Club* dígase *Club de Yóquey.*

joco, jocoserio (ria), jocosidad, jocoso (sa), jocundo (da), joder, jofaina, jofor, Johannesburgo.

joker Incorrecto; dígase *comodín.*

jokey V. *jockey*, también incorrecto. Sólo se admite *yóquey* y *yoqui.*

jolgorio Admitido, lo mismo que *holgorio* (preferente).

jolito, Joló, joloano (na), jollín, Jomeini, Jonás, Jonatán.

Jonia El natural de estas regiones de Grecia y de Asia antiguas recibe en nuestra lengua el nombre de *jónico (ca)*, y *jonio (nia).*

jónico (ca), jonio (nia), joparse, jopear, jopeo, jopo, Jordaens.

Jordan Es el nombre en inglés de *Jordania*, nación del Cercano Oriente. *Jordán* (con acento) es en español el nombre de un río del estado de *Jordania;* es el río mayor de Palestina.

Jordán V. *Jordan.*

Jordania El natural de esta nación del Cercano Oriente recibe el nombre de *jordano (na).* Esta voz no aparece relacionada en el Diccionario de la Academia. (V. *Jordan.*)

jorfe, Jorge, jorguín (na), jorguinería, jornada, jornal, jornalar, jornalear, jornalero (ra), joroba, jorobado (da), jorobadura, jorobar, jorobeta, joropo, jorro, josa, josefino (na), josefismo.

Joshua Este nombre bíblico se escribe *Josué* en nuestra lengua.

jostrado (da), Josué, jota, jotero.

joule En la nomenclatura internacional es el nombre del *julio* (con minúscula).

Jove En mitología, es el nombre de Júpiter.

Jovellanos, joven, jovenado, jovenete, jovenzuelo, jovial, joviali-

dad, joya, joyel, joyelero, joyera, joyería, joyero, joyo.

*joystick Palanca móvil, accesorio de computadora.

joyuela, juanete, juanetero, juantudo (da), juarda, juardoso (sa), Juárez, jubete, jubetero, jubilación, jubilado (da).

jubilar(se) Uso de preposiciones: Jubilar *del* empleo.

*jubilee Voz inglesa que significa «jubileo», pero que suele usarse en esa lengua con el sentido de «conmemoración solemne».

júbilo, jubiloso (sa), jubo, jubón, jubonero, Juby (cabo), **Júcar, Judá, judaica, judaico, judaísmo, judaización, judaizante, judaizar, judas, Judas, Judea, judeoespañol** (1), **judeo-español** (2), **judería.**

judía Entre otros nombres tiene los de *alubia, habichuela, fréjol* o *fríjol.* La Academia da como preferente *judía.*

judiada, judiar, judicatura, judicial, judiciario (ria).

judío (a) Son sinónimos los vocablos *judío, hebreo* o *israelita.* Según la Academia, *israelí* es el habitante del moderno estado de Israel. *Semita* no es exactamente *hebreo*, pues los árabes son también semitas (descendientes de Sem).

Judit Así escribimos este nombre de mujer, y no *Judith.*

judo Admitido como «antiguo sistema de lucha japonés». La Academia acepta también *yudo*, y lo da como voz preferente, pues así se pronuncia habitualmente.

juego Admitidas, entre otras, las siguientes expresiones: Casa de juego, juego de azar, j. de cartas, j. de naipes, j. de billar (no billares), j. de damas, j. de manos, j. de niños, j. de palabras, j. de pelota, j. de prendas, juegos florales, juegos malabares, fuera de juego (en fútbol), hacer juego.

juerga, juerguista, jueves, juez, jugada, jugador (ra).

jugar «*Jugar* a pelota» es incorrecto; dígase «*jugar a la* pelota». «*Jugar a* escondite», es «*jugar al* escondite». «*Jugar* un papel en la obra», es «*representar* (protagoni-

zar) un papel...». Uso de preposiciones. Jugar *al* fútbol; j. *con* el dinero ajeno.

jugarreta.

juglar La mujer que hace de juglar es la *juglara* o *juglaresa.*

juglara, juglaresa V. *juglar.*

juglaresco, juglaría (1), **juglería** (2), **jugo, jugosidad, jugoso (sa), juguete, juguetera, jugueteo, juguetería, juguetero (ra), juguetón (na).**

juicio Habitualmente se escribe con minúscula, incluso en: el *juicio final*, el *día del juicio*, el *juicio universal.*

juicioso (sa), jujeño.

julepe *(Amér.)* Miedo, pavor.

juliano V. *julio.*

julio Referido al mes, se escribe siempre con minúscula, incluso en las fechas de las cartas. También va con minúscula «calendario *juliano*», y «sopa *juliana*».

julo, jumarse, jumenta, jumental (1), **jumentil** (2), **jumento, jumera, juncáceo (cea), juncada, juncal, juncar, júnceo, juncia, juncial, junciana, juncino (na), junco, juncoso (sa), Jungfrau.**

jungla Anglicismo, admitido por la Academia. Es «terreno cubierto de vegetación muy espesa, selva».

junio V. *julio.*

júnior Voz admitida por la Academia, pero sólo como «religioso joven sujeto a obediencia del maestro de novicios». Decir «Luis Arenas, *júnior*» (o *jr.*) es anglicismo. Dígase «Luis Arenas, *hijo*», como se hace en muchos países de América.

junípero.

Juno No confundir con *Jano* (v.).

junquera, junqueral, junquillo, junta, juntamente, juntamiento.

juntar Uso de preposiciones: Juntar una cosa *a, con* otra.

juntera, junterilla.

juntillas Admitidas las expresiones *a pie juntillas* y *a pies juntillas.*

junto (ta) «Se sentó *junto mío*» es incorrecto; dígase «se sentó *junto a mí*» (o a ti, a él, a nosotros).

juntura, Júpiter, jupiteriano (na), jura, jurado (da), jurador (ra), ju-

raduría, juramentar, juramento, jurante.

jurar Uso de preposiciones: Jurar *en* vano; j. *por* su nombre; j. *sobre* los Evangelios.

jurásico (ca), juratoria, juratorio, jurco, jurdía, jure, jurel, jurero (ra), juridicidad, jurídico (ca), jurisconsulto, jurisdicción, jurisdiccional, jurispericia, jurisperito, jurisprudencia, jurisprudente, jurista, juro, justa, justador, justamente, justar, justedad (1), justeza (2), justicia, justiciable, justiciador.

justicialismo Neologismo no admitido, que significa «justicia social» (según la doctrina peronista).

justiciero (ra), justificable, justificación, justificado (da), justificador (ra), justificante.

justificar(se) Uso de preposiciones: Justificarse *de* una acusación; j. *con, para con* el jefe.

justificativo (va), justillo, Justiniano, justinianeo (nea), justipreciación, justipreciar, justiprecio, justo (ta), juta, Jutlandia, juvenal (2), Juvenal, juvenil (1), juventud, juvia, juzgado, juzgador (ra), juzgamundos, juzgante.

juzgar Uso de preposiciones: Juzgar *de* alguna cosa; j. *en* una materia; j. *entre* partes; j. *según* fuero; j. *según* apariencias.

k

k Duodécima letra del alfabeto y novena de sus consonantes. Su nombre es *ka*, el plural es *kas*. Fonéticamente, es una consonante velar oclusiva sorda. Únicamente se usa en voces de origen griego o extranjeras. Suele reemplazarse por *c* y *q* (ca, co, cu) (que, qui), especialmente en los vocablos foráneos (caqui, en vez de kaki, etc.)

*K En computadoras: kilobyte, capacidad de memoria.

ka, Kaaba, Kabul, Kafka.

káiser Va acentuado, pues ha pasado a nuestro vocabulario; es «título de algunos emperadores de Alemania». Se escribe con minúscula.

*kaki Es incorrecto; escríbase *caqui*, admitido.

*Kalikrates Es incorrecto; escríbase *Calícrates*. También es incorrecto *Kalicatres* y *Calicatres*. Fue uno de los arquitectos que construyeron el Partenón.

kalmuco (s) Es mejor escribir *calmuco (s)*.

Kampuchea Es el nombre actual de *Camboya*.

kan Es lo correcto; significa «príncipe o jefe, entre los tártaros»; no debe escribirse *khan*, incorrecto.

Kansas, kappa, Karachi.

*karakul No está admitido; es *caracul* (variedad de carnero de Asia central).

Karnak Es mejor escribir *Carnac*.

*kart Pequeño coche de carreras. En algunos países de América le llaman, acertadamente, *carrito*.

Kartum V. *Khartum*.

*kasbah Es incorrecto; dígase *alcazaba*. Tampoco debe usarse *casbah*.

*Kashmir Incorrecto, escríbase *Cachemira*.

Katar También se escribe *Qatar* (Estado de Arabia).

Katmandú, Kattegat, Kaunas.

*kayak No es voz admitida; dígase *canoa de esquimal*.

Kazakistán (1), **Kazakstán** (2), **Kazán, Keats.**

*kedive V. *khedive* (también incorrecto).

kéfir Es lo correcto, y no *kefir* (acentuado prosódicamente en la *i*), incorrecto.

Kefrén, Keitel, Kemal Ataturk, Kempis.

Kenia Grafía correcta; no debe escribirse *Kenya*.

Kennedy, Kentucky.

*Kenya Incorrecto. (V. *Kenia*.)

Keops Mejor así escrito que *Cheops*.

*kepis No está admitido; escríbase *quepis*, correcto.

kermes Voz aceptada, lo mismo que *quermes*, pero es preferente esta última. (Insecto parecido a la cochinilla.)

kermés Admitido (v. *kermesse*.)

*kermesse Incorrecto, igual que *quermesse*. Debe decirse *verbena, feria, fiesta al aire libre* (generalmente de índole benéfica), y también *kermés*.

*kerosene, *kerosén, *kerosín Voces no aceptadas por la Academia; dígase *queroseno*, admitida.

*ketch Lo correcto es *queche* (embarcación de vela).

*khan No está admitido; escríbase *kan*, voz aceptada.

*Khartoum Lo correcto es *Jartum, Kartum* o *Khartum*.

*khedive Es voz incorrecta. Escríbase *jedive* (aceptada). Tampoco es correcto *kedive*. Significa «virrey de Egipto».

*khirguiz No está admitido; debe escribirse *quirguiz* (pueblo tártaro). Tampoco es correcto *kisguis*.

*kibutz Voz no admitida; es *granja colectiva* (en Israel).

kif Es correcto, aunque es preferente el término *quif*. No debe escribirse *kiff*.

*kikirikí Término incorrecto; escríbase *quiquiriquí* (junto).

kili- Prefijo que equivale a *kilo-* (mil): *kiliárea*.

kiliárea Admitido, pero es preferente *quiliárea*.

Kilimanjaro Monte de África.

kilo- Prefijo que significa *mil* (kilogramo, kilovatio). Se admite también *quilo-*, pero es preferente *kilo-*.

kilocaloría, kilociclo, kilográmetro.

*kilógramo Incorrecto; dígase *kilogramo* (acentuación prosódica en la *a*). Lo mismo con *kilólitro*; lo correcto es *kilolitro*. Símbolo: kg. Se acepta *quilogramo* en segundo término.

kilohercio Mil hercios.

*kilólitro Lo correcto es *kilolitro*. (V. *kilógramo*).

kilométrico Es preferente; en segundo término se acepta *quilométrico*.

kilómetro Símbolo: km. Se admite *quilómetro*, pero en segundo término. «Kilómetros a la hora», incorrecto; es «kilómetros por hora».

kilovatio Es incorrecto *kilowatio*. Símbolo: kW; kilovatio-hora es: kWh.

*kimono Incorrecto; escríbase *quimono*.

*kindergarten Incorrecto; lo correcto es *jardín de infantes, jardín de la infancia, colegio de párvulos*. También se admite *guardería*, aunque esto es «lugar donde se cuida a los niños de corta edad».

kinesiterapia, kinesiterápico (ca), kinesiólogo (ga) Admitidas, pero son preferentes *quinesiterapia, quinesiterápico (ca), quinesiólogo (ga)*.

Kingston, Kinshasa.

kiosco Grafía admitida, aunque es preferible *quiosco*. No se acepta *kiosko*.

Kipling, Kirchhoff.

*kirguiz, *kirguís Es incorrecto; escríbase *quirguiz* (pueblo tártaro).

kirie Invocación que se hace al comienzo de la misa. Viene del griego *kyrie eleyson* (grafía no admitida), que significa «Señor, ten piedad». *Kirieleisón* (admitido, junto) es «canto de oficio de difuntos». *Kirie* (preferente) puede escribirse también *quirie*, pero *kirieleisón* sólo admite esta forma.

kirieleisón V. *kirie*.

*kirsch Voz no admitida; es un licor de cerezas.

*kit Término inglés; juego de piezas para montar un artefacto u objeto. Dígase *armable*.

*klaxon No es voz aceptada; escríbase *claxon* (admitido), aun cuando es mejor decir *bocina*.

*knock-out Voz incorrecta usada en boxeo; dígase *fuera de combate*. Tampoco se admite *nocqueado* ni *noquear*.

*Know-how Conocimientos, saber hacer.

*Koblenz Debe decirse *Coblenza*.

*kola Es incorrecto; escríbase *cola* (semilla de varias plantas tropicales que tiene propiedades estimulantes).

*kominform, *komintern, Koenigsberg.

*kopek «Moneda fraccionaria

rusa.» En el Diccionario de la Academia no figura esta voz; tampoco *copec,* ni *kopec.* La grafía más correcta es *copec.* En cambio se admite *rublo* (otra moneda, unidad monetaria de Rusia).

*Korán Debe escribirse *Corán,* que es lo correcto.

*Koweit Escríbase *Kuwait.*

krausismo, krausista Voces admitidas por la Academia. Aluden a la doctrina del filósofo alemán Carlos C. F. Krause y al adepto a esta doctrina, respectivamente.

Kronstadt También puede escribirse *Cronstadt.*

Kuala Lumpur , Ku-Klux-Klan.

*kumel, *kümmel Incorrecto; escríbase *cúmel* (admitido): «Bebida alcohólica alemana y rusa.»

Kurdistán También puede escribirse *Curdistán.* El natural de esta región de Asia es el *curdo* (1) o *kurdo* (2) (admitido). El femenino es *curda* y *kurda,* adjetivo: «una mujer curda»; pues «una curda» resulta ambiguo.

kurdo (da) Admitido; véase *Kurdistán.*

Kuriles (islas).

Kuwait Más correcto que *Koweit.*

Kyoto Ciudad del Japón.

*kyrie, *kyrie eleyson Incorrecto; v. *kirie.*

l

l Decimotercera letra del alfabeto, y décima de sus consonantes. Su nombre es *ele;* plural *eles.* Fonéticamente, es una consonante alveolar lateral. En la numeración romana, *L* tiene el valor de 50. El símbolo de litro es *l.*

la (Como nota musical, v. *re.*) Artículo determinado del género femenino y número singular. No es corriente anteponerlo a nombres de mujeres, más que en el caso de las más famosas o las más humildes (*la* Pardo Bazán, *la* Duse; *la* Felisa, *la* Eulogia). En el último caso (la Felisa, la Eulogia) se trata de un uso vulgar, lo mismo que en el masculino (*el* José, *el* Pelé). Incorrecciones: «La bondad *y la* generosidad de ese hombre», es incorrecto; dígase «la bondad *y* generosidad de ese hombre». «No cayó *en* cuenta», es «no cayó *en la* cuenta». «La Francia», es «Francia». Acusativo del pronombre personal de tercera persona del femenino y singular que desempeña la función de complemento directo. Es incorrecto emplear *la* en dativo, en lugar de *le,* para referirse a un complemento indirecto: «*la* di unos bombones», debe ser «*le* di unos bombones» (aun tratándose de una mujer). «A Luisa *la* duele un brazo», debe ser «a Luisa *le* duele un brazo». (V. *las, le, les, lo, los.*)

lábaro, laberíntico (ca), laberinto, labia, labiada, labiado.

labial Consonante cuya pronunciación depende principalmente de los labios, como la *b* y la *p.*

labialización, labializar, labiérnago, labihendido (da), lábil, labilidad, labio.

labiodental Consonante que se pronuncia con los labios y los dientes, como la *f* y la *v.*

labor, laborable (día) laborador, laboral, laboralista, laborante, laborar, laboratorio, laborear, laboreo, laborera, laborío, laboriosidad, laborioso (sa), laborismo, laborista, laborterapia, labra, labrada, labradero (ra), labradío (día), labrado (da), labrador (ra), labradoresco (ca) (1), **labradoril** (2), **labradorita, labrandera, labrantín, labrantío (tía), labranza.**

labrar Uso de preposiciones: Labrar *a* martillo.

labriego El femenino es *labriega* (la labriega).

labrusca, laca, lacayo, lacayuelo, lacayuno (na), lacear.

Lacedemonia También llamada *Laconia* (Esparta). Los naturales eran, respectivamente, *lacedemonio (nia),* y *laconio (nia).*

lacedemonio (nia) Véase *Lacedemonia.*

laceración, lacerado (da), lacerador, lacerante, lacerar.

laceria Sin acento en la *i*, es «miseria, pobreza». *Lacería,* con acento, es «conjunto de lazos, en labores de adorno».

lacería V. *laceria.*

lacerioso, lacero, lacertoso (sa), lacetano, La Cierva, lacinia, lacinicado (da), lacio (cia), Lacio, lacón.

Laconia V. *Lacedemonia.*

lacónico (ca) Es «conciso, breve»; *laconio* es el natural de *Laconia.* (V. *Lacedemonia.*)

laconio (nia) V. *lacónico.*

laconismo, lacra, lacrar, lacre, lacrimal.

lacrimógeno «Que produce lágrimas» (gas lacrimógeno). V. *lacrimoso.*

lacrimoso (sa) Que mueve a llanto. (V. *lacrimógeno.*)

lact- Prefijo que significa «leche» *(lactancia, lacticinio).*

lactancia, lactante, lactar, lactario (ria), lactato, lacteado (da), lácteo (a), lactescencia, lactescente, lacticíneo (a), lacticinio, lacticinoso (sa), láctico, lactífero (ra), lactina.

lacto- Prefijo que significa «leche» *(lactosa, lactómetro).*

lactucario, lactumen, lactuoso (sa), lacunario, lacustre, lacha, lada, ládano, ladeado (da), ladear, ladeo, ladera, ladería, ladero.

ladi Admitido por la Academia, en lugar de *lady* (inglés); es «título de honor que se da en Inglaterra a las señoras de la nobleza». Por consiguiente, es correcto escribir «llegó *ladi* Elizabeth» (no *lady*).

ladierno, ladilla, ladillo, ladino (na), Ladislao, lado, Ladoga (lago)**, ladón, ladra, ladrador (ra), ladrante, ladrido, ladrillado (da), ladrillador, ladrillar, ladrillazo, ladrillejo, ladrillero (ra), ladrillo, ladrilloso, ladrón (na), ladronear, ladronera, ladronería, ladronesca, ladronesco, ladronzuelo (la).**

*lady Voz inglesa. (V. *ladi.*)

La Fayette, La Fontaine.

lagaña Admitido, pero es mejor decir *legaña* (y *legañoso*).

lagar, lagarejo, lagarero, lagareta, lagarta, lagartado (da).

Lagartera Los naturales de este pueblo de la provincia de Toledo reciben el nombre de *lagarterano* y *lagarterana* (femenino).

lagarterano (na), lagartero (ra), lagartija, lagartijero (ra), lagartijo, lagarto, lagartón (na), La Gasca.

lago Se escribe con minúscula; los nombres de los lagos son masculinos; *el lago* Salado, *el lago* Victoria, *el lago* Leman.

lagopo, lagotear, lagotería, lagotero (ra).

lágrima «Las *lágrimas* de vidrio de la lámpara» es incorrecto; en vez de *lágrimas* dígase *almendras* (piezas de cristal que cuelgan de una lámpara).

lagrimable, lagrimal, lagrimar, lagrimear, lagrimeo.

*lagrimógeno Incorrecto; es *lacrimógeno.*

lagrimoso (sa), laguna, lagunajo, lagunar, lagunazo, lagunero, lagunoso, La Haya, Lahore, laicado, laical.

*laicalizar Es incorrecto; dígase *laicizar, secularizar* (admitidas). También se admiten (además de *laico*) *laicado, laical, laicismo, laicista, laicización* y *laicizar.* Estos dos últimos pueden reemplazarse por *secularización* y *secularizar.*

laicismo, laicista, laicización, laicizar, laico (ca) V. *laicalizar* (incorrecto).

Laín, Laínez, lairén.

laísmo Vicio gramatical que consiste en usar *la* y *las* en el dativo como en el del pronombre *ella.* (V. *la.*) El que lo comete es *laísta.*

*laissez faire, *laissez passer Expresiones francesas que se traducen literalmente «dejar hacer, dejar pasar», y significan «otorgar libertad de acción».

laísta V. *laísmo.*

laja, lama, lamaísmo, lamaísta.

*lamanismo Es incorrecto; para designar una secta budista del Tíbet. Dígase *lamaísmo.* También se acepta *lamaísta.*

lambda, lambel, lambeo.

lamber Es arcaísmo; dígase *lamer.* Se admite, en cambio, *lambetazo.*

lambetazo, lambiscar, lambón,

lambrequín, lambrija, lambrucear, lambrucio (cia), lambucear.

*lamé Es incorrecto; se trata de un «bordado con hojuelas metálicas».

*lameculos, lamedal, lamedor (ra), lamedura, lamelibranquio, lamentable, lamentación, lamentador (ra), lamentar.

lamentar(se) Uso de preposiciones: Lamentarse de, por la desgracia.

lamento, lamentoso (sa), lameplatos, lamer, lamerón (na), lametón, lamia, lamido (da), lamiente, lámina, laminado (da), laminador, laminar, laminera, laminero, laminoso (sa), lamiscar, lamoso, lampacear, lampadario, lampante, lampar, lámpara, lamparería, lamparero (ra), lamparilla, lamparín, lamparista, lamparón, lampatán, lampazo, lampeón, lampiño (ña), lampión.

lampista Es incorrecto para designar al operario que arregla cañerías. Éste recibe el nombre correcto de fontanero. Se admite como lamparero u hojalatero. Lampistería tampoco es correcto y sólo podría significar lamparería; debe decirse fontanería.

lampistería V. lampista.

lampo, lampote, lamprea, lampreado, lamprear, lampreazo, lamprehuela, lampreílla, lampuga, lampuguera, lana, lanada, lanado, lanar, lanaria, lancán, Lancashire.

Lancaster La ciudad inglesa de Lancaster se encuentra en el condado de Lancashire.

lance «Lance de capa» es correcto, en tauromaquia, pues lance también significa «suerte de capa». Lo que no es correcto es decir «lance de muleta» (sólo es de capa).

lanceado (da), lancear.

*Lancelot Incorrecto. (Véase Lancelote.)

Lancelote Nombre de uno de los caballeros de la Tabla Redonda. Aún es mejor decir Lanzarote. Es incorrecto Lancelot.

lanceóla, lanceolado (da), lancera, lancería, lancero, lanceta, lancetada, lancetazo, lancetero, lancilla, lancinante, lancinar, lancurdia.

lancha «Una lancha a motor» (o «a remos») es incorrecto. Dígase «lancha de motor» (o «de remos»).

lanchada, lanchaje, lanchar, lanchazo, lanchero, lancho, lanchón, lanchuela.

landa Admitido: «Gran extensión de tierra llana, en que sólo se crían plantas silvestres.»

landgrave Admitido; antiguo título de honor en Alemania.

landgraviato, landó, landre, landrecilla, landrero (ra), landrilla, lanería, lanero (ra), langaruto, langosta, langostín (2), langostino (1), langostón.

Languedoc El natural de esta antigua provincia de Francia recibe el nombre de languedociano (na).

languedociano (na) V. Languedoc.

languidecer Verbo irregular que se conjuga como agradecer (v.) (languidezco, languideces, languidecéis, etc.).

languidez, lánguido (da), lanífero (ra), lanificación (2), lanificio (1), lanilla, lanío, lanolina, lanosidad, lanoso (sa), lansquenete, lantaca, lantánido, lantano, lanudo, lanuginoso (sa), lanza, lanzacabos, lanzacohetes, lanzada, lanzadera.

lanzado Admitido el significado de «muy veloz; emprendido con mucho ánimo», y el de «impetuoso, decidido».

lanzador (ra), lanzafuego.

lanzallamas Admitido; es masculino (el lanzallamas). El plural no varía (los lanzallamas).

lanzamiento.

lanzar(se) Uso de preposiciones: Lanzar flechas a, contra el adversario; l. del puesto; lanzarse al, en el mar; l. sobre la presa.

Lanzarote V. Lancelote.

lanzatorpedos, (tubo), lanzazo, lanzón, languela, laña, lañador, lañar.

Laoconte Sacerdote de Apolo en Troya. Esa grafía es la más correcta, pero puede aceptarse Laocoonte.

Laodicea El natural de esta ciudad del Asia antigua es el laodicense.

Laos El natural de este país de Asia es el laosiano (na).

laosiano (na), Lao-Tse, lapa, lapacha, lapachar, lapacho, laparotomía, La Perouse.

lapicero Correcto, pero es preferente *lápiz*. El *lapicero* también es el «instrumento en que se pone el lápiz para servirse de él».

lápida, lapidación, lapidar, lapidario (ria), lapídeo (dea), lapidificación, lapidificar, lapidífico, lapidoso (sa), lapilla, lapislázuli, lapita.

lápiz Se admite también *lapicero*, pero es segundo término. «*Lápiz de labios*» es una expresión absurda (en todo caso sería «para labios»). No hay nombre o expresión admitida para este objeto; podría ser *barra de carmín*.

lapizar, Laplace, lapo.

lapón V. *Laponia.*

Laponia El natural de esta región septentrional de Europa recibe el nombre de *lapón (na)*. En inglés Laponia es *Lapland.*

lapso Significa «espacio de tiempo». Es correcto decir «un *lapso* de tiempo» (pero bastaría «un *lapso*»). También es «caída en un error o culpa». En este caso es incorrecto *lapsus*, escrito solo, aunque se admiten *lapsus cálami* y *lapsus linguae* (véase).

***lapsus** Solo, sin formar parte de expresiones latinas, es incorrecto. (V. *lapso*.)

lapsus cálami Expresión del latín que significa «error de la pluma», es decir, cometido al escribir.

lapsus linguae Expresión latina recogida por la Academia con la misma grafía que en latín, y que significa «error de lengua», es decir, error cometido al hablar.

laqueado (da), laquear, Laquedivas (islas).

Láquesis Así se escribe el nombre de una de las tres parcas. El de las otras es *Cloto* y *Átropos.*

lar, lararios, larda, lardáceo, lardar, lardear, lardero (ra), lardo, lardón, lardoso (sa), larga, largar.

largo (ga) Uso de preposiciones: Largo *de* manos; l. *en* ofrecer.

largometraje Es correcto; dígase también *película de larga duración.*

largor, largueado (da), larguero, largueza, larguirucho (cha), largura, lárice, laricino, laringe, laríngeo, laringitis, laringología, laringólogo, laringoscopia, laringoscopio, laringotomía, La Rochefoucauld, Larousse, larva, larvado (da), larval.

las Forma del artículo determinado de género femenino y número plural. Acusativo del pronombre personal femenino plural de tercera persona. Es incorrecto emplear esta forma en dativo, con función de complemento indirecto. «A ellas *las* duele un brazo», en vez de «a ellas *les* duele un brazo». (V. *la*.)

La Salle, lasaña, lasca, lascar, Lascaux, lascivia, lascivo (va).

láser Término admitido por la Academia. Es la sigla de la denominación inglesa de un determinado amplificador de microondas que origina un haz muy fino de luz coherente de gran energía.

lasitud V. *laso.*

***las más de las veces** Frase incorrecta; sobra *de las*. Es «las más veces».

laso Es «desfallecido, flojo» (femenino, *lasa*), generalmente referido a personas. Laxo, en cambio, es «no tirante, relajado», normalmente referido a cosas o a hechos. La misma distinción se aplica a *lasitud* y *laxitud.*

lastar, lástima, lastimador (ra), lastimadura.

lastimar(se) Uso de preposiciones: Lastimarse *con, contra* una piedra.

lastimero (ra), lastimoso (sa), lasto, lastón, lastra, lastrar, lastre.

lata Admitido como «hojalata» (u «hoja de lata»). También con la acepción de «envase hecho de hojalata».

latamente, latania, latastro, lataz, latazo, latebra, latebroso (sa), latencia, latente, lateralmente.

lateranense Es lo «relativo al templo de San Juan de Letrán» (concilio lateranense, padres lateranenses).

latería, latero (ra), látex, laticífero,

latido (da), latiente, latifundio, latifundista, latigadera, latigazo, látigo, latiguear, latigueo, latiguera, latiguillo.

latín Las expresiones o locuciones latinas que figuran en el Diccionario de la Academia se acentúan según las correspondientes reglas, por haber pasado a pertenecer a nuestro léxico *(in artículo mortis; in púribus).*

latinado (da), latinajo, latinar, latinear, latinidad, latiniparla, latinismo, latinista, latinización, latinizador (ra), latinizante, latinizar, latino (na).

latinoamericano (na) Admitido por la Academia el vocablo *latinoamericano:* «Relativo a los países de América que fueron colonizados por naciones latinas, esto es, por España, Portugal o Francia.» Por consiguiente, el término es algo más amplio que *hispanoamericano* (v.). Es incorrecto escribir *latino-americano.*

latir, latirismo, latitud, latitudinal, latitudinario (ria), latitudinarismo, lato (ta), latón, latonería, latonero, latoso (sa), latréutico.

latría Palabra admitida que significa «adoración, culto que sólo se debe a Dios». A veces se emplea como sufijo, con el sentido de «adoración» *(idolatría).*

latrocinante, latrocinar, latrocinio.

Latvia Antiguo nombre del país que hoy se llama *Letonia.* El natural de ese país es el *latvio (via),* hoy *letón (na).*

latvio (via), laúd, lauda, laudable, láudano, laudar, laudativo (va), laudatoria, laudatorio, laude, laudemio, laudo, launa, lauráceo (cea), laureado (da), laureando, laurear, lauredal, laurel.

*Laurence, *Laurent En inglés y francés, respectivamente, corresponden al nombre *Lorenzo.*

laurente, láureo (rea), laureola (1), lauréola (2), lauretano (na), laurífero (ra), laurino (nea), laurino, lauro, lauroceraso, Lausana.

*Lausanne Nombre francés de la población de Suiza que llamamos *Lausana.*

laus Deo Locución latina; significa «gloria a Dios».

lauto (ta), lava, lavable, lavabo, lavacaras, lavación, lavacoches, lavada, lavadero, lavador.

lavadora Admitido con el significado de «máquina para lavar la ropa».

lavadura, lavafrutas.

lavaje Sólo se acepta como «lavado de las lanas». En los demás casos dígase *lavado.*

lavajo, lavamanos, lavamiento, lavanco.

lavanda Admitido; también dígase *espliego* o *lavándula.*

lavandería, lavandero (ra), lavándula, lavaojos.

*lavapisos Incorrecto; dígase *fregador de pisos* (artefacto).

lavaplatos Voz admitida; dígase también *lavadora de platos* (máquina), *fregador (ra) de platos* (persona), o bien *fregadero,* según el caso.

lavar(se), lavativa, lavativo, lavatorio, lavavajillas, lavazas, Lavoisier, lavotear, lavoteo.

*lawn-tennis Incorrecto; dígase *tenis,* admitido.

laxación, laxamiento, laxante, laxar, laxativo (va), laxidad, laxismo, laxista.

laxitud, laxo (xa) V. *laso.*

laya, layador (ra), layar, layetano (na).

*layout Diseño, disposición.

lazada, lazar, lazareto, lazarillo, lazarino, lazarista, lázaro, Lázaro, lazaroso, lazo, lazulita.

le Dativo singular del pronombre personal de tercera persona, en género masculino o femenino con función de complemento indirecto («*le* entregué el libro que me pedía»). Es incorrecto decir «*la* entregué el anillo a mi novia». Dígase «*le* entregué...». Acusativo singular del pronombre masculino de tercera persona con función de complemento directo de persona («*le* vi que se aproximaba»). Puede emplearse también *lo,* aunque es mejor aplicarlo a cosas. También se lo usa pospuesto: *le* vi, vi*le.* (V. *la, las, les, lo, los.*) Incorrecciones:

«A la maestra se *le* admiraba», es
«... se *la* admiraba». «*Le* apreciamos
mucho a Esteban» es «apreciamos
mucho a Esteban». «*Le* entra un picor a los animales», es «*les* entra...». El empleo incorrecto de *le*
en lugar de *lo, la* recibe el nombre
de *leísmo* y el que lo comete *leísta*.

*leader Es voz inglesa; dígase *líder*, admitido.

leal, lealtad.

*leasing Inglés: arriendo especial
de aparatos o instalaciones.

**lebaniego (ga), lebeche, leberquis-
a, lebrada, lebrastón, lebrato, lebrel (la), lebrero (ra), Lebrija, lebri-
jano (na), lebrillo, lebrón, lebron-
cillo, lebruno (na), lecanomancia
(1), lecanomancía (2), lección, lec-
cionario, leccionista, Leclanché,
Le Corbusier, lectisternio, lectivo
(va).**

lector Es incorrecto emplear esta
voz como *conferenciante, profesor, catedrático*; este empleo incorrecto se debe a traducir mal el
término inglés *lecturer*, que tiene
los significados mencionados.
Antiguamente se decía así, pero
hoy existen esos términos, que son
los adecuados. Hoy, *lector* es «el
que lee». Tan sólo, como excepción, se llama *lector* al «profesor
auxiliar de idiomas cuya lengua
materna es la que enseña»; pero
únicamente en este caso.

**lectorado, lectoral, lectoralía, lec-
toría.**

lectura No debe usarse con el significado de conferencia. (V. *lector*.)

**lecha, lechada, lechal, lechar, le-
chaza, lechazo, leche, lechecillas,
lechera, lechería, lechero, leche-
trezna, lechigada, lechigado, le-
chín, lechino, lecho, lechón, le-
chona, lechosa, lechoso, lechuga,
lechugado (da), lechuguero (ra),
lechuguilla, lechuguino (na), le-
chuza, lechuzo, ledamente, ledo
(da), leedor.**

leer Uso de preposiciones: Leer *sobre* biología.

**lega, legacía, legación, legado, le-
gador, legadura.**

legajo «Conjunto de papeles que
tratan de una misma materia.» Es

el término correcto, en lugar de
dossier, incorrecto.

**legal, legalidad, legalista, legali-
zación, legalizar, légamo, legamo-
so (sa), leganal, legaña, legañoso,
legar, legatario (ria), Legazpi, legendario (ria), legible, legión, le-
gionario (ria), legislable, legisla-
ción, legislador (ra), legislativo
(va), legislatura, legisperito.**

legista Admitido; es «letrado; profesor de leyes». Es incorrecto *médico legista* (en América); dígase
médico forense.

**legítima, legitimación, legitimador
(ra), legitimante, legitimar.**

*legitimizar Incorrecto; dígase *legitimar*.

**legitimario (ria), legitimidad, legi-
timista, legítimo (ma), lego (ga), le-
gón, legra, legración (2), legradura
(1), legrar, legua, leguario (ria), le-
guleyo, legumbre, leguminoso
(sa), Lehar.**

leíble Voz admitida en segundo
término; es preferente *legible*.

Leibniz, leída.

Leiden Se escribe así para designar la *botella de Leiden*. Con *y
(Leyden)*, es la ciudad de Holanda.

leído (da), leila, Leipzig.

leísmo Es el empleo de la forma *le*
del pronombre, como única en el
acusativo masculino singular. (V.
le.) *Leísta* es la persona que comete
leísmo.

leísta V. *leísmo*.

*leitmotiv Palabra que debe reemplazarse por *motivo principal* (que
se repite en música o literatura).

**lejanía, lejano (na), lejar, lejía,
lejío.**

lejísimos «Está *lejísimo*» es incorrecto; dígase *lejísimos* (superlativo de *lejos*). De igual modo, es *le-
jitos*, y no *lejito*.

lejos «La mesa está *lejos mío*» no
es correcto; debe decirse *lejos de
mí*. De la misma forma, *l. tuyo* es
l. de ti, *l. nuestro* es *l. de nosotros*,
etcétera.

lelilí, lelo (la), lema, Leman (lago),
**lemanita, lembario, lemnáceo
(cea), lemnícola, lemnio (nia), lem-
niscata, lemnisco, lemosín (na),
lempira.**

lémur «Mamífero cuadrumano de Madagascar.» En plural *(lémures)* también es «genios maléficos de los romanos», y «fantasmas, duendes».

lemurias, len, lena, lencera, lencería, lencero, lendel, lendrera, lendrero, lendroso (sa).

lengua Es el «conjunto de formas vocales de expresión que emplea para hablar cada nación» (lengua francesa, l. inglesa). No debe confundirse con *lenguaje* (v.). Admitidos los términos *l. de oc* y *l. de oíl* (pronunciado como se escribe). *Oíl* y *oc* significan *sí* en estas l. habladas antig. en el N del Loira y el mediodía de Francia respectivamente. También se aceptan: l. materna, l. muerta, l. viperina, l. viva, mala l., media l.

lenguado.

lenguaje «Facultad de emplear sonidos articulados para expresarse, propia del hombre.» No confundir con *lengua* (v.).

lenguarada, lenguaraz, lenguaz, lenguaza, lengüeta, lengüetada, lengüetazo, lengüetería, lengüicorto (ta), lengüilargo (ga), lenidad, lenificación, lenificar, lenificativo (va), leninismo, leninista, lenitivo (va), lenizar, lenocinio, lenón.

lente Es ambiguo: *la lente, el lente*. En singular es un «cristal que se usa en instrumentos de óptica». En plural *(los lentes)* significa «gafas».

lentecer, lenteja, lentejar, lentejuela, lenticular.

lentificar Admitido por la Academia; es «imprimir lentitud a una operación o proceso, disminuir su velocidad».

lentigo «Luna, peca» (medicina).

lentilla Aceptado por la Academia: «Lente muy pequeña que se adapta por contacto a la córnea del ojo.» No figura como admitida la expresión «lente de contacto».

lentiscal, lentisco, lentitud.

lento Uso de preposiciones: Lento *en* resolverse; l. *para* comprender.

lentor, lenzuelo, leña, leñador (ra), leñame, leñar, leñatear, leñatero, leñazo, leñera, leñero, leño, leñoso (sa).

Leo Nombre admitido de un signo

del Zodíaco y de una constelación. Es preferente la voz *León*, en ambos casos.

león.

León Con mayúscula es una ciudad, una provincia y un antiguo reino de España. El natural de esta provincia recibe el nombre de *leonés (sa).*

leona, leonado (da), Leoncavalio, leonera, leonería, leonero, leonés (sa), Leónidas, leonina, leonino.

Leonor Es lo correcto en nuestra lengua, y no *Leonora.*

leontina Admitido; dígase también *cadena de reloj.*

leopardo, leopoldina.

leotardo Es un neologismo aceptado por la Academia. A veces es empleado en plural.

lepidio, lepidóptero, lepisma, leporino (na), lepra, leprosería, leproso (sa), leptorrino (na), lercha, lerda, lerdear, lerdo, lerdón.

Lérida El natural de esta ciudad y provincia de Cataluña recibe el nombre de *leridano (na),* o *ilerdense.*

les Dativo plural del pronombre de tercera persona en género masculino o femenino y número plural con función de complemento indirecto (les entregué el dinero). Incorrecciones: «*Les* saluda atentamente» debe ser «*los* saluda atentamente». «*Las* di los cuadernos a las alumnas», es «*les* di...». «*Les* vi y en seguida *les* reconocí», es «*los* vi y en seguida *los* reconocí». «Cuando se les apremia a los morosos...», es «cuando a los morosos se *los* apremia...» «Se marchó porque no quería disgustar*les*», es «...disgustar*los*». «Salió con sus padres y *les* condujo por la ciudad», es «...*los* condujo...». (V. *la, las, le, lo, los.*)

lesbiana, lesbiano Admitidos los términos y expresiones *lesbiana* (mujer homosexual), *amor lesbiano, amor lésbico* y *amor lesbio*, y también *lesbianismo*. No se admite *tríbada, tribadismo* ni *safismo.*

Lesbos, lesión, lesionador (ra), lesionar, lesivo (va), lesnordeste, leso (sa), Lesotho, Lesseps, le-

sueste, leste, lestrigón, letal, leta-me, letanía.

letargia Voz anticuada; hoy debe decirse *letargo*.

letárgico (ca), letargo, letargoso (sa), leteo, letificante, letificar, le-tífico (ca), letón (na).

Letonia El natural de este país de Europa (*Latvia*, en letón) es el *le-tón (na)*.

letra Es «signo que representa un sonido de los que se emplean para hablar». No confundir con *sonido*. Se conceptúan como *letras dobles: ch, ll* y *rr*, pero sólo *ch* y *ll* son propiamente letras; por eso figuran en el alfabeto, mientras que *rr* no figura. Ninguna de ellas debe separarse al final de una línea. Los tipos de letra que se usan en imprenta son los siguientes: 1) REDONDA, de trazo vertical, es la más corriente; compone el texto de las obras. 2) BASTARDILLA O CURSIVA, de trazo inclinado, se emplea en títulos de obras y palabras sueltas de otros idiomas. En los originales se indica con un solo subrayado. 3) NEGRITA O NEGRILLA. Posee un trazo más grueso que la letra corriente. Se usa en títulos y subtítulos. En los originales se indica subrayando con trazo ondulado. 4) VERSALITA. Es una letra mayúscula, pero del tamaño de la minúscula. Se emplea para los nombres de autores en citas bibliográficas, así como para subtítulos u otros casos especiales. 5) VERSAL O MAYÚSCULA. Se usa para los títulos, así como al comienzo de un escrito y después de punto, en los nombres propios, etc. En el original mecanografiado se representa con tres trazos debajo de la palabra que va con versales. Todos los tipos de letra antes mencionados tienen versales o mayúsculas.

letrada Es el femenino de *letrado*.

letrado V. *letrado*.

Letrán V. *lateranense*.

letrero, letrilla, letrina, letrón, le-trudo (da), letuario, leucemia.

leuco- Prefijo que significa «blanco» (*leucorrea, leucocito*).

leucocitemia, leucocito, leucoci-tosis, leucoma, leucoplaquia, leu-correa, leudar, leude, leudo, leva, levada, levadero, levadizo (za), le-vador, levadura, levantada, levan-tadizo (za), levantado, levantador (ra), levantadura, levantamiento.

levantar(se) Uso de preposiciones: Levantar *en* alto; l. *por* las nubes; levantarse *en* armas; l. *contra* las autoridades.

levante Generalmente con minúscula (viento de *levante*), pero con mayúscula cuando se alude concretamente a las comarcas correspondientes a los antiguos reinos de Valencia y Murcia («especie distribuida por *Levante*»). El natural de esas regiones es el *levantino (na)*.

levantino (na), levantisco (ca), le-var, leve, levedad, Leví, leviatán, Leviatán, levigación, levigar, levi-rato, levísimo (ma).

levita También significa «israelita de la tribu de Leví».

levitación, levitar, levítico (ca), le-vitón.

levo- Prefijo que significa «izquierdo» (una sustancia *levógira*).

levógiro (ra), levosa.

***Lewis** Nombre inglés que corresponde al nuestro de *Luis*.

lexema, lexiarca, lexicalizar.

léxico (ca) Como sustantivo, es el «sistema de palabras que componen una lengua».

lexicografía Arte o técnica de componer diccionarios.

lexicográfico (ca), lexicógrafo (fa).

lexicología Es el estudio del léxico de una lengua.

lexicológico (ca), lexicólogo, lexi-cón.

ley Con mayúscula cuando es ley por antonomasia (las tablas de la *Ley*, en nombre de la *Ley*), y con minúscula en los demás casos (la *ley* de imprenta, la *ley* de orden público, la *ley* municipal).

Leyden V. *Leiden*.

Leyte (isla), **leyenda, leyente, lez-da, lezdero, lezna, lezne, lía.**

liana Voz admitida por la Academia. Significa «bejuco, enredadera, planta trepadora».

liar(se) Por lo que respecta al

acento, este verbo se conjuga como *desviar* (lío, lías, liáis, etc.).

liara, liásico (ca), liatón, liaza, libación, libamen, libamiento, libán, libanés, libar, libatorio, libela, libelático, libelista, libelo, libélula, líber, liberación, liberado (da), liberador (ra), liberal, liberalesco, liberalidad, liberalismo.

liberalizar V. *liberar.*

liberar Es sinónimo de *libertar,* pero especialmente en lo que concierne a «eximir a uno de una obligación». *Libertar* es especialmente «poner en libertad, soltar al que está preso». *Liberalizar,* por su parte, es «hacer *liberal,* en el orden político, a una persona o cosa» (*liberalizar* una institución).

liberatorio (ria), libérrimo (ma).

libertad Se admiten las siguientes expresiones: *libertad condicional, l. de conciencia, l. de comercio, l. provisional.*

libertado (da), libertador (ra).

libertar V. *liberar.*

libertario (ria), liberticida, libertinaje, libertino (na), liberto.

Libia El natural de este país de África es el *libio (bia).*

libídine Es femenino *(la libídine).* En el Diccionario de la Academia figura como masculino; sin duda es errata. No confundir con *libido* (véase).

libidinoso (sa).

libido Es femenino *(la libido).* Es incorrecta la acentuación esdrújula *(la líbido).* Significa «instinto sexual», según los psicoanalistas. No confundir con *libídine:* «Lujuria, lascivia.» (V. *libídine.*)

libio (bia) Es el natural de Libia.

libra, libración, libracho, librado (da), librador, libramiento, librancista, librante, libranza.

librar(se) Librar, disfrutar de su día de descanso un empleado, es correcto. *«Librar* una batalla» es incorrecto; dígase «reñir una batalla». *«Librarse* a las bajas pasiones», es *«entregarse* a las bajas pasiones». Uso de preposiciones: Librar *a* cargo de, o *contra* un banco; l. letras *sobre* una plaza; librarse *de* un peligro.

libratorio, librazo.

libre El superlativo es *libérrimo.* Uso de preposiciones: Libre *de* obligaciones.

librear, librecambio (2), libre cambio (1), librecambismo, librecambista, librejo.

librepensador Así debe escribirse esta voz, junto. Es el partidario del *librepensamiento* (admitido, también): «Doctrina que proclama la independencia absoluta de todo dogma religioso.»

librepensamiento Véase *librepensador.*

librería Sólo admitía la Academia los significados de «biblioteca» (local), y «tienda donde se venden libros». Ha aceptado, asimismo, el sentido de «mueble con estantes para colocar libros». De todas formas, el uso de *librería* en vez de *biblioteca* no es actual, y resulta casi siempre de traducir mal la voz inglesa *library,* que debe traducirse por *biblioteca,* y no por *librería* (tienda donde se venden libros).

libreril, librero (ra), libresco (ca), libreta, libretista.

libreto Aceptado el sentido de «obra dramática escrita para ser puesta en música» (como en la ópera y la zarzuela). También se admite *libretista* (autor de *libretos*).

Libreville, librillo.

libro «Reunión de muchas hojas que se han encuadernado juntas y forman un volumen.» Es también «cada una de las partes en que suele dividirse una obra». *Volumen* es «libro encuadernado, cuerpo material de un *libro».* *Tomo* es «cada una de las partes, encuadernadas separadamente, en que se divide una obra». *Ejemplar* es «cada copia de un *libro».* Se admiten los términos *libro amarillo, azul, blanco, rojo,* etc., como libros «que contienen documentos que publican los gobiernos». Los títulos de los libros se escriben en cursiva (bastardilla). En el original van subrayados. Sólo se ponen mayúsculas en la primera letra del título y de los nombres propios: *El* *ingenioso hidalgo don Quijote de la Mancha.*

licantropía, licántropo Voces admitidas.

liceísta Es el «socio de un liceo».

licencia, licenciadillo.

licenciado El femenino es *licenciada* (admitido). Es «*la licenciada* en medicina». Abreviaturas de *licenciado: Lic., lic.,* y *L.ᵈᵒ.*

licenciador (ra) Admitido.

licenciamiento Generalmente se aplica a la «acción y efecto de licenciar a un soldado». *Licenciatura,* en cambio, es el «grado de licenciado, y acto de recibirlo». *Licenciar* comprende los dos significados.

licenciar, licenciatura V. *licenciamiento.*

*licenciosidad Es incorrecto; dígase *libertinaje, indecencia.* Se admite *licencioso.*

licencioso (sa), liceo, licio, licitación, licitador, lícitamente, licitante, licitar, lícito (ta), licitud, licnobio (bia), licopodíneo (nea), licopodio, licorera, licorista, licoroso (sa), lictor, licuable, licuación, licuadora.

licuar Verbo regular que por lo que se refiere al acento se conjuga como *averiguar* (licuo, licuas, licuáis, etc.). No es *licúo,* etc.

licuecer, licuefacción.

licuefacer Verbo irregular que se conjuga como *hacer* (v.) (licuefago, licuefaces, licuefacéis, etc.).

*licúo Es incorrecto; dígase *licuo,* con acentuación prosódica en la *i.* (V. *licuar.*)

licurgo (ga), lid.

líder Voz admitida por la Academia. Es «jefe, conductor de un grupo», y «el que va a la cabeza de una competición deportiva». El plural es *líderes.* Es incorrecto escribir *leader* (voz inglesa). Se admiten también *liderato* (1) y *liderazgo* (2).

liderato, liderazgo, lidia, lidiadero (ra), lidiador (ra), lidiante.

lidiar Uso de preposiciones: Lidiar *con, contra* adversarios.

lidio (dia).

Liébana El natural de esta comarca de Santander recibe el nombre de *lebaniego.*

liebre, liebrecilla, liebrezuela, Liechtenstein.

*lied Voz alemana; es *canción, canto.* El plural es *lieder.*

*Liège Nombre de una ciudad de Bélgica que nosotros escribimos *Lieja.*

liego (ga), Lieja, liendre, lientera, lientería, lientérico, liento (ta), lienza, lienzo.

liga Admitido el significado de «competición deportiva...». También se acepta *liguero* (v.). Uso de mayúsculas: la *Liga* Santa, la *Liga* Árabe; pero una *liga* de naciones.

ligación, ligada (da), ligadura, ligamaza, ligamen, ligamento, ligamentoso (sa), ligamiento.

ligar(se) Uso de preposiciones: Ligar una cosa *a, con* otra.

ligazón, ligereza.

ligero (ra) Uso de preposiciones: Ligero *de* pies; l. *en* afirmar. «Examen *ligero*» es incorrecto; dígase «examen *somero*» *(breve, rápido, superficial),* según el caso.

lignario, lignificación, lignificar, lignito.

lígnum crucis Expresión latina recogida por la Academia (por ello lleva acento), que significa «reliquia de la cruz de Jesucristo».

ligón, ligua, liguano (na).

*ligue Vulgarismo; dígase *flirteo* (admitido).

liguero (ra) Admitido como «relativo a una liga deportiva». Se admite también *liga* (v.).

liguilla Es «cierta clase de liga o venda estrecha»; no se acepta como diminutivo de *liga* (deportiva).

lígula, ligur (1), **Liguria, ligurino (na)** (2).

ligustre Es la flor del *ligustro,* para la Academia, mientras que *ligustro* es el arbusto. No confundir. Ambas son voces masculinas.

ligustro No confundir con *ligustre* (véase).

lija, *lijadora, lijar, lila.

Lila Nombre español que corresponde al francés de la ciudad de *Lille.*

lilaila, lilao, liliáceo (cea), lililí.

liliputiense Es «diminuto», pero aplicado sólo a personas.

*Lille V. *Lila*.

lima.

Lima El natural de esta ciudad, capital de Perú, recibe el nombre de *limeño (ña)*.

limador, limadura, limalla, limar, limaza, limazo, limbo, limen, limeño (ña), limera, limero, limeta.

*liminar Es galicismo; dígase *preliminar, preámbulo*.

limiste, limitable, limitación.

limitado (da) *Sociedad limitada* no es el término propiamente admitido por la Academia, sino *sociedad de responsabilidad limitada*.

limitáneo (nea).

limitante «Una parcela *limitante*» es incorrecto; dígase *limítrofe, lindante*.

limitar(se) Uso de preposiciones: España limita *con* Francia; limitarse *a* escuchar.

limitativo (va), límite, limítrofe, limo, Limoges, limón, limonada, limonado, limonar, limoncillo, limonera, limosidad, limosna, limosnear, limosnera, limosnero, limoso.

*limousine Voz francesa con que se designa un automóvil cerrado, de lujo. Tampoco está aceptada la voz *limusina*.

limpia, limpiabarros.

limpiabotas Se escribe junto, y no separado.

limpiachimeneas, limpiadera, limpiadientes, limpiador (ra), limpiadura, limpiamiento, limpiaparabrisas, limpiaplumas.

limpiar(se) Uso de preposiciones: Limpiar la tierra *de* broza; limpiarse *con*, *en* el pañuelo; l. *de* culpas.

limpiaúñas, limpidez, límpido (da).

limpieza «*Limpieza a* seco» es incorrecto; dígase «*limpieza en* seco».

limpio (pia) Se admite la expresión *en limpio*. Uso de preposiciones: Limpio *de* manos; l. *en* sus costumbres.

*limusina V. *limousine* (también incorrecto).

lináceo (cea), linaje, linajista, linajudo (da), lináloe, linar, linarense, Linares, linaria, linaza, lince, lincear, linceo (cea), Lincoln, lincurio, linchamiento.

linchar Voz admitida por la Academia: «Castigar a un sospechoso sin proceso y tumultuariamente, a menudo con la muerte.» También se acepta *linchamiento*. Es incorrecto escribir *lynchar, lynchamiento*.

lindante, lindar Uso de preposiciones: Lindar una casa *con* otra.

lindazo, Lindbergh.

linde Es voz ambigua, pero suele emplearse como femenino (*la linde*).

lindel, lindera, lindería, lindero (ra), lindeza, lindo (da), lindón, lindura, línea, línea de meta, lineal, lineamento (1), lineamiento (2), linear, lineo, linero (ra), linfa, linfangitis, linfático (ca), linfatismo, linfocito, linfoide, lingote, lingotera, lingual, linguete, lingüista, lingüística, lingüístico (ca), linimento, linio, Linneo.

*link Voz inglesa; debe decirse *campo* (de golf), *prado, parque*, según los casos. También es *conexión, enlace*.

lino, linóleo.

*linóleum Barbarismo por *linóleo*, que es lo correcto.

linón.

linotipia En imprenta, es una «máquina de componer». Se admite también *linotipo*, aunque en segundo término. Es incorrecto *linotipe*. El que maneja esta máquina se llama *linotipista*.

linotipista, linotipo V. *linotipia*.

lintel, linterna, linternazo, linternero, linternón, linuezo, liño, liñuelo, lío.

liofilización, liofilizador (ra) V. *liofilizar*.

liofilizar Término admitido por la Academia. Es «deshidratar por sublimación al vacío productos orgánicos previamente congelados». También se acepta *liofilización* y *liofilizador (ra)*.

*Líón La Academia escribe *Lyón*,

para designar esta ciudad francesa. (V. *lionés*.)

lionés (sa) El natural de *Lyón* (v.
Lión, incorrecto) recibe el nombre
de *lionés (sa).*

Liorna Puerto italiano más conocido por el nombre, también aceptado, de *Livorno.*

liorna, lioso (sa), Lípari (islas), **li-
pemanía, lipemaniaco** (1), **lipema-
níaco** (2), **lipendi, lipes.**

lipo- Prefijo que significa «grasa»
(lipoideo), y también «abandonar»
(lipotimia).

lipodistrofia, lipodistrófico (ca).

*lipoide Lo correcto es *lípido.* (V.
lipoideo.)

lipoideo (dea) Así se escribe, con
acentuación prosódica en la *e,* y no
lipóideo. Tampoco se admite *lipoide;* dígase *lípido* (grasa). *Lipoideo*
es «parecido a la grasa».

lipoma.

*liposoluble Voz no aceptada por
la Academia. Quiere decir «soluble
en grasas» (como algunas vitaminas).

**lipotimia, liquen, liquidable, liqui-
dación, liquidador (ra), liquidám-
bar.**

liquidar No se admite con el significado de «matar, eliminar a una
persona empleando medios vio-
lentos».

**liquidez, líquido (da), lira, lirado
(da), liria, lírica, liricidad, lírico
(ca), lirio, lirismo, lirón, lirondo.**

lis Aceptado; hoy se usa el masculino *(el lis).* Significa «lirio». Se
da el nombre de *flor de lis* a la forma heráldica de esta flor.

lisa, lisamente.

Lisboa El natural de esta ciudad,
capital de Portugal, es el *lisboeta*
(1), o *lisbonés (sa)* (2).

lisboeta.

*Lisbon, *Lisbonne Voces inglesa
y francesa de *Lisboa.*

**lisbonés (sa), lisera, lisiado (da),
lisiadura, lisiar, lisimaquia, lisina,
Lisipo, lisis.**

-lisis Sufijo que significa «disolución» *(hemólisis).*

Lisístrata Es la acentuación correcta y no *Lisistrata.*

liso (sa), lisol, lisonja, lisonjeador

**(ra), lisonjeante, lisonjear, lisonje-
ro (ra), lista, listado (da), listar, Lís-
ter, listero, listeza.**

listín Significa, exclusivamente,
«lista pequeña, o extractada de
otra más extensa». Es incorrecto
usarlo en lugar de *guía de teléfonos,* como debe decirse.

**listo (ta), listón, listonado (da), lis-
tonar, listonería, listonero (ra), li-
sura, Liszt, lita, litación, litar, litar-
girio, lite, litera, literal, literalidad,
literalmente, literario (ria), literato,
literatura, literero, litería, litiasis,
lítico (ca), litigación, litigante.**

litigar Uso de preposiciones: Litigar *con, contra* un pariente; l. *sobre* una herencia.

**litigio, litigioso (sa), litina, litio, li-
tis, litisconsorte, litiscontestación,
litisexpensas, litispendencia.**

lito- Prefijo que significa «piedra»
(litosfera). También es sufijo *(aerolito).*

**litocálamo, litoclasa, litocola, litó-
fago (ga), litofotografía, litofoto-
grafiar, litogenesia, litografía, lito-
grafiar, litográfico (ca), litógrafo,
litología, litológico (ca), litólogo, litoral, litosfera, lítote, litotimia, li-
totricia, litráceo (cea), litre.**

litro Unidad de capacidad. Símbolo: l.

Lituania El natural de este país de
Europa recibe el nombre de *litua-
no (na).*

**lituo, liturgia, litúrgico (ca), litur-
gista, Liubliana, Liverpool, livian-
dad, liviano (na), lividecer.**

lividez V. *lívido.*

lívido (da) Significa «amoratado».
Es impropiedad usarlo con el significado de «pálido», como suele
hacerse («estaba *lívido* de terror»).
En este caso dígase *pálido, macilento, desencajado* (el rostro). Esto
es válido también para el vocablo
lividez; en su lugar, puede decirse
palidez.

*living, *living room Son voces inglesas bastante difundidas, pero
innecesarias. Dígase *cuarto de estar* (admitido). *Sala de estar* no
está aceptado por la Academia.

livonio, livor.

Livorno Puerto italiano, conocido también por el nombre de *Liorna*.

lixiviación, lixiviar, liza, lizo.

lo Artículo determinado, en género neutro (*lo* mejor). Acusativo del pronombre personal de tercera persona, en género masculino o neutro, y número singular con función de complemento directo. Se le puede emplear pospuesto (bébe*lo*). Tratándose de personas, es mejor usar *le* que *lo* (*le* vi al entrar). Incorrecciones: «No *lo* hizo caso», es «no *le* hizo caso». «No cantó porque temía enfadar*les*», es «...enfadar*los*». «Se fue con sus padres y *los* condujo por la ciudad», es «...*les* condujo...» «Hecho nimio para que se *lo* pueda conceder importancia», es «...se *le*...» (V. *la, las, le, les, los*.)

loa, loable, loador, loar, loba, lobado, lobagante, lobanillo, lobato.

*****lobby** Voz inglesa; dígase en su lugar *vestíbulo, salón de entrada* (de un hotel), *antesala*, según el caso. También es *grupo poderoso de presión.*

lobear, lobeliáceo (cea), lobera, lobería, lobero (ra), lobezno, lobina, lobisón.

lobo El nombre del cachorro es *lobato* o *lobezno.*

loboso, lóbrego (ga).

lobreguecer Verbo irregular que se conjuga como *agradecer* (v.) (lobreguezco, lobreguecéis, etc.).

lobreguez, lobregura, lóbrigo (ga), lobulado (da), lóbulo, lobuno (na), locación, locador (ra), local, localidad, localismo, localista, localización, localizar, locamente, Locarno, locatario (ria), locatis, locativo (va), loción.

*****lock-out** Voz inglesa; significa «paro forzoso» (impuesto por los patronos para resistirse a los trabajadores), o también «cierre de fábricas».

loco (ca) Uso de preposiciones: Loco *con* su nieto; l. *de* amor; l. *en* su proceder; l. *por* el baile.

loco citato Locución latina que significa «en el lugar citado». Se emplea en citas de textos, referencias, etc.

locomoción, locomotor (ra), locomotriz, locomovible, locomóvil, locrense, locro, locuacidad, locuaz.

locución Es «expresión formada por más de una palabra que se inserta en el habla con el valor de una sola palabra». Se dice *locución adverbial, l. conjuntiva, l. prepositiva*, según que la expresión sea equivalente a un adverbio, una conjunción o una preposición. La Real Academia Española recoge en su Diccionario de la Lengua una serie de locuciones latinas. Éstas se consideran integradas en el vocabulario corriente, y por ello van acentuadas según las normas establecidas *(in púribus, in péctore).*

locuelo (la), locura, locutor (ra), locutorio, locha, lodachar, lodazal, lodazar, lodo, lodón, lodoñero, lodoso (sa), lodra, lofobranquio, Lofoden (1), **Lofoten** (2), **loganiáceo, logarítmico (ca), logaritmo.**

*****loggia** Voz italiana; dígase *galería abierta; pórtico.* No confundir con *logia* (v.).

logia Voz admitida; es «asamblea de masones; local donde se reúnen». No confundir con *loggia* (v.).

-logía Sufijo que significa «discurso, doctrina, ciencia» *(filología, analogía).*

lógica, lógico.

logística Voz aceptada por la Academia. Es «parte del arte militar que trata del movimiento y avituallamiento de las tropas en campaña», y «*lógica* que emplea el método y el simbolismo de las matemáticas». También se admite *logístico*, «relativo a la *logística*».

logístico. V. *logística.*

logo-, -logo Prefijo que significa «palabra» *(logogrifo).* Como sufijo, *-logo* significa «versado en» *(geólogo).*

logográfico, logogrifo, logomaquia, logotipo, lograr, logrear, lográería, logrero (ra), logro, logroñés (sa).

Logroño El natural de esta ciudad recibe el nombre de *logroñés (sa).*

Lohengrin, loica.

Loira Así corresponde escribir el

nombre de este río de Francia, que en francés se escribe *Loire*.

*Loire V. *Loira*.

loísmo Vicio de emplear la forma *lo* del pronombre de tercera persona como dativo. (V. *lo*.) *Loísta* es la persona que comete loísmo.

loísta V. *loísmo*.

Loja, lojeño (ña), loma, lombarda, lombardada, lombardear, lombardería, lombardero.

Lombardía El natural de esta región de Italia recibe el nombre de *lombardo (da)* (1), o *longobardo (da)* (2).

lombardo (da), lombrigón, lombriguera, lombriz, lomear, lomera, lometa, lomienhiesto (ta), lomillo, lomo, lomoso (sa), lomudo (da), lona.

loncha «Cosa plana y delgada de cualquier materia» *(loncha de jamón)*. También se admiten *lonja* y *tajada*, con similar significado.

londinense V. *Londres*.

*London En nuestra lengua decimos *Londres* (v.).

Londres El natural de esta ciudad, capital de Inglaterra, recibe el nombre de *londinense*. No varía el femenino *(la londinense)*.

longa, longanimidad, longánimo (ma), longaniza, longazo, longevidad, longevo (va), Long-fellow.

longi- Prefijo que significa «largo» *(longitudinal)*.

longincuo .

longísimo (ma) Es el superlativo de *luengo*.

longitud, longitudinal, longobardo (da).

*long-play Expresión inglesa; es *microsurco* (admitido), o *disco de larga duración*.

longuera, longuería, longuetas.

longui (hacerse el) Locución familiar; significa «hacerse el distraído».

longuísimo (ma) .

lonja V. *loncha*.

lonjeta, lonjista, lontananza.

loor Es masculino *(el loor, unos loores).*

Lope de Vega, López, lopigia, lopista, loquear, loquera, loquero,

loquesco (ca), loquios, lora, lorantáceo (cea), lorcha.

lord Voz admitida por la Academia, que así designa un «título de honor que se da en Inglaterra a los miembros de la primera nobleza». El plural es *lores*, nunca *lords* (que es inglés). Se escribe siempre con minúscula (*lord* Wellington).

lordosis, Lorelei.

Lorena El natural de esta antigua provincia francesa recibe el nombre de *lorenés (sa)*.

loriga Así se escribe, y no *lóriga*, incorrecto. Es femenino *(la loriga)*; significa «cierto tipo de armadura».

lorigado (da), lorigón, loriguero (ra), loro (ra), lorquino (na).

*Lorraine Es el nombre francés; dígase *Lorena* (antigua provincia de Francia).

lorza .

los Artículo determinado en género masculino y número plural. También es acusativo del pronombre personal de tercera persona en género masculino y número plural con función de complemento directo. Incorrecciones: «Fui a buscar a mis hermanos y *les* hallé en la plaza» es incorrecto; dígase «...*los* hallé...». «El hombre estrechó la mano de los presentes, para saludar*les*», es «...saludar*los*». «Acompañó a sus padres y *les* condujo por la ciudad», es «...*los* condujo...». «Se observaban *los* unos a *los* otros», es «se miraban unos a otros». «Apenas salía, los más días», es «apenas salía, los más *de los* días». «Oraba las más veces», es «...las más *de las*...». «A sus hijos *los* dio regalos», es «...*les* dio...». (V. *la, las, le, les* y *lo*.)

losa, losado (da).

losange Voz admitida por la Academia; es de género masculino; significa «rombo más alto que ancho».

losar, loseta, losilla, lote, lotear, loteo, lotería, lotero (ra), lotiforme, loto, lotófago (ga).

*Louvain A esta grafía inglesa corresponde la nuestra de *Lovaina* (véase).

Louvre, lovaniense.

Lovaina El natural de esta ciudad de Bélgica recibe el nombre de *lovaniense.*

loxodromia Es lo correcto, y no *loxodromía,* incorrecto.

loxodrómico (ca), loza, lozanear, lozanía, lozano (na), Lozoya.

lúa Es femenino. «Especie de guante de esparto para limpiar las caballerías»; no debe confundirse con *lúe* (v.).

Luang Prabang, Lübeck, lubigante, lubina.

lubricación V. *lubricante.*

lubricador (ra), lúbricamente, lubricán.

lubricante Es también correcto decir *lubrificante.* Lo mismo ocurre con *lubricar* y *lubrificar* (ambas correctas), y con *lubricación* y *lubrificación.*

lubricar V. *lubricante.*

lubricativo (va), lubricidad, lúbrico (ca), Lucania, lucano (na), Lucayas (Bahamas).

lucense Así se denomina el natural de *Lugo.* El femenino no varía («una chica *lucense*»).

lucentísimo (ma), lucentor, lucera, lucerna, Lucerna, lucérnula, lucero, lucianesco (ca), Luciano, lucidez.

lúcido (da) Es «claro en el razonamiento, estilo, etc.». No debe confundirse con *lucido (a),* que se aplica «a las cosas hechas con gracia o esplendor; bien hechas».

lucido (da) V. *lúcido.*

lucidor (ra), lucidura, luciente, luciérnaga.

Lucifer Con mayúscula, lo mismo que *Satanás,* etc. Pero *demonio* y *diablo* van con minúscula.

luciferino (na), lucífero (ra), lucífugo (ga), lucilina, lucillo, lucimiento, lucio, lución.

lucir(se) Verbo irregular que se conjuga como *agradecer* (v.) (luzco, luces, etc.).

*Lucy Nombre inglés; es *Lucía* en español.

lucrar, lucrativo (va), lucro, lucro- niense, lucroso (sa), luctuosa, luctuoso.

lucubración Es lo correcto, aunque *elucubración* ha sido admitida, pero en segundo término. Se admite *lucubrar* (preferente), y también *elucubrar.*

lucubrar V. *lucubración.*

lúcuma, lúcumo, lucha, luchador (ra).

luchar Uso de preposiciones: Luchar *con, contra* alguno; l. *por* recobrar algo.

lucharniego (ga), Ludendorff, ludibrio, lúdico (ca) (2)**, lúdicro (cra),** (1)**, ludimiento, ludión.**

ludir Uso de preposiciones: Ludir (frotar) una cosa *con* otra.

Ludovico V. *Ludwig.*

*Ludwig Nombre alemán que corresponde en nuestra lengua a los de *Ludovico* y *Luis.*

lúe, lúes «Infección, contagio», especialmente sifilítico. La Academia sólo admite *lúe,* pero los médicos usan la voz *lúes.* Es femenino *(la lúes).* No debe confundirse con *lúa* (v.).

luego

luengo (ga) El superlativo es *longísimo (a).*

lugano, Lugano, lugar, lugarejo, lugareño (ña), lugartenencia, lugarteniente.

Lugo El natural de esta ciudad y su provincia reciben el nombre de *lucense* y *lugués (sa).*

lugre, lúgubre, lugués (sa), luición, luir, luis, luisa, luismo.

lujo «Se dio el *lujo* de comprarse un yate» es incorrecto; debe decirse «se dio el *gusto* de comprarse un yate».

lujoso (sa), lujuria, lujuriante, lujuriar, lujuriosamente, lujurioso (sa).

*Luke Nombre inglés, que corresponde en nuestra lengua al de *Lucas.*

luliano (na) V. *Lulio.*

Lulio (Raimundo) Es el nombre castellano de este filósofo mallorquín; en esta lengua es *Ramon Llull.* Lo referente a R. Lulio es *luliano (a).*

lulismo, lulista, Lully, luma, lum-

bago, lumbar, lumbo, lumbrada, lumbral, lumbrarada, lumbre, lumbrera, lumbrerada, lumbrería, lumbrical, lumbroso (sa).

lumen Es masculino (el *lumen*); se escribe sin acento. El plural es invariable *(los lumen)*, o bien, menos corriente, *lúmenes (los lúmenes).*

Lumière, luminar, luminaria, lumínico (ca), luminiscencia, luminosamente, luminosidad, luminoso (sa), luminotecnia, luminotécnico.

luna Se escribe con mayúscula cuando se alude a ella como cuerpo celeste, como astro (los montes de la *Luna*, el perigeo de la *Luna*; nuestro satélite, la *Luna*). Se escribe con minúscula cuando se alude a ella como fenómeno luminoso, visto desde la Tierra o desde el espacio (la *luna* nueva, la *luna* llena, la luz de la *luna*, una *luna* grande y redonda). Se admiten estas expresiones: luna creciente; l. menguante; l. llena; l. nueva; media l.; l. de miel; estar de buena o de mala l. (todo con minúscula).

lunación, lunada, lunado, lunanco, lunar, lunarejo, lunario (ria), lunático (ca).

***lunch, *luncheon** Voces inglesas; dígase *comida* (del mediodía, por lo general ligera), y *refrigerio, merienda.*

lunecilla, lunel, lunes, luneta, luneto, lunfardismo.

lunfardo *(Amér.)* Jerga, germanía.

lunilla, lúnula.

lupa Admitido por la Academia.

lupanar, lupanario (ria), lupercales, lupia, lupicia, lupino (na), lupulino, lúpulo.

lupus Es una enfermedad de la piel. Es masculino *(el lupus)*. El pl. no varía *(unos lupus).*

luqués, luquete.

Lurdes Es nombre propio de mujer; la ciudad francesa es *Lourdes.* No deben confundirse.

Lusiadas Acentuado prosódicamente en la primera *a* (no es *Lusíadas*). Es masculino y plural *(Los Lusiadas).* Obra de Camoens.

Lusitania El natural de este antiguo país de la península Ibérica recibe el nombre de *lusitano (na),* o *luso (sa).*

lusitanismo, lusitano (na), luso (sa), lustración, lustral, lustrar, lustre, lústrico (ca), lustrina, lustro, lustroso (sa), lutea, Lutecia, lutecio, lúteo, luteranismo, luterano (na), luto.

lux Voz admitida por la Academia. Es la unidad de intensidad de iluminación.

luxación, luxar.

Luxemburgo El natural de este país de Europa recibe el nombre de *luxemburgués (sa).* Es incorrecto *Luxembourg.*

luxemburgués.

Luxor Antigua ciudad de Egipto.

luz «Salir *a la luz* una obra» es incorrecto; dígase «salir *a luz* una obra».

Luzbel Otro nombre de Lucifer (ambos con mayúscula). (Véase *Lucifer.*)

***lynchar** Es incorrecto; escríbase *linchar* (v.).

Lyón Así lo escribe la Academia. El natural de esta ciudad de Francia es el *lionés (sa).*

ll

ll Decimocuarta letra del alfabeto, y undécima de sus consonantes. Posee sonido sencillo, pero su figura es doble. No puede dividirse en la escritura, al final de la línea. Su nombre es *elle;* plural *elles.* Fonéticamente, es una consonante palatal lateral sonora. Como mayúscula se escribe *Ll.* Téngase en cuenta, por parte de los extranjeros, que es una letra del alfabeto, y no debe buscarse como formando parte de la *l.* En nuestra lengua sucede un caso similar con la letra *ch.*

llaga, llagar, llagoso (sa), llama, llamada, llamadera, llamado (da), llamador (ra), llamamiento.

llamar Uso de preposiciones: Llamar *a* la puerta; ll. *a* juicio; ll. *con* la mano; ll. *de* tú a otro; ll. *por* señas.

llamarada, llamativo (va), llambria, llameante, llamear, llamada, llande, llanear, llanero (ra), llaneza, Llanes, llanisco (ca), llano (na), llanote (ta).

llanta Es el «cerco metálico de las ruedas de los coches y otros vehículos». *Llanta de goma* (admitido) es el «cerco de esta materia que cubre la llanta metálica».

llantén, llantera, llantina, llanto, llanura, llar.

llave Se admiten las siguientes expresiones: ama de llaves; llave de paso; ll. inglesa; ll. maestra.

llavero (ra), llavín, lleco, llegada, llegado.

llegar Uso de preposiciones: Llegar *de* París; ll. *a* casa.

llena, llenamente.

llenar «Ha *llenado* su cometido» es incorrecto; dígase «ha *cumplido* su cometido». Uso de preposiciones: Llenar el hoyo *con* tierra; ll. la bolsa *de* maíz.

lleno (na) «El cine está *lleno completo*»; debe decirse, simplemente, *lleno.* Lo anterior es redundancia.

llenura, llera, lleva, llevada, llevadero (ra), llevador (ra), llevanza.

llevar «*Llevar* razón» es un vulgarismo; dígase «*tener* razón».

Llobregat, lloica, lloradera, llorador (ra), lloraduelos.

llorar Uso de preposiciones: Llorar *por* la desdicha ajena; ll. *de* alegría.

lloredo, llorera, llorica, lloriqueante, lloriquear, lloriqueo, lloro, llorón (na), lloroso (sa), llovedizo.

llover Verbo irregular que se conjuga como *mover* (v.) (lluevo, llueves, llovéis, etc.). En realidad, se trata de un verbo impersonal, que sólo acostumbra usarse en el infinitivo y las terceras personas de todos los tiempos (llueve, llovía, lloverá, etc.).

llovido (da), llovizna, lloviznar, llo-
viznoso (sa), Lloyd, llueca.
Llull (Ramon) El nombre castellano de este filósofo mallorquín es

Raimundo Lulio (v.). En mallorquín es *Ramon Llull.*
lluvia, lluvioso.

m

m Decimoquinta letra del alfabeto y duodécima de sus consonantes. Su nombre es *eme;* el plural es *emes.* Fonéticamente, es una consonante bilabial nasal sonora. Se escribe antes de *b* y *p (ambarino, ambos, ampolla, amperio).* Cuando *m* y *n* van juntas, siempre se escribe la *m* antes de la *n (amnistía, amnésico).* Tiene el valor de *mil* en la numeración romana *(M),* y de un millón cuando lleva una rayita encima. En minúscula *(m)* es el símbolo del metro y del minuto.

Mac Partícula que se antepone a numerosos apellidos de origen escocés e irlandés, y que significa *hijo.* Se escribe de diversas formas: *Mac Millan, McMillan, MacMillan,* etc.

maca, Macabeos, macabro (bra), macaca, macaco.

macadam Voz admitida por la Academia, que prefiere, no obstante, la grafía *macadán.* Es un «pavimento de piedra machacada y comprimida». También se acepta *macadamizar.*

macadamizar, macadán V. *macadam.*

macagua, macana, macanazo, macanear, macaneo.

macanudo Se admite, sólo para América, como «bueno, magnífico, extraordinario».

macar, macarelo, macareno (na), macareo, macarro.

macarrón, macarronea, macarrónico (ca), Mac Arthur, macasar, macaurel, Macbeth, maceador, macear.

macedonia Admitido el significado de «ensalada de frutas». (V. *Macedonia.)*

Macedonia El natural de este reino de la Grecia antigua recibe el nombre de *macedonio (nia). Macedónico (ca),* en cambio, es lo perteneciente a Macedonia. (V. *macedonia.)*

macedónico (ca), macedonio (nia) V. *Macedonia.*

macelo, maceo, maceración, maceramiento, macerar, macerina, macero, maceta, macetero, macetilla, maciez, macilento (ta), macillo, macizar, macizo (za), macolla, macollar, macón, macona.

macro- Prefijo que significa «grande» *(macrobiótica, macrocosmo).*

macrobiótica, macrocefalia, macrocéfalo (la).

macrocosmo Se admite también *macrocosmos,* pero es preferente *macrocosmo.* Es «el universo, considerado por oposición al microcosmo». No confundir con *microcosmo,* que es el nombre que se aplica al «hombre como reflejo del universo o macrocosmo».

macrocosmos V. *macrocosmo.*

macroeconomía, macromolécula.

macroscópico (ca) Es «lo que se

ve a simple vista, sin ayuda del microscopio». No confundir con *microscópico*.

macruro (ra), macuba, macuca, macuco, mácula, macular, maculatura, macupa, macuquero, macuquino, macuto.

mach Voz aceptada por la Academia. «Nombre internacional de una unidad de velocidad, aplicada generalmente a la de los aviones, y que equivale a la del sonido.» Se escribe con minúscula, sin comillas, sin subrayar.

macha, machaca, machacadera, machacado (da), machacador (ra), machacadura, machacante, machacar, machacón (na), machaconería, machada, machado, machamartillo (a), machaqueo, machaquería, machar, machear, macheta, machetazo, machete, machetear, machetero, machiega, machihembrar, machín, machina, machinete.

machismo Admitido. No se admite *machista*.

macho, machorra, machorro.

machota Admitido: «Mujer hombruna, marimacho.» También se acepta *machote*: «Hombre vigoroso, valiente.»

machucador (ra), machucadura, machucamiento, machucar, machucón, machucho (cha), machuelo, Machu Picchu.

madama Voz admitida por la Academia; equivale a «señora mía, dama mía». También se acepta *madamisela*.

*madame Voz francesa. (V. *madama*.) Tratamiento que se da en Francia a las señoras. Abreviatura: *Mme.*

madamisela «Mujer joven que presume de dama.» Admitido.

*madastra Es un vulgarismo; dígase *madrastra*.

madapolán, madefacción.

*made in «*Made in* Japan», «*made in* Germany» es incorrecto; dígase «*fabricado en...*», «*hecho en...*».

madeja, madejeta, madejuela.

*mademoiselle Es voz francesa; tratamiento que se da en Francia a las señoritas. Abreviatura: *Mlle.*

madera, maderable, maderada, maderaje (1), **maderamen** (2), **maderamiento, maderería, maderero, madero, maderuelo.**

*madonna, *madona Voz italiana e italianismo; respectivamente. Escríbase *Virgen María* o *señora*, según el caso.

mador, madrás, Madrás, madrastra, madraza.

madre En las comunidades religiosas, tratamiento que se da a las que las regentan.

madrearse, madrecilla, madreclavo, madreña.

madreperla Se escribe así, junto. Es el molusco, el conjunto de las dos conchas.

madrépora, madrepórico (ca), madrero, madreselva.

Madrid El natural de esta ciudad, capital de España, recibe el nombre de *madrileño* (para personas, cosas o entidades) o *matritense* (para cosas). El femenino es *madrileña, matritense*.

madrigado (da), madrigal, madrigalesco (ca), madrigalista, madriguera.

madrileño Es el natural de Madrid (véase).

madrina, madrinazgo, madrinero (ra), madrona, madroncillo, madroñal, madroñera, madroñero, madroño, madrugada, madrugador (ra), madrugar, madrugón (na), maduración (1), **maduradero, madurador (ra), maduramiento** (2), **madurante, madurar, madurativo (va), madurazón, madurez, maduro (ra).**

maese Antiguamente, «maestro», tratamiento que se daba a algunos artesanos.

maesil, maesilla.

*Maelstrom Muchas veces debe traducirse esta voz escandinava por *remolino, torbellino* (en las aguas).

*maestoso Voz italiana usada en música; significa «aire majestuoso, solemne».

maestra, maestrado (da), maestraje, maestral, maestralizar, maestrante, maestranza, maestrazgo, maestre, maestrear.

maestresala Es el «jefe de los camareros» o «jefe de comedor»; en los restaurantes. No debe, pues, escribirse *maître*, voz francesa.

maestrescolía, maestrescuela, maestría, maestril.

maestro Se escribe con mayúscula cuando se alude a Jesucristo (el divino *Maestro*), y a algún artista anónimo (el *Maestro* de Flemalle). En vez de «*chef* de cocina», dígase «*maestro* de cocina», que es lo correcto. «Era el *maestro* de la situación», debe ser «era el *dueño* de la situación».

mafia Admitido por la Academia como «organización clandestina de criminales, especialmente sicilianos». Es incorrecto escribir *maffia*. También se acepta *mafioso*, aunque sólo para América.

mafioso V. *mafia*.

magallánico (ca), magancería, magancés, maganel, maganto (ta), magaña, magarza.

*magazine Anglicismo no aceptado; dígase *revista, publicación periódica* (especialmente las ilustradas).

magdalena, Magdalena, magdaleón, Magdeburgo, magia.

magiar Es lo correcto, y no *magyar*. El plural es *magiares*, y el femenino no cambia: la *magiar*.

mágica, mágico, magín.

magister dixit En latín, «lo dijo el maestro» (argumento que no admite réplica). No figura en el Diccionario académico.

magisterial, magisterio.

magistrado Aún no admite la Academia el femenino de esta voz. En vez de *la magistrada* es *la magistrado*.

magistral, magistralía, magistratura.

magma Es masculino: *el magma, unos magmas*.

magnanimidad, magnánimo (ma), magnate, magnesia, magnesiano (na), magnésico (ca), magnesio, magnesita, magnético (ca), magnetismo, magnetización, magnetizador (ra), magnetizar.

magneto Es femenino: *la magneto*.

magnetofónico (ca).

*magnetofón Es incorrecto; dígase *magnetófono* (v.).

magnetófono Así es lo correcto (y no *magnetofón*), del mismo modo que se dice *micrófono* y *audífono*. También es incorrecto decir *cassette* (aparato), existiendo aquella palabra.

magnicida, magnicidio, magnificador (ra), magnificar.

magníficat Así está admitido, con acento. Es cierto cántico o rezo.

magnificencia, magnificente.

magnífico (ca) El tratamiento de *magnífico* se da en España a los rectores universitarios.

magnitud.

magno «Un *magno* acontecimiento» es incorrecto; dígase «un acontecimiento *extraordinario, importante*». *Magno* sólo se aplica a algunas personas ilustres como apelativo (Alejandro Magno).

magnolia, magnoliáceo (cea), mago (ga), magosto, magra, magrear, Magreb, magrez, magro (gra), magrura.

maguer Significa «aunque», y es voz sin uso actualmente. Es incorrecto escribir *magüer* (pronunciando la *u*).

magüeto (ta), maguillo, magujo, magulla, magulladura, magullamiento, magullar.

Maguncia El natural de esta ciudad de Alemania, llamada también *Mainz*, recibe el nombre de *maguntino (na)*.

*magyar Incorrecto; escríbase *magiar* (plural, *magiares*).

maherir, *mah-jong.

*maharajá, *marajá Voces no admitidas por la Academia. Sin embargo, ésta acepta *rajá* (soberano índico).

Mahoma Es el nombre correcto, y no *Mahomet, Muhammad* o *Mohammed*, que no corresponden a nuestra lengua.

*mahometanismo Incorrecto; dígase *mahometismo*.

mahometano (na) También se aceptan *musulmán, muslime* y *árabe*.

mahomético (ca).
mahometismo, mahometista, mahometizar, mahón.
Mahón El natural de esta ciudad de Menorca recibe el nombre de *mahonés*. El femenino es *mahonesa* (v.).
mahonés V. *Mahón*.
mahonesa Se acepta la expresión *salsa mahonesa*. La Academia admite asimismo *mayonesa*, voz más usada para referirse a la salsa. También es la mujer natural de Mahón.
maicillo, maído.
*mailing Envío por correo, franqueo postal.
*maillot Es voz francesa; dígase *camiseta*, *elástica* o *jersey* (admitidas), cuando se refiere a ciclismo. Como prenda de baño, debe sustituirse por *bañador* o *traje de baño* (aceptadas).
maimón, Maimónides, maimonismo.
Main Río de Alemania que se traduce por *Meno* (Francfort del Meno), aunque también se usa la misma voz alemana (Francfort del Main), pero nunca *Frankfurt*, que es incorrecto. No confundir con *Mainz*, nombre alemán de otra ciudad, que podemos traducir por *Maguncia*. Tampoco debe confundirse con *Maine*, estado norteamericano.
Maine Estado norteamericano. No confundir con *Main* (v.), río de Alemania.
*Mainz El nombre de esta ciudad puede también escribirse *Maguncia* en nuestra lengua. No confundir con *Main* (v.), ni con *Maine*, estado norteamericano.
maitinada, maitinante, maitines.
*maître, *maître d'hôtel Incorrecto; son voces francesas. En su lugar dígase *maestresala, jefe de comedor,* o *jefe de los camareros.*
maíz, maizal, maja, majá, majada, majadal, majadear, majadería, majaderico, majaderillo (to), majadero (ra), majador (ra), majadura, majagranzas, majagua, majagual, majal, majamiento, majano, majar.
majareta Admitido: «Persona chi-

flada, o muy distraída.» Es masculino y femenino *(un majareta, una majareta).*
Majencio, majería.
majestad Con mayúscula, cuando es el título o tratamiento que se da a reyes y emperadores.
majestuosidad, majestuoso (sa), majeza, majo (ja), majolar, majoleta, majoleto.
*Majorque Incorrecto. Nombre francés de la isla de *Mallorca.*
majuela, majuelo.
mal Forma apocopada del adjetivo *malo* que se usa delante del nombre: *mal color, mal día.* También significa «enfermedad», dolencia», pero no significa «dolor»; «*mal* de» debe sustituirse por «*dolor* de». Así, «*mal* de cabeza», es «*dolor* de pies», es «*dolor* de pies», etc. Entre los pocos usos que acepta la Academia están: «*mal* de montaña» (estado morboso que se manifiesta en las grandes alturas), «*mal* de ojo» (influjo maléfico), «*mal* de orina» (dolencia del aparato urinario), «*mal* de piedra» (cálculos en las vías urinarias). En todos estos casos, *mal* significa «enfermedad», y no «dolor».
mal- V. *mal.* Se usa como prefijo *(malhumorado, malherido).*
mala, malabar, Malabar, malabárico, malabarismo, malabarista.
Malaca V. *Malasia.*
malacate, malacia.
malacitano (na) V. *Málaga.*
malaco- Prefijo que significa «blando» *(malacología).*
malacología, malacológico (ca), malaconsejado (da), malacopterigio, malacostumbrado (da), malacuenda.
Málaga El natural de esta ciudad y su provincia se llama *malagueño (ña),* y *malacitano (na).* Es «un vaso de *málaga*», con minúscula; pero «un vaso de vino de *Málaga*», con mayúscula, pues en este caso se alude a la ciudad.
**malagna, malagradecido (da), malagueña, malagueño, malagueta, malambo, malandante, malandanza, malandar, malandrín (na), ma-

lapata, Malaquías, malaquita, malar.

malaria Admitido, pero es preferible *paludismo.*

malasangre

Malasia *(Malaysia).* Nación del SE de Asia. Antes era *Malaya* o *Federación Malaya,* hoy es *Malaysia* o *Federación de Malaysia.* A su vez, *Malaca* es una península integrante de la antedicha federación.

malasombra, malatería, malatía, malato.

*malaúva Es vulgarismo; dígase *perverso, malvado, de mala índole,* según el caso.

malavenido, malaventura, malaventurado (da), malaventuranza, Malawi.

Malaya V. *Malasia.* El natural de este país de Asia y Oceanía es el *malayo (ya).*

malbaratador (ra), malbaratar, malbaratillo, malbarato, malcarado (da), malcasado (da), malcasar, malcomer, malcomido, malconsiderado (da), malcontentadizo (za), malcontento (ta), malcoraje, malcorte.

malcriado (da) Se escribe junto cuando es «falto de educación; consentido».

malcriar, maldad, maldadoso (sa).

*mal de cabeza V. *mal.*

maldecido (da), maldecidor (ra).

maldecir Verbo irregular que se conjuga como *decir* (v.), menos el futuro de indicativo (maldeciré), el potencial (maldeciría) y la segunda persona del singular del imperativo (maldice), que son regulares. Posee dos participios, uno regular (maldecido), y otro irregular (maldito), que también hace de adjetivo. «Maldecí» es incorrecto; dígase «maldije».

*maldicente Incorrecto; dígase *maldiciente.*

maldiciente, maldición, maldispuesto, maldita, maldito, Maldivas, maleabilidad, maleable, maleador (ra), maleante, malear, malecón, maledicencia.

*maledicente No es correcto; dígase *maldiciente.*

*maleducado Incorrecto; debe escribirse *mal educado* (separado).

maleficencia, maleficiar, maleficio, maléfico (ca).

malentendido Es «mala interpretación, desacuerdo en el entendimiento de una cosa». Son sinónimos *confusión, equívoco.* También se admite *malentender,* «interpretar equivocadamente».

maleolar, maléolo, malestar, maleta, maletero, maletilla, maletín, malevo, malevolencia, malevolente (2), malévolo (la) (1), maleza, malformación, malgache, malgama, malgastador (ra), malgastar.

malhablado Admitido, junto; es «desvergonzado en el hablar».

malhadado (da), mal haya.

*malhaya No es correcto; se escribe separado: *mal haya.*

malhecho, malhechor (ra), malherir.

malhumor Se admite así escrito (junto), aunque es preferente *mal humor* (separado). También se acepta *malhumorado* y *malhumorar.*

malhumorado (da), malhumorar.

Malí El nombre de esta nación africana lleva acento en la *i.* No se escribe ni pronuncia *Mali.*

malicia, maliciable, maliciador (ra), maliciar, malicioso (sa), malignante, malignar, malignidad, malignizar, maligno (na), malilla.

malintencionado (da) Es correcto; puede escribirse junto.

malmandado (da), malmaridada, malmeter, malmirado (da), Malmö.

malo Uso de preposiciones: Malo *con, para, para con* su familia; m. *de* condición.

malogramiento, malograr, malogro.

maloliente Es correcto así escrito, junto.

malón, maloquear, malparado (da), malparanza, malparar, malparida, malparir, malparto, malpensado (da), Malpighi, malpigiáceo (cea), malquerencia.

malquerer Verbo irregular que se conjuga como *querer* (v.) (malquiero, malquieres, malqueréis, etc.).

malqueriente

malquistar(se) Uso de preposiciones: Malquistarse *con* una persona.

malquisto, Malraux, malrotador (ra), malrotar.

***mal sabor de boca** Expresión incorrecta. En vez de «me dejó *mal sabor de boca*», dígase *me disgustó, me decepcionó.*

malsano (na), malsín, malsonante, malsonar, malsufrido, maita.

Malta El natural de esta isla del Mediterráneo recibe el nombre de *maltés (sa).*

maltés (sa) V. *Malta.*

Malthus Se admite *maltusianismo* y *maltusiano (na);* es incorrecto *malthusianismo* y *malthusiano (na),* con *h.*

***malthusiano** Incorrecto. (V. *Malthus.*)

maltosa, maltraer, maltrapillo, maltratamiento, maltratar, maltrato, maltrecho (cha).

maltusianismo, maltusiano (na) Es lo correcto. (V. *Malthus.*)

Malucas, maluco, malucho, malva, malváceo (cea), malvado (da), malvar, malvarrosa, malvasía, malvavisco, malvender, malversación, malversador (ra), malversar, malvezar.

Malvinas (islas) En inglés se llama *Falkland* a estas islas; en español debemos decir islas *Malvinas.* Se hallan situadas en el extremo sur de la Argentina. El natural de estas islas recibe el nombre de *malvinero (ra).*

malvinero (ra), malvís, malvivir, malla, mallero, mallete, malleto, mallo.

Mallorca El natural de esta isla de las Baleares recibe el nombre de *mallorquín (na).*

mama, mamá Las dos voces están admitidas, como sinónimo de *madre.* Es preferente la primera.

mamacallos, mamada, mamadera, mamado (da), mamador (ra), mamaíta, mamante, mamantón (na), mamar, mamario (ria), mamarrachada, mamarrachista, mamarracho, mambís, mambla.

Mambrú Forma españolizada del nombre inglés *Marlborough.*

mambrú, mamelón, mamelonado (da), mameluco, mamella, mamellado (da), mamey, mamía, mamífero, mamila, mamilar, mamola, mamón (na).

mamotreto Admitido como «libro o legajo muy abultado, deforme». No quiere decir «libro aburrido».

mampara Cancel o biombo que se pone en las habitaciones para separar o evitar corrientes de aire. No confundir con *mamparo,* «tabique que divide el interior de un buque».

mamparo V. *mampara.*

mamparra, mamperlán, mamporrero, mamporro, mampostear, mampostería, mampostero, mampresar, mampuesta, mampuesto, mamujar, mamullar.

mamut Es lo correcto, pero no *mamuth* (con *h*). El plural es *mamuts.* Es una especie de elefante fósil.

maná, manada, manadero.

***management** Inglés: Gerencia, dirección.

***manager** Voz inglesa; dígase *gerente, administrador* (en comercio) y *empresario, apoderado, representante* (en deportes, especialmente en boxeo).

Managua El natural de esta ciudad, capital de Nicaragua, es *managüero* o *managüense,* voces que no relaciona la Academia en su Diccionario.

manante, manantial, manantío, manar, manatí, manaza, manazas, mancamiento, mancar, mancarrón, manceba, mancebía, mancebo.

máncer Es «hijo de mujer pública». Se escribe con acento en la *a.*

mancera, mancerina.

-mancia, -mancía Sufijo que significa adivinación *(cartomancia, quiromancia).* Las palabras que terminan con esta partícula pueden llevar acento o ir sin él *(cartomancia, cartomancía).* Correctas ambas, se prefiere la primera forma.

mancilla, mancillado, mancillamiento, mancillar, mancipación, mancipar(se).

manco (ca) Uso de preposiciones:

Manco *de* la derecha; no ser manco *en, para* algún cometido.

Manco Cápac, mancomún (de), mancomunadamente, mancomunado (da).

mancomunar(se) Uso de preposiciones: Mancomunarse *con* otros.

mancomunidad, mancornar, mancuerda.

mancuerna «Pareja de animales o cosas mancornados.» *Mancornar* es «unir dos cosas de una misma especie que estaban separadas». De ahí que en el deporte de levantamiento de pesas se llame (correctamente) *mancuerna* a un artefacto que es un manubrio pequeño y dos pesas.

Mancha El natural de esta región de España recibe el nombre de *manchego (ga).*

mancha, manchadizo, manchado (da), manchar(se), manchego (ga), Manchester, manchón, manchoso (sa).

manchú V. *Manchuria.*

Manchukuo V. *Manchuria.*

Manchuria El natural de esta región asiática recibe el nombre de *manchú;* son incorrectos *manchúe* y *manchuriano.* El femenino no varía *(una manchú).* El plural es *manchúes,* no *manchús* (incorrecto). Durante la ocupación japonesa, a *Manchuria* se la denominó *Manchukuo* (con acento prosódico en la primera *u;* es incorrecto *Manchukúo).*

*manchuriano Incorrecto; es *manchú.* (V. *Manchuria.*)

manda, mandadera, mandadería, mandadero (ra), mandado, mandador (ra).

mandamás Es correcto; dígase también *jefe, amo, mandón,* según el caso.

mandamiento, mandanga, mandante.

mandar Cuando se alude a personas, lleva la preposición *a (mandar a la* chica por tabaco). Cuando se trata de cosas, va sin esa preposición *(mandar la* lámpara al electricista). Uso de preposiciones: Mandar una carta *al* correo; m. *de* emisario.

mandarín, mandarina, mandarinismo, mandarria.

mandatario Es incorrecta la acepción de *magistrado, presidente, gobernante, jefe, personaje;* díganse estas voces.

mandato, manderecha, mandíbula, mandibular, mandil, mandilada, mandilar, mandilejo, mandilete, mandilón, mandinga, mandioca, mando.

mandoble «Cuchillada que se da con ambas manos» (mano doble); no es simplemente una cuchillada violenta. También es una «espada grande».

mandolina Voz admitida por la Academia. Es un «instrumento músico parecido al laúd». No es correcto *mandolino* ni *mandolín.*

mandón (na), mandra, mandrachero, mandracho, mandrágora, mandria, mandril, mandrón, manducación, manducante, manducar, manducatoria, manea, manear.

manecilla Es el diminutivo de *mano* (v.); también es correcto *manita.*

*manejabilidad No está admitido; es «calidad de manejable».

manejable, manejado (da), manejar, manejo, maneota.

manera Se admiten las expresiones «a la manera», «a manera de», «de mala manera».

*manerismo Es incorrecto; dígase *amaneramiento.*

manes Siempre en plural y masculino *(los manes).* «Dioses infernales; almas de los muertos.»

manezuela, manfla, manflorita, manga, manga ancha, mangajarro, mangajón (na), mangana, mangancia.

manganesa Es un mineral (más conocido por el nombre de *pirolusita);* no confundir con *manganeso* (masculino), metal que se obtiene de la *manganesa* (femenino).

manganeso V. *manganesa.*

mangante Voz admitida por la Academia; es «sinvergüenza, sablista». Se admite también *mangancia* y *mangar.*

mangar, mangla, manglar, man-

gle, mango, mangón, mangonada, mangoneador (ra), mangonear, mangoneo, mangonero (ra), mangorrero (ra), mangorrillo, mangosta, mangostán, mongote, mangual, manguear, manguera, manguero, mangueta, manguilla, manguillero, manguito, manguzada, Manhattan.

maní V. *cacahuete.*

manía

maniaco (ca) La Academia admite también *maníaco (ca),* pero es preferente la primera voz (sin acento). Significa «demente, loco», mientras que *maniático* es, sobre todo, «que padece manías, chiflado», aunque también es «demente».

*maniable Es galicismo; dígase *manejable, cómodo.*

manialbo (ba), maniatar.

maniático (ca) V. *maniaco.*

maniblanco, manicomio, manicorto (ta).

manicura Admitido. (V. *manicurista.*)

manicurista Únicamente se admite para algunos países de América. En España sólo es correcto *manicura,* cuyo masculino es *manicuro* (admitido).

manicuro Admitido. (V. *manicurista.*)

manida, manido, maniego, manifacero, manifestación, manifestador (ra), manifestamiento, manifestante.

manifestar(se) Verbo irregular que se conjuga como *acertar* (v.) (manifiesto, manifiestas, manifestáis, etcétera).

manifestativo (va), manifiesto (ta), maniguero, manigua, manija.

Manila El natural de esta ciudad, capital de Filipinas, recibe el nombre de *manileño (ña)* y *manilense.*

manilargo (ga), manilense, manileño (ña), maniluvio, manilla, manillar, maniobra, maniobrar, maniobrero (ra), maniobrista, maniota, manipulación, manipulador (ra), manipulante, manipular, manipuleo, manípulo, maniqueísmo, maniqueo (quea), maniquete.

maniquí El plural es *maniquíes,* no *maniquís* (incorrecto).

manir Es un verbo defectivo, en el que sólo se emplean las terminaciones que tienen *i,* como manió, manirá (pero no mano, manes, etc., que no se usan).

manirroto (ta)

manita Es diminutivo correcto de *mano* (v.).

Manitú, manivacío (cía), manivela, manjar, manjelín, manjolar, manjorrada, Mannheim.

mano Son diminutivos correctos *manecilla* y *manita.* Son correctas las expresiones siguientes, a menudo con sentido figurado: *mano de obra; manos largas; abrir la mano; a manos llenas; apretar la mano; atar las manos; cargar la mano; mano sobre mano; a mano armada; de primera mano; de segunda mano; echar mano a; echar mano de; echar una mano a; en buenas manos; ensuciarse uno las manos; estar una cosa en mano de uno; estrechar la mano; ganar por la mano; hablar con las manos; irse de la mano; irse de entre las manos; írsele a uno la mano; jugar de manos; largo de manos; lavarse las manos; levantar la mano; llegar a las manos; llevar uno su mano; m. a la obra; meter la mano; meter mano a una cosa; echar mano de una cosa; mudar de manos; no saber uno lo que trae entre manos; poner las manos en la masa; poner o echar mano a la espada; ponerse en manos de uno; quitarse una cosa de las manos; sentar la mano a uno; ser la mano derecha de uno; tender a uno una mano; tener a mano; tener uno atadas las manos; tener a otro en sus manos; tener entre manos una cosa; tener las manos largas; tener mano con alguien; tener mano izquierda; traer entre manos; venir a uno a las manos; venir a las manos.*

manojera, manojo, manola, manolo, manométrico (ca), manómetro, manopla, manoseador (ra), manosear, manoseo, manotada, manotazo, manoteado (da), manotear, manoteo, manotón.

*manque Es vulgarismo. Debe decirse *aunque*.

manquear, manquedad, manquera.

Manresa El natural de esta ciudad de la provincia de Barcelona recibe el nombre de *manresano (na)*.

manresano .

mansalva (A) Expresión admitida. Es «sobre seguro, sin peligro» («los atacaron *a mansalva*»).

*mansarda Es galicismo innecesario; dígase *buhardilla, desván*.

mansedumbre, mansejón, mansión, manso, mansurrón, manta, manteador (ra), manteamiento, mantear.

manteca Admitido: «Producto que se obtiene de batir la crema o la leche de vaca.» Sólo es *manteca* (sin especificar el animal) la de vaca. Para los demás animales se especifican sus nombres (*manteca de oveja*, etc.). *Mantequilla* es sólo la manteca de vaca. También es *manteca* «la grasa consistente de algunos animales, como la del cerdo, y de algunos frutos, como la del cacao».

mantecada, mantecado, mantecón, mantecoso (sa), mantel, mantelado, mantelería, manteleta, mantelete, mantelo, mantellina, mantención.

mantenedor (ra) Uso de preposiciones: Mantenedor *de, en* un torneo o unos juegos.

mantener(se) Verbo irregular que se conjuga como *tener* (v.) (mantengo, mantienes, mantenéis, etc.). Uso de preposiciones: Mantenerse *con, de* frutas; m. *en* un puesto.

mantenida, mantenimiento, manteo, mantequera, mantequería, mantequero.

mantequilla V. *manteca*.

mantera, mantero, mantés (sa), mantilla, mantillo, mantisa, manto, mantón, mantornar.

Mantua Acentuación prosódica en la primera *a*. El natural de esta ciudad de Italia recibe el nombre de *mantuano (na)*.

mantudo (da), manuable, manual, manualidad, manubrio, manuela, manuelino (na), manuella, manu-

factura, manufacturación, manufacturar, manufacturero (ra).

*manu militari Locución latina que significa «con mano militar», es decir, por la fuerza de las armas. No consta en el Diccionario académico.

manumisión, manumiso (sa), manumisor, manumitir, manuscribir, manuscrito (ta), manutención, manutenencia, manutener, manzana, manzanal, manzanar, manzanera, manzanero, manzanil, manzanilla, manzanillo, manzano, maña, mañana, mañanear, mañanero (ra), mañanita, mañear, mañería, mañero (ra), maño (ña), mañoco, mañosear, mañoso (sa), mañuela, maoísmo, maoísta.

maorí El plural es *maoríes*, no *maorís*.

Mao Tse-tung, mapa, mapache, mapamundi, mapuche, maque, maqueador, maquear.

maqueta Voz admitida por la Academia: «Modelo en tamaño reducido de un monumento, edificio, etc.» También es «modelo de un libro con papel en blanco».

maquiavélico, maquiavelismo, maquiavelista, Maquiavelo, maquila, maquilar, maquilero, maquilador (ra).

maquillaje Es vocablo aceptado por la Academia, lo mismo que *maquillador (ra)*, y *maquillar*: «Embellecer o pintar el rostro con afeites para obtener en el teatro o el cine determinada caracterización.»

maquillar(se) Admitido. (V. *maquillaje*.)

máquina Se admite también *máquina herramienta* (la que hace funcionar una herramienta).

maquinación, maquinador, maquinal, maquinante.

maquinar Uso de preposiciones: Maquinar *contra* alguno.

maquinaria, maquinilla (de afeitar), maquinismo, maquinista, maquinización, maquinizar.

maquis Admitido. En francés quiere decir «monte bajo, soto», y por extensión se aplica en español a la *guerrilla* y los *guerrilleros* franceses que se oponían a la ocupación alemana durante la Segunda Guerra Mundial.

mar Es voz de género ambiguo. Habitualmente su empleo es masculino *(el mar)*, pero en algunos casos también se usa el femenino: «llegaron a *alta mar*», «*mar ancha*», «hacerse *a la mar*». Los marineros suelen emplear exclusivamente el género femenino. También se dice «*la mar* de cosas» (admitido). Otras expresiones aceptadas (como las anteriores): *un mar de lágrimas; m. cerrada; m. de fondo; m. jurisdiccional* (o *aguas jurisdiccionales*); *m. tendida; m. territorial.* Siempre se escribe con minúscula: el *mar* Negro, el *mar* Mediterráneo.

marabú El plural es *marabúes,* no *marabús.*

maraca Es voz aceptada por la Academia. «Cierto instrumento músico de los guaraníes.»

Maracaibo El natural de esta ciudad de Venezuela es el *maracucho* o *maracaibero* (esta última no admitida).

maracucho (cha), maragatería, Maragall, maragato (ta).

*marajá No es voz admitida; tampoco lo es *maharajá.* En cambio, se acepta *rajá* (soberano índico).

marantáceo (cea), maraña, marañal, marañar, marañero (ra), marañón, Marañón, marañoso.

*marathon Incorrecto; lo correcto es *maratón* (v.).

marasmo.

maratón Con acento y sin *h,* es la grafía correcta para designar la «carrera pedestre olímpica». Se escribe con minúscula. Es incorrecto *marathon.* No se admite el adjetivo *maratoniano.*

maravedí Admite estas plurales: *maravedís, maravedises* y *maravedíes,* por orden de preferencia de la Academia.

maravilla.

maravillar(se) Uso de preposiciones: Maravillarse *con, de* una noticia.

maravilloso (sa).

Marbella El natural de esta ciudad

de Málaga recibe el nombre de *marbellense, marbellero,* voces que no constan en el Diccionario académico, y *marbellí,* que sí consta.

*marbellense, *marbellero, marbellí V. *Marbella.*

marbete «Etiqueta que se adhiere a ciertos objetos o bultos.»

marca Sólo con mayúscula en el caso de *Marca Hispánica* y otras expresiones similares. Se admite también para esa voz el significado de «el mejor resultado obtenido en un deporte» (una *marca* excelente). Reemplaza así el término *plusmarca,* no admitido, y la voz *récord,* tampoco aceptada.

marcación, marcadamente.

marcado «Un *marcado* acento extranjero.» Aquí el sentido de *marcado* es correcto. Puede decirse también (y es más correcto): *ostensible, manifiesto, evidente.*

marcador Admitido el significado de «aparato en que se marcan los tantos en el juego del balón y otros análogos».

*marcaje V. *marcar.*

marcapasos.

marcar En deportes se ha aceptado el sentido de «contrarrestar eficazmente un jugador el juego de su contrario», en pugna de equipos combinados. Se acepta *marcaje* y *desmarcarse.* Uso de preposiciones: Marcar *a* fuego.

marcasita, marceador (ra), marcear, marcenar, marceño (ña), marcescente, marcial, marcialidad, marciano (na), marco, marcomano (na).

marcha Se aceptan las expresiones *marcha atrás, sobre la marcha, puesta en marcha* y *a marchas forzadas.*

marchamar, marchamero.

marchamo Voz admitida; es «señal o marca que se pone en los bultos, en las aduanas, como prueba de que están reconocidos.»

marchante, marchantería, marchapié, marchar(se), marchitable, marchitamiento, marchitar(se), marchitez, marchito (ta), marchitura, marchoso (sa).

Mar del Plata El natural de esta ciudad de la Argentina recibe el nombre de *marplatense*.

Mardoqueo, marea, mareaje, mareamiento, mareante, marear.

maremagno Admitido. (V. *mare mágnum*.)

mare mágnum Expresión latina que figura en el Diccionario académico (por eso lleva acento). Se escribe separado; es incorrecto junto *(maremágnum)*. Se admite en cambio *maremagno*.

maremoto Es un «seísmo submarino».

*marengo No se acepta como color; dígase *gris oscuro*.

Mare Nostrum Nombre latino del mar Mediterráneo; significa «mar nuestro».

mareo, mareógrafo, mareoso (sa), marero, mareta, maretazo, márfaga, marfil, marfileño (ña), marfilina, marfuz, marga, margajita, margal, margar, margarina.

margarita «Echar *margaritas* a los cerdos» es en realidad «echar *perlas* a los cerdos», pues *margarita* en latín (de donde viene la frase) significa perla.

margen Voz del género ambiguo. Según su significado, adopta género masculino o femenino. Es masculino cuando se alude al espacio que queda en blanco en los cuatro lados de una página impresa *(el margen)*. Es femenino al referirse a la orilla del río (*las márgenes* del Duero).

marginado (da), marginal Véase *marginar*.

marginar Admitido el significado de «dejar al margen a una persona o cosa, hacer caso omiso de ella». No se especifica este sentido para *marginado*. *Marginal* es «asunto de importancia secundaria».

margoso (sa), margrave, margraviato, marguera, María, mariachi (s), marial, marianista, mariano (na), marica, Maricastaña, maricón, mariconada, maricultura (de mar), maridable, maridaje, maridar, maridazo, maridillo, marido.

mariguana, marihuana Voces admitidas, por este orden de preferencia, por la Academia. No se acepta, en cambio, *marijuana*. También se admiten, como sinónimos, *grifa* y *cáñamo índico*.

marimacho.

*marimandón El Diccionario académico admite *marimandona*, pero no *marimandón* (ya que viene de *María* y *mandón*). (V. *marisabidilla*.)

marimandona V. *marimandón* (incorrecto).

marimanta, marimarica, marimba, marimoña, marimorena.

marina Con minúscula casi siempre: la *marina* de guerra, pero con mayúscula cuando se designa el arma: una representación de la *Marina*.

marinaje, marinar.

*marine, *marines Es un término inglés (singular y plural). Debe decirse *infante de marina* e *infantería de marina*, respectivamente.

marinear, marinera, marinerado, marinerazo, marinería, marinero (ra).

*marines V. *marine*, también incorrecto.

marinesco (ca), marinista, marino (na), mariología, mariólogo.

*Marion Nombre inglés que corresponde a los nuestros de *Mariana* y *Mariano*.

marioneta Término aceptado. Es preferible *títere, fantoche*.

mariposa, mariposado, mariposear, mariposón, mariquita.

marisabidilla Sólo se aplica a las mujeres («mujer que presume de sabia, sabihonda»). (V. *marimandón*.)

mariscador (ra), mariscal, mariscala, mariscalato, mariscalía, mariscar, marisco, marisma, marismeño, marismo, marisquero (ra).

marista Con minúscula *(un marista)*; pero se escribe con mayúsculas *Hermano Marista* y su plural.

marital, marítimo (ma), maritornes, marjal, marjoleta, marjoleto.

*Marjorie Nombre inglés que corresponde al nuestro de *Margarita*.

*marketing Voz inglesa; significa «compra o venta en el mercado;

métodos de venta». Debe decirse *mercadotecnia,* voz admitida.

Mark Twain, Marlborough, Mármara, marmárico, marmella, marmita, marmitón, mármol, marmolejo, marmoleño (ña), marmolería, marmolillo, marmolista, marmoración, marmóreo (rea), marmoroso (sa), marmosa, marmosete, marmota, marmullar, maro.

*Maroc Voz francesa; significa *Marruecos* (país de África). En inglés es *Marocco.*

*Marocco V. *Maroc.*

marojal, marojo, marola, maroma, meromero (ra), marón, maronita.

marqués (sa) La jerarquía nobiliaria se incluye en el artículo *duque* (véase).

marquesado, marquesina, marquesota, marqueta, marquetería, Márquez, marquilla, marquista, marra, márraga, marraguero, marrajo (ja).

*Marrakech Mejor es *Marraquech* (véase).

marramao, marrana, marranada (1), marranalla, marranear, marranería (2), marrano.

Marraquech Otros escriben *Marraquesh,* pero es menos frecuente.

marrar, marras (de), marrasquino, marrazo, marrear, marrillo, marro.

marrón La Academia admite esta voz. Es «de color castaño», pero dicho especialmente de telas y vestimenta. No se aplica al pelo de personas y de animales, que sigue siendo *de color castaño. Marron glacé* es expresión francesa, dígase *castaña en dulce,* o *castaña confitada.*

*marron glacé V. *marrón.*

marroquí Es el natural de Marruecos. El plural es *marroquíes,* no *marroquís,* incorrecto.

marroquinería Admitido; también es *tafiletería* (arte de adobar el tafilete o cuero fino). Se admite asimismo *marroquinero (ra).*

marrubial, marrubio, marrueco (ca).

Marruecos El natural de este país africano recibe el nombre de *ma-*

rroquí, marroquín (na), o *marrueco (ca).*

marrullería, marrullero (ra).

Marsella El natural de esta ciudad de Francia recibe el nombre de *marsellés (sa).*

mársico, marso (sa), marsopa, marsupial.

Marta, marta Con mayúscula es nombre propio de mujer. Es incorrecto escribir *Martha.* En cuanto al animal (con minúscula), se admiten las expresiones *marta cebellina* y *marta cibelina* (preferente la primera).

martagón (na), Marte, martelo, martellina.

martes Como todos los días de la semana (y los meses), se escribe siempre con minúscula.

*Martha Este nombre propio de mujer se escribe *Marta* (v.) en nuestra lengua.

martillada, martillado, martillador (ra), martillar (1), martillazo, martillear (2), martillejo, martilleo, martillero, martillo, martina, martinenco, martinete, Martínez, martingala, Martinica, martinico, martiniega, martín pescador, mártir, martirial, martirio, martirizador (ra), martirizante, martirizar, martirologio, Martorell, marueco, marullo, Marx, marxismo, marxista, Maryland, marzal, marzante, marzas.

marzo Como todos los meses y los días de la semana, se escribe siempre con minúscula.

marzoleta, marzoleto.

mas, más Se escribe sin acento sólo cuando es conjunción adversativa y puede sustituirse por *pero* («vino el cartero, *mas* no trajo cartas»). Con acento en los demás casos (quiero *más; más* cerca; el *más* y el menos; dos *más* dos). Incorrecciones: «*Más* cantidad de espectadores» es «*mayor* cantidad...» «La plaza *más* grande» es «la plaza *mayor».* «De *más* en *más»* es «cada vez *más».* «El júbilo no existe *más»* es «el júbilo ya no existe». «Calidad *más* inferior» es «calidad inferior». «Un reloj de *más* precio» es «un reloj de *mayor* precio». «Vendrá *más* pronto o *más* tarde» es «vendrá *más* tarde o *más* temprano». «*Más allí*» es «*más allá*». «*Más aquí*» es «*más acá*». «*Más bien dicho*» es «*mejor dicho*».

masa, masacrar.

masacre Admitido por la Academia. Dígase también *matanza, degollina, mortandad, exterminio.* Igualmente se acepta *masacrar* (*exterminar, matar, aniquilar,* etcétera.).

*Masachusetts Es *Massachusetts* (con dos eses en la segunda sílaba).

masada, masadero, masageta.

masaje No se admite *masajear;* es *dar masaje.* Se acepta, en cambio, *masajista.*

*masajear Incorrecto. (V. *masaje.*)

masajista V. *masaje.*

masar, mascada, mascadijo, mascador (ra), mascadura, Mascagni, mascar, máscara, mascarada, Mascareñas (islas), **mascarero, mascarilla, mascarón, mascarón de proa, Mascate** (sultanato).

mascota Voz admitida por la Academia. Es «persona, animal o cosa que trae buena suerte».

mascujada, mascujar, masculillo, masculinidad, masculinización.

*masculinizar La Academia no admite este verbo. Puede usarse en su lugar la frase: «adoptar caracteres masculinos».

masculino (na) V. *género* (masculino).

mascullar, masera, masería, masetero, masía, másico, masicote, masiliense, masilio, masilla, Masinisa, masita.

masivo (va) Quiere decir «en gran cantidad». Es incorrecto emplearlo como en inglés, «un tronco masivo». Dígase *macizo, pesado, voluminoso.*

maslo.

masón También se admiten *francmasón, masonería* y *francmasonería.* Los femeninos son *masona* y *francmasona* (admitidos).

masonería, masónico (ca), masoquismo, masoquista.

más pronto «Llegará *más pronto* o *más tarde*» es incorrecto; dígase

«llegará *más tarde* o *más temprano*».

Massachusetts, Massenet, mastaba, mastelerillo, mastelero.

*master Graduado, graduación.

*mástic Es galicismo; dígase *mástique* (admitido) o *masilla.*

masticación, masticador, masticar, masticatorio (ria), masticino (na), másticis, mastigador, mastigar.

mástil Así debe acentuarse y no en la *i.*

mastín (na).

mástique Es lo correcto, y no *mástic.* Significa «masilla».

mastitis, mastodonte.

mastoides Como sustantivo es masculino (*el mastoides*). Es femenino en «*la apófisis mastoides*».

mastozoología, mastranzo.

*mastresa Voz incorrecta, usada en Cataluña; dígase *patrona, dueña.*

mastuerzo, masturbación, masturbar(se), masvale, mata, matabuey, matacabras, matacallos, matacán, matacandelas, matacandil, matacandiles, matachín, matadero, matador (ra), matadura, matafuego, matagallina, matagallos, matalobos, matalón, matalotaje, matalote, matamoros, matamoscas, matancera, matancero, matanza, matapalo, mataperrada, mataperros, matapolvo, matapulgas.

matar(se) Es un verbo regular pero que adopta a veces el participio irregular, *muerto* (participio de *morir*), además del regular, *matado* («fueron *muertos* muchos soldados», «fueron *matados* muchos soldados»). Uso de preposiciones: Matarse *a* trabajar; m. *por* lograr algo.

matarife Sólo masculino (*el matarife*).

Mataró El natural de esta ciudad de la provincia de Barcelona recibe el nombre de *mataronés (sa).*

matmaronés V. *Mataró.*

matarrata En singular es cierto juego de naipes. En plural (*matarratas*), es un «aguardiente de pésima calidad». En ningún caso quiere decir *raticida,* que es el término correcto.

matarrubias, matasanos.

*matasellar No se admite este verbo con el significado de «inutilizar un sello» de correos. Se acepta en cambio *matasellos,* «estampilla con que se inutilizan los sellos de las cartas». Dígase *cancelar.*

matasellos V. *matasellar* (incorrecto).

matasiete, matasuegras.

*match Voz inglesa; dígase *partido, competición, encuentro, juego, lucha,* según los casos.

mate, matear.

matemática, matemáticas V. *matemático.*

matemático El femenino es *matemática («la matemática* se casó con *el matemático»).* Como ciencia se admite *matemática,* pero se usa más *matemáticas.*

materia La Academia admite las expresiones *materia prima* y *primera materia,* aunque da preferencia a esta última. Sin embargo, cuando decimos «han llegado las *primeras materias* importadas» no sabemos si se refiere a las que se importaron en primer lugar o a las *materias primas.* En cambio, usando esta última expresión no cabe duda alguna. Como creemos que el lenguaje debe buscar en primer término la claridad, consideramos que *materia prima* debe ser la única expresión correcta.

material, materialidad, materialismo, materialista, materializar(se).

materialmente «Nos ha sido *materialmente* imposible acudir a la cita» es barbarismo; dígase «... *completamente* (o *totalmente*) imposible acudir a la cita».

maternal, (2), maternidad, maternizado, maternizar, materno (na) (1).

*Mathilde Es incorrecto; dígase *Matilde.*

Matías, matico, matidez, matihuelo.

Matilde Es lo correcto, y no *Mathilde,* incorrecto.

matinal.

*matinée Es voz francesa; dígase *función* (o *sesión) de tarde.* En otro uso incorrecto, debe decirse *peinador* («prenda que se ponen las mujeres por encima de los hombros para peinarse»).

Matisse, matiz, matización.

matizar Uso de preposiciones: Matizar *con, de* colores.

mato, Mato Grosso, matojo, matón, matonismo, matorral, matoso (sa), matraca, matraquear, matraqueo, matraquista, matraz, matrería, matrero (ra), matriarca, matriarcado, matriarcal, matricaria, matricial, matricida, matrícula, matriculación, matriculado (da), matriculador, matricular(se), matrimonesco (ca), matrimonial, matrimoniar.

matrimonio Se admiten las siguientes expresiones: *matrimonio civil; m. in artículo mortis* (o *in extremis); m. morganático* (o *de la mano izquierda); contraer matrimonio.*

matritense V. *Madrid.*

matriz, matrona, matronal, matronaza.

Matterhorn Nombre alemán del monte *Cervino* (en italiano).

*Matthew Nombre inglés; en español es *Mateo.*

matul, maturranga, maturrango.

Matusalén Es la grafía correcta; no debe escribirse *Matusalem.*

matute, matutear, matutero (ra), matutinal, matutino (na).

maula *(Amér.)* Taimado, ladino; cobarde.

maular, maulería, maulero (ra), maulón, maullador (ra), maullar, maullido (1), maúllo (2).

Maupassant, maure, Mauriac, Mauricio (islas).

Mauritania El natural de este país de África es el *mauritano (na).*

mauritano (na) V. *Mauritania.*

mauro (ra), Maurois.

máuser La Academia no especifica plural. Parece usarse más *máuseres* que *máusers.*

mausoleo, maxilar, máxima.

*maximalismo Incorrecto. V. *maximalista.*

maximalista Es correcto; dígase

también *extremista, radical*. No se admite *maximalismo*.

máxime, Maximiliano.

máximo (ma) Es el superlativo de *grande*.

Máximo.

máximum Es correcto: «Límite a que puede llegar una cosa.» Es mejor decir *máximo*.

maya, mayador (ra), mayal.

mayar Se acepta, aunque es mejor decir *maullar*. También se admite *mayido* (y *maullido*).

*Mayence Nombre francés de la ciudad que llamamos *Maguncia*.

mayestático (ca), mayéutica, Mayflower, mayido, mayo, mayólica.

mayonesa Voz admitida por la Academia, que sólo admitía *mahonesa*, mucho menos usada. Además, referido a la salsa *mahonesa* únicamente se acepta como adjetivo: *salsa mahonesa*, mientras que *mayonesa* es sustantivo: *la mayonesa*.

mayor Comparativo de superioridad de *grande*. «Este parque es *más grande* que el otro» es incorrecto; dígase «...es *mayor* que el otro». Se admiten estas expresiones, entre otras: *mayor de edad, sargento mayor, libro mayor, estado mayor* (con minúsculas), *al por mayor* (o *por mayor*), *señora* (o *señor*) *mayor*.

mayora, mayoral, mayorala, mayoralía, mayorazga.

mayorazgo El femenino es *mayorazga (la mayorazga)*.

mayordoma, mayordomazgo, mayordomear, mayordomía.

mayordomo El femenino es *mayordoma*, «mujer que ejerce funciones de *mayordomo*».

mayoría, mayoridad, mayorista.

mayoritario (ria) Voz admitida por la Academia, significa «relativo a la *mayoría*».

mayúscula Las *letras mayúsculas*, también llamadas *letras versales* en imprenta, se emplean en los siguientes casos: a) Al comenzar un escrito o un párrafo, y después de punto. b) En los nombres propios. c) En los sustantivos y adjetivos que integran la denominación de un periódico o una revista *(La Gaceta Literaria, El Diario de Noticias)*. d) En los sustantivos y adjetivos que integran el nombre de una institución o establecimiento (la Real Academia Española, el Tribunal Supremo, el Museo Etnográfico, el Cine Capitolio, el Teatro de la Comedia, el Hotel Plaza). e) En los nombres de documentos o conferencias (el Tratado de Berna, la Conferencia de Ginebra, el Concilio de Nicea). f) En las voces que denotan cargo o autoridad, cuando van en documentos, decretos, etc. (el Presidente, las Autoridades, el Ayuntamiento). g) En los sustantivos y adjetivos que entran en el título de una obra. Se exceptúa esto cuando el título es largo. h) En la numeración romana. i) En los atributos divinos (el Redentor, el Altísimo). j) En los tratamientos, sobre todo cuando están en abreviatura (Sr. D., D.ª, V. S.), pero *usted, señor*, etc., van con minúscula. k) Después de dos puntos, cuando se inicia una cita («... y dijo: "No huyáis..."»).

mayúsculo, maza, mazacote, mazada, mazamorra, mazana, mazaneta, mazapán, mazar, mazarí, Mazarino, Mazarrón, Mazatlán, mazazo, Mazda, mazdeísmo, mazmorra, maznar, mazo, mazonado, mazonería, mazorca, mazorral, mazuelo, mazurca.

*mazut Es galicismo; dígase en su lugar *fuel* (admitido). Tampoco se acepta *mazout*.

me Acusativo o dativo del pronombre personal de primera persona del singular con función de complemento directo o indirecto. Puede emplearse como sufijo *(me dijo, díjome)*.

meada, meadero, meado, meandro, mear, meato, meauca.

Meca (La) El natural de *La Meca* recibe el nombre de *mecano (na)* (v.); no debe escribirse *Mecca*.

¡mecachis!, mecánica, mecanicismo, mecánico (ca), mecanismo, mecanización, mecanizado, mecanizar.

mecano Es el natural de *La Meca*, y el juguete armable.

mecano- Prefijo que significa «mecánico» *(mecanógrafa, mecanográfico).*

mecanografía, mecanografiar, mecanográfico (ca), mecanógrafo (fa), mecanoterapia.

Mecca V. *Meca.*

mecedero, mecedor, mecedora, mecedura, mecenas, mecenazgo.

mecer Es verbo irregular. No se dice *mezco,* sino *mezo, meces,* etc. Tampoco es *mezcas,* sino *mezas,* etcétera.

meconio Es lo correcto, y no *meconium,* latinismo.

mecha, mechar, mechazo, mechera, mechero, mechinal, mechoacán, mechón, mechoso (sa), mechudo (da).

medalla, medallón, médano, medanoso (sa).

*medas Los naturales del antiguo país de Media no se llamaban *medas,* sino *medos.*

Medellín El natural de esta población de Colombia recibe el nombre de *medellinense.*

media.

Media Los naturales de la antigua *Media* eran los *medos,* no *medas,* incorrecto.

mediacaña, mediación, mediado (da), mediador (ra), medial.

medialuna Es la voz (admitida) que debe emplearse en lugar de *croissant* (incorrecto), ya que se trata de un «bollo en forma de media luna». Debe escribirse junto.

mediana, medianejo, medianería, medianero (ra), medianía, medianil, medianista.

mediano Aceptado con el sentido «de calidad intermedia». También se acepta *mediocre* (v.). Uso de preposiciones: Mediano *de* cuerpo; m. *en* capacidad.

medianoche Siempre se escribe junto; cuando significa «hora en que el Sol está en el punto opuesto al mediodía», y cuando es «bollo partido en dos mitades, entre las que se coloca una loncha de jamón», etc.

mediante.

mediar Uso de preposiciones: Mediar *en* un asunto; m. *entre* los contrarios; m. *por* un amigo.

mediastino, mediatización, mediatizar, mediato (ta), mediator.

*medible Es incorrecto; dígase *mensurable.*

médica Se dice *la médica,* no *la médico* (incorrecto), para referirse al femenino de *médico.*

medicable, medicación.

*medical «Un tratamiento *medical*» es incorrecto; dígase «un tratamiento *médico*» (o *medicinal,* en otros casos). *Medical* es galicismo.

*medicamentación «Prescribir una *medicamentación*» no es correcto; debe decirse «prescribir una *medicación*», o *medicamento, medicina, dosis,* según el caso.

medicamento, medicamentoso (sa), medicar, medicastro, medicina, medicina legal, medicinal, medicinante, medicinar, medición.

Médicis Es *el Médicis,* y *los Médicis,* siempre con *s* al final.

médico El femenino es *médica.* «*La médica* atendió al enfermo» es correcto; es incorrecto *la médico.* Se admiten las expresiones: *médico de cabecera; m. de cámara; m. forense.*

medicucho, medida.

medidor «El *medidor* de gas» es incorrecto; dígase «el *contador* de gas». Lo mismo ocurre con «*contador* de agua», que es lo correcto.

mediero (ra).

medieval Es correcto; también se admite *medioeval,* pero en segundo término. Lo mismo sucede con *medievo* (1), y *medioevo* (2).

medievalidad, medievalismo, medievalista.

medievo V. *medieval.*

Medinaceli, medinés (sa), Medina.

medio (día) «Está *media* despierta» es incorrecto; dígase «está *medio* despierta». «Un *medio* ambiente favorable» es incorrecto; dígase «un *medio* favorable», o «un *ambiente* favorable», ya que ambos vocablos son equivalentes. *Medio* también equivale a *médium* (véase).

mediocre Voz admitida; significa

«de calidad media; bastante malo». Es sinónimo el vocablo *mediano* (v.). También se admite *mediocridad*.

mediocremente, mediocridad.

mediodía Se escribe junto cuando se alude a «la hora en que el Sol está más alto sobre el horizonte»: Comieron al *mediodía*. Se escribe separado cuando se alude a «la mitad de un día»: Tardaron *medio día* en escribirlo.

medioeval, medioevo Voces admitidas, aunque son preferentes *medieval, medievo*.

mediomundo, mediopaño, mediopensionado, mediopensionista, mediquillo.

medir Verbo irregular que se conjuga como *pedir* (v.) (mido, mides, medís, etc.). Uso de preposiciones: Medir *a* palmos, m. una cosa *con* otra; m. *por* metros; m. todo *con, por* un rasero. Medirse *en* las palabras.

meditabundo (da), meditación, meditador (ra), meditante.

meditar Uso de preposiciones: Meditar *en, sobre* un misterio; m. *entre* sí.

meditativo (va) Es lo «referente a la *meditación*»; no confundir con *meditabundo*: «que *medita* o cavila».

mediterráneo (a) «Que pertenece al mar *Mediterráneo*» (un litoral *mediterráneo*). Siempre con minúscula, menos cuando se habla precisamente del mar (las costas del *Mediterráneo*).

médium Admitido: «Persona que reúne condiciones para que en ella se manifiesten los fenómenos magnéticos, o para comunicar con los espíritus.» También se acepta *medio*. El plural de *médium* no varía *(los médium);* no es *los médiums.*

medo Es el natural de *Media* (región de Asia antigua). Se dice, pues, los *medos*, y no los *medas*.

medra, medrana, medrar, medro, medroso (sa).

medula, médula Ambas formas están admitidas, si bien es más corriente la segunda acentuación:

médula espinal, *médula* oblongada.

medular, meduloso (sa), medusa, meduseo (sea).

*****meeting** Voz inglesa innecesaria en nuestra lengua. Está admitido *mitin* con igual significado. Es «reunión, asamblea» (generalmente con fines políticos). El acento prosódico de *mitin* recae en la primera sílaba, por lo que de acuerdo con las reglas de acentuación no lleva acento ortográfico. El plural es *mítines*.

Mefistófeles, mefistofélico (ca), mefítico (ca).

mega- Prefijo que significa «grande» *(megáfono, megalito)* y «un millón» *(megaciclo).*

megaciclo, megafonía, megáfono, megalítico (ca), megalito.

megalo- Prefijo que significa «grande» *(megalómano).*

megalomanía, megalómano (na).

*****megalópolis, Megalópolis** Con minúscula, con el significado de «ciudad gigantesca», no está admitido. Con mayúscula es el nombre de una antigua ciudad del Peloponeso, en la Grecia antigua.

Mégara La Academia escribe así el nombre de esta ciudad de la Grecia antigua, pero a menudo se acentúa prosódicamente la primera a (Megara). El natural de esta población recibe el nombre de *megarense*.

megarense V. *Mégara.*

megaterio.

megatón Vocablo aceptado por la Academia: «Unidad usada para comparar la fuerza explosiva de las bombas atómicas, y que equivale a un millón (mega) de toneladas (ton) de trilita.»

mego, mehala, meiga, meigo, mejala, mejana, mejer, Mejía.

mejicanismo, mejicano (na) Véase *Méjico.*

Méjico La Academia admite las dos formas: *Méjico* y *México*, así como *mejicano* y *mexicano* y *mejicanismo* y *mexicanismo*. Con *j* suele escribirse en España, y con *x* en el país americano. La pronunciación es similar, pues *México* se pronuncia con una *j* suave, y no con el sonido normal de la *x*. En cambio, *Texas* y *texano* es incorrecto; escríbase *Tejas* y *tejano*.

mejido (da), mejilla, mejillón.

mejor Comparativo de superioridad de *bueno* (adjetivo) y de *bien* (adverbio). «*Mejor* vale callar» es incorrecto; dígase «*más* vale callar». «El chalé es de los *mejores* situados de la costa», debe ser «...de los *mejor* situados...». «*Mejor* quiero un castigo» es «*prefiero* un castigo». Expresiones admitidas: *mejor postor; a lo mejor; mejor que mejor*.

mejora Principalmente es «aumento o progreso de una cosa» («una *mejora* de las relaciones»), en tanto que *mejoría* alude más bien al estado de salud («la *mejoría* del enfermo»).

mejorable, mejoramiento, mejorana, mejorar.

mejoría V. *mejora*.

mejunje También se admite *menjurje*, pero en segundo término. En todos los casos se escribe con *j*, y no con *g*.

***mejurge** V. *mejunje*.

***Meknès** Ciudad de Marruecos que en nuestra lengua llamamos *Mequínez*.

Mekong Río del SE de Asia.

mela, melada, melado, meladura, meláfico, melampo.

melan-, melano- Prefijo que significa «negro» *(melanina, Melanesia)*.

melancolía, melancólico (ca), melancolizar, Melanesia, melanina, melanita, melanóforo, melanosis, melanuria, melapia.

melar Verbo irregular que se conjuga como *acertar* (v.).

melastomatáceo (cea), melaza, Melbourne, melcocha, melcochero (ra), melcochudo (da).

***melée** Es voz francesa; debe decirse *revoltijo, confusión, lío, pelea*.

melena, melenera, meleno, melenudo (da), melera, melero, melga, melgacho, melgar, melgo (ga), melguizo, Melibea, mélico (ca), melífero (ra), melificación, melificado (da), melifica-

dor, melificar, melifluamente, melifluencia, melifluidad, melifluo (flua).

Melilla El natural de esta ciudad española de África recibe el nombre de *melillense*.

melillense, melindre, melindrear, melindrería, melindrero (ra), melindrillo, melindrizar, melindroso (sa), melinita, melino (na), melión, meliorativo (va), melisa, melisma, melito.

melo- Prefijo que significa «música» *(melómano, melodrama)*.

melocotón, melocotonar, melocotonero, melodía, melódico (ca), melodioso (sa), melodista, melodrama, melodramático (ca), melodreña, melografía, meloja, melojar, melojo, melolonta, melomanía, melómano (na), melón, melona, melonada, melonar, meloncillo, melonero (ra), melopea, melosidad, meloso (sa), melote, Melpómene, Melquiades.

***Melquíades** Es incorrecto; se acentúa prosódicamente la *a*: *Melquiades*.

Melquisedec, melquisedeciano (na), melva, mella, mellado (da), mellar, melliza.

mellizo Es «gemelo, nacido del mismo parto». Es correcto decir *trillizos, cuatrillizos* y *quintillizos*.

melloco, mellón, memada, membrado (da), membrana, membranáceo (cea), membranoso (sa), membranza, membrar, membrete, membrilla, membrillar, membrillate, membrillero, membriilo, membrudo (da), memela, memento, Memnón, memnónida, memo, memorable, memorando.

memorándum Es correcto así escrito; se acepta también *memorando*, pero en segundo término. El plural más corriente es *memorándums*, aunque también se dice *memorandos* y *memorándum* (invariable), pero no *memoranda* (plural latino), incorrecto en nuestra lengua.

memorar, memoratísimo (ma), memorativo (va), memoria.

memoria Parte de la computadora que almacena datos.

memorial, memorialesco (ca), memorialista, memorión, memorioso (sa), memorismo, memorista.

*memorización La Academia no acepta esta voz, aunque sí admite *memorizar;* dígase *aprender de memoria.*

memorizar, memoroso.

*Memphis V. *Menfis.*

mena, ménade.

*ménagerie Incorrecto; dígase *colección de fieras, zoológico.*

menaje Admitido como «muebles y accesorios de una casa»; pero es galicismo como «quehaceres, tareas de una casa».

menar, mención, mencionar, menda, mendacidad, mendaz, Mendel, mendelevio, Mendeleiev, mendeliano (na), mendelismo, Mendelssohn, mendicación, mendicante, mendicidad, mendigante (ta), mendigar, mendigo (ga), mendíquez, mendocino (na), mendoso (sa), Mendoza.

mendrugo «Tiró el *mendrugo* de pan» es redundancia, pues *mendrugo* quiere decir «pedazo de pan duro»; basta, por tanto, con decir *mendrugo.*

meneador (ra), menear, menegilda, Menelao, Menéndez, meneo, menester, menesteroso (sa), menestra, menestral, menestrala, menestralería, menestralía, menestrete, menestril.

Menfis Es la grafía correcta de esta ciudad del antiguo Egipto, aunque también se acepta *Memphis.* El natural de esta ciudad recibía el nombre de *menfita* (no *memfita*). (Véase *Memphis.*)

menfita, menfítico (ca).

mengano Voz equivalente a *fulano* y *zutano.* Se emplea después de *fulano* y antes que *zutano.* El femenino es *mengana.* A veces se añade *perengano.*

Mengs, mengua, menguado (da), menguamiento, menguante, menguar, mengue, menhir, menina, meninge, meníngeo (gea), meningitis, meningococo, menino, menipeo (cea), menisco, menispermáceo (cea).

menjurje Admitido, pero es preferente la voz *mejunje.*

Meno Es el equivalente español del alemán *Main* (v.): *Francfort del Meno* (aunque también se dice *Francfort del Main*).

menologio, menonia, menonita.

*menopausa Es barbarismo; dígase *menopausia* (con *i*).

menopausia Es lo correcto, y no *menopausa,* barbarismo.

menor Comparativo de *pequeño.* Debe decirse «*menor* que», y no «*más pequeño* que». Uso de mayúsculas: Asia *Menor,* Santiago el *Menor,* Osa *Menor.* Uso de preposiciones: Menor *en* graduación.

menoración, menorar, Menorca, menorete, menoría, menoridad, menorquín (na), menorragia.

menos «Hay menos que la mitad»; dígase «hay *menos de* la mitad».

menoscabador (ra), menoscabar, menoscabo, menoscuenta, menospreciable, menospreciador (ra), menospreciamiento, menospreciar, menospreciativo (va), menosprecio, menostasia, mensaje, mensajería, mensajero (ra).

mens sana in corpore sano Proverbio latino que significa «mente sana en cuerpo sano».

menstruación, menstrual, menstruante, menstruar, menstruo (trua), menstruoso (sa), mensual, mensualidad, ménsula, mensura, mensurabilidad, mensurable, mensuración, mensurador (ra), mensural, mensurar, mensurativo (va).

-menta Sufijo que significa «colectivo» *(osamenta).*

mentado (da), mental, mentalidad.

mentar Verbo irregular que se conjuga como *acertar* (v.).

-mente En las voces terminadas en *-mente* (adverbios), el primer componente conserva siempre su acento *(cortésmente).*

mentecatada, mentecatería, mentecatez, mentecato (ta), mentidero (ra), mentido (da).

mentir Verbo irregular que se conjuga como *sentir* (v.) (miento, mientes, mentís, etcétera).

mentira, mentirijillas (de), menti-

roso (sa), mentís, mentol, mentón, mentor.

*menú Es galicismo; dígase *minuta, lista de platos.* También es la lista de opciones que ofrece una computadora.

menudear, menudencia, menudeo, menudero (ra), menudillo, menudo (da), menuzo, meñique, meollo, meolludo (da), meón (na), mequetrefe.

Mequínez Es el nombre correcto en nuestra lengua de la ciudad de Marruecos que en francés se llama *Meknès.*

meramente, merar, merca, mercachifle, mercadante, mercadear, mercadeo, mercader, mercadera, mercadería.

mercado Se acepta la expresión *mercado negro* («tráfico clandestino de mercancías»).

mercadotecnia Voz admitida. (V. *marketing.*)

mercancía, mercancías Se admite el sustantivo masculino *mercancías (un mercancías),* aunque es preferible decir *un tren de mercancías.*

mercante, mercantil, mercantilismo, mercantilista, mercantilizar, mercantivo (va), mercar, Mercator, merced, mercedario (ria), mercenario (ria), mercería, mercerizar, mercero (ra), mercurial, mercúrico (ca).

*merchandising (Inglés). Comercio, mercadeo.

merchante, merdellón (na), merdoso, merecedor (ra).

merecer «Bien *se merece* el premio» es incorrecto; dígase «bien *merece* el premio». Con *merecer* es incorrecta la forma reflexiva *se.*

merecidamente, merecido (da), mereciente, merecimiento.

merendar Verbo irregular que se conjuga como *acertar* (v.) (meriendo, meriendas, merendáis, etc.).

merendero (ra), merendilla, merendola (2), merendona (1).

*merengado Es incorrecto; dígase *amerengado,* correcto.

merengue, meretricio (cia), meretriz, mergo, mergón.

Mérida El natural de esta ciudad

de Badajoz recibe el nombre de *emeritense* (1), y *merideño (ña)* (2). El natural de las ciudades americanas de este nombre es *merideño (ña).*

merideño (ña) V. *Mérida.*

meridiana, meridiano.

merídiem «Llegará a las once *ante merídiem* (a. m.)» no es correcto; se emplea en algunos países americanos. Dígase «llegará a las once *de la mañana». Merídiem* equivale a *mediodía.* De igual forma, *post merídiem* (p. m.) es *de la tarde.*

meridional, merienda, Mérimée, merindad, merinero (ra), merino (na), meritar, meritísimo (ma), mérito.

meritorio Es incorrecto usar esta voz como *aprendiz,* que es lo que debe decirse. El sentido correcto es «digno de premio o galardón». El femenino es *meritoria.*

merla, merleta, merlín, Merlín, merlo, merlón, merluza, merma, mermar, mermelada, mero (ra), merodeador (ra), merodear, merodeo, merodista, Meroveo, merovingio (gia).

mes Los nombres de los meses se escriben siempre con minúscula, incluso en las fechas de cartas (25 de septiembre de 1973). Igual con los días de la semana. Es incorrecto el orden «septiembre 25 de 1973».

mesa «Sentarse *en la mesa»* es incorrecto; dígase «sentarse *a la mesa».*

mesada, mesadura, mesalina, Mesalina, mesana, mesar, mescabar, mescabo.

mescolanza Admitido, lo mismo que *mezcolanza,* pero es preferente esta última voz.

meseguería, meseguero (ra), mesentérico (ca), mesenterio, meseraico (ca).

mesero *(Amér.)* Camarero, mozo, sirviente.

meseta, mesiado, mesiánico (ca), mesianismo.

Mesías Siempre con mayúscula, incluso cuando la voz se aplica en sentido figurado.

mesiazgo, mesidor.

mesilla Admitidas las expresiones *mesilla de noche, mesita de noche, mesa de noche.* Es preferente la última.

mesillo «Primer menstruo después del parto.»

Mesina Así se escribe el nombre de esta ciudad de Sicilia; no debe escribirse *Messina.* El natural de dicha ciudad es el *mesinés (sa).*

mesinés (sa), mesita, mesmedad, Mesmer, mesmerismo, mesnada, mesnadería, mesnadero.

meso- Prefijo que significa «medio» *(mesodermo, mesotórax).*

mesoamericano, mesocarpio, mesocefalia, mesocéfalo, mesocracia, mesocrático (ca), mesodérmico (ca), mesodermo.

mesón También se escribe así, en física nuclear, cierta partícula de masa intermedia entre la del protón y la del electrón.

mesonaje, mesonero (ra), Mesonero Romanos, mesonil, mesonista, Mesopotamia, mesotórax, mesozoico, Mesta, mestal, mesteño (ña).

mester Es voz anticuada, pero se emplea hoy especialmente para designar el *mester de clerecía* y el *mester de juglaría* (género literario cultivado por clérigos y por juglares, respectivamente). Es incorrecta la acentuación grave, en la primera *e.*

mesticia, mestizaje, mestizar, mestizo (za), mesto (ta).

-mestral, -mestre Formas sufijas del sustantivo *mes* para adjetivos y sustantivos respectivamente: *trimestral, trimestre.*

***mestresa** Voz incorrecta; dígase *dueña, patrona, ama.*

mesura, mesurado (da).

mesurar(se) Uso de preposiciones: Mesurarse *en* las acciones.

meta- Prefijo que significa «más allá; cambio, mutación» *(metacentro, metacarpo).*

meta, metabólico (ca), metabolismo, metacarpiano, metacarpo, metacéntrico (ca), metacentro, metafísica, metafísico (ca), metafonía.

metáfora Figura de retórica que consiste en expresar en lenguaje figurado una idea de semejanza: «El otoño de la vida», «el coral de sus labios».

metafórico (ca), metaforizar, metagoge.

metal Además del significado general, tiene, en particular, el de «latón». Se admiten las siguientes expresiones: *metal blanco; m. precioso; el vil metal.*

metalario, metalenguaje, metalepsis, metalero, metálica.

metálico Antes sólo era «dinero en metal, a diferencia del papel moneda». Recientemente ha admitido la Academia para *metálico* el sentido de: «Dinero en general.»

metalífero (ra), metalino (na), metalista.

metalistería Es el «arte de trabajar metales», pero no el taller donde se los trabaja.

metalización, metalizar(se), metaloide, metaloterapia, metalurgia, metalúrgico (ca), metalurgista, metalla, metamatemática, metamórfico (ca), metamorfismo, metamorfosear(se).

metamorfosis Es lo correcto; y no *metamórfosis,* incorrecto.

metano Hidrocarburo gaseoso.

metaplasmo Alteración de algunos vocablos por adición, cambio o supresión de sonidos. *Metaplasmos* por adición: paragoge, prótesis y epéntesis; por supresión: apócope, síncopa, aféresis; por alteración: metátesis. (Véase cada una de estas voces.)

metapsíquica, metástasis, metatarsiano, metátesis, metate.

metátesis Figura de gramática por la cual se altera el orden normal de las letras en las palabras *(perlado* por *prelado).* No debe confundirse con *metástasis* (aparición de nuevos focos de una dolencia en distintos lugares del organismo).

metatizar, metatórax, Metauro, metazoo, meteco, metedor (ra), meteduría, Metelo, metempsicosis (1), metempsícosis (2), metemuertos, meteórico (ca), meteorismo.

meteorito Es un aerolito. No debe

confundirse con *meteoro;* «cualquier fenómeno atmosférico».

meteoro, (1), **metéoro** (2) Véase *meteorito.*

meteorología Es la grafía correcta (deriva de *meteoro*), y no *metereología,* que es barbarismo. Lo mismo vale para *meteorólogo,* etc.

meteorológico (ca), meteorologista (2), **meteorólogo (ga)** (1), **metepatas.**

meter(se) *«Meterse a* cocinero» es cuando se pretende actuar como cocinero. *«Meterse* cocinero» es cuando se sigue esa profesión u oficio. Por eso no debe decirse *«meterse a* monja» (o *a* fraile, o *a* soldado), sino *«meterse* monja» (o fraile, o soldado). Uso de preposiciones: Meterse *con* la gente; m. *en* un sitio; m. *entre* la gente.

Metge, metical, meticón (na), meticulosamente, meticulosidad.

meticuloso (sa) Antes sólo se aceptaba el significado de «miedoso, temeroso». Recientemente ha aceptado la Academia el sentido de «escrupuloso, nimiamente concienzudo». Lo mismo vale para *meticulosidad.*

metido No debe emplearse esta voz con el significado de «entremetido» (o entrometido).

metijón (na), metílico (ca), metilo, metimiento, metódico (ca), metodismo, metodista, metodizar, método, metodología.

metomentodo Es lo correcto, sin acento (*métomentodo* es incorrecto).

metonimia Figura de retórica por la cual una cosa se designa con el nombre de otra (*las canas,* por *la vejez; leer a Cervantes,* por *leer las obras de Cervantes,* etc.).

metonímico (ca), metopa (1), **métopa** (2), **metoposcopia.**

metraje Admitido el significado de «longitud de una película cinematográfica».

metralla, metrallazo.

metralleta Aceptado este vocablo como «arma de fuego portátil, de repetición».

metreta, métrica, métrico (ca), me-

trificación, metrificador (ra), metrificar, metrista, metritis.

metro-, -metro Prefijo y sufijo que significan «medida» (*metrónomo, centímetro*).

metro Aparte de «unidad de longitud» (símbolo: m), se acepta como «abreviatura de *metropolitano*» (ferrocarril subterráneo). Se escribe con minúscula («voy a tomar el metro»).

metrología, metrónomo.

metrópoli Es lo correcto; debe evitarse *metrópolis,* voz anticuada.

metropolitano También significa «ferrocarril subterráneo o aéreo...». (V. *metro.*)

metrorragia, Metz.

*Meuse Nombre francés del río que llamamos *Mosa.*

mexicanismo, mexicano (na) V. *México.*

México Ha admitido la Academia esta grafía, empleada principalmente en dicho país y en América. También acepta *mexicano, mexicana* y *mexicanismo.* En todos estos casos, la *x* se pronuncia como *j,* y no como *x.* (Como *j* suave lo pronuncian en el referido país americano.) En España suele escribirse *Méjico, mejicana, mejicano, mejicanismo* (tal como se pronuncia), que son los vocablos relacionados como preferentes en el Diccionario académico.

*mezanine Es incorrecto; dígase *entresuelo, piso.*

mezcal, mezcla, mezclable, mezclado (da), mezclador (ra), mezcladura, mezclamiento, mezclar(se), mezclilla.

*mezco Incorrecto como forma del verbo *mecer;* conjúguese así: *mezo, meces, mecéis,* etc. (Véase *mecer.*)

mezcolanza, mezquinar, mezquindad, mezquino (na), mezquita, mezquite.

*mezzanine V. *mezanine.*

*mezzosoprano Vocablo italiano. Voz de mujer, entre soprano y contralto. Cantante que posee esta voz.

mi Se escribe sin acento cuando se trata de la nota musical, y cuando es adjetivo posesivo (*mi* libro, *mis* parientes). Va acentuado cuando es pronombre personal (dámelo a *mí; se burla de mí*). (V. *mío*.)

mía V. *mío.*

miaja, mialgia, miar.

miasma Es masculino, y suele usarse en plural *(los miasmas).*

miasmático (ca), miau, mica, micáceo, micacita.

micado Admitido, lo mismo que *mikado,* aunque es preferente la primera voz. «Título que se da al emperador de Japón.»

micción, micelio, Micenas, Micerino, micénico (ca), micer.

miceto-, -miceto Prefijo y sufijo que significan «hongo» *(micetología, ascomiceto).*

micetología, mico, micología, micólogo (ga), micosis.

micra V. *micrón.*

micro- Prefijo que significa «pequeño» y «amplificación» *(microcosmo, micrófono).*

microbiano (na), microbio, microbiología, microbiológico (ca), microbiólogo (ga), microcefalia, microcéfalo (la), microcinta, microcopia.

microcosmo También se admite *microcosmos,* pero es preferente la primera voz. No confunda con *macrocosmo* (v.).

microeconomía, microelectrónica, microfaradio, microfilmación, microfilmador (ra), microfilmar.

microfilme Voz admitida; es incorrecto *microfilm.* (V. *filme.*)

micrófito, micrófono, microfotográfico (ca), micrografía, micrógrafo.

*microlentilla No está admitido; en cambio, se acepta *lentilla* (véase).

micrométrico, micrómetro, micromilímetro.

micrón Es la milésima parte de un milímetro, o millonésima parte de un metro. También se llama *micra,* admitido y preferente.

microonda.

*microordenador Computadora más pequeña que el *miniordenador* (mediano).

microorganismo, micrópilo, mi-

croprocesador, microscopia, microscópico (ca), microscopio.

microsurco Voz recientemente aceptada. Es un disco de larga duración. No debe decirse *long play.*

micrótomo, micuré, micha.

*Michael Nombre inglés; correspondiente al nuestro de *Miguel.*

Michigan, michino, micho, Michoacán, michoacano (na), mida, Midas, midriasis, Midway (islas), mieditis.

miedo Aceptada la expresión *miedo cerval.*

miedoso (sa), miel, mielga, mielgo, mielítico (ca), mielitis, miembro, miente (s), mientras.

miércoles Como todos los días de la semana y los meses del año, se escribe siempre con minúscula.

mierda, mierra, mies, miga, migaja, migajada, migajón, migar.

migración Es sinónimo de *emigración,* aunque es preferente esta última, referido a personas. Relativo a aves, es mejor *migración.*

migraña, migratorio (ria), miguelete, miguero (ra).

Mihura Con *h* es el nombre de un escritor español. Sin *h, Miura,* el de una ganadería de reses bravas.

mijero, mijo.

mikado Voz admitida, lo mismo que *micado* (v.), pero es preferente esta última.

mil «Las *miles* de pesetas que le ha costado» es incorrecto; dígase «*los miles...*». «*Miles de* gracias, señora», es «*mil* gracias, señora».

*milady No está admitido por la Academia, que tampoco acepta *lady.* En cambio ha admitido *ladi* (v.) y *milord* (v.). *Milady* es «señora mía» (tratamiento) y «dama noble inglesa».

milagrear, milagrería, milagrero (ra).

milagro «Todos viven por *milagro*», debe ser «todos viven *de milagro*», que es lo correcto.

milagrón, milagroso (sa), milamores, Milán, milanés (sa).

*Milano Nombre italiano de una ciudad; en nuestra lengua decimos Milán.

Milá y Fontanals, Milcíades.

mildeu, mildiu Voces admitidas. Es preferente *mildiu*. No debe emplearse *mildew*, que es la voz inglesa original. Es una enfermedad de la vid producida por un hongo.
*mildew V. *mildeu, mildiu*.

milenario (ria), milenarismo, milenio, mileno (na), milenrama, mileón, milésima, milésimo, milesio, Mileto.

milhojas Es el nombre de una planta (femenino). No se acepta, en masculino, para designar un pastel de hojaldre.

mili- Prefijo que significa «milésima parte» *(miligramo, mililitro)*.

miliar, miliárea, miliario (ria).

milibar Es «unidad de presión atmosférica». El plural es *milibares*.

milicia, miliciano (na).

miligramo, mililitro Son voces llanas; por tanto, no debe decirse ni escribirse *milígramo* ni *mililitro*. Símbolos: mg y ml.

milímetro Es voz esdrújula. Símbolo: mm.

*militancia Incorrecto; dígase *intervención, actuación*.

militante, militar, militara, militarada, militarismo, militarista, militarización, militarizar, mílite, milmillonésimo (ma), miloca, milocha, milonga, milonguero (ra).

milord Voz aceptada, como tratamiento que se da a los *lores*. (V. *lord*.) El plural es *milores*, no *milords*.

milpiés, Milton, Milwaukee, milla, millaca, millar, millarada.

*milliard Hay quien lo traduce erróneamente por *millar*. Esta voz francesa significa «millar de millones». *Mille milliards* es «un billón».

*Millicent Nombre inglés que equivale a *Melisenda*.

millo, millón, millonada, millonario (ria), millonésimo (ma), mimador (ra), mimar, mimbral, mimbrar, mimbre, mimbrear, mimbreño (ña), mimbrera, mimbreral, mimbrón, mimbroso (sa), mimeógrafo, mimesis, mimético (ca), mimetismo, mímica, mímico, mimo, mimodrama, mimógrafo, mimosa, mimosáceo (cea), mimoso (sa),

mina, mina submarina, minador (ra), minal, minar.

minarete Voz admitida. Es preferible decir *alminar*.

Mindanao, mindoniense (de Mondoñedo), **minera, mineraje, mineral, mineralización, mineralizar, mineralogía, mineralógico (ca), mineralogista, minería, minero (ra), mineromedicinal, minerva, Minerva, minervista, Ming, mingitorio (ria), mingo, Mingo, mini-, miniar, miniatura, miniaturista, miniaturización.**

*minibasket Voz no autorizada. Dígase *baloncesto infantil*.

*minifalda No aceptado. Dígase *falda corta*.

minifundio, mínima, minimista, minimizar, mínimo (ma).

mínimum Vocablo admitido, pero es preferible *mínimo*.

minina, minino, minio.

*miniordenador Computadora de capacidad mediana.

ministerial, ministerialismo.

ministerio Con mayúscula: el *Ministerio* de Obras Públicas, el *Ministerio* de Hacienda, etc. Con minúscula: el *ministerio* público, el *ministerio* fiscal.

ministra Es el femenino de *ministro*. Tanto se refiere a la mujer que desempeña el cargo como a la esposa del ministro.

ministrable Voz aceptada (persona en quien se aprecian probabilidades y aptitud para ser ministro).

ministrante, ministrar, ministril.

ministro Se escribe con minúscula: «El *ministro* de Trabajo.» Expresiones admitidas: *ministro de Dios* (sacerdote); *m. sin cartera; primer ministro.*

Minneápolis, Minnesota, mino, minoración, minorar, minorativo (va), minoría, minoridad, minorista, minoritario (ria), Minos, Minotauro, Minsk, minstral, minucia, minuciosidad, minucioso (sa).

minué Admitido; es incorrecto *minuet* y *minueto* (como baile). *Minueto* también se acepta, pero como composición musical, mientras que *minué* es un baile antiguo.

minuendo .

minueto V. *minué*.

minúsculo (la), minusvalía, minusvalidez.

minusválido (da) Admitido; «persona que adolece de invalidez parcial».

minusvalorar.

minuta Es lo correcto, y no *menú*, galicismo. Es una «lista de manjares o platos».

minutar, minutario, minutero.

minuto «Las ocho y veintiún *minuto*» es incorrecto; dígase «...veintiún *minutos*».

Miño, miñón, miñona, miñosa.

mío, mía, míos, mías Pronombres posesivos. Siempre llevan acento ortográfico. «Delante *mío*» es incorrecto; debe decirse «delante de *mí*». De igual modo, «delante *nuestro*» es «delante de *nosotros*», etc.

mio- Prefijo que significa «músculo» *(miocardio, miología).*

miocardio, miocarditis, mioceno, miodinia, miografía, miolema, miología, mioma, miope, miopía, miosis.

miosota Es lo correcto, y no *miosotis* (galicismo). También puede decirse *nomeolvides, raspilla* (aceptadas), para aludir a esta «planta de jardín».

*miosotis Incorrecto. (V. *miosota*.)

mira, Mirabeau, mirabel, mirable, mirabolano (s), mirada, miradero, mirado (da), mirador (ra), miraguano, miramiento, miranda, Miranda, mirandés (sa), mirandino, mirante.

mirar(se) «*Miraré* de hacerlo» es expresión incorrecta; dígase «*trataré* de hacerlo», o «*procuraré* hacerlo». Uso de preposiciones: Mirar *con* simpatía; m. *por* encima del hombro; mirarse *al* espejo.

miria- Prefijo que significa «diez mil» *(miriámetro, miriápodo).*

miríada «Cantidad muy grande, pero indefinida.»

*Miriam En nuestra lengua este nombre es *María*.

miriámetro Se abrevia *Mm.*

miriápodo, mirificar, mirífico (ca), mirilla, miriñaque, miriópodo, mirística, miristicáceo (cea), mirla, mirlamiento, mirlarse, Miró, miro-

bálano, mirobrigense, mirón (na), mirra, mirrado, mirrino, mirsináceo (cea), mirtáceo (cea), mirtídano, mirtino (na), mirto, mirza.

misa Admitidas las expresiones siguientes: *misa cantada; m. de campaña; m. de cuerpo presente; m. de difuntos; m. del gallo; m. de réquiem; cantar misa; decir m.; oír m.*

misacantano, misal, misantropía, misantrópico (ca), misántropo, misar, misario, miscelánea, misceláneo, miscible.

*mise en scène Expresión francesa; dígase *escenificación, escenografía, presentación de una obra*, según el caso.

miserabilísimo (ma) Superlativo absoluto de *miserable*. No confundir con *misérrimo*, superlativo absoluto de *mísero*.

miserable, miseración, miseraico (ca), miserando (da), miserar, miserere, miseria, misericordia, misericordiosamente.

misericordioso (sa) Uso de preposiciones: Misericordioso *con, para, para con* los desamparados.

miserioso (sa), misero (ra), mísero (ra).

misérrimo (ma) Superlativo absoluto de *mísero*. No confundir con *miserabilísimo* (v.).

misil Aceptado por la Academia: «Cohete militar o espacial, y su cabeza o cápsula.» También se acepta *mísil*. El plural es *misiles* y *mísiles* respectivamente. Es incorrecto *missil* (con dos eses).

misión, misional, misionar, misionario, misionero (ra).

Misisipí V. *Mississippi*.

misiva, misivo, mismamente, mismidad, mismito, mismo (ma), misoginia.

misógino No existe el femenino *(misógina)*; tan sólo *misógino* («que odia a las mujeres»).

misoneísmo, misoneísta.

*miss Voz inglesa; dígase *señorita, reina* (de un concurso de belleza), según el caso. El plural es *misses*.

*missil, *míssil Incorrecto. (Véase *misil*.)

*Mississippi Es mejor escribir *Mi-sisipí* (estado y río de América del Norte).

Missouri También se escribe *Mi-suri* o *Misurí* (estado y río de América del Norte).

mistagogo, mistela.

*mister Voz inglesa, no admitida, que significa «señor». Si se usa en un texto en nuestra lengua, debe ir acentuada y con minúscula: «Dijo *míster* Hyde, rápidamente.» Se abrevia *Mr.*

misterio, misterioso (sa), mística, misticismo, místico.

mistificación, mistificador Véase *mistificar.*

mistificar Admitido como voz preferente, y en segundo término *mix-tificar.* Es «engañar, falsear». También se aceptan *mistificador (ra), mistificación,* y las mismas voces con *x,* admitidas en segundo término.

misticón (na).

mistificación, mistificador (ra) V. *mistificar.*

mistifori.

misto (ta) Admitido, es preferente la voz *mixto.*

mistral Viento del N o NO. Se escribe con minúscula.

*mistress En inglés es «señora».

mistura, misturar, misturero Son preferentes las mismas voces con *x* en vez de *s.*

Misuri, Misurí V. *Missouri.*

mitad «En *mitad* del aula se situó el profesor» es incorrecto; dígase «*en medio* del aula...». «Dejar una carta *a la mitad*», es «dejar una carta *a medio hacer.*»

mítico (ca), mitificar, mitigación, mitigadamente, mitigador (ra), mitigante, mitigar(se), mitigatorio (ria), Mitilene.

mitin Es la voz admitida, con acento prosódico en la primera i, pero sin acento ortográfico. Son incorrectas las grafías *meeting, mítin* y *mitín.* El plural es *mítines* (acentuado).

mito, mitografía, mitógrafo (fa), mitología, mitológico (ca), mitologista (2), **mitólogo** (1), **mitón, mitosis, mitote, mitotero (ra), mitóti-**

co (ca), mitra, mitrado (da), mitral, mitrar, Mitrídades, mitridatismo, mitridato, Mitterrand, mítulo.

Miura Es una ganadería de reses bravas. *Miura* es ese toro. *Mihura* con *h* es, en cambio, el apellido de un escritor español.

mixedema.

*mixer Voz inglesa; significa *mez-clador.*

mixomatosis.

mixtificación, mixtificador, mixtificar Voces admitidas, aunque son preferentes los mismos vocablos con *s* en vez de *x* (*mistificación,* etc.).

mixtifori, mixtilíneo (na), mixtión, mixto (ta), mixtura, mixturar, mixturero (ra).

miz, miza.

mízcalo Seta comestible que crece en los pinares. Es preferible a *nís-calo.*

mizo Voz familiar: gato. El femenino es *miza.*

mnemo- Prefijo que significa «memoria» *(mnemónica).* La mayor parte de las voces que comienzan con este prefijo pueden escribirse también sin *m.* (V. *mnemónico.*)

mnemónico (ca), mnemotecnia, mnemotécnica, mnemotécnico. Estas voces también pueden escribirse sin la *m* inicial (*nemónico, nemotecnia,* etc.), si bien la Academia da como preferentes las primeras.

Moab, moabita.

moaré Voz aceptada, aunque es preferente *muaré* («tela fuerte que forma aguas»).

mobiliario (ria), moblaje, moblar, moble.

moca Grafía correcta de la voz que designa un «café de buena calidad». No se acepta *moka.*

mocador, mocar, mocarra, mo-carro.

mocasín Voz admitida; es un calzado moderno inspirado en el que usaban los indios.

mocear, mocedad, mocejón, mo-ceril, mocería, mocero, mocetón (na), mocil, moción, mocito (ta), moco, mocoso (sa), Moctezuma, mocha, mochada, mochales, mo-

char, mochazo, moche, mocheta, mochete, mochil, mochila, mochín, mocho (cha), mochuelo, moda, modal (es), modalidad, modelado (da), modelador (ra), modelar.

modélico No es voz admitida; dígase *modelo, ejemplar.* «Un comportamiento *modélico*» es «un comportamiento *ejemplar*».

modelista, Módena, modenés (sa), moderación, moderado (da).

moderador Admitido con el significado de «persona que preside o dirige un debate o asamblea».

moderante, moderantismo, moderar, moderativo (va), moderatorio (ria), modernidad, modernismo, modernista, modernización, modernizar, moderno (na), modestia, modesto (ta), módicamente, modicidad, módico (ca), modificable, modificación, modificador (ra), modificante, modificar, modificativo (va), modificatorio (ria), Modigliani, modillón, modio.

modismo Modo de hablar o expresión característicos de una lengua (*a bocajarro, a ojos cerrados,* etc.).

modista Es nombre común; por consiguiente vale tanto para mujeres como para hombres. Es menos correcto decir el *modisto.*

modisto Voz admitida; es preferente *modista.*

modistilla.

modo Es cada una de las distintas formas en que se manifiesta el significado del verbo. Los cinco modos del verbo son: infinitivo, indicativo, potencial, imperativo y subjuntivo. (Véase cada uno de éstos por su orden alfabético correspondiente.)

modorra, modorrar, modorrilla, modorrillo, modorro (rra), modosidad, modoso (sa), modrego, modulación, modulador (ra), modulante, modular, modulo.

módulo de mando Cápsula espacial, cosmonave, astronave, nave sideral.

modus operandi Locución latina que no consta en el Diccionario académico. Significa «modo de operar o de hacer».

modus vivendi Locución latina relacionada en el Diccionario de la Academia. Es «modo de vivir, norma de conducta».

mofa, mofador (ra), mofadura, mofante.

mofar(se) Uso de preposiciones: Mofarse *de* uno.

mofeta, moflearse, moflete, mofletudo (da), Mogadiscio, mogate, mogato (ta).

mogol Voz admitida, lo mismo que *mongol* (v.), aunque es preferente esta última. Asimismo se aceptan *mogólico* y *mongólico.*

mogollón, mogón (na), mogole, mogrollo.

*Mohamed Es incorrecto; dígase *Mahoma* (v.).

moharra, moharracho, mohatra, mohatrar, mohatrero (ra), mohecer, moheda, *mohicano (s), mohiento, mohín, mohína, mohindad, mohíno, moho, mohoso (sa), Moisés, mojábana, mojada, mojado, mojador (ra), mojadura, mojama, mojar(se), mojarra, mojarrilla, moje, mojel, mojera, mojete, mojí, mojicón, mojiganga, mojigatería, mojigatez, mojigato (ta), mojinete, mojino (na), mojo, mojón, mojona, mojonación, mojonar, mojonera, mojonero.

*moka, Moka Con minúscula es incorrecto; el nombre de este café es *moca* (admitido). Con mayúscula es un puerto del Yemen que ha dado el nombre al café.

mol, mola, molada, molar, molcajete, moldar.

Moldavia El natural de este antiguo principado danubiano es el *moldavo (va). Moldava (Moldau)* es un río de Checoslovaquia.

Moldava V. *Moldavia.*

moldavo (va), molde, moldeable, moldeado (da), moldeador (ra), moldeamiento, moldear, moldeo, moldero, moldura, moldurar, mole, molécula, molecular, moledero (ra), moledor (ra), moledura, molejón, molendero, moleña, moleño.

moler Verbo irregular que se conjuga como *mover* (v.) (muelo, mueles, moléis, etc.).

molestador (ra).

molestar(se) Uso de preposiciones: Molestarse *en* avisar.

molestia, molesto (ta), molestoso (sa), moleta, molibdeno, molicie, molido (da), molienda, moliente, Molière, molificable, molificación, molificante, molificar, molificativo (va), molimiento, molinada, molinaje, molinar, molinera, molinería, molinero (ra), molinés (sa), molinete, molinillo, molino, molitivo (va).

Moloc Así está mejor escrito que *Moloch.*

***Moloch** Es mejor escribir *Moloc.*

molondro, molondrón, Molotov, Moltke, moltura, molturación, molturador, molturar, Molucas (islas), **molusco, molla, mollar, molle, mollear, molledo, molleja, mollejo, mollejón, mollera, mollero, mollerón, molleta, molletas, mollete, molletero (ra), molletudo (da), mollicio (cia), mollificar, mollinear, mollino (na), mollizna, molliznear, Mombasa, momear, momentáneo.**

momento Admitidas las siguientes expresiones: *A cada momento; por el momento; por momentos; de un momento a otro.*

momería, momero (ra), momia, momificación, momificar, momio, momo, momórdiga, Mompou, mona, monacal, monacato, monacillo.

Mónaco El natural de este principado de Europa recibe el nombre de *monegasco (ca). Montecarlo* es sólo un barrio de Mónaco en el que se halla el casino.

monacordio, monada, mónada, monadelfos, monadología, monaguillo, monaquismo, monarca, monarquía, monárquico (ca), monarquismo, monasterial, monasterio, monástico (ca), Moncayo, monda, mondaderas, mondadientes, mondador, mondadura, mondaoídos, mondaorejas, mondapozos, mondar, mondarajas.

Mondariz Es lo correcto, y no *Mondáriz,* incorrecto.

mondo (da), mondón, mondonga, mondongo, mondonguería, mondonguero (ra), mondonguil, Mon-

doñedo, monear, moneda, monedaje, monedar, monedear, monedería.

monedero Admitido el término *monedero falso:* «El que acuña moneda falsa o le da curso a sabiendas.»

monegasco (ca) V. *Mónaco.*

mónera, monería, monesco (ca), monetario (ria), monetización, monetizar, monfí, Monforte, monfortino (na), mongo.

mongol Se admite igualmente *mogol,* pero en segundo término. Es el natural de Mongolia. *Mongólico* significa «mongol» y también «que padece mongolismo» (una enfermedad). *Mongoloide,* en cambio, es una «persona de raza blanca que por sus rasgos recuerda a los mongoles».

mongolismo, mongólico (ca), mongoloide V. *mongol.*

moniato, monicaco, monición, monigote, monillo, monimiáceo (cea), monipodio, monís, monismo, monista, mónita.

monitor Es también la pantalla de una computadora.

monitoria, monitorio.

monja El tratamiento de las monjas es *sor* o *hermana.* Se antepone al nombre y se escribe con minúscula. *Madre* es la que preside una comunidad. También con minúscula.

monje, monjerío, monjía, monjil, monjío, monjita, mono (na).

mono- Prefijo que significa «uno solo» *(monografía, monomanía).*

monoceronte, (2), monocerote (1), monoclamídeo (dea).

monocorde Voz admitida por la Academia: «Sonido que repite una misma nota; monótono, sin variaciones.»

monocordio, monocotiledón, monocotiledóneo (nea).

monocromático Está admitido; también *monocromo.*

monocromo «De un solo color.» También se acepta *monocromático.*

monóculo (la), monocultivo, monodia, monódico (ca), monofásico (ca), monofilo (la), monofisismo,

monofisita, monogamia, monógamo (ma), monogenismo, monogenista, monografía, monográfico, monografista, monograma, monoico (ca), monolingüe, monolítico (ca), monolito, monologar, monólogo, monomanía, monomaniaco (ca) (1), monomaníaco (ca) (2), monomaniático (ca) (3), monomaquia, monometalismo, monometalista, monomiario, monomio, monona, monopastos, monopétalo (la), monoplano, monopolio, monopolista, monopolístico (ca), monopolización, monopolizador (ra), monopolizar, monóptero (ra), monoptongación, monoptongar, monoptongo, monorquidia, monorrimo (ma), monorrítmico (ca).

monosabio Se escribe junto, y no *mono sabio*. Es el «mozo que ayuda al picador en la plaza».

monosépalo (la), monosilábico, monosilabismo.

monosílabo (ba) Nunca llevan acento ortográfico, entre otros, los siguientes monosílabos: fe, fue, vio, dio, fui, pie, ti. Llevan acento los que pueden desempeñar dos funciones gramaticales (té y te, él y el, qué y que, etc.). En una frase debe procurarse emplear el menor número posible de monosílabos y bisílabos seguidos (a él se le da mal).

monopastos, monospermo (ma), monóstrofe, monostrófico (ca), monote, monoteísmo, monoteísta, monotipia (1), monotipo (2), monótonamente.

monotonía Refiriéndose al estilo, es el empleo frecuente de una misma palabra o expresión («*me* dice que *me* tengo que ir, luego *me* coge del brazo y *me* echa»).

monótono (na), monotrema (s), Monóvar, monovero (ra), monóxilo, Monroe, Monrovia.

monseñor Título de honor que suele darse en Italia y Francia a prelados o a nobles. Se abrevia *Mons.* En el texto se escribe completo y con minúscula («vino *monseñor* Antoniutti»).

monserga.

*monsieur Voz francesa que significa «señor». Se abrevia *M.*, pues *Mr.* es *míster* (el mismo tratamiento, en inglés). El plural es *messieurs*, abreviado *M.M.*

monstruo, monstruosamente, monstruosidad, monstruoso (sa), monta, montacargas, montada, montadero, montado (da), montador, montadura, Montaigne, montaje, montanear, montanera, montanero, montano, montantada.

montante Es galicismo si se emplea como «importe de una cuenta». Así, «el *montante* de esa cuenta es de...» debe decirse «el *importe* (o la *suma*) de...».

montantear, montantero.

montaña Sólo se escribe con mayúscula cuando se alude a la región de Cantabria (la *Montaña*). En los demás casos va con minúscula (las *montañas* Rocosas, el sermón de la *montaña*, etc.).

montañero (ra).

montañés Además de «natural de *una montaña*», es «natural de *la Montaña*» (con mayúscula, Cantabria), y añade la Academia, *santanderino*. El femenino es *montañesa*.

montañesismo Amor a la *Montaña (Cantabria)*. (V. *montañismo*.)

montañismo Admitido como «deporte de montaña, alpinismo». No confundir con *montañesismo* (v.).

montañoso (sa), montañuela.

montar «*Montar a* pelo» es incorrecto; dígase «*montar en* pelo». «*Montar* un arma» es «*amartillar* un arma». «El importe *monta a* mil pesetas» es «...*monta* mil pesetas» (se omite la preposición *a*). Uso de preposiciones: Montar *a* caballo; m. *en* cólera.

montaraz, montazgar, montazgo.

monte Siempre con minúscula (el *monte* Everest). Expresiones admitidas: *monte de piedad* (establecimiento que hace préstamos sobre ropa o alhajas); *montepío* (establecimiento destinado a socorrer a los miembros de un cuerpo); *monte de Venus* (pubis femenino).

montea, monteador, montear.

Montecarlo Barrio de *Mónaco; es*

famoso por su casino. El principado (país) es *Mónaco*, no *Montecarlo*. Los naturales del principado son los *monegascos (cas)*.

Montecassino, Monte Cristo (conde de).

monte de piedad V. *monte*.

Montenegro El natural de este país de Europa (hoy de Yugoslavia) es el *montenegrino (na)*.

montepío No confundir con *monte de piedad*. (V. *monte*.)

montera, monterería, monterero (ra), monterilla, montero (ra).

Monterrey El natural de esta ciudad de Méjico es el *regiomontano*, voz que no consta en el Diccionario académico.

montés, montesa.

Montescos La Academia dice *Montescos y Capeletes*; es más corriente *Montescos y Capuletos*.

montesino (na), Montesquieu.

Montevideo El natural de esta ciudad, capital de Uruguay, es el *montevideano (na)*.

montevideano (na), Montgolfier, Montgomery, montilla, Montilla, montillano (na), Montjuich, monto, montón, montonera, montonero, montoreño (ña), Montoro, montoso (sa), Montparnasse, Montpellier, Montpensier, Montreal, Montseny, Montserrat, montuoso (sa), montura, Monturiol, monuelo (la), monumental.

***monumentalismo, *monumentalidad** No son voces admitidas; puede decirse *características monumentales*.

monumentalizar, monumento, monviedrés, Monza.

monzón Aunque voz ambigua, suele usarse la forma masculina *(el monzón, los monzones)*.

moña, moñista, moño, moñón (na), moñudo, moquear, moqueo, moquero.

moqueta Admitido: «Tela fuerte con trama de cáñamo, de la que se hacen alfombras y tapices.»

moquete, moquetear, moquillo, moquita, moquitear.

mor Se usa en la expresión *por mor de (por amor de)*.

mora, morabito, moráceo (cea),

moracho (cha), morada, morado, morador (ra), moradura, moraga, morago.

moral Admitido el significado de «estado de ánimo, individual o colectivo».

moraleja, moralidad, moralina, moralista, moralización, moralizador (ra), moralizar, moralmente, moranza, morapio, morar, Moratín, moratiniano (na), morato, moratoria, Moravia, moravo (va), morbidez, mórbido (da), morbífico.

morbilidad V. *mortalidad*.

morbo, morbosidad, morboso (sa), morcajo, morcal, morcar, morceguila, morcella, morciguillo, morcilla, morcillero (ra), morcillo, morcillón, morcón, morcuero, mordacidad, mordaga, mordante, mordaz, mordaza, mordedor (ra), mordedura, mordente.

morder Verbo irregular que se conjuga como *mover* (v.) (muerdo, muerdes, mordéis, etcétera).

mordicación, mordicante, mordicar, mordicativo (va), mordido (da), mordiente, mordimiento, mordiscar (1), mordisco, mordisquear (2), moreda, morena, morenero, morenez, morenillo, morenito.

moreno (na) Uso de preposiciones: Moreno *de* cara.

morenote (ta), morenura, móreo (rea), morera, moreral, morería, moretón, morfa.

morfema Es una unidad morfológica no susceptible de ser dividida en unidades morfológicas más pequeñas. Así, las desinencias o los afijos, por ejemplo, son *morfemas*.

Morfeo, morfina, morfinismo, morfinomanía.

morfinómano (na) Sólo es el «que tiene el hábito de abusar de la morfina». Tratándose de otras drogas dígase *toxicómano*, *drogado* o *drogadicto*.

morfo-, -morfo Prefijo y sufijo que significan «forma» *(morfológico, amorfo)*.

morfología En gramática es el «estudio de las formas de las palabras y de sus transformaciones». Se ocupa de las categorías gramaticales, de las variaciones de las palabras y de los procedimientos de composición y derivación de palabras.

morfológico (ca), morga.

morganático (ca) Está aceptada la expresión *matrimonio morganático.*

*****morgue** Voz francesa; dígase *depósito de cadáveres; necrocomio.*

moribundo (da), morichal, moriche, moridera, moriego (ga), morigeración, morigerado (da), morigerar, moriles, Moriles, morilla, morillero, morillo, moringáceo (cea), moriondo (da).

morir(se) Verbo irregular que se conjuga como *dormir* (v.) (muero, mueres, morís, etc.), y cuyo participio es irregular: muerto. Uso de preposiciones: Morir *a* manos del contrario; m. *de* poca edad; m. *de* la peste; m. *en* gracia; m. *entre* fieles; m. *para* el mundo; m. *por* Dios; morirse *por* conseguir alguna cosa.

morisco (ca), morisma, morisqueta, morito.

morlaco Voz admitida, con el significado de «toro de lidia de gran tamaño».

mormón El femenino es *mormona.* Siempre con minúscula. Se admiten también *mormónico (ca)* y *mormonismo.*

mormónico (ca), mormonismo.

moro Admitido; es el natural del norte de África. El femenino es *mora.*

*****Morocco** Nombre inglés del país que llamamos *Marruecos.*

morocho (cha), morón, moroncho (cha), morondanga, morondo (da), morosidad, moroso (sa), morquera, morquero, morra, morrada, morral, morralada, morralla, morrena, morreo, morreras, morrilla, morrillo.

morriña En sentido figurado y familiar se acepta como «tristeza, melancolía». Es mejor emplear estas últimas voces.

morriñoso (sa), morrión, morro, morrocotudo, morrón, morronga, morrongo, morrudo (da), morsa,

morsana, mortadela, mortaja, mortajar, mortal.

mortalidad Es el «número proporcional de defunciones en una población o tiempo determinados». No confundir con *mortandad,* «multitud de muertes provocadas por epidemia, guerra u otro desastre», ni con *morbilidad,* «proporción de personas que enferman en un sitio y tiempo determinados».

mortandad V. *mortalidad.*

mortecino (na), mortera, morterada, morterazo, morterete, mortero, morteruelo, mortífero (ra), mortificación, mortificador (ra), mortificante, mortificar, mortinato, mortuorio (ria), morucho, morueco, mórula, moruno (na), morusa.

Mosa Nombre correcto en nuestra lengua del río que en francés se llama *Meuse.*

mosaico (ca), mosaísmo.

mosca Admitidas las siguientes expresiones: *peso mosca* (en boxeo), *moscas volantes, soltar la mosca, tener la mosca en la oreja, papar moscas, por si las moscas, picarle a uno la mosca, ser una mosca blanca, soltar uno la mosca.*

moscabado (da), moscada, moscadero, moscar, moscarda, moscardear, Moscardó, moscardón (1), moscareta, moscarrón (2), moscatel, mosco (ca), moscón, moscona, mosconear, mosconeo.

Moscova Es el nombre del río que atraviesa Moscú. No confundir con *Moscovia,* región histórica de Rusia. El natural de *Moscovia* y de *Moscú* es el *moscovita.*

Moscovia V. *Moscova.*

moscovita V. *Moscova.*

*****Moscow, *Moscou** Nombres inglés y francés, respectivamente, de la capital de la URSS, que llamamos *Moscú* (v. *Moscova*). En ruso es *Moskva.*

mosén Título que se daba antiguamente a los clérigos y nobles de segunda clase en Cataluña y Aragón.

Mosela Es el nombre correcto en nuestra lengua del río que en francés se llama *Moselle.*

*Moselle Incorrecto; dígase *Mosela* (v.).

mosqueado (da), **mosqueador**, **mosquear**, **mosqueo**, **mosquerío**, **mosquero**, **mosqueruela**, **mosqueta**, **mosquetazo**, **mosquete**, **mosquetería**, **mosqueteril**, **mosquetero**, **mosquetón**, **mosquil**, **mosquillón**, **mosquino (na)**, **mosquita**, **mosquitero**, **mosquito**, **mostacera**, **mostacero**, **mostacilla**, **mostacho**, **mostachón**, **mostachoso (sa)**, **Mostaganem**, **mostaza**, **mostazal**, **mostazo**.

¡moste! Exclamación usada para rechazar a personas o animales que molestan.

mostear, **mostela**, **mostelera**, **mostellar**, **mostén**, **mostense**, **mostillo**, **mosto**, **Móstoles**, **mostrable**, **mostración**, **mostrado (da)**, **mostrador (ra)**.

mostrar Verbo irregular que se conjuga como *contar* (v.) (muestro, muestras, mostráis).

mostrativo, **mostrenco (ca)**, **Mosul**, **mota**, **motacila**.

mote V. *sobrenombre*.

motear, **motejador (ra)**, **motejar**, **motejo**.

motel Neologismo admitido. Es un «albergue o parador de carretera, hotel para automovilistas».

motete, **motil**, **motilar**.

motilón Cierto indio sudamericano. Esta voz no figura en el Diccionario académico con ese significado, sino con el de «que tiene muy poco pelo», lo que sin duda dio origen al nombre de los aludidos indígenas.

motilona, **motín**, **motivación**, **motivador (ra)**, **motivar**, **motivo (va)**.

moto Admitido su uso como «abreviación de motocicleta».

*motocarro No se acepta esta voz; es un «vehículo pequeño para transporte» (con motor de motocicleta). Su género suele ser masculino *(el motocarro)*.

motocicleta Se acepta *moto*, como abreviación.

motociclista, **motolita**, **motolito**, **motón**, **motonave**, **motonería**, **motopesquero**.

motor Es incorrecto decir «motor *a* reacción»; dígase «*motor de* reacción» (admitido). De igual forma debe decirse: «*motor de* gasolina», «*motor de* vapor», «*motor* de gas», «*motor de* explosión». Se admiten las expresiones siguientes: *motor Diesel* (con mayúscula), *m. fuera borda*, *m. fuera de borda*, *m. fuera bordo*, y *m. fuera de bordo*.

motora, **motorismo**.

motorista «Que viaja en vehículo automóvil, y especialmente en motocicleta.» Un significado correspondiente tiene *motorismo*.

motorización, **motorizado**, **motorizar(se)** Voces admitidas.

motovelero Aceptado por la Academia.

motril, **Motril**, **motriz**.

motu proprio Locución latina. Significa «voluntariamente» (de *motu proprio*), y «bula pontificia». No debe escribirse *propio*, sino *proprio*.

movedizo (za), **movedor (ra)**, **movedura**, **movente**.

mover(se) Uso de preposiciones: Mover(se) *a* piedad; m. *de* un sitio *a* otro. Verbo irregular que se conjuga del siguiente modo: INDICATIVO. *Presente:* muevo, mueves, mueve, movemos, movéis, mueven. *Pret. imperf.:* movía, movías, movíais, etc. *Pret. indef.:* moví, moviste, movisteis, etc. *Futuro imperf.:* moveré, moverás, moveréis, etc. POTENCIAL: movería, moverías, movería, moveríamos, moveríais, moverían. SUBJUNTIVO. *Presente:* mueva, muevas, mueva, movamos, mováis, muevan. *Pret. imperfecto:* moviera o moviese, movieras o movieses, etc. *Futuro imperf.:* moviere, movieres, moviereis, etc. IMPERATIVO: mueve, moved. PARTICIPIO: movido. GERUNDIO: moviendo.

movible, **movido (da)**, **moviente**, **móvil**, **movilidad**, **movilización**, **movilizar**, **movimiento**, **moxa**, **moxte**, **moyano**, **moyuelo**, **moza**.

mozalbete Tan sólo se admite el masculino; es incorrecto decir *una mozalbeta*.

mozallón (na), **Mozambique**, **mozancón (na)**, **mozárabe**, **mozara-**

bía, mozarabismo, mozarrón (na), Mozart, mozcorra.

mozo Se aceptan las siguientes expresiones: *mozo de cuerda; m. de escuadra; m. de estoque; buen mozo; real mozo.*

mozuelo (la).

*Mr. Abreviatura de *míster*, voz inglesa que significa «señor». El francés *monsieur* suele abreviarse *M.*

mu.

muaré V. *moaré.*

Mubarak.

mucamo (ma) *(Amér.)* Criado, sirviente.

múcara, muceta, mucilaginoso (sa).

mucílago Admitido, lo mismo que *mucilago* (voz grave). La Academia da esta última como voz preferente, pero *mucílago* es más usual.

mucosidad, mucoso (sa), mucronato (ta), múcura (en América), muchachada, muchachear, muchachería, muchachez, muchachil, muchacho (cha), muchedumbre, muchedumbroso.

mucho Es incorrecto decir «*mucho* hambre»; dígase «*mucha* hambre». De igual modo, «*mucho* agua» es «*mucha* agua»; «*mucho* mayor estatura» es «*mucha más* estatura»; «*mucho gusto de* saludarle» es «*mucho gusto en* saludarle»; «*muchas* miles de pesetas» es «*muchos* miles de pesetas». Como adjetivo, puede ser masculino o femenino, singular o plural. Como adverbio es invariable (*mucho*) y se convierte en *muy* cuando acompaña a un adjetivo o a otro adverbio: *muy* blanco, *muy* poco.

muda, mudable, mudadizo (za), mudamiento, mudanza, mudar(se), mudéjar, mudez, mudo (da), mueblaje, mueblar.

mueble El plural de *mueble cama* es *muebles camas.*

mueblería, mueblista, mueca, muecín, muela, muelar, muelo, muellaje, muelle, muellemente, muera, muérdago, muerdo, muergo, muermo, muermoso (sa), muerte.

muerto (ta) Expresiones admitidas: *letra muerta, mosquita muerta, horas muertas, aguas muertas, naturaleza muerta, echarle a uno el muerto, hacerse uno el muerto, levantar un muerto, más muerto que vivo.*

muesca, muescar, mueso.

muestra «La Primera *Muestra* de la industria japonesa» es incorrecto. En vez de *muestra* dígase *feria, exposición.*

muestrario, muestreo, muévedo,

*muezín Incorrecto; es *muecín.*

mufla, muftí, muga, mugada, mugar.

mugido «Se oía el *mugido* del viento» (o del mar), es incorrecto, pues *mugido* sólo es la voz del toro y de la vaca. Dígase «se oía el *bramido*...».

mugidor (ra), mugiente, múgil, mugir.

mugre Es voz femenina: *la mugre.*

mugriento (ta), mugrón, mugroso (sa).

*muguet Es incorrecto; dígase *muguete* (planta y perfume).

muguete Así debe escribirse. (V. *muguet.*)

*Muhammad Debe escribirse *Mahoma.* Tampoco se acepta *Mohamed* ni *Mahomet.*

mujer, mujercilla.

mujeriegas (a) Expresión que se aplica a la manera de montar a caballo.

mujeriego, mujeril, mujerío, mujerona, mujeruca, mujerzuela.

*mujik No es voz admitida; dígase *campesino ruso.*

mújol, mula, mulada, muladar, muladí, mular, mulata, mulatear, mulatero, mulato (ta), múleo, mulero, muleta, muletada, muletero, muletilla, muletillero (ra), muleto (ta), muletón, Mulhacén, mulillas, mulo, mulso (sa), multa, multar.

multi- Prefijo que significa «mucho» *(múltiplo, multimillonario).*

multicaule, multicolor, multicopiar, multicopista, multifamiliar, multifloro (ra), multiforme, multilateral, multilátero (ra), multípara, múltiple, multiplicable, multiplicación, multiplicador (ra), multipli-

cando, multiplicar, multiplicativo (va), múltiplice, multiplicidad.

múltiplo Prefijos y símbolos que indican múltiplos de una unidad: kilo (k): 10^3; mega (M): 10^6; giga (G): 10^9; tera (T): 10^{12}.

multitud, multitudinario (ria), mullida, mullido, mullidor (ra).

mullir Verbo irregular que se conjuga del siguiente modo: INDICATIVO. *Presente:* mullo, mulles, mulle, mullimos, mullís, mullen. *Pret. imperf.:* mullía, mullías, mullíais, etc. *Pret. indef.:* mullí, mulliste, mullisteis, etc. *Futuro imperf.:* mulliré, mullirás, mulliréis, etcétera. POTENCIAL: mulliría, mullirías, mulliría, mulliríamos, mulliríais, mullirían. SUBJUNTIVO. *Presente:* mulla, mullas, mulláis, etc. *Pret. imperfecto:* mullera o mullese, mullerais o mulleseis, etc. *Futuro imperf.:* mullere, mulleres, mullereis, etc. IMPERATIVO: mulle, mullid. PARTICIPIO: mullido. GERUNDIO: mullendo.

*München Nombre alemán de la ciudad que llamamos *Munich.*

mundanal, mundanalidad, mundanear, mundanería, mundano (na), mundial, mundicia, mundificación, mundificante, mundificar, mundificativo (va), mundillo.

mundo «Gran *mundo, mundo elegante*» son incorrectas; significan «la aristocracia, la buena sociedad» (admitidas). Expresiones aceptadas: *baúl mundo, mundo antiguo, el otro mundo, medio mundo, un mundo, echar al mundo, rodar mundo* (1), *rodar por el mundo* (2), *tener mundo, venir al mundo, ver mundo.*

mundología Neologismo admitido. Es «trato social».

Munguía, munición, municionamiento, municionar, municionero (ra), municipal, municipalidad, municipalización, municipalizar.

munícipe Es «vecino de un *municipio*»; no significa «concejal».

municipio Significa «ayuntamiento (corporación municipal); término municipal; conjunto de habitantes de dicho término». Por el contrario, *ayuntamiento* sólo es

«corporación municipal». La voz *municipio* es más eufónica que *ayuntamiento*, y debiera ser preferida a ésta.

Munich El natural de esta ciudad de Alemania (en alemán *München*) recibe el nombre de *muniqués (sa)* (admitido).

*munido Galicismo; dígase *provisto, dotado.*

munificencia, munificente (2), munífico (ca) (1).

muniqués (sa) Voz aceptada por la Academia. (V. *Munich.*)

munitoria, Muntaner, muñeca, muñeco, muñeira, muñequear, muñequera, muñequería, muñequilla, muñidor.

muñir Verbo irregular que se conjuga como *mullir* (v.) (muño, muñes, muñís, etc.).

muñón, muñonera, murajes, mural, muralismo, muralista, muralla, murallón, murar, Murat, murceguillo.

Murcia El natural de esta ciudad y del antiguo reino recibe el nombre de *murciano (na).*

murciano (na), murciar, murciélago, murcielaguina, murena, murga, murgón, murguista, muriacita, muriático (ca), muriato, múrice, múrido, murmujear, murmullar, murmullo, murmuración, murmurador (ra), murmurante.

murmurar Uso de preposiciones: Murmurar *de* los ausentes.

murmureo, murmurio, muro, murria, murrio, murta, murtal, murtilla, murto, murtón, murviedrés (sa), Murviedro, mus, musa, muságeo (cea), musaraña, muscaria, musco (ca).

*musculado «Un cuerpo *musculado*» es incorrecto; dígase «un cuerpo *musculoso*».

muscular, musculatura, músculo.

musculoso Es lo correcto, y no *musculado* (v.).

muselina, museo, museografía, museográfico, muséografo, museología, museológico, museólogo, muserola, musgaño, musga, musgo, musgoso (sa).

música Obras musicales; los nombres de las composiciones van en *cursiva* (bastardilla): *La Novena Sinfonía.*

musicable, musical, musicalidad.

*musicalizar Es incorrecto; dígase *poner música* (a una letra o argumento).

musicastro «Despectivo de músico.»

*music-hall Voz inglesa; dígase *sala de conciertos, sala de fiestas,* según el caso.

músico (ca), musicógrafo (fa), musicología, musicólogo (ga), musicomanía, musicómano (na).

musiquero Voz admitida, pero sólo con el significado de «mueble para colocar partituras y libros de música».

musitar, musivo, muslim, muslime, muslímico, muslo, musmón, Musset, Mussolini, Mussorgski, Mustafá, mustela, mustiarse, mustio (tia).

musulmán (na) V. *mahometano.*

mutabilidad, mutable, mutación, mutante, mutar.

mutatis mutandis Locución latina que significa «cambiando lo que se debe cambiar».

mutilación, mutilado (da), mutilador (ra), mutilar, mútilo (la).

mutis Voz admitida que se emplea en el teatro para hacer que un actor se retire de la escena. *Hacer mutis* es *callar.*

mutismo, mutua.

mutual Significa «mutuo, recíproco». Decir «una *mutual* de seguros» es incorrecto; dígase «una *mutualidad* de seguros». También es incorrecto decir *mutua,* en vez de *mutualidad.*

mutualidad V. *mutual.*

mutualista, mutuamente, mutuante, mutuario (ria), mutuatario (ria).

mutuo (tua) V. *mutual.*

muy «Habló *muy mucho*» es incorrecto; dígase «habló *mucho*» (o *muchísimo*). «Es *muy buenísimo*», dígase «es *buenísimo*». «Está *muy aquí*», debe cambiarse por «*muy acá*» y «*muy allí*» por «*muy allá*». (V. *mucho.*)

muz, muza, Muza, muzo.

my Duodécima letra del alfabeto griego. Corresponde a nuestra *m.*

*myosotis Es incorrecto; se admiten *miosota, nomeolvides* (flor).

n

n Decimosexta letra del alfabeto y decimotercera de sus consonantes. Su nombre es *ene*; el plural, *enes*. Fonéticamente, es una consonante alveolar nasal sonora. En aquellas palabras en que aparecen juntas la *m* y la *n*, ésta se escribe en segundo término (omnipresente, amnistía, amnios).

naba, nabab, nabal, nabar, nabería, nabicol, nabina, nabiza, nabla, nabo, Nabopolasar, naboría, Nabucodonosor, nácar, nácara, nacarado (da), nacáreo, nacarino, nacarón, nacedero, nacela, nacencia.

nacer Verbo irregular que se conjuga como *agradecer* (v.) (nazco, naces, nacéis). Uso de preposiciones: Nacer *de* familia pobre; n. *en* Barcelona.

nacida, nacido, naciente, nacimiento, nación, nacional, nacionalidad, nacionalismo, nacionalista, nacionalización, nacionalizar, nacionalmente, nacionalsocialismo.

*nacismo Es incorrecto; escríbase *nazismo*, aceptado, lo mismo que *nazi*.

nacrita, nacho.

nada Es femenino cuando significa «el no ser» *(la nada)*. Como pronombre indefinido, masculino: *nada* bueno. Se admite *nada de nada*. Como pronombre indeterminado, se cometen las siguientes incorrecciones: «No es *nada más* que una falsa alarma»; dígase «no es *más* que una falsa alarma». «¿No has *comido* nada?», es «¿no has *comido*?»

nadadera, nadadero, nadador (da), nadante.

nadar Uso de preposiciones: Nadar *de* espaldas; n. *en* riquezas; n. *entre* dos aguas; n. *hacia* el islote.

nadería.

nadie «*Nadie* de nosotros llegó a la hora» es incorrecto; dígase «*ninguno* de nosotros...».

nadir, nadita, nado (a).

nafta En América se emplea a menudo esta voz en lugar de *gasolina*. Úsese esta última.

naftalina, Nagasaki, Nagoya, nagua, nahua.

náhuatl Término aceptado, lo mismo que *nahua* (preferente). Es «cierta lengua de los indios americanos».

nailon Admitida esta voz; también se acepta *nilón*, aunque en segundo término. Es incorrecto *nylon*.

naipe, naipesco (ca), naire, Nairobi, naja, nalga, nalgada, nalgar, nalgatorio, nalgudo (da), nalguear, Namibia, nana.

nanay Admitido: «Expresión familiar y humorística con que se niega rotundamente una cosa.»

Nancy, nanjea.

Nankín, Nanking Se ve escrito en las dos formas, pero es de construcción más correcta la primera. La Academia admite *Nanquín*, aunque esta forma no se emplea. También es una «tela fina de algodón».

nanquín, Nanquín, nansa, nansú, Nantes.

naonato Es una «persona nacida en una embarcación que navega». El femenino es *naonata*.

napa Cierta capa de fibras textiles.

napea, napelo, napeo.

napias Siempre es plural y femenino: *las napias* («la nariz, las narices»). Es incorrecto decir *la napia*.

Napier Mejor decir *Néper* (matemático escocés).

Napoleón, napoleónico (ca).

Nápoles El natural de esta ciudad de Italia recibe el nombre de *napolitano (na)*.

napolitano (na), naque.

naranja Es femenino cuando se alude al fruto *(la naranja),* y masculino cuando se trata de un color *(el naranja).* Admitidas las expresiones: *naranja mandarina* (o *tangerina), media naranja, ¡naranjas de la China! Naranjo* es el nombre del árbol.

naranjada, naranjado (da), naranjal, naranjera, naranjero (trabuco), **naranjilla.**

naranjo V. *naranja.*

Narbona Es lo correcto en nuestra lengua; en francés es *Narbonne.* El natural de esta ciudad de Francia recibe el nombre de *narbonés (sa)* (preferente), y *narbonense.*

narbonense, narbonés (sa).

*Narbonne V. *Narbona.*

narceína, narcisismo, narcisista, narciso, Narciso, narcosis, narcótico (ca), narcotina, narcotismo, narcotización, narcotizador (ra), narcotizante, narcotizar, nardino (na), nardo, narguile.

narices Admitido. (V. *nariz.*)

narigón (na), (2), **narigudo (da)** (1), **nariguera, narigueta, nariguetas, narigueto, nariguilla, narina.**

nariz Voz admitida; también se dice *narices (las narices)* aun cuando se trate de las de una sola persona. Expresiones admitidas: *nariz aguileña, n. perfilada, n. respingona, dejar con un palmo de narices, darle a uno en las narices, hincharsele a uno las narices, meter las narices en una cosa, no ver más allá de sus narices, tener a uno montado en las narices.*

narizón (na), narizota, narizotas, narra, narrable, narración, narrador (ra), narrativa, narrativo, narratorio (ria), narria, narval, Narváez, nasa, nasal, nasalidad, nasalización, nasalizar, nasardo, naso, nasofaríngeo (gea), Nassau, Nasser, nasudo (da), nata, natación, natal, natalicio (cia), natalidad, natátil, natatorio (ria), naterón, natillas, natío, Natividad, nativo (va), nato (ta), natrón, natura, natural.

naturaleza Se escribe siempre con minúscula («el encanto de la *naturaleza*»).

naturalidad.

naturalismo No confundir con *naturismo* (v.).

naturalista No confundir con *naturista*. (V. *naturismo.*)

naturalización, naturalizar.

naturismo Doctrina que aconseja el empleo de métodos naturales para conservar la salud y tratar enfermedades. *Naturista* es el que profesa el *naturismo.* No deben confundirse estas voces con *naturalismo* (un sistema filosófico y una escuela literaria del siglo pasado) y *naturalista* (que profesa las ciencias naturales).

naturista V. *naturismo.*

naufragar, naufragio, náufrago (ga), naumaquia, náusea, nauseabundo (da), nauseante, nauseativo (va), nauseoso (sa), nauta, náutica, náutico, nautilo, nava, navacero (ra), navaja, navajada (1), **navajazo** (2), **navajero, navajonazo, naval.**

Navarra El natural de esta región de España recibe el nombre de *navarro (rra).*

navarro (rra), navarroaragonés (1), **navarro-aragonés** (2).

Navas de Tolosa, navazo.

nave «*Nave a* motor» es incorrecto; dígase «*nave* de motor». Del mismo modo es «*nave de* vela».

navecilla, *nave espacial, navegable, navegación, navegador (ra), navegante.

navegar Uso de preposiciones: Navegar *a, para* Italia; n. *contra* la corriente; n. *con* viento favorable.

naveta, navícula, navicular, naviculario, navichuela, Navidad, navideño (ña), naviero (ra), navío.

náyade V. *ninfa.*

nazareno (na) Es el natural de *Nazaret* (v.).

Nazaret Es lo correcto, y no *Nazareth.* El natural de esta ciudad de Palestina (hoy Israel) es el *nazareno (na).* Esta voz se escribe con mayúscula cuando se refiere a Jesús (el *Nazareno).*

*Nazareth Incorrecto. (V. *Nazaret.)*

nazi Voz admitida: «Partidario del *nazismo.*» *Nazismo* (también aceptada) es «doctrina nacionalista alemana que surgió después de la Primera Guerra Mundial». Es incorrecto escribir *nacismo.*

Neandertal Está mejor escrito así que *Neanderthal* (con *h*).

nearca, nébeda, nebel, nebladura, neblí, neblina, neblinoso (sa), nebral, Nebraska, nebreda, Nebrija, nebrina, nebular.

*nebulizador Voz no admitida. (V. *nebulizar.)*

nebulizar Voz admitida: «Convertir un líquido en partículas finísimas que forman una especie de niebla.» En cambio no se acepta *nebulizador;* dígase *atomizador, pulverizador.*

nebulón, nebulosa, nebulosidad, nebuloso (sa), necear, necedad, necesaria.

necesario «Es *necesario* la presencia de los padres», incorrecto; dígase «es *necesaria* la presencia...».

neceser Voz admitida: «Estuche con objetos de tocador.» No debe escribirse como en francés: *nécessaire.*

necesidad, necesitado (da).

necesitar Uso de preposiciones: Necesitar *de* auxilios.

*nécessaire Es voz francesa; dígase *neceser* (v.).

necio (cia).

Neckar, Necker *Neckar* es un río de Alemania. No confundir con *Necker,* que fue un ministro francés.

nécora.

necro- Prefijo que da idea de «muerte» *(necrópolis, necrosis).*

necrófago (ga), necrófilo (la), necrofilia, necróforo (ra), necrolatría, necrología, necrológico (ca), necromancia (1), **necromancía** (2), **necrópolis, necropsia, necroscopia, necroscópico (ca), necrosis, néctar, nectáreo (rea), nectario, necton, *nectónico.**

*née «La condesa, *née* Luisa Henríquez» es incorrecto; en vez de *née,* voz francesa, dígase *nacida,* o *de soltera...*

neerlandés Significa *holandés,* natural de Holanda.

nefandario (ria), nefando (da), nefario (ria), nefasto (ta), nefelismo.

nefr-, nefro- Prefijo que significa «riñón» *(nefritis).*

nefrítico (ca), nefritis, nefrología, nefrológico (ca), nefrólogo (ga), negable, negación, negado, negador (ra), negamiento, negante.

negar(se) Verbo irregular que se conjuga como *acertar* (v.) (niego, niegas, negáis, etc.). Uso de preposiciones: Negarse *al* acuerdo; n. *a* asistir.

negativa, negativamente.

negativo Admitido el significado de «imagen fotográfica que ofrece invertidos los claros y oscuros». Se admiten las siguientes construcciones: *argumento negativo, precepto n., signo n., electricidad negativa, prueba negativa.*

*negligé Voz francesa; dígase *bata ligera* (de mujer), *peinador.*

negligencia.

negligente Uso de preposiciones: Negligente *en, para* sus negocios.

*negligible Es galicismo; debe decirse *desdeñable, nimio. Negligir,* también incorrecto, es *desdeñar, omitir.*

*negligir Incorrecto. (V. *negligible.)*

negociación, negociado (da), negociador (ra).

negociante Es la *negociante*, no la *negocianta*. Uso de preposiciones: Negociante *en* vinos; n. *por* mayor.

negociar Uso de preposiciones: Negociar *con* papel; n. *en* granos.

negocio, negocioso (sa), negozuelo, negrada, negral, negrear, negrecer, negrería, negrero (ra), negreta, negrilla, negrillera, negrillo, negrita (letra), **negrito.**

negro Admitido por la Academia el nuevo significado de «el que hace trabajos literarios que firma otro».

negrófilo (la) Es «enemigo de la esclavitud». No confundir con *necrófilo* (no admitido).

negroide, negror, negrura, negruzco, Neguev, neguijón, neguilla, negundo, negus, Nehru.

neis «Granito pizarroso.» Se acepta también esta grafía, *neis*, lo mismo que *gneis* (preferente). Es incorrecto *gneiss*.

néisico (ca), nelumbio, nema, nematelminto, nematócero.

nematodo Es lo correcto, y no *nemátodo*, incorrecto.

Némesis Diosa griega de la venganza. No se acepta este vocablo con el sentido de «castigo, venganza». Úsense estas voces.

nemónica, nemoroso (sa), nemotecnia.

nemotécnica, nemotécnico Se admite esta grafía, y también con una *m* antepuesta: *mnemotécnica, mnemotécnico* (cada vez menos usado). Lo mismo vale para *nemónica* y *nemotecnia* (admitidas).

Nemrod .

nene Es el vocablo que debe usarse, con preferencia, si bien se ha admitido recientemente *bebé* (v.). El femenino es *nena*.

nenúfar El plural es *nenúfares*.

neo- Prefijo que significa «nuevo, reciente» *(neolítico).*

neocatolicismo, neocatólico (ca).

neocelandés (sa) Véase *neozelandés (sa).*

neoclasicismo, neoclásico (ca), neodimio, neófito (ta), neógeno

(na), **neolatino (na), neolítico (ca), neológico (ca).**

neologismo «Vocablo o giro nuevo en una lengua» *(láser, sida).*

neólogo (ga), neomenia, neón, neoplasia, neoplatonicismo, neoplatónico (ca), neoplatonismo, neorama, neotérico (ca).

neoyorquino (na) Es el natural de Nueva York (ciudad de Norteamérica). No se admite la grafía *neoyorkino* (con *k*).

neozelandés (sa) Es la voz admitida y preferente, aunque se acepta también *neocelandés (sa)*. Se trata del natural de *Nueva Zelanda* (*Zelandia* es incorrecto).

Nepal El natural de este país asiático es el *nepalés (sa).*

nepalés (sa), nepentáceo, nepente.

Néper Matemático escocés. Está mejor escrito así que *Napier*.

neperiano (na), Nepomuceno, nepote, nepotismo, neptúneo, neptuniano (na), neptúnico (ca), neptunio, neptunismo, Neptuno, nequáquam, nequicia.

nereida V. *ninfa.*

***Nero** En nuestra lengua es *Nerón*. Con minúscula, es «hombre muy cruel» (un *nerón*).

nerón, Nerón V. *Nero* (incorrecto).

neroniano (na).

nervadura V. *nervura.*

nérveo (vea), nervezuelo, nerviecillo, nervino (na), nervio, Nervión.

nerviosidad «Estado pasajero de excitación nerviosa.» También se admite con este sentido *nerviosismo*. En cambio, *nervosidad* sólo es «fuerza y actividad de los nervios». No confundir con *nervosidad* y *nervudo*. Esta última voz significa «que tiene fuertes y robustos nervios».

nerviosismo, nervioso (sa), nervosidad, nervudo (da) V. *nerviosidad.*

nervura «Conjunto de los nervios del lomo de un libro.» No debe confundirse con *nervadura* («conjunto de los nervios de una hoja»; «moldura saliente»).

nescencia, nesciente, nesga, nesgado, nesgar, Néstor, nestóreo, nestorianismo, nestoriano (na),

Nestorio, netáceo, netamente, ne-tezuelo.

*Netherlands En nuestra lengua es *Países Bajos, Holanda.*

neto (ta), Neuchâtel, neuma.

neuma-, neumato-, neumo- Prefijos que significan «aire, aliento» *(neumático, neumococo).*

neumático (ca), neumococo, neumoconiosis, neumogástrico, neumología, neumológico (ca), neumólogo (ga).

neumonía Admitido, pero es preferente la voz *pulmonía.*

neumónico (ca), neumotórax, Neuquén, neuquino (na).

neur-, neura-, neuro- Prefijos que significan «nervio» *(neuralgia, neuritis, neurólogo).*

neuralgia.

neurálgico (ca) «Relativo a la *neuralgia* o dolor de un nervio.» Se admite decir en sentido figurado «un punto *neurálgico* de la ciudad». Pero es mejor *vital, céntrico, central, principal, básico,* según el caso.

neurastenia, neurasténico (ca), neurita, neuritis.

neuro- V. *neur-.*

neuroepitelio, neuroesqueleto, neuroglia, neurología, neurólogo (ga).

neuroma, neurona No deben confundirse estas voces. La primera es «tumor del tejido nervioso»; la segunda es «célula nerviosa».

neuróptero, neurosis, neurótico (ca), neurótomo, neutral, neutralidad, neutralismo, neutralista, neutralización, neutralizar, neutrino, neutro, neutrón, neutrónico (ca), nevada, nevadilla, nevado (da).

nevar Es verbo irregular; por tratarse también de un verbo impersonal, sólo se emplea en el infinitivo (nevar) y en las terceras personas de todos los tiempos (nevaba, nevó, nevará, etc.).

nevasca, nevatilla, nevazo.

nevera Admitido; también se acepta con el mismo significado *frigorífico,* pero esta voz tiene además otros sentidos, por lo que es mejor el primer vocablo. Es incorrecto el término *frigidaire.*

nevero, Neville (Edgar), nevisca.

neviscar Verbo irregular e impersonal. (V. *nevar.*)

nevoso (sa), Newark, Newcastle.

Newfoundland Este nombre inglés corresponde al nuestro de *Terranova.*

New Hampshire, Newhaven, Newport, Newton.

*New York Dígase siempre *Nueva York.* El natural de esta ciudad de América del Norte es el *neoyorquino (na).* Es incorrecto *neoyorkino* y *newyorkino.*

nexo.

ni «No *somos ni* Romeo ni Julieta»; es mejor decir «no *somos* Romeo ni Julieta». «No vino *ni* el ministro ni el subdirector», es «no vino *el* ministro ni el...».

Niágara, nial, niara, nibelungos, Nicaragua, nicaragüense (1), nicaragüeñismo, nicaragüeño (2), Nicea, niceno (na), Nicéforo, nicle, nicociana, Nicodemo, Nicomedia, nicomediense, Nicosia, nicótico (ca), nicotina, nicotinismo (2), nicotismo (1), nictagináceo (cea), nictagíneo, nictálope, nictalopía, nictitante, nicho, nidada, nidal, nidificar, nido, niebla.

*nieblina Incorrecto; dígase *neblina.*

niel, nielado (da), nielar, niéspera, nietastro (tra), nietecito, nietezuelo, nieto (ta), Nietzsche.

nieve Admitida la expresión *nieve carbónica,* que es *hielo seco* (también aceptada).

Níger Es el nombre de un río africano y también el de un país del mismo continente. *Nigeria* es el nombre de otra nación de África.

Nigeria V. *Níger.*

nigérrimo (ma) Admitido; es el superlativo de *negro.* También es correcto *negrísimo,* voz más usada.

*night-club Expresión inglesa; dígase *sala de fiestas.*

nigromancia, (1), nigromancía (2), nigromante, nigromántico (ca), nigua, nihilidad, nihilismo, nihilista, Nijni-Novgorod, nilad.

nilón Voz admitida por la Academia, la cual acepta también *nailon.* Es preferible la segunda voz.

nimbar, nimbo, Nimega, Nimes, nimiedad, nimio (mia).

ninfa Es «divinidad campestre con figura de muchacha hermosa». Entre las ninfas se cuentan las siguientes: nereidas, oceánidas, ondinas, náyades, sirenas, dríades, hamadríades, hespérides, sílfides.

ninfea, ninfeáceo (cea), ninfo, ninfomanía.

ningún Apócope de *ninguno (na)*.

ninguno (na), Nínive, niniyita.

niña, niñada.

niñato Es «becerrillo que se halla en el vientre de la vaca cuando la matan estando preñada». También se admite con el significado de «jovenzuelo presumido».

niñear, niñera, niñería, niñero, niñeta, niñez.

niño (ña) *Niño bien* no es expresión admitida; debe decirse *joven de buena familia* (o de la buena sociedad). Se aceptan las siguientes expresiones: *niño de pecho, n. de teta, n. Jesús.* El niño pequeño es también: *nene, chiquitín, rorro, bebé* (voces admitidas).

Niobe Es más usual, pero la Academia escribe *Niobe* (sin acento).

niobio, nipa, nipis.

nipón (na) Es el natural de Japón. Se escribe con minúscula.

níquel, niquelado (da), niquelador, niqueladura, niquelar, niquelina, niquiscocio, niquitoso (sa).

nirvana Voz admitida: «Bienaventuranza, en el budismo.» Se escribe con minúscula.

níscalo «Seta, mízcalo.»

níspero, níspola, nistagmo, nitidez, nítido (da), nito, nitor, nitral, nitrato, nitrería, nítrico (ca), nitrito, nitro, nitrobencina, nitrocelulosa, nitrogenado (da), nitrógeno, nitroglicerina, nitrosidad, nitroso (sa).

nivel Admitido el significado de «grado que alcanzan ciertos aspectos de la vida social». Se aceptan las siguientes expresiones: *nivel de vida, n. económico, n. sanitario, n. de cultura.*

nivelación, nivelador (ra), nivelar, níveo (vea), nivoso (sa).

Niza El natural de esta ciudad

francesa recibe el nombre de *nizardo (da)*.

nizardo (da) V. *Niza.*

NNE Así está correctamente escrito, y no N.N.E. Los puntos cardinales sólo son cuatro: N, S, E y O. Los demás se llaman *puntos del horizonte.* (V. *norte.*)

no El plural es *noes* (sustantivo). Incorrecciones: «No vidente», es «invidente, ciego». *No más* se admite como *solamente.*

Nobel La Academia lo escribe sin acento, por lo que la acentuación prosódica recaería sobre la *e*. Así es en sueco, pero en nuestra lengua suele pronunciarse con acento en la *o*.

nobelio, nobiliario (ria).

nobilísimo (ma) Es el superlativo absoluto de *noble.*

noble Uso de preposiciones: Noble *de* cuna; n. *en* sus obras; n. *por* su origen.

nobleza Respecto a la jerarquía de los títulos de nobleza, véase la voz *duque.*

noblote (ta), noca.

***nocaut** Incorrecto, lo mismo que *knock-out* (v.).

noceda (2), nocedal (1), nocente, nocible, noción, nocional, nocividad, nocivo (va), nocla, noctambular, noctambulismo, noctámbulo (la), noctiluca, noctívago (ga), nocturnal, nocturnidad, nocturno (na).

***nocharniego** Es anticuado; dígase *nocherniego.*

noche Se acepta *nochebuena* (junto), pero no *nochevieja*, que se escribe *noche vieja* (separado y con minúsculas). Otras expresiones admitidas: *ayer noche* (anoche), *buenas noches* (buena noche, incorrecto), *de la noche a la mañana, de noche, hacer noche, hacerse de noche, noche y día* (siempre), *pasar en claro la noche.*

nochebuena V. *noche.*

nocherniego (ga) Es lo correcto y no *nocharniego*, anticuado.

***nochevieja** Incorrecto; se escribe separado *(noche vieja)* y con minúsculas. (V. *noche.*)

nochizo, nodación, nodal, nodátil.

nodo Es un término de astronomía, exclusivamente.

nodriza, nódulo, Noé.

***Noel (Papá)** Voz no admitida. Es un personaje legendario.

noema, noesis, nogada, nogal, nogalina, noguerado (da), nogueruela.

no importa «Se hará, *no importa* quién venga» es incorrecto; dígase «se hará, *sin que importe* quién venga».

nolí, nolición.

noli me tángere Locución latina que significa «no me toques». Se emplea cuando no debe hablarse de algo.

noluntad, noma.

nómada Es la voz preferente, aunque también se acepta *nómade,* pero en segundo término.

nomadismo, nombradía, nombrado (da), nombramiento, nombrar.

nombre *Nombre adjetivo, sustantivo,* etc., véase *adjetivo, sustantivo,* etc. «*Nombre* de familia» es galicismo; dígase *apellido.* Se admiten las expresiones siguientes: *nombre comercial, nombre de pila, a nombre de.* (V. *nombre propio.*)

nombre propio Es el que se da a una persona o cosa determinada para distinguirla de las demás de su especie o clase. Son nombres propios y por consiguiente se escriben con mayúscula: los de personas, los geográficos, los por antonomasia (el Manco de Lepanto), las edades y las épocas (el Renacimiento, la Edad Antigua), las fiestas (el Día de la Hispanidad, la Ascensión), los periódicos y revistas *(El Sol, La Gaceta),* las instituciones (el Estado, la Iglesia, el Imperio romano), los hechos históricos (la Noche Triste), los elementos y los nombres abstractos personificados (el despertar de la Aurora).

nomenclador, nomenclátor Ambas voces están admitidas, aunque es preferente la segunda. Es un «catálogo de nombres».

nomenclatura, nomeolvides, nómina, nominación, nominador (ra), **nominal, nominalismo, nominalista, nominar, nominátim.**

nominativo Caso gramatical que corresponde a la función de sujeto o predicado nominal. *El libro es grueso* y *María es buena,* se hallan en nominativo.

nominilla, nómino.

nomo Admitido, lo mismo que *gnomo* (duende), pero esta grafía es preferente.

nomografía, nomograma Voces admitidas.

nomón, nomónica, nomónico Estas voces, lo mismo que *nomo* (v.), pueden escribirse con *g* (al principio de la palabra) o sin ella. Es preferente la grafía con *g.*

nomparell, non, nona, nonada, nonagenario (ria), nonagésimo (ma), nonagonal, nonágono (na), nonato (ta).

***nonchalant** Es galicismo; dígase *despreocupado, indolente.*

Nonell, noningentésimo (ma).

nonio Es lo correcto, y no *nonius.* Es una pieza de reglas y limbos graduados.

***nonius** Incorrecto; es *nonio* (v.).

nono (na) «Noveno.»

non plus ultra Locución latina que significa «no más allá», y se usa para ponderar las cosas hasta el límite.

non sancta Locución latina que significa «no santa». Suele decirse *gente non sancta,* es decir, «gente de mal vivir».

no obstante «Le aprobaron, *no obstante a haber* hecho un mal examen» es incorrecto; sobra la *a.* Dígase «le aprobaron *no obstante haber...*». Lo mismo ocurre cuando se usa de igual forma la preposición *de.*

noosfera, nopal, nopaleda, nopalera.

no poder «*No podía por* menos de sospechar» es forma correcta, lo mismo que si se suprime *por:* «*no podía* menos de sospechar».

***noqueado, *noquear** «Le había *noqueado* en el tercer asalto» es incorrecto; dígase «le había *dejado fuera de combate...*». (V. *knock-out.*)

noquero, norabuena, noramala, noray, nordestal.

nordeste, nordestear V. *norte.*

*noreste Es incorrecto; dígase *nordeste.* (V. *norte.*)

Norfolk, noria, norial, norma, normal, normalidad, normalista, normalización, normalizar, Normandía, normando (da), normativo (va).

nornordeste, nornoroeste, noroeste V. *norte.*

noroeste, nortada.

norte Los puntos cardinales son sólo cuatro: Norte (N), Sur (S), Este (E) y Oeste (O, W). Se escriben con mayúscula, pues son nombres propios (el Sol sale por el *Este.* Navegaron hacia el *Sur*), y con minúscula, cuando indican una situación geográfica (está al *este* de la cordillera; al *norte* de España). También con minúscula cuando denotan una zona geográfica imprecisa (el Mediterráneo *oriental*), pero con mayúscula cuando se concreta esa zona (Alemania *Occidental*, América del *Sur*. La lucha entre el *Este* y el *Oeste*). Los demás puntos no se llaman cardinales, sino *puntos del horizonte:* Nordeste (NE), Sudsudoeste (SSO), etc. Es erróneo colocar un punto después de cada letra (S.S.E.).

norteamericano (na) Es el «natural de América del Norte, y especialmente de los Estados Unidos de esa parte de América». También se le llama *estadounidense* (v.).

nortear, norteño (ña).

Noruega El natural de este país del norte de Europa es el *noruego (ga).*

*Norway Nombre inglés del país que conocemos con el nombre de *Noruega* (v.).

nos Pronombre de primera persona en acusativo y dativo con función de complemento directo e indirecto. Incorrecciones: «*Nos quiere llevar* a su casa», es «*quiere llevarnos* a su casa». (*Nos* es aquí un complemento de «llevar» y no de «querer».)

*nos Es incorrecto decir «Varios

nos». El plural de *no,* con valor de sustantivo, es *noes* (véase).

nosce te ipsum Locución latina que no aparece relacionada en el Diccionario de la Academia. Significa «conócete a ti mismo».

*nosequé «Tiene un *nosequé*» es incorrecto; dígase «tiene un *no sé qué*» (separado).

noso- Prefijo que significa «enfermedad» *(nosocomio, nosografía).*

nosocomio, nosogenia, nosografía, nosología, nosológico (ca), nosomántica.

nosotros, nosotras Pronombre personal de primera persona del plural. Suele emplearse a menudo con prodigalidad excesiva: «*Nosotros no vinimos* a decir lo que debe hacerse», mejor es «*no vinimos* a decir...» «*Nosotros llegaremos* pronto», debe decirse «*llegaremos* pronto».

nostalgia, nostálgico (ca).

nosticismo, nóstico Se admite esta grafía, lo mismo que *gnosticismo, gnóstico* (éstas son preferentes).

Nostradamus, nostramo (ma).

nota «Camarero, traiga la *nota*» es incorrecto; dígase «...traiga la *cuenta*». «El borracho *dio la nota*», es «el borracho *llamó la atención*». Las *notas musicales* se escriben con minúscula (do, re, mi, etc.) y son de género masculino (*el* re, *el* fa).

nota bene Locución latina admitida que significa «observa bien» y se usa en los escritos para hacer notar alguna particularidad. Se abrevia *N. B.*

notabilidad, notabilísimo (ma), notable, notación, notar, notaria, notaría, notariado (da), notarial, notariato.

notario V. *escribano.*

notas musicales V. *nota.*

noticia, noticiar.

noticiero Es una «película cinematográfica sobre sucesos de actualidad», y «audición de radio o de televisión en la que se dan noticias de actualidad», y en tanto que *noticiario* significa «que da noticias» *(El Noticiero Universal).*

noticiero (ra) V. *noticiario.*

notición.

noticioso *(Amér.)* Noticiario, informativo.

notificación, notificado (da), notificante, notificar, notificativo (va), noto (ta), notocordio, notoriedad, notorio (ria), notro, Nottingham, nóumeno.

nova Admitido: «Estrella que adquiere temporalmente un brillo superior al normal suyo.»

novaciano (na), novación, novador (ra), noval, novar, Novara, novatada, novato (ta), novator (ra), novecientos (tas), novedad, novedoso (sa), novel, novela, novelable, novelador (ra), novelar, novelería.

novelero (ra) «Amigo de novedades y cuentos», en tanto que *novelesco (ca)* es «característico de las novelas», y especialmente lo fingido o de pura ficción.

novelesco (ca) V. *novelero (ra).*

novelista, novelística, novelístico, novelizar, novelo, novelón, novena, novenario, novendial, noveno, noventa, noventavo (va), noventón (na), Novgorod, noviazgo, noviciado, novicio (cia), noviciote.

noviembre Como todos los meses del año (y los días de la semana) se escribe con minúscula. Abreviatura: nov.

novilunio, novillada, novillejo (ja), novillero, novillo (lla), novio (via), novísimo (ma), Nuakchott.

*nuance Voz francesa; dígase *matiz.*

nubada, (1), nubado, nubarrada (2), nubarrado, nubarrón.

nube Se admiten las siguientes expresiones: *nube de verano, nube de lluvia, estar por las nubes, poner(se) por las nubes.*

Nubia El natural de Nubia es el *nubiense.* No se admite *nubio.*

nubífero (ra), núbil, nubilidad, nubiloso (sa), nubio, nublado, nublar.

*nubio No es voz admitida. (Véase *Nubia.*)

nublo (bla), nubloso (sa), nubosidad, nuboso (sa), nuca, nuciente, nucir.

nuclear Admitidas las expresiones: *desintegración nuclear, energía n., bomba n., escisión n., explosión n., fragmentación n.*

nucleario (ria), nucleido, núcleo.

nucléolo Es voz esdrújula, no grave *(nucleolo).*

nucleón, nudillo.

nudismo, nudista Es correcto; dígase igualmente *desnudismo. Desnudista* también se acepta.

nudo Admitida la expresión *nudo en la garganta.*

nudosidad, nudoso (sa), nuececilla, nuecero (ra), nuégado, nuera, nuestramo (ma).

nuestro (tra, tros, tras) Pronombre de primera persona. Sólo se escribe con mayúscula en casos tales como *Nuestro Señor Jesucristo, Nuestra Señora de Loreto,* etc. El primero se abrevia *N.S.J.C.* y el segundo *N.ª S.A.*

nueva, Nueva Caledonia, Nueva Guinea.

nuevamente Voz admitida: «De nuevo, otra vez.»

Nueva Orleáns.

Nueva York V. *neoyorquino.*

Nueva Zelanda V. *neozelandés.*

Nueva Zembla, Nuevas Hébridas.

nueve La Academia lo acepta también como *noveno* (ordinal): *año nueve.*

*nuevecientos Incorrecto; dígase *novecientos.*

nuevo (va) *Nuevo rico* no es expresión admitida; dígase *advenedizo; arribista.*

nuez, nueza, nugatorio (ria), nulidad.

*nulificar Es anglicismo; dígase *anular.*

nulo (la).

nulla dies sine linea Locución latina que significa «ni un día sin una línea», aludiendo a los escritores.

Numancia, numantino (na), Numa Pompilio, numen, numerable.

numeración V. *número.*

numeración romana Es la que empleaban los romanos; se representa por medio de siete letras: I (uno), V (cinco), X (diez), L (cincuenta), C (ciento), D (quinientos),

M (mil). Estos signos se escriben siempre con mayúsculas (no como en inglés), y suelen utilizarse para numerar capítulos, tomos, siglos, citas, el número ordinal de los reyes (Alfonso XIII) y de congresos y reuniones (el XXII Congreso de Cirugía). Cuando un número menor va después de uno mayor, se le suma a éste (XII: doce; XVIII: dieciocho; MCC: mil doscientos). Cuando va antes, se le resta (IX: nueve; XL: cuarenta; CM: novecientos). No debe repetirse un número más de tres veces. Así, en vez de XXXX (40), se pondrá XL (50−10).

numerador, numeradora, numeral, numerar, numerario (ria), numérico (ca).

número Es el accidente gramatical que expresa, por medio de cierta diferencia en la terminación de las palabras, si éstas se refieren a una sola persona o cosa, o a más de una (cuaderno, cuadernos; lápiz, lápices). *Número ordinal* (primero, segundo, etc.), v. *ordinal*. En la fecha anual se prescinde del punto (1975), pero en otras cifras es frecuente escribir así: 11.456.768,50. Téngase en cuenta que en inglés el empleo del punto y la coma es a la inversa (6,768.50). En inglés .2 significa 0,2. Incorrecciones: *tres cientos* es incorrecto; escríbase junto: *trescientos*. *Dieciséis, diecisiete, dieciocho, diecinueve* es correcto, pero no lo es *treintaiséis*, etc., que debe escribirse separado, *treinta y seis*, etc. Lo mismo con *cuarenta, cincuenta*, etc. «Burgos, 1 de Enero de 1985», debe ser «Burgos, 1.º de enero de 1985», pues el primer día del mes es número ordinal (1.º). Expresiones admitidas: *hacer número, número uno*.

numerosidad.

numeroso «Había *numerosos* periodistas» es incorrecto; dígase «había *muchos* periodistas», ya que *numeroso* se refiere a cosas.

númdia V. *Numidia*.

Numidia El natural de esta región de África antigua recibe el nombre de *númida*. *Numidio* no está aceptado. *Numídico* es «perteneciente a esta región de África antigua».

numídico (ca), *numidio V. *Numidia*.

numisma, numismática, numismático, numular, numulario, numulita, nunca, nunciatura, nuncio, nuncupatorio (ria), Núñez, nupcial, nupcialidad, nupcias.

Nuremberg Así debe escribirse, y no *Nürnberg* (alemán).

*nurse Voz inglesa; dígase *niñera, aya, nodriza; enfermera*, según el caso.

*nursery Voz inglesa; dígase *guardería, jardín de la infancia, colegio de párvulos*, según los casos. (No se acepta *parvulario*.)

nutación, nutria, nutricio (cia), nutrición.

*nutricional Incorrecto; es *nutritivo; relativo a la nutrición*, según los casos.

nutrido, nutrimental, nutrimento (1), nutrimiento (2).

nutrir(se) Uso de preposiciones: Nutrirse *con* manjares; n. *de* sabiduría.

nutritivo (va), nutriz, nutual, ny.

Nyassa Lago de África y cierto país africano, que se llamaba antes *Nyassaland*, o *Niasalandia;* hoy es *Malawi*.

Nyassaland, Niasalandia Véase *Nyassa*.

*nylon Incorrecto; es *nailon* (1), o *nilón* (2), voces admitidas.

ñ Decimoséptima letra del alfabeto y decimocuarta de sus consonantes. Su nombre es *eñe* (plural *eñes*). Fonéticamente, es una consonante palatal nasal sonora.
ñame.

ñandú El plural es *ñandúes* (avestruz de América).
ñandubay, ñañadutí, ñaque, ñoclo.
*ñomo Incorrecto; dígase *gnomo* (1) o *nomo* (2) (duendecillo).
ñoñería, ñoñez, ñoño (ña), ñu, ñudo.

O

o Decimoctava letra del abecedario español, y cuarta de sus vocales. El plural es *oes*. Fonéticamente, es una vocal velar abierta. Es la vocal que posee más sonoridad, después de la *a*. Conjunción disyuntiva que denota diferencia o separación (blanco *o* negro; Luis *o* Pedro). En este caso nunca lleva acento, excepto cuando va entre números, para no confundirla con un cero (16 ó 17). Las voces que llevan dos *oes* al término de la palabra no se acentúan ya (Feijoo, Campoo).

Oakland, Oak Ridge, oasis.

Oaxaca La *x* de esta voz se pronuncia como una *j* suave *(Oajaca)*, como ocurre con *México (Méjico)* (véase).

ob- Prefijo que significa «por causa de, en virtud de» *(obcecación, obturar)*.

obcecación, obcecadamente, obcecar, obduración, obedecedor.

obedecer Verbo irregular que se conjuga como *agradecer* (v.) (obedezco, obedeces, obedecéis, etc.).

obedecible, obedecimiento, obediencia, obediencial, obediente, obelisco, obencadura, obenque, obertura, obesidad, obeso (sa), Obi (1), **Ob** (2) (río), **óbice, obispado, obispal, obispalía, obispar, obispillo, obispo, óbito.**

obituario *(Amér.)* Esquela (de defunción), nota.

objeción Es lo correcto, y no *objección*, incorrecto.

***objección** Incorrecto; pronúnciese y escríbase *objeción* (una sola *c*).

***objetable** Voz no admitida; dígase *discutible, censurable.*

objetante, objetar, objetivación, objetivar, objetividad, objetivo (va).

objeto «Se lo envío, *al objeto* de...» es incorrecto; dígase «se lo envío, *con objeto* de...».

objetor, oblación, oblada, oblata, oblativo (va), oblato, obleera, oblicuángulo, oblicuar, oblicuidad, oblicuo (cua), obligación, obligacionista, obligado (da), obligante.

obligar Uso de preposiciones: Obligar *con* una orden; o. *por* la fuerza.

obligativo (va), obligatoriedad, obligatorio (ria), obliteración, obliterador (ra), obliterante, obliterar, oblongada (médula), **oblingo (ga).**

obnubilación, obnubilar.

oboe Así se escribe, y no *óboe*, incorrecto.

óbolo.

obra Expresiones admitidas: *obra de fábrica; o. de romanos; o. muerta.* Obras musicales: Los títulos van en cursiva (bastardilla): *La Novena Sinfonía.*

obrada, obrador (ra), obradura, obraje, obrajero, obrante, obrar,

obregón, obrepción, obrepticio (cia), obrería, obrerismo, obrerista, obrero (ra), obscenidad, obsceno (na).

obscurantismo, obscurantista V. *obscuro.*

obscurecer(se) Verbo irregular que se conjuga como *agradecer* (v.) (obscurezco, obscureces, obscurecéis, etc.). (V. *obscuro.*)

obscurecimiento, obscuridad V. *obscuro.*

obscuro (ra) Esta voz, lo mismo que sus derivados, puede escribirse con *b* o sin ella *(obscuro, oscuro).* Aunque la Academia prefiere la primera grafía, ya se va imponiendo la forma más sencilla *(oscuro).*

obsecración, obsecuencia, obsecuente, obsequiador (ra), obsequiante.

obsequiar Uso de preposiciones: Obsequiar *con* bombones.

obsequio, obsequiosidad.

obsequioso Uso de preposiciones: Obsequioso *con, para, para con* sus huéspedes.

observable, observación, observador (ra).

observancia Es «cumplimiento exacto de lo que se ordena ejecutar». No confundir con *observación,* «acción y efecto de observar».

observante, observar, observatorio, obsesión, obsesionante, obsesionar, obsesivo (va), obseso (sa), obsidiana, obsidianal.

obsolescencia, obsolescente Véase *obsoleto.*

obsoleto «Anticuado, poco usado». Sin embargo, el verdadero significado de «anticuado» corresponde a la voz *obsolescente,* también admitida, lo mismo que *obsolescencia.*

obstaculizar Voz aceptada por la Academia.

obstáculo, obstante.

obstar Uso de preposiciones: Obstar una cosa *a, para* otra.

obstetricia.

obstétrico (ca) Es «relativo a la *obstetricia*», pero no es «tocólogo».

obstinación, obstinadamente, obstinado (da).

obstinarse Uso de preposiciones: Obstinarse *en* un tema.

obstrucción.

*obstruccionar Es barbarismo; dígase *obstruir, dificultar.*

obstruccionismo, obstruccionista, obstructor (ra).

obstruir Verbo irregular que se conjuga como *huir* (v.) (obstruyo, obstruyes, obstruís, etc.).

obtemperar, obtención.

obtener Verbo irregular que se conjuga como *tener* (v.) (obtengo, obtienes, obtenéis, etc.). Uso de preposiciones: Obtener permiso *de* uno.

obtenible, obtento, obtentor, obtestación, obturación, obturador, obturar, obtusángulo, obtuso (sa).

obús «Pieza de artillería de menor longitud que el cañón, en relación a su calibre.» Úsase también para designar al proyectil.

obvención, obvencional, obviamente, obviar, obvio (via).

oc V. *lengua* de oc.

oca, ocal, ocalear, ocarina, ocasión, ocasionado (da), ocasionador (ra), ocasional, ocasionar, ocaso.

occidental, occidente V. *norte.*

occiduo (dua), occipital, occipucio, occisión.

occiso (sa) Significa «muerto violentamente», y no tan sólo «difunto», como se cree.

Occitania, occitánico (ca), occitano (na), Oceanía, oceánico (ca), oceanicultura.

oceánidas Es lo correcto, y no *oceánides.* Son las «ninfas del mar, hijas del dios Neptuno».

océano Así está bien escrito, no *oceano* (acentuación en la *a*), incorrecto. Se escribe siempre con minúscula (el *océano* Pacífico, los *océanos*).

oceanografía, oceanográfico (ca), ocelado, ocelo, ocelote, ocena, ociar, ocio, ociosidad, ocioso (sa), oclocracia, ocluir, oclusión, oclusivo (va), ocluso, ocotal, ocote, ocozoal, ocozol, ocre.

octa-, octo- Prefijo que significa «ocho» (octaedro, octogenario).

octaédrico (ca), octaedro, octagonal.

octágono Voz admitida, lo mismo que octónogo. De igual modo se aceptan octagonal y octogonal. Son preferentes octágono y octagonal.

octanaje, octano, octante, octava, octavar, octavario, octaviano (na).

octavilla Aceptado el nuevo sentido de «volante de propaganda política o social».

octavo (va) Admitida la expresión octavo(s) de final: «Cada una de las ocho competiciones cuyos ganadores pasan a los cuartos de final de un campeonato o concurso.» También se acepta en octavo, hablando de formato de libros. (V. ordinal, número.)

octeto, octingentésimo (ma).

octo- V. octa-.

octocoralario, octogenario (ria), octogésimo (ma).

octogonal, octógono (na) V. octagonal.

octópodo (da), octosilábico (ca), octosílabo (ba), octóstilo.

octubre Lo mismo que todos los meses y días de la semana se escribe con minúscula. Abreviatura: oct., oct.ᵉ

óctuple, (1), óctuplo (pla) (2), ocular, ocular (testigo), ocularista, oculista, ocultación, ocultador (ra), ocultante.

ocultar(se) Uso de preposiciones: Ocultar de la vista de uno; o. entre las ramas; o. algo a alguien; ocultarse tras un árbol.

ocultismo, ocultista, oculto (ta).

ocume Es como debe escribirse, y no okume.

ocupación, *ocupacional, ocupada, ocupador (ra), ocupante.

ocupar(se) «Ocuparse de redactar una obra»; es mejor decir «ocuparse en redactar una obra». «Ocuparse de política», es «dedicarse a la política». En estos casos debe sustituirse el verbo ocupar por el más apropiado.

ocurrencia, ocurrente, ocurrir, ochavado (da), ochavar, ochavo

(va), **ochavón (na), ochenta, ochental, ochentenario (ria), ochentañal, ochentavo (va), ochentano (na), ochentón (na), ocho, ochocientos (tas), oda, odalisca, odeón, Oder, Odesa.**

odiar «Odiar a muerte» es incorrecto; dígase «odiar de muerte»; «odio a muerte» es «odio de muerte».

Odín.

odio V. odiar.

odiosamente, odiosidad, odioso (sa), odisea, odómetro, Odón, O'Donnell.

odont- Prefijo que significa «diente» (odontológico).

odontalgia, odontálgico (ca), odontóloga, odontología, odontológico (ca).

odontólogo Admitido el femenino: la odontóloga.

odorante, odorífero (ra), odorífico (ca).

odre Es masculino: «el odre de vino» (no la odre).

odrería, odrero, odrezuelo, odrina, oenoteráceo (cea), oesnoroeste (2), oesnorueste (1), oesudeste, oesudoeste (2), oesudeste (1).

oeste V. norte.

ofendedor (ra).

ofender(se) Uso de preposiciones: Ofenderse con, de los desaires; o. por todo.

ofendido (da), ofensa, ofensión, ofensiva, ofensivo (va), ofensor (ra), oferente, oferta, ofertar, ofertorio, Offenbach.

*office Voz inglesa que se traduce por antecocina, dependencia.

*offside Voz inglesa; debe decirse fuera de juego (en fútbol). También es incorrecto orsay.

oficial El femenino es oficiala. Se admite: oficial de puente y cubierta, primer oficial (marina mercante).

oficialía, oficialidad, oficialismo, oficialista, oficializar, oficialmente, oficiante, oficiar, oficina, oficinal, oficinesco (ca), oficinista, oficio, oficionario, oficiosamente, oficiosidad, oficioso (sa), ofidio, ofiolatría, ofiómaco, ofita, ofrecedor.

ofrecer(se) Verbo irregular que se conjuga como *agradecer* (v.) (agradezco, agradeces, agradecéis, etc.). Uso de preposiciones: Ofrecerse *a* hacer algo; o. *para* cantar; o. *de* criado.

ofrecimiento, ofrenda, ofrendar.

oftalm- Prefijo que significa «ojo» (*oftalmología, oftálmico*).

oftalmía Es lo correcto, y no *oftalmia*, incorrecto.

oftálmico (ca), oftalmología, oftalmológico (ca), oftalmólogo (ga), oftalmoscopia, oftalmoscopio, ofuscación (2), ofuscador (ra), ofuscamiento (1), ofuscar(se), ogro, ¡oh!, O'Higgins, Ohio.

ohm V. *ohmio.*

óhmico (ca).

ohmio Es lo correcto: Unidad de resistencia eléctrica, que en la nomenclatura internacional se escribe *ohm* (del físico Ohm).

oíble, oída.

-oide Sufijo que significa «parecido a, en forma de» (*ovoide, solenoide*).

oídio Es lo correcto, y no *oídium*. Es un hongo parásito.

oído Expresiones admitidas: *silbido de oídos, aguzar los oídos, aplicar el oído, cerrar los oídos, dar oídos, de oído, duro de oído, prestar oídos, todo oídos, tener oído* (o *buen oído*).

oidor (ra), oidoría.

oíl Admitido *lengua de oíl.* (V. *lengua.*)

oír Verbo irregular que se conjuga de la forma siguiente: INDICATIVO. *Presente:* oigo, oyes, oye, oímos, oís, oyen. *Pret. imperf.:* oía, oías, oíais, etc. *Pret. indef.:* oí, oíste, oísteis, etc. *Fut. imperf.:* oiré, oirás, oiréis, etc. SUBJUNTIVO. *Presente:* oiga, oigas, oiga, oigamos, oigáis, oigan. *Pret. imperfecto:* oyera u oyese, oyeras u oyeses, etc. *Fut. imperf.:* oyere, oyeres, etc. IMPERATIVO: oye, oíd, oigamos. PARTICIPIO: oído. GERUNDIO: oyendo. Uso de preposiciones: Oír *con, por* sus propios oídos; o. *de* persona autorizada; o. *bajo* secreto.

ojal, ¡ojalá!, ojaladera, ojalado

(da), ojalador (ra), ojaladura, ojalar.

***ojalera** Es incorrecto, dígase *ojaladora, ojaladera* (la que hace *ojales*).

ojanco, ojaranzo, ojeada, ojeador (ra).

ojear En «*hojear* un libro», *hojear* deriva de *hoja.* Luego es incorrecto decir «*ojear* un libro» (sin *h*); *ojear* deriva de *ojo* y significa «dirigir la mirada a cierta cosa o sitio»: *Ojear* cómo va el trabajo.

ojeo, ojera (s), ojeriza, ojeroso (sa), orejudo (da), ojete, ojeteado (da), ojetear, ojetera, ojialegre, ojienjuto (ta), ojigarzo (za), ojimiel, ojimoreno (na), ojinegro (gra), ojiprieto (ta), ojituerto (ta), ojiva, ojival, ojizaino (na), ojizarco (ca).

ojo «*Ojos inyectados* en sangre» es incorrecto. En vez de *inyectados* dígase *enrojecidos, congestionados.* «A *ojos vistos*» debe cambiarse por «a *ojos vistas*». Expresiones admitidas: *mal de ojo, niña del ojo, sangre en el ojo, caída de ojos, ojo de buey, ojo de gallo, ojo de la tempestad, ojo de perdiz, ojos tiernos, ojos rasgados, cuatro ojos, abrir el ojo* (o *los ojos*), *andar con cien ojos, andar con ojo, a ojo, a ojos cerrados, comer con los ojos, echar el ojo, clavar los ojos, en un abrir y cerrar de ojos, levantar* (o *alzar*) *los ojos al cielo, mirar con buenos* (o *malos*) *ojos, no pegar ojo* (o *los ojos*, o *el ojo*), *ojo avizor, poner los ojos en blanco, tener entre ojos, torcer los ojos, valer un ojo de la cara, volver los ojos a alguno, ojo a la funerala.*

ojoso (sa), ojota.

Ojotsk Mejor así escrito que *Okhotsk.*

ojuelo.

***OK, *okay** Significa «bien; visto bueno». Úsense estas voces en castellano.

ola «Nueva *ola*», significa «nueva generación, los jóvenes».

Olaf Es como debe escribirse este nombre noruego, y no *Olav.*

olaje, olambre, olambrilla.

***Olav** V. *Olaf.*

¡olé! Es la voz preferente, aunque

también se admite ¡ole! (con acentuación prosódica en la o).

oleáceo (cea), oleada, oleado, oleaginosidad, oleaginoso (sa), oleaje, olear, oleario (ria), oleastro, oledero (ra), oledor (ra), oleícola, oleicultor, oleicultura, oleífero (ra), oleína.

óleo «Admiraba un óleo de Goya» es incorrecto. En este caso, en vez de óleo debe decirse cuadro, lienzo. Puede decirse «un cuadro al óleo», o «pintura al óleo», pero nunca «un óleo».

oleoducto, oleografía, oleómetro, oleorresina, oleosidad, oleoso (sa).

oler Verbo irregular que se conjuga como mover (v.), pero anteponiendo una h a las formas que empiezan por ue (huelo, hueles, oléis, etc.). Uso de preposiciones: Oler a cebolla.

olfacción Es lo correcto, con dos ces, y no olfación (una ce).

olfatear, olfateo, olfativo (va), olfato, olfatorio (ria), olíbano, oliente, oliera, olifante, oligarca, oligarquía, oligárquico (ca), oligisto, oligoceno, oligoelemento, oligofrenia, oligofrénico, oligopolio, olimpíaco (1), olímpico (2).

olimpiada, olimpíada Se admiten las dos acentuaciones, aunque es preferente la primera.

olímpicamente, olímpico (ca), olimpo, Olimpo, olisca, oliscar (1), olisco, oliscoso, olisquear (2), oliva, olivar, olivarda, olivarero (ra), olivarse, olivera, olivero, olivícola, olivicultor (ra), olivicultura, olivífero (ra), olivillo, olivino, olivo, olivoso, olma, olmeda, olmedano, olmedo, Olmedo, olmo.

ológrafo (fa) Se acepta también con h, hológrafo, pero es preferente la primera voz.

olor «Olor de chamuscado» es incorrecto; dígase «olor a chamuscado». Se admiten las expresiones siguientes: agua de olor, jabón de olor, rosal de olor, morir en olor de santidad.

olorizar, oloroso (sa), olvidadizo (za), olvidado (da).

olvidar(se) Uso de preposiciones: Olvidarse de un nombre.

olvido Expresiones admitidas: echar al olvido (o en olvido), entregar al olvido.

olla Es incorrecto decir «olla a presión». Dígase «olla de presión», y de igual modo, «bote de vela», «caldera de vapor», «motor de gasolina», etc.

ollado, ollao, ollar, ollaza, ollera, ollería, ollero (ra).

-oma Sufijo que significa «tumor» (sarcoma, mioma).

omagua, Omaha, Omán, Omar, omaso, ombligada, ombligo, ombliguero, ombría, ombú, omega.

***omelet** Es galicismo; dígase tortilla.

omental, omento, omero.

omeya Miembro de una dinastía de califas de Damasco. Se escribe con minúscula (un omeya).

ómicron, ominar.

ominoso (sa) Voz más empleada actualmente debido a su uso en inglés (ominous). En nuestra lengua significa «abominable, de mal agüero». No debe traducirse por amenazador, lúgubre, tenebroso.

omisible, omisión, omiso (sa), omitir, ómnibus, omnímodo (da), omnipotencia, omnipotente, omnipresencia, omnipresente, omnisapiente, omnisciencia, omnisciente (2), omniscio (cia) (1), omnívoro (ra).

omóplato Se acepta también omoplato (acentuación prosódica en la a), pero es preferente omóplato, con acento ortográfico.

-ón Sufijo que denota «formas»: Aumentativos (bonachón), «acción brusca» (sofocón, tirón), «carencias» (pelón), «despectivos» (lanchón).

onagra Es una planta; onagro es un asno salvaje.

onagro V. onagra.

onanismo Admitido; en cambio, no se acepta onanista.

once, oncear.

***onanista** V. onanismo.

onceavo Es correcto; dígase también onzavo, onceno o undécimo. Es preferente esta última voz.

oncejera, oncejo, oncemil.

onceno (na) V. *onceavo.*

onco- Prefijo que significa «tumor» *(oncología).*

oncología, oncológico (ca), oncólogo (ga) Las dos últimas son voces admitidas posteriormente por la Academia.

onda Voces aceptadas: *Onda herciana* (o *hertziana*); *o. corta, o. larga, o. normal, o. sonora; captar la onda, longitud de onda.*

Ondárroa, ondeado, ondeante, ondear, ondeo, ondina, ondisonante, ondoso (sa), ondulación, ondulado (da), ondulante, ondular, ondulatorio (ria).

oneroso (sa) Uso de preposiciones: Oneroso *a* los amigos; o. *para* el comprador.

ónice También se admite *ónix,* aunque en segundo término.

onicomancia, (1), onicomancía (2).

-onimia, -ónimo Prefijos que significan «nombre» *(metonimia, antónimo).*

ónique, oniquina, onírico (ca), oniromancia (1), **oniromancía** (2).

ónix También se aceptan las grafías *ónice* (1) y *ónique* (2). Es preferente *ónice.*

onocrótalo.

onoma- Prefijo que significa «nombre» *(onomástico).*

onomancia, (1), **onomancía** (2), **onomasiología, onomasiológico** (ca), **onomástico (ca).**

onomatopeya Vocablo que imita el sonido de la cosa que designa *(guau, quiquiriquí).*

onomatopéyico (ca), onoquiles, onosma.

*on parle Français Expresión francesa que significa «se habla francés».

ontina.

onto- Prefijo que significa «ser» *(ontología, ontogenia).*

ontogenia, ontogénico (ca), ontología, ontológico (ca), ontologismo, ontólogo.

onubense Es el natural de la antigua *Ónuba,* hoy *Huelva.*

onza, onzavo (va).

-oo, oo- Las voces terminadas en *oo* (dos oes), como *Campoo* y *Fei-*

joo, no llevan acento actualmente. Como prefijo, *oo-* significa «huevos» *(oolito).*

oolítico (ca), oolito, oosfera, ¡opa!, opacidad, opaco (ca), opado (da), opalescencia, opalescente, opalino (na), ópalo, opción, opcional, ópera, operable.

operacional Es correcto; admitido por la Academia: «Relativo a las operaciones» (militares).

operador «*Operador* de telégrafo» es incorrecto; dígase *telegrafista.* Lo mismo sucede con *telefonista* y otras voces similares.

operar, operario (ria), operativo (va), operatorio (ria), opercular, opérculo, opereta, operista, operístico (ca), operoso, opiáceo (cea), opiado (da), opiata, opilación, opilar, opilativo (va).

opimo «Abundante, fértil»; no confundir con *óptimo:* «Sumamente bueno.» La acentuación de *opimo* recae en la *i.* El femenino es *opima.*

opinable, opinante.

opinar Uso de preposiciones: Opinar *de, sobre* un tema.

opinión, opio, opíparo (ra), oploteca, opobálsamo.

oponer(se) Verbo irregular que se conjuga como *poner* (v.) (opongo, opones, oponéis, etc.). Uso de preposiciones: Oponerse *a* una decisión.

oponible, opopánax (2), **opopónaco** (1).

oporto V. *jerez.*

oportunidad, oportunismo, oportunista, oportuno (na), oposición.

oposicionista Es «el que pertenece a la *oposición* política». En cambio *opositor* es «el que hace una *oposición* o *concurso*». Se admite también el verbo *opositar,* «hacer *oposiciones* a un puesto».

opositar, opositor (ra) V. *oposicionista.*

opoterapia, opoterápico (ca), opresión, opresivo (va), opreso (sa), opresor (ra), oprimir, oprobiar, oprobio, oprobioso (sa), oprobiar.

-opsia, -opsis Sufijo que significa «visión» *(necropsia, sinopsis).*

optación, optante.

optar Uso de preposiciones: Optar *a, por* un empleo; optar *entre* dos cosas.

optativo (va), óptica, óptico, optimación, optimar, óptimamente, optimate (s), optimismo.

optimista «Son unos informes *optimistas*» es incorrecto; dígase «informes *favorables* (propicios)», pues únicamente puede ser optimista una persona.

óptimo (ma) Es el superlativo absoluto de *bueno (a).*

optómetro, opuesto (ta), opugnación, opugnador (ra), opugnar, opulencia, opulento (ta), opuncia, opúsculo, oquedad, oquedal, oqueruela, ora, Oraa, *Oráa.

oración «Palabra o conjunto de palabras con que se expresa un concepto cabal.» Ej.: «El curso comienza hoy.» Puede entenderse como unidad de sentido o como unidad funcional.

oracional, oracionero (ra), oráculo, orador (ra), oraje.

oral Recientemente admitida la expresión *vía oral* (vía bucal).

oralmente, Orán, oranés (sa).

***orange** Es incorrecto; dígase *naranjada.*

Orange, orangista, orangután, orante, orar, orate, oratoria, oratorio, orbe, orbicular, órbita, orbital, orbitario (ria), orca, Orcadas, orcaneta, orcina, orco, Orczy, órdago, órdago (de), ordalía, Ordás.

orden Voz ambigua. Es *«la orden del día»;* cuando se alude a la que se da a las tropas diariamente. Es *«el orden* del día» la lista de aspectos a tratar en una reunión. Otras expresiones: femenino: *la Real Orden, la Orden de Calatrava, las sagradas órdenes, las órdenes mayores* (o *menores), un cheque a la orden.* Masculino: *El orden jónico (dórico,* etc.), *el orden público, el orden de los dípteros, el orden de ideas, mantener el orden.* Incorrecciones: «Se ha pasado una *orden* por un millón de pesetas» es incorrecto; dígase *pedido.*

ordenación, ordenada, ordenado.

ordenador Es correcto dar a esta voz el sentido de *computadora, computador* (admitido).

ordenamiento, ordenancista, ordenando, ordenante, ordenanza.

ordenar Uso de preposiciones: Ordenar en series; o. *para* tal fin; o. *de* sacerdote (no es o. sacerdote); o. *por* materias V. *orden.*

orden del día V. *orden.*

ordeñadero, ordeñador (ra), ordeñar, ordeño, Ordesa.

ordinal Número *ordinal* es el que expresa ideas de orden o sucesión *(cuarto, décimo).* Se emplean a menudo hasta el número diez *(primero, tercero, noveno,* etc.), y se van haciendo menos usuales al aumentar el número, con excepción de centésimo (100.°) y milésimo (1.000.°) que se utilizan habitualmente. En la actualidad suele sustituirse el ordinal por el cardinal; así, en vez de «el *quincuagésimo* aniversario», se dice «el *cincuenta* aniversario», lo cual está admitido. No obstante, esta tendencia puede provocar confusiones. Así, al decir «Las *Veinte* Jornadas de Historia» no se sabe si son *veinte* o *vigésimas.* Puesto que ya hay un ordinal que termina en -*avo,* -*ava (octavo, octava),* resultaría sencillo y claro formar los ordinales con esos sufijos *(veinteavo, catorceavo, ciento doceavo),* con los que, sin grandes problemas, se eliminarían los equívocos. Algunos ordinales dudosos: 13.° decimotercero (sin acento), 18.° decimoctavo, 21.° vigésimo primero (separado), 80.° octogésimo, 90.° nonagésimo, 101.° centésimo primero; 110.° centésimo décimo, 200 ducentésimo, etcétera.

ordinariez, ordinario (ria), ordinativo (va), Ordóñez, oréade, oreante, orear, orégano, Oregón, oreja, orejeado (da), orejear, orejera, orejisano, orejón, orejudo (da), orejuela, orenga, orensano (na), Orense, oreo, oreoselino, Orestes, oretano (na).

orfanato Es lo correcto para decir «asilo de huérfanos». Es incorrecto *orfelinato* y *orfanatorio.*

*orfanatorio Incorrecto. (V. *orfanato*.)

orfandad, orfebre, orfebrería.

*orfelinato Es incorrecto; dígase **orfanato** (v.).

Orfeo, orfeón, orfeonista, órfico, orfismo, orfo.

organdí *Organdíes* es el plural correcto, aun cuando se usa bastante *organdís*. Es voz de origen francés, pero aceptada.

organero, organicismo, organicista, orgánico (ca), organigrama, organillero (ra), organillo.

organismo Las siglas y abreviaturas de los organismos internacionales figuran en el *Apéndice núm. 2.*

organista, organístico (ca).

organización «*Organización* de las Naciones Unidas» es incorrecto; en realidad debería decirse «*Organismo* de las Naciones Unidas».

organizado (da), organizador (ra), organizar, órgano, organogenia, organografía, organográfico (ca), organoléptico, organología, organulo, orgasmo, orgía, orgiástico (ca), orgivense, orgullo, orgulloso (sa), orí, oribe, orientación, orientador (ra).

oriental Cuando es un simple adjetivo va con minúscula (el *Asia oriental*, *Europa oriental*, el *macizo oriental*, el *Pirineo oriental*), pero con mayúscula cuando constituye una unidad geográfica definida (el *Pakistán Oriental*, la *República Oriental del Uruguay*).

orientalismo, orientalista.

orientar(se) Uso de preposiciones: Orientar un acto *a* un fin; o. *hacia* el sur el timón; orientarse *por* las estrellas.

Oriente Con minúscula cuando denota situación geográfica (el *oriente de un país*, el *oriente de Europa*); con mayúscula cuando se alude a una zona específica (el *Oriente Medio*, las naciones de *Oriente*, conflictos entre *Oriente* y *Occidente*).

orificación, orificador, orificar, orífice, orificio.

oriflama Es femenino: *la oriflama* (no *el oriflama*).

origen, origenismo, origenista, original, originalidad, originar, originario (ria), Orihuela (oriolano), **orilla, orillar, orillero.**

orillo Admitido; es «*orilla* del paño» (más basta).

orín «Óxido rojizo» (el *orín* de los metales). No confundir con *orina*, «líquido excrementicio». *Orines* suele ser el plural de *orina*, no de *orín*.

orina V. *orín*.

orinal, orinar, oriniento (ta), Orinoco, orinque, oriolano (na), Orión, oriónidas, oriundez, oriundo (da), orive.

Orkney Este nombre inglés de unas islas se traduce por *Orcadas.*

orla, orlador (ra), orladura, orlar, orleanista, Orleáns, orlo, Orly, ormesí, ormino, Ormuz, ornamentación, ornamental, ornamentar, ornamento, ornato.

ornito- Prefijo que significa «pájaro». Ejs.: ornitología, ornitólogo.

ornitodelfo, ornitología, ornitológico (ca), ornitólogo, ornitomancia (1), ornitomancía (2), ornitóptero, ornitorrinco.

oro- Prefijo que significa «montaña» *(orográfico, orogenia).*

oro, orobanca, orobancáceo (cea), orobias, orofrés, orogénesis, orogenia, orogénico (ca), orografía, orográfico (ca), orón, orondado (da), orondadura, orondo (da), oronimia, oronímico, orónimo, oropel, oropelero, oropéndola, oropimente, Orotava (La), oroya, orozuz, orquesta, orquestación, orquestal.

orquestar «*Orquestar* una manifestación popular» es incorrecto; dígase *organizar, fomentar.*

orquestina Admitido por la Academia: «Orquesta de pocos instrumentos» (para música moderna bailable).

orquidáceo (cea), orquídea, orquídeo, orquitis, Ors (d').

*orsay Voz inglesa usada en fútbol (lo mismo que *offside*). Dígase *fuera de juego.*

ortega, Ortega y Gasset, ortiga, ortigal, ortivo.

orto- Prefijo que significa «derecho, recto» *(ortografía, ortopedia).*

ortodoncia, ortodoxia, ortodoxo (xa), ortodromia, ortodrómico (ca), ortoepía, ortofonía, ortografía, ortográfico (ca), ortógrafo (fa), ortología, ortológico (ca), ortólogo (ga), ortopedia, ortopédico (ca), ortopedista, ortóptero, ortosa, oruga, orujo, orvalle, orza, orzaga, orzar, orzaya, orzoyo, orzuela, orzuelo.

os «Unas *os* mal hechas» es incorrecto. El plural de la letra *o* es *oes. Os* es el pronombre personal de segunda persona del plural.

osa, osadía, osado, Osaka, Osa Mayor, osambre, osamenta, osar, osario, oscense, oscilación, oscilador, oscilante, oscilar, oscilatorio (ria), oscilógrafo, oscitancia, osco (ca), ósculo, oscurantismo, oscurantista.

oscurecer(se) Verbo irregular que se conjuga como *agradecer* (v.) (oscurezco, oscureces, oscurecéis, etc.). También se escribe *obscurecer* (con *b*), lo mismo que *oscurecimiento, oscuridad* y *oscuro* pueden escribirse con *b*, y de hecho son las voces preferentes para la Academia.

oscurecimiento, oscuridad, oscuro (ra) V. *oscurecer.*

osecico, osecillo.

osecito Diminutivo de *hueso.*

óseo (sea), osera, osero, osezno, osiánico (ca), osificación, osificarse, osífraga, osífrago.

osito El cachorro de oso es un *osezno,* y no un *osito.* En cambio se dice «*osito* de trapo» (no *osezno*).

osmanlí, Osmán, osmazomo, osmio, ósmosis (1), osmosis (2), osmótico (ca), oso, ososo (sa), osta, ostaga, oste, osteítis, ostensible, ostensión, ostensivo (va), ostentación, ostentador (ra), ostentar, ostentativo (va), ostento, ostentoso (sa).

osteo- Prefijo que significa «hueso» *(osteología, osteomalacia).*

osteolito, osteología, osteológico (ca), osteólogo (ga), osteoma, os-

teomalacia, osteomielitis, osteotomía, ostia.

Ostia Nombre de una ciudad italiana en la desembocadura del Tíber.

ostiariado, ostiario, ostión, ostra, ostracismo, ostral, ostrera, ostrero, ostrícola, ostricultura, ostrífero (ra), ostro, ostrogodo (da), ostrón, ostugo, osudo (da), osuno (na), otacústico, otalgia, otar, oteador (ra), otear.

o tempora, o mores! Locución latina que significa «¡Oh tiempos, oh costumbres!» Denota asombro ante la decadencia de la sociedad. No está incluida en el Diccionario académico.

otero, otitis, Otmán, oto.

oto- Prefijo que significa «oído» *(otorrinolaringólogo).*

otoba, otología, otológico (ca), otólogo, otomán, otomana, otománico (ca), otomano (na), Otón, otoñada.

otoñal Se refiere al otoño y «aplícase a personas de edad madura»; admitido.

otoñar, otoñizo (za), otoño, otorgadero (ra), otorgador (ra), otorgamiento, otorgante, otorgar, otorgo, otoría, otorrea, otorrinolaringología, otorrinolaringólogo (ga), otosclerosis, otoscopia, otoscopio, otraño.

otro, otra «Ese *otro* arma» es incorrecto; dígase «esa *otra* arma». Lo mismo vale para *agua, alma, arte,* etc. «Entre *otros varios*», es «entre *otros*», simplemente.

otrora, otrosí, Ottawa.

*Otto A este nombre alemán corresponde el nuestro de *Otón.*

ou Las letras *ou* suelen emplearse en las formas francesas de apellidos que no son de esa nacionalidad. En tal caso debe suprimirse la *o.* Así, *Abou Simbel,* es *Abu Simbel; Boumedienne* es *Bumedian,* etcétera.

*out Voz inglesa usada en deportes; dígase *fuera.*

*output Voz inglesa. Producción, salida.

*outsider Voz inglesa; es *el segundo* (en una competición deportiva).

ova, ovación, ovacionar, ovado (da), oval, ovalado (da), ovalar, óvalo, ovante, ovar, ovárico (ca), ovario, ovariotomía, ovaritis, ovas, ovecico, oveja, ovejería, ovejero (ra), ovejuela, ovejuno (na), overa, overo, overol (Amér.), ovetense, ovezuelo, ovicida, ovidiano, Ovidio, oviducto.

Oviedo El natural de esta ciudad recibe el nombre de *ovetense*.

ovil, ovillar, ovillejo, ovillo, ovino (na), ovio, ovíparo (ra), oviscapto.

ovo-, ovi- Prefijos que significan «huevo» *(ovoideo, oviducto)*.

ovoide, ovoideo (dea), *ovóideo, óvolo, ovoso, ovovivíparo (ra),

ovulación, óvulo, ox, oxalato, oxálico (ca), oxalidáceo (cea), oxalídeo (dea), oxalme.

Oxford V. *oxoniense.*

oxiacanta, *oxiacanto, oxiacetilénico (ca), oxicorte, oxidable, oxidación, oxidante, oxidar, óxido, oxidrilo, oxigenación, oxigenado (da), oxigenar, oxígeno, oxigonio, oximel, oximiel, oxipétalo, oxitócico (ca), oxítono, oxiuro, oxizacre.

*oxoniano Incorrecto. (Véase *oxoniense.*)

oxoniense Es el natural de Oxford y lo relativo a esta ciudad inglesa. Es incorrecto decir *oxoniano*.

oxte, oyente, ozono, ozonómetro.

p

p Decimonona letra del alfabeto y decimoquinta de sus consonantes. El plural es *pes*. Fonéticamente, es una consonante bilabial oclusiva sorda. Actualmente tiende a suprimirse en algunas palabras (sicología, setiembre, etc.), pero aún es preferente la voz con *p* en la lengua escrita.

pabellón, pabilo (1), pábilo (2), pabilón, pabiloso, pablar, pábulo, paca, pacana, pacato (ta), pacedero, pacedura.

*****pacemaker** Esta voz inglesa debe traducirse por *marcapasos*, «aparato estimulador cardiaco».

pacense Es el natural de Badajoz y su provincia.

paceño (ña) Es el natural de *La Paz*, capital de Bolivia.

pacer Verbo irregular que se conjuga como *agradecer* (v.), (pazco, paces, pacéis, etc.).

paciencia, paciente, pacienzudo (da), pacificación, pacificador (ra), pacificante, pacificar, pacífico (ca), pacifismo, pacifista, pación, paco, pacotilla, pacotillero, pactante.

pactar Uso de preposiciones: Pactar *entre* amigos; pactar *con* el enemigo.

pacto Uso de mayúsculas: el *Pacto de Varsovia*; el *Pacto Hispano-Americano* (entre España y América del Norte). Con minúsculas: firmaron *un pacto;* el *pacto* estipulado.

pachá Admitido; es preferente *bajá*.

pacho, pachocha, pachón (na), pachorra, pachorrudo (da).

pachucho Significa «flojo, alicaído; pasado de puro maduro». No es «enfermo, achacoso»; con este sentido deben usarse estas voces.

*****paddock** Voz inglesa; dígase *pista* (de carreras de caballos).

padecer Verbo irregular que se conjuga como *agradecer* (v.), (padezco, padeces, padecéis, etc.). «No *padezca* usted (o no *sufra*) por ella»; es mejor decir «no se *preocupe* usted por ella». Uso de preposiciones: Padecer *con* las impertinencias de otro; p. *de* los nervios; p. *por* Dios; p. *en* la honra.

padecimiento, padilla, padrastro, padrazo.

padre Con minúscula: el *padre Francisco, los padres de la Iglesia*, el *padre superior*. Con mayúscula: el *Santo Padre, Beatísimo Padre.*

padrear, padrejón.

padrenuestro Admitido; también se escribe *padre nuestro* el nombre de este rezo. El plural es *padrenuestros* y *padres nuestros*.

padrina «Mujer del padrino.»

padrinazgo, padrino, padrón, padronazgo, padronero, padronés (sa), Padua, paduano (na), paella,

paellera, ¡**paf!**, **Páez**, **pafio** (**fia**), **paflón**, **paga**, **pagable**, **pagadero** (**ra**), **pagado** (**da**), **pagador** (**ra**), **pagaduría**, **pagamento**, **pagamiento**, **Paganini**, **paganismo**, **paganizar**, **pagano** (**na**).

pagar Uso de preposiciones: Pagar *en* dinero; p. *con* palabras; p. *de* sus ahorros; p. *por* otro.

pagaré, **pagaya**, **pagel**, **página**, **paginación**, **paginar**, **pago**, **pagoda**, **pagote**, **pagro**, **paguro**, **paidología**, **paidológico** (**ca**), **paila**, **pailebot** (**2**), **pailebote** (**1**).

paipái Con acento.

pairar, **pairo**.

país Con minúscula: el *país de Gales*, los *países balcánicos*. Con mayúsculas: los *Países Bajos*.

paisaje, **paisajista**, **paisajístico** (**ca**), **paisana**, **paisanaje**, **paisano** (**na**), **Países Bajos**, **paisista**, **paja**, **pajado** (**da**), **pajar**, **pájara**, **pajarear**, **pajarel**, **pajarera**, **pajarería**, **pajarero** (**ra**), **pajarete**, **pajarilla**, **pajarita**, **pajarito**.

pájaro Voces admitidas: *pájaro bobo*, *p. carpintero*, *p. de cuenta*, *p. mosca*.

pajarota, **pajarotada**, **pajarote**, **pajarraco**, **pajaruco**, **pajaza**, **pajazo**, **paje**, **pajear**, **pajecillo**, **pajel**, **pajería**.

pajero Las voces admitidas *pajear*, *pajería* y *pajero* derivan de *paja*, «caña de trigo, cebada y otras gramíneas», y su significado sólo se relaciona con esta definición.

pajil, **pajilla**, **pajizo** (**za**), **pajo**, **pajolero** (**ra**), **pajón**, **pajonal**, **pajoso** (**sa**), **pajote**, **pajuela**, **pajuncio**, **pajuno** (**na**).

Pakistán Admitido con *k*; en cambio se escribe *paquistaní* (plural *paquistaníes*), que es «el natural de Pakistán».

pal, **pala**.

palabra Es «sonido o conjunto de sonidos articulados que expresan una idea». Expresiones aceptadas: *Palabra de matrimonio, p. de honor, p. gruesa, palabras mayores, medias palabras, quitar la p., tomar la p., dar p., pasar la p., correr la p., bajo su p.*

palabrada, **palabreja**, **palabreo**, **palabrería** (**1**), **palabrerío** (**2**), **palabrero** (**ra**), **palabrimujer**, **palabrista**, **palabrita**, **palabro**, **palabrón** (**na**), **palabrota**, **palacete**, **palacial**, **palaciano**, **palaciego** (**ga**).

palacio Mayúsculas: *Palacio Real, Palacio de Oriente, Palacio de Correos, Palacio de Justicia*, etc. En estos casos es el nombre propio de un edificio, por así decir. Con minúscula en: Voy a *palacio*, un viejo *palacio*, el *palacio* de la calle Mayor, etc.

palada, **paladar**, **paladear**, **paladeo**, **paladial**, **paladín**, **paladino** (**na**), **paladio**, **paladión**, **palado** (**da**), **palafito**, **Palafox**, **palafrén**, **palafrenero**, **Palafrugell**, **palahierro**, **palamallo**, **palamenta**, **Palamós**, **palanca**, **palancada**, **palangana**, **palanganero**, **palangre**, **palangrero**.

palanquear Incorrecto; dígase *apalancar*, admitido.

palanquera, **palanquero**, **palanqueta**, **palanquilla**.

palanquín «Andas usadas en Oriente para llevar personajes.»

palastro.

palatabilidad V. *palatable*.

palatable Es galicismo; dígase *sabroso, suculento, apetitoso*. En cambio se admite *palatabilidad*: «Cualidad de ser grato al paladar.»

palatal, **palatalizar**, **palatina**, **palatinado**, **palatino** (**na**), **palatizar**, **palazo**, **palazón**, **palca**, **palco**, **paleador**, **palear**.

Palencia El natural de esta ciudad y provincia es el *palentino (na)*.

palenque, **palense**, **palentino** (**na**), **paleoceno**, **paleógeno** (**na**), **paleografía**, **paleográfico** (**ca**), **paleógrafo**, **paleolítico** (**ca**), **paleólogo** (**ga**), **Paleólogo**, **paleontografía**, **paleontográfico**, **paleontología**, **paleontológico** (**ca**), **paleontólogo**, **paleoterio**, **paleozoico** (**ca**), **palera**, **palería**, **Palermo**, **palermitano** (**na**), **Palestina**, **palestino** (**na**), **palestra**, **paléstrico**, **palestrita**.

paleta Llamar *paleta* al *albañil* es incorrecto. Aquella voz se usa especialmente en Cataluña. Dígase *albañil*.

paletada, paletazo, paletear, paleteo, paletero, paletilla, paleto.

paletó Admitido: «Gabán de paño grueso, largo y entallado.» No se acepta *paletot* (voz francesa). Es voz poco usada actualmente.

paletón, paletoque, pali, palia, paliación, paliar, paliativo (va), paliatorio (ria).

palidecer Verbo irregular que se conjuga como *agradecer* (v.) (palidezco, palideces, palidecéis, etc.).

palidez, pálido (da), paliducho (cha).

palier Voz admitida: «Cada una de las dos mitades en que se divide el eje de las ruedas motrices de un vehículo automóvil.»

palillero (ra), palillo, palimpsesto, palíndromo, palingenesia, palingenésico (ca), palinodia, palio, palique, paliquear, palisandro, palista, palitroque, paliza, palizada, palizón, palma, palmacristi, palmada.

Palma de Mallorca El natural de esta ciudad, capital de Baleares, situada en la isla de Mallorca, recibe el nombre de *palmesano (na)*. V. *Palmas, Las.*

palmadilla, palmado (da).

Palma, La El natural de esta isla de las Canarias recibe el nombre de *palmero (ra)*. (V. *Palmas, Las.*)

palmar.

*palmarés Es galicismo; dígase *hoja de servicios, antecedentes, historial.*

palmariamente, palmario.

Palmas, Las El natural de esta ciudad de la isla de Gran Canaria (Canarias) es el *palmense* (no figura en el Diccionario académico). El de la isla de *La Palma* (Canarias) es el *palmero*, y el de *Palma de Mallorca* (Baleares) es el *palmesano*.

palmatoria, palmeado (da), palmear, palmejar.

*palmense V. *Palmas, Las.*

palmeo, palmera, palmeral.

palmero (ra) V. *Palma, La.*

palmesano (na) V. *Palma de Mallorca.*

palmeta, palmetazo, palmiche, palmífero (ra), palmilla, palmípedo (da), palmita, palmitera, palmitieso

(sa), palmito, palmo, palmotear, palmoteo, palo, paloduz.

paloma Expresiones admitidas: *paloma mensajera, p. silvestre, p. torcaz, p. zorita.*

palomadura, palomar, palomariega, palomear, palomera, palomería, palomero (ra), palometa, palomilla, palomina, palomino, palomita, palomo, palón.

Palos de Moguer El natural de esta villa es el *palense.*

palotada, palote, paloteado (da), palotear, paloteo, palpable, palpación, palpadura, palpamiento, palpante, palpar, palpebral, palpitación.

palpitante «Noticias de *palpitante* actualidad» es incorrecto; dígase «noticias *actuales*» («recientes, de última hora»).

palpitar.

pálpito Admitido: «Presentimiento, corazonada.»

palpo, palqui.

palta *(Amér.)* Aguacate, fruto.

palto, paludamento, palude, palúdico (ca), paludícola, paludismo, palumbario, palurdo (da), palustre, pallador, pallar, pallete, pallón, pamamdabuán, pamela, pamema.

Pampa (La), pampas El natural de la provincia de la Argentina de La Pampa es el *pampeano*. El de las regiones de las pampas (con minúscula) es el *pampero.*

pámpana, pampanada, pampanaje, pampanilla, pámpano, pampanoso, pampeano (na), pampero, pampino, pampirolada, pamplina, pamplinada, pamplinero (ra), pamplinoso (sa).

Pamplona El natural de esta ciudad es el *pamplonés (sa)*. El Diccionario de la Academia no incluye *pamplonica.*

pamplonés (sa) V. *Pamplona.*

*pamplonica No está admitido; dígase *pamplonés*. (V. *Pamplona.*)

pamporcino, pamposado (da), pampringada.

pamue Indígena del África occidental. El plural es *pamues*, con acentuación en la *a*. No es *pamúe* ni *pamúes.*

pan Se admite «pan francés».

pan- Prefijo de origen griego; significa «todo» *(panamericano, panteísmo)*.

pana Es cierta tela. Incorrecto darle el sentido de *avería* (de automóvil). Tampoco es correcto *panne*.

pánace, panacea, panadear, panadeo, panadería, panadero (ra), panadizo, panado (da), panal, panamá.

Panamá El natural de este país es el *panameño (ña)*. Con minúscula, *panamá*, es un sombrero de pita.

panameñismo, panameño (ña), panamericanismo, panamericanista, panamericano (na), panarizo, panarra, panatela, panática, panatier, panca, pancada.

*pancake Voz inglesa incorrecta, lo mismo que *panqué* y *panqueque* (usado en América). Es una *tortita* (de harina).

pancarpia, pancarta, pancellar, pancera, panceta, pancilla, pancismo, pancista, panclastita, panco, páncreas, pancreático (ca), pancromático, pancho, pancho (tan), panda, pandanáceo (cea).

*pandantif V. *pendentif*.

pandar, pandear, pandectas.

pandemia V. *endemia*.

pandemónium Es lo correcto, con acento. No se admite *pandemonio* (América).

pandeo, pandera, panderada, panderazo, pandereta, panderetazo, panderete, panderetear, panderetoo, panderetero (ra), pandero, panderón, pandiculación, pandilla, pandillaje, pandillero (ra), pandillista, pando (da), pandorga, panecillo, panegírico (ca), panegirista, panegirizar.

panel Voz admitida, pero sólo con el sentido de «moldura, cuarterón» (de las paredes). Es incorrecto llamar *panel* a un «cuadro de mandos, tablero».

pane lucrando Locución latina que significa «para ganar el pan», y se aplica a las obras hechas sin esmero, con el único fin de ganarse la vida.

panteísmo, panera, panero, paneslavismo, paneslavista, panete- ** la, panetería, panetero (ra), panfilismo, pánfilo (la), panfletario, panfletista.**

panfleto Admitido; significa «libelo, escrito difamatorio; folleto, impreso de carácter agresivo».

pangelín, pange lingua, pangermanismo, pangermanista, pangolín, pangue, paniagudo, pánico, panícula, paniculado (da), panicular, paniculo, paniego (ga), panificable, panificación.

*panificadora Es *tahona, fábrica de pan*.

panificar, panilla, panique, panislamismo, panizo, panjí, Pankow.

*panne Voz francesa; dígase *avería* (de automóvil).

panocha Es «mazorca de maíz». También se admite *panoja* (voz preferente).

panoja V. *panocha*.

panol, panoli, panoplia, panóptico (ca), panorama, panorámico (ca), panormitano (na).

*panqué, *panqueque V. *pancake*.

panspermia, Pantagruel, pantagruélico (ca).

pantalón (es) Es correcto en singular y también en plural (más usado).

pantalonero (ra), pantalla, pantanal.

pantano Admitido como «gran depósito artificial de agua», pero es más correcto decir *embalse* (v.).

pantanoso (sa), pantasana, panteísmo, panteísta, panteístico (ca), Pantelaria, panteón, Panteón, pantera, pantógrafo, pantómetra, pantomima, pantomímico (ca), pantomimo, pantoque, pantorra (2), pantorrilla (1), pantorrillera, pantorrilludo (da), pantufla, pantuflado, pantuflo, panza, panzada, panzón (na), panzudo (da), pañal, pañalón, pañería, pañero (ra), pañete, pañizuelo, paño, pañolera, pañolería, pañolero, pañoleta, pañolito, pañolón, pañosa, pañuelo.

Papa, papa Úsase indistintamente con las dos grafías, aunque es preferente con minúscula.

papá Voz aprobada; es «padre».

papable, papada, papadilla, papado, papafigo, papagaya, papaga-

yo, **papahígo, papahuevos, papaína.**

papaíto Voz familiar admitida; es incorrecto *papito.*

papal, papalina, papalino, papamoscas, papanatas, papandujo (ja), papar, páparo (ra), paparote (ta), paparrabias, paparrasolla, paparrucha, papasal, papatoste, papaveráceo (cea), papaverina, papaya, papayáceo (cea), payaso, papazgo.

papel Expresiones admitidas: *papel cuché, p. de barba, p. de estaño, p. de estraza, p. de fumar, p. de lija, p. de marca, p. de música, p. de pagos, p. mojado, p. moneda, p. pintado, p. secante, p. sellado, p. verjurado, hacer buen (o mal) papel, cesto de los papeles.*

papelear, papeleo.

papelera También se admite la expresión *cesto de los papeles.*

papelería, papelero (ra), papeleta, papeletear, papelillo, papelina, papelista, papelón (na), papelonado, papelonear, papelorio, papelote, papelucho, papera, papero.

*****papi** Incorrecto; el diminutivo de *papá* es *papaíto.*

papialbillo, papiamento, papila, papilar, papilionáceo (cea), papiloma, papilla, papillote, papín, papión.

papiro Es lo correcto; *pápiro* es acentuación vulgar.

papirolada, papirología, papirólogo, papirotada, papirotazo, papirote, papisa, papismo, papista.

*****papito** V. *papi.*

papo, papón (na), paporrear.

papú Es el nombre correcto de un indígena de la *Papuasia.* Es incorrecto decir *papúe.* El plural de *papú* es *papúes* (no *papús*).

Papuasia V. *papú.*

papudo (da), papujado (da), pápula, papuloso (sa), paquear, paquebote, paqueo, paquete, paquetería, paquetero (ra), paquidermia, paquidermo.

paquistaní Es el natural de *Pakistán* (v.).

par Admitido: *número par, a la par, a pares, de par en par, a pares y nones, sin par.*

para Se admite *para con* («es generoso *para con* sus empleados»). Incorrecciones: «Pastillas *para* la tos»; dígase «*contra* la tos». «Estamos *para* ayudarle y *para* animarle», es «*para* ayudarle y animarle». «*Para adentro*» es «*para dentro*».

para- Prefijo que significa «junto a» *(paráfrasis, paragoge).*

parabién, parábola, parabolano, parabólico (ca), parabolizar, paraboloide, parabrisas, paraca, paracaídas, paracaidista, paracentesis, paráclito.

para con V. *para.*

paracronismo, parachoques.

*****parachutista** Es galicismo. Debe emplearse la voz *paracaidista.*

parada, paradera, paradero, paradeta, paradiástole, paradigma, paradigmático (ca), paradina, paradisiaco (1), paradisíaco (2), paradislero, parado, paradoja.

*****paradojal** Galicismo por *paradójico (ca).*

paradójico (ca), parador (ra), parador nacional de turismo, paraestatal, parafernales, parafina, parafraseador (ra), paráfrasis, parafraste, parafrástico (ca).

paragoge Es lo correcto, y no *paragoje* (incorrecto). Es «adición de un sonido al final de una voz» *(frac, fraque).*

paragógico (ca), parágrafo, paraguas, Paraguay, paraguayano (na), paraguayismo, paraguayo (ya), paragüería, paragüero (ra), parahusar, parahúso.

paraíso Con minúscula (igual que infierno, purgatorio, etc.). En algunas obras religiosas aparece con mayúscula.

paraje, parajismero (ra), parajismo, paral, paraláctico (ca).

paralaje Vocablo de astronomía; es femenino: *la paralaje,* nunca *el paralaje,* como se ve escrito a menudo.

paralela, paralelar, paralelepípedo, paralelismo, paralelo (la), paralelogramo (*paralelógramo), paralipómenos, paralipsis, parálisis, paraliticado (da), paraliticarse, paralítico (ca), paralización, parali-

zador (ra), paralizante, paralizar, paralogismo, paralogizar, paramagnético (ca), paramédico, paramentar, paramento, paramera, parámetro, páramo, parancero, parangón, parangona, parangonar, paraninfico, paraninfo, paranoia, paranoico (ca).

paranomasia Admitido, pero es mejor *paronomasia* (v.).

paranormal, paranza, parao, parapara, paraparo, parapetarse, parapeto, paraplejía (*paraplejia), parapléjico (ca), parapoco, parapsicología, parapsicólogo.

parar(se) Uso de preposiciones: Parar *a* la entrada; pararse *a* escuchar.

pararrayos, paraselene, parasíntesis, parasintético (ca), parasitario (ria), parasiticida, parasítico (ca), parasitismo, parásito (ta), parasitología, parasol, parástade, parata, parataxis, paratífico (ca), paratifoidea, paratiroides.

parca (s) Los nombres de estas tres deidades eran *Cloto, Láquesis* y *Átropos.* Las dos últimas, voces esdrújulas.

parce, parcela, parcelable, parcelación, parcelar, parcelario (ria), parcial, parcialidad, parcializar, parcialmente, parcidad, parcionero (ra), parcísimo (ma), parco (ca), parcha, parchazo, parche, parchear.

parchís Admitido; «juego que se practica en un tablero».

parchista, pardal, pardear, pardela.

¡pardiez! Exclamación de poco uso que equivale a ¡*caramba!* Es un eufemismo en lugar de ¡*por Dios!*

pardillo (lla), pardisco (ca), pardo (da), Pardo Bazán.

pardusco Es lo correcto, y no *parduzco,* incorrecto. También es *verdusco* (no *verduzco*). Con *z* sólo son *negruzco* y *blancuzco.*

*parduzco Incorrecto. (Véase *pardusco.*)

pareado, parear, parecencia.

parecer(se) Verbo irregular que se conjuga como *agradecer* (v.) (parezco, pareces, parecéis, etcétera).

Uso de preposiciones: Parecerse *a* otro; p. *de* tipo; p. *en* el carácter.

parecido (da), pareciente, pared, paredaño (ña), paredón, pareja, parejero (ra), pareja (ja), parejuelo, perejura, parel, paremia, paremiología, paremiológico (ca), paremiólogo, parénesis, parenético (ca), parénquima, parenquimatoso (sa), parentación, parental, parentela, parentesco.

paréntesis Es masculino y singular *(el paréntesis).* El plural no varía. Signo ortográfico en que suele encerrarse una oración aclaratoria, sin enlace con los demás miembros del período, cuyo sentido interrumpe, pero no altera. El punto sólo va dentro del paréntesis cuando toda la frase está incluida en él: Ej.: *Vino Pedro. (Lo había encontrado antes.)* En caso contrario, el punto va fuera del paréntesis: *Vino Pedro (al que había encontrado antes).* La coma va siempre después del paréntesis, no antes. Ej.: *Tenía tiempo (demasiado, creo yo), pero eso no importa.* Los guiones largos se emplean para encerrar oraciones aclaratorias más necesarias que las del paréntesis: *Entraron los viajeros —cuatro hombres—, y se sentaron en los sillones.* La puntuación es como en el caso del paréntesis.

parentético (ca), pareo, parergón, paresa, paresia, parestesia, pargo, parhelio, parhilera.

paria Voz común: *el paria* (hombre); *la paria* (mujer).

pariambo, parias, parición, parida, paridad, parihuela, paridora.

pariente (ta) Es *el pariente, la parienta* (no *la pariente*).

parietal, parietaria, parificación, parificar, parigual, parihuelas, parimiento, paripé, parir.

París El natural de esta ciudad recibe el nombre de *parisiense* (masculino y femenino), *parisién* y *parisino.* Lo más correcto es *parisiense.*

parisién, parisiense V. *París.*
parisilábico (ca) (2), **parisílabo (ba)** (1).

parisino V. *París.*

paritario (ria).

***parket** Incorrecto; dígase *parqué* (véase).

***parking** Incorrecto; debe decirse *aparcamiento* (v.).

parla, parlador, parladuría, parlamentar, parlamentario (ria), parlamentarismo, parlamento, parlanchín (na), parlante, parlar, parlatorio, parlería, parlero (ra), parleta, parlón (na), parlotear, parloteo, Parma, parmesano (na), parnasiano (na), parnaso, Parnaso, *parné, paro, paro forzoso, parodia, parodiador (*parodiante), parodiar, parodista, parola, parolero (ra), pároli, paronimia.

parónimos Voces que poseen semejanza entre sí, ya por su etimología o por su forma *(rodar, rodear).*

paronomasia Semejanza entre dos o más voces que sólo se diferencian por la vocal acentuada que poseen *(buzo, bazo; pinta, punta).* También se admite *paronomasia,* pero es preferente aquella voz.

paronomástico (ca), parótida, paroxismal, paroxismo, paroxístico (ca), paroxítono (na).

parpadeante, parpadear, parpadeo Admitido el nuevo significado relativo a «titilar, oscilar una luz».

párpado, parpalla, parpallota, parpar.

parque Se dice *parque zoológico,* no *jardín zoológico.* También se admiten *parque nacional, p. de incendios, p. sanitario,* etc., y en general se llama *parque* a los materiales destinados a un servicio público.

parqué Es la voz admitida, en lugar de *parquet* (francés). Es «entarimado de madera».

parquear Admitido; es mejor decir *aparcar* (v.).

parquedad.

***parquet** Voz francesa. (V. *parqué).*

parra, parrado (da), parrafada, parrafear, parrafeo.

párrafo «Cada una de las divisiones de un escrito señaladas por letra mayúscula al principio, y punto y aparte al final.» También se

admite *parágrafo,* pero en segundo término.

parragón, parral, parranda, parrandear, parrandeo.

parrandero (ra), parrandista Se dice «un joven *parrandero*» (adjetivo), y «un *parrandista*» (sustantivo).

parrar, parrel, parresia, parricida, parricidio, parrilla, parrillada, parriza, parro, párroco, parrocha, parrón, parroquia, parroquial, parroquialidad, parroquiano (na), parsi, Parsifal, parsimonia, parsimonioso (sa), parsismo.

parte Expresiones admitidas: *parte alícuota, partes pudendas* (o *naturales), dar parte, salva sea la parte, tomar en mala parte.*

partear.

***partenaire** Voz francesa; en castellano debe decirse *pareja.*

partencia, partenogénesis, partenogenético (ca), Partenón, Parténope, partenopeo (pea), partera, partería, partero.

parterre Voz admitida; «parte de jardín con césped, flores y anchos paseos».

partesana, partible, partición, particionero (ra), participación, participante.

participar «*Participar al* 10 % de los gastos» es incorrecto; dígase «*participar en el* 10 % de los gastos». Uso de preposiciones: Participar *de* alguna cosa; p. *en* el negocio.

partícipe, participial.

participio Parte de la oración que recibe este nombre por *participar* a la vez de las particularidades del verbo y del adjetivo. Se divide en *activo* y *pasivo.* Los participios activos regulares terminan en *-ante, -ente* o *-iente (galopante, presente, hiriente).* Los participios pasivos regulares de la primera conjugación terminan en *-ado (amado),* y los de la segunda y tercera en *-ido (comido, partido).* Irregulares son los que acaban en *-to, -so, -cho (escrito, impreso, hecho).*

partícula Nombre que se da a los adverbios, preposiciones y conjunciones. Se aplica también a los prefijos y sufijos.

particular, particularidad, particularismo, particularización, particularizar, partida, partidario (ria), partidismo.

partidista Admitido, es «el que se adhiere a las opiniones de un *partido* con preferencia a los intereses generales». En este sentido es sinónimo de *partidario*.

partido Con minúscula: el *partido conservador*, el *partido liberal*, el *partido socialista*.

partidor, partidura, partija, partimiento.

partiquino (na) Admitido: «En ópera, cantante que ejecuta una parte breve o de escasa importancia.»

partir Verbo regular, modelo de la *tercera conjugación* (verbos terminados en *ir*): Indicativo. *Presente:* parto, partes, parte, partimos, partís, parten. *Pret. imperf.:* partía, partías, partíais, etc. *Pret. indef.:* partí, partiste, partisteis, etc. *Futuro imperf.:* partiré, partirás, partiréis, etc. Potencial: partiría, partirías, partiríamos, etc. Subjuntivo. *Presente:* parta, partas, partamos, etc. *Pret. imperf.:* partiera o partiese, partieras o partieses, partiéramos o partiésemos, etc. *Futuro imperf.:* partiere, partieres, partiéremos, etc. Imperativo: parte, parta, partamos, partid, partan. Participio: partido. Gerundio: partiendo. Infinitivo: partir. «*Partió* del Ayuntamiento esa orden» es incorrecto; dígase «*procedió* del...». Uso de preposiciones: Partir *a, para* París; p. *por* un lado; p. *entre* cuatro.

*partisano Es italianismo; dígase *guerrillero, miembro de la resistencia; partidario*.

partitivo (va) Se aplica al nombre y al adjetivo numeral que denotan división de un todo en partes *(mitad, medio, cuarto)*.

partitura «Texto completo de una obra musical.»

*party Voz inglesa; dígase *fiesta, reunión, convite*.

parto, parturienta, parusía, parva, parvedad.

*parvenu Voz francesa; dígase *advenedizo*.

parvificar, parvicencia, parvífico (ca), parvo (va).

*parvulario No es voz admitida; dígase *colegio de párvulos, jardín de la infancia, jardín de infantes*. Asimismo se acepta *guardería*. No se admite *kindergarten*.

párvulo (la), pasa.

pasable Es incorrecto dar a esta voz el significado de «aceptable, pasadero; regular, mediano», como debe decirse. Tampoco se admite *pasablemente*.

pasabola, pasacaballo, pasacalle, pasada, Pasadena, pasadera, pasaderamente, pasadero (ra), pasadillo, pasadizo.

pasado «Cuando se examina *el pasado*...»; incorrecto, es «cuando se examina *lo pasado*...». Igual con *lo* futuro y *lo* presente.

pasador (ra), pasadura, pasagonzalo, (*pasage) pasaje, pasajero (ra), pasajuego, pasamanar, pasamanería.

pasamano Es lo correcto: «El *pasamano* de la escalera.» No es *pasamanos*.

*pasamanos Incorrecto. (V. *pasamano*.)

pasamiento, pasamontañas, pasante, pasantía.

pasaportar Es «dar o expedir un *pasaporte*». También es «expulsar, echar» (admitido).

pasaporte.

pasar(se) *Pasar desapercibido* es expresión admitida, pero resulta mejor decir *pasar inadvertido*. «*Pasar entre* la gente», aceptado; pero es mejor «*pasar por entre* la gente». Uso de preposiciones: Pasar *de* Roma *a* París; p. *por* alto, p. *por* cobarde, pasarse *de* maduro; p. *de* listo.

pasarela, pasatiempo, pasavante, pasavolante, pasavoleo.

*Pascal Nombre francés; en español es *Pascual*. En computadoras, programación de carácter general.

Pascua Con mayúscula: «La alegría de la *Pascua*». Pero «alegre como unas *pascuas*», «hacer la *pascua*» (minúscula).

pascual, pascuilla.

pase «*Pase* lo que *pase*»; es mejor decir «*pase* lo que *pasare*».

paseadero, paseador (ra), paseante, pasear(se), paseata, paseíllo.

paseo «El *Paseo* Recoletos», es mejor decir «el *Paseo* de Recoletos».

*pasha Anglicismo; dígase *bajá.* Puede usarse *pachá.*

pasibilidad, pasible, pasicorto (ta), pasiego (ga), pasiflora, pasifloráceo (cea), pasil, pasilargo (ga), pasillo, pasión, pasional, pasionaria, pasionario, pasionero, pasionista, pasito, pasitrote, pasividad.

pasivo (va) Verbo pasivo es el que expresa una acción sufrida por el sujeto: es buscado, soy querido, eres odioso. Voz pasiva es la forma de conjugación que indica que el sujeto del verbo es el paciente: «Luis es aborrecido.» Se forma con el verbo *ser* y el participio pasivo del verbo que se conjuga. *Pasiva refleja* es la voz pasiva que se construye con el pronombre *se* y el verbo en voz activa: Se compran papeles viejos.

pasmado (da), pasmar(se).

pasmarota V. *pasmarote.*

pasmarotada.

pasmarote Es invariable en su terminación: «María es una *pasmarote.*» Pasmarota es un *ademán.*

pasmo, pasmón (na), pasmoso (sa).

paso «*Paso* de *cebra*» es incorrecto; dígase «*paso* de *peatones*». «*Paso* en falso» es galicismo; dígase *error, desliz* (también es *patinazo,* admitido). Otras expresiones admitidas: *paso de carga, ave de paso, paso redoblado, al paso, a paso de tortuga, a pocos pasos, apretar el paso, paso a nivel, de paso, paso a paso, marcar el paso, salir al paso, salir del paso, seguir los pasos, volver sobre sus pasos.*

paso (sa), pasodoble.

*paspartú, *passe partoud Es incorrecto; dígase *orla de cuadro, recuadro.*

pasquín «Escrito que se fija en sitio público.» No se admite el sentido de «periódico de poca importancia».

pasquinada, pasquinar, pássim, pasta, pastadero, pastaflora, pastar, pastear, pasteca, pastel, pastelear, pasteleo, pastelería, pastelero (ra), pastelillo, pastelista, pastelón, pastenco (ca).

pasterización, pasterizar V. *pasteurización.*

pastero, Pasteur.

pasteurización, pasteurizar Voces admitidas, lo mismo que *pasterizar* y *pasterización.* Son preferentes las dos primeras.

*pastiche Es galicismo; dígase *imitación servil* (en arte).

pastilla, pastinaca, pastizal, pasto, pastor (ra), pastoral, pastorear, pastorela, pastoreo, pastoría, pastoricio, pastoril, pastosidad, pastoso (sa), pastrano (na), pastueño.

pastura, pasturaje Voces admitidas. La primera es «pasto de que se nutren los animales»; la segunda, «lugar de pasto abierto o común.»

pata Expresiones admitidas: *pata de gallo, a cuatro patas, a la pata coja, meter la pata, poner de patitas en la calle.*

pataca, pataco, patacón, patache, patada, patagón (na).

Patagonia El natural de esta región de América meridional recibe el nombre de *patagón (na).*

patagónico (ca), patagua, patajú, patalera, pataleo, pataleta, paletilla, patán, patanería, patarata, pataratero (ra), patata, patatal, patatero (ra), patatín, patatán (que), patatús, patavino (na), pateadura (1), pateamiento (2), patear, patena, patentar.

patente Voces admitidas: *patente de corso, p. de invención, p. de navegación, p. de sanidad.*

patentemente, patentizar, pateo, paternal, paternalismo, paternalista, paternidad, paterno (na), paternóster, patero (ra), pateta, patético (ca), patetismo.

-patía Sufijo que significa «sentimiento, afecto; dolencia» (*antipatía, simpatía*).

patiabierto (ta), patialbillo, patialbo (ba), patiblanco (ca), patibulario (ria), patíbulo, paticojo (ja), patidifuso (sa), patiecillo, patiestevado (da), patihendido (da), patilla, patilludo, patimuleño (ña), patín, pátina, patinadero, patinador (ra), patinaje.

patinar, patinazo Se admite el significado relativo a «desliz notable en que incurre una persona».

patinillo, patio, patiquebrar.

*patisserie Voz francesa; dígase *pastelería, repostería*.

patita, patitieso (sa), patituerto (ta), patizambo (ba), patizuelo.

pato- Prefijo que significa «enfermedad» *(patológico)*.

pato, patol (pagar el), patochada, patogenia, patogénico (ca), patógeno (na), patognómico (ca), patografía, patojera, patojo (ja), patología, patológico (ca), patólogo (ga), patón (na), patoso (sa), patota, patotero *(Amér.)*, patraña, patrañero (ra), patrañuela.

patria Con minúscula: *Volver a la patria, la Europa de las patrias*. Con mayúscula: *El Ejército y la Patria*.

patriarca, patriarcado, patriarcal, patriarcazgo, patriciado, patricida, patricidio, patricio (cia).

*Patrick Nombre inglés; en nuestra lengua es *Patricio*.

patrimonial, patrimonialidad, patrimonio, patrio (tria), patriota.

patriotería, patriotero (ra) Son términos correctos que pueden emplearse en vez de *chauvinismo* y *chauvinista* (incorrectos).

patriótico (ca), patriotismo, patrística, patrístico, patrocinador, patrocinante, patrocinar, patrocinio, Patroclo, patrología.

patrón Se usa más bien con el sentido de «amo, señor; protector, defensor», mientras que *patrono* se emplea como «persona que emplea obreros», y en la expresión *santo patrono* (santo titular de una iglesia). Se admite la expresión *patrón oro*.

patrona, patronado (da), patronal, patronato (1), patronazgo (2), patronear, patronero, patronil, patronímico (ca).

patrono V. *patrón*.

patrulla, patrullar, patrullero (ra),

patudo (da), patulea, patullar, Pau, paují.

paúl, Paúl Con minúscula es un «sitio pantanoso cubierto de hierbas», y también un «clérigo de la orden de San Vicente de Paúl». Con mayúscula es el nombre del santo. En ambos casos se pone acento en la *u*.

paular, palatino (na), paulilla, paulina, paulinia, paulino (na).

Paulo Referido a los nombres de los papas, la mayoría escribe hoy *Pablo* (como el apóstol), aun cuando los antecesores de Pablo VI se llamaran *Paulo*.

paulonia, pauperismo.

paupérrimo (ma) Es el superlativo de *pobre*.

pausado (da), pausar, pauta, pautado, pautador, pautar, pava.

*pavada *(Amér.)* Tontería, necedad.

pavana, pavero, pavés, pavesa, Pavía, paviano (na), pávido (da), pavimentación, pavimentar, pavimento, pavipollo, pavisoso (sa), pavitonto (ta), Pavlov.

pavo *Pavo real* se escribe separado (plural: *pavos reales*).

pavón, pavonada, pavonado, pavonar, pavonazo, pavonear, pavoneo, pavor, pavorde, pavordear, pavordía, pavorido (da), pavoroso (sa), pavura, payada.

payador *(Amér.)* Gaucho cantor, coplero.

payagua, payasada, payaso.

*pay pay Incorrecto; escríbase *paipái*.

payés (sa), Admitido; «campesino de Cataluña».

payo (ya) «Aldeano, campesino tosco.» No se acepta el sentido de «persona no gitana» que le dan los de esta raza.

Paz (La) El natural de esta ciudad, capital de Bolivia, es el *paceño (ña)*.

pazguatería, pazguato (ta), pazo, pazote.

¡pche!, ¡pchs! *Pche* se escribe sin acento. Ambas voces denotan displicencia.

pe, pea, peaje, peajero, peal, peán, peana, Pearl Harbor, Peary, pea tón, peatona, pebete, pebetero, pebrada, pebre, peca.

pecado Expresiones admitidas: *pecado capital, p. mortal, p. contra natura, p. original, p. venial.*

pecador (ra), pecadorizo (za), pecaminoso (sa), pecante.

pecar Uso de preposiciones: Pecar *con* la intención; p. *contra* la ley; p. *de* ignorante; p. *en* alguna cosa; p. *por* demasía.

*pécari Incorrecto; dígase *pecarí* (así admitido actualmente): «Especie de jabalí.»

pecarí.

pecblenda También se admite *pechblenda,* pero en segundo término.

peccata minuta Expresión latina: «Error, falta o pecado leve.»

pece, pececillo, peceño, pecera, pecezuela, peciluengo, pecina, pecinal, pecinoso (sa), pecio, peciolado (da), pecíolo (1), peciolo (2), pécora, pecorea, pecorear, pecoso (sa), pectina, pectíneo, pectiniforme, pectoral, pectosa, pecuario (ria), peculado, peculiar, peculiaridad, peculiarismo, peculiarmente, peculio, pecunia, pecunial, pecuniario (ria), pecha, pechar.

pechblenda Admitido; es preferente *pecblenda.*

pechera, pechería, pechero, pechiblanco (ca), pechicolorado, pechina, pechirrojo, pechisacado (da).

pecho «Tomar *a pecho* una frase» es incorrecto; dígase «*a pechos*». Otras expresiones admitidas: *angina de pecho, a pecho descubierto, criar a los pechos, dar el pecho, entre pecho y espalda.*

pechuga, pechugazo, pechugón (na), pechuguera, pedagogía, pedagógico (ca).

pedagogo Sólo es masculino; no se dice *la pedagoga.*

pedal, pedalada, pedalear, pedaleo, pedaliáceo (cea), pedáneo, pedante, pedantear, pedantería, pedantesco (ca), pedantismo, pedazo, pederasta, pederastia (*pederastía), pedernal, pedernalino (na), pedestal.

pedestre, pedestrismo Es lo correcto, y no *pedrestre* o *pedrestrismo,* incorrecto.

pedi- Prefijo que significa «pie» *(pedicuro),* y «niño» *(pediatra).*

-pedia Sufijo que significa «educación» *(enciclopedia).*

pediatra La Academia no admite *pediátra.*

pediatría, pedicelo, pedicoj, pedicular, pedículo, pediculosis.

*pedicurista Incorrecto. (V. *pedicuro.*)

pedicuro (ra) Es voz correcta, así como *callista.* Son incorrectas *pedícuro, pedicurista, podólogo* y *cirujano callista.*

pedido, pedidor, pedidura, pediente, pedigón (na).

*pedigree Incorrecto. (V. *pedigrí.*)

pedigrí Aceptado por la Academia: «Genealogía de un animal.» Es incorrecto *pedigree* (inglés).

pedigüeño (ña), pediluvio, pedimento, pedio.

pedir Verbo irregular que se conjuga del modo siguiente: INDICATIVO. *Presente:* pido, pides, pide, pedimos, pedís, piden. *Imperfecto:* pedía, pedías, pedíamos, etc. *Pret. indef.:* pedí, pediste, pidió, pedimos, pedisteis, pidieron. *Fut. imperf.:* pediré, pedirás, pediremos, etc. POTENCIAL: pediría, pedirías, pediría, pediríamos, pediríais, pedirían. SUBJUNTIVO. *Presente:* pida, pidas, pida, pidamos, pidáis, pidan. *Imperfecto:* pidiera o pidiese, pidieras o pidieses, pidiéramos o pidiésemos, etc. *Futuro imperf.:* pidiere, pidieres, pidiéremos, etc. IMPERATIVO: pide, pedid. PARTICIPIO: pedido. GERUNDIO: pidiendo. Incorrecciones: Cuando es uno el que ofende debe decirse «*presentar* excusas» y no «*pedir* excusas».

pedo, pedorrear, pedorreo, pedorrera, pedorrero, pedorreta, pedorro (rra), pedrada, pedral, pedrea, pedrecilla, pedregal, pedregoso (sa), *pedregullo, pedrejón, pedreñal, pedreral, pedrería, pedrero.

*pedrestre, *pedrestrismo Incorrectos; dígase *pedestre, pedestrismo.*

pedrezuela, pedrisca, pedriscal, pedrisco, pedrisquero, pedrizo

(za), pedro, pedroche, pedroso (sa), pedrusco, pedunculado (da), pedúnculo, peer, pega, pegadillo, pegadizo (za), pegado, pegador, pegadura, pegajosidad, pegajoso (sa), pegamento, pegamiento, pegamoide, pegamoscas, pegante.

pegar Uso de preposiciones: Pegar una cosa a, con otra; pegarse con alguno; pegarse contra la pared; pegar en la pared; pegar golpes sobre una tabla.

pegaseo (sea), pegásides, Pegaso, pegata, pegatina, pegmatita, pego, pegote, pegotear, pegotería, pegual, peguera, peguero, pegujal, pegujalero, pegujón, pegullón, pegunta, peina, peinada, peinado, peinador (ra), peinadura, peinar, peinazo, peine, peinecillo, peinería, peinero, peineta, peinetero, Peiping, peje, pejepalo, pejerrey, pejesapo, pejiguera, pejiguería.

Pekín También puede escribirse Pequín y Beijing. (V. Pequín.) Para referirse al natural de la capital china, pequinés es más correcto que pekinés.

pela «Acción y efecto de pelar.»

***pelada** Galicismo usado en medicina. Dígase alopecia, peladera, pelona (caída del pelo).

peladera, peladero, peladilla, peladillo, pelado (da), pelador, peladura, pelafustán (na), pelagallos, (*pelagato), pelagatos, pelagianismo, pelagiano (na).

pelágico (ca) V. pelásgico.

pelagoscopio, pelagra, pelagroso (sa), pelaire, pelaje, pelambrar.

pelambre, pelambrera La Academia da pelambre como masculino, aunque habitualmente se emplea el femenino (la pelambre). En cambio, pelambrera está admitido como femenino, que es lo usual.

pelambrero, pelamen, pelamesa, pelanas, pelandusca, pelantrín, pelar, pelarela, pelargonio, pelarruecas.

pelásgico Es «relativo a los pelasgos» (pueblo europeo de remoto origen). No confundir con pelágico («ser vivo que flota o nada en el mar»).

pelasgo (ga), Pelayo, pelaza, pe-

lazga, peldaño, pelde, peldefebre, pelea, peleador (ra), peleante, pelear, pelechar, pelecho, pelele.

***pêle-mêle** Voz francesa; dígase mezcolanza, confusión, batiburrillo.

pelendengue, peleón (na).

***pelerina** Galicismo; dígase esclavina, capita.

pelete, peletería, peletero, pelgar, peliagudo (da), peliblanco (ca), peliblando (da).

pelícano, pelicano (na) Con acentuación esdrújula es un «ave acuática», mientras que con acentuación grave, pelicano, significa «que tiene cano el pelo». No deben confundirse estas dos voces.

pelicorto (ta).

película El nombre de las películas se escribe igual que el de los libros, es decir, con cursivas (bastardillas): Proyectaron Alba de América.

pelicular, peliculero (ra), peliduro (ra), peliforra, peligno (na), peligrar, peligro, peligrosidad, peligroso (sa), pelilargo (ga), pelillo, pelilloso (sa), pelinegro (gra), pelirrojo (ja), pelirrubio (bia), pelitieso (sa), pelitre, pelitrique, pelma, pelmacería, pelmazo.

pelo A pelo es «ir con la cabeza descubierta». Montar en pelo es «montar sin silla ni guarniciones». No debe decirse «montar a pelo». Expresiones admitidas: Pelo de camello, pelos y señales, asirse de un cabello (o pelo), a contrapelo, de medio pelo, de pelo en pecho, de poco pelo, pelillos (o pelos) a la mar, estar hasta los pelos, no tener un pelo de tonto, ponerse los pelos de punta, por los pelos, soltarse uno el pelo, tomar el pelo, traer una cosa por los pelos.

pelón (na), pelonería, pelonía, Pelópidas, peloponense, Peloponeso, pelosilla, peloso (sa).

pelota Pelota base es incorrecto; dígase béisbol (admitida). «Jugar a pelota» tampoco es correcto: dígase «jugar a la pelota». «En pelota» (desnudo), admitido.

pelotari, pelotazo, pelote, pelotear, pelotera, pelotería, pelotero.

pelotilla «Hacer la *pelotilla*» es expresión admitida (adular a una persona). No se admite «hacer la pelota». Se acepta *pelotillero (ra)* (el que adula).

pelotillero (ra) V. *pelotilla*.

pelotón.

***pelouse** Galicismo; dígase *césped, prado; pista* o *campo cubierto de césped.*

pelta, peltado, peltre, peltrero, peluca, pelucón, pelucona.

***peluche** Galicismo; dígase *felpa* (osito de *felpa*, no de *peluche*).

peludo (da), peluquería, peluquero (ra), peluquín, pelusa, pelusilla, pelviano (na), pelvímetro, pelvis, pella, pellada, pelleja, pellejería, pellejero (ra), pellejina.

pellejo Expresiones admitidas: *dejar* o *perder el pellejo, no caber en el p., quitar el p., salvar el p.*

pellejudo (da), pellejuelo (la).

***pellet** (Inglés.) Nódulo; píldora.

pelletero, pellica, pellico, pellijero, pellín, pelliquero, pelliza, pellizcador (ra), pellizcar, pellizco, pello, pellón, pellote, pelluzgón.

pena «Me he *tomado la pena de* venir» es incorrecto; dígase «me he *molestado en* venir». Expresiones admitidas: *alma en pena, pena capital (pena de muerte), pena correccional, merecer la pena, valer la pena, ni pena ni gloria, bajo la pena correspondiente.*

penable, penachera (2), penacho (1), penachudo (da), penachuelo, penadilla, penado (da).

penal «Lugar en que los *penados* cumplen condenas.» En fútbol es incorrecto decir *penal* o *penalty.* Dígase *sanción, castigo, falta, pena máxima.*

penalidad, penalista, penalización, penalizar.

***penalty** V. *penal*.

penante.

penar Uso de preposiciones: Penar *de* amores; p. *en* la otra vida; p. *por* alguna persona o cosa.

penates, penca, pencazo, penco, pencudo (da), pencuria, pendanga.

***pendantif** Incorrecto; es *dije, pinjante, alhaja.*

pendejear, pendejo, pendencia, pendenciar, pendenciero (ra).

***pendentif** Véase *pendantif* (incorrecto).

pender Uso de preposiciones: Pender *de* un hilo; p. *en* la cruz.

pendiente, pendil, pendol, péndola, pendolaje, pendolario, pendolista, pendolón, pendón, pendonear, pendoneo, pendoneta, pendonista, pendular, péndulo (la), pendura (a la), pene, Penélope, peneque, penetrabilidad, penetrable, penetración, penetrador (ra), penetrante.

penetrar Uso de preposiciones: Penetrar *en* un local.

penetrativo (va), pénfigo (ga), Penibética, penibético (ca).

***penible** Es galicismo por *penoso, lamentable,* que es lo correcto.

penicilina, penígero (ra).

península Con minúscula: la *península ibérica,* la *península itálica.* Con mayúscula: la *Península* (se sobreentiende que es una determinada).

peninsular, penique, penisla, penitencia, penitenciado (da), penitencial, penitenciar, penitenciaría, penitenciario (ria), penitenta, penitente.

Pennsylvania También suele escribirse *Pensilvania*.

peno (na), penol, penoso (sa), pensable, Pensacola, pensado (da), pensador (ra), pensamiento, pensante.

pensar Verbo irregular que se conjuga como *acertar* (v.) (pienso, piensas, pensamos, etc.). Uso de preposiciones: Pensar *en, sobre* alguna cosa; p. *entre* sí; p. *para* consigo; p. *para* sí.

pensativo (va), pensel, penseque, pensil.

Pensilvania También se escribe *Pennsylvania* (inglés). El natural de este estado de Norteamérica es el *pensilvano (na).*

pensilvano (na) V. *Pensilvania*.

pensión Recientemente admitido el significado de «casa donde se reciben huéspedes, pupilaje».

pensionado Es «el que cobra una *pensión*». No se admite la acepción de «colegio que tiene alumnos internos»; para este significado dígase *internado*.

pensionar, pensionario.

pensionista Es «el que *cobra* una *pensión*», y además, «el que está en un colegio o casa particular y *paga* una *pensión*».

penta- Prefijo que significa *cinco* (*pentágono, pentagrama*).

*pentacampeón No es correcto; dígase *quíntuple campeón* o *cinco veces campeón*.

pentacordio, pentadecágono, pentaedro, pentagonal, pentágono (na), pentagrama (1), **pentágrama** (2), **pentámero (ra), pentámetro, pentapolitano (na), pentarquía, pentasílabo (ba), Pentateuco.**

*pentatlón Voz no aceptada aún por la Academia, pero sin duda más correcta que *pentathlon*. Pronúnciese seguido el grupo *tl*, y no «pentalón», «pentat-lon», etc.

pentecostés, pentedecágono (na), pentélico, pentodo, penúltimo (ma), penumbra, penumbroso (sa), penuria, peña, Peñalver, peñaranda, peñascal, peñasco, peñascoso (sa), péñola, peñolada.

peñón V. *península;* es un caso similar.

peón, peón caminero, peonada, peonaje, peonería, peonía (*peonia), peonio, peonza.

peor Comparativo de superioridad del adjetivo *malo* y del adverbio *mal*.

pepa.

*pepermín Incorrecto; dígase *menta*.

pepián, pepinar, pepinillo, pepino, pepión, pepita, pepito, pepitoria, pepitoso (sa), pepla, peplo, pepón, pepona, pepónide, pepsina, peptona.

*peque Voz familiar que se usa como diminutivo de *pequeño* (niño, chico). No está aceptada, pero resulta más eufónica que *chaval* o *chavea*.

pequeñarra, pequeñez, pequeñín.

pequeño (ña) Es galicismo escribir *pequeña mesa, pequeño oso, pequeño pueblo*, etc. Úsense los diminutivos correspondientes: *mesita, osezno, pueblecito*, etc.

pequeñuelo (la), pequín.

Pequín Admitido; es la grafía aceptada, pero se usa más *Pekín* y actualmente *Beijing*. El Diccionario de la Academia no admite *pekinés* ni *pequinés*, si bien la última es voz correcta.

per- Prefijo que denota «intensidad» (*perdurar, persistir*).

pera, perada, peragrar, peral, Peral, peraleda, peralejo, peraltar, peralte, peralto, perantón, perborato, perca, percador, percal, percalina, percance.

per cápita Expresión latina admitida, que significa «por cabeza, por persona». (Renta *per cápita*.)

percatación, percatar, percebe, percebimiento, percepción, perceptibilidad, perceptible, perceptiblemente, perceptivo (va), perceptor (ra), percibir, percibo, percloruro, percocería, percocero, percuciente, percudir, percusión, percusor (2), **percutir, percutor** (1), **percha, perchado, perchar, perchel, perchero, percherón (na), perchón, perchonar, perdedero, perdedor (ra).**

perder Verbo irregular que se conjuga como *entender* (v.) (pierdo, pierdes, perdemos, etcétera).

perdición, pérdida, perdidamente, perdidizo (za), perdido (da), perdidoso (sa), perdigar, perdigón, perdigonada, perdigonera, perdiguero (ra), perdimiento, perdis, perdiz, perdón, perdonable, perdonador (ra), perdonamiento, perdonante, perdonanza, perdonar, perdonavidas, perdulario (ria), perdurabilidad, perdurable, perduración, perdurar, perecear, perecedero (ra).

perecer Verbo irregular que se conjuga como *agradecer* (v.) (perezco, pereces, perecemos, etc.).

pereciente, perecimiento, pereda, peregrinación (1), **peregrinaje** (2), **peregrinamente, peregrinante, peregrinar, peregrinidad, peregrino (na), pereion, perejil, perejila, perenal, perencejo, perención, perendeca, perendengue, perene.**

perengano (na) V. *mengano.*

perennal (2), **perenne** (1), **perennidad, perennifolio, perennigélido, perennizar, perentoriedad, perentorio (ria), perero, Pérez Galdós, Pérez Lugín, pereza, perezoso (sa), perfección, perfeccionador (ra).**

***perfeccionable** Incorrecto; dígase *perfectible* (capaz de ser perfeccionado o de perfeccionarse).

perfeccionamiento, perfeccionante, perfeccionar, perfeccionismo, perfeccionista.

perfectamente «Razonamiento *perfectamente* absurdo» es incorrecto. En este y otros casos similares, dígase *completamente, totalmente, enteramente,* en lugar de *perfectamente.*

perfectabilidad.

perfectible V. *perfeccionable.*

perfectivo (va), perfecto (ta), perficiente, perfidia, pérfido (da), perfil, perfilado (da), perfiladura, perfilar, perfoliada, perfoliado, perforación, perforador, perforante, perforar.

***perforista** Incorrecto; dígase *perforador.*

performance Voz inglesa; dígase *hazaña; actuación, hecho, actividad, comportamiento,* según el caso.

perfumadero, perfumador (ra).

perfumar Uso de preposiciones: Perfumar *con* incienso.

perfume, perfumear, perfumería, perfumero (ra), perfumista, perfunctoriamente, perfunctorio (ria), perfusión, pergal, pergaminero, pergamino, Pérgamo, pergeñar, pergeño, pérgola, Pergolese.

peri- Prefijo que significa *alrededor* (periferia, periostio).

periambo, periantio, pericardio, pericarditis, pericarpio, pericia, pericial.

Pericles Es lo correcto; nunca *Péricles.*

periclitar, pericón (na), pericráneo, peridoto, perieco (ca), periferia.

periférico Aparato conectado a una computadora.

perifollo, perifonear, periforme,

perifrasear, perífrasis, perifrástico (ca), perigallo, perigeo, perigonio, Perigord, perihelio, perilustre, perilla, perillán (na), perillo, perimétrico (ca), perímetro, perínclito (ta), perindola.

***periné** Es mejor decir *perineo* para referirse a la «parte del cuerpo entre el ano y los órganos sexuales».

perineal, perineo, perinola, perinquina.

per in secula Expresión latina que significa «para siempre».

periódicamente, periodicidad.

periódico (ca) Es un «impreso que se publica *periódicamente*». El *diario* es también un *periódico,* pero no todos los *periódicos* son *diarios,* ya que éstos aparecen diariamente. El nombre de ambos se escribe con cursivas, y con mayúsculas en todo sustantivo y adjetivo («compró *La Gaceta del Norte* y *El Diario de las Noticias*»).

periodicucho, periodismo, periodista, periodístico (ca).

período También se admite sin acento, *periodo,* pero en segundo término. Los *períodos históricos* se escriben con mayúscula cuando son sustantivos: el Neolítico, el Paleolítico, y con minúscula cuando son adjetivos: el *período neolítico,* el *período paleolítico.* En gramática es «conjunto de oraciones enlazadas, que poseen sentido cabal».

periostio, periostitis, peripatético (ca), peripato, peripecia, periplo, períptero, peripuesto (ta), periquear, periquete, periquillo, periquín, periquito, periscio (cia), periscópico (ca), periscopio, perisodáctilo, perisología, perista, peristáltico (ca), perístasis, peristilo, perístole, peritación, perito (ta).

***périto** Es barbarismo; dígase *perito* (acentuación fonética en la *i*).

peritoneal, peritoneo, peritonitis, perjudicado (da), perjudicador (ra), perjudicante, perjudicar, perjudiciable.

perjudicial Uso de preposiciones: Perjudicial *a, para* la vista.

perjuicio «Efecto de perjudicarse.»

No debe confundirse con *prejui-cio*, «acción de juzgar las cosas antes del tiempo oportuno».

perjurador (ra), perjurar, perjurio, perjuro (ra), perla, perlado, perlático, perlería, perlero (ra), perlesía, perlezuela, perlino (na), perlita, perlongar.

permanecer Verbo irregular que se conjuga como *agradecer* (v.) (permanezco, permaneces, permanecemos, etc.).

permaneciente, permanencia, permanente, permanganato, permeabilidad, permeable, pérmico (ca), permisible, permisión, permisionario (ria), permisividad, permisivo (va), permiso, permisor (ra), permistión, permitente, permitidor (ra).

permitir «Me *permito* sugerir» es incorrecto; dígase «me *atrevo a* sugerir».

permuta, permutabilidad, permutable, permutación, permutante.

permutar Uso de preposiciones: Permutar una cosa *con, por* otra.

perna, pernada, pernada (derecho de), pernales.

Pernambuco, perneador, pernear, pernera, pernería, perneta, pernete, pernezuela, perniabierto (ta), perniciosa (fiebre), pernicioso (sa), pernigón, pernil.

pernio «Gozne sobre el que giran las hojas de puertas y ventanas.» No debe confundirse con *perno*, «pieza de hierro larga».

perniquebrar, pernituerto (ta), perno, pernoctar, pernotar.

pero *Pero, sin embargo,* es incorrecto. Dígase *pero,* o bien *sin embargo,* no las dos a la vez.

perogrullada, perogrullesco (ca) V. *Perogrullo.*

Perogrullo Personaje imaginario al que se atribuyen afirmaciones tan naturales y sabidas que resulta ridículo decirlas. Escríbase así y no *pero grullo.* El sustantivo y el adjetivo correspondientes son *perogrullada* y *perogrullesco.*

perol, perola, Perón, peroné, peroración, perorar, perorata, peróxido, perpalo, perpendicular, perpendicularidad, perpendículo, per-

petración, perpetrador, perpetrar, perpetua, perpetuación, perpetual, perpetualidad, perpetuar, perpetuidad, perpetuo (tua) (*perpétuo).

*Perpignan Nombre francés; en castellano, escríbase *Perpiñán.* El natural de esta ciudad francesa es el *perpiñanés (sa).*

Perpiñán, perpiñanés (sa) Véase *Perpignan.*

perplejidad, perplejo (ja), perpunte, perquirir, perra, perrada, Perrault, perreda, perrengue, perrera, perrería, perrero (ra), perrezno, perrillo.

perro (rra) Voces admitidas: *perro alano, p. braco, p. danés, p. de aguas, p. de lanas, p. de busca, p. faldero, p. de presa, p. dogo, p. galgo, p. lebrel, p. mastín, p. pachón, p. perdiguero, p. podenco, p. sabueso, perra chica, perra gorda* o *grande.*

perroquete, perruna, perruno, persa.

per se Locución latina, significa «por sí mismo».

persecución, persecutor, persecutorio (ria), Perséfone, perseguidor (ra), perseguimiento.

perseguir Verbo irregular que se conjuga como *pedir* (v.) (persigo, persigues, perseguimos, etc.).

perseidas, Perseo, Persépolis, perseverancia, perseverante.

perseverar Uso de preposiciones: Perseverar *en* un trabajo.

Persia Este país de Asia recibe hoy el nombre de *Irán.* El natural es el *persa* —o *persiano (na)*— o *iraní.*

persiano (na), pérsico (ca), persignar, persistencia, persistente.

persistir Uso de preposiciones: Persistir *en* una idea.

persona non grata Locución latina; se refiere a una persona que no agrada. Suele usarse en lenguaje diplomático.

persona Accidente gramatical que indica si el sujeto es quien habla *(primera persona),* a quien se habla *(segunda persona),* o de quien se habla *(tercera persona).* Expresiones aceptadas: *persona social, persona jurídica, en persona.*

personación (1), **personamiento**

(2), **personada, personado, personaje.**

personal «Aquí viene buen *personal*» es uso vulgar; dígase «aquí viene buena *gente*» (o *personas*). *Personal* es «conjunto de empleados o trabajadores».

personalidad «Se reunieron muchas *personalidades*», está admitido, es correcto; equivale a «...muchos *personajes*» (o *personas ilustres*).

personalismo, personalista.

personalizar «Nerón *personalizaba* la tiranía», incorrecto; dígase «Nerón *encarnaba* (o *personificaba*) la tiranía».

personarse, personería, personero, personificación, personificante, personificar, personilla, personudo (da), perspectiva, perspectivo, perspicacia, perspicaz, perspicuidad, perspicuo (cua), persuadidor (ra), persuadir, persuadible, persuasión, persuasiva, persuasivo (1), persuasor (ra), persuasorio (ria) (2).

pertenecer Verbo irregular que se conjuga como *agradecer* (v.) (agradezco, agradeces, agradecemos, etcétera).

perteneciente, pertenencia, pértiga, pértigo, pertiguero, pertinacia, pertinaz, pertinencia, pertinente.

pertrechar(se) Uso de preposiciones: Pertrecharse *con, de* lo necesario.

pertrechos, perturbable, perturbación, perturbado (da), perturbador (ra), perturbar, Perthus (Le), Perú, peruano (na), peruétano, perulero (ra), Perusa, perusino (na), peruviano (na), perversidad, perversión, perverso (sa), pervertidor (ra), pervertimiento.

pervertir Verbo irregular que se conjuga como *sentir* (v.) (pervierto, perviertes, pervertimos, etc.).

pervigilio, pervinca, pervivencia, perviviente, pervivir, pervulgar, pesa, pesacartas, pesada, pesadez, pesadilla, pesado (da), pesador (ra), pesadumbre, pesalicores, pésame, pesante, pesantez, pesar, pesarío, pesaroso (sa).

pesca Voces admitidas: *pesca cos-*

tera, p. de bajura, p. de altura, p. litoral.

pescada, pescadería.

pescadero (ra) V. *pescado.*

pescadilla.

pescado «Pez comestible sacado del agua.» El que no se ha sacado es el *pez. Pescador* es «el que pesca», mientras que *pescadero (ra)* es «persona que vende pescado» (al por menor).

pescador (ra) V. *pescado.*

pescante, pescar, pescozada, pescozón, pescozudo (da), pescuezo, pescuño.

pesebre «Lugar donde comen las bestias.» Es incorrecto llamar así al *belén* o *nacimiento*, que es lo correcto.

pesebrera, pesebrón.

peseta «Costó *veintiuna* mil pesetas» es incorrecto; dígase «costó *veintiún* mil pesetas» (*veintiuno* concuerda con *mil*, masculino). «Ochenta y una *peseta*» es incorrecto; dígase «ochenta y una *pesetas*» (*pesetas* concuerda con *ochenta y una*, no con *una*). Abreviatura de pesetas: pta., ptas., pts.

pésete, pesetero (ra), pesgar, pesgo, pesgua.

¡pesia! Interjección que expresa enfado. Es una contracción de *¡Pese a...!*

pesiar, pesillo, pesimismo, pesimista, pésimo (ma), peso, pespuntador (ra), pespuntar (1), pespunte, pespuntear (2), pesquera, pesquería, pesquero (ra), pesquis, pesquisa, pesquisante, pesquisar, pesquisidor (ra), pestalociano (na), Pestalozzi, pestano (na), pestaña, pestañear, pestañeo, pestañoso (sa).

peste «¡Qué *peste*!» está admitido; es mejor decir «¡qué *mal olor*!». Se acepta: *peste bubónica, hablar pestes de una persona.*

pestífero (ra), pestilencia, pestilencial, pestilencioso (sa), pestilente, pestillo, pestiño, pestorejo.

pesuña Admitido: el término preferente es *pezuña:* Ambos significan «conjunto de *pezuños*» (*pezuño* es incorrecto), siendo *pesuño* «cada uno de los dedos, cubierto con su uña, de los animales de pata hendida».

pesuño V. *pesuña*.

petaca, Petain, petalismo, pétalo, petanca, petanque, petar, petardear, petardero, petardista, petardo, petaso, petate, petate (liar el), petenera, petequia, petequial.

***Peter** Nombre inglés; en nuestra lengua es *Pedro*.

petera, peteretes, peticano (1), **peticanon** (2), **petición, *peticionar, peticionario (ria), petifoque, petigrís, petimetra, petimetre, petirrojo, petisa, petiso, petizo.**

***petit comité** Expresión francesa; dígase *reunión íntima*.

petitoria, petitorio, peto, petral, Petrarca, petrarquesco (ca), petrarquista, petrel, pétreo (trea), petrera, petrificante, petrificante, petrificar, petrífico (ca).

petr-, petro- Prefijo que significa «piedra» *(petroso, petrificar).*

petroglifo.

Petrogrado Nombre de una ciudad de la URSS, antes llamada *San Petersburgo,* y actualmente *Leningrado.*

petrografía, petrolear, petróleo, petroleoquímico (ca).

petrolero (ra), petrolífero (ra) *Petrolero* es lo «relativo al *petróleo*». Se dice «una compañía *petrolera*», no *petrolífera,* ya que *petrolífero* es «que *contiene petróleo*». Así se dice «un terreno (o yacimiento) *petrolífero*». *Petrolero* también es un «buque aljibe para *transporte de petróleo*».

***petroquímico (ca)** Es incorrecto; dígase *petroleoquímico (ca).*

petroso (sa), petulancia, petulante, petunia, peucédano, peuco, peumo, peyorar, peyorativo.

pez Es el que aún no ha sido sacado del agua mediante procedimientos de pesca. Después se le llama *pescado.* Se dice *pez volante,* no *pez volador.*

pezolada, pezón, pez palo, pezpita, pezuelo, pez volante.

pezuña V. *pesuña.*

pezuño Incorrecto. (V. *pesuña*.)

***pfennig** Moneda alemana, centésima parte del marco.

phi Letra griega (f); no debe confundirse con *pi* (p).

***Philadelfia** Es el nombre inglés; dígase *Filadelfia.*

pi Letra griega *(p);* no debe confundirse con *phi* (f).

Piacenza Nombre de una ciudad italiana. En nuestra lengua también se dice *Placencia* (v.). No debe confundirse con *Plasencia* (ciudad de España).

piache, piada, piador (ra), piadoso (sa).

piafar Es «golpear el caballo el suelo con las manos». No debe confundirse con *relinchar.*

piamadre (*píamadre), piamáter, píamente, Piamonte, piamontés (sa).

pian Admitido (enfermedad), y *pian, pian* (2), *pian, piano* (1).

pianista, piano (1), **pianoforte** (2), **pianola, piante, piar, piara, piastra, Piave.**

pibe *(Amér.)* Niño, chico, muchacho.

pica, picacero (ra), picacho, picada, picadero, picadillo, picado (da), picador, picadura, picafigo, picaflor, picagallina, picajón (na), picajoso (sa), pical, picamaderos, picamulo, picante, picaño (ña), picapedrero (ra), picapica, picapleitos, picaporte, picatoste, picapuerco, pico.

picaraza Es un ave (urraca). *Picarazo* (muy pícaro) no está admitido; dígase *picaronazo (za).*

picardear, picardía, Picardía (*Picardie), picardo (da), picaresca, picaresco, picarii, picarizar, pícaro (ra), picarón (na), picaronazo, picarote, picarrelincho, picarro, picatoste, Picasso, picaza, picazo (za), picazón, picazuroba, Piccard, picea, piceo, Picio (más feo que).

***picle** Voz inglesa; dígase *encurtido, variante.*

***pick-up** Voz inglesa; dígase *tocadiscos, fonocaptor; camioneta.*

***picnic** Voz inglesa no admitida; dígase *excursión, comida, jira* (campestre), según el caso.

picola, picolete, picón (na), piconero (ra), picor, picoso (sa), picota, picotaza (2), **picotazo** (1), **pico-**

teado (da), picotear, picoteo, picotería, picotero (ra), picotillo, picotín, picrato, pícrico, pictografía, pictográfico (ca), pictograma, pictórico (ca), picuda, picudilla, picudillo, picudo (da), picha, pichel, pichelería, pichelero, pichelingue, pichihuén, Pichincha.

pichincha *(Amér.)* Ganga, ocasión.

pichón «Concurso de tiro de *pichón*» es incorrecto, pues el pichón es el «pollo de paloma casera» y es incapaz de volar. Debería decirse «concurso de tiro *a las palomas*».

pichona, pídola, pidón (na).

pie Se escribe siempre sin acento. (V. *fe.*) Admitido: *pie de imprenta, *pie de página, al pie de la letra, a pie, a pie firme, a pie juntillas, a pies juntillas, caer de pies, con buen pie, con mal pie, con pies de plomo, dar pie, de a pie, de pie, de pies, de pies a cabeza, echar pie a tierra, en pie, en pie de guerra, hacer pie, ir por su pie, nacer de pie, no dar pie con bola, no tener pies ni cabeza, no poder tener en pie, parar los pies, perder pie, pie a tierra, pie atrás, poner pies en polvorosa, por pies, sin pies ni cabeza, un pie tras otro, volver pie atrás.* De entre los expresados anteriores, téngase en cuenta que *de pie* es una postura (permanecen *de pie*), mientras que *a pie* es una forma de caminar (marcharon *a pie*).

*piecito Incorrecto; dígase *piececito, piececzuelo,* admitidos.

piecezuela, piececzuelo, piedad, piedad (monte de).

piedra El diminutivo de *piedra* es *piedrecita* o *piedrezuela;* no *piedrita.* Expresiones admitidas: *piedra de afilar, p. de amolar, p. azufre, p. berroqueña, p. caliza, p. de escándalo, p. de toque, p. filosofal, p. preciosa, p. pómez, poner la primera piedra, ser la piedra del escándalo.*

Piedrahíta, piedrezuela.

*piedrita Incorrecto. (V. *piedra.*)

piel, piel roja, piélago, pielero, pielgo, piensador, pienso, pierna, piernitendido (da).

*pierrot Voz francesa; significa «payaso; cierto disfraz».

pies «Los espectadores se pusieron *de pies*», incorrecto; dígase «los espectadores se pusieron *de pie*».

pieza, pieza de artillería, piezgo, piezoelectricidad, piezoeléctrico (ca), piezómetro, pífano, pifia, pifiar, Pigafetta, Pigalle, pigargo, Pigmalión, pigmea, pigmentación, pigmentar, pigmentario (ria), pigmento, pigmeo, pignoración, pignorar, pignoraticio (cia), pigre, pigricia, pigro (gra), píhua, pihuela, *pija, pijada, pijama, pijo.

Pilato (Poncio) Es lo correcto, y no *Pilatos* (con *s*).

Pilcomayo, píldora, pildorero, píleo, pilero.

pileta «Pila pequeña.» Se ha admitido el sentido de «piscina», que suele darse en algunos países de América.

pilo, pilocarpina, pilón, pilonero (ra), pilongo (ga), pilórico, píloro, piloso (sa), pilotaje, pilotar, pilote, pilotear, pilotín, piloto, piltrafa.

*pill Voz inglesa; dígase *píldora.*

pillada, pillador (ra), pillaje, pillar, pillastre, pillastrón, pillear, pillería, pillete, pillín, pillo (lla), pilluelo (la), pimental, pimentero, pimentón, pimentonero, pimienta, pimiento, pimpampum (*pimpampún).

pimpante Voz admitida: «Rozagante, garboso.»

pimpido, pimpín, pimpinela, pimplar, pimpleo, pimpollada, pimpollar, pimpollear, pimpollecer, pimpollo, pimpolludo (da).

pimpón Admitido, lo mismo que *tenis de mesa* y *ping-pong.* Esta última no es preferente.

pina, pinabete, pinacoteca, pináculo.

*pinada V. *pinnado (da).*

pinar, pinarejo, pinariego (ga), pinastro, pinatificado (da), pinaza, pincarrasco, pincel, pincelada, pincelar, pincelero (ra), pincelote, pincerna, pinciano (na), pincha, pinchadura, pinchante, pinchar, pinchaúvas, pinchazo, pinche, pincho, pinchonazo, pinchudo (da), pindárico (ca), Píndaro, pindonga, pindonguear, pineal, pineda, pinedo, pinga, pingajo, pinga-

joso (sa), pinganello, pinganitos (en), pingar, pingo, pingorote, pingorotudo.

ping-pong Admitido, pero es mejor decir *pimpón* o *tenis de mesa*.

pingüe, pingüedinoso, pingüino, pinguosidad, pinífero (ra), pinillo, pinito, pinjado (da), pinjante.

pinnado (da) Se aplica a «cierta hoja compuesta». Es la grafía correcta, y no *pinada*.

pinnípedo, pino, pinocha, pinocho, pinole, pinoso (sa).

*pinotea Es incorrecto; se escribe *pino tea* (separado).

pinsapar, pinsapo, pinta, pintacilgo, pintada, pintadera, pintadillo, pintado, pintamonas, pintar, pintarrajar, pintarrajear, pintarrajo, pintarroja, pintear, pinteño (ña).

pintiparado Uso de preposiciones: Pintiparado *a* alguno; p. *para* el caso.

pintiparar, pinto (ta), pintojo, pintón (na), pintonear, pintor (ra), pintoresco (ca), pintoresquismo, pintorrear.

pintura Voces admitidas: *pintura a la aguada, p. al fresco, p. al óleo, p. al pastel, p. al temple, p. rupestre*.

pinturero (ra), pínula.

*pinup, *pin-up Voz inglesa; significa «muchacha atractiva».

pinza (s) En singular y plural es «extremidad de las patas de algunos artrópodos (cangrejo, alacrán) que forma dos piezas prensoras», y también es «instrumento de metal a modo de tenacillas para sujetar cosas menudas».

pinzar, pinzón, Pinzón, pinzote, piña, piñata, piño, piñón, piñonata, piñonate, piñonear, piñoneo, piñonero, piñuela, piñuelo, pía, pío, Pío, piocha, piogenia, piojento (ta), piojera, piojería, piojillo, piojo, piojoso (sa), piola, piolar, pión (na).

pionero Voz admitida recientemente: «Precursor, adelantado.»

pionía, piornal, piorneda, piorno, piorrea, pipa, pipar.

*pipeline, *pipe-line Voz inglesa; dígase *oleoducto, gasoducto* (nun-

ca *gaseoducto*), o *tubería*, según el caso.

piperáceo (cea), pipería, piperina, *pipermín Es incorrecto. (V. *pippermint*.)

pipeta, pipetear, pipí, pipián, pipiar, Pipino, pipiolo, pipirigallo, pipirigaña, pipiripao, pipiritaña, pipitaña, pipo, piporro, pipote.

*pippermint Voz inglesa; dígase *menta*. Tampoco es *pipermín*.

pique, piqué, piquera, piquería, piquero, piqueta.

piquete «Grupo poco numeroso de soldados.» Es incorrecto como «personas que actúan en grupo con fines políticos».

piquetero, piquetilla, piquituerto, pira, piragón, piragua, piragüero, piragüista, piral, piramidal, pirámide, Pirandello, pirandón, pirar (se), pirata, piratear, piratería, pirático (ca), pirco, pirenaico (ca), Pireo (El), piretógeno, piretología, piretro, pirexia, pírico (ca), piriforme, pirineo (nea), Pirineos.

*pirinola, *pirindola Incorrecto; es *perinola* (peonza pequeña).

pirita, piritoso (sa), pirla, pirlitero.

piro- Prefijo que significa «fuego» *(piromancia, pirosis)*.

pirobolista, piroelectricidad, pirofilacio, piróforo, pirogálico (ca), pirógeno (na), pirograbado, pirología, pirolusita, piromancia (1), piromancia (2).

piromanía, pirómano Son voces admitidas, que se usan corrientemente; la primera es «manía de incendiar», la segunda es «que padece piromanía». No deben confundirse con *piromancia*, «adivinación por el aspecto de la llama». *Piromántico* es «el que ejerce la *piromancia*».

piromántico (ca) V. *piromanía*.

pirómetro, piropear, piropeo, piropo, piróscafo, piroscopio, pirosfera, pirosis, pirotecnia, pirotécnico (ca).

piroxena, piroxeno Sólo el primer nombre de este mineral está admitido por la Academia, pero el segundo es de uso general.

piroxilina, piróxilo (*piroxilo), pirrarse (*pirriarse), pírrico (ca), pi-

rriquio, Pirro, pirroniano, pirróni-
co, pirronismo, pirueta, piruétano,
piruetear, piruja.

pirulí El plural suele ser *pirulís*, no
pirulíes.

pis, pisa, Pisa, pisada (1), **pisador
(ra), pisadura** (2), **pisano (na), pi-
sapapeles, pisar, pisasfalto, pi-
saúvas, pisaverde, piscator, pis-
catorio (ria), piscícola, piscicultor
(ra), piscicultura, piscifactoría,
pisciforme, piscina, Piscis, piscí-
voro (ra), pisco.**

piscolabis Admitido, voz familiar:
«Refrigerio ligero.»

pisiforme «Que tiene forma de guisante.» No debe confundirse con
pisciforme, «que tiene forma de
pez».

**Pisístrato, piso, pisón, pisonear,
pisotear, pisoteo, pisotón, pispa-
jo, pista, pistache, pistachero, pis-
tacho, pistadero, pistar, pistero,
pistilo, pisto, pistola, pistolera,
pistolero, pistoletazo, pistolete,
pistón, pistonudo (da), pistraje,
pistura, pita, pitaco, pitada, Pitá-
goras, pitagórico (ca), pitancería,
pitancero, pitanza, pitaña, pitaño-
so (sa), pitar, pitarra, pitarroso
(sa).**

*pitcher Voz no admitida; se emplea en béisbol *(aceptado)*; dígase
lanzador.

**pite, pitecántropo (*pitecántro-
pus), pitera, pitezna, pítico (ca), pi-
tido, pitillera, pitillo, pítima, piti-
miní, pitio (tia), pitipié, pitiriasis,
pitiyanqui, pito, pitoche, pitoflero
(ra), pitón, pitón (serpiente), pitonisa.**

pitos «No sé qué *pitos* tocamos
aquí» es incorrecto; dígase «...qué
pito tocamos...».

**pitorra, pitorrearse, pitorreo, pito-
rro, pitote, pitpit, pitreo.**

pituco *(Amér.)* Pisaverde, amanerado, cursi.

**pituita, pituitario (ria), pituitoso
(sa), pituso (sa), piular, piulido.**

*pivot Incorrecto; dígase *pivote,
eje; delantero centro* (en baloncesto).

pivote, píxide, piyama.

pizarra No es lo mismo que *encerado*. Éste es de madera encerada,

a diferencia de la *pizarra,* que está
hecha de la roca de grano fino del
mismo nombre.

**pizarral, pizarreño (ña), pizarrería,
pizarrero, pizarrín, Pizarro.**

*pizarrón Es incorrecto con el sig-
nificado de «pizarra» o «encerado».
Voz usada principalmente en
América.

**pizarroso (sa), pizate, pizca, piz-
car, pizco, pizpireta, pizpirigaña,
pizpita, pizpitillo.**

pizzicato Voz admitida (no es *piz-
zicatto,* con dos *tes*). Es «sonido
que se obtiene pellizcando con los
dedos las cuerdas de los instrumentos de arco», y «trozo de música así ejecutado».

placa, placable, placación.

*placard Es incorrecto; dígase *armario empotrado*.

placarte, placativo (va), placear.

placebo Recientemente admitido:
«Tableta, gragea, etc., que parece
medicamento, pero que no posee
ningún principio activo, y a veces
obra por sugestión.»

pláceme Es «dar *el pláceme*» (singular), no «dar los *plácemes*» (plural).

Placencia Nombre admitido de la
ciudad italiana de *Piacenza.* El natural de esa población es el *placentino (na).* No confundir *Placencia* con *Plasencia*, ciudad de Cáceres, cuyo natural es el *plasenciano (na).*

**placenta, placentación, placenta-
rio (ria), placentero (ra).**

placentino (na) V. *Placencia.*

placer Verbo irregular que se conjuga del siguiente modo: INDICATI-
VO. *Presente:* plazco, places, place,
placemos, placéis, placen. *Pret.
imperf.:* placía, placías, placía-
mos, etc. *Pret. indef.:* plací, placis-
te, plació (o plugo), placimos, pla-
cisteis, placieron (o pluguieron).
Futuro imperf.: placeré, placerás,
placeremos, etc. POTENCIAL: placería, placerías, placería, placería-
mos, placeríais, placerían. SUBJUN-
TIVO. *Presente:* plazca, plazcas,
plazca (o plegue, o plega), plazca-
mos, plazcáis, plazcan. *Pretérito
imperf.:* placiera o placiese, pla-

cieras o placieses, placiera o placiese (o pluguiera o pluguiese), placiéramos o placiésemos, placierais o placieseis, placieran o placiesen. *Futuro imperf.:* placiere, placieres, placiere (o pluguiere), placiéremos, placiereis, placieren. IMPERATIVO: place, plazca, etc. PARTICIPIO: placido. GERUNDIO: placiendo. Es incorrecto *plugiera, plugiese,* etc. Debe decirse y escribirse *pluguiera, pluguiese,* etc. (con *u* y sonido suave de la *g.*)

placero (ra).

*****placet, *plácet** Voz latina no admitida; es la «aprobación de un diplomático extranjero por parte de un gobierno».

placibilidad, placible, placidez, Placidia, plácido (da), placiente, placimiento, plácito.

plafón V. *plafond.*

*****plafond** Voz francesa; dígase *techo, cielo raso.* Se admite *plafón,* pero únicamente como «plano inferior del saliente de una cornisa».

plaga, plagado (da), plagar, plagiar.

*****plagiador** No está admitido; el que *plagia* es un *plagiario (ria).*

plagiario (ria), plagio, plagióstomo, plagoso (sa), plaguicida.

plan No se admite como «amorío, flirteo», que es lo correcto. Se acepta *plan de estudios.*

plana, planada, planador, planco, Planck, plancton, plancha, planchada, planchado, planchador (ra), planchar, planchazo, planchear, plancheta, planchuela, planeador, planeamiento, planear, planeo, planeta, planetario (ria), planetícola, planetoide, planga, planicie, planificación, planificar, planimetría, planímetro, planisferio.

*****planning** (Inglés.) Plan, planificación.

plano (na).

planta Admitido por la Academia el significado de «instalación industrial, fábrica».

plantación, plantado (da), plantado (bien), plantador (ra), Plantagenet (s), plantaginácea (cea), plantaina, plantaje, plantamiento,

plantar, plantario, plante, planteamiento, plantear, plantel, planteo, plantificación, plantificar, plantígrado (da), plantilla, plantillar, plantillero (ra), plantiniano (na), plantío (tía), plantista, planto, plantón, plañidera, plañidero, plañido (da), plañimiento.

plañir Verbo irregular que se conjuga como *tañer* (v.) (plaño, plañes, plañimos, plañís, etc.).

plaqué Voz admitida: «Chapa muy delgada, de oro o plata, adherida a la superficie de otro metal de menos valor.»

plaqueta, plaquín.

Plasencia Ciudad de España (Cáceres). El natural de esta ciudad es el *plasenciano (na).* No confundir con *Placencia* (v.).

plasma, plasmación, plasmador (ra), plasmante, plasmar, plasmático (ca), plasta, plaste, plastecer, plastecido, plastia, plástica, plasticidad.

plástico (ca) Admitido como sustantivo: «Un objeto de *plástico.*»

plastrón Admitido; dígase también *pechera* (de camisa), *chorrera.*

plata.

*****platabanda** Es galicismo; dígase *arriate.*

plataforma, platal, platalea, platanáceo (cea), platanal (2), platanar (1), platanero (ra), plátano, platea, plateado (da), plateador, plateadura, platear.

*****plateau** Voz francesa. (V. *plató.*)

platel, platelminto, platense, plateresco (ca), platería, platero, plática, platicador (ra), platicar, platija, platilla, platillo, platina, platinado, platinar, platinífero (ra), platinista, platino, platinoide, platinotipia, platirrinia, platirrino.

plato Expresiones admitidas: *plato fuerte* (el principal), *p. sopero, p. hondo, entre dos platos.*

Plató Voz admitida; significa «recinto cubierto de un estudio cinematográfico». El plural es *platós.* Es incorrecto *plateau.*

Platón, platónicamente, platónico (ca), platonismo, plausibilidad, plausible, plausivo (va), plauso,

plaustro, plautino (na), Plauto, playa, playada (do), playazo.

*play back Voz inglesa; dígase *previo* (aceptado), que significa «grabación del sonido realizada antes de impresionar la imagen». Se emplea en cine y televisión.

*play boy Voz inglesa; significa «hombre adinerado que se da buena vida».

playera, playero.

*playground Voz inglesa; es *campo de juego; patio de recreo.*

playo.

plaza Con minúscula: la *plaza Mayor; plaza de España.*

plazo, plazoleta, plazuela.

pleamar Es femenino: *la pleamar.*

plebe, plebeyez, plebeyo (ya), plebiscitario (ria), plebiscito, pleca, plectognato, plectro, plegable, plegadamente, plegadera, plegadizo (za), plegado (da), plegador (ra), plegadura, plegamiento.

plegar Verbo irregular que se conjuga como *acertar* (v.) (pliego, pliegas, plegamos, etc.).

*plego, *plegas Es incorrecto. (V. *plegar.*)

plegaria, pleguería, pleguete, pleistoceno, pleita, pleiteador (ra), pleiteamiento, pleiteante.

pleitear Uso de preposiciones: Pleitear *con, contra* alguno.

pleitesía, pleitista, pleito.

-plejía Sufijo que significa «golpe» *(apoplejía, paraplejía).*

plenamar, plenario (ria).

pleni- Prefijo de origen latino que significa «lleno» *(plenipotenciario).*

plenilunio, plenipotencia, plenipotenciario (ria), plenitud, pleno (na), pleon.

pleonasmo Uso de voces innecesarias para dar mayor vigor a la frase («lo vi con mis *propios* ojos»). A veces es «redundancia viciosa de palabras»: «Has *vuelto* a recaer»; «de la *mejor* buena fe»; «hechos *prácticos*».

pleonásticamente, pleonástico (ca), plepa, plesímetro, plesiosauro, pletina, plétora, pletórico (ca), pleura, pleural, pleuresía, pleurí-

tico (ca), pleuritis, pleurodinia, pleuronecto, plexiglás, plexo.

Pléyadas Admitido; es mejor *Pléyades* (v.).

pléyade V. *Pléyades.*

Pléyades Es «cierto cúmulo de estrellas». Se admite *Pléyades* y *Pléyadas*, aunque es preferente la primera. En cambio *pléyade*, con minúscula, es un «grupo de personas señaladas».

plica, pliego, pliegue, plieguecillo, Plinio, plinto, plioceno.

plisar Admitido: «Hacer *pliegues* menudos en una tela.»

plomada, plomado (da), plomar, plomazo, plomazón, plombagina, plomear, plomería.

plomero Es «el que trabaja cosas de plomo». No es *fontanero.*

plomizo (za), plomo.

plomos En electricidad, en vez de *plomos* dígase *fusibles.*

*plongeon Voz francesa; dígase *en plancha; zambullida, chapuzón.*

*plugiera, *plugiese Es incorrecto; dígase *pluguiera, pluguiese.* (V. *placer.*)

plumada, plumado, plumaje, plumajería, plumajero, plumaria, plumario, plumazo, plumazón, plumbado (da), plumbagina, plumbagináceo (cea), plumbagíneo (nea), plúmbico (ca).

*plumcake, *plum pudding Voces inglesas; debe decirse *budín* (1), *pudín* (2), *bizcocho con pasas.*

plumeado (da), plumear, plúmeo, plumería, plumerío, plumero.

*plumier No está admitido; dígase *caja* (o *estuche*) *de lápices.*

plumífero (ra), plumilla, plumión, plumista, plumón, plumoso (sa), plúmula.

plural Accidente gramatical del sustantivo, el adjetivo, el artículo, el pronombre y el verbo. El número plural de nombres y adjetivos se forma agregando s o *es* al singular. Se añade s cuando la palabra termina en vocal no acentuada: mesa, mesas; libro, libros; cántaro, cántaros. También cuando termina en e acentuada: chalé, chalés; café, cafés. Se añade *es* cuando termina en vocal acentuada que no sea *e:* bajá, bajaes; tisú, tisúes; israelí, israelíes (excepto papá, mamá, chapó y chacó); y cuando termina en consonante: canción, canciones; alfil, alfiles. En los nombres compuestos, el plural se forma así: cuando los elementos van separados, sólo el primero va en plural (ojos de gallo); si los elementos van juntos, se siguen las reglas establecidas (entretenidos, ferroviarios). Los apellidos patronímicos en *z,* cuyo acento recae en la penúltima o la última sílabas, no varían en plural: Gómez, Álvarez; en este caso, el plural viene señalado por el uso del artículo: *los Gómez.*

pluralidad, pluralismo, pluralizar.

pluri- Prefijo que significa «más, varios» *(plurilingüe).*

pluricelular, pluriempleo, plurilingüe, plurivalencia, plurivalente, plus.

pluscuamperfecto V. *pretérito pluscuamperfecto.*

***plusmarca** No está admitido; dígase *marca* (v.). («La mejor *marca* en los cien metros lisos»; «rebajar una *marca*».)

***plusmarquista** No está admitido; dígase *marquista.*

plus ultra Locución latina que significa «más allá».

plusvalía, Plutarco, plúteo, plutocracia, plutócrata, plutocrático (ca), Plutón, plutoniano, plutónico (ca), plutonio (*plutonium), plutonismo, plutonista, pluvial, pluviométrico (ca), pluviómetro, pluviosidad, pluvioso (sa), Plymouth.

***pneumático** Incorrecto; dígase *neumático.*

Pnom Penh, Po (río)**, poa, pobeda.**

población Significa tanto «ciudad» como «villa» y «lugar». No se admite la expresión *población flotante.*

poblacho, poblado, poblador (ra).

poblar Verbo irregular que se conjuga como *contar* (v.) (pueblo, pueblas, poblamos, etc.). Uso de preposiciones: Poblar *de* pinos.

poblazo, Poblet, pobo.

pobre El superlativo no es *pobrísimo,* sino *paupérrimo.* Uso de preposiciones: Pobre *de* espíritu; p. *en* facultades.

pobrería, pobrero, pobreta, pobrete, pobretear, pobretería, pobreto, pobretón (na), pobreza, pobrezuelo (la).

***pobrísimo** V. *pobre.*

pobrismo, pocero, pocilga, pocillo, pócima, poción.

poco (ca) Es incorrecto decir «el lago tiene *poco* agua»; dígase «*poca* agua».

póculo, pocho (cha), poda, podadera, podador (ra), podadura, podagra, podar, podatario, podazón, podenco (ca), podenquero.

poder Verbo irregular que se conjuga de la siguiente forma: INDICATIVO. *Presente:* puedo, puedes, puede, podemos, podéis, pueden. *Pret. imperf.:* podía, podías, etc. *Pret. indef.:* pude, pudiste, pudo, pudimos, pudisteis, pudieron. *Fut. imperf.:* podré, podrás, etc. POTENCIAL: podría, podrías, podría, podríamos, podríais, podrían. SUBJUNTIVO. *Presente:* pueda, puedas, etc. *Pret. imperfecto:* pudiera o pudiese, pudieras o pudieses, etc. *Futuro imperf.:* pudiere, pudieres, etc. IMPERATIVO: puede, poded. PARTICIPIO: podido. GRUNDIO: pudiendo. Expresiones admitidas: *a más no poder, no poder más, no poder menos, no poderse tener, no poderse valer, no poder ver a alguien, no poder tragar a uno. Poder* (sustantivo) se escribe siempre con minúscula (el *poder* legislativo, el *poder* público). Expresión admitida: por *poder.*

poderdante, poderhabiente, poderío, poderoso (sa), podíatra (1)**, podiatra** (2)**.**

podio V. ***pódium.**

***pódium** Incorrecto; dígase *podio* (pedestal largo).

podología, podólogo Admitidos. También es *pedicuro.*

podómetro, podón.

podre Es femenino: *la podre* (la «putrefacción»). También significa «pus».

podrecer, podrecimiento, podredumbre, podredura, podrición, podridero, podrido (da), podrimiento.

podrir Correcto sólo en infinitivo, al lado de *pudrir*, que es preferente, y en participio, que es siempre *podrido*.

Poe, poema, poemático (ca).

poesía El nombre de las poesías se escribe en cursivas: *La canción del pirata*, de Espronceda.

poeta El femenino es *poetisa (la poetisa*, no *la poeta)*.

poetastro, poético (ca).

poetisa V. *poeta*.

poetización, poetizar.

***pogrom** Incorrecto; la Academia ha admitido *pogromo* con igual significado (asalto a los guetos, con matanza posterior).

pogromo Admitido. (Véase *pogrom*.)

poíno, Poincaré, Poitiers, Poitou.

***póker** Incorrecto; se admite *póquer* («cierto juego de naipes»).

pola, polaca, polacada, polaco (ca), polacra, polaina, polar, Polar (Estrella), polaridad, polarimetría, polarímetro, polariscopio, polarización, polarizante, polarizar, polca, polcar, pólder, polea, poleadas, poleame, polemarca.

polémica En realidad sólo es «controversia *por escrito»*.

polémico (ca), polemista, polemizar, polemoniáceo (cea), polemonio, polen, polenta, poleo, poleví.

poli- Prefijo que significa «muchos» *(policromo, polifonía)*.

poliadelfos, poliandria, poliantea, poliarquía, poliárquico (ca), Polibio, Policarpo, pólice.

***policeman** Voz inglesa; es *policía, agente, guardia*.

policía Siempre con minúscula. Expresiones admitidas: *agente de policía, policía gubernativa, p. judicial, p. secreta, p. urbana*.

policiaco (ca) (1), **policíaco (ca)** (2), **policial, policitación, Policleto, Polícrates.**

policlínica Es lo admitido, y no *policlínico*.

policopia, policroísmo, policromado, policromar, policromía, policromo (ma).

polícromo Es correcto; dígase preferentemente *policromo* (voz grave).

polichinela Es masculino *(el polichinela*, no *la)*.

polideportivo, polidipsia, poliédrico (ca), poliedro, *poliéster.

polifacético (ca), Admitido por la Academia: «Persona de múltiples aptitudes o condiciones.»

polifagia, polífago (ga), polifarmacia, polifásico (ca), Polifemo (*Polífemo), polifonía, polifónico (ca), polífono (na), polígala, poligaláceo (cea), poligáleo (a), poligalia, poligamia, polígamo (ma), poligenismo, poligenista, poliginia, poliglotía, poliglotismo, polígloto (ta) (1), **poligloto (ta)** (2), **Polignac, poligonáceo (cea), poligonal.**

polígono Admitido como «núcleo residencial».

poligrafía, poligráfico (ca), polígrafo, polilla, polimatía, polimerización, polímero, polimetría, polimétrico (ca), polimita, polimorfismo, polimorfo (fa), polín, Polinesia, polinesio (sia), polineuritis, polinización, polinomio.

polio Es el nombre de una planta. No se admite como apócope de *poliomielitis*. De emplearse, es femenino *(la polio)*.

poliorcética, polipasto, polipero, polipétala, pólipo, polipodiáceo (cea), polipodio, poliptoton, polisarcia, polisemia, polisépalo (la), polisílabo (ba).

polisíndeton Figura de retórica por la que se usan repetidamente las conjunciones para dar más fuerza a los conceptos: Iremos a Madrid y a Londres y a Roma y a Viena. Es masculino *(el polisíndeton)*.

polisintético (ca), polisón, polispasto, polista, polistilo (la), politécnico (ca), politeísmo, politeísta, política, politicastro, político (ca), politicón (na), politiquear, politiqueo, politiquería, politizar, poliuria, polivalente, polivalvo (va), póliza.

polizón Es «el que embarca clandestinamente.» No confundir con *polizonte:* «Agente de policía» (despectivo).

polizonte V. *polizón*.

*polka Incorrecto; es *polca*, admitido.

polo Siempre con minúscula *(polo norte, polo sur)*. Expresiones admitidas: *polo antártico, p. ártico, p. austral, p. boreal, p. magnético; p. industrial, p. de desarrollo, polo* (helado, golosina).

polonés (sa) V. *Polonia.*

Polonia El natural de este país es el *polaco (ca)* o *polonés (sa).* El *polonio* es un «metal raro».

polución Antes sólo se admitía como «efusión de semen». La Academia ha aceptado el significado de «contaminación de aire, agua, etc.». También se acepta en lo moral. No se admite *polucionar* ni *poluar;* dígase *contaminar, corromper, manchar.* Se admite *poluto* (sucio, inmundo), pero no *polucionado.*

*polucionar, *polucionado V. *polución.*

Pólux Es la grafía correcta *(Cástor y Pólux).* No es *Pollux.*

polvareda, polvera, polvificar, polvo (hacerle a uno), pólvora, polvoreamiento, polvorear, polvoriento (ta), polvorín, polvorista, polvorizable, polvorización, polvorizar, polvorón, polvoroso (sa), polla, pollada, pollancón (na), pollastre, pollastro (tra), pollazón, pollear, Pollensa.

pollera *(Amér.)* Falda, refajo, vestido.

pollería, pollero, pollez, pollino (na), pollito (ta), pollo, polluelo (la), poma, pomáceo (cea), pomada, pomar, pomarada, pomarrosa, pomelo, Pomerania, pomeranio (nia), pómez (piedra), pomífero (ra), pomo, pomología, Pomona, pompa, Pompadour, pompático (ca), pompear, Pompeya, pompeyano (na), Pompeyo, Pompidou, Pompilio, pompón, pomponearse, pomposamente, pomposidad, pomposo (sa), pómulo, Ponce de León, poncidre, poncil, ponchada.

ponche Voz admitida: «Bebida compuesta de ron, agua, limón y azúcar.»

poncho *(Amér.)* Manta, abrigo, capote.

ponderable, ponderación, ponderado (da), ponderador (ra), ponderal, ponderar, ponderativo (va), ponderosidad, ponderoso (sa), ponedero (ra), ponedor (ra), ponencia, ponente, ponentino (na), ponentisco (ca).

poner(se) «*Poner* pie a tierra» es galicismo; dígase «*echar* pie a tierra, apearse». «*Poner* fin a una situación» es «*dar* fin a una situación». «*Poner en alto* el nombre de...» es «*enaltecer* (honrar)...». Admitido: *ponerse al corriente, ponerse de largo, poner en claro, poner colorado.* Verbo irregular que se conjuga del siguiente modo: INDICATIVO. *Presente:* pongo, pones, pone, ponemos, ponéis, ponen. *Pret. imperf.:* ponía, ponías, ponía, poníamos, poníais, ponían. *Pret. indefinido:* puse, pusiste, puso, pusimos, pusisteis, pusieron. *Fut. imperf.:* pondré, pondrás, pondrá, pondremos, pondréis, pondrán. POTENCIAL: pondría, pondrías, pondría, pondríamos, pondríais, pondrían. SUBJUNTIVO. *Presente:* ponga, pongas, pongamos, etc. *Pret. imperf.:* pusiera o pusiese, pusiéramos o pusiésemos, etc. *Fut. imperf.:* pusiere, pusiéremos, etc. IMPERATIVO: pon, poned. PARTICIPIO: puesto. GERUNDIO: poniendo.

poney (Caballo de corta alzada.) Admitido; pero es mejor decir *poni* (plural *ponis* y *poneys*).

Ponferrada, *ponferradino, pongo.

poni Admitido. (V. *poney.*)

ponientada, poniente, ponimiento, ponleví, pontana, pontazgo, pontazguero (ra), pontear, pontederiáceo (cea), Pontevedra, pontevedrés (sa), pontezuelo (la), póntico (ca), pontificado, pontifical, pontificar.

pontífice Como título va con mayúscula: el *Sumo Pontífice.*

pontificio (cia), pontín, ponto, Ponto Euxino, pontocón, pontón, pontonero.

*pony No está admitido, pero sí *poni* (1) y *poney* (2): «*Caballo de* *corta alzada, potro, jaca, caballi-to.»*

*pool Voz inglesa; dígase *fusión de capitales, mancomunidad, unión comercial.*

*pop Abreviación de la voz inglesa *popular.* Suele emplearse referido a la música y al arte en general.

popa, popal, popamiento, popar.

pope Es «sacerdote de la Iglesia griega». En los libros ingleses *Pope* es el *Papa,* el Sumo Pontífice. No confundir.

Popea, popel.

*popelín, *popeline, *poplín Incorrectos; dígase *popelina,* voz admitida.

popelina, popés, poplíteo (tea), Popocatépetl, popote.

*popourrí Es galicismo; debe decirse *popurrí* (v.).

población, populachería, populachero (ra), populacho, popular, popularidad, popularismo, popularista, popularización, popularizar, populazo, populeón, populetano (na), populista, populoso (sa).

popurrí Es la voz admitida, y no *potpourri, popourrí,* etc. Es «composición formada de fragmentos musicales diversos».

poquedad.

póquer Voz admitida, en vez de *poker.* Se trata de «cierto juego de naipes».

por Preposición que indica la persona agente, en las oraciones en pasiva («fueron vistos *por* nosotros»). También expresa lugar («iremos *por* Cuenca»); medio («habló *por* radio»); causa («faltó *por* enfermedad»); sustitución («habló *por* mí»); modo («*por las* buenas»), etc. «*Por de* pronto» es correcto, como «*por lo* pronto». «No pude *por* menos de...» es incorrecto; dígase «no pude menos de...». «*Por* contra» es «contrariamente». «*Por* orden de las autoridades» es «*de* orden de las autoridades». «Un vestido de estar *por* casa» es «...estar *en* casa». «*Por* cuanto que» es «*por* cuanto». «*De por* buenas» es «*por las* buenas». «*Por* descontado» es «*por* de contado». Se dice «kiló-

metros *por* hora», y no «kilómetros *a la* hora» o «kilómetros hora». Abreviaturas: Por ejemplo; p. ej.; por orden: P. O.; por poder: p. p., P. P.

porcachón (na), porcallón (na), porcelana, porcelanita, porcentaje, porcentual, porcicultor, porcicultura, porcino (na), porción, porcionero (ra), porcionista, porcipelo.

*por contra Expresión incorrecta; dígase «contrariamente».

porche Voz admitida. No se acepta *porch,* voz inglesa.

por de pronto Expresión correcta, lo mismo que *por lo pronto.*

pordiosear, pordioseo, pordiosería, pordiosero (ra), porfía, porfiado (da), porfiador (ra).

porfiar Uso de preposiciones: Porfiar *con, contra* alguno; porfiar *en* un empeño; porfiar *hasta* triunfar; porfiar *sobre* lo mismo.

porfídico (ca), pórfido, porfirizar.

*pórfiro Incorrecto; el mineral se llama *pórfido.*

porfolio Es correcto. Sólo es un «conjunto de fotografías o grabados encuadernables». (V. *portafolio.*)

por lo pronto Es correcto, lo mismo que *por de pronto.*

por lo tanto Admitido, aunque es mejor decir *por tanto.*

pormenor, por menor *Pormenor* (junto) es «cosa o circunstancia secundaria». *Por menor* (separado) se usa en «venta al *por menor*».

pormenorizar.

por mor de Admitido; significa «por amor de».

pornografía, pornográfico (ca), pornógrafo, poro, porosidad, poroso (sa).

poroto *(Amér.)* Judía, alubia, fríjol.

porque, por que, porqué, por qué Se escribe junto y sin acento *(porque)* cuando es conjunción («viene *porque* le llaman»). Se escribe separado *(por que)* cuando es preposición y pronombre («el motivo *por que* —por el cual— se enfadó»). Va junto y con acento *(porqué)* cuando es sustantivo y significa causa o motivo (el *porqué* de este libro). Va separado y con acento *(por qué)* cuando es interrogación («¿*por qué* hablas?»).

porquera, porquería, porqueriza, porquerizo, porquero, porquerón, porqueta, porra, porra (a la), porracear, porráceo (cea), porrada, porral, porrazo, porrear, porrería, porreta, porretada.

*porridge Voz inglesa; dígase *gachas de avena*.

porrilla, porrillo (a), porrina, porrino, porro, porrón (na), porta, portaalmizcle, portaaviones, portabandera.

*portable Es incorrecto; dígase *portátil, manejable*.

portacaja, portacarabina, portacartas, portacincha, portachuelo, portada, portadera, portadilla, portado (da), portador (ra).

portaequipaje Se admite también *portaequipajes*, aunque en segundo término, y *baca*, «artefacto que se coloca sobre el techo de los automóviles para llevar maletas y otros bultos».

portaestandarte.

portafolio Admitido, dígase también *cartera* (de mano). *Porfolio* (v.) está admitido, pero tiene otro significado.

portafusil, portaguión, portaherramientas, portaje, portal, portalada, portalámpara (1), portalámparas (2), portalápiz, portaleña, portalero, portalibros, portalón, portamantas, portamanteo, portamira, portamonedas, portanario, portante, portantillo.

por tanto Es mejor que *por lo tanto*.

portanuevas, portañola, portañuela, portaobjeto (*portaobjetos), portapaz, portapliegos, portaplumas, portar(se), portarretrato (*portarretratos), Port Arthur, portátil, Port-au-Prince, portaventero, portaviandas.

*portaviones Es incorrecto; escríbase *portaaviones* (dos *aes*).

portavoz, portazgar, portazgo, portazguero, portazo, Port Bou, porte, porteador (ra), portear, por-

tento, portentoso (sa), porteño (ña), porteo.

portería, portero Admitido el significado relativo al fútbol. También se dice *meta* y *guardameta*.

portezuela, portezuelo.

*portfolio Incorrecto; es *porfolio* (v.).

porticado (da), pórtico, portier, portilla, portillera, portillo, Pórtland (cemento de), **Portoalegre, Portobelo, Portocarrero, portón.**

portorriqueño Admitido, aunque es preferente *puertorriqueño*.

Port Said, Portsmouth, portuario (ria), portuense.

Portugal El natural de este país es el *portugués* o *portugalés*.

portugalés (sa), portugués (sa), portuguesada, portuguesismo, portulacáceo, portulano.

porvenir «En *el porvenir* esto se hará así.» Es incorrecto; dígase «en *lo por venir...*» (separado). En cambio es correcto decir «el *porvenir* de mis hijos» (junto).

pos- Prefijo que significa «después de, detrás» *(posdata, posponer)*. También se emplea el prefijo *post*, aunque por lo general se suprime la t *(postdata, posdata)*.

posa, posada, posaderas, posadería, posadero (ra), posado (da), posador (ra), posante.

posar(se) Admitido el significado de «permanecer en determinada postura para servir de modelo a un pintor». Uso de preposiciones: Posar algo *en, sobre* alguna parte.

posaverga, posbélico (ca), posca, poscomunión, posdata.

*pose Es galicismo; dígase *posición, postura, actitud; afectación, fingimiento, actitud presuntuosa*, según el caso. En fotografía es *exposición*.

poseedor (ra), poseer, poseído (da), Poseidón, posesión, posesional, posesionar, posesionero, posesivo (va), poseso (sa), posesor (ra), posesorio (ria), poseyente, posfecha, posfijo, posguerra (*postguerra), posibilidad, posibilismo, posibilitar.

posible V. *probable*.

posibles «Con mis *posibles*...» es

incorrecto; dígase «con mis *recursos económicos*» (o «con mis *posibilidades*»).

posición, positivismo, positivista, positivo (va), pósito, positrón, positura, posliminio, posma.

posmeridiano Admitido, lo mismo que *postmeridiano*, preferente (v.).

***posmortem** Incorrecto; escríbase *post mortem*.

Posnania, poso, posología, posón.

***posoperatorio** V. *postoperatorio*.

pospalatal, pospierna.

posponer Verbo irregular que se conjuga como *poner* (v.) (pospongo, pospones, posponemos, etc.).

posposición, pospositivo (va), pospuesto (ta), posromántico.

post- Prefijo; es preferente *pos-* (véase).

posta, postal.

***postcomunión** Incorrecto; es *poscomunión*.

postdata Admitido, pero es mejor *posdata*.

postdiluviano, postdorsal, poste, postelero.

postema Es femenino *(la postema)*. Significa «absceso supurado; persona molesta».

***poster** (Inglés.) Cartel.

postemero, postergación, postergar, posteridad.

posterior Uso de preposiciones: Posterior *a* otro.

posterioridad, posteta, postfijo (ja).

***postguerra** Es incorrecto; escríbase *posguerra*.

postigo, postila, postilar, postilla, postillón, postilloso, postín, postinero (ra), postiza, postizo, postliminio.

postmeridiano Admitido, igual que *posmeridiano* (en segundo término): «Que ocurre después del mediodía.» No se acepta *post merídiem*; «las 5 *p. m. (post merídiem)*» es «las cinco *de la tarde*».

***post merídiem** Incorrecto. (V. *postmeridiano*.)

post mortem Locución latina que significa «después de la muerte» (examen *post mortem*).

postnominal, postónico.

***postoperatorio** No está aceptado, como tampoco *posoperatorio;* significa «que ocurre después de una operación».

postor, postpalatal, postración, postrador (ra).

postrar(se) Uso de preposiciones: Postrarse *en* cama; p. *a* los pies.

postre, postremero (ra), postremo (ma).

postrer Forma apocopada de *postrero* cuando se usa delante de un nombre: el postrer gemido.

postrero, postrimer, postrimería, postrimero.

postromántico Es preferible la forma *posromántico*.

post scríptum Locución latina; se usa como sustantivo masculino *(el post scríptum)* y equivale a *posdata*. Se abrevia P. S.

postulación, postulado (da), postulador, postulanta.

postulante Es «que *postula*», masculino y femenino. *Postulanta* sólo significa «mujer que pide ser admitida en una comunidad religiosa».

postular, póstumo (ma).

postura «Mi *postura* en este asunto» es incorrecto; dígase «mi *actitud (opinión, criterio)* en este asunto».

postverbal, pota, potabilidad, potabilizar, potable, potación, potado, potador, potaje, potajera, potajería, potala, potámide, potar, potasa, potásico (ca), potasio, pote, Potemkin, potencia, potencia (en), potenciación.

potencial En gramática, *modo potencial* es el que expresa la acción del verbo como posible, no como real *(yo iría)*.

potencialidad, potenciar, potentado, potente, potenza, potenzado (da), potera, potero, potestad, potestativo (va).

***potiche** Es galicismo; dígase *jarro, jarrón, vaso* (artísticos).

potingue, potísimo (ma), potista, Potomac, potorillo, Potosí, potosino (na).

***potpourri** Voz francesa; dígase *popurrí* (admitido).

potra, potrada, potranca, potran-

co, potrear, potrero, potrillo, potroso (sa), Potsdam, povisa, poya, poyal, poyar, poyata, poyo, poza, pozal, pozalero, pozanco.

Poznan (En alemán es *Posen*.) Ciudad de Polonia, capital de la provincia de *Posnania*.

pozo, pozuelo, Pozzuoli, pracrito (1), prácrito (2), práctica, práctica (en la).

practicable «Un camino *practicable*» es incorrecto; dígase «un camino *transitable*».

practicador (ra), practicaje, prácticamente, practicanta.

practicante Para el femenino se admite *la practicante* y *la practicanta*, aunque es más corriente lo primero.

practicar.

práctico (ca) Uso de preposiciones: Práctico *en* cirugía.

practicón (na).

*practiquísimo Incorrecto; dígase *muy práctico*.

pradal, pradejón, pradeño (ña), pradera, pradería, praderoso (sa), pradial, prado, Praga, pragmática, pragmático, pragmatismo, pragmatista.

*praliné Voz francesa no admitida; dígase *confitura acaramelada*.

prao, praseodimio, prasio, prasma, pratense, praticultura, pravedad, Pravia, praviana, praviano, pravo (va), Práxedes, praxis.

Praxiteles Es lo correcto, no *Praxíteles*.

pre- Prefijo que significa «delante de, antes» (*predisponer, prefijo)*.

preadamita, preadamítico, preámbulo, prebenda, prebendado, prebendar, prebostal, prebostazgo, preboste, precación, precariedad, precario (ria), precarista, precaución, precaucionarse, precautelar, precautorio (ria), precaver, precavido (da), precedencia, precedente, preceder, precedista, preceptiva, preceptivo (va), precepto, preceptor (ra), preceptoril, preceptuar.

preces Siempre es femenino plural. Significa «súplicas, ruegos». *Prez*, en cambio, es «honor, honra»,

y es ambiguo, aunque se usa más *la prez*.

precesión, preciado (da), preciador (ra).

preciar(se) Uso de preposiciones: Preciarse *de* listo.

precinta, **precintar, precinto**, precio.

preciosidad También se admite *preciosura*, pero en segundo término. Se prefiere *preciosidad* para las cosas, y *preciosura* para las personas.

preciosismo, preciosista, precioso (sa).

preciosura V. *preciosidad*.

precipicio, precipitación, precipitadamente, precipitadero, precipitado (da), precipitante, precipitar(se), precípite, precipitoso (sa), precipuamente, precipuo (pua), precisamente, precisar, precisión.

preciso (sa) «Se hace *preciso* la anulación de la orden» es incorrecto; dígase «se hace *precisa* la...».

precitado (da), precito (ta), preclaro (ra), preclásico (ca), precocidad, precognición, precolombino (na), preconcebir, preconización, preconizador (ra), preconizar, preconocer, precordial, precoz, precursor (ra).

predador Está admitido como «animal de presa»; también se acepta *depredador*, como «el que roba o saquea con violencia». Se admite *predatorio (ria)*, referido al instinto («instinto *predatorio* del tigre»).

predar.

predatorio (ria) V. *predador*.

predecesor (ra), predecible.

predecir Verbo irregular que se conjuga como *decir* (v.) (predigo, predices, predecimos, etc.). Es incorrecto predecí, prediciera, etc. Dígase predije, predijera, etc.

predefinición, predefinir, predestinación, predestinado (da), predestinante, predestinar, predeterminación, predeterminar, predial, prédica, predicable, predicación, predicadera.

predicado Es lo que se afirma del sujeto en una oración. Puede ser predicado el sustantivo, el adjetivo, el adverbio, el verbo. Se llama *predicado verbal* cuando es desempeñado por un verbo («los niños *leen*») y *predicado nominal* cuando es desempeñado por un nombre o un adjetivo («aquel hombre es *abogado*»).

predicador (ra), **predicamental**, **predicamento**.

*****predicamiento** «Gozan de gran *predicamiento*» es incorrecto; dígase *predicamento*.

predicante, **predicar**, **predicativo (va)**, **predicatorio**, **predicción**, **predicho (cha)**, **predilección**, **predilecto (ta)**, **predio**.

predisponer Verbo irregular que se conjuga como *poner* (v.) (predispongo, predispones, predisponemos, etc.).

predisposición, **predispuesto (ta)**, **predominación**, **predominancia**, **predominante**, **predominar**, **predominio**, **predorsal**, **preelegir**, **preeminencia**, **preeminente**, **preestablecido (da)**, **preexcelso (sa)**, **preexistencia**, **preexistente**, **preexistir**, **prefabricado (da)**, **prefacio**, **prefación**, **prefecto**, **prefectura**, **preferencia**.

*****preferencial** Incorrecto; dígase *preferente* (derecho, etc.).

preferente, **preferible**.

preferido Uso de preposiciones: Preferido *de* algunos; p. *entre* otros.

preferir Verbo irregular que se conjuga como *sentir* (v.) (prefiero, prefieres, preferimos, etc.). Es incorrecto decir «prefiero *a* López que *a* Pérez», «prefiero *a* López *que no a* Pérez», «prefiero *a* López *a* Pérez». Tan sólo es correcto «prefiero López *a* Pérez».

prefiguración, **prefigurar**, **prefijación**, **prefijar**.

prefijo Es el afijo que se antepone a una voz para modificar su sentido (*re*caer, *intra*muscular). En nuestra lengua, los prefijos suelen ser de origen latino o griego.

prefinición, **prefinir**, **prefloración**, **prefoliación**, **prefulgente**, **pregón**, **pregonar**, **pregonería**, **pregonero (ra)**, **pregunta**, **preguntador (ra)**, **preguntante**.

preguntar Uso de preposiciones: Preguntar *a* uno.

pregunteo, **preguntón (na)**, **pregustación**, **pregustar**, **prehelénico (ca)**, **prehispánico (ca)**, **prehistoria**, **prehistórico (ca)**, **preinserto (ta)**, **prejudicial**.

prejuicio «Acción y efecto de juzgar las cosas antes del tiempo oportuno.» No confundir con *perjuicio*, «daño, detrimento».

prejuzgar, **prelacía**, **prelación**, **prelado**, **prelaticio (cia)**, **prelatura**, **preliminar**, **prelucir**, **preludiar**, **preludio**, **prelusión**, **prematuro (ra)**, **premeditación**, **premeditar**, **premiador (ra)**, **premiar**, **premiativo (va)**, **premidera**.

*****premier** Incorrecto; dígase *primer ministro*, *jefe de gobierno*.

*****première** Voz francesa. Dígase *estreno* (de obra teatral).

premio, **premiosidad**, **premioso (sa)**, **premisa**, **premiso**, **premoción**, **premolar**, **premonición**, **premonitor (ra)**, **premonitorio (ria)**, **premonstratense**, **premoriencia**, **premoriente**, **premorir**, **premostrar**, **premostratense**, **premuerto**, **premura**.

prenatal Admitido: «Que existe o se produce antes del nacimiento.»

prenda, **prendador (ra)**, **prendamiento**, **prendar(se)**, **prendario (ria)**, **prendedero**, **prendedor**, **prendedura**.

prender Uso de preposiciones: Prender *de* varios alfileres; p. *en* un gancho; p. *con* agujas.

prendería, **prendero (ra)**, **prendido (da)**, **prendimiento**, **prenoción**, **prenombre**, **prenotar**.

prensa Con mayúscula cuando se alude al conjunto de publicaciones periódicas (la Prensa vespertina).

prensado (da), **prensador (ra)**, **prensadura**, **prensaestopas**, **prensar**, **prensil**, **prensión**, **prensista**, **prensora**, **prenunciar**, **prenuncio**.

preñado (da) Uso de preposiciones: Preñada *de* siete meses.

preñar, **preñez**, **preocupación**.

*****preocupante** Incorrecto; dígase *inquietante*, *alarmante*, *grave*.

preocupar(se) Uso de preposiciones: Preocuparse *con, por de* alguna cosa.

preopinante, preordinación, preordinar, prepalatal, preparación, preparado (da), preparador (ra), preparamento, preparamiento, preparar (se), preparativo, preparatorio (ria), preponderancia, preponderante, preponderar, preponer.

preposición Parte invariable de la oración que une palabras y establece la relación que poseen entre sí; la palabra que va detrás de la preposición es complemento de la que va delante. Las preposiciones son: a, ante, bajo, cabe, con, contra, de, desde, en, entre, hacia, hasta, para, por, según, sin, so, sobre, tras.

preposicional, prepositivo (va), prepósito, prepositura, preposteración, preposterar, prepóstero (ra), prepotencia, prepotente, prepucio, prepuesto (ta), prerrafaelismo, prerrafaelista, prerrogativa, prerromano, prerromanticismo, prerromántico (ca).

presa «El almacén fue *presa* de las llamas» es incorrecto; dígase «el almacén fue *pasto* de las llamas». «*Presa* del pavor» es «*víctima* del pavor».

presada, presado, presagiar, presagio, presagioso (sa), presbicia, présbita (1), présbite (2), presbiterado, presbiteral, presbiterato, presbiteriano (na), presbiterio, presbítero, presciencia, prescindencia, prescindible.

prescindir Uso de preposiciones: Prescindir *de* una ayuda.

prescito (ta).

prescribir «Ordenar, determinar una cosa» (*prescribir* un medicamento). No confundir con *proscribir*, «echar de un territorio; declarar malhechor». El verbo *prescribir* tiene irregular su participio: prescrito.

prescripción, prescriptible, prescripto (2), **prescrito (ta)** (1), **presea, presencia, presencial, presenciar, presenil, presentable, presentación, presentado (da), presentador**

(ra), presentáneo (nea), presentante.

presentar(se) Uso de preposiciones: Presentar a uno *para* un trabajo; presentarse *en* casa; p. *de* candidato; p. *al* director.

presente Es el tiempo del verbo que denota la acción actual (yo soy, vosotros entráis). El *presente del indicativo* expresa una acción que se ejecuta en el momento de hablar (leo, vienes, dicen). Se usa también con otros valores, así el *presente histórico* (Colón llega a América), el *habitual* (desayuno a las ocho), el *de obligación* (mañana traes el dinero), el *gnómico* (de validez permanente) (la Tierra gira alrededor del Sol). El *presente del subjuntivo* expresa una acción que puede ser presente o futura (lea, venga, digan). Incorrecciones: «*El* presente es menos esperanzador que *el* futuro.» Debe decirse «*lo* presente...» y «...*lo* futuro». «*Hacer presente* un hecho» es «*poner de manifiesto* un hecho».

presentimiento, presentir, presepio, presera, presero, preservación, preservador (ra), preservante, preservar, preservativo (va), presidencia, presidencial, presidencialismo, presidencialista.

presidenta Lo correcto es *la presidenta,* no *la presidente*. El masculino y el femenino van con minúscula si se nombra a la persona: «el *presidente* Roosevelt», y con mayúscula si no se la nombra: «el *Presidente*».

presidente V. *presidenta.*

presidiable, presidiar, presidiario, presidio.

presidido Uso de preposiciones: Presidido *del, por* el jefe.

presidir, presilla.

presión Se admiten las expresiones siguientes: *presión arterial, p. sanguínea*. También: *presión osmótica, grupo de presión*.

presionar, preso (sa), prestación, prestación social, prestadizo (za), prestado (da), prestador (ra), prestamente, prestamera, prestamería, prestamero, prestamista, préstamo, prestancia, prestante, prestar,

prestatario (ria), preste, presteza, prestidigitación, prestidigitador (ra), prestigiador (ra), prestigiante, prestigiar, prestigio, prestigioso (sa), prestímano.

presto Uso de preposiciones: Presto *a, para* correr; p. *en* obrar.

presumible, presumido (da), presumir, presunción, presuntivo (va), presunto (ta), presuntuosidad, presuntuoso (sa).

presuponer Verbo irregular que se conjuga como *poner* (v.) (presupongo, presupones, presuponemos, etc.).

presuposición, presupuestar, presupuestario (ria), presupuesto (ta), presura.

presurizada «Cabina *presurizada*», correcto; «cabina (de avión) con *presión acondicionada*». También es correcto *presurizar.*

presuroso (sa), pretal.

*prêt-à-porter Expresión francesa; es «ropa de confección, lista para vestir».

pretencioso, (1), pretensioso (2). Voces admitidas por la Academia. Significan «presuntuoso, presumido». El femenino es *pretenciosa* y *pretensiosa.*

pretendencia, pretender.

pretendido «El *pretendido* ministro» es incorrecto; dígase «el *presunto* ministro».

pretendienta, pretendiente, pretensión.

pretensioso Admitido. (V. *pretencioso.*)

pretenso, pretensor (ra).

preter- Prefijo que significa «más allá» *(pretermisión).*

preterición.

preterir Verbo defectivo que sólo se emplea en las personas que tienen *i* (preterió, preterirá, pretería, etcétera.).

pretérito Se aplica a los tiempos del verbo que denotan que la acción ya ha sucedido. El *pretérito anterior* indica que la acción es inmediatamente anterior a un tiempo ya pasado («cuando hubo hablado se marchó»). El *pretérito imperfecto* denota que una acción pasada y no concluida ocurre al mismo tiempo que otra pasada («cuando él salía, yo entraba»). El *pretérito indefinido* indica que lo que se afirma ocurre en un tiempo anterior, sin especificarse si la acción está concluida o no (corrió, leyó). El *pretérito perfecto* denota un acto que acaba de realizarse en el momento de hablar («ellos han comido»). El *pretérito pluscuamperfecto* indica que una acción estaba concluida cuando se realizó otra («había salido cuando entramos»).

pretermisión, pretermitir, preternatural, preternaturalizar, pretextar, pretexto, pretil, pretina, pretinazo, pretinero, pretinilla, pretónico, pretor, Pretoria, pretoría, pretorial, pretorianismo, pretoriano (na), pretoriense, pretorio (ria), pretura, preuniversitario (ria).

prevalecer Verbo irregular que se conjuga como *agradecer* (v.) (prevalezco, prevaleces, prevalecemos, etc.). Uso de preposiciones: Prevalecer *entre* todos; p. una opinión *sobre* otra.

prevaleciente.

prevaler Verbo irregular que se conjuga como *valer* (v.) (prevalgo, prevales, prevalemos, etc.).

prevaricación, prevaricador (ra), prevaricar, prevaricato.

*preveer Barbarismo por *prever* («ver con anticipación»).

prevención, prevenido (da), preveniente.

prevenir(se) Verbo irregular que se conjuga como *venir* (v.) (prevengo, previenes, prevenimos, etc.). Uso de preposiciones: Prevenirse *contra* el peligro; p. *de, con* lo necesario; p. *para* un viaje.

preventivo (va), preventorio.

prever Es «ver con anticipación, conjeturar». Es incorrecto *preveer.* No confundir con *proveer* (suministrar). Incorrecciones: «Lo habían *previsto* anticipadamente» es redundancia; basta decir: «lo habían *previsto*».

previamente, previdencia, previdente.

previo (via) Admitida la acepción de *previo:* «Grabación del sonido realizada antes de impresionar la imagen.» Es lo correcto en vez de *play back*. Se usa en cine y televisión.

previsible, previsión (*previsivo) previsor (ra), previsto (ta).

prez V. *preces*.

priado, Príamo, priapismo, Príapo, Priestley, prieto (ta), Prim, prima, primacía, primacial, primada, primado (da).

*primadona, *prima donna No está admitido; es la *cantante principal* de una ópera.

prima facie Locución latina que significa «a primera vista».

primar Correcto. También puede decirse *predominar, prevalecer, superar*.

primario (ria), primate, primavera, primaveral, primaz, primazgo, primearse.

primer Forma apocopada del adjetivo *primero* cuando va delante del sustantivo (primer día); no se apocopa cuando es femenino (primera parte). Voces admitidas: *primer ministro; p. espada, p. teniente*. Incorrecciones: «La *primer* expedición», debe ser «la *primera* expedición» (sólo se apocopa el masculino: «el *primer* viaje» es correcto). «El *primer* y segundo clasificados», es «el *primero* y segundo clasificados», pues se intercala «y segundo»; si no, sería «el *primer* clasificado» (apocopado).

primera materia Véase *materia* (prima).

primeramente, primerizo.

primero (ra) Se apocopa a veces. (V. *primer*.) «El *1* de junio» es incorrecto; escríbase «el *1.º* de junio» o «el *primero* de junio». Admitido: *primera enseñanza, primeras letras*.

primiciero (ra), primicia, primicial, primichón, primigenio (nia), primilla, primípara, primitivismo, primitivo (va).

primo (ma) V. *materia* (prima). Se admite *primo hermano* o *p. carnal; primo segundo; número primo; hacer el primo*.

Primo de Rivera, primogénito (ta), primogenitor, primogenitura, pri-

mor, primordial, primorear, primoroso (sa), prímula, primuláceo (cea), princesa, Princeton, principada, principado, principal, principalía, principalidad, príncipe, principela, principesco (ca), principiador (ra), principianta, principiante, principiar.

principio Admitido «a *principios* del mes» (o del año).

principote, pringado (da), pringar(se), pringón (na), pringor, pringoso (sa), pringote.

pringue Es ambiguo *(el pringue, la pringue)*. Es «grasa; suciedad».

prionodonte, prior, priora, prioral, priorato, priorazgo, prioridad.

prioritario También es *preferente*.

prioste.

prisa Voces admitidas: *aprisa, a prisa; dar(se) prisa; deprisa, de prisa; meter prisa*.

priscilianismo, priscilianista, prisciliano (na), Prisciliano.

prisión Expresiones admitidas: *prisión mayor, p. menor, p. preventiva*.

prisionero (ra), prisma, prismático (ca), prismáticos, priste.

prístino Significa «antiguo, primitivo, original». Es incorrecto decir «*prístinas* aguas»; dígase «aguas *claras (puras, transparentes)*». No es correcta la acentuación grave *(pristino)*.

prisuelo, privación, privadero, privado (da), privanza.

privar Uso de preposiciones: Privar *de* libertad.

privativo (va), privilegiado (da), privilegiar, privilegiativo, privilegio.

pro, pro- Se admite: *hombre de pro; el pro y el contra; en pro de*. Prefijo que significa «delante» *(proponer)*, «en lugar de» *(pronombre)*, «hacia adelante» *(propasar)*.

proa, proal, probabilidad, probabilismo, probabilista.

probable Es lo que tiene más razones para suceder que lo *posible*. «Es *posible* que estalle el Sol, pero no es *probable*.» («No hay muchas razones para que ocurra.»)

probablemente, probación, pro-

bado (da), probador (ra), proba-dura, probanza.

probar Verbo irregular que se conjuga como *contar* (v.) (pruebo, pruebas, probamos, etc.).

probática, probatoria, probatorio, probatura, probeta, probidad.

problema «El *problema a* resolver» es incorrecto; dígase «el *problema que hay que* resolver».

problemático (ca), problematismo, probo (ba), proboscide, proboscidio (*proboscídeo), procacidad, procapellán, procaz, procedencia, procedente.

proceder Uso de preposiciones: Proceder *a* la elección; p. *con, sin* acuerdo; p. *contra* los morosos; p. *en* justicia.

procedimiento, procela, proceloso (sa), prócer, procerato, proceridad, procero (ra) (1), prócero (ra) (2), proceroso, procesado (da).

procesador de textos Ordenador con un programa especial para tratamiento de textos.

procesal, procesamiento, procesar, procesión, procesional, procesionalmente, procesionaria, procesionario, proceso, Prócida, Proción, proclama, proclamación, proclamar(se), proclisis, proclítico (ca), proclive, proclividad, proco, procomún, procomunal, procónsul, proconsulado, proconsular, Procopio, procordado, procreación, procreador (ra), procrear, proctología, proctológico (ca), proctólogo (ga), proctoscopia, proctoscopio, procura, procuración, procurador (ra), procurador (en Cortes), procuraduría, procurante.

procurar Admitido sólo con significación activa. «Se *procuró* un empleo» es incorrecto; dígase «*consiguió* un empleo». Uso de preposiciones: Procurar *para* sí.

procurrente, prodición, prodigalidad, prodigar, prodigiador, prodigio, prodigiosidad, prodigioso (sa).

pro domo sua Locución latina que significa «en pro de la propia causa». Se alude con ella al modo egoísta con que obran algunos.

prodrómico (ca), pródromo, producción, producente, producibilidad, producible, producidor, producente.

producir «La medicina *produjo* efecto» es incorrecto; dígase «*...surtió* efecto». «La noticia *produjo* sensación», es mejor «*...causó* sensación». Verbo irregular que se conjuga como *conducir* (v.) (produzco, produces, producimos, etcétera.).

productividad, productivo (va), producto, productor (ra), proejar, proel, proemial, proemio, proeza, profanación, profanador (ra), profanar, profanidad, profano (na), profazar, profecía, proferente.

proferir Verbo irregular que se conjuga como *sentir* (v.) (profiero, profieres, proferimos, etc.).

profesar Uso de preposiciones: Profesar *en* una orden religiosa.

profesión, profesional, profesionalidad, profesionalismo, profesionalizar.

*profesionista Incorrecto *(Amér.)*; dígase *profesional, licenciado.*

profeso (sa).

profesor (ra) «Profesor *asistente*» es anglicismo; dígase «profesor *auxiliar*». «Profesor *en* geografía» es «profesor *de* geografía». *Profesora en partos* es *comadrona, partera.* Admitido: *claustro de profesores.*

profesorado, profesoral, profeta, profetal, profético (ca).

profetisa Es el femenino admitido de profeta (no es la *profeta*).

profetismo, profetizador (ra), profetizar, profetizar, proficiente, proficuo (cua), profiláctica, profiláctico, profilaxis, profligar.

pro forma Se admite hablando de facturas, liquidaciones, etc. Es locución latina; significa «para cumplir una formalidad».

prófugo (ga), profundar, profundidad, profundizar, profundo (da), profusión, profuso (sa), progenie, progenitor, progenitura, prognatismo, prognato (ta), prognosis.

programa Lista de instrucciones para la computadora.

programación, programador, pro-

gramar, programático (ca), progresar, progresión.

progresismo V. *progresista*.

progresista Es el «que tiene ideas políticas liberales». No confundir con *progresivo*: «Que *progresa* o favorece el *progreso*.» *Progresismo* participa de ambos significados.

progresivo (va) V. *progresista*.

progreso, prohibente, prohibición, prohibido (da), prohibir, prohibitivo (va), prohibitorio (ria), prohijación, prohijador, prohijamiento, prohijar, prohombre, proindivisión.

pro indiviso Locución latina aceptada; significa «por dividir» y se aplica a los bienes sin dividir de una comunidad.

proís, prójima, prójimo, Prokofiev, prolapso, prole.

prolegómenos Se admite también en singular, pero se usa más en plural. Significa «prefacio» (de una obra). No se admite el sentido de «preliminares, comienzos, inicios».

prolepsis, proletariado, proletario (ria), proliferación, proliferante.

proliferar Está admitido; dígase también *multiplicarse, desarrollarse*. Se aceptan, asimismo, *proliferación, proliferante, prolífero* y *prolífico*.

prolífero (ra), prolífico (ca), prolijear, prolijidad, prolijo (ja), prologal, prologar, prólogo, prologuista, prolonga, prolongable, prolongación, prolongado (da), prolongador (ra), prolongamiento, prolongar, proloquio, prolusión, promanar, promediar, promedio, promesa, prometedor (ra), prometer, prometida, prometido, prometiente, prometimiento, prominencia, prominente, promiscuación, promiscuar.

promiscuidad Sólo es «mezcla, confusión». Mal traducido del inglés como «libertad en materia de amor». Esto también es válido para *promiscuo (cua)*, que con el sentido anterior debe reemplazarse por *libre, libertino, liviano, frívolo*.

promiscuo (cua), promisión, promisorio (ria), promoción.

promocionar Correcto; es *promover, fomentar, apoyar*.

promontorio, promotor (ra), promovedor (ra), promover, promulgación, promulgador (ra), promulgar, pronación, pronaos, prono (na).

pronombre Parte de la oración que sustituye al nombre. Al mismo tiempo señala las personas gramaticales. PRONOMBRE PERSONAL: Representa personas, animales o cosas (yo, nosotros [primera persona]; tú, vosotros [segunda persona]; él, ellos [tercera persona]). Estas formas corresponden a la función de sujeto. Téngase en cuenta que el pronombre es la única clase de palabras en castellano que varía de forma según la función sintáctica que realiza; así las formas de complemento directo sin preposición (acusativo) son: me, nos, te, os, le, lo, la, los, las, se; las formas de complemento indirecto sin preposición (dativo): me, nos, te, os, le, les, se; las formas de complemento (directo, indirecto o circunstancial) con preposición: mí, nosotros (as), ti, vosotros (as), él, ella, ello, ellos, ellas, sí; formas de complemento circunstancial de compañía: conmigo, contigo, consigo (esta última forma sólo con valor reflexivo). Existen, además, las formas de segunda persona «de sujeto»: usted, ustedes (con el verbo en tercera persona). PRONOMBRE POSESIVO: Denota posesión o pertenencia. De primera persona: mío, mía, nuestro y nuestra; de segunda persona: tuyo, tuya, vuestro, vuestra; de tercera persona: suyo, suya. PRONOMBRE DEMOSTRATIVO: Indica la mayor o menor proximidad de las personas, animales o cosas. De primera persona: éste, ésta, éstos, éstas. De segunda persona: ése, ésa, ésos, ésas. De tercera persona: aquél, aquélla, aquéllos, aquéllas. El singular admite el neutro: esto, eso, aquello. Estos pronombres llevan acento para diferenciarlos de los adjetivos demostrativos, a excepción del neutro, que no lleva acento por ser sólo pronombre. PRONOMBRE RELATIVO: El que alude a una persona, animal o cosa citados anteriormente. Son: que, quien, quienes, cual, cuales, cuyo, cuya, cuyos, cuyas, cuanto, cuanta, cuanta, cuantas. Con acento es pronombre interrogativo (v.). PRONOMBRE INDEFINIDO: El que alude vagamente a personas o cosas: alguien, nadie, uno, etc. PRONOMBRE INTERROGATIVO: Es el p. relativo empleado con acento. Sirve para preguntar: qué, cuál, quién, cuánto, etc.

pronominal Verbo que en todas sus formas se construye con pronombres posesivos *(arrepentirse)*.

pronosticación, pronosticador (ra), pronosticar, pronóstico, prontitud.

pronto (ta) Uso de preposiciones: Pronto *a* enfadarse; p. *de* genio; p. *en* las respuestas; p. *para* trabajar. Admitido: *por lo pronto, por de pronto, de pronto, al pronto.*

prontuario, prónuba, pronuncia, pronunciable, pronunciación.

pronunciado (da) «Un *pronunciado* acento extranjero», incorrecto, es «un *manifiesto (intenso)* acento extranjero». «El consejo se ha *pronunciado* en contra» es «...se ha *manifestado* en contra».

pronunciador (ra), pronunciamiento, pronunciar, pronuncio, propagación, propagador (ra), propaganda, propagandista, propagandístico (ca), propagante, propagar, propagativo (va), propalador (ra), propalar, propano, propao, proparoxítono (na), propartida, propasar(se), propedéutica.

propender Uso de preposiciones: Propender *a* torcerse.

propensión, propenso (sa), propiamente, propiciación, propiciador (ra), propiamente, propiciar, propiciatorio (ria), propicio (cia), propiedad, propiedad horizontal, propienda, propietario (ria), propileo.

*propíleo Acentuación incorrecta; dígase *propileo* (voz grave).

propina, propinación, propinar, propincuidad, propincuo (cua).

propio (a) Uso de preposiciones: Propio *al, del, para* el caso. V. *nombre* (propio).

propóleos, proponedor (ra), proponente.

proponer(se) Verbo irregular que se conjuga como *poner* (v.) (propongo, propones, proponemos, etcétera).

proporción «Un edificio de grandes *proporciones*» es incorrecto; dígase «...de grandes *dimensiones*».

proporcionable, proporcionado (da), proporcional, proporcionalidad.

proporcionar «*Proporcionar* un susto» es incorrecto; dígase «*provocar (ocasionar, producir)* un susto».

proposición «Expresión de un juicio, oración.» No confundir con *preposición* (v.).

propósito V. *a propósito.*

propuesta, propuesto (ta), propugnación, propugnáculo, propugnar, propulsa, propulsar.

propulsión Se admite *propulsión a chorro* (aviones, cohetes, etc.).

propulsor (ra).

pro rata, pro rata parte, prorrata De las dos primeras locuciones latinas deriva *prorrata:* «Cuota o porción a pagar entre varios.» Las tres expresiones están admitidas.

prorratear, prorrateo, prórroga, prorrogable, prorrogación, prorrogar, prorrogativo (va), prorrumpir, prosa, prosado (da), prosaísmo, prosapia, proscenio.

proscribir Es «expulsar de un territorio» (por causas políticas, generalmente), «declarar a alguien público malhechor», «excluir, prohibir el uso de una cosa». No confundir con *prescribir:* «Ordenar, determinar.» De igual forma, no debe confundirse *proscrito* (desterrado), con *prescrito* (participio pasado de prescribir). *Proscribir* es un verbo que tiene participio irregular (proscrito).

proscripción, proscripto, proscriptor.

proscrito V. *proscribir*.

prosecución, proseguible, proseguimiento.

proseguir Verbo irregular que se conjuga como *pedir* (v.) (prosigo, prosigues, proseguimos, etc.). Uso de preposiciones: Proseguir *con*, *en* el trabajo.

proselitismo, proselitista, prosélito, prosénquima, Proserpina, prosificación, prosificador (ra), prosificar, prosimio, prosista, prosístico (ca), prosita.

prosodia Parte de la gramática que enseña la recta pronunciación de las letras, sílabas y palabras.

prosódico (ca), prosopografía, prosopopeya, prospección, prospectar, prospectivo, prospecto, prosperado (da), prosperar, prosperidad, próspero (ra), prostaféresis, próstata, prostático, prostatitis, prosternación, prosternarse, próstesis, prostético (ca), prostibulario (ria), prostíbulo, próstilo, prostitución.

prostituir(se) Verbo irregular que se conjuga como *huir* (v.) (prostituyes, prostituyen, etc.).

prostituta, protagonismo, protagonista, protagonizar, prótasis, protático (ca), proteáceo (cea), protección, proteccionismo, proteccionista, protector (ra), protectorado, protectoría, protectorio (ria), protectriz, proteger, protegido (da), proteico (ca), proteína, proteínico (ca), proteo, Proteo, protervia, protervidad, protervo (va), protésico (ca), prótesis, protesta, protestación, protestante, protestantismo, protestar, protestativo (va), protesto, protético (ca).

proto- Prefijo que significa «primero, prioridad, superioridad» *(protoplasma, protomártir)*.

protoalbéitar, protoalbeiterato, protocloruro, protocolar, protocolario (ria), protocolización, protocolizar, protocolo, protohistoria, protohistórico (ca), protomártir, protomedicato, protomédico, protón.

protónico «Elemento de vocablo que está antes de la *sílaba tónica*.»

protoplaneta, protoplasma, proto-

plasmático (ca), protórax, protosol, protosulfuro, prototípico (ca), prototipo, protóxido, protozoario (ria) (2), protozoo (1), protráctil, protuberancia.

*protuberante No está admitido; dígase *saliente, prominente, abultado*. Se acepta *protuberancia*.

protutor, Proudhon, Proust, provagar, provecer, provecto (ta), provecho, provechoso (sa), proveedor (ra), proveeduría.

proveer(se) Verbo que posee participio irregular: provisto (y proveído). Uso de preposiciones: Proveer *a* las necesidades; p. *de* víveres; p. *entre* partes.

proveimiento, provena, proveniencia, proveniente.

provenir Verbo irregular que se conjuga como *venir* (v.) (provengo, provienes, provenimos, etc.). Uso de preposiciones: Provenir *de* una causa.

Provenza El natural de esta antigua provincia de Francia es el *provenzal*. En francés *Provenza* es *Provence*.

provenzalismo, provenzalista.

*prover Incorrecto; es *proveer* (véase).

proverbiador, proverbial, proverbiar, proverbio, proverbista, provicero, próvidamente.

providencia Con mayúscula: la *Providencia, la divina Providencia*. Con minúscula: *tomar una providencia*.

providencial, providencialismo, providencialista, providenciar, providente, próvido (da).

provincia «En *provincia*» es galicismo; dígase «en *provincias*».

provincial, provinciala, provincialato, provincialismo, provincianismo, provinciano (na).

*provinente Barbarismo por *proveniente*.

provisión, provisional, provisor, provisora, provisorato, provisoría.

*provisoriamente Incorrecto; dígase *provisionalmente*. También es incorrecto *provisorio* (v.).

*provisorio (ria) Incorrecto; es *provisional*. (V. *provisoriamente*.)

provisto (ta), provocación, provocador (ra), provocante.

provocar Uso de preposiciones: Provocar *a* enfado; p. *con* burlas.

provocativo (va), proxeneta, proxenético (ca), proxenetismo, proximal, próximamente, proximidad, próximo (ma), proyección, proyectante, proyectar, proyectil, proyectista, proyectivo, proyecto (ta), proyector, proyectura, prudencia, prudencial, prudente, prueba, pruriginoso.

prurigo «Nombre genérico de ciertas afecciones cutáneas.» No confundir con *prurito:* «Comezón, picazón.» Ambas son voces masculinas.

prurito V. *prurigo.*

Prusia, prusiano (na), prusiato, prúsico (ácido), Psamético.

pseudo- Prefijo admitido, aunque la Academia prefiere hoy *seudo-* (v.). Lo mismo sucede con las voces que integra este prefijo (es mejor *seudónimo, seudópodo,* etc.).

pseudología Única voz admitida con el anterior prefijo; no se admite *seudología.*

*pseudónimo, *pseudópodo Hoy sólo se admite *seudónimo, seudópodo.*

psi Letra griega que equivale a *ps.*

psicagogia, psicastenia, psicasténico.

psic-, psico- Prefijo que significa «alma, actividad mental» *(psicólogo, psicopatía).* Todas las voces que empiezan con este prefijo pueden escribirse igualmente sin la *p (sicólogo, sicopatía),* pero la Academia prefiere las que la conservan.

psicoanálisis, psicoanalista, psicoanalítico Voces admitidas.

psicodélico Admitido: «Relativo a la manifestación de elementos psíquicos...»

psicodrama, psicofísica, psicofísico, psicogénico (ca), psicología, psicológico (ca), psicólogo (ga), psícópata, psicopatía, psicopático (ca), psicopatología, psicoquinesia, psicosis, psicosis maniacodepresiva, psicosomático, psicotecnia, psicotécnico (ca), psicote-

rapeuta, psicoterapéutico (ca), psicoterapia, psicoterápico (ca), psicrómetro.

psique Admitido: «Alma humana.» No se acepta *psiquis.*

psiquiatra Es preferente. La Academia también lo admite sin *p,* lo mismo que *psiquiatría, psíquico* y demás voces que empiezan con *psic-, psico-* (v.).

psiquiatría, psíquico (ca), *psiquis, Psiquis, psiquismo, psitácida, psitacismo, psitacosis, pteridófico.

ptero-, -ptero Prefijo y sufijo que significan «ala» *(pterodáctilo, díptero).*

pterodáctilo.

Ptolomeo También se escribe *Tolomeo* (dinastía egipcia). No se admite *ptolomaico* ni *ptolemaico,* pero sí *tolemaico.*

púa, puado, puar, púber (ra) (1), **púbero** (2), **pubertad, pubescencia, pubescente, pubescer, pubiano (na), pubis, publicable, publicación, publicador (ra), publicano, publicar, publicata.**

publicidad Admitido como *propaganda.*

publicista, publicitario (ria), público (ca), pucará, Puccini, pucia, puchada, puchera, pucherazo, puchero, puches, Puchkin, pucho.

*pudding Voz inglesa; dígase *pudín,* o mejor *budín* (admitidas ambas).

pudelación, pudelar, pudendo (da), pudibundez, pudibundo (da).

pudicicia Es «castidad, decencia». No se admite *pudicia.*

púdico (ca), pudiente.

pudín Admitido. (V. *pudding.*)

pudinga, pudor, pudoroso (sa), pudrición, pudridero, pudridor, pudrimiento.

pudrir(se) Verbo irregular tan sólo en el participio, *podrido,* y en el infinitivo, que puede ser *pudrir* o *podrir* (v.).

pudú, puebla, pueble.

*pueblito Incorrecto. (V. *pueblo.*)

pueblo El diminutivo es *pueblecito* y *pueblecillo,* pero no *pueblito.*

pueda «*Pueda* ser que no venga el

maestro» es incorrecto; dígase «*puede* ser que...».

puente Siempre con minúscula (el *puente* de Segovia). Se admite: *día puente, hacer puente* (referido a días festivos), *puente levadizo.*

Punteareas Es la acentuación correcta (grave) de esta población de la provincia de Pontevedra, y no *Puentéareas* (esdrújula).

puentecilla, Puentedeume, puerca, puerco.

pueri- Prefijo que significa «niño» *(puericultor).*

puericia, puericultor (ra), puericultura, pueril, puerilidad, puérpera, puerperal, puerperio, puerquezuelo (la), puerro, puerta, puertaventana, puertezuela, puertezuelo, puerto, Puertollano.

Puerto Rico El natural de esta isla es el *puertorriqueño,* o *portorriqueño,* preferente la primera.

puertorriqueñismo, puertorriqueño (ña).

pues Siempre va sin acento. «¿Vienes, *pues*?»; debe evitarse el uso abusivo de *pues.*

puesta, puestero (ra), puesto (ta), Pueyrredón, ¡puf!

*****puf** Voz inglesa; dígase *cojín, asiento bajo acolchado.* En francés es *pouf.*

pufo, púgil, pugilar, pugilato, pugilismo, pugilista, pugna, pugnacidad, pugnante.

pugnar Uso de preposiciones: Pugnar *por* soltarse; p. *con, contra* uno.

pugnaz, puja, pujador, pujamen, pujamiento, pujante, pujanza, pujar, pujavante, pujés, pujo.

*****pulcrísimo** Incorrecto; dígase *pulquérrimo* (superlativo de *pulcro*).

pulcritud, pulcro (cra), pulchinela, pulga, pulgada, pulgar, pulgarada, pulgón, pulgoso (sa) (1)**, pulguera, pulguero** (2).

*****pulguiento** Incorrecto; dígase *pulgoso* (admitido).

pulicán, pulidamente, pulidero, pulidez, pulideza, pulido (da), pulidor (ra), pulimentar, pulimento.

*****pulimiento** Es incorrecto; debe decirse *pulimento* (sin la segunda *i*).

pulir, Pulitzer, pulmón, pulmón de acero, pulmonado, pulmonar, pulmonaria, pulmonía.

*****pulóver** V. *pullover.*

pulpa, pulpejo, pulpería, pulpero, pulpeta, púlpito, pulpo, pulposo (sa), pulque, pulquería.

pulquérrimo (ma) Es el superlativo de *pulcro;* es incorrecto *pulcrísimo.*

pulsación, pulsada, pulsador, pulsamiento, pulsante, pulsar, púlsar, pulsátil, pulsatila, pulsativo (va), pulseada, pulsear, pulsera, pulsímetro, pulsista, pulso, pultáceo (cea), pululante, pulular, pulverizable, pulverización, pulverizador, pulverizar, pulverulento (ta), pulla, pullista.

*****pullman** Voz inglesa; dígase *coche cama, coche salón.*

*****pullover** Voz inglesa no admitida. Tampoco se admite *pulover;* dígase *jersey* (admitida).

pum, puma, ¡pumba!, puna, punar, punción, puncionar.

*****punch** Voz inglesa que suele usarse en boxeo; dígase *puñetazo.*

puncha, punchar, pundonor, pundonoroso (sa), pungente, pungentivo (va), pungimiento, pungir, punitivo (va), Punjab, punta, puntación, puntada, puntador, puntal, puntano (na), puntapié, puntar, punteado (da), puntear, puntel, punteo, puntera, puntería, puntero (ra), punterola, puntiagudo (da), puntilla, puntillo (lla), puntillón, puntilloso (sa), puntiseco (ca), puntizón.

punto Como signo de puntuación, v. *puntuación (signos de). Punto(s) cardinal(es)* son «cada uno de los cuatro que dividen el horizonte en partes iguales». Sólo son N, S, E y O. Los demás (SE, NNO, etc.) son *puntos del horizonte.* Expresiones admitidas: *línea de puntos, punto crítico,* p. *aparte* (2)*,* p. *y aparte* (1)*,* p. *de apoyo,* p. *de caramelo,* p. *de honra,* p. *de vista,* p. *muerto,* a *punto,* a p. *fijo, en punto,* p. *final,* p. *seguido* (2)*,* p. *y seguido* (1)*, puntos suspensivos, dos puntos, medio* p. *Punto neurálgico:* Admitido como «parte delicada e importante de un asunto».

puntuable.

puntuación (signos de) Se coloca *punto* después de una oración o período que tiene sentido completo. Es *punto y seguido* cuando la escritura sigue en la misma línea. Es *punto y aparte* cuando se continúa en la línea siguiente. Se usa uno u otro según la mayor o menor relación entre lo escrito antes y después del punto. También en las abreviaturas. PUNTOS SUSPENSIVOS: Se colocan cuando la oración debe quedar incompleta, y el sentido suspenso («al que madruga...»). También cuando se omite una parte de un texto. PUNTO Y COMA: Se emplea para separar períodos relacionados entre sí, pero no enlazados por una conjunción («eso se hará, como siempre; no obstante, las impresiones no son buenas»). También se usa punto y coma antes de *pero, más, aunque* cuando preceden a frases explicativas («Vino; pero, de todas formas, no se quedará»), y cuando al poner sólo coma puede haber confusiones («Eran muchos; unos, inteligentes; otros, torpes»). DOS PUNTOS: Se colocan cuando sigue una cláusula que aclara la precedente, o cuando se enumera o cita algo (sigue mayúscula o minúscula, indistintamente). También van después de la salutación de las cartas. COMA: Se emplea para separar los términos de una enumeración no enlazados por conjunción (blanco, negro, rojo y azul); delante y detrás de una oración intercalada en otra («Desde que llegó, hace tres días, casi no habla»); delante y detrás de las oraciones explicativas de relativo («El abuelo, que llegó cansado, se fue a dormir»); delante y detrás de los nombres en vocativo («Tú, Señor, que todo lo puedes»). ADMIRACIÓN: Se emplea para todo tipo de frases exclamativas («¡Alarma! ¡Qué pronto ha pasado!»). INTERROGACIÓN: Denota pregunta («¿Qué es eso?»). El uso de los signos de admiración y de interrogación no excluye el empleo de otros signos de puntuación («Bueno, ¿nos vamos? ¡Cuidado!, ¿estás atontado?»). PARÉNTESIS: Se usa para aclaraciones intercaladas que no poseen una manifiesta relación con el resto de la frase. Ej.: «Era un sabio (distraído, como todos), y llegaba siempre tarde.» GUIONES LARGOS: Se emplean en oraciones incidentales que tienen más relación con el resto de la frase que en el caso del paréntesis. («Sus hijos —un niño y una niña— parecían su vivo retrato.») También se usan al principio de cada oración de un diálogo, cuando cambia el interlocutor. COMILLAS: Se utilizan para las citas que se intercalan en un texto. (V. *comillas*, en este diccionario.) DIÉRESIS: Van sobre la *u* de las sílabas *gue, gui*, para indicar los casos en que debe pronunciarse esta vocal (güelfo, güisqui).

puntual «Cuestión puntual» es incorrecto. Dígase cuestión *pertinente* o *particular*.

puntualidad, puntualizar, puntuar, puntuoso (sa), puntura, punzada, punzador (ra), punzadura, punzante, punzar, punzó, punzón, punzonería, puñada, puñado, puñal, puñalada, puñalejo, puñalero, puñera, puñetazo, puñete.

puño Es la «parte por donde se coge el paraguas o el bastón», mientras que *empuñadura* es la «guarnición o puño de la espada». No confundir.

pupa, pupila, pupilaje, pupilar, pupilero (ra), pupilo (la), pupitre, puposo (sa), purana (*purasangre), puré, purear, purera, pureza, purga, purgable, purgación (es), purgador (ra), purgamiento, purgante, purgar, purgativo (va), purgatorio (ria), puridad, purificación, purificadero (ra), purificador (ra), purificante, purificar, purificatorio (ria), Purísima, purísimo (ma), purismo, purista, puritanismo, puritano (na), puro (ra), púrpura, purpurado, purpurante, purpurar, purpúrea, purpurear, purpúreo (rea),

purpurina, purpurino (na), purrela, purriela.

*pur sang Expresión francesa; dígase *caballo de raza*. No se admite *purasangre*.

purulento (ta).

pus Es masculino (*el pus, un pus amarillento*). No es *la pus*.

Puschkin También se escribe *Puchkin*.

pusilánime, pusilanimidad, pusinesco (ca), pústula, pustuloso (sa), puta, putaísmo, putañear, putañero, putativo (va), putear, pu-

tería, putero, putesco (ca), Putifar, puto, putrefacción, putrefactivo (va), putrefacto (ta), putrescencia, putrescente, putrescible, putridez, pútrido (da), putrílago.

*putsch Voz alemana; dígase *alzamiento, rebelión* (políticos).

puya Es la «punta acerada de la extremidad de una vara o garrocha». No confundir con *pulla*: «broma, chanza».

puyar, puyazo, Puy-de-Dôme, puyo, puzol, puzolana.

*puzzle Voz inglesa; dígase «rompecabezas, acertijo, juego».

q

q Vigésima letra del alfabeto y decimosexta de sus consonantes. Su nombre es *cu* (plural, *cus*) y representa el sonido de la *k* (consonante velar oclusiva sorda) ante cualquier vocal, o de la *c* ante *a, o, u*. Tan sólo se emplea ante la *e* o la *i*, interponiendo una *u* que no tiene sonido (querer, quince).

*quantum V. *cuanto.*

quasimodo, Quasimodo V. *cuasimodo.*

Quatar También se escribe *Katar* o *Qatar;* es el nombre de un país de Arabia.

que Pronombre relativo. Lleva acento ortográfico en las interrogaciones (¿*qué* pasa?) o en frases de sentido interrogativo, dubitativo y ponderativo («no sé por *qué* lo has hecho; *qué* bonito día hace»). También cuando se emplea como exclamación (¡*qué* barbaridad!), y cuando se lo sustantiva (el *qué* y el *cuándo*) o es pronombre indefinido (no hay con *qué* hacerlo. Igualmente lleva acento cuando equivale a *el que, lo que, la que* («mira *qué* tarde es»). Cuando es conjunción, *que* no lleva acento. Por ej.: «Dicen *que* no ha venido.» «¡*Que* hable el novio!» «¡*Que* venga Luisa!»

Quebec, quebracho, quebrada, quebradero, quebradillo, quebradizo, quebrado, quebrador (ra),

quebradura, quebraja, quebrajar, quebrajoso (sa), quebramiento, quebrantable, quebrantado (da), quebrantador (ra), quebrantadura.

quebrantahuesos Nombre de un ave falconiforme. Se escribe junto, no separado.

quebrantamiento, quebrantante, quebrantaolas, quebrantapiedras.

quebrantar(se) Uso de preposiciones: Quebrantarse *con, por* el esfuerzo; q. *de* angustia.

quebrante, quebranto.

quebrar(se) Verbo irregular que se conjuga como *acertar* (v.) (quiebro, quiebras, quebramos, etc.). Uso de preposiciones: Quebrar (el corazón) *a* alguno; q. *en* tal cantidad; quebrarse *por* lo más delgado; q. (el ánimo) *con, por* las desgracias.

quebrazar, quebrazón.

queche Es la voz correcta de esta embarcación de pequeño porte, y no *ketch* (inglés).

quechemarín, quecho.

quechua También se admite *quichua*, pero en segundo lugar. No debe acentuarse la segunda *u*.

quechuismo, queda, quedada, quedamiento.

quedar(se) «*Quedarse en* silencio», es mejor decir «*guardar* silencio; callar». «*Quedó de* hacerlo» es «*quedó en* hacerlo». «La habitación *queda* a la derecha», es «la habitación *se halla* (o *está*) a la derecha».

quedito, quedo (da).

*quefir Incorrecto; escríbase *kéfir*.

quehacer, queja, Queiroz (Eça de).

quejar(se) Uso de preposiciones: Quejarse *a* un profesor *de* un alumno.

quejica Está admitido; dígase también *quejicoso, quejumbroso*; es «el que se *queja* con poco motivo». *Quejoso*, en cambio, es «el que tiene *queja* de otro». No confundir.

quejicoso V. *quejica*.

quejido, quejigal (1), **quejigar** (2), **quejigo, quejigueta, quejilloso (sa), quejo.**

quejoso (sa) No confundir con *quejicoso*. (V. *quejica*.)

quejumbrar, quejumbre, quelonio, quema, quemadero (ra), quemado (da), quemador (ra), quemadura, quemajoso (sa), quemamiento, quemante, quemar(se).

quemarropa (a) Expresión admitida para referirse a un «disparo de arma de fuego, desde muy cerca».

quemazón, quemazoa (sa), Quemoy, quena, quenopodiáceo (cea).

quepis Aceptado; es cierto tipo de gorra militar.

querandíes V. *querando*.

querando Es la voz que da la Academia para designar a ciertos indios. La voz corriente es *querandíes*.

queratina, queratitis, querella, querellador (ra), querellante.

querellar(se) Uso de preposiciones: Querellarse *al* alcalde; q. *ante* el juez; q. *contra, de* su vecino.

querelloso (sa), querencia, querencioso (sa), querendón (na).

querer Verbo irregular que se conjuga de la siguiente forma: INDICATIVO. *Presente:* quiero, quieres, quiere, queremos, queréis, quieren. *Pret. imperf.:* quería, querías, queríamos, etc. *Pret. indef.:* quise, quisiste, quiso, quisimos, quisisteis, quisieron. *Futuro imperf.:* querré, querrás, querrá, querremos, querréis, querrán. POTENCIAL: querría, querrías, querría, querríamos, querríais, querrían. SUBJUNTIVO. *Presente:* quiera, quieras,

queramos, etc. *Pret. imperf.:* quisiera o quisiese, quisieras o quisieses, quisiéramos o quisiésemos, etc. *Futuro imperf.:* quisiere, quisieres, quisiéremos, etc. IMPERATIVO: quiere, quered. PARTICIPIO: querido. GERUNDIO: queriendo.

queresa, Querétaro, querido (da), querindango (ga).

quermes Es un insecto hemíptero. No confundir con *quermesse* (v.), incorrecto.

quermés Se acepta en vez de *Kermesse* (V.).

*quermesse No está admitido, lo mismo que *kermesse*; dígase *verbena, feria, fiesta al aire libre* (generalmente de carácter benéfico) y *quermés*.

querocha, querochar.

*querosén, *querosin Incorrecto. (V. *queroseno*.)

queroseno Es la voz correcta. En cambio, *querosín, querosén, kerosene, kerosén* son incorrectos.

querub, querube V. *querubín*.

querúbico (ca).

querubín Es la voz preferente; también se acepta *querube* y *querub*, pero en segundo y tercer lugar.

querusco, querva, quesadilla, quesear, quesera, quesería, quesero (ra), queso, quetzal.

Quetzalcóatl El nombre de esta antigua deidad americana lleva acento en la *o*.

quevedesco, Quevedo y Villegas, quevedos.

¡quia! Es una interjección que expresa negación enérgica o incredulidad. Es incorrecto acentuarla *(quiá)*.

quianti Es la grafía aceptada por la Academia, en lugar de *chianti*, voz italiana, para designar un vino de la Toscana.

quibey, quicial, quicialera, quicio, quiché.

quichua Admitido, aunque para la Academia es preferente la voz *quechua*.

quid, quídam No confundir. *Quid* es «esencia, razón, porqué de una cosa», mientras que *quídam* es «sujeto, individuo».

quid pro quo Locución latina; significa «una cosa por otra».

quiebra, quiebro.

quien Tanto *quien* como *quienes* se acentúan cuando se emplean en interrogaciones o con sentido interrogativo («¿*quién* está ahí?; escuchó para saber *quiénes* llegaban»). En los demás casos no llevan acento («*quien* dice eso, no sabe nada»; «los niños a *quienes* nos referíamos»).

quienesquiera V. *quienquiera.*

quienquiera «*Quienquiera* que sean, no son de aquí» es incorrecto; dígase «*quienesquiera*...»; el plural es, por tanto, *quienesquiera.*

quiescencia, quiescente, quietación, quietador (ra), quietar, quiete, quietecito (ta), quietismo, quietista.

*quietito Incorrecto; dígase *quietecito.*

quieto (ta), quietud.

quif V. *hachís.*

quijada, quijal, quijar, quijarudo (da), quijera, quijero, quijo, quijones, quijongo, quijotada, quijote, Quijote, quijotería, quijotesco (ca), quijotil, quijotismo, quila, quilatador, quilatar, quilate, quilatera, quiliárea, quilífero, quilificación, quilificar.

quilo Es una «linfa de aspecto lechoso que circula por los vasos linfáticos intestinales». También el «peso de mil gramos», aunque para este significado se prefiere la grafía *kilo.*

quilográmetro, quilogramo, quilolitro, quilométrico, quilómetro Voces admitidas, si bien se prefieren las mismas con *k* (*kilogramo,* etc.).

quiloso, quilla, quillango, quillotra, quillotrador (ra), quillotranza, quillotrar, quillotro, quimbambas (en las), quimera, Quimera, quimérico (ca), quimerino (na), quimerista, quimerizar, química, químicamente, químico (ca), quimificación, quimificar, quimioterapia, quimo, quimón.

quimono Es la grafía correcta. Escrito con *k* (*kimono*) es incorrecto.

quimosina, quina, quinado (da),

quinal, quinao, quinarquina, quinario, quincalla, quincallería, quincallero (ra), quince.

quinceañero (ra) No admitido; dígase *que tiene quince años.*

quinceavo, quincena, quincenal, quincenario (ria), quinceno (na), quinceta, quincuagena, quincuagenario (ria), quincuagésimo (ma), quincunce, quincha, quinchamalí, quinchoncho.

Quindasvinto El nombre de este rey godo se escribe *Chindasvinto* más corrientemente.

quindécimo (ma), quindenial, quindenio.

quinesiología, quinesiológico (ca), quinesiólogo (ga), quinesiterapia, quinesiterápico Se aceptan también estas voces con *k* (*kinesiología,* etc.), pero son más correctas con *q.*

quinete, quingentésimo (ma), quingombó, quiniela, quinielista, quinientos (tas), quinina, quinismo, quino, quínola, quinolear, quinolillas, quinqué, quinquefolio, quinquelingüe, quinquenal, quinquenervia, quinquenio.

*quinqui No es voz admitida. Es apócope de *quinquillero,* «quincallero, o malhechor que aparenta ser quincallero para ocultar sus delitos».

quinquina, quinta, quintacolumnista, quintada, quintador (ra), quintaesencia, quintaesenciar, quintal, quintalada, quintaleño, quintalero (ra), quintana, quintante, quintañón (na), quintar, quintería, quinterna, quinterno, quintero (ra), quinteto, quintil, Quintiliano, quintilla.

quintillizo (za) Admitido, es correcto. (V. *trillizo.*)

quintín, Quintín, quinto (ta), quintuplicación, quintuplicar.

*quíntuple Es incorrecto; dígase *quíntuplo.*

quíntuplo (pla), quinzavo (va), quiñón, quiñonero.

Quío Es el nombre correcto de esta isla del Mediterráneo, y no *Chios* o *Quíos.*

quiosco Es la grafía preferente, aunque también se admite *kiosco.*

quipo, quiquiriquí, quiragra, qui-rate, quirguiz, quirie, quirinal, Qui-rinal, quiritario, quirite, quirófano, quirografario (ria), quirógrafo (fa), quiromancia (1), quiromancía (2), quiromántico (ca), quiróptero, Quirós, quiroteca, quirquincho, quirúrgico (ca), quirurgo, quisi-cosa.

*quisling Voz no admitida; es un «político que colabora con el invasor de su patria». Proviene de *Quisling*, nombre de un político noruego.

quisque (cada) Es lo correcto, y no *quisqui* (cada).

quisquilla, quisquillosidad, quis-quilloso (sa), quistarse, quiste, quistión, quisto (bien o mal), quita, quitación, quitador (ra), quitaguas.

quitaipón Admitido, aunque es preferente *quitapón*, o mejor, separado y con conjunción: *quita y pon* («una pieza de *quita y pon*»).

quitamanchas, quitameriendas,

quitamiedos, quitamiento, quita-motas, quitanieves, quitante, qui-tanza, quitapelillos, quitapesares, quitapón.

quitar(se) Uso de preposiciones: Quitar *de* un sitio.

quitasol, quitasueño, quite, quite-ño (ña), quitina, quitinoso (sa), quito (ta).

Quito El natural de esta ciudad, capital de Ecuador, es el *quiteño (ña)*.

quitón, quitrín.

quizá Para la Academia es ésta la voz preferente, y *quizás* se admite en segundo término. Eufónicamente se usa *quizás* cuando la palabra que sigue comienza por vocal («quizás empiece ahora»).

*quodlibet Voz no admitida; dígase *cuodlíbeto*.

quórum Voz latina admitida por la Academia: «Número de individuos necesario para que una votación sea válida.»

r

r Vigésima primera letra del alfabeto y decimoséptima de las consonantes. Generalmente se la denomina *erre* (rosa, enredo), pero también se llama *ere* cuando se desea destacar su sonido suave (oro, eremita, saltar). Fonéticamente, es una consonante alveolar vibrante simple (sonido grave) o vibrante múltiple (sonido fuerte). Esta letra siempre suena fuerte al principio de las palabras (reglamento, rudo). En mitad de ellas puede sonar suave o fuerte. Suena fuerte, pero se escribe con *r* sencilla, después de *l, n* o *s* (alrededor, Enrique, israelita). La erre transcrita con dos *rr* es doble por su figura, y como la *ll* no debe dividirse en la escritura. A fin de línea se separa así: co-rrer.

raba, rabada, rabadán, rabadilla, rabal, rabalero (ra), rabanal, rabanero (ra), rabanillo, rabaniza, rábano, rabasaire, Rabat, rabazuz, rabear, rabel, Rabelais, rabelero, rabera, raberón.

rabí Admitido; es mejor decir *rabino*.

rabia, rabiacana, rabiar, rabiatar, rabiazorras, rabicano (na), rábico (ca), rabicorto (ta), rábida, Rábida (La), rábido (da), rabieta, rabihorcado, rabilargo (ga), rabillo, Rabindranath Tagore, rabínico (ca), rabinismo, rabinista, rabino, rabión, rabioso (sa), rabisalsera, rabiza, **rabo, rabón (na), rabopelado, raboseada, raboseadura, rabosear, raboso (sa), rabotada, rabotear, raboteo, rabudo (da), rábula, racamenta (1), racamento (2).**

***racconto** Voz italiana; dígase *relato, narración* (por lo general de un cantante en una ópera).

racel, racial, racima, racimado (da), racimal, racimar, racimo, racimoso (sa), racimudo (da), Racine, raciocinación, raciocinante, raciocinar, raciocinio, ración, racionabilidad, racionable, racional, racionalidad, racionalismo, racionalista, racionalización, racionalizar, racionamiento, racionar, racionero, racionista, racismo, racista.

racor Admitido; es una pieza que sirve para unir tubos y otros perfiles cilíndricos.

racha.

***Rachel** En nuestra lengua es *Raquel*.

Rachmaninov, rad, rada.

radar Es lo correcto, con acentuación prosódica en la segunda *a*. Es incorrecto *rádar*.

radiación.

radiactividad, radiactivo Voces correctas. *Radioactividad* y *radioactivo* son voces incorrectas.

radiado (da), radiador, radial, radián, radiante, radiar, radiata, radicación.

radical En gramática, es la parte de un vocablo que permanece inalterable mientras se modifica la terminación. Así, son radicales todos los infinitivos de los verbos, quitándoles la terminación (*amar*, *com-er*, *sal-ir*).

radicalismo, radicalizar.

radicar Uso de preposiciones: La casa radica *en* las afueras.

radicícola, radicoso (sa), radícula, radiestesia.

radio Como apócope de *radiorreceptor* es voz ambigua, pero en España se usa casi siempre como femenino (*la radio*), mientras que en algunos países de América es masculino (*el radio*). Es masculino cuando sirve para designar un metal, una línea del círculo, un hueso de la pierna y un radiograma (apocopado). Es femenino como apócope de *radiodifusión* (la prensa y la *radio*). Expresiones admitidas: *radio de acción*. Es incorrecto llamar *radium* al metal; dígase *radio*.

radio (día), radioaficionado, radioastronomía, radiodifundir, radiodifusión.

*radiodifusora Incorrecto; dígase *emisora de radio*.

radiocomunicación, radioelectricidad, radioeléctrico (ca), radioescucha, radiofaro, radiofonía, radiofónico, radiofonista, radiografía, radiografiar, radiográfico (ca), radiograma, radiogramola, radiolario, radiología, radiológico (ca), radiólogo, radiómetro, radiorreceptor, radioscopia, radioscópico (ca), radioso (sa), radiotecnia, radiotécnico (ca), radiotelefonía, radiotelefónico (ca), radiotelefonista, radiotelegrafía, radiotelegráfico (ca), radiotelegrafista, radiotelegrama, radiotelescopio, radioterapia, radioterapéutico (ca), radioterapia, radioterápico (ca), radiotransmisor, radioyente, radisótopo.

*radium Voz latina no admitida para designar el metal; dígase *radio*. Se admite *radiumterapia*, pero es preferible *radioterapia*.

radiumterapia V. *radium*.

radón, raedera, raedizo, raedor (ra), raedura.

raer Verbo irregular que se conjuga como *caer* (v.) (raigo, raes, rae, raemos, raéis, raen).

rafa, ráfaga, rafanía, rafe, rafear, rafia.

raglán Voz admitida; la Academia también acepta *ranglán*, pero siempre acentuando la última sílaba, y no la primera (*raglan*), que, no obstante, es la acentuación más corriente.

*ragout Voz francesa; dígase *guisado*.

ragua, raguseo, rahez, raíble, raiceja, raicilla, raicita.

*raid Voz inglesa; dígase *incursión, ataque* (aéreo), *invasión repentina*.

raído (da), raigal, raigambre (fem.), **raigar, raigón.**

raíl Se admite como segunda acepción la voz *rail*, sin acento. También se admiten *carril* y *riel*.

raimiento, Rainiero.

raíz Expresiones admitidas: *bienes raíces, arrancar de raíz, echar raíces.*

raja.

rajá «Soberano índico», voz admitida. Plural, *rajaes*, no *rajás*. *Maharajá* no está admitido; dígase *rajá*.

rajable, rajadillo, rajadizo (za), rajador, rajadura, rajante, rajar, rajatabla (a), rajeta, rajuela, ralea, ralear, Raleigh.

*ralentí Es galicismo no admitido; dígase *cámara lenta; marcha lenta. Ralentizar* significa «aminorar, reducir la marcha».

*ralentizar Incorrecto. (V. *ralentí*.)

raleón, raleza, ralo (la).

*Ralph Nombre inglés; en español es *Rodolfo*.

rallador (ra), ralladura.

rallar Es «desmenuzar con el rallador». No confundir con *rayar*, «hacer rayas».

rallo, rallón.

*rally Voz inglesa; es una *competición deportiva* (generalmente automovilística) con reunión en un punto.

*RAM Memoria de trabajo de la computadora.

rama, rama (en), ramada, ramadán, ramaje, ramal, ramalazo, ramalear, ramalera, ramalillo, ramasco, Ramayana, ramazón (fem.), rambla, ramblar, ramblazo, Rambouillet, rameado (da), rameal, Rameau, rameo, ramera, ramería, ramial, ramificación, ramificarse, ramilla, ramillete, ramilletero (ra), ramillo, ramina, ramio, Ramírez, ramito, ramiza, ramnáceo (cea), rámneo (nea), ramo, ramojo, ramón, ramonear, ramoneo, Ramón y Cajal, ramoso (sa), rampa, rampante, rampiñete, rampión (na), ramplonería, rampojo, rampollo, Ramsés, ramulla, rana, rancajo, ranciar, rancidez, rancio (cia), ranchear.

ranchería Es lo correcto, y no *ranchería*; es «conjunto de ranchos».

ranchero, rancho, randa.

*Randall Nombre inglés que equivale a *Randolfo.*

randado (da), randera, ranero, rangífero.

ranglán V. *raglán.*

*range Voz inglesa; dígase *radio de acción, alcance.*

rango, Rangún (*Rangoon), ranilla.

*ranking Voz inglesa; dígase *clasificación, lista, orden, jerarquía,* según el caso.

ranquel, ránula, ranunculáceo (cea), ranúnculo, ranura, ranzal, ranzón, raña, raño, rapa, rapabarbas, rapacejo (ja), rapacería, rapacidad, rapador (ra), rapadura, rapagón, rapamiento, rapante, rapapiés, rapapolvo, rapar, rapavelas, rapaz, rapaza, rapazada, rapazuelo (la), rape.

rapé Admitido; mejor es *tabaco rapé.*

rapidez, rápido (da), rapiña, rapiñador (ra), rapiñar, rapista, rápita, rapo, rapónchigo, raposa, raposear, raposeo, raposera, raposería, raposero, raposo, raposuno.

*rappel Dígase *llamamiento, vuelta.*

*rapport Dígase *informe, reseña.*

rapsoda (masc.), rapsodia, rapsódico, rapta, raptada.

*raptador Es incorrecto; dígase *raptor* (el que *rapta*).

raptar, rapto, raptor (ra), raque, raquear, raquero (ra), raqueta, raquetero (ra), raquetista.

raqui- Prefijo que significa «columna vertebral» *(raquídeo).*

raquialgia, raquianestesia, raquídeo (dea), raquis, raquítico (ca), raquitis, raquitismo, raquítomo.

rara avis in terris Expresión latina admitida: «Persona o cosa singular, rara.» Comúnmente se dice *rara avis.*

raramente, rarefacción.

rarefacer Verbo irregular que se conj. como *hacer* (v.) (rarefago, rarefaces, rarefacemos, etc.).

rarefacto (ta), rareza, raridad, rarificar, rarificativo (va), raro (ra).

ras «*Al* ras de tierra» es incorrecto; dígase «*a* ras...».

rasa, rasadura, rasante, rasar, rasarse, rascacielos (adm.), rascacio, rascadera, rascador, rascadura, rascalino, rascamiento, rascamoño.

rascar(se) Se ha admitido la acepción de «tocar mal un instrumento músico de cuerda». También se admite *rascatripas:* «Persona que toca un instrumento de arco (violín) con poca habilidad.»

rascatripas V. *rascar.*

rascazón, rascle, rascón, rascuñar, rascuño, rasel, rasera, rasero, rasete, rasgado (da), rasgador (ra), rasgadura, rasgar, rasgo, rasgos (a grandes) (adm.), rasgón, rasgueado, rasgueador (ra), rasgueante, rasguear, rasgueo, rasguñar, rasguño, rasilla, rasión, rasmia, rasmillar, raso (sa), rasoliso, raspa, raspado (da), raspador, raspadura, raspailar, raspajo, raspamiento, raspante, raspar, raspear, raspilla, raspinegro (gra), raspón, rasponazo, rasponera, raspudo (da), Rasputín, rasqueta.

*rastacuero Galicismo incorrecto; dígase *vividor, advenedizo.*

rastel, rastra, rastreado (da), rastreador (ra), rastreante, rastrear, rastrel, rastreo, rastrera, rastrero

(ra), rastrilla, rastrillada, rastrilla-do, rastrillador (ra), rastrillaje, ras-trillar, rastrillo, rastro, rastrojal, rastrojar, rastrojera, rastrojo, ra-sura, rasuración, rasurante, rasu-rar, rata, ratafía, ratanía, rata parte.

rataplán Es lo correcto, y no *ra-taplam* (con *m*).

*raté Voz francesa; dígase *fraca-sado, frustrado, malogrado*.

ratear Es tan sólo «distribuir, re-partir proporcionalmente».

rateo, ratería, ratero (ra), rateruelo, raticida, ratificación, ratificar(se), ratificatorio (ria), ratigar, rátigo, ra-tihabición, ratina, ratino, ratiño.

*ratio (Inglés.) Relación, índice.

Ratisbona Nombre que damos a la ciudad alemana de *Regensburg*.

rato, ratón, ratona, ratonar, rato-nera, ratonero, ratonesco (ca), ra-tonil, rauco (ca), rauda, raudal, raudo (da), Raúl, rauta.

Ravena Acentuación en la *e*, no *Rávena*. El natural es el *ravenés (sa)*.

ravenala, ravenés (sa).

ravioles Así admitido por la Aca-demia, en plural. También puede decirse *raviolis*.

raya Como signo de puntuación, v. *puntuación (signos de)*. Es una «señal larga y estrecha». No con-fundir con *ralla* del verbo *rallar* (v.), ni *rayado* con *rallado*.

rayada, rayadillo, rayado (da), ra-yador, rayano (na).

rayar No confundir con *rallar* (v.). **ráyido.**

rayo Es «una línea recta» y una «chispa eléctrica». No confundir con *rallo*, del verbo *rallar* (v.). Se admite *rayos gamma, rayos X*.

rayón (adm.), **rayoso (sa), rayuela, rayuelo.**

raza «La *raza* humana» es inco-rrecto; dígase «*género* humano» o «*especie* humana».

razado, rázago, razar.

razón «Se lo di *en razón* de habér-melo pedido» es correcto; significa «se lo di *por (a causa)*...». «Tengo uso *de la razón*», incorrecto; dí-gase «tengo uso *de razón*». «Pedir *razón*», es mejor «pedir *explicacio-nes*». Admitido: *dar la razón, dar*

razón, en razón a (o *de), meter en razón, perder la razón, poner en razón.*

razonable, razonado (da), razona-dor (ra), razonamiento, razonante, razonar.

razzia Voz aceptada; «incursión o correría sobre un país pequeño». En lo policial es mejor decir *re-dada*.

re Segunda nota de la escala mu-sical. Los nombres de seis notas fueron sacados de la primera es-trofa del himno de San Juan Bau-tista: «*Ut* (do) queant laxis *reso-nare* fibris / *Mi*ra gestorum *fa*muli tuorum, / *Solve* polluti *labii* rea-tum, *Sancte Iohannes*.»

re- Prefijo latino que indica «re-petición» *(reelegir)*, «incremento» *(recargar)*, «oposición» *(repugnar)*, «negación» *(reprobar)*, «movimien-to hacia atrás» *(refluir)*.

rea, reabrir.

reacción «Avión *a* reacción» (gali-cismo) es incorrecto; dígase «avión *de* reacción». Se admite *reacción en cadena* y *motor de reacción*.

reaccionar, reaccionario (ria), rea-cio (cia), reactante, reactivación, reactivar, reactivo (va).

reactor Recientemente admitido; es «motor de *reacción*», y también «avión que usa motor de *reac-ción*».

reacuñación, reacuñar, readmi-sión, readmitir, reafirmar, Reagan, reagravación, reagravar, reagru-pación, reagrupar, reagudo (da).

reajustar Admitido: «Por eufemis-mo, aumentar los precios, sala-rios, etc.» También se acepta *rea-juste*.

reajuste V. *reajustar*.

real Mayúsculas: *Real Orden, Real Decreto*; minúsculas: *estandarte real, palacio real*.

reala, realce, realegrarse, realejo, realengo (ga), realera, realete, rea-leza, realidad, realillo, realismo.

realista «Partidario del realismo o monarquía.» No significa *práctico, sensato, objetivo*; con este signi-ficado úsense estas voces.

realito, realizable, realización, rea-lizar, realmente.

realquilar Se admite esta voz; dígase también *subarrendar*. De igual modo, *realquilado* es *subarrendatario*.

realzar, reamar, reanimar, reanudación, reanudar, reaparecer, reaparición, reapretar, rearar, reargüir, rearmar, rearme, reaseguro, reasumir, reasunción, reasunto (ta), reata, reatadura, reatar, reato, Réaumur, reaventar, reavivar, rebaba, rebabador, rebabar, rebaja, rebajado (da), rebajador (ra), rebajamiento, rebajar, rebaje (2), rebajo (1), rebalaje, rebalsa, rebalsar, rebalse, rebanada, rebanar, rebanco, rebanear, rebañadera, rebañador (ra), rebañadura, rebañar, rebañego (ga), rebaño, rebañuelo, rebarba, rebasadero, rebasar, rebate, rebatible, rebatimiento, rebatiña.

rebatir Uso de preposiciones: Rebatir una razón *con* otra.

rebato, rebato (tocar a), rebautizante, rebautizar, rebeca, rebeco.

rebelarse Uso de preposiciones: Rebelarse *contra* el poder.

rebelde, rebeldía, rebelión, rebelón (na), rebencazo, rebenque, rebina, rebinar, rebisabuelo, rebisco (ca), rebisnieto (ta), rebitar, rebite.

reblandecer Verbo irregular que se conjuga como *agradecer* (v.) (reblandezco, reblandeces, reblandecemos, etc.).

reblandecimiento, reblar, reble, rebobinar, rebociño, rebojo, rebol, rebollar, rebolledo, rebollidura, rebollo, rebollón, rebolludo (da), rebombar, reboño, reborde, rebordeador, rebordear, rebosadero, rebosadura, rebosamiento, rebosante.

rebosar Uso de preposiciones: Rebosar *de* agua.

rebotación, rebotadera, rebotado, rebotador (ra), rebotadura, rebotar, rebote, rebotica, rebotín, rebozar, rebozo, rebramar, rebramo, rebrincar, rebrotar, rebrote, rebudio, rebufar, rebufe, rebufo, rebujado (da), rebujal, rebujar, rebujina, rebujiña, rebujo, rebultado (da), rebullicio, rebullir, rebumbar, rebumbio, reburujar, reburujón,

rebusca, rebuscado (da), rebuscador (ra), rebuscamiento, rebuscar, rebusco, rebutir, rebuznador (ra), rebuznar, rebuzno.

recabar Uso de preposiciones: Recabar *de* alguno.

recadero (ra), recadista, recado, recaer, recaída, recalada, recalar, recalcada, recalcadura, recalcar, recalce, recalcitrante, recalcitrar, recalentamiento, recalentar, recalmón, recalvastro (tra), recalzar, recalzo, recalzón, recamado, recamador (ra), recamar.

recámara *(Amér.)* Habitación, alcoba.

recambiar, recambio, recamo, recancamusa, recancanilla, recantación, recantón, recapacitar, recapitulación, recapitular, Recaredo, recargamiento, recargar, recargo, recata, recatado (da).

recatar Uso de preposiciones: Recatarse *de* las gentes.

recatear, recatería, recato, recatón (na), recatonazo, recatonear, recatonería.

recauchar, recauchutado, recauchutar Voces admitidas; es preferente *recauchar,* respecto a *recauchutar.*

recaudación, recaudador, recaudamiento, recaudanza, recaudar, recaudatorio (ria), recaudo, recavar, recazo, recazón, recebar, recebo, recechar, rececho, recejar, recejo, recela, recelador, recelamiento, recelar, recelo, receloso (sa).

recensión Admitido: «Reseña de una obra literaria o científica.» Se admite también *recensor (ra).*

recensor (ra) V. *recensión.*

recentadura, recental, recentar, recentín, recentísimo (ma), receñir, recepción, recepcionista (hotel), recepta, receptáculo, receptador (ra), receptar, receptividad, receptivo (va), recepto, receptor (ra), receptoría, recercador, recercar, recesión, recésit, recesivo, receso, Recesvinto, receta, recetador, recetante, recetar, recetario, recetor, recetoría, recial, reciario, recibidero (ra), recibidor (ra), recibiente, recibimiento.

recibir(se) Uso de preposiciones: Recibir *a* cuenta; recibirse *de* médico. *Recibirse* (diplomarse) está admitido. (V. *diplomado*.)

recibo, reciclado, reciclaje, reciclar, recidiva, recidivar, reciedumbre.

recién Sólo es correcto antepuesto a los participios pasivos (*recién llegado, recién nacido*, etc.). Es incorrecto «*recién acaba* de llegar»; dígase «*acaba* de llegar».

reciente El superlativo es *recentísimo*, nunca *recientísimo*.

*recientísimo Es incorrecto. (V. *reciente*.)

recinchar, recinto, recio (cia), récipe, recipiendario, recipiente, reciprocación, recíprocamente, reciprocar, reciprocidad, recíproco (ca), recitación, recitáculo, recitado, recitador (ra).

recital Admitido: «Concierto de varias obras ejecutadas por un solo artista, y por extensión, recitación de obras de un poeta.»

recitante, recitar, recitativo (va), reciura, recizalla, reclamación, reclamante.

reclamar Uso de preposiciones: Reclamar *a, de* fulano; r. *contra* un pariente; r. *ante* un tribunal; r. *en* juicio; r. *para* sí.

reclame Es un término marinero. Incorrecto emplearlo como *propaganda, publicidad, reclamo* (v.) (admitido).

reclamo Admitido como «propaganda de una mercancía, espectáculo, doctrina, etc.». (Véase *reclame*.)

recle, reclinación.

reclinar(se) Uso de preposiciones: Reclinarse *en, sobre* alguna cosa.

reclinatorio.

recluir(se) Verbo irregular que se conjuga como *huir* (v.) (recluyo, recluyes, recluye, recluimos, recluís, recluyen, etc.).

reclusión, recluso (sa), reclusorio (ria), recluta, reclutador, reclutamiento, reclutar, recobrante.

recobrar(se) Uso de preposiciones: Recobrarse *de* una enfermedad.

recobro, recocer, recocida, reco-

cido (da), **recocina, recocho (cha), recodadero, recodar, recodo, recogeabuelos, recogedero, recogedor (ra), recogemigas, recoger(se), recogida, recogido (da), recogimiento, recolado, recolar, recolección, recolectar, recolector, recolegir, recoleto (ta), recomendable, recomendación, recomendado (da), recomendante.**

recomendar «*Recomendar a* Luisa *a* Esteban» es incorrecto; dígase «*recomendar* Luisa *a* Esteban». Es un verbo irregular que se conjuga como *acertar* (v.) (recomiendo, recomiendas, recomendamos, etc.).

recomendatorio (ria), recomenzar, recomerse, recompensa, recompensable, recompensación, recompensar, recomponer, recompuesto, reconcentración, reconcentramiento, reconcentrar, reconciliación, reconciliador (ra), reconciliar, reconcomerse, reconcomio, recondenar, reconditez, recóndito (ta), reconducción, reconducir, reconfortante, reconfortar, reconocedor (ra).

reconocer(se) Verbo irregular que se conjuga como *agradecer* (v.) (reconozco, reconoces, reconocemos, etc.). Uso de preposiciones: Reconocer a alguno *por* amigo.

reconocible, reconocido (da), reconociente, reconocimiento, reconquista, reconquistador (ra), reconquistar, reconsiderar, reconstituyente, reconstrucción, reconstructivo (va), reconstruir, recontamiento, recontar, recontento (ta), reconvalecer, reconvención.

reconvenir Verbo irregular que se conjuga como *venir* (v.) (reconvengo, reconvienes, reconvenimos, etcétera).

recopilación, recopilador, recopilar, recoquín.

*record Voz inglesa; dígase *marca, mejor marca* (en deportes). Es incorrecto *plusmarca*. En cuanto a *recordman* y *recordwoman*, deben sustituirse por *campeón (na), ganador (ra), persona que establece una marca*. No es correcto *plusmarquista*.

recordable, recordación, recordador (ra), recordante.

recordar «*Recordarse* de algo» es incorrecto; dígase «*acordarse* de algo» o bien «*recordar* algo». *Recordar* es verbo irregular que se conjuga como *contar* (v.) (recuerdo, recuerdas, recordamos, etc.).

recordativo (va), recordatorio.

*recordman, *recordwoman Incorrecto. (V. *record*.)

recorrer, recorrido, recortado (da), recortadura, recortar, recorte, recorvar, recorvo (va), recoser, recosido, recostadero.

recostar(se) Verbo irregular que se conjuga como *contar* (v.) (recuesto, recuestas, recostamos, etc.). Uso de preposiciones: Recostarse *en, sobre* la cama.

recova, recovar, recoveco, recovero (ra), recreable, recreación.

recrear(se) Uso de preposiciones: Recrearse *con* la pintura; r. *en* oír música.

recreativo (va), recrecer, recrecimiento, recredencial, recreído (da), recrementicio (cia), recremento, recreo, recría, recriador, recriar, recriminación, recriminador, recriminar, recriminatorio, recrucetado (da).

recrudecer(se) Verbo irregular que se conjuga como *agradecer* (v.) (recrudezco, recrudeces, recrudecemos, etc.).

recrudecimiento, recrudescencia, recrudescente, recrujir, recruzar, rectal, rectangular, rectángulo (la), rectar, rectificable, rectificación, rectificador (ra), rectificar, rectificativo (va), rectilíneo (nea), rectitud, recto (ta), rector (ra), rectorado, rectoral, rectorar, rectoría, rectoscopia (pio), recua, recuadrar.

recuadro Además de «división en forma de cuadro en un muro» se admite la acepción de «espacio encerrado por líneas para resaltar una noticia en un periódico».

recuaje, recuarta, recubrir, recudimiento, recudir, recuelo, recuento, recuerdo, recuero, recuesta, recuestador (ra), recuestar, recuesto, reculada, recular, reculo (la), reculones (a), recuñar, recupera- **ble, recuperación, recuperador, recuperar, recuperativo (va), recura, recurar, recurrente, recurrible, recurrido (da), recurrir.**

recurso Expresiones admitidas: *recurso contencioso administrativo, r. de apelación, r. de casación, r. de nulidad.*

recusable, recusación, recusante, recusar.

*recycle (Inglés.) Recuperación, reciclado, reciclaje.

*rechace Es incorrecto; dígase *rechazo*.

rechazador (ra), rechazamiento, rechazar, rechazo, rechifla, rechiflar, rechinador (ra), rechinamiento, rechinante, rechinar, rechinido, rechino, rechistar, rechoncho (cha), rechupete (de), red, redacción, redactar, redactor (ra), redada, redaño, redar, redargución.

redargüir Admitido en primer término. También se acepta *reargüir* (en segundo lugar).

redaya, redecilla, redecir, rededor, redejón, redel, redención, redendija, redentor (ra), redentorista, redeña, redero (ra).

*redescubrir Es incorrecto, pues sólo se descubre una vez. Dígase *descubrir; restablecer, recordar.*

redescuento, redhibición, redhibir, redhibitorio (ria).

redición Es «repetición de lo que se ha dicho», no confundir con *reedición* (v.).

redicho (cha), rediezmar, rediezmo, redil, redilar, redilear, redimible, redimidor (ra), redimir, redingote, redistribución, redistribuir, rédito, redituable, reditual, redituar, redivivo (va), redoblado (da), redobladura, redoblamiento, redoblante, redoblar, redoble, redoblegar, redoblón, redolada, redolar, redolente, redolor, redoma, redomado, redomazo, redonda, redondamente, redondeado (da), redondear, redondel, redondete (ta), redondez, redondilla, redondillo, redondo (da), redondón, redopelo, redor, redorar, redova, redro, redrojar, redrojo, redropelo, redroviento, redruejo, redrueje, reducción, reducible, reducido (da).

reducir(se) Verbo irregular que se conjuga como *conducir* (v.) (reduzco, reduces, reducimos, etc.). Uso de preposiciones: Reducirse *a* lo más esencial; r. *en* los gastos.

reductible, reducto, reductor (ra), redundancia, redundante, redundar, reduplicación, reduplicar, reduvio.

reedición Es «acción de *reeditar;* edición repetida», no confundir con *redición* (v.).

reedificación, reedificador (ra), reedificar, reeditar, reeducación, reeducar, reelección, reelecto (ta), reelegible, reelegir, reembarcar, reembarque, reembolsable Todas las voces anteriores se escriben siempre con dos *es*.

reembolsar, reembolso, reemplazable, reemplazante, reemplazar, reemplazo Las voces anteriores pueden escribirse también con una sola *e* (*rembolsar, remplazante,* etc.), pero son preferentes las que llevan dos *es*.

reencarnación, reencarnar, reencuadernación, reencuadernar, reencuentro, reenganchamiento, reenganchar, reenganche, reengendrador (ra), reengendrar, reensayar, reensayo, reenviar, reenvidar, reenvío, reenvite Las voces anteriores se escriben siempre con dos *es*.

reestrenar Admitido, cuando se refiere a películas, lo mismo que *reestreno.*

reestreno, reestructurar, reexaminación, reexaminar, reexpedición, reexpedir, reexportar Estas voces se escriben siempre con dos *es*.

refacción, refaccionario (ria), refajo, refalsado (da), refección, refeccionar, refeccionario (ria), refectolero, refectorio, refecho (cha), referencia, referendario, referendo (2), referéndum (1), referente, referible, referimiento.

*referí, *referee Voces incorrectas usadas en varios países americanos de habla castellana; dígase *árbitro.*

referir(se) Verbo irregular que se conjuga como *sentir* (v.) (refiero, refieres, referimos, etc.). Uso de preposiciones: Referirse *a* alguna cosa.

refigurar, refilón (de), refinación, refinadera, refinado (da), refinador, refinadura, refinamiento, refinar, refinería, refino (na), refirmar, refitolear, refitolería, refitolero (ra), reflectante, reflectar, reflector (ra), refleja, reflejar, reflejo (ja), reflexible, reflexión, reflexionar, reflexivo (va), reflorecer, reflorecimiento, reflotar, refluente, refluir, reflujo, refocilación, refocilar(se), reforestación, reforestar, reforma, reformable, reformación, reformado (da), reformador (ra), reformar, reformativo (va), reformatorio (ria), reformismo, reformista, reforzado (da), reforzador (ra).

*reforzamiento Incorrecto; dígase *refuerzo.*

reforzar Verbo irregular que se conj. como *contar* (refuerzo, refuerzas, reforzamos, etc.).

refracción, refractar, refractario (ria), refractivo (va), refracto (ta), refractómetro, refractor, refrán, refranero, refranesco (ca), refrangibilidad, refrangible, refranista, refregadura, refregamiento, refregar, refreír, refrenable, refrenada, refrenamiento, refrenar, refrendación, refrendar, refrendario, refrendata, refrendo, refrescador (ra), refrescadura, refrescamiento, refrescante, refrescar, refresco, refriamiento, refriante, refriar, refriega, refrigeración.

refrigerador Se admite *el refrigerador* y la *refrigeradora,* como sinónimos de *nevera.*

refrigerante, refrigerar, refrigerativo (va), refrigeratorio, refrigerio, refringencia, refringente, refringir, refrito (ta), refucilo, refuerzo, refugiado (da).

refugiar(se) Uso de preposiciones: Refugiarse *en* casa; refugiarse *bajo* el portal.

refugio, refulgencia, refulgente, refulgir, refundición, refundidor (ra), refundir, refunfuñador (ra), refunfuñadura, refunfuñante, refunfuñar, refunfuño, refunfuñón (na), refutable, refutación, refutar, refutatorio (ria), regable, regacear, re-

gadera, regadero, regadío (día), regadizo (za), regador (ra), regadura, regaifa, regajal, regajo, regala, regalada, regalado (da), regalador (ra), regalamiento.

regalar(se) Uso de preposiciones: Regalarse con manjares; r. en dulces recuerdos.

regalejo, regalero, regalía, regalillo, regalismo, regalista.

regaliz Es masculino: el regaliz.

regalo, regalón (na), regante, regañadientes (a), regañado, regañamiento, regañar, regañera, regañina, regañir, regaño, regañón (na).

regar Verbo irregular que se conjuga como acertar (v.) (riego, riegas, regamos, etc.).

regata.

regate En fútbol es un «movimiento rápido que se hace hurtando el cuerpo». No confundir con regateo, «discusión entre el comprador y el vendedor respecto al precio de una cosa». Regatear participa de ambos sentidos.

regatear, regateo V. regate.

regatería, regatero (ra), regato, regatón, regatona, regatonear, regatonería, regazar, regazo, regencia, regeneración, regenerador (ra), regenerar(se).

Regensburg Ciudad alemana que llamamos Ratisbona.

regenta, regentar.

regente La mujer que gobierna interinamente un Estado es la regente. La que dirige un establecimiento y la mujer del regente es la regenta; no confundir.

regentear, Reggio, regicida, regicidio, regidor (ra), regidoría, regiduría.

régimen El plural es regímenes, y no régimenes, incorrecto.

regimentar Verbo irregular que se conjuga como acertar (v.) (regimiento, regimentas, regimentamos, etcétera).

regimiento.

*Reginald A este nombre inglés corresponde el nuestro de Reinaldo.

regio (gia), región, regional, regionalismo, regionalista, regionario (ria).

regir Verbo irregular que se conjuga como pedir (v.) (rijo, riges, rige, regimos, regís, rigen).

*regisseur Voz francesa; dígase director (de escena). Regidor es sinónimo de traspunte, exclusivamente.

registrador (ra), registrar, registro, regitivo (va).

regla Admitidas las expresiones: Regla de tres, en regla.

regladamente, reglado (da).

reglaje Admitido: «Reajuste de las piezas de un mecanismo.»

reglamentación, reglamentar, reglamentario (ria), reglamentista, reglamento, reglar, regleta, regletear, reglón, regnícola, regocijado (da), regocijador (ra), regocijante, regocijar(se), regocijo, regodearse, regodeo, regojo, regolaje.

regoldar Verbo irregular que se conjuga como contar (v.) (regüeldo, regüeldas, regoldamos, etc.).

regoldo, regolfar, regolfo, regona, regordete (ta), regordido (da), regostarse, regosto, regraciar, regresar, regresión, regresivo (va), regreso, regruñir, reguarda, reguardar, reguardo, regüeldo, reguera, reguero, regular, reguilete, regulable, regulación, regulado (da), regulador (ra).

regular Se admite el significado «de tamaño o condición media o inferior a ella». (V. discreto.)

regularidad, regularización, regularizador (ra), regularizar, regularmente, regulativo (va), régulo, regurgitación, regurgitar, regusto, rehabilitación, rehabilitar(se), rehacer(se), rehacimiento, rehala, rehalero, rehartar, reharto (ta), rehecho (cha), rehelear, reheleo, rehén, rehenchido (da), rehenchimiento, rehenchir, rehendija, reherimiento, reherir, reherrar, rehervir, rehiladillo, rehilamiento, rehilandera, rehilar, rehilero, rehilete, rehílo, rehogar, rehollar, rehoya, rehoyar, rehoyo, rehuida.

rehuir Verbo irregular que se conjuga como huir (v.) (rehúyo, rehúyes, rehúye, rehuimos, rehuís, rehúyen).

rehumedecer, rehundido (da), re-

hundir, rehurtarse, rehús, rehusante.

rehusar Es verbo regular. El presente del indicativo se conjuga así: rehúso, rehúsas, rehúsa, rehusamos, rehusáis, rehúsan.

*reich Significa «imperio», en alemán. Mayúsculas: el *Tercer Reich, Reichstag* es «parlamento».

*reichstag V. *reich.*

reidero (ra), reidor (ra), Reikiavik, reilar, reimplantar, reimplante, reimportación, reimportar, reimpresión, reimpreso (sa), reimprimir.

Reims El natural de esta ciudad de Francia es el *remense.*

reina Minúsculas: *la reina, la reina de España.* Mayúsculas: *la Reina Católica.*

reinado Es el *«tiempo en que gobierna un monarca».* No confundir con *reino:* «*territorio* sujeto a un rey».

reinador (ra), reinal, reinante.

reinar Uso de preposiciones: Reinar *en* un país; r. *sobre* los súbditos.

reincidencia, reincidente, reincidir, reincorporación, reincorporar, reineta, reingresar, reingreso.

reino V. *reinado.*

reinstalación, reinstalar, reintegrable, reintegración, reintegrar, reintegro.

reír(se) Verbo irregular que se conjuga del siguiente modo: INDICATIVO. *Presente:* río, ríes, ríe, reímos, reís, ríen. *Pret. imperf.:* reía, etc. *Pret. indef.:* reí, reíste, rió, reímos, reísteis, rieron. *Futuro imperf.:* reiré, etc. POTENCIAL: reiría, reirías, reiría, reiríamos, reiríais, reirían. SUBJUNTIVO: *Presente:* ría, rías, ría, riamos, riáis, rían. *Pret. imperf.:* riera o riese, rieras o rieses, riéramos o riésemos, etc. *Futuro imperf.:* riere, rieres, riéremos, etc. IMPERATIVO: ríe, reíd, rían. PARTICIPIO: reído. GERUNDIO: riendo. Uso de preposiciones: Reírse *de* uno; r. *de, por* una cosa.

reis, reiteración, reiteradamente, reiterante.

reiterar Es «volver a decir o ejecutar una cosa». «Reitero *de nuevo*

mis mejores deseos» es, pues, incorrecto; sobra *de nuevo.*

reiterativo (va), reitre, reivindicable, reivindicación, reivindicar, reivindicatorio (ria), reja, rejacar, rejada, rejado, rejal, rejalgar, rejera, rejería, rejero, rejilla, rejo, rejón, rejonazo, rejoncillo, rejoneador (ra), rejonear, rejoneo, rejuela.

rejuvenecer(se) Verbo irregular que se conjuga como *agradecer* (v.) (rejuvenezco, rejuveneces, rejuvenecemos, etc.).

rejuvenecimiento, relabra, relabrar.

relación *En relación con* es incorrecto; dígase *con relación a.*

relacionar(se) Uso de preposiciones: Relacionarse *con* los amigos.

relacionero, relaciones públicas, relacionista.

*relais Voz francesa; se admite *relé.* Término de electrotecnia (regulador, interruptor).

relajación, relajado (da), relajador (ra), relajamiento, relajante.

relajar(se) Uso de preposiciones: Relajarse *del* lado izquierdo; r. *en* la conducta.

relajo Voz admitida.

relamer, relamido (da), relámpago, relampagueante, relampaguear, relampagueo, relampar, relance, relanzar, relapso (sa), relatador (ra), relatante, relatar.

relata réfero Expresión latina; significa «refiero lo que he oído».

relativamente, relatividad, relativismo, relativo (va), relato, relator (ra), relatoría, relavar, relave.

*relax Es anglicismo; dígase *relajación, relajamiento, descanso.*

*relay Voz inglesa equivalente al francés *relais* (regulador, interruptor); debe decirse *relé,* admitido. Es un término de electrotecnia.

relé V. *relais.*

releer, relegación, relegar, relejar, releje, relengo (ga), relente, relentecer, relevación, relevancia.

relevante Admitido; es «importante, significativo». También se admite *relevancia.*

relevar, relevo, relicario, relicto, relievar, relieve, religa, religación, religar, religión, religionario, reli-

giosidad, religioso (sa), relimar, relimpiar, relimpio (pia), relinchador (ra), relinchante, relinchar, relinchido (2), relincho (1), relindo (da), relinga, relingar, reliquia.

reló Admitido; preferente es *reloj*.

reloj *Reloj de pulsera* no está admitido; es *reloj de muñeca*. Admitido: *Reloj de bolsillo, r. de pared, r. de torre, r. de sobremesa, r. de campana, r. de música, r. marino, r. de repetición, r. solar, r. de sol, r. despertador, contra reloj* (cierta carrera ciclista).

relojería, relojero (ra), reluciente.

relucir Verbo irregular que se conjuga como *agradecer* (v.) (reluzco, reluces, reluce, relucimos, relucís, relucen).

reluctancia, reluctante (adm.), reluchar, relumbrante, relumbrar, relumbre, relumbro (2), relumbrón (1), relumbroso (sa), relva, relvar, rellanar, rellano, rellenar, relleno (na), remachado (da), remachador (ra), remachar, remache, remador (ra), remadura, remallar, remamiento, remanar, remandar, remanecer, remaneciente, remanente, remanga, remangado (da).

remangar(se) Admitido y preferente; en segundo término se acepta *arremangar(se)*.

remango, remansarse, remanso, remante, remar.

*remarcable Galicismo por *destacado, notable, sobresaliente*. De igual forma, en vez de *remarcar* dígase *destacar, insistir, observar*. Propiamente, *remarcar* es «volver a marcar».

remarcar V. *remarcable*.

rematado (da), rematamiento, rematante, rematar, remate.

rembolsar, rembolso Formas aceptadas, pero son preferentes *reembolsar*, etc.

remecedor, remecer, remedable, remedador (ra), remedamiento, remedar, remediable, remediador (ra), remediar, remediavagos, remedición, remedio, remedión, remedir, remedo, remeje, remejer, remellado (da), remellar, remellón (na), remembranza, remembrar, rememo-

ración, rememorar, rememorativo (va), remendado (da).

remendar Verbo irregular que se conjuga como *acertar* (v.) (remiendo, remiendas, remendamos, etc.).

remendón (na), remeneo, remense, remera, remero (ra), remesa, remesar, remesón, remeter, remezón, remiche, remiel, remiendo, rémige, Remigio, remilgado (da), remilgarse, remilgo.

rémington Admitido. «Fusil inventado por *Remington*.»

reminiscencia, remirado (da), remirar, remisamente, remisible, remisión, remisivo (va), remiso (sa), remisoria, remisorio, remitente, remitido, remitir, remo, remoción, remodelar, remojadero, remojar, remojo, remojón, remolacha, remolar, remolcador (ra), remolcar, remolda, remoldar, remoler, remolido, remolimiento, remolinante, remolinar, remolinear, remolino, remolón (na), remolonear.

remolque Admitido: «vehículo *remolcado* por otro».

remondar, remonta, remontado (da), remontamiento.

remontar(se) Uso de preposiciones: Remontarse *por* los aires; r. *hasta* el cielo; r. *sobre* los demás.

remonte, remontista, remoque, remoquete, rémora, remordedor (ra).

remorder Verbo irregular que se conjuga como *mover* (v.) (remuerdo, remuerdes, remordemos, etc.).

remordiente, remordimiento, remosquearse, remostar, remostecerse, remosto, remotamente, remoto (ta), remover, removiente, removimiento, remozar.

remplazar, remplazo Formas admitidas, aunque son preferentes *reemplazar*, etc.

rempujar, rempujo, rempujón, remuda, remudamiento, remudar, remudiar, remugar, remullir, remuneración, remunerador (ra), remunerar, remunerativo (va), remuneratorio (ria), remusgar, remusgo, renacentista, renacer, renaciente.

renacimiento Con mayúscula, cuando se alude a la época histórica: el *Renacimiento español;* silla *estilo Renacimiento;* el *Rena-cimiento.* Con minúscula: el *re-nacimiento de las artes.*

renacuajo, renadío, renal.

Renania Región alemana de la cuenca del *Rin.* Lo relativo a esta región recibe el nombre de *renano (na).*

*renard Voz francesa; dígase *piel de zorro* (en peletería).

rencilla, rencilloso (sa), renco, rencor, rencoroso (sa), rencoso, rencuentro, renda, rendaje, ren-dajo, rendar.

*rendez-vous Expresión francesa; dígase *cita, encuentro, entrevista.* No confundir con *rendibú* (admitido): «acatamiento, agasajo».

rendibú Admitido. (V. *rendez-vous.*)

rendición, rendido (da), rendidor (ra), rendija, rendimiento.

rendir(se) Verbo irregular que se conjuga como *pedir* (v.) (rindo, rin-des, rendimos, etc.). Uso de pre-posiciones: Rendirse *a* la razón; r. *con* la carga; r. *de* fatiga. Es in-correcto «*rendirse a* la evidencia»; dígase «*reconocer* la evidencia» (de un hecho).

René, Renée A estos nombres franceses corresponden *Renato* y *Renata,* respectivamente, en nues-tra lengua.

rene, renegado (da), renegador (ra).

renegar Verbo irregular que se conjuga como *acertar* (v.) (reniego, reniegas, renegamos, etc.).

renegón (na), renegrear, renegri-do (da), rengar, rengífero, rengle, renglera.

renglón «El *renglón* de sastrería» es incorrecto; en vez de *renglón* dí-gase *departamento, sección, es-pecialidad.*

renglonadura, rengo (ga), ren-guear, reniego, renio, renitencia, renitente, reno, Renoir, renombra-do (da), renombrar, renombre, re-novable, renovación, renovador (ra), renoval, renovamiento, reno-vante.

renovar Verbo irregular que se conjuga como *contar* (v.) (renuevo, renuevas, renovamos, etc.).

renovero (ra), renqueante, ren-quear, renqueo, renquera, renta, rentabilidad, rentable, rentado (da).

rentar Es «producir o rendir un be-neficio». Es incorrecto «*rentar* un piso»; dígase *arrendar, alquilar.*

rentero (ra), rentilla, rentista, ren-tístico (ca), rento, rentoso (sa).

rentoy Admitido; el plural es *ren-toys* o *rentoyes.* Es un juego de baraja.

*rentrée Voz francesa; dígase *rea-nudación, presentación, entrada.*

renuencia, renuente, renuevo, re-nuncia, renunciable, renuncia-ción, renunciamiento, renuncian-te, renunciar, renunciatario, re-nuncio, renvalsar, renvalso, reñi-damente, reñidero, reñido (da), re-ñidor (ra), reñidura.

reñir Verbo irregular que se con-juga como *ceñir* (v.) (riño, riñes, re-ñimos, etc.).

reo La *rea* es incorrecto; dígase *la reo* (sustantivo); pero es «*rea* de traición» (adjetivo). Uso de prepo-siciones: Reo *contra* la sociedad; r. *de* muerte.

reobrar, reoctava, reoctavar, reó-foro, reojo (mirar de), reómetro, reorganización, reorganizador (ra), reorganizar, reóstato, repa-cer, repagar, repajo.

repanchigarse V. *repantigarse.*

repantigarse Es correcto y prefe-rente, aunque también se admite *repanchigarse.* Ambas significan «arrellanarse y extenderse en un asiento».

reparable, reparación, reparado (da), reparador (ra), reparamiento, reparar, reparativo (va), reparo, re-parón (na), repartible, repartición, repartidero (ra), repartidor (ra), re-partimiento, repartir.

reparto Admitido (en cine y teatro) como «distribución de papeles».

repasadera, repasadora, repasar, repasata, repaso, repastar, repas-to, repatriación, repatriado (da), repatriar, repechar, repecho, re-peinado (da), repeinar, repelada, repeladura, repelar, repelencia, re-pelente, repeler, repelo, repelón, repeloso (sa), repeluzno, repellar,

repello, repensar, repente, repente (de), repentinamente, repentino (na), repentirse, repentista, repentizar, repentón, repeor, repercudida, repercudir, repercusión, repercusivo (va), repercutir, repercutorio, repesar, repescar, repeso, repetición, repetidor (ra).

repetir Verbo irregular que se conjuga como *pedir* (v.) (repito, repites, repetimos, etc.).

repicar, repicoteado (da), repicotear, Répide, repinaldo, repinarse, repintar, repinte.

repipi Admitido. Se aplica a «la persona que peca de resabidilla y redicha».

repique, repiquete, repiqueteante, repiquetear, repiqueteo, repisa, repisar, repiso (sa), repitiente, repisco, repizcar, replantación, replantar, replantear, replanteo, repleción.

replegar Verbo irregular que se conjuga como *acertar* (v.) (repliego, repliegas, replegamos, etc.).

repletar, repleto (ta), réplica, replicación, replicador (ra), replicante, replicar, replicato, replicón (na), repliegue, repoblación, repoblador (ra), repoblar, repodar, repodrir, repollar, repollo, repolludo (da).

reponer(se) Verbo irregular que se conjuga como *poner* (v.) (repongo, repones, reponemos, etc.). Uso de preposiciones: Reponerse *de* una enfermedad.

reportación, reportaje, reportamiento, reportante.

reportar(se) V. *repórter*.

reporte.

*repórter Anglicismo. Es incorrecto llamar *repórter* al *periodista* o *reportero* (admitido). También se admiten *reportaje* (trabajo periodístico informativo) y *reporte* (noticia). *Reportar* no es «informar, dar una noticia», sino «refrenar una pasión».

reporteril, reporterismo, reportero (ra) Voces admitidas. (V. *repórter*.)

reportista, reposadero, reposado (da), reposar, reposición, repositorio, reposo, repostar, reposte, repostería, repostero, repoyar, re-

pregunta, repreguntar, reprehender, reprehensible, reprehensión, reprendedor (ra), reprender, reprendiente, reprensible, reprensión, reprensor (ra), reprensorio (ria), represa, represalia, represar, representable, representación, representador (ra), representanta.

representante «Los *representantes por* Alemania» es incorrecto; dígase «los *representantes de* Alemania».

representar, representativo (va), represión, represivo (va), represor (ra), reprimenda, reprimir(se).

*reprisar Incorrecto. (V. *reprise*.)

*reprise Incorrecto; relativo al automóvil, dígase *arrancada* (admitido), y referido al teatro o cine dígase *reposición*. De igual modo, *reprisar* (incorrecto) ha de sustituirse por *reponer, reestrenar*.

reprobable, reprobación, reprobado (da), reprobador (ra), reprobatorio (ria), réprobo (ba), reprochable, reprochador (ra), reprochar, reproche, reproducción.

*reproducí Incorrecto; es *reproduje*. (V. *reproducir*.)

reproducir(se) Verbo irregular que se conjuga como *conducir* (v.) (reproduzco, reproduces, reproducimos, etc.).

reproductivo (va), reproductor (ra), reprografía, reprógrafo, repromisión, repropiarse, repropio (pia), reprueba, reps, reptante, reptar, reptil.

república Con mayúscula: la *República Francesa*, la *República Argentina*, las *Repúblicas americanas*, la *quinta* República. Con minúscula: *la república* y *la monarquía*.

republicanismo, republicano (na), repúblico, repuchar, repudiable, repudiación, repudiante, repudiar, repudio, repudrir(se), repuesto (ta), repugnancia, repugnante, repugnar, repujado (da), repujar, repulgado (da), repulgar, repulgo, repulido (da), repulir, repulsa, repulsar, repulsión, repulsivo (va), repulso (sa), repullo, repunta, repuntar, repunte, repurgar, reputación, repuntante.

reputar Uso de preposiciones: Reputar a alguno *por* honrado.

requebrador (ra), requebrajo.

requebrar Verbo irregular que se conjuga como *acertar* (v.) (requiebro, requiebras, requebramos, etcétera).

requemado (da) requemamiento, requemante, requemar, requemazón, requerido (da), requeriente.

requerimiento «*Requerimientos* necesarios para el ingreso» es incorrecto; dígase «*requisitos* necesarios...».

requerir Verbo irregular que se conjuga como *sentir* (v.) (requiero, requieres, requerimos, etc.). Uso de preposiciones: Requerir *de* amores.

requesón, requesonero (ra), requete-, requeté, requetebién, requiebro, réquiem (admitido), **réquiem** (misa de).

requiéscat in pace Locución latina que significa «descanse en paz», y se abrevia R. I. P.

requilorio, requintador (ra), requintar, requinto, requirente, requisa, requisar, requisición, requisito (ta).

requisitorio (ria) «Dirigir una *requisitoria* al secretario» es barbarismo; dígase *demanda, petición, solicitud. Requisitoria* es un término forense, únicamente.

requive, res, resaber, resabiar, resabido (da), resabio, resaca, resacar, resalado (da), resalga, resalir, resaltante, resaltar, resalte, resalto, resaludar, resalutación, resalvo, resallar, resallo, resanar, resarcible, resarcimiento, resarcir, resbaladero (ra), resbaladizo (za), resbalador (ra), resbaladura, resbalamiento, resbalante.

resbalar Uso de preposiciones: Resbalar *de, de entre, entre* las manos; r. *en, sobre* el hielo.

resbalera, resbalón, resbaloso (sa), rescacio, rescaldar, rescaldo, rescaño, rescatador (ra), rescatante, rescatar, rescate, rescaza, rescindible, rescindir, rescisión, rescisorio (ria), rescoldar, rescoldera, rescoldo, rescontrar, rescribir, rescripto (ta), rescriptorio (ria),

rescrito (ta), rescuentro, resecación (*resecamiento), resecar, resección, reseco (ca), reseda, resedáceo (cea), resegar, reseguir, resellante, resellar, resello, resembrar, resentido (da), resentimiento.

resentir(se) Verbo irregular que se conjuga como *sentir* (v.) (resiento, resientes, resentimos, etc.). Uso de preposiciones: Resentirse *con, contra* alguno; r. *de, por* alguna cosa; r. *en* el costado.

reseña, reseñador (ra), reseñar, resequido (da), resero (ra), reserva, reservas mentales, reservable, reservación, reservado (da), reservado (pronóstico)**, reservar, reservativo (va), reservista, reservón (na).**

*reservorio Es galicismo; dígase *depósito, recipiente.*

resfriado Admitido, lo mismo que *resfrío, constipado, enfriamiento* y *catarro.*

resfriador (ra), resfriadura, resfriamiento, resfriante, resfriar(se).

resfrío V. *resfriado.*

resguardar(se) Uso de preposiciones: Resguardarse *del* frío; r. *con* alguno.

resguardo, residencia, residencial, residenciar, residente, residir, residual, residuo, resiembra, resigna, resignación, resignadamente, resignante, resignar(se), resignatario, resina, resinación, resinar, resinero (ra), resinífero (ra), resinoso (sa), resistencia, resistente, resistero, resistible, resistidero, resistidor (ra), resistir, resistivo (va).

resistor Admitido; es «cierto elemento o resistencia de un circuito eléctrico».

resma, resmillo.

res, non verba Expresión latina; significa «realidades, no palabras».

resobado (da), resobrar, resobrino (na), resol, resolano (na), resolgar, resoluble, resolución, resolutamente, resolutivamente, resolutivo (va), resoluto (ta), resolutorio (ria).

resolver Verbo irregular que se

conjuga como *volver* (v.) (resuelvo, resuelves, resolvemos, etc.).

resollar Verbo irregular que se conjuga como *contar* (v.) (resuello, resuellas, resollamos, etc.).

resonación, resonador (ra), resonancia, resonante.

resonar Verbo irregular que se conjuga como *contar* (v.) (resueno, resuenas, resonamos, etc.).

resoplar, resoplido, resoplo, resorber, resorción, resorte, respailar, respaldar, respaldo, respe, respectar.

respectivamente «Los dos japoneses se hicieron *respectivamente* muchas reverencias» es barbarismo; dígase *recíprocamente, mutuamente.*

respectivo (va).

respecto Admitido: *Respecto* a, *respecto* de, con *respecto*, con respecto a, al respecto.

résped, réspede, respeluzar, respetabilidad, respetable, respetador (ra), respetar, respetivo, respeto, respetuoso (sa), réspice, respigador (ra), respigar, Respighi, respigón, respingar, respingo, respingona (nariz), respirable, respiración, respiradero, respirador (ra), respirante.

respirar Es «absorber el aire los seres vivos, por pulmones, branquias, etc.». Es la función general, que consta de dos actos: 1) *aspirar* (también se dice *inspirar*): «Atraer el aire exterior a los pulmones», y 2) *espirar* (también se dice *exhalar*): «Expeler el aire aspirado.» No confundir *espirar* con *expirar:* «Acabarse la vida, fenecer.»

respiratorio (ria), respiro.

resplandecer Verbo irregular que se conjuga como *agradecer* (v.) (resplandezco, resplandeces, resplandecemos, etc.).

resplandeciente, resplandecimiento, resplandina, resplandor, respondedor (ra).

responder Uso de preposiciones: Responder *a* la pregunta; r. *con* las fianzas; r. *del* depósito; r. *por* otro.

respondón (na), responsabilidad.

*responsabilización Incorrecto. (V. *responsabilizar*.)

responsabilizar(se) Admitido; significa «hacerse responsable, responder de». No se acepta, en cambio, *responsabilización;* dígase *responsabilidad.*

responsable, responsar, responsear, responseo, responsión, responsivo (va), responso, responsorio, respuesta, resquebradura, resquebrajadizo (za), resquebrajadura, resquebrajamiento, resquebrajar, resquebrajo, resquebrajoso, resquebrar, resquemar, resquemazón, resquemo, resquemor, resquicio, resta.

restablecer(se) Verbo irregular que se conjuga como *agradecer* (v.) (restablezco, restableces, restablecemos, etc.).

restablecimiento, restado (da), restallante, restallar, restante, restañadero, restañadura, restañar, restañasangre, restaño, restar, restauración, restaurador (ra).

restaurante Es la voz correcta, y no *restaurant.* Debe pronunciarse como se escribe, no como en francés. V. *restorán.*

restaurar, restaurativo (va), restinga, restingar, restitución, restituible, restituidor (ra).

restituir(se) Verbo irregular que se conjuga como *huir* (v.) (restituyo, restituyes, restituimos, etc.). Uso de preposiciones: Restituirse *a* su casa; r. *por* entero.

restitutorio (ria).

resto (s) Se admite el plural, *los restos,* como sinónimo de «los *restos* mortales» de una persona. Se acepta «echar el *resto*».

restorán Admitido; es mejor *restaurante* (v.).

restregadura, restregamiento.

restregar(se) Verbo irregular que se conjuga como *acertar* (v.) (restriego, restriegas, restriega, restregamos, restregáis, restriegan). Es incorrecto decir *restrego,* etc.

restregón, restribar, restricción, restrictivo (va), restricto (ta), restringa, restringente, restringible, restringir, restriñidor (ra), restriñimiento, restriñir.

resucitación Es «acción de volver a la vida», en medicina. No confundir con *resurrección* (por excelencia, la de Jesucristo).

resucitador (ra), resucitar, resudación, resudar, resudor, resueltamente, resuelto (ta), resuello, resulta, resultado (da), resultando, resultante, resultar, resultas (de), resumbruno, resumen, resumir, resurgente, resurgimiento, resurgir.

resurrección V. *resucitación.*

resurtido (da), resurtir, resurtivo (va), retablero, retablo, retacar, retacear, retaceo, retacería, retaco, retacón, retador (ra), retaguardia, retahíla, retajadura, retajar, retajo.

retal Admitido: «Retazo, pedazo sobrante de una tela, piel, etc.»

retallar, retallecer, retallo, retama, retamal, retamar, retamero (ra), retamilla, retamón, retar, retardación (*retardamiento), retardador, retardar, retardativo (va).

*retardatario Es incorrecto; dígase *retardatorio,* admitido.

retardatorio (ria), retardatriz, retardo, retasa, retasación, retasar, retazar, retazo, rete, retejedor, retejar, retejer, retejo, retemblante, retemblar, retén, retención, retenedor (ra), retenencia.

retener Verbo irregular que se conjuga como *tener* (v.) (retengo, retienes, retenemos, etcétera).

retenida, retenimiento, retentar, retentivo (va), reteñir, retesamiento, retesar, reteso, reticencia, reticente, rético (ca).

retícula Tanto *retícula* como *retículo* significan «conjunto de líneas en el foco de un instrumento óptico».

reticular.

retículo V. *retícula.*

retienta, retín, retina, retinar, retiniano (na), retinte, retintín, retinto (ta), retiñir, retiración, retirada, retirado (da), retiramiento.

retirar(se) Uso de preposiciones: Retirarse *del* mundo; r. *a* la cama.

retiro, reto, retocador (ra), retocar, retoñar (1), retoñecer (2), retoño, retoque, retor, retorcedura, retorcer, retorcido (da), retorcijo, retor-

cijón, retorcimiento, retoricadamente, retóricamente, retoricar, retórico (ca), retornamiento, retornante, retornar.

retornelo Es lo correcto, y no *ritornello* (voz italiana). Significa «repetición de la primera parte, en música».

retorno, retorromano, retorsión, retorsivo (va), retorta, retortero (al), retortijar, retortijón, retostado (da), retostar, retozador (ra), retozadura, retozante, retozar, retozo, retozón (na).

retracción En medicina, es «reducción de volumen de algunos tejidos orgánicos». No confundir con *retractación:* «Acción de *retractarse* de lo dicho antes.»

retractable, retractación V. *retracción.*

retractar(se), retráctil, retractilidad, retracto, retraducir.

retraer(se) Verbo irregular que se conjuga como *traer* (v.) (retraigo, retraes, retraemos, etc.). Uso de preposiciones: Retraerse *a* un sitio; r. *de* algo.

retraído (da), retraimiento, retranca, retrancar, retranquear, retranqueo, retransmisión.

retransmitir «*Transmitir* una emisora lo que ha sido *transmitido* a ella por otra.» Luego es incorrecto decir *retransmitir* cuando se quiere decir «transmitir, radiodifundir, radiar noticias». Lo mismo vale para *retransmisión:* «La *retransmisión* de un partido» suele ser frase incorrecta, y quiere decir «la *transmisión...*».

retrasado (da), retrasar, retraso, retratador (ra), retratar, retratista, retrato, retrayente, retrechar, retrechería, retrechero (ra), retrepado (da), retreparse.

retrete Se acepta también como «cuarto». En lugar de esta poco eufónica palabra puede decirse *servicios, cuarto de aseo* (admitidos). También se acepta *lavabo,* pero es sólo para aseo. *Excusado* es sólo el «cuarto con inodoro» *(retrete).* El *cuarto de baño* (admitido) tiene, además, una pila de baño.

retribución.

retribuir Verbo irregular que se conjuga como *huir* (v.) (retribuyo, retribuyes, retribuimos, etc.).

retributivo (va), retribuyente, retrillar.

retro- Prefijo que significa «hacia atrás» *(retrogradación).*

retroacción, retroactividad, retroactivo (va), retrocarga (de), retroceder, retrocesión, retroceso, retrocuenta, retrogradación, retrogradar, retrógrado, *retrogresión, retroguardia, retronar, retropilastra.

retropropulsión, retropulsión *Retropulsión* es un término de medicina. Nada tiene que ver con *retropropulsión,* «avión de reacción, reactor».

retrospección, retrospectivo (va), retrotracción.

retrotraer Verbo irregular que se conjuga como *traer* (v.) (retrotraigo, retrotraes, retrotraemos, etc.).

retrovender, retrovendición, retroventa, retroversión, retrovisor (espejo), **retrucar, retruco, retruécano, retruque, retuerto, retumbante, retumbar, retumbo, retundir, reuma** (1), **reúma** (2), **reumático (ca), reumátide, reumatismo, reumatología, reumatológico (ca), reumatólogo (ga), reunión.**

reunir Al conjugar, escríbase reúno, reúnes, reunimos, reunís, reúnen.

Reus El natural de esta ciudad de la provincia de Tarragona es el *reusense.*

reusense, revacunación, revacunar, reválida, revalidación, revalidar, revalorizador (ra).

revalorización Admitido, y *revaluación;* dígase *aumento o incremento del valor.* (V. *revalorizar.)*

revalorizar Voz admitida; se acepta *revaluar.* (V. *revalorización.)*

revaluación, revaluar.

revancha Admitido; es más correcto decir «represalia, venganza, desquite».

revanchismo, *revanchista, revecero (ra), reveedor.

*réveillon Voz francesa; dígase *cena de Nochebuena* o *de Nochevieja; fiesta, reunión.*

revejecer, revejido (da), revelable, revelación, revelado, revelador (ra), revelamiento, revelandero (ra), revelante, revelar, reveler, revellín, revenar, revendedor (ra), revender, revenido, revenimiento.

revenir Verbo irregular que se conjuga como *venir* (v.) (revengo, revienes, revenimos, etc.).

reveno, reventa, reventadero, reventador.

reventar Verbo irregular que se conjuga como *acertar* (v.) (reviento, revientas, reventamos, etc.).

reventazón, reventón, rever, reverberación, reverberante, reverberar, reverbero.

reverdecer Verbo irregular que se conjuga como *agradecer* (v.) (reverdezco, reverdeces, reverdecemos, etc.).

reverdeciente, reverencia, reverenciable, reverenciador (ra), reverencial, reverenciar, reverencioso, reverendas.

reverendísimo Se aplica como tratamiento a los cardenales, arzobispos y demás prelados. Se abrevia *Rmo.* La voz *reverendo* se aplica a otras dignidades eclesiásticas y a los sacerdotes. Se abrevia *Rdo.* Los femeninos son *reverendísima* (Rma.) y *reverenda* (Rda.).

reverendo, reverente, reversar, reversibilidad, reversible, reversión, reverso (sa).

reverter V. *revertir.*

revertir Es «volver una cosa al estado que tuvo antes». En cambio, *reverter* es «rebosar» (de *vertir). Revertir* es un verbo irregular que se conjuga como *sentir* (v.) (revierto, reviertes, revertimos, etc.).

revés, revesa, revesado (da), revesar, revesino, revestido (da), revestimiento, revestir, reveza, revezar, revezo, revidada, revidar, reviejo (ja), reviernes, Revillagigedo.

*revindicación Incorrecto; es *reivindicación.* Pero se acepta *revindicar.*

revindicar, revirado (da), revirar, revisable.

*revisación Incorrecto; dígase re-

visión; tampoco es correcto *revisador;* dígase *revisor.*

revisar, revisión, revisionismo, revisionista, revisita, revisor (ra), revisoria.

revista El nombre de las revistas se escribe en cursivas y con mayúscula en la inicial de los sustantivos y adjetivos: *La Gaceta de la Economía, La Semana de los Valles.* Se acepta *revista* como «espectáculo teatral» y como «espectáculo frívolo musical».

revistar, revistera, revistero, revisto (ta), revividero, revivificación, revivificar, revivir, reviviscencia, revocabilidad, revocable, revocación, revocador (ra), revocadura, revocante, revocar, revocatorio (ria), revoco, revolante, revolar, revolcadero, revolcado (da).

revolcar(se) Verbo irregular que se conjuga como *contar* (v.) (revuelco, revuelcas, revolcamos, etc.). Uso de preposiciones: Revolcarse *por* tierra; r. *en* el fango.

revolcón, revolear, revolero, revolotear, revoloteo, revoltillo (1), **revoltijo** (2), **revoltón, revoltoso (sa).**

revolución Mayúsculas: la *Revolución francesa.* Minúsculas: la *revolución francesa de 1789;* la *revolución* estalló.

revolucionar, revolucionario (ria), revolvedero, revolvedor (ra).

revolver Verbo irregular que se conjuga como *volver* (v.) (revuelvo, revuelves, revolvemos, etc.).

revólver Admitido (pistola). El plural es *revólveres,* no *revolvers.*

revolvimiento, revoque.

revotarse Es «votar alguien lo contrario de lo que había votado antes»; no confundir con *rebotar.*

revuelco, revuelo, revuelta, revuelto (ta), revulsión, revulsivo (va), revulsorio (ria).

rey Con minúscula cuando se escribe con el nombre propio (el *rey Felipe II,* el *rey Alfonso XIII*). Con mayúscula cuando se alude a uno determinado, pero se omite el nombre (el *Rey* lo dijo); también con mayúscula cuando integra un sobrenombre (el *Rey Sabio,* la *Reina Católica*). La Academia escribe «los *reyes magos*», pero «roscón de *Reyes*» (festividad). Admitido: *rey de armas.*

reyerta, reyezuelo, reyuno (na), rezado (da), rezador (ra), rezaga, rezagante, rezagar, rezago, rezante, rezar, rezno, rezo, rezón, rezongador (ra), rezongar, rezonglón (na) (2), **rezongo, rezongón (na)** (1), **rezonguero (ra), rezumadero, rezumante, rezumar, rezurcir.**

***Rhin, *Rhine** Es más correcto *Rin,* río de Alemania que riega la *Renania* (Rhineland).

rho Letra griega que corresponde a nuestra *erre.*

Rhode Island.

***Rhône** Río de Francia que llamamos *Ródano.*

***rhum** Voz inglesa; escríbase *ron* (aguardiente de melazas).

ría, ria, riacho, riachuelo, Riad (*Riyad), riada, rial, riba, ribadense.

Ribadeo El natural de esta población de Galicia es el *ribadense.*

Ribagorza El natural de esta comarca de Aragón es el *ribagorzano (na).*

ribagorzano (na), ribaldería, ribaldo (da), Ribalta, ribazo, ribazón.

ribera «Orilla del mar o río.» No confundir con *rivera:* «Arroyo.»

Ribera, ribereño (ña), ribariego (ga), ribero, ribete, ribeteado (da), ribeteador (ra), ribetear, ricacho (cha), ricachón (na), ricadueña, ricahembra, ricahombría, ricamente, ricia, ricial, ricino, rico (ca), ricohombre, ricote, rictus, ricura, Richelieu, Richmond, ridiculez, ridiculizar.

ridículo (la) Uso de preposiciones: Ridículo *en* su porte; r. *por* su aspecto.

riego, riego sanguíneo.

riel V. *raíl.*

rielar, rielera, rienda, riente, riesgo.

***riesgoso** Incorrecto; dígase *arriesgado.*

riestra, rifa, rifador, rifadura, rifar, Rif, rifeño (ña), rifirrafe, rifle, Riga, Rigel, rigente, rigidez.

rígido Uso de preposiciones: Rígido *con, para, para con* sus allegados; r. *de* carácter; r. *en* sus opiniones.

rigodón, Rigoletto, rigor, rigorismo, rigorista, rigoroso (sa), rigurosidad, riguroso (sa), rija, rijador (ra), rijo, rijosidad, rijoso (sa), rilar, rima, Rímac, rimador (ra), rimar, rimbombancia, rimbombante, rimbombar, rimbombo.

rímel, *rimmel La segunda no está admitida; la primera sí, por estar castellanizada.

rimero, Rímini, Rimski-Korsakov.

Rin Es más correcto que *Rhin* (v.).

rinanto, rincón, rinconada, rinconera, rinconero.

*****ring** En boxeo, dígase *cuadrilátero, tablado, plataforma.* El *ring side* es la expresión inglesa que significa «sector situado junto al cuadrilátero».

ringar, ringla, ringle, ringlera, ringlero, ringorrango, rinitis.

rino- Prefijo que significa «nariz» *(rinoscopia, rinoceronte).*

rinoceronte, rinofaringe, rinología, rinólogo, rinoplastia, rinoscopia, riña, riñón, riñonada.

río Minúscula (el *río* Duero), con algunas excepciones: *Río de la Plata, Río Negro,* etc.

Río de Janeiro Es incorrecto *Río Janeiro* o *Río.* El natural de esta ciudad es el *carioca.*

Río de la Plata El natural de esta cuenca el es *rioplatense.*

rioja, Rioja Se escribe «un vaso de *rioja*» (con minúscula, pues se alude al vino), pero «un vaso de vino de *Rioja*» (con mayúscula, pues ahora se trata de la comarca). El natural de la misma es el *riojano (na).*

riojano (na), riolada, rionegrino (na), Río Negro, rioplatense, riosellano, riostra, riostrar.

Riotinto También se escribe *Río Tinto.*

ripia, ripiar, ripio, ripioso (sa), Ripoll, Riquelme, riqueza.

risa Admitido: *risa sardónica* o *sardonia; morirse de risa.*

risada, riscal, riscar, risco, riscoso (sa), risibilidad, risible, risilla (ta), risión, riso, risotada, risotear, ri-

soteo, rispido, rispo, ristra, ristre, ristrel, ristrón, risueño (ña), rita, rite, ritmar, rítmico (ca), ritmo, rito.

ritornelo Admitido; *ritornello,* no.

*****ritornello** Voz italiana; dígase *ritornelo* (admitido).

ritual, ritualidad, ritualismo, ritualista, Riukiu, Rivadeneira, Rivadeneyra, rival, rivalidad, rivalizar, Rivas, Rivera.

*****River Plate** Incorrecto (inglés); dígase *Río de la Plata.*

rivera Es un «arroyo». No confundir con *ribera* («margen, orilla del mar o de un río»).

Riviera (La), riza, rizado (da), rizal, Rizal, rizar, rizar el rizo, rizo, rizófago (ga), rizoforáceo (cea), rizóforo (rea), rizoide, rizoma, rizón, rizópodo, rizoso (sa), roa, roanés (sa), roano (na).

*****roast beef** Expresión inglesa; dígase *rosbif,* admitido.

rob, robada, robadera, robadizo, robado (da), robador (ra), robaliza, róbalo (1), robalo (2), robar.

robellón Es lo correcto; el nombre de esta seta, también llamada *mízcalo,* y *níscalo* (admitidas), se escribe con *b,* no con *v (rovellón).*

Roberval (balanza de), robezo, robín.

*****robinete** Es galicismo; dígase *grifo.*

robinson (Minúscula), admitido como «hombre que en la soledad llega a bastarse a sí mismo». Se admite también *robinsoniano (na)* y *robinsonismo.*

robinsoniano (na), robinsonismo, robiñano, robla, robladero (ra), robladura, roblar, roble, robleda, robledal, robledo, roblizo (za), roblón, roblonado (da), roblonar, robo, Roboam, roboración, roborante, roborar, roborativo (va).

robot Admitido por la Academia como «autómata, ingenio electrónico que actúa automáticamente». El plural es *robots.*

robra, robustecedor.

robustecer Verbo irregular que se conjuga como *agradecer* (v.) (robustezco, robusteces, robustecemos, etc.).

robustecimiento, robustez, robus-

to (ta), roca, rocada, rocadero, rocador, rocalla, rocalloso (sa), rocambola.

*rocambolesco Incorrecto; dígase fantástico, insólito, novelesco, aparatoso, espectacular.

roce, rocera, rociada, rociadera, rociado (da), rociador, rociadura, rociamiento.

rociar Verbo regular. Respecto al acento se conjuga como desviar: yo rocío, tú rocías, nosotros rociamos, etc.

rocín, rocinal, rocinante, Rocinante, rociniego (ga), rocino, rocío, roción.

*rocket Incorrecto; dígase cohete, misil (1) o mísil (2), voces admitidas.

Rockefeller.

*Rocky Mountains Incorrecto (inglés); dígase Montañas Rocosas, o Montes Rocallosos (menos usado).

rococó, rocoso (sa), rocote, rocha, rochar, Rochefoucauld (La), Rochela (La).

*Rochelle (La) Dígase Rochela (La). El natural es el rochelés (sa).

rochelés (sa), Rochester, roda, rodaballo, rodada, rodadero (ra), rodadizo (za), rodado (da), rodador (ra), rodadura, rodaja.

rodaje Admitido como «acción de rodar un automóvil durante su primer uso» y de «impresionar una película cinematográfica»: filmación.

rodal, rodamiento, Ródano (*Rhône), rodante, rodapelo, rodapié, rodaplancha.

rodar Verbo irregular que se conjuga como contar (v.) (ruedo, ruedas, rueda, rodamos, etc.).

Rodas, rodea, rodeabrazo (a), rodeador (ra), rodeante.

rodear(se) Uso de preposiciones: Rodear con, de murallas.

rodela, rodelero, rodenal, rodeno (na), rodeo, rodeón, rodera, rodericense, rodero (ra), Rodesia, rodete, rodezno, rodezuela, rodilla, rodillada, rodillazo, rodillera, rodillero, rodillo, rodilludo (da), Rodin, rodio (dia), rodiota, rododafne, rododendro, rodomiel, rodriga, rodrigar, rodrigazón, rodrigón, Ro-

dríguez, roedor (ra), roedura, roel, roela.

roentgen Admitido; es «unidad de cantidad de rayos X en la nomenclatura internacional»; existe la voz castellana roentgenio.

roentgenio V. roentgen.

roer Verbo irregular que se conjuga del siguiente modo, en los tiempos irregulares: INDICATIVO. Presente: yo roo (preferente), o roigo, o royo (admitidas); roes, roe, roemos, roéis, roen. Pret. indef.: roí, roíste, royó, roímos, roísteis, royeron. SUBJUNTIVO. Presente: roa (roiga o roya), roas (roigas o royas), etc. Pret. imperf.: royera o royese, royeras o royeses, etc. Futuro imperf.: royere, royeres, etc. GERUNDIO: royendo.

roete, rogación, rogado (da), rogador (ra), rogante.

rogar Verbo irregular que se conjuga como contar (v.) (ruego, ruegas, rogamos, etc.). Uso de preposiciones: Rogar a Dios; r. por los pecadores.

rogativa, rogativo, rogatorio, Roger de Flor, Roger de Lauria, rogo, roído (da), rojal, rojeante, rojear, rojete, rojez, rojizo, rojo (ja), rojura.

rol Es una «licencia con la lista de la dotación de un buque». No se admite como «papel, actuación, representación», en teatro; en este caso, úsense estas voces.

Rolando Es mejor Roldán; en italiano es Orlando.

rolar, roldana, roldar, rolde, rolla, rollar, rollete, rollizo (za), rollo, rollón, rollona.

ROM En la computadora, memoria sólo de lectura.

Roma (romano), romadizo.

*Romagna Es el nombre italiano; dígase Romaña (región de Italia).

romaico (ca), román.

romana (numeración) V. numeración romana.

romanador, romanar, romanato.

romance Es una «lengua moderna derivada del latín», y «cierta composición poética». Es galicismo como novela (roman). Incorrecto con el significado de «idilio, amorío, noviazgo».

romanceador (ra), romanceante, romancear, romancerista, romancero (ra), romancesco, romancillo, romancista, romancístico (ca), romanche, romanear, romaneo, romanero, romanesco (ca).

románico Estilo arquitectónico que predominó en Europa entre los siglos XI a XIII. No confundir con *romano* (de Roma), ni con *romántico*.

romanilla, romanillo, romanina, romanismo, romanista, romanización, romanizante, romanizar, romano (na).

romanos (números) V. *numeración romana*.

Romanov, romanticismo, romántico (ca), romanza, romanzador (ra), Romaña, romaza, rombal, rombo, romboédrico (ca), romboedro, romboidal, romboide, romboideo.

*Romeo *Un romeo* es incorrecto; dígase *un donjuán* (admitido).

romeraje, romeral, romería, romeriego (ga), romerillo, romero (ra), romí, romín, Rommel, romo (ma), rompecabezas, rompecoches, rompedera, rompedero (ra), rompedor (ra), rompedura, rompegalas, rompehielos.

*rompehuelgas No está aceptado; dígase *esquirol* (admitido).

rompeolas No varía en singular ni en plural: *el rompeolas, los rompeolas*.

romper Uso de preposiciones: Romper *con* alguno; r. *en* llanto.

rompesacos, rompesquinas, rompezaragüelles, rompible.

rompido (da) Participio regular desusado de *romper*. En su lugar se usa *roto*.

rompiente, rompimiento, ron, ronca, roncador (ra), roncal, Roncal, roncalés (sa), roncar, ronce, roncear, roncería, roncero (ra), Roncesvalles.

*Roncevaux Nombre francés; dígase *Roncesvalles*.

ronco (ca), roncón, roncha, ronchar, ronchón, ronda, Ronda, rondador.

rondalla «Ronda de mozos», sólo en Aragón.

rondana, rondar, rondel, rondeño (ña), rondín, rondís, rondó (admitido), rondón (de), ronquear, ronquedad, ronquera, ronquez, ronquido, ronroneante.

ronronear, ronroneo V. *runrún*.

Ronsard, Röntgen, ronza (a la), ronzal, ronzar, roña, roñería, roñica, roñosería, roñoso (sa), Roosevelt, ropa, ropaje, ropavejería, ·ropavejero (ra), ropería, ropero (ra), ropilla, ropón, roque, roqueda, roquedal, roquedo, roqueño (ña), roquero (ra), roqueta, roquete, rorante, rorar, rorcual, rorro, rosa, rosa de los vientos, rosáceo (cea), rosacruz, rosada, rosadelfa, rosado (da), rosal, rosaleda, rosalera, rosariera, rosariero, rosarino (na), Rosario, rosario, rosarse.

rosbif Voz admitida; es incorrecto escribir *roastbeef*.

rosca, roscado (da), roscar, rosco, roscón, rosear, Rosellón, rosellonés (sa), róseo (sea), roséola, rosero (ra), roseta, Roseta (piedra de) (*Rosetta), rosetón, rosicler, rosillo (lla), rosita, rosmarino, rosmaro, roso (sa), rosoli (1), rosolí (2), rosón, rosqueado (da), rosquete, rosquilla, rosquillero (ra), Rossini, Rostand, rostir, Rostov, rostrado (da), rostral, rostrata, rostrillo, rostritorcido (da), rostrituerto (ta), rostrizo, rostro, rota, rotación, rotacismo, rotal, rotante, rotar, rotario (ria) (admitido), rotativo (va), rotatorio (ria), roten.

Roterdam También puede escribirse *Rotterdam*. El natural de esta ciudad de Holanda recibe el nombre de *roterodamense* (admitido).

roterodamense, Rothschild.

*rôti Voz francesa usada en cocina; dígase *asado, tostado*. *Rotisería* tampoco está admitida; significa «establecimiento de venta de pollos asados».

*rotisería Es galicismo. (V. *rôti*.)

roto (ta), rotonda, rotor, rotoso (sa).

*Rotterdam V. *Roterdam*.

rótula, rotulación, rotulado (da),

rotulador (ra), rotulante, rotular, rotulata, rotuliano (na), rótulo, rotunda, rotundez (2), rotundidad (1), **rotundo (da), rotuno (na), rotura, roturación, roturador (ra), roturar.**
Rouen Puede escribirse *Ruán* (v.) (ciudad francesa).
*****rouge** Voz francesa; dígase *carmín* (de labios).
*****roulotte** Voz francesa; dígase (casa de) *remolque, caravana.*
*****round** Voz inglesa usada en boxeo; dígase *asalto, vuelta.*
Rousseau.
*****Roussillon** Antigua provincia francesa que llamamos *Rosellón.*
*****rovellón** Es incorrecta esta grafía; escríbase *robellón* (v.).
roya.
*****royalty** (Inglés.) Derechos por una patente, regalías.
royega, royo (ya), roza, rozable, rozadera, rozadero, rozador (ra), rozadura, rozagante, rozamiento, roza, rozar, roznar, roznido, rozno, rozo, rozón.
rr V. *r.*
-rragia Sufijo que significa «brotar» *(blenorragia).*
rúa, ruán (na).
Ruán También se usa el nombre francés *Rouen.* El natural de esta ciudad francesa es el *ruanés (sa).*
Ruanda, ruanés (sa), ruano (na), ruante, ruar, rubefacción, rubefaciente, Rubén Darío, Rubens, rubeo (a), rubéola (*rubeola), rubescente, rubeta.
rubí El plural es *rubíes,* no *rubís.*
rubia, rubiáceo (cea), rubial, rubicán (na), rubicela, Rubicón (pasar el), rubicundez, rubicundo (da), rubidio, rubiera, rubificar, rubilla, rubín, Rubinstein, rubio (bia), rubión, rublo, rubor, ruborizado (da), ruborizar, ruboroso (sa), rúbrica, rubricado (da), rubricante, rubricar, rubriquista, rubro (bra), ruc, ruca, rucio (cia), ruco (ca), ruche, rucho, ruda, rudez, rudeza, rudimental, rudimentario (ria), rudimento, rudo (da), rueca, rueda, rueda de prensa, ruedero, ruedo, ruego, ruejo, rufianear, rufianejo, rufianería, rufianesca, rufianesco, rufo (fa), ruga, rugar.

*****rugby** Voz inglesa; es «cierta clase de fútbol». La variedad norteamericana se llama *fútbol americano.*
rugible, rugido (da), rugidor (ra), rugiente, ruginoso (sa), rugir, rugosidad, rugoso (sa), Ruhr, ruibarbo, ruido, ruidoso (sa), ruin, ruina, ruinar, ruindad, ruinera, ruinoso (sa), ruiponce, ruipóntico, ruiseñor, Ruiz de Alarcón, rular, rulé.
*****Rule Britannia** Palabras del himno inglés que significan «Gran Bretaña domina» (los mares).
ruleta, ruletero (ra), rulo.
Rumania Es lo correcto (acentuado como *Lituania);* es incorrecto *Rumanía.* El natural de esta nación es el *rumano (na).*
rumbada, rumbático (ca), rumbo, rumbón (na), rumboso (sa), rumí, rumia, rumiador (ra), rumiadura, rumiaje, rumiante, rumiar, rumión (na), rumo, rumor, rumorear (se), rumoroso (sa).
*****run** Voz inglesa del *béisbol.* Dígase *carrera.*
runa, runfla, runflada, runflante, runflar, rungo, rúnico (ca), runo (na).
runrún «Voces confusas; rumor.» *Runrunearse* es «correrse el rumor». Se admite *runruneo.* No confundir con *ronroneo* y *ronronear,* referido al ronquido que produce el gato.
runruneo, ruñar, rupestre, rupia, rupicabra, ruptor, ruptura, ruqueta, rural, ruralismo, rus, rusalca, rusco, rusel, rusentar.
Rusia El natural de este país es el *ruso (sa)* (v.).
rusiente, rusificar, Rusiñol.
ruso (sa) Es el natural de Rusia. Se admite *montaña rusa* y *ensalada rusa.* No se acepta *ensaladilla rusa.*
rusticano (na), rusticar, rusticidad, rústico (ca), rustiquez (za), rustro.
Rut Correcto como nombre de mujer. Es incorrecto *Ruth.*
ruta «Rumbo, dirección; itinerario, derrota de un viaje.» Es galicismo

llamar *ruta* a una *carretera* o un *camino*.

rutáceo (cea).

Rutenia El natural de este país eslavo es el *ruteno (na).* El *rutenio* es un metal.

*rutero No admitido; dígase *de la ruta, del camino.*

Rutherford, rutilancia, rutilante, rutilar, rútilo (la), rutina, rutinario (ria), rutinero (ra), Ruysdael.

S

s Vigésima segunda letra del abecedario y decimoctava de sus consonantes. Su nombre es *ese*; plural, *eses*. Fonéticamente es una consonante alveolar fricativa sorda. Al final de las palabras acostumbra indicar el plural.

Saba (reina de) Es lo correcto; no «reina de *Sabá*».

Sabadell El natural de esta ciudad de la provincia de Barcelona es el *sabadellense*.

sabadellense, sábado, sabalar, sabalera, sabalero, sábalo, sábana.

sabana Sin acento ortográfico, acentuación grave, es una «llanura muy dilatada». No confundir con *sábana* (con acento ortográfico, acentuación esdrújula).

sabandija, sabanero (ra), sabanilla, sabañón, sabatario (ria), sabático (ca), sabatina, sabatino, sabatismo, sabatizar, sabedor (ra), sabela, sabeliano.

sabelotodo Acentuación grave. Es incorrecto *sábelotodo*.

saber Verbo irregular que se conjuga de la siguiente forma: INDICATIVO. *Presente:* sé, sabes, sabe, sabemos, etc. *Pret. indefinido:* supe, supiste, supo, supimos, etc. *Futuro imperf.:* sabré, sabrás, etc. POTENCIAL: sabría, sabrías, etc. SUBJUNTIVO. *Presente:* sepa, sepas, sepamos, etc. *Pret. imperf.:* supiera o supiese, supieras o supieses, etc.

Fut. imperf.: supiere, supieres, supiéremos, etc. IMPERATIVO: sabe, sepa, sepamos, sabed, sepan. PARTICIPIO: sabido. GERUNDIO: sabiendo. Incorrecciones: «Me *sabe mal* hacer esto» es incorrecto; suele usarse en Cataluña. Dígase «me *disgusta* (me *desagrada, siento, lamento*) hacer esto». Expresiones admitidas: *a saber, no saber por dónde se anda, no sé qué te diga, vete a saber, vaya usted a saber.*

sabidillo (lla), sabido (da), sabidor (ra), sabiduría, sabiendas (a), sabiente, sabihondez.

sabihondo V. *sabiondo.*

sabina, sabinar, Sabinas, sabino, sabio (bia), sabiondez.

sabiondo (da) Es la voz preferente, aunque también se admite *sabihondo*. Se aceptan asimismo *sabiondez* (1) y *sabihondez* (2).

sablazo También admitido como «sacar dinero», así como «sablear».

sable, sableador (ra), sablear, sablera, sablista, sablón, saboga, sabonera, saboneta.

sabor «Me dejó *mal sabor de boca*» es incorrecto; dígase «me dejó *descontento (disconforme, disgustado)*». «*Sabor de* pimienta» es incorrecto; dígase «*sabor a* pimienta».

saboreador (ra), saboreamiento, saborear, saboreo, saborete.

sabotaje Admitido. Es incorrecto *sabotage*. También admite la Academia las voces *saboteador (ra)* y *sabotear.*

Saboya, saboyana, saboyano, sabroso (sa), sabucal, sabuco, sabueso (sa), sabugal, sabugo, sábulo, sabuloso (sa), saburra, saburral, saburrar, saburroso (sa), saca, sacabala, sacabalas, sacabancos, sacabocado (2), sacabocados (1), sacabotas, sacabrocas, sacabuche, sacaclavos.

sacacorchos Es lo correcto, y no *sacacorcho.* También se dice *sacatapón* y *descorchador,* admitidos.

sacacuartos, sacada, sacadilla, sacadineros, sacador (ra), sacadura, sacafilásticas, sacaliña, sacamanchas, sacamantas, sacamantecas, sacamiento, sacamuelas, sacanabo, sacanete, sacapelotas, sacapotras, sacapuntas (*sacapunta).

sacar «No me los puedo *sacar* de encima» es incorrecto; dígase «no me los puedo *quitar* de encima». (No debe usarse *sacar* en vez de *quitar.*) «*Sacar a la luz*» es «*sacar a luz*». Uso de preposiciones: Sacar *a* pulso; *s. con* bien; s. *de entre* malhechores; s. *en* limpio; s. *por* consecuencia. Admitido: *sacar a bailar, s. adelante, s. en claro.*

sacar-, sacaro- Prefijo que significa *azúcar (sacarina).*

sacarífero (ra), sacarificación, sacarificar, sacarígeno (na), sacarimetría, sacarímetro, sacarina, sacarino, sacaroideo, sacarosa, sacasillas, sacatapón, sacatrapos, sacerdocio, sacerdotal, sacerdote, sacerdotisa, saciable.

saciar(se) Uso de preposiciones: Saciar *de* carne; saciarse *con* poco; saciarse *de* venganza.

saciedad, saciña.

saco *(Amér.)* Chaqueta, americana.

sacomano, sacra, sacralización, sacralizar, sacramentación, sacramental, sacramentar, sacramentario (ria).

sacramento Mayúscula: el *Santísimo Sacramento.* Minúscula: los *últimos sacramentos,* el *sacramento.*

sacratísimo (ma), sacre, sacrificadero, sacrificador (ra), sacrificante, sacrificar(se), sacrificio, sacrilegio, sacrílego (ga), sacrismoche, sacrista, sacristán.

sacristana Es la «mujer del sacristán», y «cierta religiosa».

sacristanesco (ca), sacristanía, sacristía.

sacro (cra) Admitido: *historia sacra, vía sacra, fuego sacro, Sacra Faz, hueso sacro, nervios sacros, vértebras sacras.*

sacrosanto (ta), sacudida, sacudido (da), sacudidor (ra), sacudidura, sacudimiento, sacudión, sacudir, sachadura, sachar, sacho, sádico (ca), sadismo, saduceo, Sáenz, saeta, saetada (2), saetar, saetazo (1).

saetear Admitido; es preferente *asaetear.*

saetera, saetero, saetía, saetilla, saetín, saetón.

safari Admitido; dígase también *excursión de caza.*

safena, sáfico (ca).

*safismo No está admitido. (V. *lesbiana.*)

saga Admitido; leyenda de la mitología escandinava. Hablando en general, es mejor decir *epopeya, gesta, hazaña.* Figuradamente es «historia de una familia a través de varias generaciones».

sagacidad, sagapeno.

sagardúa Voz admitida, usada en Vizcaya y Guipúzcoa: *sidra.*

sagatí, sagar, sagita, sagital, sagitaria, Sagitario, sagoma.

*sagradísimo Incorrecto; dígase *sacratísimo (ma).*

sagrado (da), sagrario, sagrativo (va), sagú, ságula, saguntino (na), Sagunto.

sah Así lo admite la Academia, y no *shah.* (Rey de Persia.)

Sahara Es la actual grafía que usa la Academia, y no *Sáhara* ni *Sájara.* No debe aspirarse la *h.*

saharaui (2), sahariana, sahariano (1), sahárico (ca), sahína, sahinar, sahornarse, sahorno, sahumado (da), sahumador, sahumante, sahumar, sahumerio, sahúmo, Saigón, sain, sainar, sainete, saine-

tear, sainetero, sainetesco (ca), sainetista, saíno.

***saison** Voz francesa; dígase *temporada* (en sociedad o en deportes), *estación, época.*

Saint Cyr, Saint Moritz, Saint-Saëns, Saint Tropez, Saipán, saja, sajado (da), sajador, sajadura, Sajalín (o Sakhalín), **sajar, sajelar, sajía, sajón (na), Sajonia.**

sake Admitido: «Bebida alcohólica de Japón.»

Sakhalín También se escribe *Sajalín.*

sal Admitido: *sal común, sal de cocina, sal gema, sal marina.*

sala «*Sala* de estar» no está admitido; es «*cuarto* de estar». «*Sala* de fiestas» es «*salón* de baile».

salab, salabardear, salabardo, salabre, salacidad.

salacot Es la grafía correcta, no *salacof* ni *salakot.* «Sombrero usado en países cálidos.»

saladar, saladero, saladilla, saladillo, salado (da), salador (ra), saladura.

Salamanca El natural de esta ciudad y su provincia es el *salmantino (na), salamanqués, salamanquino.*

salamandra, salamanqués, salamanquesa, salamanquino (na), salame *(Amér.),* **salamunda, salangana, salar, salariado, salarial, salariar, salario, salaz, salazón, salazonero (ra), salbanda, salce, salceda, salcedo, salcochar, salcocho, salchicha, salchichería, salchichero (ra), salchichón, saldar, saldista, saldo, saldubense, Sálduba, salea, salearse, saledizo (za), salega, salegar, Salem, salema, salentino, salep, salera, salernitano (na).**

Salerno El natural de esta ciudad de Italia es el *salernitano (na).*

saleroso (sa), Sales, salesa, salesiano (na), saleta.

salga «*Salga* lo que *salga,* iremos» es incorrecto; dígase «*salga* lo que *saliere,* iremos».

salgada, salgadero, salgar, salgareño, salguera, salguero, salicáceo (cea), salicaria, salicato, salicílico, salicina, salicíneo (nea), sá-

lico (ca), salicor, salida, salidero (ra), salidizo, salido (da), saliente, salífero, salificable, salificación, salificar, salimiento, salín, salina, salinero (ra), salinidad, salino (na), salio (lia), salipirina.

salir «*Salir* en hombros» es incorrecto; dígase «*salir* a hombros». «*Salir a la luz*» es «*salir a luz*» (una obra). «*Salir afuera*» es «*salir*», simplemente. Expresiones admitidas: *salir el sol, salir de apuros, salir el trigo, salió muy travieso, sale a veinte pesetas, salir vencedor, salir bien* (o *mal*), *salir a su padre, salió tal número en la lotería, la calle sale a la plaza, el recipiente se sale, salir adelante, salir en público, salir caro, salir pitando, salirse con la suya, salir de pobre, salir por fiador.* Es verbo irregular que se conjuga de la siguiente forma, en sus tiempos irregulares. *Presente indicativo:* salgo, sales, etc. *Futuro imperfecto:* saldré, saldrás, etc. *Potencial:* saldría, saldrías, etc. *Presente del subjuntivo:* salga, salgas, etc. *Imperativo:* sal, salga, salgamos, etc.

Salisbury, salisipán.

***salistes** «Tú *salistes*» es incorrecto; dígase «tú *saliste*».

salitrado (da), salitral, salitre, salitrera, salitrería, salitrero (ra), salitroso (sa), saliva, salivación, salivajo.

salival Es lo correcto *(glándula salival),* no *salivar* (v.).

salivar Es «arrojar saliva»; no confundir con *salival* (v.).

salivazo, salivera, salivoso (sa), salma, salmanticense, salmantino (na), salmear, salmer, salmera, salmerón, salmista, salmo, salmodia, salmodiar, salmón, salmonado (da), salmenera, salmonete, salmónido, salmorejo, salmuera, salmuerarse, salobral.

salobre Es «que tiene sabor a sal»; no confundir con *salubre,* que significa «saludable».

salobreño (ña), salobridad, salol, saloma, salomar, Salomé, salomón, Salomón, salomónico.

salón «*Salón* del Automóvil» no es correcto a pesar de su uso generalizado; en vez de *salón* (galicismo) debiera decirse *exposición, feria, certamen.*

saloncillo, Salónica.

saloon Voz inglesa; dígase *bar, taberna* (del Oeste).

salpa, salpicadero, salpicadura.

salpicar Uso de preposiciones: Salpicar *con, de* aceite.

salpicón.

salpimentar Verbo irregular que se conjuga como *acertar* (v.) (salpimiento, salpimientas, salpimentamos, etc.).

salpimienta, salpique, salpresamiento, salpresar, salpreso (sa).

salpullido Voz preferente; en segundo término se admite *sarpullido,* pero se usa más esta última voz.

salpullir, salsa, salsedumbre, salsera, salsereta, salserilla, salsero (ra), salserón, salseruela, salsifí, salsoláceo (cea), saltabanco (1), saltabardales, saltabarrancos, saltable, saltacaballo, saltación, saltacharquillos, saltadero, saltadizo, saltado (da), saltador (ra), saltadura, saltaembanco, saltamontes, saltante, saltaojos, saltaparedes, saltaprados.

saltar Uso de prep.: Saltar una cosa *a* los ojos; s. *de* gozo; s. *en* tierra; s. *por* la cerca.

saltarelo, saltarén, saltarilla, saltarín (na), saltarregla, saltatrás, saltatriz, saltatumbas, salteador, salteadora, salteamiento, saltear, salteño (ña), salteo, salterio, saltero (ra), saltígrado (da).

saltimbanqui Admitido, lo mismo que *saltabanco* (preferente). Plural: *saltimbanquis.*

salto Expresiones admitidas: *salto atrás, s. de agua, s. mortal, a saltos, a salto de mata.*

saltón (na), saltubérrimo (ma).

salubre V. *salobre.*

salubridad, salud, saluda, saludable, saludador (ra), saludar, saludo, salumbre, salutación, salute, salutífero (ra), salva, salvabarros, salvable, salvación, salvachia, salvadera, salvador (da).

Salvador (El), salvadoreño (ña), salvaguarda (2), salvaguardar, sal- vaguardia (1), **salvajada, salvaje, salvajería, salvajina, salvajino (na), salvajismo, salvamanteles, salvamento, salvamiento.**

salvar(se) Admitido: *Sálvese el que pueda* (no *quien pueda*). Uso de preposiciones: Salvar *de* un peligro.

salvavidas (*salvavida), salve, salvedad, salvia, salvilla, salvo (va), salvoconducto, salvohonor, Salzburgo, Salzillo, salladura, sallar, sallete, sama, sámago, samán, Samaniego, sámara, Samarcanda (*Samarkanda), samarilla.

Samaria El natural de esta ciudad del Asia antigua es el *samaritano* o *samarita. Samario* es un metal.

samario, samarita, samaritano (na), samaruguera, sambenitar, sambenito, samblaje, sambuca, samio (mia), samnita, samnítico (ca), Samoa, Samosata, samosateno (na), samosatense, Samotracia, samotracio (cia).

samovar Admitido: «Recipiente de origen ruso para calentar el té.»

samoyedo (da), sampaguita.

sampán Admitido: «Embarcación ligera propia de China.»

samurai Admitido: «Militar del antiguo sistema feudal japonés.»

San Apócope de *santo.* También se admite *san,* con minúscula. Va delante de los nombres propios de los santos, exceptuando los de Tomás, Tomé, Toribio y Domingo, que llevan *Santo.* Abreviatura: *S. o S.ⁿ.*

sanable, sanabrés (sa), Sanabria, sanador (ra), sanalotodo, sanamunda, sanar, sanativo (va), sanatorio, sanción, sancionable, sancionador (ra), sancionar, sancochar, sancocho, San Cristóbal.

sancta *Non sancta* (admitido) es «gente (casa, palabra, etc.) mala, pervertida, depravada».

sanctasanctórum Se admite junto y con acento. Es la «parte más sagrada del tabernáculo y del templo de Jerusalén,» y «lo muy reservado y misterioso».

sanctórum, sanctus, sanchecia, sanchete, Sánchez, sanchopancesco (ca), Sancho Panza, sanda-

lia, **sandalino (na)**, **sándalo**, **sandáraca**, **sandez**, **sandía**, **sandiar**, **sandio (dia)**, **Sandoval**, **sandunga**, **sandunguero**.

*sandwich Voz inglesa; dígase, en general, *bocadillo*, *emparedado*, y en especial, *canapé* (admitido).

saneado (da), **saneamiento**, **sanear**, **sanedrín (*sanhedrin)**, **sanés**.

*sanfasón V. *sans-façon*.

sanfrancia, **sangacho**, **sangradera**, **sangrado (da)**, **sangrador**, **sangradura**, **sangrante**, **sangrar**, **sangranza**.

sangre Admitido: *sangre azul*, *s. noble*, *s. de horchata*, *s. en el ojo*, *s. fría*, *a s. y fuego*, *correr s.*, *chupar la s.*, *hervirle a uno la s.*, *lavar con s.*, *mala s.*

sangría, **sangriento (ta)**, **sangriza**, **sanguaza**, **sangüeño**, **sangüesa**, **Sangüesa**, **sangüeso**.

*sangüiche Es barbarismo. (V. *sandwich*.)

sangüífero (ra), **sanguificación**, **sanguificar**, **sanguijuela**, **sanguijuelero (ra)**, **sanguina**, **sanguinaria**, **sanguinario**, **sanguíneo (nea)**, **sanguino (na)**, **sanguinolencia**, **sanguinolento (ta)**, **sanguinoso (sa)**, **sanguis**, **sanguisorba**, **sanícula**, **sanidad**, **sanidina**, **sanies**, **sanioso (sa)**, **sanitario (ria)**, **sanjacado** (1), **sanjacato** (2), **sanjaco**, **San Juan**, **sanjuanada**, **sanjuaneño (ña)**, **sanjuanero (ra)**, **sanjuanino (na)**, **sanjuanista**.

Sanlúcar de Barrameda El natural de esta población de la provincia de Cádiz recibe el nombre de *sanluqueño* (1) o *sanlucareño* (2).

sanlucareño (ña), **San Luis**, **sanluiseño (ña)**, **sanluqueño (ña)**, **sanmartín**, **San Martín**, **sanmartiniano (na)**, **San Matías**, **San Miguel**, **sanmiguelada**, **sanmigueleño (ña)**, **sano (na)**.

San Pablo Ciudad de Brasil que también se llama *São Paulo*. El natural de esta ciudad es el *paulista*.

San Petersburgo V. *Petrogrado*.

San Remo, **San Roque**, **sanroqueño (ña)**, **sanscritista**, **sánscrito (ta)** (1), **sanscrito (ta)** (2).

sanseacabó Se escribe junto y con acentuación aguda.

San Sebastián El natural de esta ciudad es el *donostiarra*.

sansirolé, **sansón**, **Sansón**.

*sans façon, ***sanfasón** Incorrecto; dígase *descaro*, *desenvoltura*, *desfachatez*; *despreocupación*, *descuido*, según el caso.

*sans souci Expresión francesa; dígase *despreocupado*, *descuidado*.

santabárbara Junto, con minúscula y acentuación esdrújula, cuando es el «pañol del barco en que se deposita la pólvora».

*Santa Claus Nombre que se da a San Nicolás (patrón de los niños) en los países sajones.

santacruceño (ña), **Santa Fe**, **santafecino**, **santafereño**, **santafesino (na)**, **santaláceo (cea)**, **Santa Lucía**, **Santa María**, **Santa Mónica**.

Santander El natural de esta ciudad es el *santanderino (na)* o *montañés (sa)*.

santanderino, **Santas Creus**, **Santa Sede**, **Santa Sofía**, **Santa Tecla**, **Santayana**.

Santelmo Se escribe junto, «fuego de *Santelmo*», no *San Telmo*.

santería, **santero (ra)**.

Santiago No se le antepone *San* ni *Santo*. El natural de *Santiago de Compostela* es el *santiagués (sa)* o *compostelano*; el de *Santiago de Chile* es el *santiaguino (na)*; el de *Santiago de Cuba* es el *santiaguero (ra)*, y *santiagueño* es el de otras ciudades que llevan el nombre de *Santiago*.

santiagueño (ña), **santiaguero (ra)**, **santiagués (sa)**, **santiaguino (na)**, **santiaguista**, **santiamén (en un)**, **santidad**, **Santidad (Su)**, **santificable**, **santificación**, **santificador (ra)**, **santificante**, **santificar**, **santificativo (va)**, **santiguada**, **santiguadera**, **santiguador (ra)**, **santiguamiento**, **santiguar**, **santiguo**, **Santillana**, **santimonia**.

santísimo (ma) Se escribe «el *Santísimo*» (mayúscula, Cristo en la Eucaristía). Se abrevia *Ssmo*. *Santísimo Padre* se abrevia *Ssmo. P.*

santo (ta) Se escribe con minúscula (admitido), o con mayúscula cuando precede al nombre de un *santo* (minúscula), lo cual sólo ocurre, como excepción, en los nombres Santo Domingo, Santo Tomás, Santo Toribio y Santo Tomé. En los demás casos se apocopa *san* o *San:* san Carlos, San Fernando, etc. Santiago no lleva *San* ni *Santo.* La abreviatura de *san* es *S.*, la de *santo* es *Sto.*, de *santa* es *Sta.* Nótese que la abreviatura de *señorita* es *Srta.*, no *Sta.* Admitido (nótense mayúsculas): *Año Santo, Semana Santa, Tierra Santa, Santa Faz, Santa Hermandad, Santo Oficio, Santo Padre, Espíritu Santo, santa palabra, campo santo* (1), o *camposanto* (2), *santo varón, a santo de qué, írsele el santo al cielo, por todos los santos.*

Santo Domingo El natural de esta ciudad, capital de la República Dominicana, es el *dominicano (na).*

santón Hombre de religión mahometana (u otra no cristiana) que hace vida austera y penitente.

santónico (ca), santonina, Santoña, santoñés (sa), Santo Oficio, Santo Sepulcro, Santo Tomás, Santo Tomé, santuario, santucho (cha), Santurce, santurrón (na), santurronería, San Vito (*Sanvito), Sanz, Sanzio, saña, sañoso (sa), sañudo (da), Saona (*Saône).

São Paulo V. *San Pablo.*

sapa, sapenco, sapidez, sápido (da), sapiencia, sapiencial, sapiente, sapillo, sapina, sapindáceo (cea), sapino, sapo, saponáceo (cea), saponaria, saponificable, saponificación, saponificar, saponita, saporífero (ra), sapotáceo (cea), sapote, saprófito (ta).

saque En un juego, es «acción de *sacar*». Admitido: *saque de esquina,* que es lo correcto, y no *corner* (inglés).

saqueador (ra), saqueamiento, saquear, saqueo, saquería, saquerío, saquero (ra), saquete, saquilada, sarabaita, saragüete, Sarajevo.

sarampión La *r* debe pronunciarse con sonido suave; es incorrecta la pronunciación de la *r* con sonido fuerte.

sarao, sarapia, sarapico, sarasa, Sarasate, Saratoga, Sarawak, sarcasmo, sarcástico (ca), sarcia, sarcocarpio, sarcocele, sarcocola, sarcófago, sarcolema, sarcoma, sarcótico (ca), sarda, sardana, Sardanápalo, sardanés (sa), sardesco (ca), sardina, sardinal, sardinel, sardinero (ra), sardineta.

*Sardinia Nombre inglés de *Cerdeña.*

sardio, sardo (da), sardonia (risa) (1), **sardónica (risa)** (2), **sardónice, sardónico (ca), sardonio, sardónique, sarga, sargadilla, sargado (da), sargal, sargatillo, sargazo, Sargazos** (mar de los), **sargenta, sargentear, sargentería, sargentía, sargento, sargentona, sargo, Sargón, sarguero (ra), sarilla, sarillo, Sarmacia, sármata, sarmático (ca), sarmentador, sarmentar, sarmentazo, sarmentera, sarmentoso (sa), sarmiento, sarna.**

sarpullido Voz admitida, como *salpullido* (preferente).

sarpullir, sarracear, sarracénico (ca), sarraceno (na), sarracín, sarracino (na), sarracina, sarrajón, Sarrebruck (*Saarbrücken), sarria, Sarriá, sarrieta, sarrillo, sarro, sarroso, sarta, sartal, sartalejo.

sartén Es femenino: *la sartén,* no *el sartén,* barbarismo.

sartenada, sartenazo, sarteneja, sartenero, sartorio, Sartre, sasafrás, sasánida.

sastra V. *sastre.*

sastre El femenino es *sastra* y no *sastresa,* incorrecto.

sastrería.

*sastresa Incorrecto. (V. *sastre.*)

Satán, Satanás V. *Lucifer.*

satánico (ca), satanismo.

satélite Se admiten las expresiones: *estado satélite* (con valor despectivo) y *ciudad satélite.*

satén Admitido; «tejido arrasado»; *satín* es una madera americana, pero no una tela, que sólo es *satén.*

satín Sólo es una madera americana. (V. *satén.*)

satinado, satinador (ra), satinar, sátira, satiriasis (*satiríasis), satí-

rico (ca), satirio, satirión, satirizante, satirizar, sátiro (ra), satis, satisfacción.

satisfacer Verbo irregular que se conjuga de la siguiente forma: INDICATIVO. *Presente:* satisfago, satisfaces, satisface, satisfacemos, satisfacéis, satisfacen. *Pret. indef.:* satisfice, satisficiste, satisfizo, satisficimos, etc. *Futuro imperf.:* satisfaré, satisfarás, etc. POTENCIAL: satisfaría, etc. SUBJUNTIVO. *Presente:* satisfaga, satisfagas, etc. *Pret. imperf.:* satisficiera o satisficiese, etc. *Fut. imperf.:* satisficiere, satisficieres, satisficiéremos, etc. IMPERATIVO: satisfaz o satisface, satisfaced. PARTICIPIO: satisfecho. GERUNDIO: satisfaciendo.

*satisfacieron Es incorrecto; dígase *satisficieron*. (V. *satisfacer*.)

satisfaciente, satisfactorio (ria), satisfecho (cha), sativo, sátrapa, satrapía, saturable, saturación, saturante, saturar, saturnal, saturnino (na), saturnio, saturnismo, Saturno, Saturno (anillo de), **sauce, sauceda, saucedal, saucera, saucillo, saúco (*sauco).**

*saudade Voz portuguesa; dígase *nostalgia, melancolía, añoranza.*

Saudí Es mejor decir *Saudita (Arabia Saudita o Saudí).*

Saúl, sauna, saurio.

-saurio, -sauro Sufijos que significan «lagarto». Se escribe *dinosaurio, brontosaurio* e *ictiosaurio,* pero es *plesiosauro.*

sautor, sauzal, sauzgatillo, Savannah, savia.

*savoir faire Expresión francesa que significa «saber hacer»; dígase *aplomo, soltura, desenvoltura; habilidad, destreza.*

*savoir vivre Expresión francesa; dígase *experiencia de la vida, mundología.*

Savonarola, saxafrax, saxátil.

*Saxe En nuestra lengua decimos *Sajonia.*

sáxeo, saxífraga, saxifragáceo (cea), saxofón (1), **saxófono** (2).

*Saxony Dígase *Sajonia.*

saya, sayal, sayalería, sayalero (ra), sayalesco, sayo, sayón, sa- yuela, saz, sazón, sazonado (da), sazonador (ra), sazonar.

*scanner (Inglés.) Dígase *escáner, diagnosticador, explorador.*

Scarlatti.

*scooter Voz inglesa; es una «*motocicleta pequeña con mecanismo cubierto*».

-scopia Sufijo que significa «examen, exploración» *(laringoscopia).* El sufijo *-scopio* es «examinar» *(laringoscopio).*

-scopio V. *-scopia.*

*score Voz inglesa; dígase «tanteo, puntuación; tantos, goles».

*Scotland Es el nombre inglés; dígase *Escocia.*

*scout En inglés es *explorador; boy scout* es *muchacho (explorador)* afiliado a una sociedad cultural.

*script girl Voz inglesa; dígase *apuntadora.*

*scherzo Voz italiana. Trozo musical vivo, alegre.

*schilling *Chelín,* unidad monetaria de Austria. *Shilling* (sin *c*) es el *chelín* inglés.

Schleswig-Holstein.

*schotis Incorrecto; escríbase *chotis* (baile típico de Madrid).

se Se acentúa cuando es persona del verbo *ser* («*sé* buena, Juanita»), y el verbo *saber* («*sé* la lección»). No lleva acento cuando es pronombre («*se* lo han llevado», «*se* marchó»). Incorrecciones: «*Se alquila* oficinas», es «*se alquilan* oficinas»; «*se piensan* fabricar mesas», es «*se piensa...*»; «*se es* dichoso», es «*uno es* dichoso».

sea «*Sea* lo que *sea*» es correcto; pero es mejor decir «*sea* lo que *fuere*».

Seattle, sebáceo (cea), sebe, sebestén, sebillo, sebo, seborrea, seboso (sa), seca, secácul, secadal, secadero (ra), secadillo, secadío (día), secado, secador, secafirmas, secamiento, secano, secante, secapelos, secar, secaral, secarrón (na), secatón, secatura, sección, seccionar, secesión, secesionismo, secesionista, seceso, seco (ca).

secoya Admitido (árbol gigantesco); preferible *secuoya*.

secreción, secreta.

*secrétaire V. *secreter*.

secretar, secretaría, secretariado, secretarial, secretario, secretear, secreteo.

*secreter Galicismo por «escritorio, mesa para escribir (con cajones)».

secretista.

secreto (ta) Admitido: *secreto de Estado; secreto profesional, en secreto, policía secreta, voto secreto.*

secretor, secretorio (ria), secta, sectador (ra), sectario, sectarismo, sector, sectorial, secuaz, secuela, secuencia, secuencial, secuenciar, secuestración, secuestrador (ra), secuestrar, secuestrario (ria), secuestro.

sécula La Academia admite *para sécula* o *para in sécula (seculórum)*. No es *per in sécula...*

secular, secularización, secularizado (da), secularizar, secundar.

secundario (ria) *Enseñanza secundaria* o *media* es incorrecto; dígase *segunda enseñanza, bachillerato.* (V. *bachiller* y *enseñanza*.)

secundinas, secundípara, secuoya, sed, seta, seda artificial, sedación, sedal.

*sedán Es un «coche grande de cuatro puertas».

Sedán, sedar, sedativo (va), sede, sedear, sedentario (ria), sedente, sedeña, sedeño, sedera, sedería, sedero.

sedicente Es correcto: «El *sedicente* ministro»; dígase también *supuesto, presunto, imaginado, el que dice ser.*

sedición, sedicioso (sa), sedientes, sediento (ta), sedimentación, sedimentar, sedimentario (ria), sedimento, sedoso (sa), seducción.

seducir Verbo irregular que se conjuga como *conducir* (v.) (seduzco, seduces, seducimos, etc.).

seductivo (va), seductor (ra), sefardí (1), sefardita (2), sega, segable, segada, segadera, segadero (ra), segador, segadora.

segar Verbo irregular que se conjuga como *acertar* (v.) (siego, siegas, segamos, etc.).

segazón, Segismundo, seglar, segmentación, segmentado, segmentar, segmento, segobricense, Segorbe, Segovia, segoviano (na), Segre, segregación, segregacionista.

segregar Uso de preposiciones: Segregar una cosa de otra.

segregativo (va), segrí, segueta, seguetear.

seguida Se escribe *en seguida* (separado), y también *enseguida* (junto). Es preferente la primera forma: *en seguida.*

seguidamente, seguidero, seguidilla, seguido (da), seguidor (ra), seguimiento.

seguir(se) Verbo irregular que se conjuga como *pedir* (v.) (sigo, sigues, seguimos, etc.). Uso de preposiciones: Seguir con el proyecto; s. *en* el trabajo; s. *para* Madrid; seguirse una cosa *de* otra.

según Admitido: *según y como; según y conforme.*

segunda Admitido: *tía segunda, sobrina segunda, prima segunda, segunda enseñanza* (v. *enseñanza*), *segunda intención.*

segundar, segundero (ra), segundilla, segundillo.

segundo Admitido: *tío segundo, sobrino segundo, primo segundo.*

segundogénito Admitido. (V. *primogénito*.)

segundogenitura, segundón, seguntino (na), segur (femenino).

seguramente Admitido como «probablemente, acaso».

segureja, seguridad.

seguro (ra) «*Seguro de* accidentes» es incorrecto; dígase «*seguro contra* accidentes».

*Seine Nombre francés del río llamado por nosotros *Sena*.

seis, seisavar, seisavo (va), seiscientos (tas), seiseno (na), seisillo.

seísmo Admitido, así como también *sismo*. Significa «terremoto».

seje, selacio (cia), selección, seleccionado, seleccionar, selectas, selectividad, selectivo (va), selecto (ta), selector, selenio, selenita, selenitoso (sa).

*selenium Incorrecto; dígase *selenio* (elemento no metálico).

seleniuro, selenografía, selenógrafo, selenosis.

selen-, seleno- Prefijos que significan «luna».

seléucidas Dinastía siria de origen macedónico. No confundir con los *selyúcidas* o *seldjúcidas,* dinastía turca.

*self-control Expresión inglesa; dígase *dominio de sí mismo.*

*self government Expresión inglesa; dígase *gobierno autónomo.*

*self-made-man Expresión inglesa; dígase *hombre que ha triunfado por sus propios medios.*

*self-service Expresión inglesa; dígase *autoservicio,* voz admitida.

Seltz (agua de), selva, selvático, selvatiquez, selvicultura, selvoso (sa).

Selyúcidas V. *Seléucidas.*

sellador (ra), selladura, sellar.

sello Voces admitidas: *sello de Salomón, s. postal, s. móvil* (timbre móvil).

semafórico (ca), semáforo, semana, Semana Santa, semanal, semanario (ria), semanería, semanero (ra), semanilla, semanista.

semántica Es el estudio del significado y de los cambios de significado de las palabras.

semántico (ca).

semasiología Se usa como sinónimo de *semántica* (v.).

semasiológico (ca), semblante, semblanza, sembrada, sembradera, sembradío (día), sembrado, sembrador, sembradora, sembradura.

sembrar Sólo se *siembra* una *semilla,* mientras que un *vástago* se *planta* para que arraigue. *Sembrar* es verbo irregular que se conjuga como *acertar* (v.) (siembro, siembras, sembramos, etc.).

semeja, semejable, semejado (da), semejante, semejanza.

semejar(se) Uso de preposiciones: semejar (o semejarse) una cosa *a* otra *en* algo. También es correcto *asemejar(se).*

semen, semental, sementar, se-

mentera, sementero, sementino (na), semestral, semestre.

semi- Prefijo que significa «medio, casi» *(semicírculo).*

semibreve, semicadencia, semicapro, semicilíndrico (ca), semicilindro, semicircular, semicírculo, semicircunferencia, semiconductor, semiconserva, semiconsonante, semicopado, semicorchea, semicromático, semicultismo, semiculto (ta), semicupio, semidea, semideo, semidiámetro, semidifunto (ta), semidiós, semidiosa, semidítono, semidoble, semidormido (da), semidragón, semieje, semiesfera, semiesférico (ca).

semifinal(es) Admitido: «Penúltimas competiciones de un campeonato o concurso por eliminación.» También se admite *semifinalista.*

semifinalista, semiflósculo, semiforme, semifusa, semigola, semihombre.

*semiinconsciente No está admitido; dígase *aturdido, aletargado, desfallecido, indispuesto.*

semilunar, semilunio, semilla, semillero, seminal, seminario, seminarista, seminífero (ra), semínima, seminternado.

semio- Prefijo que significa «signo» *(semiología).*

semiología, semiológico (ca), semiotécnica, semiótico (ca), semipedal, semipelagianismo, semipelagiano, semiperíodo (1), semiperíodo (2), semiplano, semiplena, Semíramis, semirrecta (*semirecta), semirrecto, semirrefinado (da), semis, semisuma.

semita Se admite *semitismo, semítico (ca)* y *semitista.* También se acepta *antisemita* y *antisemitismo* (v. *judío).*

semítico (ca), semitismo, semitista, semitono, semitransparente, semitrino, semivida, semivivo, semivocal, sémola, semoviente, sempiterno (na), Sempronio, sen, sena, Sena, senada.

senado Con mayúscula, si se alude a una institución («el *Senado* de Colombia», «el *Senado* y el Congreso»).

senador (ra), senaduría, Senaque-

rib, senara, senario (ria), senatorial, senatorio (ria), sencillez, sencillo (lla), senda, sendera, senderear, sendero.

sendos Significa «uno para cada cual» (Dio a Juan y Pedro *sendas* propinas). No significa «grande, mucho». No debe confundirse con *ambos (as)* que significa «uno y otro».

séneca, Séneca, senectud, Senegal, senegalés (sa), senequismo, senequista, senescal, senescalado, senescalía, senescencia, senescente, senil.

senior Antiguamente era «señor, senador». Inglés: Mayor, padre, superior.

seno Admitido: «pecho, mama de la mujer».

se non e vero, e ben trovato Locución italiana, significa «si no es verdad, está bien hallado».

sensación «Su elegancia causó *sensación*» es incorrecto; dígase «causó *impresión (admiración, sorpresa)*».

sensacional, sensacionalismo, sensacionalista, sensatez, sensato (ta), sensibilidad, sensibilización, sensibilizado, sensibilizar, sensible, sensiblemente, sensiblería, sensiblero (ra), sensitiva.

***sensitividad** Barbarismo; dígase *sensibilidad.*

sensitivo (va).

***sensor** (Inglés). Detector.

sensorial, sensorio (ria), sensorios (órganos), sensual, sensualidad, sensualismo, sensualista, sensualmente, sentada, sentadero.

sentador «Un vestido *sentador*» es incorrecto; dígase *que sienta bien.*

sentar(se) «*Sentarse en* la mesa» es incorrecto; dígase «*sentarse a* la mesa». «*Sentarse en* la puerta (o *a* la puerta)», incorrecto, es «*sentarse junto a* la puerta». Es correcto «*sentarse en* la silla», «*sentarse sobre* un baúl». Verbo irregular que se conjuga como *acertar* (v.) (siento, sientas, sentamos, etc.).

sentencia, sentenciador (ra).

sentenciar Uso de preposiciones:

Sentenciar *a* veinte años; s. *por* robo.

sentención, sentencioso (sa).

sentido (da) «Corrían en diversos *sentidos*», incorrecto, es «corrían en diversas *direcciones*». «Estoy *sentido* con mi hermano», es *resentido, ofendido, enfadado.* Se admite como «significado, acepción de una palabra» («este vocablo tiene varios *sentidos*»). Expresiones admitidas: *sentido común, con los cinco sentidos, perder el sentido.*

sentidor (ra), sentimental, sentimentalismo, sentimiento, sentina.

sentir(se) «*Sentir* pasos», como «oír», ha sido admitido; mejor dígase «*oír* pasos». «*Sentía* que no había escapatoria», es *presentía, notaba, se daba cuenta...* «*Sentirse* de algo» es correcto. Es verbo irregular que se conjuga de la siguiente forma: INDICATIVO. *Presente:* siento, sientes, siente, sentimos, sentís, sienten. *Pret. imperf.:* sentía, sentías, sentíamos, etc. *Pret. indef.:* sentí, sentiste, sintió, sentimos, sentisteis, sintieron. *Futuro imperf.:* sentiré, sentirás, etc. POTENCIAL: sentiría, sentirías, etc. SUBJUNTIVO. *Presente:* sienta, sientas, sienta, sintamos, sintáis, sientan. *Pret. imperf.:* sintiera o sintiese, etc. *Futuro imperf.:* sintiere, sintieres, etc. IMPERATIVO: siente, sentid. PARTICIPIO: sentido. GERUNDIO: sintiendo.

seña Admitido: *señas personales, hablar por señas, hacer señas, por más señas, dar las señas* (de una persona).

señal «Dar *paga y señal*» es incorrecto; dígase «dar *señal*» (o *prenda*).

señalado Se admite como «insigne, famoso».

señalamiento, señalar, señalización.

señalizar Admitido: «Colocar *señales* en carreteras.» También se admite *señalización.*

señero (ra) Admitido: «Único, sin par.»

señor Escribir *Señor Don* en una carta es correcto (no es redundancia), según la Gramática de la Academia. Abreviatura *Sr., Sr. D.*

señora Se admite como «mujer, esposa». Es mejor decir «esposa», al referirse a ella. Abreviatura: *Sra.*

señorada, señoreador (ra), señorear(se).

señoría Tratamiento que se da a duques, marqueses y condes. Si son Grandes de España son *Excelentísimos.*

señorial, señoril, señorío.

señorita Se abrevia *Srta.*, nunca *Sta.*, que es *santa.*

señoritingo, señoritismo, señorito (ta), señorón (na), señuelo, seo, Seo de Urgel, sépalo, sepancuantos, separable, separación, separador, separante, separar, separata, separatismo, separatista, separativo (va), sepedón, sepelio, sepsis, septembrino, septena, septenario (ria), septenio, septeno.

Septentrión Es Norte, punto cardinal; viento; polo ártico.

septentrional Se escribe Europa *septentrional;* África *Septentrional Francesa.*

septeto, septicemia, septicémico (ca), séptico (ca).

septiembre En segundo término se acepta *setiembre.* Abreviatura: *sept.*

septillo, séptima, séptimo, septingentésimo (ma), septisílabo (ba), septo, septuagenario (ria), septuagésima, septuagésimo, septuplicación, septuplicar, séptuplo (pla), sepulcral, sepulcro, sepultador (ra), sepultar, sepulto (ta), sepultura, sepulturero, Sepúlveda, sequedad, sequedal, sequeral, sequero, sequeroso (sa), sequete, sequía, sequillo, sequío, séquito, sequizo.

*sequoia Incorrecto; de este árbol han sido admitidos los nombres de *secuoya* y *secoya* (v.).

ser «La tarde *es* apacible»; dígase «la tarde *está* apacible». «*Está siendo* reparado el automóvil», es «*están* reparando el automóvil». Admitido: *sea lo que sea, sea lo que fuere, ser muy otro, soy contigo, soy con usted.* Verbo auxiliar que se conjuga del siguiente modo: INDICATIVO. *Presente:* soy, eres, es, somos, sois, son. *Pret. imperfecto:* era, eras, era, éramos, erais, eran. *Pret. indef.:* fui, fuiste, fue, fuimos, fuisteis, fueron. *Futuro imperf.:* seré, serás, será, seremos, seréis, serán. POTENCIAL: sería, serías, sería, seríamos, seríais, serían. SUBJUNTIVO. *Presente:* sea, seas, sea, seamos, seáis, sean. *Pret. imperf.:* fuera o fuese, fueras o fueses, etc. *Fut. imperf.:* fuere, fueres, fuere, fuéremos, fuereis, fueren. IMPERATIVO: sé, sed. PARTICIPIO: sido. GERUNDIO: siendo.

sera, serado, seráfico (ca), serafín, serafina, seraje, serapio, serba, serbal.

Serbia Grafía admitida y preferente actualmente para la Academia, de esta región de Yugoslavia; en segundo término es *Servia.* De igual modo se admiten *serbio* (1), *servio* (2), y *serbocroata.* Hoy este país forma parte de Yugoslavia.

serbio, serbo, serbocroata, serena, serenata, serenero, serení, serenidad, serenísimo (ma), sereno (na), serete, sergenta.

*Sergei Nombre ruso; en español es *Sergio.*

serial «Relativo a una *serie.*» En la radio es mejor decir *folletín, novela radiofónica.*

seriar, sericicultor (ra), sericicultura (1), **sérico, sericultor (ra), sericultura** (2).

serie Admitido: *fuera de serie, hechos en serie.*

seriedad, serijo, serio (ria), sermón, sermonario, sermoneador (ra), sermonear, sermoneo, serna, serodiagnóstico, seroja, serojo, serología, serón, serondo (da), seronero, serosidad, seroso (sa), seroterapia, serótino (na), serpa, serpear, serpentar, serpenteado (da), serpenteante, serpentear, serpenteo, serpentígero, serpentín, serpentina, serpentino (na), serpentón.

serpiente Admitido: *serpiente de cascabel, s. pitón.*

serpiginoso (sa), serpigo, serpol, serpollar, serpollo.

ser preciso «Es *preciso una* investigación» es incorrecto; dígase «es *precisa una* investigación» (deben concordar).

serradizo (za), serrado (da), serrador (ra), serraduras.

serrallo Hoy también se admiten *harén* (1) y *harem* (2), aunque es preferente *serrallo*.

serrana, serranía, serraniego (ga), serranil, serranilla, serrano.

serrar También se admite, en segundo término, *aserrar.* Verbo irregular que se conjuga como *acertar* (v.) (sierro, sierras, serramos, etc.).

serrátil, serratilla, serrato, serrería, serreta, serretazo, serrezuela, serrijón.

serrín En segundo término también se acepta *aserrín.*

*serruchar Es incorrecto; dígase *serrar* (1), *aserrar* (2).

serrucho, Sert, servato, serventesio, Servet.

Servia Hoy es preferible *Serbia* (v.), lo mismo que *serbio* frente a *servio.*

servible, serviciar.

servicio Referido a un lugar público, en vez de «los *retretes*», muy poco eufónico, puede decirse «el *servicio* o los *servicios*» (significa «retrete, cuarto de aseo, cuarto de baño»). También se acepta: *servicio doméstico, s. militar, s. secreto, s. télex, estar de servicio, hacer el s.* (militar), *prestar s., estación de s.* (para coches). «*Servicios* fúnebres» es galicismo; dígase «*oficios* fúnebres».

servidero (ra), servidor (ra), servidumbre, servil, servilismo, servilón (na), servilla, servilleta, servilletero (ra).

servio V. *Servia.*

serviola Acentuación fonética en la *o.*

servir(se) Verbo irregular que se conjuga como *pedir* (v.) (sirvo, sirves, servimos, etc.). Uso de preposiciones: Servir *de* orientación; s. *para* estudiar; servirse *de* uno.

servita, servitud, servo, servofreno, servomecanismo, servomotor, sesada, seséameo (mea), sésamo,

sesamoideo (*sesamóideo, *sesamoide), sesear, sesenta, sesentavo (va), sesentén, sesentón (na).

seseo Es el nombre que se da a la práctica de pronunciar una *z* como *s.* Es fenómeno extendido en parte de Andalucía, en zonas limitadas de Extremadura y en algunos otros puntos de España. En los países hispanoamericanos, su empleo es normal.

sesera, sesgado (da), sesgadura, sesgar, sesgo (ga), sésil, sesión, sesionar, sesma, sesmero, sesmo (ma).

seso (s) Admitido: *tapa de los sesos, devanarse* (o *calentarse*) *los sesos, perder el seso.*

sesqui- Prefijo que significa «una unidad y media» (*sesquicentenario,* es «un siglo y medio», aunque no está admitido).

sesquiáltero (ra), sesquicentenario, sesquióxido, sesquipedal, sesquiplano, Sestao, sesteadero, sestear, sesteo, sestercio, sestero, sestil, sesudez, sesudo (da).

*set Voz inglesa; en tenis es *juego;* en cine y televisión, *sets* es *escenografía.*

seta, setabense, setabitano (na), setal, Sète, setecientos (tas), setena, setenado (da), setenar, setenario, seteno (na), setenta, setentavo (va), setentón (na).

*séter, *setter Anglicismo y voz inglesa respectivamente; indican una raza de perros.

setiembre, sétimo (ma) Voces aceptadas, pero son preferentes las mismas con *p (septiembre, séptimo).*

seto, Setúbal.

seudo- Prefijo que significa «supuesto, falso». También se admite *pseudo,* pero es menos corriente. Se escribe siempre junto *(seudohermafrodita, seudónimo, seudoclásico).* Pueden formarse voces con este prefijo, aunque no figuren en el Diccionario de la Real Academia *(seudoprofeta,* etc.).

seudohermafrodita V. *seudo-.*

seudónimo V. *sobrenombre* y *seudo-.*

seudópodo, Seúl, severidad.

severo (ra) «Una enfermedad *severa*» es anglicismo. Dígase «una enfermedad *grave, seria*». *Severo* sólo se aplica a personas; significa «riguroso, áspero en el trato; serio, mesurado».

sevicia, Sevigné, Sevilla, sevillanas, sevillano (na), Sèvres.

sex- Prefijo que significa «seis» *(sexagesimal).*

sexagenario (ria), sexagésima, sexagesimal, sexagésimo (ma), sexagonal, sexángulo.

sex appeal Expresión inglesa; dígase *atractivo* (o *atracción*) *sexual.*

sexcentésimo (ma), sexinio, sexma, sexmero, sexmo.

sexo «Espectáculo *con mucho sexo*» es incorrecto; dígase «*muy erótico*». Admitido: *sexo débil, bello sexo, sexo fuerte, sexo feo.*

sexología, sexólogo (ga) Voces admitidas.

sexta, sextante, sexteto, sextilla, sextillo, sextina, sexto (ta), sextuplicación, sextuplicar, séxtuplo (pla), sexuado (da), sexual, sexualidad.

sexy Voz inglesa: «Una chica *sexy*» es incorrecto; dígase «una chica *atrayente (atractiva)*». «Tiene *sexy*» es «tiene *atractivo* (sexual)».

shah No está admitido; dígase «sah» (admitido, «soberano persa»).

Shakespeare *Shekesperiano* o *shespiriano* es incorrecto; dígase «relativo a Shakespeare».

shampoo, *shampooing Incorrecto; es «champú» (admitido).

Shangai También se usa Shanghai (dos haches).

shantung No está aceptado; es «una tela de seda».

Sheba Nombre inglés; dígase «Saba» (reina de Saba).

Sheffield.

sheik Incorrecto; dígase «jeque» (admitido).

sheriff Voz inglesa; es «jefe de policía, alguacil» (en América del Norte).

sherry Voz inglesa; dígase «jerez, vino de Jerez».

shespiriano V. *Shakespeare.*

Shetland, Shimonoseki.

shilling Es «chelín inglés». *Schilling* es «chelín austríaco».

shock Voz inglesa; dígase *choque* (admitido), *conmoción, sobresalto. Shocking* (también inglés) es «*chocante* (incorrecto), *ofensivo; horrible*».

shocking V. *shock.*

shogun Es incorrecto; se escribe *sogún;* gobernador japonés.

shorts Voz inglesa; dígase *pantalones cortos.*

show Voz inglesa; dígase *espectáculo, función, exhibición.* En lugar de *showman,* dígase *presentador, animador.*

showman V. *show.*

si, sí No se acentúa cuando es conjunción («*si* viene, saldremos; no sé *si* están»), ni cuando es nota musical (v. *re*). Se acentúa cuando es adverbio de afirmación («¿eres tú?» «*Sí*»); «eso *sí* que no se hace»; cuando va sustantivado («el *sí* de las niñas; la novia le dio el *sí*»); cuando es pronombre reflexivo («se dijo a *sí* mismo; lo guarda para *sí*; volvió en *sí*»). El plural de *si* (adverbio de afirmación que puede usarse sustantivado con el artículo) es *síes* (los *síes*, no los *sís*). «He vuelto en *sí*», incorrecto, es «he vuelto en *mí*».

Siam Hoy es Tailandia. El natural de este país es el *siamés (sa).*

siamés (sa) V. *Siam. Hermanos siameses* son «hermanos que nacen unidos por alguna parte de sus cuerpos».

sibarita, sibarítico, sibaritismo, Sibelius, Siberia, siberiano (na), sibil, sibila, sibilante, sibilino, sibucao.

sic Voz latina que significa «así, de esta manera». Está admitida en nuestra lengua y se usa por lo general entre paréntesis (sic), sin punto, para indicar que una palabra o frase es textual, aun siendo de apariencia inexacta.

sicalipsis Admitido por la Academia; dígase también *pornografía.* De igual forma, *sicalíptico* es *pornográfico.*

sicalíptico V. *sicalipsis.*

sicambro (bra), sicamor, sicario, sicigia, Sicilia, siciliano (na), siclo.

sico- V. *psico-.*

sicoanálisis Admitido, pero es mejor *psicoanálisis.* También se admite *psicoanalista* y *sicoanalista.*

sicodélico Es correcto, pero es mejor *psicodélico.*

sicofanta, (2), sicofante (1).

sicofísica, sicología, sicológico (ca), sicólogo Se admiten estas voces, pero son preferentes las mismas con *p* (*psicofísica, psicología,* etcétera.).

sicomoro Es lo correcto actualmente. Antes era *sicómoro.*

sicópata, sicopatía, sicosis, sicoterapia, sicrómetro V. *sicofísica.*

SIDA Acrónimo de Síndrome de Inmunodeficiencia Adquirida. Puede escribirse también sida, con minúsculas.

sidecar Admitido: «Cochecillo provisto de una rueda, que se une a las motocicletas.»

sideral, sidéreo (rea), siderita, siderosa, siderosis, siderurgia, siderúrgico, Sidi Ifni, Sidón, sidonio (nia), sidra, sidrería, siega, siembra, Siembra, Siemens.

siempre «Continúo *siempre* en el mismo empleo» es incorrecto; dígase «*aún* continúo...». «*Siempre y cuando* que», es mejor, «*siempre que*». Admitido: *por siempre, siempre jamás.*

siempreviva, sien, sienita, Sienkiewicz, sierpe.

sierra Con minúscula: Voy a *la sierra, la sierra* de Gredos, *la sierra* de Guadarrama. Con mayúscula: *Sierra Morena, Sierra Nevada, Sierra Leona.*

siervo, siervo de la gleba, sieso, siesta, siesta (dormir, echar la), siete.

*sietecientos Incorrecto, es *setecientos.*

sieteenrama, (1), sietelevar, sietemesino (na), sietenrama (2), sieteñal, sifilocomio, sifílides, sífilis, sifilítico (ca), sifilografía, sifilográfico (ca), sifilógrafo (fa), sifiloma, sifón, sifosis, sifué, Sigfrido, sigi-

lación, sigilar, sigilo, sigilografía, sigiloso (sa).

sigla (s) Letras iniciales que se emplean como abreviatura de una palabra: ONU (Organización de las Naciones Unidas). No suele llevar puntos, a diferencia de las abreviaturas (V. *abreviatura.*) Las siglas y abreviaturas de organismos internacionales figuran en el Apéndice II.

siglo Admitido: *siglo de oro, por los siglos de los siglos.*

sigma, sigmoideo (dea) (*sigmóideo), signáculo, signar, signatario (ria), signatura, signífero (ra), significación, significado (da), significador (ra).

*significancia Es incorrecto; dígase *significación.*

significante, significar, significativo (va).

signo Signos de puntuación, v. *puntuación (signos de).* Admitido: *signo menos, s. negativo, s. más, s. positivo.*

Sigüenza El natural de esta ciudad de la provincia de Guadalajara es el *seguntino (na).*

siguiente, sijú, *sikhs, Sikiang, Sikkim, Sikoku, Sikorsky.

sílaba Es «una o varias letras que se pronuncian en una sola emisión de voz». Al dividir una palabra al fin de una línea debe tenerse en cuenta la agrupación silábica (ma-re-áis, sa-lí-an). No debe dejarse aislada una vocal (a-hora).

silabar, silabario, silabear, silabeo, silábico (ca), sílabo, silanga, silba, silbador (ra), silbante, silbar, silbatina, silbato, silbido, silbo, silbón, silboso (sa), silenciador (ra), silenciar, silenciario (ria), silenciero (ra), silencio, silencioso (sa).

silente Está admitido; significa «silencioso, tranquilo, sosegado».

silepsis, Silesia, silesiano (na), silesio (sia).

sílex V. *sílice.*

sílfide, silfo, silga, silgar, silguero.

silicato V. *sílice.*

sílice Es femenino, *la sílice;* es una combinación del silicio con el oxígeno. El *silicio* (masculino) es un elemento no metálico. El *sílex* o pedernal es una variedad de cuarzo. El *silicato* es una sal del ácido silícico. No confundir.

silíceo (cea), silícico (ca).

silicio V. *sílice.*

silicosis, silicua, silícula, silo, Siloé, silogismo, silogístico (ca), silogizar, silueta, siluetear, siluriano (na), silúrico (ca), siluro, silva, Silva, silvano, Silvela, Silverio, silvestre, Silvestre, silvícola, silvicultor, silvicultura, silvoso.

silla Admitido: *silla de montar, s. de manos, s. eléctrica, silla gestatoria.*

sillada, sillar, sillarejo, sillería, sillero (ra), silleta, silletazo, silletero, sillín, sillón, sima, simarubáceo, simbionte, simbiosis, simbiótico (ca), simbólico (ca), simbolismo, simbolista, simbolizable, simbolización, simbolizante, simbolizar.

símbolo Símbolos de los elementos químicos, v. *elementos.*

simbología, Simeón, simétrico (ca), simia, símico (ca), simiente, simienza, simiesco (ca), símil (masculino), similar.

*similaridad** Es incorrecto; dígase *similitud.*

similicadencia, similitud, similitudinario (ria), similor, simio (mia), simón, Simón, simonia, simoníaco (ca) (1), simoniaco (ca) (2).

*simoun** Incorrecto; dígase *simún* (viento de África).

*simpar** «Un escritor *simpar*» es incorrecto; dígase *«sin par».*

simpatía, simpático (ca), simpaticón, simpatizador (ra), simpatizante, simpatizar, simplemente, simpleza, simplicidad, simplicísimo (ma), simplicista, simplificable, simplificación, simplificador (ra), simplificar, simplísimo (ma), simplismo, simplista, simplón.

simposio Es lo correcto, y no *simpósium,* latinismo innecesario.

*simpósium** V. *simposio.*

simulación, simulacro, simuladamente, simulador (ra), simular, simultáneamente, simultanear, simultaneidad, simultáneo (nea), simún (admitido).

sin Preposición que indica carencia o falta de alguna cosa («está *sin* recursos»).

sin- Prefijo de origen griego que denota «unión» o «simultaneidad» *(sincrónico).*

sinagoga, Sinaí, sinalagmático (ca).

sinalefa Unión silábica de la vocal final de un vocablo y la inicial del siguiente *(estotro: esto otro).*

sinalefar, sinapismo, sinapsis, sinarquia, sinartrosis.

sincerar(se) Uso de preposiciones: sincerarse *ante* un amigo; s. *con* otro.

sinceridad, sincero (ra), sinclinal.

síncopa Figura de dicción por la que se suprimen uno o más sonidos de un vocablo *(navidad,* por *natividad).* No confundir con *síncope:* «Pérdida repentina del conocimiento.»

sincopado (da), sincopal, sincopar.

síncope V. *síncopa.*

sincopizar, sincrético, sincretismo, sincronía, sincrónico (ca), sincronismo, sincronización, sincronizar, sindáctilo, sindéresis, sindicable, sindicación, sindicado, sindicador (ra), sindical, sindicalismo, sindicalista.

*sindicalizar** Es incorrecto; dígase *sindicar(se):* entrar a formar parte de un sindicato.

sindicar, sindicato, sindicatura, síndico, síndrome.

sinécdoque Figura de retórica que consiste en tomar una parte por el todo, el género por la especie, o viceversa: *el pan,* por toda clase de alimento; *el bronce,* por el cañón o la campana.

sinecura «Empleo retribuido que ocasiona poco trabajo.»

sine die Locución latina; indica aplazamiento sin fecha determinada.

sin embargo Siempre separado, nunca junto.

sine qua non (condición) Locución latina que se emplea para referirse a algo que no es posible sin una condición determinada.

sinéresis Contracción de dos sílabas en una sola (*aho-rrar* por *a-ho-rrar*).

sinergia, sinérgico (ca), sinestesia.

sinfín Junto, cuando significa «infinidad, sinnúmero» («un *sinfín* de acontecimientos»). *Sin fin* es «algo que no tiene término» («un desfile *sin fin*»).

sinfisandrios, sínfisis, sínfito, sinfonía, sinfónico (ca), sinfonista, singa, singalés.

*Singapore Nombre inglés; dígase *Singapur,* correcto.

singar, singenésicos, singladura, singlar.

single En marina, es cierto cabo. En tenis, en vez de *single* debiera decirse *individual,* ya que la otra modalidad (por parejas) es *dobles.*

singlón, singular, singularidad.

singularizar(se) Uso de preposiciones: Singularizarse *con* alguno; s. *en* todo; s. *entre* los suyos; s. *por* su traje.

singulto, sinhueso, siniestra, siniestrado (da) (*siniestrar), siniestro (tra), sinistrórsum, Sinkiang.

sinnúmero Junto cuando significa «número incalculable» («un *sinnúmero* de bajas»). Separado, *sin número,* es «que carece de número» («José se ha quedado *sin número*»).

sino Escrito junto es sustantivo o conjunción («no es pequeño, *sino* grande; era su *sino*»). Separado, es conjunción condicional (si) y adverbio de negación (no) («*si no* viene, iré yo»). En este último caso es posible intercalar un pronombre (si *él* no viene), para evitar dudas.

sinoble, sinocal, sinoco (ca), sinodal, sinodático, sinódico (ca), sínodo, sinología, sinólogo, sinonimia.

sinónimo (ma) Dícese de los vocablos que tienen igual o muy parecida significación (*obeso, gordo, grueso*).

sinopense, sinópico, sinople, sinopsis, sinóptico (ca), sinovia, sinovial, sinovitis.

sinrazón Escrito junto cuando es una «acción fuera de lo razonable» («la *sinrazón* de su proceder»). Separado, en «*sin razón* no se puede discutir».

sinsabor Se escribe junto cuando es «pesar, pesadumbre» («los *sinsabores* de la vida»). Separado, «un vino *sin sabor*».

*sinsombrerista Incorrecto; debe decirse *que no usa sombrero.*

sinsonte, sinsubstancia, sintáctico (*sintáxico).

sintaxis Parte de la gramática que enseña a ordenar y enlazar las palabras para formar oraciones.

síntesis, sintético (ca), sintetizable, sintetizador (ra), sintetizar, sintoísmo, síntoma, sintomático (ca), sintonía, sintónico (ca), sintonismo, sintonización, sintonizador, sintonizar, sinuosidad, sinusoidal, sinusoide, sinuoso (sa), sinusitis, sinvergonzón (na), sinvergonzonada, sinvergonzonería, sinvergüencería.

sinvergüenza Junto, cuando es «pícaro, ladrón» («era un *sinvergüenza*»). Separado, en «los hay *sin vergüenza* y sin honor».

Sión, sionismo, sionista.

*sioux Tribu india de América del Norte. También se dice *siux;* ninguna de las dos voces está recogida en el Diccionario académico.

sipia Es mejor *jibia* (1) o *sepia* (2).

siquiatra Admitido por la Academia, que prefiere *psiquiatra.*

siquiatría, síquico Se admiten estas voces, lo mismo que *siquiatra,* pero son preferentes con p (*psiquiatría,* etc.).

siquiera «Ni tan *siquiera* dijo gracias», es mejor «ni *siquiera* dijo gracias». «No dijo gracias, *ni siquiera*», es «no dijo gracias, *siquiera*».

*sir Voz inglesa; equivale a nuestro «señor, don». Tratamiento aplicado al caballero inglés. Siempre con minúscula («llegó *sir* John»). No confundir con *sire* (voz francesa), tratamiento que se daba a los reyes de Francia.

Siracusa, siracusano (na).

*sire V. *sir.*

sirena, sirenio, sirga, sirgar, sirgo, sirguero.

Siria El natural de este país del

Próximo Oriente es el *sirio (ria);* también *siriaco* y *siriano.*

siriaco, (1), **siríaco** (2), **siriano (na).**

*sirimiri Es voz regional; dígase «llovizna, calabobos».

siringa, siringe, sirio (ria), Sirio, sirle, siroco (admitido).

*sirope Incorrecto; dígase *jarabe.*

sirte «Bajo de arena», es femenino *(la sirte).*

sirvienta Es el femenino de sirviente: *la sirvienta; la sirviente* es incorrecto.

sirviente El femenino es *sirvienta* (v.).

sisa Admitido: «Parte que se hurta; sesgadura del vestido.»

sisador (ra), sisal, sisallo, sisar, sisear, Sisebuto, Sisenando, siseo, sisero, Sísifo (*Sisifo), sisimbrio, sísmico (ca).

sismo También se acepta *seísmo,* que es voz preferente.

sismógrafo, sismología, sismológico (ca), sismómetro, sisón (na).

sistema Admitido: *sistema cegesimal, s. métrico decimal, s. periódico, s. solar, s. planetario.*

sistemáticamente, sistemático (ca), sistematización, sistematizar, sistémico, sístilo.

sístole Es femenino, *la sístole,* no *el sístole.*

sistólico (ca), sistro, sitácida, sitacismo.

sitacosis Admitido; es preferente *psitacosis.*

sitiado (da), sitiador (ra), sitial, sitiar, sitio, sito (ta), situación, situado (da).

situar(se) Uso de preposiciones: Situarse *en* el fondo.

*siux V. *sioux.*

*skating Voz inglesa; significa «patinaje».

*sketch Voz inglesa; es *sainete, escena corta; bosquejo.*

*ski Voz inglesa; dígase *esquí* (v.), admitido. De igual forma, *skiar* es esquiar.

*slacks Voz inglesa; dígase *pantalones largos.*

*slalom Voz inglesa; dígase *prueba de descenso con esquís.*

*slang Voz inglesa; dígase *jerga, caló, jerigonza.*

*sleeping-car Voz inglesa; dígase *coche cama.*

*slide Voz inglesa; dígase *diapositiva, placa.*

*slip Voz inglesa; dígase *calzoncillos cortos.*

*slogan Voz inglesa; dígase *lema, frase publicitaria.*

*sloop Voz inglesa; dígase *barco pequeño de un solo palo.*

*smart Voz inglesa; dígase *elegante.*

*smash Voz inglesa; en tenis, es *golpe fuerte, remate.*

*smog Voz inglesa; es *niebla densa, tóxica.*

*smoking Voz inglesa; dígase *esmoquin* (admitido).

*snack Voz inglesa; dígase *refrigerio, tentempié, piscolabis.*

*snack-bar Voz inglesa; dígase *cafetería, bar.*

*snob Voz inglesa; dígase *cursi, afectado, pedante, petimetre.* Se admite *esnobismo* (admiración por todo lo que está de moda), pero no *snobismo* (anglicismo).

*snobismo Dígase *esnobismo.* (V. *snob.*)

so, soalzar, soasar, soba, sobacal, sobaco, sobador, sobacuno, sobadero (ra), sobado (da), sobadura, sobajadura, sobajamiento, sobajar, sobajear, sobajeo, sobanda, sobaquera, sobaquillo, sobaquina, sobar, sobarba, sobarbada, sobarbo, sobarcar, sobeo, soberanear, soberanía, soberanidad, soberano (na), soberbio (bia), soberbioso (sa), sobermejo (ja), sobina, sobo, sobón (na), sobordo, sobornable, sobornación, sobornado (da), sobornador (ra), sobornal, sobornante, sobornar, soborno.

sobra Es «demasía o exceso». *Sobras* es «lo que sobra». *De sobras* es incorrecto; dígase «de *sobra*» (con exceso).

sobradamente, sobradar, sobradillo, sobrado (da), sobrancero, sobrante, sobrar, sobrasada, sobrasar.

sobre Preposición que significa «encima de» («lo puso *sobre* la silla»), y algunos otros sentidos. Incorrecciones: «Eligieron a uno *sobre* cada diez», incorrecto, es «eligieron a uno *de* cada diez». «En nueve casos *sobre* diez» es «en nueve casos *de* diez». «Habló *sobre* el nuevo edificio», se presta a confusión, dígase «habló *acerca* del nuevo edificio».

sobre- Prefijo que intensifica el significado de la palabra con que se combina: *sobrealimentar.*

sobreabundancia, sobreabundante, sobreabundar, sobreaguar, sobreagudo (da), sobrealiento, sobrealimentación, sobrealimentar, sobrealzar, sobreañadir, sobreañal, sobrearar, sobrearco.

sobreasada Admitido; mejor *sobrasada.*

sobreasar, sobrebarato (ta), sobrebarrer, sobrebeber, sobrecalza, sobrecama, sobrecaña, sobrecarga, sobrecargar, sobrecargo, sobrecaro (ra), sobrecarta, sobrecartar, sobrecebadera, sobrecédula, sobreceja, sobrecejo, sobrecelestial, sobrecenar, sobreceño, sobrecerco, sobrecerrado (da), sobrecielo, sobrecincha, sobrecincho, sobreclaustro, sobrecogedor, sobrecoger, sobrecogimiento, sobrecomida, sobrecopa, sobrecrecer, sobrecreciente, sobrecruz, sobrecubierta, sobrecuello, sobrecurar, sobredezmero, sobredicho (cha), sobrediente, sobredorar, sobreedificar, sobreempeine.

sobreentender, sobreesdrújulo (la) Están admitidas estas dos voces, lo mismo que *sobreexceder,* pero se las prefiere con una sola *e* (*sobrentender,* etc.).

*sobreestimar Es incorrecto; sólo se escribe *sobrestimar.*

sobreexceder V. *sobreentender.*

sobreexcitación, sobreexcitar Aunque se admiten con una sola *e* (*sobrexcitación,* etc.), son preferentes con dos *es.*

sobrefalda, sobrefaz, sobreflor, sobrefusión, sobreganar, sobregirar, sobregiro, sobreguarda, sobrehaz, sobreherido (da), sobrehilado, sobrehilar, sobrehílo, sobrehueso.

sobrehumano (na) Admitidos: *esfuerzo sobrehumano, energía sobrehumana.*

sobreintendencia, sobrejalma, sobrejuanete, sobrelecho, sobreltado, sobrellave, sobrellenar, sobrelleno (na), sobrellevar, sobremanera, sobremano, sobremesa, sobremesana, sobremodo, sobremuñonera, sobrenadar, sobrenatural, sobrenjalma.

sobrenombre Los sobrenombres y seudónimos se escriben sin comillas, con letra corriente (redonda) e inicial mayúscula («estaba allí Azorín»). En cursiva, si siguen al nombre verdadero de la persona («estaba allí José Martínez Ruiz *Azorín*»; «triunfó Gonzalo de Córdoba *el Gran Capitán*»). En cambio los sobrenombres de los reyes van con letra corriente (redonda): Alfonso X el Sabio.

sobrentender Se admite *sobre entender,* pero es mejor la primera voz.

sobrepaga, sobrepaño, sobreparto, sobrepasar, sobrepeine, sobrepelo, sobrepelliz (femenino), sobrepié, sobrepintarse, sobreplán.

sobreponer Verbo irregular que se conjuga como *poner* (v.) (sobrepongo, sobrepones, sobreponemos, etcétera).

sobreprecio, sobreproducción, sobrepuerta, sobrepuesto (ta), sobrepujamiento, sobrepujante, sobrepujanza, sobrepujar, sobrequilla, sobrero (ra), sobrerronda, sobrerropa, sobresalienta, sobresaliente.

sobresalir Verbo irregular que se conjuga como *salir* (v.) (sobresalgo, sobresales, sobresale, etc.). Uso de preposiciones: Sobresalir *en* mérito; s. *entre* todos.

sobresaltar(se) Uso de preposiciones: Sobresaltarse *con, de, por* la noticia.

sobresalto, sobresanar, sobresano, sobrescribir, sobrescrito (ta).

sobresdrújulo (la) Se admite *sobreesdrújulo (la),* pero es preferente con una *e.* Es *sobresdrújula* la voz cuya acentuación recae en la sílaba anterior a la antepenúltima (llévaselo, lícitamente). Se acentúa siempre.

sobreseer Es lo correcto, y no *sobreseír* (incorrecto). Uso de preposiciones: Le han sobreseído *en* el proceso.

sobreseimiento.

***sobreseír** V. *sobreseer.*

sobresello, sobresembrar, sobreseñal, sobresolar, sobrestadía, sobrestante, sobrestantía, sobrestimar, sobresueldo, sobresuelo, sobretarde, sobretendón, sobretercero.

sobretodo Junto es «prenda de vestir, gabán». Separado, en *«sobre todo*, no hagas eso».

sobreveedor, sobrevenida.

sobrevenir Verbo irregular que se conjuga como *venir* (v.). Suele usarse sólo en las terceras personas de todos los tiempos (sobrevenía, sobrevendrá, sobrevino, etcétera).

sobreverterse, sobreveste, sobrevestir, sobrevidriera, sobreviento, sobrevista, sobreviviente, sobrevivir, sobrevolar (admitido), **sobrexcedente, sobrexceder.**

sobrexcitación, sobrexcitar Admitidos, pero son preferentes *sobreexcitación* y *sobreexcitar* (con dos *es*).

sobriedad, sobrinazgo, sobrino (na), sobrio (bria), socaire, socairero, socaliña, socaliñar, socaliñero (ra), socalzar, socapa, socarra, socarrar, socarrén, socarrena, socarrina, socarro, socarrón, socarronería, socava, socavación, socavar, socavón, socaz, socia, sociabilidad, sociable, social, socialismo, socialista, socialización, socializador (ra), socializar.

sociedad Admitido: *sociedad anónima, s. comanditaria* (o *en comandita*), *sociedad de consumo, s. de responsabilidad limitada, buena sociedad* (personas que se distinguen por su cultura y finos modales), *mala sociedad.*

societario (ria), socio (cia), sociocultural, sociolingüística, sociología, sociológico (ca), sociólogo (ga), sociometría, socolor, soco-llada, socollar, socoro, socorredor (ra), socorrer.

socorrido «Un truco muy *socorrido*» es incorrecto; dígase «muy *visto*». Otras veces es «muy *de moda*, muy *usado*».

socorrismo, socorrista Voces admitidas. *Socorrismo* es «organización para prestar *socorro* en accidentes».

socorro, socorro (casa de), Sócrates, socrático (ca), socrocio, sochantre.

soda Es «sosa, óxido de sodio». También significa «gaseosa, bebida refrescante, efervescente y sin alcohol».

sódico (ca), sodio, Sodoma (y Gomorra), sodomía, sodomita, sodomítico (ca), soez.

sofá El plural es *sofás*, no *sofáes*. Hoy se tiende a escribir «los *sofás camas*», y no «los *sofás cama*».

sofaldar, sofaldo, sofí, Sofía, sofión, sofisma, sofista, sofistería, sofisticación.

sofisticado (da) «Una mujer *sofisticada*» es correcto. *Sofisticar* también es «adulterar con sofismas, engañar; falsificar». En el ejemplo anterior dígase también «una mujer *mundana*» (o *desenvuelta*, o *cosmopolita*).

sofisticar, sofístico (ca), sofito, soflama, soflamar, soflamero, sofocación, sofocador (ra), sofocante, sofocar, sofocleo (clea), Sófocles, sofoco, sofocón, sofoquina, sófora.

sofreír Verbo irregular que se conjuga como *reír* (v.) (sofrío, sofríes, sofreímos, etc.).

sofrenada, sofrenar, sofrito.

***software** Programa de computadora.

soga, soguería, soguero, soguilla.

según Admitido; «gobernador del Japón». Es incorrecto *shogun.*

***soi-disant** Expresión francesa; dígase *el que dice ser, el pretendido, el supuesto. El sedicente* (v.) es correcto.

***soirée** Voz francesa; dígase *velada, reunión, tertulia, sarao, fiesta de sociedad.* También es «tarde» (sustantivo).

soja También se admite *soya,* más eufónico, pero admitido en segundo término.

sojuzgador (ra), sojuzgante.

sol Como nota musical (v. *re*). *Sol* se escribe con mayúscula cuando se alude claramente al astro («los planetas giran en torno al *Sol*»). En otros casos se escribe con minúscula («estaba tomando el *sol*; un reloj de *sol*; hace mucho *sol*»), y no suele llevar artículo. El diminutivo de *sol* es *solecito,* no *solito.* Expresiones admitidas: *reloj de sol* (orientado), *al sol naciente, tomar el sol, de sol a sol, no dejar a sol ni a sombra.*

solada, solado, solador, soladura, solamente, solana, solanáceo (cea), solanera, solanina, solano, solapa, solapado (da), solapamiento, solapar, solape, solapo.

solar Verbo irregular; significa «echar suelos, revestir el suelo», y se conjuga como *contar* (v.) (suelo, suelas, suela, solamos, soláis, suelan).

solariego (ga).

*****solarium** No es voz admitida, y tampoco *solario* (se usa en América). Es «lugar donde se toma el sol».

solaz.

solazar(se) Uso de preposiciones: Solazarse *con* fiestas; s. *en* banquetes, s. *entre* amigos.

solazo, solazoso (sa), soldada, soldadero (ra), soldadesco (ca), soldado, soldador, soldadote, soldadura, soldán.

soldar Verbo irregular que se conjuga como *contar* (v.) (sueldo, sueldas, soldamos, etc.).

soleamiento, solear.

solecismo Falta de sintaxis, error contra la exactitud o la pureza de la lengua. Así, por ejemplo: «El hombre entraba y salía de la casa» es solecismo por «el hombre entraba a la casa y salía de ella».

solecito Es el diminutivo correcto de *Sol,* y no *solito.*

soledad, soledoso (sa), soledumbre, solejar, solemne, solemnidad, solemnizador (ra), solemnizar, solenoide, sóleo.

soler Verbo irregular defectivo. Se conjuga como *mover* (v.). sólo se usa en el presente y el imperfecto de indicativo, y en el presente de subjuntivo (suelo, solía, suela).

solera Admitido como «carácter tradicional de cosas y usos».

solercia, solería, solerte, soleta, soletar, soletear, soletero, solevación, solevamiento, solevantado (da), solevantamiento, solevantar, solevar, solfa, solfatara, solfeador (ra), solfear, solfeo, solferino (na), solfista, solicitación, solicitador (ra), solícitamente, solicitante, solicitar, solícito (ta), solicitud, solidar, solidaridad, solidario (ria), solidarizar, solideo, solidez, solidificación, solidificar, sólido (da), soliloquiar, soliloquio, Solimán, solimitano (na), Solingen, solio, solípedo, Solís.

solista Se admite *el solista* y *la solista* (piano, etc.).

solitaria, solitario, sólito (ta), soliviadura, soliviantado (da), soliviantar, soliviar, solivio, solivión.

solo (la) Se acentúa cuando es adverbio y puede ser sustituido por *solamente* («sólo tengo un lápiz; tan sólo él puede ganar»). No se acentúa cuando es adjetivo («uno *solo;* lo hizo en un *solo* día»); tampoco cuando es un solo musical («tocaba un *solo* de violín»). Incorrecciones: «El *solo* recurso que tiene»; dígase *el único...*».

solomillo, solomo, Solón, Solsona, solsonense, solsticio, soltadizo (za), soltador (ra).

soltar(se) Verbo irregular que se conjuga como *contar* (v.) (suelto, sueltas, soltamos, etc.).

soltería, soltero (ra), solterón (na), soltura, solubilidad, soluble, solución, solucionar, solutivo (va), solventar, solvente, solla, sollado, sollamar, sollastre, sollastría, Sóller, sollo, sollozante, sollozar, sollozo.

soma Es «la totalidad de la materia corporal de un organismo vivo»; término de medicina admitido.

Somalia Es lo correcto, y no *So-*

malía. En inglés, *Somaliland* era la antigua *Somalia* británica.

*Somaliland V. *Somalia.*

somanta, somatén, somatenista, somático (ca), somatología.

sombra Admitido: *sombras chinescas, a la s.* (en la cárcel), *hacer s., tener buena* (o *mala*) *sombra.*

sombraje, sombrajo, sombrar, sombreado, sombreador (ra), sombrear, sombrerada, sombrerazo, sombrerera, sombrerería, sombrerero, sombrerete, sombrerillo.

sombrero Admitido: *sombrero apuntado, s. calañés, s. cordobés, s. de copa, s. de jipijapa, s. de teja, s. de tres picos, s. tricornio, s. flexible, s. hongo.*

sombría, sombrilla, sombrillazo, sombrío (bría), sombroso (sa), somera, somero, Somerset Maugham, someter, sometimiento.

somier Admitido por la Academia. Es incorrecto *sommier.*

somn- Prefijo que significa «sueño» *(somnolencia).*

somnífero (ra), somnílocuo (cua).

somnolencia V. *soñolencia.*

*somnoliento Incorrecto; dígase *soñoliento.* (V. *soñolencia.*)

somontano, somonte, somorgujador, somorgujar, somorgujo, son, sonable, sonadera, sonadero, sonado (da), sonador (ra), sonaja, sonajear, sonajero, sonambulismo, sonámbulo (la), sonante, sonantico.

sonar Verbo irregular que se conjuga como *contar* (v.) (sueno, suenas, sonamos, etc.). Uso de preposiciones: Sonar una cosa *a* hueco; sonar *en, hacia* tal parte. Admitido: *como suena, me suena, sonar bien* (o *mal*). Como «aparato para detectar la presencia de submarinos», la Academia escribe *sonar* (acentuado como *volar*), sin acento. Es incorrecto «*sonar* las horas (el reloj)», dígase «*dar* las horas». «*Sonar* el arpa» suele ser galicismo, aunque en cierto modo lo admita la Academia; es mejor «*tocar* el arpa» (o el piano, etc.).

sonata, sonatina, sonda, sondable.

*sondaje Es incorrecto; dígase *sondeo.*

sondaleza.

sondar, sondear Aunque la Academia no hace distinciones, *sondar* suele ser «emplear la sonda», mientras que *sondear* es «inquirir con cautela la intención de alguno».

sondeo, sonecillo, sonetear, sonetico, sonetillo, sonetista, sonetizar, soneto, sonido, sonio, soniquete, sonlocado, sonochada, sonochar, sonómetro, sonoridad, sonorización, sonorizante, sonorizar, sonoro (ra).

sonreír(se) Verbo irregular que se conjuga como *reír* (v.) (sonrío, sonríes, sonreímos, etc.).

sonriente, sonrisa, sonrisueño (ña), sonrodarse, sonrojar(se), sonrojear, sonrojo, sonrosar, sonrosear, sonroseo, sonsaca, sonsacador, sonsacamiento, sonsacar, sonsaque, sonsonete, soñador (ra), soñante.

soñar Verbo irregular que se conjuga como *contar* (v.) (sueño, sueñas, soñamos, etc.). Uso de preposiciones: Soñar *con* leones; soñar *en* una vida mejor. Admitido: *ni soñarlo, soñar despierto.*

soñarrera, soñera.

soñolencia También se admite *somnolencia,* voz más usada; en cambio, sólo se acepta *soñoliento,* y es incorrecto *somnoliento.*

soñoliento Admitido. (V. *soñolencia.*)

sopa Admitido: *sopa boba, s. de hierbas* (o *s. juliana*), *sopas de ajo, hecho una sopa, dar sopas con honda* (no «con *onda*»).

sopaipa, sopalancar, sopalanda, sopanda, sopapear, sopapina, sopapo, sopar, sopear, sopeña, sopera, sopero, sopesar, sopetear, sopeteo, sopetón, sopicaldo, sopista, sopitipando, sopladero, soplado (da), soplador (ra), sopladura, soplamocos, soplante, soplar, soplete, soplido, soplillo, soplo, soplón (na), soplonear, soplonería, sopón, soponcio, sopor,

soporífero (ra), soporoso (sa), soportable, soportador (ra), soportal, soportante, soportar, soporte, soprano, sopuntar.

sor Voz que equivale a *hermana* y se usa precediendo al nombre de las religiosas (*sor* María); siempre minúscula.

sorbedor (ra), sorber, sorbete, sorbible, sorbo, sorche, sorda, sordera, sordidez, sórdido (da), sordina, sordino.

sordo (da) Uso de preposiciones: Sordo *a* las voces; s. *de* un oído.

sordomudez, sordomudo (da), sordomudos, sordón, sorgo, Soria, soriano (na), sorites, sorna, sornar, soro, Sorolla, sóror, sororal, Sorozábal, sorprendente, sorprender, sorpresa, sorra, sorregar, Sorrento, sorriego, sorrostrada, sorteable, sorteador (ra), sorteamiento, sorteante, sortear, sorteo, sortero (ra), sortiaria, sortija, sortijero, sortijilla, sortijón, sortijuela, sortilegio, sortilego (ga).

sos- Prefijo que equivale a *sub* (*sostenimiento*).

sosa, sosacador (ra), sosaina, sosal, sosar, sosedad, sosegado (da), sosegador (ra).

sosegar Verbo irregular que se conjuga como *acertar* (v.) (sosiego, sosiegas, sosegamos, etcétera).

sosera, sosería, sosero.

sosia Es lo correcto (acentuación prosódica en la *o*), y no *sosías* ni *sosía* (no admitidos).

sosiega, sosiego, soslayar, soslayo (ya), soso (sa), sospecha, sospechable, sospechar, sospechoso (sa), sosquín, sostén, sostenedor (ra).

sostener(se) Verbo irregular que se conjuga como *tener* (v.) (sostengo, sostienes, sostenemos, etc.).

sostenido (da), sosteniente, sostenimiento.

sota- Prefijo que equivale a «bajo» (*sotavento*).

sotabanco, sotabarba, sotabasa, sotacola, sotacoro, sotalugo, sotaministro, sotamontero, sotana, sotanear, sotanilla, sótano, sotar, sotaventarse, sotaventearse, sotavento, sotechado, soteño (ña),

soteriología, soteriológico, soterramiento.

soterrar Verbo irregular que se conjuga como *acertar* (v.) (sotierro, sotierras, sotierra, soterramos, soterráis, sotierran, etcétera).

sotillo, soto, sotobosque.

*****sotto voce** Voz italiana; dígase *en voz baja.*

sotuer, soturno (na).

*****soufflé** Voz francesa; es un plato de consistencia esponjosa preparado al horno.

*****sound-track** Voz inglesa; dígase *banda de sonido.*

*****souper** Voz francesa; dígase *cena. Souper froid es cena fría.*

*****souteneur** Voz francesa; dígase *rufián, chulo* (admitidos).

*****souvenir** Voz francesa; dígase *recuerdo, objeto típico.*

soviet Admitido; se escribe sin acento, con acentuación prosódica en la *e*. No es *sóviet*. También se aceptan las voces *soviético (ca),* sovietización, sovietizar.

soviético (ca), sovietización, sovietizar Admitidos. (V. *soviet.*)

sovoz (a) «En voz baja y suave.»

soya Se admite, lo mismo que *soja,* pero ésta es preferente.

*****spaghetti** Voz italiana; dígase *espagueti* (admitido).

*****spahi** «Cierto soldado de caballería turca o de Argelia.» Dígase *espahí* (admitido).

*****sparring, *sparring-partner** (Inglés.) Boxeador que entrena a otro.

*****speaker** Voz inglesa; dígase *locutor, presentador.*

*****spécimen** Es incorrecto; dígase *espécimen* («muestra, modelo»). El plural es *especímenes* (no *espécimen* ni *especímenes*).

Spitzbergen También se dice *Spitzberg.*

*****spleen** Voz inglesa; dígase *tedio de la vida, melancolía.*

*****spoiler** (Inglés.) Faldón (de coche).

*****sport** Voz inglesa; debe decirse *deporte. Sportsman es deportista.*

*****spot** Término inglés; dígase «filme publicitario».

*****spray** Voz inglesa; dígase «aerosol (admitido), pulverizador, atomizador».

*sprint Voz inglesa; dígase «esfuerzo final» (en una carrera). *Sprintar* (incorrecto) es «acelerar».

*sputnik Voz rusa; significa «compañero de viaje», y en 3.ª acepción, *satélite*.

Sri Lanka.

Sta. Sólo es abreviatura de *santa*, nunca de *señorita* (Srta.).

stábat Himno dedicado a los dolores de la Virgen al pie de la cruz.

*stadium Es incorrecto, ya que existe la palabra castellana *estadio*, admitida. También puede decirse *campo deportivo*.

*staff Voz inglesa; dígase *directiva, personal directivo*.

*stajanovismo «Esfuerzo colectivo para incrementar la producción.» Tampoco se admite *stajanovista*.

*stajanovista V. *stajanovismo*.

Stalin Acentuación prosódica en la *a*; no es *Stalín*. No se admite *stalinismo* ni *estalinismo*, pero es mejor esta última. Lo mismo vale para *stalinista* y *estalinista*.

*stand Voz inglesa; dígase *puesto, caseta, pabellón, quiosco*.

*standard Término inglés; dígase *estándar* (admitido). También es *norma, tipo, patrón; corriente, uniforme*. *Standard de vida* es *nivel de vida*. *Standarización* o *standarización* es *uniformidad, elaboración uniforme*.

standardización, standarización V. *standard*.

*standing Voz inglesa; dígase *categoría, tren de vida, reputación, nivel*.

*star Término inglés; dígase *estrella* (de cine), *protagonista, actor, actriz*, según el caso.

*starter Voz inglesa; «dispositivo del carburador» que permite el arranque del motor.

*station-wagon Término inglés; dígase *camioneta, coche de cinco puertas, turismo camioneta*.

statu quo Locución latina admitida. Significa «estado actual de las cosas».

*status Voz latina; significa «situación, posición, estado legal».

*steak Voz inglesa; dígase *bisté*, también *bistec*, pero no *biftec*.

*steamer Término inglés; dígase *barco grande de vapor, transatlántico*.

*steeplechase Voz inglesa; dígase *carrera de obstáculos* (a caballo), *salto de vallas*.

-stenia Sufijo que significa «debilidad» *(astenia, neurastenia)*.

*stenotype Voz inglesa; tampoco se admite *estenotipo*, pero es término de construcción correcta. Existen *estenografía* y *estenotipia*.

*Stephen Nombre inglés al que corresponde *Esteban*.

*stereofónico Incorrecto; dígase *estereofónico*, admitido.

*steward, *stewardess Voces inglesas; dígase *camarero (ra), mayordomo*. En vez de *stewardess* dígase *azafata*.

*sténcil Anglicismo; es *papel perforado, estarcido*.

*stick *Bastón* o *palo* que usan los jugadores de hockey.

*stock Voz inglesa; dígase *existencias, reserva, depósito surtido, almacenamiento*.

*stop Voz que debe ser sustituida por *alto* (deténgase), *parada, detención*. En los telegramas es *punto*.

*store Voz inglesa; es *almacén, tienda; almacenar*.

*stout Voz inglesa; es *cerveza fuerte* (inglesa).

Stradivarius Familia constructora de los violines del mismo nombre. Algunos castellanizan el nombre del violín con la forma *estradivario*.

*Strasbourg En nuestra lengua se escribe *Estrasburgo*.

*strasse Es *calle* en alemán.

Strauss, Stravinsky.

*stress Voz inglesa; dígase *estrés* (admitido), *tensión, reacción*. También se acepta *estresante* (que produce estrés).

*strip-tease Voz inglesa; es el espectáculo en que una mujer se desnuda (en público).

*stud Voz inglesa; dígase «yeguada, caballeriza, caballos de carrera».

Stuttgart.

su, sus Adjetivo posesivo de tercera persona, masculino y femenino. Es el apócope de suyo (a), suyos (as) y se usa cuando va delante del nombre. Incorrecciones: «Luis regañó a Julia en su coche.» Debe aclararse en qué coche: «Luis regañó en su coche a Julia.» «Su libro se le cayó de las manos» es «el libro se le cayó de las manos».

Suabia También se escribe *Suavia*.

suarda, Suárez, suarismo, suasorio.

suástica Admitido recientemente; dígase mejor *esvástica;* no se acepta *svástica*.

suave, suavemente.

Suavia También se escribe *Suabia*.

suavidad, suavizador (ra), suavizante, suavizar(se).

sub- Prefijo que significa «bajo» *(subterráneo, subdelegado)*.

subacetato, subafluente, subalcaide, subalternante, subalternar, subalterno (na), subálveo (vea), subarrendador (ra), subarrendamiento, subarrendar, subarrendatario (ria), subarriendo, subasta, subastador, subastar, subclase, subclavero, subclavio (via), subcolector, subcomendador, subcomisión, subconciencia (2), subconsciencia (1).

subconsciente Es lo correcto, y no *subconciente*, no admitido. En cambio, se admite *subconciencia* y *subconsciencia* (preferente).

subconservador, subcostal, subcutáneo (nea), subdelegable, subdelegación, subdelegado (da), subdelegante, subdelegar, subdelirio, subdiaconado, subdiaconal, subdiaconato, subdirección, subdirector (ra), subdistinción, subdistinguir, súbdito (ta), subdividir, subdivisión, subdominante, subduplo (pla), subejecutor, subentender, subeo, suberina, suberoso, subespecie, subestimar, subfebril, subfiador, subfilo, subforo, subgénero, subgobernador, subida, subidero, subido (da), subidor, subiente, subilla, subimiento, subíndice,

subinspección, subinspector, subintendencia, subintendente, subintración, subintrante, subintrar.

subir «Voy *a subir arriba*» es incorrecto; basta con decir «voy *a subir*». Admitido: *ha subido el pan; subir la fiebre; la deuda sube a mil pesetas.*

súbitamente, subitáneo (nea), súbito (ta), subjefe, subjetividad, subjetivismo, subjetivo (va).

sub júdice Locución latina con que se indica que algo está pendiente de resolución, o que es discutible.

subjuntivo El modo subjuntivo es el que por lo general necesita unirse a otro verbo para tener un sentido cabal. Indica que una acción está subordinada a otra y que es dudosa, deseada, posible o necesaria *(yo volviera, tú vinieres).*

sublevación, sublevamiento, sublevar, sublimación, sublimado (da), sublimar, sublimatorio (ria), sublime, sublimidad, subliminal.

***sublimizar** Es incorrecto; dígase *sublimar*, cuando se quiere significar «engrandecer, ensalzar, exaltar».

sublingual, sublunar.

submarinismo.

submarinista Admitido. En la acepción corriente también es *buceador*.

submarino (na), submaxilar, submúltiplo (pla), subnitrato.

subnormal Admitido; «afectado de deficiencia mental».

subnota, suboficial, suborden, subordinación.

subordinado (da) En gramática, *subordinado* es todo elemento regido o gobernado por otro, como el adjetivo por el sustantivo, el nombre por la preposición, etc. A la inversa, es *subordinante* el que rige o gobierna a otro.

subordinante V. *subordinado*.

subordinar, Subótica, subprefecto, subprefectura, subproducto, subranquial, subrayable.

subrayar Las palabras que se subrayan en el original van en cursiva en lo impreso. Tanto *subra-yar*, como *subreino* y *subrogar*, se pronuncian con *r* fuerte, nunca con *r* débil. En cambio con *su-brepticio* ocurre a la inversa.

subreino, subrepción, subrepticio (cia), subrigadier, subrogación.

subrogar Uso de preposiciones: Subrogar una cosa *con, por* otra; s.

una cosa *en lugar de* otra. (V. *subrayar.*)

subsanable, subsanación, subsanar.

subscribir Se admite *suscribir*, sin *b*, pero para la Academia es preferente esta letra. Lo mismo ocurre con otras voces [*subs-cripción* (1), *suscripción* (2); *sub-stancia* (1), *sustancia* (2)]. El participio de *subscribir* es irregular *(suscrito).*

subscripción, subscripto, subscriptor, subscrito, subscritor V. *subscribir.*

subsecretaría, subsecretario (ria), subsecuente, subseguir, subsidiario (ria), subsidio, subsiguiente, subsistencia, subsistente.

subsistir Uso de preposiciones: Subsistir *con, del* auxilio ajeno.

subsolano, subsolar.

substancia, substanciación, substancial, substanciar, substancioso (sa), substantivación, substantivar, substantividad V. *subscribir.*

substantivo (va) El nombre o substantivo es una de las partes variables de la oración que designa personas, animales, cosas e ideas (Luis, Cervantes, Bilbao, mesa, gato, lluvia, felicidad). Por su significado los substantivos se dividen en *comunes* y *propios* (libro, Numancia). Por su formación, se dividen en *primitivos* y *derivados* (río, riachuelo; libro, librería), *simples* y *compuestos* (sala, antesala). Por la idea a que se refieren son *concretos* (piedra), *abstractos* (bondad), *colectivos* (legión, decena, bandada), *partitivos* (mitad, cuarto, centena), y *múltiplos* (doble, cuádruplo). También se distinguen *aumentativos* (ha-

chazo, mujerona), *diminutivos* (chiquillo, casita) y *despectivos* (mujeruca, villorrio).

substitución, substituible, substituidor (ra) V. *subscribir.*

substituir Verbo irregular que se conjuga como *huir* (v.) (substituyo, substituyes, substituimos, etc.). Uso de preposiciones: Substituir *a, por* alguno; s. una cosa *con* otra; s. un poder *en* alguno. Es más corriente la grafía *sustituir* que *substituir*, aunque se admiten ambas.

substitutivo, substituto (ta), substracción, substraendo, substractivo (va) V. *subscribir.*

substraer(se) Verbo irregular que se conjuga como *traer* (v.) (substraigo, substraes, substraemos, etc.). Uso de preposiciones: Substraerse *a, de* la obediencia. Se admite *substraer* y *sustraer.*

substrato Es lo correcto, y no *substratum*. Pero se acepta *sustrato.*

subsuelo.

*subte *(Amér.)* Tren subterráneo, metro.

subtender, subtenencia.

subteniente Admitido: En España es preferente la voz «segundo teniente».

subtensa, subtenso, subterfugio.

subterráneo (nea) Es lo «que está debajo de tierra»; no debe usarse con el sentido de «oculto, escondido, subrepticio».

subtipo, subtitular, subtítulo, suburbano (na).

*suburbial No está admitido; dígase *suburbano.*

suburbio, suburense, subvención, subvencionar.

subvenir Verbo irregular que se conjuga como *venir* (v.) (subvengo, subvienes, subvenimos, etc.).

subversión, subversivo (va), subversor (ra), subvertir.

*subway Voz inglesa; dígase *metro* (admitido, minúscula), *ferrocarril metropolitano, ferrocarril subterráneo.*

subyacente, subyugable, subyugación, subyugador, subyugante, subyugar.

*succès Voz francesa; dígase *éxito, triunfo.*

succino, succión, succionar, sucedáneo (nea), suceder, sucedido (da), sucediente, sucesible, sucesión, sucesivo (va).

suceso «El candidato obtuvo un gran *suceso*»; dígase mejor «...obtuvo un gran *éxito*» (o *triunfo*). También se admite, para *suceso*, el significado de «hecho delictivo o accidente desgraciado».

sucesor (ra), sucesorio (ria), suciedad, sucintamente, sucintarse, sucinto (ta), sucio (cia).

*suco Es barbarismo; dígase *jugo, zumo, caldo.*

Sucre, sucreño (ña), súcubo, sucucho, súcula, suculento (ta), sucumbiente, sucumbir, sucursal, súchil.

sud Admitido, pero se prefiere *sur* cuando va solo. En voces compuestas se prefiere *sud: sudamericano, sudoeste.* (V. *norte.*)

*Sudáfrica Es más correcto *África del Sur.* El natural de este país es el *sudafricano (na).*

Sudamérica Admitido. La Academia define *sudamericano* como «natural de *Sudamérica* o *América del Sur*»; vale decir que se da preferencia a la voz *Sudamérica.* También se llama *América Meridional.* Igualmente se admite *Suramérica* y suramericano.

sudamericano.

Sudán El natural de este país de África es el *sudanés (sa).*

sudante, sudar, sudario, sudatorio (ria).

sudeste, sudoeste Se admiten también *sureste* y *suroeste,* pero en segundo término. Se abrevian respectivamente *SE* y *SO.* Ambos son *puntos del horizonte,* no *puntos cardinales.* (V. *norte.*)

sudor, sudoral, sudoriento (ta), sudorífero (ra) (2), **sudorífico (ca)** (1), **sudorípara, sudoroso (sa).**

sudsudeste, sudsudoeste Véase *norte.*

Suecia, sueco (ca), suegra, suegro, suela, suelda, sueldacostilla, sueldo, suelo, suelta, suelto.

sueño Admitido: *sueño pesado, caerse de sueño, conciliar el sueño, coger el s., echar un s., en sueños, entre sueños, espantar el sueño.*

suero, sueroso (sa), sueroterapia.

suerte Admitido: *suerte de varas, caerle a uno la suerte, tocarle a uno en suerte, tocarle la suerte, de suerte que, echar suertes, echar a suerte.*

sueste V. *norte.*

suéter Es la voz admitida, y no *sweater* (voz inglesa). Es preferente el vocablo *jersey.*

suévico, suevo (va), Suetonio, Suez, sufete, Suffolk, sufí, suficiencia, suficiente.

sufijo En gramática es el afijo que va pospuesto (*-ito,* hombrecito).

sufismo, sufista.

*suflé V. *soufflé* (también incorrecto).

sufocación, sufocador (ra), sufocante, sufocar, sufra, sufragáneo (nea), sufragante, sufragar, sufragio, sufragismo, sufragista, sufrible, sufridera, sufridero (ra), sufrido (da), sufridor (ra), sufriente, sufrimiento, sufrir, sufumigación, sufusión.

sugerencia Es «insinuación, idea que se *sugiere*». No confundir con *sugestión:* «acción y efecto de *sugestionar*».

sugerente, sugeridor (ra).

*sugerimiento Es incorrecto; dígase *sugerencia.*

sugerir Verbo irregular que se conjuga como *sentir* (v.) (sugiero, sugieres, sugerimos, etcétera).

sugestión V. *sugerencia.*

sugestionable, sugestionador (ra), sugestionar, sugestivo (va), suicida, suicidarse, suicidio, suido.

sui géneris Expresión latina que significa «de su género o especie», y que se emplea para indicar que algo es de género o especie muy singular y excepcional.

*suite Incorrecto; dígase *apartamento* (en hotel), *habitaciones* (lujosas). En música es «serie, sucesión».

Suiza El natural de este país de Europa es el *suizo (za), helvético (ca),* o *helvecio (cia).*

suizo.

sujeción No escribir *sujección* (con dos *ces*), incorrecto.

sujetador (ra), sujetapapeles.

sujetar(se) Uso de preposiciones: Sujetar *por* el brazo; sujetarse *a* una cuerda.

sujeto (ta), sulfamida, sulfatación, sulfatado (da), sulfatador (ra), sulfatar, sulfato, sulfhídrico (ca), sulfito, sulfonal, sulfonamida, sulfurar, sulfúreo (rea), sulfúrico (ca), sulfuro, sulfuroso (sa), sulpiciano, Sulpicio, sultán.

sultana Es la mujer del *sultán*.

sultanato, sultanía, sultánico (ca).

suma «La *suma* del capital *más* los beneficios» es incorrecto; dígase siempre *con*, y no *más*: «La *suma* del capital *con* los beneficios.» Admitido: *en suma* (en resumen), *suma y sigue.*

sumaca, sumador (ra), sumando, sumar, sumaria, sumarial, sumariar, sumario (ria), sumarísimo (ma), Sumatra, Sumer.

*sumerger(se) Es incorrecto; dígase *sumergir(se).*

sumergible, sumergimiento, sumergir, Sumeria, sumerio, sumersión, sumidad, sumidero, sumiller, sumillería, suministrable, suministración, suministrador (ra), suministrar, suministro, sumir, sumisión, sumiso (sa), sumista.

súmmum Admitido (con acento y dos emes). Es «el colmo, lo sumo».

sumo (ma), sumoscapo, súmulas, sumulista, sumilístico (ca), sunción, suncho, suntuario (ria), suntuosidad, suntuoso (sa), supedáneo, supeditación, supeditar.

super- Prefijo que denota preeminencia, superioridad, o que significa «sobre» *(superhombre, superestructura).*

superable, superabundancia, superabundante, superabundar, superación, superádito (ta), superador (ra), superano, superante, superar.

superávit El plural no varía: *los superávit.* Es incorrecto *superávits.*

superciliar, superconductor (ra), superchería, superchero (ra), su-

perdominante, superdotado, superentender, supererogación, supererogatorio (ria), superestrato, superestructura, superferolítico (ca), superfetación, superficial, superficialidad, superficiario (ria), superficie, superfino (na), superfluamente, superfluencia, superfluidad, superflua, superfluo (*supérfluo), superfosfato.

superheterodino Es lo correcto, y no *superhetereodino,* incorrecto.

superhombre, superhumeral, superintendencia, superintendente, superior, superiora, superiorato, superioridad, superlación.

superlativo Es el adjetivo que denota el sumo grado de la calidad que con él se expresa, como *grandísimo* (superlativo de *grande*) y *paupérrimo* (superlativo de *pobre*). También hay adverbios superlativos, como *grandísimamente* y *lejísimos.*

*superlujo No está admitido. Dígase «muy lujoso». No debe abusarse del prefijo *super,* como se hace a menudo.

supermercado Admitido. «Establecimiento para la venta al por menor, en que el cliente se sirve a sí mismo.»

*superman Anglicismo; dígase *superhombre,* admitido.

supernumerario (ria), superponer(se), superponible.

superproducción Está admitido; dígase también *película* (o *filme*) *de presupuesto extraordinario.*

superpuesto (ta) Admitido.

superrealismo, superrealista Admitidas. Se aceptan también *surrealismo* y *surrealista.*

supersónico (ca) Voz admitida (avión *supersónico*).

superstición, supersticioso (sa), supérstite, supervaloración, supervalorar, supervención, superveniencia, superveniente, supervenir, supervisar, supervisor (ra), supervivencia, superviviente.

*supervivir No está admitido; dígase *sobrevivir.* En cambio se aceptan *supervivencia* y *superviviente.*

superyó Admitido; no lo está *superego*.

supinación, supina (ignorancia), supino (na), supino (decúbito), súpito (ta), suplantable, suplantación, suplantador (ra), suplantar, suplefaltas.

***suplementar** Incorrecto; dígase *suplir*.

suplementario (ria).

suplemento «*Suplemento a* la primera edición» es incorrecto; dígase «*suplemento de* la...».

suplencia, suplente, supletorio (ria), súplica, suplicación, suplicante, suplicar, suplicatoria, suplicatorio, suplicio, suplido (da), suplidor (ra), suplidos.

suplir Uso de preposiciones: Suplir *en* actos de servicio; s. *por* alguno.

suponer Verbo irregular que se conjuga como *poner* (v.) (supongo, supones, suponemos, etc.). «*Me supongo* que no vendrá» es incorrecto; dígase «*supongo* que no vendrá».

suportar, suposición, supositicio (cia), supositivo (va), supositorio.

supra- Prefijo que significa «sobre, más allá» (*suprarrenal*).

supraclavicular.

suprarrealismo Es lo correcto, y también *surrealismo* (en pintura). También se admiten *superrealismo* y *super-realista*.

suprarrenal (cápsula, glándula), supraspina, suprema, supremacía, supremamente, supremidad.

supremo (ma) Admitido: *hora suprema, Tribunal Supremo* (mayúsculas).

supresión, supreso (sa), supresor (ra), suprimir, suprior, supriora, supriorato, supuesto (ta), supuración, supurante, supurar, supurativo (va), supuratorio (ria), supután.

sur V. *norte*. Cuando esta voz actúa como prefijo, en vez de *sur* es mejor decir *sud* (sudamericano).

sura, surá, surada, sural.

suramericano Admitido: «Natural de *Suramérica* o América del Sur.» La Academia admite *Suramérica* y

Sudamérica (v. *Sudamérica*). Pero no ha admitido *Norteamérica*, sino *América del Norte*.

surcador, surcar, surco, surculado (da), súrculo, surculoso (sa).

sureño (ña) Admitido.

sureste Voz admitida; es preferente *sudeste*. (V. *norte*.)

surgente, surgidero, surgidor (ra), surgiente, surgir, Surinam, suripanta.

***surmenage** Es galicismo; dígase *agotamiento* (intelectual), *exceso de trabajo*.

***surmontar** Galicismo; debe decirse *superar, vencer, franquear*.

***surprise-party** Expresión inglesa; es *fiesta por sorpresa*.

surrealismo Admitido. En pintura dígase *superrealismo*. También se admite *surrealista*.

sursudoeste V. *norte*.

sursum corda Locución latina que significa «arriba los corazones». No confundir con *sursuncorda* (junto), «supuesto personaje anónimo de mucha importancia» (lo pide el *sursuncorda*).

sursuncorda V. *sursum corda*.

surtida, surtidero, surtido (da), surtidor (ra), surtimiento, surtir, surto.

***survey** Voz inglesa; dígase *investigación, encuesta, examen*.

sus, suscepción, susceptibilidad, susceptible, susceptivo (va), suscitación, suscitar.

suscribir (se), suscripción, suscripto (ta), suscriptor (ra), suscrito, suscritor (ra) Estas voces se admiten también con *b* (subscribir), pero actualmente suelen usarse más sin esa letra.

suso Significa «arriba»: *susodicho* («dicho arriba»).

susodicho (cha), suspección, suspendedor (ra).

suspender Uso de preposiciones: Suspender *de* un gancho; s. *de* empleo y sueldo; s. *en* el aire; s. *por* los cabellos.

***suspense** Voz inglesa usada para referirse a situaciones angustiosas en películas, obras de teatro, etc. No está admitida. La Academia acepta, con este significado, la voz *suspensión*, aunque ésta no se usa. En América se emplea *suspenso* (una película de suspenso), justificado, ya que es «lo que mantiene en *suspenso* el ánimo». También puede decirse «emoción, ansiedad».

suspensión V. *suspense*. Admitido: *suspensión coloidal, s. de pagos, s. de garantías, s. de armas*.

suspensivo V. *punto* (suspensivos).

suspenso (sa) Es el participio irregular de *suspender*; se usa sólo como adjetivo: estar suspenso en el cine. (V. *suspense*.)

suspensorio, suspicacia, suspicaz, suspirado (da), suspirante, suspirar, suspiro, suspirón (na), suspiroso (sa), Sussex.

sustancia, sustanciación, sustancial, sustanciar, sustancioso (sa), sustantivar, sustantividad, sustantivo (va) Se admiten estas voces, y también las mismas con b (*substancia*, etcétera), lo que es más correcto, según la Real Academia.

sustentable, sustentación, sustentáculo, sustentador (ra), sustentamiento, sustentante.

sustentar(se) Uso de preposiciones: Sustentarse *con* vegetales; s. *de* esperanzas.

sustento Es incorrecto *substento*.

sustitución, sustituible, sustituidor (ra) Aunque también se pueden escribir con b (*substitución*, etc.), en la actualidad estas voces (y también *sustituir* y otras) suelen escribirse corrientemente sin esa letra.

sustituir Verbo irregular que se conjuga como *huir* (v.) (sustituyo, sustituyes, sustituimos, etc.). «*Sustituir a* un objeto por otro» es incorrecto; dígase «sustituir un objeto por otro». Sólo tratándose de personas se antepone la preposición *a*: «*Sustituir a* María por Luisa.»

sustitutivo (va), sustituto (ta) V. *sustitución*.

susto.

sustracción, sustraendo También

se escribe con b (*substracción, substraendo)*, y es la grafía preferente.

sustrato Admitido, es correcto. Mejor escríbase *substrato*.

sustraer(se) Admitido, aunque también se escribe *substraer*. Es verbo irregular que se conjuga como *traer* (v.) (sustraigo, sustraes, sustraemos, etc.). Uso de preposiciones: Sustraerse *a, de* la influencia ajena.

susurración, susurrador, susurrante, susurrar, susurrido, susurro, susurrón (na), Sutherland, sutil (*sútil), sutileza, sutilidad, sutilizador (ra), sutilizar, sutilmente, sutorio (ria), sutura.

*suvenir V. *souvenir*.

*suversión, *suversivo, *suvertir Hoy es incorrecto; escríbase *subversión, subversivo, subvertir* (con b).

suyo, suya, suyos, suyas «Está delante *suyo*» es incorrecto; dígase «está delante *de él*». Lo mismo con los demás posesivos (mío, tuyo, nuestro, etc.). Admitido: *salirse con la suya, de suyo (en sí mismo: el tema es de suyo complicado), lo suyo* (dificultad, cuesta *lo suyo*), *los suyos* (familiares), *hacer de las suyas*.

*svástica Voz no admitida por la Academia; dígase *esvástica, suástica* o *cruz gamada*.

Swazilandia Antiguo protectorado británico en Sudáfrica.

*sweater Incorrecto; se admite *suéter*, pero es mejor *jersey*.

*Sweden Nombre inglés; dígase *Suecia* (país de Europa).

*sweepstakes Voz inglesa; especie de quiniela en las carreras de caballos.

*swing Voz inglesa. Es «cierto estilo de yaz». (Se admite *yaz* [v.], no *jazz*.)

*switch (Inglés.) Conmutador.

*Switzerland Nombre inglés; dígase *Suiza* (país de Europa).

Sydney Ciudad de Australia.

*symposium Es incorrecto; dígase *simposio* (admitido), «conferencia o reunión en que se trata un tema determinado».

t

t Vigésima tercera letra del alfabeto y decimonona de sus consonantes. Su nombre es *te*, plural *tes*. Fonéticamente, es una consonante dental oclusiva sorda. No debe omitirse su pronunciación cuando va situada antes de una *l* (atlántico), y es mejor pronunciar ambas letras juntas (a-tlán-tico), para que no se desfigure su sonido (ahlántico, ad-lántico, a-lántico).

ta, taba, tabacal, tabacalero (ra).

tabaco Admitido: *tabaco rubio, t. negro, t. de hoja, t. de pipa, t. de polvo* (rapé), *t. peninsular.*

tabacoso (sa), tabal, tabalada, tabalario.

tabalear «*Tabalear* con los dedos» es lo correcto, y no «*tabletear...*», etc. También es correcto *tamborilear.*

tabaleo, tabanazo, tabanco, tabanera, tábano, tabanque, tabaola, tabaque, tabaquería, tabaquero (ra), tabaquismo, tabaquista, tabardete, tabardillo, tabardo, tabarra, tabarrera, tabarro, Tabasco, tabasqueño (ña), tabellar, taberna, tabernáculo, tabernario (ria), tabernería, tabernero, tabernizado (da), tabes, tabí, tabica, tabicar, tabicón, tábido, tabífico (ca), tabinete, tabique, tabiquería, tabiquero.

tabla Admitido: *tabla de lavar, t. de salvación, t. pitagórica, hacer tabla rasa* (prescindir), *tablas de la ley, a raja tabla* (2), *a rajatabla* (1).

tablachina, tablacho, tablado, tablaje, tablajería, tablajero, tablar, tablazo, tablazón, tableado (da), tablear, tableo, tablera, tablero, tablestaca, tableta, tableteado, tableteante, tabletear, tableteo.

*tablier Voz francesa; dígase *salpicadero* (de un automóvil), voz admitida.

tablilla, tablizo.

*tabloid Voz inglesa: «Formato pequeño de diario.» El anglicismo *tabloide* está admitido para América.

*tabloide V. *tabloid.*

tablón, tablonaje, tabloncillo, tabo.

tabor Acento prosódico en la *o*. «Antigua tropa marroquí del ejército español.»

tabú Voz admitida. El plural es *tabúes* (no *tabús*). Suele usarse con el significado de «prohibición» (superstición), en sentido figurado.

tabuco, tabulación.

tabulador Está admitido. «Mecanismo que tienen las máquinas de escribir para formar columnas.»

tabular, taburete, tac, taca, tacada, tacamaca, tacana, tacañear, tacañería, tacaño (ña), tacar, tacatá, tacazo, taceta, tacita, tácitamente, tácito (ta), Tácito, taciturnidad, taciturno (na), taclobo.

taco Aceptado con el sentido familiar de «juramento, palabrota».

tacón, taconazo, taconeante, taconear, taconeo, tacotal, tactación, táctica, táctico, táctil, tacto, tacha, tachable, tachador (ra), tachadura.

tachar «Tachar de bondadoso» es incorrecto; dígase «calificar de bondadoso», pues tachar es «censurar, culpar». En cambio, es correcto «tachar de informal».

tachón.

tachonar Sólo es «adornar con *tachones*» (*tachuelas* grandes). «Un cielo *tachonado* de estrellas» (incorrecto), es «un cielo *sembrado, cubierto* de estrellas». Tampoco es *constelado*.

tachonería, tachoso (sa), tachuela.

****taedium vitae** Locución latina: «Aburrimiento de la vida.»

tael, Tafalla, tafanario, tafetán, tafia, tafilete, Tafilete, tafiletear, tafiletería, tafón, tafurea, tagalo (la), tagarino (na), tagarnina, tagarote, tagarotear, Tagore (Rabindranath), tagua, tahalí, taharal, taheño (ña).

****Tahilandia, *Thailandia** Incorrecto; escríbase *Tailandia*. El natural de este país de Asia es el *tailandés (sa).*

Tahití El natural de esta isla del Pacífico es el *tahitiano (na),* voz que no figura en el Diccionario de la Academia.

****tahitiano (na)** V. *Tahití.*

tahona, tahonero (ra), tahúr (*tahur), tahura, tahurería, tahuresco (ca), taifa, taiga, tailandés (sa).

Tailandia Es lo correcto, no *Thailandia* ni *Tahilandia*. El natural de este país asiático (antes Siam) es el *tailandés (sa).*

****tailleur** Voz francesa; dígase *sastre.*

taima, taimado (da), taimaría, taimería, taina, taíno (na), Taipeh o Taipei, taita, Taiwan, tajada, tajadera, tajadero, tajadilla, tajado (da), tajador (ra), tajadura, tajamar, tajamiento, tajante, tajaplumas, tajar, tajea, tajero, Taj Mahal, tajo, tajón, tajuela, tajuelo.

tal «Con *tal de* que lo haga» es incorrecto; dígase «con *tal que* lo haga». Admitido: *tal cual, t. para cual, t. por cual, con tal que, una tal* (una ramera). Correcto: *tal como, t. y como.*

tala, talabarte, talabartería, talabartero, talabricense, talador (ra), taladrador (ra), taladrante, taladrar, taladrilla, taladro, talamera, talamete, talamiflora, talamite, tálamo, talán, talanquera, talante, talante (de buen o de mal), talar, talasemia, talasocracia, talasoterapia, Talavera, talaverano (na), talayote, Talcahuano, talco, talcoso (sa), talcualillo (lla), talchocote, tálea, taled, talega, talegada, talegazo, talego, taleguilla, talento, talentoso (sa) (1), **talentudo** (2), **tálero, Talía, talidad, talio.**

talión La Academia escribe «*pena* del talión» (*talión* con minúscula), no «*ley* del talión».

talionar, talismán, talma, talmente, Talmud, talmúdico (ca), talmudista, talo, talofita (*talófita).

talón En comercio, *talón* es una cosa y *cheque* es otra. Lo que se usa corrientemente es el *talón* (libranza a la vista), y no el *cheque,* voz también admitida, con el significado de «documento en forma de mandato de pago».

talonada, talonario (ria), talonazo, talonear, talonesco, talpa, talparia, talque, talquita, talud.

tal vez Se escribe siempre separado.

talla «Fulano tiene *talla* ministerial» es incorrecto; dígase «tiene *categoría (condiciones, aptitudes)...*».

tallado (da), tallador (ra), talladura, tallante, tallar.

tallarín Voz admitida: «Tira muy estrecha de pasta para sopa.»

tallarola, talle, tallecer, taller, Talleyrand, Tallin, tallista, tallo, tallón, talludo (da), talluego.

tamal *(Amér.)* Empanada, manjar.

tamanaco (ca), tamanduá, tamañito (ta), tamaño (ña), tamara, támara, tamaral, tamaricáceo (cea), tamarilla, tamarindo, tamariscíneo (na), tamarisco, tamariz, tamba-

leante, tambalear, tambaleo, tambanillo, tambarillo.

también Adverbio de afirmación («vino *también* Pedro»). No confundir con *tan bien,* separado («está *tan bien* hecho como lo otro»).

tambor, tambora, tamborear, tamboreo, tamborete, tamboril, tamborilada, tamborilazo, tamborilear, tamborileo, tamborilero, tamborilete, tamborín, tamborino, tamborón, Tamerlán, Támesis, tamínea, taminia, tamiz, tamizar, tamo, tamojal.

tampoco Adverbio de negación. («*Tampoco* me gusta eso.») No confundir con *tan poco,* separado («hay *tan poco* que no va a alcanzar»).

tampón, tamuja, tamujal, tamujo.

tan Apócope de *tanto.* Se usa cuando va seguido de un adjetivo o un adverbio. «*Tan* es así» es incorrecto; dígase «*tanto* es así». «*Tan* riquísimo» es «*tan rico*» o «*riquísimo*», pero no ambos a la vez. «*Tan* luego *que*» es «*tan luego como*». «*Tan* es verdad» es «*tanto* es verdad».

tanaceto, tanagra, Tananarive, tanda.

tándem Admitido: «Bicicleta para dos»; *en tándem* es «en serie, sucesivamente».

tandeo Distribución por tandas.

*tan es así Es incorrecto; dígase «tanto es así».

tanga, tángana.

Tanganica Es lo correcto, y no *Tanganyika,* etc. Hoy este país africano es parte de *Tanzania.*

tangencia, tangencial, tangente, Tánger, tangerina (naranja), **tangerino (na), tangible, tangidera.**

*Tangier En nuestra lengua es *Tánger.*

tangir, tango, tangón, tanguista, tánico (ca), tanino, Tannhäuser, tanor (ra), tanoría.

tanque Admitido como «vehículo automóvil blindado que se mueve sobre cadena sin fin». Al existir una palabra para designar esa idea, parece absurdo emplear tres palabras, *carro de asalto* (admiti-

do), como se hace habitualmente ahora.

tantalio, tántalo, Tántalo, tantán, tantarantán, tanteador, tantear, tanteo, tantico (ca).

tanto (ta) «Tanto a inteligentes *que* necios» es incorrecto; dígase «*Tanto... como* necios.» «*Tanta* mayor energía habrá que aplicar» es incorrecto; dígase «*tanto* mayor energía...». Admitido: *A tantos de febrero de..., un tanto, algún tanto* (un poco), *al tanto de una cosa* (al corriente), *apuntarse un tanto, en tanto* o *entre tanto, las tantas* (hora avanzada), *otro tanto, por lo tanto* o *por tanto, tanto más que, tantos otros, ¡y tanto!*

tántum ergo Comienzo de la estrofa quinta de un himno religioso, el *Pange lingua.*

Tanzania V. *Tanganika.*

tañedor (ra), tañente.

tañer Es lo correcto, y no *tañir.* Significa «tocar un instrumento músico; hacer llamadas con campanas». Verbo irregular que se conjuga del siguiente modo: INDICATIVO. *Presente:* taño, tañes, etc. *Pret. indef.:* tañí, tañiste, tañó, tañimos, tañisteis, tañeron. *Fut. imperf.:* tañeré, tañerás, etc. POTENCIAL: tañería, etc. SUBJUNTIVO. *Presente:* taña, tañas, etc. *Pret. imperf.:* tañera o tañese, etc. *Futuro imperf.:* tañere, tañeres, tañere, tañéremos, tañereis, tañeren. GERUNDIO: tañendo.

tañido (da), tañimiento, taño, taoísmo, tapa, tapa de los sesos (levantar la), tapabalazo, tapaboca, tapabocas, tapacete.

tapacubos Admitido: «Tapa metálica que cubre el buje de la rueda.»

tapaculo, tapadera, tapadero, tapadillo, tapadizo, tapado (da), tapador (ra), tapadura, tapafunda, tapagujeros, tapajuntas, tapamiento, tapapiés, tapar, tapara, tápara, taparo.

taparrabo, taparrabos Ambas admitidas.

tapatío Es el natural de Guadalajara, capital del estado mejicano de Jalisco.

*tape (Inglés.) Cinta.

taperujo, tapetado (da), tapete, tapia, tapiador, tapial, tapiar, tapicería, tapicero, tapido (da), tapiería, Tapies, tapin, tapioca, tapir, tapiz, tapizar, tapón, taponamiento, taponar, taponazo, taponería, taponero (ra), tapsia, tapujarse, tapujo, tapuya, taque.

taqué Admitido: «Vástago que transmite la acción del árbol de levas a las válvulas del motor.» Es incorrecto *taquet.*

*taquet V. *taqué.*

taquera, taquicardia, taquigrafía, taquigrafiar, taquigráficamente, taquigráfico (ca), taquígrafo (fa), taquilla, taquillero (ra).

taquimeca Admitido, voz familiar: *taquimecanógrafa.*

taquimecanógrafa, taquimecanógrafo (fa), taquimetría, taquimétrico (ca), taquímetro, taquín.

tara Admitido por la Academia: «Defecto físico o psíquico de carácter hereditario.» De igual modo se acepta *tarado, tarada* («que padece *tara* física o psíquica»).

tarabilla, tarabita, taracea, taracear, taragallo, taraje, tarambana, tarando, tarangallo, tarángana.

tarantela Admitido: «Baile napolitano.»

tarántula, tarantulado (da), tarar, tarara, tarará.

tararear Es lo correcto; se admite *tatarear,* pero es preferible la primera palabra.

tarareo, tararira, tarasca, tarascada, tarascar, tarascón (na), Tarascón, tarasí, taratántara, taray, tarayal, taraza, tarazar, tarazón, Tarazona, tarbea, tardador (ra), tardanaos, tardanza, tardar.

tarde Admitido: *de tarde en tarde; tarde, mal* y *nunca.*

tardear, tardecer, tardecica (ta), tardíamente, tardígrado (da), tardinero (ra), tardío (día).

tardo Uso de preposiciones: Tardo *de* oído; t. *en* comprender. El femenino es *tarda.*

tardón (na), tarea, Tarento, tarentino (na), targum, tarifa, tarifar, tarifeño (ña), Tarik, tarima, tarín, tarja, tarjador (ra), tarjar, tarjero (ra).

tarjeta Admitido: *tarjeta de identidad, tarjeta postal.*

tarjeteo, tarjetero, tarjetón, tarjón, tarlatana, tarma, Tarpeya, tarquín, tarquina, tarquinada, Tarquino, tarraconense, tárraga, tarrago, Tarragona, tarraja, Tarrasa.

tarrasense Es el natural de *Tarrasa;* también se admite *egarense.*

Tárrega, tarreña, tarrico, tarro, tarsana, tarso, tarta, tártago, tartaja, tartajear, tartajeo, tartajoso (sa), tartalear, tartamudeante, tartamudear, tartamudeo, tartamudez, tartamudo (da), tartán, tartana, tartanero, tartáreo (rea), tartárico (ca), tartarizar, Tartaria, tártaro (ra), tartera, tartesio (sia), Tartesos, tartrato, tártrico (ca).

*tartufo Se emplea a veces como «falso, hipócrita», y es incorrecto; úsense estas dos voces.

taruga, tarugo, tarumba (volver), tas, tasa, tasación, tasador (ra), tasajo, tasar, tasca, tascador, tascar, tasco, tasconio, tasio (sia), Tasmania, tasquera, tasquero, tasquil, Tarso, tastana, tastaz, tasto, tasugo, tata, tatarabuelo (la), tataradeudo (da), tataranieto (ta).

tatarear Admitido, pero es más correcto *tararear.*

tate, tato, tatuaje, tatuar, tau, taujel, taujía, taumaturgia, taumatúrgico (ca), taumaturgo (ga), Táuride, taurino (na), taurios, Tauro, taurófilo (la), taurómaco (ca), tauromaquia, tauromáquico (ca).

tautología Repetición innecesaria de un mismo pensamiento en distinta forma.

tautológico (ca), taxáceo, taxativamente.

taxativo (va) *Taxativo* significa «que limita, que circunscribe»; luego es incorrecto darle el sentido de «rotundo, evidente, claro». Deben emplearse estas palabras.

taxi Admitido, es «apócope de *taxímetro».* *Taxímetro,* por su parte, significa «aparato medidor de que van provistos algunos coches de alquiler» y «coche de alquiler provisto de un *taxímetro».* El *taxista* (admitido) es la «persona que conduce un taxímetro». No debe decirse «el *taxis*», sino «el *taxi*». El plural sí es *taxis*.

taxidermia, taxidermista.

*taxi-girl Voz inglesa. Es una muchacha que se alquila para bailar.

taxímetro, taxista V. *taxi*.

taxonomía, taxonómico (ca), taxonomista, taxónomo.

*taylor Voz inglesa; dígase *sastre*.

taza, tazaña, tazar, tazmía, tazón, Tchaikovski.

te, té No lleva acento cuando es el dativo o acusativo del pronombre personal de segunda persona, en género masculino o femenino, y número singular (*te* hicieron daño). «*Te* das cuenta de que estás solo» (tutearse uno mismo) es incorrecto; se quiere decir «*se da uno* cuenta». «Te prometo» suele ser «te aseguro». Tampoco lleva acento cuando es el nombre de la letra *t*. Se escribe con acento únicamente cuando es el arbusto y su infusión (tomar el *té*). Es incorrecto *thé* (francés); en inglés es *tea*. «*Té danzante*», incorrecto, es «té *y* baile».

tea, teáceo (cea).

*team Voz inglesa; dígase *equipo, conjunto, jugadores, bando*.

*tea room Expresión inglesa; dígase *salón de té*.

teatino (na), teatral, teatralidad, teatralizar, teatralmente.

teatro Con minúscula en «voy al teatro», pero con mayúscula cuando forma parte de una denominación comercial, «el *Teatro Español*, el *Teatro María Guerrero*».

tebaico (ca), tebano (na), Tebas.

tebeo Admitido como «revista infantil de historietas» (un *tebeo*).

teca.

*technicolor Voz inglesa; escríbase *tecnicolor* (admitido), un procedimiento que reproduce los colores en la pantalla cinematográfica. La acentuación prosódica recae en la última *o*, y no en la penúltima.

tecla, teclado, tecle, tecleado (da), teclera, tecleo, tecnecio.

-tecnia Sufijo de origen griego que significa «arte» (*electrotecnia*).

técnica, tecnicismo, técnico (ca).

tecnicolor Admitido. (V. *technicolor*.)

tecnología, tecnológico (ca), tectónico (ca), techado (da), techador, techar, techo, techumbre, teda, tedero.

tedéum Así se escribe, junto y con acento, cuando es «cántico para dar gracias a Dios». *Te Deum* son las primeras palabras de ese canto *latino*.

tediar, tedio, tedioso (sa).

*teen-ager Voz inglesa; dígase *adolescente, joven, muchacho (cha)*.

Teglatfalasar También se escribe *Tiglatpileser* (rey de Asiria).

Tegucigalpa El natural de esta ciudad, capital de Honduras, es el *tegucigalpeño (ña)*, voz que no consta en el Diccionario de la Academia.

teguillo, tegumentario (ria), tegumento, Teherán, Tehuantepec, *tehuelches, teína, teinada, teísmo, teísta, teja, tejadillo, tejado, tejano (na), tejar, tejaroz.

Tejas Es la grafía correcta en España; *Texas* se escribe en algunos países de América. De igual forma, se admite *tejano*, pero no *texano*. (V. *Texas*.)

tejavana, tejazo, tejedera, tejedor (ra), tejedura, tejeduría.

tejemaneje Se escribe siempre junto.

tejer Uso de preposiciones: Tejer *con* seda, t. *de* seda.

tejera, tejería, tejero, tejido (da), tejillo, telar.

*Tejo Nombre portugués del río *Tajo*.

tejoleta, tejón, tejonera, tejuela, tejuelo.

tela «Una *tela* de Zurbarán» es incorrecto; dígase «un *lienzo* (o *cuadro*) de Zurbarán». *Tela de araña* está admitido, pero es mejor *telaraña* (junto). Admitido también: *tela metálica, en tela de juicio*.

telamón, telar.

telaraña Admitido y mejor que *tela de araña* (aceptado).

telarañoso (sa), Tel Aviv.

tele- Prefijo que significa «lejos» (*televisión, teléfono*). No está admitido como apócope de *televisión* (v.) (la *tele*). Se usa mucho en voces propias de televisión (*televidente*, etcétera).

telecomunicación, telediario.

telefax Aparato para la transmisión de imágenes sobre papel.

teleférico.

telefilme Se acepta; significa «película de la televisión».

telefonazo (admitido), **telefonear, telefonema, telefonía, telefónico (ca), telefonista.**

teléfono Es correcto decir «cogí el auricular», que es «parte del *teléfono* que se aplica al oído». Se sobrentiende que también lleva micrófono.

telefoto, telefotografía, telegrafía, telegrafiar, telegráfico (ca), telegrafista.

telégrafo, Telégrafos Se escribe con minúscula y en singular cuando se trata del aparato o conjunto de aparatos; con mayúscula y plural cuando es el organismo *(Correos y Telégrafos).*

telegrama Es lo correcto, y no *telégrama.*

teleimpresor Admitido.

Telémaco, telemetría, telemétrico (ca), telémetro, telendo (da), teleobjetivo, teleología, teleológico (ca), teleósteo, telepatía, telepático (ca).

*teleproceso No está admitido; es un sistema de control de procesos industriales o comerciales, llevado a cabo a distancia por medio de computadoras y circuitos de transmisión de datos.

telequinesia, telera, telescópico (ca), telescopio, Telesforo (*Telésforo).

telesilla Es masculino *(el telesilla),* como *teleférico.*

telespectador (ra) Voz admitida, como otras de *televisión* (v.).

teleteatro Voz admitida.

teletipo Admitido; es masculino: *el teletipo.*

televidente, televisar V. *televisión.*

televisión Los términos admitidos recientemente son: *telespectador (ra), televidente, televisar, televi-*

sivo (va), televisor y *televisual* (relativo a la televisión).

televisivo.

télex Admitido; preferente: *servicio télex, teletipo.*

telilla, telina.

telón Se escribe «telón de acero», con comillas y minúsculas.

telonero, telson, telúrico (ca), telurio, Tell (Guillermo), Téllez, tellina, telliz, telliza.

tema Masculino cuando es «asunto o materia de un discurso». Femenino cuando es porfía, idea fija, obstinación *(la tema).*

temario, temática, temático, tembladal, tembladera.

*tembladeral Es incorrecto; dígase *tembladal.*

tembladero (ra), temblador (ra), temblante.

temblar Verbo irregular que se conjuga como *acertar* (v.) (tiemblo, tiemblas, tiembla, etc.).

tembleque, temblequear (1), tembletear (2), temblón (na), temblor, tembloroso (sa), temedero (ra), temedor (ra).

temer Verbo modelo de la segunda conjugación (verbos regulares terminados en *-er:* comer, coger, etc.). Se conjuga de la siguiente forma: INFINITIVO: temer. INDICATIVO. *Presente:* temo, temes, teme, tememos, teméis, temen. *Pret. imperf.:* temía, temías, temíamos, etc. *Pret. indef.:* temí, temiste, temimos, etc. *Futuro imperf.:* temeré, temerás, temeremos, etc. POTENCIAL: temería, temerías, temeríamos, etc. SUBJUNTIVO. *Presente:* tema, temas, temamos, etc. *Pret. imperfecto:* temiera o temiese, temieras o temieses, etc. *Futuro imperf.:* temiere, temieres, temiéremos, etc. IMPERATIVO: teme tú, tema él, temamos nosotros, temed vosotros, teman ellos. PARTICIPIO: temido. GERUNDIO: temiendo. Uso de preposiciones: Temer *de* otro; t. *por* sus hijos.

temerariamente, temerario (ria), temeridad, temerón (na).

temeroso (sa) Uso de preposiciones: Temeroso *de* la muerte.

temible, temiente, Temístocles.

temor Uso de preposiciones: Temor *al* frío; t. *del* frío (preferente el primero).

temoso (sa), tempanador, tempanar.

témpano «Porción de cosa dura, extendida y plana, como un pedazo de hielo.» Admitida también la voz *iceberg* (pronúnciese en castellano).

temperación, temperado (da), temperamental, temperamento, temperancia, temperante, temperar, temperatísimo (ma), temperatura, temperie, tempero, tempestad, tempestear, tempestivo (va), tempestuoso (sa), templa, templación, templadamente, templadera, templadero, templado (da), templador (ra), templadura, templamiento, templanza, templar.

templario «Miembro de la orden del *Temple*» (con mayúscula) o «de los *templarios*». La Academia admite «orden del *Temple*» y no «orden del *Templo*».

temple V. *templario.*

templén, templete, templista, templo.

***tempo** No está admitido como «ritmo, movimiento» de una pieza musical o de un relato. Díganse esas voces.

témpora, temporada, temporal, temporalidad, temporalizar, temporáneo (nea), temporario, temporejar, temporero (ra), temporizar, tempranal, tempranero (ra), tempranito, temprano (na).

tempus fugit Locución latina que significa «el tiempo huye», es decir, «el tiempo pasa velozmente».

temu, temulento (ta), ten con ten, tena, tenace, tenacear, tenacero, tenacidad, tenacillas, tenáculo, tenada, tenallón, tenante, tenaz.

tenaza, tenazas Se admiten ambas formas, pero se usa más la segunda *(las tenazas).*

tenazada, tenazazo, tenazuelas, tenca, tención.

***tencontén** Es barbarismo; dígase *ten con ten.*

tendajo, tendal, tendalera, tendalero, tendedero, tendedor (ra), tendedura, tendejón, tendel, tenden-cia, tendenciosidad, tendencioso (sa).

tendente «Un trámite *tendente* a un objetivo» es correcto. Se acepta asimismo *tendiente*, pero en segundo término.

tender Verbo irregular que se conjuga como *entender* (v.) (tiendo, tiendes, tendemos, etcétera).

ténder Admitido: «Carruaje que se engancha a la locomotora, y lleva el combustible y agua.»

tenderete, tendero (ra), tendezuela, tendido (da).

tendiente V. *tendente.*

tendinoso (sa), tendón, tendón de Aquiles, tenducha, tenducho, tenebrario, tenebrismo, tenebrista, tenebrosidad, tenebroso (sa), tenebrura, tenedero, tenedor, teneduría, tenencia.

tener Verbo irregular que se conjuga del siguiente modo, en sus tiempos irregulares: INDICATIVO. *Presente:* tengo, tienes, tiene, tenemos, tenéis, tienen. *Pret. indef.:* tuve, tuviste, tuvimos, etc. *Futuro imperf.:* tendré, tendrás, tendremos, etcétera. POTENCIAL: tendría, tendrías, tendríamos, etc. SUBJUNTIVO. *Presente:* tenga, tengas, tengamos, etc. *Pret. imperf.:* tuviera o tuviese, tuviéramos o tuviésemos, etc. *Futuro imperfecto:* tuviere, tuvieres, tuviéremos, etc. IMPERATIVO: ten, tenga, tengamos, tened, tengan. PARTICIPIO: tenido. GERUNDIO: teniendo. «*Tener* lugar» (un acontecimiento): admitido por la Academia, pero es mejor «ocurrir, suceder, acontecer». «*Tener* efecto» es incorrecto, y tiene el mismo sentido que «*tener* lugar» (dígase «ocurrir», etc.). «Le *tenemos prohibido* esas expresiones» es incorrecto; dígase «le tenemos *prohibidas* esas expresiones» (deben concordar). «El niño *tiene* mucho de su padre»; mejor decir «se *parece* mucho a su padre». Admitido: *no tenerlas todas consigo, esas tenemos, tener a menos algo, tener presente.*

Tenerife El natural de esta isla de las Canarias es el *tinerfeño* (no *tenerifeño*).

tenia Gusano platelminto. Lleva el acento fonético en la *e*. No confundir con *tenía* (tiempo del verbo *tener*).

tenida «Sesión de una logia masónica.» Grave galicismo es decir «*tenida* de gala»; dígase *traje* (de etiqueta, etc.).

tenienta Es la mujer del teniente.

tenientazo.

teniente Se admite *primer teniente* y *segundo teniente* (así como *teniente coronel*). El femenino es *tenienta* (mujer del teniente). *Teniente alcalde,* incorrecto, es *teniente de alcalde.*

Teniers, tenífugo.

tenis Es la voz admitida, y no *tennis* (inglés). De igual modo se acepta *tenista*. Se admiten *tenis de mesa* (2) y *pimpón* (1). «Jugar tenis» no es correcto; dígase «*jugar al tenis*».

tenista, Tennessee, Tennyson, Tenochtitlán, tenor.

tenorio Además de esta voz, la Academia ha admitido *donjuán* (minúscula; y también); aunque da preferencia a *tenorio.*

tensar, tensino (na).

tensión Se admite *tensión arterial,* y en segundo término *presión arterial.* También se acepta *alta* y *baja tensión,* en electricidad, así como *tensión superficial.*

tenso (sa), tensor (ra), tensorial, tentación, tentacular, tentáculo, tentadero, tentador (ra), tentadura, tentalear.

tentar Verbo irregular que se conjuga como *acertar* (v.) (tiento, tientas, tienta, tentamos, tentáis, tientan).

tentativa, tentativo, tentemozo, tentempié, tentenelaire, tentetieso, tentón, tenue, tenuidad, tenuirrostro, tenuo (nua), tenuta, tenutario (ria), tenzón, teñible, teñido (da), teñidura.

teñir Verbo irregular que se conjuga como *ceñir* (v.) (tiño, tiñes, tiñe, teñimos, teñís, tiñen, etc.). Uso de preposiciones: Teñir *de, en, con* negro.

teo- Prefijo que significa «*dios*» *(teólogo, teogonía).*

teobroma, teobromina, teocali, teocracia, teocrático (ca), Teócrito, teodicea, teodolito, Teodora, Teodorico, Teodosio, teodosiano (na), Teófilo, Teofrasto, teogonía, teogónico (ca), teologal, teología, teológico (ca), teologizante, teologizar, teólogo (ga), teomanía, teorema, teoría, teórico (ca).

*teoricopráctico «Un ejercicio *teoricopráctico*» es incorrecto; escríbase «...teórico-práctico» (con guión).

teorizador, teorizante, teorizar, teoso (sa), teosofía, teosófico (ca), teósofo, Teotihuacán, tépalo, tepe, tepemechín, tequiche, tequila, terapeuta, terapéutica, terapéutico.

-terapia Sufijo de origen griego que significa «tratamiento, curación» *(helioterapia).*

terapia Esta voz es sinónimo de *terapéutica,* si bien es preferente la última. Se dice «la *terapia* del agua».

teratología, teratológico (ca), terbio, tercena, tercenista.

tercer Forma apocopada de *tercero;* se usa delante de un sustantivo masculino. «Es la *tercer* visita que hago» es incorrecto; dígase «es la *tercera* visita que hago».

tercera V. *tercer.*

tercería, tercerilla, tercerista, tercero (ra), tercero (en discordia), tercerol, tercerola, terceto, tercia, terciado (da), terciador (ra), terciana, tercianario (ria), tercianela, terciar, terciario (ria), terciazón, tercio (cia), terciodécuplo (pla), terciopelado (da), terciopelero, terciopelo, terco (ca), terebintáceo (cea), terebintina, terebinto, terebrante, terebrátula, terédine, teredón, terenciano, Terencio, teresiana, teresiano, tergiversable, tergiversación, tergiversar, termal.

termas «Baños de aguas minerales; baños de los antiguos romanos.» Esta voz sólo es plural («he ido a las *termas*»).

termes Se dice *el termes* (masculino y singular). Es un insecto: *carcoma, térmite.* También se admite con este significado la voz *termi-*

ta, que es además una «mezcla muy inflamable».

térmico (ca), termidor, terminable, terminación, terminacho, terminador (ra), terminajo.

terminal En computadoras, aparato que recibe o envía datos.

terminante, terminantemente, terminar, terminativo, terminista.

término Admitido: *término medio, llevar a término, poner término.*

terminología, terminológico (ca), terminote.

*terminus Voz no admitida; referido a una estación, dígase *estación terminal.*

termita V. *termes.*

térmite V. *termes.*

termitero «Nido de *termes.*» Es incorrecto *termitera.*

termo «El *termo*» es lo correcto, y no *thermos* o *termos.* Es una «vasija de dobles paredes para conservar la temperatura».

termo- Prefijo que significa «calor» *(termómetro).*

termocauterio, termodinámica, termoelectricidad, termoeléctrico (ca), termoestable, termoiónico (ca), termolábil, termología, termometría, termométrico (ca), termómetro, Termópilas, termoplástico (ca).

*termos Incorrecto. (V. *termo.*)

termonuclear Admitido: «Bomba termonuclear.» (V. *bomba.*)

termoscopio, termosifón.

termostato, termóstato Ambas voces están aceptadas por la Academia. Es preferente el uso de *termostato* (sin acento gráfico; acentuación prosódica grave).

termotecnia, terna, ternario (ria), ternasco, terne, ternecito (ta), ternejón (na), ternera, ternero, ternerón (na), terneza (s), ternezuelo, ternilla, ternilloso (sa), ternísimo (ma), terno, ternura, terpeno, terpina, terpino, Terpsícore, terquear, terquedad, terquería, terqueza, terracota, terrada.

terrado V. *azotea.*

terraja, terraje, terrajero, terral (viento), terramicina, Terranova, terraplén, tarraplenar.

terráqueo «Compuesto de tierra y agua»; se aplica únicamente a estas voces: *globo terráqueo, esfera terráquea.* Es incorrecto llamar *terráqueo* a un habitante de la Tierra; dígase *terrícola.*

terrateniente.

terraza V. *azotea.*

terrazgo, terrazguero, terrazo, terrear, terrecer, terregoso (sa).

terremoto Aunque no lo especifica la Academia, el *terremoto* suele ser más violento que el *temblor de tierra* (admitido). En el primero generalmente hay destrozos y víctimas. *Seísmo* es sinónimo de ambos términos.

terrenal, terrenidad.

terreno (na) Admitido: *terreno del honor, ganar terreno, perder terreno, sobre el terreno.*

térrea, térreo, terrera, terrero (ra).

terrestre Admitido: *anteojo terrestre, ecuador t., esfera t., globo t.*

terrezuela, terribilidad, terribilísimo (ma), terrible, terriblemente.

terrícola Es lo correcto. (V. *terráqueo.*)

terrífico (ca) Parece anglicismo (de *terrific*), pero está admitido por la Academia: «Que amedrenta, que produce terror» (terrorífico). Es anglicismo en el sentido de «magnífico, estupendo».

terrígeno (na), terrino, territorial, territorialidad, territorio, terrizo (za), terromontero, terrón, terronazo, terror, terrorífico (ca), terrorismo, terrorista, terrosidad, terroso (sa), terruño, tersar, tersidad, terso (sa), tersura, tertulia, tertuliano (na), Tertuliano, tertuliante, tertulio (lia).

Teruel El natural de esta ciudad y provincia recibe el nombre de *turolense.*

teruncio, terzuela, terzuelo.

Tesalia El natural de esta región de Grecia es el *tesalio (lia), tesaliano (na), tesálico (ca), tesaliense* y *tésalo (la).* Suele usarse más *tesalio.* No confundir *Tesalia* con *Tesalónica* (véase).

tesaliano (na), tesálico (ca), tesaliense, tesalio (lia), tésalo (la).

Tesalónica Puerto de Macedonia (Grecia). También llamado *Salóni-*

ca. El natural de este puerto es el *tesalónico (ca)* o *tesalonicense.* No confundir con *Tesalia* (v.).

tesalonicense, tesalónico (ca) V. *Tesalónica.*

tesar, tesauro, tesela, teselado (da), Teseo, tésera, tesina, tesis, tesitura, teso (sa), tesón, tesonería, tesonero (ra), tesorería, tesorero (ra), tesoro, tespíades.

*test Voz inglesa; dígase *prueba, examen, ejercicio, reconocimiento,* según el caso.

testa, testáceo (cea), testación, testada, testado, testador (ra), testadura, testaferro, testamentaría, testamentario (ria).

testamento Admitido: *testamento abierto, t. cerrado, t. marítimo, t. militar, t. ológrafo, otorgar (u ordenar) testamento, Antiguo Testamento, Nuevo Testamento* (con mayúsculas).

testar, testarada, testarazo, testarrón (na), testarronería, testarudez, testarudo (da), teste, testera, testerada, testerillo (lla), testero, testicular, testículo, testifical, testificante, testificar, testificativo (va).

testigo Es del género común: *el* testigo, *la* testigo. Admitido: *testigo de cargo.*

testimonial, testimoniar, testimoniero (ra), testimonio, testón, testudíneo, testudo.

testuz Es masculino: *el testuz.*

tesura, teta, tetada, tetania (*tetanía), tetánico (ca).

tétano V. *tétanos.*

tétanos Es lo correcto *(el tétanos),* aunque también se admite *tétano,* pero en segundo término.

tetar «Dar la teta.»

*tête-à-tête Expresión francesa; dígase *frente a frente.*

tetera, tetilla, Tetis, tetón, tetona.

tetra- Prefijo que significa «cuatro» *(tetralogía, tetrarquía).*

tetrabranquial, tetracordio, tétrada, tetradracma, tetraedro, tetragonal, tetrágono, tetragrama, tetragrámaton, tetralogía, tetrámero (ra), tetrarca, tetrarquía, tetrasílabo (ba), tetrástico (ca), tetrástrofo (fa), tétrico (ca), Tetuán, tetuaní,

tetuda, teucali, teucrio, teucro (cra), teúrgia, teúrgico (ca), teúrgo, teutón (na), teutónico (ca).

*Texas Usado en América, no es correcto en España. Escríbase *Tejas* (que es como se pronuncia *Texas* en Méjico) cuando se trata de la región histórica mejicana; puede escribirse *Texas* si se alude al actual estado norteamericano. En cambio, *texano* es siempre incorrecto, y *tejano* es correcto.

textil, texto, textorio (ria), textual, textualista, textura, tez, tezado (da).

*Thailandia Escríbase *Tailandia* (véase).

*Thames Nombre inglés del *Támesis,* que es lo correcto.

Thatcher (Margaret).

*that is the question Expresión inglesa de Shakespeare, que significa «ésta es la cuestión». Se dice ante un caso dudoso.

*thé Voz francesa; si se trata de la infusión escríbase sólo *té.*

Theotocópuli o *Theotokópulos,* apellido de El Greco.

*thermo, *thermos Incorrecto, referido al recipiente que conserva los líquidos a temperatura uniforme. Dígase *termo (el termo),* admitido.

theta Letra del alfabeto griego (t, th).

*Thibaut Nombre francés que corresponde al nuestro de *Teobaldo.*

Thor Deidad mitológica escandinava; es mejor *Tor.*

ti Forma del pronombre personal de segunda persona de singular («esto es para *ti*»). Se escribe siempre sin acento. Cuando sigue a *con* es *contigo* (junto).

tía Admitido: *tía carnal, t. segunda, t. tercera,* etc.: *t. abuela; no hay tu tía.*

tialina Es lo correcto; no está admitido *ptialina.*

tialismo, tianguis.

tiara «Gorro alto; tocado del Santo Padre.» No se admite como cierta joya o alhaja; en este caso es *diadema.*

Tíber, Tiberíades (*Tiberiades), tiberino (na), tiberio, Tiberio.

Tíbet Es lo correcto, y no *Tibet* (acentuación aguda). El natural de esta región de Asia es el *tibetano (na)*.

tibetano, tibia, tibiamente, tibiar, Tibidabo, tibiez, tibieza, tibio (bia), tibor, tiborna, tiburón.

tic Movimiento convulsivo muscular. Es masculino. El plural es *tics.* (V. *tictac*).

Ticiano, o **Tiziano, ticinense, Ticino.**

*ticket Voz inglesa; tampoco se admite *tiquet* o *tíquet.* Dígase *tique, billete, vale, pase, entrada, talón, boleto, cupón; candidatura electoral,* según el caso.

tictac Se escribe junto. «Ruido acompasado del reloj.» No confundir con *tic* (v.).

tiempo En gramática es cada una de las divisiones de la conjugación según la época (o *tiempo*) en que se ejecuta o sucede la acción del verbo. Así se expresa lo presente, lo pasado y lo futuro. *Tiempo presente:* El que sirve para denotar la acción actual (digo, hablemos, entrar). *Tiempo pretérito:* Denota la acción pasada (realizada o no realizada) (vine, cayó, habría dado). *Tiempo futuro:* Denota la acción que no ha sucedido aún (escribiré, escribiere, habré dado). *Tiempo simple:* El que se conjuga sin auxilio de otro verbo (estoy, saldremos, miráis). *Tiempo compuesto:* El que se forma con el participio pasivo y el tiempo simple correspondiente del auxiliar *haber* (he sido, hube hablado, habré comido). Incorrecciones: «En los *tiempos que corren*», es «en *nuestros tiempos*» (o *días*). «*Tiempo duro*», es «*tiempo riguroso (crudo, frío, caluroso)*». Admitido: *fruta del tiempo, bomba de t., t. inmemorial, tiempos heroicos, abrir el t.,* o *alzarse el t., a largo t., andando el t., a tiempo, a un tiempo, cada cosa en su t., cargarse el t., del t. de Maricastaña, descomponerse el t., despejarse el t., de tiempo en tiempo, en tiempo* (singular) *de Maricastaña, ganar t., hacer t., levantar el t., matar el t., pasar el t.,*

perder el t., tomarse t.; y si no, al tiempo.

tienda Admitido: *tienda de campaña, t. de modas, abrir t.*

*tienducho Incorrecto; dígase *tenducho* (admitido).

tienta, tientaguja, tientaparedes, tiento, Tientsín, Tiépolo.

*tiernísimo Incorrecto. (V. *tierno*).

tierno (na) El superlativo es *ternísimo (ma),* no *tiernísimo* (incorrecto).

tierra, Tierra Con minúscula, en general: «El hombre más rico de la *tierra;* en mi *tierra;* la *tierra* del patio.» Con mayúscula cuando se alude al planeta: «La *Tierra* y la Luna; el satélite gira en torno a la *Tierra;* la redondez de la *Tierra.*» Admitido: *tierra de Promisión, t. prometida, t. firme* (continente), *t. vegetal, dar en t., echar por t., echar t.* (ocultar), *t. adentro, tomar t.* (un avión), *tragársele la t., venirse a t.*

tiesamente, tieso (sa), tiesta, tiesto, tiesura, tifáceo (cea), tífico (ca), Tiflis.

tiflología, tiflológico (ca), tiflólogo (ga) Voces admitidas.

tifo Admitido; es mejor decir *tifus.*

tifoidea (*tifóidea), tifoideo, tifón, tifus, tifus exantemático.

Tiglat-Pileser Rey asirio; mejor dígase *Teglatfalasar.*

tigra Admitido: *tigre hembra.* Sin embargo, lo más usual es «*tigresa, tigre hembra; la tigre*».

tigre, tigresa V. *tigra.*

Tigris, tija.

tijera Admitido, pero es más corriente *tijeras* (también aceptado).

tijerada, tijeras, tijeretazo, tijeretear, tijereteo, tijerilla, Tijuana, tila, tílburi (admitido), **tildar.**

tilde Voz del género ambiguo *(el tilde, la tilde);* se usa más como femenino. Es un rasgo que se pone sobre algunas letras que representan sonidos tónicos, según las normas académicas de acentuación. El *acento* cuando es únicamente prosódico no se escribe.

tildón, tilia, tiliáceo (cea), tilín, tilín (hacer), tilo, tilla, tillado, tillar, timador (ra), tímalo, timar, timba,

timbal, timbalero, timbirimba, timbrador, timbrar, timbrazo.

timbre «*Timbre* postal» o «*estampilla*» es incorrecto; dígase «*sello* de correos». En cambio se admite *timbre* como «sello que estampa el Estado en un papel de documento (papel sellado del Estado) para indicar lo que debe pagarse al fisco»; además, se acepta *timbre móvil,* «el que se aplica para satisfacer el impuesto del *timbre*». También es *timbre* un «sello que se estampa en seco». «*Timbre a* metálico», incorrecto, es «*timbre en* metálico».

timbrofilia, timbrófilo (la), timbrología, timbrólogo (ga) Voces admitidas por la Real Academia Española.

*time is money Expresión inglesa: *el tiempo es oro* (es dinero).

timeleáceo (cea), timidez, tímido (da), timo, timocracia, timócrata, timocrático (ca), timol, timón, timonear, timonel, timonera, timonero (ra), Timor, timorato (ta), Timoteo, timpánico (ca), timpanillo, timpanítico (ca), timpanitis, timpanización, timpanizarse, tímpano, tina, tinaco, tinada, tinado, tinaja, tinajería, tinajero, tinajón, tinajuela, tinción, tindalización, tindalizar, tindalo, tinelar, tinelero (ra), tinelo.

tinerfeño (ña) Es el natural de *Tenerife,* isla de las Canarias.

tinge, tingible, tingitano (na), tingladillo, tinglado, tingle, tiniebla (s), tinillo, tino, tinola.

tinta Admitido: *Tinta simpática, media t., correr la t., saber de buena t., recargar las tintas, sudar t.* **tintar.**

tinte Admitido como «tintorería, casa donde se tiñe».

tinterazo, tinterillo, tintero, tintillo, tintín, tintinar (1), tintineante, tintinear (2), tintineo, tintirintín, tinto (ta), tintóreo (rea), Tintoretto (El), tintorería, tintorero, tintura, tinturar, tiña, tiñería, tiñoso (sa), tiñuela.

tío Admitido: *tío carnal, t. segundo, t. tercero,* etc.

tioneo, tiorba.

tiovivo Es la acentuación correcta, y no *tíovivo,* incorrecto.

tipa Es un «árbol leguminoso» *(la tipa).* «Una *tipa*», incorrecto, es «una *prójima*».

tipejo, tipiadora.

*tipical, *typical Anglicismo; es «típico, castizo».

tipicismo, típico (ca), tipificación, tipificar.

tipismo Admitido: «Condición de típico.» También se admite con igual sentido *tipicismo.* Es preferente *tipismo.*

tiple, tiplisonante.

tipo Tipos de letra, v. *letra.*

tipografía, tipográfico (ca), tipología, tipometría, tipómetro, típula, tique.

tique Admitido. (V. *tiquet.*)

*tiquet Incorrecto, como *ticket* (voz inglesa). Dígase «tique, billete, boleto, pase, vale, entrada, talón», según el caso.

tiquis miquis, (2), tiquismiquis (1), tira, tirabala, tirabeque, tirabotas, tirabraguero, tirabuzón, tiracantos, tiracol, tiracuello, tiracuero.

tirachinas, tirachinos Voces regionales admitidas por la Real Academia, lo mismo que *tiragomas.* Dígase *tirador* (correcto).

tirada «Número de ejemplares de que consta una edición.» Es incorrecto decir *tiraje.*

tiradera, tiradero, tirado (da), tirador (ra), tirafondo.

tiragomas V. *tirachinas.*

*tiraje V. *tirada.*

tiralíneas, tiramiento, tiramira, tiramollar, tirana, Tirana, tiranía, tiranicida, tiranicidio, tiránico (ca), tiranización, tiranizar, tirano (na), tirante, tirantez, tirapié.

tirar «*Tirar* a tierra» es incorrecto; dígase «*derribar*». Uso de preposiciones: Tirar *a, hacia, por* tal parte; t. *de* la manga. Admitido: *tirar una casa, t. un árbol, t. un mordisco, t. un pliego* (en imprenta), *t. un grabado, t. hacia la derecha, t. una temporada; tira y afloja.*

tiratacos, tirela, tirilla, tirio (ria), tiritaña, tiritar, tiritera, tiritón, tiritona.

tiro Admitido: *tiro de gracia, a tiro, tiros largos, pegar cuatro tiros, ni a tiros, salir el tiro por la culata.*

Tiro El natural de esta ciudad de Fenicia era el *tirio (ria).* «Tirios y troyanos» (admitido): Partidarios de opiniones opuestas.

tirocinio, tiroidea, tiroideo (*tiróideo)

tiroides Es masculino: *el tiroides* (glándula), pero es «la glándula *tiroidea*». Es incorrecto *tiróideo (dea),* con acento.

Tirol, tirolés (sa), tirón, tirona, tironear, tiroriro, tirotear, tiroteo, tirreno (na), Tirreno, tirria, Tirpitz, tirso, Tirso de Molina, tirulato (ta), tirulo, tisana, tisanuro, tísico (ca), tisiología, tisiológico (ca), tisiólogo (ga), tisis.

tisú Admitido: «Tela de seda con hilos de oro o plata.» El plural es *tisúes,* no *tisús* (incorrecto).

tisuria, tita, Titán, titánico (ca), titanio, titear, titeo.

títere Es lo más correcto, aunque también se ha admitido *fantoche* y *marioneta.*

titerero (ra), titeretada, titerista, tití.

*Titian, *Titien En inglés y francés designan a *Ticiano* o *Tiziano* (pintor italiano).

titilación, titilador (ra), titilante, titilar, titileo, titímalo, titirimundi, titiritaina, titiritar, titiritero (ra), tito, Tito Livio, titubeante, titubear, titubeo, titulación, titulado (da).

titular «*Las titulares* de los periódicos» es incorrecto; dígase «*los titulares...*», expresión extendida, aunque no aceptada aún. Es mejor «los *títulos* de los periódicos». «*Titularse* de abogado» es incorrecto; dígase «*diplomarse, graduarse, recibirse, recibir el título* de abogado».

titulillo, titulizado (da).

título Títulos de nobleza, v. *duque.* Títulos honoríficos o de cortesía, v. *cortesía.*

tiufado, tiza.

Tiziano También se escribe *Ticiano* (pintor italiano).

tizna, tiznadura, tiznajo, tiznar.

tizne Es masculino: *el tizne,* no *la tizne.*

tiznero (ra), tiznón, tizo, tizón, tizona, tizonada, tizonazo, tizoncillo, tizonear, tizonera, tlascalteca (1), tlaxcalteca (2), to.

toalla Es lo correcto, y no *tohalla,* incorrecto.

toallero, toalleta, toar.

*toast Voz inglesa; dígase *brindis.* También es *tostada.*

tiba, tobar.

*to be or not to be Expresión inglesa de *Hamlet,* de Shakespeare. Significa «ser o no ser», y se aplica en circunstancias en que resulta difícil decidir algo.

tobera, Tobías, tobillera, tobillo, tobogán, Toboso, toboseño (ña), Tobruk, toca, tocable.

tocadiscos Admitido; es la voz más frecuente. *Gramófono* y *gramola* se usan poco en la actualidad. En cuanto a *pick-up,* voz inglesa, es incorrecto.

tocado (da), tocador, tocadura, tocamiento, tocante.

tocar Uso de preposiciones: Tocar *a* muerto; t. *en* alguna parte. «No sé qué *pitos* tocamos», incorrecto, es «no sé qué *pito* tocamos». «*Tocar* las doce el reloj», es «*dar* las doce el reloj». «*Tocar de cerca* el drama» es «*afectar* (interesar) el drama».

tocata Admitido en música; es incorrecto *tocatta* (voz italiana).

tocateja (a).

*tocatta V. *tocata.*

tocayo (ya), tocía, tocinera, tocinería, tocinero.

tocino «Tocino *de* cielo» es incorrecto; dígase «tocino *del* cielo». En vez de *bacon,* dígase *tocino magro.*

tocio, toco, tocología, tocóloga (admitido), **tocólogo, tocón, tocona, toconal, tocororo, tochedad, tochimbo, tocho (cha), tochuelo, todabuena, todasana, todavía, todito.**

todo, toda «En *todo* conflicto que se presente» es incorrecto; dígase «en *cualquier* conflicto...». «*Todo* el agua, *todo* el ansia», es «*toda* el agua, *toda* el ansia» (debe haber concordancia). «*Toda* la aceite, *toda* la vinagre», es «*todo* el aceite, etc.». «Se extiende a *todo* Estados Unidos» es «se extiende a *todos* los Estados Unidos». «*Toda vez que*» es «*puesto que, ya que*». «Le dio *en toda* la boca» es «*justamente en* la boca». «Todo lo más» es «a lo más», «a lo sumo». Admitido: *ante todo, así y t., con t., sobre t.* (no sobretodo), *en un t.*

todopoderoso (sa), toesa, tofana, tofo, toga, togado (da), Togo.

*tohalla Es incorrecto; escríbase *toalla* (sin *h*).

*toilette Voz francesa; dígase *tocador; tocado, traje femenino; servicios, cuarto de aseo,* según el caso. En lugar de *hacerse la toilette,* dígase *arreglarse.*

toisón, Toisón de Oro, tojal, tojo, Tojo.

Tokio Es lo correcto; es incorrecto *Tokío.*

toldadura, toldar, toldero, toldillo, toldo, tole, tole tole, toledano (na), Toledo, tolemaico (ca), tolerabilidad, tolerable, tolerancia, tolerante, tolerantismo, tolerar, tolete, tolmera, tolmo.

Tolomeo V. *Ptolomeo.*

tolondro (dra), tolondrón (na).

Tolón Puerto de Francia. *Toulon* es en francés. El natural de esta ciudad es el *tolonés (sa).*

tolonés (sa).

Tolosa Es una población de Guipúzcoa. Propiamente, *Toulouse,* ciudad de Francia, debe traducirse por *Tolosa* (de Francia), aunque suele escribirse y pronunciarse como en francés (de ahí el inconveniente de escribir los nombres en su idioma original). El natural de cualquiera de estas poblaciones es el *tolosano (na).*

tolteca, tolueno, tolva, tolvanera, tolla, tolladar, tollecer.

tolle lege Expresión latina que significa «toma, lee».

tollina, tollo, tollón, toma, toma (y daca), tomada, tomadero, tomador (ra), tomadura, tomaína, tomajón (na).

tomar(se) «*Tomar* tierra un avión» (aterrizar), es correcto. También se admite: *Tomar hacia* o *por la derecha* (al andar), *tomarla con uno, ¡toma!* Uso de preposiciones: Tomar *a* broma, t. *en* mala parte, t. *para* sí, t. *sobre* sí, t. *por* ofensa; tomarse *con* la humedad, t. *de* orín.

tomatada, tomatal, tomatazo, tomate, tomatera, tomatero (ra), tomatillo, tomavistas, tómbola, Tombuctú, Tomé, Tomelloso, tomento, tomentoso (sa).

-tomía Prefijo que significa «corte, división» *(dicotomía, anatomía).*

tomillar, tomillo, tomín, tominejo, tomismo, tomista, tomiza, tomo, tomón (na).

ton Apócope de *tono.* Se usa en «sin *ton* ni son».

tonada, tonadilla, tonadillero (ra), tonal, tonalidad, tonante, tonar, tondino, tondiz, tondo, tonel.

tonelada El símbolo es t; se admiten las abreviaturas tm y Tm para tonelada métrica.

tonelaje, tonelería, tonelero (ra), tonelete, tonga, tongada.

tongo Admitido: «Trampa que hace uno de los participantes en un partido o competición deportiva.»

tonicidad, tónico (ca), tonificación, tonificador (ra), tonificante, tonificar, tonillo, tonina.

Tonkín Se admite *Tonquín.*

tono Admitido: *darse tono, de buen t., de mal t., estar a t., poner a t., mudar de t., subirse de t.*

Tonquín V. *Tonkín.*

tonsilar, tonsura, tonsurado, tonsurando, tonsurar, tontada, tontaina, tontarrón, tontear, tontedad, tontera, tontería, tontiloco (ca), tontillo, tontina, tontivano (na).

tonto (ta) Admitido: *a lo tonto, a tontas y a locas, hacerse el tonto, ponerse tonto.*

tontón (na), tontorrón (na), tontucio (cia), tontuelo (la), tontuna, toña, top, topa, topacio, topada, topador (ra), topante.

topar Uso de preposiciones: Topar *con, contra, en* un poste.

toparca, toparquía.

tope Admitido: *a tope* (o *al tope*), *hasta los topes, hasta el tope.*

topear, topera, topetada, topetar, topetazo, topetón, topetudo (da).

tópico (ca) «Se trató un *tópico* muy interesante» es incorrecto; dígase «se trató un *tema* (o *asunto*) muy interesante». Se admite *tópico* como «lugar común, vulgaridad». «Un *tópico* muy conocido.»

topinada, topinaria, topinera, topino, topiquero (ra), topista, topo.

topo- Prefijo que significa «lugar» (*topónimo, topográfico*).

topografía, topográfico (ca), topógrafo, topología, topológico (ca).

toponimia Es el conjunto de los nombres geográficos de un lugar (*país, región,* etc.).

toponímico (ca).

topónimo Es el nombre propio de un lugar.

toque, toqueado, toquería, toquero (ra), toquetear, toquilla.

Tor Es más correcto, pero también se escribe *Thor:* «Deidad mitológica escandinava.»

Tora También es *Thora:* «Libro de la ley de los judíos.»

torácico Es lo correcto, y no *toráxico,* incorrecto.

torada, toral.

tórax En plural no varía: *los tórax.*

*toráxico Es incorrecto; dígase *torácico:* «Propio del tórax.»

torbellino, torca, torcal, torcaz (paloma), torcazo (za), torce, torcecuello, torcedero (ra), torcedor (ra), torcedura.

torcer(se) Verbo irregular que se conjuga como *mover* (v.) (tuerzo, tuerces, torcemos, etcétera). Admitido: *torcer los ojos, t. a mano derecha.*

torcida, torcidamente, torcidillo, torcido (da), torcijón, torcimiento, torculado (da), tórculo, torcho, torda, tordella, Tordesillas, tórdiga, tordillo (lla), tordo (da), toreador, torear, toreo, torera, torera (saltarse a la), torería, torero (ra), torés, toresano (na), torete, torga, Toribio, toril, torillo.

*Torino Nombre italiano de la ciudad que llamamos *Turín.*

torio, toriondez, toriondo (da), torito, torloroto, tormellera, tormenta, tormentilla (ria), tormentilla, **tormentín, tormento, tormentoso (sa), tormera, tormo, torna, tornaboda, tornada, tornadera, tornadero, tornadizo (za).**

tornado Admitido como «viento giratorio impetuoso, huracán».

tornadura, tornaguía, tornalecho, tornamiento, tornapunta, tornar, tornasol, tornasolado (da), tornátil, tornatrás, tornaviaje, tornavoz, torneador, torneadura, torneante, tornear, torneo, tornera, tornería, tornero, tornillero.

tornillo Admitido: *tornillo sin fin; apretarle a uno los tornillos; faltarle a uno un tornillo; tener flojos los tornillos.*

torniquete, torniscón, torno, toro, toronja, toronjil, toronjina, toronjo, toroso (sa), torozón, torpe, torpecer, torpecimiento, torpedeamiento, torpedeo, torpedero (ra), torpedista, torpedo, torpeza, tórpido (da), torpón (na), torpor, Torquemada, torques, torrado (da), torrar.

*torre La Academia lo admite como sinónimo de *rascacielos; torre:* «Cualquier edificio de mucha más altura que superficie.» Es incorrecto darle el sentido de *chalé, hotel, casa de recreo;* díganse estas palabras, todas ellas aceptadas. Admitido: *torre de Babel; torre de marfil.*

torrear, torrecilla, Torredonjimeno, torrefacción, torrefacto (ta), torrejón, Torrelavega, torrencial, torrente, torrentera, torrentoso (sa), torreón, torrero, torreta, torreznada, torreznero (ra), torrezno, Torricelli, tórrido, torrija, torrontero, torrontés, torrotito, torsión, torso, torta, tortada, tortedad, tortera, tortero, torteruelo, torticero (ra).

tortícolis Es la voz preferente, aun cuando se acepta asimismo *torticolis* (grave). Se suele emplear como femenino *(la tortícolis),* aunque la Academia lo da como masculino.

*tortijón Es incorrecto; dígase *retortijón* (admitido).

tortilla.

*tortillera No está admitido; dígase *lesbiana* (v.).

tortillo, tortita, tórtola, tórtolo (s),

tortor, Tortosa, tortosino (na), tortuga, tortuosidad, tortuoso (sa), tortura, torturador (ra), torturante, torturar, torunda, toruno, torva, torviscal, torvisco, torvo (va).

*tory Conservador inglés. El plural es *tories*.

torzadillo, torzal, torzón, torzonado (da), torzuelo.

tos Admitido: tos convulsa o convulsiva; tos ferina (separado, no debe escribirse junto: tosferina).

tosidura, tosigar, tósigo, tosigoso (sa), tosiguera, tosquedad, Tossa, tostación, tostada, tostadero (ra), tostadillo, tostado (da), tostador (ra).

tostar Verbo irregular que se conjuga como *contar* (v.) (tuesto, tuestas, tostamos, etc.).

tostón Admitido como «*tabarra, lata*».

Tot Dios egipcio; se escribe también y más a menudo *Toth*.

total, totalidad, totalitario (ria), totalitarismo, totalitarista, totalizador (ra), totalizar.

tótem Así se escribe y acentúa (no *totem*). El plural usual es *tótems*.

totémico (ca), totemismo.

Toth V. *Tot*.

totora, totovía.

*Toulon Debe escribirse *Tolón* (puerto de Francia).

Toulouse Suele usarse esta grafía, pero lo más correcto es *Tolosa* (de Francia). (V. *Tolosa*.)

*toupet Voz francesa; se admite *tupé*, pero es sólo «cabello que cae sobre la frente». En la acepción corriente *toupet* es *peluca* (cabellera postiza), o *peluquín* (peluca que sólo cubre parte de la cabeza).

*tour Voz francesa; dígase «gira, excursión, paseo». También es «vuelta ciclista» (a Francia).

*tour de force Expresión francesa; dígase «proeza, esfuerzo notable».

*tournée Voz francesa; dígase *gira*.

Tours El natural de Tours, ciudad de Francia, es el *turonense*.

toxicar, toxicidad, tóxico (ca), toxicología, toxicológico (ca), toxicólogo (ga), toxicomanía.

toxicómano (na) Es la voz correcta, y no *drogadicto* y otras.

toxina, toza, tozo, tozolada, tozolón, tozudez, tozudo (da), tozuelo, traba, trabacuenta, trabada, trabadero, trabado (da), trabadura, trabajado (da), trabajador (ra), trabajante.

trabajar Uso de preposiciones: Trabajar *a* destajo; t. *de* albañil; t. *para* comer; t. *en* motores eléctricos.

trabajera.

trabajo «*Trabajos* públicos» es expresión incorrecta; dígase «*obras* públicas». Admitido: *trabajos forzados* (condena), *trabajo de zapa, tomarse el trabajo.*

trabajosamente, trabajoso (sa), trabalenguas, trabamiento, trabanca, trabanco, trabante.

trabar(se) Uso de preposiciones: Trabarse una cosa *con, en* otra. Admitido: *trabarse la lengua.*

trabazón, trabe, trábea, trabilla, trabina, trabón, trabuca, trabucación, trabucador (ra), trabucaire, trabucante, trabucar, trabucazo, trabuco, trabuquete, traca, tracamundana, tracción, tracería, Tracia, traciano (na), tracias, tracio (cia), tracista.

*track (Inglés.) Carril, pista.

tracoma Es voz masculina: *el tracoma* (no *la tracoma*).

tracto, tractocarril.

tractor Además de «vehículo para arrastrar arados, etc.», es «toda máquina que produce tracción» (en ferrocarriles, puertos, etc.). Se ha admitido la voz *tractorista* y *tractorear.*

tractorear, tractorista V. *tractor*.

*trade mark Expresión inglesa; dígase *marca registrada.*

*trade union Expresión inglesa; debe decirse *sindicatos, gremios.*

tradición, tradicional, tradicionalismo, tradicionalista.

traducción Se admite: *traducción directa, t. inversa.*

*traducí Incorrecto; dígase *traduje*. (V. *traducir*.)

traducibilidad, traducible.

traducir Verbo irregular que se conjuga como *conducir* (v.) (tra-

duzco, traduces, traducimos, etc.).
Se dice «traducir *del* inglés», y
«traducir *al* español» o «*en* español».

*traduttore, traditore Expresión
italiana; significa «traductor, traidor», y expresa lo mucho que cambia el sentido de una idea al ser
traducida a otro idioma.

traedizo (za), traedor (ra), traedura.

traer Verbo irregular que se conjuga del siguiente modo: INDICATIVO. *Presente:* traigo, traes, trae,
traemos, traéis, traen. *Pret. imperf.:* traía, traías, traíamos, etc.
Pret. indefinido: traje, trajiste,
trajimos, etc. *Futuro imperf.:* traeré, traerás, traeremos, etc. POTENCIAL: traería, traerías, traeríamos,
etc. SUBJUNTIVO. *Presente:* traiga,
traigas, traigamos, etc. *Pretérito
imperfecto:* trajera o trajese, trajéramos o trajésemos, etc. *Futuro
imperf.:* trajere, trajeres, trajéremos, etc. IMPERATIVO: trae, traed.
PARTICIPIO: traído. GERUNDIO: trayendo. Uso de preposiciones:
Traer *de* Madrid; traer *en, entre*
manos.

**trafagador, trafagante, trafagar,
tráfago, trafagón (na), trafalmejas,
trafallón (na), traficación, traficante.**

traficar Uso de preposiciones: Traficar *en* vinos; t. *con* la concesión
de créditos.

tráfico Admitido como sinónimo
de *tránsito* (de vehículos y de personas en vías públicas). Es preferente *tránsito*.

**tragable, tragacanto, tragacete,
tragaderas, tragadero, tragador
(ra), tragahombres.**

*traganíquel (es) Es incorrecto; dígase *tragaperras* (admitido): «Aparato que funciona mediante introducción de una moneda.»

trágala, tragaldabas, tragalenguas, tragaluz, tragamallas, tragantada, tragante, tragantón (na).

tragaperras Admitido. (V. *traganíqueles.*)

tragar(se), tragasantos, tragavenado, tragavino, tragavirotes, tragazón, tragedia, tragédico (ca),

**tragedioso (sa), trágico (ca), tragicomedia, tragicómico (ca), trago,
tragón (na), tragonear, tragonería,
tragonía, tragontina, traición, traicionar, traicionero (ra), traída, traído, traidor (ra).**

*trailer Voz inglesa; dígase *avance*
(sinopsis de película) o *remolque*
(alojamiento remolcado), según el
caso.

**trailla, traillar, traína, trainera,
traite.**

*training Entrenamiento, adiestramiento.

trajano (na) Es lo relativo al emperador *Trajano.*

traje Admitido: *traje de ceremonia*
o *t. de etiqueta, t. de diario, t. de
luces, t. corto, t. de gala.*

**trajeado (da), trajear, trajín, trajinante, trajinar, trajinería, trajinero,
tralla, trallazo, trama, tramador
(ra), tramar, tramilla, tramitación,
tramitador (ra), tramitar, trámite,
tramo, tramojo, tramontana, tramontano (na), tramontar, tramoya,
tramoyista, tramoyón (na).**

*tramp Voz inglesa; es un buque
que carece de itinerario fijo y
acepta carga para cualquier
puerto.

**trampa, trampal, trampantojo,
trampazo, trampeador (ra), trampear, trampería, trampero, trampilla, trampista, trampolín, tramposo
(sa), tranca, trancada, trancahílo,
trancanil, trancar, trancazo, trance, tranco, trancha, tranchete,
trancho, trangallo, tranquear.**

tranquera (*Amér.*) Puerta rústica,
portón.

**tranquero, tranquil, tranquilamente, tranquilar, tranquilidad, tranquilizador (ra), tranquilizante, tranquilizar, tranquilo (la), tranquilla,
tranquillo, tranquillón.**

trans- Prefijo que significa «más
allá, del otro lado» (*transoceánico,
transalpino*). A veces admite la
Real Academia Española la supresión de la *n*, quedando el prefijo en
tras- (*trascendental*).

transacción, transaccional.

transalpino (na), transandino (na)
Se admiten también *trasalpino* y

trasandino, pero en segundo término.

*transar Sólo se admite para América, como «transigir, ceder»; en España es incorrecto.

transatlántico (ca) Se acepta *trasatlántico,* pero en segundo término.

transbordador (ra) Admitido: «Buque para *transbordar* vehículos.» No se admite *trasbordador* (sin *n*). En cambio, se acepta *transbordar* (1) y *trasbordar* (2), y *transbordo* (1) y *trasbordo* (2).

transbordar, transbordo V. *transbordador (ra).*

Transcaucasia, transcendencia, transcendental, transcendentalismo, transcendente, transcender Todas estas voces son preferibles sin *n* (*trascendencia,* etc.), aunque se admiten con esa letra.

transcribir, transcripción, transcripto (ta) (2), **transcriptor, transcrito** (1) Se aceptan estos vocablos sin *n,* pero es preferible con esa letra.

transcurrir Siempre con *n.*

transcurso Se acepta *trascurso,* pero en segundo término.

tránseat, transeúnte, *transexual, *transexualidad.

transferencia, transferible, transferidor (ra) Se admiten sin *n,* pero son preferibles con esa letra.

transferir Se admite *trasferir,* pero es preferible con *n.* Verbo irregular que se conjuga como *sentir* (v.) (transfiero, transfieres, transferimos, etc.).

transfigurable, transfiguración, transfigurar, transfijo (ja), transfixión, transflor, transflorar, transflorear, transformable, transformación (1), **transformacional, transformador (ra), transformamiento** (2), **transformante.**

transformar Uso de preposiciones: Transformar una cosa *en* otra.

transformativo (va) Véase *transferencia.*

transformismo, transformista No se admiten sin *n.*

transfregar, transfretano (na), transfretar, tránsfuga (1), **tránsfugo** (2), **transfundición, transfundir,**

transfusible, transfusión, transfusor (ra) Véase *transferencia.*

transgangético (ca) Del otro lado del *Ganges.* No se admite sin *n.*

transgredir Verbo irregular del que se usan sólo las terminaciones que contienen *i* (*transgredió, transgredirá,* etc.). Se admite *trasgredir,* pero es preferente con *n.*

transgresión, transgresivo (va), transgresor (ra) V. *transferencia.*

transiberiano (na), transición, transido (da), transigencia, transigente, transigir, Transilvania, transilvano (na), transir Estas voces no se admiten sin *n* en el prefijo *trans-.*

transistor Se admite como dispositivo electrónico y, por extensión, como «radiorreceptor provisto de transistores».

transitable, transitar.

transitivo (va) V. *verbo.*

tránsito V. *tráfico.*

transitoriamente, transitoriedad, transitorio (ria), Transjordania, *transjordano.

translación Se admite también *traslación,* y es preferente.

*transladar Es incorrecto; se escribe sin *n: trasladar* (v.).

translaticio (cia), translativo (va) Se admiten también sin *n* en el prefijo *(tras-),* y son éstas las voces preferentes.

translimitación, translimitar, translinear, transliteración, transliterar, translucidez, translúcido (da).

transluciente, translucirse Admitido, pero se prefiere sin *n.*

transmarino, transmediterráneo, transmigración, transmigrar, transmigratorio (ria), transmisible, transmisión, transmisor (ra).

transmitir V. *retransmitir.* Se admite *trasmitir,* en segundo término.

transmontano, transmontar, transmudar, transmundano (na), transmutable, transmutación, transmutar, transmutativo (va), transmutatorio (ria), transoceánico (ca), transpacífico (ca), transpadano (na), transparencia, transparentarse, transparente.

*transpasar Incorrecto; sólo es *traspasar* (sin *n*).

transpirable, transpiración, transpirante, transpirar, transpirenaico (ca).

*transplantar, *transplante Voces incorrectas; escríbanse sin *n* en el prefijo *(trasplantar, trasplante)*.

transponer(se) Verbo irregular que se conjuga como *poner* (v.) (transpongo, transpones, transponemos, etc.). Suele emplearse más a menudo *trasponer* (sin *n* en el prefijo).

transportación, transportador (ra), transportamiento.

transportar Se dice «transportar *en* hombros» (hombros de una persona), y «transportar *a* lomos» (lomos de una caballería).

transporte, transportista, transposición, transpositivo (va), transpuesta, transpuesto (ta), transterminar.

transtiberiano (na) Del otro lado del río *Tíber*.

*transtornar(se), *transtorno Es incorrecto; dígase *trastornar(se)* y *trastorno* (sin *n* en el prefijo).

transubstanciación, transubstancial, transubstanciar, transuránico, Transvaal, transvasar.

*transvase Incorrecto. (V. *trasvasar.*)

transverberación, transversal, transversalmente, transverso (sa), tranvía, tranviario (ria), tranviero, tranzadera, tranzado (da), tranzar, tranzón.

trapa Femenino y con minúscula *(la trapa):* «Instituto religioso de la orden del *Cister»* (acentuación como *Ester*).

trapacear, trapacería, trapacero (ra), trapacete, trapacista, trapajo, trapajoso (sa), trápala, trapalear, trapalón (na).

Trapani El nombre de esta ciudad italiana se pronuncia *Trápani,* pero suele escribirse sin acento.

trapatiesta, trapaza, trapazar, trape, trapear, trapecial, trapecio, trapecista, trapense, trapería, trapero (ra), trapezoidal, trapezoide, trapiche, trapichear, trapicheo, trapichero, trapiento (ta), trapillo, tra-

pío, trapisonda, trapisondear, trapisondista, trapito, trapo, traque, tráquea, traqueal, traquear, tráqueo, traqueotomía, traqueteante, traquetear, traqueteo, traquido, traquita.

tras Preposición y prefijo. Este último resulta de suprimir la *n* en el prefijo *trans-* (v.). En cuanto a la preposición, suele emplearse más a menudo *tras de.* En vez de «voy *tras* las codornices», suele decirse por lo general «voy *tras de* las codornices».

trasabuelo (la), trasalcoba.

trasalpino Admitido, pero es preferente *transalpino*.

trasaltar Lugar situado detrás del altar.

trasandino Admitido, pero es preferente *transandino*.

trasandosco (ca), trasanteanoche, trasanteayer (1), trasantier (2), trasañejo (ja).

trasatlántico (ca) Admitido, pero es preferente *transatlántico*.

trasbordar, trasbordo Voces aceptadas, pero son preferentes las mismas con *n (transbordar, transbordo)*.

trasca, trascabo, trascacho, trascantón, trascantonada, trascartarse, trascartón, trascendencia, trascendental, trascendente.

trascender Verbo irregular que se conjuga como *entender* (v.) (trasciendo, trasciendes, trascendemos, etc.). Se admiten con *n (transcender,* etc.), pero en segundo término.

trascendido (da), trascocina, trascoda, trascol, trascolar, trasconejarse, trascordarse, trascoro, trascorral, trascorvo (va).

trascribir, trascripción, trascripto (2), trascrito (1) Se admiten estas voces, pero son preferentes con *n* en el prefijo *(transcribir,* etc.).

trascuarto.

trascurrir, trascurso Preferible con *n (transcurrir,* etc.).

trasdobladura, trasdoblar, trasdoblo, trasdós, trasdosar, trasdosear, trasechador (ra), trasegador (ra), trasegar, traseñalador (ra), traseñalar, trasera, trasero.

trasferencia, trasferible, trasferidor (ra), trasferir, trasfigurable, trasfiguración, trasfigurar, trasfijo (ja), trasfixión, trasflor, trasflorar Se admiten estas grafías, pero es preferible con *n* (*transferencia,* etc.).

trasfollado (da), trasfollo, trasfondo.

trasformación, trasformador (ra), trasformamiento, trasformar, trasformativo (va), trasfregar, trasfretano (na), trasfretar, trásfuga, trásfugo, trasfundición, trasfundir, trasfusión, trasfusor Voces admitidas, pero son preferentes con *n* (*transformación,* etc.).

trasgo Significa «duende».

trasgredir, trasgresión, trasgresor (ra) Admitidos, pero es preferente con *n* (*transgredir,* etcétera).

trasguear, trasguero (ra), trashoguero (ra), trashojar, trashumación.

*trashumancia Es incorrecto; dígase *trashumación.*

trashumante, trashumar Es incorrecto con *n* (*transhumante,* etc.).

trasiego, trasijado (da), Trasimeno.

traslación Se acepta también con *n* (*translación),* pero es preferible sin ella.

trasladable, trasladador (ra), trasladante Es lo correcto; sin *n* en *tras-.*

trasladar(se) «*Trasladarse* de un sitio a otro»; es mejor decir «*trasladarse de sitio*», o «*trasladarse*», simplemente. *Trasladar* y *traslado* no deben escribirse con *n.* Es incorrecto *transladar* y *translado.*

traslado V. *trasladar.*

traslapar, traslapo, traslaticiamente, traslaticio (cia), traslativo (va), traslato (ta), traslinear.

traslúcido (da) Admitido, pero es mejor *translúcido (da),* con *n.*

trasluciente, traslucir(se), traslumbramiento, traslumbrar, tras luz (masculino), **trasmallo.**

trasmano «Me cogía de *trasmano*»; mejor es «me cogía a *trasmano*».

trasmañana, trasmañanar, trasmarino (na), trasmatar.

trasmediterráneo (nea), trasmigración, trasmigrar Admitidos, pero preferente *transmediterráneo (nea),* etc.

trasminar «Abrir camino por debajo de tierra.»

trasmisible, trasmisión, trasmitir, trasmontar Admitidos, pero es preferible *transmisible,* etcétera (con *n*).

trasmosto «Vino que se hace con el orujo de la uva.»

trasmutable, trasmutación, trasmutar, trasmutativo (va), trasmutatorio (ria) Admitidos, aunque se prefiere con *n* (*transmutable, transmutación,* etc.).

trasnochada, trasnochado, trasnochador (ra), trasnochante, trasnochar, trasnoche (2), trasnocho (1), trasnombrar, trasnominación, trasoír, trasojado (da), trasoñar, trasovado (da), traspadano (na), traspalar, traspaleo, traspapelar(se), trasparecer.

trasparencia, trasparentar(se), trasparente Admitidos, aunque es más correcto con *n* (*transparencia,* etc.).

traspasable, traspasación, traspasador (ra), traspasamiento, traspasante, traspasar, traspaso Es lo correcto; no deben escribirse con *n* (*transpasable,* etc.).

traspatio, traspecho, traspeinar, traspellar.

traspié Es lo correcto, y no *traspiés* (dar *un traspiés*), incorrecto, excepto cuando es el plural *(los traspiés).*

traspilastra, traspillado, traspillar, traspintar(se).

traspirable, traspiración, traspirar, traspirenaico Voces admitidas, pero son preferibles con *n* (*transpirable,* etc.).

trasplantable, trasplantar, trasplante Es lo correcto; sin *n* en *tras-.*

trasponer Puede escribirse también *transponer.*

traspontín Admitido; mejor *traspuntín* (de los coches) (v.).

trasportación, trasportador (ra), trasportamiento, trasportar, tras-

porte Admitidos, pero es mejor con n (transportación, etc.).

trasportín Admitido, pero es preferente traspuntín (en los coches).

trasposición, traspositivo, traspuesta, traspuesto, traspunte.

traspuntín Es la voz preferente. Se admiten también trasportín y trasportín. «Asiento suplementario en los coches.»

trasquero, trasquila, trasquilado (da), trasquilador (ra), trasquiladura, trasquilar, trasquilimocho (cha), trasquilón, trasroscarse.

trastabillar Es «dar traspiés o tropezones», y también «tartamudear, trabarse la lengua». En cambio trastrabillar es únicamente «trabarse la lengua», y no «tropezar».

trastada, trastajo.

Trastámara Es la forma más correcta de acentuar el nombre de esta dinastía de Castilla. Muchos pronuncian y escriben Trastamara (como cara).

trastazo, traste, trasteado (da), trasteador (ra), trasteante, trastear, trastejador (ra), trastejadura, trastejar, trastejo, trasteo, trastería.

trastero (ra) Es correcto cuarto trastero o pieza trastera.

trastesar, trastesón, trastiberino (na), trastienda, trasto.

trastocar Es «trastornar, revolver». No debe confundirse con trastrocar, que es «cambiar, mudar, transformar».

trastornable, trastornador (ra), trastornadura, trastornamiento, trastornante, trastornar, trastorno, trastrabado (da), trastrabarse.

trastrabillar V. trastabillar.

trastrás, trastrocamiento.

trastrocar V. trastocar.

trastrueco (2), trastrueque (1), trastulo, trastumbar, trasudación, trasudado, trasudante, trasudar, trasudor, trasuntar, trasuntivamente, trasunto.

trasvasar Es mejor transvasar (con n). Sin embargo, sólo se admite trasvase («el trasvase Tajo-Segura»), y no transvase, incorrecto.

trasvenarse, trasver.

trasversal, trasverso Admitidos, pero es preferible transversal y transverso (con n).

trasverter, trasvinarse, trasvolar, trata, trata de blancas, tratable, tratadista.

tratado Mayúscula: «El Tratado de Versalles»; pero «un tratado de paz», «un tratado de ginecología».

tratador (ra) «Que trata un asunto o materia.»

tratamiento Tratamientos de cortesía, v. cortesía (tratamientos de). Títulos de nobleza, v. duque. Incorrección: «El tratamiento que se dispensaba a los presos era adecuado»; dígase «el trato que se...».

tratante.

tratar(se) Uso de preposiciones: Tratar de cobarde; t. de, sobre alguna cosa; t. en vino.

trato Admitido: trato hecho; trato de nación más favorecida.

trauma Admitido, es mejor traumatismo (en cirugía). Se acepta trauma psíquico.

traumático.

traumatismo V. trauma.

traumatizar, traumatología, traumatológico (ca), traumatólogo (ga).

travelín Voz admitida. En cine, es «desplazamiento de la cámara montada sobre ruedas para acercarla al objeto o alejarla de él». Es incorrecto traveling.

*traveling Incorrecto. (V. travelín.)

*travellers check Expresión inglesa; aunque no está admitida es preferible traducirla: cheque de viaje (o de viajero).

traversa.

través Admitido: través de dedo, a través, al través (mejor: a través), de través, mirar de través.

travesaño, travesar, travesear, travesero (ra), travesía, travesío.

travestido (da) Admitido, es «disfrazado o encubierto con un traje que hace que se desconozca al que lo usa», lo cual no define precisamente al que padece la aberración sexual, aunque puede usarse en tal sentido. También se admite travestir, y aquí se dice: «Vestir una persona con la ropa del sexo contrario.» La Academia no acepta *travestismo* ni *trasvestitismo*.

travesura, traviesa, travieso, trayecto, trayectoria, trayente.

traza «Al andar, no dejaba *traza* alguna» es incorrecto. *Traza* es «modo, apariencia». En el ejemplo anterior debe decirse «al andar no dejaba *rastra...*» («huella, señal, vestigio»).

trazable, trazado (da), trazador (ra), trazar, trazo, trazumar.

trébede, trébedes En singular apenas se usa; en plural es «aro de hierro con tres pies», y es femenino *(las trébedes).*

trebejar, trebejo, trebeliánica, trébol, trebolar, trece.

treceavo Correcto; también es *trezavo.*

trecemesino (na), trecén, trecenario, trecenazgo, treceno (na), tricésimo (ma), trecha, trecheadro, trechear, trecheo.

trecho Admitido: *a trechos, de trecho en trecho.*

trechor, tredécimo (ma), trefe, trefilado, trefilar, trefilería, tregua, treinta, treintaidosavo (va), treintaidoseno (na), treintanario, treintañal, treintavo (va), treintena, treinteno (na).

treintidosavo Incorrecto; es *treintaidosavo, treintaidoseno,* etcétera.

treja, trematodo, tremebundo (da), tremedal, tremendismo, tremendista, tremendo (da), trementina, tremer, tremielga, tremís, tremó, tremolante, tremolar, trémolo, tremor, tremoso (sa), trémulamente, trémulo (la).

tren Admitido: *tren ascendente* (desde Andalucía hacia Madrid), *t. descendente, t. mixto, t. expreso* (no *exprés*), *t. rápido, t. ordinario, t. ómnibus, t. sanitario, t. correo, a todo tren.*

trena, trenado (da).

trenca «Palo transversal del vaso de la colmena; raíz de una cepa.»

trencilla, trencillar, trencillo, treno.

trenta, ***trentavo*** Incorrecto; es *treinta, treintavo.*

trenza, trenzadora, trenzado (da), trenzar, treo, trepa, trepadera, tre- **pado (da), trepador (ra), trepajuncos, trepanación, trepanar, trépano, trepante, trepar, treparse, trepatroncos, trepe, trepidación, trepidante, trepidar, trépido (da).**

treponema La Academia lo da como femenino, pero en medicina suele usarse el masculino: *el treponema* («flagelado que produce la sífilis»).

tres Admitido: *regla de tres, compás de tres por cuatro.*

tresalbo (ba), tresañal, tresañejo (ja), tresbolillo (al), trescientos (tas), tresdoblar, tresdoble, tresillista, tresillo, tresmesino (na), tresnal, trestanto, treta.

Tréveris El nombre alemán de esta ciudad es *Trier,* el francés *Trèves,* y el español *Tréveris.*

trezavo (va), trezna, treznal.

tri- Prefijo que significa «*tres*» (tricornio, tridente).

tría, triaca (*tríaca), triacal, triache.

tríada Es correcto: «Conjunto de tres seres o cosas.» También se acepta *triade.*

triádico (ca), Triana, trianero (ra), triangulación, triangulado (da), triangular, triángulo (la), triaquera, triar, triario, triásico (ca).

tríbada, *tribadismo V. *lesbiana.*

tribal.

tribo- Prefijo que significa «frote, rozamiento» *(triboelectricidad).*

triboelectricidad, tribología, triboluminiscencia, tribómetro Voces admitidas por la Academia.

tribraquio, tribu, tribual, tribuente, tribulación, tríbulo, tribuna, tribunado.

tribunal Mayúsculas: el *Tribunal Supremo,* el *Tribunal Constitucional,* el *Tribunal de Apelaciones.* Minúsculas: el *tribunal* dictó sentencia.

tribunicio (cia), tribúnico (ca), tribuno, tributable, tributación, tributante, tributar, tributario (ria), tributo, tricenal, tricentario, tricentésimo (ma).

tríceps Es singular y no varía en plural *(el tríceps, los tríceps).* Lleva acento. (V. *bíceps.*)

tricésimo (ma), triciclo, tricípite, triclinio, tricloruro, tricolor.

*tricomía Es incorrecto; dígase *tricromía.*

tricorne, tricornio.

*tricot Es incorrecto; lo mismo que *tricotosa.* Dígase respectivamente *punto, labor de punto* (tricot); y *máquina de hacer punto* (tricotosa). Se admite *tricotar.*

tricotar, tricotomía, tricotómico (ca), tricótomo (ma), tricromía, tricúspide (válvula).

*trichina Es incorrecto; dígase *triquina* (v.).

tridacio, tridente, tridentífero (ra), tridentino (na), triduano (na), triduo, triedro, trienal, trienio, triente, trieñal.

*Trier V. *Tréveris.*

Trieste, triestino (na), trifásico (ca), trifauce, trífido (da), trifinio, trifioro (ra), trifoliado (da), trifolio, triforio, triforme, trifulca, trifurcación, trifurcado (da), trifurcarse, triga, trigal, trigésimo (ma), trigla, triglifo (1), tríglifo (2).

trigo Admitido: *trigo candeal, t. sarraceno,* etc. También se admite la expresión *no ser trigo limpio.*

trigón, trígono, trigonometría, trigonométrico (ca), trigueño (ña), triguera, triguero, triguillo, trilátero, trilingüe.

trilita También se llama *trinitrotolueno.*

trilítero (ra), trilito.

trilobites Singular y masculino *(el trilobites).* El plural no varía.

trilobulado, trilocular, trilogía, trilla, trilladera, trillado, trillado (camino), trillador, trilladora, trilladura, trillar.

trillizo (za) Voz admitida. También se aceptan *cuatrillizo* y *quintillizo.* No se admite *sextillizos;* dígase *seis mellizos.*

trillo, trillón, trimembre, trimensual, trímero, trimestral, trimestre, trimielga, trimotor, trimurti, trinacrio (cria), trinado, trinante, trinar, trinca, trincado (da), trincadura, trincaesquinas, trincafía, trincapiñones, trincar, trincha, trinchador.

trinchante Esta distinción tiene distintos significados, pero ninguno es el de «mueble de comedor sobre el cual

se trinchan las viandas»; lo correcto en este caso es *trinchero.*

trinchar, trinchera, trinchero, trincherón, trinchete, trineo, trinidad, trinitaria, trinitario, trinitrotolueno, trino (na), trinomio, trinquetada, trinquete, trinquetilla, trinquis, trío, triodo (*tríodo), trióxido, tripa, tripada, tripartición, tripartir, tripartito (ta), tripastos, tripe, tripería, tripero (ra), tripicallero (ra), tripicallos, trípili, triplano.

triple También se admite *triplo,* pero en segundo término.

triplicación, triplicar, tríplice, triplicidad.

triplo V. *triple.*

trípode Como «armazón de tres pies» es masculino *(el trípode).*

Trípoli *Trípoli* es la capital de *Tripolitania* y de la actual Libia. El natural de *Trípoli* es el *tripolitano (na).* Además, *trípoli* es «cierta roca silícea».

tripolino (na), Tripolitania, tripón (na), tríptico, triptongar, triptongo, tripudiante, tripudiar, tripudio, tripudo (da), tripulación, tripulante, tripular, trique.

triquina, triquinosis Es lo correcto; es incorrecto *trichina.* La *triquina* (gusano) provoca la *triquinosis* (enfermedad).

triquiñuela, triquitraque, trirrectángulo, trirreme, tris, tris (en un), trisa, trisagio, trisar, trisca, triscador (ra), triscar, trisecar, trisección, trisemanal, trisilábico (ca), trisílabo (ba), trismo, trispasto, trisque.

Tristán e Isolda Es más usual que *Tristán e Iseo* (también correcto).

triste Uso de preposiciones: Triste *de* aspecto; triste *de, con, por* el suceso.

tristemente, tristeza, tristón, tristura, trisulco (ca), tritíceo (cea), tritón, trítono, tritóxido, triturable, trituración, triturador (ra), triturar, triunfador (ra), triunfal, triunfalismo, triunfalista, triunfalmente, triunfante, triunfar, triunfo, triunviral, triunvirato, triunviro, trivial, trivialidad, trivialmente, trivio, triza, trizar, trocable, trocado (da),

trocaico, trocamiento, trocante, trocánter.

trocar Como «instrumento de cirugía» se escribe y acentúa igual que el infinitivo del verbo *trocar;* es incorrecto *trócar*. El verbo es irregular y se conjuga como *contar* (v.) (trueco, truecas, trocamos, etc.). Uso de preposiciones: Trocar una cosa *por, con, en* otra.

trocatinta, trocatinte, trocear, troceo, trociscar, trocisco, trocla, troco, trocoide, trocha.

trochemoche Se dice *a trochemoche* (1), y *a troche y moche* (2). Es «disparatadamente, sin ton ni son».

trochuela, trofeo.

-trofia, -trofio Sufijos que significan «alimenticio» *(atrofia).*

trófico (ca), troglodita, trogloditico (ca).

***troica** Voz no admitida; significa «trineo ruso tirado por tres caballos», y «trío, terna». Tampoco se admite *troika*.

troj Es femenino *(la troj);* el plural es *trojes*. En segundo término se acepta *troje*. Es una especie de *granero*.

troje, trojel, trojero, trola (admitidos).

trole Admitido como «pértiga de hierro de tranvías y trolebuses». Es incorrecto *trolley* (inglés). También se admite *trolebús* (pero no *trolleybus*).

trolebús V. *trole.*

tromba, trombo, tromboangitis, trombocito, tromboflebitis, trombón, trombosis, tromba, trompada, trompar, trompazo, trompear.

***trompe-l'œil** Expresión francesa que denota un efecto pictórico deliberado para engañar la vista del observador y crear una ilusión de realidad. Dígase *sensación de realidad.*

trompero (ra), trompeta, trompetazo, trompetear, trompeteo, trompetería, trompetero, trompetilla, trompicadero, trompicar, trompico, trompicón, trompilladura, trompillar, trompillo, trompillón, trompis, trompo, trompón, trona,

tronada, tronado (da), tronador (ra), tronante.

tronar Verbo irregular que se conjuga como *contar* (v.) (trueno, truenas, tronamos, etcétera). En su sentido estricto sólo se emplea en el infinitivo y las terceras personas de todos los tiempos (tronar, truena, tronó, tronará, etc.).

tronca, troncal, troncalidad, troncar, tronco (ca), troncocónico (ca), troncón, tronchado, tronchar, tronchazo, troncho, tronchudo (da), tronera, tronerar, tronga, trónica, tronido, tronío, tronitoso (sa), trono, tronquear, tronquista, tronzador, tronzar, tronzo (za), tropa, tropel, tropelía, tropelista, tropellar, tropeoláceo (cea), tropeoleo, tropezadero, tropezador (ra), tropezadura.

tropezar Verbo irregular que se conjuga como *acertar* (v.) (tropiezo, tropiezas, tropezamos, etc.). Uso de preposiciones: Tropezar *con, contra* alguna cosa.

tropezón (na), tropezoso (sa), tropical.

trópico Se escribe *trópico de Cáncer, trópico de Capricornio* (*trópico* con minúscula).

tropiezo, tropismo, tropo, tropología, tropológico (ca), troposfera (*tropósfera), troque, troquel, troquelar, troqueo, troquilo, trotacalles, trotaconventos, trotador (ra), trotamundos, trotar, trote, trotero, trotón (na), trotonería, Trotski (*Trotsky), *trotskista.

***trousseau** Voz francesa; significa «ajuar, equipo de la novia».

***trouppe** Voz francesa; significa «compañía, agrupación, conjunto de artistas» (generalmente de circo).

trova, trovador (ra), trovadoresco (ca), trovar, trovero, trovista, trovo, trox.

Troya También recibe el nombre de *Ilión* (de ahí *Ilíada*), y *Pérgamo*. El natural de Troya es el *troyano (na).* Admitido: *allí fue Troya.*

troyano (na), troza, trozar, trozo.

trucar Significa «hacer trucos» en diversos juegos. No se admite como «apañar, arreglar, modificar» (motores, etc.).

*truck Voz inglesa; dígase *camión*.
truco, truculencia, truculento (ta), trucha, truchero (ra), truchimán (na), truchuela, trué, Trueba, trueco, trueno, trueque, trufar, truhán (na), truhanada, truhanear, truhanería, truhanesco (ca), truja, trujal, trujamán (na), trujar, trujillano (na), Trujillo, trujimán (na), trulla, trullar, trullo, truncado (da), truncamiento, truncar, trunco (ca), trupial, truque, truquero, truquiflor, trusas.

*trust Voz inglesa; dígase *truste*, admitido, o mejor, «monopolio, consorcio, asociación de empresas».

truste Voz admitida. (V. *trust*.)

*tsar Es la transliteración de esta voz rusa. La Academia acepta *zar* (emperador de Rusia).

*tsetsé No es voz admitida por la Academia. También se escribe *tse-tsé*. «Mosca de África que produce la enfermedad del sueño.»

tú, tu, tus Tú lleva acento cuando es pronombre personal («*tú* eres bueno; ¿eres *tú*?»). No lleva acento cuando es adjetivo posesivo («*tu* hermano llamó; con *tus* condiciones triunfarás»). Admitido: hablar o tratar de tú.

*tuareg (s), tuatúa.

*tualé V. *toilette*.

tuáutem, tuba, tuberculina, tuberculización, tubérculo, tuberculosis, tuberculoso (sa), tubería, tuberosa, tuberosidad, tuberoso (sa).

Tubinga Nombre correcto en nuestra lengua. En alemán el nombre de esta ciudad es *Tübingen*.

*Tübingen V. *Tubinga*.

tubo, tubular, tubuliforme, tubuloso (sa), tucán, Tucídides, tuciorismo, tuciorista, Tucumán, tucumano (na), tudel, Tudela, tudelano (na), tudense, tudesco (ca), Tudor, tueca, tueco, tuera, tuerca, tuerce, tuero, tuerto (ta), tueste, tuétano, tufarada, tufillas, tufo, tugiense, tugurio, tuición, tuina, tuitivo (va), tul, tulio, tulipa, tulipán, tullecer, tullido (da), tullidura, tullimiento,

tullir, tumba, tumbacuartillos, tumbadillo, tumbado (da), tumbaga, tumbagón, tumbal, tumbaollas, tumbar, tumbilla, tumbo, tumbón.

tumbona Admitido: «Silla con largo respaldo y con tijera que permite inclinarlo en ángulos muy abiertos.» No se admite con este sentido *hamaca*, ni *gandula*, incorrectos.

tumefacción, tumefacto (ta), túmido (da), tumor, tumoración, tumoroso (ria), túmulo, tumulto, tumultuar, tumultuariamente, tumultuario (ria), tumultuosamente, tumultuoso (sa), tuna, tunal, tunanta, tunantada, tunante, tunantear, tunantería, tunantela, tunantuelo, tunar, tunarra, tunda, tundear, tundente, tundición, tundidor, tundidora, tundidura, tundir, tundizno, tundra (admitido), tunear, tunecino (na), túnel, tunera, tunería.

Túnez Antes *Túnez* era la ciudad y el país. Actualmente *Túnez* es la ciudad, y *Tunicia* el país. En francés es *Tunicie*; en inglés es *Tunis* y *Tunisie*. El natural de *Túnez* es el *tunecino (na)*.

tungro (gra), tungsteno, túnica, tunicado (da), tunicela.

Tunicia, *Tunicie, *Tunis, *Tunisia V. *Túnez*.

tuno (na), tuntún (al, al buen), tupa, Túpac Amaru.

tupé Es «cabello que cae sobre la frente»; no es «peluca, peluquín». También significa «descaro, atrevimiento».

tupí, tupición, tupido (da), tupinambá, tupinambo, tupir, tupitina, tupidez.

Tu quoque, fili Frase latina: «Tú también, hijo mío», que dijo César a Bruto (cuando César era asesinado).

Turán, turanio (nia), turar, turba, turbación, turbadamente, turbador (ra), turbal, turbamiento, turbamulta, turbante, turbar, turbativo (va), turbera, turbia, turbiamente, turbiar, turbidez (admitido), túrbido (da), turbiedad, turbieza, turbina, turbino, turbinto, turbio (bia), turbión, turbit, turbocompresor,

turbohélice, turbonada, turbo-
rreactor, turbulencia, turbulenta-
mente, turbulento (ta), turca, turco, turcomano (na), turcople, Tur-
detania, turdetano (na), túrdiga,
turdión, túrdulo (s).

Turena Es lo correcto, y no *Turen-
ne.* Es una región de Francia.

*turf Voz inglesa de hípica; dígase
hípica, hipódromo; césped, pista,
según el caso.

turgencia, turgente, túrgido (da),
Turgueniev, turibular, turibulario,
turíbulo, turiferario, turífero (ra),
turificación, turificar.

Turín Nombre correcto; en italiano
es *Torino.* Es una ciudad de Italia.

Turina, Turingia.

turismo Admitido «automóvil de
turismo», pero no se admite «un
turismo» (sustantivo). Por otra
parte, como no es un vehículo exclusivamente para turismo, es más
apropiado decir *automóvil, coche.*

turista, turístico (ca).

*Turkestán Escríbase *Turquestán.*

*Turkey En castellano es *Turquía.*

turmalina Cierto mineral. Es femenino *(la turmalina).*

*turmix Es incorrecto; dígase *batidora.*

turnar «Los centinelas *se turnan*
cada dos horas» es incorrecto; dígase «los centinelas *turnan* cada
dos horas», pues *turnar* es un verbo intransitivo, no reflexivo.

turnio (nia), turno, turolense, tu-
rón, turonense, turquesa, turque-
sado (da), turquesco (ca), turquí
(azul).

Turquestán Es lo correcto, y no
Turkestán. (V. *Turquía.)*

Turquía El natural de este país es
el *turco (ca).* El *turcomano* es un
individuo de cierta rama de la raza
turca extendida por Asia. El *Turquestán* es una región del Asia
central; no confundir con *Turquía*
ni con *Turkmenistán,* república
federada de la URSS.

turrar, turrón, turronería, turrone-
ro (ra), turulato, turullo, turumbón,
tururú, tus, tusa, tusílago, tuso, tu-
són, tusturrar, Tutankamón, tute,
tute (darse un), tutear, tutela.

tutelaje Correcto; también dígase
tutela.

tutelar, tuteo, tutiplén (a), Tutmés
o **Tutmosis.**

tutor El femenino es *tutora (la tutora).*

tutorar, tutoría, tutriz.

*tutti contenti Expresión italiana;
significa «todos contentos».

*tutti fruti Expresión italiana; significa «helado de frutas» (varia-
das).

*tutti quanti Expresión italiana;
significa «todos, sin excepción».

tuturutú Voz onomatopéyica que
expresa el sonido de la corneta.

Túy El nombre de esta ciudad de
la provincia de Pontevedra lleva
acento ortográfico. El natural de
esa población es el *tudense.*

tuyo, tuya, tuyos, tuyas Pronombre y adjetivo posesivo de segunda
persona, en género masculino y femenino, y ambos números singular y plural.

*typical Voz inglesa; dígase *típico,
castizo.*

*tzar, *tzarevich, *tzarina Voces incorrectas; dígase, respectivamen-
te: *zar, zarevitz, zarina* (admitidos). (La Academia admite *zarevitz,* no *zarevich.)*

u

u Vigésima cuarta letra del alfabeto, última de las vocales y una de las dos de sonido débil (la otra es la *i*). Su nombre es *u*, y el plural es *úes* (no *us*). Fonéticamente, es una vocal velar cerrada. En las sílabas *que, qui, gue, gui,* no se pronuncia la *u* (queso, quieres, guerra, guiso). Si se pronuncia en *gue* y *gui,* debe llevar diéresis (vergüenza, argüir). La conjunción *o* se transforma en *u* ante una palabra que comienza en *o* o en *ho* (jabalí *u* oso; mujer *u* hombre).

Ubangui-Chari Hoy se llama *República Centroafricana.*

Úbeda El nombre de esta ciudad de la provincia de Jaén tiene acentuación esdrújula (sobre la *u*). El natural de esta ciudad es el *ubetense.*

ubérrimo, ubetense, ubicación.

ubicar, *ubicado Se admite el verbo *ubicar,* aunque casi no tiene uso correcto en España, mientras que en América significa «situar, instalar, colocar». Es mejor decir estas voces. El participio, *ubicado,* es incorrecto siempre; dígase *instalado, situado, colocado.* Lo mismo vale para *ubicación.*

ubicuidad, ubicuo (cua), ubio, ubre, ubrera, ucase (*ukase).

Ucrania El natural de este país, una de las repúblicas de la URSS, es el *ucranio* (femenino: *ucrania*); también es correcto *ucraniano.*

ucranio (nia) (1), **ucraniano** (2) Véase *Ucrania.*

udómetro, ¡uf!

ufanarse Uso de preposiciones: Ufanarse *con, de* sus hechos.

ufanía, ufano (na), ufo (a), Uganda, ugrofinés (sa), ¡uh!

ui Las vocales *ui* de las formas pertenecientes a los verbos terminados en *uir* nunca deben escribirse con acento, de acuerdo con las nuevas normas de la Academia (construido, construir, derruido, etcétera.).

ujier El plural es *ujieres.*

*ukase Incorrecto (en ruso: *ukaz*); escríbase *ucase* (decreto).

*ukelele Voz no admitida como tampoco lo está *ukulele,* también usada corrientemente; es un instrumento de cuerda parecido a una guitarra pequeña.

*Ukrania, *ukranio Incorrecto; escríbase *Ucrania* (v.).

ulaga, ulala, Ulan Bator, ulano, úlcera, ulceración, ulcerante, ulcerar, ulcerativo (va), ulceroso (sa), ulema, uliginoso (sa), Ulises, ulmáceo (cea), ulmaria, Ulster, ulterior, ulteriormente, utílogo, ultimación, ultimado, ultimador (ra).

ultimar Significa «acabar, finalizar una cosa». En América es *matar, asesinar.*

ultimátum Es lo correcto; el plural, no determinado por la Academia, es *los ultimátum* o *los ultimátums*.

último (ma) Admitido: *última voluntad, último suspiro, a la última* (moda), *estar en las últimas*. Uso de preposiciones: Último *de, entre* todos; último *en* la clase.

ultra No se admite con el sentido de *extremista* (en política); *extremista* es lo correcto. *Ultraísmo* es un movimiento poético, no político. El prefijo *ultra-* significa «más allá» *(ultramarino)*.

ultraísmo, ultraísta, ultrajador, ultrajante, ultrajar, ultraje, ultrajoso, ultramar.

ultramarino (na) El plural se usa en *tienda de ultramarinos*, equivale a *tienda de comestibles*.

ultramicroscópico (ca), ultramicroscopio, ultramontano (na), ultramundano (na), ultranza (a), ultrapuertos, ultrarrojo, ultrasónico, ultrasonido, ultratumba, ultraviolado (2), **ultravioleta** (1), **ultravirus, úlula, ulular, ululato, umbela, umbelífero (ra), umbilicado (da), umbilical, umbráculo.**

umbral Es la «parte inferior o escalón de la puerta». No debe confundirse con *dintel*, «parte superior de la puerta». Puede decirse «cruzó el *umbral*» y «se sentó en el *umbral*», pero no «se sentó en el *dintel*».

umbralado, umbralar, umbrático (ca), umbrátil, umbría, Umbría, umbrío, umbroso (sa), umero.

un, una Artículo indeterminado en género masculino y femenino, y número singular. Se usa *un* ante voces femeninas que comienzan por *a* tónica: *un* arma, *un* ánfora; pero debe ponerse: *una* buena arma, *unas* ánforas. No obstante, la Academia también permite *una arma, una ánfora*, pues la acentuación recae en la *u* de *una*. Lo que no es admisible es *la arma, la ánfora*. Es *el arma* (v.), *el ánfora*. No debe prodigarse el empleo de los artículos *un, una*: «Tengo *unas buenas* razones para protestar», es «tengo *buenas* razones...». Otra incorrección es decir «ochen-

ta y *una* mil pesetas»; dígase «ochenta y *un* mil pesetas».

unalbo, Unamuno, unánime, unánimemente, unanimidad, uncia, uncial, uncidor (ra), unciforme, unción, uncionario (ria), uncir, undante, undecágono (na), undécimo (ma), undécuplo (pla), undísono (na), undívago (ga), undoso (sa), undulación, undulante, undular, undulatorio (ria), ungido (da), ungimiento.

ungir Uso de preposiciones: Ungir *con* bálsamo; u. *por* obispo.

ungüentario (ria), ungüento, unguiculado (da), unguis, ungulado (da), ungular.

uni- Prefijo que significa «uno, uno solo» *(unigénito).*

unible, únicamente, unicameral, unicaule, unicelular, unicidad, único (ca), unicolor, unicornio, unidad, unidor (ra), unifamiliar, unificación, unificar, unifoliado (da).

***uniformación** Incorrecto; dígase *uniformidad.*

uniformador (ra), uniformar, uniforme, uniformemente, uniformidad.

***uniformizar** Barbarismo por *uniformar,* que es lo correcto.

unigénito (ta), unilateral, unión, unionismo, unionista, unípede, unipersonal.

unir Uso de preposiciones: Unir una cosa *con, a* otra.

unisexual, unisón, unisonancia, unisonante, unisonar.

unísono Se admite *al unísono*: «Con unanimidad, sin discrepancia.»

unitario (ria), unitarismo, unitivo (va), univalvo (va), universal, universalidad, universalísimo (ma), universalizar.

universidad Con mayúsculas en: la *Universidad de Salamanca*; el cometido de la *Universidad* (cuerpo de estudios superiores); asiste a la *Universidad*. Con minúsculas en: *una universidad* de Italia.

universitario (ria).

universo Con minúscula, lo mismo que *cosmos*.

univocación, unívocamente, univocidad, unívoco (ca).

uno, una Admitido: *a una, de uno en uno, uno a uno, ser uno, una de dos, uno con otro, unos cuantos, uno tras otro, uno y otro.* Incorrecciones: «A uno de marzo», es «a *primero* de marzo». «*Una poca* de aire», es «*un poco* de aire».

untador (ra), untadura.

untar(se) Uso de preposiciones: Untar *con,* de grasa.

untaza, unto, untosidad, untoso (sa) (2), **untuosidad, untuoso (sa)** (1), **untura.**

uña Admitido: *afilarse las uñas, comerse las u., de u., largo de u., mostrar las u., ponerse de u.; ser uña y carne.*

uñada, uñarada, uñate, uñero, uñeta, uñetazo, uñidura, uñir, uñoso (sa), uñuela, ¡upa!, upar, Upsala.

*up to date Expresión inglesa; dígase *al día, a la moda, de actualidad.*

upupa, Ur, urajear.

Ural El *Ural* es un río que nace en los montes *Urales.*

uralaltaico (ca), Urales, Urania, uranio, Urano, uranografía, uranógrafo, uranolito, uranometría, urao, urape, urato, urbanamente, urbanía, urbanidad, urbanismo, urbanista, urbanístico (ca), urbanización, urbanizador (ra), urbanizar.

urbano (na) Admitido: *policía urbana* (no *guardia urbana*).

Urbano, urbe.

urbi et orbi Expresión latina; significa «a todas partes» y la usa el Papa en la bendición universal.

urca, urcitano (na), urchilla, urdidera, urdidor (ra), urdidura, urdiembre (2), **urdimbre** (1), **urdir, urea, uremia, urémico (ca), urente, uréter, urético (ca), uretra, uretral, uretritis, urgabonense, Urgel, *urgelense, urgencia, urgente, urgentemente, urgir, úrico (ca), urinal, urinario (ria), urna, uro, urodelo, urogallo, urología, urológico (ca), urólogo (ga), uromancia** (1), **uromancia** (2), **uroscopia (*uroscopía), urraca, Úrsula, ursulina, urticáceo (cea), urticante, urticaria,**

urubú, Uruguay, uruguayo (ya), uruguayismo.

Urundi Región de *Ruanda-Urundi,* hoy Estado de *Burundi.*

urutaú, usado (da), usador (ra), usagre, Usandizaga, usanza, usar, usarcé (2), **usarced** (1), **uscoque, usencia, useñoría, usgo, Ushuaia.**

usía Apócope de *Vuestra Señoría. Usía* se abrevia *V. S.* Tratamiento que se da a los magistrados de audiencias territoriales y provinciales, y jueces de primera instancia; a los coroneles y a los jefes de Administración. *Usía Ilustrísima* (V. S. I.) es el tratamiento que se da a los cardenales.

usina Galicismo admitido en América. Dígase *fábrica, factoría, complejo industrial.*

usiría, usitado (da).

uso Admitido: *al uso, uso de razón, en buen uso.*

*USSR Son las siglas en inglés de la Unión Soviética, que debemos escribir *URSS.*

usted Es mejor abreviarlo *Ud.* o *U.,* y no *Vd.* La abreviatura de *ustedes Uds.,* mejor que *Vds.*

usual Voz correcta, admitida; significa «que se usa frecuentemente».

usualmente, usuario (ria), usucapión, usucapir, usufructo, usufructuante, usufructura, usufructuario (ria).

usura «Interés excesivo en un préstamo.» Es incorrecto emplearlo como «desgaste» («la *usura* de un material»). En este caso, dígase *desgaste, uso.*

usurar, usurariamente, usurario (ria), usurear, usurero (ra), usurpación, usurpador (ra), ut, Utah, utensilio, uterino (na), útero, Útica, uticense, útil.

*utilaje Incorrecto. (V. *utillaje.*)

utilería, utilero.

utillaje Voz admitida por la Real Academia Española; es «conjunto de útiles necesarios para una industria». Es preferible *herramientas.*

utilidad, utilitario (ria), utilitarismo, utilizable, utilización, utopía,

**utópico (ca), Utrecht, Utrera, utre-
rano, utrero (ra).**
ut supra Expresión latina, significa «como arriba»; se emplea en
los documentos para aludir a una
fecha o a una cláusula escrita más
arriba y evitar su repetición.

**uva, uvada, uvaduz, uval, uvate,
uvayema, uve, úvea, uveítis, uvero
(ra), úvula, uvular, uxoricida, uxo-
ricidio, Uzbekistán.**
uzo-, uza- Sufijo de nombres y adjetivos, a los que añade un sentido
despectivo: *gentuza*.

V

v Vigésima quinta letra del alfabeto y vigésima de sus consonantes. Su nombre es *uve* (plural, *uves*) o *ve*. Fonéticamente su pronunciación bilabial fricativa sonora coincide con la de la *b*. Numerosas voces que en otros idiomas se escriben con *w*, en el nuestro se escriben con *v* (wolframio: volframio; walkiria: valquiria). Se escriben con *v* los adjetivos que terminan en *avo, ava, ave, evo, eva, eve, iva, ivo* (octavo, etc.); se emplea después de *b, d* y *n* (obvio, adviento, envarado); en las palabras que empiezan por *vice, villa, villar* (vicepresidente, villano); en las palabras que terminan en *ívoro, ívora, viro, vira* (herbívoro, triunviro), exceptuando *víbora*; en las voces cuyo infinitivo termina en *servar* (observar, conservar), y en los pretéritos fuertes terminados en *-uve* y sus derivados (anduve, anduviste).

vaca, vacación (es), vacada, vacado (da), vacancia, vacante, vacar, vacarí, vacatura, vacceo (cea), vaccinieo (ea), vaciadero, vaciadizo (za), vaciado (da), vaciador, vaciamiento, vaciante.

vaciar Por lo que concierne al acento se conjuga lo mismo que *desviar* (vacío, vacías, vacía, vacíamos, vaciáis, vacían, etcétera).

vaciedad, vaciero, vacilación, vacilante.

vacilar (*Amér.*) Chasquear, bromear; parrandear, divertirse.

vacío (cía), vaco (ca), vacuidad, vacuna, vacunación, vacunador (ra), vacunar, vacuno (na), vacunoterapia, vacuo (cua), vade (admitido), **vadeable, vadeador, vademécum, vadera.**

vade retro Expresión latina. Significa «ve o marcha atrás». Se usa para rechazar a una persona o cosa.

vado, vadoso (sa), vagabundear, vagabundeo, vagabundería, vagabundo (da), vagamente, vagamundo (da), vagancia, vagante, vagar, vagarosidad, vagaroso.

vagido «Gemido o llanto del recién nacido.» La *g* tiene sonido fuerte, como en *cogido*. No debe confundirse con *vaguido* (v.) ni con *vahído*: «Desvanecimiento.»

vagina, vaginal, vaginitis, vago (ga), vagón, vagoneta.

*vagoroso Es incorrecto; el «que vaga o se traslada» es *vagaroso*.

vagotonía, vaguada, vagueación, vagueante, vaguear, vaguedad, vaguemaestre.

vaguido (da) Con el significado de «vahído», es mejor usar esta voz. También significa «turbado, que padece vahídos».

vahaje, vahanero (ra), vahar, vaharada, vaharera, vaharina, vahear.

vahído V. *vagido*.

vaho, vaina, vainazas, vainero.

vainica «Deshilado de los dobladillos»; no debe confundirse con *vainilla*: «planta y fruto aromático».

vainilla, vainiquera, vaivén, vaivenear.

vaivoda Es lo correcto: «Soberano de Moldavia, Valaquia y Transilvania.»

vajilla, val, valaco, Valaquia, valdense.

valdepeñas, Valdepeñas Es «un vino de *Valdepeñas*» (mayúscula), pero «un *valdepeñas* excelente» (minúscula). Lo mismo vale para todos los vinos (rioja, jerez, burdeos, etc.). El natural de *Valdepeñas* es el *valdepeñero (ra)*.

valdepeñero (ra), Valdés, Valdivia, vale, valedero (ra), valedor (ra), valencia.

Valencia El natural de esta ciudad o del antiguo reino es el *valenciano (na)* o *valentino (na)*. Con minúscula, *valencia*, es un término de química (capacidad de saturación de los radicales).

valencianidad, valencianismo, valenciano (na), Valenciennes, valentía, Valentiniano, valentino (na), valentísimo (ma), valentón (na), valentonada, Valenzuela.

valer(se) Verbo irregular que se conjuga del siguiente modo: INDICATIVO. *Presente:* valgo, vales, vale, valemos, valéis, valen. *Pret. imperf.:* valía, valías, valíamos, etc. *Pret. indef.:* valí, valiste, valió, valimos, valisteis, valieron. *Futuro imperfecto:* valdré, valdrás, valdremos, etc. POTENCIAL: valdría, valdrías, valdría, valdríamos, valdríais, valdrían. SUBJUNTIVO. *Presente:* valga, valgas, valgamos, etc. *Pret. imperf.:* valiera o valiese, valieras o valieses, valiéramos o valiésemos, etc. *Futuro imperf.:* valiere, valieres, valiéremos, etc. IMPERATIVO: vale, valed. PARTICIPIO: valido. GERUNDIO: valiendo. Uso de preposiciones: Valerse *de* uno.

valeriana, valerianáceo (cea), valerianato, valeriánico (ca), Valeria-no, **Valerio, valerosamente, valerosidad, valeroso (sa).**

***valet** Es galicismo; dígase *ayuda de cámara*, admitido.

Valetta (La), valetudinario, valí, valía, valiato, validación, validad, válidamente, validar, validez.

valido V. *válido*.

válido (da) Válido es «lo que *vale*». No debe confundirse con *valido* (acentuación en la segunda sílaba), que es «el que goza de preferencia en el trato con un soberano».

valiente El superlativo es *valentísimo*, no *valientísimo*.

***valientísimo** Incorrecto. (V. *valiente*.)

valija, valijero, valijón, valimiento (*valimento), valioso (sa), valón, valona, Valonia, valor, valoración, valorar, valorativo (va), valoría.

valorización, valorizador (ra), valorizar Voces admitidas. *Valorizar* es «evaluar, valorar» (preferentes), y «aumentar el valor de una cosa».

Valparaíso El natural de este puerto de Chile recibe el nombre de *porteño (ña)*.

valquiria Es lo correcto, y no *walkiria*, incorrecto.

vals El plural es *valses*: los *valses*, no los *vals* (incorrecto). El verbo es *valsar*, y no *valsear* (no admitido).

valsar (*valsear), valuación, valuar, valva, valvasor, Valverde, válvula, valla, valladar, valladear, vallado.

Valladolid El natural de esta ciudad y provincia es el *vallisoletano (na)*.

vallado, vallar, Valldemosa, Vall de Uxó, valle, Vallecas, vallecano (na), Valle-Inclán, Vallés (El), vallisoletano (na), Valls, vamos.

***vampiresa** Incorrecto. (Véase *vampiro*.)

vampiro Es incorrecto *vámpiro*, como pronuncian algunos. No se admiten *vampiresa* ni *vampira*; dígase *mujer vampiro*.

***van** Preposición usada en holandés, equivale al *von* alemán y significa *de*, antepuesta a apellidos. Con mayúscula, si se escribe al principio del nombre (un cuadro de *Van* Eyck); con minúscula cuando va entre el nombre y el apellido (un cuadro de Jan *van* Eyck). Este mismo principio rige en nuestra lengua para casos similares en preposiciones de apellidos españoles o extranjeros (de, von, d', ibn, etc.).

vanadio, vanagloria.

vanagloriar(se) Uso de preposiciones: Vanagloriarse *de* su origen.

vanagloriosamente, vanaglorioso (sa), vanamente, Vancouver, vandálico (ca), vandalismo, vándalo (la), vandeano (na), Van der Meer, Van der Meersch, Van der Weyden, Van Dyck, Van Eyck, Van Gogh.

vanguardia Mejor que «ir *a la* vanguardia» (o *en* vanguardia) es «ir *a* vanguardia».

vanguardismo, vanguardista Se admite la primera voz, y la segunda: «que va en *vanguardia, avanzado, audaz, moderno*».

vanidad, vanidoso (sa), vanilocuencia, vanilocuente, vanílocuo, vaniloquio, vanistorio, vano (na).

vapor Admitido: *buque de vapor, baño de v., caballo de v., caldera de v., máquina de v.* No se dice «un *vapor*», sino «un *buque de vapor*».

vaporable, vaporación, vaporar, vaporario, vaporear, vaporización, vaporizador, vaporizar, vaporoso (sa), vapulación, vapulamiento, vapular, vapuleador (ra), vapuleamiento, vapulear, vapuleo, vápulo, vaquear, vaquería, vaqueriza, vaquerizo (za), vaquero (ra), vaqueta, vara, varadera, varadero, varado (da), varadura, varal, varamiento, varapalo, varaplata, varar, varaseto, varazo, vardasca, vardascazo, várdulo (la), varea, vareador, vareaje, varear, varejón, varejonazo, varenga, vareo, vareta, varetazo, varetear, varetón, varga, varganal, várgano, Vargas.

vargueño Admitido, pero es mejor *bargueño*.

variabilidad, variable, variablemente, variación, variado (da), variamiento, variancia, variante, variar.

varice, várice Admitido, así como

variz. Estas tres son las voces en singular. El plural, más empleado, es *várices* o *varices*. Es siempre femenino *(las várices).*

varicela, varicocele, varicoso (sa), variedad.

variedades Admitido, como espectáculo. (V. *varietés*.)

*varietés Es galicismo; se admite *variedades, espectáculo de variedades*. Dígase también «revista» (admitido), «espectáculo de revista».

varilarguero, varilla, varillaje, vario (ria), varioloide, varioloso (sa), variopinto (ta), varita (de virtudes), varitero.

variz Admitido. (V. *varice*.)

varón Es «criatura racional del sexo masculino». No debe confundirse con barón, «cierto título de nobleza».

varona, varonía, varonil, varonilmente, varraco, varraquear, varraquera, Varrón, Varsovia, varsoviana, varsoviano, vasallaje, vasallo (lla), vasar.

vasco (ca) *Vasco* o *vascongado* es el natural de alguna de las provincias vascongadas (Álava, Guipúzcoa y Vizcaya). *Vascuence* es la lengua vasca, que hablan los naturales de esas provincias, así como en parte de Navarra y en el territorio vasco francés. Esta lengua también se llama *vasco* o *vascongado*. Eran *vascones* los naturales de la antigua *Vasconia*, región de la España Tarraconense. Lo más usual es decir (simplificando): «el *vasco* (o *vascongado*) habla el *vascuence*». (V. *Vizcaya*.)

Vasco de Gama, vascófilo, vascólogo.

vascón (na), vascongado (da), vascuence V. *vasco*.

vascular, vasculoso (sa), vaselina, vasera, vasija, vasilla, vasillo, vaso, vástago, vástiga.

vasto (ta) Vasto es «muy extenso, muy grande»; no debe confundirse con *basto*, «ordinario, tosco».

vataje Admitido: «Cantidad de vatios.»

vate, vaticanista, vaticano (na), Vaticano, vaticinador (ra), vatici-

nante, vaticinar, vaticinio, vatí-metro.

vatio Es lo correcto, y no *watio*. En la nomenclatura internacional se acepta *watt*. También se admite *vataje* (v.).

***vaudeville** Voz francesa; dígase *sainete, pieza cómica ligera, revista,* según el caso.

Vázquez, ve, vecera, vecero, vecinal, vecindad, vecindado (da), vecindar, vecindario.

vecino (na) Se dice «el parque está *vecino al* (o *del*) palacio».

vectación, vector, vectorial, veda, vedado (da), vedamiento.

vedar Es «prohibir, impedir»; no debe confundirse con *vetar*, que es «poner el veto a un acuerdo, proposición, etc.», por lo general en una reunión o asamblea.

vedegambre, vedeja.

***vedette** Voz francesa; dígase *estrella* (de cine o de teatro).

vedija, vedijero (ra), vedijoso (sa), vedijudo (da), vedismo, veduño, veedor (ra), veeduría, vega, vegetabilidad, vegetación.

vegetal «Un huerto plantado de *vegetales*» es incorrecto. Generalmente esto proviene de traducir incorrectamente el inglés *vegetables;* en vez de *vegetales* debe decirse *verduras, hortalizas.*

vegetante, vegetar, vegetarianismo, vegetariano (na).

***vegetarismo** Incorrecto; dígase *vegetarianismo.*

vegetativo (va), veguer, veguería, veguero, vehemencia, vehemente, vehículo, veimarés, veintavo (va).

veinte Se escribe *veintiuno, veintidós, veintitrés,* etc. Es incorrecto *ventiuno,* etc. En vez de «los años *veinte*», es más correcto «los años de 1920 a 1930».

***veinteavo** Es incorrecto; escríbase *veintavo.*

veintena, veintenar, veintenario (ria), veintenero, veinteno (na), veinteñal, veinteocheno (na), veinteseiseno (na), veintésimo (ma).

veinticinco V. *veinte.*

veinticuatreno (na), veinticuatro, veintidós, veintidoseno (na), vein-

tiocheno (na), veintiocho, veintiséis, veintiseiseno (na), veintisiete, veintitrés.

veintiún Es apócope de *veintiuno.* No debe decirse «*veintiuna* mil pesetas», sino «*veintiún* mil pesetas», pues *veintiuno* concuerda con *mil, millar* (masculino), y no con *pesetas* (femenino).

veintiuna, veintiuno V. *veintiún.*

vejación, vejador (ra), vejamen, vejaminista, vejancón (na), vejar, vejarrón (na), vejatorio (ria), vejestorio, vejete, vejez, vejiga, vejigatorio (ria), vejigazo, vejigón, vejigoso (sa), vejiguilla, vejote (ta).

vela Se admite: *en vela, a dos velas, no dar vela en un entierro.* En la otra acepción se admiten, entre otras expresiones: *vela al tercio, a toda vela, recoger velas, tender v., alzar v., levantar v.*

velación, velacho, velada, velado (da), velador (ra), veladura, velaje, velambre, velamen.

velar Uso de preposiciones: Velar *a* un muerto; v. *por* el bien público; v. *sobre* alguna cosa.

velarizar, velarte, Velasco, velatorio, ¡velay!, Velázquez, velazqueño (ña), veleidad, veleidoso (sa), velejar, velería, velero (ra), veleta, velete, Vélez, velicación, velicar, velillo.

velis nolis Expresión latina, significa «quieras o no quieras, de grado o por fuerza».

vélite, velívolo (la), velmez.

velo Admitido: *en vela del paladar, correr un velo* (sobre una cosa), *tomar el velo* (profesar una monja).

velocidad, velocímetro, velocipédico (ca), velocipedista, velocípedo.

***velocista** Incorrecto; es *corredor* (ciclista, etc.).

velódromo, velomotor, velón, velonera, velonero, velorio, velorto, veloz, velozmente, vellera, vellido (da), vello, vellocino, vellón, vellonero, véllora, vellorí, vellorio (ria), vellorita, vellosidad, vellosilla.

velloso (sa) Uso de preposiciones: Velloso (o velludo) *de* cuerpo; v. *en* los brazos.

velludillo.

velludo (da) V. *velloso.*

vena, venable, venablo, venada, venadero, venado, venador, venaje, venal, venalidad, venático (ca), venatorio (ria), vencedero (ra), vencedor (ra), vencejo, vencer, vencetósigo, vencible, vencida, vencimiento, venda, vendaje, vendar, vendaval, vendedera, vendedor (ra), vendehúmos, vendeja.

vender Uso de preposiciones: Vender *a, en* o *por* quince pesetas.

*vendetta Voz italiana; dígase *venganza* (entre grupos o familias).

vendí, vendible, vendimia, vendimiador (ra), vendimiante, vendimiar, vendimiario, vendo, Vendrell, Venecia, veneciano (na), venencia, venenífero (ra), veneno, venenosidad, venenoso (sa).

venera La *concha* del peregrino se llama *venera.* Es incorrecto en este caso decir *vieira,* voz que sólo designa el *molusco.*

venerabilísimo (ma), venerable, veneración, venerador (ra), venerando (da), venerante, venerar, venéreo (rea), venereología, venereológico (ca), venereólogo (ga), venero, véneto (ta), venezolanismo, venezolano (na).

Venezuela El natural de este país de América del Sur es el *venezolano (na).*

venga Es incorrecto decir *«venga* lo que *venga»;* dígase *«venga* lo que *viniere».*

vengable, vengador (ra), vengainjurias, venganza, vengar, vengativo (va), venia, venial, venialidad, venialmente.

*Venice, *Venise Estas voces corresponden a *Venecia* en nuestra lengua.

venida, venidero (ra).

venir Verbo irregular que se conjuga de siguiente modo: INDICATIVO. *Presente:* vengo, vienes, viene, venimos, venís, vienen. *Pret. imperf.:* venía, venías, venía, veníamos, veníais, venían. *Pret. indef.:* vine, viniste, vino, vinimos, vinisteis, vinieron. *Futuro imperf.:* vendré, vendrás, vendrá, vendremos, vendréis, vendrán. POTENCIAL: vendría,

vendrías, vendría, vendríamos, vendríais, vendrían. SUBJUNTIVO. *Presente:* venga, vengas, vengamos, etc. *Pret. imperf.:* viniera o viniese, vinieras o vinieses, vinierais o vinieseis, etc. *Futuro imperfecto:* viniere, vinieres, viniereis, etc. IMPERATIVO: ven, venid. PARTICIPIO: venido. GERUNDIO: viniendo. Expresiones admitidas: *venir a menos, en lo por venir* (no «en el porvenir»), *venirse abajo, venir a cuentas, vengo en nombrar, venga lo que viniere* (no «venga lo que venga»), *le viene bien el traje, venir al caso.* Incorrecciones: *«Venir* a la cabeza»; dígase *«ocurrírsele* alguna cosa» (a uno). «Ya *vengo»* es siempre «ya *voy». «Vendremos* a veros» es *«iremos* a veros». *«Vienen* de difundir la noticia» es *«acaban* de difundir la noticia».

veni, vidi, vici Expresión latina que dijo César al Senado. Significa «vine, vi, vencí», y denota la facilidad con que se ha logrado un triunfo o éxito.

venoso (sa).

venta «*Venta* al *detall*» es incorrecto; dígase *«venta* al *por menor».* (V. *detall.)*

ventada, ventaja, (*ventajero) ventajista, ventajoso (sa), ventalla, ventana, ventanaje, ventanal, ventanazo, ventanear, ventaneo, ventanero (ra), ventanilla, ventanillo, ventano, ventar, ventarrón.

*vente, *ventiuno Es incorrecto; dígase *veinte, veintiuno, veintidós, veinticinco,* etc.

venteadura, ventear, venteril, ventero (ra).

*venticinco, *ventidós Incorrecto. (V. *vente.)*

ventilación, ventilador, ventilar, Ventimiglia, ventisca, ventiscar, ventiscoso (sa), ventisquear, ventisquero.

*ventiuno Incorrecto. (V. *vente.)*

ventola, ventolera, ventolina, ventor (ra), ventorrero, ventorrillo, ventorro, ventosa, ventosear, ventosidad, ventoso (sa), ventral, ventrecillo, ventrecha, ventregada, ventrera, ventrezuelo, ventricular, ventrículo, ventril.

ventrílocuo (cua) «El que modifica su voz de modo que ésta parece venir de otro lugar.» No debe confundirse con *ventrículo*, «cada una de ciertas cavidades del organismo animal».

ventriloquia Es lo correcto, y no *ventriloquía*, incorrecto.

ventrisca Es lo correcto, pero no *ventresca*. Significa «vientre de los pescados».

ventrón, ventroso (sa), ventrudo (da), ventura, venturado (da), venturanza, venturero (ra), venturina, venturo (ra), venturón, venturoso (sa), Venus.

*venusiano Es incorrecto; dígase *venusino (na)*, admitido.

venusino (na), venustez, venustidad, venusto (ta).

ver Verbo irregular que se conjuga del modo siguiente: INDICATIVO. *Presente:* veo, ves, ve, vemos, veis, ven. *Pret. imperfecto:* veía, veías, veíais, etc. *Pret. indef.:* vi, viste, vimos, etc. *Futuro imperf.:* veré, verás, veremos, etc. POTENCIAL: vería, verías, veríais, etc. SUBJUNTIVO. *Presente:* vea, veas, veamos, etc. *Pret. imperf.:* viera o viese, viéramos o viésemos, etc. *Futuro imperf.:* viere, vieres, viéremos, etc. IMPERATIVO: ve, ved. PARTICIPIO: visto. GERUNDIO: viendo. Admitido: *Verse pobre, verse al espejo, a más ver, hasta más ver, a ver* (veamos), *veremos, ver venir, verlas venir, verse y desearse, ver de hacer algo, verse las caras, ver y creer.* Incorrecciones: «El primer tomo *vio la luz* ayer» es incorrecto; dígase «el primer tomo *apareció* ayer». «*Verse en* el espejo», dígase «*verse al* espejo». La abreviatura (v.), que aparece a menudo escrita, no significa *ver*, sino *véase*.

vera, veracidad, Veracruz, veracruzano (na).

vera efigies Con *s* al final. Es incorrecto *vera efigie*. Expresión latina con que se designa la «imagen verdadera de una persona o cosa».

Veragua, veranada, veranadero.

*veranda Es incorrecto; dígase *galería, terraza, mirador*.

veraneante, veranear, veraneo, ve- **ranero, veraniego (ga), veranillo, verano, veras, veras (de), verascopio, verato (ta), veratrina, veraz, verba, verbal, verbalismo, verbalista, verbalmente, verbasco, verbena, verbenáceo (cea), verbenear, verbenero (ra), verberación, verberar.**

verbigracia Admitido; significa *por ejemplo*». Mejor escribirlo así que usar la expresión latina *verbi gratia*. Se abrevia *v. gr.* o *v. g.*

verbo Parte variable de la oración que expresa estado, acción o pasión, con expresión del tiempo en que esto se realiza. El verbo se compone de dos partes: el *radical*, que es la parte invariable durante toda la conjugación (*entr-o, entr-*aremos), y la *desinencia*, que es la parte variable (entr-*o*, entr-*aremos*). La *conjugación* comprende las distintas formas ordenadas que toma el verbo al cambiar las desinencias según los accidentes verbales. Éstos son: voces, modos, tiempos, números y personas. La *voz* indica si la acción expresada por el verbo la ejecuta (voz *activa:* yo amo), o bien la recibe (voz *pasiva:* soy amado) el sujeto. El *modo* denota las distintas formas con que se expresa el significado del verbo. Cuatro modos son *personales* (indicativo, potencial, subjuntivo e imperativo); tienen *personas gramaticales* y significan la acción del verbo como real (indicativo), como condicionada a otra acción (potencial), como posibilidad, probabilidad, etc. (subjuntivo) o como un mandato (imperativo). El otro modo es *impersonal* (infinitivo). Los *tiempos* pueden ser *simples* o *compuestos* (según se construyan con una sola forma verbal o con el verbo auxiliar *haber* y el participio del verbo que se conjuga). Se agrupan dentro de los modos y sirven para denotar la época en que ocurre lo que indica el verbo (pasado, presente, futuro). El *número* puede ser *singular* o *plural*. Las *personas* pueden ser *primera, segunda, tercera*. Los verbos se clasifican en: regulares e irregulares, defectivos, auxiliares, unipersonales, reflexivos, recíprocos y transitivos o intransitivos. Son *regulares* los que conservan los radicales en su conjugación (part-o, part-iremos); *irregulares* los que se conjugan alterando la raíz o las desinencias (quepo, cabías); *defectivos* los que carecen de algún tiempo o persona (abolir, soler); *auxiliares* los que se usan para la conjugación de los demás verbos (haber, ser); *unipersonales* (o *impersonales*) los que únicamente se usan en infinitivo y en las terceras personas del singular de todos los tiempos (amanecer, llover); *reflexivos* son aquellos cuya acción recae sobre la misma persona o cosa que realiza la acción (yo me afeito, él se acicala); *recíprocos* los que denotan acciones que realizan y reciben al mismo tiempo dos seres o cosas (las dos se aprecian; el tiburón y el pulpo se temen); *transitivos* son aquellos cuya acción recae en otra persona o cosa distinta del sujeto (amar es transitivo porque se ama a una persona o cosa; nacer no es transitivo porque no se puede nacer una cosa); *intransitivos* son los que expresan que una acción sólo puede aludir al sujeto que ejecuta la acción (nacer, crecer). Los verbos irregulares (con su conjugación) se encuentran relacionados en este Diccionario por el correspondiente orden alfabético (acertar, caber, ir, etc.). Los que no figuran con su conjugación son regulares.

verborragia, verborrea, verbosidad, verboso (sa), Vercingetórix, verdacho, verdad, verdadero (ra), Verdaguer, verdal, verdasca, verdascazo.

verde Es incorrecto *verde mar*. Escríbase *verdemar* (junto).

verdea, verdeante, verdear, verdeceledón, verdecer, verdecillo, verdegal, verdegay, verdegueante, verdeguear, verdejo (ja), verdemar, verdemontaña, verdeo, verderón, verderona, verdete, verdevejiga, verdezuelo, verdín, verdi-

na, verdinal, verdinegro (gra), verdino (na), verdiseco, verdolaga, verdón, verdor, verdoso (sa), verdoyo, verdugada, verdugado, verdugal, verdugazo, verdugo, verdugón, verduguillo, verdulera, verdulería, verdulero, Verdún, verdura.

verdusco Es lo correcto y no *verduzco* (incorrecto). También es *pardusco*, y no *parduzco;* en cambio, es *negruzco* lo correcto.

verecundia, verecundo (da), vereda, veredero, veredicto.

***veremos a ver** Es incorrecto; dígase *vamos a ver*, o *veremos*.

verga, vergajazo, vergajo, Vergara, vergel, vergeta, vergeteado (da), vergonzante, vergonzoso (sa), verguear, vergüenza, vergueta, vergueteado, verguío, vericueto, verídico (ca), verificación, verificador (ra), verificar, verificativo (va), verija, veril.

verisímil Admitido; es mejor decir *verosímil.*

verisimilitud, verismo, verja, verjurado (papel), Verlaine.

verme Vocablo singular y masculino: *el verme*. Plural: *los vermes.*

vermi- Prefijo que significa «gusano» *(vermiforme).*

vermicida, vermicular, vermiforme, vermífugo (ga), verminoso (sa).

***vermouth** Es incorrecto. (Véase *vermú*.)

vermú Admitido, igual que *vermut* (en segundo término). El plural es: los *vermús* (1) o *vermuts* (2). No se admite *vermouth.*

vermut, vernáculo (la), vernal, Verne.

vernier Admitido; es preferente *nonio* (en un instrumento de precisión).

vero, Verona, veronense (2), veronés (sa) (1), verónica, verosímil, verosimilitud, verraco, verraquear, verraquera, verriondez, verriondo, verrón, verruga, verrugo (*verrucoso), verrugoso (sa), versado (da).

***Versailles** Incorrecto; escríbase *Versalles.*

versal (letra), versalilla (letra), Versalles, versallesco (ca), versar.

versátil Es incorrecto darle el significado de «variado, diverso, diferente», por influjo del inglés. *Versátil* es «voluble, inconstante» y «que se vuelve fácilmente» («una extremidad *versátil*»). Algo similar ocurre con *versatilidad*.

versatilidad, versear, versecillo, versería, versete, versícula, versiculario, versículo, versificación, versificador (ra), versificante, versificar, versión, versista.

verso Actualmente los versos se inician con minúscula, menos cuando debe ponerse mayúscula por otras causas. «Recitó un *verso* de Espronceda» es incorrecto; dígase «recitó una *poesía* (o un *poema*, o una *estrofa*) de Espronceda».

versta Admitido: «Medida itineraria rusa.»

*versus Voz latina; dígase *contra, frente a* (en combates de boxeo, por lo general).

vértebra, vertebrado (da), vertebral, vertedera, vertedero, vertedor (ra), vertello.

verter Verbo irregular que se conjuga como *entender* (v.) (vierto, viertes, vertemos, vertéis, vierten). Es incorrecto el infinitivo *vertir* (v.). También es incorrecto *virtamos, virtiendo, virtió*. Dígase *vertamos, vertiendo, vertió*. Uso de preposiciones: Verter *al* suelo; v. *al, en* castellano; v. *del* cántaro; v. *en* el jarro.

vertibilidad, vertible, vertical, verticalidad, vértice, verticidad, verticilado (da), verticilo.

*vertid Es incorrecto; dígase *verted* (vosotros).

vertiente.

vertiginosamente Es incorrecto decir «entró *vertiginosamente*»; dígase «entró *precipitadamente, velozmente*». En cambio es correcto decir «corría a *velocidad vertiginosa*».

vertiginosidad, vertiginoso (sa), vértigo, vertimiento.

*vertir Es barbarismo; dígase *verter* (v.).

vesania Acentuación como en *España*. Es incorrecto *yesanía*.

vesánico (ca), vesical, vesicante, vesícula, vesicular, vesiculoso (sa), Vespasiano, vesperal, véspero, vespertillo, vespertina, vespertino, Vespucio, Vesta, vestal.

Vestfalia La Academia también admite *Westfalia* (más corriente). El natural de este país de Alemania es el *vestfaliano (na)* o *westfaliano* (más corriente).

vestfaliano (na) V. *Vestfalia.*

vestíbulo, (admitido), **vestido, vestidura, vestigio, vestiglo, vestimenta.**

vestir(se) Verbo irregular que se conjuga como *pedir* (v.) (visto, vistes, vestimos, vestís, etc.). Uso de preposiciones: Vestir(se) *a* la moda; v. *de* paño.

*vestón Es galicismo; dígase *chaqueta, americana.*

vestuario, vestugo, Vesubio, veta, vetado.

vetar No debe confundirse con *vedar* (v.).

veteado (da), vetear, veteranía, veterano (na), veterinaria, veterinario, vetisesgado (da), veto, vetustez, vetusto (ta).

vez «De *vez* en cuando» está admitido; es preferente «de *cuando* en cuando». Admitido: *tal vez* (separado, no *talvez*), *una que otra vez.*

veza, vezar.

vía Admitido: *carril* (1), *raíl* (2), *riel* (3); *vía de agua, vía de comunicación, por la vía de* (las Azores), *vía férrea* (2), *v. ferrocarril* (1), *v. gubernativa*, V. *Láctea* (mayúsculas), *v. muerta, v. pública, v. crucis; en v. de* (desarrollo), *v. bucal* (1), *v. oral* (2). No debe decirse «España-Japón vía Líbano», sino «*de* España a Japón por *la* vía *del* Líbano» (o mejor «...por el Líbano»).

viabilidad, viable Para *viable* ha sido admitido el significado de «asunto que puede llevarse a cabo».

vía crucis Con minúsculas y separado (no *viacrucis*).

viada, viadera, viador, viaducto,

viajador (ra), viajante, viajar, viajata.

viaje «Un viaje de placer» es galicismo; dígase «un viaje de recreo».

viajero (ra), vial, vialidad, vianda, viandante, viaticar, viático, víbora, viborear, viborezno (na), vibración, vibrador (ra), vibrante, vibrar, vibrátil, vibratorio (ria), vibrión, viburno.

vicaria «Segunda superiora, en algunos conventos de monjas.» No debe confundirse con *vicaría*, «dignidad de *vicario*».

vicaría V. *vicaria*.

vicarial, vicariato, vicario.

vice- Prefijo que significa «en lugar de» *(vicepresidente)*. Siempre junto; no es *vice-presidente*.

vicealmiranta (barco), **vicealmirantazgo, vicealmirante, vicecanciller, vicecancillería, viceconsiliario, vicecónsul, viceconsulado, vicecristo, vicediós, vicegerencia, vicegerente, vicegobernador, vicenal, vicense, vicentino.**

vicepresidente Siempre junto. Se admite *vicepresidenta*.

viceprovincia, viceprovincial, vicerrector (ra), vicesecretaría, vicesecretario (ria), vicésimo (ma), vicetesorero (ra), vicetiple, viceversa, vicia, viciar(se), vicio, viciosamente, vicioso (sa).

vicisitud Es lo correcto, y no *visicitud*, pues *vicisitud* proviene del latín *vicis*: vez *(vicisitud)*.

vicisitudinario (ria), víctima.

victimario Significa «sirviente de los antiguos sacerdotes que sujetaba a las víctimas durante el sacrificio». En América se emplea la voz como «asesino, homicida».

Víctor.

¡víctor! V. *¡vítor!*

victoria, victoriano, victorioso (sa), vicuña.

Vich El natural de esta ciudad de la provincia de Barcelona es el *vicense*. Se pronuncia *Vic*, y así se escribe mejor en catalán.

Vichy Población de Francia; se pronuncia *vichí*.

vid El plural es *vides*.

vida Se admite: *nivel de v., fe de v., echarse a la v.* (o *ser de la v.*):

referido a las prostitutas; *v. airada* (prostitución), *gente* (u *hombre*) *de v. airada* (gente de mal vivir); *la otra v., buena v., v. regalada, buscarse* (o *ganarse*) *la v., costar la v., darse buena* (o *mala*) *v., de por v., en v., entre la v. y la muerte, escapar con v., gran v., mudar de v., pasar a mejor v., perder la v., tener la v. en un hilo, tener siete vidas, vender cara la v.*

vidalita, vidarra.

vide Admitido; equivale a «véase», en obras impresas.

vidente, vídeo.

video- Prefijo admitido que indica «relativo a la televisión».

videocinta Admitido. (V. *videotape*.)

videofrecuencia Admitido.

***video-tape** Voz inglesa; dígase *videocinta, cinta fonóptica* o *vídeo* (admitidas).

vidorra, vidriado (da).

vidriar Por lo que respecta al acento, este verbo se conjuga como *cambiar* (vidrio, vidrias, vidriáis, etc.). Por tanto es «se le *vidrian* los ojos» (no *vidríian*).

vidriera, vidriería, vidriero, vidrio, vidriosidad, vidrioso (sa), vidual, viduño.

vidurria *(Amér.)* Vidorra, buena vida.

vieira Voz admitida por la Academia, con el significado de «molusco comestible», cuya concha se llama *venera*; ésta es la que usan los peregrinos de Santiago. Dígase *venera*, referido a la concha del peregrino.

vieja, viejarrón.

***viejito** Diminutivo incorrecto de viejo; dígase *viejecito*.

viejo (ja) V. *viejito*.

Viena, vienés (sa).

viento Admitido: *agua viento, molino de v., rosa de los vientos, instrumento de viento, viento en popa, vientos alisios, a los cuatro vientos, contra viento y marea.*

vientre Admitido: *evacuar el v., mover el v., hacer de vientre, bajo vientre.*

viernes, vierteaguas.

Vietnam Así se escribe, junto. El

natural de este país de Asia es el *vietnamita.*

vietnamita.

viga V. *biga.*

viga maestra, vigencia.

vigente Significa «que está en vigor»; luego «vigente *en la actualidad*» es redundancia; basta con decir *vigente.*

vigesimal, vigésimo (ma).

vigía Es masculino *(el vigía).* Se admite el femenino, pero significa «atalaya» y tiene escaso uso.

vigiar, vigilancia, vigilante, vigilar, vigilativo (va), vigilia, vigilia (comer de), vigitano.

Vigo El natural de esta ciudad de Galicia es el *vigués (sa).*

vigor, vigorar, vigorizador (ra), vigorizante, vigorizar, vigorosamente, vigoroso (sa), vigota.

*vigüela Es incorrecto; dígase *vihuela.*

viguería, vigués (sa), vigueta, vihuela, vihuelista.

vikingo Voz admitida por la Real Academia Española. No se admite *viking.*

vilano «Apéndice filamentoso que corona el fruto de algunas plantas y que transporta el viento.» No confundir con *milano,* cierta ave de rapiña.

*vilayato Es incorrecto; dígase *valiato:* «Gobierno de un *valí* (gobernador musulmán) y su territorio.»

vileza, vilico, vilipendiador (ra), vilipendiar, vilipendio, vilipendioso (sa), vilmente, vilo (en), vilordo (da), vilorta, vilorto.

villa Es «la *Villa* y *Corte*» (Madrid), con mayúsculas, como escriben Sainz de Robles y otros autores. Pero es «una *villa; villa* Médicis» (minúsculas).

Villadiego (tomar las de), Villaespesa, villaje, Villalón, villanada, villanaje, villancico, villanciquero, villanchón (na), villanería, villanesca, villanesco (ca), villanía, villano (na), Villanueva, villar, Villarroel, Villaviciosa, villazgo, villoría, villorín, villorrio, vimbre, vimbrera, vinagrada, vinagre (masculino)**, vinagrera, vinagrero (ra), vinagreta, vinagrillo, vinagrón, vi-**nagroso **(sa), vinajera, vinar, vinariego, vinario (ria), Vinaroz, vinatera, vinatería, vinatero (ra), vinático, vinazo, vincapervinca, Vincennes, Vinci (Leonardo de), vinculable, vinculación, vinculante, vincular (se), vínculo.**

vincha *(Amér.)* Cinta, ceñidor.

vindicación, vindicador (ra).

vindicar(se) Uso de preposiciones: Vindicarse *de* la injuria.

vindicativo (va), vindicatorio (ria), vindicta, vínico (ca), vinícola, vinicultor (ra), vinicultura, viniebla, viñífero, vinificación, vinillo.

vino La Academia lo define como «licor alcohólico que se hace del zumo de uvas fermentado». Decir «vino *negro*» es incorrecto; dígase «vino *tinto*». «Vino *rojo*» es «vino *clarete*» o «*tinto*». Admitido: *vino blanco, v. clarete, v. de mesa, v. de postre, v. generoso, v. dulce, v. garnacha, v. peleón, v. tintillo, v. tinto, bautizar el vino.*

vinolencia, vinolento (ta), vinosidad, vinoso (sa), vinote, vinotera, vinta, viña, viñadera, viñadero, viñador, viñedo, viñero (ra), viñeta, viñetero.

*vió No lleva acento; escríbase *vio.* De igual modo, se escribe *fue, di, pie, fe,* etc., sin acento, pues son monosílabos que no desempeñan otra función gramatical.

viola.

violáceo Admitido, aunque es preferente *violado.* La Academia define así *violado:* «De color de *violeta;* morado claro.» Por consiguiente, no se dice «color *violeta*».

violación.

violado (da) V. *violáceo.*

violador (ra), violar, violario, violencia, violentamente, violentar, violento (ta), violero.

violeta V. *violáceo.*

violetera, violetero, violeto, violín, violinista.

violón Admitido; es *contrabajo;* no debe confundirse con *violín.* Es incorrecto decir «*violón* de Ingres»; dígase «*violín* de Ingres».

violoncelista V. *violoncelo.*

violoncelo Admitido; también se

acepta *violonchelo*, y es voz preferente. No se acepta *celo* o *chelo*.

violonchelista, violonchelo V. *violoncelo*.

vipéreo (rea), viperino (na), vira, viracocha, virada, virador, virago.

viraje, virar Voces admitidas. *Viraje* es «acción de *virar*». *Virar* es «mudar de dirección en la marcha de un vehículo». En el mar es «cambiar de rumbo». Uso de preposiciones: Virar *a, hacia* la costa; v. *en* redondo.

viratón, viravira, virazón, víreo, virgaza.

virgen «La *Virgen María*», «la *Virgen*» (siempre mayúscula). «Una *virgen*», «miel *virgen*» (con minúscula).

virgiliano (na), Virgilio, virginal, Virginia, virginiano (na), virginidad, virgo, Virgo, vírgula, virguilla, Viriato, viril, virilidad, virilmente, virio, viripotente, virol, virola, virolento, virolo, virología, virón, virosis, virotazo, virote, virotillo, virotismo, virreina, virreinal, virreinato (1), virreino (2), virrey.

***virtamos** Incorrecto, dígase *vertamos*. De igual forma, lo correcto es *verter, vertiendo, vertió*, pero no *vertir, virtiendo, virtió*. (Véase *verter*.)

virtual, virtualidad, virtualmente, virtud, virtuosamente.

virtuosismo V. *virtuoso*.

virtuoso (sa) Es «dotado de virtudes». Admitido también como «artista que domina de modo extraordinario la técnica de su instrumento». Igualmente se acepta *virtuosismo*: «Cualidades del artista al que se califica de *virtuoso* en su arte.»

viruela, virulencia, virulento (ta), virus, viruta.

vis Es «fuerza, vigor», pero sólo se usa en la expresión «vis cómica». Es incorrecto *vis a vis*; dígase *frente a frente, cara a cara*.

***visa** Como «visado» (de un documento) es incorrecto en España, aunque se admite para América del Sur.

visado (a).

***visagra** Incorrecto; escríbase *bisagra*.

visaje, visajero (ra), visar.

***vis a vis** Incorrecto. (V. *vis*.)

víscera, visceral, visco.

vis cómica Admitido. (V. *vis*.)

viscosa, viscosidad, viscoso (sa), visera.

Vishnú Es mejor escribir *Visnú*.

visibilidad, visibilizar, visible, visiblemente.

***visicitud** Incorrecto; es *vicisitud* (véase).

visigodo (da), visigótico (ca), visillo, visión.

***visionar** Es incorrecto; dígase *ver, examinar, mirar*.

visionario (ria).

visir Es «ministro»; *gran visir* es «primer ministro». Estas dos voces procedentes del árabe han sido admitidas por la Academia.

visirato.

visita Admitido: *visita de cumplido; v. domiciliaria.*

visitación, visitador (ra), visitante.

visitar «¿*Visita* el médico?» es incorrecto; cuando se está en el consultorio dígase: «¿*Atiende* el médico?» De igual modo, «*visitarse del* médico» (incorrecto) es «*ir al* médico».

visiteo, visitero (ra), visitón, visivo (va), vislumbrante, vislumbrar.

vislumbre Es femenino (unas *vislumbres*), aunque muchos autores lo han empleado como masculino.

Visnú Así está mejor escrito que *Vishnú*.

viso, visón, visontino (na), visor, visorio (ria), víspera.

vista Admitido: *Hasta la v., anteojo de larga v., v. cansada, v. de lince, aguzar la v., a la v.* (en comercio), *apartar la v., a primera v., a simple v., a v. de pájaro, bajar la v.* (o bajar los ojos), *clavar la v., fijar la v., conocer de v., corto de v., en v. de, hacer la v. gorda, perder de v.* (a alguno), *perderse de v., a v. de ojos, torcer la v., volver la v. atrás.*

vistazo Se admite «dar un *vistazo*».

viste «Ya lo *vistes*» es incorrecto; dígase «ya lo *viste*».

vistillas «Lugar alto desde el cual se ve mucho terreno.» Dígase así en lugar de *belvedere.*

visto (ta) Admitido: *bien v., mal v., nunca v., por lo v., v. que, v. y no v.*

visto bueno Se abrevia *V.° B.°.*

vistosamente, vistosidad, vistoso (sa), Vístula, visu (de), visual, visual (campo), visualidad, visualización, visualizar, visura, vitáceo (cea), vital, vitalicio (cia), vitalicista, vitalidad, vitalismo, vitalista.

*vitalizar Es incorrecto; dígase «vivificar; otorgar vitalidad».

vitamina, vitaminado (da).

*vitaminizar Es incorrecto; dígase «administrar vitaminas».

vitando (da), vitela, vitelina, viticultor (ra), viticultura, Vitigudino, vitivinícola, vitivinicultor (ra), vitivinicultura.

Vitiza También se acepta *Witiza*, y es más corriente. Los nombres de los reyes godos pueden escribirse con *W* (más usual), o con *V* (*Wamba, Vamba,* etc.).

vito, Vito (baile de San), vitola.

¡vítor! Interjección de alegría con que se aplaude a una persona o una acción.

vitorear, Vitoria, vitoriano (na).

vitral Admitido, pero es preferible *vidriera.*

vitre, vítreo (trea), vitrificable, vitrificación, vitrificante, vitrificar, vitrina, vitriólico (ca), vitriolo, vitualla, vituallar, vituperable, vituperación, vituperador (ra), vituperante, vituperar, vituperio, vituperioso (sa), viuda, viudal.

viudedad «Pensión que recibe la viuda»; en cambio, *viudez* es el «estado de *viudo o viuda*».

viudez V. *viudedad.*

viudo (da) Se abrevia vdo., vda.

viva «Lanzó un *viva*» es correcto; también puede decirse «lanzó un *vítor*».

vivac Admitido; es preferente *vivaque.* El plural es *vivaques,* no *vivacs.*

vivacidad, Vivaldi, vivales, vivamente, vivandero (ra).

vivaque Admitido y preferente. (V. *vivac.*)

vivaquear.

*vivar Es incorrecto; dígase *vitorear, dar vivas.* No obstante, se admite con este sentido para América.

vivaracho (cha), vivariense, vivaz, vivencia, vivera, viveral, víveres, vivero, Vives, viveza, vividero (ra), vívido (da), vivido (da), vividor (ra), vivienda, viviente, vivificación, vivificador (ra), vivificante, vivificar, vivificativo (va), vivífico (ca), vivíparo (ra).

vivir «*Vivir a costillas* de otro» es incorrecto; dígase «*vivir a costa* de otro». Admitido: *vivir de limosna, v. a su gusto, v. por milagro, v. de las rentas, de mal v.* (gente), o *de mala vida* (gente), *saber v., v. para ver, ¿quién vive?* (centinelas), *¡viva!, ¡vive Dios!, vivir de prisa.*

vivisección, *viviseccionar, vivismo, vivista, vivo, vizcacha, vizcachera, vizcainada, vizcaíno (na), vizcaitarra.

Vizcaya El natural de esta provincia de España es el *vizcaíno (na);* es incorrecto pronunciar y escribir *vizcaino* (como *zaino*). *Vizcaitarra* es el partidario de la autonomía de Vizcaya. (V. *vasco.*)

vizcondado, vizconde, vizcondesa.

Vladimiro Nombre ruso. *Vladimiro* es lo correcto, y no *Wladimiro.*

*Vladislav En nuestra lengua es *Ladislao.*

Vladivostok, vocablo, vocabulario, vocabulista, vocación, vocacional.

vocal Es la «letra que se pronuncia con una simple espiración». *Vocales* fuertes son: a, e, o; *vocales* débiles son: i, u. Admitido: *cuerdas vocales.*

vocálico (ca), vocalismo.

vocalista Admitido; significa «cantante, cantor», especialmente de canciones modernas.

vocalización, vocalizador (ra), vocalizar.

vocativo Caso de la declinación, que sirve tan sólo para invocar, llamar o nombrar, con más o menos énfasis, a una persona o cosa personificada. Va entre pausas. En ocasiones va precedido de las interjecciones ¡ah!, ¡oh! Ejs.: «Pedro, tráelo. ¡Ah, malvado!»

voceador (ra), vocear, vocejón, vocería, vocerío, vocero.

voces de los animales V. *animal.*

vociferación, vociferador (ra), vociferante, vociferar, vocinglería, vocinglero (ra).

vodca V. *vodka.*

*vodevil Incorrecto; dígase *sainete, revista.* (V. *vaudeville.*)

vodka Admitido por la Academia; también se admite *vodca,* pero en segundo término. Es voz de género ambiguo; se admite *el vodka* y *la vodka.*

*voilà Voz francesa; dígase *he aquí, aquí está, aquí lo tienen.*

*voivoda Es más usual que *vaivoda.* El país de Servia (Yugoslavia) es *Voivodina.*

Voivodina, volada, voladera, voladero (ra), voladizo (za), volado (da), volador (ra), voladura, volandas (en), volandera, volandero (ra).

volante Es «pez *volante*», no «pez *volador*». Admitido: *moscas volantes* (en la vista), *cuerpo* (o escuadrón) *volante.*

volantín (na), volantón (na), volapié, volapuk.

volar Verbo irregular que se conjuga como *contar* (v.) (vuelo, vuelas, voláis, etc.).

volatería, volatero, volátil, volatilidad, volatilizable, volatilización, volatilizar, volatín (2), volatinero (ra) (1), volatizar.

*vol-au-vent Voz francesa. Significa «empanada o pastel de hojaldre relleno».

volavérunt Voz latina admitida; significa «desapareció, faltó del todo».

volcán, volcánico (ca), volcanología, volcanólogo (ga).

volcar(se) Verbo irregular que se conjuga como *contar* (v.) (vuelco, vuelcas, volcáis, etc.).

volea, voleador, volear.

voleibol Admitido, si bien es preferente el término *balonvolea.* Es incorrecto *volley-ball.*

voleo.

volframio Admitido y preferente, aunque la Academia también acepta *wólfram* y *wolframio* para designar este «cuerpo simple metálico», que tiene por otro nombre el de *tungsteno;* pero es preferente *volframio.*

Volga, volición, volido, volitar, volitivo (va), volquearse, volquetazo, volquete, volquetero, volsco (ca).

volt Nombre del *voltio* en la nomenclatura internacional.

voltaico (arco), Voltaire, voltaje, voltámetro, voltariedad, voltario (ria), volteador (ra), volteante, voltear, voltejear, volteo, voltereta, volterianismo, volteriano (na), voltímetro.

voltio V. *volt.*

voltizo (za), volubilidad, voluble, volumen, volumétrico (ca), voluminoso (sa).

voluntad Admitido: *voluntad de hierro, mala* o *buena v., última v., a voluntad.*

voluntariado, voluntariamente, voluntariedad, voluntario (ria), voluntariosamente, voluntarioso (sa), voluptuosamente, voluptuosidad, voluptuoso (sa), voluta.

volver Verbo irregular que se conjuga del siguiente modo: Indicativo. *Presente:* vuelvo, vuelves, vuelve, volvemos, volvéis, vuelven. *Pret. imperf.:* volvía, volvías, volvíais, etc. *Pret. indef.:* volví, volviste, volvimos, etc. *Futuro imperf.:* volveré, volverás, volveréis, etc. Potencial: volvería, volverías, volveríais, etc. Subjuntivo. *Presente:* vuelva, vuelvas, volváis, etc. *Pret. imperf.:* volviera o volviese, volvieras o volvieses, volvierais o volvieseis, etc. *Futuro imperf.:* volviere, volvieres, volviereis, etc. Imperativo: vuelve, vuelva, volvamos, volved, vuelvan. Participio: vuelto. Gerundio: volviendo. Es incorrecto decir «*volver a repetir*»; dígase, simplemente, «*repetir*». No se dice «*vuelvo en sí*», sino «*vuelvo en mí*». «*Volver sobre sus pasos*», mejor es «*volverse atrás; rectificar*». Uso de preposiciones: Volver *a* Barcelona; volver *de* la ciudad.

volvible, vólvulo.

*volley-ball Voz inglesa; en castellano debe emplearse *voleibol* (admitido), o, mejor aún, *balonvolea*.

vómer, vómica, vómico, vomipurgante, vomipurgativo (va), vomitado, vomitador (ra), vomitar, vomitera, vomitivo (va), vómito, vomitón (na), vomitorio (ria).

*von Preposición alemana. (V. *van*.)

voquible, voracidad, vorágine, voraginoso (sa), voraz, vorazmente, vormela.

-voro, -vora Sufijos que significan «devorar» *(herbívoro)*.

vórtice Es el «centro de un ciclón» y también un «torbellino, remolino». No confundir con *vértice*, «punto en que concurren lados o planos».

vortiginoso (sa).

vos «Señor, *vos eres* omnipotente» es incorrecto; dígase «Señor, vos *sois*...», pues con *vos* debe ir plural. Actualmente, aparte de utilizarse en algunas plegarias no se usa. En su lugar se emplean *vosotros, tú, usted,* según el caso.

vosear Acción de cometer *voseo* (véase).

voseo Nombre que se da al empleo dialectal del pronombre *vos* (segunda persona del singular) en lugar de *tú*. Este uso está extendido en amplias zonas de América: Uruguay, Argentina, Chile, Bolivia, Paraguay, Costa Rica, Nicaragua, El Salvador, Honduras, Guatemala y en parte de Perú, Colombia, Venezuela, Panamá y Méjico.

Vosgos.

vosotros (tras) «*Vosotros sois* los primeros»; es mejor decir «*sois* los primeros». No debe prodigarse el empleo de *vosotros (tras)*; úsese sólo si se desea determinar el sexo del sujeto.

votación, votada, votador (ra).

Votán Deidad mitológica; también se escribe *Wotan* y *Odín*.

votante.

votar Uso de preposiciones: Votar *con* todos; v. *por* un candidato.

votivo (va).

voto Admitido: *voto de censura, v. de confianza.*

vox populi, vox Dei Locución latina; literalmente es «voz del pueblo, voz de Dios». Da a entender que cuando todos afirman una cosa, debe de ser verdad. Suele usarse sólo «vox populi». No figura en el Diccionario de la Academia, pero sí su traducción: «Voz del pueblo, voz del cielo.»

voz Accidente gramatical del verbo que expresa si el sujeto del verbo es agente o paciente. En la *voz activa* el sujeto del verbo es agente (Pedro dibuja). En la *voz pasiva* el sujeto del verbo es paciente (Pedro es desdeñado). Admitido: *voz de trueno, v. argentina, v. de mando, aclarar la v., alzar la v., a media v., a v. en cuello* (1), *a v. en grito* (2), *correr la v., levantar la v., llevar la v. cantante, tomarse o empañarse la v.; voz del pueblo, voz del cielo.*

vozarrón (1), **vozarrona** (2), **voznar.**

vuecelencia, vuecencia Contracciones de *vuestra excelencia.*

vuelapié (a), vuelapluma (a), vuelco, vuelillo.

vuelo Admitido: *alzar o levantar el vuelo, cazarlas o cogerlas al v., cortar los vuelos, echar a vuelo las campanas, tomar v. una cosa.*

vuelta Admitido: *vuelta de campana* (salto mortal), *v. en redondo* (media vuelta), *a la v.* (al cabo de), *andar a vueltas, a vuelta de correo, buscarle las vueltas, dar cien v., dar una vuelta* (pasear), *dar vueltas, estar de vuelta.*

vueludo (da).

vuelvo «*Vuelvo en sí*» es incorrecto; dígase «*vuelvo en mí*».

vuestro, vuestra, vuestros, vuestras Vuestra Alteza se abrevia *V. A.;* Vuestra Alteza Real es *V. A. R.;* Vuestra Excelencia es *V. E.;* Vuestra Majestad es *V. M.;* Vuestra Reverencia es *V. R.;* Usía o Vuestra Señoría es *V. S.;* Usía Ilustrísima es *V. S. I.*

vulcanio (nia), vulcanismo, vulcanista, vulcanita, vulcanización, vulcanizar, Vulcano, vulcanología,

vulcanólogo (ga), vulgacho, vulgado (da), vulgar, vulgaridad.

vulgarismo Voz o frase especialmente usada por el vulgo (*naide, Grabiel,* etc.).

vulgarización, vulgarizador (ra).

vulgarizar(se) «Estos libros se han *vulgarizado*» es incorrecto; dígase «...se han *difundido*» (o *divulgado*). En cambio es correcto decir

«*vulgarizar* una ciencia o una técnica» (ponerla al alcance del *vulgo*).

vulgarmente, Vulgata, vulgo, vulnerabilidad, vulnerable, vulneración, vulnerante, vulnerar, vulnerario (ria), vulpécula (2), vulpeja (1), vulpino (na), vultuoso (sa), vulturno, vulva.

W

w Vigésima sexta letra del alfabeto y vigésima primera de sus consonantes. Su nombre es *uve doble* (preferente), o *ve doble*. Sólo se usa en los nombres de los reyes godos o en voces de origen extranjero. En las palabras incorporadas a nuestro idioma se suele reemplazar la *w* por *v*. Acostumbra pronunciarse como *b* (Wamba, Witiza), pero en otros vocablos, que proceden del inglés, se pronuncian como *u*: washingtoniano (admitido). Hasta hace algún tiempo la Academia no incluía esta letra en el alfabeto.

Wad Ras.

*waffle Voz inglesa; es una especie de tortita de harina.

Wagner, wagneriano (na).

*wagon Voz inglesa; úsese siempre *vagón*. En vez de *Wagon Lits* debe decirse *coches camas* (*camas*, en plural, según la Academia).

Wagram, Waksman, Waldheim.

*Wales Nombre inglés de *Gales*, o *País de Gales*.

Walhalla, Walia.

*walkie-talkie (Inglés.) Emisor-receptor portátil, radioteléfono.

*Walkyria (s) En nuestra lengua se escribe *valquiria (s)*.

*walón (na) Incorrecto; escríbase *valón (na)*.

Walpurgis (noche de) Proviene del nombre de *Santa Walpurgis* o *Santa Valburga* (más propiamente). En la noche de su fiesta decíase que las brujas y los demonios se reunían en un punto de Alemania.

Walter (Gualterio), Wallace.

Wall Street Calle de Nueva York donde se hallan la Bolsa e importantes bancos. Se usa como sinónimo de «mundo de las finanzas» en Norteamérica.

Wamba También puede escribirse *Vamba*, como *Witiza (Vitiza)*, y otros nombres usados en nuestra lengua, aunque se los emplea más con *W*.

*warrant Voz inglesa; es un recibo de mercancía almacenada, el cual puede transmitirse por endoso, como una letra de cambio.

*Warsau, *Warszawa Nombres que corresponden al de *Varsovia* en nuestra lengua.

Washington El natural de esta ciudad, capital federal de Estados Unidos de América del Norte, es el *washingtoniano (na)*, voz admitida. Estos nombres se pronuncian a semejanza del inglés.

washingtoniano (na) Véase *Washington*.

*water, *watercloset Voces inglesas no admitidas. Por lo general «voy al *water*» equivale a «voy al *baño*» o «voy al cuarto de baño» (ambos admitidos por la Academia), ya que en casi todas las casas existe hoy dicho recinto. También puede decirse *aseo, cuarto de aseo*. Si se trata de un lugar público, debe decirse *servicios, aseo, cuarto de aseo*. Por lo que se refiere al aparato instalado en el baño o aseo, en vez de *water* dígase *inodoro* (admitido). No es pues indispensable usar la voz *retrete*, que se aplica en esos casos y que es correcta, pero no muy eufónica actualmente.

Waterloo.

*water polo Voz inglesa; dígase *polo acuático, juego de balón en el agua*.

*watio Incorrecto. (V. *watt*.)

Watling Nombre actual de la isla de *San Salvador* o *Guanahaní*, la primera que descubrió Colón en América.

watt Nombre del *vatio* en la nomenclatura internacional.

Watteau, Weber, Weddell.

*week-end Voz inglesa; dígase *fin de semana*.

Weimar, weimarés (sa) El natural de *Weimar* es el *weimarés* (admitido). La Academia también acepta *Véimar* y *veimarés*.

Wellington, Wells, Wembley.

Wenceslao Se admite también *Venceslao*, pero es menos corriente.

Werther, Weser.

*west Voz inglesa; es *Oeste. West End* es un barrio de Londres. *Far West* es el «lejano Oeste» norteamericano.

*western Voz inglesa; dígase *película del Oeste*.

Westfalia, westfaliano El natural de *Westfalia* es el *westfaliano* (admitido). La Academia también acepta *Vestfalia* y *vestfaliano*, pero su empleo es menos usual.

Westminster, West Point, Weyler, Wheatstone.

whig Miembro del partido liberal inglés, que se opone al *tory*, partido conservador.

*whiskey Incorrecto. (V. *whisky*.)

whisky Voz admitida por la Academia, aunque es preferente *güisqui* (aceptada también). No se admiten *whiskey* ni *wisky*.

*whist Voz inglesa; es cierto juego de naipes.

Whistler, Whitehall.

Wiclef No se aceptan *wiclefismo* ni *wiclefista*, aunque son voces empleadas para referirse al movimiento precursor de la reforma protestante llevada a cabo por John Wiclef en el siglo XIV y al partidario del mismo.

*Wien Es *Viena*, en alemán.

Wifredo También se acepta *Vifredo*, pero se usa menos. (Véase *Wamba*.)

Wight, Wilde (Oscar), Wilhelmshaven, Wilson, Williams, Wimbledon.

Winchester, *winchester No está aceptado como nombre común; es un «fusil de repetición».

Windsor.

*wing Voz inglesa usada en fútbol; dígase *extremo, ala*.

*Winifred Nombre inglés de mujer; corresponde a *Genoveva*.

Winnipeg, Wisconsin, Wiseman.

*wisky Incorrecto. (V. *whisky*.)

Witiza También se acepta *Vitiza*, pero es menos usado. (V. *Wamba*.)

Wojtyla (Karol).

wólfram Admitido, lo mismo que *wolframio* (en segundo término), pero es preferente *volframio*. También es *tungsteno* (v.).

Wolsey, Worcester, Worms, Wrangel, Wright.

Wroclaw Nombre polaco de la ciudad de *Breslau* (en alemán).

Wurtemberg El natural de este estado de Alemania es el *wurtembergués (esa)*, voz no admitida.

Wyoming, Wyss.

X

x Vigésima séptima letra del alfabeto y vigésima segunda de sus consonantes. Se llama *equis* y su plural no varía (las *equis*). Suele pronunciarse como *ks* (al principio o final de palabra, o entre vocales: axioma), o como *s* (delante de consonante: extremo). Téngase en cuenta que en voces tales como *México* y *mexicano* (ya admitidas por la Academia, aunque son preferentes *Méjico* y *mejicano* para España), la *x* se pronuncia como una *j* suave en el mismo país americano, de ahí la grafía *mejicano*, usada en nuestro país. En la numeración romana la *X* tiene el valor de *diez (X)*.

*Xavier En castellano se escribe actualmente *Javier*; *Xavier* es grafía anticuada. Lo mismo ocurre con otras voces como *Xenofonte*, hoy *Jenofonte*, y *Ximénez*, hoy *Jiménez*.

xeno- Prefijo que significa «extranjero» *(xenófobo)*.

*xenofilia No es voz admitida; significa «simpatía hacia los extranjeros». Tampoco se admite *xenófilo*.

xenofobia, xenófobo (ba) Voces aceptadas por la Academia.

*Xenofonte Es *Jenofonte*. (V. *Xavier*.)

xenón Admitido, es un gas inerte.

*Xeres En nuestra lengua se escribe *Jerez*.

xerocopia, xerocopiar Voces admitidas por la Academia. (V. *xerografía*.) Fotocopia.

xerófilo (la) Voz admitida; es «planta que crece en climas muy secos».

xerofítico, xerófito.

xeroftalmía Es lo correcto, y no *xeroftalmia* (sin acento).

xerografía Admitido; «método electrostático para obtener copias en seco». Las copias se llaman *xerocopias* (admitido, *fotocopias*). También se acepta *xerografiar* y *xerográfico (ca)*.

xerografiar, xerográfico (ca) V. *xerografía*.

xi, xifoideo (dea), (*xifóideo), xifoides.

xilo- Prefijo que significa «madera» *(xilófago)*.

xilófago (ga).

*xilofón V. *xilófono*.

xilófono Es lo correcto, y no *xilofón* (incorrecto).

xilografía, xilográfico (ca), xilógrafo (fa), xilórgano, xilotila.

*Ximénez Grafía anticuada, hoy se escribe *Jiménez*. (V. *Xavier*.)

Xingu, Xochimilco.

Y

y Vigésima octava letra del alfabeto y vigésima tercera de sus consonantes. Se llamaba *i griega*, y hoy se la llama *ye*. Se pronuncia como la vocal *i* cuando va entre consonantes, sigue a una vocal o está sola. Cuando se encuentra entre vocales o precede a una vocal en principio de palabra se pronuncia como consonante palatal fricativa sonora. Como conjunción copulativa su misión es la de unir palabras o cláusulas en sentido afirmativo. Esta conjunción se sustituye por *e* cuando la voz siguiente empieza por *i* o *hi* (Pedro *e* Inés; Galia *e* Hispania). Pero si esa vocal inicial no tiene sonido pleno, no se hace la sustitución (agua *y* hielo), y tampoco si no posee valor tónico en una interrogación (¿*y* Israel?). Incorrecciones: «López & Smith», es mejor escribir «López y Smith».

ya Es adverbio de tiempo («*ya* han marchado») y conjunción distributiva («*ya* por una cosa, *ya* por otra»). «*Ya* mismo lo hago» es incorrecto; dígase «*ahora* mismo lo hago».

yac Voz admitida, lo mismo que *yak,* pero es preferente la primera. Es un «bóvido del Tíbet».

yaca, yacal.

yacaré *(Amér.)* Cocodrilo, caimán, reptil.

yacedor, yacente.

yacer Verbo irregular que se conjuga del siguiente modo en los tiempos irregulares: INDICATIVO. *Presente:* yo yazco (o yago, o yazgo), tú yaces, él yace, nosotros yacemos, vosotros yacéis, ellos yacen. SUBJUNTIVO. *Presente:* yazca (yaga o yazga), yazcas, yazca, yazcamos, yazcáis, yazcan. IMPERATIVO: yace (o yaz), yazca, yazcamos, yaced, yazcan.

yacija, yacimiento, yacio, yactura.

*yacht Es voz inglesa; dígase *yate,* admitido. *Yachting,* también incorrecto, es *navegación en yate.*

yaguar Admitido, pero es preferente *jaguar.*

Yahvé Nombre de Dios en la Biblia. No consta en el Diccionario de la Academia, pero sí el de Jehová.

yak V. *yac.*

Yakarta, yámbico (ca), yambo, yanacona, Yang Tse Kiang.

yanqui Es la voz admitida; no se aceptan *yanki* ni *yankee.* Plural, *yanquis.* Es el «natural de Nueva Inglaterra, en los Estados Unidos de América del Norte, y por extensión, el natural de esa nación.»

yantar, Yáñez.

yapa *(Amér.)* Propina, añadidura.

yaraví, yarda, yare, yaro, yatagán, yate.

Yavé Mejor se escribe *Yahvé* (véase).

*yawl Voz inglesa; es mejor decir *yola* (cierta embarcación).

yaz Voz admitida en lugar de *jazz*, que no se acepta. *Jazzman* (incorrecto) debe sustituirse por *compositor* (o *intérprete*) de *yaz.*

ye Nombre actual de la letra *y;* es mejor que decir *i griega.*

yedra Admitido, aunque es preferente *hiedra.*

yegua, yeguada, yeguar, yeguato (ta), yegüería, yegüerizo (za), yegüero.

yeísmo Incorrección que consiste en pronunciar la *ll* como *y: yano* por *llano.*

yeísta, yelmo, yema, Yellowstone.

Yemen El natural de estos dos estados de la Península Arábiga es el *yemení.*

yen, Yenisei, yeral.

yerba Admitido, aunque es preferente *hierba.* En América es *hierba mate, infusión.*

yerbajo, yerbal, yerbatero, yermar, yermo (ma), yerno, yero, yerro.

*yersey Incorrecto; úsese *jersey* (pronunciando la *j* como se hace habitualmente en castellano, y acento en la última sílaba).

yerto (ta), yervo, yesal (2), yesar (1), yesca, yesera, yesería, yesero (ra), yeso, yesón, yesoso (sa), yeyuno, yezgo, Yibuti.

yiddisch Dialecto del alemán hablado por los judíos.

yo Pronombre personal de primera persona, singular. «*Yo* me marcho y le dejo»; aquí es innecesario el empleo de *yo.* Dígase «me marcho y le dejo». Su empleo se reduce a los casos en que hay que evitar confusiones con otra persona gramatical y cuando se quiere dar énfasis a la expresión. «Nuestros *yos*», es «nuestros *yoes*». «*Yo* y tú entramos», es «tú y *yo* entramos». «*Yo de ti* no lo hacía», es «*yo que tú* no lo hacía». «*Yo soy* de los que *afirmo*», es «*yo soy* de los que *afirman*».

Yocasta, yodado (da).

yodo Es lo correcto, y no *iodo,* incorrecto.

yodoformo, yodurar, yoduro.

yoga Cierto sistema ascético del brahmanismo, que practica el individuo llamado *yogui* (plural *yoguis*). Ej.: «El anciano *yogui* practica *yoga.*»

*yoghourt Incorrecto, escríbase *yogur* (v.).

yogur Es la única voz admitida, y no *yoghourt,* etc. El plural es *yogures.*

Yokohama, yola.

yóquey Admitido, lo mismo que *yoqui* (en segundo término). No se acepta *jockey,* voz inglesa. Es un «jinete profesional de carreras de caballos».

*yo-yo, *yo-yó No admitido por la Academia.

Yser, Yssel Ríos de Bélgica y de Holanda, respectivamente; no deben confundirse.

¡y tanto! Admitido.

yubarta, yuca.

Yucatán El natural de esta península de América Central es el *yucateco (ca).*

yucateco (ca).

yudo Recientemente admitido; en segundo término se acepta *judo.*

Yugoslavia El natural de este país del sur de Europa es el *yugoslavo (va)* (1), o *yugoeslavo (va)* (2).

yugular «Se ha *yugulado* esa tendencia nefasta» es correcto, según la nueva acepción de esta voz admitida por la Academia. *Yugular* es «poner fin bruscamente a ciertas actividades». Como adjetivo, significa «de la garganta» (vena *yugular*).

Yugurta, Yukon, yunque, yunta, yuntería, yuntero, yunto.

*ypsilon Incorrecto; escríbase *ípsilon* (letra griega).

yusera, yuso, Yuste, Yusuf, Yutang (Lin), yute.

yuxta- Prefijo que significa «cerca de» *(yuxtaponer).*

yuxtaponer Verbo irregular que se conjuga como *poner* (v.) (yuxtapongo, yuxtaponéis, etc.).

yuxtaposición.

yuyo *(Amér.)* Hierbajo, hierba mala.

*Yves Nombre francés, correspondiente al español *Ivo* (santo de la Iglesia).

Z

z Vigésima novena y última letra del alfabeto, y vigésima cuarta de sus consonantes. Se llama *zeda* (1), *zeta* (2), *ceda* (3) y *ceta* (4), por orden de preferencia de la Academia. Fonéticamente es una consonante interdental fricativa sorda. Se escribe *z* al final de un vocablo (codorniz, voz), antes de *a, o, u* (zanco, zote, azul) y antes de consonante (nazca, gozque, azteca). Se escribe *c* antes de *e, i* (ceja, cielo), y sólo por excepción se pone *z* en este caso (Zenón, Ezequiel, etc., y zigzag, enzima, etc.). Hay voces que pueden escribirse con *c* o con *z* (cenit, zenit; cinc, zinc; etc.). Aunque la Academia admite la pronunciación de la *c* y la *z* como *s* (seseo), es más correcto en hablantes no andaluces o hispanoamericanos diferenciar tales pronunciaciones, aparte de que se impiden así interpretaciones erróneas, como con *pozo* y *poso*, *bazo* y *vaso*, etc. Es incorrecto pronunciar la *d* en final de palabra como *z* (verdaz, etc.).

¡za!, zabarcera, zabazala, zabazoque, zabila, zaborda, zabordamiento, zabordar, zabordo, zaborra, zaborrero (ra), zaboro, zabucar, Zabulón, zabuquear, zabuqueo, zaca, zacapela, Zacarías, zacatal, zacatecano (na), Zacatecas, zacatín, zacear, zaceo, **zaceoso (sa), zadorija, zafada, zafadura.**

zafar(se) Uso de preposiciones: Zafarse *de* un deber.

zafarrancho, zafero, zafiedad, zafio (fia), zafíreo (rea), zafirina, zafirino (na).

zafiro Es lo correcto, y no *záfiro*, incorrecto. *Zafíreo* o *zafirino* es lo que tiene color de zafiro.

zafo (fa), zafra, zafrán, zafre, zafrero, zaga, zagal, zagala, zagaleja, zagalejo, zagalesco (ca), zagalón (na), zagua, zagual, zaguán, zaguanete, zaguera, zaguero, zahareño (ña), zaharí, zaharrón, zahén, zaheridor (ra), zaherimiento.

zaherir Verbo irregular que se conjuga como *sentir* (v.) (zahiero, zahieres, zahiere, zaherimos, zaherís, zahieren, etc.).

zahína, zahinar, zahón, zahonado (da), zahondar, zahora, zahorar.

zahorí El plural es *zahoríes* (1) o *zahorís* (2).

zahorra, zahúrda, zaida, zaino (na), zalá, zalagarda, zalama, zalamelé, zalamería, zalamero (ra), zalea, zalear, zalema, zaleo, zalmedina, zaloma, zallar, Zamacois, zamacuco, zamacueca, zamanca, zamarra, zamarrada, zamarrear, zamarreo, zamarrico, zamarrilla, zamarro, zamba, zambaigo (ga), zambapalo, zambarco, Zambeze, Zambia, zambigo (ga), zambo (ba),

zamboa, zambomba, zambombazo, zambombo, zamborondón (na), zamborotudo (da), zambra, zambucar, zambuco, zambullida, zambullidor (ra), zambullidura, zambullimiento.

zambullir(se) Verbo irregular que se conjuga como *mullir* (v.) (zambullo, zambulles, zambullís, etc.). Uso de preposiciones: Zambullir *en* el agua.

zambullo, Zamenhof, zamina, zaminar, Zamora, zamorano (na), zampa, zampabodigos, zampabollos, zampalimosnas, zampapalo, zampar, zampatortas, zampeado, zampear, zampón (na), zampoña, zampuzar, zampuzo, zamujo (ja), zanahoria, zanahoriate, zanca, zancada, zancadilla, zancadillear, zancajear, zancajera, zancajiento (ta), zancajo, zancajoso (sa), zancarrón, zanco, zancón (na), zancudo (da), zanfonía, zanga, zangala, zangamanga, zángana, zanganada, zangandungo, zanganear, zanganería.

zángano Sólo tiene género masculino; es incorrecto decir «es una *zángana*». Dígase «es una *holgazana*».

zangarilla, zangarilleja, zangarrear, zangarriana, zangarrón, zangolotear, zangoloteo, zangolotino (na), zangón, zangotear, zangoteo, zanguanga, zanguangada, zanguango, zanguayo, zanja, zanjar, zanjón, zanqueador (ra), zanqueamiento, zanquear, zanquilargo (ga), zanquilla (lla), zanquituerto (ta), zanquivano (na).

Zanzíbar Isla que con *Tanganica* integra el actual Estado africano de *Tanzania.*

zapa, zapador, zapapico, zapar, zaparrada, zaparrastrar.

zaparrastroso (sa) Admitido, lo mismo que *zarrapastroso (sa);* pero preferente esta última voz.

zaparrazo, zapata, zapatazo, zapateado, zapateador (ra), zapatear, zapateo, zapatera, zapatería, zapatero (ra), zapateta.

*zapatiesta No está admitido; dígase *trapatiesta,* aceptado.

zapatilla, zapatillazo, zapatillero

(ra), zapato, zapatudo (da), zape, zapear, zapotal, zapote, zapotero (ra), zapuzar, zaque, zaquear.

zaquizamí El plural es *zaquizamíes,* mejor que *zaquizamís.*

zar El femenino es *zarina.* Hoy es incorrecto *czar* y *czarina.*

zara, zarabanda, zarabandista, zarabando (da), zarabutear, zarabutero (ra), zaracear, zaragalla, zaragata, zaragatear, zaragatero (ra), zaragatona.

Zaragoza El natural de esta ciudad y su provincia es el *zaragozano (na).*

zaragüelles Es siempre plural y masculino: *los zaragüelles.* «Especie de calzones antiguos.»

zaragutear, zaragutero (ra), zarajo, zaramagullón, zarambeque, zaranda, zarandador (ra).

zarandaja Se usa más en plural, *zarandajas.* «Cosa menuda, de escasa importancia.»

zarandar, zarandear, zarandeo, zarandero (ra), zarandillo, zaranga, zarapatel, zarapito, zaratán.

Zaratustra También se llama *Zoroastro;* reformador de la religión persa.

zaraza, zarazas, zarcear, zarceño (ña), zarcero (ra), zarceta, zarcillitos, zarcillo, zarco (ca).

*zarevich Incorrecto. (V. *zarevitz.*)

zarevitz La Academia admite *zarevitz,* y no *zarevich,* para designar al hijo del zar. No acepta *czar* ni *czarevitz.*

zargatona, zariano (na), zarigüeya, zarina, zarismo, zarista, zarja, zarpa, zarpada, zarpanel, zarpar, zarpazo, zarpear, zarposo (sa), zarracatería, zarracatín, zarracina, zarramplín, zarramplinada, zarrapastra, zarrapastro, zarrapastrón (na).

zarrapastroso (sa) Es la voz preferente para la Academia, que también admite *zaparrastroso,* en segundo término.

zarria, zarriento (ta), zarrioso, zarza, zarzagán, zarzaganillo, zarzahán, zarzal, zarzaleño (ña), zarzamora, zarzaparrilla, zarzaparrillar, zarzaperruna, zarzarrosa, zarzo, zarzoso (sa), zarzuela, zarzuelero

(ra), zarzuelista, ¡zas!, zascandil, zascandilear, zascandileo, zatara, zatico, zato, zaufonía, zazo (za) (2), **zazoso** (1).

Zebedeo Así se escribe el nombre de este personaje bíblico, y no *Cebedeo*.

zebra Aceptado, pero es poco usado; se prefiere *cebra*.

zeda Nombre de la letra *z. Zeda* es la voz preferente, aunque también se admiten, por orden de preferencia de la Academia, *zeta, ceda* y *ceta*.

zedilla Admitido; es mejor *cedilla*.

***zegrí, *zegríes** Es incorrecto; escríbase *cegrí, cegríes*, admitido.

Zelanda El natural de esta provincia de Holanda es el *zelandés (sa)*. En segundo término se admite *celandés (sa)*.

Zendavesta También es *Zend Avesta*, o, simplemente, *Avesta*; textos del mazdeísmo atribuidos a Zoroastro.

zendo (da) Antiguo idioma de Persia.

zenit Admitido; es preferente *cenit*. Asimismo se admite *cenital*, pero es incorrecto *zenital*.

***zenital** Incorrecto; escríbase *cenital*. (V. *zenit*.)

zeta V. *zeda*.

Zenobia, Zenón.

***zepelín** Mejor *globo dirigible*, o *aeróstato*. Es incorrecto *zeppelin*.

zeugma Aceptado y preferente, aunque se admite también *ceugma*; es cierta figura de construcción que se produce cuando una voz relacionada con varios componentes del período se halla expresada en uno de ellos y sobreentendida en las demás. «*Era* alto, *(era)* delgado, *(era)* de constitución recia.»

zeuma, Zeus, zigofiláceo (cea).

zigoto Admitido, aunque es preferente *cigoto* («óvulo fertilizado, huevo»). No es *zigote* ni *zigota*.

zigzag Es como debe escribirse, junto, y no *zig zag*, incorrecto.

zigzaguear.

zinc Admitido, si bien es preferente *cinc* (v.). El plural es *cines* o *zines*, no *cincs* o *zincs*.

***zíngaro** Es incorrecto; escríbase *cíngaro*.

zingiberáceo (cea) .

zinnia Admitido, como *cinia*.

***zíper** Anglicismo usado en América. Dígase *cremallera*, admitido.

zipizape, ¡zis, zas!, zoantropía, Zobeida, zoca, zócalo, zocatearse, zocato (ta), zoclo, zoco, zodiacal.

Zodiaco También se acepta *Zodíaco*, pero en segundo término.

zofra, Zoilo, zoizo, Zola, zolocho (cha), zoltaní, zollipar, zollipo, zoma, zompo, zompopo.

zona Es femenino cuando significa «lista o faja», y masculino *(el zona)* cuando alude a una enfermedad eruptiva infecciosa, también llamada *herpes zoster* o *zoster* (v.). Admitido: *zona verde, z. de ensanche, z. de influencia, z. glacial, z. templada, z. tórrida*.

zonación, zonote.

zonzo *(Amér.)* Necio, tonto, mentecato.

zonzorrión (na).

zoo- Prefijo que significa «animal» *(zoólogo)*. También es sufijo *(espermatozoo)*, y de él deriva otro sufijo, *-zoide (espermatozoide)*.

zoófago (ga), zoófito, zooftirio, zoografía, zoográfico (ca), zoólatra, zoolatría, zoología, zoológico (ca), zoólogo, zoonosis, zoospermo, zoospora, zootecnia, zootécnico (ca), zootomía, zoótropo, zopas, zopenco (ca), zopetero.

zopilote Voz admitida para Méjico y Centroamérica. Es *aura*, un ave.

zopisa, zopo (pa), zoqueta, zoquete, zoquetero (ra), zoquetudo (da), zorcico, zorito (ta), zoroástrico, zoroastrismo.

Zoroastro V. *Zaratustra*.

zorollo, zorongo.

zorra Nombre que se aplica en general a cierto mamífero carnicero. También se llama así a la hembra de ese animal. *Zorro* es el nombre del macho, únicamente, no el del animal, que es *zorra*.

zorrastrón (na), zorreado, zorrear, zorrera, zorrería, zorrero (a), Zorrilla.

***zorrillo, *zorrino** Voces que se usan en América. En España se dice *mofeta* (mamífero que expele un líquido fétido).

zorro V. *zorra.*

zorrocloco, zorrón, zorronglón (na), zorruno (na), zorzal, zorzaleño (ña), zorzalero.

zoster «Erupción a lo largo de un nervio.» Se acentúa como *vender,* no *zóster.* Es femenino: *la zoster.* También se llama *herpes zoster* (en cuyo caso es masculino) y *zona,* asimismo masculino: *el zona.*

zote, zozobra, zozobrante, zozobrar, zozobroso (sa), zúa, zuavo, zubia, Zubiaurre, zucarino (na), zuda, zueco.

-zuela, -zuelo Sufijo que denota diminutivo *(mozuela, rapazuelo).*

Zuinglio V. *Zwinglio.*

zulaque, zulaquear, Zuloaga.

zulú El plural es *zulúes.* Pueblo de raza bantú que habita en la región llamada *Zululandia,* perteneciente a la República Sudafricana.

Zululandia V. *zulú.*

zulla, zullarse, zullenco (ca), zullón (na), zumacal, zumacar, zumacaya, Zumalacárregui, Zumárraga, zumaque, zumaya, zumba,

zumbador (ra), zumbante, zumbar, zumbel, zumbido, zumbilín, zumbo, zumbón (na), zumiento, zumillo, zumo, zumoso (sa), zuna, zunchar.

zuncho «Abrazadera de hierro.» También se acepta *suncho,* pero en segundo término.

Zunzunegui, Zúñiga, zuñir, zuño, zurano (na), zupia, Zurbarán, zurcidera, zurcido (da), zurcidor (ra), zurcidura, zurcir, zurdera, zurdería, zurdo (da), zurzurear, zureo, Zurich, zurito, zuro (ra), zurra, zurrado (da), zurrador (ra), zurrapa, zurrapelo, zurrapiento (ta), zurraposo (sa), zurrar(se), zurriaga, zurriagar, zurriagazo, zurriago, zurriar.

zurribanda Es «zurra o castigo» y también «pendencia o riña en que hay golpes».

zurriburri, zurrido, zurrir, zurrón, zurrona, zurronada, zurrumba, zurruscarse, zurullo, zurumbático, zurupeto.

zutano (na) V. *mengano.*

Zuyderzee, zuzo, zuzón, Zweig.

Zwinglio Reformador suizo. También se escribe *Zuinglio.*

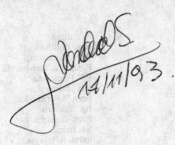

Apéndice I

ABREVIATURAS Y SÍMBOLOS MÁS CORRIENTES

A. Alteza.
a área.
(a) alias.
@ arroba.
@ @ arrobas.
AA. Altezas; autores.
ab. abad.
abr. abreviatura.
a. C. antes de Cristo.
a/c. a cuenta.
A. D. Anno Dómine: En el Año del Señor (de 19...), es decir, después de J. C.
a. de J. C. antes de Jesucristo.
adj. adjetivo.
admón. administración.
admor. administrador.
adv. adverbio.
afmo. afectísimo.
agr. agricultura.
ag.^{to} agosto.
a. J. C. antes de Jesucristo.
alb. albañilería.
alc.^{de} alcalde.
álg. álgebra.
a. m. *ante merídiem* (en América): por la mañana.
Amér. América.
anat. anatomía.
angl. anglicismo.
ant. anticuado.
Ant.^o Antonio.
ap. aparte; apóstol.
apóst., ap. apóstol.
arit. aritmética.
arq. arquitectura.
art., o art.^o artículo.
artill. artillería.
arz. arzobispo.

astr. astronomía.
astrol. astrología.
atto. atento.
B. Beato; Bueno; Bien (exámenes).
b. a. bellas artes.
bact. bacteriología.
biol. biología.
B. L. M., BLM, b. l. m. Besa la mano.
B. L. P., BLP, b. l. p. Besa los pies.
B.^{mo} P.^e Beatísimo Padre.
B. O. Boletín Oficial.
bot. botánica.
Br., br. bachiller.
cap. capital.
cap., cap.^o capítulo.
card. cardenal.
carp. carpintería.
c. c. centímetro(s) cúbico(s).
c/c., cta. cte. cuenta corriente.
C. de J. Compañía de Jesús.
cénts., cts. céntimos.
cir. cirugía.
Cf., cf. confer (compárese).
c. f. s. coste, flete y seguro.
cg centigramo(s).
Cía, cía. compañía.
cl centilitro(s).
cm centímetro(s).
C. M. B. cuya mano beso.
coc. cocina.
col. columna; colonia.
com. comercio.
Comp., comp.^a compañía.
conj. conjunción.
Const. Constitución.
contr. contracción.
correl. correlativo.
cost. costura.

cta. cuenta.
cte. corriente.
cts. céntimos.
ch/ cheque.
D. don.
D.ª doña.
dcha. derecha.
defect. defectivo.
dep. deportes.
desct.º descuento.
desp. despectivo.
d/f. días fecha.
Dg decagramo, decagramos.
dg decigramo, decigramos.
dial. dialectal.
dib. dibujo.
dic.ᵉ diciembre.
dim. diminutivo.
dipl. diplomacia.
Dl decalitro, decalitros.
dl decilitro, decilitros.
D. m. Dios mediante.
Dm decámetro, decámetros.
dm decímetro, decímetros.
doc. docena, documento.
dom.º domingo.
dr. doctor.
dto. descuento.
dupdo. duplicado.
d/v. días vista.
E Este (punto cardinal).
ed. edición.
EE. UU. Estados Unidos.
ef. efectos.
elec. electricidad.
E. M. Estado Mayor.
Em.ª Eminencia.
Emmo. Eminentísimo.
enc. encuadernación.
ENE Estenordeste.
en.º enero.
entlo. entresuelo.
E. P. D. en paz descanse.
equit. equitación.
esc. escultura.
esc.º, escs. escudo, escudos.
escrit.ª escritura.
escs. escudos.
ESE Estesudeste.
esgr. esgrima.
etc. etcétera.
Eug.º Eugenio.
Evang.º Evangelio.
Evang.ta evangelista.
Exc.ª Excelencia.
Excma., Excmo. Excelentísima, Excelentísimo.

F. Fulano.
fam. familiar.
farm. farmacia.
F. C., f. c. ferrocarril.
F.co Francisco.
feb.º febrero.
Fern.do Fernando.
fig. figurado.
filos. filosofía.
fís. física.
fisiol. fisiología.
f.º, fol. folio.
f. o. b. *free on board* (inglés); franco a bordo.
fort. fortificación.
foto. fotografía.
Fr. fray, frey.
fr. francés.
Fran.co Francisco.
G. gracia.
g gramo, gramos.
gal. galicismo.
Gen. general (grado militar).
geog. geografía.
geol. geología.
geom. geometría.
ger. gerundio.
germ. germanía.
Gob.no gobierno.
Gob.r gobernador.
gral. general.
gram. gramática.
hect. hectárea, hectáreas.
her. heráldica.
hg hectogramo, hectogramos.
hl hectolitro, hectolitros.
hm hectómetro, hectómetros.
Hi-Fi *High Fidelity* (inglés): Alta Fidelidad.
hist. historia.
hol. holandesa.
hort. horticultura.
hum. humorístico.
ib., ibíd. ibídem.
ict. ictiología.
íd. ídem.
i. e. o **id. est.** esto es (en impresos y manuscritos).
igl.ª iglesia.
Il.ᵉ Ilustre (anticuado); es *Iltre.*
Ilmo., Ilma. Ilustrísimo, Ilustrísima.
Iltre. Ilustre.
impr. imprenta.
impers. impersonal.
in-4.º; in-8.º en cuarto; en octavo (tamaño papel).

ind. industria.
indeter. indeterminado.
indic. indicativo.
indum. indumentaria.
ing. ingeniería.
irr. irregular.
ít. ítem.
izq., izqda., izqdo. izquierda; izquierdo.
J. C. Jesucristo.
Jhs. Jesús.
juev. jueves.
kg kilogramo, kilogramos.
kl kilolitro, kilolitros.
km kilómetro, kilómetros.
l litro, litros.
l. ley, libro.
lat. latín.
lbs. libras.
l. c. *loco citato* (latín): en el lugar citado.
Ldo. licenciado (anticuado); es *lic.* (véase).
lib. libro; libra.
Lic., Licdo., lic., licdo. licenciado.
lín. línea.
lit. liturgia.
lóg. lógica.
lun. lunes.
M. Madre (título); Majestad; Maestro.
m metro(s); minuto(s).
M.ª María.
mañ. mañana.
mar. marina.
mart. martes.
márts. mártires.
mat. matemáticas.
mec. mecánica.
med. medicina.
meng. menguante.
metal. metalurgia.
meteor. meteorología.
mg miligramo, miligramos.
miérc. miércoles.
mil. milicia.
milés. milésimas.
min. minería.
miner. mineralogía.
min.º ministro.
mitol. mitología.
ml mililitro, mililitros.
Mm miriámetro, miriámetros.
mm milímetro, milímetros.
m. n. moneda nacional.
Mons. Monseñor.

mr. mártir.
Mro. Maestro (mejor *M.* o *Mtro.*).
ms., M. S. manuscrito.
mss., M. SS. manuscritos.
Mtro., M. Maestro.
N Norte.
N. nombre ignorado.
n. noche.
n/. nuestro.
N. B. *Nota Bene* (nótese bien).
NE Nordeste.
neol. neologismo.
NNE nornordeste.
NNO nornoroeste.
NO Noroeste.
n.º número (1.º, primero; 2.º, segundo, etc.).
nov.ᵉ noviembre.
nro., nra. nuestro, nuestra (mejor *ntro.*, *ntra.*).
N. S. Nuestro Señor.
N. S. J. C. Nuestro Señor Jesucristo.
ntro., ntra. nuestro, nuestra.
núm., núms. número, números.
O Oeste.
ob., obpo. obispo.
obst. obstetricia.
oct.ᵉ octubre.
odont. odontología.
O. M. orden ministerial.
ONO Oesnoroeste.
onz. onza.
O. P. Obras Públicas, Orden de Predicadores.
ópt. óptica.
ornit. ornitología.
OSO oessudoeste.
P. Papa; Padre (título).
p., pág. página.
pa. participio activo.
P. A., p. a. por autorización.
p.ª para.
pág., págs. página, páginas.
part. partida.
pat. patología.
Patr. Patriarca.
pbro., presb. presbítero.
P. D. posdata.
pdo. pasado.
P.ᵉ Padre.
p. ej. por ejemplo.
pers. personal.
pert. perteneciente.
pint. pintura.
pl. plural.

p. m. *post merídiem* (en América): por la tarde.

P. O., p. o., p/o. por orden.

p.º pero.

P. P. por poder; porte pagado.

p. pdo. próximo pasado.

pral. principal.

prep. preposición.

presb. presbítero.

pret. pretérito.

priv. privilegio.

prof. profesor; profeta.

pról. prólogo.

pron. pronombre.

pror. procurador.

pros. prosodia.

prov. provincia.

P. S. *Post Scríptum*, posdata.

P. S. M. Por su mandato.

ps. pesos.

pta., ptas., pts. peseta; pesetas.

p. us. poco usado.

Q. B. S. M., q. b. s. m. que besa su mano.

Q. D. G., q. D. g. que Dios guarde.

q. e. g. e. que en gloria esté.

q. e. p. d. que en paz descanse.

q. e. s. m. que estrecha su mano.

Qm. quintal métrico, quintales métricos.

quím. química.

R., Rev., Rdo., Rvdo. Reverendo.

R. D. Real Decreto.

Rda., Rdo. Reverenda, Reverendo (véase *R.*).

Rda. M. Reverenda Madre.

Rdo. P. Reverendo Padre.

R.ᵉ Récipe.

rel. relativo.

reloj. relojería.

ret. retórica.

R. I. P. *requiéscat in pace* (en paz descanse).

R. M. Reverenda Madre.

Rma., Rmo. Reverendísima, Reverendísimo.

R. O. Real Orden.

R. P. Reverendo Padre.

rúst. rústica.

s. sustantivo.

S Sur.

S. san, santo.

s/ su.

S. A. Su Alteza; Sociedad Anónima.

S.ª Señora.

sáb. sábado.

S. A. I. Su Alteza Imperial.

S. A. R. Su Alteza Real.

S. A. S. Su Alteza Serenísima.

sast. sastrería.

S. C., s. c. su casa.

S. D. Se despide.

Sdad. Sociedad.

S. D. M. Su Divina Majestad.

SE Sudeste.

S. E. Su Excelencia.

secret.ª secretaría.

S. en C. Sociedad en Comandita.

sep.ᵉ, set.ᵉ septiembre, setiembre.

Serma., Sermo., Ser.ᵐᵃ, Ser.ᵐᵒ Serenísima, Serenísimo.

serv.º servicio.

serv.ᵒʳ servidor.

set.ᵉ, sep.ᵉ setiembre, septiembre.

s. e. u o. salvo error u omisión.

s. f. sustantivo femenino.

sig., sigs. siguiente, siguientes.

sing. singular.

S. J. Sacerdote Jesuita.

S. L. Sociedad (de Responsabilidad) Limitada.

s. l. n. a. sin lugar ni año.

S. M. Su Majestad.

s. m. sustantivo masculino.

S. M. B. Su Majestad Británica.

S. M. C. Su Majestad Católica.

S. M. I. Su Majestad Imperial.

S.ª San (anticuado; mejor *S.*).

Smo. Santísimo.

S. N. Servicio Nacional.

SO Sudoeste.

S. P. Servicio Público.

sr., sra. señor, señora.

sres., srs. sras. señores, señoras.

S. R. L. Sociedad de Responsabilidad Limitada.

S. R. M. Su Real Majestad.

srta. señorita.

S. S. Su Santidad.

S. S.ª Su Señoría.

SS. AA. Sus Altezas.

SSE Sudsudeste.

SS. MM. Sus Majestades.

SS.ᵐᵒ P. Santísimo Padre.

SSO Sudsudoeste.

S. S. S., s. s. s. su seguro servidor.

Sto., Sta. Santo, Santa.

subj. subjuntivo.

sup. suplica.

T., t. tomo.

t. tarde, tomo.

teat. teatro.

tej. tejidos.

tel. telegrafía, telefonía.

telev. televisión.
ten.^{te} teniente.
teo. teología.
test.º testamento.
tint. tintorería.
tít. título.
tm tonelada métrica, toneladas
métricas.
tpo. tiempo.
T. V. televisión.
T. V. E. Televisión Española.
U., Ud. usted.
Uds. ustedes.
V. usted; véase.
v. véase; verso.
V. A. Vuestra Alteza.
V. A. R. Vuestra Alteza Real.
Vd., Vds. usted, ustedes (es mejor
Ud., Uds.).
vda. viuda.
V. E. Vuestra Excelencia, Vuecencia.

vet. veterinaria.
v. g., v. gr., vg. verbigracia.
V. I. Usía Ilustrísima.
vier. viernes.
V. M. Vuestra Majestad.
V.º B.º Visto Bueno.
vol, vols. volumen, volúmenes.
V. O. T. Venerable Orden Tercera.
V. P. Vuestra Paternidad.
V. R. Vuestra Reverencia.
v. r. verbo reflexivo.
vra., vro. vuestra, vuestro.
V. S. Vuestra Señoría; Usía.
V. S. I. Vuestra Señoría Ilustrísima; Usía Ilustrísima.
vta. vto. vuelta, vuelto.
v. tr. verbo transitivo.
vtra., vtro. vuestra, vuestro.
vulg. vulgarismo.
VV. ustedes.
zap. zapatería.
zool. zoología.

Apéndice II

SIGLAS Y ABREVIATURAS DE ORGANISMOS INTERNACIONALES

(Las siglas en inglés remiten a las más habituales en nuestro idioma)

AIEA Agencia Internacional de Energía Atómica.

AIF Asociación Internacional de Fomento.

ALALC Asociación Latinoamericana de Libre Comercio.

ASEAN Asociación de Naciones del Sudeste de Asia.

ASPAC Consejo Asiático y del Pacífico.

BIRD Banco Internacional de Reconstrucción y Desarrollo (Banco Mundial).

BENELUX Unión económica de Bélgica (BE), Holanda (NE) y Luxemburgo (LUX).

CARIFTA Asociación de Comercio Libre del Caribe.

CE Consejo de Europa.

CECA Comunidad Económica del Carbón y del Acero.

CEE Comunidad Económica Europea (Mercado Común).

CENTO Organización del Tratado Central (Oriente Medio).

CEPAL Comisión Económica para América Latina (de la ONU).

CFI Corporación Financiera Internacional.

COMECON Consejo de Ayuda Económica Mutua (URSS y Europa Oriental).

ECSC V. *CECA*.

EFTA Asociación Europea de Libre Cambio (algunos países de Europa, excluido el Mercado Común).

EURATOM Comunidad Europea de la Energía Atómica.

FAO Organización para la Alimentación y la Agricultura (de la ONU).

FIFA Federación Internacional de Fútbol Asociado.

FMI (IMF) Fondo Monetario Internacional.

FONDO V. *FMI*.

GATT Acuerdo General sobre Tarifas Aduaneras y Comercio.

ICAO V. *OIAC*.

IFC V. *CFI*.

ILO V. *OIT*.

IMCO Organización Consultiva Marítima Internacional.

IMF V. *FMI*.

INTELSAT Consorcio Internacional de Comunicaciones por Satélite.

ITU V. *UIT*.

LA Liga Árabe.

NATO V. *OTAN*.

NU V. *ONU*.

OCAM Organización Común Africana.

OCDE (OECD) Organización de Cooperación y Desarrollo Económico (Europa).

OCEF Organización de Cooperación Económica y Fomento (Europa).

ODECA Organización de Estados Centroamericanos.

OEA (OAS) Organización de Estados Americanos.

OIAC Organización Internacional de Aviación Civil.

OIC Comisión para la Mejora del Comercio Internacional (de la ONU).

OIEA Organización Internacional de Energía Atómica.

OIR Oficina para la Protección de Refugiados (organismo de la ONU).

OIT (ILO) Organización Internacional del Trabajo.

OMM (WMO) Organización Meteorológica Mundial.

OMS (WHO) Organización Mundial de la Salud.

ONU (UNO, UN) Organización de las Naciones Unidas.

OPEC V. *OPEP.*

OPEP Organización de Países Productores de Petróleo.

OTAN (NATO) Organización del Tratado del Atlántico Norte.

OUA Organización para la Unidad Africana.

SEATO Organización del Tratado del Sudeste de Asia.

SELA Sistema Económico Latinoamericano.

UEO (WEU) Unión Europea Occidental.

UIT (ITU) Unión Internacional de Telecomunicaciones.

UN, UNO V. *ONU.*

UNESCO Organización de las Naciones Unidas para la Educación, la Ciencia y la Cultura.

UNICEF Fondo Internacional de Ayuda a la Infancia.

UNO, UN V. *ONU.*

UPU Unión Postal Universal.

WEU V. *UEO.*

WHO V. *OMS.*

WMO V. *OMM.*

Esta obra se terminó de imprimir
y encuadernar en el mes de febrero de 1991,
en Editorial Printer Colombiana Ltda.,
calle 64 No. 88A-30.